DAS PFENNIG-MAGAZIN
DER GESELLSCHAFT ZUR VERBREITUNG
GEMEINNÜTZIGER KENNTNISSE.
1840.

DELPHI 1018.

NEU VERLEGT BEI FRANZ GRENO, NÖRDLINGEN 1985.

Herausgegeben von Reinhard Kaiser.

Copyright © 1985 bei GRENO Verlagsgesellschaft mbH,
D-8860 Nördlingen.

Die Reproduktion erfolgte
nach dem Hand-Exemplar von Arno Schmidt
mit freundlicher Genehmigung
der Arno-Schmidt-Stiftung, Bargfeld.

Reproduktionen G. Mayr, Donauwörth
und G. Bergmann, Frankfurt/Main.
Gedruckt und gebunden bei Wagner GmbH, Nördlingen.
Printed in Germany.

ISBN 3921568544.

Das

Pfennig-Magazin

der

Gesellschaft

zur

Verbreitung gemeinnütziger Kenntnisse.

Achter Band.
Nr. 353—404.

Leipzig,
In der Expedition des Pfennig-Magazins.
(F. A. Brockhaus.)

1840.

Inhaltsverzeichniß des achten Jahrganges.

Zur bequemen Übersicht der mit Abbildungen versehenen Artikel sind die Titel derselben mit gesperrter Schrift gedruckt; die mit [ ] versehenen Ziffern weisen die Nummer des Stücks nach, die am Ende der Zeilen stehenden die Seitenzahl.

	Nr.	S.		Nr.	S.
Abbildung auf einer Felsenwand bei Persepolis	[396]	352	Banyane, die	[379]	216
Abd-el-Kader	[379]	210	Barbados	[356]	28
Aberglaube in den Pyrenäen	[401]	386	Barbier in Tunis	[368]	124
Abriß, kurzer, der Geschichte der Buchdruckerkunst	[397] [398] [399]	357 362 370	Barometer, das	[392] [393]	318 325
			Bart, der, Mohammed Ali's	[386]	271
			Baumlerche, die	[384]	256
Abukir, Schlacht bei	[370]	138 140	Begräbnißgebräuche der neuern Ägypter	[368]	127
			Beirut	[398]	365
Abersbacher Felsen, die	[390]	308	Beitrag zur Culturgeschichte von Marokko	[404]	411
Ägypten, die Brutöfen daselbst	[384]	254	Belagerung und Einnahme von Badajoz	[395]	341
Ägypter, neuere, Begräbnißgebräuche derselben	[368]	127			
—— Sitten und Gebräuche derselben	[362]	78	Belagerungen, die, Konstantinopels	[379]	216
Ähnlichkeit, merkwürdige	[366]	111	Benutzung gefrorener Kartoffeln	[369]	133
Air in Provence	[391]	305	—— des Laubes als Fütterungsmittel	[379]	212
Alfieri	[385]	247	—— der Luft der Pferdeställe	[400]	384
Alpenstrandläufer, der	[377]	200	Bergen (in Norwegen)	[354]	9
Altenglische Balladen	[374]	172	Bergfink, der	[369]	136
Alt-Thann im Elsaß, das Grabmal Christi daselbst	[382]	240	Bergwerke und Hütten in Frankreich im J. 1837	[395]	344
Alter, das goldene, nach einem Gemälde von Benj. West	[394]	336	Besteigung, die, des Chimborazo	[354]	13
			Besuch Rubens' bei Velasquez	[368]	122
Ammer, der			—— im Silberbergwerk zu Kongsberg	[376]	190
—— gemeiner, Goldammer (Männchen und Weibchen), schwarzköpfiger Ammer	[365]	103 104	Betrug, eine neue Art desselben	[359]	54
			Bewohner, die, der Insel Borneo	[387]	279
Amsel, die	[384]	256	Bianchi's aus Toulouse photographische Bilder	[386]	269
Amsterdam, das Wagegebäude daselbst	[359]	53	Binsenrohrsänger, der	[353]	8
Anekdote aus Talma's Leben	[393]	328	Blaumeise, die	[371]	148
Anekdoten aus dem Leben Friedrich's des Großen			Blenheim	[363]	81
—— Mit drei Abbildungen von Scenen aus dessen Jugendjahren	[376]	185 192	Bobbinetmanufactur, Geschichte derselben	[404]	415
			Bordeaux	[394]	331
			—— Brücke über die Garonne		332
Anet, das Schloß zu	[381]	229 228	Borneo, Insel, die Bewohner derselben	[387]	279
Angewohnheit, eine			Boston	[369]	131
Ansicht von Nizza von den Anhöhen an der Straße nach Villafranca	[397]	360	—— das Staatenhaus daselbst		132
			Boucher, Franz, Maler		
Ansicht der Stadt Tunis	[399]	369	—— Die schlafende Schäferin, nach einem Gemälde desselben	[388]	284
Anwendung eines artesischen Brunnens als Wasserkraft	[353]	2			
			Brachvogel, der	[377]	200
Araber aus Tunis	[368]	125	Bremen, das Rathhaus daselbst	[360]	60
Araber, die Fasten derselben	[373]	166	Breyerotyp, das	[365]	103
Araber, ein tanzender	[398]	361	Bridgetown, Ansicht der Stadt, auf Barbados	[356]	28
Archangel	[370]	137	Brücke, die neue londoner	[375]	130
Armee, die chinesische	[386]	271	—— über die Garonne in Bordeaux	[394]	332
Art, eine neue, des Betrugs	[359]	54	—— die londoner	[375]	179
Art, seltsame, die Küche mit Wildpret zu versorgen	[400]	384	—— zwei neue Arten derselben	[393]	327
			Brunnen, artesischer, Anwendung eines solchen als Wasserkraft	[353]	2
Artesischer Brunnen, Anwendung eines solchen als Wasserkraft	[353]	2			
			Brutöfen, die, in Ägypten	[384]	254
Artillerie, Kampf zweier Elefanten gegen solche	[385]	259	Buchdruckerkunst, kurzer Abriß der Geschichte derselben	[397] [398] [399]	357 362 370
Assaye, Schlacht bei	[391]	309			
Astrachan		151			
—— Ansicht dieser Stadt	[371]	152	Bucht, die, von Cork, Ansicht derselben	[358]	48
Athen, das heutige	[390]	298	Burgos, Hauptstadt in Altcastilien	[389]	289
Aureng-Zeb	[353]	1	Caldas da Rainha	[372]	160
Ausgrabungen antediluvianischer Überreste	[385]	270	Calvillenäpfel, die	[389]	294
Automaten, die	[354]	14	Calvin	[387]	273
Avignon	[383]	241	Canova, Antonio	[392]	313
Azoren, die	[357]	35	Canton Wallis		89
Badajoz, Belagerung und Einnahme desselben	[395]	341	—— Ansicht von Sitten	[364]	
			Caprification, die, der Feigen	[373]	167
Bäder, die öffentlichen, in Konstantinopel	[382]	240	Chimborazo, Besteigung desselben	[354]	13
Bagnos, französische, Gesammtbevölkerung derselben	[398]	366	China, Handel der Engländer mit demselben	[375]	181
			Chinesen, die Strafen derselben	[377]	197
Balladen, altenglische	[374]	172	Chinesische Armee, die	[386]	271
Banks, Sir Joseph	[365]	7	Chinesischer Infanterist, ein	[386]	272

Inhaltsverzeichniß.

	Nr.	S.
Chinesische Papierfabrikation und Druckmethode	[393]	322
Chor, das, der Georgskapelle in Windsor	[356]	32
Christen, koptische, die Fasten derselben	[373]	166
Chronik der Eisenbahnen im Jahre 1839	[363] [364]	85 92
Cigarrenfabrikation in Sevilla	[386]	271
Constantine	[401]	385
Consumtion der Stadt Paris	[380]	223
Cork	[358]	47
—— Ansicht der Bucht von Cork	[358]	48
Criminal=Anekdoten, zwei	[386]	267
Criminalfall, ein merkwürdiger	[367]	117
Croix=Rousse, Ansicht der Stadt Lyon von dort	[403]	404
Cromwell	[362] [363]	73 83
Culturgeschichte von Marokko, Beitrag zu derselben	[404]	411
Daguerre's Verbesserung des Verfahrens bei Verfertigung der Lichtbilder	[360]	59
Damaskus, die Juden in	[381]	230
—— ein türkisches Zimmer daselbst	[366]	112
Dampfmaschinen, Berechnung der auf der Erde befindlichen	[386]	271
Dase, der Kopfrechner	[387]	275
Davidson, John	[400]	382
Delhi, die Sternwarte daselbst	[398]	364
Denkmal von John Knox in Glasgow	[402]	397
Denksäulen, Höhe berühmter	[404]	416
Dieb, ein geistlicher	[400]	378
Diebstahl, der, aus Liebe	[391]	306
Dom und Domplatz zu Messina	[363]	88
Dorf Eden im Libanon	[367]	120
Douro, Übergang der Engländer über diesen Fluß	[392]	317
Drake, Franz	[382]	233
Drossel, die	[384]	256
—— der Krammetsvogel, die Rothdrossel	[364]	91 92
Druckmethode, chinesische	[393]	322
Dschiun, Aufenthaltsort der Lady Esther Stanhope	[398]	368
Dublin	[386]	265
—— Das Posthaus daselbst	[386]	265
Duell, merkwürdiges	[378]	207
Ebene, die, Metidscha	[358]	46
Eden, Dorf im Libanon	[367]	120
Edinburg, die gelehrte Schule daselbst	[364]	96
Ehrenlegion, Vertheilung der Kreuze derselben durch Napoleon in Boulogne	[393]	324
Eichenholz zum Schiffbau	[353]	6
Einzug Wellington's in Toulouse	[404]	413
Eisenbahnen, Chronik derselben im Jahre 1839	[363] [364]	85 92
Eishandel der Nordamerikaner	[384]	255
Elefanten, Kampf zweier, gegen Artillerie	[385]	259
Elektricität, von der	[373] [374]	163 170
Elektrisirmaschine	[373]	165
Elektromagnetismus, der, als bewegende Kraft	[357]	34
England, Gemäldeeinfuhr daselbst	[382]	240
Englands regierende Königinnen	[367]	114
Engländer, Händel derselben mit China	[375]	181
—— die reisenden	[370]	143
Entfernung, die, der Firsterne	[357] [358]	38 45
Enzian, der gelbe	[388]	288
Erbe, der, von Linne	[379]	209
Erdbeben im Jahre 1839	[366]	110
Erdkugel, mögliches Zusammenstoßen derselben mit einem Planeten	[385]	261
Eremit, der schlafende, nach einem Gemälde von Wien	[361]	72
Ericson's Feilenhaumaschine	[380]	224
Etienne, Robert, und dessen Officin	[403]	408
l'Etoile, de, der Triumphbogen zu Paris	[357]	40
Etretat, die Nadeln von	[379]	213
Eugen Franz, Prinz von Savoyen	[375] [376]	177 186
—— Prinz, und Friedrich der Große	[390]	301

	Nr.	S.
Europas Souveraine am 1. Jan. 1840, nach ihrem Alter geordnet	[353]	3
Eyck, van	[356]	25
Fabriken, großartige, Manchesters	[404]	416
Fahrzeuge, die chinesischen	[400]	379
Fall des mongolischen Reichs in Indien	[372] [373]	158 161
Fallschirm, der	[385]	263
Färber, die	[371]	149
Fasten, die, der Araber und koptischen Christen	[373]	166
Fayal mit dem Berge Pico	[357]	37
Feigen, Caprification derselben	[373]	167
Feilenhaumaschine Ericson's	[380]	224
Feinkörniges Kochsalz	[371]	150
Feldlerche, die, nebst Nest	[384]	256
Felsen, die adersbacher	[390]	302
Ferrara	[368]	121
—— das Schloß daselbst	[368]	121
Feuerkugeln, Sternschnuppen und Meteorsteine	[388]	284
Fingersprache, Verhandlungen durch dieselbe	[380]	218
Finken, die	[369]	135 136
—— Der Bergfink, der Hänfling, der Rothhänfling, der Zeisig	[369]	135 136
Fischkahn, ein petersburger	[399]	376
Firsterne, die Entfernung derselben	[357] [358]	38 45
Fliegenfänger, der	[367]	116
—— der scheckige, der gefleckte Fliegenfänger	[367]	117
Frankreich, Seidenproduction daselbst	[373]	167
Frau, die kranke, nach einem Gemälde von Terburg	[387]	280
Frauen, der Mann von sechs	[397]	359
Friedrich der Große, Anekdoten aus dessen Leben	[376]	185
—— der Große und Prinz Eugen	[390]	301
—— Wilhelm IV., König von Preußen	[384]	249
Fütterungsmittel, Benutzung des Laubes dazu	[379]	212
Galvanismus, der	[401] [402] [403]	390 399 407
Galvano=Plastik des Prof. Jacobi in Dorpat	[360]	58
—— dieselbe in londoner Fabriken von Metallknöpfen angewendet	[386]	270
Gänsefleisch, Veredelung desselben	[392]	320
Gap (Stadt)	[381]	225
—— und die Alpen	[381]	225
Geburtsort Newton's	[355]	20
Gefängnisse, die, in Nordamerika	[395] [396]	343 349
Gefleckte Fliegenfänger	[367]	117
Gegend auf der Insel San=Miguel	[357]	36
Gemäldeeinfuhr in England	[382]	240
Gemeiner Ammer	[365]	104
Genneté	[387]	275 276
—— Das Schloß daselbst	[387]	276
Genua	[372]	153
Georgskapelle in Windsor, das Chor derselben	[356]	32
Gericault (Maler)	[362]	79
—— Schiffbruch des französischen Schiffes Meduse, nach einem Gemälde desselben	[362]	80
Geschichte der Buchdruckerkunst, kurzer Abriß derselben	[397] [398] [399]	357 362 370
Geschichte, die, der Strumpfweberei und Bobbinetmanufactur	[404]	415
Geschwindigkeitsmesser für Schiffe	[368]	128
Goldammer	[365]	104
Gotha	[404]	409
Grabmal Christi, das, zu Alt=Thann	[382]	240
Graspapier	[360]	60
Greuze (Maler)	[359]	55
—— dessen Gemälde: die Braut des jungen Bauern	[359]	56
Grey=Straße, die, in Newcastle	[396]	345
Griechen, die heutigen	[381]	225
Grobkörniges Kochsalz	[371]	150
Gruithuisen's geographische Uhr	[385]	263
Guernsey	[402]	395

Inhaltsverzeichniß.

	Nr.	S.
Guernsey, Hauptstraße der Stadt Peters-Port auf Guernsey	[402]	395
		396
Gutenberg, Johannes	[383]	242
Habschuten, die	[380]	223
Hafen, der, von La Rochelle	[384]	252
—— der, von Valetta, Ansicht desselben vom Fort Riccazoli	[353]	5
Halle, die, eines altenglischen Landedelmanns	[396]	348
Handel, der, Hollands	[359]	52
Händel, die, der Engländer mit China	[375]	181
Hänfling, der	[369]	136
Harpyenadler, der	[380]	224
Hatzfeld, die Fürstin von, und Napoleon	[354]	16
Hauptstraße der Stadt Peters-Port auf der Insel Guernsey	[402]	396
Hausschwalbe, die	[383]	248
Heilung der Kurzsichtigkeit und des Schielens	[394]	334
Helsingör (in Dänemark)	[355]	17
Herschel, Friedrich Wilhelm	[391]	310
Himly's Lichtbilder	[361]	70
Hochland, schottisches, ein Schäfer daselbst	[372]	157
Höhe berühmter Denksäulen	[404]	416
—— wie weit kann man von einer solchen sehen?	[360]	61
Höhle, die, bei Karli	[361]	65
Höhlen, von den	[378]	205
—— die, Indiens	[361]	65
Holland, Handel desselben	[359]	52
Holz, Straßenpflasterung mit demselben	[367]	119
Honigthau, der	[365]	103
Hügel, indianische	[368]	127
Hütten und Bergwerke in Frankreich im J. 1837	[395]	344
Hyder Ali	[369]	129
Hydro-Oxygengas-Mikroskop, Anwendung desselben bei der Daguerréotypie	[386]	269
Ignoranz, beispiellose	[378]	207
Indianische Hügel	[368]	127
Indien, die Höhlen daselbst	[361]	65
—— Sinken und Fall des mongolischen Reichs daselbst	[372]	158
	[373]	161
Infanterist, ein chinesischer	[386]	272
Jacobi's, Prof. in Dorpat, Galvano-Plastik	[360]	58
	[386]	270
Janitscharen-Musik, die	[402]	400
Johbaum's Construction einer geographischen Uhr	[385]	263
Juden, die, in Damaskus	[381]	230
Jungfrau, die, mit dem Gürtel, von Murillo	[363]	85
Justiz, orientalische	[376]	191
Justizmord, der verhütete	[392]	320
Kältegrade, die höchsten	[368]	126
Kampf zweier Elefanten gegen Artillerie	[385]	259
Kant, Immanuel	[402]	393
Karahissar	[380]	220
Karli, die Höhle bei	[361]	65
Karlsbad	[366]	105
Kartoffeln, Benutzung gefrorener	[369]	133
Kathedrale, die, von Orleans	[401]	389
Khiwa, das Land	[369]	133
Kilsby, der Tunnel daselbst	[364]	96
Knox, John	[402]	397
—— Denkmal desselben in Glasgow		
Koch's Ausgrabungen antediluvianischer Überreste	[396]	270
Kochsalz, über grob- und feinkörniges	[371]	150
Kohlmeise, die		148
Kœnigsberg, ein Besuch im Silberbergwerke daselbst	[376]	190
Königinnen, die regierenden, Englands	[367]	114
Königsstraße in Korfu	[367]	113
Konstantinopel, Belagerungen desselben	[379]	216
—— die öffentlichen Bäder daselbst	[382]	240
Kopfrechner Dase	[387]	275
Koptische Christen, die Fasten derselben	[373]	166
Korfu, die Insel	[367]	113
—— Königsstraße, die, in Korfu		
Kosciuszko	[358]	41
	[359]	50
Kraken, der	[382]	235

	Nr.	S.
Krammetsvogel, der	[364]	92
Kronstadt	[374]	169
Küche, seltsame Art, dieselbe mit Wildpret zu versorgen	[400]	384
Kurzsichtigkeit, Heilung derselben	[394]	334
Landedelmann, altenglischer, die Halle eines solchen	[396]	348
Laplace	[378]	201
Lasset die Kindlein zu mir kommen, nach einem Gemälde von Benj. West	[394]	329
Laub, Benutzung desselben als Fütterungsmittel	[379]	212
Leichenbitter, der	[402]	400
Leichenzug, der, nach einem Gemälde von Robert	[378]	208
Lerche, die		
—— Amsel, Baumlerche, Drossel, Feldlerche, Wiesenlerche	[384]	255
		256
Lessing, Gotthold Ephraim	[397]	353
Lesueur, Jean François		292
—— bei dem Cantor in Amiens	[289]	293
—— in Napoleons Loge		—
Libanon, das Dorf Eden daselbst	[367]	120
Lichtbilder von Himly	[361]	70
Liebe der Neger zur Musik	[386]	271
Linien, die, von Torres Vedras	[395]	340
Linné, der Erbe von	[379]	209
Livorno	[393]	321
Luft, die, der Pferdeställe, Benutzung derselben	[400]	384
Luftballon, mißlungener Versuch einer horizontalen Lenkung desselben	[361]	66
Luxemburg	[365]	100
Lyon		
—— Ansicht dieser Stadt von den Höhen von Croix-Rousse	[403]	403
		404
—— Ansicht dieser Stadt vom Felsen Pierre-Encise		405
Mailand, die Pest daselbst, nach einem Basrelief von Puget	[401]	388
Malerwerkstatt, die, der Kinder, nach einem Gemälde von Reynolds	[397]	356
Malta und die Malteserritter	[353]	4
Mammuthknochen in der Nordsee	[386]	270
Manchester, großartige Fabriken daselbst	[404]	416
Mann, der, von sechs Frauen	[397]	359
Manna, das sinaitische	[364]	91
Maria Stuart, Königin von Schottland	[388]	281
	[389]	290
Märkte, die, in Petersburg	[399]	375
Marokko	[378]	203
—— Ansicht dieser Stadt		204
—— Beitrag zur Culturgeschichte desselben	[404]	411
Marseille, das Pestlazareth daselbst	[399]	373
Matrose aus Gabes	[368]	124
Mauerschwalbe, die	[383]	248
Maurin in Tunis	[368]	124
Medicinalpersonen in der preußischen Monarchie	[390]	302
Meduse, französische Fregatte, Schiffbruch derselben	[362]	80
	[365]	101
Mehlthau, der	[365]	103
Melonengärten, die, in Rußland	[391]	306
Merkwürdige Ähnlichkeit	[366]	111
Merkwürdiger Criminalfall	[367]	117
Messina	[363]	88
—— Dom und Domplatz daselbst		
Meteorsteine, Sternschnuppen und Feuerkugeln	[388]	284
Metidscha, die Ebene	[358]	46
Milton, John	[395]	337
	[396]	345
Mimik, Verhandlungen durch dieselbe	[380]	218
Miscellen		
Aufführung des Oratoriums Paulus in Wien, 7. Nov. 1839	[401]	392
Ausgaben des J. 1840 der Stadt Paris für Verschönerungen rc.	[394]	336
Großartige Fabriken Manchesters	[404]	416
Höhe berühmter Denksäulen		
Langer Papierbogen aus einer englischen Papierfabrik	[401]	392
Medicinalpersonen in der preußischen Monarchie	[390]	302
Namenveränderungen eines Linienschiffs in Frankreich	[391]	312

Inhaltsverzeichniß.

	Nr.	S.
Miscellen		
Rundschit-Singhs Vermächtniß des Diamanten Kohi-Noor an den Tempel zu Jaggernauth	[394]	336
Zahl der i. J. 1838 in Schweden getödteten Raubthiere	[391]	312
Mittel, einfaches, Ratten zu fangen	[384]	251
Mittheilungen über die Insel Rhodus	[384]	250
Mohammed Ali's Bart	[386]	271
Monarchien, kleinere europäische, Ursprung derselben und ihrer Regentenhäuser	[379]	213
	[380]	221
Mönchsgrasmücke, die	[353]	8
Mond, der, nach den neuesten Beobachtungen	[355]	22
Mondglobus der Hofräthin Witte zu Hanover	[385]	263
Mongolisches Reich in Indien, Sinken und Fall desselben	[372]	158
	[373]	161
Morgenland, das, etwas über den Tanz daselbst	[398]	361
Museum, das britische	[361]	68
Musik, Liebe der Neger zu derselben	[386]	271
Nachtigall, die	[353]	8
Nadeln, die, von Etretat	[379]	213
Nadir Schah	[373]	161
Name, verschiedene Schreibart eines solchen	[372]	150
Namenveränderungen eines Linienschiffs in Frankreich	[391]	312
Napoleon in Boulogne		323
—— Vertheilung der Kreuze der Ehrenlegion	[393]	324
—— Anwesenheit desselben in Boulogne bei einem Seegefechte		325
—— und die Fürstin von Hatzfeld	[354]	16
Napoleons Soldatenverbrauch	[401]	386
Neger, Liebe derselben zur Musik	[386]	271
Neueste, das, aus der Natur- und Gewerbswissenschaft: Galvano-Plastik des Professors Jacobi in Dorpat. — Verbesserung des Daguerre'schen Verfahrens der Verfertigung der Lichtbilder. — Elektrische Telegraphie. — Versuch mit derselben auf der Great-Western-Eisenbahn. — Galvanische Telegraphen in Deutschland. — Steinheil's Ausführung eines solchen zwischen Bogenhausen und München	[360]	58
—— Mißlingen eines neuen Versuchs zur horizontalen Lenkung des Luftballons. — Magnetische Südpolerpedition	[361]	66
—— Möglichkeit eines Zusammenstoßens unserer Erdkugel mit anderen Planeten. — Der Mondglobus der Hofräthin Witte zu Hanover. Gruithuisen's Angabe zum Bau einer geographischen Uhr; Johbaum's zu Kapfenberg in Obersteiermark Construction dazu	[385]	261
—— Des Optikers Petitpierre in Berlin „Lichtstiche". — Photographische Bilder Bianchi's aus Toulouse. — Untersuchung, ob die Fixation photographischer Bilder durch das Drummond'sche Licht bewirkt werden könne. — Anwendung des Hydro-Oxygengas-Mikroskops bei der Daguerréotypie durch Ettingshausen zu Wien und Gebauer und Göppert zu Breslau. — Erfindung eines photographischen Papiers. — Koch's in St. Louis am Missuri Ausgrabungen antediluvianischer Überreste. — Mammuthknochen in der Nordsee und im englischen Kanal. — Berendt's und Siebold's Untersuchungen der im Bernstein eingeschlossenen organischen Überreste der Vorwelt. — Jacobi's Galvano-Plastik in londoner Fabriken von Metallknöpfen angewendet. — Berechnung der auf dem Erdboden in Thätigkeit befindlichen Dampfmaschinen	[386]	268
Newcastle, Grey-Straße daselbst	[396]	345
Newton	[355]	20
—— Geburtsort desselben	[355]	20
—— Zimmer, in dem derselbe geboren wurde	[355]	21
Nizza	[397]	359

	Nr.	S.
Nizza, Ansicht desselben von den Anhöhen an der Straße nach Villafranca	[397]	360
Nordamerika, die Gefängnisse daselbst	[395]	343
	[396]	349
Nordamerikaner, Eishandel derselben	[344]	255
Nordengland, das Waschen der Schafe daselbst	[372]	156
Notizen über Seidenzucht	[381]	231
—— Veredelung des Gänse- und Schweinefleisches	[392]	320
—— Bergwerke und Hütten in Frankreich im J. 1837	[395]	344
—— Gesammtbevölkerung der französischen Bagnos	[398]	366
—— Tragbares Regierungsgebäude auf einem Zimmerplatze in London	[403]	408
Odessa	[373]	167
		168
Officin des Robert Etienne	[403]	408
Opfer, die, der französischen Revolution	[380]	219
Oratorium „Paulus", Aufführung desselben in Wien 7. Nov. 1839	[401]	392
Orientalische Justiz	[376]	191
Orleans	[401]	388
		389
—— Kathedrale daselbst	[401]	
Orontes, der Fluß	[359]	49
Paganini	[390]	297
Papier, photographisches, Erfindung desselben	[386]	269
Papierbogen, langer, aus einer englischen Papierfabrik	[401]	392
Papierfabrikation, chinesische	[393]	322
Paris, Ausgaben dieser Stadt im J. 1840 für Verschönerungen ꝛc.	[394]	336
—— Consumtion daselbst	[380]	223
—— das Théâtre français daselbst	[385]	259
—— der Triumphbogen de l'Etoile daselbst	[357]	40
Patagonierin zu Pferde	[377]	196
Pehuenchen, die		195
Persepolis, die Ruinen von	[396]	351
—— Abbildung auf einer Felsenwand bei dieser Stadt		352
Perser, die, in London	[378]	202
Pest, die, in Mailand, nach einem Basrelief von Puget	[401]	388
Pestalozzi	[371]	145
Pestlazareth, das, bei Marseille	[399]	373
Petersburg, die Märkte daselbst		375
—— Theeläden daselbst	[377]	197
Peters-Port, Hauptstraße dieser Stadt	[402]	396
Petitpierre's Lichtstiche	[386]	268
Pfauenargus, der	[381]	232
Pferdeställe, Benutzung der Luft derselben	[400]	384
Photographische Bilder Bianchi's aus Toulouse	[386]	269
Pico, der Berg, auf der azorischen Insel Fayal	[357]	37
Pierre-Encise, Ansicht der Stadt Lyon von diesem Felsen	[403]	405
Plessis les Tours	[357]	33
—— in seinem jetzigen Zustande		
Pneumatischer Telegraph	[356]	29
Poitiers	[377]	193
Pompeji, Ansicht des großen Theaters daselbst	[358]	44
Poniatowski, Fürst Joseph	[403]	401
	[404]	414
Posthaus, das, zu Dublin		265
Poussin, Nikolaus	[386]	267
—— Dessen Tod, nach einem Gemälde von Granet		268
Preußen, Friedrich Wilhelm IV., König von	[384]	249
Prinz Eugen	[375]	177
	[376]	186
Prinzeninseln, die	[374]	174
Puget, Pierre		387
—— Die Pest in Mailand, Basrelief desselben	[401]	388
		386
Pyrenäen, Aberglaube in den		
—— die Schlachten an denselben	[404]	412
Quäker, der, und der Räuber	[376]	188
Quarantaineanstalten	[399]	372

Inhaltsverzeichniß.

	Nr.	S.
Quecksilber in Toscana	[354]	14
Quellen, von den	[354]	10
	[355]	18
	[356]	26
—— unterirdische Kanäle derselben	[354]	12
Rathhaus, das, zu Bremen	[360]	60
Ratten zu fangen, einfaches Mittel	[384]	251
Raubthiere, Anzahl der im J. 1838 in Schweden getödteten	[391]	312
Rauchschwalbe, die	[383]	248
Regentenhäuser, Ursprung der kleinern europäischen	[379]	213
	[380]	221
Regierungsgebäude, tragbares, auf einem Zimmerplatze in London	[403]	408
Reich, mongolisches, in Indien, Sinken und Fall desselben	[372]	158
	[373]	161
Reisbau in Deutschland	[364]	91
Revolution, französische, Opfer derselben	[380]	219
Reynolds, Sir Joshua		355
—— Die Malerwerkstatt der Kinder, nach einem Gemälde desselben	[397]	356
Rhodus, Insel, Mittheilungen über dieselbe	[384]	250
Riesencypresse, die		254
Robert, der Leichenzug, nach einem Gemälde desselben	[378]	208
Robin Hood und der kleine John	[374]	173
Rochelle, La	[384]	251
—— Der Hafen daselbst		252
Rolandspforte, die	[366]	108
Roßkastanie, zwiefacher Werth derselben	[374]	173
Rothdrossel, die	[364]	92
Rothhänfling, der	[369]	136
Rothkehlchen, das	[353]	8
Rubens' Besuch bei Velasquez	[368]	122
Ruinen, die, von Persepolis und Schapur	[396]	351
Rundschit-Singhs Vermächtniß des Diamanten Kohi-Noor an den Tempel zu Jaggernauth	[394]	336
Rußland, Melonengärten daselbst	[391]	306
Sacristei, die, des Doms zu Siena	[362]	77
Salamanca, die Schlacht bei	[400]	380
Salpetriere, die	[383]	244
	[384]	253
	[385]	258
Sänger, die	[353]	7
San-Miguel, Insel, Gegend auf derselben	[357]	36
Sardinien, die Insel und ihre Bewohner	[394]	333
Schafe, Waschen derselben in Nordengland		156
Schäfer, der, im schottischen Hochlande	[372]	157
Schäferin, die schlafende, nach einem Gemälde von Franz Boucher	[388]	284
Schafschwemme, die	[372]	156
Schapur, die Ruinen von	[396]	351
Scheckiger Fliegenfänger	[367]	117
Schielen, Heilung desselben	[394]	334
Schiffbau, Eichenholz zu demselben	[353]	7
Schiffbruch des französischen Schiffes Meduse, nach Gericault	[362]	80
Schiffe, Geschwindigkeitsmesser für dieselben	[368]	128
	[391]	307
Schild, der, des Herzogs von Wellington	[392]	315
	[395]	339
	[400]	379
Schilfpapier	[360]	60
Schlacht, die, bei Abukir	[370]	138
		140
Schloß, das, zu Anet	[381]	229
—— das, zu Ferrara	[368]	121
—— das, zu Genneté	[387]	276
Schnee, der	[374]	174
Schneeflocken im Mikroskop gesehen		176
Schnelligkeit der Tauben	[369]	135
Schreibart, verschiedene, eines Namens	[372]	160
Schröpfköpfe im Großen	[360]	63
Schule, die gelehrte, in Edinburg	[364]	96
Schwalben, die		246
—— Die Hausschwalbe, die Mauerschwalbe, die Rauchschwalbe, die Uferschwalbe	[383]	248
Schwarzköpfiger Ammer	[365]	104
Schwarzwälder Uhrenfabrikation	[382]	236

	Nr.	S.
Schweinefleisch, Veredelung desselben	[392]	320
Seidenproduction in Frankreich	[373]	167
Seidenzucht, Notizen über dieselbe	[381]	231
Seltsamer Wunsch eines Sterbenden	[382]	235
Sevilla, Cigarrenfabrication daselbst	[386]	271
Sicherheitslampen, verbesserte	[356]	27
Sicilische Vesper, die	[387]	276
Sidney (Philipp)	[360]	57
Siena	[362]	76
—— Die Sacristei des Doms daselbst		77
Silberbergwerk zu Kongsberg, ein Besuch in demselben	[376]	190
Sinken und Fall des mongolischen Reichs in Indien	[372]	158
	[373]	161
Sitten im Canton Wallis, Ansicht dieser Stadt	[364]	89
Sitten und Gebräuche der neuern Ägypter	[362]	78
Skizzen aus Tunis	[399]	369
Soldatenverbrauch Napoleons	[401]	386
Southwarkbrücke, die, in London	[375]	181
Souveraine, die, Europas, am 1. Jan. 1840, nach ihrem Alter geordnet	[353]	3
Spanien, Südspitze desselben	[370]	140
Staatenhaus, das, zu Boston	[369]	132
Stanhope, Lady Esther		366
—— Dschiun, Aufenthaltsort derselben	[398]	368
Steinheil's galvanischer Telegraph	[360]	60
Sterbender, seltsamer Wunsch eines solchen	[382]	235
Sternschnuppen, Feuerkugeln und Meteorsteine	[388]	284
Sternwarte, die, zu Delhi	[398]	364
Strafen, die, der Chinesen	[377]	197
Straße der heiligen Ursula in Valetta	[370]	144
Straßenpflasterung mit Holz	[367]	119
Strumpfweberei, Geschichte derselben	[404]	415
Stuart, Maria, Königin von Schottland	[388]	281
	[389]	290
Südpolerpedition, magnetische	[361]	67
Südspitze, die, von Spanien	[370]	140
Sumpfmeise, die	[371]	148
Sumpfvögel, einige		198
—— der Brachvogel, die Uferschnepfe, der Alpenstrandläufer	[377]	200
Talma, Anekdote aus dessen Leben	[393]	328
Tamerlan	[380]	217
Tannenmeise, die	[371]	148
Tanz, etwas über den, im Morgenlande	[398]	361
Tauben, Schnelligkeit derselben	[369]	135
Taubstumme vor Gericht	[380]	218
Telegraph	[356]	29
Telegraphen, galvanische in Deutschland	[360]	60
—— ein solcher von Steinheil ausgeführt		
Telegraphen, elektrische		
—— Versuch mit derselben auf der Great-Western-Eisenbahn	[360]	59
Terburg, „die kranke Frau", nach einem Gemälde desselben	[387]	280
Thann im Elsaß	[382]	235
—— Ansicht dieser Stadt und der Kirche daselbst		236
Thau, der	[359]	53
Theater, das griechische		43
—— Ansicht des großen Theaters in Pompeji	[358]	44
Théâtre français, das, in Paris	[385]	259
Theeläden, die, in Petersburg	[377]	197
Thiere, Winterschlaf derselben	[392]	314
Tod, der, Poussin's, nach einem Gemälde von Granet	[386]	268
Todten, die ausgezeichneten, des Jahres 1839	[368]	79
Torres Vedras, die Linien von	[395]	340
Toscana, Quecksilber daselbst	[354]	14
Toulouse, Einzug Wellington's daselbst	[404]	413
Triumphbogen, der, de l'Étoile zu Paris	[357]	40
Troglodytenaffe, der	[372]	159
Tunis, Skizzen aus	[399]	369
—— Ansicht dieser Stadt		
—— und die Tuneser		
—— ein Barbier, eine Maurin und ein Matrose aus Gabes	[368]	124
Tunnel, der, bei Kilsby	[364]	96

Inhaltsverzeichniß.

	Nr.	S.
Übergang der Engländer über den Douro	[392]	317
Uferschnepfe, die	[377]	200
Uferschwalbe, die	[383]	248
Uhr, geographische, Gruithuisen's	[385]	263
—— Johbaum's Construction einer solchen		
Uhrenfabrikation, die schwarzwälder	[382]	236
Ursprung der kleinern europäischen Monarchien und ihrer Regentenhäuser	[379] [380]	213 221
Ursula, die heilige, Straße derselben in Valetta	[370]	144
Valetta, Ansicht des Hafens daselbst vom Fort Riccazoli	[353]	5
Valetta, Straße der heiligen Ursula daselbst	[370]	144
Van Eyck	[356]	25
Velasquez, Rubens' Besuch bei demselben	[368]	122
Veredelung des Gänse- und Schweinefleisches	[392]	320
Verhandlungen durch die Fingersprache und Mimik	[380]	218
Vermächtniß, das, eine Criminal-Anekdote	[386]	267
Verschiedene Schreibart eines Namens	[372]	160
Vertheilung der Kreuze der Ehrenlegion durch Napoleon in Boulogne	[393]	324
Vesper, die sicilische	[387]	276
Vien (Joseph Maria), Maler	[361]	71
—— Dessen Gemälde: Der schlafende Eremit		72
Vimiera, Niederlage der Franzosen bei dieser Stadt	[392]	316
Virgilius	[400]	377 381
Vittoria, die Schlacht bei		
Vogelspinne, die	[360]	63
Wagegebäude, das, in Amsterdam	[359]	53
Waldmeisen, die	[371]	148
—— Blaumeise, Kohlmeise, Sumpfmeise, Tannenmeise		
Wallis, der Canton	[364]	89
Wärmegrade, die höchsten	[368]	126
Waschen der Schafe in Nordengland	[372]	156
Wasserkraft, Anwendung eines artesischen Brunnens als solcher	[353]	2
Waterloobrücke, die, in London	[375]	184
Weigerung, die, eine Criminal-Anekdote	[386]	267

	Nr.	S.
Weingas	[389]	296
Wellington, der Herzog von, und sein Schild		307
Fig. 1. Wellington von seinem Generalstabe umgeben	[391]	308 309
Fig. 2. Die Schlacht bei Assaye		
Fig. 3. Niederlage der Franzosen bei Vimiera	[392]	316 317
Fig. 4. Der Übergang über den Douro		
Fig. 5. Die Linien von Torres Vedras	[395]	339 341
Fig. 6. Belagerung und Einnahme von Badajoz		
Fig. 7. Die Schlacht bei Salamanca	[400]	380 381
Fig. 8. Die Schlacht bei Vittoria		
Fig. 9. Die Schlachten an den Pyrenäen	[401]	412 413
Fig. 10. Der Einzug in Toulouse		
Wellington von seinem Generalstabe umgeben	[391]	308
Weltbürger, der	[368]	128
Werth, zwiefacher, der Roßkastanie	[374]	173
West, Benjamin		
—— Gemälde desselben: Lasset die Kindlein zu mir kommen	[394]	329
—— Das goldene Alter		336
Wettersäulen, die	[361]	69
Wie weit kann man von einer Höhe sehen?	[360]	61
Wiesenlerche, die	[384]	256
Wildpret, seltsame Art, die Küche damit zu versorgen	[400]	384
Windsor	[356]	29
—— das Chor der Georgskapelle das.		32
Winterschlaf, der, der Thiere	[392]	314
Wunsch, seltsamer, eines Sterbenden	[382]	235
Zaungrasmücke, die	[353]	8
Zaunkönig, der		
Zeisig, der	[369]	136
Zimmer, ein türkisches, in Damaskus	[366]	112
Zimmer, in welchem Newton geboren wurde	[355]	21
Zuckerhut, der umgekehrte, im adersbacher Felsenwalde	[390]	304
Zwiefacher Werth der Roßkastanie	[374]	173

Das Pfennig-Magazin
für Verbreitung gemeinnütziger Kenntnisse.

353.]   Erscheint jeden Sonnabend.   **[Januar 4, 1840.**

Aureng-Zeb.

Im 13. Jahrhundert überschwemmten die Mongolen den größten Theil von Asien und Europa und erfüllten die alte Welt mit dem Schrecken ihrer Waffen. Ihr kühner Anführer Dschingis-Khan, ein Eroberer, wie die Welt seit Cäsar keinen gesehen, hatte im Jahre 1206 den Plan entworfen, die ganze Erde zu erobern; nachdem er fast ganz Asien bezwungen, starb er 1227; seine Söhne setzten seine Eroberungen fort. Nicht zufrieden, China und das Khalifat zu Bagdad unterworfen zu haben, überwältigten sie auch Rußland und ihre Horden drangen 1241 bis Deutschland vor, das sie glücklicherweise bald räumten, ohne erfolgreichen bewaffneten Widerstand getroffen zu haben. Am Ende des 13. Jahrhunderts stand das mongolische Reich, das sich vom chinesischen Meere bis an die polnische Grenze erstreckte, auf dem Gipfel seiner Macht, gerieth aber durch Theilungen im 14. Jahrhundert in Verfall. Da trat im Jahre 1360 ein zweiter nicht minder furchtbarer Eroberer auf, Timur, gewöhnlich Tamerlan genannt, der 1369 die Stadt Samarkand zum Sitze seiner Herrschaft wählte und in Indien das starke Delhi eroberte. Nach seinem Tode im J. 1405 zerfiel die mongolische Monarchie abermals in mehre Staaten. Mächtiger als alle wurde das Reich des Großmoguls, das ein Abkömmling Timur's, Babur oder Baber, im J. 1519 in Hindostan gründete und das Jahrhunderte lang glorreich bestand.

Unter den Nachfolgern Babur's, eines in vielen

Hinsichten lobenswerthen Fürsten, dessen Sohn und Enkel Humaiun und Akbar seine Herrschaft erweiterten, stand nur ein großer Mann auf, Aureng-Zeb (d. h. Zierde des Thrones), ein Urenkel Akbar's, während alle andern nur Abscheu oder Verachtung verdienten. Noch bei Lebzeiten seines Vaters Jehan setzte sich Aureng-Zeb auf den Thron. Als nämlich Jener, schon alt und schwach, auf das Krankenlager geworfen wurde, empörte sich der zweite seiner vier Söhne, Dara, Sujah, Aureng-Zeb und Morad, und marschirte gegen die Hauptstadt unter dem Vorwande, daß der Vater von seinem ältern Bruder Dara umgebracht worden sei; er wurde zwar von Dara's Sohn Soliman geschlagen, aber bald folgten Aureng-Zeb und Morad seinem Beispiele. Jener hatte bisher eine tiefe Religiosität und einen lebhaften Eifer an den Tag gelegt, die Reinheit und Strenge des mohammedanischen Glaubens, von der die mongolischen Herrscher aus Klugheit vielfach abgewichen waren, um gegen die Sitten und Vorurtheile der eingeborenen Hindus so wenig als möglich zu verstoßen, wiederherzustellen; hierdurch allein war es ihm gelungen, seine weitaussehenden herrschsüchtigen Pläne zu verbergen. Er ließ sich sogar unter die Fakirs oder Bettelmönche aufnehmen und legte ihre Kleidung an, als hätte seine fürstliche Herkunft für ihn nicht den mindesten Werth. Seinen jüngern Bruder Morad hatte er durch das Versprechen gewonnen, ihm den Thron zu überlassen und für sich selbst allen Ansprüchen zu entsagen, sodaß Jener willig seine ganze Macht zu seiner Verfügung stellte. Der älteste Bruder Dara, der bei dem Vater geblieben war, rückte ihnen entgegen und beide Heere trafen sich bei Fateabad. Dara's Armee war ohne Vergleich zahlreicher, aber Verrath war in seinem Lager und nur auf den kleinsten Theil konnte er sich verlassen. Tapfer, aber unbesonnen wagte er den Kampf, ohne die Ankunft von Verstärkungen unter seinem Sohne Soliman abzuwarten, war indeß anfangs sehr glücklich. Eben wollte er Aureng-Zeb selbst und die kleine noch unbesiegt gebliebene Heeresabtheilung desselben angreifen, als ein Zwischenfall der Schlacht eine andere Wendung gab und dem Dara Thron und Sieg entriß. Der Anführer von seinem 30,000 Mann starken rechten Flügel, der es insgeheim mit Aureng-Zeb hielt und nur auf eine günstige Gelegenheit zum Abfall lauerte, ritt mit verhängtem Zügel auf Dara zu und rief: „Mögt Ihr lange leben und glücklich regieren! Der Sieg ist unser! Aber warum reitet Ihr noch immer auf diesem hohen Elefanten? Seid Ihr noch lange genug der Gefahr ausgesetzt gewesen?" Seinem Zureden, den Elefanten mit dem Pferde zu vertauschen und die Flüchtigen nachdrücklich zu verfolgen, gab Dara Gehör; er stieg vom Elefanten und damit zugleich vom Throne. Als die entferntern Truppen ihn nicht mehr wie früher auf dem Elefanten erblickten, kamen sie auf die Meinung, er sei getödtet worden, das ganze Heer befiel ein panischer Schrecken, den Aureng-Zeb klug benutzte und so den Sieg davon trug. Dara floh; der Sieger bemächtigte sich erst der Hauptstadt, dann der Person des Vaters. Nun warf er die Maske der Heiligkeit ab, die er so lange getragen, und der leichtgläubige Morad sah sich in hülf- und hoffnungsloser Gefangenschaft. Sujah und Dara blieben noch übrig; Jener wurde zur Flucht genöthigt, Dieser von einem Verräther dem Aureng-Zeb überliefert und sogleich hingerichtet, ein Schicksal, das später auch dem Morad zu Theil wurde.

So sicherte sich Aureng-Zeb im Jahre 1659 den Thron von Indien, unbekümmert um die Verwünschungen des Volkes, ließ sich zum Kaiser ausrufen und nahm den Namen Alemgir, d. h. Weltüberwinder, an, aber von dieser Zeit an erscheint sein Charakter in hellerm Lichte. Er regierte mit vieler Weisheit und Milde, wenigstens nach orientalischen Begriffen, und niemals ist das mongolisch-indische Reich mächtiger und blühender gewesen, als während seiner langen und meist friedlichen Regierung (1659—1707). Seinem von ihm entthronten Vater, der den Verlust der Herrschaft um sieben Jahre überlebte und erst 1666 starb, bewies er die größte Aufmerksamkeit und Verehrung. Sein Land beglückte er durch kluge Verwaltung, übte strenge Gerechtigkeit, beförderte den Wohlstand seines Volkes und bekämpfte siegreich die Vasallenkönige, die sich gegen ihn empörten, insbesondere die Könige von Visapur und Golkonda und die Mahrattenfürsten Sewagi und Sembagi. Ein halb komisches, aber keinesweges geringfügiges Ereigniß war die Erscheinung einer rebellischen Armee von 20,000 Fakirs oder Bettelmönchen, die von einer alten Frau angeführt wurden. Sie verheerten das Land, schlugen die Einwohner, die sich in Masse gegen sie erhoben, sodaß diese allgemein ihrem weiblichen Anführer übernatürliche Macht zuschrieben, und marschirten endlich gegen die Hauptstadt selbst, um das Reich zu stürzen. Aureng-Zeb's Soldaten zitterten und nur Klugheit konnte hier zum Ziele führen. Der Kaiser begegnete den Angreifern mit gleichen Waffen, denn da er gleichfalls im Geruche der Heiligkeit stand, wurde es ihm leicht, seine Soldaten glauben zu machen, er habe einen Zauberspruch entdeckt, der über den Zauber der Feinde siegen werde. Diesen Spruch schrieb er eigenhändig auf Papierstreifen, die an die Spitzen von Lanzen befestigt und vor den Heeresabtheilungen her getragen wurden. Dies begeisterte die Soldaten dermaßen, daß die Fakirs in kurzer Zeit in Stücke gehauen wurden. Mehr Sorge verursachte dem Kaiser in der letzten Zeit seiner Regierung die Rebellion seines Sohnes Akbar, der freilich nur das von seinem Vater gegebene Beispiel befolgte; ihn sowol als einen jüngern in des Bruders Plan verwickelten Sohn ließ er gefangen setzen und durch schleichendes Gift hinrichten. Nach einer 48jährigen Regierung starb Aureng-Zeb im Lager zu Ahmed-nuggar am 21. Februar 1707, 94 oder nach Andern 88 Jahre alt. Ihm folgte sein Sohn Schah Alem, unter dem das Reich bald wieder in Verfall gerieth. Ein prächtiges Denkmal Aureng-Zeb's steht in geringer Entfernung von Aurengabad, der Residenzstadt des Großmoguls, welche von ihm befestigt und verschönert und deshalb nach ihm benannt wurde.

Anwendung eines artesischen Brunnens als Wasserkraft.

In einer Seidenfabrik zu Tours in Frankreich befindet sich ein artesischer Brunnen von 212 Mètres oder 652 pariser Fuß Tiefe, welcher, wenn man ihn in $1\frac{1}{2}$ Fuß Höhe über dem Boden springen läßt, in der Minute die ungeheure Wassermasse von 4000 Litres ($19\frac{1}{2}$ preuß. Orhoft) liefert. Man kam auf den Gedanken, dieses Wasser als bewegende Kraft zu benutzen, und verlängerte deshalb die Röhre bis auf 6 Fuß über dem Boden. Seitdem erhält man in der Minute nur noch 1800 Litres ($8\frac{3}{4}$ Orhoft), dies reicht aber hin, um mittels eines Rades sämmtlich in der Fabrik nöthige Maschinen zu treiben. Hr. Mulot, welcher jenen Brunnen gegraben hat, leitet jetzt die Arbeiten am artesischen Brunnen im Schlachthause von Paris in der Vorstadt Grenelle, der bereits eine Tiefe von mehr als 1400 Fuß erlangt hat, ohne daß man Wasser gefunden hätte; indessen hat man wenigstens jetzt mehr Aussicht als je, Wasser zu finden, da man aus der weißen Kreide in die grüne gekommen ist, wo man wegen des geringen Widerstandes dieser Kalkvarietät täglich um einen Mètre weiter zu kommen und, da man noch nie eine über 100 Mètres dicke Schicht von grüner Kreide gefunden hat, in wenig Monaten Wasser zu treffen hofft.

Die Souveraine Europas am 1. Jan. 1840, nach ihrem Alter geordnet.

#	Name	geb.	alt J.	M.	reg. J.	M.	Stand	Konf.
1.	König Karl XIV. Johann von Schweden,	1764	76	1	21	11	vermählt	luth.
2.	Papst Gregor XVI.	1765	74	3	8	11	unverm.	kathol.
3.	König Friedrich Wilhelm III. von Preußen	1770	69	5	42	2	verm. (II)	evang.
4.	= Ernst August von Hanover	1771	68	7	2	6	verm.	engl.
5.	= Wilhelm I. der Niederlande	1772	67	4	26	1	Witwer	reform.
6.	= der Franzosen, Ludwig Philipp I. .	1773	66	3	9	5	vermählt	kathol.
7.	Kurfürst Wilhelm II. von Hessen-Kassel . .	1777	62	5	18	10	=	ref.
8.	Großherzog Ludwig II. von Hessen-Darmstadt	=	62	—	9	9	Witwer	luther.
9.	Herzog Heinrich von Anhalt-Köthen	1778	61	5	9	4	vermählt	ref.
10.	Landgraf Philipp von Hessen-Homburg . .	1779	60	10	—	11	unverm.	=
11.	Großherzog Georg von Mecklenburg-Strelitz	=	60	5	23	2	vermählt	luth.
12.	Herzog Franz IV. von Modena	=	60	3	24	7	=	kathol.
13.	König Wilhelm I. von Würtemberg	1781	58	3	23	2	verm. (III)	luth.
14.	Großherzog Karl Friedrich v. Sachsen-Weimar	1783	56	11	11	7	vermählt	=
15.	= August von Oldenburg	=	56	6	10	7	verm. (III)	=
16.	Herzog Ernst von Sachsen-Koburg-Gotha .	1784	56	—	33	1	verm. (II)	=
17.	Fürst Georg Wilhelm von Lippe-Schaumburg	=	55	—	52	11	vermählt	ref.
18.	= Karl Anton v. Hohenzollern-Sigmaringen	1785	54	10	8	3	=	kathol.
19.	= Heinrich LXII. von Reuß-Schleiz . . .	=	54	7	21	8	unverm.	luth.
20.	König Ludwig I. von Baiern	1786	53	4	14	3	vermählt	kathol.
21.	= Christian VIII. von Dänemark . . .	=	53	3	—	1	verm. (II)	luth.
22.	Herzog Joseph von Sachsen-Altenburg . .	1789	50	4	5	3	vermählt	=
23.	Fürst Georg von Waldeck	=	50	3	26	4	=	evang.
24.	Großherzog Leopold von Baden	1790	49	4	9	9	=	=
25.	König der Belgier, Leopold I.	=	49	1	8	6	verm. (II)	luth.
26.	Herzogin Marie Luise von Parma	1791	48	1	25	7	Witwe	kathol.
27.	Kaiser Ferdinand I. von Östreich	1793	46	8	4	10	vermählt	=
28.	Fürst Günther von Schwarzburg-Rudolstadt	=	46	2	32	8	=	luth.
29.	= Heinrich XX. von Reuß-Greiz	1794	45	6	3	2	verm. (II)	=
30.	Herzog Leopold von Anhalt-Dessau . . .	=	45	3	22	6	vermählt	evang.
31.	Fürst Aloys von Liechtenstein	1796	43	7	3	8	=	kathol.
32.	Kaiser Nikolaus I. von Rußland	=	43	6	14	1	=	griech.
33.	Fürst Leopold von Lippe-Detmold	=	43	2	37	9	=	ref.
34.	= Heinrich LXXII. von Reuß-Ebersdorf .	1797	42	9	17	6	unverm.	luth.
35.	König Friedrich August II. von Sachsen . .	=	42	7	3	7	verm. (II)	kath.
36.	Großherzog Leopold II. von Toscana . . .	=	42	3	15	6	=	=
37.	König Karl Albert von Sardinien	1798	41	3	8	8	vermählt	=
38.	Herzog Karl von Lucca	1799	40	—	15	10	=	=
39.	Großherz. Paul Friedrich v. Mecklenb.-Schwerin	1800	39	4	2	11	=	luth.
40.	Herzog Bernhard von Sachsen-Meiningen . .	=	39	1	36	—	=	=
41.	Fürst Friedrich von Hohenzollern-Hechingen	1801	38	10	1	4	=	kath.
42.	= Günther v. Schwarzburg-Sondershausen	=	38	3	4	4	verm. (II)	luth.
43.	Herzog Alexander von Anhalt-Bernburg . .	1805	34	10	5	9	vermählt	evang.
44.	= Wilhelm von Braunschweig	1806	33	8	8	8	unverm.	luth.
45.	König beider Sicilien, Ferdinand II.	1810	30	—	9	2	verm. (II)	kath.
46.	= Otto I. von Griechenland	1815	24	7	7	3	vermählt	=
47.	Herzog Adolf von Nassau	1817	22	7	—	4	unverm.	evang.
48.	Königin Maria II. von Portugal	1819	20	9	13	6	verm. (II)	kath.
49.	= Victoria I. von Großbritannien . . .	=	20	7	2	6	unverm.	engl.
50.	Großsultan Abdul-Medschid	1823	16	8	—	6	= (?)	moham.
51.	Königin Isabella II. von Spanien	1830	9	3	6	3	unverm.	kath.

Aus dieser Tabelle erhellt: 1) daß sich unter den 51 Souverainen Europas 3 Kaiser (den Großsultan mitgerechnet), 1 Papst, 13 Könige, 3 Königinnen, 7 Großherzöge, 1 Kurfürst, 10 Herzöge, 1 Herzogin, 11 Fürsten, 1 Landgraf befinden; 2) daß der Fürst von Lippe-Schaumburg und nächst ihm der König von Preußen am längsten regieren, indem Beide (und nur sie allein) bereits im vorigen Jahrhunderte zur Regierung gekommen sind, während dagegen der Landgraf von Hessen-Homburg, der Großsultan, der Herzog von Nassau und der König von Dänemark ihre Regierung erst im verflossenen Jahre angetreten haben; 3) daß von allen 51 Souverainen gegenwärtig 9 unvermählt, 3 verwitwet, die übrigen 39 vermählt sind; die bei einem Theile der letztern stehenden eingeklammerten Zahlen (II) und (III) zeigen an, daß die betreffenden Souveraine in zweiter oder dritter Ehe vermählt sind. Von den 42 vermählten oder vermählt gewesenen Souverainen sind 8 kinderlos (9. 26. 27. 29. 35. 41. 43. 46), 2 haben nur Töchter (22. und 31.), die übrigen 32 haben Söhne oder Erbprinzen, von denen sieben bereits verheirathet sind (worunter jedoch einer in morganatischer Ehe) und einer von seiner Gemahlin geschieden ist; 10 Souveraine haben Brüder zu präsumtiven Thronfolgern; der Königin von Spanien würde im Falle ihres Todes ihre Schwester succediren. Die letzte Columne enthält die Angabe der Religion der Souveraine; aus derselben ersieht man, daß 17 Souveraine katholischer, 1 griechischer, 32 protestantischer Confession sind; von den letztern gehören wieder 18 der lutherischen, 6 der reformirten, 6 der unirten evangelischen, 2 der englischen Kirche an; einer ist mohammedanischer Religion.

Die sämmtlichen jetzt lebenden weltlichen christlichen Regenten, 50 an der Zahl (mit Hinzurechnung des in obiger Tabelle nicht enthaltenen, ein außereuropäisches Reich beherrschenden, aber aus dem europäischen Regentenhause Braganza stammenden Kaisers von Brasilien, Peter II.), stammen aus 21 verschiedenen Dynastien, und zwar a) 14 aus 6 ganz katholischen Dynastien, nämlich Östreich (4), Bourbon (4), Baiern (2), Braganza (2), Sardinien, Liechtenstein; b) 24 aus 12 ganz protestantischen Dynastien, nämlich Anhalt (3), Baden, Braunschweig (3), Hessen (3), Lippe (2), Mecklenburg (2), Nassau (2), Reuß (3), Schwarzburg (2), Schweden (Bernadotte), Waldeck, Würtemberg; c) 9 aus 2 zum Theil katholischen, zum Theil protestantischen Dynastien, nämlich Sachsen (6) und Hohenzollern (3); d) 3 aus dem zum Theil griechischen, zum Theil protestantischen Hause Holstein. Endlich kommen von sämmtlichen 51 europäischen Souverainen 33 auf Deutschland, 18 auf nicht deutsche Länder; von den Letztern stammen aber gerade die Hälfte aus deutschen Regentenhäusern.

Malta und die Malteserritter.

Die Insel Malta, welche sich bekanntlich gegenwärtig im Besitze der Engländer befindet, steht an Wichtigkeit für dieselben nur der Festung Gibraltar nach. Sie ist die wichtigste Quarantainestation im mittelländischen Meere und wird seit der Ausdehnung der Dampfschifffahrt von Reisenden aller Länder besucht. Unaufhörlich kommen französische und italienische Handelsschiffe, die nach der Levante gehen, hierher; die das mittelländische Meer befahrenden Dampfschiffe legen hier an, um sich mit Kohlen zu versehen; den englischen Kriegsschiffen im mittelländischen Meere dient die Insel als bequem gelegener Sammelplatz. So groß aber einerseits die commercielle und politische Wichtigkeit der Insel ist — und allem Anschein nach ist sie fortwährend im Steigen begriffen —, so groß ist anderseits das historische Interesse, das sie als ehemaliger Wohnsitz der Johanniterritter einflößt, und da von der Insel selbst bereits in einer frühern Nummer (Nr. 124) die Rede gewesen ist, so wollen wir uns hier darauf beschränken, über den gedachten Ritterorden einige nähere Angaben mitzutheilen.

Es war zu den Zeiten der Kreuzzüge, während jenes außerordentlichen und überaus merkwürdigen Aufschwungs der gesammten Christenheit, als die Zahl der bereits früher bestehenden Mönchsorden durch drei von ihnen in vielen Hinsichten wesentlich verschiedene geistliche Ritterorden vermehrt wurde, deren Mitglieder zwar gleich den Mönchen die Gelübde der Armuth, der Keuschheit und des Gehorsams abzulegen hatten, außerdem aber noch die Verpflichtung übernehmen mußten, gegen die Ungläubigen zu kämpfen, also statt des unthätigen, beschaulichen, auf das Innere des Klosters beschränkten Lebens der Mönche ein unruhiges, vielbewegtes Kriegerleben zu führen hatten. Von diesen drei Orden — dem der Hospitaliter oder Johanniter, dem Orden der Tempelherren und dem deutschen Orden — war der erstgenannte der älteste, entstanden aus einem Bethause und nachherigen, mit einem Hospital für die Pilger verbundenen Mönchskloster, das Kaufleute aus Amalfi im Königreiche Neapel um und nach 1048, also geraume Zeit vor dem Beginne der Kreuzzüge, mit Bewilligung des Khalifen von Ägypten, in Jerusalem angelegt und Johannes dem Täufer gewidmet hatten. Bald nach der Einnahme Jerusalems durch die Kreuzfahrer bildeten die Mönche, deren Vorsteher damals Gerhard aus der Provence (gestorben 1118) war, einen eigenen Orden, den Papst Paschalis II. 1113 bestätigte. Gerhard's Nachfolger, Raymond du Puy, wandelte den nach und nach sehr bereicherten Orden der Johanniter- oder Hospitalbrüder, deren Hauptverpflichtung bisher in der Pflege der Kranken bestanden hatte, mit päpstlicher Genehmigung in einen Ritterorden um und theilte die Ritter in drei Classen: eigentliche Ritter, denen die Führung der Waffen, Kapellane oder Geistliche, denen die Seelsorge, und Serventi d'armi oder Waffenträger, denen die Krankenpflege und Begleitung der Wallfahrer obliegen sollte. Er selbst nahm zuerst den Titel eines Großmeisters an und entwarf die Statuten des Ordens, die Papst Calixt II. 1120 bestätigte; Papst Innocenz II. gab den Rittern 1130 eine rothe Fahne mit weißem Kreuze. Durch ihre Tapferkeit hielten sich die Ritter über 170 Jahre im heiligen Lande, bis endlich nach dem Untergange der christlichen Herrschaft auch sie im J. 1291 aus demselben vertrieben wurden; schon weit früher, im J. 1187, hatten sie Jerusalem verlassen müssen. Sie eroberten hierauf Cypern, kämpften von hier aus muthig zur See gegen die Ungläubigen, verloren es 1309 und eroberten in demselben Jahre die Insel Rhodus, die sie von nun an zu ihrem Aufenthaltsorte wählten, woher sie auch von da an Rhodiserritter genannt wurden. Auch hier hatten sie vielfache Angriffe der Türken auszuhalten, behaupteten aber die Insel über 200 Jahre und vertheidigten sie namentlich im J. 1480 unter ihrem Großmeister Pierre d'Aubuisson mit heldenmüthiger Tapferkeit gegen Sultan Mohammed II., mußten aber doch endlich am 26. December 1522 unter dem Großmeister Villiers de l'Isle-Adam dem ungestümen Angriffe des Sultans Soliman II. weichen, nachdem die Türken während der Belagerung viel Menschen verloren hatten. In den zunächstfolgenden Jahren wechselten sie ihren Aufenthaltsort vielfach, gingen erst nach Kandia, dann nach Venedig, Rom, Viterbo, Nizza, Villafranca und Syrakus, bis ihnen Kaiser Karl V. die Inseln Malta, Gozzo und Comino im J. 1530 unter der Bedingung überließ, daß sie den bis 1522 mit so großer Beharrlichkeit geführten Kampf gegen die Türken und Seeräuber fortsetzen und die gedachten Inseln, falls es ihnen gelänge, sich wieder der Insel Rhodus zu bemächtigen, an das Königreich Neapel abtreten sollten; außerdem mußten sie beschwören, daß sie die Abtretung nicht zum Nachtheile Spaniens gebrauchen und den König von Spanien stets als Patron des Bisthums Malta ansehen wollten. Von nun an erhielten sie den Namen Malteserritter, der ihnen, wie der Besitz jener Inseln, über drittehalb Jahrhunderte geblieben ist. Einen furchtbaren Angriff ihres alten Gegners Soliman II. schlugen sie im J. 1565 unter ihrem Großmeister Jean de Lavalette, gestorben 1568, nach welchem die Hauptstadt der Insel benannt worden ist, mit sehr großem Verluste für die Angreifer zurück und setzten ihre Seekriege gegen die Türken mit wechselndem Glücke, aber stets mit bewundernswürdiger Tapferkeit bis in die Mitte des vorigen Jahrhunderts fort. Um diese Zeit gerieth die Macht des Ordens, der schon lange vorher durch die Reformation große Verluste erlitten hatte, in solchen Verfall, daß er sich ohne den Beistand Frankreichs schwerlich hätte behaupten können. Indessen bestand die Seemacht des Ordens im J. 1770 noch aus vier Galeeren, drei Galiotten, vier Schiffen von 60 und zwei Fregatten von 36 Kanonen, mehre kleinere Fahrzeuge ungerechnet; die Zahl der Ordensritter betrug bei dem Ausbruche der französischen Revolution etwa 3000.

Das Jahr 1798 machte der Souverainetät des Ordens ein Ende. Am 10. Juni desselben Jahres erschien eine französische Flotte unter Admiral Brueys, welche die nach Ägypten bestimmte, 40,000 Mann starke Expeditionsarmee unter Bonaparte an Bord hatte, vor der Insel; am folgenden Tage landeten die Franzosen und besetzten ohne Schwierigkeit und nach kurzem Gefechte den größten Theil der Insel und gerade die wichtigsten Positionen. Dem Großmeister, Baron Ferdinand von Hompesch aus Düsseldorf, welcher der erste Deutsche war, der diese Würde bekleidete, fehlte es an den für ein solches außerordentliches, unvorhergesehenes Ereigniß erforderlichen Eigenschaften, aber die Hauptschuld an dem ruhmlosen Falle des Ordens trägt nicht er, sondern die Verrätherei Anderer. Ohne ihn zu fragen, übergab der Commandant Bosredon den Franzosen schon am 12. Juni die unüberwindliche Festung Valetta, die nebst der ganzen Insel und den dazu gehörigen kleinern Inseln mit allen Souverainetäts= und Eigenthumsrechten an Frankreich abgetreten wurde. Die Franzosen fanden hier nicht weniger als 1200 Kanonen, viele andere Kriegsvorräthe, Lebensmittel für sechs Monate, sechs Kriegsschiffe und mehre Millionen an Gold und Silber. Ein Hauptantheil an der so schnellen und mühelosen Eroberung ist ohne Zweifel den französischen Rittern zuzuschreiben, die schon längst Einverständnisse mit ihren Landsleuten unterhalten haben mochten; auch wurden sie von denselben durch das Versprechen von Gnadengehalten belohnt. Der Großmeister, der mit unverantwortlicher Härte behandelt und am dritten Tage nach der Übergabe nach Triest eingeschifft worden war, protestirte nach seiner Ankunft daselbst feierlich gegen die von ihm weder geschlossene noch genehmigte Capitulation und legte bald nachher die Großmeisterwürde nieder, worauf er in größter Zurückgezogenheit und selbst in Bedrängniß lebte. Zwar hatte man ihm zur Entschädigung einen Jahrgehalt von 100,000 Thalern und ein Fürstenthum, das für ihn auf dem Congreß zu Rastatt ausgemittelt werden sollte, versprochen, er erhielt aber weder dieses noch jenes und starb im Jahre 1805 zu Montpellier. An seine Stelle war schon am 16. December 1798 der Kaiser Paul I. von

Ansicht des Hafens von Valetta vom Fort Riccazoli.

Rußland zum Großmeister erwählt worden, wogegen jedoch von vielen Seiten, sogar vom Papste, Widerspruch erhoben wurde.

In Malta war der tapfere General Vaubois an der Spitze von 4000 Mann als französischer Commandant zurückgeblieben; aber schon nach weniger als drei Monaten hatten sich die Franzosen den Maltesern durch ihr Benehmen sehr verhaßt gemacht. Die Schonungslosigkeit und Härte, mit der jene die Überwundenen behandelten, kannte keine Grenzen; selbst die Bestimmungen der abgeschlossenen Capitulation wurden als ein todter Buchstabe betrachtet; vor Allem hatte das Einschmelzen der den Kirchen gehörigen silbernen Gefäße und der Erlaß einer Verordnung, nach welcher die Söhne der reichsten Familien nach Frankreich geschickt und dort erzogen werden sollten, allgemeine Aufregung verursacht. Den nächsten Anlaß zum Ausbruch gab ein Versuch, aus den Kirchen und Klöstern kostbare Altarbekleidungen und Meßgewänder wegzunehmen. Die Energie und Kühnheit, welche die Malteser in ihrem Widerstande an den Tag legten, setzten den General Vaubois, der sie mit Geringschätzung zu betrachten gewohnt war, in Erstaunen. Von nun an wurden die Thore der Stadt Valetta, sowie der drei andern Städte geschlossen und die Garnison befand sich zwei Jahre lang im Blockadezustand; während dieser langen Zeit beurkundeten die Malteser auf eine rühmliche Weise ihre Beharrlichkeit und feurige Vaterlandsliebe. Einmüthig verfolgten sie ihr Ziel und ergriffen ihre Maßregeln mit Klugheit und Festigkeit. Sie brachten die erfoderlichen Waffen zusammen und stellten ein System auf, daß in alle ihre Operationen Methode brachte; ihre Mannschaft war regelmäßig organisirt und in die Thürme an der Küste und auf dem platten Lande vertheilt. Den Versöhnungsvorschlägen der Franzosen wurde kein Gehör gegeben und die Parlamentairs ihres Generals wurden in Haft gehalten; mit Erstaunen sah Vaubois, daß das Volk, wiewol für jetzt auf sich selbst beschränkt, Festigkeit genug hatte, in dem begonnenen Unternehmen zu beharren. Wiewol er mehr als 6000 Mann wohldisciplinirter Truppen commandirte, seitdem die Mannschaft der von Abukir entkommenen Schiffe seinem Corps einverleibt worden war, konnte er es doch nicht wagen, mit hinreichender Macht einen Ausfall zu unternehmen, da die Bewohner von Valetta, durch die Bewegungen ihrer Landsleute ermuthigt und durch die Brandschatzungen und die zahlreichen von einem Belagerungszustande unzertrennlichen Entbehrungen erbittert, nicht unbewacht innerhalb der Mauern zurückgelassen werden konnten. In diesen zwei Jahren, 1798—1800, sollen auf den Inseln nicht weniger als 20,000 Personen an Mangel und Elend gestorben sein. Die französischen Soldaten ertrugen ihre Entbehrungen mit der ihnen charakteristischen Heiterkeit; sie legten innerhalb der Festungswerke Gärten an und verschafften sich dadurch Früchte und Gemüse. Als die Noth in Valette auf den höchsten Gipfel gestiegen war, kostete ein Pfund frisches Schweinefleisch 2 Thaler, eine Taube 3½ Thlr., ein Huhn 17 Thlr., ein Pfund Zucker 6 Thlr., ein Pfund Kaffee über 7 Thlr. u. s. w.

Schon nach der Schlacht bei Abukir (1. August 1798) sandte Lord Nelson, der am Schicksale der Malteser warmen Antheil nahm, vier portugiesische Linienschiffe und zwei Fregatten ab, um Valetta zu blockiren; etwas über einen Monat nachher erschien er selbst mit 14 Kriegsschiffen und foderte die Franzosen zur Übergabe auf, worauf General Vaubois eine sehr lakonische abschlägige Antwort gab. Wegen des schlechten Zustandes seiner eigenen Schiffe sah sich Nelson genöthigt, die Insel zu verlassen, er ließ indeß das portugiesische Geschwader zur Fortsetzung der Blockade zurück. Auf Nelson und die englische Regierung war fortwährend die Hoffnung der Malteser gerichtet. Der König von Sicilien hatte sie mit Kriegsbedarf versehen und erlaubte ihnen, aus seinen Magazinen auf Credit Korn zu entnehmen. Capitain Ball, der das Blockadegeschwader commandirte, hatte Befehl, die Einwohner so viel als thunlich mit Proviant zu versehen. Im Beginn des J. 1799 wurde eine vom Capitain Ball präsidirte Versammlung der angesehensten Insulaner niedergesetzt, unter deren Aufsicht die Civil- und Militairangelegenheiten verwaltet wurden; ein öffentliches Anlehen wurde genehmigt, die Zollabgaben regulirt und zwei Buchten zu Handelshäfen erklärt. Die Blockade zu Wasser und zu Lande wurde streng aufrecht erhalten und Batterien errichtet, welche die Belagerten in beständiger Wachsamkeit erhielten. Im December 1799 wurden die Malteser durch mehre englische und sicilische Regimenter verstärkt. Im September 1800 machte General Vaubois Vorschläge in Betreff der Übergabe des Platzes; am 5. September, nachdem die Blockade zwei Jahre und zwei Tage gedauert hatte, wurde eine Capitulation abgeschlossen, nach welcher die Franzosen mit allen Kriegsehren ausrücken durften und am Meeresufer die Waffen niederlegten. Am Tage darauf fuhr das englische Geschwader in den Hafen ein; unter den Acclamationen der Malteser wurde die englische Fahne auf dem Fort St.-Elmo aufgepflanzt, und Lord Nelson sicherte den Maltesern zu, daß sie unter dem Schutze Englands, Rußlands und Preußens stehen sollten.

Inzwischen entstand unter den Mächten Streit über den fernern Besitz der Insel. Kaiser Alexander I. von Rußland machte nämlich nach dem Tode seines Vaters Paul I. auf das Großmeisterthum des Ordens und zugleich auf den Besitz der Insel Anspruch. Indessen entsagte er demselben in der Convention, welche am 17. Juni 1801 zwischen England und Rußland geschlossen wurde, und in dem Frieden von Amiens, welcher bald nachher, am 27. März 1802, zum Abschluß kam, wurde Malta dem Johanniterorden wieder zugesprochen und die Unabhängigkeit dieser Besitzung unter die Gewährleistung von Frankreich, England, Östreich, Spanien und Rußland gestellt. Zur Bedingung wurde hierbei gemacht, daß weder eine englische noch eine französische Zunge wiederhergestellt werden und die zu errichtende maltesische Zunge die Vortheile der übrigen genießen sollte. Die Feindseligkeiten begannen jedoch aufs neue, bevor diese Bestimmungen des Tractats zur Vollziehung kamen, und während des darauf folgenden Krieges hielten die Engländer Malta besetzt; die Insel wurde in dieser denkwürdigen Zeit das Hauptquartier der Streitkräfte der Britten im mittelländischen Meere, der Sammelplatz ihrer Kriegsehren und der Stapelplatz eines lebhaften Handels, für den die Häfen des Continents geschlossen waren. Als endlich 1814 Friede geschlossen wurde, wurde Malta in den zu Paris abgeschlossenen Verträgen von den europäischen Mächten als integrirender Theil der britischen Besitzungen anerkannt. Den Einwohnern wurden ihre Rechte und ihre Religion zugesichert; sie stehen zwar unter einem englischen Gouverneur, wählen aber ihre Obrigkeiten und Gerichte aus ihrer Mitte.

Was den Johanniterorden betrifft, so ließ sich derselbe 1803 in Messina, dann zu Catanea in Sicilien nieder. Nach einer päpstlichen Bulle vom J. 1826 sollte Ferrara der Sitz des Ordens sein; 1834 wurde derselbe nach Rom verlegt. Hier hat der Lieutenant des Großmeisters nebst denjenigen Rittern, die wirklich Profeß gethan haben, seinen Aufenthalt; ein Großmeister ist neuerdings nicht wieder gewählt worden. Souveraine Besitzungen hat der Orden nirgend mehr; mittelbare noch in Deutschland (Östreich), Italien und Rußland. Die Johanniterritter folgten im Allgemeinen der Regel des heiligen Augustin, doch war, als ein Theil der Ritter die Reformation angenommen hatte, ohne deshalb aus dem Verbande des Ordens zu scheiden, den Protestanten nachgelassen, sich zu verheirathen; Jeder war verpflichtet, wenigstens dreimal in seinem Leben gegen die Türken oder Barbaresken zu Felde zu ziehen, doch wurde diese Verpflichtung, die längst nur wenig gehalten worden war, im Frieden zu Amiens förmlich aufgehoben. Die Ordenskleidung der Ritter war in Friedenszeiten ein langer schwarzer Mantel; auf der linken Brust trugen sie ein achteckiges weißes Kreuz, mitten auf der Brust ein goldenes Kreuz; im Kriege trugen sie einen rothen Gürtel und ein silbernes Kreuz. Ursprünglich waren die Johanniterritter nach den Nationen, denen sie angehörten, in acht Zungen getheilt; diese hießen: Provence, Auvergne, Frankreich, Italien, Aragonien, Deutschland, Castilien und England. Von diesen Zungen wurde die englische in Folge der Reformation schon im 16. Jahrhunderte aufgehoben; die drei französischen gingen während der französischen Revolution ein und die castilische und aragonische trennten sich nach dem Frieden zu Amiens vom Orden, sodaß nur die deutsche und italienische noch übrig blieben. Das Oberhaupt des Ordens, der Großmeister, wurde von den Rittern frei gewählt, residirte in der Stadt Valetta und hatte nahe an eine Million Gulden jährlicher Einkünfte; in seinen Händen lag der größte Theil der weltlichen Macht, während die geistliche, d. h. die innern Ordensangelegenheiten, von dem aus acht Mitgliedern (Baillifs) bestehenden, vom Großmeister präsidirten Capitel verwaltet wurde. Die Ländereien des Ordens im Auslande waren in Priorate, diese in Balleien, diese in Commenden getheilt; das deutsche Priorat galt als das wichtigste von allen und hieß daher Großpriorat. Der Ritter, der es bekleidete, hieß Johannitermeister durch Deutschland, war als solcher seit 1546 deutscher Reichsfürst und residirte in Heitersheim im Breisgau. Östreich, Böhmen und Mähren machten ein besonderes Priorat der deutschen Zunge aus, das nur in geringer Abhängigkeit von dem Obermeisterthume zu Heitersheim stand. Jenes Priorat besteht noch gegenwärtig; im übrigen Deutschland ist der Orden aufgehoben und das Fürstenthum Heitersheim ist schon seit der Rheinbundsacte mit dem Großherzogthume Baden vereinigt; der preußische Johanniterorden hat mit dem alten nur den Namen gemein und ist zur Erinnerung an denselben nach Aufhebung der Ordensballei Brandenburg im J. 1812 gestiftet worden.

Eichenholz zum Schiffbau.

Ein englisches Linienschiff von 74 Kanonen enthält etwa 2000 Tonnen (40,000 Centner) Holz, wozu 2000 Bäume von 75 Jahren erforderlich sind. Da auf einem Acre Wald nicht über 40 Eichen stehen, die eine Tonne Holz geben, so muß aus 50 Acres Wald das taugliche Holz genommen werden, um ein Linienschiff der angegebenen Größe zu bauen.

Die Sänger.

Die Gattung Sänger (Sylvia), welche den geschätztesten aller Singvögel, die Nachtigall, enthält, ist eine der Gattungen, in welche neuere Naturforscher die von Linné aufgestellte Gattung Bachstelze getheilt haben; außer der genannten gehören dahin noch die Gattungen Bachstelze (im engern Sinne), Steinschmätzer, Fliegvogel, Schlüpfer und Goldhähnchen. Die Gattung Sänger enthält eine sehr große Menge von Arten, die sich sämmtlich durch den mehr oder weniger vorzüglichen Gesang der Männchen auszeichnen und hinsichtlich ihrer äußern Bildung den Drosseln sehr ähnlich, nur kleiner und von zarterm Körperbau sind. Man zählt allein in Europa 37 Arten, von denen 25 in Deutschland vorkommen; nächst Europa enthält Nordamerika die meisten Arten, die sich von den europäischen, welche sämmtlich sehr einfache dunkle Farbe haben, durch bunte und lebhafte Färbung unterscheiden, ihnen aber hinsichtlich des Gesangs weit nachstehen; noch unbedeutender ist der Gesang der in den Tropenländern heimischen Arten. Am besten theilt man sie in folgende fünf Familien: 1) Schilf- oder Rohrsänger, 2) Laubsänger, 3) Erdsänger, 4) Grasmücken, 5) Röthlinge, die sich weniger durch ihre Körperbildung als durch ihre Lebensart unterscheiden. Allen gemeinsam ist, daß sie lebhaft, aber ungesellig sind, viel hüpfen, sich von Insekten, Würmern und Beeren nähren, Zugvögel sind und paarweise leben; sie legen fünf bis sieben Eier, meistens jährlich zweimal, und beide Geschlechter sind wenig oder gar nicht verschieden.

Die Schilf- oder Rohrsänger lieben Rohr, Schilf und niedriges Gesträuch am Wasser, bauen ihre künstlichen Nester meistens zwischen Rohrstengeln und sind durch ihren Gesang weniger ausgezeichnet. Hierher gehört der Drosselrohrsänger, besonders in Holland häufig, der Sumpfrohrsänger, mit angenehmem flötenähnlichen Gesang, der Teichrohrsänger, der sein Nest nicht neben dem Wasser, sondern über dasselbe baut, der Binsen-, Fluß-, Busch- und Seggenrohrsänger u. s. w.

Die Laubsänger leben meist im Gebüsch und auf Bäumen und bauen ihre künstlichen, zuweilen backofenförmigen Nester auf die Erde. Dahin gehört der Gartenlaubvogel, auch Spottvogel oder Bastardnachtigall genannt, eine der größten unter den in Deutschland einheimischen Arten, mit sehr schönem Gesange; der grüne Laubvogel, Weidenlaubvogel u. s. w.

Die Erdsänger halten sich immer in der Nähe der Erde auf und lieben feuchtes und niedriges Gebüsch; ihr dichtes Nest bauen sie auf die Erde, auf alte Stämme und in Höhlen, seltener auf Büsche und Bäume. Hier ist vor allen die Nachtigall zu nennen, welche als Zugvogel in ganz Europa bis Schweden hinauf vorkommt, im August fortzieht (bis nach Ägypten [und Syrien) und im April zurückkehrt; sie baut ihr Nest in dickes Gebüsch, brütet jährlich nur einmal und singt nur etwa zwei Monate, bis ihre Jungen ausgekrochen sind, länger jedoch in der Gefangenschaft, wo sie schon früh im Winter zu singen beginnt. Außer Insekten frißt sie auch Johannis- und Fliederbeeren. Merkwürdig ist die Verschiedenheit des Gesangs, die zwischen den Nachtigallen verschiedener Gegenden beobachtet wird, sowie auch verschiedene Nachtigallen in einer und derselben Gegend nicht selten sehr voneinander abweichen. Die Sprossernachtigall, auch Sprosser, große, wiener oder ungarische Nachtigall genannt, ist etwas größer und hat einen weit stärkern, aber weniger angenehmen Schlag; in Deutschland kommt sie nur in einigen Gegenden, häufiger im südöstlichen Europa vor. Die orientalische Nachtigall (Bulbul) ist eine Drosselart (Turdus melanocephalus) und gehört also nicht hierher. Das Rothkehlchen oder Rothbrüstchen, von der orangerothen Farbe der Kehle und Oberbrust so genannt, bleibt vom März bis zum October oder November bei uns und findet sich in ganz Europa bis nach Norwegen; das Blaukehlchen hat eine schön lasurblaue Kehle, die aber nur dem Männchen eigenthümlich ist, und ist nicht sehr häufig, kommt aber ebenfalls in ganz Europa vor.

Die Grasmücken sind den Erdsängern ähnlich und in Europa sehr häufig; sie bauen sehr leichte Nester ins Gebüsch und singen sehr fleißig. Von den vielen Arten nennen wir nur die graue Gartengrasmücke; die gemeine oder Dorngrasmücke; die Zaungrasmücke oder das Weißkehlchen; die Sängergrasmücke, auch Meistersänger genannt; die Mönchgrasmücke, auch Mönch genannt, durch die schwarze Kopfplatte, von der sie ihren Namen hat, und den trefflichen Gesang des Männchens ausgezeichnet, u. s. w.

Die Röthlinge, so genannt von ihrem rostrothen Schwanze, den sie beständig schütteln, leben in felsigen Gegenden, auf Mauern, Häusern und Brunnen und nisten in Höhlen und Mauerlöchern. In Europa kommen nur zwei Arten vor: der Gartenröthling oder das Baumrothschwänzchen und der Hausröthling oder das Hausrothschwänzchen, die sich beide weit nach Norden verbreiten.

1) Nachtigall; 2) Mönchgrasmücke; 3) Zaunkönig; 4) Rothkehlchen; 5) Binsenrohrsänger; 6) Zaungrasmücke.

Verantwortlicher Herausgeber: Friedrich Brockhaus. — Druck und Verlag von F. A. Brockhaus in Leipzig.

Das Pfennig-Magazin
für
Verbreitung gemeinnütziger Kenntnisse.

354.] Erscheint jeden Sonnabend. [Januar 11, **1840**

Bergen.

Nächst der Hauptstadt Christiania ist Bergen an der Westküste die bedeutendste, hinsichtlich ihrer mercantilischen Wichtigkeit aber unbedingt die erste, wahrscheinlich auch gegenwärtig die volkreichste Stadt des Königreichs Norwegen. Sie ist die Hauptstadt des Stifts gleiches Namens und liegt unter 60½ Grad nördlicher Breite in einem Thale in Gestalt eines Hufeisens um den Meerbusen Waagfjord herum, der ziemlich tief in das Land hineingeht und einen sehr guten Hafen bildet, welcher an der Landseite durch sieben hohe und steile, den Zugang zu demselben erschwerende Berge eingeschlossen ist, an der Seeseite aber durch Batterien und Festungswerke vertheidigt wird. Ihrer geschützten Lage verdankt die Stadt ein verhältnißmäßig sehr mildes Klima; es regnet jedoch sehr häufig in Bergen. Die jährliche mittlere Temperatur beträgt etwa 6½° R. über dem Gefrierpunkt, wie in Breslau, während sie in dem viel südlichern Christiania nur 4¼° ist. Sie ist zwar bergig und winkelig, aber im Ganzen gut gebaut; alle Kirchen (eine deutsche und drei dänische Pfarrkirchen) und öffentlichen Gebäude, auch die meisten an der Küste stehenden Privathäuser sind von Stein, die übrigen nur von Holz; das königliche Schloß ist vor allen ein sehr ansehnliches Gebäude. Außer einer lateinischen Schule, einer Navigationsschule u. s. w. verdient das Nationalmuseum für Alterthümer, Kunst- und Naturerzeugnisse besondere Erwähnung. Die Zahl der Einwohner beträgt 20—22,000, die sich größtentheils vom Handel und Schiffbau nähren, wiewol es auch an Fabriken nicht fehlt. Im J. 1829 besaß Bergen 205 Schiffe, die von 700 Matrosen bemannt waren; in demselben Jahre liefen 622 Schiffe (237 norwegische und 385 frembe) in ben Hafen ein. Gegenstände des Ausfuhrhandels sind namentlich Fische, Theer, Thran, Häute, Brenn- und Bauholz, welche von den Nordländern hierher gebracht und gegen Getreide und andere Waaren, die aus dem Auslande kommen, vertauscht werden.

Der Ursprung der Stadt fällt in das Jahr 1039 oder 1070; sie hat das Unglück gehabt, mehrmals, zuletzt 1756 und 1771, ganz oder großentheils abzubrennen. Die Münzgerechtigkeit, welche sie ehemals besaß, behielt sie bis 1575, unter allen norwegischen Städten am längsten. Unter König Erich dem Pommer (1412—39) errichteten die Hansestädte, besonders Hamburg, Lübeck, Bremen, Rostock, Emden und Deventer, hier ein Comptoir oder eine Factorei, die Erich's Nachfolger, Christoph III., 1445 bestätigte. Die Mitglieder der Factorei benahmen sich nicht selten gegen die Bürger mit großer Insolenz; sie befestigten sogar ihr den Hafen beherrschendes Stadtviertel. Im J. 1455 ermordeten sie den Gouverneur und den Bischof nebst 60 andern Personen, und erst im J. 1560 wurden ihren Privilegien und ihrem unruhigen Geiste Grenzen gesetzt. Im Anfange des 16. Jahrhunderts bestand die Factorei aus nicht weniger als 2600 Personen. Wiewol diese Factorei längst aufgehört hat, so rühren doch die deutsche Kirche, die einzige in Norwegen, und das deutsche Armenhaus noch aus jener Zeit her.

Von den Quellen.

Einen der interessantesten Gegenstände der physikalischen Erdbeschreibung bilden die Gewässer des festen Landes theils an sich, theils im Vergleich zum Meere, das von jenen fast in allen Beziehungen verschieden ist. Man theilt aber jene in fließende und stehende ein, von denen die letztern, Teiche und Seen genannt, einen Übergang zum Meere bilden, jene aber zur Speisung sowol der Landseen als des Meeres dienen. Nach ihrer verschiedenen Größe bezeichnet man die fließenden Gewässer mit mancherlei Benennungen und unterscheidet namentlich Bäche, Flüsse und Ströme, während man unter Quellen oder Brunnen ihre ersten Anfänge oder auch diejenigen Orte versteht, wo das Wasser unmittelbar aus der Erde hervorkommt und dadurch fließenden Gewässern von größerer oder geringerer Länge und Bedeutung ihr Dasein gibt.

Die erste Frage, welche sich bei Gelegenheit der Quellen darbietet, ist: wie entstehen sie? Wie ist es möglich, daß an so unzähligen Stellen ohne Aufhören Wasser aus der Erde dringt, ohne daß der innere Wasservorrath jemals erschöpft würde? Es kann nicht befremden, daß schon die ältesten Naturforscher, namentlich Aristoteles, Seneca, Lucrez u. A., sich mit Beantwortung derselben beschäftigt und Vermuthungen darüber aufgestellt haben. Die erste wirkliche Theorie über den Ursprung der Quellen, welche noch gegenwärtig allgemein als richtig angesehen wird, stellte der verdiente und scharfsinnige französische Naturforscher Mariotte vor etwas mehr als 100 Jahren auf. Nach derselben entstehen die Quellen durch das Wasser der atmosphärischen Niederschläge, also Regen- und Schneewasser, welches in die feinen Kanäle der Erde eindringt und sich in der Tiefe sammelt; fällt es auf Berge, so dringt es in die Oberfläche so tief ein, bis es auf festes Gestein kommt, durch welches es nicht durchdringen kann, worauf es sich seitwärts einen Weg bahnt. Diese Erklärung gewinnt an Wahrscheinlichkeit durch die alltägliche Beobachtung, daß die meisten Quellen bei regnerischem Wetter zunehmen, nach anhaltender Dürre aber sehr abnehmen, wo nicht ganz versiegen; übrigens ergibt sich auch durch die Rechnung, daß das aus der Atmosphäre zu Boden fallende Wasser vollkommen hinreicht, um die Quellen zu speisen. Vervollständigt wurde diese Theorie besonders durch den berühmten englischen Naturforscher und Astronomen Halley, welcher das Regen- und Schneewasser allein für unzureichend hielt und die Behauptung aufstellte, daß die hauptsächlich aus dem Meere aufsteigenden Dünste sich auf Hügeln und Bergen verdichteten und am Fuße derselben als Quellen wieder zum Vorschein kämen, eine Erklärung, welcher unter Andern Lulofs und Kästner beitraten. Es fehlte nicht an zahlreichen andern Erklärungen und Einwendungen gegen die vorhin angegebenen. Besonders verdient die Hypothese des Descartes genannt zu werden, nach welcher es in der Erde eine Menge Höhlen gibt, die durch unterirdische Kanäle mit dem Meere in Verbindung stehen; in diese Höhlen soll nun das Meerwasser eindringen und dann in Folge der Wärme des Erdkerns verdampfen; der so entstandene Dampf soll bis zu der Decke jener Höhlen aufsteigen, dort zu Tropfen verdichtet werden, die von dem Salze des Meerwassers befreit in feinen Kanälen zusammenfließen und so Quellen bilden. Diese Erklärung fand eine große Zahl von Anhängern, und dasselbe war mit folgender allerdings der Fall, welche durch Kircher bekannt geworden ist. Nach dieser steigt das Meerwasser in den feinen Zwischenräumen der Erde wie in Haarröhrchen auf, hält den Boden stets feucht, sammelt sich in größern Behältern und bringt an geeigneten Stellen aus der Erde, wo es abfließt. Diese Hypothese ist jedoch ganz unhaltbar, weil die Höhe mancher Quellen viel zu bedeutend ist, als daß die Haarröhrchenanziehung das Meerwasser so hoch heben könnte, da die Zwischenräume, um es so hoch zu heben, so unendlich fein sein müßten, wie sie bei den die Erdrinde bildenden Körpern niemals sind; dazu kommt, daß es hierbei seine Salzigkeit nicht verlieren und unmöglich durch harte Felsen, auf die es oft treffen würde, aufsteigen könnte. Ebenso wenig stichhaltig sind alle sonst aufgestellten Erklärungen, weshalb man gegenwärtig die Theorie Mariotte's mit geringen Modificationen allgemein angenommen hat. Hierbei ist aber noch zu bemerken, daß eine sehr große Menge Wasser, das auf Äcker, Gärten und Wiesen fällt, in die lockere Erde eindringt, welches blos dazu dient, sie gehörig anzufeuchten, ohne Quellen zu bilden, und theils für sich, theils durch die Gewächse wieder verdunstet, sodaß an solchen Orten, wenn nicht belaubte Hügel in der Nähe sind, keine zu Tage gehenden Quellen entstehen können. Die Beschaffenheit des Bodens hat auf die Bildung der Quellen überall sehr großen Einfluß. Lockerer Sand hält das atmosphärische Wasser gar nicht zurück und läßt dasselbe bis zur größten Tiefe eindringen, wenn sich nicht unter ihm eine feste Schicht von Steinen oder Thon befindet, die es zurückhält; sandige Ebenen sind daher meistens sehr trocken und enthalten verhältnißmäßig nur selten Quellen, öfter aber gegrabene Brunnen, wenn nicht die Tiefe des Sandes das Graben schwierig oder unmöglich macht. Kann aber das atmosphärische Wasser aus höher liegenden Gegenden herabfließen und sich durch eine dünnere Sandschicht einen Weg bahnen, so werden Quellen gebildet. Auf diese Weise entstehen mitten in unermeßlichen Sandwüsten die bekannten Oasen, wo sich das aus höhern Gegenden über festem Gestein herabfließende Wasser ansammelt, aus der Erde dringt und einen Bach oder kleinen Fluß bildet, der die umliegende Gegend befruchtet. Besteht der Boden aus Kalk, so fließt ein großer Theil des auffallenden Wassers ab und bildet in niedrigen Gegenden Bäche; ein anderer Theil dringt ein und bildet Quellen und Brunnen. Sand, und besonders Kalkstein, der mit vielen Spalten versehen ist und aus kleinern Stücken besteht, läßt das Wasser leicht durch und verhindert das Entstehen der Quellen. Thonhaltiger Boden hält das auf ihn fallende Wasser am stärksten zurück, und feste Lager von reinem Thon oder Letten lassen es gar nicht eindringen; auf diesen sammelt es sich, fließt nach niedrigern Gegenden und bildet dort Quellen.

Aus der Entstehungsart der Quellen ergibt sich, daß man an den meisten Orten Quellen finden muß, wenn man nur tief genug gräbt. Oft trifft man aber schon früher Wasser an, das aus den Flüssen und Seen oder wol auch aus dem Meere selbst durch Filtration entstanden und daher nicht als Quellwasser zu betrachten, also auch nicht trinkbar ist; dann ist es meistens fruchtlos, tiefer zu graben, um gutes Quellwasser zu finden. Auch dann hat man wenig oder keine Hoffnung, Quellwasser zu finden, wenn man deshalb in die harten Urgebirgsarten eindringen muß, welche nur selten Quellen enthalten.

Nach den Orten, wo die Quellen vorkommen, kann man sie in zu Tage ausgehende und unterirdische eintheilen. Erstere sind solche, die von selbst aus der Erde dringen; dahin gehören auch diejenigen, die sich in Höhlen, Flüsse, Seen oder das Meer ergießen; unterirdische sind solche, die nur beim Graben und Bohren zum Vorschein kommen. Zu Tage ausgehende Quellen kommen am häufigsten am Fuße der Gebirge, in Bergschluchten und Thälern vor; in stark bewaldeten, weit ausgedehnten und mit Thälern abwechselnden Berg- und Hügelgruppen entstehen immer viele oder starke Quellen. Manche Quellen finden sich in sehr bedeutender Höhe, fast auf den Gipfeln der Berge; am bekanntesten ist in dieser Beziehung der Hexenbrunnen auf dem Brocken, eine reiche und meist mit gleicher Stärke fließende, täglich 1440 Cubikfuß Wasser liefernde und nur sehr selten versiegende Quelle, die jedoch noch 18 Fuß unter der höchsten Spitze des Berges liegt; der reichliche dort fallende Schnee und die Nebel, welche die Kuppe des Brockens fast immer einhüllen, erklären das Vorhandensein dieser Quelle hinreichend, und dasselbe gilt von allen andern hoch liegenden Quellen, z. B. denen am Ochsenkopf in Fichtelgebirge, am Zobtenberge in Schlesien u. s. w. Viele Quellen ergießen ihr Wasser nach einem längern oder kürzern Laufe in die nächsten Bäche, Flüsse oder Seen, zum Theil unsichtbar unter dem Spiegel dieser Gewässer, was namentlich fast bei allen Seen der Fall ist. In dem salzigen See bei Spezzia im Sardinischen mündet in 38½ Fuß Tiefe eine Quelle süßen Wassers, die so stark ist, daß sich kein Kahn über derselben halten kann; selbst im Meere, zuweilen in sehr ansehnlicher Entfernung vom festen Lande, findet man Quellen süßen Wassers, z. B. in der Bai von Chittagong, über 20 Meilen von der ostindischen Küste.

Die unterirdischen Quellen sind in sehr großer Menge überall verbreitet, wo sich in der Nähe bewaldete Hügel oder Berge befinden. Beim Graben der Brunnen gräbt man durch die Dammerde, den aufgeschütteten Boden, darauf folgende Lager von Erdarten oder wol auch Steinen, bis man endlich auf eine Schicht von grobem Kiessande oder eigentlichem Gerölle stößt, in welcher fast immer Quellen gefunden werden, aus denen ein klares Wasser schnell emporsteigt, meist nur einige Fuß über die Oberfläche. An Orten, die in geringer Entfernung voneinander liegen, finden sich die Quellen meistens in gleichen Tiefen. In Felsen wird man, da das Eindringen in dieselben schwierig und ausnehmend kostspielig ist, Quellen nur dann suchen, wenn ein derartiger Brunnen für Festungen unentbehrlich ist. Am seltensten sind sie in den Urgebirgsarten, in welche das Wasser in der Regel nicht eindringen kann; zahlreicher sind sie in den Übergangsgebirgen und noch mehr in den Flötzgebirgen, am häufigsten aber in den Kalksteingebilden; fast nie fehlen sie, wo diese und Sandsteingebirge an Urgebirgsarten grenzen.

In neuern Zeiten hat man es häufig vorgezogen, Brunnen nicht zu graben, sondern zu bohren, wodurch man das Wasser ungleich leichter und mit viel geringern Kosten erhält, auch eine viel bedeutendere Tiefe (von 1000 und mehr Fuß) erreichen kann. Brunnen dieser Art heißen Bohrbrunnen oder artesische Brunnen*); den letztern Namen haben sie von der ehemaligen Grafschaft Artois in Frankreich erhalten, in welcher sie früher als im übrigen Europa in Gebrauch gewesen zu sein scheinen. Die älteste Spur eines solchen findet sich im J. 1126, in welchem ein artesischer Brunnen im Karthäuserkloster zu Lillers gebohrt worden sein soll, der bis jetzt beständig Wasser geliefert hat. Noch weit früher kannte man aber diese Brunnen in China; die dortigen Bohrbrunnen, die merkwürdigsten in der Welt, heißen auch Feuerbrunnen, weil aus ihnen zugleich eine Menge brennbares Schwefelwasserstoffgas emporsteigt, das angezündet und zum Heizen der Salzpfannen gebraucht wird; sie liefern sämmtlich kein süßes Wasser, sondern Salzwasser, liegen in Felsen und haben gewöhnlich 15—1800 Fuß Tiefe und 5—6 Zoll Weite. Auf einem Raume von etwa 18 geographischen Quadratmeilen im Kreise von Kia-ting-fu finden sich nicht weniger als 20,000 und darüber solcher gebohrter Salzbrunnen. Auch in Europa hat man in den neuesten Zeiten angefangen, unterirdische Salzquellen durch Bohren aufzusuchen, aber beiweitem die meisten artesischen Quellen unsers Welttheils liefern süßes oder Trinkwasser. Ganz irrthümlich ist die von Vielen getheilte Meinung, daß durch Bohrung eines solchen Brunnens überall Wasser zu erhalten sein müsse, und daß es nur darauf ankomme, tief genug zu bohren. Schon aus Dem, was vorhin über den Ursprung der Quellen im Allgemeinen gesagt worden ist, ergibt sich, daß hierbei viel auf die örtliche Lage und die Beschaffenheit des Bodens ankommt. Wenn nämlich die Anlegung eines artesischen Brunnens von Erfolg begleitet sein soll, so müssen sich zwei Bedingungen vereinigt finden: erstens muß in erreichbarer Tiefe eine unterirdische Quelle vorhanden sein, und zweitens muß die Mündung des Brunnens, die Stelle, wo das Wasser ausfließen soll, tiefer liegen als die Stelle, wo das die Quelle bildende Wasser in die Erde eindringt; nur in diesem Falle steigt das Wasser, sobald ihm ein Ausweg, eine Öffnung gebohrt wird, nach dem Princip der zusammenhängenden Röhren hoch genug, um ausfließen zu können, da es immer nur so hoch steigt als es fällt. Ob diese beiden Bedingungen vereinigt sind, läßt sich in den meisten Fällen wenigstens mit großer Wahrscheinlichkeit beurtheilen. Höchst unsicher, ja ganz vergeblich ist das Bohren artesischer Brunnen in weiten Ebenen, welche keine Wälder oder bewaldeten Hügel und Berge enthalten, wonach es z. B. in Sandwüsten, entfernt von Gebirgen, keinen Erfolg haben würde; auch in

---

*) Vergl. Pfennig-Magazin Nr. 1 und 161.

solchen Gegenden, wo die fruchtbare Erdkrinde das herabfallende Wasser einsaugt und auch die tiefern Erdschichten locker und sandig sind, bohrt man in der Regel vergeblich. In vielen Fällen steigt das erbohrte echte Quellwasser ziemlich hoch (aus einem bei Tours gebohrten Brunnen 30—60 Fuß) über die Oberfläche der Erde und kann dann als Wasserkraft zum Betriebe der Mühlräder benutzt werden; in dieser Beziehung gewährt es den großen Vortheil, daß es immer gleiche Wärme beibehält und daher im Winter nicht nur selbst nicht gefriert, sondern auch das anderweitige Betriebswasser, dem es beigemischt ist, gegen das Gefrieren schützt. In andern Fällen steigt das Wasser nicht ganz bis zur Erdoberfläche und muß daher durch Pumpen emporgehoben werden, wobei jedoch ein großer Theil des Vortheils artesischer Brunnen verloren geht. Das Verfahren bei Anlegung dieser Art von Brunnen besteht übrigens im Allgemeinen darin, daß man in das obere lockere Erdreich einen gewöhnlichen Brunnen gräbt, bis man eine festere Erdschicht erreicht hat, dann aber verschiedene Bohrer anwendet. Trifft man auf lockere Schichten, wo das Bohrloch durch die an der Seite hineinfallende Masse verstopft werden würde, so muß man hölzerne oder besser eiserne Röhren in die Erde treiben und allmälig tiefer einsenken, was freilich mit großen Schwierigkeiten verbunden ist.

Die Menge von Wasser, welche die Quellen liefern, ist ungemein verschieden; während einige im Verlaufe eines Tages nur wenige Cubikzoll geben, geben andere Tausende von Cubikfußen. Am schwächsten sind die sogenannten Seihquellen, welche durch das auf ebene Felder und unbewaldete Gegenden fallende und nicht wieder verdunstende Wasser der atmosphärischen Niederschläge gebildet werden; bei anhaltender Dürre versiegen sie leicht gänzlich. Nur bei wenigen Quellen hat man sich die Mühe gegeben, die Menge des Wassers annähernd zu bestimmen; so liefert z. B., wie bereits erwähnt, der Hexenbrunnen auf dem Brocken täglich 1440, der Sauerbrunnen zu Selters 834, die Quellen zu Baden-Baden 14,125, die Quellen zu Karlsbad zusammen 192,726 Cubikfuß Wasser. Im Ganzen sind die Quellen desto reichhaltiger, je tiefer sie sind, wenn ihre Tiefe nicht über etwa 700 Fuß beträgt; wächst dieselbe aber bis 800 Fuß oder darüber, so nimmt die Wassermenge mit der Tiefe wieder ab.

Sehr viele Quellen liefern fortwährend eine gleiche oder doch beinahe gleiche Wassermenge; dies thun namentlich solche, die aus Gletschern entspringen, weil die Menge des durch die Wärme des Bodens aufgethauten Schnees und Eises immer gleich bleibt, ferner die heißen, die aus Urgebirgsarten kommenden und die meisten Mineralquellen. Bei andern Quellen hingegen ist ein Wechsel des Wasserreichthums zu bemerken; manche wechseln mit der Nässe und Trockenheit der Jahreszeiten, fließen im Winter am reichlichsten, im Sommer am schwächsten und versiegen in dieser Jahreszeit bei lange anhaltender Dürre wol gänzlich; andere hingegen, welche ihr Wasser von schmelzendem Schnee und Eis erhalten, fließen umgekehrt gerade in der wärmern Jahreszeit am reichlichsten. Viele Quellen oder Brunnen, welche nicht weit von Flüssen oder dem Meere entfernt sind, haben mit denselben gleichen Wasserstand, der also gleichzeitig mit jenen steigt und fällt, ja sie nehmen wol gar an der Ebbe und Flut Theil, was nur aus einer Verbindung dieser Quellen mit den gedachten größern Wasserbehältern zu erklären ist; aus dem Umstande aber, daß dies auch bei Süßwasserquellen unweit des Meeres der Fall ist, muß geschlossen werden, daß alle Quellen dieser Art nicht aus den Flüssen oder dem Meere gespeist werden, sondern nur ihren Überfluß dahin abgeben. Besonders merkwürdig sind aber die sogenannten intermittirenden Quellen, die in gewissen Perioden schwächer werden oder ganz wegbleiben. Dieser periodische Wechsel scheint hauptsächlich durch drei Ursachen bewirkt zu werden: erstens durch Ansammlung von Luft oder Gasarten in den Kanälen der Quellen, zweitens durch den ungleichen Druck der Luft in unterirdischen Höhlen auf das mit ihr zugleich daselbst enthaltene Wasser, drittens durch heberförmige Kanäle, durch welche eine Unterbrechung des Ausflusses auf dieselbe Weise wie beim sogenannten Vexirbecher oder künstlichen Tantalus bewirkt werden mag. Zur Versinnlichung dieser Wirkung heberförmiger Kanäle mag die unten stehende Abbildung dienen, die den Durchschnitt eines Berges oder Hügels mit seiner dünnen Decke von Dammerde vorstellt, während das Innere aus Kalk, Thon oder irgend einer Gebirgsart besteht. A sei eine Höhlung, die durch die Röhrchen BB mit Wasser versehen wird; diese sind Ritzen im Gestein, welche das Regen= oder Schneewasser aufnehmen, nachdem die oberste Erdoberfläche es aufgenommen hat. Der einzige aus dieser Höhlung führende unterirdische Kanal sei CEC. Nach dem bekannten Gesetze der Hydrostatik, daß das Wasser nicht höher steigt als es fällt, kann das Wasser durch den Kanal CEC nicht eher ausfließen, bis es in der Höhlung A bis zur Linie G, welche mit der untern Biegung E des Kanals CEC gleich hoch liegt, gestiegen ist. Hat es aber einmal diese Höhe erreicht, so fließt es so lange aus, bis das Wasser in dem Behälter A bis zur Linie H, die mit dem untern Eingange des Kanals C gleiche Höhe hat, gefallen ist. Wiewol der Wasserzufluß in die Höhle A gleichförmig und allmälig stattfindet, so läuft das Wasser doch nur in periodischen Zwischenräumen und schneller, als es eingetreten ist, durch den Kanal CEC ab. Dieser muß natürlich groß genug sein, damit er

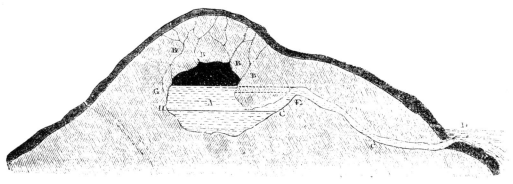

das Wasser schneller abführen kann, als die kleinen Kanäle BB es zuführen, sonst würde der Wasserstand im Behälter A immer unverändert bleiben und die Quelle würde unaufhörlich fließen. Die Dauer der Intervalle hängt von dem Rauminhalte des Behälters oder dem Unterschiede zwischen den Niveaus G und H ab. Gesetzt, die Kanäle BB brauchten eine Woche, um den Behälter von H bis G zu füllen, und der Kanal CEC könnte den Behälter von G bis H in vier Tagen leeren, wenn die Kanäle BB kein neues Wasser zuführten, so ergibt eine leichte Rechnung, daß, wenn beide Operationen gleichzeitig stattfinden, der Wasserstand in neun Tagen acht Stunden von G bis H sinken wird; so lange fließt also die Quelle und setzt dann wieder sieben Tage aus, in welchen das Wasser von H bis G steigt, worauf es von neuem auszufließen beginnt.

Schon die Alten kannten Quellen dieser Art; beide Plinius erwähnen eine am Comersee, die täglich dreimal zu= und abnahm und noch jetzt vorhanden ist. Unter die bekanntesten gehörte früher der schon 1665 beobachtete Bullerborn im Paderbornschen, der im Sommer in der Regel sechsstündige Perioden hatte und zuweilen ganz ausblieb, im Frühling, Herbst und Winter aber alle 4¼ Stunden mit starkem Brausen so reichlich floß, daß er drei Mühlen trieb. Diese Eigenschaft hat indeß schon lange aufgehört; die Quelle fließt jetzt gleichförmig, aber weit schwächer als früher. Erst in der neuesten Zeit ist eine Quelle bei Eichenberg unweit Witzenhausen in Kurhessen bekannt geworden, die regelmäßig alle zwei Stunden aussetzt. Eine Quelle bei Nimes in Frankreich fließt sieben Stunden und setzt dann fünf Stunden aus. Eine der merkwürdigsten Quellen dieser Art, deren es sehr viele gibt, ist der Engstlerbrunnen im Canton Bern, welcher eine jährliche Periode vom Mai bis zum August und außerdem eine tägliche von 4 Uhr Nachmittags bis 6 Uhr Morgens, beide jedoch nicht völlig regelmäßig, beobachtet. Die Quelle des Bades zu Pfeffers in der Schweiz fängt jährlich im Anfange des Mai zu fließen an und bleibt von der Mitte Septembers an wieder weg; an mehren Orten Graubündtens gibt es Quellen, die bei trockenem Wetter fließen und bei regnerischem völlig versiegen u. s. w. Noch ist aber eine besondere Art periodischer Quellen vorhanden, die in einigen Gegenden von Norddeutschland vorkommen und daselbst Maibrunnen oder Frühlingsbrunnen, auch Hungerquellen genannt werden. Den erstern Namen haben sie daher, weil sie meistens im Mai hervorbrechen; sie dauern bis zum Juni oder Juli, sind mehr oder minder ergiebig, erzeugen zuweilen nur eine Lache stehenden Wassers und finden sich auf Wiesen und Feldern. Der zweite Name rührt daher, weil die Landleute eine größere Reichhaltigkeit und längere Dauer dieser Quellen als Zeichen von Miswachs, dagegen gänzliches Ausbleiben derselben als Vorbedeutung einer guten Ernte ansehen. Auch mag diese Meinung gar nicht ganz ungegründet sein, denn ohne Zweifel entstehen diese Quellen dann, wenn der Erdboden im Winter bereits eine so große Menge Feuchtigkeit aufgenommen hat, daß er das Schneewasser der nächsten Anhöhen nicht mehr einsaugen kann; in diesem Falle bleibt aber der Boden zu kalt, als daß die Gewächse gedeihen könnten.

(Fortsetzung folgt in Nr. 555.)

Die Besteigung des Chimborazo.

Wir haben neulich (Nr. 348) bei Gelegenheit einer Beschreibung des Andesgebirges der Besteigung des Chimborazo durch Alexander von Humboldt Erwähnung gethan; das Interesse des Gegenstandes wird uns entschuldigen, wenn wir noch einmal darauf zurückkommen, wozu uns ein erst in der neuesten Zeit erschienener Aufsatz Humboldt's über jene Besteigung Veranlassung gibt, den wir hier im Auszuge mittheilen.

Nach einem längern Aufenthalte in dem Hochlande von Quito unternahmen Humboldt und Bonpland die Reise nach den Chinawäldern von Lora und durch die sandige Wüste längs der peruanischen Küste des stillen Oceans nach Lima, wo sie den Durchgang des Mercur durch die Sonnenscheibe (am 9. Nov. 1802) zu beobachten gedachten. Auf der mit Bimsstein bedeckten Ebene, in der man nach dem Erdbeben vom 4. Febr. 1797, welches das alte Riobamba zerstörte und über 45,000 Menschen das Leben kostete, die neue Stadt Riobamba zu gründen angefangen hatte, hatten sie bei dem heitersten Wetter eine herrliche Ansicht des glockenförmigen Gipfels des noch 15,700 Toisen (etwa vier geographische Meilen) entfernten Chimborazo und entdeckten durch ein Fernrohr in dem Schneemantel des Berges mehre als schwarze Streifen vorragende, dem Gipfel zulaufende Felsgrathe, die hoffen ließen, daß man auf ihnen in der Schneeregion festen Fuß würde fassen können. Am 22. Juni traten sie aus der Hochebene von Tapia, zwischen der östlichen und westlichen Andeskette, wo sie sich schon 8898 pariser Fuß über dem Meeresspiegel befanden, ihre Expedition nach dem Chimborazo an, verfolgten sanft ansteigend die mit Cactusstämmen und einem der Trauerweide gleichenden Baume bedeckte Ebene, auf welcher Tausende buntgefärbter Llamas weideten, und brachten die Nacht am Fuße des Berges in dem indischen Dorfe Calpi zu, 9720 Fuß über dem Meere. Am folgenden Morgen begann die eigentliche Besteigung des Berges, die sie von der südsüdöstlichen Seite versuchten, da die als Führer dienenden Indianer dieser Richtung den Vorzug gaben. Zwei große terrassenförmig übereinander liegende, mit Gras bewachsene Hochebenen, Llanos de Luisa und de Sisgun genannt, umgeben den Gipfel des Chimborazo; sie sind so vollkommen horizontal, daß man auf den langen Aufenthalt stehender Gewässer in dieser Gegend schließen muß. Die erste Stufe ist 10,200, die zweite 11,700 Fuß hoch; die eine erreicht also den höchsten Gipfel der Pyrenäen, die andere den Pic von Teneriffa. Aus der Hochebene von Sisgun steigt man ziemlich steil bis zu einem kleinen Alpensee oder vielmehr Teich, Laguna de Yanacoche, von nur 130 Fuß Durchmesser. Mittlerweile war der Himmel immer trüber geworden; der in Nebel gehüllte Gipfel des Chimborazo kam nur auf wenige Augenblicke zum Vorschein. An der Grenze des in der letzten Nacht gefallenen starken Schnees, in 13,500 F. Höhe, verließ Humboldt sein Maulthier; seine Begleiter ritten noch bis zur Grenze des ewigen Schnees, die sich in der Höhe des Montblanc befindet, und ließen hier ihre Pferde und Maulthiere stehen. Große Felsmauern, zum Theil in unförmliche Säulen gespalten, erhoben sich aus der Schneedecke und führten durch die Schneeregion zu einem schmalen Grath oder Felskamm, der ihnen allein möglich machte, weiter vorzudringen, weil der Schnee zu weich war, um ihn zu betreten.

In einer Höhe von 15,600 Fuß blieben die Eingeborenen, aller Bitten und Drohungen ungeachtet, bis auf einen Mestizen aus dem nahen Dorfe San=Juan wegen Athemlosigkeit zurück. Die übrigen Wanderer, vier an der Zahl, nämlich außer Humboldt, Bonpland und dem Mestizen noch ein jenen befreundeter junger Mann, Don Carlos Montufar, drangen mit großer Anstrengung, meist ganz in Nebel gehüllt, auf schmalem und steilem Pfade vorwärts; der Felsenkamm war oft nur 8—10 Zoll breit, zur Linken war der Abhang mit Schnee bedeckt, der eine dünne Eisrinde hatte, zur Rechten sahen sie in einen 800—1000 F. tiefen Abgrund hinab, aus welchem schneelose Felsen senkrecht hervorragten. Die bröckliche Beschaffenheit des Gesteins machte das weitere Steigen bald sehr schwierig; an einzelnen steilen Stellen mußten die Reisenden Hände und Füße zugleich anwenden und verletzten sich an dem scharfkantigen Gestein oft sehr schmerzhaft, und da viele scheinbar feststehende Massen nur lose in Sand gehüllt waren, so bedurfte es großer Vorsicht. An einer etwas breiteren Stelle des Kammes öffneten sie das Gefäßbarometer und fanden mit einiger Unzufriedenheit, daß sie erst 17,300 Fuß Höhe erreicht hatten; die Luftwärme betrug noch fast ein Grad über dem Gefrierpunkt, Gestein und Sand waren sehr naß.

Nachdem sie eine Stunde lang vorsichtig geklimmt hatten, wurde der Felskamm weniger steil, der Nebel blieb aber gleich dick. Die Reisenden litten nun alle an großer Neigung zum Erbrechen, die mit Schwindel verbunden und weit lästiger als die Schwierigkeit zu athmen war; sie bluteten aus dem Zahnfleische und aus den Lippen und die Bindehaut der Augen war ebenfalls mit Blut unterlaufen. Alle diese Symptome der Bergkrankheit kommen nicht selten schon in geringern Tiefen vor und sind nach Beschaffenheit des Alters, der Constitution, der Anstrengung der Muskeln sehr verschieden; erklären lassen sie sich nicht vollständig, ausgenommen die so eigenthümliche Ermüdung der Beine, die eine nothwendige Folge der verminderten Luftdrucks ist.*) Plötzlich schienen, trotz der vollkommenen Windstille, die Nebel zu zerreißen und die Reisenden erblickten den kuppelförmigen Gipfel ganz nahe vor sich. Die Hoffnung, ihn zu erreichen, lieh ihnen neue Kräfte, und da der nur hier und da mit Schneeflocken bedeckte Pfad etwas breiter wurde, eilten sie sichern Schrittes vorwärts, als plötzlich um ein Uhr Mittags eine nicht zu umgehende Thalschlucht von 400 Fuß Tiefe und 60 Fuß Breite ihrem Fortschreiten eine unübersteigliche Grenze setzte. Nach dem Barometerstande (13 Zoll 11²/₁₀ Linien) betrug die erreichte Höhe 18,097 pariser Fuß, sodaß bis zum Gipfel nur noch etwa 1224 Fuß fehlten; die Temperatur betrug nur 1⁶/₁₀ Grad unter dem Gefrierpunkte, kam ihnen aber erstarrend vor. Die Reisenden blieben einige Zeit in der traurigen Einöde und waren bald wieder ganz in Nebel gehüllt; nur wenige Steinflechten, aber keine Thiere konnten sie in dieser Höhe bemerken, doch hatten sie in 15,000 Fuß Höhe noch einen Schmetterling, in 16,600 Fuß Höhe noch eine Fliege gefunden. Da das Wetter immer trüber wurde, stiegen sie auf demselben Felsgrathe wieder herab, wobei es noch größerer Vorsicht als beim Heraufklimmen bedurfte. Als sie in 17,400 Fuß Höhe waren, fing es an heftig zu hageln, aber bevor sie noch die ewige Schneegrenze erreichten, wurde der Hagel durch Schnee ersetzt, der in dichten Flocken fiel und den Felskamm bald viele Zoll hoch bedeckte. Ein großes Glück war es, daß er sie nicht in größerer Höhe überraschte. Einige Minuten nach zwei Uhr erreichten sie, nachdem ihre Expedition oberhalb der ewigen Schneegrenze 3½ Stunden gedauert hatte, während deren sie sich gar nicht niedergesetzt hatten, jene und den Punkt, wo ihre Maulthiere standen; die zurückgebliebenen Eingeborenen hatten ihretwegen in großer Angst geschwebt. In der Höhe der Schneegrenze hat der Chimborazo eine Dicke oder einen Durchmesser von 20,622 Fuß, 900 Fuß unter dem höchsten Gipfel aber von 4032 Fuß. Sie nahmen ihren Rückweg durch den pflanzenreichen Paramo de Pungupala und waren schon um fünf Uhr Abends wieder bei dem freundlichen Pfarrer von Calpi. Wie es nur zu häufig zu gehen pflegt, hatten sie den Verdruß, zu bemerken, daß auf den nebelverhüllten Tag ihrer Expedition die heiterste Witterung folgte, indessen unternahmen sie keinen zweiten Versuch, da sie nicht erwarten konnten, daß dieser von besserm Erfolge als der erste begleitet sein würde.

Die Gebirgsart des Chimborazo ist nach den neuesten Forschungen der des Ätna analog und die ganze Hochebene von Quito ist als ein großer vulkanischer Herd zu betrachten, dessen Auswege der Kotopaxi, der Pichincha u. s. w. mit ihren Kratern sind. Auch unter den glockenförmigen Bergen, welche wie der Chimborazo keinen Krater haben, toben die vulkanischen Mächte; drei Tage nach ihrer Expedition hörten die Reisenden in Neu-Riobamba ein heftiges unterirdisches Krachen ohne Erschütterung, dem erst drei Stunden später ein geräuschloses Erdbeben folgte; ähnliches Krachen ist näher am Bergkoloß, im Dorfe San-Juan, überaus häufig, ohne die Aufmerksamkeit der Eingeborenen mehr zu erregen.

Quecksilber in Toscana.

Im Toscanischen sind vor kurzem zwei Quecksilberlager aufgefunden worden, das eine bei Selvena am Fuße des Berges Amiata, das andere bei Levigliano in der Nähe von Serravezza; man hofft, daß sie an Ergiebigkeit den berühmtesten Quecksilberminen Europas gleichkommen werden. Bei dem außerordentlichen Steigen des Quecksilberpreises in den letzten Jahren ist dieser Fund von großer Wichtigkeit.

Die Automaten.

Automaten heißen diejenigen Maschinen oder sich bewegenden leblosen Gegenstände, welche die bewegende Kraft in sich versteckt haben und sich daher von selbst zu bewegen scheinen; wenn sie die Gestalt eines Menschen haben und menschliche Handlungen verrichten, so nennt man sie auch Androiden. Die bewegenden Mittel bestehen in der Regel in Federn und Gewichten, welche wegen des kleinen Raums, den sie einnehmen, leicht verborgen werden können.

Schon die Alten kannten Automaten. Der älteste Automat, dessen Erwähnung geschieht, war die hölzerne Taube des um 400 v. Chr. lebenden pythagoräischen Philosophen Archytas aus Tarent, welche nach der Angabe des Gellius fliegen konnte. Ferner erwähnt Pausanias einen sich bewegenden ehernen Adler, Polybius eine kriechende Schnecke des bekannten athenischen Redners und Staatsmanns Demetrius Phalereus, Athenäus einen Androiden des Ptolemäus Philadelphus, Königs von Ägypten. Im Mittelalter ist von einem redenden ehernen Haupte, das der Mönch Roger Bacon verfertigt haben soll, die Rede; der als Schwarzkünstler berühmte Philosoph Albert der Große, Graf von Boll-

---

*) Vergl. Pfennig-Magazin Nr. 268.

städt (1193—1280) soll eine menschliche Figur verfertigt haben, welche den Besuchenden die Thüre öffnete, sie begrüßte und scheinbar anredete, worüber der gleichfalls berühmte scholastische Philosoph Thomas von Aquino so erschrocken sein soll, daß er den Kopf der Figur zerschlug; dies soll dem Verfertiger derselben die Klage entlockt haben, daß nun die Arbeit von 30 Jahren vernichtet sei. Der ausgezeichnete Mathematiker Johannes Müller, bekannt unter dem Namen Regiomontanus, verfertigte unter andern eine Fliege, die auf dem Tische herumlief, und einen Adler, welcher auf dem Thore zu Nürnberg angebracht wurde und den Kaiser Maximilian II. bei seiner Ankunft in dieser Stadt im J. 1570 durch eine Bewegung der Flügel und des Kopfes begrüßte. Kaiser Karl V. fand in der letzten Zeit seines Lebens an Kunstwerken dieser Art großes Vergnügen. Als Verfertiger von Automaten machten sich in frühern Zeiten noch bekannt: Bullmann in Nürnberg, dessen Figuren hin und her gingen und nach dem Takte Pauken schlugen und die Laute spielten; Schlottheim in Augsburg, welcher 1581 für Kaiser Rudolf II. eine automatische Galeere verfertigte; Achilles Langenbucher, der nach Vollendung einer Orgel, welche die aus 2000 Takten bestehende Vesperbegleitung selbst spielte, wegen seiner Geschicklichkeit im J. 1610 das Bürgerrecht in Augsburg erhielt. Schon im 15. Jahrhundert soll ein Töpfer in Rom einen Flötenspieler verfertigt haben; 1688 verfertigte der französische General Graf Genner einen Pfau, welcher ging und fraß; der Missionar Thibaut fertigte für den Kaiser von China einen gehenden Löwen und dergleichen Tiger u. s. w.

In der neuern Zeit haben namentlich die Automaten Vaucanson's, der beiden Droz und Kempelen's großes Aufsehen erregt. Vaucanson (geboren zu Grenoble 1709, gestorben zu Paris 1782) zeigte 1738 zu Paris seinen Flötenspieler, eine 5½ Fuß hohe Figur, die auf einem Piedestale saß, in welchem der Mechanismus enthalten war; diese Figur legte die Flöte an die Lippen, bewegte diese und die Finger regelmäßig, brachte gute und deutliche Töne hervor und spielte mehre Stücke. Ein anderer Automat spielte auf einer Schäferflöte, die er in der linken Hand hielt, und schlug mit der rechten den Takt dazu auf einem Tambourin. Ein drittes Kunstwerk, 1741 verfertigt, bestand in einer Ente von bronzirtem Kupferbleche, welche mit den Flügeln schlug, den Hals ausstreckte, vorgestreutes Korn fraß und nach einiger Zeit wieder von sich gab. Den Verfertiger dieser Kunstwerke, deren Mechanismus aus zahllosen Ketten, Federn und Hebeln bestand, wollten die Seidenarbeiter in Lyon nach seiner Ernennung zum Inspector der Seidenmanufacturen steinigen, weil sie durch seine Maschinen Nachtheil zu leiden fürchteten; zur Strafe dafür verfertigte er die Figur eines Esels, der eine Art geblümtes Zeuch webte.

Noch kunstvoller sind diejenigen Automaten, welche die beiden Jacquet Droz, Vater und Sohn, aus Chaux de Fonds im schweizer Canton Neufchatel (der ältere, Pierre, geboren 1721, gestorben 1790, der jüngere, Henri Louis, geboren 1752, gestorben 1791) verfertigten. Unter den von ihnen verfertigten Androiden sind zu bemerken: die sitzende Figur eines zweijährigen Kindes, das zusammenhängende französische Worte schrieb, dabei die Feder eintauchte, die Linien absetzte und nach jedem Worte auf eine Vorschrift sah; der Zeichner, gleichfalls von der Größe eines zweijährigen Kindes, welcher mit Bleistift zeichnete und von Zeit zu Zeit den Bleistiftstaub wegblies; ein anderer Zeichner von der Größe eines erwachsenen Mannes, der mit einem Metallstift auf Pergament mehre verschiedene Zeichnungen hintereinander zeichnete und nach Vollendung jeder einzelnen so lange malte, bis ein neues Stück Pergament untergelegt wurde; die Clavierspielerin, ein junges Mädchen, das verschiedene Stücke auf dem Clavier spielte, dem Notenblatte mit Kopf und Augen folgte, nach geendigtem Spiele aufstand und die Gesellschaft grüßte u. s. w. Ein von dem jüngern Droz gefertigtes Kunstwerk bestand in einer Schnupftabacksdose, die einen kleinen, nur ¾ Zoll langen Vogel von grün emaillirtem Golde enthielt, welcher auf einem goldenen Tischchen sitzend den Schwanz bewegte, mit den Flügeln schlug und einen melodischen Gesang hören ließ. Auf einer Uhr, welche beide Künstler dem Könige von Spanien überreichten, befand sich ein blökendes Schaf und ein Hund, der einen Korb mit Früchten bewachte und bellend aufstand, wenn Jemand denselben wegzunehmen versuchte.

Um dieselbe Zeit machte der Ungar Wolfgang von Kempelen (geboren zu Presburg 1734, gestorben zu Wien als Hofrath und Referendar bei der dasigen ungarischen Hofkanzlei 1804) durch seine Sprachmaschine und mehr noch durch seine Schachmaschine das größte Aufsehen. Die erstere, 1778 erfunden, bestand in einem viereckigen, drei Fuß langen, einen Fuß breiten hölzernen Kasten, worin durch einen Blasebalg, verschiedene Klappen u. s. w. die Stimme eines drei- bis vierjährigen Kindes nachgeahmt wurde. Ähnliche Maschinen sind später auch von Andern verfertigt worden, z. B. von Mical, Kratzenstein, Posch, größtentheils mit geringem Erfolge. Die noch räthselhaftere Schachmaschine, welche der Verfertiger im J. 1769 der Kaiserin Maria Theresia zum ersten Male zeigte, bestand aus einem türkisch gekleideten Manne von natürlicher Größe, welcher vor einem 3½ Fuß langen, 2½ Fuß breiten, an den Füßen mit Rollen versehenen Tische saß und auf demselben Schach spielte. Die Maschine spielte mit den geschicktesten Spielern und gewann fast immer, wobei der Erfinder immer gegenwärtig war; ob dieser selbst das Spiel leitete, wiewol keine directe Einwirkung desselben wahrzunehmen war, oder ob ein anderer Mensch in der Maschine anwesend war, ist nicht auszumitteln gewesen; das eine Menge Räder, Hebel, Federn und Ketten enthaltende Innere der Maschine zeigte der Erfinder Jedem bereitwillig, nur dann nicht, wenn die Maschine spielte. Die Meinung, daß der Magnetismus bei derselben eine Rolle gespielt habe, ist völlig grundlos; dagegen ist es gar nicht anders denkbar, als daß ein Mensch fortwährend die Maschine regiere, weil die große Mannichfaltigkeit der Züge des Schachspiels und die immer wiederholte Überlegung, welche dieselben erheischen, eine blos mechanische Thätigkeit völlig ausschließen; auch soll der Erfinder selbst eingestanden haben, daß ein großer Theil des Wunderbaren auf der Geschicklichkeit beruhe, womit er die Zuschauer zu täuschen gewußt habe. Übrigens befand sich die Maschine 1812 zu Mailand, 1819 zu London und 1822 zu Paris; was später aus ihr geworden, ist nicht bekannt.*) Eine andere Schachmaschine zeigte später der Uhrmacher Bayer aus Neuburg; sie bestand in einer vier Fuß hohen Puppe, die durch verborgene Hebel von dem in einem Nebenzimmer befindlichen und durch feine Wandritzen das Schachbret beobachtenden Erfinder regiert wurde.

Viel Aufsehen machten vor einiger Zeit in London die Automaten des Schweizers Maillardet, besonders eine

---

*) Eine Abbildung und ausführlichere Beschreibung dieser Maschine ist in Nr. 70 des Pfennig-Magazins enthalten.

weibliche Figur, welche athmete, Kopf, Augen und Körper natürlich bewegte und auf dem Fortepiano 18 verschiedene Tonstücke spielte. Unter den neuesten Automaten sind Siegmeier's Flötenspieler und die Trompeter Mälzl's und Kaufmann's zu erwähnen. Der letztere besteht in einer menschlichen Figur in Lebensgröße, die in der rechten Hand eine Trompete hält, welche auf das im Munde befestigte Mundstück geschoben wird; am Kopfe sind verschiedene, durch Klappen verschlossene messingne Röhren für die tiefern und höhern Töne, in der Brust aber ein Blasebalg befindlich, der die Luft ungewöhnlich stark comprimirt, sodaß diese in die Röhren dringend einen vollständigen Trompetenton hervorbringt. Wohlklingender, aber als automatische Kunstwerke weniger merkwürdig sind zwei andere von demselben Künstler verfertigte musikalische Instrumente, von denen das eine ein Fortepiano mit einem Flötenregister vereinigt und selbst größere Musikstücke sehr schön und vollständig vorträgt. Endlich verdient noch eine automatische Vase Erwähnung, welche von Frizard in Biel für den damaligen ersten Consul Bonaparte verfertigt wurde, und welche sich, wenn man eine Feder berührt, zu einem Palmbaum entfaltet, unter welchem eine spinnende Schäferin sitzt.

Napoleon und die Fürstin von Hatzfeld.*)

Bald nach dem Einzuge der französischen Armee in Berlin, am 28. October 1806, ließ Napoleon den Fürsten von Hatzfeld verhaften, dem sein Schwiegervater, der Graf von Schulenburg-Kehnert, Staatsminister und Gouverneur von Berlin, bei der Räumung der Hauptstadt durch die preußischen Truppen die Leitung der öffentlichen Angelegenheiten übertragen und der auch von den Franzosen die Civilverwaltung der Stadt Berlin übernommen hatte. Der Fürst war der Verrätherei angeklagt, weil ein Brief von ihm an den König von Preußen aufgefangen worden war; indeß war dieses Schreiben bereits am 24. October Morgens, sieben Stunden bevor die französische Avantgarde Berlin erreichte, geschrieben worden und enthielt weiter nichts als die Meldung, er wisse von der französischen Armee nichts Officielles, eine an den Magistrat der Stadt Potsdam gerichtete Ausschreibung abgerechnet, und jene Armee sei nach den eigenen Angaben der Franzosen 80,000, nach Andern aber noch nicht 50,000 Mann stark; dem Vernehmen nach wären die Pferde ihrer Cavalerie äußerst ermüdet. Etwas Verrätherisches oder Strafälliges konnte demnach in diesem Schreiben gar nicht gefunden werden. Gleichwol schwebte die Familie des Fürsten nicht ohne Grund in großer Besorgniß um sein Schicksal, namentlich war die Fürstin außer sich; sie eilte sogleich selbst nach dem Schlosse, wo Napoleon seine Wohnung hatte, wurde von Duroc bei ihm eingeführt und flehte die Gnade des Kaisers an, die Unschuld ihres Gemahls betheuernd. Der Kaiser reichte ihr mit den Worten: „Sie kennen die Hand Ihres Gemahls und mögen selbst urtheilen; ist dieser Brief von ihm, so ist er strafbar", das Schreiben des Fürsten, und als die Fürstin darüber in der größten Bestürzung war, fügte er hinzu: „Nehmen Sie den Brief und werfen Sie ihn ins Feuer, dann habe ich keinen Beweis mehr gegen Ihren Gemahl, und er ist frei."

Natürlich säumte die Fürstin nicht, von der Erlaubniß, die ihr Napoleon gab, Gebrauch zu machen und den Brief zu vernichten, wozu ein im Zimmer vorhandenes Kamin Gelegenheit gab; der Marschall Berthier erhielt darauf sogleich Befehl, den Fürsten in Freiheit zu setzen. Kann man aber wol geneigt sein, bei Berücksichtigung der vorwaltenden Umstände dem Kaiser diese Regung von Großmuth sehr hoch anzurechnen, während im Gegentheil eine harte Behandlung des Fürsten und vollends die über ihn verhängte Todesstrafe als unverantwortliche Ungerechtigkeit hätte erscheinen müssen?

*) Diese Abbildung ist aus dem bereits früher empfohlenen Werke: „Geschichte des Kaisers Napoleon von Laurent" entlehnt, von welchem bis jetzt 22 Lieferungen erschienen sind (Leipzig bei Weber).

Das Pfennig-Magazin
für Verbreitung gemeinnütziger Kenntnisse.

355.] Erscheint jeden Sonnabend. **[Januar 18, 1840.**

Helsingör.

Helsingör ist nach Kopenhagen die bedeutendste, schönste und reichste Stadt der dänischen Insel Seeland, wiewol sie nicht über 7000 Einwohner zählt; sie liegt am Sund oder Öresund, einer Meerenge, welche hier etwa eine halbe, bei Kopenhagen aber vier Meilen breit und neun Meilen lang ist, Dänemark von Schweden trennt und für die aus der Nordsee in die Ostsee fahrenden oder aus der letztern kommenden Schiffe die gewöhnliche Durchfahrt bildet. Zwar führen außer dem Sunde noch zwei andere Meerengen, die unter dem Namen des großen und des kleinen Belt bekannt sind, aus der Ostsee in das Kattegat und aus diesem in die Nordsee; sie sind jedoch ungleich weniger befahren, weil die Fahrt durch dieselben beschwerlich und nicht ohne Gefahr ist. Den großen Belt passiren jährlich etwa 2000 Schiffe, fast lauter dänische, und der kleine ist noch weit weniger besucht; dagegen fahren durch den Sund mehr als sechsmal so viel, worunter der dritte Theil englische, und da die Schifffahrt in der Ostsee fast den dritten Theil des Jahres durch Eis unterbrochen wird, so ist dieselbe während der Sommermonate außerordentlich lebhaft. Die größte Zahl von Schiffen, die den Sund passirten, ist bisher im Jahre 1838 vorgekommen, wo sie 13,960 betrug; das Jahr 1839 übertrifft aber alle bisherigen beiweitem, da schon in den drei ersten Quartalen desselben 13,332 Schiffe durch den Sund gegangen sind. Noch im J. 1768 betrug die Zahl der durch den Sund fahrenden Schiffe nur 6930 und erst seit 1783 hat sie 10,000 überstiegen, woraus die schnelle Zunahme des Verkehrs in der letzten Zeit hervorgeht.

Alle durch den Sund fahrenden Schiffe haben dafür einen Zoll von 1—1¼ Procent (die französischen, englischen, holländischen und schwedischen 1 Procent, alle andern, auch die dänischen selbst, 1¼ Procent) vom Werthe ihrer Ladung zu entrichten, der dem König von Dänemark jährlich über 1,000,000 Thaler einbringt (1835 1,803,000 Reichsbankthaler oder etwa 1,400,000 Thlr. Preußisch). Das Recht des Königs zur Erhebung dieses Zolls ist durch alte Verträge mit allen europäischen Seemächten festgestellt; der deshalb mit England abgeschlossene Vertrag rührt aus der ersten Hälfte des 15. Jahrhunderts. Zwar wurde den Schweden im Frieden zu Brömsebro 1645 Zollfreiheit im Sunde und beiden Belten zugestanden, sie mußten aber dieselbe im Frieden zu Friedensburg 1720 wieder aufgeben; die holländischen Schiffer genießen den Vorzug, daß sie ihre Papiere nur vorzuzeigen brauchen, während alle andern Schiffe durchsucht werden. Über eine Herabsetzung des drückenden Sundzolls sind gegenwärtig Unterhandlungen zwischen Dänemark und den andern nordischen Mächten im Gange. Der Ursprung desselben fällt in eine sehr frühe Zeit, wo die Hansestädte darein willigten, unter der Bedingung der Errichtung von Leuchtthürmen und Landzeichen an der gefährlichen Küste des Kattegats an Dänemark Zoll zu bezahlen. Einzig die Erhebung dieses Zolls gibt der Stadt Helsingör eine große Wichtigkeit und ist Ursache, daß fast alle Handel treibenden Nationen hier Consuln halten. Die Entrichtung des Zolls geschieht bei dem auf einer Landzunge liegenden, die Meerenge beherrschenden festen Schlosse Kronborg, bei welchem ein 110 Fuß hoher Leuchtthurm steht. Das Schloß wurde von König Friedrich II. 1577—85 aus behauenen Quadersteinen sehr dauerhaft aufgeführt, ist mit Thürmen und mannichfacher Bildhauerarbeit geziert und hat eine Kirche; 1659 wurde es von Schweden belagert und durch List erobert. Die Handelsschiffe nehmen in Helsingör gewöhnlich frischen Proviant ein. Die Stadt, deren Haupttheil eine einzige lange Straße bildet, ist am Abhange eines Berges ziemlich gut gebaut und hat ein Gymnasium, eine Quarantaineanstalt und ein Seebad. Sie hat ihren Namen von den Helsingern, einer alten gothischen Völkerschaft, und war bis 1425, wo sie von König Erich städtische Privilegien erhielt, nur ein Flecken. 1311 wurde sie von den Rostockern und Wismaranern, 1522 von einer Flotte der gesammten Hansestädte angegriffen und zum großen Theile zerstört. König Christian II. wollte sie den Holländern abtreten, wurde aber durch den Widerspruch der Einwohner daran gehindert, weshalb er aus Unwillen die Zollstätte 1517 nach Kopenhagen verlegte, wo sie indessen nicht lange blieb. Seit 1820 besitzt die Stadt statt des frühern sehr schlechten einen geräumigen und sichern Hafen, freilich nur für kleinere Schiffe, die nicht über sieben Fuß tief im Wasser gehen. Die Bewohner nähren sich von Schifffahrt und Handel, vom Fischfange und einigen Gewerben und Fabriken. Die Umgegend von Helsingör ist auch als Schauplatz der fingirten oder sagenhaften Begebenheiten in Shakspeare's „Hamlet" interessant; in der Nähe des königlichen Lustschlosses Marienlyst bei Kronborg ist ein Ort, der den Namen „Hamlet's Garten" führt; hier soll der Sage nach Hamlet's Vater ermordet worden sein. — Eine Fähre führt von Helsingör nach der gegenüber liegenden schwedischen Stadt Helsingborg in Schonen.

Von den Quellen.
(Fortsetzung aus Nr. 354.)

Der Wärmegrad der Quellen hängt hauptsächlich von zwei Umständen ab: von der Temperatur des aus der Atmosphäre herabfallenden Wassers, durch welches sie gebildet werden, und von der Temperatur der Erdrinde, in welcher sie entstehen und fortfließen; bei einem Theile der Quellen ist die Wärme veränderlich, wie die des Regenwassers und der Luft, bei andern bleibt sie das ganze Jahr hindurch unverändert; man kann demnach im Allgemeinen veränderliche und gleichbleibende Quellen unterscheiden. Zu den erstern gehören solche, die nur aus geringer Tiefe, welche dem Einflusse der Temperaturveränderungen ausgesetzt ist, kommen und daher im Sommer wärmer, im Winter kälter sind; durch fortgesetzte Beobachtungen der Wärme solcher Quellen kann man die mittlere Temperatur eines Orts ebenso genau finden als durch lange fortgesetzte Beobachtungen der Lufttemperatur. Bei weitem die meisten Quellen haben das ganze Jahr hindurch eine gleichbleibende Wärme, doch sind von diesen wieder zwei Classen zu unterscheiden: kalte und warme. Man hat diesen Unterschied nicht etwa so zu verstehen, daß alle Quellen, deren Temperatur weniger als irgend einen bestimmten Wärmegrad, z. B. 10 Grad, beträgt, kalte, alle diejenigen aber, deren Temperatur diesen Wärmegrad übersteigt, warme Quellen genannt werden; diese Eintheilung würde in hohem Grade schwankend und willkürlich sein. Unter kalten Quellen sind vielmehr solche zu verstehen, deren Temperatur der mittlern Wärme ihrer Orte ungefähr gleich ist; warme Quellen sind dagegen solche, deren Temperatur beträchtlich höher ist. Hieraus ergibt sich aber leicht, daß in einer Gegend eine Quelle für kalt gilt, welche in einer andern zu den warmen gerechnet werden müßte; z. B. eine Quelle von 20 Grad Réaumur, die in der heißen Zone unter die kalten gerechnet wird, müßte in der gemäßigten oder kalten Zone unbedingt eine warme Quelle heißen. Überhaupt ist die Temperatur der sogenannten kalten Quellen unter den Wendekreisen oder in der heißen Zone am höchsten und nimmt nach den Polen zu gleichzeitig mit der mittlern Temperatur der Orte ab; wo die letztere den Gefrierpunkt erreicht, hören die Quellen ganz auf, nicht aber, wie Parry behauptet, unter dem Polarkreise, da, wo die kalte Zone angeht, denn auch innerhalb der letztern hat man noch Quellen gefunden, z. B. bei Enontekis in Lappland, unter 68½ Grad nördlicher Breite, eine Quelle, deren Temperatur nur $1^{36}/_{100}$ Grad über dem Eispunkte beträgt. Dieses ist aber wol die niedrigste Temperatur einer Quelle, die bisher beobachtet worden ist; die höchste Temperatur einer kalten Quelle ist aber bei Maypures unter 5¼ Grad nördl. Breite beobachtet worden und beträgt etwas über 22 Grad Réaumur. In Norddeutschland beträgt die mittlere Temperatur der kalten Quellen 8 Grad Réaum., ebenso bei London; in Süddeutschland 8½ Grad. Übrigens stimmt die Temperatur der kalten Quellen nicht überall genau mit der mittlern der Orte überein, sondern ist an einigen Orten etwas höher, an andern niedriger; Humboldt hat hierüber ein allgemeines Gesetz aufgestellt, wonach beide Temperaturen, die der Quellen und die mittlere des Orts, nur zwischen 40 und 45 Grad Breite und bis 3000 Fuß Höhe übereinstimmen, aber unter niedrigern Breiten die Wärme der Quellen etwas geringer, unter höhern Breiten und in größern Höhen über dem Meere etwas größer als die mittlere Lufttemperatur ist, wiewol auch diese Regel vielfache Ausnahmen leidet.

Warme Quellen, auch Thermalquellen oder Thermen genannt, finden sich überall in allen Welttheilen, nur nicht ganz in derselben Höhe über dem Meere als die kalten; am zahlreichsten sind sie in vulkanischen Gegenden, wo sie ihre Wärme größtentheils der vulkanischen Thätigkeit verdanken mögen. Den Siedepunkt erreichen aber nur diese vulkanischen Quellen, bei allen übrigen ist die Wärme niedriger, kommt indeß zuweilen der Siedehitze nahe; bei manchen hat es nur den Anschein, als seien sie im eigentlichen Sinne siedend heiß, weil sie in Folge des zu gleicher Zeit mit dem Wasser aus der Erde bringenden Gases wie siedendes Wasser sprudeln. Nach Humboldt entspringen alle heißen Quellen entweder aus vulkanischen oder aus Urgebirgsarten. Zu den heißesten gehören von den nicht mineralischen, also süßes Wasser liefernden in Europa folgende: Vor allen ist der Geiser und der 1784 durch ein Erdbeben in seiner Nähe entstandene neue Geiser auf der Insel Island zu erwähnen; sie entstehen in kreisrunden Becken von 60 — 70 Fuß Durchmesser und 71 Fuß Tiefe auf der Spitze kleiner Hügel von 30 Fuß Höhe, bestehend aus Kieseltuff, den die Quellen selbst abgesetzt haben; von Zeit zu Zeit erfolgen Ausbrüche, von rollendem Getöse begleitet, bei denen das Wasser mit Heftigkeit emporspritzt und Strahlen von 8 — 10 Fuß Durchmesser, mit losen Steinen und Dampf vermischt, oft bis zu einer Höhe von 3 — 400 Fuß emporgeschleudert werden. Die Wärme des Wassers erreicht die Siedhitze, ja sie geht in einiger Tiefe noch über dieselbe hinaus. Außer diesen berühmtesten heißen Springquellen sind in Europa besonders bemerkenswerth: die Piscarelliquellen in Italien, beim Agnanosee, 74½ Grad; ferner gleichfalls in Italien die Thermen zu Lucca gegen 45 Grad, von Pisa 35 Grad, von Albano 24 — 40 Grad u. s. w.; die zu Chaudes-Aigues und zu Bourbonne les Bains in Frankreich zwischen 56 und 64 Grad; zu Bude bei Chemnitz in Sachsen 56 Grad; zu Leuk in der Schweiz 40 Grad u. s. w. In Asien gibt es z. B. am Kaukasus und in Kamtschatka viele heiße Quellen; die von Urizino in Japan haben Siedhitze; nicht weit von Macao in China ist außer mehren andern eine von 68 Grad; besonders interessant sind aber diejenigen heißen Quellen, welche erst in der neuesten Zeit mitten im Himalayagebirge unweit des Flusses Jumna angetroffen worden sind, von denen eine, wenigstens 56 Grad warm, durch ihren Dampf in dem dortigen beständigen Schnee ein weites Gewölbe gebildet hat. Aus Afrika nur wenige heiße Quellen bekannt; eine der reichhaltigsten ist die am Cap der guten Hoffnung, die in jeder Minute vier Oxhoft Wasser von 66 Grad Wärme liefert. Die heißen Quellen von Hammam-Meskhutin im Atlas, im Gebiete von Algier, sind in Nr. 290 geschildert. Daß Amerika eine große Menge heißer Quellen enthält, kann nicht auffallen, da dieser Erdtheil so außerordentlich reich an Vulkanen ist. Auch die Salz- oder Soolquellen gehören größtentheils zu den warmen Quellen, wiewol ihre Temperatur die mittlere Ortstemperatur nirgend beträchtlich übersteigt; was aber eigentlich die Ursache dieser höhern Temperatur ist, da die Soolquellen in der Regel aus keiner beträchtlichen Tiefe kommen und die Auflösung des Salzes durch Wasser, bei welcher freie Wärme gebunden wird, eigentlich gerade das Gegentheil, eine niedrigere Temperatur, bewirken müßte, ist zur Zeit noch nicht hinreichend bekannt. Übrigens scheint die Wärme dieser Quellen seltsamerweise nicht mit ihrer Tiefe, sondern mit ihrer Löthigkeit zu wachsen. In Deutschland haben die Salzquellen eine Wärme von 8 — 15 Grad Réaumur; zu den wärmsten gehört die kösener Quelle in Thüringen, welche 15 Grad Wärme hat und 588 rhein. Fuß tief ist; die viel tiefere zu Ber in der Schweiz, welche 819 Fuß tief ist, hat nur 8 Grad, hingegen die zu Moutiers in der Schweiz 30 Grad Wärme.

Was die Beschaffenheit des Quellwassers betrifft, so sollte dasselbe, da es eine Art Destillationsproceß zu bestehen hat, im Allgemeinen fast so rein wie destillirtes oder Regenwasser sein, doch kann es nicht fehlen, daß es während seines unterirdischen Laufs und Aufenthalts einen Theil der in der Erde befindlichen auflöslichen Stoffe aufnimmt. Diese Menge fremdartiger Stoffe ist bei den kalten Quellen am kleinsten, weil sie meistens nicht tief in die Erde eindringen. Am reinsten sind diejenigen Quellen, die aus Sandstein entspringen, der über Urgebirgsarten gelagert ist; außer etwas atmosphärischer Luft, überschüssigem Sauerstoffgas und kohlensaurem Gas, die sich sehr leicht mit dem Wasser vereinigen, enthalten sie keine fremdartigen Bestandtheile. Aber gerade das chemisch ganz reine Wasser ist zum Trinken seiner absoluten Geschmacklosigkeit wegen nicht angenehm, während es zum Waschen und zum Kochen der Speisen am meisten geeignet ist. Nur sehr selten ist das Quellwasser ganz rein von Kochsalz; Wasser dieser Art ist theils der beigemischten Menge von Salzen, theils der größern Quantität verschluckter Kohlensäure wegen für den Geschmack angenehmer, dagegen zum Waschen und Kochen weniger geeignet. Bekanntlich bezeichnet man diesen Unterschied durch den Ausdruck hartes Wasser für Quellwasser und weiches Wasser für Fluß- oder Regenwasser. Oft ist freilich die Menge des in jenem aufgelösten Salzes so groß, daß das Wasser nicht trinkbar ist. Fast immer sind auch einige organische, besonders vegetabilische Substanzen im Wasser aufgelöst, die aber ihrer geringen Menge wegen den Geschmack desselben in der Regel nicht verändern, sie bewirken jedoch, daß sowol das in Cisternen gesammelte Wasser, als dasjenige, welches auf Schiffen in Tonnen aufbewahrt wird, nach einiger Zeit trübe wird, in einen Zustand der Gährung übergeht und einen unangenehmen Geschmack annimmt; nach einiger Zeit fallen die zersetzten organischen Substanzen zu Boden und das Wasser wird wieder klar und rein. Quellen, die aus kalkhaltigen Schichten kommen, führen eine größere oder geringere Menge aufgelöster Kalkerde mit sich, die beim Sieden in den Kochgefäßen, besonders wenn sie von Metall sind, zu Boden fällt und den sogenannten Sinter oder Pfannenstein bildet; dieser Niederschlag erlangt oft eine merkliche Dicke und ist meistens braun oder braunschwarz gefärbt. Das schlechteste und unreinste Wasser liefern solche kalte Quellen, die in flachen Gegenden durch das eindringende Regenwasser gebildet werden. Wenn die Erdoberfläche viel Humus (Dammerde) enthält, so löst das Wasser eine große Menge der denselben bildenden organischen Substanzen auf; je tiefer das Wasser vor seiner Vereinigung in Quellen oder Brunnen herabsinkt, desto mehr wird es durch Filtration gereinigt, doch ist der übrigbleibende Antheil meistens so groß, daß er dem Wasser einen unangenehmen Geschmack mittheilt und es ungesund macht, was bei Brunnen in Moorgegenden am auffallendsten ist.

Solche Quellen, die eine größere Menge mineralischer Substanzen beigemischt enthalten, heißen Mineralquellen, häufig auch Heilquellen oder Gesundbrunnen, da sie auf die Gesundheit einen mehr oder weniger entschiedenen und in geeigneten Fällen heilsamen Einfluß üben; die meisten von ihnen sind warme Quellen. Man kann mit Ausscheidung der chemisch indifferenten heißen Quellen, die indeß zum großen Theil auch als Heilquellen benutzt werden, folgende Classen von Mineralquellen unterscheiden: 1) Echte Säuerlinge oder Sauerbrunnen, welche viel Kohlensäure und außerdem nur ein sehr geringes Quantum anderer Bestandtheile enthalten; ihre Zahl ist sehr groß; im Ganzen sind sie als kalte Quellen anzusehen, da die Wärme des Wassers der Aufnahme von Kohlensäure nicht günstig ist. Alle Quellen, welche viel Kohlensäure enthalten, haben die Eigenschaft, mit einem polternden Geräusch aus der Erde zu kommen, welches von dem entweichenden Gase

*

herrührt; in dem aus ihnen frisch geschöpften Wasser sieht man eine Menge perlenähnlicher Gasblasen aufsteigen. Die echten Säuerlinge haben einen weinsauern, oft, z. B. bei dem Säuerling in Karlsbad, empfindlich sauern Geschmack und werden nicht selten zur Kühlung im Sommer getrunken. Außerordentlich groß ist die Anzahl solcher Quellen in der preußischen Rheinprovinz (64); auch in Nassau sind sie zahlreich (19). Die reichsten gibt es auf der Insel Island, wo sie zugleich eine berauschende Kraft haben sollen. 2) Eisensäuerlinge oder Stahlwasser, d. h. solche Säuerlinge, welche Eisen aufgelöst enthalten, außerdem noch Alkalien und alkalische Salze; auch sie haben im Ganzen keine hohe Temperatur, aber größere Heilkraft als die echten Säuerlinge. Sie charakterisiren sich durch einen zusammenziehenden, tintenähnlichen Geschmack und den gelben Eisenocher, den sie an den Brunnenöffnungen absetzen; an der Luft überziehen sie sich mit einer dünnen, fettig aussehenden und aus derselben Substanz bestehenden Haut. Die berühmtesten Eisensäuerlinge sind in Deutschland zu Pyrmont von 8—15 Grad Wärme; das Alexisbad am Harze in Anhalt-Bernburg von 6 Grad Wärme; der Josephbrunnen in Bilin in Böhmen mit vielem kohlensauern Natron; zu Schwalbach in Nassau; schwächere Eisenquellen sind: das Hermannsbad bei Muskau in Schlesien, das Buschbad (nur 4 Gr. warm), die Quellen in Tharandt und das Augustusbad in Sachsen; ferner zu Bibra in Thüringen und zu Liebenstein in Sachsen-Meiningen; außerhalb Deutschland sind die Eisenquellen zu Spaa in Belgien, das überhaupt an Eisensäuerlingen reich ist, am berühmtesten. 3) Alkalische Säuerlinge, in denen außer der Kohlensäure eine ansehnliche Menge alkalischer und erdiger Substanzen enthalten ist, die sich durch laugenhaften Geschmack zu erkennen gibt; man unterscheidet noch alkalisch-erdige, alkalisch-salinische und muriatisch-salinische Säuerlinge, je nachdem die erdigen Theile oder das Kochsalz vorwalten. Natronhaltige Säuerlinge sind unter andern zu Salzbrunn und Reinerz in Schlesien; der an Natronsalzen reiche Franzensbrunnen bei Eger; die Quellen zu Selters, Geilnau und Fachingen in Nassau, die Quellen zu Bocklet und Brückenau in Baiern und zu Berggieshübel in Sachsen.

(Der Beschluß folgt in Nr. 356.)

Newton.*)

Newton's Geburtsort.

In einem kleinen Thale im Kirchspiele Colsterworth, unweit Grantham in der Grafschaft Lincolnshire, gegen 20 Meilen von London, steht das Herrenhaus von Woolsthorpe, wo der unsterbliche Newton geboren wurde. Das Gebäude an sich ist nicht geeignet, Aufmerksamkeit zu erregen, aber als der Geburtsort eines der scharfsinnigsten und verdienstvollsten Gelehrten nicht nur der neuern Zeit, sondern aller Zeiten kann es von allen Denen, welche Sinn für wissenschaftliche Größe haben, nicht ohne die lebhafteste Theilnahme betrachtet werden.

*) Vgl. Pfennig-Magazin Nr. 24.

Isaak Newton wurde am 25. December 1642 geboren, fast drei Monate nach dem Tode seines Vaters; seine Familie stammte nach Einigen aus Schottland und wohnte seit 1561 in Woolsthorpe. Anfangs war er sehr schwächlich, sodaß man wenig Hoffnung hatte, ihn am Leben zu erhalten, überwand aber, als er älter wurde, immer mehr und mehr die Schwäche seiner Constitution. Seit seinem zwölften Jahre besuchte er die gelehrte Schule zu Grantham und zeigte hier zwar viel Lebhaftigkeit und schnelle Fassungskraft, aber ohne sich gerade besonders auszuzeichnen; nur für Mechanik legte er eine seltene Anlage an den Tag und beschäftigte sich am liebsten mit Verfertigung kleiner Windmühlen, Sonnen- und Wasseruhren und ähnlicher Modelle. Er selbst erzählte später oft, er sei in der Schule sehr nachlässig gewesen und habe in seiner Classe stets einen sehr niedrigen Platz gehabt, bis er einmal ein über ihm sitzender Mitschüler beleidigt habe; dies habe ihn zu dem Entschlusse gebracht, sich an ihm nicht blos durch Thätlichkeiten, sondern auf eine edlere Weise, nämlich dadurch zu rächen, daß er es ihm in den Studien zuvorzuthun suchte; von dieser Zeit an verdoppelte er seinen Fleiß mit gutem Erfolge. Gleichwol hatte ihn seine Mutter zur Leitung ihrer ländlichen Wirthschaft bestimmt und konnte nur durch das Zureden ihres Schwagers, der das Talent seines Neffen besser zu würdigen wußte, bestimmt werden, ihn wieder auf die gelehrte Schule, von der sie ihn bereits entfernt hatte, zu bringen. Im J. 1660 bezog er die Universität Cambridge und legte sich hier mit dem größten Eifer auf die abstracten Wissenschaften, Philosophie und Mathematik. Die Pest, welche im J. 1665 in ganz Europa so große Verwüstungen anrichtete, nöthigte ihn, in diesem Jahre Cambridge zu verlassen und sich auf seine Besitzung zu Woolsthorpe zurückzuziehen, die er zwei Jahre zuvor von seiner Mutter geerbt hatte. Damals soll, während er in seinem Garten unter einem Apfelbaume, der noch jetzt gezeigt wird, saß und der Ursache nachdachte, die den Mond am Himmel schwebend erhält, ein Apfel, der neben ihm herabfiel, ihn zuerst auf die Theorie von der Gravitation oder allgemeinen Schwere, die seinen Namen ganz eigentlich un-

Zimmer, in dem Newton geboren wurde.

sterblich gemacht hat, geführt haben. Freilich ist dies nichts als eine Sage, eine Ueberlieferung, deren Wahrheit aus mehren Gründen, unter denen das gänzliche Stillschweigen seiner Zeitgenossen nicht der geringste ist, sehr bezweifelt werden muß. Im Jahre 1666 konnte Newton wieder nach Cambridge zurückkehren und hatte sich schon durch drei große Entdeckungen in den Gebieten der Physik, der Analysis und der Optik unsterblich gemacht, bevor er im J. 1669, in seinem 27. Jahre, eine Professur erhielt. Er fuhr in diesem Amte fort, die mathematischen und physikalischen Wissenschaften mit Entdeckungen und Forschungen zu bereichern, deren Wichtigkeit näher zu erörtern hier nicht der Ort ist, die aber zu dem Außerordentlichsten gehören, was jemals in diesen Wissenschaften geleistet worden ist. Seinem stillen wissenschaftlichen Leben wurde der große Mann im J. 1696 durch seine Ernennung zum Münzwardein entrissen, da dieses Amt ihn nach London berief und dem Strudel des politischen Lebens näher führte. Im J. 1703 wurde er Präsident der königlichen Societät der Wissenschaften, deren Mitglied er 1672 geworden war; auch saß er mehrmals als Vertreter der Universität Cambridge im Parlamente. Er beschäftigte sich in seiner neuen Stellung sehr eifrig auch mit chemischen Untersuchungen, hatte aber das Unglück, bei einer Feuersbrunst sein Laboratorium und einen großen Theil seiner Manuscripte zu verlieren. Dieser Unglücksfall soll nicht nur auf seine Gesundheit, sondern auch auf seine Geisteskräfte nachtheilig gewirkt haben; wenigstens scheint er seitdem den Wissenschaften ziemlich abgeneigt gewesen zu sein. In den letzten zehn Jahren seines Lebens beschäftigte er sich, wie es scheint, mit Mathematik gar nicht mehr, desto mehr aber mit religiösen Betrachtungen, indeß sind seine dem Gebiete der Theologie angehörigen Arbeiten unter allen seinen Leistungen am mindesten bedeutend, um nicht zu sagen, ganz werthlos, und können füglich der Vergessenheit anheimfallen. Kurz vor seinem Tode zog sich Newton nach Kensington bei London zurück, wo er am 20. März 1727 nach kurzer Krankheit im 85. Jahre seines Lebens starb. König Georg I. befahl, seinen Leichnam auf einem Paradebette auszustellen und in der Westminsterabtei beizusetzen, wo ihm seine Familie, der Newton ein sehr ansehnliches Vermögen hinterlassen hatte, 1731 ein prächtiges Denkmal errichten ließ. Außerdem wurde ihm 1755 im Trinitycollege zu Cambridge eine Marmorstatue errichtet. *)

Newton war von mittlerer Statur und angenehmem, freundlichem Äußern; aber von dem Scharfsinne, der ihn auszeichnete, war in seinem Auge und seinem ganzen Wesen, das etwas Langsames und Schlaffes hatte, nichts zu entdecken. Sein Charakter war sanft und gleichförmig; in Gesellschaft war er sehr zurückhaltend und außerordentlich zerstreut, wovon viele seltsame Beispiele erzählt werden. So vertiefte er sich oft so in seine Forschungen, daß er die Zeit des Mittagsmahls vorübergehen ließ und nachher öfter in Zweifel war, ob er bereits gegessen habe oder noch nicht. Verheiratet war Newton nie; für Liebesglück und eheliche Freuden hatte der große Mann keine Zeit, vielleicht auch keinen Sinn, wiewol er auf der gelehrten Schule zu Grantham in vertrautem Verhältnisse zu einer Miß Stovey gestanden oder doch Neigung für sie empfunden haben soll; fast 20 Jahre lang lebte er mit seiner Nichte zusammen, die an einen gewissen Conduit verheirathet war, der nachher Newton's Biograph wurde.

Das Landhaus in Woolsthorpe wird noch jetzt von der Familie Turner, in deren Besitz es sich seit 1732 befindet, in seinem ehemaligen Zustande erhalten; im J. 1798 wurde bei Gelegenheit einer Reparatur in dem Zimmer, wo Newton geboren war, eine Marmortafel mit folgenden Versen Pope's befestigt:

In Dunkel lag begraben Natur und ihr Gesetz,
Gott sprach, es werde Newton, und Alles wurde Licht.

Der Mond nach den neuesten Beobachtungen.

Der Mond, der unzertrennliche Begleiter der Erde und der nächste von allen Himmelskörpern, dessen Licht für die Bewohner der Erde so angenehm und wohlthätig ist, hat den Menschen von jeher als ein sehr interessanter Gegenstand der Beobachtung erscheinen müssen; es konnte daher nicht fehlen, daß dem Ursprunge der neuern Astronomie eine ansehnliche Zahl der bedeutendsten Astronomen, unter denen namentlich Galilei, Hevel, Riccioli, Cassini, Mayer, Lambert und Schröter zu erwähnen sind, ihm ihre besondere Aufmerksamkeit zuwandten. Haben nun gleich die genannten und andere Astronomen sich um die Kenntniß des Mondes große Verdienste erworben, hat insbesondere Schröter dem Monde das sorgfältigste Studium gewidmet und die Resultate desselben in einem umfangreichen Werke niedergelegt, so fehlte es doch bis auf die neueste Zeit an einer Mondkarte, die strengern Anfoderungen hätte genügen können. Der verdiente Lohrmann in Dresden gab im Jahre 1824 die ersten vier Blätter einer auf 25 Blätter berechneten Mondkarte heraus, die an Genauigkeit alles früher Geleistete weit hinter sich zurücklassen, aber leider die einzigen geblieben sind. Im J. 1830 unternahmen zwei eifrige Beobachter in Berlin, der Geheimrath Beer (Bruder des gefeierten Componisten Meyerbeer) und der jetzige Professor Mädler, die Bearbeitung einer vollständigen bildlichen Darstellung des Mondes nach dem Plane und in dem Maßstabe Lohrmann's; diese Karte, auf welcher der Mond einen Durchmesser von drei Fuß hat, ist 1834—36 in vier Blättern erschienen (Berlin bei Schropp; Preis 5 Thaler), und durch sie ist nun die bisher vorhandene Lücke auf die erwünschteste und befriedigendste Weise ausgefüllt worden. Von denselben Verfassern wurde ferner herausgegeben: 1) 1837 eine kleinere Karte oder Generalkarte (in demselben Verlage; Preis 16 Gr.); 2) in demselben Jahre ein großes beschreibendes Werk über den Mond („Der Mond nach seinen kosmischen und individuellen Verhältnissen", von Beer und Mädler; Preis 7 Thaler), und 3) 1839 ein Auszug aus demselben von Mädler („Kurzgefaßte Beschreibung des Mondes"; Preis 12 Gr.). Denjenigen unserer Leser, welche, ohne astronomische Vorkenntnisse zu besitzen, sich über die Natur des Mondes, so weit wir durch Beobachtungen zu erkennen vermögen, belehren wollen, empfehlen wir den gedachten, lichtvoll und populair abgefaßten und ganz eigentlich für nichtwissenschaftliche Leser und das größere Publicum bestimmten Auszug angelegentlich. Wenn wir einen Theil der darin aufgestellten Resultate in der Kürze hier mittheilen, so geschieht es nicht, um in einem Auszuge den Auszug zu geben, sondern nur, um in unsern Lesern Lust zur Lesung des Buchs selbst zu erwecken. Sehr getäuscht würden sich freilich Diejenigen finden, die darin Entdeckungen, welche den angeblich von dem jüngern Herschel gemachten, bekanntlich auf einer scherzhaften Mystification beruhenden Entdeckungen im Monde ähnlich sind, suchen sollten; überhaupt spielen die Bewohner des Mondes in dem Buche nur eine sehr kleine Rolle, aus dem einfachen Grunde, weil sich weder von ihnen selbst noch von ihren Werken das Mindeste erkennen läßt, wiewol namentlich Gruithuisen in München das Letztere behauptet hat. Die Phasen und Bewegungen des Mondes, welche letztere in vieler Hinsicht zu den schwierigsten Gegenständen der Astronomie gehören, überhaupt seine Beziehungen zu andern Himmelskörpern übergehen wir hier ganz, um nicht weitläufiger zu werden, als es für unser Blatt angemessen ist.

Der Mond ist eine Kugel, die zwar Unebenheiten, aber keine Abplattung wie die Erde zeigt. Sein Umfang beträgt $1470\frac{1}{2}$, sein Durchmesser $468\frac{2}{5}$ geogr. Meilen; sein Durchmesser ist $3\frac{2}{3}$ Mal, seine Oberfläche ungefähr $13\frac{1}{2}$ Mal, sein körperlicher Inhalt $49\frac{1}{4}$ Mal, seine Masse 88 Mal kleiner als dieselben Größen bei der Erde sind, von welcher der Mond im Mittel 51,829 Meilen oder 30 Erddurchmesser entfernt ist. Ein Körper, der auf der Erde in einer Secunde 15 Fuß tief fällt, fällt auf dem Monde nur $2\frac{1}{4}$ Fuß tief; jeder Körper braucht also, um von einer gewissen Höhe herabzufallen, $2\frac{1}{2}$ Mal mehr Zeit als auf der Erde, und jeder Körper kann mit derselben Kraft $6\frac{1}{2}$ Mal höher und weiter geworfen werden als bei uns. Mit derselben Kraft, mit der man auf der Erde einen Centner heben kann, kann man auf dem Monde $6\frac{1}{2}$ Centner heben; alle Bewegungen erfodern dort in demselben Verhältnisse geringere Anstrengung und das Ersteigen steiler Berge ist weit leichter und zugleich weit gefahrloser.

Die Oberfläche des Mondes, von welchem wir im-

---

*) Vergl. deren Abbildung und Beschreibung in Nr. 184.

Das Pfennig-Magazin.

mer nur die eine Seite erblicken, mit Ausnahme der Gegenden am Rande, die uns zuweilen auf kurze Zeit sichtbar werden, zeigt bei genauer Beobachtung eine ebenso große, wo nicht größere Mannichfaltigkeit der Naturformen als die Oberfläche der Erde, und dabei eine große Zahl von Erscheinungen, die von denen der Erde überaus verschieden sind. Die einzelnen Gebilde zerfallen in folgende Hauptclassen, deren Namen nach ihrer äußern Ähnlichkeit von den Gebilden der Erde hergenommen sind, ohne daß dadurch eine innere Verwandtschaft angedeutet werden soll.

I. **Meere** nennt man graue Flecke, die man schon mit bloßen Augen, am deutlichsten im Vollmonde, erkennt. Manche sind sehr groß, z. B. das Mare tranquillitatis (Meer der Ruhe) enthält über 7000 Quadratmeilen, das Mare imbrium (Meer der Regen) etwa 16,000, beiweitem das größte ist aber der Oceanus procellarum (Ocean der Stürme), der gegen 90,000 Quadratmeilen groß ist und den vierten Theil der sichtbaren Mondseite einnimmt. An Wasserflächen ist hierbei nicht zu denken, da sie Unebenheiten, leerstehende Klüfte und Ungleichförmigkeiten der Farbe zeigen und selbst die zusammenhängenden aller Wahrscheinlichkeit nach nicht in gleichen Niveau liegen; auch hat man Grund, anzunehmen, daß der Mond gar kein Wasser hat. Manche haben diese sogenannten Meere für die eigentlich fruchtbaren Gegenden des Mondes gehalten. Einige dieser Flecke zeigen einen grünlichen Schimmer, doch wäre es sehr mislich, diesen aus einer der irdischen ähnlichen Vegetation zu erklären. Kleinere graue Flächen benennt man mit den Namen Sumpf, See und Meerbusen.

II. **Die Gebirge** des Mondes sind sowol steiler als verhältnißmäßig höher als die der Erde. Zuweilen bilden sie längere Bergketten mit einzelnen Gipfeln; meistens erscheinen sie aber als Massengebirge, in breiten Massen mit tiefen Querthälern, oder als Hochebenen. Besonders ausgezeichnet ist das sogenannte Apenninengebirge, das 3500 Quadratmeilen einnimmt, 90 Meilen lang ist und mehr als 40 Höhen von mehr als 12,000 Fuß enthält; der höchste Gipfel Huyghens ist 16,932 Fuß hoch. Niedrige Rücken kann man als Bergadern bezeichnen; viele Gegenden enthalten eine große Menge solcher Bergadern und mäßig hohe Kuppen, die zuweilen zu Tausenden beisammen liegen. Isolirte Berge finden sich häufiger als auf der Erde von allen Formen und Dimensionen; oft bilden sie, ohne zusammenzuhängen, Reihen oder umgeben in Kreisform eine Fläche, was man einen Bergkranz nennen kann.

III. **Die Kraterformen**, zu denen die gedachten Bergkränze den Übergang machen, bilden, durch ihre Anzahl und Größe die auffallendste Eigenthümlichkeit des Mondes. Im Allgemeinen stimmen sie darin überein, daß ein hoher kreisförmiger, nach innen zu sehr steiler Wall eine Vertiefung umgibt, deren Boden in der Regel tiefer als die äußere Ebene liegt, und aus welcher sich zuweilen steile Berge erheben, die aber die Höhe des Walles niemals erreichen. Man unterscheidet, hauptsächlich nach der Größe, vier verschiedene Classen dieser Gebilde.

a) **Wallebenen**, die 8—30 Meilen im Durchmesser haben, meist von einem verwickelten Gebirgssysteme umgeben sind und zuweilen durch Querwälle in zwei oder mehre Theile geschieden werden. Die innere Fläche ist zuweilen eben, ja spiegelglatt, häufiger aber durch einzelne Berge, Bergketten u. s. w. unterbrochen. Die tiefste Wallebene ist wahrscheinlich Newton, 31 Meilen lang, 15 breit, mit einem Walle von 22,363 Fuß Höhe. Ebenso hoch oder noch höher sind die Berge am Südpole des Mondes, den wir nur selten zu sehen bekommen.

b) **Ringgebirge** von 2—12 Meilen Durchmesser; die innere Fläche ist meistens concav und steil abfallend. Die Centralberge, die sich in vielen zeigen, erheben sich zuweilen 4—5000 Fuß über dem Boden des Innern; außerdem findet man in ihnen oft noch andere Hügel und ganze Centralketten oder Massengebirge, auch convexe beulenförmige Erhebungen und Centralkrater. Der äußere Abhang beträgt seiner Höhe nach zwischen ½ und ⅓ des innern; die Tiefe ist oft bei den kleinern Ringgebirgen größer als bei großen. Das merkwürdigste Ringgebirge ist Tycho, von 11¾ Meilen Durchmesser und 16,000 Fuß Höhe (über dem Innern) mit einem 4740 Fuß hohen Centralberge.

c) **Die Krater und Gruben**, von denen jene einen deutlichen Wall zeigen, diese nicht, finden sich in fast unzählbarer Menge in allen Gegenden des Mondes, selbst auf Berggipfeln; die kleinsten uns wahrnehmbaren haben etwa 1500 Fuß im Durchmesser. Die meisten Krater zeigen nichts als einen steilen Wall von regelmäßiger Kreisform, ohne Centralberg; oft hängen zwei zusammen (Doppelkrater) oder sind durch einen offenen kanalähnlichen Paß verbunden (Zwillingskrater).

IV. **Rillen** sind wirkliche Spalten, die sich zwischen zwei steilen parallelen Wällen oft schnurgerade, meist schwach gekrümmt hinziehen, oft durch tiefe Krater gehen und wegen ihrer geringen Breite schwer zu erkennen sind; sie finden sich nur in einzelnen Gegenden des Mondes. Eine derselben ist 23 Meilen lang, 5000 Fuß breit und geht durch zehn Krater. Man hat sie auf vielfache Weise erklärt und Manche halten sie für Flüsse oder ausgetrocknete Flußbetten, Andere für Landstraßen, allein beide Vermuthungen haben nur wenig für sich.

Die Farbe und Helligkeit der verschiedenen Theile des Mondes anlangend, so scheinen dieselben in sehr verschiedenem Grade die Fähigkeit, das Licht zurückzuwerfen, zu besitzen. Schröter und Lohrmann nehmen zehn Grade an, die vom Dunkelgrau zum glänzenden Weiß übergehen. Die Schatten erscheinen auf dem Monde stets vollkommen schwarz und scharf begrenzt, nie grau oder verwaschen; den höchsten Grad der Helligkeit hat nur ein einziges Ringgebirge, Aristarch genannt, dessen Glanz in lichtstarken Fernröhren kaum zu ertragen ist. Eigentliche Farben treten wenig hervor; einige Meere schimmern, wie erwähnt, in einem schönen Grün, an andern Stellen zeigt sich ein schwacher röthlicher oder bläulicher Schimmer, der aber nur unter sehr günstigen Umständen wahrgenommen werden kann.

Zu den merkwürdigsten und räthselhaftesten Erscheinungen der Mondoberfläche gehören die Strahlensysteme. Mehre Ringgebirge (namentlich sieben größere) sind nämlich von Lichtstreifen umgeben, die sich strahlenartig ausbreiten, erst in einiger Entfernung vom Ringgebirge anfangen und dann 30, 50—100 oder noch mehr Meilen weit in gerader Richtung über Ebenen, Bergketten, Krater und Rillen, also ohne Unterschied über alle Mondgebilde fortziehen und meistens allmälig enden. Das Strahlensystem des Ringgebirges Tycho, im Vollmonde mit bloßen Augen sichtbar — während fast alle andern Gegenstände im Vollmonde entweder gar nicht oder doch schlechter als in den Vierteln gesehen werden können — ist von allen das ausgedehnteste und besteht aus mehr als 100 wahrnehmbaren Streifen, die eine oder mehre (einige drei bis vier) Meilen breit sind; einer davon ist 150, ein anderer 420 Meilen lang. Die meisten sind gelblich, einige erscheinen milchweiß auf gelblichem Grunde. Erhöhungen können diese Streifen nicht sein; man sieht sie nur dann, wenn man von den Mondgebirgen nichts sehen kann, weil die Sonnenstrahlen senkrecht auf sie fallen und sie daher keine Schatten werfen; sobald aber die Schatten der Berge zum Vorschein kommen, verschwinden die Streifen; sie für Lavaströme zu halten ist ebenso unstatthaft, da diese nicht über steile Hochgebirge hinziehen, sondern den Thalwindungen folgen.

Von hohem Interesse sind die Fragen, ob der Mond gleich der Erde eine Atmosphäre habe, ob es auf dem Monde Wasser und Feuer geben könne, endlich ob der Mond Bewohner habe; diese Fragen stehen aber miteinander im genauesten Zusammenhange. Die erste Frage, ob der Mond eine Atmosphäre habe, muß geradezu verneint werden, da nicht die mindesten strahlenbrechenden und lichtschwächenden Wirkungen derselben zu bemerken sind, die uns doch bei den Sternbedeckungen und Sonnenfinsternissen nicht entgehen würden. Wollte man annehmen, daß die Atmosphäre des Mondes zu schwach oder dünn sei, als daß wir jene Wirkungen wahrnehmen könnten, so könnte die Mondluft höchstens den 968. Theil der Dichtigkeit der Erdluft haben; Schröter nimmt aus unhaltbaren Gründen eine 35 Mal dichtere Atmosphäre an, aber selbst diese würde so dünn sein, daß darin weder Menschen und Thiere athmen noch Feuer brennen könnten u. s. w. Will man eine Atmosphäre oder Gashülle des Mondes, die das Licht weder bricht noch schwächt, annehmen, so läßt sich ihr Dasein durch nichts beweisen, auch würde eine solche elastische Flüssigkeit unmöglich Luft genannt werden können; in keinem Falle hat also der Mond eine Atmosphäre, die der unserigen im mindesten ähnlich ist. Gibt es keine Luft auf dem Monde, so kann er auch kein Wasser enthalten; zunächst gilt dies zwar nur von der uns zugekehrten Seite, doch ist kein Grund vorhanden, anzunehmen, daß die von uns abgewandte Seite Das hat, was jener fehlt. Diejenigen Stellen am Rande, die uns nur zuweilen zu Gesichte kommen, zeigen keine Verschiedenheit von denen, die uns immer sichtbar sind, und Alles berechtigt uns zu dem Schlusse, daß die jenseitige Halbkugel des Mondes der diesseitigen im Wesentlichen gleich sei.

Wo keine oder gar zu dünne Luft ist, kann auch kein Feuer brennen, wiewol mehre Beobachter, insbesondere Piazzi, Herschel der Ältere und Schröter, auf der Oberfläche des Mondes Spuren von Feuer gefunden zu haben glauben; daher kann es auf dem Monde auch keine Vulkane geben, insofern man unter diesen feuerspeiende Berge versteht, wiewol insbesondere Aristarch, der glänzendste Punkt der Mondfläche, ein Ringgebirge, dessen Inneres ein blendendes Lichtmeer bildet, von frühern Beobachtern, insbesondere von Hevel, für einen immerfort thätigen Vulkan gehalten worden ist. Daß die Walleebenen, Ringgebirge und Krater durch Eruptionen (worunter keine Feuerausbrüche zu verstehen sind), durch die Wirkung gewaltiger, die Oberfläche durchbrechender oder emporhebender Kräfte, wie sie an vielen Stellen unserer Erde in Thätigkeit, entstanden sind, ist allerdings wahrscheinlich; dieselben mögen durch den Übergang des Mondes von seinem ursprünglichen lockern zu einem festen Zustande veranlaßt worden sein, wie denn ein solcher Übergang bei allen Körpern unsers Sonnensystems stattgefunden haben mag. Ob noch gegenwärtig physische Veränderungen auf dem Monde vor sich gehen, läßt sich mit Bestimmtheit weder bejahen noch verneinen. Diejenigen, welche Schröter wahrgenommen haben will, beruhen ohne Zweifel auf bloßen Täuschungen; aus allen bisherigen Beobachtungen geht keine Veränderung auf eine unzweifelhafte Weise hervor, indessen können möglicherweise sehr bedeutende Veränderungen vor sich gehen, ohne daß wir sie der großen Entfernung wegen bemerken könnten.

Beiweitem die interessanteste Frage ist, ob der Mond von lebenden, gleich uns vernünftigen und vielleicht uns ähnlichen Wesen bewohnt ist; aber leider fällt die Antwort der Astronomie auf dieselbe sehr unbefriedigend aus. Menschenähnliche Geschöpfe kann es bei dem Mangel der Luft und des Wassers auf keinen Fall auf dem Monde geben, dadurch ist jedoch die Möglichkeit nicht ausgeschlossen, daß es überhaupt lebende Geschöpfe auf dem Monde gibt, ja dies ist sogar aus mehren Gründen, die der Astronomie fern liegen, sehr wahrscheinlich; aber gewiß ist, daß diese Mondbewohner oder Seleniten ganz anders als wir organisirt, mit ganz andern Bedingungen der Existenz ausgerüstet sein müssen. Daß wir sie selbst mit unsern Fernröhren jemals zu Gesichte bekommen sollten, davon kann nicht die Rede sein; ob wir sie aber nicht bei künftiger größerer Vervollkommnung der Fernröhre in ihren Werken erkennen werden, ist eine andere Frage. Bekanntlich hat Gruithuisen in München schon vor mehren Jahren einen festungsähnlichen Bau im Monde zu entdecken geglaubt, außerdem Straßen, viele Stellen, die auf Cultur des Bodens deuten u. s. w., aber weder Lohrmann noch Beer und Mädler haben irgend etwas dieser Art gefunden. Höchst kolossal müßten die Werke der Mondbewohner sein, wenn sie von uns wahrgenommen werden sollten, denn selbst unsere größern Städte würden, mit 2—300maliger Vergrößerung betrachtet, auf dem Monde nur als Pünktchen erscheinen. Was aber die Beobachtung der Werke der etwaigen Mondbewohner oder vielmehr die richtige Deutung derselben und schon die Erkennung von Kunstproducten in ihnen für uns noch unendlich schwieriger macht, ist der Umstand, daß bei der so durchaus verschiedenen Natur, die wir bei den Mondbewohnern voraussetzen müssen, an eine Ähnlichkeit ihrer Werke mit denen der Menschen nicht zu denken ist. Aus diesem Grunde möchten auch die verschiedenen Vorschläge, welche man in Betreff einer zwischen den Bewohnern der Erde und des Mondes zu versuchenden Correspondenz oder Verständlichung gemacht hat, schwerlich jemals mit Aussicht auf Erfolg zu realisiren sein.

Schließlich können wir nicht unerwähnt lassen, daß eine deutsche Astronomin, die Hofräthin Witte in Hanover, nach der obenerwähnten Mondkarte und dem dasselbe erläuternden Werke einen Mondglobus verfertigt hat, welcher der letzten Versammlung der Naturforscher und Ärzte in Pyrmont vorgezeigt und als sehr sorgfältig und genau gearbeitet erkannt worden ist. Dieser Globus hat einen Durchmesser von 12 Zollen 8½ Linien, was den zehnmillionsten Theil des wirklichen Monddurchmessers beträgt. Die Erhöhungen sind mit einer Mischung von Wachs und Mastir aufgetragen und der Maßstab ist für dieselben doppelt so groß als für die horizontalen Dimensionen. Seit Tobias Mayer hat sich, wie es scheint, sonst Niemand mit der Verfertigung eines Mondglobus beschäftigt. Es wäre sehr wünschenswerth, daß man Mittel und Wege fände, jenes vortreffliche, von der Oberfläche des Mondes den deutlichsten Begriff gebende und seiner Verfertigerin alle Ehre machende Hochbild zu vervielfältigen.

Verantwortlicher Herausgeber: Friedrich Brockhaus. — Druck und Verlag von F. A. Brockhaus in Leipzig.

Das Pfennig-Magazin

für Verbreitung gemeinnütziger Kenntnisse.

356.] Erscheint jeden Sonnabend. **[Januar 25, 1840**

Van Eyck.

Johann van Eyck, aus Maaseyck im Lüttichischen gebürtig, bisweilen auch nach seinem Wohnorte Jan van Brügge genannt, wurde nach Einigen um 1370, nach Andern erst am Schlusse des 14. Jahrhunderts geboren. Seine ersten Lehrer waren sein Vater Kaspar (der Familienname desselben ist unbekannt) und sein als Maler gleichfalls berühmter älterer Bruder Hubert van Eyck; mit diesem schlug er seinen Wohnsitz in Brügge auf, begab sich aber um 1420 mit ihm auf längere Zeit nach Gent, wo sie gemeinschaftlich ein Werk von sehr großem Umfange ausführten, die Anbetung des Lamms, ein Gemälde auf Holz, mit Flügelthüren, das über 500 Figuren enthält; der größte Theil befindet sich noch jetzt in Gent in der Kathedrale St.-Bavon, einige Flügel enthält das Museum in Berlin. Hubert starb 1426 vor Beendigung des Werks, welches Johann 1432 vollendete und dann nach Brügge zurückkehrte, wo er bis an seinen Tod, der um das Jahr 1441 erfolgte, lebte und am Hofe Philipp's des Guten, Herzogs von Burgund, unausgesetzt einträgliche Beschäftigung fand. Bemerkenswerth ist dieser Künstler hauptsächlich durch die Einführung der Ölmalerei, die er aber nicht erfunden hat, wie Einige meinen. Überhaupt erhielt durch ihn die Malerei einen neuen Schwung; er war es, der den Grund zu der hohen Stufe der Vollkommenheit legte, welche sie später erreichte, weshalb er der Vater der neuern Malerkunst genannt zu werden verdient. In der Glasmalerei schreibt man ihm die Erfindung zu, auf ganzen Scheiben Bilder, die sich nicht verwischen lassen, zu malen.

———

Von den Quellen.
(Beschluß aus Nr. 355.)

4) **Kochsalzthermen.** Zu den Heilquellen rechnet man nur solche, die nicht so reichhaltig an Salz sind als die eigentlichen Salz- oder Soolquellen, dafür aber eine verhältnißmäßig größere Menge von andern Salzen enthalten; ihre Zahl ist nur gering. Hierher gehören die berühmten Quellen zu Baden-Baden, von 54—60 Grad Wärme, zu Baden in der Schweiz von 32—40 Grad und in Wiesbaden von 38—52 Grad; andere mineralische Kochsalzquellen, die man aber nicht zu den Thermen oder warmen Quellen rechnen kann, sind der Ragozi und der Pandur zu Kissingen in Baiern, beide reich an Kohlensäure, der Heilbrunn in Baiern und die Quelle zu Kannstadt in Würtemberg. Die eigentlichen Salzquellen enthalten nicht über 26—28 Procent Salz aufgelöst und heißen, wenn sie diesen Gehalt haben, gesättigt, doch kommt dieser Zustand nur bei sehr wenigen freiwillig austretenden Salzquellen, z. B. in Deutschland bei denen zu Lüneburg, vor; für sehr reich gilt schon die Soole von Halle, welche nur 21 Procent Salz enthält. Man versiedet sogar solche Soolen, welche nur $1\frac{1}{2}$ Procent Salz enthalten und kaum noch salzig schmecken; dahin gehört die Quelle am Heyersee bei Hildesheim und die von Münster am Stein bei Kreuznach.

5) **Alaunhaltige Quellen** kennt man nur wenige, z. B. zu Bachem am Rhein, zu Krems in Östreich und zu Bath in England.

6) **Natronhaltige Quellen,** wegen ihres Einflusses auf die Haut bisweilen auch Seifenwasser genannt. Von diesen sind die bekanntesten: zu Teplitz in Böhmen von 38 Grad Wärme, zu Warmbrunn in Schlesien von 30 Grad, zu Ems (18, 34 und 40 Grad) und zu Schlangenbad in Nassau.

7) **Bitterwasser,** welche sich durch Reichthum an schwefelsaurer Bittererde auszeichnen und außerdem etwas Gyps und kohlensaure Salze enthalten, gibt es wenige; am bekanntesten sind die zu Seidlitz, Seidschütz, Püllna und Steinwasser in Böhmen und die Quelle zu Ebsham oder Epsom in England, aus welcher das Bittersalz am frühesten gewonnen wurde und daher die Benennung sal anglicum (englisches Salz) erhalten hat.

8) **Glaubersalzquellen.** Hier sind vor allen die berühmten Quellen zu Karlsbad in Böhmen zu erwähnen, deren Wärme 27—60 Grad beträgt; minder bekannt sind die Quellen zu Brüx in Böhmen, zu Plombières in Frankreich und zu St.-Vincent in Piemont.

9) **Schwefelquellen,** welche Schwefelwasserstoff enthalten, sind sehr zahlreich und ihrer großen Heilkraft wegen sehr wichtig. Sie sind an einem dem Schwefelwasserstoff eigenen Geruch nach faulen Eiern und süßlichem Geschmack kenntlich, werden auch, wenn sie anfangs klar und durchsichtig sind, an der Luft bald trübe und milchig und lassen den Schwefel in Gestalt eines weißen Pulvers fallen. Die bekanntesten sind in Deutschland die Quellen zu Aachen und Burtscheid mit salzsauerm Natron, 37—47 Grad warm, zu Nenndorf in Hessen-Kassel, sehr gehaltreich, zu Baden bei Wien, gleichfalls mit salzsauerm Natron, von 27 Grad Wärme, und das Wildbad bei Gastein im Salzburgischen; minder bekannt und kräftig sind die Schwefelquellen zu Kreuth im bairischen Hochgebirge, zu Tennstädt und Langensalza in Thüringen, zu Landeck in Schlesien, zu Berka bei Weimar und zu Dobberan in Mecklenburg. Die Schweiz ist sehr reich an Schwefelquellen, unter denen die zu Leuk und Schinznach bekannt sind; in Savoyen ist die Quelle zu Aix les Bains von 45 Grad Wärme zu bemerken; Frankreich hat berühmte Schwefelquellen zu Barèges und Bagnères de Luchon in den Pyrenäen.

10) **Salpeterhaltige Quellen** sind im Ganzen ziemlich selten; in Ungarn gibt es indeß so viele und so reichhaltige, daß sie der Vegetation nachtheilig werden.

11) **Kupferhaltige Quellen,** sogenannte Cementwasser, die Kupfervitriol aufgelöst enthalten, gibt es unter andern zu Altenberg im sächsischen Erzgebirge, zu Neusohl und Schmolenitz in Ungarn, zu St.-Pölten in Östreich, Jenichen in Tirol, Wicklow in Irland, zu Fahlun in Schweden u. s. w. Sie überziehen hineingetauchtes Eisen schon nach kurzer Zeit mit einer rothen metallischen Kupferhaut; bleibt das Eisen ihrer Einwirkung länger ausgesetzt, so bildet die Schwefelsäure des Kupfervitriols mit dem Eisen Eisenvitriol und läßt dabei das Kupfer fahren, was man zur Gewinnung von gediegenem Kupfer benutzt.

12) **Incrustirende Quellen** heißen solche, aus denen eine bedeutende Menge kieselhaltigen Kalksinters niederfällt, der theils auf dem Boden und an der Mündung, theils auf hineingelegten Gegenständen einen steinartigen Überzug bildet. Dahin gehören namentlich die karlsbader Quellen, die einen Stein von vorzüglicher Schönheit absetzen, ferner die Quelle bei Tours, die einen alabasterartigen Stein liefert; der Teverone bei Tivoli, der, wenn man Schwefelabdrücke hineinhängt, sehr schöne weiße und glänzende Figuren bildet; die Quellen zu S.-Filipe im Toscanischen, wo die aus ihnen abgelagerten Substanzen ganze Hügel bilden u. s. w. Vorzüglich merkwürdig ist eine Quelle neben dem See Urmia in Persien, deren kalkartiger Niederschlag beim ruhigen Stehen eine Art Marmor bildet, der in Platten gehauen und geschliffen wird. Den incrustirenden Quellen sind

13) die **versteinernden** ähnlich, welche vegetabilische Körper mit Kieselerde erfüllen, die sie nicht mechanisch beigemengt, sondern völlig aufgelöst enthalten. Quellen und Flüsse dieser Art finden sich bei Palembang auf Sumatra, in Chile, wo hineingeworfenes Holz so versteinert wird, daß es an Stahl Feuer gibt, in Peru, Irland, der Bucharei u. s. w. Einer von den Pfählen der unter Trajan im J. 104 n. Chr. erbauten Donaubrücke wurde 1760, als ihn Kaiser Franz I. herausnehmen ließ, bis zu $\frac{1}{4}$ Zoll Tiefe versteinert gefunden.

14) Interessant sind auch diejenigen Quellen, welche **Schwefelsäure** enthalten; sie kommen stets bei Vulkanen und scheinen ihren Antheil von Schwefelsäure den aus jenen aufsteigenden Schwefeldämpfen zu verdanken. Hierher gehört namentlich eine Quelle, die von einem ausgebrannten Vulkane auf Java herabfließt; ferner der Fluß Rio Vinagre (Essigfluß) am Vulkan Puraze bei Popayan in Südamerika.

Die Frage, woher die Mineralwasser ihre Bestandtheile und die warmen Quellen ihre Wärme erhalten, ist von den Physikern vielfach untersucht worden. Unter den verschiedenen hierüber aufgestellten Theorien dürfte die physisch-chemische Auflösungstheorie die einfachste und wahrscheinlichste sein. Nach dieser haben die Mineralquellen die ihnen beigemischten Stoffe durch Auflösung der in der Erde vorhandenen Substanzen in sich aufgenommen, was bei den Soolquellen gar keinem Zweifel unterliegen kann, indem man bei vielen derselben die Salzlager, aus denen sie entspringen, durch Bohren wirklich aufgefunden hat. Ferner ist nachgewiesen, daß die Gebirge, aus denen die Mineralquellen entspringen, im Allgemeinen dieselben Bestandtheile als jene enthalten, und Struve in Dresden, berühmt als Verfertiger künstlicher Mineralwasser, hat gezeigt, daß sich einige Mineralwasser durch Extraction der in der Gegend ihres Vorkommens vorhandenen Gebirgsarten künstlich hervorbringen lassen. Selbst die ungeheure Menge der durch die Mineralquellen zu Tage geförderten Substanzen steht mit jener Erklärung nicht im Widerspruch, da sie gegen die im Innern der Erde enthaltene nur sehr unbedeutend ist. Als Beispiel mag der reichhaltige karlsbader Sprudel dienen, der nach Klaproth jährlich 7469 Centner Natron, 11,329 Ctr. Glaubersalz, 2382 Ctr. Kochsalz, 860 Ctr. Kalkerde, 174 Ctr. Kieselerde, 1240 Pfund Eisenocher und 99,539 Cubikfuß Kohlensäure liefert, eine Angabe, die nach einer auf neuern Messungen beruhenden Berechnung Gilbert's hinter der Wahrheit zu sehr zurückbleibt, daß das jährliche Ertrag wol das Zwanzigfache der angegebenen Quantitäten ist. Nimmt man nun auch wirklich zwanzigmal so viel als vorhin, so gibt dies nur eine Masse von 423,362 Cubikfuß, d. h. einen würfelförmigen Raum von nur 75 Fuß Seite; um aber einen Raum von einer Quadratmeile Flächeninhalt und 40 Fuß Höhe zu liefern, wären nicht weniger als 54,421 Jahre erforderlich, und doch würde auch dieser Raum im Vergleich zum Cubikinhalt der böhmischen Berge oder gar der Erde nur sehr geringfügig sein. Die Wärme der Quellen ist aller Wahrscheinlichkeit nach durch die noch fortdauernde innere Thätigkeit erloschener Vulkane zu erklären; die Hitze derselben, welche durch die über dem Sitze oder Herde der vulkanischen Kräfte lastende Decke nicht entweichen kann, bewirkt zugleich fortwährend im Innern der Erde diejenigen Zersetzungen, welche den Mineralquellen ihre Bestandtheile mittheilen. Ehemals erklärte man die Hitze der warmen Quellen durch brennende Schwefelkiese; allein Berzelius hat bewiesen, daß der leicht entzündliche Schwefelkies sehr selten ist und man kein Beispiel von brennenden Schwefelkieslagern hat, die nicht bald von selbst erloschen wären. Ebenso wenig läßt sich mit Klaproth die Wärme jener Quellen von brennenden Steinkohlenlagern herleiten, da man in der Nähe der Thermen keinen Rauch bemerkt, der bei jenen niemals fehlt, und da sowol in der Gegend von Karlsbad als in der Nähe vieler andern warmen Quellen gar keine Steinkohlenflöze zu finden sind.

Den Wasserquellen ähnlich sind die Erdöl- und Naphthaquellen, die sich an vielen Orten finden, in Deutschland unter andern zu Tegernsee in Baiern, am Grattenbergl in Tirol, zu Edemissen, Hänigsen, Wietzen und Gretenbergen in Hanover; sehr viele gibt es in Ungarn am Fuße der Karpaten und in Rußland. Die Naphthaquellen in Asien, namentlich die bei Baku am kaspischen Meere *), sind außerordentlich reichhaltig und waren zum Theil schon in alten Zeiten berühmt; im Golf von Bengalen wird das Erdöl aus 560 Brunnen gewonnen; auch bei Farghana und Balk ist es häufig. Als Alexander der Große am Flusse Oxus sein Lager aufschlug, sollen eine Wasserquelle und eine Erdölquelle neben seinem Zelte entsprungen sein, was er als günstige Vorbedeutung ansah. Auch im Königreiche Birma, einige Stunden von Reinang-Hong, 520 gegrabene Erdölbrunnen, welche jährlich 92,787 Tonnen Erdöl liefern, das einen bedeutenden Handelsartikel ausmacht. Auch Amerika und mehre benachbarte Inseln haben eine Menge Erdölquellen, z. B. auf Barbados und Trinidad, unweit Mexico u. s. w. Die beste Naphtha, welche von heller Farbe und wohlriechend ist, scheint nur bei der Halbinsel Abscheron im kaspischen Meere vorzukommen, doch steht ihr die Naphtha, welche eine 1803 zu Miano in Parma aufgefundene Quelle liefert, wahrscheinlich wenig nach. Das in allen Welttheilen häufig vorkommende Erdöl oder Bergtheer quillt meistens mit Wasser, auf welchem es schwimmt, zuweilen auch ohne dasselbe, und kommt meistens in der Nähe von Salzquellen und Braunkohlenlagern und in vulkanischen Gegenden vor.

Über verbesserte Sicherheitslampen.

Bereits in einem frühern Aufsatze über schlagende Wetter (in Nr. 293) ist erwähnt worden, daß die Davy'sche Sicherheitslampe (beschrieben in Nr. 13) keineswegs hingereicht hat, um alle fernern Unglücksfälle, die durch Entzündung brennbarer Gasarten oder sogenannte schlagende Wetter in Bergwerken und Kohlengruben vorkommen können und schon so vielen Menschen das Leben gekostet haben, völlig zu verhüten. Zum Theil mag dies daher kommen, daß sich die Arbeiter seit Einführung der Sicherheitslampen im Gefühle einer vollkommenen Sicherheit, welche jene freilich nicht gewähren können, zu großer Nachlässigkeit und Sorglosigkeit überlassen haben, auch überhaupt auf Ventilation der Bergwerke durchaus nicht mehr dieselbe Sorgfalt als früher gewandt worden ist; zum Theil liegt es freilich auch in der Unzulänglichkeit der Lampe selbst. Dieselbe beruht bekanntlich auf dem Erfahrungssatze, daß eine Flamme durch ein dünnes Drahtgewebe, wahrscheinlich wegen der durch dasselbe bewirkten Abkühlung, nicht hindurchbrennt. Ist daher eine Lampe auf allen Seiten mit einem solchen dichten Drahtgewebe umgeben, so kann sich der Bergmann in der Regel ohne Gefahr mit einer solchen Lampe selbst in Gruben, die mit brennbaren und bei einer Entzündung mit großer Gewalt explodirenden Gasarten erfüllt sind, aufhalten; das Gas dringt allerdings in das Innere der Lampe, entzündet sich hier und bildet eine einzige große Flamme, welche den ganzen innern Lampenraum einnimmt, aber heraus kann diese Flamme nicht dringen und daher auch keine Explosion des äußern Gases bewirken. Allerdings können aber Fälle eintreten und sind wiederholt eingetreten, in denen die Wirksamkeit dieser sonst sehr zweckmäßigen Lampe sich nicht bewährt. Große Gefahr tritt nämlich ein, wenn Maschen des Drahtnetzes aus irgend einer Ursache getrennt werden und dadurch eine größere Öffnung in demselben entsteht; ferner da, wo aus einer Felsenspalte ein Luftstrom mit großer Heftigkeit hervortritt, wodurch es geschehen kann, daß die Flamme aus dem Innern der Lampe gewaltsam herausgedrängt wird; auch ist es vorgekommen, daß der die Lampe tragende Arbeiter, durch das in derselben brennende Gas in Schrecken gesetzt, die Flucht ergriffen und dabei die Lampe weggeworfen hat, wobei die Lampe an eine scharfe Ecke des Gesteins traf, durch welche das Drahtgewebe zerrissen wurde, sodaß nun eine Explosion nothwendig erfolgen mußte. Endlich hat die Davy'sche Lampe noch den Nachtheil, daß sie nur eine ziemlich schwache Beleuchtung zu gewähren vermag.

Allen diesen Übelständen hat man in neuerer Zeit durch verbesserte Einrichtungen jener Lampe zu begegnen gesucht, und namentlich ist die von dem Engländer Roberts angegebene Construction zu empfehlen, von welcher sogar versichert wird, daß sie unter allen Umständen unbedingte Sicherheit gewähre. Bei dieser Lampe ist der Drahtgascylinder an seiner untern Hälfte (oder auch bis zu zwei Dritteln der Höhe) von einem sehr dicken Glascylinder, an der obern aber von einem ku-

---

*) Siehe Pfennig-Magazin Nr. 297.

pfernen Cylinder umgeben, der jenen zwischen zwei Tuchringe preßt und selbst in einen kupfernen Deckel eingeschraubt ist. Die Zuführung der das Verbrennen unterhaltenden Luft geschieht durch kleine, ringförmig angeordnete Löcher im obern Theile des Ölbehälters, welche durch zwei ringförmige Scheiben von sehr dichtem Drahtgewebe bedeckt sind. Wenn die Luft durch dieses Drahtgewebe gedrungen ist, so gelangt sie erst durch einen abgestumpften hohlen Kegel von Kupferblech zu dem an der Spitze des Kegels befindlichen Dochte, während die im übrigen Raume der Lampe befindliche Luft zur Verbrennung ganz ungeeignet ist. Auch bei dieser Lampe ist freilich die Leuchtkraft nur gering, außerdem können sich, wie es scheint, die für den Luftzutritt bestimmten Öffnungen leicht verstopfen; weniger erheblich ist der von der Zerbrechlichkeit des Glascylinders hergeleitete Einwurf, da dieselbe bei der Dicke des Glases sehr gering ist, und jedenfalls verdient die Lampe den Vorzug vor der Davy'schen, da es erwiesen ist, daß ein Gasstrom, der in die Davy'sche und andere Lampen eindringt, in die beschriebene nicht einzudringen vermag.

Noch ist aber ein sehr erheblicher Übelstand zu beseitigen. Nach einer Explosion bleibt stets ein sogenannter Nachdunst (after-damp) in der Luft zurück, der oft mehr Menschenleben kostet als die eigentliche Explosion und jede Hülfeleistung sehr erschwert; die Explosion verzehrt nämlich oft den Sauerstoff der Luft zwar nicht ganz, aber die übrigbleibende Luft kann doch nicht eingeathmet werden, da sie fünf bis zehn Procent Kohlensäure enthält, durch deren Ausziehen sie unschädlich gemacht werden könnte. Ein englischer Gelehrter, Professor Graham, schlägt deshalb vor, ein Kissen etwa einen Zoll dick zu gleichen Theilen mit gelöschtem Kalk und gestoßenem Glaubersalze zu füllen, da diese Mischung den Sauerstoff in hohem Grade anzieht; athmet man die Luft durch ein solches Kissen, so kann man wol in allen Fällen nach einer Explosion mit vollkommener Sicherheit in ein Bergwerk herabsteigen.

Barbados.

Ansicht der Stadt Bridgetown.

Barbados, die östlichste aller Antillen und nächst Trinidad die bedeutendste unter den karaibischen Inseln oder kleinen Antillen, gehört zu denjenigen Inseln des westindischen Archipelagus, welche am frühesten von englischen Auswanderern in Besitz genommen wurden. Ihrer Lage wegen diente sie, da sie von allen gedachten Inseln der afrikanischen Küste am nächsten ist, ehemals als Landungsplatz fast aller Sklavenschiffe. Sie liegt unter 13 Grad nördl. Breite und 42 Grad westlicher Länge von Greenwich, ist fast fünf geographische Meilen lang, drei breit und enthält zehn Quadratmeilen und gegen 100,000 Einwohner, worunter nur 12,000 Weiße. Fast jeder Fußbreit Landes ist angebaut, wiewol der Boden keineswegs vorzüglich fruchtbar, sondern sehr ungleich und hier feucht, dort trocken, hier sumpfig, dort thonig ist. Als die Engländer im J. 1625 die Insel besetzten, war sie bewaldet, übrigens unfruchtbar und enthielt weder Nahrungspflanzen noch hierfüßige Thiere; jetzt bringt sie alle westindischen Producte, namentlich Zucker, in Menge hervor. Bemerkenswerth ist noch die starke Bienenzucht, welche hier getrieben wird, und unter den mineralischen Producten der Insel ist das an vielen Stellen quellende Erdpech zu bemerken. Außer zwei Flüssen hat die Insel viele gute Quellen; der Regen ist seltener als den Bewohnern lieb ist, was der Abwesenheit von Bäumen zugeschrieben wird, die nach und nach fast überall niedergehauen und mit Zuckerrohr vertauscht worden sind. Das Klima ist zwar warm, doch für ein in der heißen Zone liegendes Land gemäßigt und für Die, welche sich daran gewöhnt haben, ja bei vorsichtiger und regelmäßiger Lebensweise selbst für neuangekommene Europäer gesund. Wegen des Mangels an Waldungen und Hügeln bietet die flache Insel von der See oder den benachbarten Inseln aus gesehen eben keinen sehr anziehenden Anblick dar. Der östliche Theil, welcher Schottland heißt, liegt höher als der westliche, der terrassenförmig aus dem Meere emporsteigt.

Die bedeutendste Stadt der Insel, Bridgetown, an der südwestlichen Küste, zählt etwa 20,000 Einwohner; sie hat einen großen Hafen, reinliche Straßen und bequeme, wohnliche Häuser, die freilich auf Eleganz und architektonische Schönheit keinen Anspruch machen können, wiewol sich die Regierungs- und andere öffentliche Gebäude rühmlich auszeichnen. Die meisten Häuser haben nur ein Erdgeschoß, sind aus Holz gebaut und durch steinerne oder gemauerte Pfeiler gestützt und mit bedeckten Balcons versehen; die Mehrzahl enthält Kaufläden oder Waarenlager, in jedem, wie in den meisten westindischen Städten, die verschiedensten Artikel zugleich feil geboten werden. Von der Bai gesehen, scheint die Stadt von außerordentlicher Größe zu sein, da sie sich längs der Küste mehr als zwei englische Meilen (etwa eine Stunde) ausdehnt; aber vom Ufer abwärts stehen die Häuser kaum eine halbe englische Meile (Viertelstunde) tief. Immerhin muß sie für eine beträchtlich große Stadt gelten, und die zwischen den Häusern hier und da emporragenden Palmen- oder Kokosnußbäume tragen dazu bei, ihr aus der Ferne ein sehr interessantes Ansehen zu geben.

Außer Bridgetown enthält die Insel noch drei Städte von einiger Wichtigkeit: Speightstown, Hole oder Jamestown und Austins; die erstgenannte, im Norden der Insel, enthält die stärkste Bevölkerung, an 5000 Seelen, die indeß fast ganz aus Schwarzen oder Farbigen besteht. Noch ist die Herrnhutercolonie Saron zu erwähnen.

Der pneumatische Telegraph.

Der Engländer Crosley hat eine neue Art von Telegraphie in Vorschlag gebracht, einen sogenannten pneumatischen Telegraphen, der auf der Mittheilung des Drucks in elastischen Flüssigkeiten beruht. Eine mit Luft gefüllte Röhre läuft von einer Station zur andern und ist an jedem Ende mit einem Luftbehälter verbunden, welcher der Ausdehnung und Zusammendrückung fähig ist; jeder auf den einen hervorgebrachte Druck pflanzt sich bis zum andern fort, wo ein Zeiger den Betrag jenes Drucks und damit zugleich das beabsichtigte Signal angibt. Der Apparat, von welchem ein Modell im polytechnischen Institute in London aufgestellt ist, besteht aus zwei verticalen Cylindern von drei Fuß Höhe, die am Boden Hähne haben, um die Verbindung mit der Atmosphäre aufzuheben oder herzustellen, und mit der die Luft leitenden Röhre verbunden sind. Am obersten Theile jedes dieser Hauptcylinder befindet sich ein an ihre Peripherie befestigter biegsamer Überzug, auf welchen die Signalgewichte gelegt werden; die Zahl derselben ist zehn, mittels deren sich beliebige, auf ein Signalbuch bezügliche Zeichen geben lassen. Eine oben geschlossene, mit einer gefärbten Flüssigkeit zum Theil gefüllte Barometerröhre, an welcher sich eine in zehn Grade getheilte Scala befindet, zeigt den Grad der Compression der Luft an, indem durch das auf der einen Station aufgelegte Gewicht die farbige Flüssigkeit auf der andern bis zu einem bestimmten Grade in die Höhe getrieben wird. An Schnelligkeit würde diese Art von Telegraph den andern bedeutend nachstehen und namentlich mit dem elektro-magnetischen gar keinen Vergleich aushalten können. Sonstige Vortheile dieses Telegraphs lassen sich auch nicht angeben, da es zur Zeit noch an entscheidenden Versuchen hierüber fehlt; von vorn herein möchte man nicht geneigt sein, sich von dieser neuen Erfindung viel zu versprechen. Übrigens werden, wie man vernimmt, an den Eisenbahnstationen zu Euston-Square bei London (Anfangspunkt der birminghamer Eisenbahn) und Liverpool bereits Luftleitungsröhren von $1\frac{1}{4}$—2 englische Meilen Länge in Anwendung gebracht, um Nachricht zu geben, wenn ein Wagenzug von der stehenden Dampfmaschine über die schiefe Fläche hinaufgezogen werden soll. Die Mittheilung des Signals geschieht hier dadurch, daß man am Fuße der schiefen Fläche Luft in die Röhre einbläst, wodurch eine Pfeife am andern Ende zum Tönen gebracht wird.

Windsor.*)

Neu-Windsor, die prächtige Residenz der Beherrscher Englands, liegt am östlichen Ende der Grafschaft Berkshire am rechten Ufer der Themse, und umfaßt drei Kirchspiele, welche im J. 1801 zusammen nur 5800, aber bei der letzten Zählung von 1831 zusammen 10,114 und mit dem gegenüberliegenden Dorfe Eton in der Grafschaft Buckingham über 13,000 Einwohner hatten, wovon 350 auf den königlichen Hofstaat kommen. Mit Eton ist die Stadt Windsor durch eine schöne eiserne Brücke über die Themse verbunden; von London ist sie 22, von der nächsten Eisenbahnstation Slough (an der von London nach Bristol führenden großen Westbahn) $1\frac{1}{2}$ englische Meile entfernt. Sie ist von ansehnlicher Größe, gut gepflastert und mit Gas beleuchtet; vom östlichen Eingange der Stadt führt eine von vier Reihen Ulmen gebildete, drei englische Meilen lange Allee zu dem großen Parke. Von den Gebäuden der Stadt sind höchstens die Infanteriecasernen, welche gegen 1000 Mann fassen können, und das königliche Theater, welches 1815 erbaut wurde und 700 Menschen faßt, zu erwähnen. Da durch eins der Privilegien der Schule zu Eton alle dramatischen Vorstellungen in einem Umkreise von zehn englischen Meilen von jener untersagt sind, so darf in diesem Theater nur während der Ferien und in derjenigen Woche, in welcher die jährlichen Wettrennen von Ascot-heath (sechs englische Meilen von Windsor) stattfinden, gespielt werden.

Das königliche Schloß zu Windsor steht auf einem

*) Vergl. Pfennig-Magazin Nr. 195.

Hügel, der sich vom Ufer der Themse fast senkrecht zu einer Höhe von 150 Fuß erhebt; von dieser Seite gelangt man in dasselbe auf einer Treppe, der Haupteingang ist aber gegen Süden durch einen Thorweg, der auf beiden Seiten von zwei 100 Fuß hohen Thürmen eingefaßt wird. Die nördliche, östliche und südliche Seite des Schlosses sind umgeben mit einer mit einer Brustwehr versehenen, 2500 Fuß langen und 30 Fuß breiten Terrasse, welche auf jedem Schritte die reizendste Fernsicht darbietet. Von der nördlichen Terrasse sieht man auf die Themse und die Thürme der Kapelle zu Eton, dann darüber hinaus weit hinein nach Orfordshire und auf die Höhen von Berkshire; von der östlichen Terrasse, unter welcher sich die Orangerie befindet, erblickt man den kleinen Park und das Thal der Themse bis Richmond; nach Süden sieht man die lange Allee und die grünen Hügel und Haine des großen Parks; das westliche Ende führt in allmäliger Absteigung in die Stadt hinunter.

Das Schloß ist uralt und ursprünglich im 11. Jahrhundert von Wilhelm I. erbaut worden. Vor der Eroberung der Normannen im Jahre 1066 hatten die englischen Könige ein Schloß zu Alt-Windsor, eine Stunde südöstlich von Neu-Windsor, welches Eduard der Bekenner mit allem Zubehör im J. 1042 den Mönchen von Westminster schenkte; aber Wilhelm der Eroberer, der die Schönheit der Lage nach Verdienst zu würdigen wußte, tauschte Windsor gegen andere Ländereien ein und erbaute im J. 1070 auf der Stelle des jetzigen Schlosses ein Castell. Der Palast zu Alt-Windsor blieb aber die gewöhnliche Residenz, bis Heinrich I. 1110 die Gebäude des Castells erweiterte und mit den Erfordernissen einer königlichen Wohnung mehr in Einklang setzte. Seitdem gerieth Alt-Windsor in Verfall und auf der entgegengesetzten oder westlichen Seite des neuen Schlosses erhob sich eine neue Stadt. Eduard III., der in dem Schlosse 1312 geboren war, baute dasselbe während seiner 50jährigen Regierung (1327—77) nach einem ausgedehntern Plane um, erbaute die schöne Georgskapelle und den Georgssaal und kann als Gründer der Größe des jetzigen Gebäudes betrachtet werden. Während seiner Regierung saßen gleichzeitig die Könige Johann der Gute von Frankreich und David von Schottland hier gefangen. Seitdem hat jeder nachfolgende Regent bis auf Karl II. mehr oder weniger an dem Schlosse gebaut und demselben hinzugefügt, namentlich Heinrich VIII. und seine Tochter Elisabeth, von welcher ein ganzer Theil des Schlosses benannt wird. Von Karl II. bis auf Georg III. blieb das Schloß fast ganz unverändert, gerieth aber allmälig in einen Zustand des Verfalls, der des Letztern Aufmerksamkeit auf sich zog. Unter ihm und seinem Nachfolger ist die Dauer des Schlosses wieder auf Jahrhunderte hinaus gesichert und dasselbe zu einer in jeder Hinsicht würdigen Wohnung der Beherrscher des britischen Reichs gemacht worden. Seit 1824 hat das Parlament nicht weniger als 1½ Mill. Pf. St. zu diesem Zweck bewilligt; außerdem haben Georg III. und Georg IV. noch bedeutende Summen aus ihrem Privatvermögen auf das Schloß verwandt. Jener namentlich auf die Kirche und die königliche Gruft, Georg IV. auf eine Bildergalerie, welche die Portraits aller derjenigen Zeitgenossen enthält, die sich in den Kriegsjahren von 1793—1815 in Europa und andern Welttheilen im Kriege oder im Cabinet, als Feldherren, Seehelden, Minister und Diplomaten hervorgethan haben.

Ein runder Thurm trennt die beiden Theile des Schlosses, welche das untere und obere Quartier genannt werden. In der Mitte des untern und größern steht die schöne St.-Georgskapelle, von Eduard III. erbaut und dem heiligen Georg, als dem Schutzheiligen des von ihm 1350 gestifteten Hosenbandordens, gewidmet. Vorzüglich bemerkenswerth ist das große westliche Fenster, bestehend aus 80 Abtheilungen, jede sechs Fuß hoch; es bildet eines der schönsten Meisterwerke der Glasmalerei, die es gibt. Das Chor der Kapelle ist für die bei der Einführung der Ritter des Hosenbandordens stattfindenden Ceremonien bestimmt und durch das Schnitzwerk der Decke und Wände, ein großes von Jarvis und Forrest 1785—88 meisterhaft gemaltes Fenster und die Fahnen der Ritter geziert. Auf beiden Seiten befinden sich die Stühle der Ritter; unter der Orgelgalerie die des Monarchen und der Prinzen von Geblüt (jetzt fünf), denen zunächst die der fremden Potentaten (des Kaisers von Rußland, der Könige von Preußen, Holland, Belgien, Dänemark, Würtemberg und der Herzoge von Braunschweig und Sachsen-Meiningen) folgen; die Zahl der übrigen Ritter ist 25. Über jedem Stuhle sind unter einem mit Schnitzwerk verzierten Himmel Schwert, Mantel, Helm und Helmschmuck jedes Ritters befindlich, über diesen eine Fahne mit seinem Wappen und an der Rücklehne eine Metallplatte mit seinem Namen und Titel. Beim Tode eines Ritters werden jene Insignien weggenommen, nur die Platte bleibt zur immerwährenden Erinnerung an die Ehre, die ihm zu Theil geworden. Der Stuhl des Souverains ist durch Himmel und Vorhänge von purpurrothem Sammt mit Gold gestickt ausgezeichnet.

Die Gruft unter dem Chore enthält die Überreste Heinrich's VIII., seiner Gemahlin Johanna Seymour, Karl's I. und einer unerwachsenen Tochter der Königin Anna. Im J. 1813 wurde die Gruft auf Befehl und im Beisein Georg's IV., des damaligen Prinz-Regenten, geöffnet, weil über den Begräbnißplatz Karl's I. Zweifel entstanden waren; man fand den Körper und den davon getrennten Kopf dieses unglücklichen Königs in einem einfachen Bleikasten; auch das Skelett Heinrich's VIII. war damals noch gut erhalten. Der jetzige Begräbnißplatz der englischen Könige befindet sich am östlichen Ende der Kapelle, unter dem sogenannten königlichen Grabhause, welches Heinrich VII. als Grabstätte für sich und seine Nachfolger bauen ließ. Indeß gab er später der Westminsterabtei den Vorzug; erst Georg III. gab dem Gebäude seine ursprüngliche Bestimmung wieder und ließ unter demselben in der den Grund bildenden Kalkschicht 15 Fuß tief eine Gruft graben, welche 70 Fuß lang, 28 Fuß breit und 14 Fuß hoch ist. Achtseitige gothische Pfeiler unterstützen vier Reihen von Steinplatten, die zur Aufnahme der Särge bestimmt sind; jetzt sind erst zehn Särge hier vorhanden, welche die Überreste der Könige Georg III., Georg IV. und Wilhelm IV., der Königin Charlotte, der Herzoge von Kent und York und der Prinzessinnen Amalie und Charlotte enthalten, die sämmtlich seit 1810 hier beigesetzt worden sind.

Der zwischen dem untern und obern Quartier befindliche runde Thurm steht auf einem künstlichen Hügel und war ehemals von einem Graben umgeben, der jetzt theils ausgefüllt, theils in einen Garten verwandelt ist. Hier hat der Gouverneur oder Constable des Schlosses seinen Wohnsitz; seiner Obhut pflegen die ausgezeichnetsten Staatsgefangenen anvertraut zu werden. Unter Eduard III. wurden die bereits oben genannten Könige von Schottland und Frankreich hier gefangen gehalten; unter dem langen Parlamente und

Oliver Cromwell viele Royalisten, worunter die Grafen von Lauderdale und Lindsay; der letzte Gefangene, der hier aufbewahrt wurde, war der Marschall von Belleisle, der unter Georg II. im Jahre 1742 in Deutschland gefangen genommen, 1744 aber ausgewechselt wurde. Sobald sich der Monarch in Windsor aufhält, weht von dem Gipfel des runden Thurmes oder eigentlich von dem eines kleinern auf jenem errichteten Thurmes die kolossale königliche Fahne, 36 Fuß lang und 24 Fuß breit; in seiner Abwesenheit wird, wenn der Gouverneur im Schlosse anwesend ist, die Unionsflagge von kleinern Dimensionen aufgepflanzt; der Flaggenstock hat nicht weniger als 73 Fuß Länge. Der Umfang des runden Thurms beträgt 302½ Fuß; die Höhe desselben bis zur Spitze des Flaggenstocks etwa 150 Fuß; vom Fuße des Thurmes zu den Zinnen führen 225 Stufen.

Das sogenannte obere Quartier des Schlosses enthält die königlichen Wohn= und Prunkgemächer, durch eine außerordentlich große Zahl der werthvollsten Gemälde, besonders von italienischen und niederländischen Meistern, geziert. Wir heben unter ihnen nur wenige hervor: der Ballsaal, 90 Fuß lang, 34 breit, 33 hoch, strahlend von Gold und Krystallspiegeln von enormer Größe, mit Tapeten geschmückt, welche Karl X. dem Könige Georg IV. geschenkt hat; die Waterloogalerie, 98 Fuß lang, 47 breit, 45 hoch, mit Gemälden von Englands Kriegs= und Seehelden der neuesten Zeit; das Wachzimmer mit den Büsten Nelson's und des Herzoge von Marlborough und Wellington, über denen ihre Fahnen hängen, welche jährlich, jene am Tage der Schlacht bei Blenheim 2. August, diese am Tage der Schlacht bei Waterloo 18. Juni, bei Verlust der Lehen Blenheim und Strathfieldsaye überreicht werden müssen; die St.=Georgshalle, einer der größten und prachtvollsten Säle in ganz Europa, 200 Fuß lang, 34 breit und 32 hoch, mit den Portraits der letzten zwölf Souveraine von England; die Decke enthält die Wappen aller Ritter des Hosenbandordens, seit seiner Errichtung; der Thronsaal, der Audienzsaal u. s. w.

Den schönsten Anblick gewährt das Schloß unstreitig von der Ostseite, auf welcher die bedeutendsten Säle und Zimmer sich befinden und vier viereckige Thürme das Gebäude überragen, der Thurm des schwarzen Prinzen, der Chester=, der Clarence= und der Königsthurm, von denen namentlich der letztere in seinem Bau außerordentlich massiv ist. Vor dem Schlosse befindet sich auf dieser Seite der Blumengarten, der unter Georg IV. angelegt wurde und mit sechs Bronze= und Marmorstatuen, zwei trefflich gearbeiteten Vasen und einem schönen Springbrunnen geschmückt ist. Schöner und sehenswerther sind die beiden Parks, von denen der kleinere sich in unmittelbarer Nähe des Schlosses befindet, von der Nord= und Ostseite desselben bis zur Themse erstreckt, vier englische Meilen im Umfange hat und 500 Acres Land einnimmt. Die nach London führende Hochstraße trennt ihn von dem Wohnsitze der Prinzessin Auguste Sophie, Frogmore Lodge. Vor allen reich an mannichfaltigen und malerischen Partien ist der große Park auf der Südseite der Stadt, der 1800 Acres Land einnimmt; in ihm entspringt eine für chronische Leiden sehr heilsame Salzquelle. Auf dem Gipfel des Schneehügels, am äußersten Ende der langen Allee, steht auf einem Fußgestelle von Granit eine bronzene Reiterstatue Georg's III. von kolossalen Dimensionen, welche Georg IV. seinem Vater zu Ehren setzen ließ; sie ist von Westmacott ausgeführt und am 24. Oct.

1831 enthüllt worden. Besondere Erwähnung verdient auch der unter dem Namen des Virginiawassers bekannte See, welcher eine Menge reizender Aussichten darbietet, indem die verständige Hülfe der Kunst die natürlichen Reize des Orts erhöht hat. Der Weg führt durch ein von Lärchenbäumen, Fichten und Kiefern beschattetes Thal, dann über einen Damm und über einen Arm des Sees zum Fischertempel, einem eleganten Sommerpavillon mit einem geschmackvollen Blumengarten, wo sich Georg IV. oft aufhielt, um zu angeln. Ein sich schlängelnder Pfad führt von hier zu einer kleinen Einsiedelei mit schönen Glasgemälden. Von hier an wird der See breiter und gestattet Wasserbelustigungen nach einem größern Maßstabe. Hier ließ Georg IV. ein Miniaturschiff, genannt Victorine, eine Fregatte von ansehnlicher Größe, genannt Adelaide, und mehre Lustjachten während der Sommermonate in Gang setzen; der von ihm gebrauchte glich einem eleganten maurischen Zelte. Von mehren Brücken ist eine von einem einzigen Bogen und 165 Fuß Spannung zu bemerken. An einer andern Stelle bildet das Wasser einen schönen Wasserfall, der in ein von Birken, Weiden und Akazien beschattetes Thal fällt.

Noch ist als gewissermaßen zu Windsor gehörig die berühmte gelehrte Schule zu Eton zu erwähnen, aus welcher Englands größte Männer hervorgegangen sind. Sie wurde von Heinrich VI. im J. 1440 gestiftet und zählt jetzt 70 Alumnen und etwa 530 außer der Schule wohnende Schüler. Die Schulgebäude bilden zwei große Vierecke; in dem einen Hofe steht eine 1719 errichtete Bronzestatue Heinrich's VI. von geringem Kunstwerthe; werthvoller ist seine Marmorstatue in der schönen gothischen Kapelle. Neben den Schulgebäuden sind die geräumigen, von hohen Bäumen beschatteten und auf der einen Seite von der Themse begrenzten Spielplätze. Die Lieblingsunterhaltung der Schüler besteht in Wasserbelustigungen; zweimal im Sommer, am Geburtstage Georg's III., 4. Juni, und am letzten Sonnabend im Juli, wo die ältesten Schüler zum Einrücken in die erledigten Stellen des Königscollegiums der Universität Cambridge gewählt werden, finden glänzende Regatten oder Fischerstechen statt. Bei diesen fahren die Schüler in phantastischer Kleidung in mehren mit Fahnen geschmückten Booten und mit Musik bis zu einer drei englische Meilen stromaufwärts gelegenen Wiese, wo sie Erfrischungen einnehmen; bei ihrer Rückkehr wird auf einer kleinen Insel ein glänzendes Feuerwerk abgebrannt. Noch seltsamer und eigenthümlicher ist das Fest, welches unter dem Namen Montem bekannt ist und alle drei Jahre am Pfingstdienstage gefeiert wird; es scheint noch aus der Zeit der Stiftung der Schule herzurühren, wiewol es seitdem vielfach abgeändert worden ist. Dasselbe besteht in einer Procession der ganzen Schule auf einen Berg, den man für einen sächsischen Grabhügel hält, unweit des Dorfes Salthill (Salzhügel), wo der ganze Tag unter mancherlei Spielen und Lustbarkeiten verlebt wird. Die Hauptsache ist aber die Sammlung einer Collecte für den ersten Alumnen zu seinem Abgange auf die Universität, weshalb alle Zuschauer und Vorübergehenden in Contribution gesetzt werden, indem ihnen Geld „zu Salz" abverlangt wird, wofür sie eine Karte mit einem angemessenen Motto erhalten. Wahrscheinlich liegt dem Gebrauche eine jährliche Mönchsprocession auf diesen Berg zu Grunde, bei welcher geweihtes Salz an die Zuschauer verkauft wurde. Die meisten Schüler tragen bei dieser Gelegenheit Uniformen, und die ältesten sind als Marschall, Hauptmann, Lieutenant und Fahnenträger costumirt; der letztere trägt die Schulfahne mit der Inschrift: „Pro more et monte", d. h. „Für den Berg und die Sitte", welche auf dem Berge bei Salthill feierlich geschwenkt wird. Die beiden Hauptcollecteurs heißen Salzträger und werden von mehren der obern Schüler, die beliebige phantastische Kleidungen tragen, unterstützt. Die königliche Familie beehrt das Fest nicht selten mit ihrer Gegenwart; die Collecte trägt in der Regel nicht weniger als 800—1000 Pf. St. ein, eine Summe, die wol in keinem andern Lande der Welt auf diese oder eine ähnliche Weise zusammenzubringen möglich wäre.

Das Chor der Georgskapelle in Windsor.

Verantwortlicher Herausgeber: Friedrich Brockhaus. — Druck und Verlag von F. A. Brockhaus in Leipzig.

Das Pfennig-Magazin
für
Verbreitung gemeinnütziger Kenntnisse.

357.]   Erscheint jeden Sonnabend.   [Februar 1, 1840

Plessis les Tours.

Plessis les Tours in seinem jetzigen Zustande.

Der Name des Königs Ludwig XI. von Frankreich, der das unumschränkte Königthum in diesem Lande wiederherstellte und von dem Einflusse des Adels befreite, aber dieses Ziel nur durch Grausamkeiten und Schandthaten ohne Zahl erreichte und als vollendeter Tyrann, als Bösewicht auf dem Throne in der Geschichte alter und neuer Zeiten wenige seines Gleichen hat, kann nicht ohne Schrecken und Abscheu genannt werden. Schon als Prinz hatte er seinem Vater, dem schwachen Karl VII., durch seine Ränke und Umtriebe herben Kummer bereitet; er soll die schöne und geistreiche Geliebte Karl's, Agnes Sorel, die durch Schiller's „Jungfrau von Orleans" allgemeiner bekannt geworden ist, durch Gift aus dem Wege geräumt haben, und sein Vater, der eines gleichen Todes zu sterben fürchtete, enthielt sich längere Zeit fast aller Nahrungsmittel und führte eben dadurch seinen Tod früher herbei. Als Ludwig XI. im J. 1461 den Thron bestiegen hatte, verschaffte er sich durch die Furcht unbedingten Gehorsam; besonders auf den Großen des Reichs lastete seine Hand schwer, ihre Macht zu demüthigen,

machte er zur Aufgabe seiner Regierung, und durch Gewaltstreiche aller Art, durch Gift und Dolch und Henkerbeil gelang es ihm, sie zu lösen. Nach der Versicherung seiner Zeitgenossen starben während seiner Regierung mehr als 4000 Personen auf dem Blutgerüste, die meisten ohne Urthel und Recht, selbst ohne einen Schein richterlichen Verfahrens, auf das bloße Machtwort des Königs, der es sogar nicht verschmäht haben soll, seinem Henker Tristan ins Handwerk zu greifen und mit eigener Hand Hinrichtungen zu vollziehen. Dabei war Ludwig der vollendetste Heuchler und Scheinheilige, den es je gegeben hat, denn fortwährend zeigte er eine große Anhänglichkeit an das Äußere der Religion, betete unablässig zu den Heiligen und machte sich ein Gewissen daraus, nur im geringsten gegen die kirchlichen Gebräuche zu verstoßen. Die Gerechtigkeitsliebe und Milde gegen das Volk, die er zu Zeiten an den Tag legte, kann ihm nicht zum Lobe gereichen, da sie ihm nur diente, um das Volk in dem Kampfe mit den Großen auf seine Seite zu bringen und so seine Zwecke zu fördern; denn wenn diese es erheischten,

VIII.   5

schonte er den gemeinen Mann so wenig als den Herzog und den Connetable.

Aber solchem verruchten Treiben blieb schon auf Erden der verdiente Lohn nicht aus. Im J. 1481 erkrankte Ludwig und zog sich auf das Schloß Plessis les Tours bei Tours zurück, wo er von Argwohn und Todesfurcht gepeinigt wurde. Um sich gegen Angriffe seiner Vasallen und gedungene Mörder zu schützen, umgab er sich mit vielfachen Wachen und verschanzte das Schloß so fest als möglich. Nach dem Berichte eines alten Chronisten war das Schloß von dreifachen Mauern umgeben, immer eine höher als die andere, jede war mit Palissaden besetzt und von einem mit Wasser gefüllten Graben umgeben; dicke Gitter beschützten die Thüren, Fallen vertheidigten alle Zugänge. Außer dem Könige wohnten nur die Helfershelfer seiner Greuelthaten im Schlosse; die Mitglieder seiner Familie fanden nur durch ein niedriges enges Pförtchen Einlaß, nachdem sie den Zuruf der vielen Wachen mit dem Losungsworte beantwortet hatten und genau durchsucht worden waren, bevor sie sich dem Monarchen nähern durften. Nach einem furchtbaren Todeskampfe starb hier der Tyrann am 30. August 1483.

Als Ludwig's Sohn, der schwache Karl VIII., im Jahre 1498 ohne Nachkommenschaft gestorben war, wurde der bisherige Herzog von Orleans unter dem Namen Ludwig XII. König und wurde von seinem Volke ebenso innig als ebenso verdient geliebt, als Ludwig XI. gehaßt worden war. Im J. 1506 versammelte er die Stände in der großen Halle von Plessis les Tours; hier sprach Bricot zu dem Könige und der Versammlung, zählte beredt die Wohlthaten auf, die Jener dem Lande erwiesen, die Nachsicht gegen seine Feinde, die Verminderung der Steuern, seine Siege im Auslande, seine Verbesserung der Rechtspflege, und rief endlich aus: „Sire, wie sollen Eure Unterthanen Euch belohnen? Genehmigt den Beinamen eines Vaters des Volkes, den sie Euch an diesem Tage durch meine Stimme anbieten." Die ganze Versammlung unterstützte knieend das Gesuch des Redners und Ludwig erklärte ihnen, dieser Beiname sei das schönste Geschenk, das sie ihm hätten machen können.

Um die Mitte des vorigen Jahrhunderts wurde Plessis les Tours von der Regierung in ein Correctionshaus für Vagabunden verwandelt, während der Revolution aber, im Jahre 1792, kam es in Privatbesitz, in dem es sich noch befindet. Von den drei Mauern ist nur die innere, wahrscheinlich die äußerste, noch übrig, von ansehnlicher Dicke und aus unbehauenen, festverbundenen Steinen erbaut. Die große Treppe und die unterirdischen Gewölbe sind die bedeutendsten Überreste aus der Zeit Ludwig's XI. im Schlosse selbst; das letztere ist von Backsteinen erbaut und zwar jetzt im Verfall, aber offenbar weit neuern Ursprungs als jene Gewölbe aus behauenen Steinen, die ehemals zu Kerkern gedient haben mögen.

Der Elektromagnetismus als bewegende Kraft.

Die Anwendung des durch Elektricität erzeugten vorübergehenden Magnetismus zur Bewegung von Maschinen, welche immer mehr ihrer Vervollkommnung entgegenzugehen scheint, ist zuerst von Dal Negro zu Parma gemacht worden. Dieser stellte einen gewöhnlichen Magnetstab senkrecht zwischen den Armen eines Hufeisens von weichem Eisen auf; sobald dieses Hufeisen durch Galvanismus magnetisch wurde, zog der eine Pol den Magnetstab an, der andere stieß ihn ab; hierauf wurden die Pole des Hufeisens umgekehrt und nun wurde das Ende des Magnetstabs von demjenigen Pole, der es vorhin angezogen hatte, abgestoßen und umgekehrt von dem andern angezogen. Diese schwingende Bewegung konnte leicht in eine drehende und fortschreitende verwandelt und zur Hebung von Lasten angewandt werden, indessen war die ganze Vorrichtung sehr mangelhaft.

Die Holländer Stratingh und Becker in Gröningen waren die Ersten, welche im Jahre 1835 einen kleinen Wagen durch Elektromagnetismus in Gang setzten. Ohne von ihrem Versuche etwas zu wissen, verfertigte Botto in Turin das Modell eines ähnlichen Wagens, das mehr als 12 Centner wog, indessen war der erzielte Effect verhältnißmäßig nicht bedeutend; man würde 25 Botto'sche Maschinen nöthig haben, um die Wirkung einer Pferdekraft hervorzubringen, woraus sich jedoch noch kein allgemeiner nachtheiliger Schluß ziehen läßt.

Mit großem Eifer hat man sich in der neuesten Zeit in Nordamerika auf die Verfertigung elektromagnetischer Maschinen gelegt, und namentlich haben Page, Callan und Davenport sich damit beschäftigt, von denen der Letzte, ein Hufschmied in einem Dorfe bei Rutland im Staate Virginien und mit dem wissenschaftlichen Theile der Sache nicht bekannt, auf die Einführung derartiger Maschinen in den Vereinigten Staaten ein Patent erlangt hat. Callan versichert, daß man durch den Elektromagnetismus die Dampfkraft werde ersetzen und mit einer wirksamen Zinkkupferfläche von sechs Quadratfußen einen mit 13 Centnern belasteten Wagen mit einer Schnelligkeit von sieben bis acht englischen Meilen in der Stunde bewegen können. Später ging er noch weiter und behauptete, daß eine Maschine mit weniger als einem Quadratfuß Zink so viel als eine Pferdekraft leisten könne, daß die Fortbewegung von Wagen auf einer Eisenbahn mittels des Elektromagnetismus höchstens den vierten Theil so viel kosten werde als mittels der Dampfkraft; daß eine Maschine von 100 Pferdekraft höchstens zehnmal so viel kosten werde als eine von einer Pferdekraft u. s. w. Der Erfolg scheint seinen Behauptungen und Erwartungen nicht entsprochen zu haben, indeß verdient die Art, wie ein sehr verdienter amerikanischer Gelehrter, Silliman, sich über die neue Kraft äußert, nicht mit Stillschweigen übergangen zu werden: „Die Wissenschaft hat höchst unerwarteterweise eine neue Kraft von großer, aber unbekannter Energie in unsere Hände gegeben. Sie weckt nicht die Winde in ihren Höhlen, gibt nicht dem Wasser durch die Macht der Hitze Flügel, erschöpft nicht die Muskelkraft der Thiere, wirkt nicht durch verwickelten Mechanismus, häuft keine hydraulische Kraft durch Aufdämmen gestörter Flüsse, nimmt keine andere Form oder Schwerkraft in Anspruch, sondern durch die einfachsten Mittel, die bloße Berührung von Metallflächen von geringer Ausdehnung, mit schwachen chemischen Agentien wird eine überall in der Natur verbreitete, aber in der Regel unsern Sinnen verborgene Kraft geheimnißvoll entwickelt, und durch Circulation in isolirten Drähten wird sie noch geheimnißvoller tausend- und abertausendmal verstärkt, bis sie mit unglaublicher Energie hervorbricht; zwischen ihrer ersten Entwickelung und ihrer vollkommenen Reife vergeht kein merklicher Zwischenraum und das Kind springt auf als Riese."

Von den Versuchen des Professors Jacobi in Petersburg, den Elektromagnetismus zur Bewegung von Schiffen anzuwenden, ist bereits früher (in Nr. 314) die Rede gewesen. Vor kurzem berichteten die Zeitungen von einem neuen Versuche desselben, der von noch günstigerm Erfolge als die frühern begleitet war.

Die Azoren.

Die unter dem Namen der Azoren bekannten neun Inseln liegen im atlantischen Ocean, etwa 180 Meilen westlich von Portugal, zu dessen Besitzungen sie gehören, zwischen $7\frac{1}{2}$ und $13\frac{1}{2}$ Grad westl. Länge und 37 und 40 Grad nördl. Breite, ziemlich in gleicher Entfernung von Europa und Afrika, sodaß es zweifelhaft erscheint, zu welchem dieser beiden Welttheile sie zu rechnen sind, wiewol man sie gewöhnlich zum erstern zählt. Sie bilden drei Gruppen, von denen die mittelste die bedeutendste ist und aus den fünf Inseln Terceira, St.-Georg, Pico, Fayal und Graciosa besteht, die man bisweilen auch die Terceiras nennt; etwa 22 Meilen nach Nordwesten liegen die kleinen Inseln Flores und Corvo, und 13 Meilen nach Ostsüdost (von der Mittelgruppe) die Inseln San-Miguel und Santa-Maria. Diese neun Inseln wurden zuerst von arabischen Schiffern besucht und von ihren Geographen beschrieben, kamen aber später ganz in Vergessenheit und scheinen erst von dem Seefahrer Vanderberg aus Brügge um das Jahr 1431 wieder aufgefunden worden zu sein. Er segelte nach Lissabon, wurde aber durch einen Sturm weit nach Westen verschlagen und erblickte diese Inseln; als er bei seiner Ankunft an seinem Bestimmungsorte seine zufällige Entdeckung erzählte, sandten die Portugiesen, damals ein thätiges und unternehmendes Volk, den Gonsalvo Velho Cabral auf eine Entdeckungsreise aus. Im folgenden Jahre entdeckte er die von ihm so genannte Insel Sta-Maria und später mehre andere Inseln dieses Archipels. Die Insel San-Miguel wurde 1444 von einem Gefangenen in Sta-Maria entdeckt, der in die Berge entflohen war und die hohen Gipfel dieser Insel nach Nordwesten aus der See hervorragen sah. In der Hoffnung, Verzeihung zu erhalten, kehrte er zurück und theilte diese Entdeckung dem Cabral mit, der gleich darauf eine neue Entdeckungsreise antrat. Alle diese Inseln waren bei ihrer Entdeckung weder von Menschen noch von Thieren bewohnt, mit Ausnahme der Vögel, welche sehr zahlreich waren, besonders die Habichte (im Portugiesischen Açores), von denen die Inseln den Namen Açores oder Azoren, die Habichtsinseln, erhielten.

Eine kleine portugiesische Colonie siedelte sich auf der Insel Sta-Maria bald nach ihrer Entdeckung durch Cabral an; im Jahre 1444 wurde San-Miguel, später auch die andern Inseln bevölkert. 1446 trat König Alfons V. die Inseln seiner Schwester, der Herzogin von Burgund, ab, worauf viele Ansiedler aus Flandern sich hier niederließen, deren Nachkommen noch jetzt angetroffen werden; dieser Umstand gab Veranlassung, daß die Inseln den Namen Azoren auf kurze Zeit mit dem Namen Os Flamengos (die flandrischen oder flämischen Inseln) vertauschten. Beim Tode der Herzogin kamen sie wieder an Portugal, standen von 1580 — 1640 gleich diesem Königreiche selbst unter spanischer Herrschaft und sind seit Vertreibung der Spanier immer bei Portugal geblieben.

Der Gouverneur der neun Inseln residirt zu Angra auf der Insel Terceira und wird alle drei Jahre neu ernannt; die Verwaltung jeder Insel steht unter zwei besondern Beamten. Angra wird von zwei Forts beschützt, im Ganzen befinden sich aber die Inseln in schlechtem Vertheidigungszustande. Der Bischof residirt in San-Miguel. Alle neun Inseln zusammen sind 52 Quadratmeilen groß und haben über 200,000 Einwohner, sind demnach weit stärker bevölkert als das Mutterland; die größte Insel ist San-Miguel, mit 16 Quadratmeilen und 85,000 Einwohnern; dann folgen der Reihe nach Terceira mit 35,000, Pico mit 25,000, Fayal mit 24,000, Flores mit 13,000, St.-Georg mit 12,000, Graciosa mit 7500 und Sta-Maria mit 5000 Einwohnern; die kleinste ist Corvo, nur $\frac{1}{4}$ Quadratmeile groß, mit 800 Einwohnern.

Sehr merkwürdig sind die Inseln in geologischer Hinsicht; sie scheinen nämlich von verhältnißmäßig neuer vulkanischer Formation zu sein, deren Spuren an der jetzigen Beschaffenheit der Oberfläche überall wahrzunehmen sind, und zwar durch submarinische vulkanische Ausbrüche aus dem Boden des Meeres emporgehoben worden zu sein, eine Meinung, welche die trefflichen Forscher A. v. Humboldt und Leop. v. Buch vertheidigt und fast zur Gewißheit erhoben haben, während Tournefort, Bory de St.-Vincent und Andere die Inseln für Reste eines untergegangenen Welttheils halten, jener Atlantis nämlich, die bei den alten Schriftstellern erwähnt wird. Noch thätige Vulkane scheinen sie nicht mehr zu enthalten, aber viele erloschene von ansehnlicher Höhe; auch findet man heiße Quellen, an vielen Orten dringen heiße Schwefeldämpfe aus der Erde und die meisten Inseln sind den Erdbeben ausgesetzt. Ein vulkanischer Ausbruch von verheerendem Charakter fand 1591 statt; er dauerte zwölf Tage und zerstörte die blühende Stadt Villafranca auf der Insel San-Miguel. Noch 1808 kam auf der Insel St.-Georg ein Ausbruch vor. Mitten auf der Insel erhob sich ein ungeheurer Krater bis zu 3500 Fuß Höhe; binnen vier Tagen öffneten sich um den Hauptkrater über ein Dutzend kleinerer. Der Ausbruch dauerte etwa fünf Tage und endete erst, nachdem er die Stadt Ursulina nebst vielen Landwohnungen zerstört und über 50 Menschen nebst vielem Vieh getödtet hatte. Von unterseeischen Vulkanen, welche Felsen und Inseln aus der Tiefe des Meeres emporwarfen, werden viele Beispiele aus alter und neuer Zeit erzählt. Eine Insel von ansehnlicher Größe entstand 1538, 15 Seemeilen westlich von San-Miguel, blieb mehre Jahre unverändert und versank dann plötzlich. Rings um die zuletzt genannte Insel entstanden 1691 zahlreiche kleine Inseln; 1719 entstand eine kreisförmige Insel von zwei geographischen Meilen Durchmesser und versank erst 1723. An derselben Stelle fand am 13. Juni 1811 ein vulkanischer Ausbruch statt, der die Insel Sabrina bildete, so genannt von einem damals in der Nähe kreuzenden englischen Kriegsschiffe, dessen Mannschaft die Bildung der Insel beobachtete. Diese begann mit dem Auswerfen ungeheurer Säulen von Wasser, Rauch und Steinen, begleitet von unterseeischem Getöse. Am 18. erschien der Gipfel des Kraters über dem Wasser, am 20. erreichte er die Höhe von 180 Fuß, am 4. Juli, wo der Ausbruch ein Ende hatte, war die so gebildete Insel 300 Fuß hoch und hatte $\frac{1}{4}$ Seemeile im Umfange; ihr kleiner Krater enthielt ein Becken siedenden Wassers. Alles verschwand um die Mitte des October und versank in die Tiefe des Oceans.

Ein genau beobachteter unterseeischer Vulkan befindet sich nahe bei der Insel San-Miguel. Im Jahre 1638 sah man während eines heftigen Erdbebens Flammen und Rauchsäulen in einer sehr bedeutenden Ausdehnung aus der empörten See emporsteigen; mit ihnen wurden Steine und erdige Gebilde in die Luft

*

Gegend auf der Insel San-Miguel.

geschleudert und schwammen nach ihrem Niederfallen auf dem Meere. Allmälig vereinigten sich alle diese Massen wieder und bedeckten einen Raum, der drei Seemeilen lang und eine halbe breit war. Diese Ausbrüche dauerten drei Wochen, worauf die emporgestiegenen Massen spurlos verschwanden. Die Fischer, welche Zeugen dieser Katastrophe waren, nahmen emporgeschleuderte Bruchstücke auf; sie zersprangen mit Geräusch und ließen einen schwärzlichen Sand, aus Schlacken und Tuff bestehend, zurück. Der Krater des Vulkans hatte eine große Menge Fische beherbergt; während der Eruption warf die See so viele todt ans Land, daß sie die Luft verpesteten. Der bedeutendste und am längsten in Thätigkeit gebliebene feuerspeiende Berg auf diesen Inseln, zugleich der höchste Berg derselben, ist der Pico auf der Insel gleiches Namens, welcher etwa 7—8000 Fuß hoch ist, die Gestalt eines Zuckerhuts hat und bei heiterm Wetter auf eine Entfernung von 20 Meilen sichtbar ist.

Die Azoren enthalten eine Menge Mineralquellen von den schätzbarsten Eigenschaften; sie allein hätten für die Einwohner eine Quelle des Wohlstandes werden müssen, wenn die Lage der Inseln zahlreiche Fremde hätte veranlassen können, hierher zu kommen, um aus ihren wohlthätigen Wirkungen Vortheil zu ziehen. Die vorzüglichsten Quellen finden sich auf den Inseln San-Miguel, Terceira, Pico und Flores. Ihre größte Hitze beträgt fünf Grad über dem Siedepunkt, was die fortdauernde Thätigkeit unterirdischer Feuer beweist. Diese Caldeiras oder heißen Quellen entspringen an manchen Stellen in dicken Säulen bis zu 10—12 Fuß Höhe; in ihrem Wasser wird ein Ei in zwei Minuten gesotten. Die Luft riecht stark nach Schwefel, während aus mehren Spalten erstickende Dünste dringen. Nicht weit von den heißen Quellen von San-Miguel ist der Schlammkrater, eine ungeheure Vertiefung, die mit mineralischen Substanzen im Zustande beständigen Siedens angefüllt ist, welche ein Geräusch machen, das der Brandung ähnlich ist.

Die Natur der azorischen Inseln, welche sämmtlich gebirgig sind, ist ausnehmend romantisch und ihr Boden fruchtbar. Luft und Klima sind milder und angenehmer als in den unter gleicher Breite liegenden Ländern Europas; nur im Winter sind heftige Stürme nicht selten. Für Personen, die an Lungenkrankheit leiden, ist der Besuch dieser Inseln wegen ihrer ziemlich gleichmäßigen Temperatur sehr heilsam. Die Bergabhänge sind mit Weinstöcken, Orangen- und Citronenbäumen bepflanzt; der üppige Boden der Thäler ist dem Gedeihen von allen Arten von Getreide, Hülsenfrüchten und Gemüsen günstig. Würde die Fruchtbarkeit des Bodens gehörig benutzt, so könnten die Inseln vielleicht das Zehnfache ihrer Bevölkerung ernähren; aber selbst bei dem sehr mangelhaften Betriebe des Feldbaus wird viel Getreide und Gemüse nach Portugal und Madeira ausgeführt. Am besten angebaut sind die Inseln San-Miguel, Fayal und Graciosa. Der Wein bildet das Hauptproduct, er ist von vorzüglicher Qualität und wird oft für Madeira verkauft und gehalten. Den Ölbaum findet man nur auf der Insel Terceira, auf andern, namentlich auf der Insel Fayal, wachsen Palmen, Ananas und Orangen. Früher wurde auch das Zuckerrohr angebaut und der Waid bildete einen wichtigen Handelsartikel. Kaffee und Taback gedeihen trefflich, werden aber nur von wenigen Personen für ihren eigenen Bedarf gebaut. Weißer Hanf und Flachs sind von besonderer Güte. Von Knollengewächsen, die mit großer Leichtigkeit wachsen, werden viele in großer Ausdehnung angebaut, besonders die Kartoffel und die Yamswurzel. Die Myrthe wächst im Überflusse wild; sie ist so gemein, daß der ausgepreßte Saft ihrer Zweige von den Landleuten zum Gerben des Leders gebraucht wird. Die Viehzucht ist sehr bedeutend; gerühmt wird namentlich das Rindvieh; Ziegen und Schweine sind so häufig, daß sie den Fußgängern in den Straßen nicht selten das Gehen erschweren; die Pferde sind von einer kleinen und schlechten Race und wenig zahlreich; außer Kaninchen ist fast

Fayal mit dem Berge Pico.

gar kein Wild vorhanden. Von Vögeln findet man hier alle europäischen Hausvögel, und unter den zahlreichen Singvögeln den Canarienvogel. Fische sind im Überflusse vorhanden; ebenso Schildkröten und Austern. Von Insekten sind die Biene, der Seidenwurm und die Cochenille zu bemerken, die für die Einwohner, wenn dieselben mehr Industrie besäßen, eine Quelle des Reichthums abgeben könnten; schädliche Insekten finden sich ebenso wenig als Schlangen und Frösche. Was die menschlichen Bewohner der Inseln betrifft, so sind sie größtentheils von portugiesischer Abstammung und stehen hinsichtlich ihrer geistigen Ausbildung auf einer sehr niedrigen Stufe, auf einer viel tiefern als selbst die Bewohner des Mutterlandes; ihre Unwissenheit geht im Allgemeinen über alle Begriffe, und selbst die ersten Anfangsgründe der Bildung, Lesen und Schreiben, sind auf einigen der kleinern Inseln fast völlig verschwunden.

Die bedeutendsten Städte der Inseln sind: 1) Punta Delgada auf der Insel San=Miguel mit 13,000 Einwohnern, deren Häuser größtentheils aus Lava gebaut sind; die Rhede ist ziemlich unsicher, wie denn der Mangel an einem hinlänglich geräumigen, sichern und tiefen Hafen einem bedeutenden Aufschwunge des Handels dieser Inseln immer im Wege stehen wird; 2) Angra auf Terceira mit 6000 oder nach Andern 15,000 Einwohnern; 3) Praya, ebenfalls auf Terceira; 4) Horta, zuweilen auch Fayal genannt, mit 5—6000 Einwohnern, Hauptort der Insel Fayal, welche durch Fruchtbarkeit und Milde des Klimas vor allen ausgezeichnet ist. Eine Gegend dieser Insel stellt die zweite unserer Abbildungen dar, in deren Hintergrunde der von Wolken theilweise umhüllte Berg Pico, auf der Insel gleiches Namens, dessen Krater beständig Rauch ausstößt, seinen zuckerhutförmigen Gipfel erhebt. In dem dargestellten Theile der Insel Fayal erblickt das Auge die überraschendste und herrlichste Verbindung schöner Sträucher und Blumen aus allen Ländern und Zonen. Mit den seltensten Producten unserer europäischen Gärten, die hier größtentheils viel schöner und größer als bei uns werden, was namentlich von der Hortensia, dem Geranium, dem Oleander und der japanischen Camelie gilt, sind die Zierbäume und Pflanzen der Tropenländer gemischt, als da sind alle verschiedenen Palmenarten, die zahlreichen Cactusarten, Drachenbaum, Aloe, u. s. w., welche im Verein mit dem Feigenbaum, der Thränenweide, dem Orangenbaum, Citronenbaum und Weinstock eine wahrhaft zauberische Wirkung hervorbringen.

Für die Geschichte Portugals haben die azorischen Inseln in der neuern Zeit eine große Wichtigkeit erlangt, indem der Angriff gegen Dom Miguel, der endlich zu seinem Sturze führte, von ihnen ausgegangen ist. Nachdem sich Dom Miguel im Jahre 1828 zum König aufgeworfen hatte, blieb Terceira der Donna Maria treu und wurde vom Grafen von Villaflor (dem jetzigen Herzoge von Terceira) seit dem 23. Juni 1829 im Namen der Königin verwaltet. Im März 1830 wurde hier durch ein Decret des damaligen Kaisers von Brasilien im Namen seiner Tochter eine Regentschaft eingesetzt, die aus dem Marquis (jetzigen Herzog) von Palmella, dem Grafen von Villaflor und dem Rathe Guerreiro bestand. Ein Angriff der Miguelisten auf die Insel, unternommen von einem Linienschiffe, 3 Fregatten und 16 andern Schiffen, die 4000 Mann an Bord hatten, während die Insel nur von 400 Mann Truppen vertheidigt war, scheiterte gänzlich, und die Landung der erstern am 11: August 1829 endigte mit ihrer völligen Niederlage, bei welcher sie 700 Todte und Verwundete und 500 Gefangene verloren. Später erklärten sich auch die Inseln Graciosa, Flores und Corvo für Donna Maria, und die größte Insel, San=Miguel, die von 3500 Mann vertheidigt war, wurde vom Grafen von Villaflor am 4. August 1831 mit 1600 Mann erobert. Am 3. März 1832 kam Dom Pedro auf Terceira an, übernahm selbst die Regentschaft, segelte aber schon im Juni mit einer ge=

gen 7000 Mann starken Expedition ab, die am 8. Juli bei Oporto landete und den Grund zum Sturze Dom Miguel's legte.

Die Entfernung der Firsterne.

Den rastlosen, unausgesetzten Bemühungen der Astronomen ist es mit Hülfe der trefflichen Instrumente, in deren Besitz sie sich gegenwärtig befinden, endlich gelungen, eine der interessantesten und schwierigsten Aufgaben der Astronomie aufzulösen, die Aufgabe nämlich, die Entfernung eines Firsterns von der Erde oder, was ziemlich Dasselbe sagen will, von der Sonne zu bestimmen. Statt uns aber zu begnügen, nur die gefundenen Resultate unsern Lesern mitzutheilen, halten wir es für angemessen, sie durch Angabe der Schwierigkeiten, welche bei Lösung der gedachten Aufgabe zu überwinden waren, und durch eine gedrängte Übersicht der bisherigen Versuche in den Stand zu setzen, diesen neuen Fortschritt der Astronomie besser zu würdigen.

Für diejenigen Personen, die der Astronomie unkundig sind, pflegt es ein Gegenstand der größten Bewunderung zu sein, daß die Astronomen mit solcher Bestimmtheit die Entfernung der Sonne und der übrigen zu dem Sonnensysteme gehörigen Himmelskörper zu kennen behaupten; sie fragen mit Recht, wie es möglich sei, diese Entfernung zu finden. Im Ganzen genommen ist aber die Aufgabe nicht wesentlich verschieden von der gewöhnlichen Aufgabe der Feldmeßkunst: die Entfernung eines Punktes A auf der Erdoberfläche von einem Punkte B zu finden, wenn man nicht zu dem Punkte A hinkommen, wol aber ihn aus dem zweiten Punkte B, sowie aus einem dritten C sehen kann. Um nun zu finden, wie weit A von B entfernt ist, braucht man nur zu wissen, wie lang die Linie BC ist, und wie groß die Winkel sind, welche die Gesichtslinien von B nach A und von C nach A mit der Linie BC bilden; aus dem Dreiecke ABC läßt sich dann mit Hülfe der ebenen Trigonometrie die Linie AB leicht berechnen. Wenn es sich aber darum handelt, die Entfernung der Sonne, des Mondes oder eines Planeten von der Erde zu finden, so geschieht dies auf ähnliche Weise dadurch, daß zwei Beobachter an verschiedenen Orten der Erde zu gleicher Zeit diesen Himmelskörper beobachten und seinen scheinbaren Ort an der Himmelskugel bestimmen, woraus sich der Winkel ergibt, den die von beiden Beobachtungsörtern nach dem Himmelskörper gehenden Gesichtslinien miteinander bilden; dieser Winkel wird die Parallaxe genannt. Daß aber zwei an verschiedenen Orten der Erde befindliche Beobachter einen der gedachten Himmelskörper, z. B. den Mond, in demselben Augenblicke an verschiedenen Stellen der Himmelskugel, bei verschiedenen Firsternen erblicken, kann nicht auffallen, denn etwas ganz Ähnliches können wir beständig auf der Erde wahrnehmen; so werden z. B. zwei in einem Zimmer oder Saale in einiger Entfernung voneinander stehende Personen eine in der Mitte des Saals stehende Säule vor zwei verschiedenen Punkten der gegenüber befindlichen Wand erblicken, und wenn rings herum an den Wänden Menschen oder Gegenstände beliebiger Art vorhanden sind, so wird die Säule dem einen Beobachter einen andern Gegenstand verdecken als dem andern. Wenn nun außer der Parallaxe noch die Entfernung der beiden Beobachtungsorte bekannt ist, so läßt sich daraus ohne Schwierigkeit die gesuchte Entfernung des beobachteten Himmelskörpers berechnen. In der Astronomie versteht man aber unter Parallaxe im engern Sinne den Winkel, den die zu gleicher Zeit nach einem und demselben Himmelskörper gerichteten Gesichtslinien eines irgendwo auf der Oberfläche der Erde und eines in dem Mittelpunkte der Erde (wenn diese als durchsichtig gedacht wird) befindlichen Beobachters miteinander bilden würden, und nennt sie die Horizontalparallaxe, wenn der erste Beobachter den Himmelskörper gerade im Horizont erblickt. Dieser Winkel läßt sich freilich nicht unmittelbar beobachten, da sich kein Beobachter in den Mittelpunkt der Erde begeben kann, aber aus den gleichzeitigen Beobachtungen zweier auf entfernten Punkten der Erdoberfläche befindlichen Beobachter berechnen.

Das angedeutete Verfahren, um die Entfernung eines Himmelskörpers zu finden, läßt sich aber nur bei den nächsten Himmelskörpern anwenden, bei denjenigen nämlich, die zu unserm Sonnensysteme gehören; bei den Firsternen hingegen, die viel weiter von uns entfernt sind, als selbst Uranus, der entfernteste aller bekannten Planeten, ist von einer solchen Parallaxe auch nicht die leiseste Spur zu bemerken. Wenn nämlich zwei Beobachter, die sich an den entgegengesetzten Enden der Erde befinden, zu gleicher Zeit einen Firstern beobachten, so ist wegen der außerordentlich großen Entfernung des letztern der Winkel der Gesichtslinien so unendlich klein, daß es unmöglich ist, ihn wahrzunehmen. Hier bietet sich aber eine andere Art von Parallaxe dar, die zum Unterschiede von jener ersten, welche die tägliche heißt, die jährliche genannt wird. Da nämlich die Erde im Verlaufe eines Jahres um die Sonne eine beinahe kreisförmige Bahn beschreibt, deren mittlerer Halbmesser über 20½ Millionen Meilen beträgt, so ist der Ort, an welchem sie sich zu einer gewissen Zeit des Jahres befindet, von dem Orte, den sie ein halbes Jahr nachher einnimmt, in runder Zahl 41 Millionen Meilen entfernt; diese Entfernung ist aber so groß, daß man meinen sollte, die von beiden Orten nach einem und demselben Firsterne gehenden Gesichtslinien müßten einen Winkel von erheblicher Größe miteinander bilden, der sich durch eine Veränderung des Orts dieses Firsterns am Himmel zu erkennen geben würde. Unter der jährlichen Parallaxe eines Firsterns versteht man eben diese Ortsveränderung (oder vielmehr, genauer gesprochen, den Winkel, den die Gesichtslinien eines auf der Sonne und eines auf der Erde befindlichen Beobachters miteinander machen würden); die Aufgabe war also, die Größe der jährlichen Parallaxe eines Firsterns zu bestimmen, um die Entfernung desselben daraus zu berechnen. Noch mehr Deutlichkeit gewährt vielleicht die folgende Darstellung. Denken wir uns einen Beobachter auf einem Firsterne, so muß diesem die Erde (falls er sie sehen könnte) an einer Stelle des Himmels erscheinen, die der Stelle, wo ein Beobachter auf der Erde den Firstern erblickt, gerade entgegengesetzt ist; wie nun der Beobachter auf dem Firsterne die Erde sich in einer elliptischen Bahn um die Sonne bewegen sieht, die um so mehr von einem Kreise abweicht, je kleiner der Winkel ist, den eine vom Sterne nach der Sonne gezogene Linie mit der Ebene der Erdbahn bildet, so muß auch, so darf man vermuthen, ein Beobachter auf der Erde den Stern eine eben solche krummlinige Bahn scheinbar beschreiben sehen. Ist diese scheinbare Bahn des Sterns bekannt, so läßt sich daraus die Entfernung des Sterns berechnen; beträgt z. B. der größte Durchmesser der scheinbaren Bahn des Sterns zwei Minuten oder den 16. Theil des scheinbaren Durchmessers der Sonne oder des Mondes, so ergibt sich daraus, daß der Stern 3438 Halbmesser der Erdbahn oder ungefähr 70,000 Mill. Meilen von uns entfernt ist. Je weiter ein Stern entfernt ist, desto kleiner muß natürlich seine scheinbare Bahn, mithin auch seine Parallare sein.

Die alten Astronomen, denen es an den zu genauen Beobachtungen unumgänglich nothwendigen Instrumenten völlig fehlte, hatten von scheinbaren Bewegungen der angegebenen Art, überhaupt von Bewegungen der Firsterne, die tägliche scheinbare Umdrehung der Himmelskugel abgerechnet, nicht das Mindeste bemerken können; noch zur Zeit des Kopernicus waren die Beobachtungen so mangelhaft, daß sich aus ihnen höchstens so viel ergeben konnte, daß die jährliche Parallare der Firsterne nicht über drei Minuten, also ihre Entfernung nicht weniger als 1146 Halbmesser der Erdbahn betragen könne. Genauere Beobachtungen stellte erst der verdiente Tycho de Brahe an, der in dieser Hinsicht alles bisher Geleistete beiweitem übertraf; aber auch sie waren noch so unsicher, daß sie eine Ortsveränderung des Polarsterns nach Kepler's Meinung nicht verrathen konnten, wenn sie nicht über eine Minute betrug; da aber von einer solchen Veränderung nichts wahrzunehmen war, so folgte daraus, daß die jährliche Parallare des Polarsterns nicht größer als eine halbe Minute, daher seine Entfernung nicht kleiner als 6875 Halbmesser der Erdbahn oder etwa 140,000 Mill. Meilen sein könne. Als die französischen Astronomen Picard und Auzout im J. 1667 das Fernrohr an den astronomischen Meßinstrumenten angebracht hatten, wurde die Genauigkeit der astronomischen Beobachtungen um Vieles vermehrt, und namentlich zeichnete sich Flamsteed durch sorgfältige und genaue Beobachtungen aus, welche die Tychonischen an Sicherheit vielleicht sechsmal übertrafen, ohne gleichwol eine Parallare der Firsterne und insbesondere des Polarsterns zu verrathen.

Im folgenden Jahrhunderte führte das Bestreben, eine Parallare der Firsterne zu entdecken, zu mehren höchst wichtigen Bereicherungen der Astronomie, die sich ganz ungesucht darboten. Bradley, einer der größten Astronomen des vorigen Jahrhunderts, und Molyneur, ein englischer Edelmann, der sich fleißig mit der Astronomie beschäftigte, entdeckten bei Aufsuchung der Firsternparallare Bewegungen eines Firsterns, die sich aus der Parallare nicht erklären ließen, weil sie ein ganz anderes Gesetz befolgten als jene ihrem Wesen nach befolgen konnte, und erst nach dreijährigen Nachforschungen fand Bradley im J. 1728 die richtige Erklärung derselben. Die gedachte Erscheinung, welche man mit dem Namen Aberration des Lichts bezeichnet, beruht nämlich auf zwei Ursachen: auf der Geschwindigkeit des Lichts oder auf der Zeit, welche das Licht braucht, um von einem Himmelskörper auf die Erde zu gelangen, wobei es in jeder Secunde etwa 40,000 Meilen zurücklegt, und auf der Bewegung der Erde; beide Ursachen vereint bringen auch eine sehr kleine scheinbare Bewegung der Firsterne hervor, welche näher zu erklären hier nicht der Ort ist. Später entdeckte Bradley noch eine andere bisher unbekannte Veränderung der Örter der Firsterne, welche die Nutation heißt; sie entsteht durch eine langsame Schwankung der Ebene des Erdäquators, die größtentheils von der Anziehung des Mondes herrührt. Eine Parallare der Firsterne aber wurde auch von Bradley nicht gefunden, da die von ihm beobachteten Bewegungen oder Ortsveränderungen derselben durch die angegebenen beiden Ursachen vollkommen ausreichend erklärt wurden. Bradley selbst erklärt, daß er die Parallare wenigstens bei den am häufigsten beobachteten Sternen wohl erkannt haben würde, wenn sie auch nur eine halbe Secunde betrüge.

Der große Herschel (der Vater), dem wir so viele überaus wichtige Entdeckungen verdanken, hegte die Hoffnung, die jährliche Parallare an den Doppelsternen zu erkennen. Er war nämlich anfänglich der Meinung, daß in allen Fällen, wo zwei Sterne so nahe beisammen stehen, daß man sie nur mit scharfen Fernröhren zu unterscheiden vermag, mit dem bloßen Auge aber nur einen Stern zu sehen glaubt, diese Nähe nur scheinbar sei und daher rühre, daß die Sterne von der Erde aus gesehen fast genau in gerader Linie hintereinander liegen, wirklich aber eine sehr große Entfernung voneinander und daher eine sehr verschiedene von der Erde oder von der Sonne haben; daraus würde aber folgen, daß ihre Parallare merklich verschieden sein würde, und bei einer sehr geringen scheinbaren Entfernung der einzelnen Sterne meinte Herschel, daß eine scheinbare Änderung derselben leichter zu bemerken sein müßte. Von dieser Ansicht ausgehend, durchmusterte er nun mit dem von ihm selbst verfertigten Spiegelteleskopen den Himmel, um die Doppelsterne aufzusuchen, entdeckte aber bald, daß die Menge aller vorhandenen Doppelsterne zu groß sei, als daß das sehr nahe Beisammenstehen zweier Sterne mit Wahrscheinlichkeit in allen oder auch nur in den meisten Fällen für blos scheinbar und zufällig gehalten werden könnte. Seine anfängliche Ansicht und Absicht aufgebend stellte er daher die Vermuthung auf, daß die einen Doppelstern bildenden Sterne zusammengehören, ein gemeinschaftliches System bilden und einander wirklich verhältnißmäßig nahe stehen möchten, und richtete von da an seine Aufmerksamkeit auf die Beobachtung der Doppelsterne und der merkwürdigen an ihnen wahrnehmbaren Erscheinungen, ohne der Firsternparallare weiter nachzuforschen, aus welcher sich die später an den Doppelsternen beobachteten Bewegungen nicht erklären ließen.

Später haben mehre Astronomen der Vermuthung Raum gegeben, daß die hellsten, scheinbar größten Firsterne wol auch die nächsten sein und uns nur ihrer größern Nähe wegen heller als die übrigen erscheinen möchten. Der berühmte Piazzi in Palermo beobachtete deshalb mehre Sterne erster Größe, namentlich Wega in der Leyer, Aldebaran im Stier, Sirius und Procyon im großen und kleinen Hunde, und fand oder glaubte zu finden, daß sie eine Parallare von zwei bis zehn Secunden zeigten, ein Resultat, das freilich mit den Beobachtungen aller andern Astronomen im Widerspruche stand — die von Calandrelli in Rom ausgenommen, der bei Wega ebenfalls eine Parallare von fünf Secunden gefunden haben wollte — und daher wenig Zutrauen erwecken konnte. Auch Brinkley in Dublin glaubte, versehen mit einem trefflichen Instrumente, im J. 1815 bei Athair im Adler eine Parallare von 3 Secunden, bei Wega von 2½ Secunden, bei den Sternen Deneb im Schwan und Arctur im Bootes eine Parallare von etwas mehr als einer Secunde gefunden zu haben, aber sowol Pond in Greenwich als sein Nachfolger Airy haben mit den trefflichen daselbst vorhandenen Instrumenten gefunden, daß die Parallaren von Wega, Deneb und Athair höchstens einige Zehntel einer Secunde betragen können und daher die von Brinkley gefundenen Resultate auf einem Fehler beruhen müßten. Auch Struve, Director der neuen Sternwarte zu Pulkowa bei Petersburg, früher in Dorpat, durch seine Forschungen und Beobachtungen über die Doppelsterne rühmlichst bekannt, hat die Parallare des Sterns Wega zu bestimmen gesucht, welcher ein scheinbarer oder sogenannter optischer Doppelstern ist und daher nach der oben erwähnten Ansicht Herschel's zu einer Aufsuchung seiner Parallare vorzugsweise geeignet scheint; daß die beiden diesen Doppelstern bildenden

Sterne nicht zusammengehören, hat man daraus erkannt, daß der größere von beiden (ein Stern erster Größe) eine freilich sehr langsame eigene Bewegung hat, d. h. im Weltraume langsam in einer ziemlich geraden Linie fortrückt (in 100 Jahren um 36 Secunden, also in 5000 Jahren ungefähr so viel, als der Durchmesser des Mondes beträgt), ohne daß der kleinere, 43 Secunden von ihm entfernte Stern 10. — 11. Größe hieran Theil nimmt. Struve hat nun aus seinen in den Jahren 1836 und 1837 an 17 Tagen angestellten Beobachtungen dieses Doppelsterns eine Parallaxe von einer Achtelsecunde gefunden, welcher eine Entfernung von $1\frac{1}{2}$ Millionen Halbmessern der Erdbahn oder 30 Billionen Meilen entspricht, doch ist die Zahl der Beobachtungen noch zu gering, um ein völlig sicheres Resultat daraus abzuleiten, und über die Fortsetzung derselben ist noch nichts bekannt geworden.

(Der Beschluß folgt in Nr. 358.)

Der Triumphbogen de l'Etoile zu Paris.

Unter den vielen großartigen und kolossalen Bauwerken und Denkmälern, deren die französische Hauptstadt so viele zählt, nimmt der Triumphbogen de l'Etoile (des Schicksals) einen ausgezeichneten, wo nicht den ersten Platz ein. Er wurde schon von Napoleon begonnen, um als Collectivdenkmal für die unter seiner Anführung und Regierung erfochtenen Siege der Franzosen zu dienen, aber erst unter Ludwig Philipp's Regierung vollendet; zwischen seinem Beginne und seiner Vollendung liegt ein Zeitraum von 30 Jahren, in welchem die französische Regierung fünfmal gewechselt hat. Von den vielen der kaiserlichen Regierung eingereichten Plänen erhielten die von Raymond und Chalgrin den Vorzug. Jener schlug 12 korinthische Säulen auf jeder Seite vor, die ein Gebälk tragen sollten, das ebenso viele Statuen als Symbole der bedeutendsten von den Franzosen eingenommenen Städte und zwischen denselben Basreliefs, die wichtigsten Siege darstellend, enthalten sollte. Das Innere sollte unten durch das Hauptportal und ein dasselbe senkrecht durchschneidendes Portal in vier Haupttheile getheilt werden, der obere Theil des Gebäudes sollte sieben Zimmer enthalten, drei kleinere auf jeder Seite und ein größeres in der Richtung des Hauptdurchgangs. Weit einfacher war Chalgrin's Plan, wiewol er mit dem vorigen in seiner allgemeinen Anlage, namentlich in den beiden sich durchschneidenden Durchgängen, übereinstimmte. Bevor noch bestimmt worden war, welcher von beiden Plänen zur Ausführung kommen sollte, wurden Anstalten zum Beginn des Baus getroffen und der Grundstein wurde am 15. August 1806, als am Geburtstage Napoleon's, gelegt. Der Bau des Grundes, welcher 24 Fuß tief und 84 Fuß breit ist und aus Blöcken von cyklopischer Mauerung besteht, war schon weit vorgerückt, als Raymond, dessen Plan im Allgemeinen genehmigt worden war, beschloß, lieber mit dem Baue gar nichts zu thun zu haben, als in die vorgeschlagenen Abänderungen seines Planes zu willigen. Er gab daher seine Anstellung als Architekt im J. 1809 auf und nahm sich die Sache so zu Herzen, daß er bald nachher starb. Chalgrin, bisher nur Adjunct des Hauptarchitekten, setzte nun das Werk nach seinen eigenen Ideen und mit solcher Thätigkeit fort, daß der Bau schon eine Höhe von mehr als 20 Fuß über dem Boden erreicht hatte, als er in Folge der Vermählung Napoleon's mit Marie Luise den Befehl erhielt, in seinem Plane hinsichtlich der Gegenstände einiger Reliefs u. s. w. einige Veränderungen vorzunehmen, die aber auf die allgemeine Idee des Denkmals keinen Einfluß hatten. Beim Einzuge der neuen Kaiserin in Paris wurde dasselbe durch ein aufgesetztes Holzgestell, das mit bemalter Leinwand überzogen wurde, vorläufig ergänzt; nach Wegnahme dieses interimistischen und improvisirten Baus wurden die Arbeiten mit aller möglichen Beschleunigung fortgesetzt. Aber auch Chalgrin starb bald nachher, im Jan. 1811; ihm folgte Goust, der den Bau im Einklange mit dem Plane seines Vorgängers bis 1814 fortsetzte, zu welcher Zeit er bis zur Auflegung der Bogenwölbung gediehen war, als der Sturz Napoleon's den Arbeiten auf lange Zeit ein plötzliches Ende machte.

Nach einer Pause von neun Jahren wurde im J. 1823 beschlossen, das Werk von neuem zu beginnen, aber in ein Denkmal des Feldzugs des Herzogs von Angoulême in Spanien zu verwandeln; unter den demgemäß vorgeschlagenen Änderungen wurde es für angemessen gehalten, die Fußgestelle auf jeder Seite des Portals zu verrücken. Goust und Huyot reichten deshalb Pläne ein; der des Letztern wurde von dem aus den Herren Tournon, Hericart de Thury, Quatremère de Quincy und Percier bestehenden Comité angenommen, später jedoch beseitigt, und Goust erhielt Befehl, nach Chalgrin's Plane fortzufahren. Im Jahre 1825 wurde er von Huyot verdrängt; dieser hatte das Gebäude bis zur Attika emporgebracht, die er mit 30 Statuen auf hohen Fußgestellen, verbunden durch eine offene Balustrade, zu schmücken gedacht, als die politischen Ereignisse von 1830 den Bau abermals unterbrachen. Später gab Ludwig Philipp Befehl, den Bau des Denkmals fortzusetzen und auf demselben aller in den Jahren 1792—1815 vollbrachten Großthaten der französischen Armeen Erwähnung zu thun. Huyot wurde entlassen und sein Nachfolger Blouet brachte endlich den Bau zu Ende, ohne daß die Idee Chalgrin's, nach welcher eine Figur der Siegesgöttin in einem von sechs Pferden gezogenen Wagen das ganze Denkmal überragen sollte, zur Ausführung gekommen wäre. Am 29. Juli 1836 fand die feierliche Enthüllung des Denkmals statt. Die Dimensionen desselben sind folgende: ganze Höhe 152, Breite 138, Tiefe oder Länge 68 pariser Fuß; der große mittlere Bogen ist 90 Fuß hoch, 45 Fuß breit, jeder der kleinen oder Seitenbogen 57 Fuß hoch, 26 Fuß breit. Die Gesammtausgaben für den Bau haben nach officiellen Angaben von 1806 bis zum December 1836 10,691,099 Francs betragen; zieht man davon 876,246 Francs wegen der durch politische Ursachen veranlaßten Änderungen und 511,345 Francs für die interimistische Vollendung bei Gelegenheit der Vermählung Napoleon's ab, so bleiben noch 9,303,508 Francs ($2\frac{1}{2}$ Mill. Thaler) übrig, welche das Denkmal, so wie es jetzt ist, gekostet hat; davon sind ungefähr vier Millionen unter Napoleon, drei Millionen unter den Bourbons, drei Millionen unter Ludwig Philipp aufgewendet worden. Abgesehen von der imposanten Größe des Triumphbogens sind die Reliefs und übrigen Sculpturen das Merkwürdigste an demselben, eine Aufzählung der Gegenstände derselben würde aber für den Leser kein Interesse haben.

Das Pfennig-Magazin
für Verbreitung gemeinnütziger Kenntnisse.

358.] Erscheint jeden Sonnabend. [Februar 8, **1840.**

Kosciuszko.

Thaddäus Kosciuszko, einer der edelsten Menschen nicht der polnischen Nation allein, sondern aller Nationen, wurde im October 1746 zu Siechnowicze in der lithauischen Woiwodschaft Brzesc auf einem kleinen, anmuthig gelegenen Landgute am linken Ufer des Bug (57 Stunden östlich von Warschau) geboren, wo sein Vater, Kasimir Kosciuszko, ein schlichter Landedelmann, der die polnischen Kriegsdienste als Major verlassen hatte, in der Zurückgezogenheit von dem Ertrage seines kleinen Besitzthums lebte. Schon als Knabe zeichnete er sich durch Wißbegierde aus; außer Geometrie und Algebra, in denen ihn ein alter Oheim unterwies, zogen ihn vor Allem Plutarch's Lebensbeschreibungen berühmter Männer an, aus denen er Auszüge in polnischer und französischer Sprache machte, um sich in beiden zu üben. Fürst Adam Czartoryiski, der den von ihm hochgeschätzten alten Kosciuszko, seinen frühern Waffengefährten, zuweilen besuchte, wurde bald auf den lebhaften, talentvollen Knaben aufmerksam; durch seine Verwendung gelang es dem Vater, der zu mittellos war, um seine Kinder (außer Thaddäus hatte er noch eine Tochter) durch Hauslehrer oder auf einer Schule unterrichten zu lassen, den jungen Thaddäus in das kurz zuvor errichtete Cadettenhaus in Warschau zu bringen, wo er sich nach kurzem Aufenthalte durch unermüdlichen Eifer und Fleiß in allen Zweigen des Wissens, besonders aber in der Mathematik und Geschichte, vor allen Mitschülern hervorthat. Ihn traf die Auszeichnung, nicht nur nebst 11 andern Jünglingen zu der Preisconcurrenz um ein Reisestipendium, das jährlich den vier ausgezeichnetsten Zöglingen des Cadettenhauses verliehen wurde, zugelassen zu werden, sondern es wirklich zu erhalten. Er reiste daher nach Frankreich, setzte hier seine Studien einige Jahre lang in der

Militairakademie zu Versailles fort, reiste dann nach Brest, um den Festungsbau und die Belagerungswissenschaft zu erlernen, und kehrte hierauf in sein Vaterland zurück, wo ihn der König Stanislaus August, über seine Fortschritte erfreut, sogleich mit einer Compagnie beschenkte. Kosciuszko's lebhafter Wunsch war nun, die erworbenen Kenntnisse baldigst praktisch in Ausübung zu bringen, was indessen der allgemeine Friede damals nicht zuließ; schon wenige Jahre nachher aber wurde eine unglückliche Liebe Veranlassung, daß er den polnischen Kriegsdienst und sein Vaterland selbst verließ. Im Jahre 1777 stand er in Lithauen und war mit dem Obersten seines Regiments in das Schloß des Marschalls von Lithauen, Graf Sosnowski, einquartirt, eines mächtigen Mannes von altem Adel, dessen Tochter Luise Kosciuszko schon früher in Warschau kennen und lieben gelernt hatte. Gegenliebe beglückte ihn, aber die stolzen Ältern untersagten ihm, als die Liebenden sich ihnen entdeckt hatten, jede fernere Annäherung. Da wagte Kosciuszko einen Entführungsversuch, der aber durch abgeschickte Diener des Marschalls vereitelt wurde; in dem bei dieser Gelegenheit entstandenen blutigen Gefechte wurde er schwer verwundet und sank in Ohnmacht, während seine Geliebte in das Schloß zurückgebracht wurde. Als er sich erholt, ging er in das nächste Dorf, wo sein noch jetzt lebender Freund Julian Niemcewicz im Quartiere lag, ein seiner Geliebten entfallenes weißes Tuch mit sich nehmend, das er in allen Schlachten bei sich trug und von dem nur der Tod ihn trennen konnte; von hier sandte er nach Warschau ein dringendes Gesuch um Entlassung, und sobald dieselbe eingetroffen, verließ er Polen, in der Absicht, sich nach Amerika zu begeben. Die schöne Marschallstochter war und blieb seine einzige Liebe, und auch sie, nachmals an einen der angesehensten Polen, den Fürsten Joseph Lubomirski, vermählt, bewahrte dem Jugendgeliebten, der noch in seinen letzten Lebensjahren an sie schrieb, bis zum Tode die Gesinnungen der reinsten Liebe und Freundschaft.

Mit geringer Baarschaft, fast ohne weiteres Gepäck als seinen Degen und zwei Röcke, reiste nun Kosciuszko über Krakau und Dresden nach Frankreich, wo bereits die Unabhängigkeit der Vereinigten Staaten von Nordamerika anerkannt worden war und der Befreiungskrieg der Amerikaner das lebhafteste Interesse erregte. Nach dem Abschlusse eines Tractats zwischen beiden Mächten am 6. Februar 1778 begann die Ausrüstung einer Flotte, welche den Amerikanern Beistand leisten sollte. Unter den zahlreichen Freiwilligen, welche dem Kriegshafen von Toulon zueilten, um auf der Flotte Dienste zu nehmen, befand sich auch Kosciuszko, der von dem Admiral Grafen d'Estaing sogleich in die Reihe der Offiziere aufgenommen wurde und am 5. Juli 1778 mit dem aus 12 Linienschiffen und 3 Fregatten bestehenden Geschwader nach glücklicher Überfahrt in Amerika an der Mündung des Delaware ankam. Schleunigst räumten nun die Engländer Philadelphia; Washington sandte ihnen ein vom General Wayne und dem Marquis von Lafayette befehligtes Detaschement nach, bei welchem sich auch Kosciuszko als Hauptmann einer Compagnie Freiwilliger befand, und namentlich am 30. September, wenige Wochen nach seiner Ankunft in Amerika, glänzende Beweise seines Muthes gab. Lafayette wurde an diesem Tage so aufmerksam auf ihn, daß er ihn noch in später Nacht in seinem Standquartiere besuchte und einen innigen Freundschaftsbund mit ihm schloß. Nachmals zeichnete er sich besonders bei der Besetzung von Rhode-Island und bei der Belagerung von Neuyork aus, bei welcher er eine Batterie stürmte; nachdem die Engländer am 29. Sept. 1780 capitulirt und die Stadt geräumt hatten, ergriff Washington, als er eben allen Offizieren seiner Armee mündlich für die bewiesene Tapferkeit dankte, Kosciuszko's Hand, zollte ihm die größten Lobsprüche und ernannte ihn, der vorher nur Hauptmann gewesen war, zum Oberstlieutenant und zu seinem Adjutanten. Gewiß die schönste Stellung für Kosciuszko, der von Washington auch später stets als Freund behandelt wurde und sich ununterbrochen seines unbegrenzten Vertrauens zu erfreuen hatte. Niemand konnte desselben würdiger sein als Kosciuszko, der sich nicht nur durch außerordentliche Tapferkeit im Kampfe, sowie durch Klugheit und Umsicht, sondern bei zahlreichen Anlässen, insbesondere bei der Eroberung der Stadt Ninety-Six, durch seine Menschlichkeit und Milde auszeichnete, daher auch von seinen Untergebenen fast angebetet wurde und sich die Liebe und Hochachtung des ganzen amerikanischen Volkes erwarb. Als der achtjährige Kampf zwischen Amerika und England durch den pariser Tractat vom 20. Januar 1783, in welchem Großbritannien die Unabhängigkeit der 13 Colonien anerkannte, beendigt worden war, sah Kosciuszko das ihm vorschwebende Ideal erreicht und gehörte nun wieder seinem Vaterlande an; ihm beschloß er seine ganze Kraft fernerhin zu weihen, und nahm daher seinen Abschied, bei welcher Gelegenheit ihn die Nation, der er fünf Jahre rastlos gedient hatte, mit dem Cincinnatusorden, den außer ihm und Lafayette kein anderer Europäer erhielt, der Ernennung zum Brigadegeneral, dem Bürgerrechte, einer ansehnlichen Pension und einem Landgute, dessen Einkünfte er in jedem beliebigen Orte verzehren konnte, beschenkte. Am 4. December 1783 nahm Washington zu Neuyork bei einem Gastmahle, das er den Offizieren der amerikanischen Armee gab, von seinen Kampfgenossen Abschied und zog sich auf sein Landgut Mount-Vernon in die Stille des Landlebens zurück; an demselben Tage schiffte sich auch Kosciuszko auf einem französischen Kauffahrteischiffe nach Europa ein und landete nach 72tägiger Fahrt in Havre de Grace, von wo er sich sogleich zu Lande nach Polen begab. Hier empfingen ihn seine Landsleute mit freudigem Enthusiasmus und der König selbst gab ihm seine Zufriedenheit in einem Schreiben zu erkennen.

Die nächsten Jahre verlebte Kosciuszko, der wieder in die Reihen der polnischen Krieger eingetreten war, in stiller Zurückgezogenheit, tief bekümmert über die Lage seines Vaterlandes, das von Parteien zerrissen und schon damals mit dem gänzlichen Verluste seiner Unabhängigkeit bedroht war. Für die neue Verfassung vom 3. Mai 1791, welche mit Beistimmung des Königs, der Reichsversammlung und aller wahren Vaterlandsfreunde eingeführt wurde, erklärte er sich laut und entschieden; bald darauf wurde er von dem Könige zum Generallieutenant der Armee ernannt und hatte in dem Feldzuge gegen die Russen, welche, 100,000 Mann stark, zur Unterstützung der jener Constitution feindlichen, von engherzigen Aristokraten gebildeten Conföderation von Targowicze in Polen eingefallen waren, Gelegenheit, sich neue Lorbern zu erkämpfen und den Dank seiner Landsleute zu erwerben. Am 18. Juni 1792 erfocht er über eine russische Truppenabtheilung einen glänzenden Sieg; noch ruhmvoller aber, obschon nicht siegreich, war das Gefecht bei Dubienka am 17. Juli 1792, das den glänzendsten Thaten der Griechen und Römer an die Seite zu stellen ist. In einem nur wenig verschanzten Lager mit 4000 Mann und acht Kanonen stehend wurde er von dem russischen General Kochowski mit 18,000 Mann und 40 Kanonen angegriffen, nöthigte dreimal die russische Infanterie, sich zurückzuziehen, und räumte seine auch von einer andern Seite bedrohte Stellung erst dann, als er den Russen einen Verlust von 4000 Mann beigebracht hatte, während der der Polen nur 900 Mann betrug. Als aber der schwache König mit der Kaiserin Katharina einen Waffenstillstand abschloß und nach ihrem Verlangen der targowitzer Conföderation beitrat, wanderte Kosciuszko mit 16 jungen Männern aus den angesehensten Familien aus und begab sich nach Leipzig, wo er ein Jahr zubrachte und von der französischen Nationalversammlung das Diplom eines französischen Bürgers erhielt. Von Leipzig aus bereitete er einen Aufstand in Polen vor, schickte deshalb seinen Freund Zajonczek nach Warschau, begab sich aber selbst durch Deutschland in tiefster Stille nach Italien, um den bereits erregten Argwohn zu ersticken.

Nachdem die zweite Theilung Polens im April 1793 von dem Reichstage zu Grodno angenommen und vollzogen, mit Rußland ein erzwungener Schutz- und Unionsvertrag abgeschlossen worden und Polens Unabhängigkeit zu einem Schattenbilde herabgesunken war, brachte Madalinski die herrschende Gährung zum Ausbruche; aber allgemein wurde der Aufstand erst dann, als Kosciuszko, das Haupt der Verschwörung, am 23. März 1794 in Krakau, der alten Hauptstadt von Polen, angekommen war. Seine Ankunft erregte einen unbeschreiblichen Enthusiasmus; der Senat erklärte ihn sogleich zum Oberbefehlshaber (Naczelnik) der gesammten polnischen Armee und durch eine Acte der Bürger und Einwohner von Krakau, am 24. März unterzeichnet, wurde ihm unumschränkte dictatorische Gewalt übertragen. An demselben Tage erließ er einen Aufruf an die polnische Nation, der die größte Wirkung hervorbrachte; denn von allen Seiten strömten nun Freiwillige und Geldbeiträge nach Krakau, und selbst die Frauen nahmen an der Ausrüstung des Heers den thätigsten Antheil. Sobald Kosciuszko eine hinreichende Streitmacht beisammen zu haben glaubte, trat er mit dem größten Theile derselben den Marsch nach Warschau an, traf aber schon bei Raclawice, vier Meilen von Krakau, auf ein 6000 Mann starkes russisches Corps; er schlug es am 4. April 1794, kehrte aber darauf nach Krakau zurück und ließ die auch von Schlesien und Galizien her durch die Preußen und Östreicher bedrohte Stadt in Vertheidigungsstand setzen. Auch in Warschau, das von mehren Tausend Russen unter Anführung des Barons Igelström, der zugleich bevollmächtigter Minister der Kaiserin war, besetzt und dessen Bevölkerung durch das anmaßende Benehmen dieses Generals aufs Äußerste gebracht war, brach am 17. April 1794 der Aufstand gegen die Fremden aus und nach furchtbarem Blutbade räumten die Russen, nur noch etwa 900 Mann stark, die Stadt, die bald darauf ihren Beitritt zur krakauer Conföderation erklärte. Kosciuszko, dessen Macht auf 36,000 Mann gewachsen war, rückte nun abermals vor, zog mit seiner Armee den anrückenden Preußen entgegen, warf unterwegs ein russisches Corps zurück und nahm bei Scelze auf den Hügeln von Sczekociny Position. Hier griff ihn am 8. Juni eine weit überlegene vereinigte russisch-preußische Armee an und erfocht ungeachtet der tapfern Gegenwehr der Polen und der heldenmüthigen Anstrengungen ihres Anführers, dem zwei Pferde unter dem Leibe getödtet wurden, einen Sieg, der für beide Theile sehr blutig war, worauf Kosciuszko seinen Marsch nach Radom richtete, um sich in die Verschanzungen der Hauptstadt zu werfen. In seinem Rücken fiel Krakau durch Verrath in die Hände des Feindes; dies rief in Warschau heftige Erbitterung gegen alle wahren oder vermeintlichen Verräther hervor, die am 28. Juni blutige Scenen zur Folge hatte. Hierauf erließ Kosciuszko aus dem Lager zu Golkow am 29. Juni eine Proclamation, in der er jene Vorfälle auf das entschiedenste misbilligte, und stand am 10. Juli, ungeachtet aller Versuche der feindlichen Truppen, ihn von Warschau zu trennen, vor den Thoren dieser Stadt, wo er mit dem lautesten Enthusiasmus empfangen wurde.

(Der Beschluß folgt in Nr. 359.)

Das griechische Theater.

Nach den Dichtungen Homer's, der Iliade und der Odyssee, sind die werthvollsten Überreste der griechischen Dichtkunst die Werke der dramatischen Dichter Griechenlands oder vielmehr Athens. Fast nie zeigte ein anderes Volk so viel leidenschaftliche Vorliebe für dramatische Vorstellungen als die Athener zur Zeit der größten Blüte ihres Staats und ihrer Literatur. An Mannichfaltigkeit und in vielen andern Hinsichten stand freilich das griechische Drama dem unserigen weit nach, war aber dafür frei von vielen Flecken und Auswüchsen, die das letztere entstellen. Von den zahllosen Schätzen der attischen Bühne besitzen wir nur noch vollständige Dichtungen dreier Trauerspieldichter, Äschylus, Sophokles und Euripides, und eines Lustspieldichters, Aristophanes; glücklicherweise sind aber gerade diese vier nach dem einstimmigen Zeugnisse des Alterthums die größten Meister ihrer Kunst gewesen, und unter den verhältnißmäßig wenigen noch vorhandenen Werken derselben (von Äschylus sind 7, von Sophokles gleichfalls 7, von Euripides 19, von Aristophanes 11 Stücke auf uns gekommen) finden sich einige ihrer berühmtesten Meisterwerke.

Das Drama hatte in Griechenland, wie im neuern Europa, einen religiösen Ursprung. Musik, Gesang und Tanz begleiteten die ländlichen Feste, welche in geeigneten Jahreszeiten zu Ehren verschiedener Gottheiten gefeiert wurden, besonders bei jenen freudigen Veranlassungen, wo die durch die Früchte der Erde sich kund gebende Güte der Götter zum Dank aufforderte. Natürlich mußten die Feste des Bacchus, des Beschützers der Weinpflanzungen und des Gottes und Erfinders des Weins, vorzugsweise fröhlich sein; ihm wurden Opfer dargebracht, bei welchen außer heitern, oft ausgelassenen Hymnen auch ernsthafte, lyrische und heroische Gesänge von Chören oder Sängerbanden gesungen wurden; weil nun entweder dem Bacchus vorzugsweise ein Bock als ein dem Weinstocke schädliches Thier geopfert, oder der beste Sänger mit einem Bock beschenkt wurde, so entstand daher auch der griechische Name des Trauerspiels „Tragödie", welcher nach der gewöhnlichen Ableitung ursprünglich einen Bocksgesang bezeichnet. Die Erfindung der Tragödie schreibt man dem Athenienser Thespis zu, der zu den Zeiten des Solon in der ersten Hälfte des 6. Jahrhunderts v. Chr. lebte und den Chören der Bacchusfeste einen Zwischensprecher beifügte, der von einem erhöhten Standpunkte (gewöhnlich einem Wagen oder Karren) herab Erzählungen aus der Mythologie recitirte, aber mit dem Chore in keiner Verbindung stand. Es lag sehr nahe, einen Schritt weiter zu gehen und den Chor durch eingeflochtene Bemerkungen seine Theilnahme an Dem, was recitirt wurde, an den Tag legen zu lassen; dies legte den Keim zum Dialog. Phrynichus, der Pflegesohn des Thespis, vervollkommnete diese Darstellungen, verkürzte die Rolle des Chors und brachte mehre Charaktere auf die Bühne, wiewol noch immer nur eine Person auf einmal auf derselben erschien. Erst Äschylus, der zuerst im J. 499 v. Chr. auftrat, führte den Dialog ein, kürzte die Chorgesänge noch mehr ab und legte den Grundstein zu dem griechischen Drama; Sophokles brachte einen dritten Sprecher auf die Bühne und vollendete das von seinem Vorgänger begonnene Gebäude. Die allgemeinen charakteristischen Züge des griechischen Trauerspiels lassen sich in folgenden Worten zusammenfassen. Die Zahl der sprechenden Personen betrug nicht über drei, die meistens längere Reden, seltener kurze Wechselreden sprachen. Die Handlung war einfach, das heißt, das Interesse an der Haupthandlung wurde durch keine Nebenhandlung getheilt; die Zeit, welche ein Stück umfaßte, war kurz und ging nicht über einen Tag hinaus; der Schauplatz der Handlung blieb im Verlauf eines Stücks ungeändert. Dies sind die drei sogenannten Aristotelischen Einheiten der Handlung, der Zeit und des Orts, an denen die dramatischen Dichter Frankreichs so lange mit pedantischer Strenge festgehalten haben. Eine besondere Eigenthümlichkeit des griechischen Dramas war der Chor, der gewissermaßen den Vermittler zwischen den Schauspielern und den Zuschauern abgab, an der Handlung wenig Theil nahm und sich mit Betrachtungen über Das, was vorging, begnügte; er erschien nicht wie die Schauspieler auf der Bühne, sondern blieb im Orchester.

Äschylus erlebte noch den Bau eines würdigen Schauspielhauses in Athen. Hier begnügte man sich noch 500 v. Chr., während außer Griechenland in den griechischen Colonien in Etrurien, Unteritalien und Sicilien bereits steinerne Theater existirten, mit einem hölzernen Schauspielhause; als dieses aber einmal in Folge seiner Überfüllung eingestürzt war, begann man unter der Oberaufsicht des Themistokles, bald nach dem Rückzuge der Perser, den Bau eines steinernen Theaters, des ersten in Griechenland. Die Einrichtung dieses und aller später erbauten war im Wesentlichen folgende. Die Form war in der Regel halbkreisförmig, nur bei Amphitheatern elliptisch; die Sitzreihen für die Zuschauer bildeten concentrische Kreisbogen und erhoben sich von der Mitte an aufsteigend treppenförmig eine über der andern; durch breite Absätze wurden sie in zwei oder mehre ringförmige, durch Treppen, die von unten in die Höhe führten, in kegelförmige Abtheilungen getheilt; jene hießen Diazomen, diese Kerkiden. Um diese Sitzreihen bequemer anbringen zu können, wurden die Schauspielhäuser fast immer an dem Rande eines Hügels gebaut, an den sie sich anlehnen konnten. Innerhalb der untersten Sitzreihe, zwischen dieser und der Bühne und etwa 12 Fuß unter jener, also da, wo sich in unsern Theatern das Parterre befindet, war das Orchester (zu deutsch Tanzplatz), ein ebener Platz, der für den Chor bestimmt war; dieser hielt sich aber nur in dem an die Bühne stoßenden Theile auf, der übrige Theil blieb völlig leer. In der Mitte des Orchesters befand sich in gleicher Höhe mit der Bühne eine viereckige Plattform, Thymele genannt, auf welcher, während der Chor nichts zu thun hatte, der Chorführer stand, um mit den Personen auf der Bühne zu communiciren; auf den sie umgebenden Stufen stand der übrige Chor. Die Bühne selbst befand sich mit der untersten Sitzreihe in gleicher Höhe und war sehr breit, aber von geringer Tiefe; bei einem Theater, dessen Ruinen noch vorhanden sind, beträgt die Breite der Bühne 250 Fuß oder fünfmal so viel, als bei dem Theater von San-Carlo in Neapel, einem der größern des neuern Europa. Nach oben waren die Theater offen; die Vorstellungen fanden bei Tageslicht statt. Kam ein Unwetter, so wurde die Vorstellung unterbrochen; diesen Übelstand ertrugen die Griechen lieber, als daß sie sich in ein enges, dumpfiges Haus eingeschlossen hatten; die Bühne selbst zu verschließen und Götter und Heroen gleichsam einzukerkern, wäre ihnen noch unpassender und ungereimter vorgekommen. An Maschinerie fehlte es in den griechischen Theatern nicht; dahin gehörte die eigentlich sogenannte Maschine, um die in der Luft schwebenden Götter und Helden darzustellen; das Theologeion zur Darstellung der Götter im Olymp; der Krahn zur schnellen Entfernung einer Person von der Bühne; herabhängende Stricke, Hebemaschinen unter der Bühne u. s. w. Die Größe der Theater war zum Theil ungeheuer; das Theater in Athen soll nach den Berechnungen Einiger 30,000 Menschen gefaßt haben, stand aber andern noch weit nach. Die prachtvollsten Schauspielhäuser Griechenlands sollen die zu Korinth, Sparta, Epidaurus und

Ansicht des großen Theaters in Pompeji.

Megalopolis gewesen sein, doch ist von ihnen, sowie von allen andern Theatern Griechenlands so gut als nichts mehr erhalten, aber aus den in neuern Zeiten wiederentdeckten Theatern zu Herculanum und Pompeji, welche Städte Unteritaliens, sowie dieser ganze Theil der apenninischen Halbinsel nach Sprache und Sitte der Bewohner ehemals zu Griechenland gerechnet werden mußten, läßt sich die Einrichtung der griechischen Theater erkennen.

Die Entfernung der Firsterne.
(Beschluß aus Nr. 357.)

Drei Classen von Firsternen sind es, welche Hoffnung einer merklichen Parallaxe geben: erstens die hellern Sterne, also diejenigen erster und zweiter Größe, zweitens die Doppelsterne, insbesondere die optischen oder scheinbaren, drittens diejenigen Sterne, deren eigene Bewegung am größten ist und mehr als eine Secunde jährlich beträgt, was nach den bisher angestellten Beobachtungen bei 18 Sternen der Fall ist, worunter sich von Sternen erster Größe Sirius, Procyon und Arctur befinden. Es ist nämlich einleuchtend, daß die eigene Bewegung eines Sterns im Weltraume uns desto größer und schneller erscheinen muß, je näher der Stern uns ist, und wiewol man nicht mit Sicherheit umgekehrt schließen kann, daß ein Stern uns desto näher sein muß, je schneller seine scheinbare eigene Bewegung ist, so kann man doch in Ermangelung anderer Zeichen von dieser Vermuthung ausgehen; die meiste Hoffnung aber, eine merkliche Parallaxe wahrnehmen zu lassen, gewähren offenbar diejenigen Sterne, bei denen mehre der angegebenen Merkmale vereinigt sind, und dahin gehört vornehmlich der Stern Nr. 61 im Schwan. Dieser Stern ist nämlich ein Doppelstern, wiewol kein scheinbarer, sondern ein wirklicher, da die beiden ihn bildenden Sterne von der sechsten Größe eine langsame Bewegung umeinander oder vielmehr um ihren gemeinschaftlichen Schwerpunkt haben (zur Vollendung eines Umlaufs brauchen sie ungefähr 500 Jahre), und ist vor allen Dingen deshalb merkwürdig, da er von allen bekannten Sternen die größte eigene Bewegung hat, welche seit 1690 erwiesenermaßen jährlich mehr als fünf Secunden, also schon in etwa 360 Jahren eine dem Durchmesser des Mondes gleiche Länge beträgt, sodaß er hiernach zu schließen einer der nächsten Firsterne zu sein scheint. Vor allen Sternen scheint also dieser Aussicht auf erfolgreiche Aufsuchung seiner Parallaxe zu gewähren.

Dieser Ansicht gemäß haben die französischen Astronomen Arago und Mathieu im J. 1812 die Entfernungen des gedachten Sterns vom Scheitelpunkte bestimmt und glauben eine jährliche Parallaxe von etwa einer halben Secunde gefunden zu haben, woraus sich eine Entfernung von wenigstens acht Billionen Meilen ergeben würde. Weit mehr Genauigkeit besitzen aber unstreitig diejenigen Beobachtungen, welche der berühmte Bessel, Professor an der Universität zu Königsberg und Director der dasigen Sternwarte, an demselben Sterne vom 16. August 1837 bis zum 2. October 1838 angestellt und deren Resultate er jetzt bekannt gemacht hat; die Aufgabe, die Parallaxe eines Firsterns und daraus seine Entfernung zu finden, muß als durch ihn zuerst wirklich gelöst angesehen werden. Die Methode, deren sich Bessel hierbei bediente, wich von den bisher angewandten wesentlich ab und bestand im Allgemeinen in Folgendem: Er beobachtete den Abstand zweier dem genannten Doppelsterne sehr nahe stehenden kleinen Sterne neunter bis zehnter Größe, von denen der eine nur $7^{1}/_{3}$, der andere nur $11^{3}/_{4}$ Minuten von jenem entfernt ist (wir wollen der Kürze halber den ersten mit a, den zweiten mit b bezeichnen), von der Mitte des Doppelsterns und berechnete aus der Veränderung dieses Abstandes, natürlich mit gehöriger Rücksicht auf die eigene Bewegung und die Aberration des Lichts, die Parallaxe des Doppelsterns oder vielmehr den Unterschied zwischen seiner und den Parallaxen der beiden andern Sterne. Das hierbei angewandte Instrument war ein vortreffliches, zu den feinsten Winkelmessungen geeignetes Heliometer von Fraunhofer, welches an Güte von keinem ähnlichen Instrumente erreicht wird. Für die Mehrzahl unserer Leser dürfte hier eine kurze Erklärung dieses weniger bekannten Instruments nicht überflüssig sein. Ein Heliometer (zu deutsch Sonnenmesser, so genannt, weil man Instrumente dieser Art ursprünglich brauchte, um den Durchmesser der Sonne zu messen) ist ein Fernrohr, dessen Objectivglas in zwei Hälften zerschnitten ist, von denen jede in einem messingenen Schieber befestigt ist und durch sehr fein gearbeitete Schrauben verschoben werden kann; beide zusammen können um die Axe des Fernrohrs gedreht werden, sodaß die Durchschnittslinie in jede beliebige Richtung gebracht werden kann. In der gewöhnlichen Lage des Glases, wo die Mittelpunkte beider Hälften zusammenfallen, fallen auch die von beiden Objectivhälften gebildeten Bilder eines und desselben Sterns zusammen und bilden ein einziges; verschiebt man aber die eine Hälfte, so rücken auch die beiden Bilder auseinander. Will man nun die Entfernung zweier nahen Sterne finden, so richtet man das Fernrohr auf dieselben, sodaß beide im Gesichtsfelde erscheinen, und gibt dem Objectivglase eine solche Lage, daß die Durchschnittslinie desselben durch beide Sterne geht; hierauf verschiebt man die eine Hälfte des Glases so weit, bis die Bilder beider Sterne in den beiden verschiedenen Glashälften zusammenfallen; ein an der Seite befindlicher Zeiger gibt dann an, wie viele Schraubenumdrehungen und Theile einer Umdrehung hierzu erforderlich gewesen sind, und hieraus läßt sich die Entfernung beider Sterne berechnen, wenn man den Werth einer einzigen Schraubenumdrehung kennt, d. h. weiß, wie viele Secunden die durch eine solche bewirkte Verschiebung des Mittelpunktes, also jedes Punktes des Glases, beträgt. Bei den Messungen Bessel's wurde das Bild, welches die eine Objectivhälfte von dem einen der gedachten einfachen Sterne a und b gab, in die Mitte der beiden hellern Sterne des Doppelsterns gebracht; Bessel glaubt, daß sich die Entfernung eines Sterns von der Mitte zweier Sterne eines Doppelsterns auf diese Weise genauer messen lasse als von jedem einzelnen Sterne.

Das Resultat der Beobachtungen Bessel's, bei welchen 85 Vergleichungen des Doppelsterns mit dem nähern, 98 mit dem entferntern der beiden einzelnen Sterne vorgenommen wurden und jede derselben aus mehren, gewöhnlich 16, in jeder Nacht gemachten Messungen abgeleitet wurde, ist folgendes: Der Unterschied der Parallaxen zwischen dem Doppelsterne und dem Sterne a ergibt sich zu $^{37}/_{100}$, zwischen dem Doppelsterne und dem Sterne b zu $^{26}/_{100}$ einer Stunde, woraus hervorzugehen scheint, daß der Stern b selbst eine merkliche Parallaxe besitzt; Bessel hält jedoch seine Beobachtungen, ihrer großen Feinheit ungeachtet, nicht für sicher genug, um daraus diesen Schluß ziehen zu können, sondern zieht, unter Voraussetzung, daß die jährliche Parallaxe beider Sterne a und b unmerklich ist, aus beiden Resultaten das Mittel und findet demnach die jährliche Parallaxe des

Sterns 61 im Schwan etwas größer als $^{31}/_{100}$ einer Secunde (genauer $^{3136}/_{10000}$ Secunde); der hierbei begangene Fehler ist wahrscheinlich nicht größer als $^2/_{100}$ einer Secunde. Aus der angegebenen Parallaxe, die noch kleiner als die von Arago und Mathieu gefundene ist, folgt, daß die Entfernung des in Rede stehenden Sterns von der Sonne 657,700 Halbmesser der Erdbahn oder über 13 Billionen Meilen beträgt, eine Entfernung, welche zu durchlaufen das Licht, ungeachtet seiner ungeheuern Geschwindigkeit, nicht weniger als zehn Jahre braucht. Nimmt man den Weg, den ein Dampfwagen in einem Tage durchlaufen kann, zu 200 Meilen an, so würde ein solcher zu dem Wege von der Sonne bis zum Firsterne nicht weniger als 200 Mill. Jahre brauchen! An diese Bestimmung der Entfernung knüpfen sich nun noch mehre andere, den Stern, von dem die Rede ist, betreffende Bestimmungen. Dieser Stern hat, wie bereits erwähnt, eine fortschreitende Bewegung am Himmel, welche jährlich mehr als fünf Secunden beträgt. Ob diese Bewegung dem Sterne allein oder der Sonne allein, oder beiden zugleich zuzuschreiben ist, wissen wir nicht, wiewol wir das Letztere vermuthen können; ebenso wenig ist bekannt, in welcher Richtung die Bewegung stattfindet. Je nachdem aber die nach dem Sterne gehende Gesichtslinie mit der Richtung der Bewegung einen größern oder kleinern Winkel bildet, ist der Weg, der uns unter einem Gesichtswinkel von fünf Secunden erscheint, größer oder kleiner; nehmen wir an, daß jener Winkel ein rechter ist, so ist der gedachte Weg kleiner als bei jedem andern Winkel, mithin die kleinste wirkliche Bewegung, durch welche die von uns wahrgenommene Bewegung erklärt werden kann. Eine Linie, die uns unter einem Winkel von fünf Secunden erscheint und 657,700 Halbmesser der Erdbahn von uns entfernt ist, ist 16 Halbmesser der Erdbahn oder über 320 Mill. Meilen lang; so viel beträgt also wenigstens die relative jährliche Bewegung der Sonne und des Sterns oder eines von beiden Gestirnen allein, wenn wir das andere, was aber nicht wahrscheinlich ist, als ruhend ansehen; bewegen sich beide zugleich nach derselben Richtung, so ist der Weg, welchen der schnellere zurücklegt, noch weit größer. Bleiben wir aber nur bei dem angegebenen kleinsten Wege stehen, so ist dieser fast dreimal so groß, als der Weg, den die Erde jährlich um die Sonne zurücklegt. Man sieht hieraus, daß die Meinung von einer absoluten Ruhe der Sonne und der Firsterne gänzlich aufgegeben werden muß; sind die Bewegungen der letztern auch scheinbar langsam, so sind sie doch von der Art, daß sie in einer freilich unermeßlich langen Reihe von Jahren den ganzen Anblick des Sternhimmels verändern müssen.

Auch die Masse des erwähnten Doppelsterns läßt sich nun wenigstens annähernd bestimmen und mit der Masse der Sonne vergleichen. Sobald man nämlich die scheinbare Größe der Bahn eines Doppelsterns und seine Entfernung kennt, so kann man daraus die wirkliche Größe seiner Bahn, aus dieser aber und aus der Umlaufszeit die Masse des Sterns, d. h. die Summe der Massen der beiden einzelnen Sterne, berechnen. Zwar reichen die bis jetzt seit der Mitte des vorigen Jahrhunderts gemachten Beobachtungen noch nicht aus, um über die Bahn und Umlaufszeit des in Rede stehenden Doppelsterns hinreichenden Aufschluß zu geben; doch kann man daraus nach Bessel so viel schließen, daß die letztere nicht kürzer als $5^1/_2$ Jahrhunderte (nach Herschel dem Jüngern 452 Jahre) und der größte Halbmesser der Bahn nicht kleiner als 15 Secunden ist, woraus sich mit Wahrscheinlichkeit ergibt, daß die Masse des Doppelsterns nicht beträchtlich kleiner oder größer ist als die Hälfte der Masse unserer Sonne, die sonach im Vergleich zu den übrigen Himmelskörpern ihres Ranges sich weder durch Kleinheit noch durch Größe besonders auszuzeichnen scheint.

Die Ebene Metidscha.*)

Die Metidscha begreift den größten Theil des Territoriums der ehemaligen Provinz Algier oder desjenigen Landestheils in sich, über den die Verwaltung des Deys sich immer direct erstreckte, und für welchen kein Bey ernannt wurde. Die Länge dieser Ebene ist noch nicht genau ermittelt, wird aber auf 20-25 Lieues geschätzt. Ihre Breite ist wechselnd; gewöhnlich drei bis vier Stunden, in der Mitte über sechs. Sie hat die Form eines Halbmondes oder vielmehr Bogens; ihre äußersten Endpunkte im Osten und Westen berühren das Meer, während sie gegen ihre Mitte sich immer weiter von demselben entfernt. Den innern Raum des Bogens zwischen der Ebene und dem Meere füllt der sogenannte algierer Massif (Sahel) oder das Hügelland aus, welches im Norden längs der Meeresküste sich hinzieht und im Süden, mit der Entfernung der Metidscha vom Gestade, an Breite zunimmt. Im Süden, Osten und Westen ist diese große Ebene durch das Atlasgebirge begrenzt, welches, dieselbe Bildungsform befolgend, einen noch weitern Bogen beschreibt, dessen Endpunkte im Osten und Westen das Meer so nahe berühren, daß der flache Raum dort völlig verschwindet. Es ist, als wäre der alte Atlas eifersüchtig, die schöne, jugendlich grüne Metidscha von allen Seiten zu umarmen.

Die Stadt Algier ist durch ihr Hügelland (Sahel) von der Ebene geschieden und in gerader, südlicher Linie ungefähr sechs Stunden von letzterer entfernt. Das Lager und Dorf Buffarik, der Hauptwaffenplatz der Franzosen, liegt in dem Centrum der Metidscha und ist gleich weit vom Atlasgebirge (drei Stunden) wie vom Sahel entfernt. Von Buffarik aus hat man den schönsten Überblick über die grüne halbmondförmige Fläche. Die arabischen Duars, Hauschs und Dschemas,**) obwol sich ihre Zahl auf einige Hunderte beläuft, verschwinden fast in dem ungeheuern Raume und treten nur als einzelne kleine Pünktchen aus der kahlen Steppenlandschaft hervor. Die erste Empfindung des Europäers beim Anblicke der Metidscha ist das Gefühl der Leere. Man erstaunt über die sparsame Bevölkerung und rechnet nach, wie viele Weizenfelder in dem leeren Raume Platz hätten. Es liegen in dieser Ebene einige hunderttausend Hectaren uncultivirten Landes. Ihre arabischen Bewohner haben im ganzen Lande den Ruf der Arbeitscheue; sie bauen kaum so viel Getreide, als sie für ihre eigene Nahrung bedürfen, und fast ihr einziger Gewinn ist der Viehzucht, welche wegen des reichen Graswuchses ziemlich ergiebig ist.

Bei dem ersten flüchtigen Anblick scheint die Metidscha fast so flach wie der Meeresspiegel. Erst bei dem Annähern an die Gebirge bemerkt man deren allmäligen Abhang von Süden nach Norden, sodaß die

---

*) Da die öffentlichen Blätter jetzt so häufig die Ebene Metidscha im Gebiete von Algier erwähnen, in welche die Araber unter Abd-el-Kader im November eingefallen sind und wo sie unter den französischen Ansiedlungen die größten Verheerungen angerichtet haben, so dürfte dieser Aufsatz, den wir der „Allgemeinen Zeitung" entlehnen, vielen unserer Leser sehr willkommen sein.

**) Dschema ist ein Dorf von Häusern oder Hütten, Hausch ein Landgut oder Pachthof, Duar ein kleines Dorf von Zelten. Die Kabylendörfer in den Gebirgen heißen Daschkrahs.

Gebirgsgewässer zwar einen leichten Lauf bis an den algierer Massif haben, aber dort an dem Hügellande einen hohen Damm findend im Norden der Ebene große Moräste bilden. An den beiden Extremitäten der Metidscha, wo das Hügelland ganz in die Ebene verläuft, nehmen die Gewässer ihren Lauf ohne Hinderniß nach dem Meere, und die Flußbetten sind genau gezeichnet. Daher hält man auch die völlige Austrocknung dieses weiten Gefildes durch Kanalbauten, welche die kleinern herumirrenden Bäche im Osten nach dem Arasch, im Westen nach dem Massafran leiten würden, für möglich. Die Arbeiten zu diesem großen Unternehmen haben auch wirklich im Jahre 1834 begonnen; die Armee, die Militairsträflinge und gedungene Araber wurden dazu verwendet; viele Gräben durchschneiden bereits die Fläche, aber noch ist man aller irrenden Gewässer und daher auch der Miasmen nicht Meister geworden.

Die Metidscha war seit sieben Jahren immer das ersehnte Eden der Freunde der Colonisation. Wenn man diesen ihr langes Zaudern mit ihren projectirten Culturetablissements vorwarf, war ihre Antwort gewöhnlich, sie könnten nur in der Ebene cultiviren und wollten ihre Capitalien nicht an das undankbare Hügelland wagen, sondern warten, bis sie die Ebene besitzen würden. Die Gegner der Colonisation, an ihrer Spitze der General Berthezène, wollten immer den Werth und die Fruchtbarkeit der Metidscha bestreiten, und ihr Hauptargument war deren morastiger Zustand, welcher, nach ihrer Meinung, dort alle Projecte von blühenden Pflanzungen zunichte mache. Indessen waren die Hoffnungen der Anhänger der Colonisation und die Schlüsse ihrer Gegner wol gleich übertrieben. Man weiß, daß unter dem tyrannischen Drucke der Türkenherrschaft, die stets nur bemüht war, die unterworfenen Völker auszusaugen und nie um den Wohlstand und die Zukunft der eroberten Länder sich kümmerte, die gesegnetsten Gegenden der Erde bald in Wüsteneien sich verwandelten. Mit den Geisteskräften der Bevölkerung schlummern in der Regel auch die Schätze der Erde, und Barbaren bewohnen selten ein Paradies. Die Türken und Araber waren für die Metidscha, was die heutigen Spanier für die Ebenen Andalusiens gewesen sind. Zu den Zeiten, als die Mauren noch eine große civilisirte Nation bildeten, als dieses jetzt gesunkene Volk noch ein thatkräftiger Sinn, statt des heutigen dumpfen, leidenden Fanatismus beseelte, waren die unter dem Namen „Marismas von Sevilla" bekannten andalusischen Ebenen eine sehr fruchtbare und bevölkerte Gegend. Seitdem aber die Spanier die maurischen Kanalbauten vernachlässigt haben, ist das Wasser des Guadalquivir dort eingedrungen und das blühende Gefilde ein öder Morast geworden. Auch in der Metidscha trifft man Spuren von einstigen Kanalbauten, die wol das Werk der Römer gewesen sind, und die Sage von einer Zeit, wo die Metidscha angebaut und sehr bevölkert war, hat sich im Lande erhalten. Jetzt ist die nördliche niedere Hälfte der großen Ebene morastig, der südliche erhöhte Theil dagegen sehr fruchtbar, und die dortigen mit Bäumen umpflanzten Hauschs geben einen Begriff, welches hohen Grades der Blüte dieser Boden noch fähig wäre.

Sieben kleine Flüsse durchströmen die Metidscha: an dem östlichen Ende der Isser (die sogenannte „Ebene des Isser" ist nur die Fortsetzung der Metidscha), dann folgen immer weiter gegen Westen der Corso, Uad=el=Reghaia, Hamiß, Arasch, Ued=el=Kerma und der Massafran, welcher aus der Vereinigung der Flüsse Chiffa, Uad=Sidi=el=Kebir und Ued=el=Dschar entsteht. Fünf Hauptstämme bewohnen die Ebene und bilden dort ebenso viele Uthans oder Districte. Die Beni=Isser, welche unter Abd=el=Kader's Herrschaft stehen, wohnen im Osten, dann folgen die drei mit den Franzosen verbündeten Stämme: Khaschna, Beni=Mussa und Beni=Khalil; der fünfte Uthan, El=Sebt, der unter Abd=el=Kader's Herrschaft steht und von den Hadschuten und ihren Verbündeten bewohnt ist, beginnt jenseit der Chiffa oder des Massafran. Früher schätzte man die Bevölkerung der fünf Uthans auf 10,000 Familien, aber seitdem sind viele Familien der drei unter französischer Herrschaft stehenden Stämme nach dem Innern ausgewandert. Folgende Lager umsäumen die Grenze des französischen Theils der Metidscha von Osten nach Westen: Fonduk, ziemlich nahe an den Quellen der Hamiß, Kara=Mustapha, im Stammgebiete Khaschna, El=Arbah im Uthan Beni=Mussa, am Fuße des Gebirgs, wo früher ein großer Markt gehalten wurde, dann die beiden Lager bei Belida, endlich Ued=Halleg an der Chiffa, welches beim letzten Angriff der Araber bedroht war, und das Lager bei Koleah. Buffarik liegt in der Mitte und ist der Hauptwaffenplatz der Franzosen. Zwischen diesen verschiedenen befestigten Lagern liegen von Stunde zu Stunde noch eine Menge von Blockhäusern, deren jedes eine Besatzung von 24 Mann hat.

Der letzte Einfall der Araber hat bis zur Evidenz bewiesen, wie ganz fehlervoll und unnütz dieses Vertheidigungssystem gegen einen so beweglichen, so flinken Feind ist, der immer nur mit Cavalerieschwärmen angreift. Alle diese verschanzten Lager und Blockhäuser haben die Hadschuten und Isser nicht abgehalten, zwischen ihnen durchzudringen, die innerhalb der Vertheidigungslinie liegenden Pflanzungen niederzubrennen, Colonisten zu ermorden und ganze Detaschements unter den Kanonen der Lager niederzuhauen. Dabei blieb ihnen immer der Rückzug frei, und sie spotteten auf ihren windschnellen Rossen der schwerfälligen Infanteriemassen der Franzosen, welche sie nie ereilen können. Nach solchen Erfahrungen bleibt den Franzosen wol nichts mehr übrig, als ihre Feinde mit gleicher Waffe zu bekämpfen, viele, sehr viele Cavalerie nach Algier zu schicken, wie General Bro gerathen, dagegen das Schanzensystem aufzugeben. General Bugeaud hat mobile Colonnen vorgeschlagen und arabische Kriegführung anempfohlen, d. h. das Verbrennen der Ernten, das Wegnehmen oder Niedermetzeln der Heerden, die Zerstörung des Eigenthums. Es ist dies ein schreckliches Mittel, Barbaren einem civilisirten Volke zu unterwerfen, ein wahres Blut= und Feuersystem, aber es liegt darin wol die einzige Möglichkeit, die Araber und Berberei zu bezwingen. Wollen die Franzosen Algerien zu einem solchen Preise? Wo nicht, so bleibt ihnen schwerlich etwas Anderes übrig, als das ganze innere Land aufzugeben und dort Abd=el=Kader frei schalten zu lassen.

Cork.

Die Stadt Cork liegt am südöstlichen Ende Irlands, in der Provinz Munster, etwa 35 Meilen von Dublin entfernt, hat etwa 115,000 meist protestantische Einwohner und ist ein Hafenplatz und zugleich die Hauptstadt einer reichen und stark bevölkerten Grafschaft. Ihre Lage an der Mündung des Flusses Lee, der sie mit seinen beiden Armen umschlingt, ist zwar für den Handel sehr günstig, aber wegen der sumpfigen Beschaffenheit der Gegend sehr ungesund; daher sind auch die Bewohner den in sumpfigen und feuchten Gegenden vorkommenden Krankheiten sehr unterworfen.

Die irischen Chronisten setzen den Ursprung von Cork in sehr alte Zeiten, aber wahrscheinlich beginnt die Geschichte der Stadt mit den Dänen, welche sie mehrmals plünderten, im 9. Jahrhunderte besetzten und befestigten und häufiger Angriffe ungeachtet bis zum 11. Jahrhunderte behaupteten. Nach ihrer Vertreibung empörten sich die Einwohner mehrmals gegen die englische Herrschaft und nahmen gegen das Ende des 15. Jahrhunderts den bekannten Kronprätendenten Perkin Warbeck als rechtmäßigen Thronerben und Sohn Eduard's IV., der wahrscheinlich von Richard III. umgebracht worden war, auf; hierfür mußten sie aber schwer büßen. Heinrich VII. beraubte sie ihrer wenigen Privilegien und ihr Mayor wurde zugleich mit dem Prätendenten 1499 hingerichtet. Unter der Königin Elisabeth war Cork und die Umgegend der Schauplatz langer und blutiger Unruhen. Ihren Nachfolger, Jakob I., wollten sie anfangs nicht als König anerkennen, unterstützten aber den Enkel desselben, Jakob II., in seinem Versuche zur Wiedererlangung des Throns, weshalb der Herzog von Marlborough die Stadt belagerte und nach fünftägigem Widerstande eroberte. Seitdem hat Cork an Verkehr und Wohlstand fortwährend zugenommen und ist jetzt eine der reichsten und wichtigsten Städte in Irland, ja sie muß wol, wie in Betracht der Volkszahl, so auch in allen andern Hinsichten, als die zweite Stadt der Insel betrachtet werden.

Die Straßen der Stadt sind breit, aber nicht eben gut und regelmäßig gebaut; durch die neuen Quais ist sie jedoch wesentlich verschönert worden. Die ansehnlichsten öffentlichen Gebäude sind: die Börse, 1710 erbaut, ein schwerfälliges Gebäude mit toscanischen und dorischen Säulen, das Zollhaus, die Casernen, die Handelskammer und zwei Clubhäuser. Von Wohlthätigkeitsanstalten sind zu erwähnen: das Industriehaus, welches 700 Menschen beschäftigt; das Hospital für Fieberkranke; das Findelhaus, das Irrenhaus u. s. w.

Seine Blüte verdankt Cork seinem trefflichen Hafen, der vermöge seiner Ausdehnung und Tiefe die größten Schiffe in fast unbeschränkter Anzahl zu fassen vermag. Übrigens ist die Stadt selbst 3½ Meilen vom Meere und 2 Meilen von ihrem Hafen (Cove genannt) entfernt, der durch die Mündung des Flusses Lee ins Meer gebildet und dessen Eingang durch zwei Forts vertheidigt wird. Die Umgegend des Hafens und die Aussicht von der über demselben gelegenen Höhe ist überaus malerisch und reizend; außer dem einen See gleichenden Hafen, der mit zahlreichen vor Anker liegenden Handels= und Kriegsschiffen bedeckt ist und in allen Richtungen von Lustjachten durchkreuzt wird, erblickt man mehre kleine Inseln und die Ufer der großen, mit Lusthäusern besäeten Insel, welche den Hafen gegen Norden begrenzt.

Der Verfasser der Briefe eines Verstorbenen (bekanntlich der Fürst von Pückler=Muskau) spricht sich über die Lage von Cork folgendermaßen aus: „Ein Theil der ungefähr eine Viertelstunde breiten Bucht bildet für Cork von der Meerseite eine der schönsten Einfahrten von der Welt. Beide Ufer bestehen aus sehr hohen Hügeln, die mit Palästen, Villen, Landhäusern, Parks und Gärten bedeckt sind. Auf jeder Seite bilden sie, in ungleicher Höhe sich erhebend, die reichste, stets abwechselnde Einfassung. Nach und nach tritt dann in der Mitte des Gemäldes die Stadt langsam hervor und endet auf dem höchsten Berge, der den Horizont zugleich schließt, mit der imponirenden Masse der Militairbaracken. So ist der Anblick von der See aus. Nach Cove zu verändert er sich öfters, nachdem die Krümmungen des Kanals die Gegenstände anders verschieben. Die eine dieser Aussichten schließt sich ungemein schön mit einem gothischen Schlosse, das auf den hier weit vorspringenden Felsen mit vielem Geschmacke von der Stadtcommun gebaut worden ist. Man segelt bei Passage, einem Fischerdorfe, und Monkstown (Mönchsstadt) vorbei, das seinen Namen von einer im Walde darüber liegenden Klosterruine herschreibt, und wendet sich bei der Insel Arboulen in die enge Bai von Cove, die einen sehr schönen Anblick gewährt; denn ihren Eingang bildet links eine hohe Küste mit Häusern und Gärten, rechts die sogenannte Berginsel, auf der ein Fort, weitläufige Marinegebäude und Vorrathshäuser stehen, die das Material für die Seemacht enthalten."

Die Fabrikate und Ausfuhrartikel der Stadt bestehen hauptsächlich in Glas, Papier, Leim, Leder, Segeltuch, Grobtuch und Branntwein.

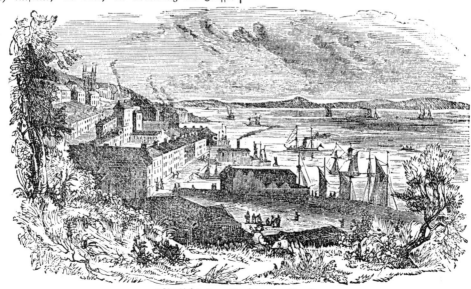

Ansicht der Bucht von Cork.

Das Pfennig-Magazin

für

Verbreitung gemeinnütziger Kenntnisse.

359.] Erscheint jeden Sonnabend. [Februar 15, **1840.**

Der Fluß Orontes.

Der bei den Alten oft vorkommende Fluß Orontes, jetzt Aasi genannt, welcher Syrien in seiner ganzen Länge durchströmt, entspringt auf dem Libanon, fließt zum größten Theile nördlich, bei Homs, Hamah, Famich vorbei, durchbricht aber endlich das Gebirge und wendet sich westlich zum mittelländischen Meere, in das er sich zwischen den Vorgebirgen Possidi und Khanzir ergießt. An seiner Mündung befindet sich der Hafen der Stadt Antakia, des alten Antiochia, ehemals aber stand hier die prachtvolle Stadt Seleucia, deren Trümmer jetzt den Namen Suedik führen. Majestätisch fließt der Fluß durch Wälder von Myrten, Weiden und Lorberbäumen und bietet ein prachtvolles Schauspiel dar. Sein reizendes Thal entbehrt jetzt aller Cultur, könnte aber ohne die unglaubliche Trägheit der Orientalen ebenso fruchtbar sein als im Alterthume. Überall sieht man nur Heerden unter der Leitung junger Hirten, welche, am Ufer oder unter dem dichten Laube der Rosenlorberbäume sitzend, täglich ein Schauspiel genießen, das demjenigen, welches das Thal Tempe in Arkadien gewährt, an Schönheit nicht nachsteht. Unsere Abbildung stellt die Vereinigung eines kleinen Nebenflusses mit dem Orontes dar, die unweit der Mündung desselben unterhalb Antakia stattfindet. Über den Nebenfluß führt eine steinerne Brücke, aus einem einzigen Bogen bestehend, deren Bau in eine sehr alte Zeit gesetzt werden muß.

Kosciuszko.
(Beschluß aus Nr. 358.)

Aber immer näher eilte Polen dem Untergange seiner Unabhängigkeit. Zwar hoben die Preußen und Russen am 6. September 1794 die Belagerung Warschaus auf, aber nur um mit größern Streitkräften wiederzukehren, weshalb Kosciuszko, der dies voraussah, mit der Hauptarmee in den Verschanzungen stehen blieb. Mit rastloser Thätigkeit arbeitete er an der Organisation des Staats und bereitete zugleich Alles zu einer verzweifelten Vertheidigung der Stadt Warschau vor, ein Zweck, welchem auch der in derselben zurückgebliebene macht- und willenlose König Stanislaus sein letztes Geschmeide und Silbergeschirr opferte; aber schon rückte der furchtbare Suworoff vorwärts und der Sieg folgte seinen Schritten. Um sich mit ihm, dem größten Feldherrn jener Zeit, zu messen und ihn wo möglich von Warschau abzuhalten, ging Kosciuszko zu Ende Septembers mit 20,000 Mann über die Weichsel und fragte dann vor der weitern Fortsetzung des Marsches seine Truppen, ob sie noch gesonnen seien, mit ihm das Vaterland zu befreien, Jedem freistellend, die Waffen niederzulegen und in seine Heimat zurückzukehren; aber Keiner bebte vor dem nahen Entscheidungskampfe, Alle schwuren, zu siegen oder zu sterben. Hierauf übergab er dem Fürsten Poniatowski, dem Neffen des Königs, das Commando der Hauptarmee, zog mit 8000 Mann gegen General Fersen, um ihn von Suworoff's Lager abzuschneiden, und lagerte sich am 7. October 1794 bei Maciejowice im Palatinat Lublin, zehn Meilen von Warschau, wo er in einer von der Natur begünstigten Stellung in der Eile Verschanzungen anlegte. Durch einen Überläufer von dem Plane Kosciuszko's unterrichtet, der auf das Eintreffen der Truppen des Generals Poninski berechnet war, welcher indeß ausblieb, da die an ihn gerichtete Botschaft aufgefangen worden war, griff Fersen am 10. October das polnische Lager an; Angriff und Widerstand waren gleich hartnäckig. Kosciuszko, den seine gemeine Kleidung (ein Leinwandkittel und eine mit Pelz verbrämte Mütze mit einem kleinen Federstutze) den Feinden unkenntlich machte, feuerte die Seinen an und kämpfte selbst mit der Tapferkeit eines Verzweifelten, und schon dreimal waren die stürmenden Russen zurückgeschlagen, als Suworoff mit seinem Heere auf dem Kampfplatze erschien. Daß die Polen der Übermacht weichen mußten, zumal da die russische Armee trefflich disciplinirt und bewaffnet war, während die polnische größtentheils aus Bauern bestand, die der Führung der Waffen wenig kundig waren, war natürlich, und vergebens suchte Kosciuszko es abzuwenden. Drei Pferde waren unter ihm bereits gefallen, ein Lanzenstich in die linke Schulter warf auch ihn zu Boden, doch schnell raffte er sich auf, schwang sich mit Hülfe seines Freundes und Adjutanten Niemcewicz auf ein neues Pferd und eilte seinen fliehenden Reitern nach, um sie in die Schlacht zurückzuführen; aber indem er über einen breiten Graben setzen wollte, stürzte er mit dem Pferde. Von den ihm nachsetzenden Russen gab ihm ein Carabinier einen Hieb in den Nacken, ein Kosack verwundete ihn mit der Pike, und mit dem Ausrufe der Verzweiflung: „Finis Poloniae!" (Das Ende Polens!) sank der Held bewußtlos zu Boden. Ein Kosack, der ihm die Kleider auszog, um ihn zu plündern, fragte ihn, durch ein paar kostbare Ringe an der Hand aufmerksam gemacht, ob er Kosciuszko sei; als dieser es bejahte und Wasser begehrte, gab ihm der Kosack sogleich alles Geraubte zurück und rief einige Kameraden herbei, worauf sie ihn, nachdem er wieder angekleidet worden, langsam und schonend auf ihren Piken in ein benachbartes Schloß trugen.

Die Nachricht von seiner Niederlage und Gefangennehmung versetzte Polen in tiefe Trauer; der Nationalrath schrieb an ihn und erbot sich, alle russischen Gefangenen gegen seine Person auszuwechseln, aber er lehnte dies Anerbieten ab. Sobald seine Wunden es zuließen, folgte er dem seine Escorte von 300 Reitern befehligenden Stabsoffizier nach Petersburg, wo die ungroßmüthige Katharina II. den gefährlichen Naczelnik, der schon längst ihren Zorn erregt hatte, in den engsten Gewahrsam auf das feste Schloß von Gregor Orloff zu bringen befahl. Hier oder in Sibirien würde Kosciuszko wahrscheinlich sein Leben beschlossen haben, hätte nicht der Tod der Kaiserin (im December 1796) seinem Schicksale eine andere Wendung gegeben. Ihr Sohn und Nachfolger Paul I. theilte ihre Gesinnung nicht; er begab sich selbst in Begleitung seiner beiden ältesten Söhne, Alexander und Konstantin, in das Gefängniß des polnischen Generals, kündigte ihm seine Freiheit an und gab ihm seinen Degen zurück, den aber Kosciuszko ablehnte, weil er, des Vaterlandes beraubt, auch kein Schwert mehr brauche. Bald darauf schenkte ihm der Kaiser 1500 Bauern und 12,000 Rubel, bot ihm auch einen lebenslänglichen Jahrgehalt von 6000 Rubeln an. Alles dies konnte den patriotischen Polen, der nur das zweite Geschenk annahm, aber nachmals wieder zurückschickte, nicht an Rußland fesseln. Im Frühling 1797 schiffte er sich mit Niemcewicz zu Kronstadt auf einem schwedischen Schiffe ein, brachte mehre Wochen in Hamburg zu und begab sich von da nach London, wo er von ausgewanderten Polen und amerikanischen Veteranen mit Jubel empfangen wurde; aber der Zustand seiner vielen schlechtgeheilten Wunden gebot ihm die größte Ruhe und verursachte ihm die heftigsten Schmerzen. Sobald er sich einigermaßen erholt hatte, schiffte er sich mit Niemcewicz nach Amerika ein und sah sich dort in seiner Erwartung einer guten Aufnahme nicht getäuscht. In Newyork empfing ihn eine Deputation des Congresses und führte ihn in das Versammlungshaus des Nationalraths; bald darauf wurde ihm sein rückständiger Sold und 16,000 Piaster für die Zeit seiner Abwesenheit ausgezahlt. Kaum ein Jahr hatte er im Umgange mit Washington und einigen andern alten Kampfgenossen in Amerika verlebt, als er von dem Nationalrathe den Auftrag erhielt, wegen einiger zwischen Frankreich und den Vereinigten Staaten streitigen Punkte mit jener Macht zu unterhandeln. Er ging daher 1798 nach Frankreich unter Segel, wurde in Bayonne bei der Landung mit kriegerischen Ehren, wie sie sonst nur Großadmiralen und Marschällen zu Theil werden, empfangen, hielt in der Hafenstadt einen feierlichen Einzug und reiste dann nach Paris, wo er die ihm übertragenen Unterhandlungen zum erwünschten Ziele führte.

Von nun an bis 1814 blieb Kosciuszko in Frankreich, lebte aber hier zurückgezogen und verkehrte selbst in Paris nur mit einer kleinen ausgewählten Zahl von Personen, unter denen sich namentlich Lafayette befand, dem er schon von dem amerikanischen Befreiungskriege her befreundet war. Unter Denen, mit welchen er in dieser Periode einen innigen Freundschaftsbund abschloß, sind insbesondere der berühmte britische Parlamentsredner Charles Fox und der schweizerische Geschäftsträger Zeltner aus Solothurn zu nennen; an den Letztern schloß er sich enger an, wozu Zeltner's liebenswürdige Gattin nicht wenig beitrug, wurde sein Haus- und Tischgenosse, theilte mit ihm jede Freude und jedes Leid und widmete die eine Hälfte des Tages der Erziehung seiner Kinder. Sein Zusammentreffen mit der bekannten Schriftstellerin Frau von Staël, das wider Willen stattfand, ist für beide Theile charakteristisch. Als nämlich jene, nachdem sie ihn mit Schmeicheleien überhäuft, ihre Anrede mit den Worten endigte: „General, erzählen Sie mir Ihre Geschichte, erzählen Sie uns die wichtigsten Ereignisse der polnischen Revolution", entzog sich der bescheidene Held ihrer Zumuthung durch die lakonische Antwort: „Madame, ich habe sie gemacht, ich habe sie nicht erzählen." 1799 übersandten ihm die polnischen Legionen, welche unter General Dombrowski in französische Dienste getreten und nach Italien gegangen waren, durch den General Kniaziewicz den Säbel ihres heldenmüthigen Königs Johann Sobieski, des Befreiers von Wien, den sie bei der Einnahme von Loretto in einem Gewölbe gefunden hatten. Als dem Kosciuszko das geräuschvolle Leben der Hauptstadt und die Gesellschaft der ihn aufsuchenden Großen nachgerade lästig wurde, zog er sich auf das seinem Freunde Zeltner gehörige Schloß Berville bei Fontainebleau zurück, wo er nach seiner eigenen Erklärung die glücklichsten Stunden seines Daseins verlebte. Außer den mathematischen Studien, die er noch mit großem Eifer fortsetzte, beschäftigte er sich viel mit Landwirthschaft, Botanik und Blumencultur; er ließ auf seine Kosten viele Versuche anstellen und begab sich täglich auf das Feld, um sich mit den Landleuten zu unterhalten; nicht selten fanden ihn seine Freunde mit dem Spaten in der Hand am Pflanzenbeete stehend und Unkraut jätend oder das Erdreich auflockernd.

Mehre Anträge, in französische Dienste zu treten, schlug er entschieden aus, ohne sich durch Bonaparte's Schmeichelworte gewinnen zu lassen, der bei der ersten Vorstellung, bei welcher Kosciuszko erschien, zur Zeit, wo Jener noch erster Consul war, mit ungewöhnlicher Freundlichkeit zu ihm gesagt hatte: „Mein General, ich habe Ihre Ankunft in Paris mit außerordentlichem Vergnügen vernommen; ich bin erfreut, den Mann zu sehen, welcher die Aufmerksamkeit beider Hemisphären zu verdienen wußte und sich seines Degens mit gleich gutem Erfolge zum Besten der ganzen Menschheit und für die Unabhängigkeit seines Vaterlandes bediente." Später, im J. 1806, schmeichelte ihm Napoleon eine Zeit lang mit der Hoffnung einer Wiederherstellung Polens, aber bald sah Kosciuszko ein, daß diese keineswegs von dem Kaiser im Ernste beabsichtigt wurde, und von dieser Zeit an weigerte er sich beharrlich und entschieden, an den Unternehmungen Napoleon's in Polen Theil zu nehmen, wozu ihn Fouché zu bereden Auftrag hatte. Aufgebracht über seinen Starrsinn ließ Napoleon ihn von seiner geheimen Policei auf das strengste bewachen und im Namen Kosciuszko's eine Proclamation an die Polen ergehen, worin sie aufgefordert wurden, unter dem Schutze Frankreichs ihre Freiheit wieder zu erkämpfen; erst 1814 fand Kosciuszko Gelegenheit, gegen jenen Aufruf öffentlich zu protestiren und ihn für untergeschoben zu erklären.

Als die Alliirten in Frankreich einzogen und russische Scharen auch in der Gegend von Fontainebleau streiften, schonten sie Berville, sobald sie erfuhren, daß Kosciuszko hier wohne, und die russischen Anführer bezeigten ihm auf jede Weise ihre Achtung. Kaiser Alexander selbst lud ihn in einem Handschreiben zu sich nach Paris ein und ließ ihn, da er zu kommen zögerte, durch einen Adjutanten in einem kaiserlichen Wagen dahin abholen; beim Empfang umarmte er den General freundschaftlich, gewährte ihm seine Bitte, seine Wünsche in Bezug auf Polen schriftlich darzulegen, und versprach, zum Besten Polens Alles zu thun, was in seinen Kräften stehe. Bald nachher, als ganz Frankreich von fremden Truppen besetzt war und dadurch schwer zu leiden hatte, verließ Kosciuszko dieses Land, das er als sein zweites Vaterland liebte und dessen Lage ihn tief betrübte, um sich durch eine Reise nach Italien zu zerstreuen und dann seinen Aufenthalt in der Schweiz zu nehmen. Aber schon in Lausanne erhielt er ein Schreiben des polnischen Reichsraths, worin dieser ihn im Namen des ganzen Volkes bat, sich desselben anzunehmen und deshalb persönlich als Fürsprecher Polens auf dem Congresse zu Wien zu erscheinen. Unverzüglich trat Kosciuszko die Reise dahin an, kam aber leider zu spät; der Congreß hatte sich schon aufgelöst, und nur dem Zufalle verdankte der General eine Conferenz zu Braunau mit dem Kaiser Alexander, der ihn aber abermals herzlich empfing und mit schönen Hoffnungen entließ. Kosciuszko kehrte nun in die Schweiz zurück und begab sich nach Solothurn, wo er die Verwandten seines alten pariser Freundes Zeltner besuchte, und da er in dem Bruder desselben einen gleich trefflichen und biedern Mann kennen lernte, so beschloß er, den Rest seiner Tage in der Familie desselben zuzubringen.

Dreierlei Beschäftigungen waren es, welche sich in Solothurn hauptsächlich in die Zeit des greisen Kriegers theilten: der Unterricht von Zeltner's Tochter Emilie, die er liebte, als wäre sie sein eigenes Kind gewesen, das Studium der Landwirthschaftskunde, und die Ausübung der Wohlthätigkeit. Seiner Emilie machte er Freude, wo und wie er nur konnte, und nahm oft an ihren und ihrer Freundinnen Spielen Theil; überhaupt war er als Kinderfreund so sehr bekannt, daß ihm, wenn er ausging, stets eine Schar von Kindern nachfolgte, die ihm die Hand küßten und von ihm beschenkt wurden. Die Mildthätigkeit Kosciuszko's kannte keine Grenzen; er suchte selbst die Hütten des Elends auf, lernte so fast alle arme Familien in und um Solothurn kennen und that namentlich während der Theuerung im Winter von 1816—17 den Armen so viel Gutes als er nur konnte. Das kleine Pferd, das er auf seinen Excursionen, die er immer allein vornahm, zu reiten pflegte, war an die Mildthätigkeit seines Herrn so gewöhnt, daß es bei jedem Bettler, der ihm begegnete, auch wenn es einen fremden Reiter trug, stehen blieb. Er selbst hatte sehr wenige Bedürfnisse und lebte, seinem Gegner Suworoff, im höchsten Grade einfach; wie er im Felde am liebsten Schwarzbrot und Sauerkraut gegessen und statt einer glänzenden Uniform einen Leinwandkittel getragen hatte, nahm er in Solothurn mit der einfachsten Kost vorlieb und trug einen abgetragenen blauen Oberrock, dessen eines Knopfloch stets, selbst im Winter, mit einer Blume, am liebsten einer Rose oder Nelke, geschmückt war, ein Schmuck, womit ihn einige Damen in Solothurn zu versehen wetteiferten. Die letzte öffentliche Handlung Kosciuszko's ist eine der schönsten seines Lebens; er ließ nämlich am 2. April 1817 eine Urkunde ausfertigen, durch die er allen seinen Unterthanen auf seiner Herrschaft Siechnowicze die Freiheit schenkte und die Leibeigenschaft auf derselben für aufgehoben erklärte. Am 1. October erkrankte er an dem damals grassirenden Nervenfieber und entschlief sanft und schmerzlos am 15. dieses Monats; kurz vorher hatte er ein Testament, das an wohlthätigen Verfügungen reich war, errichtet und darin der Tochter seines Freundes Zeltner die Hälfte seines ansehnlichen Vermögens vermacht. Die Nachricht von seinem Tode erregte überall große Trauer, aber nirgend so große als in der Schweiz, namentlich im Canton Solothurn, wo er der Schutzengel aller Hülfsbedürftigen gewesen war, und in Polen, wo ihm zu Ehren am 14. Nov. 1817 im ganzen Lande eine Todtenfeier gehalten wurde, was auch in Dresden, Paris und an vielen andern Orten geschah. Auf das Gesuch der polnischen Nation sandte Kaiser Alexander, der an dem allgemeinen Schmerze innigen Antheil nahm, seinen Kammerherrn, den Fürsten Anton Jablonowski, nach Solothurn, um die Übergabe des Leichnams des Verewigten zu erwirken, die auch von der Cantonsregierung bewilligt wurde. Die Überreste des Helden wurden in Krakau unter der Domkirche in der Königsgruft an der Seite des Königs Johann Sobieski und des Fürsten Joseph Poniatowski beigesetzt; aber damit nicht zufrieden, beschloß die Nation, ihm ein Denkmal ganz besonderer Art zu errichten, wozu Kaiser Alexander seine Erlaubniß und einen ansehnlichen Geldbeitrag gab. Auf der die Weichsel beherrschenden 300 Fuß hohen Anhöhe Bronislawa (d. h. Vertheidiger des Ruhmes) wurde nämlich ein Hügel aufgeführt, woran die angesehensten Personen der Nation von jedem Stand, Alter und Geschlecht mit eigenen Händen arbeiteten; dieser Hügel, der Kosciuszkohügel genannt, wurde in drei Jahren, vom 16. October 1820 bis 16. October 1823, aufgeführt und ist 120 Fuß hoch; von seinem Gipfel übersieht man die Ufer der Weichsel und die alte Königsstadt der Piasten.

Der Handel Hollands.

An Talent und Liebe zum Handel werden die Holländer bekanntlich außer von den Engländern schwerlich von irgend einer europäischen Nation übertroffen, wiewol die Zeit, wo sie fast den ganzen Großhandel der Welt in ihren Händen hatten, freilich längst vorüber ist. Einige holländische Städte gehörten dem Bunde der Hanse bald nach seiner Bildung im 13. Jahrhundert an und traten hinsichtlich des Handels im baltischen Meere an seine Stelle. Im 15. Jahrhunderte kamen allein aus Danzig und Liesland 300 Schiffe zweimal des Jahres in Amsterdam an, und von da an nahm der baltische Handel noch ein Jahrhundert lang beständig zu. Der Großpensionnair de Witt, der im 17. Jahrhundert schrieb, gibt an, daß die holländische Heringsfischerei zu seiner Zeit 6400 Schiffe und 112,000 Matrosen beschäftigte, und daß die Gesammtzahl der von diesem Handelszweige lebenden Personen sich auf 450,000 belief. Die gesammte holländische Handelsmarine zählte damals 10,000 Schiffe und 168,000 Matrosen. Die holländisch-ostindische Handelsgesellschaft wurde im J. 1602, die westindische 1621 gestiftet, die Bank zu Amsterdam aber, eine der ältesten in Europa, trat im J. 1609 ins Leben. In demselben Jahrhunderte wurde der Küstenhandel Spaniens fast gänzlich von holländischen Schiffen betrieben, und nach dem Verfalle der Seemacht Spaniens wurden holländische Schiffe gemiethet, um mit den spanischen Besitzungen in Südamerika zu handeln. Die Holländer konnten den Handel von fast ganz Europa als ihr Monopol betrachten und unterhielten eine Flotte, deren Bezwingung den Engländern größere Anstrengung kostete als die der spanischen Armada. Noch 30—40 Jahre nachdem der Handel Hollands zu sinken begonnen hatte, schätzte man den Tonnengehalt der verschiedenen Seemächte Europas auf zwei Millionen Tonnen, wovon auf Holland 900,000 oder fast die Hälfte, auf England 500,000 oder der vierte Theil, auf Schweden, Dänemark und die Hansestädte 250,000, auf Spanien, Portugal und Italien ebenso viel, auf Frankreich nur 100,000 kamen.

Wie kam aber Holland zu dieser Blüte des Handels, ein Land, das selbst jetzt nichts Anziehendes hat als die überall vorhandenen Beweise von der Emsigkeit und Beharrlichkeit seiner Bewohner? Ursprünglich war es ein Marschland, das den sich dahin Flüchtenden Schutz gegen ihre Feinde gewährte; die benachbarten Meere boten Fische in Menge, die ihnen als Nahrungsmittel dienten, da der Boden für den Anbau wenig geeignet war, während er nur durch beständige Anstrengungen vor Überschwemmung durch den Ocean bewahrt werden konnte. So waren Arbeit und Mäßigkeit, die wahren Quellen des Reichthums, für die Einwohner die Bedingungen des Daseins; als ihre Bedürfnisse wuchsen, konnten sie Stoffe zur Befriedigung derselben nur durch Verkehr mit andern Ländern in hinreichender Menge erhalten, und die steigende Zunahme ihrer Bedürfnisse ließ sie nothwendig ihre Kräfte auf Handel und Schiffahrt wenden. Im 14. oder nach Andern im 15. Jahrhundert erfand einer ihrer Landsleute, Wilhelm Bökel, das Einsalzen der Heringe, und diese nützliche Erfindung gab dem holländischen Handel einen mächtigen Impuls. Seltsam war es, daß ihre Heimat ihnen nicht einmal die nöthigen Gegenstände zum Bau oder der Takelage der kleinsten Schiffe gewährte; Flachs, Hanf, Holz, Pech, Eisen, Alles bezogen sie aus dem Auslande, sowie die Kleidungsstoffe und das Getreide. Ihre Bedürfnisse überstiegen die anderer Völker, aber im reichsten Maße wurden sie mit Allem, was sie brauchten, durch ihre mercantilische Thätigkeit versehen.

Sehr auffallend ist es, daß Amsterdam, der unbequemste Hafen in Holland, der bedeutendste Handelsplatz dieses Landes wurde; hierher floß der Handel von Europa und Indien, in dessen Besitz einst Lissabon und Antwerpen gewesen waren, während Helvoetsluis, der einzige leidliche Hafen an der Küste, ohne allen Handel war. Antwerpen lag ebenfalls ungleich günstiger als Amsterdam, und gleichfalls in der Nähe der Mündung eines großen Stroms; aber die Schrecken des Kriegs und der von den spanischen Herrschaft unzertrennliche Geist der Tyrannei untergruben den Handel dieser Stadt, die 1585 nach einer Belagerung von den Spaniern erobert wurde; von ihrem Falle zog Holland Gewinn, wo Gewissensfreiheit und Gleichheit vor dem Gesetze herrschten. Aber außer dem Vertrauen, welches die Verfassung und Regierung des Landes, die Art der Justizverwaltung, die Sorge für Erhaltung des Frie-

Das Wagegebäude in Amsterdam.

dens und der Ruhe und die Rechtschaffenheit der Beamten einflößte, wirkten noch andere Gründe. Holland kam der Freiheit des Handels näher als irgend ein anderes Land; die Zölle waren stets niedrig und die Häfen den Schiffen aller Nationen geöffnet. Als um die Mitte des 16. Jahrhunderts die Schiffahrt Hollands die Handelsbedürfnisse in Europa fast überflügelt hatte, fand sie nachher in Amerika und Ostindien neue Quellen vortheilhafter Beschäftigung; große Besitzungen in jenen Gegenden der Erde, die unter der spanischen Herrschaft gestanden hatten, fielen ohne Mühe in die Hände der Holländer. Im Verlauf der Zeit hatten sich in Holland so viele Capitalien aufgehäuft, daß die Regierung Geld zu zwei Procent erhalten konnte. Die Bank von Amsterdam stand im höchsten Credit in ganz Europa; aus allen Ländern flossen ihr Capitale zu. Für alle Arten nützlicher Unternehmungen, Baue von Brücken, Kanälen, Straßen u. s. w. war Geld vorhanden, und wenn keine Gelegenheit mehr da war, es in der Heimat zu verwenden, so floß es ins Ausland und diente den verschiedensten Zwecken.

Nach dem westfälischen Frieden im J. 1648 wandten sich die Kräfte mehrer anderer Länder dem Handel und der Schiffahrt zu. In England wurde 1651 die Navigationsacte eingeführt; um dieselbe Zeit war der französische Minister Colbert bemüht, Handel und Schiffahrt in Frankreich emporzubringen. Je mehr sich der Handel anderer Länder ausbreitete, desto mehr begann Hollands Handel in Folge dieser Nebenbuhlerschaft zu sinken, und die schweren Abgaben, welche auf dem holländischen Volke gerade zu einer Zeit lasteten, wo der Gewinn geringer als sonst war, trug das Seinige dazu bei. Gleichwol war bei der großen Sparsamkeit des Volkes zur Zeit des Ausbruchs der französischen Revolution das Capital des Landes nur wenig vermindert, aber das Continentalsystem, das die Decrete von Berlin und Mailand aufstellten, gab dem Handel Hollands einen höchst empfindlichen, um nicht zu sagen tödtlichen Stoß. Während des Kriegs wandten sich die Capitalien dem Ackerbau zu, bis nach dem Abschlusse des Friedens Handel und Industrie neu auflebten. Gegenwärtig hat der holländische Handel wieder eine sehr hohe Stufe erreicht, Amsterdam aber behauptet noch immer sein altes Übergewicht über die andern Handelsplätze des Landes, die zum Theil ihre frühere Bedeutung ganz verloren haben.

Der Thau.

Die Erscheinungen des Thaus sind allgemein bekannt. Man versteht darunter eine wässerige, aus reinem Wasser mit etwas Kohlensäure bestehende Flüssigkeit, die sich des Nachts, zuweilen aber auch schon vor Sonnenuntergang und noch nach Sonnenaufgang auf allen auf der Erde oder in der Nähe derselben befindlichen Gegenständen niederschlägt. In der Regel verliert die Luft, aus welcher der Thau niederfällt, ihre Durchsichtigkeit nicht merkbar; aber nicht selten ist dies der Fall, und nahe über der Erdoberfläche entsteht eine Nebelschicht von einem bis zehn Fuß Dicke, die sich bald nach dem

Untergange der Sonne am häufigsten über Wiesen bildet und oft erst nach Sonnenaufgang wieder verschwindet. Sonach ist es schwer, die Grenze zwischen Thau und Nebel völlig genau zu bestimmen; sie unterscheiden sich aber dadurch, daß die im Nebel enthaltene Feuchtigkeit dichter ist und auf alle Gegenstände ohne Unterschied niederfällt, während die minder dichte Feuchtigkeit des Thaus, auch wenn sie dicht genug ist, eine sichtbare Nebelschicht zu bilden, auf verschiedenen Gegenständen in ungleicher Menge niederfällt und häufig über einer dünnen durchsichtigen Schicht schwebt. Am stärksten werden vom Thau Gräser und Pflanzen, nächstdem Porzellan, Glas, Seide, Wolle u. s. w. benetzt, während Steine und polirte Metalle fast trocken bleiben; unter den Metallen bethaut Blei am meisten, im Ganzen aber sind die Metalle so unfähig zur Aufnahme des Thaus, daß selbst solche, die vorher benetzt worden sind, trocken werden, während andere Körper Thau aufnehmen; auch Körper, die auf Metallen liegen, bethauen weit schwächer, als wenn sie auf andern Körpern liegen, z. B. Wolle, die auf Metall liegt, nimmt nur unbedeutend an Gewicht zu, während Wolle, die frei aufgehangen ist, namentlich aber solche, die neben Metallen auf Glas liegt, sehr stark zunimmt. Die Menge des Thaus wächst mit Vergrößerung der Oberfläche; bei Holzspänen ist sie größer als bei einem dicken Stücke Holz, bei feiner roher Seide und unbearbeiteter Baumwolle größer als bei grobfaseriger Wolle. Nach einigen Beobachtungen ist auch die Farbe von Einfluß; so bethaut farbige Wolle stärker als weiße, am stärksten schwarze. Bedeckte oder beschattete Körper bethauen weit schwächer als frei liegende; so hat man beobachtet, daß ein Büschel Wolle, der auf Gras unter einem dachförmig zusammengebogenen Bogen Pappe lag, nur um zwei Gran zunahm, in derselben Zeit, in welcher ein nicht weit davon, aber völlig frei liegender, ganz gleicher Büschel um 16 Gran schwerer wurde. In wolkigen und windigen Nächten fällt kein Thau; je heiterer aber der Himmel ist, desto stärker ist die Thaubildung, und im Allgemeinen ist sie nach vorhergegangenem Regen und bei feuchten Winden, auch, wie es scheint, bei niedrigem Barometerstande am stärksten. Am meisten Thau fällt im Frühlinge und besonders im Herbst, namentlich in hellen Nächten, denen am Morgen Nebel folgt, oder an hellen Morgen nach trüber Nacht. Das Thauen findet in der Regel in allen Stunden der Nacht statt und dauert bis zum Morgen, ist aber zwischen Mitternacht und Sonnenaufgang am reichlichsten; zuweilen hört es auf, ohne daß der Himmel seine Heiterkeit verliert, auch verschwindet der schon gefallene Thau bisweilen in den spätern Stunden der Nacht. Der meiste Thau fällt nahe über der Erdoberfläche, aber bald fällt er gleichzeitig an niedrigen und hohen Orten, bald nur auf der Erdoberfläche, bald nur in einiger Höhe über derselben.

Nicht ohne Interesse ist es, die Erscheinungen des Thaus in verschiedenen Ländern der Erde zu vergleichen. Von den Polen nach dem Äquator zu wächst die Menge des Thaus und ist unter dem Äquator oder überhaupt in der heißen Zone, in den Ländern derselben, wo die Luft hinreichend mit Feuchtigkeit angefüllt ist, also auf Inseln und in Küstenländern, am größten. In Arabien, am rothen Meere, am persischen Meerbusen fällt sehr reichlicher Thau; in Alexandrien werden die Kleider vom Thau wie vom Regen benetzt; die Schiffer erkennen ihre Annäherung an die Küste Koromandel aus dem reichlicher werdenden Thau. Auf den ausgedehnten, von allem Wasser entblößten Ebenen im Innern der großen Continente, in Brasilien, der nubischen Wüste, der Sahara u. s. w. fällt kein Thau, in Persien selbst in feuchten Niederungen sehr weniger. Merkwürdig ist, daß auf den Koralleninseln der Südsee gar kein Thau fällt, während er auf ebenso kleinen und noch kleinern Inseln von festem Gestein sehr reichlich fällt. Auf dem Meere selbst thaut es nur selten und in sehr geringer Menge.

Die Frage, ob der Thau auf die Erde fällt oder aus derselben aufsteigt, hängt mit der Theorie oder Erklärung des Thaus zusammen. Mehre ältere Naturforscher, unter Andern der berühmte Arzt Boerhaave, der verdiente Musschenbroek und Andere, nahmen an, daß der Thau aus der Erde aufsteige, namentlich von den Pflanzen und ihren Theilen; der französische Physiker Le Roy nahm dagegen an, daß der Thau am Abend aufsteige und am Morgen niederfalle, weil am Abend die früher als die Erde erkaltete Luft die aus jener in Dunstform aufsteigende Feuchtigkeit nicht mehr aufnehmen könne, weshalb diese in Tropfen zurückfalle, dagegen beim Aufgange der Sonne die Luft zuerst erwärmt werde und die in ihr enthaltene Feuchtigkeit sich auf die kältere Erde niederschlage. Daß jedoch der Thau unter allen Umständen nicht aus der Erde aufsteigt, sondern aus der Luft auf dieselbe niederfällt, kann keinem Zweifel unterliegen. Nur dann kann Thau gebildet werden, wenn die untere Luftschicht so sehr abgekühlt ist, daß ein Theil des in ihr enthaltenen Wasserdampfes niedergeschlagen wird. Sobald die Sonne untergegangen ist, erkaltet der Boden auf seiner äußersten Oberfläche nebst den Pflanzentheilen und andern Körpern; diese erkalten desto schneller, je schlechter sie die Wärme leiten und je weniger Wärme ihnen aus der Umgebung zugeführt wird. Daher muß sich auf ihnen ein Theil der in der Luft enthaltenen Feuchtigkeit in Tropfenform niederschlagen, was ganz der alltäglichen Erscheinung analog ist, daß die Fenster eines Zimmers bei eintretender äußerer Kälte an der innern Seite beschlagen oder sich mit Feuchtigkeit überziehen, die nach Beschaffenheit der äußern Kälte in verschiedener Form und Menge erscheint, ferner daß die Häuser an ihrer Außenseite bei plötzlich eintretender warmer Witterung beschlagen u. s. w. Findet die Erkaltung nicht statt, so bleibt die Thaubildung aus, jene ist also die einzige Ursache der letztern; je größer die vorher erregte Wärme war, desto stärker ist im Allgemeinen die darauf folgende Erkältung, worauf die empfindliche Nachtkälte in heißen Ländern beruht.

Die Menge des im Thau herabfallenden Wassers wird nur sehr selten gemessen, wozu man sich eines noch sehr unvollkommenen Instruments bedient. Dalton schätzt die Menge des in England und Wales jährlich fallenden Thaus durchschnittlich auf fünf Zoll Wasser, eine ungefähre Bestimmung, deren Genauigkeit nur annähernd sein kann.

Eine neue Art des Betrugs.

Vor kurzem trat ein wohlgekleideter Herr, allem Anscheine nach ein Fremder, eines Morgens in das Administrationsbureau des Theaters zu Brüssel und erkundigte sich mit einiger Unruhe, ob man nicht am Abend vorher im Theater etwas gefunden habe; er habe nämlich eine Brillantnadel verloren, die er beim Einnehmen seines Platzes noch gehabt und bei der Rückkehr in sein Hotel vermißt habe. Man antwortete ihm verneinend; man habe nichts gehört, was darauf deuten könnte, daß eine zum Theater gehörige Person einen werthvollen Gegenstand gefunden habe. Hierauf schien der Fremde sehr misvergnügt und drückte das lebhafteste Bedauern aus, weil die Nadel von hohem Werthe gewesen sei; er erkundigte sich nach den behufs ihrer Wiedererlangung zu ergreifenden Maßregeln, und da er, wie er sagte, überzeugt war, sie im Theater verloren zu haben, bat er um Erlaubniß, den ehrlichen Finder und Wiederbringer der Nadel an die Administration des Theaters zu adressiren und ihm eine Belohnung von 200 Francs zu versprechen. Er gab sodann eine genaue Beschreibung der Nadel und entfernte sich. Bald nachher wurden überall Zettel angeschlagen, in denen angezeigt wurde, daß im Theater oder in der Nähe desselben eine Brillantnadel verloren worden sei, und daß Derjenige, welcher sie der Administration zurückbringe, eine Belohnung von 200 Francs erhalten werde. Nach Verlauf einiger Stunden meldete sich ein ehrlich aussehender Mensch und gab an, er glaube den verlorenen Gegenstand gefunden zu haben; hierauf händigte er die Nadel aus, und da sie mit der Beschreibung des Fremden übereinstimmend befunden wurde, so empfing er die versprochene Belohnung, nicht ohne zu betheuern, daß er auch ohne dieselbe die Nadel ihrem wahren Eigenthümer wieder zugestellt haben würde. Wer nicht wiederkam, war der Letztere; ohne Zweifel war er zufrieden, 200 Francs für eine Nadel, die kaum 5 werth war, erhalten zu haben.

Greuze.

Greuze, ein ausgezeichneter Maler der französischen Schule im 18. Jahrhunderte, war im Jahre 1726 zu Tournon geboren. Sein Vater bestimmte ihn nicht für die Kunst und verbot ihm mit Strenge, alle ihm in die Hände kommenden Papiere und alle Wände mit seinen Zeichnungen zu bedecken, was Jener nur zu gern that; aber umsonst, sein Sohn war nicht davon abzubringen. Eben stand er auf dem Punkte, aus dem väterlichen Hause verbannt zu werden, als ein Maler aus Lyon, Namens Grandon, der als Portraitmaler einen Namen hatte, durch die kleine Stadt Tournon kam und daselbst Zeuge einer sehr lebhaften Scene zwischen Vater und Sohn war. Überrascht von dem Talente des Letztern, erbat und erhielt er die Erlaubniß, ihn mit sich nach Lyon nehmen zu dürfen, wo er ihm unentgeltlichen Unterricht ertheilte, der ihn bald in den Stand setzte, mit Erfolg die Portraitmalerei zu üben.

Als Grandon nach Paris zog, folgte ihm sein Schüler und ließ sich ebenfalls dort nieder, da ihm aber seine mittelmäßig bezahlten Portraits nur ein dürftiges Auskommen gewährten, so empfand er die Nothwendigkeit, sich zu einem höher stehenden Genre zu erheben. Er studirte darauf die Muster der Akademie, und wiewol er sich durch seine Manier im Zeichnen unter seinen Mitschülern nicht eben hervorthat, so hatte er wenigstens den Vortheil, die Lücken seiner bisherigen Kenntnisse auszufüllen. Außerordentlich war das Erstaunen seiner Lehrer, deren Aufmerksamkeit er bisher nicht auf sich gezogen hatte, als er ihnen sein treffliches Gemälde, vorstellend einen Familienvater, der seinen Kindern die Bibel erklärt, zeigte. Sie konnten ihren Augen nicht trauen, so gelungen erschien ihnen dieser Versuch, und einige von ihnen standen nicht an, zu behaupten, daß Greuze unmöglich der wirkliche Schöpfer eines solchen Meisterwerks sein könne. Diese kränkende Beschuldigung widerlegte er durch andere mindestens ebenso schöne, wo nicht noch vollkommnere Werke, und von nun an stieg sein Ruf immer höher. Sein Gemälde „Der getäuschte Blinde" verschaffte ihm auf Pigalle's Vorschlag die Aufnahme unter die Maler der Akademie, und die von ihm ausgestellten Gemälde erfreuten sich des allgemeinen Beifalls in seltenem Grade.

Inzwischen mangelte es ihm nicht an Neidern und Feinden, die ihn strenge tadelten und überall verkündigten, sein Geschmack im Zeichnen sei trivial und er besitze keine Kenntniß der großen Meister. Da ihm daran lag, der Wirkung dieses Geredes zu begegnen, ging er nach Rom, um sich hier mehr Energie im Colorit, mehr Adel und Eleganz in der Zeichnung anzueignen. Dieses Unternehmen gelang ihm jedoch nicht, sondern verdarb in mehr als einer Hinsicht die naive Originalität seiner ursprünglichen Manier, und als er nach Paris zurückgekehrt war, ermangelten seine Feinde nicht, unter dem Scheine, ihn zu bedauern, überall auszubreiten, daß er unterwegs sein Talent verloren habe. Zum Glück gelang es ihm, den kleinen Stoß, den sein Ruf erlitten, bald wieder gut zu machen. Zur Zeit der Revolution stellte Greuze im Museum der lebenden Künstler einige Portraits aus; doch waren seine Augen und seine Hand damals schon geschwächt. Er war nahe daran, sein 80. Jahr anzutreten, als der Tod ihn am 21. März 1805 den Künsten und seinen Freunden entriß.

Greuze hatte nichts von seinen Vorgängern entlehnt, wenigstens was den Geist und Geschmack seiner Gemälde anlangt, seine zahlreichen Nachahmer aber sind ohne Ausnahme tief unter ihm geblieben. Weder aus der Mythologie noch aus der Geschichte entlehnte er die Gegenstände seiner Gemälde; im Innern armer Familien, unter dem Strohdache des Landmanns beobachtete er die Menschennatur, weshalb man ihn im eigentlichen Sinne einen französischen Volksmaler nennen kann. In der Darstellung moralischer und rührender Scenen war er ausgezeichnet; er besaß in seltenem Grade die Kunst, das ländliche Genre zu veredeln, ohne der Einfachheit desselben Eintrag zu thun, und hat die Genrebilder in Frankreich zuerst in die Mode gebracht. Man schätzt von ihm vorzüglich folgende Bilder: „Der zerbrüchige Vater", „Der väterliche Fluch", „Die Braut des jungen Bauers" (s. unsere Abbildung), „Die Rückkehr des Jägers", „Das kleine Mädchen mit dem Hunde" u. s. w. Die meisten seiner lebens- und gemüthvollen Bilder zeichnen sich besonders durch die malerische Anordnung der Figuren aus; was an ihnen etwa zu tadeln wäre, ist ein Haschen nach theatralischer Wirkung. Ein anderer Fehler von Greuze war es, daß er fast in allen seinen Bildern denselben Charakter der Köpfe wiederholte; aber dieser Charakter war so ausdrucksvoll, daß ihm in dieser Hinsicht kein französischer Maler des vorigen Jahrhunderts an die Seite gesetzt werden kann. In allen andern Theilen der Figuren ermangelte seine Zeichnung mehr der Eleganz als der Correctheit und ließ hinsichtlich der Festigkeit nichts zu wünschen übrig. Seine Gewänder sind im Allgemeinen geschmacklos, er soll sie aber absichtlich vernachlässigt haben, um die Schönheit des Fleisches besser hervortreten zu lassen.

Greuze war von kleiner Figur und besaß ein sehr lebhaftes Auge. In seiner Kleidung hatte er etwas Bizarres; er putzte sich gern und oft sah man ihn zur Zeit der Revolution in scharlachrothem Kleide, den Degen an der Seite, einherschreiten. Nicht minder galant als in seiner Tracht war er in seinem Benehmen; noch in einem sehr vorgerückten Alter suchte er eifrig die

Gesellschaft der jüngsten Frauen, und die Anstrengungen, die er machte, um ihnen zu gefallen, fielen zuweilen ins Lächerliche. Sein einfaches Leichenbegängniß wurde durch eine ebenso unerwartete als rührende Scene belebt. In dem Augenblicke, wo der Sarg aus der Kirche hinweggetragen und auf den Leichenwagen gestellt werden sollte, näherte sich ein junges Mädchen, deren Thränen und lebhafte Bewegung man durch ihren Schleier hindurch wahrnehmen konnte, legte einen Strauß von Immortellen auf den Sarg und zog sich dann wieder in den Hintergrund der Kirche zurück, um ihre Gebete fortzusetzen. Ein am Strauße befestigtes Papier enthielt die Worte: „Dargebracht von der Dankbarkeit seiner Schülerinnen."

Die Braut des jungen Bauern.

Verantwortlicher Herausgeber: Friedrich Brockhaus. — Druck und Verlag von F. A. Brockhaus in Leipzig.

Das Pfennig-Magazin

für
Verbreitung gemeinnütziger Kenntnisse.

360.]   Erscheint jeden Sonnabend.   **[Februar 22, 1840**

Sidney.

Philipp Sidney war einer der hervorragendsten Charaktere des Zeitalters der Königin Elisabeth und seine Zeitgenossen rühmen ihn nicht nur als einen trefflichen Menschen und fast ohne Ausnahme als den ausgezeichnetsten aller lebenden Dichter, sondern auch als einen geschickten Staatsmann und tapfern Krieger, wiewol er beiweitem nicht lange genug lebte, daß seine vielen schätzbaren Eigenschaften Zeit zu ihrer völligen Entwickelung gehabt hätten. Er wurde zu Penshurst in Kent am 29. November 1554 geboren. Seine Liebe zu den Künsten und Wissenschaften äußerte sich sehr früh; er umfaßte eine Menge derselben auf einmal und sein Geist strebte nach Auszeichnung in einem großen Theile der durch menschlichen Fleiß erreichbaren Kenntnisse und Fertigkeiten. In seinem 18. Jahre trat er, nachdem er die Universitäten zu Oxford und Cambridge besucht, eine zweijährige Reise an und wandte sich zuerst nach Paris, wo er mit Auszeichnung empfangen und zum Kammerherrn am Hofe des Königs Karl IX. ernannt wurde; aber bald nachher fand die unter dem Namen der pariser Bluthochzeit bekannte Ermordung der Hugenotten statt und verleidete ihm den Dienst des französischen Königs. Er verließ daher Frankreich, reiste nach Frankfurt und machte hier die Bekanntschaft des Franzosen Hubert Languet, des gelehrten und trefflichen Freundes Melanchthon's und Ministers des Kurfürsten von Sachsen. Von hier ging er nach Wien, bereiste Ungarn und Italien, hielt sich namentlich in Venedig auf, das damals auf dem Gipfel seiner Größe stand, und kehrte 1575 nach England zurück.

Er nahm nun Dienste am Hofe der Königin Elisabeth, deren Gunst er in vorzüglichem Grade erwarb. Sie nannte ihn im Scherze nur ihren Philipp, vermuthlich im Gegensatze zu dem Könige Philipp von Spanien, dem Gemahl ihrer verstorbenen Schwester Maria. Im J. 1576 sandte sie ihn als außerordentlichen Botschafter nach Wien, um dem Kaiser Rudolf II. zu seiner Thronbesteigung Glück zu wünschen, und trug ihm gleichzeitig andere wichtige Unterhandlungen mit einigen deutschen Fürsten auf. Nach seiner Rückkehr erhielt er mehre Jahre lang keine wichtige Anstellung im Staatsdienste, ohne Zweifel weil der damals allmächtige Minister Burleigh fähige Männer geflissentlich unterdrückte, denn daß er bei der Königin fortwährend in hoher Gunst stand, geht aus mehren Umständen hervor. Katharina von Medici suchte damals eine Verbindung zwischen der Königin Elisabeth und dem Herzoge von Anjou zu Stande zu bringen, wozu Jene nicht abgeneigt zu sein schien; dies erregte unter den englischen Protestanten viel Unruhe, da von ihnen die Verbindung Englands mit dem katholischen Frankreich als ganz unzulässig angesehen wurde. Sidney wagte jetzt eine kühne Handlung, eine der kühnsten seines Lebens; er richtete nämlich ein langes Schreiben an die Königin, worin er ihr die vorgeschlagene Verbindung alles Ernstes widerrieth. Wider Erwarten nahm die Königin diesen Schritt günstig auf. Bald nachher entstand ein Streit zwischen Sidney und dem Grafen von Orford, der im Bewußtsein seines Ranges den Stolz Jenes verletzte; die Königin schlichtete ihn und verhütete ein Duell, aber Sidney verließ den Hof und zog sich nach Wilton auf den Landsitz seines Schwagers, des Grafen von Pembroke, in die Einsamkeit des Landlebens zurück. Als der Herzog von Anjou im Jahre 1581 in England ankam, um seiner Werbung durch sein persönliches Erscheinen mehr Nachdruck zu geben, kehrte Sidney in den Sonnenschein der königlichen Gunst zurück und zeichnete sich in den Turnieren und Kampfspielen, die am Hofe zu Ehren des hohen Gastes statt fanden, nicht wenig aus. 1583 wurde er bei Gelegenheit seiner Bekleidung mit dem Hosenbandorden als Stellvertreter des Pfalzgrafen Johann Kasimir zum Ritter ernannt. Einen nicht ganz unzweideutigen Beweis ihrer Zuneigung zu ihm gab Elisabeth, als Sidney's Wahl zum Könige von Polen in Vorschlag kam; hätte sie ihn hierbei unterstützt, so wäre er aller Wahrscheinlichkeit nach gewählt worden, aber sie that es nicht und hintertrieb sogar die Wahl, angeblich um ihn für England zu erhalten. Sidney selbst fand in dem Hofleben keine Befriedigung für seinen hochstrebenden Geist. Im J. 1585 entwarf er, veranlaßt durch die wunderbaren Berichte Frobisher's und anderer Reisenden, einen Plan zu einer Expedition gegen die Spanier in Südamerika, die er in Gemeinschaft mit Drake unternehmen wollte, und brachte etwa 30 Theilnehmer zusammen, von denen jeder 100 Pf. St. beisteuern sollte. Die Sache wurde ganz insgeheim betrieben, um jede Dazwischenkunft von Seiten der Königin zu vermeiden, und schon war Sidney in Plymouth angekommen, wo er sich einschiffen wollte, als ihn ein Befehl der Königin erreichte, der ihm die Abreise bei ihrer höchsten Ungnade verbot und ihm eine sofortige Anstellung im Militairdienste unter den Befehlen seines Oheims, des Grafen von Leicester, versprach. Sidney gehorchte und wurde zum General der Reiterei ernannt; als solcher folgte er seinem Oheim in die Niederlande, um den Holländern gegen die Spanier Beistand zu leisten. Aber hier endigte seine Laufbahn. Am 22. September 1586 stieß er in der Nähe von Zütphen, das von den englischen Truppen belagert wurde, an der Spitze einer Abtheilung von 500 Mann unerwartet auf ein Corps der Feinde, das sechsmal stärker als das seinige war und einen für die Belagerten bestimmten Transport escortirte. Die Briten trugen den Sieg davon, mußten ihn aber theuer erkaufen; er kostete nichts weniger als das Leben ihres Anführers, dessen glänzende Tapferkeit ihn erfochten hatte. Sidney wurde in den Schenkel geschossen und sogleich nach Arnheim geschafft, aber alle Versuche, ihn zu retten, waren fruchtlos; er verschied am 17. October 1586. Wiewohl die Holländer darum baten, daß man ihnen den Leichnam lassen sollte, in welchem Falle sie ein prachtvolles Denkmal zu errichten versprachen, wurde er doch nach England geschafft, wo die Trauer um seinen Tod allgemein war, und in der St.=Paulskirche beigesetzt.

Sidney, der bereitwillige und großmüthige Gönner aller bedürftigen und verdienten Gelehrten und Künstler, war selbst ein verdienstvoller Schriftsteller. Seine meisten Werke erschienen erst nach seinem Tode; dies war der Fall mit seinem Hauptwerke: „Arkadia", ein Schäferroman, in welchem er seine durch dichterische Talente ausgezeichnete Schwester, die Gräfin von Pembroke, feierte; ferner mit seiner Sammlung von 108 Sonnetten und Liedern, die zu den besten der gesammten englischen Literatur gehören, und mit seiner in Prosa abgefaßten Vertheidigung der Poesie.

Das Neueste aus der Natur= und Gewerbswissenschaft. *)

Wir eröffnen unsern diesmaligen Bericht mit einer Vervollständigung der Nachrichten, welche wir über die Galvano=Plastik des Professors Jacobi zu Dorpat bereits gegeben haben (Nr. 320). Jacobi, von dessen galvano-elektrischen Arbeiten in diesen Blättern bereits öfter die Rede gewesen ist, hat nämlich auf Veranlassung derselben die Entdeckung gemacht, daß, wenn man in einer verdünnten Auflösung von Kupferspänen durch Schwefelsäure den Galvani'schen Proceß mittels Eintauchens eines Paares von Platten heterogener Metalle erregt, und in diese Auflösung hiernächst eine Wachsplatte mit vertiefter Zeichnung bringt, sich die Elemente des aufgelösten Kupfers äußerst genau in die Vertiefungen des Wachses ablagern und also eine Kupferplatte mit derselben erhabenen Gravirung bilden, welche sich in vertiefter Arbeit auf der Wachsplatte fand. Anfangs wandte Jacobi eine gravirte Kupferplatte an, von welcher sich die neugebildete erhabene oft nur schwer wieder trennen ließ; an die Stelle jener tritt also nun ein Abdruck des zu copirenden Gegenstandes in Wachs, welcher als Musterplatte dient, und auf welchem sich das Kupfer ebenso wie auf einer Metallplatte reducirt. Proben von solchergestalt gewonnenen Abdrücken sind der petersburger Akademie der Wissenschaften vorgelegt worden und haben allgemeine Bewunderung erregt. Auf diesen Erfolg gründe ich die Hoffnung einer Vervielfältigung der Hochbilder durch einen doppelten Abdruck (erst auf Kupfer und von diesem sodann in Wachs oder jede andere angemessene Masse, welcher zweite Abdruck, der Natur des Verfahrens gemäß, das Original reproduciren muß). Dieser Fingerzeig zur ausgedehntern Anwendung der interessanten Jacobi'schen Erfindung er-

---

*) Vergl. den letzten Bericht Pfennig=Magazin Nr. 336—338.

scheint mir aber überhaupt so wichtig, daß ich die ganze Aufmerksamkeit meiner Leser dadurch rege zu machen wünsche. — Unmittelbar neben dem Liepmann'schen Ölbilderdrucke, von welchem in Nr. 347 dieser Blätter die Rede gewesen ist, steht die freilich noch viel wundervollere Daguerre'sche Heliographie photogenischer Bilder, deren Kenntniß selbst ich freilich bei meinen Lesern schon voraussetzen muß, die aber unterdeß auch schon wieder einige weniger bekannte Ausdehnungen erhalten hat. Wir rechnen dahin ganz besonders ein vom Dr. Schafhäutl aus München zu London producirtes Verfahren, Lichtbilder, zwar auch, wie bei Daguerre, mittels der Camera obscura, aber durch Anwendung ganz anders zubereiteter Platten zu erlangen. Schafhäutl's Platten nämlich, mit denen er vor einem Kreise von Kennern operirt hat, sind ganz schwarz (die chemische Zusammensetzung dieses schwärzenden Überzugs ist das Geheimniß des Erfinders), und die Wirkung des Lichts darauf verändert diese Grundfarbe nach Maßgabe der Beleuchtung der verschiedenen Partien des abzubildenden Gegenstandes dergestalt, daß man ein Bild in allen Nuancen vom zartesten Weiß bis zu jenem tiefen Schwarz erhält; dabei ist dieses Reagens so außerordentlich empfindlich gegen das Licht, daß bei seiner Anwendung es nicht der Beleuchtung der Gegenstände durch die Sonne, sondern selbst nur durch eine Kerze bedarf, um ein vollkommen deutliches und scharfes Bild zu erhalten. Der Künstler muß daher das Einsetzen der Platten auch entweder in einem ganz finstern Gemache oder bei einer Laterne mit sehr dunkelfarbigem Glase vornehmen. Leider soll, nach seinen eigenen Angaben, die chemische Präparation dieser gegen alles Licht so äußerst empfindlichen Platten auch in dem nämlichen Maße mühsam und kostbar sein, weshalb er auch noch auf eine Vereinfachung sinnt; gelingt ihm diese, so hat sein Verfahren offenbar vor dem Daguerre'schen unendlich viel voraus.

Das letztere selbst aber, dessen Kenntniß in seiner bisherigen Gestalt ich bei den Lesern schon voraussetzen kann, hat soeben auch noch eine große Verbesserung erfahren. Die Bildung des Jodüberzuges auf der Silberplatte war nämlich, nach der von Daguerre gegebenen Anweisung, nicht nur sehr zeitraubend und beschwerlich, sondern auch unsicher, indem sich das Jod selten gleichförmig über die Platte verbreitete. Diesem großen Übelstande wird nun durch ein Verfahren vorgebeugt, welches ein berliner Chemiker ersonnen hat. Er wendet nämlich eine sehr verdünnte Jodauflösung (zwei Tropfen Jodtinctur auf einen Eßlöffel Wasser) an, welche man in ein ganz flaches, kaum einen halben Zoll hohes Gefäß von der genauen Größe der Platte gießt, sodaß letztere eben auf dem Rande aufliegt, ohne von der Flüssigkeit selbst berührt zu werden. Alsdann überzieht sich die Platte in kaum zwei Minuten höchst gleichförmig mit dem verdunstenden Jod. Da man hierbei den ganzen von Daguerre geforderten Jodkasten spart, so wird auch der Apparat compendiöser. Der Professor von Steinheil in München ist auf eine noch bedeutendere Vereinfachung der Daguerre'schen Apparate gekommen; statt der großen Jod- und Quecksilberapparate nimmt er nämlich ein von Jod durchdrungenes Bretchen und eine mit Quecksilber amalgamirte Kupferplatte; auf jenes wird die Silberplatte vor, auf diese nach der Lichteinwirkung gelegt und überzieht sich dadurch in ein bis zwei Minuten gleichmäßig mit Jod, in fünf bis zehn Minuten aber (ohne Erwärmung, weshalb auch das Thermometer überflüssig wird) mit Quecksilberdampf. Die mit so zubereiteten Platten aufgenommenen heliographischen Bilder aber stehen, nach mehrfachen angestellten Versuchen, in keinerlei Rücksicht denjenigen nach, welche mit Daguerre'schen Platten selbst gewonnen werden. Dies ist also ein sehr bedeutender Gewinn für die Technik der Heliographie. Diese außerordentliche Erfindung steht überhaupt, trotz der Erhabenheit des Standpunkts, auf dem sie bereits erscheint, doch nur noch auf der ersten Stufe ihrer Entwicklung, ich sage aber mit der innigsten Überzeugung von ihr vorher, daß sie noch ganz Unerwartetes leisten wird.

Von diesen durch das Licht vermittelten Resultaten gehe ich auf einen andern Effect über, den wir der Electricität verdanken und welcher zwar ebenfalls schon auf einer bedeutenden Höhe der praktischen Anwendung steht, aber gleichwol für die Zukunft auch noch unendlich mehr verspricht: ich meine die elektrische Telegraphie. Diese ganze Operation, wie wickelt sie auf den ersten Blick erscheinen mag, beruht doch in der Hauptsache auf dem sehr einfachen Umstande, daß die einem Metalldrahte an seinem einen Ende mitgetheilte Elektricität denselben, wie lang er auch immer sein möge, in unmeßbar kurzer Zeit durchläuft und noch am andern Ende volle Wirksamkeit zeigt. Diese Wirkung besteht in unserm Falle darin, daß, wenn sich unter dem Drahte an jenem andern Ende eine in seiner Richtung aufgehängte Magnetnadel befindet, letztere durch die elektrische Affection aus ihrer Richtung abgelenkt und also in Bewegung gesetzt wird. Denken wir uns nunmehr zwei, gleichgültig, wie weit voneinander entfernte, durch eine solche Vorrichtung eines Drahtes und einer an dessen einem Ende darunter schwebenden Magnetnadel miteinander in Verbindung stehende Personen, so brauchte die eine von ihnen an ihrem Ende dem Drahte nur auf irgend eine beliebige Weise Elektricität mitzutheilen, um dadurch augenblicklich die Magnetnadel am andern Ende in Schwingung zu versetzen, und wenn diese Nadel nun hier z. B. auf ein Glöckchen wirkte, so würde letzteres in demselben Augenblicke anschlagen und dadurch ein Zeichen geben, über dessen Bedeutung man vorher übereingekommen sein könnte. Wären aber gar mehre solche Verbindungsdrähte vorhanden, deren sich jeder, um bei der gewählten Anordnung stehen zu bleiben, auf ein besonderes Glöckchen bezöge, so ließe sich, wie man gleich übersieht, eine ordentliche Signalsprache zwischen den beiden Personen etabliren, ja auf Frage und Antwort ausdehnen, wenn an beiden Enden Magnetnadeln mit Glöckchen wären und abwechselnd die eine oder die andere Person ihren Drahtenden Elektricität mittheilte, um die entsprechenden Glöckchen am andern Ende erklingen zu machen.

Auf diese von uns zur Versinnlichung ausgewählte oder auch auf andere complicirtere Weise, da sich die mannichfachsten Abänderungen des Apparats denken lassen, besteht nun die elektrische Telegraphie längs der Great-Westerneisenbahn in England bereits wirklich. Die Verbindungsdrähte, eingeschlossen in hölzerne, die Elektricität (man wendet in England die galvanische an, welche bekanntlich sehr einfach durch das Befeuchten eines Plattenpaares heterogener Metalle mit einer verdünnten Mineralsäure erregt wird, und nennt diese Telegraphen daher galvanische) gehörig isolirende Röhren, laufen unter der Erde von einer Station zur andern und treten dann in die Beobachtungszimmer hinauf.

Am 31. August dieses Jahres ist der erste öffentliche Versuch damit zwischen den auf gedachter Eisenbahn gelegener beiden Stationen Drayton und Paddington gemacht worden. Auf die Frage: Wie viel

Reisende sind mit dem Zuge um 10 Uhr von Drayton abgegangen? war die Antwort in weniger als zwei Minuten in der 13½ englische Meilen entfernten Station Paddington zurück. Diese zwei Minuten kommen aber, wohl zu merken, gänzlich auf die Operation, da die Schnelligkeit, mit welcher die Elektricität den Draht durcheilt, fast ganz unmeßbar ist*) und Tausende von Meilen in einer einzigen Zeitsecunde beträgt; hätte sich der Draht von Lissabon bis Petersburg statt von Drayton nach Paddington erstreckt, so würde die Antwort auch nicht länger gezögert haben. Dabei ist das Verfahren für den auf dieser Eisenbahn ausgedachten galvanisch-telegraphischen Apparat**) so äußerst einfach, daß jedes Kind dasselbe ausführen kann. Die Sache verdient demnach die allergrößte Aufmerksamkeit, da, abgesehen von der unendlichen Geschwindigkeit, kein störender Umstand, keine Nacht, kein Nebel, diese Art von telegraphischer Mittheilung unterbrechen kann, und selbst das beständige Ausschauen, welches den bisherigen Telegraphendienst so äußerst beschwerlich macht, dabei wegfällt, weil das Erklingen eines Glöckchens den Eintritt einer Signalisirung ankündigt und als Beweis, daß man gehört habe und nun aufpasse, sogar zurückgegeben werden kann.

In Deutschland bestehen bis jetzt, so viel ich weiß, nur erst zwei galvanische Telegraphen: der eine zu Göttingen, nach der Idee unsers großen Gauß, zwischen der Sternwarte und dem physikalischen Cabinet, aber auf eine Entfernung von nur 6000 Fuß; der andere zwischen München und Bogenhausen (1¼ Meile), ausgeführt vom Professor Steinheil zu München; beide dienen aber mehr als Versuche, denn zu wirklichen praktischen Anwendungen, worin uns die Engländer nun einmal immer vorangehen sollen und müssen, wenngleich der erste Gedanke in einem deutschen Kopfe entsprungen ist. Indeß hat jener bogenhausen-münchener Telegraph seinem Ausführer Steinheil doch wenigstens Veranlassung gegeben, sich über das Princip und die von ihm gewählten Mittel der Ausführung in eigenen Schriften sehr belehrend auszusprechen, und da letztere nicht in die Hände des größern Publicums gekommen sind, so hoffen wir, uns bei der außerordentlichen Wichtigkeit der Erfindung ein Verdienst um unsere Leser zu erwerben, wenn wir hier noch Einiges aus denselben beibringen.

Steinheil findet einen sehr wesentlichen Nachtheil der optischen Telegraphen, wie er die frühere Einrichtung im Gegensatze der galvanischen nennt, in der Nothwendigkeit eines ununterbrochenen Ausschauens. Der Gehörsinn ist von der Natur zunächst zur Mittheilung bestimmt, und die Telegraphie wird also dann die vollendetste sein, wenn sie Das, was die Sprache für kleine Fernen leistet, auf jede beliebige Entfernung zu übertragen vermag. Die Anordnung mehrer Glöckchen von verschiedener Abstimmung, um die verschiedenen Zeichen der optischen Telegraphie zu ersetzen, schien uns eben deshalb auch die naturgemäßeste zu sein. Daß diese Glockentöne durch die Ablenkung von Magnetstäbchen bewirkt werden, welche in Bewegung gerathen, sobald die galvanische Kraft im Leitungsdrahte über ihnen dahinströmt, ist von uns schon oben angeführt; Steinheil benutzt diese in Bewegung gerathenden Magnetstäbchen aber zugleich zum Fixiren von schwarzen Punkten auf einem bewegten Papierstreifen, wo sich dieselben etwa wie Noten darstellen. So entsteht durch die Glockentöne eine Sprache, die dem Eingeübten verständlich ist, durch die auf dem Papierstreifen fixirten Punkte aber eine Schrift, welche als bleibend in etwa zweifelhaften Fällen des Überhörens oder Verhörens nachgesehen werden kann. Man sieht aus diesen Andeutungen, bis zu welchem Punkte die Aufgabe in Deutschland praktisch vorgeschritten ist; Referent gesteht schließlich, daß ihm das englische Verfahren, über welches noch detaillirtere Auseinandersetzungen bald nachfolgen sollen, zwar weniger ängstlich sicher, aber praktisch prompter und, ohne so viele Rücksichtsnahme, doch zureichend erscheint. Ganz gewiß aber werden Zeit und fortgesetzte Bemühungen die beiden galvanisch-telegraphischen Kinder, das deutsche wie das englische, groß ziehen und aus beiden allmälig ganz außerordentliche Geschöpfe heranbilden.

(Der Beschluß folgt in Nr. 361.)

Schilf- und Graspapier.

Der Franzose Dubochet hat folgendes Verfahren erfunden, um aus Schilf Papier zu fabriciren. Das Schilf wird nach Trennung der Wurzel und des Kopfes in Stücke von einem bis drei Zoll Länge geschnitten, dann gestampft und hierauf in einen verschlossenen Bottich gebracht, in welchem sich eine aus Soda und gelöschtem Kalke bereitete ätzende Lauge befinden muß, die mit Dampf erhitzt wird und zur Röstung des Schilfs dient. Das aus dem Laugenbade kommende Zeuch wird hierauf zwischen Cylindern gemahlen und nach dem üblichen Verfahren zu Papier verarbeitet. In Nordamerika hat ein gewisser Sanderson aus dem Staate Massachusetts auf die Fabrikation eines Papiers aus einem an den dortigen Küsten häufig wachsenden Grase, dem sogenannten Sandgrase, ein Patent genommen. Dieses Gras wird, nachdem es getrocknet worden, zwei Stunden lang über Feuer oder mit Dampf in einer Kalk- oder Pottaschenlauge gekocht, dann in Stücke von zwei bis drei Zoll Länge geschnitten und in die Stampfmaschine gebracht, wobei während des Stampfens dem Wasser auf 200 Pfund Gras 6 Pfund Pottasche und ½ Pinte Thran oder Walrathöl zugesetzt wird. Die fernere Behandlung ist wie der gewöhnlichen Papierfabrikation.

Das Rathhaus zu Bremen.

Zu den merkwürdigsten und ansehnlichsten Gebäuden der Stadt Bremen, von welcher wir bereits in Nr. 152 eine ausführlichere Beschreibung gegeben haben, gehört das schöne alterthümliche Rathhaus am Markte, das im Jahre 1405 erbaut worden ist. Es ist reich mit unzähligen aus rothem Sandsteine gehauenen, zum Theil allegorischen und satirischen Figuren geziert, welche den Beschauern reichlichen Stoff zur Übung ihres Scharfsinns darbieten, von denen jedoch viele einer Reparatur dringend bedürfen. Aber noch in einer andern Hinsicht ist das Rathhaus für Fremde und Einheimische interessant und werth, besucht zu werden, nämlich wegen des unter demselben befindlichen berühmten Wein-

---

*) Nach den Versuchen des englischen Naturforschers Wheatstone beträgt diese Schnelligkeit in einem Drahte von Kupfer, welches besser als andere Metalle leitet, über 60,000 deutsche Meilen in einer Secunde.

**) Bei diesem Apparate ist nur ein Glöckchen vorhanden, dessen Erklingen blos anzeigt, daß eine Signalisirung eingetreten wird. Letztere selbst erfolgt sodann durch kleine Claven, deren so viele als Buchstaben des Alphabets vorhanden sind, und welche mittels des Galvanismus in Bewegung gesetzt werden, wonächst sich der entsprechende Buchstabe am andern Ende der Verbindungslinie wiedergegeben zeigt. Auch ist ein Kreuz vorhanden, durch welches ein begangener Irrthum angedeutet werden kann.

kellers, in welchem die zwölf Apostel gelagert sind; diesen Namen führen zwölf große Weinfässer, die mit altem Rheinwein, namentlich Hochheimer und Rüdesheimer, gefüllt sind. Eine Abtheilung des Kellers wird von einer an der Decke befindlichen Abbildung die Rose genannt, entspricht jedoch dem Namen dieser lieblichsten aller Blumen insofern wenig, als der Geschmack des uralten Rheinweins, der hier geschenkt wird, bekanntlich herbe und eben nicht lieblich zu nennen ist. Das älteste Stückfaß ist vom Jahre 1624. Zahlreiche enge Zellen nehmen Diejenigen auf, welche kommen, den zwölf Aposteln ihre Verehrung zu bezeugen; außer ihnen ist noch ein größeres Gemach seiner akustischen Eigenschaft wegen bemerkenswerth, indem man in der einen Ecke sehr deutlich verstehen kann, was Jemand leise in der entgegengesetzten Ecke gegen die Wand spricht. Von ganz anderer Art und Bestimmung ist ein anderer Keller, der gleichfalls zu den Merkwürdigkeiten Bremens gezählt zu werden pflegt, der Bleikeller unter dem Dome, welcher die Eigenschaft hat, Leichen unverwest zu erhalten und in Mumien zu verwandeln. Dieser Keller ist indeß kaum eines Besuchs werth, weil die wenigen darin befindlichen Leichen — einer englischen Dame, eines schwedischen Obersten, eines Dachdeckers und eines im Duell gebliebenen Studenten — nur schlecht erhalten sind.

Vom Rathhause ist noch das Stadthaus zu unterscheiden, welches auf dem in Nr. 152 abgebildeten Domhofe steht und 1819 an der Stelle des alten erzbischöflichen Palastes erbaut wurde.

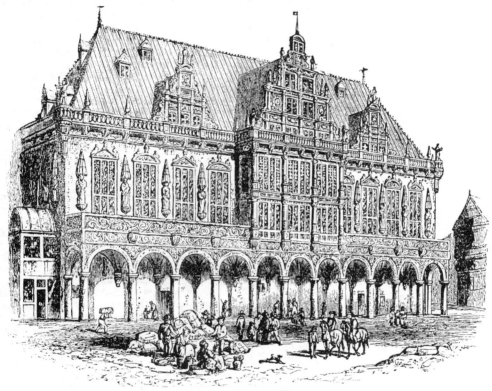

Das Rathhaus zu Bremen.

Wie weit kann man von einer Höhe sehen?

Unter den mancherlei Gründen, die man für die kugelförmige Gestalt der Erde anzuführen pflegt, befindet sich bekanntlich auch der, daß wir überall auf der Erde nur einen verhältnißmäßig sehr kleinen Theil derselben, der scharf begrenzt ist und die Gestalt eines Kreises hat, übersehen können. Wäre die Oberfläche der Erde eben, wie man in alten Zeiten glaubte, so würden wir nach allen Seiten unendlich weit sehen können, und wenn auch sehr entfernte Theile der Erde, namentlich wegen der Dünste der untern Luftschichten, uns unsichtbar sein würden, so würde doch unsere Aussicht ohne allen Vergleich weiter reichen, als es wirklich der Fall ist. Da nun aber die Erde die Gestalt einer Kugel hat, so können wir von ihr immer nur einen kleinen Theil übersehen, der aber desto größer ist, je höher wir uns über die Erdoberfläche erhoben haben, und der, abgesehen von den Unregelmäßigkeiten, welche fast immer durch mehr oder minder hohe Gegenstände hervorgebracht werden, stets eine kreisrunde Gestalt hat. Ein Auge, das sich unmittelbar an oder auf der Erdoberfläche selbst befindet, kann gar keinen Theil derselben übersehen, dagegen würde ein Auge, das sich in unendlicher Entfernung von der Erdoberfläche befände, genau die Hälfte der Erde übersehen können, wenn nicht in dieser Entfernung die Erde unter einem unendlich kleinen Gesichtswinkel erscheinen und daher verschwinden müßte; aber schon ein auf dem Monde befindlicher Beobachter, dem die Erde ungefähr 14 Mal so groß erscheint als uns der Mond, übersieht fast genau die halbe Erdoberfläche auf einmal, wie wir fast genau die halbe Mondoberfläche.

Folgende Tabelle gibt an, 1) wie weit man bei

einer gewissen Höhe des Auges über der Erdoberfläche nach allen Seiten sehen kann, und 2) wie groß der sichtbare Theil der Erde in geographischen Quadratmeilen ist; angenommen ist hierbei, daß nur der Beobachter einen höhern Standpunkt einnimmt, aber der ihn umgebende Theil der Erde völlig eben ist. *)

Höhe über der Erdoberfläche. Par. Fuß.	Weite der Aussicht vom Standpunkte des Beobachters. Par. Fuß.	Größe des sichtbaren Theils der Erde. Quadratmeilen.
1	6266	0.236
5	14,011	1.182
10	19,815	2.364
20	28,022	4.728
30	34,320	7.092
40	39,630	9.456
50	44,308	11.82
60	48,537	14.18
70	52,426	16.55
80	56,045	18.91
90	59,445	21.28
100	62,661 oder $2\tfrac{3}{4}$ geogr. Meil.	23.64
200	4 = =	47.28
300	$4\tfrac{3}{4}$ = =	70.92
400	$5\tfrac{1}{2}$ = =	94.56
500	$6\tfrac{1}{8}$ = =	118.2
600	$6\tfrac{3}{4}$ = =	141.8
700	$7\tfrac{1}{4}$ = =	165.5
800	$7\tfrac{3}{4}$ = =	189.1
900	$8\tfrac{1}{4}$ = =	212.8
1000	$8\tfrac{2}{3}$ = =	236.4
2000	$12\tfrac{1}{4}$ = =	472.7
3000	15 = =	709.1
4000	$17\tfrac{1}{4}$ = =	945.4
5000	$19\tfrac{1}{2}$ = =	1182
6000	$21\tfrac{1}{4}$ = =	1418
7000	23 = =	1654
8000	$24\tfrac{1}{2}$ = =	1890
9000	26 = =	2127
10,000	$27\tfrac{1}{2}$ = =	2363
20,000	$38\tfrac{3}{4}$ = =	4723
1 Meile	$41\tfrac{1}{2}$ = =	5394
2 Meilen	59 = =	10,775
3 =	72 = =	16,144
4 =	83 = =	21,500
5 =	$92\tfrac{1}{2}$ = =	26,844
6 =	101 = =	32,175
7 =	109 = =	37,495
8 =	117 = =	42,802
9 =	124 = =	48,096
10 =	130 = =	53,379
u. s. w.		

Für solche Höhen, die in dieser Tabelle nicht angegeben sind, aber zwischen zwei in derselben enthaltene Höhen fallen, lassen sich die zugehörigen Bestimmungen durch einen einfachen Regeldetriansatz finden; doch kann man sich in vielen Fällen, wo es nicht auf Genauigkeit ankommt, damit begnügen, die Angaben für diejenige Höhe zu nehmen, welche der gegebenen zunächst liegt. Um nun zu finden, welche Orte von einer bestimmten Höhe aus gesehen werden können, hat man nur nöthig, auf einer Landkarte mit einem Cirkel von dem Punkte aus, welcher dem Höhenpunkte entspricht, um den es sich handelt, mit einer Cirkelweite, die der zugehörigen Aussichtsweite gleich ist, einen Kreis zu beschreiben; alle innerhalb desselben liegende Orte müssen, wenn nicht sonstige Hindernisse vorhanden sind, von der gegebenen Höhe sichtbar sein. Die wirkliche Aussichtsweite erstreckt sich jedoch in der Regel noch etwas weiter, als diese Tabelle angibt. Einmal ist nämlich dabei angenommen worden, daß sich mit Ausnahme des Beobachters kein Gegenstand über die Oberfläche der kugelförmigen Erde erhebt; nun ist aber leicht zu begreifen, daß Berge und überhaupt erhabene Gegenstände auf eine größere Entfernung sichtbar sein müssen als Gegenstände, die sich nicht über die Erdoberfläche erheben. Wer auf einem Berge steht, von welchem aus er nach der obigen Tabelle z. B. 15 Meilen weit sehen kann, kann zwar Gegenstände auf der Erdoberfläche selbst, die weiter als 15 Meilen entfernt sind, nicht mehr erkennen, aber Gegenstände, die sich bedeutend über die Erdoberfläche erheben, kann er auch in größerer Entfernung erkennen, und zwar in desto größerer, je höher sie sind; einen Berg, dessen Höhe der Höhe des Berges, auf welchem er steht, genau gleich ist, kann er auch dann noch sehen, wenn die Entfernung desselben das Doppelte von der angegebenen, also 30 Meilen, beträgt; einen noch höhern Berg würde er selbst in einer noch größeren Entfernung sehen können. Ein zweiter Umstand, der hierbei zu berücksichtigen ist und dazu beiträgt, die Aussichtsweite zu vergrößern, ist die Strahlenbrechung, welche bewirkt, daß die Lichtstrahlen in der Luft keine völlig gerade, sondern eine etwas gekrümmte Linie beschreiben, wenn sie aus dichtere in dünnere Luftschichten oder umgekehrt übergehen. Bekanntlich ist die Strahlenbrechung Ursache, daß alle Himmelskörper uns etwas höher am Himmel erscheinen als eigentlich richtig ist, und daß wir Sonne und Mond schon am Himmel und noch am Himmel erblicken, wenn sie eigentlich noch nicht aufgegangen oder schon untergegangen sind. Etwas Ähnliches findet auch bei den von uns entfernten Gegenständen auf der Erde statt, wenn wir uns auf einem erhöhten Standpunkte befinden, mit dem Unterschiede jedoch, daß in diesem Falle die Lichtstrahlen ihren Weg nicht durch die ganze Atmosphäre, sondern nur durch einen Theil derselben nehmen und dabei insofern sie von der Erdoberfläche zu einem höher liegenden Punkte gehen, aus dichtern Luftschichten in dünnere übergehen, während bei den von den Himmelskörpern zu uns kommenden Lichtstrahlen das Umgekehrte stattfindet. Die Wirkung ist übrigens in beiden Fällen dieselbe; der Weg der Lichtstrahlen wird gekrümmt, und Gegenstände, die ohne Strahlenbrechung uns verborgen bleiben würden, werden uns sichtbar, wodurch jedoch in der Regel die Aussichtsweite nur unbedeutend vergrößert werden kann. Nicht selten ist aber auch eine Ursache vorhanden, welche die Aussichtsweite vermindert: wenn sich nämlich in einer geringern Entfernung von dem erhabenen Standpunkte des Beobachters, als der in der Tabelle angezeigten Aussichtsweite gemäß ist, ein höherer Gegenstand befindet, welcher die jenseit desselben befindlichen verbirgt. Wer sich z. B. auf einem 7000 Fuß hohen Berge befindet, der müßte eigentlich nach allen Seiten hin 23 Meilen weit sehen können; aber begreiflich kann er dieses nicht, wenn er auf allen Seiten von Bergen eingeschlossen ist, die so hoch sind, daß er nicht über dieselben hinwegsehen kann, wozu nicht einmal erfodert

---

*) Für einen Theil der Leser dürfte die Bemerkung nicht überflüssig sein, daß in der dritten Columne die hinter dem Punkte stehenden Ziffern Decimaltheile ausdrücken, d. h. den Zähler eines Bruchs bilden, dessen Nenner hinzugedacht werden muß und aus einer 1 und so vielen Nullen besteht, als der Zähler Ziffern enthält; z. B. 0.236 = $236/1000$; 11.82 = $11\,82/100$; 118.2 = $118\,2/10$.

wird, daß sie höher als 7000 Fuß oder auch nur ebenso hoch sind, vielmehr werden schon weit niedrigere Berge in gehöriger Entfernung die Aussichtsweite vermindern, aber je niedriger ein Berg ist, desto entfernter muß er sein, um diese Wirkung hervorzubringen.

Schröpfköpfe im Großen.

Der pariser Arzt Junod bedient sich des verminderten Luftdrucks als eines Heilmittels in größerer Ausdehnung, als dies früher der Fall gewesen war. Nachdem er in einem luftdicht gemachten Zimmer die Luft in einem sehr bedeutenden Grade verdünnt und darin lange Zeit die Wirkung des verminderten Luftdrucks auf den menschlichen Körper studirt hatte, ging er zur Anwendung desselben in der Heilkunde über und braucht jetzt große Metallröhren, welche an dem einen offenen Ende eine Vorrichtung aus Kautschuk haben, welche sich den in die Röhre kommenden Theile des menschlichen Körpers — bald sind es die Arme oder die Füße, bald die ganze untere Hälfte des Leibes — genau anschließen. Die Folgen, die sich hierbei ergeben, sind merkwürdig. Ein großer Theil des im Körper befindlichen Blutes wendet sich gegen die in der Röhre befindlichen Theile und verläßt daher andere, die von einer Krankheit bedroht oder ergriffen sind; sämmtliche Blutgefäße strotzen, der Theil wird roth, schwillt oft um mehre Zoll, es tritt vermehrte Wärmeentwickelung und Schweißbildung ein. Durch dieses Mittel, womit Junod zur Zeit der Cholera im Hôtel-Dieu experimentirte, heilt er Schlagflüsse, Lähmungen, Rheumatismen, Ohren- und Augenkrankheiten der hartnäckigsten Art, selbst eine Heilung des schwarzen Staars hat er durch mehrmalige Anwendung seiner Vorrichtung zu Stande gebracht. Durch Hineinpumpen der Luft läßt dieselbe auch vermehrten Luftdruck zu, der nöthig wird, wenn während der Application Ohnmachten entstehen, was öfter der Fall ist; das Blut strömt dann wieder zurück in Folge des auf den Körpertheil überall gleichmäßig ausgeübten Druckes, wodurch ein wichtiges Problem der Medicin gelöst ist.

Die Vogelspinne.

Diese Spinne, welche sich in Brasilien, Guiana, Haiti, Martinique und auf einigen andern Inseln unweit der Mündung des Orinoco findet, ist 2½ Zoll lang und mißt mit ausgebreiteten Füßen 9—10 Zoll, ist also im Vergleich zu andern Thieren derselben Classe riesengroß zu nennen. Unsere Abbildung stellt sie in natürlicher Größe vor, doch werden manche Exemplare noch etwas größer. Statt einer trockenen Beschreibung des Thieres theilen wir lieber den Bericht eines französischen Reisenden über dasselbe mit seinen eigenen Worten mit:

„Ich hatte in Begleitung eines Negers meine Wohnung (in Brasilien) verlassen und wir gingen an einem Gehölze hin, dessen Saum eine Maispflanzung begrenzte. Plötzlich hörte ich ein Gesumme, das mich bewog, die Augen nach einem Gebüsche zu richten; hier sah ich einen allerliebsten kleinen Vogel von einer Bengaliart sich abmühen, um sich aus einer Schlinge, in die er gerathen war, zu befreien. Ich näherte mich hastig, um seiner habhaft zu werden, und nicht ohne Erstaunen sah ich, daß er in ein Spinnengewebe verwickelt war, welches zwar von geringer Ausdehnung war, aber aus groben, sehr starken und mit vieler Kunst verschlungenen Fäden bestand. Im Augenblicke, wo ich den Vogel ergreifen wollte, kam eine gewaltige Spinne aus dem Gebüsche hervor und näherte sich ihrem Gespinnst mit großer Eile, als wollte sie mir ihre Beute streitig machen. Fast erschrak ich, als ich das häßliche Thier erblickte, das über und über mit emporgerichteten braunen Haaren bedeckt war und näher kommend seine dicken Kinnladen öffnete, die mit langen spitzigen Haken bewaffnet waren, aus denen ein schmerzhaftes, für die kleinen Thiere tödtliches Gift fließt. Als ich sie mit dem Stocke bedrohte, machte sie Halt, sodaß ich sie bequem betrachten konnte. Ihre Farbe war ein gleichförmiges Braunroth mit langen und spitzigen, durch die Abwesenheit der Haare gebildeten röthlichen Streifen. Die Länge des Körpers betrug 2½ Zoll, mit Einrechnung der Kinnladen aber 3 Zoll, die Breite des Körpers 1¼ Zoll; die längsten ihrer acht Beine maßen 4 Zoll 4 Linien, die kürzesten 3 Zoll 7 Linien. Ihre acht Augen waren auf einer rundlichen Erhabenheit zusammengedrängt; die an den beiden Seiten waren oval und röthlich, die mittlern größer, kreisrund und schwarz."

„Eben wollte ich das häßliche Thier tödten, als der Neger mir den Arm hielt. Dies that er, wie er sagte, weil diese Spinne eine sehr häßliche Insektenart, die Kakerlaken, verfolgt und verzehrt; aus seiner und Anderer Erzählungen erfuhr ich über ihre Natur und Lebensart noch Folgendes: Ihre Dreistigkeit kommt daher, weil sie in diesem Lande wegen ihres beständigen Krieges gegen die schädlichen Insekten, selbst gegen die Kröten und andere Amphibien, die sie in ihrer ersten Jugend angreift und tödtet, von allen Einwohnern verschont wird. Sie bringt ungehindert in die Wohnungen und verfolgt die Kakerlaken bis in die Betten; den Menschen sticht sie nur, wenn sie angegriffen wird und nicht entfliehen kann; dann zieht sie die Freßspitzen zusammen, stellt sich todt und beißt, wenn man sie berührt; dieser Biß ist jedoch nicht sehr gefährlich und die schlimmsten Folgen, die er nach sich zieht, beschränken sich auf ein Fieber, das einige Stunden dauert, und auf eine leichte Geschwulst. Die Spinne ist in den Maispflanzungen und Wäldern sehr häufig. Zuweilen wohnt sie in einem Loche, das sie in die Erde gräbt und dessen Wände sie mit einem gelblichen Gespinnst überzieht; nicht selten begnügt sie sich damit, sich am Tage in Felsenspalten oder hohle Baumstämme zurückzuziehen. Hier hält sie sich versteckt, so lange die Sonne am Himmel steht, und stürzt sich gelegentlich auf ihr nahe kommende Insekten und andere kleine Thiere, von denen sie lebt. Ist ihr Opfer stark genug, um sich zu widersetzen, so beißt sie es und läßt ein schnell tödtendes Gift in seine Adern fließen, oder sie umschlingt und knebelt es mit ihren Fäden, bis es keine Bewegung mehr machen kann, und verschlingt es dann mit aller Bequemlichkeit. Bei Einbruch der Nacht verläßt sie ihren Zufluchtsort, um auf die Jagd zu gehen, die sie bis zum Morgen fortsetzt. Sie beginnt damit, daß sie alle in der Umgegend von ihr gesponnenen Netze untersucht; dann streift sie umher und entfernt sich oft weit von ihrer Wohnung. Sie klettert mit vieler Gewandtheit auf die Bäume, durchsucht die Nester der Kolibris und anderer kleiner Vögel, überfällt die Mutter in ihrem Neste und tödtet sie nebst ihren Jungen oder saugt die Eier aus, wenn sie noch nicht ausgebrütet sind."

„Ungeachtet ihrer Wildheit soll sie große Anhänglichkeit gegen ihre Jungen zeigen. Sie legt eine ziemlich große Zahl von Eiern, die sie mit einer Art Cocon von der Größe eines Taubeneis umhüllt; diesen Ballen verbirgt sie an einem sichern Orte, wacht darüber mit einer wahrhaft bewundernswürdigen Wachsamkeit und vertheidigt ihn mit wahrer Wuth gegen den Angriff von Feinden. Sind die Jungen ausgekrochen, so pflegt sie dieselben noch einige Tage, bis sie stark genug sind, um für sich selbst zu sorgen. Weniger zärtlich ist sie gegen ihren Gatten; diesen sucht sie hinterlistig zu überfallen, und wenn er nicht schleunig die Flucht ergreift, umschlingt sie ihn mit ihren Fäden, macht ihn unfähig, sich zu vertheidigen, und tödtet ihn dann."

Die Vogelspinne.

Das Pfennig-Magazin
für
Verbreitung gemeinnütziger Kenntnisse.

361.] Erscheint jeden Sonnabend. [Februar 29, 1840.

Die Höhlen Indiens.

Die Höhle bei Karli.

Die Küste Malabar, ein Theil der Küste Koromandel und die Insel Ceylon enthalten eine Menge Höhlen oder vielmehr unterirdische Tempel, welche durch ihre seltsame Bauart und die große Zahl der darin befindlichen Inschriften und Alterthümer die Aufmerksamkeit der Alterthumsforscher und Orientalisten in der neuesten Zeit auf sich gezogen haben. Mehre sind von den Reisenden, die seit etwa einem halben Jahrhunderte die verschiedenen Gegenden Asiens durchwandert haben, besucht und sorgfältig beschrieben worden; dahin gehören namentlich folgende, die von allen die merkwürdigsten zu sein scheinen.

Die erste derselben, welche eigentlich aus mehren miteinander in Verbindung stehenden Höhlen besteht, ist die in unserer Abbildung dargestellte Höhle bei Karli. Man gelangt zu ihr auf einem sehr steilen in den Felsen gehauenen Pfade; nichts deutet auf ihr Vorhandensein, da dichtes Gehölz sie vollständig verbirgt, bis man in der Entfernung von ungefähr 500 Schritten ihren Eingang gewahr wird. Die ausgegrabenen Räume werden durch eine große Zahl von Pfeilern gestützt und nehmen 126 Fuß in der Länge, 46 Fuß in der Breite ein. Zuerst betritt man eine Vorhalle, deren Wände mit Basreliefs bedeckt sind, welche Elefanten, männliche und weibliche Figuren und den Gott Brahma vorstellen. An mehren Stellen sieht man diese Gottheit mit gekreuzten Beinen sitzen, an andern steht sie, von anbetenden Gestalten umgeben. In einer dieser Darstellungen fächeln zwei auf dem Lotus, der heiligen Pflanze der Indier, sitzende Personen dem Gotte Luft zu, während andere eine Krone über seinem Kopfe halten. In allen Abtheilungen der Höhle von Karli bemerkt man eine große Menge von Inschriften in unbekannten Schriftzügen; mehre werden von der Kalkschicht verdeckt, mit der die innern Wände der Höhle überzogen sind.

Gegenwärtig, wo die Brahminen im Besitze dieser ersten Tempel des Buddhaismus sind, der um die Zeit des Entstehens der christlichen Religion heftig verfolgt und endlich aus Indien diesseit des Ganges ganz vertrieben wurde, sind diese Grotten von den frommen Gläubigen verlassen und werden nach dem Glauben der abergläubischen Indier von bösen Geistern bewohnt, die ihren Besuch für die neugierigen Reisenden gefährlich machen. Der großen Vorhalle der Höhle gegenüber haben die Brahminen eine Pagode gebaut, vielleicht um den schädlichen Einfluß jener Geister abzuwenden. Daneben erhebt sich ein Pfeiler von 24 Fuß Höhe und 8 Fuß Durchmesser, bedeckt von Inschriften, welche zu entziffern man sich ebenfalls vergebens bemüht hat. Auf dem Capitäl der Säule befinden sich vier Löwen, deren Formen an die chinesischen Löwen erinnern; ein anderer Pfeiler ist entfernt worden, um für die gedachte Pagode Raum zu gewinnen.

Nördlich von dieser ungeheuern Höhle zieht sich eine Reihe weniger tiefer Höhlen in einer Länge von ungefähr 500 Fuß hin. Sie sind von rechteckiger Form und scheinen zu Wohnungen für die dienstthuenden Priester bestimmt gewesen zu sein. In einer derselben findet man eine Darstellung des Buddha, in einer andern eine gleich allen andern unentzifferte Inschrift.

Die Höhlen auf der Insel Salsette bei Bombay sind minder geräumig als die von Karli, aber reicher an Zierathen und geschickt ausgeführten Sculpturarbeiten. Besonders die von Kennerie zeichnen sich durch die Kühnheit, mit der sie in den Felsen gegraben worden sind, aus. Sie liegen auf dem Gipfel eines der höchsten Berge der Gebirgskette, welche die Insel in zwei gleiche Theile theilt. In einer großen Vorhalle sieht man zwei Bildsäulen des Buddha, 20 Fuß hoch und von den Portugiesen roth gefärbt, welche letztere dadurch das Bildniß des falschen Gottes gleichsam verbergen wollten, nachdem sie die verlassenen Pagoden der Anhänger desselben in katholische Kirchen umgewandelt hatten.

Auf der Insel Elefanta, welche mit Bombay durch einen Damm verbunden ist und ihren Namen von einem kolossalen steinernen Elefantenbilde erhalten hat, sind gleichfalls merkwürdige in den Felsen gehauene Grotten, von denen eine über 200 Fuß lang und 150 Fuß breit ist und von vier Reihen großer Säulen getragen wird. Sie enthält das kolossale Bild einer Gottheit mit drei Köpfen und an den Wänden großentheils verwitterte Darstellungen aus der indischen Mythologie.*) Endlich trifft man etwa vier Meilen nördlich von Aureng-Abad die schönen unterirdischen Felsengrotten von Ellora oder Ilour, hinsichtlich deren wir den Leser auf die in Nr. 260 gegebene Beschreibung und Abbildung verweisen.

In welche Zeit haben wir die Anlegung dieser unterirdischen Räume zu setzen, und was war der Zweck derselben? Hinsichtlich der ersten dieser beiden Fragen bemerken wir, daß die Natur selbst diese Höhlen, wenigstens der Mehrzahl nach, gebildet, Menschenhände aber sie nur vergrößert und verschönert haben mögen. Die Brahminen setzen diese Arbeiten der Indier in eine sehr alte Zeit; doch muß man gegen diese Geneigtheit der asiatischen Völker, sich und Allem, was ihnen gehört, ein sehr hohes Alter beizulegen, billig mistrauisch sein. Gewiß wird es immer sehr schwierig sein, die Zeit der Anlegung dieser Höhlen näher zu bestimmen. Ihren Zweck anlangend so haben wir bereits erwähnt, daß sie an manchen Orten, namentlich bei Karli, den ersten Buddhisten als Tempel gedient haben mögen; auch ist nicht zu bezweifeln, daß sie den zahlreichen Frommen, welche sich von der Welt zurückzogen und in der Einsamkeit gleichsam einen Vorschmack der ihnen von den heiligen Büchern verheißenen ewigen Glückseligkeit suchten, als Zufluchtsort gedient haben. Die indischen Fürsten vermehrten die Zahl dieser Zufluchtsörter, um jene frommen Absichten zu fördern und sich selbst den Segen des Himmels zu erwerben. Die jetzigen Indier legen auf alle diese Alterthümer geringen Werth.

Das Neueste aus der Natur- und Gewerbswissenschaft.
(Beschluß aus Nr. 360.)

Neben so vielen außerordentlich glücklichen Erfolgen müssen wir die Leser aber auch von etwas Verunglücktem, nämlich vom gänzlichen Mislingen eines neuen Versuchs zur horizontalen**) Lenkung des Luftballons, unterhalten. Dieser Versuch ist am 20. October vorigen Jahres Nachmittags von einem gewissen Eulriot auf dem Marsfelde zu Paris angestellt worden. Der riesengroße Ballon selbst hatte die Gestalt eines auf der Seite liegenden Eies; die anhängende Gondel glich einem Cabriolet, an welchem statt der Räder eine Art von Windmühlenflügeln befestigt war; mittels dieser Flügel aber sollte die Lenkung der ganzen Maschine bewirkt werden. Nachdem der neue Ikarus Platz in seinem Cabriolet genommen hatte, ließ man den Ballon etwas steigen, hielt ihn aber dabei noch an Stricken zurück, indeß der Experimentator seinen Mechanismus mittels einer Kurbel in Bewegung setzte; bis dahin

---

*) Vgl. Pfennig-Magazin Nr. 302.
**) „Horizontalen", denn über die verticale ist man insofern Herr, als man den Ballon durch Auswerfen von Ballast oder Auslassen von Gas beliebig steigen und sinken machen kann.

deutete aber noch nichts an, welchen Directionseinfluß diese Bemühung auf den Ballon ausüben würde. Gegen fünf Uhr endlich ward dieser freigelassen; Eulriot warf Ballast aus und die Luftschiffahrt begann. Ein kleiner Ballon, den man in demselben Augenblicke steigen ließ, zeigte die Windrichtung an, und die Frage war nun, ob der Luftschiffer im Stande sein würde, die entgegengesetzte oder doch wenigstens eine merklich abweichende Richtung anzunehmen? Alles begünstigte den Versuch, indem nur ein leiser Wind wehte, und die Erwartung, besonders derjenigen Zuschauer, welche die ganze Wichtigkeit des Experiments einsahen, war auf das höchste gespannt. Allein diese Erwartung ward vollständig getäuscht; man sah nichts, als daß der große Ballon genau der Richtung des kleinen folgte; die Flügel der Gondel waren zwar in beständiger Bewegung, aber ohne auch nur einen Augenblick das gewünschte Resultat herbeizuführen. Als der Ballon eine gewisse Höhe erreicht hatte, ward man eine plötzliche Umdrehung der Gondel gewahr, sodaß das Hintertheil die Stelle des Vordertheils annahm; damit hörte zugleich jede Bewegung der Flügel auf und in wenigen Secunden war Alles in den Wolken verschwunden. Viele Zuschauer drängten sich nun nach dem eingezäunten Raume, um zu erfahren, welche Vorsichtsmaßregeln wegen Herablassung des Luftschiffers getroffen seien, dessen Schicksal lebhafte Besorgnisse einflößte. Allein man erfuhr wenig Tröstliches, indem Seitens der Unternehmer zu sicher auf einen bessern Erfolg gerechnet gewesen zu sein schien. Erst am folgenden Tage ward bekannt, daß Schiffer und Ballon in einer beträchtlichen Entfernung von Paris ziemlich unbeschädigt zur Erde gekommen seien, der Schiffer vermuthlich auf immer geheilt von seiner Hoffnung einer Erfindung der horizontalen Lenkung des Luftballons.

Bedenkt man, daß sich der letztere ganz im Windstrome befindet und, mit demselben fortgeführt, in (relativer) Ruhe ist, so springt die Schwierigkeit jener Lenkung schon in die Augen. Ein ganz unter Wasser durch Strömung fortgeführtes Gefäß wäre etwa in einer ähnlichen Lage; aber diesem bliebe bei der größern Dichte des Wassers doch noch die Anwendung der Ruder, wogegen von letztern gegen die so viel feinere Luft wenig erwartet werden darf. Praktisch erscheint die Erfindung also wirklich äußerst schwierig; aber als absolut unmöglich möchte ich sie darum noch nicht gern bezeichnen. Nur mit den bis jetzt versuchten Mitteln ist gewiß nichts auszurichten; es bedarf eines ganz neuen Gedankens. Bis dahin wird sich der Luftschiffer wol begnügen müssen, durch abwechselndes Sinken und Steigen, worüber er Herr ist, denjenigen Luftstrom aufzusuchen, dessen Richtung seiner augenblicklichen Absicht entspricht, da bekanntlich meistens schon in sehr kleinen Höhen übereinander ganz entgegengesetzte Luftströme statt haben. Es ist merkwürdig, daß die Aëronautik, wenigstens was die horizontale Lenkung des Ballons, also gerade die Hauptsache, betrifft, heute noch ganz auf der nämlichen niedrigsten Stufe der Kindheit steht als zur Zeit ihrer Erfindung, indeß in so viel tausend andern Dingen wahrhafte Riesenschritte geschehen sind. Woran liegt dies? An uns oder an der Sache?

Zum Schlusse meines diesmaligen Berichts muß ich nochmals auf die magnetische Südpolexpedition zurückkommen, über welche ich mich mit meinen Lesern schon in Nr. 336 dieser Blätter unterhalten habe. Auch ist ihnen daher die Sache selbst noch erinnerlich. Es war die Rede vom endlich erfolgten Auslaufen der zwei eigens dazu ausgerüsteten Schiffe aus britischen Häfen, um in den südlichen Meeren und so weit man bis zum Südpole vordringen kann, Beobachtungen über die Abweichung und Neigung der Magnetnadel und die Intensität der dabei auf sie wirkenden magnetischen Kraft anzustellen. An die Spitze dieser magnetischen Expedition ist der Capitain James Roß gestellt, derselbe, welcher auf einer frühern in Begleitung seines Oheims John Roß in den Jahren 1829—33 unternommenen Nordpolreise den magnetischen Nordpol, d. h. den Punkt der nördlichen Erdhalbkugel, wo sich die Neigungsnadel vertical gegen den Boden richtet, in 70° 5′ 17″ nördlicher Breite und 96° 45′ 18″ westlicher Länge (von Greenwich) fand.*) Hierauf gründet sich nun die Hoffnung dieses gelehrten und braven Seemanns, in einer entsprechenden südlichen Breite auch den magnetischen Südpol zu entdecken, und wir erhalten über die Bestimmtheit, mit welcher er diese Hoffnung nährt, Auskunft der interessantesten Art aus der vom Vorsitzenden Vernon Harcourt am 28. August gehaltenen Eröffnungsrede der diesjährigen Sitzung des britischen Vereins zu Birmingham. „Nur vor wenigen Wochen", heißt es darin, „sagte ich meinem Freunde James Roß Lebewohl, welcher jetzt auf eine Unternehmung ausgegangen ist, die zwar reich an Mühen und Gefahren sein wird, zugleich aber auch den höchsten wissenschaftlichen Ruhm verheißt. Roß und ich, wir setzten uns vor des kühnen Unternehmers Karte der südlichen Meere und namentlich der geahnten Stelle des zu erforschenden magnetischen Südpols nieder; er zeigte mir seine beabsichtigte Fahrt, wies auf den glücklichen Umstand der eben gelungenen Wiederentdeckung zweier kleinen Eilande in der betreffenden Gegend hin **) und legte seinen Finger auf den Ort, den die Wissenschaft dem magnetischen Pole dieser Gegend anweist, und welcher darnach dergestalt zwischen diesen beiden insularischen Stationen liegen muß, daß die Aufsuchung dadurch sehr erleichtert werden dürfte." Um den Lesern aber, da sie im Allgemeinen den Grund zu Roß' Hoffnung der Entdeckung eines magnetischen Südpols einsehen, auch den dabei zu befolgenden Gang der Forschung zu bezeichnen, erinnere ich daran, daß in der Nähe des Erdäquators die Veränderungen der Abweichung der Magnetnadel von einem Orte zum andern gering sind, die Neigung sich ganz unbedeutend zeigt und die Intensität der magnetischen Erdkraft (welche sich durch die Zahl der von einer aus ihrer eigenthümlichen Richtung gewaltsam entfernten Magnetnadel in einer gewissen Zeit behufs der Rückkehr zu jener Richtung gemachten Schwingungen kund gibt, in-

---

*) Die wirkliche Anwesenheit des einen magnetischen Erdpols an dem oben bezeichneten Punkte, und daß sich die Beobachter dort in der That über dem Pole befanden, ging noch überzeugender daraus hervor, daß bei der Abweichungsnadel beim Umfahren der etwa eine englische Quadratmeile fassenden Gegend, wo die Neigungsnadel um die Verticallinie schwankte, stets gegen diesen Punkt gerichtet blieb. Die Erdkugel übte dort also gegen die Magnetnadel genau die nämliche Wirkung aus, als wenn sie selbst ein Magnet wäre, der mit seinem Pole den ungleichnamigen Pol der Nadel in der nämlichen Weise anziehen würde. Auch folgt die Genauigkeit der Roß'schen Angabe aus frühern Rechnungen und genäherten Beobachtungen, da Hansteen nach jenen und Parry nach diesen die Lage des magnetischen Nordpols fast ganz wie Roß bestimmt hatten. Die Ermittelung gehört zu den wichtigsten der magnetischen Theorie.

**) Die Leser erinnern sich wol aus den öffentlichen Blättern der einem Kauffahrteifahrer kürzlich geglückten Wiederauffindung zweier früher entdeckten und seitdem vergeblich gesuchten kleinen Inseln an Amerikas Südspitze.

dem deren größere oder geringere Häufigkeit offenbar von jener Kraft abhängig gedacht werden muß) mit geringerer Energie als nord= und südwärts wirkt, wogegen bei weiterm Vorrücken nach Norden oder Süden die Neigungen stärker und die von der Intensität abhängigen Oscillationen beschleunigt werden, indeß die Richtungen der horizontalen Nadel auf einen oder einige Convergenzpunkte (eben die magnetischen Pole) hinweisen. Roß wird also — und dies ist eigentlich Das, was ich durch meinen Vortrag recht klar machen möchte — auf seiner Reise, soweit sie die Erforschung des magnetischen Südpols betrifft, durch die drei Erscheinungsformen des geheimnißvollen Wesens, welchem man den Namen des Magnetismus beigelegt hat, und die Art, wie sich diese Erscheinungsformen schon an der Nadel zeigen, selbst geleitet werden, indem die horizontale (gewöhnliche) Magnetnadel durch ihre Richtungen allmälig immer mehr und mehr auf diesen Pol als Convergenzpunkt hinweist, die verticale (Neigungs=) Nadel nach Maßgabe der größern Annäherung an diesen Pol auch eine größere Neigung zeigt, und die Intensität endlich, wie sich durch Beschleunigung der Nadelschwingungen erkennen läßt, in demselben Maße wächst.

Das britische Museum.

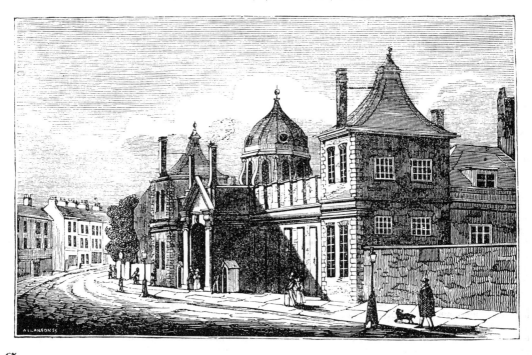

Eine der größten Sehenswürdigkeiten von London, jener Riesenstadt, welche für sich selbst die größte aller Sehenswürdigkeiten ist, bildet unstreitig das britische Museum, das an Großartigkeit und Reichhaltigkeit schwerlich auf der ganzen Welt seines Gleichen hat. Das Gebäude, in welchem es sich befindet, gehörte früher der herzoglichen Familie Montague, wurde im 17. Jahrhundert nach dem Plane Robert Hook's von dem französischen Architekten Puget im damaligen französischen Geschmacke gebaut und hat 216 Fuß Länge und 57 Fuß Höhe. Die Anstalt selbst besteht seit dem J. 1753 und verdankt ihre Entstehung der Liberalität von Sir John Sloane, der als ihr Gründer zu betrachten ist. Dieser überließ der Nation unter Anderm seine Büchersammlung, die ihm selbst 50,000 Pf. St. gekostet hatte, für 20,000 Pf. St.; seitdem sind viele andere werthvolle Büchersammlungen durch Kauf und Schenkung erworben worden, worunter besonders die von Georg II. und Georg IV. geschenkten, jene alle von den englischen Königen von Richard II. an bis Georg IV. gesammelten Bücher und Handschriften umfassend, diese 65,000 Bände stark, zu erwähnen sind, und die dadurch gebildete Bibliothek, deren Bändezahl auf ungefähr 200,000 angegeben wird, wozu noch eine beträchtliche Anzahl (über 60,000) von alten Handschriften kommt, ist jetzt eine der reichsten, die es gibt. Sehr zweckmäßig ist die durch eine Parlamentsacte getroffene gesetzliche Bestimmung, zufolge welcher von jedem in England erscheinenden Buche binnen einem Monat nach seinem Erscheinen ein Exemplar an das Museum abgegeben werden muß.

Die Bibliothek füllt nicht weniger als 16 Zimmer im untern Stockwerke; dieser Theil des Museums ist dem großen Publicum nicht zugänglich, weil das Ansehen von bloßen Büchereinbänden weder Unterhaltung noch Belehrung gewähren kann. Dagegen sind alle andern Sammlungen, mit Ausnahme weniger Wochen= und Festtage im Jahre, dem Publicum an drei Tagen der Woche den größten Theil des Tages über (im Sommer von 10—7, im Winter von 10—4 Uhr) zum freien Eintritt geöffnet. Das obere Stockwerk enthält in 13 Zimmern, einem Saale und einer langen Galerie naturhistorische und ethnographische Sammlungen; in dem ersten Zimmer, welches eine Menge Gegenstände aus uncivilisirten Ländern enthält, die von den berühmtesten englischen Reisenden und Seefahrern hierher geschenkt worden sind, erblickt man in der Mitte in einem Glaskasten eins der Originalexemplare der Magna charta; ein anderes Zimmer enthält Abdrücke von alten Siegeln, Vasen, Bronzen u. s. w.

Ein besonderer, eigens zu diesem Zwecke erbauter Theil des Gebäudes enthält in 12 Zimmern die Galerie der Antiquitäten, zu welcher die Sammlung von Townley die Grundlage gebildet hat, dessen Büste im ersten Zimmer aufgestellt ist. Dieses enthält eine sehr reichhaltige Sammlung von Arbeiten in Thon oder Terra cotta; die drei folgenden, sowie das sechste, elfte und zwölfte, römische und griechische Sculpturarbeiten; das fünfte römische Graburnen, Grabschriften und andere in Gräbern gefundene Alterthümer, das siebente englische Alterthümer; das neunte außer andern Gegenständen die berühmte Portlandvase (vergl. Nr. 104 und 328); das zehnte die Hamilton'sche Sammlung von Bronzen, Vasen, Gemmen und andern Antiquitäten. Der große Mittelsaal enthält Sculpturarbeiten, Abgüsse, arabische und persepolitanische Inschriften u. s. w. Zwei folgende Zimmer enthalten die phigaleischen und die Elgin'schen Marmore. Jene rühren aus den Ruinen des Apollotempels auf dem Berge Kotylion unweit der Stadt Phigalia in Arkadien her; es sind Basreliefs, welche die Schlacht zwischen den Centauren und Lapithen und den Kampf zwischen den Griechen und den Amazonen vorstellen. Der Elgin'sche Saal enthält die architektonischen und Sculpturzierathen zweier Tempel der Minerva auf der Akropolis in Athen, des Parthenon und des Erechtheum, nebst zahlreichen andern altgriechischen Sculpturarbeiten; der Graf von Elgin hat diese Sammlung vom Jahre 1800 an, nachdem er englischer Botschafter in Konstantinopel gewesen war, zusammengebracht, im J. 1814 nach England transportiren lassen und später, im J. 1816, für 35,000 Pf. St. an die englische Regierung verkauft. Unter diesen kostbaren Bildwerken aus dem Zeitalter des Phidias, wo die bildende Kunst in Griechenland ihren höchsten Gipfel erreicht hatte, sind die Trümmer von 14 Statuen und mehr als 60 Basreliefs vom Parthenon, sowie eine kolossale Statue vom Denkmale des Thrasyllus das Vorzüglichste. In zwei Sälen sind die ägyptischen Alterthümer aufgestellt, von denen wir bereits früher (Nr. 323) Angaben mitgetheilt haben. Den Beschluß machen das etrurische, das Münzen- und das Kupferstichzimmer, von denen das erste eine reiche Sammlung griechischer und etrurischer Vasen, das zweite alte und neue Münzen und Medaillen, das dritte eine werthvolle Sammlung von Zeichnungen und Kupferstichen enthält.

Es ist bemerkenswerth, wie sehr die Zahl der Besucher des Museums in den letzten Jahren zugenommen hat; im J. 1831 betrug sie nur 99,912, im J. 1836 383,157, also fast das Vierfache, was größtentheils der neuerdings beobachteten rühmenswerthen Liberalität hinsichtlich der Zulassung des Publicums zugeschrieben werden muß.

Von den Wettersäulen. *)

Eine Wettersäule ist eine stark bewegte Luftmasse, die über die Erdoberfläche hinwegstreicht und sich dabei um eine Axe dreht, von deren Endpunkten sich der eine auf der Erde, der andere in einer Wolke befindet. Von der letzten geht eine Verlängerung herab, die den obern Theil der Säule bildet, während der untere aus Luft und Wasser, Sand oder andern festen Theilen besteht, je nachdem jene über Land oder über Wasser geht. Uebrigens besteht zwischen Wettersäulen über dem Lande und über dem Wasser kein wesentlicher Unterschied, weshalb es angemessen ist, statt der sonst üblichen, beide unterscheidenden Ausdrücke Wasserhose und Windhose die allgemeine Benennung Wettersäule zu brauchen. Nicht selten gehen solche Wettersäulen, die über Land gebildet waren, später über dem Wasser fort, oder umgekehrt; auch gehen sie quer über einen Fluß oder quer über eine Insel.

Was die Form der Wettersäulen anlangt, so hat der obere Theil, der in der Regel oben weiter als unten ist, die Gestalt eines Trichters, umgekehrten Kegels oder etwas gekrümmten Horns, der mittlere Theil ist meist weit enger und oft gebogen, der untere dem Anscheine nach sehr erweitert, wahrscheinlich nur durch die umhergeschleuderten Wasser- oder Erdtheile. Gewöhnlich hängt von einer Wolke nur eine Wettersäule herab, aber zuweilen zeigen sich mehre; einmal hat man sogar nicht weniger als 14 auf einmal beobachtet. Die Höhe wird sehr ungleich, meistens aber nach bloßer Schätzung auf 1500 — 2000 Fuß angegeben; in einigen Fällen muß sie wenigstens 5 — 6000 Fuß betragen; manche Beobachter geben zwar eine sehr geringe Höhe, bis herab zu 50 Fuß an, haben aber dann ohne Zweifel den untern Theil der Säule für die ganze gehalten, indem sie die Verbindung derselben mit einer Wolke nicht wahrnahmen. Der Durchmesser beträgt bei dem untersten Theile, mit Hinzurechnung des Wirbels von Wassertropfen oder festen Theilen, gewöhnlich einige hundert, zuweilen über 1000 Fuß; eine weit geringere Größe findet man, wenn man den Durchschnitt nach der in die Erde gemachten Vertiefung mißt. Die Farben, welche die Wettersäulen zeigen, sind im Wesentlichen dieselben, welche die Wolken bei verschiedener Beleuchtung annehmen: am häufigsten grau und dunkelblau, auch dunkelbraun und zuweilen feuerroth. Der mittlere Theil ist wenigstens bei den über Wasser befindlichen Säulen oft durchsichtig, und zwar in solchem Grade, daß man beleuchtete Wolken durch denselben sehen kann. Die Dauer einer Wettersäule ist desto größer, je größer die letztere ist; selten erreicht sie eine halbe, höchst selten eine ganze Stunde.

Außer der mehr oder weniger schnellen kreisförmigen oder drehenden Bewegung haben die Wettersäulen meistens auch eine fortschreitende von sehr verschiedener Geschwindigkeit und Richtung. Zuweilen bewegen sie sich so schnell, daß auf eine Stunde sieben bis acht Meilen kommen würden, zuweilen aber so langsam, daß Fußgänger ihnen sogar folgen können, zuweilen stehen sie auch kurze Zeit lang ganz still. Die Bahn ist oft ganz gerade, nicht selten gebrochen, zuweilen zickzackförmig; die Hauptrichtung scheint am öftersten von Südwest nach Nordost zu gehen. Zu diesen beiden Bewegungen kommt noch ein abwechselndes Steigen und Sinken, das man über Ebenen oder dem Meere deutlich wahrnimmt. Viele Beobachter haben endlich in Wettersäulen schraubenähnliche Windungen gesehen, die nicht selten theils rechts, theils links gedreht waren.

Die von den Wettersäulen ausgeübte Kraft ist oft sehr groß. Sie versetzen schwere Kanonen von ihrer Stelle, reißen große Bäume mit der Wurzel aus und führen sie oft weit hinweg, heben Dächer ab, stürzen Häuser um, heben sie auch wol ganz in die Höhe und setzen sie anderswohin, an Stellen, die 100—200 Fuß entfernt sind, u. s. w. Namentlich leichte Sachen werden von ihnen sehr weit fortgeführt; ein Strickbeutel wurde ein-

---

*) Nach einem Aufsatze Oersted's.

mal 1½ Meile, ein Brief über 4½ Meilen geführt; auch Menschen werden emporgehoben und zuweilen unbeschädigt niedergelassen. Einmal hat eine Wettersäule einen Fischteich ausgeleert und die Fische rings umhergestreut.

Oft ist die Wettersäule von einem starken Getöse begleitet, das mit der Brandung des Meeres oder mit dem Geräusche eines Wasserfalls verglichen wird; außerdem hört man nicht selten einen sausenden oder pfeifenden Laut; ferner hinterläßt sie oft einen schwefeligen Geruch.

Auf dem Meere sind die Wettersäulen häufiger als auf dem Lande, am häufigsten aber an den Küsten; ferner häufiger in warmen als in kalten Gegenden. Meistens entstehen sie bei stillem Wetter und unbeständigen Winden, wenn Gewitterwolken am Himmel stehen oder gestanden haben; am häufigsten bilden sich mehre Wettersäulen, entweder zugleich oder bald nacheinander. Mit elektrischen Phänomenen sind sie fast immer verbunden; Blitze und andere Lichterscheinungen fehlen fast nie, selbst Feuerkugeln will man aus denselben fahren gesehen haben. Schwere Gewitter finden oft vor oder nach der Erscheinung statt, auch von Hagel, sowie von Regen in großen Tropfen sind die Wettersäulen oft begleitet.

Wenn sich eine Wettersäule über dem Meere bildet, so erblickt man auf demselben eine kreisförmige Stelle, die ein schwarzes Ansehen erhält. Hierauf steigt das Wasser in Säulenform einige Klafter in die Höhe, schäumt und wirft Wassertropfen in die Höhe und nach den Seiten; die innere Bewegung in den Wettersäulen wird oft mit einem Kochen verglichen. Zu Lande läßt sich der Anfang der Bildung des untersten Theils nicht leicht beobachten. Am obern Theile der Wettersäule, der immer als von einer dicken Wolke ausgehend beschrieben wird, hat man sehr oft einen dünnen Dunststreifen gesehen, der von der Wolke herabzusinken schien und sich nachher erhielt. Wenn die Säule sich ihrer Auflösung nähert, so wird der mittlere, besonders der der Erde nächste Theil immer durchsichtig. Gewöhnlich theilt sich die Säule in der Mitte; der obere Theil zieht sich zurück und verschwindet in den Wolken, die aber schwerlich so bald wieder in einen ruhigen Zustand übergehen.

Was ist nun aber die Wettersäule eigentlich? Nichts als ein Luftwirbel, der ohne Zweifel in den obern Regionen seinen Ursprung hat und nur durch die ihm beigemischten Dünste, Wassertropfen und festen Körper sichtbar wird. Durch die Wirbelbewegung werden die Theile von der Mittellinie hinweggetrieben und rings um diese entsteht eine große Luftverdünnung. So lange die Wettersäule noch nicht die Erdoberfläche erreicht hat, muß im Innern derselben ein aufwärts gehender Strom herrschen, indem die unten befindliche Luft emporsteigen muß, um die Leere auszufüllen, welche die nach dem Umfange fliehenden Lufttheile gebildet haben, und daher auch die Luft von allen Seiten herbeiströmen muß. Kommt die Wettersäule der Erde nahe, so treibt die herzuströmende Luft allerhand leichte Gegenstände in der Säule in die Höhe; stößt die Säule auf Gebäude, so wird die Zuströmung oft ganz oder größtentheils gehemmt und um das Gebäude herum und über demselben entsteht eine starke Luftverdünnung, welche die eingeschlossene Luft Fenster und Wände auswärts, Dächer, Decken u. s. w. aufwärts treibt. Da die Zuströmungen von unten nicht ausreichen, die lange Säule auszufüllen, so muß ein Theil der Wolkenmasse in den Wirbel herabsinken. Steht die Säule nahe über dem Meere, so muß das Wasser über demselben steigen; zugleich strebt die im Wasser enthaltene Luft, sich zu befreien und emporzusteigen; daher kommt es, daß das Wasser schäumt und braust. Kommt der Luftwirbel mit der Erde zugleich in Berührung, so hören die Luftströmungen auf, die Bewegung der Luft theilt sich allen leichtbeweglichen, mit dem Wirbel in Berührung kommenden Theilen mit und sie erhalten dadurch eine Bewegung sowol nach dem Umkreise als nach oben. Beide vereinigten Bewegungen sieht man auf dem Wasser sehr deutlich; rings um den Fuß der Säule bildet das Wasser einen großen Kranz von aufgehobenem Wasser mit einer sprudelnden und schäumenden Oberfläche. Die in der Säule emporsteigenden Theile erhalten durch die damit vereinigte Umdrehung zugleich eine Spiralbewegung, und da die Windungen derselben die der fallenden Theile kreuzen, so sind in einer durchsichtigen Wettersäule gewöhnlich zwei schneckenförmige Bewegungen vorhanden, von denen die eine rechts, die andere links geht. Im Innern einer über dem Meere befindlichen Säule ist keine zusammenhängende Wassermasse vorhanden, und da eine solche Säule keinen Staub enthalten kann, so ist sie selten undurchsichtig.

Daß große Hagelschauer und Regengüsse [die Wettersäulen zu begleiten pflegen, läßt sich daraus erklären, daß die in denselben herabsinkende Luft, die aus kältern Regionen kommt, wenn anders der Luftwirbel sich weit über die untere Wolkenmasse hinauf erstreckt, die auf ihrem Wege befindlichen Dämpfe verdichtet und daraus theils große Tropfen, theils Hagelkörner bildet. Wenn aber Dämpfe sich schnell verdichten, wird Elektricität hervorgebracht; daher ist die Wettersäule von Blitz und Donner begleitet; auch läßt sich aus der entwickelten Elektricität die Kraft erklären, womit die Wettersäulen zuweilen kleinere Wolkenmassen abstoßen und anziehen. Will man aber mit manchen Naturforschern die Elektricität nicht als die Wirkung, sondern als die Ursache der Wettersäulen ansehen, so scheint dies völlig unzulässig zu sein. Der die Wettersäulen begleitende Schwefelgeruch scheint mit dem beim Einschlagen des Blitzes bemerkten von derselben Natur zu sein; das Getöse wird vielleicht durch die darin zusammenstoßenden Hagelkörner verursacht. Wenn von einer Wolke mehre Wettersäulen herabzuhängen scheinen, so muß die Wolke so viele Wirbel enthalten, als Säulen vorhanden sind. Wenn die Wettersäulen, was oft vorkommt, gebogen sind, so muß dies von denjenigen Winden herrühren, die in verschiedenen Höhen über der Erde herrschen und die Luftmassen sammt den darin etwa befindlichen Wirbeln fortführen. Ob die Meinung, daß scharfe Kanonenschüsse eine Wettersäule auseinander zu treiben vermögen, begründet sei, scheint aus den vorhandenen Erfahrungen nicht mit Bestimmtheit zu folgen, wiewol eine solche Wirkung nicht unmöglich ist.

Was nun endlich die Frage betrifft, worin die Ursache der Luftwirbel selbst zu suchen sei, so ist es unmöglich, dieselbe genügend zu beantworten. Nur vermuthen können wir, daß sie durch parallellaufende, in entgegengesetzten Richtungen gehende Luftströme hervorgebracht werden, wiewol wir für das Dasein solcher Luftströme zur Zeit eines Luftwirbels keinen Beweis haben.

Himly's Lichtbilder.

Am 19. October vorigen Jahres legte Hr. Dr. Karl Himly, Docent der Physik und Chemie an der Universität Göttingen, der dortigen königlichen Societät der

Wissenschaften ein von ihm verfertigtes Lichtbild vor, welches in mehrfacher Beziehung von denen des Hrn. Daguerre sich unterscheidet. Während bei den letztern das Bild bekanntlich aus Quecksilber oder vielmehr aus Silberamalgam gebildet zu sein scheint, spielen bei dem erstgenannten noch andere Metalle, die nicht in der Hitze sich verflüchtigen lassen, eine wichtige Rolle. Mit Anwendung solcher Metalle ist es gelungen, durch starkes Erhitzen der Metallplatte, auf der das Bild sich zeigt, dem Bilde selbst eine viel größere Festigkeit zu geben, als dies bei denen des Hrn. Daguerre der Fall ist. Wahrscheinlich ist es, daß hierbei durch die Erhitzung ein Zusammenfritten des lockern Metallbildes hervorgebracht wird. Während die Daguerre'schen Bilder sehr sorgsam gegen jede mechanische Einwirkung bewahrt werden müssen, kann man ein auf genannte Weise zubereitetes Bild ohne die geringste Verletzung in feines Papier eingewickelt Wochen lang in der Tasche herum tragen. Auch läßt sich dasselbe mit Anwendung eines Haarpinsels durch Wasser oder Spiritus öfter abwaschen und reinigen. Wenngleich man nun auch ferner sehr sanft mit dem Finger darüber streichen kann, so widersteht es doch einem stärkern Reiben mit gleichzeitiger Anwendung eines Druckes nicht, da hierbei, wegen der Weichheit der Metalle, die feinen Metalltheilchen gleichsam verbogen und niedergestrichen werden. Indem man nun mittels eines Pinsels im Stande ist, eine schwarze Farbe aufzustreichen, so wird man es auch erreichen können, Abdrücke zu machen, sobald eine Farbe gefunden sein wird, welche nur von demjenigen Metall, aus welchem das Bild besteht, angenommen wird, während die übrige Metallplatte sich unempfindlich dagegen zeigt, oder auch, wenn das Umgekehrte stattfindet. Überhaupt scheint diese Art des Abdrucks, wie sie auch beim Steindruck üblich ist, am meisten zur Vervielfältigung der Lichtbilder geeignet zu sein. Einige Versuche haben gelehrt, daß man wahrscheinlich am leichtesten durch eine chemische Behandlung der Platte zum Ziele gelangen wird, weil das Metall der Platte und dasjenige, aus welchem das Bild besteht, sehr verschiedene chemische Eigenschaften besitzen, und es daher auch mehre Substanzen gibt, die nur auf eines dieser Metalle eine Einwirkung ausüben, wodurch den angeführten Erfodernissen am leichtesten Genüge geleistet werden kann. Eine zweite Eigenthümlichkeit der besagten Bilder ist die, daß man denselben gewisse verschiedene Farbentöne nach Willkür mittheilen kann, sodaß sie ein schwärzliches, grauliches oder gelbliches Ansehen erhalten. Bei dieser Behandlung, und dieses ist noch besonders zu erwähnen, tritt das Bild viel lebhafter und frischer hervor, wodurch die Deutlichkeit desselben sehr gefördert wird. Wurde unter denselben Umständen, wie da sind: Lichtstärke der beleuchteten Gegenstände, Tageszeit, Dicke der Jodschicht, Zeit, während welcher das Bild in einer und derselben camera obscura sich befindet u. s. w., ein Bild ganz nach Daguerre's Vorschrift bereitet, so ergab sich, daß es an Deutlichkeit den vorerwähnten Bildern stets etwas nachstand.

Bien.

Joseph Maria Bien, der Erneuerer der Malerei und Verbesserer des Kunstgeschmacks in Frankreich, wurde am 16. Juni 1716 zu Montpellier geboren und gab frühzeitig Beweise seines Berufs zur Kunst. Er war kaum zehn Jahre alt, als er einen Kupferstich so geschickt abzeichnete, daß seine Angehörigen beschlossen, ihn dem Unterrichte eines Portraitmalers anzuvertrauen, der auch den besten Erfolg versprach; gleichwol unterbrachen sie nach kurzer Zeit plötzlich seine Studien und brachten ihn in eine Steingutfabrik. Endlich brachte ihm ein ausgezeichneter Künstler seiner Vaterstadt die ersten Anfangsgründe der Ölmalerei bei und bald nachher (1740) reiste er nach Paris, wo er unter Natoire schnelle Fortschritte machte und schon nach Verlauf von sechs Monaten zu seiner Aufmunterung eine Medaille erhielt, die sein unermüdlicher Eifer verdient hatte. Im folgenden Jahre zog er die allgemeine Aufmerksamkeit noch mehr auf sich, indem er den ersten Preis in der Malerei erhielt. Auf Kosten des Staats reiste er 1744 nach Rom; kaum war er hier angekommen, als er mehre sehr große Gemälde mit einer Schnelligkeit lieferte, die um so mehr zu bewundern ist, weil er ihr niemals die Correctheit zum Opfer brachte. Wiewol er ein leidenschaftlicher Verehrer der Antike war, versäumte er doch das Studium der neuern Kunstwerke nicht und bereitete sich durch zweckmäßige Verbindung beider Arten des Studiums vor, als erster Geschichtsmaler seiner Zeit zu glänzen. Nachdem er Florenz, Neapel, Venedig und alle Städte Italiens, welche Meisterwerke enthielten, besucht hatte, kehrte er 1749 nach fünfjähriger Abwesenheit nach Paris zurück und wurde in die Akademie der Malerei und Bildhauerkunst erst als Mitglied, dann als Professor aufgenommen. Bald nachher stellte er ein großes Bild aus, den heiligen Dionysius vorstellend, der den Galliern das Evangelium predigt, das allgemeinen Beifall erhielt und sich gegenwärtig zu Paris in der Kirche St.-Roch befindet. Die Anerkennung seiner Nation wurde ihm in reichem Maße zu Theil. Er wurde nacheinander Director der Malerakademie, Mitglied der Bauakademie, Ritter des Ordens des heiligen Michael und 1771 Director der französischen Malerschule in Rom, wo er mit großer Auszeichnung empfangen wurde. Sein Beispiel, die Sorgfalt, die er dem Unterrichte seiner Zöglinge widmete, und die Ausstellungen, die er jährlich von den Arbeiten dieser jungen Leute in einer öffentlichen Galerie in Rom veranstaltete, hatten auf die Rückkehr der französischen Schule zu den allein richtigen Grundsätzen der Malerei den wirksamsten und glücklichsten Einfluß. 1781 kehrte er nach Paris zurück und fuhr mit jugendlicher Kraft zu arbeiten fort; der König ernannte ihn 1788 zu seinem ersten Maler, aber die Revolution raubte ihm bald darauf Amt und Gehalt; um seine Familie zu erhalten, blieb ihm nur die Frucht seiner Ersparnisse, und diese Hülfsquelle war dem Versiegen nahe, als der erste Consul ihn zum Mitgliede des von ihm gestifteten erhaltenden Senats, bald nachher aber zum Grafen und Commandanten der Ehrenlegion ernannte. Bien starb zu Paris am 27. März 1809 in dem seltenen Alter von 93 Jahren. Noch sechs Monate vor seinem Tode beschäftigte er sich mit der Malerei und malte ländliche Scenen voll idyllischer Ruhe; in seinem 75. Jahre malte er den Abschied Hektor's von Andromache, im 77. Helena, die von Änas verfolgt wird, im 90. Blumenstücke. Aus seiner Schule sind die trefflichsten französischen Maler der neuern Zeit hervorgegangen, namentlich Vincent und David, deren Schüler wieder Girodet, Gros und Gérard waren. Haben Bien's Schüler ihren Lehrer in manchen Hinsichten übertroffen, so verdanken sie diese Vortheile eben nur dem Unterrichte und Beispiele ihres Meisters, was namentlich David mit dem Ausdrucke inniger Dankbarkeit unumwunden anerkannt hat.

Die Gesammtzahl der von Bien gelieferten Gemälde beläuft sich, ohne die Zeichnungen und Skizzen, auf nicht weniger als 179, unter denen das in unserer Abbildung nachgebildete, einen schlafenden Eremiten darstellend, ohne Zweifel eins der vorzüglichsten ist, wiewol es, bei seinem ersten Aufenthalte in Rom gemalt, zu seinen Jugendarbeiten gezählt werden muß. Man bewundert daran die Genauigkeit und Richtigkeit der Zeichnung, die Vertheilung des Lichts, die Festigkeit und Kraft der Pinselführung und die schöne Harmonie der Farben; von allen diesen Vorzügen des Originals kann freilich unsere der Farben entbehrende Nachbildung nur einen schwachen Begriff geben.

Der schlafende Eremit.

Das Pfennig-Magazin

für Verbreitung gemeinnütziger Kenntnisse.

362.] Erscheint jeden Sonnabend. [März 7, **1840**.

Cromwell.

Einer der hervorragendsten Charaktere in der englischen Geschichte ist ohne Zweifel Oliver Cromwell, der während der kurzen Zeit, als die Briten das Königthum mit der Republik vertauscht hatten, erst als Oberbefehlshaber, dann unter dem Namen Protector mit dictatorischer Gewalt ausgerüstet an ihrer Spitze stand. Oliver Cromwell stammte aus einem angesehenen Geschlechte, wiewol sein Vater vom Ertrage einer Brauerei in der kleinen Stadt Huntingdon, nördlich von London, lebte, und wurde daselbst als der zweite Sohn einer Familie von zehn Kindern am 25. April (alten Styls) 1599 geboren. Seine erste Erziehung wurde nicht vernachlässigt. Anfangs besuchte er die Lehrstunden eines puritanischen Professors an der Schule zu Huntingdon; als er 16 Jahre alt war, trat er in das Collegium Sidney-Sussex zu Cambridge. Hier erwarb er sich einige Kenntniß der lateinischen Sprache und fand

Geschmack an theologischen Studien, wiewol ihn ein innerer Trieb heftigen Leibesübungen zugeführt zu haben scheint und seine frühesten Neigungen schon jenen kriegerischen Geist verriethen, der sich erst in reifern Jahren zu Thaten entfaltete. Nach des Vaters Tode rief ihn seine Mutter in die Heimat zurück und schickte ihn später nach London, um sich der Rechtskunde zu widmen, aber statt den Vorlesungen gehörig beizuwohnen, gerieth er auf Abwege und ließ seinen Begierden freien Lauf. Von London zurückgekommen, ärgerte er noch eine Zeit lang die Bewohner seiner kleinen Vaterstadt durch sein ausschweifendes, sittenloses Wesen und machte sich als Raufbold furchtbar; plötzlich aber änderte er sich, brach den Umgang mit seinen wilden Genossen ab, fing die Kirche zu besuchen an und näherte sich gottesfürchtigen Leuten. Es gelang ihm, die Hand einer Erbtochter aus einer angesehenen Familie, Elisabeth

VIII. 10

Bourchier, zu erlangen, worauf er sich aufs Land zurückzog, um ein einfaches, frommes Leben zu führen, wobei ihm schwerlich der Vorwurf der Heuchelei gemacht werden kann. Im J. 1628 saß er im Parlamente, ohne sich bei den Verhandlungen der Gemeinen besonders auszuzeichnen, wiewol er mehrmals seinen religiösen Eifer an den Tag legte. Bald wurde jenes Parlament aufgelöst; König Karl I., dem die vom Parlamente ausgehende Beschränkung der königlichen Macht unbequem war, regierte mit grober Verletzung der Gesetze des Staats 11 Jahre lang unumschränkt und ohne Parlament, eine Zwischenzeit, in welcher der Bürgerkrieg noch schlummerte und Cromwell der Geschichte keinen Stoff darbot. Er war arm und lebte in zu dunkeln Lebensverhältnissen, um sich persönlicher Verfolgung zuzuziehen, aber die strengen Maßregeln der Regierung gegen die Puritaner trafen auch ihn, weshalb er den Entschluß faßte, nach den englischen Colonien in Amerika auszuwandern. Eine wunderliche Schickung wollte, daß gerade zu der Zeit, als er sich mit einigen andern Anhängern derselben Sekte, die sich zum Theil nachmals in der Revolution eine Art von Berühmtheit erworben haben, nach Nordamerika einschiffte, ein willkürlich erlassener Geheimrathsbefehl die Auswanderungen untersagte, weshalb Cromwell nebst den Übrigen wieder aus dem Schiffe steigen mußte. Eifrig besuchte er nun die frommen Versammlungen der Puritaner, übte sich selbst im Predigen und eignete sich so die mystischen Phrasen an, die er später auch in seine politischen Reden übertrug. Mehr mit seinen theologischen Studien als mit der Verwaltung seines mäßig großen Gutes (zu St.-Ives in der sogenannten Insel Ely) beschäftigt, gehörte er zu den unruhigen und müßigen Leuten, die zu allen Zeiten politischen Änderungen geneigt gewesen sind.

Im Jahre 1638 brach gegen König Karl ein gefährlicher Aufstand in Schottland aus, den die gewaltsame Einführung der bischöflichen Kirche veranlaßt hatte. Jetzt war der König genöthigt, ein Parlament einzuberufen (1639); doch auch dieses, das vierte seiner Regierung, löste er, da es sich widerspenstig zeigte, bald auf, berief aber 1640 ein neues, das fünfte und letzte, welches von ihm nicht wieder aufgelöst worden und unter dem Namen des langen und blutdürstigen bekannt ist. In diesem saß auch Cromwell, der in die Versammlung der Vertreter des englischen Volkes nichts mitbrachte als ein gemeines Äußere, einen rauhen Vortrag, eine schwerfällige und langweilige Sprache. Als er seinen Sitz im Hause einnahm und sich einige Mitglieder über seine nachlässige Tracht und bäurischen Manieren lustig machten, bemerkte ihnen sein Freund und Verwandter Hampden, der sich gleichfalls in der Geschichte der Staatshändel jener Zeit einen Namen gemacht hat und von seinen Zeitgenossen der Patriot genannt wurde: „Er müsse sich sehr irren, oder dieser so schlecht gekleidete, so armselig auftretende Mensch werde noch einmal zu Englands großen Männern gezählt werden", eine Prophezeiung, die nach wenig Jahren in Erfüllung gehen sollte. Bald machte sich Cromwell durch bittere Ausfälle gegen den König bemerklich und nahm an der unter dem Namen der Staatsremonstration bekannten Beschwerdeschrift gegen denselben thätigen Antheil. Als 1642 der offene Bürgerkrieg in England begonnen hatte und das Parlament dem Könige, der sich selbst des Rechts, es aufzulösen, begeben hatte, feindlich gegenüberstand, erhielt Cromwell von jenem ein Hauptmannspatent und warb in seiner Grafschaft eine Abtheilung Reiterei. Für mehre glückliche Unternehmungen, namentlich den Überfall von Cambridge, votirte ihm das Unterhaus den Dank der Nation und ernannte ihn 1643 zum Oberst. Als solcher hob er 1000 Reiter aus und brachte bei diesen seine eigenthümlichen Grundsätze über militairisch-religiöse Mannszucht in Anwendung. Er gewöhnte seine Leute an strenge Ordnung, Wachsamkeit und pünktliches Beten, was ihnen bald den Vortheil über die andern schlecht disciplinirten Truppen gab; sein Regiment wurde die Pflanzschule, aus welcher in der Folge die meisten Offiziere der Parlamentsarmee hervorgingen. Wiewol die letztere im Allgemeinen mit geringem Erfolge kämpfte, hielt Cromwell die Grafschaften Suffolk und Norfolk unter der Gewalt des Parlaments, der sie entschlüpfen wollten, und wurde zur Belohnung für seine Verdienste zum Generallieutenant ernannt. Unter dem Oberbefehle des Grafen von Manchester gewann er bald neue Vortheile; ihm wird allgemein der glückliche Ausgang der entscheidenden Schlacht bei Marston-Moore am 2. Juli 1644 zugeschrieben, in welcher Prinz Rupert völlig geschlagen wurde. Von da an erklärte sich Cromwell laut als Feind des Adels und des Oberhauses und diente der Partei der Demokraten als Stütze, kam aber dadurch und durch seine Feindschaft gegen die Schotten, welche mit dem Parlamente im Bunde waren, in Gefahren, aus denen ihn nur seine Energie und die Schwäche seiner Gegner errettete. Als im Parlamente der Beschluß durchgegangen war, wodurch alle Mitglieder desselben von Civil- und Militairstellen ausgeschlossen wurden (die sogenannte Selbstverleugnungsordonnanz), gestattete man gleichwol ausnahmsweise dem Cromwell, noch einige Zeit im activen Dienste zu bleiben, eigentlich nur bis zu einer bestimmten Frist, die aber immer aufs neue verlängert wurde. Unter dem Oberbefehle von Fairfax commandirte er die Reiterei und hatte an dem entscheidenden Siege bei Naseby am 14. Juni 1645, der mehr als irgend ein anderer den Sturz des Thrones herbeigeführt hat, sehr großen Antheil; jener Sieg war eine Folge der strengen und gottesfürchtigen Mannszucht, welche durch Cromwell's Bemühen mit jedem Tage fester begründet wurde. Weder Desertion noch Plünderung kam bei den Parlamentstruppen vor; alle Zeit, welche der Dienst übrig ließ, war den überspanntesten Religionsübungen gewidmet; die Offiziere verrichteten alle Functionen von Geistlichen; die Soldaten gingen unter Absingung von Psalmen und Hymnen ins Gefecht; wer den Tod fand, wurde als Märtyrer der guten Sache angesehen. Das Parlament war nach dieser Schlacht freigebig mit Ertheilung von Belohnungen an die Anführer seiner siegreichen Truppen; nach Fairfax wurde Cromwell am reichlichsten bedacht, indem ihm außer dem Baronstitel eine erbliche Jahresrente von 2500 Pf. St. zuerkannt wurde. Andere Maßregeln riefen jedoch bald eine Spannung zwischen der Armee und dem Parlamente hervor und in jener regte sich der Geist des Aufruhrs, genährt von Cromwell, der das Heer unabhängig zu machen wünschte. Das Unterhaus faßte Verdacht gegen ihn; es kam in Vorschlag, ihn aufzuheben und in den Tower zu bringen; man klagte ihn ins Gesicht eines Attentats gegen die Staatsgewalt an, aber unter Thränen und Anrufung Gottes soll er vor dem Parlamente seine Unschuld betheuert und durch seine Versicherungen die Gemüther überzeugt haben. Gewiß ist nur so viel, daß er, bestürzt über den gegen ihn erwachten Argwohn, das Unterhaus plötzlich verließ und zur Armee abging. Um aber derselben das Übergewicht über das Parlament zu sichern, that er einen wichtigen Schritt, indem er den König Karl, der am 30. Januar 1647 von den Schotten dem Parlamente ausgeliefert worden war und zu Holmby in strengem Gewahrsam gehalten wurde, am 4. Juni durch 500 Reiter von dort entführen und zur Armee bringen ließ. Hier wurde der König mit mehr Rücksichten als zuvor behandelt; Cromwell selbst äußerte anfangs viel Zurückhaltung gegen ihn, später aber besuchte er ihn öfter und ging, um ihn zu täuschen, so weit, ihm die Unterstützung des Heers gegen das Parlament anzubieten. Am 6. August zog die Armee in London ein und der König wurde als Gefangener des Heers in den Palast Hamptoncourt gebracht; aber am 11. November entfloh derselbe, wahrscheinlich auf den Rath Cromwell's, der damit wol nur beabsichtigte, den Haß der Armee gegen den König noch mehr zu entflammen, nach der Insel Wight, wo er indeß nur in strengere Haft gerieth. Von da wurde er am 30. Nov. 1648 nach einem Schlosse in der Nähe von Windsor gebracht.

Im Parlamente erklärte sich nun Cromwell offen gegen den König, und auf seinen Vorschlag wurde beschlossen, alle Unterhandlungen und allen Verkehr mit demselben abzubrechen. Im J. 1648 erhoben die Royalisten abermals ihr Haupt und der Bürgerkrieg begann von neuem, zuerst in Wales; doch Cromwell schlug den Aufstand siegreich nieder. Zu gleicher Zeit aber fielen die Schotten in England ein, um die Monarchie wiederherzustellen, der sie selbst früher den Todesstoß versetzt hatten. Cromwell eilte ihnen entgegen, und wiewol er nur 7000 Mann hatte, brachte er am 18. August 1648 bei Preston der 26,000 Mann starken Royalistenarmee eine entscheidende Niederlage bei. Hierauf rückte er ohne Widerstand nach Norden vor und zog im Triumph in Edinburg ein, wo die Vereinigung beider Parteien durch Feste begangen wurde. Mittlerweile hatte das Parlament neue Unterhandlungen mit dem Könige angeknüpft, aber Cromwell, dem daran lag, sie zu vereiteln und die mit seinen eigenen Ansichten nicht übereinstimmende Majorität des Unterhauses zu stürzen, wagte einen Gewaltstreich gegen die gesetzgebende Versammlung. Am 6. December ließ er durch eine Dragonerabtheilung unter Oberst Pride das Parlament purificiren, d. h. die andersgesinnten Deputirten theils (160) ausschließen, theils (39) verhaften; daß dieser Schritt, die sogenannte Reinigung des Oberst Pride, von Cromwell ausging, der Tags darauf in London eintraf und im verstümmelten Unterhause feierlichen Dank für seine geleisteten Dienste empfing, ist keinem Zweifel unterworfen. Er arbeitete nun mit seinem gleichgesinnten Schwiegersohne Ireton darauf hin, den König, in dessen Gemächern zu Whitehall er sein Quartier aufgeschlagen hatte, aufs Blutgerüst zu bringen; die meisten Republikaner hielten dieses Verbrechen für nöthig, um die gehoffte Freiheit fest zu begründen. Unter ihrem Einflusse stehend wählte das Unterhaus eine Commission von 38 Mitgliedern, um die Anklageacte gegen den König aufzustellen, beschloß dann, die Anklage auf Hochverrath solle stattfinden, und wählte eine Commission von 150 Mitgliedern (von denen aber 40 die Theilnahme verweigerten), um ein Urtheil zu fällen. Am 20. Januar 1649 erschien Karl zum ersten Male vor seinen Richtern, welche anzuerkennen er sich weigerte; nach drei Sitzungen wurde er von dem sogenannten Tribunal, das auf 70 Mitglieder geschmolzen war, zum Tode verurtheilt. Cromwell zeigte in der letzten Zeit des Processes eine furchtbare Thätigkeit und war einer der Ersten, die den Befehl zur Hinrichtung des Königs unterzeichneten; man erzählt, er habe, nachdem er unterschrieben, in scherzendem Übermuthe mit seiner Feder das Gesicht eines der andern Commissarien besprizt und dieser habe ihm den Scherz zurückgegeben; die Verhaltungsordre für den Scharfrichter war von Cromwell's Hand geschrieben. Am Tage, nachdem der Spruch gefällt worden, kam, wie man erzählt, ein Verwandter Cromwell's, Oberst Sir John Cromwell, zu ihm und sprach sich in den stärksten Ausdrücken über die ganze Verruchtheit des beabsichtigten Verbrechens aus. Cromwell schützte den Willen des Heers und die Lenkung der Vorsehung vor; er selbst habe zu Gunsten des Königs gebetet und gefastet und Gott angefleht, daß er ihn erleuchten möge, aber der Himmel sei stumm geblieben. Der Oberst zeigte ihm dann Vollmachten der holländischen Generalstaaten und des englischen Kronprinzen, Prinz Karl von Wales, Sohnes des unglücklichen Königs, vor und bat ihn dringend, des Königs Leben auf beliebige Bedingungen zuzugestehen; Cromwell bat sich Bedenkzeit aus, schickte aber noch in der Nacht zum Oberst und meldete ihm, der Rath der Offiziere habe den Herrn gesucht, d. h. Gottesdienst gehalten, und darauf den Vollzug der Straffentenz einstimmig beschlossen. Am 30. Januar 1649 fiel bekanntlich der Kopf des unglücklichen Königs durch die Hand eines scharfirten Scharfrichters.

Eine der ersten Verfügungen nach dem Tode des Königs war die Aufhebung des Oberhauses, wiewol Cromwell sich dieser Maßregel widersetzte, wahrscheinlich um sich die Dankbarkeit selbst der Partei, die er unterdrückte, zu sichern; hierauf wurde ein Staatsrath ernannt, bestehend aus 41 Mitgliedern, unter denen natürlich Cromwell nicht fehlte. Das Parlament, welches nun das Rumpfparlament genannt wurde, verkündete öffentlich die Abschaffung der Monarchie und die Einführung der Republik. Von den Royalisten verabscheut, vielen Republikanern verdächtig und verhaßt, hielt es sich nur durch seine Kühnheit und die Unterstützung Cromwell's. Dieser legte die Presse in Banden, untersagte den Predigern jede politische Anspielung und ließ Diejenigen, welche gegen solche Tyrannei protestirten, festnehmen, ja mitunter hinrichten. Inzwischen erklärten Schottland und Irland sich für die Sache des Königthums und erkannten Karl II., den Sohn Karl's I., als König an; an der Behauptung beider Königreiche war aber den Machthabern zu London viel gelegen. Cromwell, dessen Entfernung aus dem Parlamente Vielen wünschenswerth erschien, wurde vom Staatsrathe zum Oberbefehl in Irland berufen; das Parlament übertrug ihm unter dem Titel eines Lord=Statthalters von Irland die gesammte Militair= und Civilgewalt auf der Insel. Nachdem er feierliche Gebete hatte abhalten lassen, wobei er selbst und Oberst Harrison passende Bibelstellen auslegten, reiste er am 30. Juli 1649 von London ab, in einem sechsspännigen Wagen fahrend, den 80 Leibgardisten, alte Offiziere, die unter ihm gedient hatten, umgaben, und von einer großen Anzahl von Parlaments= und Staatsrathmitgliedern bis Brentford begleitet. Am 13. August ging er mit 32 Schiffen unter Segel und wurde zu Dublin, wo er auf öffentlichem Platze eine Rede an die versammelte Menge hielt, mit Pomp und Enthusiasmus empfangen. Einige Tage nachher klagte er in einer Proclamation, daß bei allen Erfolgen, womit der Herr ihre Waffen gesegnet habe, sein heiliger Name dennoch täglich durch Fluchen, liederlichen Lebenswandel und Trunkenheit entheiligt werde, weshalb er die Behörden anwies, gegen die Schuldigen mit aller Strenge zu verfahren. Gleichwol wurden während seines Kriegszugs in Irland die schändlichsten Grausamkeiten verübt. Als er am 11. September Drogheda einnahm, wo er einer der Ersten durch eine Bresche eindrang, gab er nicht nur Befehl, Alles niederzuhauen, sondern selbst das Beispiel zu einem Blutbade, dem 3552 Feinde erlagen. Bei der Eroberung von Werford, das gleichfalls erstürmt wurde, wurde das Trauerspiel von Drogheda wiederholt und dadurch die Unterwerfung von Irland beschleunigt. Ende Januars 1650 fing er nach kurzer Waffenruhe den Feldzug wieder an und ließ bei der Einnahme von Castletown und Gowran die Offiziere der Besatzung, zu Calan die ganze Garnison erschießen. Am 28. März capitulirte Kilkenny; Clonmel wurde nach wüthendem Sturme eingenommen, war aber vorher von der Garnison in der Nacht verlassen worden. Eben wollte er die Belagerung der letzten Festung der Irländer, Waterford, beginnen, als ihn erneute Befehle des Parlaments abriefen, denen er gehorchte, da die Hauptsache in Irland geschehen war.

Unter großem Zulaufe der Menge hielt er seinen Einzug in London und nahm seine Wohnung im Whitehallpalaste; aber seines Bleibens war hier nicht lange. Der Abfall Schottlands, wo Karl II. am 23. Juni 1650 landete und zu Edinburg als König gesalbt wurde, mußte bei der Republik die größten Besorgnisse einflößen. Cromwell übernahm bereitwillig unter dem Titel Lord-General den von Fairfax abgelehnten Oberbefehl über das Heer und brach am 29. Juni nach Schottland auf; an der Grenze versprach er seinen Kriegern in einer salbungsvollen Rede die Segnungen des Herrn und rückte unter jauchzendem Zurufe aller Corps in Schottland ein. Ohne Schwertstreich gelangte er bis in die Nähe von Edinburg, da die unweit dieser Stadt verschanzten schottischen Truppen nicht zum Schlagen gebracht werden konnten; aber an Lebensmitteln Mangel leidend und durch Krankheiten viele Mannschaft verlierend, beschloß er bald, sich nach Dunbar zurückzuziehen und hier zu befestigen. Die Schotten hielten die Anhöhen von Dunbar besetzt und hatten Cromwell's Corps, das auf 10,000 Mann zusammengeschmolzen war, so eingeschlossen, daß die Niederlage desselben unabwendbar schien; gleichwol wurden die Schotten, die durch ihren Ungestüm zu einem Angriffe hingerissen wurden und ihre vortheilhafte Stellung verließen, am 3. September 1650 *) nach kurzem Gefechte völlig geschlagen und ließen 3000 Todte auf dem Schlachtfelde; 200 Fahnen, sowie alles Gepäck und Geschütz fielen den Siegern in die Hände, desgleichen 15,000 Gewehre, welche die fliehenden Schotten weggeworfen. Cromwell benutzte seinen Sieg mit Thätigkeit und selbst mit Mäßigung; er ließ die Gefangenen, gegen 9000 an der Zahl, gut behandeln, ja größtentheils in Freiheit setzen, und stellte sich, als sähe er die Schotten nur als irregeleitete Brüder an. Die Stadt Edinburg konnte nun nicht länger widerstehen, aber die Citadelle hielt sich noch und die hierher geflüchteten presbyterianischen Geistlichen boten Alles auf, die Besatzung zum Widerstande zu befeuern; statt zu stürmen, ließ sich Cromwell mit dem Gouverneur in eine theologische Unterhandlung ein. Nach dreimonatlicher Belagerung ergab sich die Citadelle am 24. Dec. 1650; bald darauf aber neigte sich das Glück wieder auf die Seite der Royalisten. Am 1. Jan. 1651 wurde Karl II. mit vielem Prunke als König von Schottland in Scone gekrönt und verstärkte sich täglich mehr; Cromwell aber wurde durch eine Krankheit dem Tode nahe gebracht und schwebte lange in drohender Gefahr. Endlich doch wiederhergestellt, eröffnete er den Feldzug im Juli, bot aber dem Könige vergebens die Schlacht an. Dieser wagte einen kühnen Versuch, indem er am 6. August mit 16,000 Mann in England einrückte; allenthalben auf seinem Wege wurde er zum König von England, Schottland und Irland ausgerufen. Cromwell ernannte nun den General Monk, der neun Jahre nachher das Königthum in England wiederherstellte, zum Oberbefehlshaber in Schottland und eilte dem Könige nach; unterwegs wuchs sein Heer zusehends, bis auf 40,000 Mann. Bei Worcester, wo Karl Halt gemacht und sich befestigt hatte, stieß Cromwell auf die royalistische Armee und schlug sie am 3. September nach hartnäckigem Kampfe, der noch in den Straßen der Stadt fortdauerte; das Fort ließ er stürmen und die Besatzung niedermachen. König Karl, der mit großer Tapferkeit gekämpft hatte, mußte fliehen, irrte lange ohne Zufluchtsstätte umher und landete am 17. October zu Fecamp an der französischen Küste. Cromwell aber eilte nach London, wo im Schlosse zu Hamptoncourt Gemächer für ihn bereitet waren, und nahm 13 Tage nach der Schlacht seinen Sitz im Parlamente wieder ein, das jetzt der einzige Feind war, den er noch zu fürchten hatte.

(Der Beschluß folgt in Nr. 363.)

Siena.

Siena in Toscana liegt auf drei Hügeln, die zu einem Zweige der Apenninen gehören, etwa sechs Meilen südlich von Florenz, in einer überaus freundlichen und malerischen Gegend. Die Stadt wurde nach einigen Angaben von den Galliern unter Brennus zur Zeit ihres Zuges gegen Rom gegründet und unter Augustus unter dem Namen Sena Julia zu einer römischen Colonie gemacht. Nach dem Falle des römischen Reichs fiel sie nach und nach verschiedenen Eroberern in die Hände, erhob sich aber um die Mitte des 12. Jahrhunderts zu dem Range einer unabhängigen Republik und zählte zur Zeit ihrer größten Blüte 150,000 Einwohner. Bald entspann sich zwischen ihren Bewohnern und den Florentinern ein erbitterter Kampf, in welchem nach mehren Wechselfällen die letzteren Sieger blieben und die erstern sich einen schlauen Tyrannen, Pandolfo Petrucci, unter dem Namen eines Gouverneurs zum Herrn gaben. Nach seinem Tode empörten sich die Sienesen und vertrieben sein Geschlecht, kamen aber in Folge innerer Zwistigkeiten wieder unter andere Beherrscher und gehorchten wechselsweise den Franzosen und den Spaniern, bis Philipp II. die Stadt an den Großherzog von Toscana, Cosmus I., abtrat; seit dieser Zeit ist sie immer bei Toscana geblieben.

Viele Häuser sind im gothischen Style erbaut und, wie in Florenz, mit Zinnen und Thürmen versehen, als wären sie absichtlich für den Bürgerkrieg eingerichtet worden; die mit Backsteinen gepflasterten Straßen sind krumm und uneben. Der geräumige Marktplatz, auf welchem zur Carnevalszeit Pferderennen und andere öffentliche Spiele gehalten werden, ist oval, eingefaßt mit Kaufläden und anderen Gebäuden mit kleinen Arkaden und hat in der Mitte eine muschelförmige Vertiefung; 11 Straßen laufen hier zusammen. Auf diesem Platze befindet sich ein schöner Springbrunnen von Marmor, genannt Fonte Gaia, mit Basreliefs, welche die Schöpfung Adam's und Eva's und ihre Vertreibung aus dem Paradiese vorstellen; unweit des Platzes steht eine antike Granitsäule, auf ihr eine Gruppe von vergoldeter Bronze, eine Wölfin vor-

---

*) Den 3. September hielt Cromwell, weil er an demselben die Schlachten bei Dunbar und Worcester gewann, für seinen Glückstag; er war indessen auch zu seinem Todestage bestimmt.

stellend, welche Romulus und Remus säugt. Unter den zahlreichen Palästen ist der Rathspalast oder das Stadthaus ausgezeichnet; es ist ein großes freistehendes Gebäude mit Säulengängen, das herrliche Frescomalereien enthält, die sich auf die Geschichte der Stadt beziehen; von seinem platten Dache herab hat man eine sehr schöne Aussicht. Der alte Rathssaal, dessen man nach dem Aufhören der Republik nicht mehr bedurfte, wurde in ein Schauspielhaus verwandelt, brannte aber 1751 ab und mußte neu erbaut werden. Auch das neue Opernhaus ist sehenswerth.

Das schönste Gebäude der Stadt ist indessen ohne Zweifel die auf einem kleinen Hügel stehende, einen freien Platz beherrschende alte Domkirche, im 13. Jahrhunderte von Giov. Pisano im gothischen Style erbaut, zu welcher man auf Marmorstufen hinansteigt, die schon die Größe und Pracht dieses Gebäudes ahnen lassen. Das Schiff ist von innen und außen mit Marmor bekleidet und die Kuppel ruht auf Marmorsäulen; ebenso das 1333 neu erbaute Portal mit drei Thüren. Die achteckige Kanzel von weißem Marmor ist mit Bildern berühmter Meister geziert; der Fußboden ist mit Mosaik von weißem, schwarzem und grauem Marmor belegt, welche Scenen aus dem Alten Testamente darstellt. Die Kuppel der Kapelle der heiligen Jungfrau ist vergoldet, der Altar derselben mit Lapis Lazuli bekleidet und außerdem mit vergoldeten Basreliefs und grünen Marmorsäulen geziert. In der Kapelle des heiligen Johannes erblickt man außer mehren andern schönen Statuen eine Bronzestatue des Evangelisten von Donatello. Eine seltsame, keine gute Wirkung hervorbringende Zierde bilden die eng aneinander gereihten Büsten sämmtlicher Päpste bis auf Alexander III., 172 an der Zahl; sie stammen aus dem 15. Jahrhundert, sind aus Thon gebrannt und grau angestrichen. Die Sacristei, auch Libreria (Bibliothek) genannt, enthält Wandgemälde von Rafael Pinturicchio, welche Begebenheiten aus dem Leben des Aeneas Sylvius, nachherigen Papstes Pius II., der aus Siena gebürtig war (wie außer ihm noch mehre andere Päpste, Pius III., Alexander III., Alexander VII., nach einigen Angaben sogar der berühmte Gregor VII.), darstellen; auf den Pulten liegen an 30 alte Meßbücher mit Miniaturgemälden; in der Mitte steht eine in Siena aufgefundene antike Gruppe der drei Grazien, die freilich in einer christlichen Kirche nicht recht an ihrem Platze ist. Die Katharinenkirche ist an oder vielmehr über das Haus gebaut, in welchem die heilige Katharina von Siena (zum Unterschiede von drei andern gleichnamigen Heiligen der katholischen Kirche so genannt), die Schutzheilige der Stadt und des Dominikanerordens, welche 1347 hier geboren wurde, einst lebte; der Kramladen ihres Vaters, der ein Färber war, ist in eine Kapelle umgewandelt; die Steine, welche die heilige Jungfrau als Kopfkissen gebraucht haben soll, sind mit Silberplatten überzogen. Ihr Haupt, welches einer ihrer Landsleute nach ihrem Tode 1380 zu Rom abgeschnitten und hierher gebracht hat, wird in der Dominikanerkirche auf

Die Sacristei des Doms zu Siena.

bewahrt, wo auch ein Ring gezeigt wird, den, der Legende nach, Jesus ihr gegeben haben soll. Die Augustinerkirche ist ihrer vorzüglichen Bauart und ihrer werthvollen Gemälde wegen bemerkenswerth; auch die Klöster der Stadt enthalten sehr schätzbare alte Gemälde, unter denen die sitzende Madonna mit dem Kinde in der Kirche S.=Domenico, 1221 von Guido da Siena gemalt, besonders merkwürdig ist.

Der Handel von Siena war ehemals sehr bedeutend, ist aber jetzt sehr gesunken. Die Fabriken und Manufacturen liefern Bänder, wollene Waaren, Leder, Hüte, Darmsaiten, die Steinbrüche der Umgegend einen sehr gesuchten Marmor, brocatello genannt. Die Einwohner, deren Zahl jetzt nur noch auf höchstens 25,000 geschätzt wird, sind lebhaft und geistreich, ungemein höflich und zuvorkommend, und sollen das Italienische am besten sprechen, indem sie die Reinheit und Correctheit des toscanischen Dialekts mit der Anmuth der römischen Aussprache verbinden. Die Universität, 1530 von Kaiser Karl V. gestiftet, ist jetzt sehr unbedeutend und zählt zwar viele Professoren, aber wenig Studirende; ihre Bibliothek ist sehr zahlreich und enthält viele seltene Bücher und Handschriften; eine andere öffentliche Bibliothek befindet sich in dem Kloster bei der neuen Augustinerkirche. Andere wissenschaftliche Anstalten und gelehrte Gesellschaften, die ehemals hier vorhanden waren, sind größtentheils eingegangen, dafür ist aber wieder eine Malerakademie entstanden.

Etwas über Sitten und Gebräuche der neuern Ägypter. *)

Ägyptische Kochkunst. Man kocht auch in den Häusern der bemittelten Einwohner täglich nur einmal, zum Abendessen, das man kurz nach Sonnenuntergang zu sich nimmt; Das, was von dieser Hauptmahlzeit des Tages übrig bleibt, wird zum Mittagessen für den andern Tag benutzt. Eine der gewöhnlichsten Speisen ist Lammfleisch, das in kleinen Stückchen am Spieße gebraten ist; Yucknih nennt man ein gedämpftes Fleisch mit einer Zwiebelsauce oder auch mit einer durch Jujuben und Zucker versüßten Brühe; ein wohlschmeckendes und leicht verdauliches Essen ist eine Art von Kohl= oder Endivienblättern, die man mit einer angenehm gewürzten Mischung von gehacktem Fleische und Reis gefüllt hat. Man füllt dieses Gericht auch in kleine Kürbisse. Überhaupt liebt die ägyptische Kochkunst die wechselseitige Überkleidung der Gaben des Pflanzenreichs mit denen des Thierreichs oder umgekehrt, denn nicht selten kommen Hühner oder ägyptische Enten, aus denen man die Knochen herausgenommen hat, mit Rosinen, Pistazien, gekrümeltem Brote und Petersilien gefüllt, auch wol ganze Lämmer mit Pistazien ausgestopft auf die Tafel, dazu noch Nudeln, versüßt mit Honig, und Rosenwasser mit Zucker, oder eine süße, aus gekochten Rosinen und etwas Rosenwasser bereitete Sauce. So ungewohnt auch unserm Gaumen und Magen diese beständig in der Küche des Orients wiederkehrenden Süßigkeiten sind, sind sie doch erträglicher als die Früchte von verschiedenen Solanumarten und die schleimigen Fruchtkapseln des eßbaren Hibisch, denn das Süße hat in der Regel durch einen Zusatz des Gewürzhaften einen ernstern Charakter angenommen und stimmt gut zum Wasser und bittern Kaffee, weshalb man auch, ohne Überdruß zu empfinden, nach dem Genusse der süßen Gerichte noch den

Scherbet von schwarzen Maulbeeren oder den grünlichen Veilchenscherbet und die liebliche Dattelconserve zu kosten vermag oder andere Arten des Scherbet und der eingemachten Früchte, auf deren Zubereitung die Araberinnen sich meisterhaft verstehen. Alles muß hier wo möglich sehr weich und leicht zertheilbar bereitet sein, da man sich beim Essen keiner Messer und Gabeln und auch beim Zerlegen, z. B. der Hühner, nur der Hände bedient, indem der Eine diesen, der Andere jenen Fuß oder Flügel anfaßt und Beide zugleich mit geschickter schneller Wendung diese Theile ablösen. Übrigens muß man sich diese Art zu essen, ohne Messer und Gabel, ja zum Theil ohne Löffel, deren Stelle dann ein Stück rinnenartig zusammengebogenes Kuchenbrot vertritt, nicht so gar abschreckend vorstellen. Ehe man sich zur Mahlzeit niederkauert, werden jedem der Gäste zwei Gefäße gereicht; das eine ist ein musterhaft eingerichtetes metallenes Waschbecken mit doppeltem Boden, wovon der obere etwas gewölbte siebartig durchlöchert ist, sodaß das Wasser durch ihn abfließt auf den untern Boden. Das andere ist eine Wasserkanne, aus welcher der Diener, indem er dem Gast zugleich ein Stück Seife darreicht, Wasser auf die Hände gießt und dann das Handtuch zum Abtrocknen hingibt. So pflegt der Morgenländer überall, wo er es haben kann, sich vor und nach dem Essen mit Wasser und Seife zu reinigen.

Waschungen eines altgläubigen Moslims. Er geht nach seinem Eintritte in die Moschee zu dem Wasserbehälter, der meist in der Mitte des Hofes ist, und sagt: „Ich will die Abwaschung zum Gebet verrichten." Hierauf wäscht er dreimal die Hand mit den Worten: „Im Namen Gottes des Gnädigen, des Erbarmenden. Preis sei Allah, der uns das Wasser zur Reinigung gab und den Islam als Licht und Führer zu seinen Gärten, den Gärten des Vergnügens, und zu seiner Wohnstätte, der Stätte des Friedens." Hierauf spült er dreimal den Mund aus und sagt: „Gott stehe mir bei im Aussprechen der Worte deines Buches, bei dem Gedanken an dich und bei dem Danke, den ich dir darbringe in der Schönheit deiner Wohnung." Darauf wird auch die Nase dreimal ausgespült, wobei der Betende sagt: „O Gott, lasse mich riechen die Wohlgerüche deines Paradieses und nicht den Gestank der Hölle." Zum dreimaligen Waschen des Gesichts spricht er: „O Gott, mache mein Angesicht weiß, am Tage, wenn du das Angesicht deiner Freunde verklären wirst, nicht schwarz, wie das deiner Feinde." Beim Waschen des Kopfes: „O Gott, bedecke mich mit deiner Gnade." Bei den Ohren: „Lasse mich hören, was gesagt wird und, dem Worte gehorchen." Beim Waschen der Füße: „Mache meinen Fuß fest und sicher auf dem Sirat." (Sirat heißt die schmale Brücke, welche nach dem Islam über die Hölle führt und welche die Seelen der Verstorbenen auf dem Wege zum Paradiese passiren müssen, wobei die Bösen hinabfallen.) Die ganze Reihenfolge dieser Waschungen vollendet ein geübter Moslim in zwei bis drei Minuten. Auf der Reise durch die Wüste kann man in Ermangelung des Wassers Sand nehmen.

Ägyptische Briefpost. Wenn im Monat Sufar die Hauptkarawane der Pilgrime auf der Heimkehr ist, da reitet ein Offizier nebst zwei Arabern auf schnellen Dromedaren voraus, sodaß er vier bis fünf Tage vor der Karawane in Kairo eintrifft, wo er jedem ihm Begegnenden zuruft: „Segne den Propheten", und dann auf die schleunigste Besorgung der ihm mitgegebenen Briefe denkt. Er sieht auf den Adressen nach, welche der Briefe an besonders vornehme oder reiche Leute

*) Nach Schubert's Reise im Morgenlande. Bd. I.

lauten, und behält diese, weil sie ein sicheres gutes Botenlohn abwerfen, für sich. Die andern Briefe theilt er in einzelne, gleich große Packete ab und verkauft jedes derselben um einen Dollar oder Speciesthaler. Die Käufer einer solchen Briefsammlung sehen die Überschriften an, tragen die Briefe aus und machen sich für ihre Auslage durch das Botenlohn meist gut bezahlt; doch mag es auch schon manchmal geschehen sein, daß eine solche Masse von Pilgrimsbriefen in die Hände eines andern Käufers, eines Europäers kam, der die Gelegenheit benutzte, um seine Sammlung von neuarabischen Handschriften zu vermehren.

Gebräuche beim Gähnen und Niesen. In Kairo pflegt Jeder, der noch an der alten Sitte hängt, wenn er gähnt, zu sagen: „Ich suche Zuflucht bei Gott gegen Satan den Verfluchten", weil er fürchtet, der böse Geist möchte ihm in den aufgesperrten Mund fahren; wenn Einer niest, sagt er: „Preis sei Gott"; die Anwesenden sagen: „Gott erbarme sich deiner", worauf Jener antwortet: „Gott schütze uns und schütze euch."

Die ausgezeichneten Todten des Jahres 1839.

I. **Regierende Fürsten** starben in Europa vier: am 19. Jan. der Landgraf Ludwig von Hessen-Homburg, am 1. Juli der türkische Großsultan Mahmud II., am 20. Aug. Herzog Wilhelm von Nassau, am 3. Dec. König Friedrich VI. von Dänemark; hierzu kommen Rundschit-Singh, König von Lahore (in Indien), und der unter türkischer Souverainetät stehende Fürst Milan von Serbien (Sohn des Fürsten Milosch). — Witwen regierender Fürsten: die Herzogin Friederike von Anhalt-Bernburg und die Gräfin von Lipona, Schwester Napoleon's und Witwe des Königs Murat von Neapel. Andere Mitglieder europäischer Fürstenhäuser: die Herzogin Marie von Würtemberg, Erzherzog Maximilian von Östreich und Prinz Wilhelm von Sachsen-Weimar; außerdem die Prinzessin Charlotte Bonaparte (Witwe des Prinzen Napoleon Bonaparte, Sohnes von Ludwig Napoleon). — Andere fürstliche Personen: Fürst Franz Borghese, Fürst Wilhelm von Bentheim, Herzog Karl von La Tremouille, Herzog Joseph von Croy-Havre, Prinzessin Emma von Schönburg-Waldenburg, Fürstin Luise von Rohan-Rochefort. — Cardinäle fünf: Fesch (Oheim Napoleon's), Isoard, Tiberi, de Gregorio und Latil.

II. **Staatsmänner.** Dienstthuende Minister: der bairische Kriegsminister Freiherr von Besserer, der Präsident des neapolitanischen Ministerraths, Ruffo, der anhalt-köthensche Regierungspräsident von Albert, der reußische Kanzler von Strauch. Gewesene Minister: fünf französische, der Herzog von Bassano, Graf de la Bourdonnaye, General Bernard, Herzog von Blacas d'Aulps, Admiral Graf Truguet; ein portugiesischer, Lorenzo de Lima; ein sardinischer, Des-Geneys; zwei badische, von Gulat-Wellenburg und Freiherr von Andlaw-Birsek; ein hanoverscher, Graf von Münster; außerdem der gewesene Regent von Belgien, Baron Surlet de Chokier; der Marquis de Santa-Cruz, Mitglied des frühern spanischen Regentschaftsraths; Bürgermeister Gröning in Bremen; die russischen Staatsmänner Graf Speransky und Daschkoff, die preußischen Nicolovius und von Stülpnagel; Lord Bentinck, gewesener englischer Generalgouverneur in Ostindien. — Dienstthuende Gesandte: ein neapolitanischer, Graf von Ludolf in London; ein schwedischer, Baron von Troil in Kopenhagen; ein bairischer Geschäftsträger, Freiherr von Freyberg-Eisenberg in Dresden, und ein Bundestagsgesandter, von Leonhardi. Gewesene Gesandte: ein russischer, Fürst von Lieven, ein französischer, Graf de Caur, ein portugiesischer, Baron von Villa-Secca, ein östreichischer, Graf Brunetti. — Von Ständemitgliedern starben: die englischen Pairs und Herzöge von Argyle, von Bedford und von Buckingham, 11 andere englische und 3 irische Pairs, 4 Mitglieder des englischen Unterhauses, 16 französische Pairs, worunter der Marquis von Sémonville, 6 französische Deputirte, worunter General Semelé, General Demarçay, Salverte und Merlin, der Präsident der hessen-darmstädtischen zweiten Kammer, Eigenbrodt, der Vicepräsident der sächsischen ersten Kammer, Deutrich, u. s. w.

III. **Militairs.** In Spanien wurden am 18. Februar zu Estella die carlistischen Generale Francisco Garcia, Guergué, Carmona und Pablo Sanz auf Befehl des Generals Maroto erschossen; im September wurde General Moreno, im November Graf de España, Beide carlistische Anführer, ermordet. Natürlichen Todes starben: der preußische General von Block, der holländische General Dibbets, der holländische Admiral Ruysch, der schweizerische Generalmajor Finsler. In Asien starb General Allard, ein geborener Franzose, Generalissimus des Königs von Lahore.

IV. **Gelehrte.** Deutsche: die Universitätsprofessoren Schön und Habicht in Breslau, Windischmann in Bonn, Hufeland und Gans in Berlin, Olshausen in Erlangen, Klien in Leipzig, Mohs und von Jacquin in Wien, Brzoska in Jena, Buchegger in Freiburg, Schön und Metz in Würzburg, Gmeiner in München, außerdem die Schriftsteller Stark, Stephan Schütze, von Pahl, Blumenhagen, von Tromlitz (von Witzleben), Gustav Schilling, Mosengeil, Ruperti, Guts-Muths, Gottfried Weber, Schlez, Ignaz Feßler, von Schlieben, Seyffert von Tennecker; Neuffer. — Französische: der Publicist Fiévée, der Mathematiker Baron de Prony, der Geschichtschreiber Michaud, der Kunstschriftsteller Lenoir, denen noch der in den letzten Jahren oft genannte Erzbischof von Paris, v. Quelen, beigefügt werden mag. — Englische: der Astronom Rigaud, der Botaniker und Reisende Allan Cunningham. — Holländische: der Geschichtschreiber van Kampen, der Philolog van Heusde. — Schwedische: der Physiker Rudberg, der Erzbischof Wallin. — Italienische: Paoli, Bellenghi, Nibby. — Dänische: der Dichter Frimann und der Theolog Callisen.

V. **Künstler.** Componisten: Berger in Berlin, Rastrelli der Ältere in Dresden, Wolfram in Teplitz, Paer in Paris; ferner der Violinist Lafont und der Pianist Schuncke, Beide in Frankreich; der französische Sänger Nourrit, die italienische Sängerin Giuditta Grisi. Maler: der Deutsche Koch in Rom, der Belgier van Brée, der Holländer Eelkema, der Franzose Franquelin.

VI. **Außerdem:** Lady Esther Stanhope, bekannt durch ihr abenteuerliches, einsiedlerisches Leben in Syrien (worüber wir nächstens ausführlichere Nachrichten mittheilen werden); John Lander, Bruder Richard Lander's und Begleiter desselben auf seinen Reisen in Afrika; Murdoch, Erfinder der Gasbeleuchtung.

Gericault.

Als sich der verdienstvolle englische Maler Lawrence 1824 in Frankreich befand und befragt wurde, welchem neuern Gemälde der pariser Museen er den Vorzug gebe, gab er zur Antwort, daß vielleicht kein Bild so große Bewunderung verdiene, als der Schiffbruch des Schiffes Meduse von Géricault.*) Dieser Ausspruch erregte damals in Paris nicht geringes Erstaunen, denn noch war man weit entfernt, diesem bereits verstorbenen Künstler die Anerkennung widerfahren zu lassen, die man ihm später zu Theil werden ließ. Géricault, in Rouen 1790 geboren, war ein Schüler von Karl Vernet und Guérin und verdankt dem Letztern den größten Theil seiner künstlerischen Ausbildung. Das oben erwähnte Bild malte er im J. 1819; es fand fast ebenso viele Gegner als Freunde. Später gab sich der Künstler in Italien und England Ausschweifungen hin, die seine Gesundheit zerrütteten, und starb am 18. Jan. 1824 nach langen Leiden an der Rückenmarksverzehrung, von der er in Folge eines Sturzes vom Pferde befallen worden war.

*) Eine Erzählung dieses tragischen Ereignisses liefern wir in einer der nächsten Nummern.

Schiffbruch des französischen Schiffes Medusa, nach Géricault.

Verantwortlicher Herausgeber: Friedrich Brockhaus. — Druck und Verlag von F. A. Brockhaus in Leipzig.

Das Pfennig-Magazin
für Verbreitung gemeinnütziger Kenntnisse.

363.]   Erscheint jeden Sonnabend.   [März 14, **1840**.

Blenheim.

Ungefähr vier Stunden von Orford, der berühmten englischen Universitätsstadt, und nahe bei dem auch deutschen Lesern durch den gleichnamigen Roman Walter Scott's bekannt gewordenen Fabrikstädtchen Woodstock, größtentheils auf derselben Stelle, wo der uralte königliche Park von Woodstock stand, liegt Blenheim, der prachtvolle Landsitz des Herzogs von Marlborough, von dem ein trefflicher deutscher Kunstkenner, der England ganz kürzlich besucht hat, äußert, daß, wenn in England nichts zu sehen wäre, als dieser Sitz mit seinem Parke, man die Reise dahin nicht zu bereuen haben würde. Das Schloß wurde nach Vanbrugh's Plane regelmäßig, aber in dem nicht eben schönen altfranzösischen Style erbaut, ist sehr groß und kann sich an Pracht mit den meisten königlichen Schlössern messen; es wurde von der Königin Anna und dem Parlamente dem berühmten Feldherrn als Belohnung der Nation zum Geschenk gemacht, und wol nie hat eine Nation einem ihrer großen Männer eine würdigere Belohnung an Geld und Gut gegeben. Der ungeheure Park, welcher dazu gehört, ist eine Schöpfung des bekannten genialen Gartenkünstlers Brown, den der Verfasser der „Briefe eines Verstorbenen" den Garten-Shakspeare Englands nennt, und ist einzig in seiner Art; Natur und Kunst haben gewetteifert, ihn mit Reizen auszustatten. Er hat fünf deutsche Meilen im Umfange und wird von dem Flusse Glyme durchströmt, der sich in geringer Entfernung von der Hauptfronte des Schlosses in einen kleinen See erweitert, dann südlich wendet und in den Evenlode ergießt. Jener See, der künstlich ausgegraben und nach dem gedachten Verfasser das herrlichste Werk seines Gleichen ist, nimmt allein einen Flächenraum von 800 Morgen ein. Dem Schlosse gegenüber bildet das Wasser einen künstlichen Wasserfall, der mit Hülfe von großen, aus weiter Entfernung hergeschafften Felsenstücken der Natur auf das täuschendste nachgeahmt ist. Ebenso groß als der See ist der sogenannte **pleasure ground** (wörtlich Vergnügungsgrund), worunter die Engländer einen mit Barrièren eingeschlossenen, mit besonderer Sorgfalt gepflegten und mit Blumen ge-

VIII.   11

schmückten Theil eines Parks verstehen, der zwischen Park und Garten die Mitte hält; hier sind mit dem Abmähen des Grases täglich 40 Leute beschäftigt. Man findet hier uralte Eichen und Cedern, die an Form und Größe wahre Ungeheuer zu nennen sind; manche sind über und über mit Epheu umsponnen, der sie auch nach ihrem Absterben immergrün erscheinen läßt. Nicht weniger als 1500 Damhirsche, die Unzahl von Fasanen und zahlreiche Heerden von Schafen und Kühen bewohnen den Park, den leider der jetzige Besitzer nach einem kleinlichen neuern Geschmacke zu modernisiren angefangen hat.

Das Schloß sieht zwar innerlich etwas verfallen aus, ist aber reich an den kostbarsten Kunstschätzen. Wenn man es betritt, kommt man zuerst durch ein triumphbogenartiges, im J. 1723 nach dem Tode des Herzogs von seiner Gemahlin angelegtes Portal, das oben einen Wasserbehälter enthält, der alle Gebäude mit Wasser versorgt; hierauf in einen geräumigen Vorhof und aus diesem in den großen Schloßhof, der die Aussicht nach dem Park gewährt und an den noch ein dritter Hof stößt. Noch imposanter wird das Schloß durch seine Kuppeln, von denen eine, welche die große Halle bildet, nicht weniger als 150 Fuß hoch, also höher als gewöhnliche Thürme, ist. Die hier befindliche Gemäldegalerie kann durch ihren Reichthum, vorzüglich an Werken von Rubens, mit den Galerien von München, Wien, Madrid und Paris in die Schranken treten, wiewol auch manche mittelmäßige Bilder mit den Namen Rafael, Guido Reni u. s. w. beschenkt sind. Besonders hervorzuheben sind folgende Gemälde: Rubens' eigenes Portrait, vorzüglich gut gemalt; Rubens' Frau, schön, wiewol etwas gemein aussehend, herrlich gemalt und geistreich aufgefaßt; Loth und seine Töchter, von Rubens; ein Portrait des Herzogs von Buckingham in Lebensgröße, von van Dyk; Karl I. zu Pferde, von Demselben; eine schöne Madonna, von Carlo Dolce; ein treffliches Bild der Katharina von Medici; Philipp II., von Tizian; zwei Bettelbuben, von Murillo; das Bild der Mutter des Herzogs, mit ihrem Kinde spielend, von Josua Reynolds, der wol an die Spitze aller englischen Maler gesetzt zu werden verdient. Aus der frühesten Zeit Rafael's befindet sich hier eine große Tafel, die Jungfrau mit dem Kinde, St.-Nicolaus und Johannes darstellend. Den prachtvollen Bibliotheksaal, der mit 17,000 Bänden angefüllt ist, ziert das Bildniß des Herzogs von Marlborough selbst. In demselben Saale steht auf der einen Seite die Marmorstatue der Königin Anna, auf der andern eine kolossale antike Büste Alexander's, die ihn als ein Ideal jugendlicher Schönheit darstellt. In einiger Entfernung vom Schlosse (das an gewissen Tagen dem Publicum offen steht) erhebt sich ein 130 Fuß hoher Obelisk, der die Bildsäule des Herzogs trägt. Seinen Namen erhielt der Landsitz von dem Orte Blindheim an der Donau bei Höchstädt in Baiern, wo Marlborough in Verbindung mit dem Prinzen Eugen am 12. August 1704 seinen berühmtesten Sieg erfocht; am jedesmaligen Namenstage dieser Schlacht wird als Symbol der Lehensunterthänigkeit und Vasallentreue dem regierenden Monarchen in Windsor eine Fahne mit drei Lilien überreicht.

Wir benutzen die Gelegenheit, unsere Leser wenigstens in der Kürze an die Lebensumstände Marlborough's, der in der Zahl der englischen Feldherren und Staatsmänner einen so hohen Rang einnimmt, zu erinnern. Im Jahre 1650 geboren, zeichnete er sich unter dem Namen Churchill, den seine Familie führte, schon 1672 im niederländischen Kriege aus. König Jakob II., bei dem er sehr in Gunst stand, schickte ihn 1685 als Botschafter nach Frankreich; als dessen Schwiegersohn, der Prinz Wilhelm von Oranien, in England landete, um Jenen des Throns zu entsetzen, ging Churchill zu ihm über und bewog Jakob's II. zweite Tochter Anna, sich ihrem Schwager ebenfalls anzuschließen. Hätte sich Jakob II. damals auf dem Throne behaupten können, so wäre Churchill's Loos wahrscheinlich minder glänzend gewesen, aber der neue König ernannte ihn bald nach seiner Thronbesteigung zum Generallieutenant und Grafen von Marlborough. Neider und Feinde wußten indeß in seiner Abwesenheit den König durch Verleumdungen so gegen ihn einzunehmen, daß er seiner Stellen verlustig erklärt und als Majestätsverbrecher im Tower gefangen gesetzt wurde, aber in Ermangelung von Beweisen wurde ihm bald seine Freiheit wiedergegeben. Nach dem Tode der Königin Maria im Jahre 1694 fing Wilhelm III. an, sich seiner Schwägerin Anna als der Thronerbin wieder mehr zu nähern, und berief daher den ihr befreundeten Marlborough wieder an den Hof, den er nacheinander zum Oberrichter, General der Infanterie, Oberbefehlshaber der englischen Armee in Holland und britischen Gesandten im Haag ernannte. Noch höher stieg Marlborough's Einfluß, als Königin Anna im Jahre 1702 zur Regierung kam, bei welcher er und seine Gemahlin in der höchsten Gunst standen. Im spanischen Erbfolgekriege bekämpfte er an der Spitze des vereinigten englisch-holländischen Heers die Franzosen in den Jahren 1702 und 1703 siegreich in Flandern und zog dann nach Deutschland, um die kaiserlichen Erbstaaten zu schützen; hier schlug er 1704 vereint mit den Östreichern die Franzosen und Baiern den 2. Juli am Schellenberg und am 12. August bei Höchstädt oder Blindheim. Seit fast zwei Jahrhunderten war keine so glorreiche und entscheidende Schlacht als die letztere geschlagen worden; 15,000 Franzosen unter Marschall Tallard wurden gefangen, 10,000 bedeckten todt das Schlachtfeld, die übrigen flohen, von den Siegern verfolgt, in wilder Eile über den Rhein zurück. Für diesen Sieg wurde Marlborough von seinem Monarchen durch die Herzogswürde, vom Kaiser Joseph I. durch das Fürstenthum Mindelheim in Schwaben belohnt. Im Jahre 1705 kämpfte Marlborough wieder in den Niederlanden und schlug bei Ramillies am 23. Mai 1706 den Kurfürsten von Baiern, dann vereint mit Eugen in der blutigen Schlacht bei Malplaquet am 11. September 1709 den Marschall Villars. Nach seinem Wunsche hätte der Krieg noch lange fortgedauert, aber im Januar 1712 wurde ihm der Feldherrnstab genommen. Seine Gemahlin, Lady Sara Marlborough, hatte nämlich die Königin durch ihren Übermuth beleidigt und nachher durch Trotz einen völligen Bruch herbeigeführt; mit ihr fiel ihr Gemahl nebst seinen Freunden in Ungnade, die Whigpartei, an deren Spitze der Herzog gestanden hatte, verlor die Herrschaft und die Tories kamen ans Ruder. Erst im Jahre 1714, nach dem Tode der Königin Anna, kehrte Marlborough nach England zurück und erhielt von Georg I. alle seine Ämter wieder, doch die Reihe seiner glänzenden Thaten war geschlossen. Er starb, ohne eine Gelegenheit, sich auszuzeichnen, gefunden zu haben, im Jahre 1722 zu Windsor-Lodge. Über ihn äußert Rotteck: „Dieser außerordentliche, in Kriegs-, Staats- und Hofkünsten von keinem Andern übertroffene Mann erfüllte die Bahn des glänzendsten Ruhmes, die sich ihm aufthat, mit einem seinen großen Naturgaben entsprechenden, wunderglichen Glücke. Von ihm wurde mit

Wahrheit gesagt, daß er niemals eine Stadt belagert, ohne sie zu erobern, niemals eine Schlacht geliefert, ohne zu siegen. Gleich gewandt als kühn, gleich schnell als tief und klar blickend, der Geschichte wie der Menschen kundig, überall groß in Rath und That, würde er verdient haben, wie Eugenius verehrt zu werden, wäre sein Privatcharakter nicht befleckt gewesen durch eitle Selbstsucht, durch Verstellung und Untreue."

Cromwell.
(Beschluß aus Nr. 362.)

Gleich nach seiner Ankunft verrieth Cromwell die Absicht, das Parlament so bald als möglich aufzulösen, stieß indeß dabei auf unerwarteten Widerstand; endlich wurde vom Parlamente der noch in weiter Ferne liegende 3. Nov. 1654 zum Termin der Auflösung bestimmt, was Cromwell's Wünschen nicht sehr entsprach. Auch der Staatsrath wurde auf ein Jahr erneuert; Cromwell und seine Freunde wurden zuerst ernannt, zugleich wurde seine Bestallung als Oberfeldherr (Lord-General) erneuert, auf Irland ausgedehnt und ihm eine jährliche Rente von 4000 Pf. St. ausgesetzt. Durch seinen Einfluß wurde am 21. März 1652, wiewol damals der Bürgerkrieg noch nicht völlig beendigt war, eine Amnestie zu Gunsten der Royalisten bekannt gemacht, wodurch er seinen Anhang zu vergrößern bezweckte. Nach und nach kamen seine ehrgeizigen Absichten immer mehr an den Tag; kaum läßt sich bezweifeln, daß er schon damals daran dachte, die Königswürde anzunehmen. Den Offizieren flößte er unverhohlen Haß und Verachtung gegen das Parlament ein und verbreitete gegen dasselbe überall Anklagen und Vorwürfe; aber vergebens wurde es auf seinen Antrieb mit Petitionen der Offiziere bestürmt, die es aufforderten, auseinander zu gehen. Nachdem Cromwell einige Monate mit Ränken dieser Art hatte verstreichen lassen, gab er die Hoffnung auf, es zu freiwilliger Niederlegung der Macht zu vermögen, und beschloß, es mit Gewalt aufzulösen. Am 19. und 20. April 1653 versammelte er seine vornehmsten Anhänger in seiner Wohnung, um über die Auflösung zu berathen; die Offiziere erklärten sie für unerläßlich. Das bedrohte Parlament machte noch immer keine Miene zur freiwilligen Auflösung; da eilte Cromwell am 20. April mit einigen Grenadiercompagnien nach Westminster, nahm seinen Platz im Sitzungssaale ein, hörte eine Zeit lang der Debatte ruhig zu, hielt dann eine leidenschaftliche Rede und erklärte, er wolle die Sitzungen des Parlaments schließen. Auf seinen Wink traten die Grenadiere herein und räumten den Saal; nachdem alle Mitglieder, einige 80 an der Zahl, sich entfernt hatten, ließ er die Thüren schließen und kehrte nach Whitehall zurück. Den Staatsrath löste er noch denselben Tag auf und erließ am 22. April eine Declaration, in der er den gethanen Schritt zu rechtfertigen suchte. Alles unterwarf sich ihm mit großer Bereitwilligkeit und von allen Seiten strömten Glückwunschadressen herbei. Ein neuer Staatsrath wurde nun (am 30. April) ernannt, bestehend aus sieben Mitgliedern; der Geheimschreiber desselben, Thurloe, wurde nachmals Cromwell's Minister und Vertrauter. Ferner wurde zum 4. Juli das Schattenbild eines neuen Parlaments einberufen, nämlich eine Versammlung von 139 Mitgliedern (wovon nur fünf aus Schottland und sechs aus Irland), die nicht vom Volke gewählt, sondern von Cromwell, dem Oberbefehlshaber aller gegenwärtigen und künftigen Streitkräfte der Republik, wie er sich jetzt noch nannte, zu Abgeordneten ausersehen wurden.

Dieses Scheinparlament, unter dem Spottnamen des Barebone-Parlaments bekannt (von einem seiner Mitglieder, dem schwärmerischen Lederhändler Barebone), kam am bestimmten Tage zusammen, wurde von Cromwell mit einer Rede eröffnet, die an Bibelstellen und mystischen Phrasen reich war, erhielt von ihm eine Verfassungsacte, worin der Versammlung auf 15 Monate die höchste Gewalt übertragen wurde, und legte sich selbst den Namen Parlament bei, auf den es freilich nicht den mindesten Anspruch hatte. Es bestand größtentheils aus Fanatikern und ließ sich zwar im Ganzen ohne Schwierigkeit lenken, leistete indessen doch dem Lord-General so viel Widerstand, daß er desselben bald müde wurde und sich seiner zu entledigen suchte. Schon am 12. December, also lange vor der vorausbestimmten Zeit, erfolgte die Auflösung der Versammlung, scheinbar freiwillig; etwa 80 Mitglieder unterzeichneten, bearbeitet von einigen treuen Anhängern Cromwell's, eine Acte, in der sie der obersten Staatsgewalt entsagten und sie in die Hände des Lord-Generals niederlegten. Als diesem die Urkunde überreicht wurde, stellte er sich überrascht, weigerte sich, sie anzunehmen und schien nur den dringendsten Vorstellungen nachzugeben. Noch an demselben Tage berief er seine Offiziere zusammen, die ihn nach dreitägigen Gebeten und Berathungen zum lebenslänglichen Protector der drei Reiche ernannten. In dieser Eigenschaft wurde er am 16. December 1653 mit feierlichem Gepränge installirt; zugleich wurde eine von dem Rathe der Offiziere in der Eile abgefaßte Regimentsordnung oder Verfassungsurkunde verkündigt. Nach Verlesung derselben blickte der Protector gen Himmel und schwur mit emporgehaltener Rechte, die drei Nationen nach den Gesetzen, Statuten und herkömmlichen Gebräuchen zu regieren. Von diesem Tage an nahm er auch im Äußern ein stolzes Gepränge an und umgab sich mit einem pomphaften Hofceremoniell, das zu der damals herrschend gewordenen Sittenrauheit wenig paßte. Seine Wohnung nahm er mit seiner Familie im Palaste der alten Könige und eignete sich zu, was von Kronländereien noch übrig war. Mehre Monate lang strömten nun aus allen Grafschaften und von allen Corporationen glückwünschende Adressen herbei, aber die wichtigste von allen war die der siegekrönten Flotte. Cromwell war nun bemüht, alle Sekten und Parteien nicht nur zu schonen, sondern zu gewinnen, was ihm nach Wunsch gelang. Auch das Ausland erkannte seine Usurpation an; am meisten beeilte sich damit Spanien, dann folgten Portugal und Frankreich; auch die junge Königin Christine von Schweden suchte Cromwell's Freundschaft. Am wichtigsten war aber der vortheilhafte Friede mit Holland, der am 5. April 1654 nach 18monatlicher Dauer eines für England sehr glücklichen Kriegs unterzeichnet wurde und der Regierung des Protectors einen ganz besondern Glanz verlieh. Im Innern regierte er tyrannisch und widerrechtlicher Härte; aber dennoch kann nicht geleugnet werden, daß ihm sein Scharfsinn viele der nützlichsten Verfügungen eingab, und daß er in allen drei Reichen Ordnung und eine geregelte Verwaltung wiederherstellte. Der Adel empfand die Strenge derselben am meisten; auch die Geistlichen hielt er in engen Schranken.

Am 3. September trat nach der neuen Verfassung ein neues Parlament zusammen, das kraft Ausschreibens des Protectors und unter seinem Einflusse vom Volke (in allen drei Reichen) gewählt war. Cromwell eröffnete es am 4. mit großem Gepränge durch eine Rede, welche drei Stunden dauerte. Schon in

*

den ersten Sitzungen äußerte sich Opposition gegen ihn und seine monarchische Gewalt; um sie zu unterdrücken, hielt Cromwell am 12. September eine lange Strafrede und erklärte am Schlusse, er verlange von jedem Mitgliede eine besondere schriftliche Anerkennung; wer sich weigere, sie zu unterzeichnen, müsse ausgeschlossen werden. Um durch Widerstand nicht Alles zu verlieren, fügte sich die Mehrzahl und machte sich verbindlich, keine Änderung in der Regierung vorzuschlagen. Die Erblichkeit im Protectorate verwarf zwar das Parlament mit 200 gegen 60 Stimmen, erkannte aber Cromwell's Macht und Titel (Lord-Protector) an und bewilligte ihm eine Civilliste von 200,000 Pf. St. und den Genuß aller Krongüter. Gleichwol löste Cromwell es am 22. Januar 1655 durch eine lange Rede voll Zorn und Bitterkeit auf, bevor die in der Verfassung vorgeschriebenen fünf Monate völlig verstrichen waren. Diese plötzliche Auflösung vermehrte nur den Unwillen und die Verwegenheit der Republikaner, aber Cromwell trotzte ihrem Hasse und wußte ihre Pläne durch Wachsamkeit und Strenge zu vereiteln. Von beständigem Mistrauen gepeinigt, wurde er jeden Tag unzugänglicher und zahlreiche Wachen hielten seinen Palast besetzt. Wenn er den Gesandten Audienzen gab oder große Tafel hielt, zeigte er Pracht und war gesprächig; im gewöhnlichen Leben aber war er finster und menschenscheu; nur Geistliche und Kriegsleute hatten bei ihm Zutritt. Ehrsucht, Fanatismus und Heuchelei waren die einzigen herrschenden Laster an seinem Hofe, von welchem Schauspiele und andere weltliche Vergnügungen verbannt waren. Eine royalistische Verschwörung, die nicht sehr gefährlicher Art war, diente nur als Vorwand zu neuen despotischen Maßregeln. Die Royalisten wurden mit einer Abgabe von dem zehnten Theile ihres Vermögens belegt, die seinem Schatze große Summen einbrachte; die Vornehmsten von ihnen wurden außerdem gefangen gesetzt; das Land wurde in 12 Militairgouvernements unter ebenso vielen Generalmajors mit ausgedehnten Befugnissen getheilt. Dieser unerträglichen Tyrannei verlieh das Glück, mit dem Cromwell die auswärtige Politik Englands leitete, eine große Stütze. Frankreich und Spanien, die sich bekriegten, wetteiferten, den Protector als Bundesgenossen zu gewinnen; Ludwig XIV. ehrte ihn durch glänzende Gesandtschaften und der Premierminister desselben, Mazarin, schickte seinen Neffen ab, ihn ehrerbietig zu begrüßen. Cromwell zog das Bündniß mit Frankreich vor, erklärte an Spanien in einem von dem berühmten Dichter Milton verfaßten Manifeste den Krieg und schickte nach Amerika eine Flotte, welche zwar vergebens versuchte, sich der Inseln Cuba und St.-Domingo zu bemächtigen, dafür aber Jamaica, das seitdem immer bei England geblieben ist, und viele mit reichen Schätzen beladene Gallionen wegnahm.

Aber zur Bewilligung von Steuern hatte Cromwell nach der tief eingewurzelten Gewohnheit der Nation bald wieder ein Parlament nöthig. Die Wahlen zu demselben wurden unter dem Einflusse der Generalmajors vollzogen und am 17. September 1656 eröffnete Cromwell das Parlament; zu den Sitzungen desselben wurden nur diejenigen Abgeordneten zugelassen, deren Wahl vom Geheimrathe Cromwell's genehmigt wurde, wodurch 93 Gegner desselben ausgeschlossen wurden. Das so gereinigte Parlament war fügsamer als alle frühern und bot dem Protector die beste Gelegenheit dar, seiner Ehrsucht freien Lauf zu lassen. Alderman Pack, der ihm als Organ diente, legte dem Parlamente eine Petition vor, worin vorgeschlagen wurde,

daß das Parlament mit zwei Häusern wieder eingeführt werden und die gesetzgebende Gewalt mit einem Individuum, dessen Titel noch zu bestimmen sei, theilen sollte. Das Parlament nahm den Vorschlag unter dem Namen eines gehorsamen Gesuchs und Gutachtens an und ließ ihn dem Protector überreichen mit der Aufforderung, die Königswürde anzunehmen, worauf später eine zweite Adresse desselben Inhalts folgte. Allein Cromwell, dem es nicht entging, daß dieser Schritt auf viele Gegner stoßen und viele seiner Anhänger in Feinde verwandeln würde, ja wol gar ihm Cäsar's Schicksal zuziehen könne, zögerte lange, eine bestimmte Antwort zu ertheilen, bis dem Parlamente eine gegen das Königthum gerichtete Petition mehrer Militairchefs übergeben wurde. Noch an demselben Tage, am 8. Mai 1657, beschied er die Volksvertreter zu sich in den Whitehallpalast und erklärte, er könne den Königstitel nicht annehmen, sei aber übrigens mit der vorgeschlagenen Regierungsform einverstanden. Das Parlament wandelte nun das erwähnte Gesuch und Gutachten in eine förmliche Verfassungsurkunde um und ersetzte das Wort König durch den Titel Lord-Protector; als solcher wurde Cromwell, dem das Prädicat Hoheit beigelegt war, am 26. Juni 1657 in der Westminsterhalle mit großem Gepränge zum zweiten Male installirt, wobei ihm vom Sprecher des Parlaments ein Purpurmantel, eine Bibel, ein Schwert und ein Scepter überreicht wurden; an demselben Tage ging das Parlament auseinander und wurde bis zum 20. Januar 1658 vertagt. In der Zwischenzeit wurde ein Oberhaus gebildet, bestehend aus 62 Mitgliedern, die der Protector aus seinen Verwandten und treuesten Anhängern wählte; die zuerst ernannten Pairs (mit dem Titel Lords) waren seine Söhne Richard und Heinrich. Am bestimmten Tage wurde das Parlament zum ersten Male wieder ganz nach dem alten Herkommen und unter Beobachtung aller gesetzlichen Formen eröffnet; auch die früher ausgeschlossenen Mitglieder wurden jetzt zugelassen, bildeten aber eine lebhafte und unbeugsame Opposition, die innerhalb und außerhalb des Parlaments schnelle Fortschritte machte und der Macht des Protectors nicht geringe Gefahr drohte. Dies bewog ihn, dasselbe schon nach einer 14tägigen Dauer der Session, am 4. Februar 1658, durch eine zornige Rede, in der er Gott zum Richter anrief, wieder aufzulösen. Dieser energische Schritt, verbunden mit einigen andern strengen Maßregeln, brachte die gewünschte Wirkung hervor und Cromwell's Macht schien durch Aufhebung der von ihm selbst gegebenen Verfassung neu befestigt zu sein. Freilich schien es nur so; denn in der That stand seine Macht auf unsicherem Grunde als je. Cromwell fühlte dies wohl, da er die Hoffnung, seiner Gewalt eine verfassungsmäßige Grundlage zu geben, nun ganz aufgeben mußte. Die Last der Geschäfte, die stete Angst um sein Leben und der Druck häuslicher Misverhältnisse untergruben seine an sich kräftige Gesundheit, und mit den Seelenqualen nahm die körperliche Hinfälligkeit zu. Stets von Mordanschlägen bedroht, wiewol nie ein der Ausführung näherer Versuch bekannt geworden ist, in beständiger Furcht vor dem Mordstahle eines Royalisten oder Fanatikers trug er unausgesetzt einen Panzer unter seinen Kleidern, hatte immer geladene Pistolen oder andere Waffen bei sich, schlief nie zwei Nächte hintereinander in demselben Schlafgemach, traute seiner eigenen Leibwache nicht und fuhr selten aus, dann aber immer mit großer Beschleunigung. Der Schlummer floh sein nächtliches Lager; länger als ein Jahr vor seinem Tode peinigte ihn

Schlaflosigkeit. Durch den Tod seiner Lieblingstochter Lady Elisabeth Claypole tief erschüttert, erkrankte er am 24. August 1658, machte sein Testament und starb am 3. September in seinem 59. Lebensjahre; er wurde in der Westminsterabtei beigesetzt. Bei seiner Leichenfeier wurde seltsamerweise ein ähnliches Ceremoniell beobachtet wie bei der Beerdigung König Philipp's II. von Spanien; statt Cromwell's Leiche wurde ein ihn vorstellendes Wachsbild auf einem Paradebette ausgestellt und am 23. November feierlich nach Westminster gebracht. Ihn überlebten seine beiden oben genannten Söhne, von denen der ältere, Richard, ihm im Protectorate folgte, und drei Töchter, die an englische Große vermählt waren.

Über seinen Charakter und seine Verwaltung im Allgemeinen fällt ein ausgezeichneter deutscher Geschichtschreiber folgendes Urtheil, das jedoch noch zu viel Lob enthalten dürfte: „Nur eine theils schwärmerische, theils selbstsüchtige, daher jedenfalls unzuverlässige Partei war es, worauf seine Gewalt beruhte, nicht die Liebe des Volkes oder der Wille der Nation; daher fühlte er bei jedem Fußtritte den Boden unter sich wanken, mit jedem Tage näherten sich die Schrecken der Gegenrevolution. Er entging derselben durch sein gutes Glück, aber dem verwerfenden Urtheile der Nachwelt ist er nicht entgangen, trotz aller Huldigungen der gleichzeitigen Häupter Europas, trotz der fanatischen Lobpreisungen seiner Faction. Zwar hatte er, abgesehen von dem Hauptverbrechen der Usurpation und des Königsmordes, vorzüglich aber während er die Würde des Protectors führte, das Reich durchaus nicht tyrannisch verwaltet. Er ließ unparteiische Gerechtigkeit üben, besetzte die hohen Richterstellen mit den tüchtigsten Männern, übte selbst nicht selten Gnade, und wenige Fälle von Verschwörungen ausgenommen, wo seine persönliche Sicherheit die Errichtung von außerordentlichen Tribunalen zu fodern schien, überließ er selbst die Staatsverbrechen den Geschworenengerichten, wiewol deren Ausspruch gewöhnlich seine Feinde begünstigte. Auch war sein Privatwandel, im häuslichen wie im bürgerlichen Verhältniß, vielfach löblich; selbst Hume, der seine Verbrechen sonst sehr streng beurtheilt, findet bewundernswürdig, daß Cromwell bei so heftigem Ehrgeize mit so brennender Schwärmerei dennoch so viele Gerechtigkeit und Mäßigung beobachtet habe. Dessenungeachtet ist nicht zu verkennen, daß die vorherrschenden Züge seines Charakters soldatische Gewaltthätigkeit und Religionsschwärmerei — dabei auch schändliche Heuchelei — gewesen, daß er, unempfänglich für große Ideen, nur von Selbstsucht und Fanatismus getrieben, und weit mehr durch die Gunst der Umstände als durch einnehmende persönliche Kraft gehoben worden. Auch hat er nicht verstanden, seinem Werke Dauer zu geben, und es ist die unförmliche Verfassung, die er zu erbauen sich vermaß, in sich selbst zusammengestürzt, durch innere Unhaltbarkeit, ohne allen äußern Anstoß."

Die Jungfrau mit dem Gürtel, von Murillo.

Dieses Madonnenbild von Murillo*) gehört zu den schönsten Gemälden des spanischen Museums im Louvre zu Paris. Die Jungfrau hält das Jesuskind auf ihren Knieen und ist mit seiner Reinigung beschäftigt; hinter dem Stuhle der Mutter stehen zwei Engel, von denen der eine die Geige, der andere die Cither spielt,

---
*) Vergl. über Murillo Pfennig-Magazin Nr. 87.

um das schreiende Kind zu beruhigen, in dessen Zügen der Ausdruck der kindischen Ungeduld mit dem Ausdrucke der angenehmen Empfindung, die ihm die Musik der Engel zu verursachen scheint, auf sehr glückliche Weise verschmolzen sind.

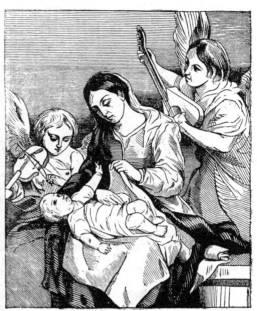

Chronik der Eisenbahnen im Jahre 1839.

Auch in dem vergangenen Jahre haben die Eisenbahnen die erfreulichsten Fortschritte gemacht und nächst Belgien ist unser deutsches Vaterland allen andern Ländern des Continents mit gutem Beispiele vorangegangen, weshalb wir billig in unserm Berichte mit ihm den Anfang machen.

In Deutschland wurden 11 einzelne Bahnstrecken eröffnet, die zusammen etwa 27¼ geographische Meilen lang sind und zu nachstehenden sechs Eisenbahnen gehören: 1) Kaiser-Ferdinands-Nordbahn (von Wien nach Bochnia in Galizien). Von dieser Bahn wurden im vergangenen Jahre folgende Strecken eröffnet, die zusammen 13¾ Meilen lang sind: a) am 8. Mai von Gänserndorf bis Dürnkrut, 2½ Meilen; b) am 6. Juni von Dürnkrut bis Lundenburg, 4½ Meilen; c) am 7. Juli von Lundenburg bis Brünn, 8¼ Meilen, wovon jedoch die 1½ Meile lange Strecke von Brünn bis Raygern in Abzug kommt, da sie schon im vorigen Jahre befahren worden ist. Die Bahnsection von Lundenburg nach Brünn ist nur eine Zweig- oder Flügelbahn, während die Hauptbahn von Lundenburg über Napagedl, Prerau u. s. w. geht und mit Olmütz, Troppau, Wieliczka u. s. w. durch andere Zweigbahnen verbunden werden soll. Ob eine Verlängerung der Bahn über Brünn hinaus nach Prag (in gerader Linie 25 Meilen) so bald zu Stande kommen wird, ist bei den großen Schwierigkeiten des Terrains mehr als zweifelhaft; der Bau einer Flügelbahn von Gänserndorf nach der ungarischen Grenze (in der Richtung nach Presburg) ist jedoch bereits beschlossen. Auf der nunmehr im Betriebe befindlichen, 19¼ Meilen langen Bahn von Wien nach Brünn fuhren vom 7. Jul. bis 31. Dec. 168,037 Personen, welche 226,693 Gulden Conventionsmünze (155,662 Thlr. Preuß.) bezahlten, was im Durchschnitt 944 Personen auf den Tag gibt; hierzu kommen noch 19,468 Guld. (13,368 Thlr.) für Transport von Holz und Materialien, sodaß die Gesammteinnahme in der gedachten Zeit 246,161 Guld. (169,030 Thlr.), also im Durchschnitt täglich 1383 Guld. (950 Thlr.) betrug.

2) Die leipzig-dresdner Eisenbahn, von welcher am Schluße des Jahres 1838 nur die 3½ Meilen lange Strecke von Riesa bis Oberau noch nicht befahren wurde, wurde am 7. April ihrer ganzen Länge nach (15½ Meilen) eröffnet. Wir haben bereits in Nr. 340—342 ausführlichere Nachrichten über diese Eisenbahn mitgetheilt; hier bemerken wir daher nur nachträglich, daß dieselbe im vergangenen Jahre von 411,290 (also täglich im Durchschnitt von 1127) Personen befahren worden ist; von diesen fuhren 54,061 vom 1. Januar bis 6 April, also vor Eröffnung der ganzen Bahn, seit derselben aber fuhren 357,229 Personen (im Durchschnitt täglich 1328), die eine Einnahme von 274,284½ Thalern gaben. Rechnet man dazu die Einnahme für Güterfracht zum Belauf von 83,571½ Thalern, so ergibt sich für die Zeit vom 7. April bis 31. December (269 Tage) eine Bruttoeinnahme von 357,856 Thalern, was im Durchschnitt täglich 1330 Thaler beträgt, ein Resultat, das gewiß als sehr günstig anzusehen ist. Im November machte die Compagnie eine Anleihe von einer Million Thaler, welche sogleich von sechs leipziger Handelshäusern übernommen wurde und die bestimmt ist, die Kosten der einen Theil der leipzig-magdeburger Bahn bildenden Anschlußbahn von Leipzig bis zur preußischen Grenze (in der Richtung nach Halle) und des zweiten Gleises zu bestreiten; das letztere wird dem Vernehmen nach im künftigen Sommer vollendet sein. Während des Winters (vom 15. October bis 15. März) gingen die Dampfwagenzüge nicht, wie im Sommer, früh 6 und Nachmittags 3 Uhr, sondern früh 7 und Nachmittags 2 Uhr von Leipzig und Dresden ab.

3) Von der münchen-augsburger Bahn wurde endlich am 1. September eine Strecke von 4 Stunden, von München bis Lochhausen, eröffnet, die am 27. October um 1½ Stunde, bis Olching, verlängert wurde; seit dem 1. December wird die Bahn bis Maisach, 7 Stunden von München, befahren. Die Personenfrequenz war im Vergleich zu andern Eisenbahnen nur sehr mäßig. Einer schnellen Beendigung des Baus setzt namentlich ein Moorgrund (das Haspelmoos), der durch Kanäle von 18,600 Fuß Länge trocken gelegt werden muß, große Hindernisse entgegen.

4) Von der Taunuseisenbahn, welche von Frankfurt über Castel (Mainz gegenüber) nach Wiesbaden geht und 5½ Meilen lang ist, wurde eine 2½ Stunden lange Strecke von Frankfurt bis Höchst am 26. September dem Verkehr eröffnet; seit dem 24. November werden die regelmäßigen Fahrten noch 1½ Stunde weiter, bis Hattersheim, ausgedehnt. Die Personenfrequenz betrug vom 26. September bis 31. December 61,605 (also im Durchschnitt täglich 635) Personen. Die Bahn kann als fertig betrachtet werden, und nur Differenzen mit der Thurn- und taris'schen Postverwaltung scheinen der Totaleröffnung derselben bisher im Wege gestanden zu haben, doch wird dieselbe jedenfalls im nächsten Sommer erfolgen.

5) Von der leipzig-magdeburger Bahn wurde am 29. Juni eine zwei Meilen lange Strecke von Magdeburg bis Schönebeck, am 9. September aber eine weitere Strecke von 1½ Meile, von Schönebeck bis zur Saalbrücke (unweit Kalbe), eröffnet; die Personenfrequenz betrug während des Halbjahrs vom 29. Jun. bis 31. Dec. 133,127 (also im Durchschnitte täglich 720) Personen; der Bau der Bahn wurde mit solcher Thätigkeit gefördert, daß schon am 31. Oct. vorigen Jahres fünf Sechstheile des Unterbaus vollendet waren und die Eröffnung der ganzen 15½ Meilen langen Bahn im Herbste des laufenden Jahres mit Sicherheit zu erwarten steht.

6) Von der rheinischen Eisenbahn (von Köln über Aachen nach der belgischen Grenze) wurde am 2. Aug. eine Strecke von einer Meile, von Köln nach Müngersdorf, eröffnet. Nur an der Strecke von Köln bis Aachen (9¼ Meilen) wurde thätig gearbeitet und am 30. Nov. waren fast 80 Procent der Erdarbeiten ausgeführt, sodaß die Beendigung derselben im J. 1840 zu erwarten steht; der Bau der ungleich schwierigern Strecke von Aachen bis zur belgischen Grenze wird aber demnächst ebenfalls mit größerm Eifer angegriffen werden, da von belgischer Seite mit der Ausführung der Bahnstrecke von Lüttich über Verviers bis zur preußischen Grenze nicht mehr gezögert wird, auch die belgische Regierung 4000 rheinische Eisenbahnactien übernommen hat.

Was die am Schluße des Jahres 1838 bereits fertigen deutschen Eisenbahnen betrifft, so bemerken wir, daß 1) auf der berlin-potsdamer Bahn die Frequenz im ersten Jahre des vollständigen Bahnbetriebs (30. Oct. 1838 bis 29. Oct. 1839) 674,171 Personen, die Einnahme 187,271 Thaler, die reine Einnahme aber für 1839 80,884 Thaler oder 8 Procent des Actiencapitals, 2) auf der nürnberger-fürther Bahn die Frequenz im vierten Jahre ihres Bestehens 429,386 Personen, die Einnahme 29,682 Thaler, die Actiendividende für 1839 16½ Procent, 3) auf der Bahn von Braunschweig nach Wolfenbüttel die Frequenz im ersten Betriebsjahre (1. Dec. 1838 bis 30. Nov. 1839) 312,134 Personen betrug. Diese letztere Bahn ist indeß nicht für vollendet zu halten, sondern wird bis Harzburg fortgesetzt und bis dahin wahrscheinlich im Jahre 1840 eröffnet; von einer Ausführung der nach einem zwischen der braunschweigischen und hannoverschen Regierung abgeschlossenen Vertrage gleichzeitig zu vollendenden Zweigbahn von Goslar nach Harzburg (auf hannoverschem Gebiete) ist bisher noch nicht die Rede gewesen. Mit Ausnahme der berlin-potsdamer, wo bei Nacht, und der nürnberg-fürther Bahn, wo Nachmittags abwechselnd mit Pferden gefahren wird, kommt bis jetzt auf allen vorgedachten Bahnen nur Dampfkraft in Anwendung. Die gebrauchten Locomotiven werden fast sämmtlich aus England bezogen, doch hat man nunmehr auch im Inlande angefangen, sich auf den Bau von Locomotiven zu legen, und außer der bereits in unserm vorigen Berichte genannten, in Sachsen gebauten und auf der leipzig-dresdner Eisenbahn in Gebrauch befindlichen Locomotive Saxonia, der bald mehre andere sächsische nachfolgen werden *), ist seit dem 10. Sept. 1839 eine in Aachen für die rheinische Eisenbahn gebaute Locomotive, genannt Carolus Magnus, die erste preußische, im Gange. (Dagegen hat der von der Kaiser-Ferdinands-Nordbahn am 27. Dec. 1837 ausgeschriebene Dampfwagenconcurs für östreichische Maschinenwerkstätten, dessen Termin am 1. Aug. vorigen Jahres abgelaufen ist, bis jetzt, wie es scheint, nicht den beabsichtigten Erfolg herbeigeführt.) Die Gesammtlänge der gegenwärtig mit Dampfwagen befahrenen Bahnstrecken in Deutschland beträgt etwas über 51 Meilen; dazu

---

*) Eine zweite, in Chemnitz gebaute, genannt Pegasus, ist vor kurzem in Leipzig eingetroffen und bei einem angestellten Versuche am 26. Januar als vollkommen tüchtig befunden worden.

kommen noch folgende nur für Pferdekraft eingerichtete Eisenbahnen: in Östreich 26 Meilen von Budweis über Linz nach Gmunden, ferner 8 Meilen von Prag nach Pilsen zu bis Pürglitz, und in Preußen eine halbe Meile bei Dürrenberg (die beiden letztern nicht zum Personentransport dienend), sodaß in Deutschland am Schlusse des J. 1839 zusammen etwa 86 Meilen Eisenbahn theils mit Dampfwagen, theils mit Pferden befahren wurden.

In Bau begriffen sind außerdem noch folgende Eisenbahnen: 1) die düsseldorf-elberfelder, 3¾ Meilen lang, welche bereits im J. 1838 zum Theil (von Düsseldorf bis Erkrath) eröffnet worden ist und 1840 vollendet, aber erst 1841 vollständig eröffnet werden wird; 2) die berlin-sächsische, von Berlin nach Köthen; an dieser 20 Meilen langen Bahn wurde sehr thätig gearbeitet, am Schlusse des Jahres waren bereits über 44 Procent der Erdarbeiten ausgeführt und im Laufe des begonnenen Jahres werden aller Wahrscheinlichkeit nach die Strecken von Berlin bis Jüterbogk und von Dessau bis Köthen eröffnet werden; 3) die badische Eisenbahn, die auf Staatskosten gebaut wird; die Strecke von Heidelberg bis Manheim wird noch im Jahre 1840 vollendet, auf dem übrigen Theile der Bahn ist bisher wenig geschehen; 4) von Wien bis Raab, wovon die Strecke über Baden bis Neustadt, 6½ Meilen, noch 1840 fertig wird. Mehr oder weniger zweifelhaft ist die Ausführung folgender Bahnen, für deren Bau bereits Gesellschaften gebildet sind: von Berlin nach Stettin; von der Rheinschanze bei Manheim bis Berbach (in der bairischen Pfalz); von Nürnberg über Bamberg nach der nördlichen Grenze von Baiern; von Hamburg nach Bergedorf; die erzgebirgische Eisenbahn in Sachsen (von Zwickau über Chemnitz nach Riesa an der Elbe). Zahlreiche Petitionen wegen Anlegung von Eisenbahnen in Sachsen von der Lausitz nach der Elbe, von da durch das Erzgebirge und Voigtland nach der bairisch-sächsischen Grenze, sowie von Leipzig nach der bairischen Nordgrenze auf Staatskosten liegen gegenwärtig dem sächsischen Landtage vor. Die hamburg-lübecker Eisenbahngesellschaft hat sich wegen mangelnder Genehmigung der dänischen Regierung am 3. Juni 1839 ganz aufgelöst; dasselbe hat die Gesellschaft zur Anlegung einer Eisenbahn in der bairischen Pfalz von Manheim bis Lauterburg gethan. Bei folgenden projectirten Bahnen ist einige Aussicht ihres Zustandekommens vorhanden: von Wien nach Triest, eine Bahn, für die sich die östreichische Regierung interessirt, wiewol sie große Schwierigkeiten darbietet; von Berlin nach Hamburg; von Berlin über Frankfurt an der Oder nach Breslau; von Magdeburg nach Braunschweig; von Halle nach Kassel und den preußischen Rheinprovinzen, falls die hessische Regierung zu diesem Unternehmen die Hand bieten sollte, vielleicht für Rechnung der preußischen Staatskasse; von Köln nach Düsseldorf. Auch von einer Bahn von Leipzig oder Halle über Erfurt nach Frankfurt am Main ist neuerdings die Rede, wiewol sie mit außerordentlichen Schwierigkeiten zu kämpfen haben würde. In Holstein hat die den Eisenbahnen bisher abgeneigte Regierung das Nivellement mehrer Linien angeordnet und in Kiel ist eine Gesellschaft zur Anlegung einer Eisenbahn von Kiel nach Hamburg und Altona zusammengetreten. Jedenfalls dürfte nach Verlauf von 10 Jahren ein sehr beträchtlicher Theil von Deutschland mit Eisenbahnen bedeckt sein.

In Belgien sind im verflossenen Jahre folgende neue Bahnstrecken, zusammen 7⅓ Meilen lang, eröffnet worden: am 22. Sept. die Section von Gent nach Courtray, genannt ligne de France, 5⅔ Meilen lang, und am 6. Oct. die Section von Landen (zwischen Tirlemont und Lüttich) nach St.-Trond, 1½ Meile lang; außerdem ist die Eisenbahn von Mecheln nach Ostende, welche bisher zur großen Beschwerde der Reisenden nur bis zum Glacis von Ostende ging, um ¼ Meile, bis in die unmittelbare Nähe der Stadt und somit zugleich des Hafens, verlängert und diese durch Festungswerke führende Strecke am 1. Dec. eingeweiht worden. Die Gesammtlänge der befahrenen Bahnstrecken beträgt jetzt 42 Meilen; zur Vollendung des ganzen decretirten Eisenbahnnetzes fehlen noch 32 Meilen, wovon bereits der dritte Theil im Bau begriffen ist. An Transportmitteln waren im December 1839 82 Locomotiven (worunter 43 in Belgien gebaute), 77 Tenders, 392 Personenwagen, 400 Transportwagen, 63 Dienstwagen vorhanden. Der Gütertransport hat erst im vorigen Jahre begonnen und ist noch lange nicht vollständig ausgebildet. Vom 1. Mai 1835 bis zum 30. Sept. 1839 betrugen die durchlaufenen Strecken 241,527 geographische Meilen. Befahren wurden die belgischen Eisenbahnen im J. 1839 von 1,952,431 Reisenden und die Einnahme betrug 4,248,825 Francs oder 1,150,723 Thaler (1,147,992 Francs mehr als 1838). Die Gesammtzahl der seit dem 1. Mai 1835 transportirten Reisenden ist 6,868,057, die Gesammtsumme der Einnahme 9,858,772 Francs oder ungefähr 2,670,000 Thaler.

In Frankreich, wo das Eisenbahnwesen noch nicht recht vorwärts will, sind gleichwol vier Eisenbahnstrecken, freilich zusammen nur 10¼ Meilen lang, eröffnet worden, nämlich: 1) am 9. Juni von Montpellier nach Cette, 3¾ Meilen; 2) am 23. Juni von Beaucaire nach Nimes, 3¼ Meilen; 3) am 2. Aug. von Paris nach Versailles (am rechten Seineufer), 2½ Meilen, wovon aber der größte Theil, von Paris bis St.-Cloud (über 1¾ Meile), schon im Jahre 1838 befahren wurde; 4) am 1. Sept. von Mühlhausen bis Thann, 2⅔ Meilen, eingeweiht durch die in Frankreich gebaute Locomotive Napoleon. Die Gesammtlänge aller bis jetzt ausgeführten und befahrenen Eisenbahnen in Frankreich beträgt 38 geographische Meilen. Im Bau sind folgende Bahnen: von Strasburg nach Basel, 19 Meilen (wird 1840 zum Theil eröffnet, 1841 ganz vollendet werden); von Paris nach Orleans, 16 Meilen (die Unternehmer sind nur zur Vollendung der Bahn bis Corbeil, 4½ Meilen, verpflichtet); von Paris bis Versailles auf dem linken Seineufer (mit Hülfe eines Staatsdarlehens); von Nimes bis Alais, 6¼ Meilen; von Bordeaux bis Teste, 7 Meilen, und einige kleinere Bahnen. Aufgegeben ist der Bau folgender Bahnen, für welche sich schon Unternehmer gefunden hatten: von Paris nach Havre; von Lille nach Dünkirchen. Die Regierung hat die Absicht, den Kammern nächstens neue Vorschläge hinsichtlich der Ausführung großer Eisenbahnlinien (doch wol auf Staatskosten oder mit Garantie eines Zinsenminimums) vorzulegen. Wahrhaft kolossal war der Verkehr auf der kurzen Eisenbahn von Paris nach St.-Germain; dieselbe wurde nämlich im J. 1839 von 1,302,486 (also im Durchschnitte täglich von 3568) Personen befahren und die Einnahme betrug 1,211,379 Francs (328,082 Thaler).

In Holland kam die Eisenbahn von Amsterdam nach Haarlem (2½ Meilen), die erste in diesem Lande, zur Vollendung; sie wurde am 20. Sept. eingeweiht und seitdem bis 31. Dec. von 77,673 Personen befahren. Die Fortsetzung dieser Bahn bis Rotterdam ist beschlossen; an der Bahn von Amsterdam nach Arnheim wird bereits gearbeitet.

(Der Beschluß folgt in Nr. 364.)

Messina.

Die Stadt Messina, an der nordöstlichen Spitze Siciliens und unmittelbar an der von ihr benannten Meerenge zwischen Sicilien und dem festen Lande von Italien erbaut, zeichnet sich aus durch ihre herrliche Lage. Sie ist sehr alt, hieß in den frühesten Zeiten erst Zankle, später Messana und wurde wahrscheinlich von Colonisten aus der Landschaft Messenien im Peloponnes um 668 v. Chr. gegründet. Gegenwärtig ist sie dem Range nach die zweite Stadt in Sicilien, zugleich die bedeutendste Handelsstadt der Insel, wiewol der Handel gegen sonst an Lebhaftigkeit verloren hat, und zählt 50,000, nach Andern 70,000 Einwohner, die sich größtentheils durch Handel und Seidenweberei nähren. In dem trefflichen, sichern Hafen, der zum Freihafen erklärt worden ist, haben an 1000 Schiffe Platz; von dem großen, mit palastähnlichen Häusern gezierten Platze am Hafen hat man eine entzückende Aussicht auf die südlich von Messina emporsteigenden pelorischen Gebirge und die gegenüberliegende Küste von Calabrien. Von außen wird die Stadt durch sechs Forts und eine starke Citadelle am Hafen beschützt. Seit dem furchtbaren Erdbeben von 1783, welches einen großen Theil der Stadt in einen Schutthaufen verwandelte und viele seiner Bewohner unter den Trümmern begrub, ist Messina nach einem regelmäßigen Plane wieder aufgebaut worden und enthält eine große Zahl schöner Plätze und Straßen. Unter den letztern zeichnen sich vorzüglich die fast eine Meile lange strada marina am Meeresufer, die Ferdinandsstraße, der Corso, welcher Messina in die See- und Hügelstadt theilt, und die strada austriaca (östreichische Straße) aus, in denen man fast nur stattliche, mit Balconen versehene Gebäude erblickt. Durch die Überschwemmung im Jahre 1823 hat die Stadt wieder sehr bedeutend gelitten und noch sind nicht alle Spuren dieses Unglücks verschwunden.

Unter den zahlreichen Kirchen ist die alterthümliche Domkirche zu bemerken, welche von König Roger im 12. Jahrhundert erbaut und 1197 eingeweiht wurde. Die Façade zeigt die gewöhnliche Anlage sarazenischer Bauwerke, indem sie durch bunte Streifen von Mosaik in horizontale Abtheilungen getheilt ist. Die drei Thüren sind von gothischer Form; der Haupteingang ist mit Zierathen, Statuen u. s. w. überladen. Der obere Theil des Portals wurde von dem erwähnten Erdbeben fast ganz zerstört, aber in demselben Style wiederhergestellt. Der große, neben dem Haupteingange stehende Thurm wurde durch den Einsturz des obersten Theils desselben verstümmelt und ist in diesem Zustande geblieben. Zu bemerken sind noch mehre antike Säulen und der überaus kostbare Hochaltar.

Der Platz vor der Domkirche gehört zu den schönsten der Stadt, wiewol er von unregelmäßiger Form ist. Neben dem Dom steht das unter König Ferdinand I. erbaute Justizgebäude, welches auch die Bank enthält. Die schönste Zierde des Platzes bildet aber der in der Mitte desselben stehende Brunnen von weißem Marmor; das Piedestal des Hauptbassins, zu welchem vier Stufen führen, ist mit den liegenden Figuren mehrer Flußgötter geziert. Aus der Mitte des Bassins erhebt sich eine Säule mit zwei Schalen, von denen die untere größere von Meerungeheuern, die obere von vier verschlungenen Nymphen getragen wird. Dem Portal der Domkirche gegenüber steht auf einem Fußgestelle von weißem Marmor die bronzene Reiterstatue des Don Juan d'Austria, natürlichen Sohnes des Kaisers Karl V., ein nach Plan und Ausführung sehr mangelhaftes Denkmal; die Basreliefs am Piedestal beziehen sich auf die Schlacht bei Lepanto. Im Hintergrunde des Platzes erblickt man über den Gebäuden die Ruinen des alten Schlosses Griffone emporragen, das gegenwärtig von Mönchen bewohnt wird.

Dom und Domplatz zu Messina.

Das Pfennig-Magazin
für
Verbreitung gemeinnütziger Kenntnisse.

364.] Erscheint jeden Sonnabend. [**März 21, 1840.**

Der Canton Wallis.

Ansicht von Sitten.

Unter den Cantonen der Schweiz zeichnet sich der Canton Wallis durch seine eigenthümliche Form aus; er besteht nämlich aus einem langen und engen Thale, das von der Rhone gebildet und von den höchsten Gebirgen von ganz Europa eingeschlossen wird. In einer Länge von 36 Stunden erstreckt es sich bei einer Breite von höchstens einer Stunde von den Rhonegletschern und der Furca, wo die Rhone entspringt, bis zum obern Theile des Genfersees, den die Rhone durchströmt; in dieses Hauptthal münden noch 16 sich von den Alpenhöhen herab niedersenkende bewohnte Seitenthäler, das Lötsch-, Matter-, Visp-, Rosa-, Bagnethal u. s. w. In der Tiefe strömt die weißgraue Flut der Rhone, welche zahlreiche, von den Alpen herabfließende

Gewässer aufnimmt, mit jedem aufgenommenen Bergstrome, mit jedem weggeführten Damme ihre Wuth zu verdoppeln scheint und bald sich durch aufgethürmte Felsen drängend, bald schutzlose Flächen überschwemmend ihren Weg durch Verheerungen bezeichnet. Die Wohnsitze der Menschen, deren man im ganzen Canton 70—80,000 auf einem unmöglich genau zu begrenzenden Gebiete von ungefähr 90 Quadratmeilen zählt, findet man dicht am Rande der Berge oder auf den Höhen derselben, auf denen mehr als 50 alte Burgen und Schlösser, meist in Trümmern liegend, gleich Adlernestern hängen. Bei dem Städtchen St.-Maurice und der hier über den Fluß führenden uralten Brücke aus gehauenen Steinen drängen sich die einander gegenüber stehenden Berge, Dent de Morcle und Dent du Midi, so eng zusammen, daß die Rhone sich nur mit Mühe hindurchpressen kann; von da an entfernen sich die Berge auf dem rechten Ufer, das auf eine Strecke von sieben Stunden bis zum Genfersee zum Canton Waadt gehört, allmälig vom Strome, auf dem linken aber begleiten sie ihn bis zum Genfersee.

Dieser Canton, der in der neuesten Zeit der Schauplatz ernsthafter, durch einen noch immer nicht geschlichteten Verfassungsstreit hervorgerufener Unruhen gewesen ist, war bisher, wie Graubündten, eine Art Föderativstaat und bestand aus 13 freien Bezirken, Centen oder Zehnten genannt, von denen jeder eine eigene, mit den andern Bezirken verbündete kleine Republik bildete. Die Haupttheile des Cantons aber, die sich in der neuesten Zeit feindlich gegenüber gestanden haben, sind Ober- und Unterwallis, von denen das letztere, vom Genfersee bis zum Flusse Morse, in frühern Zeiten eine sogenannte gemeine Herrschaft und unterthäniges Gebiet des erstern war, dieses aber seit 1798 zu den zugewandten Orten gehörte. Seit 1815, wo Wallis den Rang eines Cantons erhielt, besteht Oberwallis aus acht, Unterwallis aus fünf Zehnten; in allgemeinen Angelegenheiten des Cantons schickten bisher sämmtliche Zehnten ihre Gesandten, jeder vier, jährlich zweimal zum Landrath in Sitten. Hiernach kamen auf Oberwallis 32, auf Unterwallis aber, wiewol dasselbe eine größere, gewerbthätigere, im Ganzen auch gebildetere Bevölkerung enthält, nur 20 Repräsentanten, ein unbilliges Verhältniß, das nothwendig Anlaß zu Streit und Hader geben mußte.

Beide Landestheile sind von Nachkommen zweier an Sprache, Charakter und Sitten verschiedener Völkerstämme bewohnt. Die Bewohner des Oberwallis sind deutscher Abkunft und contrastiren durch ihr ruhiges, treuherziges und etwas unbeholfenes Wesen gegen die lebendigern, gesprächigern, gewandtern, aber zugleich streitsüchtigern Bewohner von Unterwallis, die galischer oder romanischer Abkunft sind und einen mit Wörtern der verschiedensten Sprachen vermischten wälschen oder romanischen Dialekt sprechen. Die Bewohner der Seitenthäler sind im Ganzen kräftiger und wohlgebildeter als die des Rhonethals, aber im Allgemeinen vermißt man im ganzen Canton bei dem Landvolke sowol in der Kleidung als in den Wohnungen die bei den Landleuten der Schweiz sonst übliche große Sauberkeit. In den tiefern Rhonelandschaften des Unterwallis wird das Auge des Reisenden durch zahlreiche Kretinen beleidigt, deren in vielen Ortschaften auf je hundert Einwohner einer kommt.

Die Walliser sind der katholischen Kirche zugethan und eins der frömmsten Völkchen, das auf Andachtsübungen aller Art viel hält, zu denen zahlreiche Klöster, Kapellen und Wallfahrtsorte reichliche Gelegenheit geben. Hinsichtlich ihrer Geistesbildung stehen sie auf einer sehr niedrigen Stufe; die Söhne der vornehmern Familien werden in den seit zwölf Jahren wiederhergestellten Jesuitencollegien in Sitten und Brieg gebildet. Fabriken und Manufacturen fehlen fast ganz, doch verbreiten die durch den Canton führenden, zur Begünstigung des Waarendurchgangs vom Staate unterhaltenen Straßen, welche Italien mit dem Norden verbinden, und unter denen die prächtige, 14 Stunden lange, in den Jahren 1802—6 durch Napoleon mit einem Kostenaufwande von vier bis fünf Millionen Thalern erbaute Straße über den Simplon die wichtigste ist, einen gewissen Wohlstand und Fleiß.

Die Hauptstadt des Cantons ist Sion oder Sitten auf dem rechten Rhoneufer und hat ihren Namen von dem auf dem Gletscher des Geltenhorns entspringenden Bergstroms Sionne oder Sittenbach. Sie hat kaum 2500 Einwohner und ist ziemlich gut und regelmäßig gebaut; diesen Vortheil verdankt sie jedoch einer Feuersbrunst, die am 24. Mai 1788 zwei Drittel der Stadt — 126 Wohnhäuser, von 300 Familien bewohnt — zerstörte, und einer Überschwemmung der Rhone, Das verheerte, was das Feuer verschont hatte. Kaum erhob sich Sitten aus seinen Trümmern, als der Krieg es von neuem mit dem Untergange bedrohte; der patriotische Heldenmuth der Einwohner unterlag und 1799 wurde die Stadt von einer französischen Armee erobert und geplündert. Ausgezeichnete Gebäude findet man in Sitten mit Ausnahme der großen Domkirche nicht, wol aber einige Erinnerungen an die Zeit der Römer, namentlich einige Inschriften, welche die Dankbarkeit der zur Römerzeit hier wohnenden Seduner gegen ihren Schutzherrn, den Kaiser Augustus, aussprechen.

Das Städtchen liegt ungemein malerisch an zwei Anhöhen von 4—500 Fuß Höhe, Tourbillon und Valeria genannt, die mit Ruinen gekrönt sind. Auf jener stand ehemals eine bischöfliche Burg aus dem 13. Jahrhunderte, die von der erwähnten Feuersbrunst ihrer hohen Lage ungeachtet ergriffen und ein Raub der Flammen wurde. Auf dem hohen und langen, nach drei Seiten senkrecht abfallenden Felsen Valeria stand früher ebenfalls eine Burg, durch einen gothischen viereckigen Thurm ausgezeichnet; 40 Schritte davon stand das Schloß Majoria, wo die Bischöfe von Sitten in frühern Zeiten residirt hatten; beide Gebäude wurden an dem erwähnten, für die Stadt so verhängnißvollen Tage gleichfalls zerstört. Neben den Ruinen von Valeria ist ein Wallfahrtsort, eine artige Kapelle, in welcher seit dem Jahre 1696 die Gebeine des Chorherrn Matthias Will, eines berühmten Teufelsbanners und Wunderthäters, ruhen, dessen Bildniß man in allen wohlhabendern Häusern des Cantons findet, wiewol er durch die römische Curie nicht heilig gesprochen worden ist und Theodul und Mauritius eigentlich die Schutzheiligen des Landes sind. Fast das ganze Jahr hindurch kommen Kranke, Lahme und Besessene zu dieser Kapelle, um durch die Gebeine des frommen Mannes geheilt zu werden. Noch romantischer liegt, Sitten gegenüber am linken Rhoneufer und auf dem Vorsprunge eines hohen Berges, die Einsiedelei von Longeborgne. Nur ein steiler, im Zickzack laufender Pfad führt zu dieser über einem furchtbaren Abgrunde schwebenden Klause, in welcher zwei Eremiten in beständiger Lebensgefahr hausen.

Der in Sitten residirende Bischof übte ehemals nicht nur geistliche, sondern auch weltliche Gerichtsbarkeit im walliser Lande und führte den Titel Fürst des heiligen römischen Reichs und Graf und Präfect des

Wallis, wiewol seine Macht, die er von einem vorgeblichen Diplome Karl's des Großen herleitete, vielfach bestritten und im Laufe der Zeit immer mehr geschmälert wurde; noch jetzt hat er im Canton großes Ansehen und im allgemeinen Landrathe gleich jedem der 13 Zehnten eine Stimme. In jedem der letztern hat er einen Stellvertreter oder sogenannten Supervigilanten, um die zahlreiche Welt- und Klostergeistlichkeit zu beaufsichtigen.

Außer Sitten sind die bedeutendsten Ortschaften des Cantons: die Städte Martinach, deren Umgegend der Hauptsitz des Kretinismus und der Kröpfe ist, und St.-Maurice mit einer reichen Abtei; die Flecken Leuk, in dessen Nähe ein berühmtes Bad liegt*), Visp, Münster, Brieg. Von den Dörfern verdient St.-Gingolph Erwähnung, das am Genfersee und an der Grenze von Savoyen liegt; ein kleiner Bach, die Vaise, theilt das Dorf in zwei fast gleiche Hälften, von denen die eine zur Schweiz, die andere, welche die Kirche enthält, zu Savoyen gehört; beide bilden nur eine Gemeinde und stehen unter denselben Municipalgesetzen.

Das sinaitische Manna.

Das Manna vom Berge Sinai darf nicht mit dem gemeinen sogenannten Manna unserer Apotheken verwechselt werden, das aus der in Südeuropa wachsenden Mannaesche kommt; jenes ist ein ungleich seltenerer Stoff, der fast nur aus der sinaitischen Halbinsel kommt, wo er in der heißesten Zeit des Jahres und der Tage aus den Zweigen der Mannatamariske heruntertläufelt, was durch den Stich einer Art von Schildlaus bewirkt wird. Die Beduinen sammeln es gewöhnlich des Morgens, wo es in kleinen festen Kügelchen an den Zweigen hängt; sie nehmen aber auch das, was am vorigen Tage in den Sand geträufelt ist. Um es von fremden Theilen zu reinigen, pressen sie es durch Leinwand und bewahren es in ledernen Schläuchen oder getrockneten Kürbisschalen auf. Einen großen Theil dieses Mannas, das einen angenehmen honigartigen Geschmack hat, genießen die Einsammler selbst, weil sie es für sehr gesund halten; einen andern verkaufen sie nach Kairo oder an die Mönche des Sinai. In den ergiebigsten Jahren sammelt man auf der ganzen peträischen Halbinsel kaum sechs Centner, in andern Jahren kaum den dritten Theil dieser Masse; daher ist auch der Preis selbst an Ort und Stelle ziemlich hoch, indem das Loth ungefähr 14 Groschen kostet. Übrigens enthält dieses Schildlausmanna nichts von jenen Stoffen, die dem thierischen Körper zu seiner Ernährung nöthig sind, kann also schwerlich die Nahrung der Israeliten in der Wüste gewesen sein; abgesehen davon, daß die Quantität, welche davon erzeugt wird, dazu in keinem Falle hingereicht hätte. Man muß daher mit Karl von Raumer, Wellstedt und Andern annehmen, daß das in der Bibel vorkommende Manna von dem sinaitischen verschieden gewesen sei. Auch in Persien wird eine mit diesem Manna verwandte Substanz durch den Stich eines Insekts auf einem Strauche erzeugt, der dem Ginster gleicht und Gavan heißt; in Turkestan und Mesopotamien kommt Manna an einigen Arten von Eichen, unter die man bei Nachtzeit Tücher ausbreitet, auf welche dasselbe wie Thautropfen herabfällt. Burckhardt berichtet, daß eine Art Manna in Erzerum aus dem Baume,

welcher Galläpfel trage, hervorbringe und von den dortigen Eingeborenen gegessen werde. Ein gelehrter jüdischer Rabbi, mit welchem Wellstedt am rothen Meere zusammentraf, wollte auf seinen Reisen durch die Wüste nach Damascus eine mannaartige Substanz auch an solchen Stellen auf dem Boden bemerkt haben, wo rings umher kein Baum stand.

Reisbau in Deutschland.

Aus Mähren meldet man, daß man dort (Anfangs Oct. vorigen Jahres) zu Blansko mit Einsammlung einer Reisernte beschäftigt sei. Freiherr von Reichenbach hat nämlich ein Verfahren aufgefunden, um den Reis dort zur Reife zu bringen, was bisher in Deutschland nirgend gelingen wollte. Der Reis wurde ins Wasser gesäet und ganz im Wasser aufgezogen; die Wachsthumsperiode wurde in zwei Hälften getheilt, die eine für eine dichte Ansaat in einer Art von Frühbeet, in der das Wasser, sobald es nöthig schien, um einige Grade erwärmt werden konnte, die zweite für Versetzung ins freie Feld. Der erzielte Erfolg muß um so mehr überraschen, da Blansko in einer ziemlich rauhen Gebirgsgegend, mehr als 1000 Fuß über dem Meere und von allen Seiten von Wäldern umgeben, liegt, sodaß an Weinbau nicht zu denken ist, die dadurch eröffneten Aussichten sind aber sehr wichtig, da bekanntlich gegenwärtig sehr große Summen für Reis ins Ausland gehen.

Die Drossel.

Die Drosseln, früher Krammetsvögel genannt, welche jenen Namen von dem Tode, den sie in den ihnen gelegten Schlingen häufig finden, diesen aber von dem Vogel- oder Krammetsbeeren, die im Herbst ihre Hauptnahrung bilden, erhalten haben, werden zu den Singvögeln gerechnet und zeichnen sich unter diesen durch ihren Gesang so aus, daß sie den eigentlichen Sängern kaum nachstehen. Ihre Größe wechselt von der einer Grasmücke oder Lerche bis zu 12 Zoll Länge; ihr Gefieder ist nur bei wenigen schön gezeichnet. Sie nisten niedrig, in Gebüschen und an Bäumen, wohnen theils in Wäldern, theils in Felsen, alten Schlössern und Mauern, nähren sich hauptsächlich von Insekten, Würmern und allen Arten von Beeren und legen in der Regel jährlich zweimal vier bis sechs grünliche Eier. Von der kalten bis zur heißen Zone sind sie ziemlich gleichmäßig verbreitet und sehr zahlreich; man kennt nicht weniger als 218 Arten, von denen etwa 14 in Europa vorkommen, die zum Theil im hohen Norden einheimisch sind und zwar sämmtlich ziemlich gut singen, aber in dieser Hinsicht von einigen amerikanischen Arten, namentlich der Wander-, Wald-, Spott- und braunen Drossel, noch übertroffen werden. Das Fleisch der Drosseln wird gegessen und ist sehr geschätzt.

Am verbreitetsten ist die Schwarzdrossel, auch Amsel genannt; das Männchen ist schwarz mit gelbem Schnabel, das Weibchen schwarzbraun. Sie kommt in ganz Europa, aber auch in Nordasien bis Syrien vor und ist in Deutschland von allen Drosselarten allein ein Stand- und Strichvogel. Das Männchen singt angenehm flötend und pfeifend, meist auf einem hohen Baume sitzend, Morgens und Abends, und zwar schon von der Mitte des März an, weshalb dieser Vogel in einigen Gegenden Märzdrossel genannt wird. Die Amsel wohnt einsam in Waldungen, die sie selten verläßt,

---

*) Vergl. über Leuk Pfennig-Magazin Nr. 290.

1) Der Krammetsvogel. 2) Die Rothdroffel.

wird gewöhnlich nahe an der Erde in beständiger hüpfender Bewegung getroffen und ist vorsichtig und mistrauisch, kann aber jung gezähmt und zum Pfeifen von Melodien abgerichtet werden. Die größte europäische Art ist die Misteldrossel, so genannt, weil sie gern Mistelbeeren frißt, an manchen Orten auch Ziemer oder Schnarre genannt. Sie wird über 12 Zoll lang, ist von graubrauner Farbe und kommt in Europa von Norwegen bis Griechenland vor, aber nur in Gebirgswäldern.

Ihres Fleisches wegen ist die Wachholderdrossel oder der Krammetsvogel am meisten beliebt, die nur wenig kleiner als die vorige Art und von aschgrauer und kaffeebrauner Farbe ist. Sie ist im hohen Norden zu Hause, bringt aber den kältern Theil des Jahres in südlichern Gegenden zu, in Deutschland gewöhnlich Herbst und Frühling, doch bleibt sie auch im Winter, wenn er gelind ist, bei uns. Ihre Liebe zu Wachholder- und Krammetsbeeren benutzt man, um sie damit auf Vogelherden scharenweise zu fangen. Im Gesange steht sie den meisten andern Arten nach.

Die Singdrossel, von ihrer Lockstimme zip, zip auch Zipdrossel genannt, oben olivengrau mit braunen Flecken, ist kleiner als die gedachten Arten, übrigens der Amsel sehr ähnlich; nur ist ihr Gesang, der bereits im März bis tief in den Sommer und dann wieder im Spätherbst zu hören ist, ungleich schöner und mannichfaltiger. Am schönsten singt sie Abends, in der Gefangenschaft singt sie weniger schön als in der Freiheit, wiewol sie von andern Vögeln und künstliche Melodien lernt. Sie kommt in ganz Europa, nur nicht im hohen Norden, in Laubwäldern in der Nähe von Gewässern vor und ist viel häufiger als die Amsel. Noch andere europäische Arten sind: die Rothdrossel, auch Weindrossel (weil sie auf ihren Zügen in Deutschland zur Zeit der Weinlese erscheint) oder Halbvogel (weil sie im Handel als ein halber Krammetsvogel betrachtet wird) genannt; die Ringdrossel oder Schildamsel mit weißem Ringkragen, die auf dem Riesengebirge 3—4000 Fuß hoch nistet; zwei Steindrosselarten, die nicht im Walde, sondern in hohen Gebirgsgegenden leben, die blaue und die rothschwänzige, beide ihres Gesanges wegen als Stubenvögel beliebt u. f. w.

Die bereits erwähnte, in Nordamerika einheimische Spottdrossel, von aschgrauer Farbe, ist einer der vorzüglichsten Singvögel, wenn sie nicht alle andern übertrifft; berühmt ist sie auch wegen ihrer Fähigkeit, die Stimmen fast aller andern Vögel, aber auch anderer Thiere, z. B. einer Katze, treu nachzuahmen, worauf ihr Name deutet. Im Singen breitet sie ihren glänzend weißen Schwanz aus und schlägt damit gleichsam den Takt. Im Morgenlande gilt die schwarzköpfige Drossel (Bulbul) für den besten Singvogel und vertritt bei den Orientalen, die sie auch in ihren Liedern feiern, die Stelle unserer Nachtigall.

Chronik der Eisenbahnen im Jahre 1839.

(Beschluß aus Nr. 363.)

In Italien wurden zwei kleine Eisenbahnen, die ersten im Lande, zusammen freilich nur zwei Meilen lang, fast gleichzeitig eröffnet, nämlich: 1) am 3. Oct. von Neapel bis Portici (Anfang der Bahn nach Nocera), etwas über eine Meile, und 2) am 5. Oct. von Chambery bis zum See von Bourget in Savoyen, ebenfalls eine Meile. Der Bau der großen Eisenbahn von Mailand nach Venedig, genannt lombardisch-venetianische Ferdinandsbahn, hat, durch unbekannte Ursachen verzögert, noch immer nicht begonnen, wiewol die Genehmigung der Regierung längst ertheilt ist. Auch die übrigen italienischen Bahnen (von Mailand nach Monza, Mailand nach Como, Florenz nach Livorno) sind noch nicht bis zur Ausführung gediehen.

Auf dem Festlande von Europa sind sonach im verwichenen Jahre ungefähr 49 Meilen Eisenbahn eröffnet worden. Sehen wir nun, was in Großbritannien und Irland geschehen ist, wo die Menge der fertigen, in Bau befindlichen oder projectirten Bahnen Legion genannt werden kann. So weit unsere nicht überall ganz erschöpfenden Nachrichten aus jenem Vaterlande der Eisenbahnen reichen, sind dort der Zeitfolge nach folgende Bahnstrecken eröffnet worden: 1) am 29. Mai von York bis South-Milford an der Leeds-Selby-bahn, 3½ Meilen; 2) am 1. Juni von London nach Croydon, 2½ Meilen; 3) am 4. Juni von Derby nach Nottingham, 3⅓ Meilen; 4) am 10. Juni die nach Aylesbury führende Zweigbahn der London-Birminghambahn, 1½ Meile; 5) am 12. Juni zwei Sectionen der London-southamptoner Bahn, 4½ Meilen (die Gesammtlänge dieser Bahn beträgt 18 Meilen, wovon nur in der Mitte noch 4½ Meilen fehlen); 6) am 18. Juni von Newcastle nach North-Shields, 1½ Meile; 7) an demselben Tage ein Theil der von London nach Yarmouth führenden Eastern-Countiesbahn, von London bis Rumford, 2½ Meilen; 8) an demselben Tage ein Flügel der Bahn von Newcastle nach Carlisle, genannt Brandling-Junction; 9) am 3. Juli ein Theil der Bahn von Leeds nach Manchester, die Section von Manchester bis Littleborough; 10) am 1. Aug. von Ayr bis Irvine in Schottland (Theil der Bahn von Glasgow nach Ayr), 2½ Meilen; 11) am 12. Aug. von Birmingham bis Derby, 8 Meilen; 12) am 20. Aug. von Belfast nach Lisburne in Irland (Theil der Ulstereisenbahn), 1¾ Meile. Die Gesammtlänge dieser Bahnstrecken beträgt 30 und einige geographische Meilen. Ueberaus glänzend waren die auf vielen Bahnen des Landes erzielten Resultate. Die Zahl der Reisenden betrug auf der Bahn von London nach Birmingham 459,385, zwischen Liverpool und Manchester 609,336, zwischen London und Greenwich 1,544,266, zwischen Dublin und Kingston 1,141,679, auf der großen Westbahn im ersten Semester 1839 258,854; die Bahn von Birmingham nach Liverpool und Manchester warf im ersten Semester 1839 6 Procent, die von Liverpool nach Manchester in derselben Zeit 4½ Procent Dividende ab u. s. w. Der von der englischen Regierung dem Unterhause vorgelegte Plan, in Irland auf Staatskosten eine Bahn von Dublin nach Cork, mit Zweigbahnen nach Limerick und Clonmel, zusammen 46 Meilen lang, zu bauen, fand im Parlamente heftigen Widerspruch und wurde daher zurückgenommen.

Hierbei kann eine ganz neue, kürzlich in Schottland versuchte Anwendung von Eisenbahnen und Locomotiven nicht unerwähnt gelassen werden, nämlich zum Ziehen von Booten auf einem Kanal. Der Ingenieur Macneill hat Versuche dieser Art auf dem etwa sechs Meilen langen, die Nordsee mit dem atlantischen Meere verbindenden Forth- und Clydekanal angestellt. Auf einer längs desselben angelegten Schienenbahn zog ein Dampfwagen sowol Boote mit Reisenden (ein einzelnes mit einer Geschwindigkeit von 20 englischen Meilen auf die Stunde), als größere zum Handelsverkehr bestimmte Fahrzeuge (acht aneinander befestigte, zusammen 364 Tonnen oder 7280 Centner schwer), die letztern mit einer Geschwindigkeit von acht englischen oder fast zwei geographischen Meilen auf die Stunde; bei der gewöhnlichen, vier bis fünfmal geringern Geschwindigkeit würden dazu unter den günstigsten Verhältnissen gegen 20 Pferde nöthig gewesen sein, der Dampfwagen aber hätte mit geringer Verminderung seiner Geschwindigkeit die doppelte Tonnenzahl ziehen können. Um zu verhindern, daß der Dampfwagen durch die an ihn befestigte Last aus dem Gleise gezogen werden könne, ist die innere, dem Kanal nähere Schiene etwas höher als die äußere gelegt, sodaß sich die Maschine etwas nach außen neigt. Bereits hat sich eine Actiengesellschaft gebildet, um längs der ganzen Ausdehnung des gedachten Kanals eine Eisenbahn anzulegen.

Was die übrigen Theile von Europa betrifft, so besitzt zur Zeit nur Rußland eine Eisenbahn, von Petersburg nach Zarskoje-Selo und Pawlowsk, die sich einer sehr großen Frequenz zu erfreuen hat; in dem Sommerhalbjahre vom 13. April bis 12. Oct. v. J. fuhren 494,082 Personen. Indessen wird, wie es heißt, die Bahn von Kowno oder Kauen in Lithauen (am Niemen) bis Libau in Kurland (an der Ostsee), in gerader Linie 35 Meilen, bald in Angriff genommen werden. In Polen hat sich eine warschauwiener Eisenbahngesellschaft zum Bau einer Eisenbahn von Warschau nach der östreichischen Grenze (in der Richtung von Oswiecim), die sich an die Ferdinands-Nordbahn anschließen soll, gebildet; auf Personentransport ist dabei gar nicht gerechnet. Bei beiden letztgedachten Eisenbahnen hat die russische Regierung, um ihre Ausführung zu sichern und zu befördern, den Actionnairs 4 Procent Zinsen garantirt. In Ungarn ist der Bau einer sogenannten ungarischen Centraleisenbahn auf dem linken Donauufer, von Pesth einerseits bis Presburg und von da bis zur östreichischen Grenze, andererseits bis Debreczyn, projectirt, welche mit den Seitenlinien über 70 Meilen lang werden und vorläufig nur für Pferdekraft construirt werden soll. Bereits in Arbeit ist die Bahn von Presburg bis Tyrnau, ebenfalls nur für Pferdekraft, und die wien-raaber Eisenbahn auf dem rechten Donauufer. In der Schweiz endlich hat der Bau der 13 Meilen langen Eisenbahn von Zürich nach Basel noch immer nicht begonnen, wiewol alle Vorarbeiten vollendet sind und die Genehmigung der züricher Regierung ertheilt ist.

Sehr erfreulich und gewiß geeignet, ängstliche Gemüther zu beruhigen, ist die geringe Zahl der im J. 1839 auf den deutschen Eisenbahnen vorgekommenen Unglücksfälle. Die bedeutendsten kamen noch bei der Bahn von Wien bis Brünn vor, wo sowol am 7. Juli als am 30. October ein heftiges Zusammenstoßen zweier aufeinander folgenden Züge stattfand, wodurch eine Anzahl Personen verletzt wurden. Ein ähnlicher Zusammenstoß kam am 12. April auf der leipzig-dresdner Eisenbahn bei Wurzen vor, wurde aber mehr den Wagen als den Personen, von denen nur eine erheblich beschädigt wurde, nachtheilig. Ein anderer Unfall, der am 12. Jan. auf derselben Bahn vorkam, wo eine Locomotive in der Dämmerung auf einen mit Bauholz beladenen, auf der Bahn stehenden Wagen stieß und dadurch nicht nur aus dem Gleise, sondern vom Damme herabgeworfen wurde, lief wunderbarerweise ohne allen Schaden für die Passagiere ab, indem die Personenwagen auf dem Damme blieben; außer einem Schaffner wurde Niemand beschädigt. Wenn wir noch eines kleinen am 8. Juli bei Magdeburg vorgekommenen Unfalls gedenken, so haben wir wol alle einigermaßen erheblichen Unglücksfälle auf deutschen Eisenbahnen erwähnt, soweit sie nicht durch eigene Unvorsichtigkeit der Reisenden oder Angestellten verschuldet wurden. Von den außerdeutschen Eisenbahnen sind ebenfalls nur zwei bedeutende Unfälle bekannt geworden. Am 18. Januar kam nämlich in Brüssel bei einem Zuge, der eben abgehen wollte, der höchst seltene Fall vor, daß der Kessel der Locomotive sprang, wobei nur der Maschinist und der Heizer auf der Stelle todt blieben, aber von den Passagieren keiner verletzt wurde. (Dasselbe fand bei der Explosion eines Locomotivenkessels auf der liverpool-manchester Eisenbahn am 12. Nov. 1838 statt.) Auf der petersburger Eisenbahn verloren in der Nacht vom 2. zum 3. Juni einer der Directoren der Eisenbahn, Faßmann, und ein Conducteur ihr Leben. Sie befanden sich auf einem Zuge von 21 zum Theil leeren Wagen, der von einer Locomotive gezogen, von einer andern geschoben wurde; als unweit des Bahnhofs die vordere an Schnelligkeit nachließ, drängten die gefüllten Wagen mit solcher Gewalt auf die leeren, daß fünf derselben aus dem Gleise gebracht und jene Beamten, die sich in einem leeren Wagen befanden, herausgeschleudert wurden; von den Passagieren wurde nur einer verletzt, der aus dem Wagen sprang und dabei ein Bein brach.

Über die nordamerikanischen Eisenbahnen hat Hr. v. Gerstner, Erbauer der petersburger Eisenbahn, der in der ausdrücklichen Absicht, jene kennen zu lernen, die Vereinigten Staaten im vergangenen Jahre bereist hat, die neuesten und umfassendsten Nachrichten mitgetheilt, aus denen wir hier nur in der Kürze das Wesentlichste mittheilen können. Ihm zufolge waren am Ende des Jahres 1838 daselbst (mit ziemlicher Zuverlässigkeit) 3000 englische oder 650 geographische Meilen Eisenbahn im Betrieb (in der ganzen übrigen Welt nach Gerstner's Berechnung nur etwa 1576 englische oder 340 geographische Meilen, wovon die Hälfte auf England kommt); jene nordamerikanischen Bahnen sind von etwa 100 Actiengesellschaften und mehren Staatsregierungen mit einem Kostenaufwande von 60 Mill. Dollars (88 Mill. Thaler) erbaut worden. Im J. 1839 sind in den Vereinigten Staaten wahrscheinlich 1100 englische oder 240 geographische Meilen Eisenbahn eröffnet worden (in ganz Europa nach dem Obigen wenig über 80 deutsche Meilen, also dreimal weniger). Sonach wäre am Ende des Jahres 1839 auf den Bau von 4100 englischen oder 890 geographischen Meilen Eisenbahn ein Capital von ungefähr 82 Mill. Dollars (120 Mill. Thaler) verwandt worden, wiewol der Bau jener Eisenbahnen eigentlich erst im J. 1830 begonnen hat. Die Zahl der auf sämmtlichen nordamerikanischen Eisenbahnen in Gange befindlichen Locomotiven beträgt gegenwärtig (dies schrieb Gerstner am 22. Februar 1839) wenigstens 425; um die Mitte des J. 1838 betrug sie (auf 54 Eisenbahnen) 350, von denen nur 84 aus England eingeführt, 266 in Amerika (in 21 Werkstätten) gebaut waren. Die längste Eisenbahnverbindung führt von Boston im Staate Massachusetts über Stonington, Neuyork, Philadelphia, Baltimore, Washington, Richmond, Petersburg, Charleston, Augusta nach Greenborough im Staate Georgia; sie ist 1203 englische (260 geographische) Meilen lang und besteht aus 350 englischen Meilen Wasserstraße (die mit Dampfschiffen zurückgelegt werden) und 853 englischen (185 geographischen) Meilen Eisenbahn in 16 größtentheils fertigen Strecken, die von 13 verschiedenen Gesellschaften gebaut sind und von denen 15 etwa 26½ Millionen Thaler kosten. Hiernach kommen auf eine geographische Meile nur etwa 146,000 Thaler, im Durchschnitte aus vielen amerikanischen Bahnen aber, nach Gerstner, nur 134,000 Thlr. Demnach sind die Baukosten im Allgemeinen weit niedriger als bei den in Europa erbauten Eisenbahnen, was auf verschiedenen Ursachen beruht. Bei der ganzen Anlage hat man die größtmögliche Sparsamkeit im Auge und bringt unbedenklich weit steilere Steigungen als auf unsern Bahnen vorkommen, sowie Krümmungen von nur 2000 oder noch weniger Fuß Halbmesser an, weshalb alle Bahnlinien wellenförmig angelegt sind und Tunnels nur sehr selten vorkommen. Auch die Betriebskosten sind verhältnißmäßig gering und betragen jährlich nur etwa 13,000 Thaler auf die Meile; dies wird namentlich durch einfachere Verwaltung, geringere Beamtenzahl, geringere Geschwindigkeit der Fahrten (bei Personen selten über drei deutsche Meilen in einer Stunde) und Anwendung des in Amerika so wohlfeilen Brennholzes (auf mehr als 100 Bahnen) statt der zwei bis dreimal theurern Kohlen zur Heizung der Locomotiven bewirkt. In Europa hat man die Anwendung des Brennholzes wegen der ausströmenden Funken fast überall aufgegeben; in Amerika begegnet man diesem Übelstande durch mehr oder weniger zweckmäßige Vorrichtungen; eine völlig befriedigende fand Gerstner erst in den südlichen Staaten, wo die Funken am leichtesten zünden, und deshalb von Seiten der Eisenbahncompagnien früher ansehnliche Summen als Entschädigung für verbrannte Baumwollenballen gezahlt werden mußten. Der ausströmende Dampf geht nämlich, wie bisher, durch den Rauchfang und bewirkt den Zug, die Funken und glühenden Kohlenstücke aber werden durch einen luftverdünnten Raum geleitet, wo sie niederfallen; der Rauchfang ist dabei nicht, wie sonst gewöhnlich, mit einem Drahtnetze bedeckt. Dem Vernehmen nach ist diese Einrichtung bereits auf der berlin-potsdamer Eisenbahn eingeführt worden, auf welcher man die amerikanischen Locomotiven sehr zweckmäßig findet und die Kohlenfeuerung mit der Holzfeuerung zu vertauschen beabsichtigt, wodurch eine jährliche Ersparniß von 10,000 Thalern erzielt wird. Eine nachahmenswerthe Eigenthümlichkeit der nordamerikanischen Eisenbahnen besteht ferner darin, daß die Bahnen nicht wie bei uns die Städte vermeiden und in einiger Entfernung von ihnen anfangen, fortlaufen und aufhören, wodurch das Gelangen zur Eisenbahn und das Benutzen derselben erschwert wird, sondern oft die Städte durchschneiden, wo aber nur Anwendung von Pferdekraft gestattet ist; Nebenbahnen führen oft durch lebhafte Straßen in die großen Waarenhäuser längs der Bahnlinie. Merkwürdig ist die fast zwei geographische Meilen lange sogenannte Harlaemeisenbahn, welche den südlichen und nördlichen Stadttheil von Neuyork verbindet, einen Tunnel enthält, gegen 1,800,000 Thaler kostet und von allen nordamerikanischen Eisenbahnen die theuerste ist. Auch bei Nacht werden die Bahnen befahren, besonders um die Briefpost ohne Aufenthalt zu befördern. Von der Einrichtung der amerikanischen Personenwagen, sowie von den Vorrichtungen, die zur Erleichterung des Bahnbetriebs im Winter dienen, ist bereits früher (in Nr. 337 fg.) die Rede gewesen; wir bemerken daher nur noch, daß gegenwärtig alle vierräderigen Personen- und Güterwagen abgeschafft und lauter achträderige, auf zwei Untergestellen ruhend, gebraucht werden, da sie sich durch sanftere Bewegung, namentlich aber durch größere Sicherheit empfehlen, weil sie nicht wie jene aus den Schienen kommen. Von Seiten des Staats werden die Eisenbahnen sehr begünstigt, wiewol die desfallsigen Bestimmungen in den einzelnen Staaten natürlich sehr verschieden sind. Sämmtliche Schienen werden zollfrei aus England eingeführt (die im Lande fabricirten sind unverhältnißmäßig theurer); die Freibriefe oder Concessionen (charters) werden unentgeldlich ertheilt; die Bahnbeamten sind meistens vom Militairdienste, die Eisenbahnen von der Grundsteuer befreit; jede Eisenbahn bleibt für immer Eigenthum der Actiengesellschaft, nur in einigen Staaten ist das Recht der Einlösung von Seiten des Staats, aber unter sehr günstigen Bedingungen, vorbehalten; endlich werden Privilegien zur Errichtung von Banken in mehren Staaten nur unter der Bedingung ertheilt, daß die Actionnairs der Bank zugleich auch eine bestimmte Eisenbahn erbauen. Für die Beförderung der Briefpost auf Eisenbahnen (täglich einmal hin und her) zahlte der Staat den Eisenbahncompagnien bisher jährlich auf die geographische Meile meistens etwa 1600, künftig aber zahlt er bis 2000 Thaler. Die Frequenz der Eisenbahnen ist viel geringer als bei uns, theils wegen der dünnern Bevölkerung, theils weil Vergnügensreisende fast ganz fehlen; nach Gerstner beträgt die Frequenz einer Eisenbahn im Durchschnitt aus vielen Bahnen jährlich nicht über 35,000 Reisende; im J. 1838 sind auf den sämmtlichen amerikanischen Eisenbahnen 5 Millionen Reisende befördert worden. Auf jeden Wagenzug kommen im Durchschnitte nur 40 Reisende (in Belgien 143). Die reine Einnahme beträgt im Mittel $5\frac{1}{2}$ Procent; manche Bahnen werfen indeß 10 Procent, wieder andere gar keine Dividende ab.

Außerhalb der Vereinigten Staaten sind in Amerika noch folgende zwei Eisenbahnen vorhanden: 1) auf der Insel Cuba, von Havana nach Guines, 10 geographische Meilen lang; diese Bahn ist auf Kosten des Colonialschatzes in Zeit von drei Jahren gebaut und am 19. Nov. 1837, wie wir bereits im vorigen Berichte gemeldet, zur kleinern Hälfte, am 19. Nov. 1838 aber vollständig eröffnet worden; 2) in Canada vom Lorenzstrome bis zum Champlainsee, $3\frac{1}{4}$ Meilen. Eine andere Eisenbahn auf Cuba, von Cardenas bis Becuba, soll im Bau begriffen sein. Im übrigen Amerika sind noch keine Eisenbahnen angelegt worden; die in Mexico projectirten, sowol von Veracruz nach Mexico als längs der Küste des mexicanischen Meerbusens zwischen Velasco und der Gavestoninsel, sind von ihrer Ausführung wahrscheinlich noch fern. Aus Afrika ist nur ein neues Project einer vier deutsche Meilen langen Eisenbahn in Ägypten zwischen Kafermager und Kafersheik zur Verbindung der östlichen Theile des Deltas mit dem Arme des Nils, aus dem der Kanal von Alexandrien sein Wasser erhält, zu erwähnen. In Australien beabsichtigt eine londoner Gesellschaft für den Bau von Werften, Dampfbooten und Eisenbahnen in Südaustralien den Bau einer nur $1\frac{1}{2}$ deutsche Meile langen Eisenbahn von der Stadt Adelaide bis zu ihrem Hafen, vorerst nur für Pferdekraft.

Zum Schlusse lassen wir eine kleine Übersichtstabelle zur Vergleichung der auf verschiedenen Eisenbahnen bestehenden Fahrtaxen folgen, da wir die in unserm vorigen Berichte gelieferte beträchtlich zu vervollständigen im Stande sind.*)

Eine Person bezahlt für eine geographische Meile in der	ersten Wagenclasse		letzten Wagenclasse	
	Preußisch		Courant.	
	gGr.	Pf.	gGr.	Pf.
A. In Deutschland.				
Berlin bis Potsdam ($3\frac{1}{2}$ Meilen = 14, 10, 6 gGr.)	3	11	1	8
Braunschweig bis Wolfenbütttel ($1\frac{5}{8}$ Meile = 6, 4, 2 gGr.)	3	8	1	3
Budweis bis Gmunden (26 Meilen = $4\frac{1}{4}$ und $2\frac{4}{5}$ Fl. Conv.-M.) . .	2	8	1	9
Frankfurt bis Hattersheim (2 Meilen = 72, 51, 32, 18 Kr. Rheinisch)	8	3	2	1
Leipzig bis Dresden ($15\frac{1}{2}$ Meilen = 3, 2 u. $1\frac{1}{4}$ Thlr.)	4	8	1	11
Magdeburg bis zur Saale ($3\frac{3}{5}$ Meilen = 18, 14, 10 Sgr.)	3	11	2	2
München bis Maisach ($3\frac{1}{2}$ Meilen = $1\frac{1}{3}$ Fl., 1 Fl., 42, 24 Kr. Rhein.)	5	3	1	7
Nürnberg bis Fürth (1 Meile = 12, 9, 6 Kr. Rhein.)	2	9	1	$4\frac{1}{2}$
Wien bis Brünn ($19\frac{1}{4}$ Meilen = 6, 4, 3, 2 Fl. Conv.-M.)	5	2	1	9
B. In Belgien.				
Brüssel bis Antwerpen ($5\frac{9}{10}$ Meilen = $3\frac{1}{2}$, $2\frac{1}{4}$, $1\frac{3}{4}$ Francs)	3	10	1	11
Ostende bis Ans ($28\frac{1}{2}$ Meilen = 16, $10\frac{1}{4}$, $7\frac{1}{2}$ Francs)	3	8	1	9
C. In Frankreich.				
Paris bis St.-Germain ($2\frac{1}{2}$ Meilen = $1\frac{1}{2}$ Francs u. 75 Cent.) . . .	3	11	1	11
D. In Großbritannien und Irland.				
London bis Birmingham ($24\frac{1}{2}$ Meilen = $32\frac{1}{2}$, 30 u. 20 Schill.) . .	10	8	6	7
" " Greenwich ($\frac{4}{5}$ Meile = 1 Schill., 8 Pence)	9	10	6	7
" " Hartley-Row (Anfang der Bahn nach Southampton) ($8\frac{1}{4}$ Meilen = 9 und 6 Schill.)	8	9	5	10
" " Maidenhead (Anfang der Bahn nach Bristol) ($4\frac{3}{4}$ Meilen = $6\frac{1}{2}$, $5\frac{1}{2}$, 4, $3\frac{1}{2}$ Schill.)	10	10	5	10
Birmingham bis Liverpool (18 Meilen = 25, 21, 14 Schill.)	11	2	6	3
Liverpool bis Manchester ($6\frac{1}{2}$ Meilen = $6\frac{1}{2}$, $5\frac{1}{2}$, 4 Schill.)	8	—	4	11
Newcastle bis Carlisle ($13\frac{1}{4}$ Meilen = 11, 10, $8\frac{1}{2}$, $7\frac{1}{2}$ Schill.) . . .	6	8	4	6
Nottingham bis Derby ($3\frac{1}{3}$ Meilen = 4 und $2\frac{1}{2}$ Schill.)	8	11	5	7
Dublin bis Kingston ($1\frac{1}{3}$ Meile = 1 Schill., 9, 6 Pence)	6	2	3	1
E. In Rußland.				
Petersburg bis Zarskoje-Selo ($3\frac{1}{7}$ Meilen = $2\frac{1}{2}$, $1\frac{4}{5}$, $1\frac{1}{5}$, $\frac{3}{5}$ Rubel Bco.)	6	8	1	7

*) Bei Berechnung derselben sind statt der beigesetzten ungefähren Angaben der Länge der einzelnen Bahnen genauere zum Grunde gelegt.

Der Tunnel bei Kilsby.

Über den riesenmäßigen Tunnel bei Kilsby auf der Eisenbahn von London nach Birmingham, den größten Tunnel in der Welt, fügen wir den in Nr. 300 mitgetheilten Angaben noch einige weitere bei, die geeignet sind, das Ungeheure dieses Baus in helleres Licht zu stellen. Der Tunnel ist in seiner ganzen Länge — 2423 Yards oder 7269 englische Fuß — ausgemauert, an den meisten Stellen in einer Dicke von 27 Zoll, wiewol ursprünglich nur auf 18 Zoll Dicke gerechnet war. Hierzu waren nicht weniger als 30 Millionen Backsteine erfoderlich, deren Gesammtgewicht gegen 4034 Tonnen oder 80,680 Centner betragen dürfte; in eine Reihe nebeneinander gelegt würden die verbrauchten Backsteine 4260 englische (926 deutsche) Meilen weit reichen; der größte der beiden Ventilirschächte, welcher 60 Fuß im Durchmesser und 132 Fuß Tiefe hat und durchaus drei Fuß dick gemauert ist, verschlang allein den 30. Theil aller Backsteine. Das Gewicht des ganzen beim Tunnel verwandten Baumaterials läßt sich auf 118,620 Tonnen anschlagen, was der Ladung von 400 gewöhnlichen Kauffahrteischiffen zu je 300 Tonnen gleichkommt. Die Quantität des ausgegrabenen Erdreichs beträgt 4,791,204 Cubikfuß.

Die gelehrte Schule in Edinburg.*)

Wol wenige gelehrte Schulen in Europa dürften sich eines so schönen Gebäudes rühmen können als die gelehrte oder hohe Schule in Edinburg. Dieses prachtvolle Schulgebäude steht auf dem Caltonhügel und wurde 1825 mit einem Kostenaufwande von mehr als 200,000 Thalern erbaut. Es besteht aus einem Mittelgebäude und zwei Flügeln; das Hauptgebäude, 270 Fuß lang, hat in der Mitte eine dorische Säulenhalle und ist mit den Flügeln durch zwei Corridors verbunden, die durch 12 Säulen, gleichfalls von dorischer Ordnung geziert sind. Schon im J. 1519 war diese Schule vorhanden; wann sie gestiftet worden, ist nicht genau zu ermitteln. Die Zahl der Schüler beläuft sich gegenwärtig auf nicht ganz 400; vor etwa 20 Jahren war sie auf 850 gestiegen.

---

*) Vergl. über Edinburg Pfennig-Magazin Nr. 109.

Verantwortlicher Herausgeber: Friedrich Brockhaus. — Druck und Verlag von F. A. Brockhaus in Leipzig.

Das Pfennig-Magazin
für
Verbreitung gemeinnütziger Kenntnisse.

365.]   Erscheint jeden Sonnabend.   [**März 23, 1840.**

Sir Joseph Banks.

Den ausgezeichnetsten und verdienstvollsten englischen Gelehrten des vorigen Jahrhunderts muß ohne Zweifel Joseph Banks beigezählt werden. Die von ihm hinterlassenen Werke beschränken sich zwar auf wenige Bogen, einzelne Aufsätze von nur geringfügigem Inhalte, aber dennoch wird sein Name in der Geschichte der Wissenschaften stets mit Ruhm genannt werden. Schon in seiner Jugend entriß er sich dem bequemen Leben, das ein großes Vermögen ihm gestattet hätte, und trotzte um der Wissenschaften willen den Gefahren des Meeres und der Strenge eines ungewohnten Klimas; in einer langen Reihe von Jahren benutzte er, um ihnen zu dienen, alle Vortheile, die seine glückliche Stellung und die Freundschaft der Machthaber ihm gewährten, und betrachtete stets alle Personen, die an Beförderung der Wissenschaften arbeiteten, als Solche, die Ansprüche auf seine Theilnahme und seinen Beistand hätten. Während des langen Krieges mit Frankreich war überall sein Name ein Palladium für Alle, die sich mit wissenschaftlichen Untersuchungen beschäftigten; die Geographie und die Naturgeschichte verdanken ihm die Erhaltung werthvoller Arbeiten, und ohne ihn würden die wissenschaftlichen Sammlungen vielleicht auf immer eines großen Theils der Schätze beraubt sein, die jetzt ihren Stolz ausmachen.

Sir Joseph Banks wurde zu London am 13. Februar 1743 geboren. Seine Vorältern stammten vermuthlich aus Schweden und sein Großvater hatte sich als Arzt eine ausgedehnte Praxis und durch dieselbe ein großes Vermögen erworben. Er besuchte die Schule zu Harrow bei London, dann die Universität Oxford und wurde in seinem 18. Jahre, nachdem 1761 sein Vater gestorben war, sein eigener Herr, benutzte aber seine Freiheit nur dazu, sich den wissenschaftlichen Beschäfti-

VIII.   13

gungen ganz zu widmen. Um diese Zeit begann die Naturgeschichte sich aus ihrer Niedrigkeit zu erheben; die beredten Schilderungen Buffon's und die scharfsinnigen Eintheilungen Linné's zogen die verschiedensten Geister an, und die neuen Bahnen, welche diese berühmten Männer eröffneten, mußten nothwendig einen jungen Mann anziehen, der sich den Wissenschaften nur zum Vergnügen widmete. Banks beschäftigte sich frühzeitig damit, die Naturerzeugnisse, besonders die des Pflanzenreichs, zu studiren; bald verwandelte sich seine Liebe zu den Pflanzen in eine Leidenschaft, der er alle Opfer brachte, welche das praktische Studium der Botanik erheischte. Das erste besteht bekanntlich in häufigen Fußwanderungen; dies Opfer ist um so größer in einem Lande, wo diese Art zu reisen so wenig üblich ist, daß sie allein einen Menschen verdächtig machen kann; auch wurde der junge Banks mehr als einmal für einen Straßenräuber gehalten, und eines Tages, als er vor Ermüdung fern von der Landstraße eingeschlafen war, ergriffen ihn Gerichtsdiener und führten ihn gebunden vor eine Magistratsperson, welche dieser Misgriff nicht wenig belustigte.

Sein Eifer für die Studien ließ ihn aber die Sorge für seine eigenen Angelegenheiten nicht vergessen. Seine bedeutendste Besitzung war zu Revesby in der Grafschaft Lincoln, in einer morastigen Gegend, die ihrer Natur nach mit Holland so viel Ähnlichkeit hat, daß ein Theil derselben mit diesem Lande gleichen Namen führt. Er brachte einen Theil des Jahres hier zu, vervollkommnete die für einen solchen Boden so wichtige Anlegung von Kanälen und Dämmen, bevölkerte die Teiche und kleinen Seen dieser wasserreichen Gegend und belustigte sich zuweilen mit Angeln, eine Beschäftigung, die ihm Anlaß zu einer genauen Bekanntschaft mit John Montague, Graf von Sandwich, gab, der nachmals erster Lord der Admiralität wurde und dessen Verwaltung durch die außerordentliche, während derselben gewonnene Erweiterung der Kenntniß der Erde so ausgezeichnet war. Man kann nicht bezweifeln, daß der Einfluß, den Banks auf ihn hatte, zur Vervielfältigung dieser Entdeckungen viel beitrug, und die zahlreichen Nachfolger dieses Ministers folgten dem von ihm gegebenen Beispiele, indem sie sich bei Banks Rath erholten.

Als ein Freund von Banks im J. 1766 Capitain des Schiffs wurde, das den Fischfang bei Neufundland beschützen sollte, benutzte er diese Gelegenheit, um dieses Land zu besuchen, das freilich nicht eben das anziehendste und in naturhistorischer Hinsicht reichhaltigste war; aber bald gelang es ihm, sich zu entschädigen. Der Friede von 1763 hatte Europa die Ruhe wiedergegeben und die Meere wieder geöffnet; alle Völker suchten den durch ihre Zwistigkeiten erlittenen Schaden durch neue Unternehmungen gut zu machen, England besonders, das in beiden Hemisphären siegreich war, zeigte eine Energie, die, wäre sie von einem ehrgeizigen Fürsten geleitet worden, der Menschheit hätte nachtheilig werden können. Zum Glück war damals das englische Scepter, gewissermaßen also zugleich das Scepter des Oceans, in den Händen eines jungen Monarchen, Georg's III., der frühzeitig begriffen hatte, daß eine nützliche Entdeckung ebenso gut und besser als Eroberungen einer Regierung zur Ehre gereichen kann; vielleicht zuerst unter allen Fürsten hatte er den Einfall, neue Länder aufsuchen zu lassen, ohne deren Bewohnern Furcht und Schrecken einzuflößen, und sie mit seiner Macht nur durch seine Wohlthaten bekannt zu machen. Bald nach seiner Thronbesteigung hatte er sich beeilt, einige Schiffe in die Südsee abzuschicken, mit allgemeinen Instructionen, die auf Erweiterung der Erdkunde hinzielten; Commodore Byron war 1764 dahin abgegangen, ihm folgten 1766 die Capitains Wallis und Carteret. Noch waren sie nicht zurück, als schon eine vierte Expedition angeordnet wurde unter der Anführung des berühmten Cook, der durch diese Reise und die später von ihm ausgeführten mehr zur Erweiterung unserer Kenntniß der Erde beigetragen hat als irgend einer der Seefahrer, die ihm seit Colombo vorausgegangen waren. Diese Reise hatte zugleich geographische und astronomische Zwecke, denn der Hauptauftrag Cook's bestand in der Beobachtung des Vorübergangs der Venus vor der Sonnenscheibe, der bereits 1761 stattgefunden hatte und 1769 wiederholt zu erwarten war. Banks beschloß, diese Reise auch der Naturgeschichte zu Gute kommen zu lassen; er suchte die Erlaubniß nach, die Gefahren der Reise theilen und ihr einen Theil seines Vermögens widmen zu können, und gern wurde sie ihm bewilligt. Auf seine Kosten ließ er eine Menge Gegenstände, die den zu besuchenden Völkern nützlich sein konnten, und alle für physikalische Beobachtungen und die Erhaltung von Naturerzeugnissen nöthigen Apparate einschiffen; er bewog einen seit kurzem in England angesiedelten ausgezeichneten Schüler Linné's, den Doctor Solander aus Schweden, an der Reise Theil zu nehmen, nahm ferner zwei Zeichner zur Darstellung Dessen, was nicht eingepackt und aufbewahrt werden konnte, mit und sorgte für Alles, was die Reise bequem und für die Wissenschaften fruchtbringend zu machen geeignet schien.

Die Ereignisse der ersten Reise Cook's sind den meisten Lesern ohne Zweifel aus ihren Kinderjahren bekannt. Wer hätte nicht für die Reisenden gezittert, als die Kälte sie unter dem Schnee des Feuerlandes zu begraben drohte*) und als sie an den Korallenfelsen von Neuholland strandeten und in ihrem Schiffe ein Leck sich aufthat, das ihre Pumpen nicht bewältigen konnten? Wer hätte nicht gewünscht, einige Zeit gleich ihnen unter den kindlich guten, unverdorbenen Bewohnern der Südseeinseln zuzubringen? Alle Züge dieser Expedition, die Gefahren der Reisenden, ihre Freuden, die Sitten der verschiedenen Völker, zu denen sie kamen, bis zu den Kämpfen mit den Menschenfressern von Neuseeland erinnern an die Abenteuer der „Odyssee". Ein großer Theil des Interesses, das die Beschreibung dieser Reise einflößt, kommt ohne Zweifel auf Rechnung der Gegenwart von Banks und Solander, die weder Anstrengungen noch Gefahren scheuten, um ihre Sammlungen zu bereichern oder ihre Neugierde zu befriedigen. Banks vor Allen zeigt erstaunliche Thätigkeit. In Brasilien schlich er sich wie ein Schleichhändler ans Ufer, um diesem reichen Lande, trotz der Feindseligkeit des misgünstigen Vicekönigs, der in Banks und Solander Spione erblickte, einige Erzeugnisse zu rauben. In Otaheiti hatte er die Geduld, sich vom Kopfe bis zu den Füßen tättowiren zu lassen, um einer Leichenfeier beizuwohnen, die er nicht anders hätte sehen können. Überall erscheint er als der Erste, wiewol mit keiner amtlichen Würde bekleidet ist; er regelt den Markt und leitet die Unterhandlungen; an ihn wenden sich beide Theile in vorkommenden Verlegenheiten; er verfolgt die Diebe und bewirkt die Rückgabe der gestohlenen Gegenstände; hätte er nicht auf diese Weise den von einem Insulaner listig entwandten Qua-

---
*) Bei einer Excursion im Innern des Feuerlandes schwebten Banks und Solander in großer Gefahr zu erfrieren, ein Schicksal, dem sie sicher verfallen wären, wenn sie sich nicht mit äußerster Anstrengung des Schlafs erwehrt hätten.

dranten wiedererlangt, so wäre der Hauptzweck der Expedition, die Beobachtung des Vorübergangs der Venus, verfehlt worden. Ein einziges Mal wagte er es nicht, sich Gerechtigkeit zu verschaffen, als nämlich die Königin Oberea, die ihm seine Wohnung bei sich angewiesen hatte, ihm bei Nacht alle seine Kleider stehlen ließ. Das Ansehen, in welchem er stand, beruhte darauf, daß seine Gestalt und Haltung ganz geeignet waren, zu imponiren, während seine Güte die Herzen gewann. Er gab den Wilden Ackerbauwerkzeuge, Sämereien und Hausthiere; er wachte über ihre gute Behandlung und über Ausübung von Nachsicht gegen sie in Fällen, wo das Unrecht auf ihrer Seite war.

Die wissenschaftlichen Sammlungen von Gegenständen aller Art, die Banks während dieser dreijährigen Reise zusammenbrachte, waren von unermeßlicher Ausdehnung, wiewol ein Theil davon bei dem erwähnten Unfalle des Schiffs verloren ging. Lange Zeit hoffte man, daß Solander und er die Ergebnisse ihrer Forschungen dem Publicum mittheilen würden; was sie daran verhindert haben mag, ist schwer zu ermitteln. Solander starb erst 1782, hätte also zehn Jahre auf diese Arbeit wenden können; übrigens befindet sich ihr gemeinschaftliches Tagebuch mit allen unter ihren Augen gemachten Zeichnungen noch jetzt in der nachgelassenen Bibliothek von Banks. Einer der bemerkenswerthesten Züge des Charakters des Letztern war die Bereitwilligkeit, mit der er seine wissenschaftlichen Schätze Jedem, der sie zu gebrauchen würdig schien, mittheilte; auch hatte er in allen europäischen Gärten die Sämereien aus der Südsee, wie auf den Inseln der Südsee die unserigen verbreitet; endlich beruhigte er sich mit dem Gedanken, daß der Zweck seiner Reise hinsichtlich ihres unmittelbaren Nutzens so gut als erreicht wäre. In der That ziert eine Menge schöner Sträucher, die er zuerst mitgebracht hat, jetzt unsere Gärten und Lustwälder; der Brotbaum wird, in die warmen Gegenden von Amerika versetzt, ihnen nicht minder große Dienste leisten, als Amerika uns einst durch das Geschenk der Kartoffel geleistet hat; der neuseeländische Flachs, dessen Fäden haltbarer als die einer andern Pflanze sind, wird in Europa angebaut und wird unfehlbar einst eine wichtige Acquisition für die Schiffahrt abgeben. Aber alle diese Resultate sind geringfügig im Vergleich zu der allgemeinen Kenntniß des stillen Meeres, der Menge von Inseln, mit der die Natur es besät hat und der auf ihnen existirenden eigenthümlichen Schöpfung, welche diese Reise uns zu verschaffen begonnen hat. Die große englische Colonie in Neuholland muß nothwendig zu großer mercantilischer, politischer und militairischer Wichtigkeit gelangen; abhängig oder unter englischer Herrschaft, trägt sie dazu bei, die am meisten civilisationsfähige Race des Menschengeschlechts zu vervielfältigen, ebenso wie es durch die englischen Colonien in Nordamerika geschehen ist. Darin bestehen hauptsächlich die jetzigen und künftigen Resultate der Reise von Cook, Banks und Solander, und zwar einzig deshalb, weil dieselbe, von unterrichteten Männern unternommen, mit weit größerer Einsicht geleitet worden ist, als die in den drei vorhergehenden Jahrhunderten ausgeführten.

Bei ihrer Rückkehr wurden die Reisenden von allen Classen der Nation und vom Könige selbst mit der lebhaftesten Theilnahme empfangen, und so allgemein war der Beifall, den England, ja ganz Europa der Expedition zollte, daß die englische Regierung sich veranlaßt finden mußte, sie zu wiederholen. Im Jahre 1773 sollte Cook seine zweite Reise antreten, welche hinsichtlich des Muths und der Ausdauer ihrer Theilnehmer kaum von einer andern Seeexpedition übertroffen worden ist. Banks hatte die Absicht, ihn mit Solander abermals zu begleiten; alle ihre Vorbereitungen waren getroffen, aber sie verlangten, was gewiß billig erscheinen muß, daß ihnen gestattet würde, sich auf dem Schiffe diejenigen Bequemlichkeiten zu verschaffen, welche ihre Aufopferung minder lästig machen konnten, ohne die Expedition zu stören. Warum Cook ihnen dies abschlug, ist nicht recht abzusehen; gewiß ist, daß er mehre von Banks auf dem Schiffe getroffene Einrichtungen geflissentlich beseitigen ließ, und daß Banks in einer Anwandlung des Unwillens alle seine Pläne aufgab. Auch mit den beiden Forster, die an die Stelle von Banks und Solander traten, überwarf sich Cook späterhin, und bei seiner dritten Reise weigerte er sich, einen Naturforscher mitzunehmen. Da Banks an dieser Reise nicht Theil nehmen konnte, beschloß er, seine Thätigkeit nach einer andern Seite zu richten. Die nordischen Gegenden, vor allen Island, wegen seiner vulkanischen Erscheinungen so bemerkenswerth, boten ihm noch zahlreiche Gegenstände der Forschung dar. Nach einigen Wochen wurde ein Schiff gemiethet und mit allen für Naturforscher nöthigen Gegenständen ausgerüstet und am 12. Juni 1772 reiste Banks ab, begleitet von seinem treuen Freunde Solander, dem Schweden Uno von Troil, nachherigem Bischof von Linköping, und einigen Andern. Ein glückliches Ungefähr ließ sie im Vorbeigehen die Insel Staffa besuchen, welche durch die unermeßliche Anhäufung von Basaltsäulen und jene 250 Fuß tiefe Höhle, die von dergleichen Säulen umgeben ist, deren natürliche Regelmäßigkeit in Erstaunen setzen muß, so interessant ist. Es ist auffallend, daß dieses einem stark bevölkerten Lande so nahe Wunderwerk der Natur so spät bekannt geworden ist; zwar hat bereits Buchanan die Insel erwähnt, aber so wenig als Andere von ihrer außerordentlichen Bildung gesprochen, sodaß man sie als eine Entdeckung der gedachten Reisenden ansehen kann. Bald kamen dieselben in Island an und brachten einen Monat mit Bereisung der Insel zu. Über die von ihnen gemachten Beobachtungen hat Hr. von Troil einen interessanten Bericht veröffentlicht; Banks selbst beschränkte sich darauf, seine Beschreibung und Zeichnung der Insel Staffa und ihrer Höhle dem Naturforscher Pennant für seine „Reisen in Schottland" zu überlassen, ohne selbst einen Reisebericht abzufassen. Statt dessen wurde er für die Isländer ein ebenso eifriger Wohlthäter als er für die Bewohner von Otaheiti gewesen war; er lenkte nicht nur die Aufmerksamkeit des dänischen Hofs auf sie, sondern sorgte selbst für ihr Wohl und sandte ihnen zweimal, als sie von Hungersnoth heimgesucht waren, auf seine Kosten Getreideladungen.

Zurückgekehrt von beiden Reiseunternehmungen, bei denen er so deutliche Beweise seiner uneigennützigen Liebe zu den Wissenschaften gegeben hatte, nahm Banks großen Antheil an der Verwaltung und den Arbeiten der königlichen Societät der Wissenschaften, deren Mitglied er schon längst gewesen war; sein Haus, in welchem die Gelehrten des In- und Auslandes mit gleicher Gastfreundschaft empfangen wurden, war selbst eine Art Akademie, in welcher außer dem Hausherrn selbst und dem Vergnügen, seine gelehrten Freunde hier zu treffen, seine reiche Bibliothek und seine Sammlungen, die so viele Gegenstände enthielten, die man in öffentlichen Anstalten vergebens gesucht hätte, die Freunde der Studien anziehen mußten. Nirgend war ein solcher Vereinigungspunkt werthvoller, man kann sagen noth-

*

wendiger, als in einem Lande, wo die zwischen den einzelnen Ständen errichteten Scheidewände höher als anderwärts sind, und wo Männer verschiedener Stände selten zusammenkommen, wenn nicht Jemand, um sie zu vereinigen, eine eigenthümliche und außerordentliche Stellung einnimmt. Einige Jahre nachher wurde Banks an die Stelle von John Pringle zum Präsidenten der königlichen Societät der Wissenschaften erwählt, 1781 zur Würde eines Baronet erhoben, 1795 mit dem Bathorden geschmückt, der damals nur Pairs und hohen Militairpersonen zu Theil wurde, 1797 zum Geheimrath ernannt; 1801 wählten ihn die Franzosen zum Mitgliede ihres Nationalinstituts, vorzüglich wegen der durch seine Vermittelung bewirkten Rückgabe der Papiere von Lapeyrouse, welche in die Hände der Engländer gefallen waren. Sein häusliches Glück entsprach dem Glücke, das ihm in andern Verhältnissen vergönnt war; seine Mutter behielt er bis 1804, seine geistvolle und kenntnißreiche Schwester starb nur kurz vor ihm; eine liebenswürdige Gattin verschönerte seine Tage. Die Natur war ihm ebenso günstig als das Schicksal; er besaß eine schöne, schlanke Gestalt und eine kräftige Constitution, und wenn die Gicht seine letzten Jahre gestört hat, so hatte sie doch weder auf seine gute Laune noch auf seine Geisteskräfte Einfluß. Wie sein Leben, so war auch dessen Ende den Wissenschaften gewidmet; kurz vor seinem Tode schenkte er seine reiche naturhistorische Bibliothek, die der von Dryander verfaßte Katalog in ganz Europa berühmt gemacht hat, dem britischen Museum, und suchte die Existenz des großen Botanikers Brown zu sichern, seines Bibliothekars, der ihm die Hoffnungen seines Glücks geopfert hatte. Er starb am 19. März 1820, ohne Kinder zu hinterlassen.

Luxemburg.

Das Großherzogthum Luxemburg, welches seit 1815 mit dem Königreiche der Niederlande unter einem Beherrscher vereinigt war, aber einen Bestandtheil des deutschen Bundes bildete, ist bekanntlich durch die neuesten Verträge zwischen den Niederlanden und Belgien in zwei Theile getheilt worden, von denen der westliche größte, aber am schwächsten bevölkerte, 54 Quadratmeilen und 150,000 Einwohner enthaltend, dem Königreiche Belgien zugetheilt, der östliche und kleinste aber, 47 Quadratmeilen und 185,000 Einwohner enthaltend, als deutscher Bundesstaat dem Könige der Niederlande zugesprochen worden ist. Die Hauptstadt des belgischen Theils ist Arlon mit 4000 Einwohnern; die des niederländischen Theils Luxemburg mit 11—12,000 Einwohnern, von denen 6300 auf die eigentliche auf steilem Berge an der Alzette oder Elz liegende Stadt, gegen 5000 auf die tief im Thale liegenden Vorstädte Pfaffenthal, Clausen und Grund kommen; dabei ist die Garnison der Festung nicht gerechnet, welche in Friedenszeiten 4—5000, im Kriege 12—15,000 Mann stark ist. Die Festung selbst, welche ihren Hauptbestandtheile nach im Jahre 1684 von Vauban angelegt worden ist und für eine der festesten in ganz Europa gilt, ist eine der drei deutschen Bundesfestungen, und ihre Besatzung besteht zu drei Viertheilen aus preußischen, zu einem Viertheile aus niederländischen Truppen; der Militairgouverneur derselben wird vom Könige von Preußen, der Commandant vom Könige der Niederlande ernannt. Die Stadt ist schlecht gebaut; von den öffentlichen Gebäuden sind nur das Stadthaus und das Athenäum oder die gelehrte Schule (mit 12 Professoren) zu bemerken. Unter den vier Kirchen ist die Peterskirche die merkwürdigste; sie enthält ein schönes Denkmal, das dem blinden Könige Johann von Böhmen aus dem Hause Luxemburg, das 1310—1437 über Böhmen regierte, gewidmet ist. Von den Vorstädten, die gleich der Stadt innerhalb der Festungswerke liegen, liegt Pfaffenthal mit 1700 Einwohnern nördlich, Grund mit 1900 Einwohnern nach Süden, Clausen mit 1000 Einwohnern zwischen beiden. In der letztern findet man die schönen Ruinen des Schlosses, welches der Graf von Mansfeld, Gouverneur von Luxemburg, 1565 erbauen ließ. Im J. 1541 ließ Kaiser Karl V. der leichtern Vertheidigung des Platzes wegen diese Vorstadt und die auf dem alten Münster gelegene Abtei zerstören, ebenso das alte Schloß Lützelburg. Auf steilen Felsen, welche die Vorstadt Grund beherrschen, sind Casernen gebaut, die auf einer Seite durch hohe Mauern, auf der andern durch Abgründe vertheidigt werden.

Im Jahre 1542 wurde die Stadt von den Franzosen unter dem Herzoge von Orleans, darauf von dem Prinzen von Oranien, 1543 wieder von den Franzosen, 1544 wieder von Karl V. eingenommen. Im J. 1684 eroberte sie der französische Marschall Crequi nach einer vierwöchentlichen Belagerung, die Vauban geleitet hatte; ebenso fiel sie am 1. Juni 1795 nach langer Blockade und heldenmüthiger Vertheidigung des östreichischen Feldmarschalls Bender, durch Hunger zur Capitulation genöthigt, in die Hände der Franzosen. Als die Verbündeten in Frankreich einrückten, wurde Luxemburg vom Januar bis Mai 1814 von den Preußen eng eingeschlossen und dann dem Könige der Niederlande übergeben.

Der Schiffbruch der Fregatte Meduse.

Die Jahrbücher des Seewesens enthalten nur wenige Beispiele von Schiffbrüchen, die tragischer wären als derjenige der französischen Fregatte Meduse, dessen Umstände wir, veranlaßt durch die sich darauf beziehende Abbildung in Nr. 362, nach dem ausführlichen Berichte zweier Schiffbrüchigen, Namens Savigny und Corréard, die dem Tode wie durch ein Wunder entronnen sind, unserm neulichen Versprechen gemäß hier mittheilen:

Am 17. Juni 1816 verließ ein nach dem Senegal bestimmtes französisches Geschwader, bestehend aus der Fregatte Meduse von 44 Kanonen, die aber als Flüte (Transportschiff) ausgerüstet war und nur 14 Kanonen an Bord hatte, einer Corvette, einer Brigg und einer Flüte unter Anführung des Fregattencapitains von Chaumareys die Rhede der Insel Aix bei La Rochelle an der Westküste von Frankreich. Die Fregatte ließ die beiden letzten weit schlechter segelnden Schiffe schon nach wenigen Tagen zurück, trennte sich später auch von der Corvette und erreichte am 28. die Insel Madeira, am 1. Juli den Wendekreis des Krebses, bald nachher aber eine sehr lange Sandbank, Arguin, die sich 30 Lieues weit ins Meer erstreckt und nach den Instructionen des Marineministeriums vermieden worden wäre, wenn sich der Capitain nicht in der Lage des weißen Vorgebirges auf eine unbegreifliche Weise getäuscht und eine dicke Wolke für dasselbe gehalten hätte. Am 2. Juli ergab das Senkblei nur 18 Klafter Tiefe und 10 Minuten darauf, nach 3 Uhr Nachmittags, strandete die Fregatte unter 19½ Grad nördlicher Breite und 15 Minuten östlicher Länge (von Ferro). Natürlich verbreitete dieses Ereigniß die größte Bestürzung. Als man sich aber vom ersten Schrecken erholt hatte, versuchte man Alles, um das Schiff wieder flott zu machen, man ließ eilends die Segel nieder, nahm die Toppsegel und Mastkörbe ab und that, was man konnte, bis die Nacht den Arbeiten ein Ende machte. Am folgenden Tage erneuerte man die Arbeiten und suchte Anker auszuwerfen u. s. w., aber das ungünstige Wetter vereitelte alle Bestrebungen und bald gab man die Hoffnung auf, das Schiff von der Stelle zu bringen.

Da das Schiff allem Anscheine nach nicht mehr zu retten war, so mußte man auf die Rettung der Mannschaft bedacht sein, die aus mehr als 400 Personen bestand. Die an Bord befindlichen sechs kleinen Boote vermochten nicht, eine so große Zahl zu fassen; nach dem Plane des Gouverneurs vom Senegal, welcher die Fahrt mitgemacht hatte, wurde daher eine Flöße erbaut, die 200 Mann und Lebensmittel für dieselben aufnehmen sollte. Sie bestand aus den Mastbäumen, Kielschwinnbacken*) und dem Takelwerk der Fregatte, war über 60 Fuß lang und 21 Fuß breit und hatte weder Segel noch Masten. Nach dem Plane des Gouverneurs sollte sie von den die übrige Mannschaft enthaltenden Booten ins Schlepptau genommen, an der nicht sehr entfernten Küste der Wüste Sahara sollte gelandet und von da aus eine Karavane nach der Insel St.-Louis gebildet werden; ein trefflich ausgedachter Plan, dessen Ausführung leider durch den engherzigsten Egoismus verhindert wurde. Am 4. Juli schien die Fregatte den erneuerten Anstrengungen nachgeben zu wollen und wurde beinahe flott, blieb aber bald nachher wieder auf dem Sande sitzen, vielleicht nur darum, weil sie nicht gehörig erleichtert, nicht einmal von der Last ihrer Kanonen befreit wurde. In der folgenden Nacht, wo das Meer sehr unruhig war, barst die Fregatte; der Kiel theilte sich in zwei Stücke, das Steuerruder brach ab, hing nur noch mit den Ketten am Hintertheile und that durch seine Schläge gegen denselben großen Schaden. Es war nun hohe Zeit, das Wrack zu verlassen, da das Wasser schon bis ins Zwischendeck gedrungen war.

Am 5. Morgens schifften die Schiffbrüchigen sich ein, aber mit solcher Eile, daß die meisten Anordnungen der Offiziere, namentlich die Einschiffungsliste, nicht beachtet wurden; Jeder that, was ihm am rathsamsten schien. Der Flöße vertrauten sich 147—150 Personen an, worunter 120 Soldaten, die übrigen Matrosen und Passagiere nebst einer Frau. Das große Schiffsboot mit 14 Rudern nahm nur 35, das Stabsboot 42, das des Commandanten, die ganz ruderlose Schaluppe und ein Kahn von acht Rudern jedes 28, die Pirogue, das kleinste Boot, 15 Personen auf; etwa 80 wurden anfänglich zurückgelassen, von diesen aber über 60 noch von der Schaluppe aufgenommen, die übrigen 17 blieben auf dem Wrack zurück, weil sie theils hier sicherer zu sein glaubten als auf der Schaluppe, die in sehr schlechtem Zustande und an vielen Stellen leck war, theils zu betrunken waren, um an ihre Rettung zu denken. In der Eile vergaß man, was das Wichtigste war, sich hinreichend mit Lebensmitteln zu versehen; die Flöße hatte zwar einen ziemlichen Vorrath an Wein, aber nicht eine Tonne Zwieback, auch von den Booten hatten manche nur 25 Pfund Zwieback und ein Fäßchen Wasser, alles Übrige blieb auf der Fregatte oder wurde in der Verwirrung ins Meer geworfen.

Unter dem Rufe: Es lebe der König! traten die Boote nebst der von drei derselben bugsirten Flöße ihre Fahrt an; sämmtliche Offiziere auf den Booten hatten geschworen, die letztere nicht zu verlassen, aber unverantwortlicherweise geschah es dennoch, und nur zu bald. Als man nur zwei Lieues von der Fregatte war, ließen zuerst zwei Boote, dann auch das dritte das Schlepptau fahren, wahrscheinlich weil ihre Fahrt durch die Flöße verzögert wurde, wiewol das Land nur 12—15 Lieues entfernt war und es sicher möglich gewesen wäre, jene so weit oder doch bis in eine geringe Entfernung von der Küste zu schleppen. Die schändlich verlassene Mann-

---

*) Ein Kielschwinnbacken ist ein langes, auf der einen Seite ausgehöhltes Stück Holz, das man an einen Mastbaum bindet, wenn er zu brechen droht.

schaft der Flöße sah sich demnach ihrem eigenen Schicksale überlassen und dieses war in der That hoffnungslos. Der einzige auf der Flöße vorhandene Proviant bestand in einem Sacke mit 25 Pfund Zwieback, der indeß ins Meer gefallen war und nur noch einen salzigen Teig enthielt, außerdem hatte man noch sechs Tonnen Wein und zwei mit süßem Wasser; mehre Mehlfässer, die man anfangs auf die Flöße geschafft hatte, waren ins Meer geworfen worden, um diese zu erleichtern und für Menschen Platz zu gewinnen; an Instrumenten und Karten fehlte es ganz, nicht einmal ein Strichcompaß war vorhanden, wiewol der Offizier, welcher die Flöße commandiren sollte, aber eins der Boote zu besteigen vorzog, für Alles gesorgt zu haben vorgegeben hatte. Ein kleiner Compaß fand sich später nur vor, um nach einigen Stunden verloren zu gehen, sodaß man sich nur nach der Sonne orientiren konnte. Dazu kam, daß die Flöße wenigstens drei Fuß unter Wasser ging und die vorn und hinten befindlichen Personen bis über die Hüften im Wasser standen.

Nach Abfahrt der Boote war die Bestürzung unbeschreiblich und ging bei den Matrosen und Soldaten bald in Verzweiflung über, da Alle ihren Untergang für unvermeidlich hielten. Mit großer Mühe gelang es den Offizieren, sie ein wenig zu beruhigen, worauf ein Mast aufgerichtet und an demselben ein Bramsegel befestigt wurde, das jedoch wenig Dienste that. Alle hatten das Schiff nüchtern verlassen, daher fing der Hunger bald an sich einzustellen; aber bei der geringen Menge der vorhandenen Lebensmittel machte sich die größte Sparsamkeit nöthig. Man bestimmte für den Tag drei Viertel Wein auf eine Ration; der Zwiebackteig, in den man etwas Wein goß, ging schon bei der ersten Vertheilung auf. Der erste Tag verging ziemlich ruhig; ihm folgte eine sehr stürmische Nacht, in welcher es sehr schwierig war, den Wind- und Wellenstößen Widerstand zu leisten. Am andern Morgen vermißte man schon 20 Personen, die theils vom Meere verschlungen worden, theils mit den Füßen in den Lücken der Flöße stecken geblieben waren; einige stürzten sich freiwillig ins Meer, um ihren Leiden ein schnelles Ende zu machen. Über alle Beschreibung furchtbar war aber die zweite Nacht. In dieser rissen die Wellen, die der Flöße zuweilen eine fast senkrechte Lage gaben, noch viel mehr als in der vorigen in die Tiefe; die Matrosen berauschten sich, um sich ihre letzten Augenblicke zu versüßen, versuchten in der Trunkenheit durch Zerhauen der Stricke die Flöße zu zerstören und gaben so das Signal zu einer allgemeinen Meuterei und einem Gefechte, das Vielen das Leben kostete. Am Morgen zeigte es sich, daß nicht weniger als 60—65 der Meuterer in der Nacht umgekommen waren, auch bemerkte man mit Schrecken, daß die Aufwiegler zwei Fässer Wein ins Meer geworfen hatten, ebenso die beiden letzten Tonnen süßen Wassers, von denen jedoch die kleinere gerettet wurde; nur ein Faß Wein war noch übrig, weshalb die Überlebenden, über 60, auf halbe Ration gesetzt werden mußten. Eine Zeit lang gab man sich der Täuschung hin, die Küste zu entdecken, die in der That nicht sehr fern sein konnte; dies belebte den Muth aufs neue, wenn auch nur auf kurze Zeit. Bald aber nahm der Hunger in furchtbarem Grade überhand, und da es nicht gelang, Fische zu fangen, so suchte man ihn durch das schauderhafteste Mittel von der Welt zu stillen, indem man sich der Leichname, mit denen die Flöße bedeckt war, in Stücke theilte und verzehrte; wer sich dazu nicht entschließen konnte, suchte sich mit Riemen, Leinenzeug oder Hutleder zu sättigen. Immer noch hoffte man, die Boote oder sonst ein Schiff zu erblicken, aber die Sonne ging abermals unter, ohne daß Hülfe gekommen wäre. Die Nacht verging zum ersten Male ruhig, aber die Unglücklichen, denen das Wasser bis ans Knie ging, konnten nur stehend und dicht aneinander gepreßt schlafen.

Endlich ging ihnen am vierten die Sonne auf und zeigte wieder 10—12 neue Leichname, die bis auf einen ins Meer geworfen wurden; an diesem Tage hatte man das Glück, eine große Zahl fliegender Fische zu fangen, worin man eine unerwartete Wohlthat erkannte, die zum innigsten Danke gegen Gott verpflichtete. Nach vieler Mühe gelang es, am folgenden Tage Feuer zu machen und die Fische zu kochen, aber sie vermochten nicht, den Hunger zu stillen, und man mußte zum Menschenfleisch zurückkehren, das gekocht weniger gräßlich erschien. Später genossen es Alle auch ungekocht, da es an allen Mitteln Feuer zu machen fehlte. Die Nacht wurde durch ein neues Blutbad befleckt; Lüsternheit nach dem wenigen vorhandenen Gelde (1500 Francs), das sich in einem am Mast aufgehangenen Sacke befand, hatte eine Verschwörung gegen die Offiziere veranlaßt, der man noch zur rechten Zeit zuvorkam. Am sechsten Tage waren nur noch 30 Personen am Leben, von denen höchstens 17 stehen oder gehen konnten; der Wein konnte höchstens noch vier Tage reichen; zwei Soldaten, die die einzige noch übrige Tonne heimlich anzapften, wurden zur Strafe sogleich ins Meer gestürzt. Dasselbe Schicksal verhängte man nach kurzer Berathung über die 13 Kranken, welche mit tiefen Wunden bedeckt und fast besinnungslos waren; dieser empörende Ausweg, den die Verzweiflung an die Hand gab, verschaffte den Überlebenden auf sechs Tage Wein, täglich für Jeden eine halbe Flasche gerechnet, und schwerlich hätten sie ohne ihn ihr Leben gefristet. Die folgenden sechs Tage gehörten zu den schrecklichsten. Ein verzehrender Durst, der durch die Strahlen der brennenden Sonne gesteigert wurde, quälte die Unglücklichen endlich dergestalt, daß sie begierig ihren Urin tranken, den sie vorher in kleinen Blechgefäßen abkühlen ließen; Andere versuchten Seewasser zu trinken, aber beide Mittel stillten den Durst nur augenblicklich, um ihn nachher noch lebhafter zu erregen. Große Freude, aber auch heftigen Streit erregte der Fund einer kleinen Citrone, sowie zweier Fläschchen mit Zahnelixir; ein kleines leeres Fläschchen, worin Rosenöl gewesen war, ging von Hand zu Hand, weil der Geruch eine kleine Labung gewährte. Am 13. Tage (17. Juli) entdeckte endlich ein Offizier bald nach Sonnenaufgang ein Schiff am Horizonte und verkündete es mit Freudengeschrei; schon hielt sich Jeder für gerettet und schickte Dankgebete zum Himmel, als das Schiff plötzlich wieder verschwand. Dies verwandelte den Jubel in die tiefste Niedergeschlagenheit; zwei Stunden, während deren Alle unter einer Art Zelt Schutz gegen die Sonnenstrahlen suchten, vergingen unter den peinlichsten Erwartungen, als plötzlich das Schiff wieder erblickt wurde, diesmal kaum eine halbe Stunde von der Flöße entfernt und mit vollen Segeln dieser entgegenfahrend. Man kann sich den Freudentaumel denken, den dieser Anblick verursachte; die Unglücklichen umarmten sich mit einem an Wahnsinn grenzenden Entzücken und bemühten sich, dem Schiffe, in dem sie bald die französische Brigg Argus erkannten, welche mit ihnen zugleich Frankreich verlassen hatte, Zeichen zu geben. Bald nahm ein Boot sie auf und brachte sie an Bord der Brigg, wo sie dem Lieutenant der Fregatte und einige andere Schiffbrüchige trafen und die menschenfreundlichste Pflege fanden. Es war die höchste Zeit, daß ihre Leiden ein Ende nahmen; die Stärksten von ihnen hätten es höchstens noch zwei Tage aushalten können; zehn von ihnen konnten sich kaum rühren; Alle waren bis auf die Haut abgezehrt, von der tropischen Sonne fürchterlich verbrannt und nur noch Schatten von Menschen. Am 19. Juli kamen sie auf der Rhede von St.-Louis am Senegal an, wo sie eine glänzende Aufnahme fanden, wo aber sechs von ihnen nach kurzer Zeit den erlittenen Strapazen unterlagen.

Von den sechs Booten erreichten die zwei größten, auf denen sich der Gouverneur und der Fregattencapitain befanden, am 9. Juli den Senegal ohne alle Gefahr, die übrigen aber hatten viel mit Sturm und Regen zu kämpfen und wurden immer längs der Küste getrieben. Die Schaluppe setzte am 6. 63 der Entschlossensten bei Angel, 80—90 Lieues von St.-Louis, ans Land, stach dann wieder in See, nahm die 15 Mann der Pirogue auf und landete am 8., nach dem ungestümen Verlangen der Mannschaft, 40 Lieues von St.-Louis; an demselben Tage setzten die beiden andern Boote, denen die Lebensmittel ausgegangen waren, ihre Leute ans Land, die nun nach dem Senegal aufbrachen. Nach unsäglichen Leiden und Entbehrungen aller Art kamen die am 8. gelandeten Mannschaften am 13. Juli zu St.-Louis an; auf ihrem fünftägigen Zuge durch die Wüste, der für die Frauen und Kinder (unter den Schiffbrüchigen befand sich die Familie eines Herrn Picard, aus seiner Gemahlin, drei erwachsenen Töchtern und vier kleinen Kindern bestehend) überaus beschwerlich war, hatte sie die an der Küste kreuzende Brigg mit einer kleinen Quantität Zwieback und Wein versehen. Länger mußten die 63, welche bei Angel gelandet waren, leiden, aber der größte Theil von ihnen erreichte am 25. Juli glücklich den Senegal.

Nachdem alle Schiffbrüchigen zu St.-Louis versammelt waren, schickte der Gouverneur ein Schiff nach der geschieterten Fregatte aus; widrige Winde zwangen es mehrmals zur Umkehr, erst am 24. August erreichte es das Wrack und fand auf demselben noch drei Personen am Leben, aber mit dem Tode ringend. Acht Tage zuvor hatten 12 der Entschlossensten von den 17, die auf der Fregatte zurückgeblieben waren und von den gefundenen Vorräthen von Zwieback, Wein, Branntwein und Speck 42 Tage lang gelebt, endlich aber doch, wie natürlich, die Fassung und Geduld verloren hatten, eine Art von Flöße gebaut und ihre Fahrt nach dem Lande gerichtet, waren aber ein Opfer ihres verzweifelten Entschlusses geworden; ein Dreizehnter war bei einem andern Versuche, das Land zu erreichen, umgekommen; von den vier Übrigen war einer eben verschieden, als die Goelette ankam, die drei Andern, deren Lebensmittel nur noch in Branntwein, Talg und geräuchertem Speck bestanden, waren zwar dem Tode nahe, wurden jedoch wiederhergestellt. Im Ganzen waren von der Mannschaft der Fregatte über 150 Personen ums Leben gekommen.

Das Breyerotyp.

Ein Herr Breyer in Lüttich, aus Berlin gebürtig, hat eine neue Art Daguerreotyp erfunden, mittels welches er ohne eine camera obscura in höchstens sieben Minuten eine genaue Copie von Kupferstichen, Zeichnungen und Schriften fertigt. Er bedient sich hierbei eines sogenannten heliographischen Papiers, wozu jede Sorte des gewöhnlichen Papiers benutzt werden kann, und dann nach Belieben Schatten und Licht, in derselben Weise wie im Original, oder in umgekehrter Ordnung wiedergeben. Bereits fünf Tage bevor Arago in der pariser Akademie über das Daguerre'sche Verfahren Bericht abstattete, hatte Herr Breyer der brüsseler Akademie ein die ersten Resultate seiner Erfindung enthaltendes versiegeltes Packet übersandt und um Eröffnung desselben in der Sitzung am 5. October gebeten.

Der Mehl- und Honigthau.

Zu den Krankheiten, denen die Pflanzen gleich den Thieren unterworfen sind, gehören auch der Mehl- und Honigthau, Erscheinungen, die manches Räthselhafte haben und selbst jetzt noch nicht vollständig aufgeklärt sind. Ehemals glaubte man, sie rührten von einem zugleich mit dem Thaue herabfallenden Safte her, der Pflanzen und Gesträuche überziehe und die oft außerordentlich große Menge von Blattläusen heranlocke. Ein Zusammenhang der gedachten Erscheinungen mit dem Thau findet jedoch erwiesenermaßen gar nicht statt, obschon gewisse Witterungszustände solche Erkrankungen vorzugsweise begünstigen mögen; denn es beruht auf alter Erfahrung, daß Landleute bei feinen Regenschauern, die mit Sonnenschein und schwüler Temperatur verbunden sind, das Herabfallen von Mehlthau prophezeien. Der Mehlthau, auch weißer Brand genannt, ist ein mehlartiger Überzug der Blätter, besonders bei zarten Gewächsen, der aus Pilzen besteht, die aus dem Innern hervorkommen. Die am häufigsten vorkommende Pilzart ist der gemeine Schimmelkeimer, welcher im Herbst Blätter und Stengel der Hülsen- und Doldengewächse überzieht und gewöhnlich unter dem Namen Mehlthau bekannt ist (mit dem sonst auch die Blattlaus häufig bezeichnet wird). Der Honigthau ist eine an den Blättern, Deckblättern, Kelchen u. s. w. zum Vorschein kommende süße saftige Ausschwitzung, welche die Pflanzen nicht wenig schwächt. Ob die an solchen Stellen in großer Menge vorhandenen, mit dem Honigthau stets verbundenen Blattläuse als Ursache oder als Folge desselben zu betrachten sind, darüber sind nicht alle Naturforscher einerlei Meinung, doch möchte das Wahrscheinlichste sein, daß die Insekten erst durch den süßen Saft herbeigelockt werden. Auch die Manna ist eine dem Honigthau ähnliche süße Ausschwitzung der in Südeuropa wachsenden Blumen- oder Mannaesche, die theils von selbst, theils (und in weit größerer Menge) nach in die Rinde gemachten Einschnitten ausfließt. Diese Manna ist officinell und dient als gelindes Purgirmittel. Nach der verschiedenen Art und Zeit der Gewinnung unterscheidet man vier Sorten Manna: Tropfen-, Röhren-, gemeine und fette oder dicke Manna; von diesen ist die erste, welche in den heißesten Monaten von selbst ausschwitzt, die beste und seltenste und besteht aus trockenen, völlig weißen Körnern.

Der Ammer.

Das Geschlecht der Ammern, welches zur Abtheilung der Singvögel gerechnet wird, ist über alle Welttheile und durch alle Zonen verbreitet; man kennt an 70 Arten, wovon 11 in Europa und 7 in Deutschland vorkommen, die meisten aber in der gemäßigten und gemäßigt warmen Zone einheimisch sind. Sie sind kräftig, wohlgestaltet und kommen in der Größe mit den Finken ziemlich überein; zum Theil haben sie schönes Gefieder. Sie nisten in Hecken und Gebüsche, zum

Theil auch auf die Erde in hohes Gras oder in Felsenklüfte, selten auf niedrige Bäume, und legen vier bis sechs Eier. Einige hüpfen, wie die Finken, andere laufen, wie die Lerchen; alle aber leben gesellig in Gebüsch oder Rohr, auch auf Wiesen, nähren sich von mehligen Sämereien und Insekten, baden im Wasser und haben ein schmackhaftes Fleisch. Durch ihren Gesang zeichnen sie sich nicht besonders aus.

Von den europäischen Arten sind folgende zu bemerken: Der Goldammer, auch Emmerling, Hämmerling oder Gelbgänschen genannt, ist auf Kopf und Vorderleib gold- oder olivengelb und schwarz gefleckt, unten hellgelb. Er ist in ganz Europa sehr häufig; im Sommer findet er sich auf den Feldern, im Winter nähert er sich in großen Schaaren den menschlichen Wohnungen, kommt auch auf die Straßen der Städte und Dörfer und durchsucht die Ausleerungen der Pferde; er wird leicht zahm. Sein Gesang — fast der einzige, den man an heißen Sommertagen hört — ist ziemlich angenehm. Der Gartenammer, auch Ortolan oder Fettammer genannt, ist etwas kleiner als die vorige Art, sowie auch seltener; oben ist er olivenbraun, unten röthlich mit hellgelber Kehle. Er singt angenehmer als andere Ammern, wird aber vorzüglich seines Fleisches wegen geschätzt und um Menge und Wohlgeschmack desselben zu erhöhen, gemästet, was schon die Römer zu thun pflegten. Zu diesem Ende sperrt man viele Individuen zusammen in ein dunkles, aber fortwährend durch künstliches Licht erleuchtetes Zimmer und füttert sie reichlich, worauf sie bald sehr fett werden und oft doppelt so viel als zuvor (an drei Loth) wiegen. Diese Art ist im südlichen Europa häufiger als im nördlichen, kommt jedoch bis nach Norwegen vor. Andere europäische Arten sind: der Grauammer, die größte Art, von der Farbe der Lerchen, in tiefen Gegenden auf Feldern und in Gärten gemein; der schwarzköpfige Ammer in Südeuropa, von schöner gelber Farbe mit schwarzem Kopfe und rostbraunem Rücken; der Rohrammer, klein, braun und schwarzgefleckt mit weißem Bauche, in sumpfigen Gegenden und im Schilfe an Teichen und Flüssen häufig; der Sumpfammer in Dalmatien und Unteritalien; der Fichtenammer im Südosten; der Zaunammer, der Zipammer und der lesbische Ammer, sämmtlich vorzüglich in Südeuropa häufig.

Der Schneeammer, der im höchsten Norden wohnt, kommt nur in ungewöhnlich kalten Wintern nach Deutschland und England; sein Sommeraufenthalt ist innerhalb des Polarkreises, namentlich auf Spitzbergen. Er hat ein verschiedenes Sommer- und Winterkleid, jenes ist weiß, dieses braun; zuweilen kommt er auch mit nur theilweise gewechseltem Gefieder vor. Den ganzen Winter über trifft man ihn in der Nähe der Niederlassungen der nordamerikanischen Pelzhändler unter 54 Grad nördl. Breite; bei einer nördlicher liegenden Niederlassung unter 59 Grad nördl. Breite ist er höchstens in der strengen Kälte des December und Januar abwesend.

1) Gemeiner Ammer. 2) Goldammer, Männchen. 3) Goldammer, Weibchen. 4) Schwarzköpfiger Ammer.

Das Pfennig-Magazin

für Verbreitung gemeinnütziger Kenntnisse.

366.] Erscheint jeden Sonnabend. [April 4, 1840.

Karlsbad.

Im nordwestlichen Winkel Böhmens liegen in einem gleichschenkeligen Dreiecke in geringer Entfernung voneinander drei vielbesuchte, sich eines europäischen Rufes erfreuende Badeorte, Kaiser-Franzensbrunnen bei Eger, Marienbad und Karlsbad, von denen das letztere, mit dem wir es hier zunächst zu thun haben, beiweitem das besuchteste und eins der berühmtesten und wirksamsten Bäder in der ganzen Welt ist. Die Stadt Karlsbad, welche zum elbogner Kreise gehört und 15½ Meilen von Prag, 17 Meilen von Dresden, 18 Meilen von Leipzig, von der sächsischen Grenze aber nur 3 Meilen entfernt ist, zählt jetzt in etwa 550 Häusern eine permanente Bevölkerung von nicht viel über 3000 Einwohnern, die aber während der Badezeit nicht selten auf das Fünffache steigt. Namen und Ursprung verdankt sie dem römischen Kaiser und Könige von Böhmen, Karl IV., der die hier befindlichen heißen Quellen, welche den ältesten Bewohnern Böhmens schon im J. 664 bekannt gewesen sein sollen, der Sage nach durch folgenden Zufall kennen lernte. Als er sich im November 1347 in dieser Gegend — die damals eine sehr dichte große Waldung bildete, zu den Revieren des königlichen Schlosses zu Elbogen (drei Stunden von Karlsbad) gehörte und im Winter einen Lieblingsaufenthalt des Wildes bildete, weil hier im Thale weder Eis noch Schnee sich lange halten können — mit Jagen belu-

VIII. 14

stigte, geschah es, daß ein von den Jagdhunden verfolgter Hirsch über den äußersten Rand einer hohen Klippe sich in das tiefe Thal herabstürzte. Bald darauf vernahm man das klägliche Geheul eines Jagdhundes; die Jäger gingen dem Laute nach und fanden in der Tiefe eine heiße Quelle, die einen kleinen Teich gebildet hatte, in welchem ein verbrühter Hund lag. Auch der König kam hinzu, und da er sogleich den von dieser Quelle zu machenden wohlthätigen Gebrauch ahnete, ließ er seinen Leibarzt Peter Beyer rufen. Dieser rieth seinem Gebieter, von diesem Wasser zur Heilung seiner Wunde am Schenkel Gebrauch zu machen, die Karl IV. am 26. Aug. 1346 in der Schlacht bei Crecy erhalten hatte, indem er seinen Vater, den blinden König Johann von Böhmen, der als Bundesgenosse des Königs Philipp VI. von Frankreich gegen König Eduard III. von England kämpfte und in jener Schlacht blieb, aus dem Gedränge retten wollte. Der König befolgte den Rath seines Arztes, und da der Versuch von einem glücklichen Erfolge gekrönt wurde, so ließ Karl, um den Gebrauch dieses Wassers allgemeiner zu machen und zu erleichtern, in der Nähe der Quelle eine Ortschaft und für sich selbst ein Schloß, beide Wary, d. h. Warmbad, genannt, am untersten Abhange des Felsens, von welchem der Hirsch seinen Sprung gemacht hatte, erbauen, wovon dieser ganze Berg den Namen Schloßberg erhielt. Dieses Schloß war sehr groß und noch im 15. Jahrhunderte eine ansehnliche Burg, zu welcher fast alle umliegenden Häuser gehörten; später gerieth es in Verfall und wurde seit 1567 zur Aufbewahrung des Feuerlöschgeräths gebraucht, 1604 aber in den noch stehenden Stadtthurm umgewandelt. Übrigens hatte schon Karl IV. im J. 1370 Karlsbad, dessen Bewohner sich durch ihre Treue ganz besonders auszeichneten, zu einer Stadt erhoben und bald nachher von der Unterthänigkeit gegen die Grafen von Schlick, die fast den ganzen elbogner Kreis besaßen, für immer freigesprochen; als eine freie, d. h. unmittelbare königliche Stadt ist sie auch von allen seinen Nachfolgern anerkannt und mit vielen Vorrechten beschenkt worden, wiewol sie lange Zeit nicht vermochte, ihre Unabhängigkeit gegen die Grafen von Schlick zu behaupten. Der Name Karlsbad findet sich übrigens auf den Landkarten erst seit 1720; auf den ältern Karten heißt die Stadt immer Wary. Aus der Geschichte der Stadt ist noch ein merkwürdiges Ereigniß zu erwähnen, nämlich der im J. 1544 erfolgte Übertritt ihrer Bewohner zu der lutherischen Confession, bei welcher sie 84 Jahre blieben, bis am 21. Mai 1628 alle männlichen Bewohner wieder das katholische Glaubensbekenntniß ablegten, worauf ihnen der weibliche Theil der Bevölkerung bald nachfolgte.

Die Mineralquellen von Karlsbad sind mit Ausnahme einer einzigen, des sogenannten Säuerlings, der fast gar nicht benutzt wird, sämmtlich warm, gehören zur Classe der alkalischen Glaubersalzwasser und enthalten in wenig verschiedenen Mischungsverhältnissen namentlich Glaubersalz oder schwefelsaures Natron, ferner salzsaures und kohlensaures Natron, Kalk und Kohlenstoffgas. Ihr Wasser ist klar und farblos, hat einen zugleich laugenhaften und salzigen Geschmack, beinahe wie versalzene Tauben- oder Hühnerbrühe, wird an der atmosphärischen Luft trübe und setzt einen gelblich-bräunlichen sinterartigen Niederschlag ab, mit dem sich alle in das Wasser gelegten Gegenstände überziehen und aus dem durch Erhärten der sogenannte Sprudelstein entsteht. Die älteste, heißeste und wirksamste Quelle ist der Sprudel, auch Springer genannt, der, wiewol fast im Flußbette der kalten Tepel selbst entspringend, 59—60 Grad Réaumur warm ist, sodaß noch in dem Abflusse desselben Hühner gebrüht und Eier gesotten werden können und der Fluß, in den die Quelle sich ergießt, auf eine große Strecke raucht. Bis zum Jahre 1521, wo Wenzel Payer das erste Werk über Karlsbad schrieb, wurde diese Quelle nur als Bad angewandt; erst später wurden Trinkcuren eingeführt, wodurch eine größere Zahl von Curgästen nach Karlsbad gezogen wurde. Erst im J. 1705 wurde eine zweite Quelle, der Mühlbrunnen, von 46 Grad Wärme, die jetzt am stärksten getrunken wird, zum Trinken empfohlen; 1748 kam eine dritte Quelle, der Neubrunnen, von 49 Grad Wärme, in Aufnahme, und 1763 wurde der 43—44 Grad warme Gartenbrunnen, auch Theresienbrunnen genannt, der nächst dem Mühlbrunnen am meisten gebraucht wird, zum Gebrauch eingerichtet. Eine fünfte Quelle, unweit des Neubrunnens, der Bernhardsbrunnen, von 56 Grad Wärme, kam erst 1784 zum Ausbruche; sie wird namentlich als Mittel gegen kranke Augen, die damit gewaschen werden, ebenso gegen Schwerhörigkeit empfohlen, hat aber eigentlich mit dem Sprudel ziemlich gleiche Eigenschaften, und wenn die Ärzte nicht davon trinken lassen, so geschieht es wol nur, damit sich die Gesellschaft hier nicht zu sehr häuft. Der Schloßbrunnen, von 40 Grad Wärme, wurde seit 1789 gebraucht und 1797 gefaßt, versiegte aber am 2. September 1809 plötzlich in Folge eines Sprudelausbruches, was den Karlsbadern wegen eines in Zukunft möglichen Ausbleibens der übrigen Quellen große Besorgniß einflößte. Zu gleicher Zeit senkte sich der Theresienbrunnen tiefer und neben dem Sprudel entstand eine Quelle von gleicher Eigenschaft und gleicher Wärme mit diesem, Hygiäensquelle oder neuer Sprudel genannt. Der Spitalbrunnen, von 46 Grad Wärme, wird seit 1812 gebraucht, dient aber nur zu Bädern für arme Curgäste, die sich im Hospital befinden. Seit 1825 ist der Schloßbrunnen allmälig wieder zurückgekehrt, hat aber seine frühere Wärme noch immer nicht wieder erlangt. Alle diese Quellen entspringen am Fuße des Schloßberges, unweit des Tepelflusses (der Sprudel auf dem rechten Ufer, die übrigen auf dem linken, auf welchem der Berg selbst liegt), aus Öffnungen einer sehr festen, harten und schweren, aus Kalktuffstein von weißer oder bunter Farbe bestehenden Gesteinschicht, der Sprudeldecke oder Sprudelschale, deren Dicke oder Mächtigkeit $1/2$—2 Ellen oder darüber beträgt, und auf welcher wahrscheinlich der größte Theil der Stadt erbaut ist; unter ihr nimmt man einen gemeinschaftlichen großen Behälter heißen Mineralwassers an, den sogenannten Sprudelkessel. Zuweilen bahnt sich das Wasser an andern Stellen, als wo es hervorkommen soll, einen Ausweg, was man einen Sprudelausbruch nennt; dergleichen Ereignisse, die in frühern Zeiten häufiger als jetzt waren, gehören zu den Drangsalen Karlsbads, können aber durch zweckmäßige Behandlung der vorhandenen Quellen vermieden werden, namentlich durch wiederholte sorgfältige Bohrung der Öffnungen, aus denen das Wasser kommt, d. h. Reinigung derselben von dem angesetzten Sinter, der sie fortwährend verengert; seit dem oben erwähnten heftigen Ausbruche im J. 1809 hat kein bedeutender stattgefunden. Von allen Quellen nimmt der Sprudel schon durch seine äußere Erscheinung beiweitem die meiste Aufmerksamkeit in Anspruch. Die dicke rauchende Wassersäule, welche mit dumpfem unterirdischen Getöse in schnell aufeinander folgenden Sprüngen oder Stößen, deren man in der Minute 40—60 zählt, unablässig aus dem Boden hervorspringt und sich bald zu geringerer, bald zu größerer Höhe, die von einigen Zollen bis zu mehren Ellen wechselt, erhebt, bietet für Alle, welche Sinn für die Wunder der Natur haben, namentlich aber für Die, denen es neu ist, ein höchst interessantes und fesselndes Schauspiel dar, wie man es bei keiner der übrigen Quellen findet. Beide Sprudelquellen geben in einer Stunde zusammen 4637 Eimer Wasser; den jährlichen Ertrag sämmtlicher Sprudelöffnungen schlägt der Physiker Gilbert auf 130,000 Centner Natron und gegen 200,000 Centner Glaubersalz an, ungerechnet die übrigen im Wasser enthaltenen Stoffe. Das Emporspringen des Wassers wird durch den Druck des unter der Sprudelschale befindlichen, den Raum zwischen dem Wasserspiegel und dem steinernen Gewölbe erfüllenden kohlensauren Gases bewirkt, dessen Elasticität oder Spannkraft durch die Hitze des Wassers vermehrt wird. Spuren dieses ausdampfenden kohlensauren Gases findet man in den Kellern und Gewölben aller auf der Sprudelschale stehenden Häuser. Was die Ursache der großen Wärme dieser und anderer heißen Quellen ist, ist ein Räthsel, das vieler Versuche ungeachtet eine hinreichende Lösung noch nicht gefunden hat; aller Wahrscheinlichkeit nach ist sie aber der fortdauernden innern Thätigkeit erloschener Vulkane zuzuschreiben. (Vgl. Nr. 156.)

Das karlsbader Mineralwasser, welches gegenwärtig hauptsächlich getrunken wird und zwar in den ersten Morgenstunden (täglich zu 4—15 Bechern, doch trinken Einzelne noch weit mehr, man hat Beispiele von Menschen, die im Laufe eines Tages 60—80 Becher getrunken haben), wirkt in einem Grade durchdringend und auflösend wie fast keine andere Heilquelle; die heißern Wasser, also namentlich der alte und neue Sprudel, wirken am stärksten, greifen daher auch am meisten an und dürfen nicht ohne große Vorsicht gebraucht werden, weshalb auch verhältnißmäßig wenige Patienten Sprudel trinken. Außer dem Mineralwasser selbst aber wird seit 1733 auch das karlsbader Salz benutzt, das durch Verdampfung des Wassers gewonnen wird und die festen Bestandtheile desselben enthält; es ist nicht reines Glaubersalz, sondern enthält gewöhnlich noch mineralisches Laugensalz. Die Übel, gegen welche die karlsbader Quellen sich vorzugsweise wirksam zeigen, sind: Stockungen im Unterleibe, Leberverhärtungen, Leiden des Drüsen- oder Lymphsystems, Steinbeschwerden, Gicht, Hautausschläge, Nervenkrankheiten u. s. w. Inzwischen erheischt der Gebrauch von Karlsbad nicht nur große Vorsicht, sondern auch vorgängige reifliche Überlegung von Seiten des Arztes, der es seinem Patienten anräth, ob es auch für dessen Zustand und Constitution passend sei; denn nicht selten kommt es vor, daß Kranke, für die dieses Bad nicht geeignet ist, es kränker verlassen, als sie gekommen sind, wol gar durch den Gebrauch desselben einem schnellern Ende entgegengeführt werden.

Die für die Bequemlichkeit der Curgäste getroffenen Anstalten lassen kaum etwas zu wünschen übrig. Die geschmackvollen Brunnentempel sind größtentheils erst in der neuesten Zeit erbaut und mit Säulengängen (sogenannten Wandelbahnen) verbunden, in denen die Trinkenden bei ungünstigem Wetter promeniren können, da Bewegung bekanntlich eine Hauptbedingung für den Erfolg von Trinkcuren jeder Art ist; bei gutem Wetter dienen schöne Gartenanlagen ganz in der Nähe der Quellen zu demselben Zwecke. Gute Musik, die in den ersten Morgenstunden hier aufgeführt wird, gewährt dabei Vielen eine erwünschte Unterhaltung. An Badehäusern mit gut eingerichteten Mineralwasserbädern ist ebenfalls kein Mangel; auch ist 1826 ein Dampfbadehaus erbaut worden. Zur Unterhaltung der Curgäste trägt ein 1787 aus dem Ertrage des Sprudelsalzes erbautes Theater bei, das auf dem Frontispiz eine etwas hochtrabende lateinische Inschrift trägt, die verdeutscht lautet: „Der Thalia und der Hygiea haben dieses Gebäude aus dem Ertrage des Salzes errichtet der Rath und das Volk der Badestadt." Übrigens fehlt es, wie sich denken läßt, nicht an Concerten fremder Künstler und Schaustellungen der verschiedensten Art. Hasardspiele sind hier wie in allen östreichischen Bädern verboten. Zu den Begünstigungen, welche die Regierung den Curgästen gewährt hat, gehört die Befreiung vom Chausséegelde bei Spazierfahrten und die Erlaubniß, einen Eimer Wein zu ihrem eigenen Gebrauch zollfrei einzuführen. Um die Unterhaltungskosten der Brunnengebäude und anderer nur für den Gebrauch der Badegäste bestehenden Einrichtungen zu bestreiten, wird von allen Fremden, die sich über fünf Tage in Karlsbad aufhalten, eine sogenannte Curtaxe von vier Gulden Conventionsmünze erhoben, wodurch sie zum beliebigen Gebrauch der Quellen berechtigt sind. Die Ankunft eines bepackten, muthmaßlich Curgäste enthaltenden Reisewagens wird schon, sobald er in einiger Entfernung auf der Landstraße sichtbar ist, durch Blasen vom Thurme verkündigt. Von Curgästen aus dem Auslande sind namentlich vornehme Russen und Polen in großer Anzahl hier zu finden; außerdem sind hier eine Menge östreichischer Großen und zahlreiche Mitglieder deutscher Fürstenhäuser in jedem Sommer hier versammelt, ohne daß ihre äußere Erscheinung auf ihren Rang schließen ließe; ungeachtet der großen Anzahl anwesender vornehmer Militairpersonen ist nicht eine einzige Uniform zu sehen. Daß übrigens die Mehrzahl der sich hier aufhaltenden Curgäste nicht zu der Kategorie der Kranken gerechnet werden kann, sondern nur des Vergnügens wegen sich hier aufhält, braucht kaum erwähnt zu werden. Als Nachcur wird von Vielen das teplizer Bad gebraucht.

Karlsbad ist an beiden Seiten der Tepel sehr freundlich gebaut; sehr viele Häuser sind weiß gefärbt und mit grünen Jalousien versehen und haben ein so elegantes, stattliches Ansehen, daß die Schindelbedachung, welche die meisten haben, anfangs gar nicht auffällt, zumal da die Schindeln dem Schiefer oft täuschend nachgeahmt sind. Wie in Teplitz und andern Bädern hat fast jedes Haus nach Art der Gasthöfe seinen besondern Namen. Unter den eigentlichen Gasthöfen sind als die größten und schönsten die zum König von England, zum Paradies und zum Prinzen Wilhelm von Preußen hervorzuheben; zu Concerten und Bällen, überhaupt als Sammelplätze der feinen Welt dienen der böhmische und der sächsische Saal. Auf dem Markte steht vor dem Rathhause die Statue des Kaisers Karl IV., die freilich nicht als Kunstwerk angeführt werden kann. Unter den Straßen behauptet die in unserer Abbildung zur Linken des Flusses liegende Halbstraße, welche den Namen der alten Wiese führt, meistens aber schlechthin die Wiese genannt wird (eine neue Wiese am andern Ufer des Flusses ist erst 1810 hinzugekommen), einen gewissen Vorrang, wiewol sie gerade nicht die ansehnlichsten Häuser enthält, und wird vorzugsweise von den reichsten und vornehmsten Badegästen bewohnt; des Morgens geben die zahlreichen Gruppen derselben, welche vor den Häusern sitzen und ihr Frühstück einnehmen, einen interessanten Anblick. Man findet hier die meisten und elegantesten Kaufläden, in denen außer allen möglichen Mode- und Luxusartikeln namentlich Stahlarbeiten und Glaswaaren von vorzüglicher Güte und Schönheit, die in Karlsbad verfertigt werden und verhältnißmäßig sehr wohlfeil sind, feilgeboten und von den Fremden sehr fleißig gekauft werden, indem die Badezeit einer fortwährenden Messe gleicht. Außerdem sind besonders die Arbeiten der Kunsttischler von Karlsbad und dem nahen Dorfe Hammer ihrer Feinheit wegen zu erwähnen, unter denen namentlich die Toiletten im Auslande beliebt sind. Auch die Producte des Sprudels sind ein eigenthümlicher, für den Fremden interessanter Handelsartikel; sie bestehen theils in Badsinter, der sich aus dem Wasser absetzt, von den verschiedensten Farben vorkommt und aus Kalkerde, Eisenocher und Thonerde zusammengesetzt ist, theils aus eigentlichem Sprudelstein, dessen Bildung einer unbekannten Vorzeit angehört und dessen Spielarten in Hinsicht auf Farbe und Zeichnung noch weit zahlreicher als beim Sinter, fast zahllos zu nennen sind (mit Ausnahme der grünen Farbe kommt er von allen Farben, von der pechschwarzen bis zur weißen, vor, am seltensten blau); theils endlich aus sogenannten Erbsensteinen oder Pisolithen, die ihren Namen von ihrer Gestalt haben. Die Töpfer in Karlsbad verfertigen Vasen im antiken Geschmacke und lassen sie im Sprudel übersintern; außerdem pflegen allerhand andere incrustirte Gegenstände von den Curgästen der Curiosität halber mit nach Hause gebracht zu werden. Die Bewohner Karlsbads sind fast sämmtlich Handwerker und Künstler und durch große Thätigkeit und Betriebsamkeit ausgezeichnet; so sauer sie es sich aber im Sommer werden lassen, um die Badesaison möglichst auszubeuten, so vergnügt verleben sie, um sich dafür zu entschädigen, den Winter, wo der Erwerb des Sommers zum größten Theile wieder verausgabt wird.

Was dem Aufenthalte in Karlsbad unstreitig den größten Reiz verleiht, ist die überaus romantische Lage der Stadt in einem engen Thale, das von mehren hohen, meist bewaldeten Bergen eingeschlossen wird, von denen der bereits erwähnte Schloßberg oder Hirschenstein, der Hammerberg und der Dreikreuzberg die höchsten sind. Namentlich der letztere, der von drei seit uralten Zeiten auf ihm stehenden hölzernen Kreuzen seinen Namen führt, bietet eine ungemein reizende Aussicht dar, nicht nur auf das Tepelthal und das freundliche Karlsbad, sondern auch auf der andern Seite auf das Thal des Egerflusses, in den sich die Tepel in geringer Entfernung, kaum eine halbe Stunde von der Stadt, ergießt; daher ist auch der hier befindliche Vergnügungsort immer sehr besucht, und wiewol der Gipfel des Berges etwa 1000 Fuß hoch ist, so ist er doch ohne große Schwierigkeit zu ersteigen; wem aber das Bergsteigen gar zu beschwerlich fällt, kann auf einem Esel hinaufreiten. Auch die beiden andern Berge enthalten eine Menge sorgfältig unterhaltener Promenaden und Anlagen und schöner Aussichtspunkte und Ruheplätze. Dahin gehören namentlich: Meyer's Gloriette, ein Pavillon mit reizender Aussicht in das Thal, der Hirschsprung, die Stelle, von welcher 1347 der Hirsch in das Thal gesprungen sein soll, die Theresienhöhe mit einer der Herzogin von Angoulême gewidmeten Säule, Fintlater's Tempel und Fintlater's Pyramide, letztere von den Bürgern Karlsbads zu Ehren des um diese Anlagen vielfach verdienten englischen Lords Fintlater errichtet, der Himmel auf Erden, der Bernhardsfelsen und Bernhardstempel, die Freundschaftshöhe, der Friedrich-Wilhelmsplatz, das Belvedere, Marianenruhe, Katharinenruhe u. s. w. Überall findet man zahllose Inschriften in allen Sprachen, in Prosa und in Versen, worin sich meistens die Dankbarkeit Solcher ausspricht, die den karlsbader Quellen Heilung von langjährigen Leiden verdanken. Auch in der Umgegend Karlsbads gibt es mehre Orte, die zu längern und kürzern Ausflügen Veranlassung geben. Vorzügliche Empfehlung verdient der Weg nach dem eine kleine Stunde von Karlsbad entfernten Dorfe Hammer; derselbe führt zuerst durch ein reizendes Lindenwäldchen, die sogenannte Puppische Allee, am Fuße des Hammerberges hin, an zwei sehr besuchten Vergnügungsörtern mit Gartenanlagen, dem Posthofe und dem Freundschaftssaale, vorbei, dann in einem schönen Grunde am Tepelflusse hin. In dem langen, auch seiner guten Forellen wegen bekannten Dorfe Hammer sieht man vor den Fenstern der meisten Häuser die Producte der darin wohnenden Galanterietischler zur Schau gestellt. Den Rückweg kann man über den Schwarzenbergsplatz am Fürstinnenstein und dem Säuerling vorbei durch die sogenannte Vieruhrpromenade nehmen. Auch das Dorf Aicha, eine Stunde von Hammer, wird fleißig besucht; interessanter aber ist der seit den frühesten Zeiten von der Phantasie des Landmanns sogenannte Hans-Heilingsfelsen, wohin man von Aicha in einer halben Stunde in einem waldigen, von der Eger durchschnittenen Thale gelangt, das an schönen Felsenpartien reich ist. Andere interessante, einen Besuch lohnende Punkte der Umgegend sind: die alte Bergfeste bei Engelhaus (an der kühnen, von einem Bergrücken in die Tiefe führenden, 1804—6 mit einem Kostenaufwande von 160,000 Gulden erbauten prager Chaussee), welche mit den Felsen Schemmißstein und Hillberg im Dreieck bildet und an heitern Tagen die herrlichste Aussicht bis in das Fichtelgebirge gewährt; die befestigte Stadt Elbogen an der sie in Gestalt eines Elbogens (daher der Name) umströmenden Eger, wo die über den Fluß führende, vor wenigen Jahren vollendete Kettenbrücke und die schönen Promenaden am Flusse bemerkenswerth sind; die romantisch gelegene Bergstadt Schlackenwald, wo Zinnhütten unsere Aufmerksamkeit auf sich ziehen; Schlackenwerth am Fuße des Erzgebirges mit einem Schlosse des Großherzogs von Toscana und dazu gehörigem schönen Garten, der sowol wegen seiner Wasserkünste als wegen seiner seltenen Blumen interessant ist, u. s. w. Auf der Straße zwischen Karlsbad und Eger, von ersterm sechs Stunden entfernt, steht an einem hohen Berge die Kirche und Propstei von Maria Culm, ein ansehnliches Gebäude mit zierlichen Thürmen, von denen aus man eine ebenso weite als reizende Aussicht in die drei Königreiche Sachsen, Baiern und Böhmen genießt; auf der entgegengesetzten Seite von Karlsbad, nach Teplitz zu, liegt in einer Entfernung von 4½ Meilen in einem Thale einer der schönsten Parke in Deutschland, Schönhof, der drei Stunden im Umfange hat. Viele andere einen Besuch verdienende Punkte der nähern und fernern Umgegend aufzuzählen, gestattet der Raum nicht; das bisher Gesagte reicht aber jedenfalls hin, um die Behauptung zu begründen, mit der wir unsere Mittheilungen über diesen Badeort schließen: Karlsbad bietet theils an und für sich selbst, theils in seiner Umgegend des Schönen und Interessanten so viel dar, daß es sowol einen kürzern als einen längern Aufenthalt sehr genußreich machen muß für alle Diejenigen, die nicht körperliche Leiden jedes Genusses unfähig machen.

Die Rolandspforte.

Eins der schönsten Pyrenäenthäler in Navarra, unweit der Grenze der Königreiche Frankreich und Spanien, ist das Thal Roncesvalles zwischen Pampeluna und St.-Jean Pied de Port, in welchem sich der 9252 Fuß über dem Meere erhabene Engpaß, genannt die Rolandspforte oder Rolandsbresche, befindet, welcher aus dem einen Königreiche ins andere führt. Schon der Name dieses Passes erinnert an den sagenhaften Helden Roland, den tapfersten von den 12 Paladinen Karl's des Großen, der in diesem Thale in einer Schlacht, welche die Nachhut des von einem siegreichen Feldzuge gegen die Sarazenen heimkehrenden fränkischen Heers im J. 778 gegen die sie überfallenden Basken zu bestehen hatte und verlor, von der Hand des Basken Judas Ganelon seinen Tod gefunden haben soll, nachdem er zuvor Wunder der Tapferkeit gethan hatte. In der Kirche des Städtchens Roncesvalles werden noch jetzt mehre Alterthümer von Roland aufbewahrt und gezeigt, deren Echtheit freilich mehr als zweifelhaft ist, da die ganze Existenz Roland's mehr dem Gebiete der Sage als dem der Geschichte angehört. In der neuern Zeit war dieses Thal abermals der Schauplatz blutiger Kämpfe, namentlich 1794, wo die Spanier von den Franzosen unter dem nachmaligen Marschall Moncey geschlagen wurden, und 1813, wo Marschall Soult von Wellington aus einer festen Stellung verdrängt wurde.

Die Sage von dem Helden Roland, der Karl's des Großen Schwestersohn gewesen sein und in Spanien zahlreiche Großthaten verrichtet haben soll, gründet sich auf die fabelhafte, wahrscheinlich am Ende des 11. oder im Anfange des 12. Jahrhunderts verfaßte Chronik Turpin's, eines Mönchs in St.-Denis bei Paris (dessen Existenz aber ebenfalls nicht ganz erwiesen ist), worin ein Zug Karl's des Großen gegen die Sarazenen in Spanien und der Helden- und Märtyrertod Roland's geschildert wird; nach Andern hat diese kleine Schrift den Papst Calixt II., der 1119—24 den päpstlichen Stuhl inne hatte, zum Verfasser. Die gleichzeitigen Chronisten wissen nichts von Roland; nur an einer einzigen Stelle in Eginhard's Leben Karl's des Großen wird erwähnt, daß unter Andern Ruodland, Markgraf in Bretagne, in den Pyrenäen in einer Schlacht gegen die Basken geblieben sei, was als Beweis für Roland's Dasein, wenn auch nicht für die ihm zugeschriebenen Thaten angesehen wird. Eine desto größere Rolle spielt Roland in den alten französischen Heldengesängen, die alle von Mehren verrichteten tapfern Handlungen auf ihn übertragen, sodaß in ihnen Roland als Repräsentant aller Kraft und alles Ruhms der Zeit Karl's des Großen und andererseits Ganelon, der ihn erschlug, als personificirte Treulosigkeit erscheint. Die Schlacht im Thale Roncesvalles wird als die schwerste Niederlage geschildert, welche Karl's Paladinen jemals widerfahren; in jenem finstern Engpasse fiel, heißt es, die Blume der Ritterschaft an Roland's Seite.

Turpin's Chronik, die im Anfange des 12. Jahrhunderts nach dem Kreuzzuge Gottfried's von Bouillon allgemein bekannt wurde, war auch den Verfassern der berühmtesten Heldengedichte, welche Roland's Thaten besingen, den Italienern Bojardo und Ariosto, bekannt, aber sie gaben ihrem Helden einen ganz andern Charakter. Der Roland der altfranzösischen Gedichte ist ein gewaltiger, unüberwindlicher Krieger, aber keusch, religiös und von Feuereifer für die Bekehrung der Saracenen beseelt; bei Bojardo und Ariosto dreht sich beinahe Alles um Roland's Liebe zur Angelica, von der er sich wie einem Kinde mitspielen läßt, sodaß es unmöglich ist, in ihm den furchtbaren Helden, den Schrecken der Ungläubigen zu erkennen.

Ein alter italienischer Roman aus dem 14. Jahrhundert, der die fabelhafte Genealogie der ältesten französischen Könige enthält, erzählt die Sage von Roland's Geburt und ersten Abenteuern auf folgende Weise. Bertha, eine jüngere Schwester Karl's des Großen, hatte sich durch ihre Liebe zu dem jungen Milon d'Anglante, einem tapfern Ritter, der mit Karl's Familie verwandt war, zu einem Fehltritte verleiten lassen. Als der Kai=

Die Rolandspforte.

ser ihre Schwangerschaft bemerkte, gerieth er in großen Zorn und schloß die beiden Liebenden in eine Festung ein, in der Absicht, sie tödten zu lassen. Der Herzog Naymes verhalf ihnen zur Flucht. Nach vielen Anstrengungen und Entbehrungen kamen Milon und Bertha in der Nähe von Sutri im Kirchenstaate, einige Stunden von Rom, an und nahmen hier in einer Höhle ihren Aufenthalt, wo Bertha einem Sohne das Dasein gab, der bald nach seiner Geburt bis an den Eingang der Höhle, deren Boden abschüssig war, rollte; diesem Umstande verdankte er seinen Namen Roland, eigentlich Roulant. Der junge Roland wuchs bei seiner Mutter auf, während Milon Afrika, Persien und Indien durchzog und sich daselbst durch tapfere Thaten auszeichnete; andere Schriftsteller versichern dagegen, daß Milon seine Gattin bis zu dem Augenblicke, wo sie wieder am fränkischen Hofe erscheinen durfte, nicht verlassen habe. Als Karl der Große im J. 800 nach Rom kam, um sich als römischer Kaiser krönen zu lassen, verweilte er unterwegs in der kleinen Stadt Sutri; der kleine Roland fand Gelegenheit, ihn speisen zu sehen, und hatte die Kühnheit, eine auf des Kaisers Tische stehende Schüssel mit Fleisch wegzunehmen und seiner Mutter zu bringen, was er dreimal wiederholte. Karl, hierüber erstaunt, ließ dem Kinde nachgehen und so wurde Bertha in ihrem Versteck entdeckt. Kaiser Karl konnte dem Verlangen, seine Schwester wiederzusehen, nicht länger widerstehen; er söhnte sich mit ihr aus, nahm Roland zum Sohn an und legte ihm die Titel Graf von Anglante und Marquis von Brava bei. Von da an begann die ruhmvolle Laufbahn Roland's, den die Chronik Turpin's folgendermaßen schildert: „Roland, ein heldenmüthiger und tapferer Prinz, war von altem Adel entsprossen, wie der Titel seiner Vorfahren beweist, aber wie edel er auch durch seine Herkunft war, so wurde er durch seine Thaten und Handlungen, durch welche er hoch über den Sternen wohnt, noch mehr geadelt. An Großmuth und Tapferkeit übertraf ihn Keiner. Er war immer der Erste durch die Höhe seiner Sitten und Eigenschaften und besuchte die heiligen Gotteshäuser, denn er war ein guter und aufrichtiger Christ. Er erbaute oft durch seine Gesänge Bürger und Bauern und war die wahre Medicin, um die Wunden seines Landes zu heilen, indem er es gegen die Feinde schützte. Er war die Hoffnung der Geistlichkeit, der Schutz der Witwen, das Brot und die Nahrung der Armen und Leidenden. Den Kirchen und heiligen Stätten schenkte er aus Liebe zu Gott so viel, daß seine reichen Gaben ihm im Paradiese eine Stätte bereiteten. Er behielt alle guten Lehren in seinem Herzen, sodaß Jeder von ihm alles Gute lernen konnte; gegen allerlei Volk war er sanft und liebevoll. Er starb für den heiligen katholischen Glauben u. s. w."

Erinnerungen an Roland findet man an verschiedenen Orten in verschiedenen Ländern. Die in unserer Abbildung dargestellte Rolandsbresche, wo die überhängenden Felsen durch eine ungeheure Kraft getrennt zu sein scheinen, soll dadurch entstanden sein, daß der Paladin diese Granitmassen mit seinem guten Schwerte Durandal spaltete. Wenn das Horn des Helden in den Pyrenäen auf 20 Stunden in die Runde wiederhallen konnte, so konnte sein eiserner Arm auch Berge spalten. In der Provence befindet sich eine Rolandsgrotte voll von Stalaktiten, nach den alten Legenden der Provencalen ehemals der Aufenthalt der Feen und Geister. In Bretagne findet man einen Rolandssprung; ein Abstand von 300 Fuß trennt hier zwei Gruppen ungeheurer Felsen; nach der Überlieferung übersprang der Paladin diesen Zwischenraum zweimal, indem er Gott und die heilige Jungfrau anrief, aber das dritte Mal dachte er an seine Dame und stürzte in den Abgrund. In Gent in Belgien gibt es eine 1317 gegossene Lärmglocke, genannt Rolandsglocke. In Deutschland findet man am Rheine, unweit Bonn, die Ruinen der alten Burg Rolandseck und auf den öffentlichen Plätzen von 28 Städten, unter andern in Hamburg, Bremen, Halle, Magdeburg u. s. w., stehen Rolandssäulen, auch Rutlandssäulen oder Rutlandsbilder genannt, roh und schlecht gearbeitete steinerne Bildsäulen, die einen gewappneten Mann, der ein Schwert trägt, vorstellen. Indessen ist es sehr unwahrscheinlich, daß diese Säulen, deren Ursprung einer weit spätern Zeit als der Karl's des Großen angehört, dem Helden Roland zu Ehren errichtet worden seien; wahrscheinlich sind sie, wie die an den Grenzmarken mancher Städte vorhandenen Weichbilder, nur Zeichen der eigenen Gerichtsbarkeit und haben ihren Namen von dem Worte Ruga oder Rüge, das ehemals so viel als Gericht bedeutete, sodaß der Name Rolandssäule nur durch allmälige Corruption entstanden zu sein scheint.

Erdbeben im Jahre 1839.

Auch im vergangenen Jahre kam diese furchtbare Naturerscheinung ziemlich häufig vor und richtete an mehren Orten große Verheerungen an. Das bedeutendste Erdbeben war wol dasjenige, das sich im Beginn des Jahres, am 11. Januar, auf der den Franzosen gehörenden westindischen Insel Martinique ereignete. Am meisten litt durch dasselbe die Stadt Fort-Royal, die Residenz des Gouverneurs, wo selbst die festesten Häuser einstürzten und Hunderte von Menschen (nach einer Nachricht 7—800) ihren Tod fanden, während in der volkreichsten Stadt der Insel, Saint-Pierre, ungleich weniger Schaden geschah und Niemand umkam. Sehr auffallend ist es, daß gleichzeitig auf den nahe liegenden Inseln Trinidad, St.-Lucie, Barbadoes, Marie Galante, Guadeloupe, sowie zu Demerary in Guiana nur leichte Schwingungen empfunden wurden. Am folgenden Tage, 12. Januar, wurde in einem Theile der Stadt Berlin ein schwacher, von den wenigsten Bewohnern bemerkter Erdstoß gespürt, der ebenso unschädlich war als die Erdstöße am 14. und 16. in Lissabon und der ziemlich starke am 15. zu Bergen in Norwegen.

Am 7. Februar wurde in einem großen Theile des südwestlichen Deutschlands, namentlich in Stuttgart, Heilbronn, Heidelberg, Karlsruhe, Durlach, ein sehr merklicher Erdstoß gefühlt, der in manchen Wohnungen Gläser, Leuchter u. s. w. umwarf, aber nirgend Schaden that. An einigen Orten war er so heftig, daß sich die Bewohner größtentheils aus den Häusern entfernten. Zu derselben Zeit, in der Nacht vom 7. zum 8., fand in der Nähe der Stadt Baku unweit des kaspischen Meeres eine heftige Erderschütterung mit weit umher hörbarem Getöse statt. Starke Flammen, welche die ganze Umgegend erhellten, und Rauchsäulen drangen aus der sich spaltenden Erde, an einigen Stellen ergoß sich Lava; Erdschollen wurden weit umhergeworfen und die Atmosphäre war mit Schwefelgeruch erfüllt. Am 10. Erdstöße in Aigueperse, Gannat und Riom in Frankreich. Am 12. Februar wurden auf einer chilenischen Brigg mitten im Meere starke Erschütterungen empfunden; gleichzeitig erhob sich 60 Stunden westlich von Valparaiso eine Gruppe von vier Inseln aus dem Meere, von denen die höchste etwa 400

Fuß hoch war. Ganz besonders mit Erdstößen heimgesucht war die kleine Stadt St.-Jean de Maurienne in Savoyen, wo am 27. und 28. Februar, 1., 2., 6., 10., 12., 13., 16., 17., 18. März Erdstöße vorkamen, die jedoch, Risse in mehren Häusern abgerechnet, keinen Schaden thaten. Sie wurden in der Umgegend bis auf zwei bis drei Meilen Entfernung empfunden, waren also auf einen kleinen Umkreis beschränkt.

Am 7. März Morgens wurden in der zipser Gespanschaft in Ungarn, namentlich im Schlosse Dunanecz, die Schlafenden durch ein Erdbeben geweckt, von welchem das Castell von Also-Lap mehre Sprünge erhielt. Ferner kamen schwächere Stöße vor: am 17. März in Oberengadin, am 20. im schottischen Hochlande, am 22. zu Sauritsch und Friedau in Steyermark. Vom 21. März an wurde die Stadt San-Salvador in Guatemala durch furchtbare Erdstöße, von denen die am 21. und 27. besonders heftig waren, in großen Schrecken gesetzt. Längere Zeit war die Erde in beständiger Bewegung; das furchtbare unterirdische Getöse schien kein Ende nehmen zu wollen; auf dem Gebiete der Stadt spaltete sich der Boden überall und die Bevölkerung lagerte auf den Feldern, um nicht von den einstürzenden Häusern erschlagen zu werden. Nach spätern Nachrichten soll die Stadt fast ganz zerstört worden sein. Verwüstende Erderschütterungen kamen ferner am 23. März, besonders aber am 23. April im Reiche Birma in Ostindien, namentlich in der Hauptstadt desselben, Ummerapura, vor. In dieser Stadt stürzten alle Steingebäude zusammen, keine Pagode blieb unbeschädigt und an 500 Menschen sollen unter den Trümmern ihrer Wohnungen begraben worden sein; der Fluß Irawaddy stieg und fiel dreimal. In der Residenzstadt Ava ist unter andern der Palast eingestürzt. Sonst kamen im April noch leichtere Erdstöße in Grenoble am 3., in Florenz am 5. vor. In Algier fühlte man am 14. zwei heftige Stöße, die zwar keinen Schaden thaten, Risse an Gebäuden abgerechnet, aber großen Schrecken verursachten, da man an das fürchterliche Erdbeben von 1825 dachte.

Erdstöße im Mai: am 19., 20. und 25. in Calabrien, wo diese Erscheinung so häufig ist, namentlich in Cosenza, Maromeno, Catanzari u. s. w.; am 22. in Bridgewater (in England) und der Umgegend auf vier Meilen weit, am 28. in Athen. Im Juni: am 10. im französischen Departement Mayenne-et-Loire, am 11. im Albanergebirge bei Rom, am 13. in der englischen Grafschaft Manchester, besonders im Norden von Manchester. Vom Juli ist unsers Wissens kein Erdbeben bekannt geworden.

Zahlreiche und heftige Erdstöße kamen im August vor. Am 2. fand auf der Insel Martinique ein wiederholtes Erdbeben statt, bei welchem nicht nur viele Häuser, sondern auch viele Personen, die aus den Fenstern sprangen, um sich zu retten, bedeutend beschädigt wurden. Weniger heftig scheinen die Stöße auf den benachbarten Inseln Barbadoes, Vincent u. s. w. empfunden worden zu sein. Am 7. und 9. wurden in Lucca und Brescia ziemlich starke Erderschütterungen bemerkt; am 11. in Savoyen, und zwar zu Annecy und Alby, zwischen Annecy und Chambery, wo Schornsteine einstürzten, während man in Chambery selbst, in nahen Aix-les-Bains und sogar auf der Drahtbrücke de la Caille bei Annecy nichts bemerkte. In Genf war dagegen die Erschütterung in den obern Stockwerken der Häuser so merklich, daß Gläser vom Tische geworfen wurden. Am 18. kam in Irkutsk ein so starkes Erdbeben vor, wie man seit dem 24. Februar 1829 keins bemerkt hatte. An Gebäuden richtete es manchen Schaden an; viele Einwohner liefen erschreckt aus den Kirchen, weil sie einen Einsturz derselben fürchteten. Am 27. empfand man in Messina (auch in Calabrien, besonders in Reggio) einen heftigen und lange dauernden Erdstoß, dem in den folgenden Tagen, bis zum 31., eine ziemliche Anzahl anderer nachfolgte, wodurch die Einwohner in großer Angst erhalten wurden.

Im September wurden in England, und zwar am 2. zu Bristol, an mehren Orten in Wales und in Monmouthshire, am 10. wieder in Bristol und der Umgegend, leichte Erdstöße empfunden.

Am 5. und 6. October wurde in Oberwallis ein Erdbeben gespürt, dem man eine Mitwirkung an der gleichzeitigen Überschwemmung der Rhone zuschreibt; es war besonders im Zehnt Conches fühlbar, wo 60 Schornsteine einstürzten und die benachbarten Gletscher stark erschüttert worden sein sollen. Gleichzeitig empfand man es auf dem großen Salève bei Genf, wo das Vieh von der Weide weg nach den Ställen eilte. In Grätz in Steiermark wurden am 17. durch einen Erdstoß mehre Fenster zertrümmert. In Reggio in Calabrien kamen vom 23.—30. mehr als 30 Erdstöße vor.

Am 21. November wurde auf der Insel Antigua ein schwacher Erdstoß, am 25. in Rom einige sehr starke, ebenso in Smyrna am 11. December zwei ziemlich starke gespürt. Vom 24.—27. December kamen in der englischen Grafschaft Dorsetshire, die der Garten von England genannt wird, mehre Erdstöße vor. Auf dem Küstenstriche, den sogenannten down-lands, versank ein ganzes Stück Land mit Gärten und Häusern, ohne daß Jemand ums Leben kam; ähnliche Zerstörungen kamen auf einer Strecke von einer geographischen Meile längs der Küste vor, zugleich entstand im Meere ein großer Felsen von 50 Fuß Höhe. Die Stadt St.-Jean de Maurienne in Savoyen wurde am 24., 25. und 28. December wieder von Erdstößen heimgesucht.

Merkwürdige Ähnlichkeit.

Der berühmte Violinist Alexander Boucher, der sich im Scherz den Alexander der Violinspieler zu nennen pflegte, hatte eine auffallende Ähnlichkeit mit Napoleon, die sich nicht nur auf die Züge beschränkte, sondern auch auf den Wuchs, den Gang und die Haltung erstreckte. Als er sich 1822 in Petersburg befand, um daselbst Concerte zu geben, wohnte der Kaiser Alexander einer Abendgesellschaft bei dem Fürsten Narischkin bei, in welcher Boucher sich hören lassen sollte. Sobald der Kaiser den Künstler erblickte, betrachtete ihn einige Zeit mit ebenso viel Aufmerksamkeit als Erstaunen, ging dann auf ihn zu und sagte zu ihm: „Herr Boucher, ich möchte Sie um eine Gefälligkeit bitten; kommen Sie morgen Mittag in den Winterpalast; man wird Sie unmittelbar in meine Gemächer führen und dort werde ich Ihnen sagen, warum es sich handelt. Es ist nichts als eine Gefälligkeit, für die ich Ihnen sehr dankbar sein werde." In der folgenden Nacht konnte Boucher nicht schlafen; der Gedanke, was der Kaiser wol mit ihm vorhaben möchte, ließ ihm keine Ruhe. Zur bestimmten Stunde fand er sich im Winterpalaste ein; er erhielt sogleich Einlaß in das Cabinet des Kaisers, wo die anwesenden Personen sich zurückzogen. Der Kaiser foderte ihn auf, ihm in ein anderes Zimmer zu folgen, wo ein kleiner Hut, wie ihn Napoleon trug, ein Degen und die Uniform eines Obersten der französischen Gardechasseurs mit dem Kreuze der Ehrenlegion auf einem Sopha lagen. „Jetzt", sagte der Kaiser zu dem betroffenen Künstler, „sollen

Sie erfahren, was ich von Ihrer Gefälligkeit erwarte. Alle diese Gegenstände haben einst dem Kaiser Napoleon gehört, der sie in Moskau zurückgelassen hat. Längst schon habe ich von Ihrer Ähnlichkeit mit ihm gehört, aber sie übertrifft meine Erwartungen beiweitem. Meine Mutter bedauert sehr, Napoleon niemals gesehen zu haben; wenn Sie nun die Gefälligkeit hätten, sein Costume anzulegen, so würde ich Sie meiner Mutter vorstellen und sie wird Ihnen gleich mir sehr dafür verbunden sein." Boucher that nach dem Wunsche des Kaisers und dieser führte ihn dann über eine geheime Treppe in die Zimmer der Kaiserin Mutter, zu welcher Alexander sagte: „Nun können Sie sagen, Sie hätten Napoleon gesehen, denn die Ähnlichkeit ist wirklich beispiellos."

Ein türkisches Zimmer in Damaskus.

Zur Erläuterung der nachstehenden Abbildung verweisen wir unsere Leser auf die in Nr. 316, 322 und 326 des Pfennig-Magazins gelieferten Beschreibungen türkischer Wohnungen.

Das Pfennig-Magazin
für
Verbreitung gemeinnütziger Kenntnisse.

367.] Erscheint jeden Sonnabend. [April 11, **1840**.

Die Insel Korfu.

Die Königsstraße in Korfu.

Die Insel Korfu.

Korfu ist die nördlichste und wichtigste der sieben ionischen Inseln, welche bekanntlich seit 1815 einen Freistaat unter der Aufsicht und dem unmittelbaren und ausschließlichen Schutze Englands bilden. Die übrigen Inseln sind Paro mit Antiparo, Santa-Maura, Theaki, Kephalonia, Zante und Cerigo, wozu noch mehre kleine Inseln gehören; sie haben zusammen etwa 175,000 Einwohner und einen Flächenraum von 47 Quadratmeilen, und liegen im Westen von Albanien und Griechenland zwischen 38 und 40 Grad Breite, mit Ausnahme der Insel Cerigo, welche bedeutend südlicher, unweit der Südküste von Morea liegt. Diese Inseln gehörten im Mittelalter zum byzantinischen Kaiserthume, wurden aber von den Kaisern sehr vernachlässigt; mehre Inseln schlossen sich daher schon im 13. Jahrhunderte an Venedig an und Korfu, in eben diesem Jahrhunderte von Neapel im Besitz genommen, that dasselbe im Jahre 1386, worauf sich die Venetianer aller sieben Hauptinseln bemächtigten und dieselben bis zum Falle ihrer Republik im Jahre 1797 behaupteten, wiewol die Türken es nicht an Versuchen fehlen ließen, sich in den Besitz der Inseln zu setzen. Im J. 1797 besetzten die Franzosen, nachdem sie die Republik Venedig gestürzt, auch diese Inseln, die ihnen auch im Frieden von Campo Formio gelassen wurden, sie wurden aber schon im Oct. und Nov. 1799 von den vereinigten russisch-türkischen Streitkräften vertrieben und mußten im März 1800 auch die Hauptstadt von Korfu übergeben, worauf die Inseln am 21. März 1800 von Rußland zu einem selbständigen Freistaate, der den Namen „Republik der sieben vereinigten Inseln" führen und unter dem Schutze der Pforte stehen sollte, erklärt wurden. Diese Republik, in welcher nur russische Truppen die Ruhe zu erhalten vermochten, bestand nur bis 1807, wo sie dem französischen Kaiserthume einverleibt wurde, wiewol die Franzosen nur Korfu behaupten konnten. 1810 eroberten die Engländer die Inseln, welche, wie bereits erwähnt, 1815 abermals zu einer Republik erklärt wurden, welche indessen völlig unter britischem Einflusse steht.

Die Hauptinsel Korfu, unweit der Küste von Epirus, hat 11 Quadratmeilen und 50,000 oder nach andern Angaben 73,000 meist griechische Einwohner. Sie ist reich an Öl, Wein, Honig, Südfrüchten, besonders Feigen, und Seesalz; am fruchtbarsten ist der nördliche Theil der Insel, doch fehlt es nicht an unbebautem Haideland und ungesundem Marschboden, und gerade die dringendsten Lebensbedürfnisse, Getreide und Fleisch, müssen aus Morea bezogen werden. Die Römer nannten die Insel Corcyra, die Griechen Kerkyra, noch früher hieß sie Drepane, Scheria und Phäacia, ihre Bewohner aber Phäaken. Homer rühmt von dieser Insel die Vortrefflichkeit des Klimas und die Gärten des Königs Alcinous, der um die Zeit des trojanischen Krieges (1184 v. Chr.) hier regiert haben soll. Die ersten Einwohner derselben sollen Phönizier gewesen sein, worauf um 708 v. Chr. die Korinther eine Colonie hier anlegten, die bald aufblühte. Im J. 665 v. Chr. lieferten die Korinther und Bewohner von Corcyra einander das älteste Seetreffen, dessen die Geschichte Erwähnung thut. Später war Corcyra eine der mächtigsten Inseln dieser Gegend und konnte kurze Zeit vor dem peloponnesischen Kriege, im J. 435 v. Chr., als die Corcyräer wieder die Korinther und zwar siegreich bekämpften, eine Flotte von 110 Schiffen in See stellen. Nachmals sank die Macht der Insel schnell wieder, und um 229 v. Chr. unterwarf sie sich der römischen Oberherrschaft, wiewol der Hauptstadt ihre Freiheit gelassen wurde.

Die Hauptstadt gleiches Namens, auf der Ostküste der Insel, der Sitz des englischen Lord-Obercommissairs, der höchsten Landesbehörde, des griechischen Erzbischofs und eines katholischen Bischofs, zählt etwa 16,000 Einwohner und ist nichts weniger als schön zu nennen, hat aber nebst ihren beiden Forts, die auf 2—300 Fuß hohen Felsen liegen und den Eingang in den geräumigen und sichern Hafen vertheidigen, eine sehr malerische Lage. Lange Zeit galt die Festung für eine Vormauer Italiens und der ganzen Christenheit gegen die Türken und schlug mehre Angriffe derselben glücklich ab, zuletzt noch im Anfange des 18. Jahrhunderts unter dem tapfern Grafen von Schulenburg, dem deutschen Anführer der venetianischen Streitkräfte, welcher der türkischen Übermacht heldenmüthigen Widerstand entgegensetzte; die Franzosen vermehrten die schon an sich starken Festungswerke sehr bedeutend, gegenwärtig scheinen sie etwas vernachlässigt zu werden. Der Handel der Stadt, welche das Vorrecht eines Freihafens genießt, ist sehr lebhaft. Unter den Gebäuden sind der Palast des Obercommissairs, die Wohnung des Erzbischofs, 36 griechische und 5 katholische Kirchen zu bemerken. Außer einem Gymnasium und andern Unterrichtsanstalten findet man hier eine 1819 von dem Engländer Lord Guilford gestiftete griechische Universität für die ionischen Inseln, welche mit neun Professoren besetzt ist, zu denen nächstens noch vier andere kommen sollen, und etwa 200 Studirende zählt, aber keine medicinische Facultät hat. Die öffentliche Bibliothek soll 30,000 Bände enthalten.

Die regierenden Königinnen Englands.

Die kürzlich vollzogene Vermählung der jungen Beherrscherin Großbritanniens lenkt die Aufmerksamkeit des großen Publicums ganz natürlich auf die Ehen der frühern Königinnen jenes Landes, das zu den wenigen in Europa gehört, deren Thron auch Frauen einnehmen können, und zwar nicht blos als Gemahlinnen regierender Könige, sondern als regierende, alle Rechte der Regierungsgewalt ausübende Königinnen, die es durch Geburt, nicht durch Vermählung sind. Eine Angabe der frühern Beispiele dieser Art, welche die englische Geschichte aufzuweisen hat, verbunden mit einer Aufzählung der verschiedenen Dynastien, die nacheinander England beherrscht haben, dürfte daher vielen unserer Leser willkommen sein.

Nach dem neuern englischen Successionsrechte sind zur Thronfolge männliche und weibliche Abkömmlinge des regierenden Hauses berechtigt, aber nur dann, wenn sie der englischen Kirche zugethan und nicht mit einer katholischen Person vermählt sind. In der Ordnung der Thronfolge geht eine nähere Linie allen entferntern vor, und die Thronfolge geht nicht eher von einer Linie auf eine andere über, als bis alle männlichen sowol als weiblichen Mitglieder jener Linie mit Tode abgegangen sind. In jeder Linie gibt Erstgeburt den Vorzug, doch gehen in jedem Falle die männlichen Mitglieder einer Linie vor den weiblichen, die mit dem letzten Könige gleich nahe verwandt sind, vor; die Söhne eines Königs haben daher vor den Töchtern desselben, ohne Unterschied, ob sie älter oder jünger sind, ebenso die Brüder eines Königs, der weder Kinder noch Enkel hinterläßt, vor den Schwestern desselben den Vorzug. Nach dieser Thronfolgeordnung kann in England ein häufigerer Wechsel der Dynastien eintreten als in andern Staaten, und in der That haben seit der Eroberung des Landes durch die Normannen, vor welcher 21 Könige theils aus sächsischem, theils aus dänischem Stamme England beherrscht hatten (828 — 1066), nacheinander nicht weniger als sieben verschiedene Häuser den englischen Thron eingenommen. Das Geschlecht der Herzoge von der Normandie lieferte drei Könige (1066—1135); ihnen folgte Stephan, der jüngere Sohn der Schwester des letzten Königs, Adela, die sich mit dem Herzoge Heinrich Stephan von Blois und Chartres vermählt hatte; er war jedoch eigentlich nur ein Usurpator, da nicht er, auch nicht sein älterer Bruder, sondern des letzten Königs Heinrich I. Tochter Mathilde das nächste Recht auf den britischen Thron hatte. Diese, welche Witwe des römischen Kaisers Heinrich's V. und in zweiter Ehe mit Gottfried Plantagenet, Graf von Anjou, vermählt war, machte im Jahre 1140 einen Versuch, sich in den Besitz der englischen Krone zu setzen; es gelang ihr in der That, König Stephan zu besiegen und gefangen zu nehmen, aber nur ein Theil der englischen Nation erkannte sie als Königin an. Der Successionskrieg dauerte bis 1153, wo Stephan, wiewol er selbst einen Sohn hatte, den Sohn Mathildens, Graf Heinrich, an Kindesstatt annahm und als Thronfolger anerkannte. Als Stephan 1154 starb, succedirte demnach, wiewol Mathilde noch lebte (sie starb 1168), ihr gedachter Sohn, der den Namen Heinrich II. führte. Mit ihm gelangte das Haus Plantagenet, auch Anjou genannt, auf den Thron, den es bis 1485 behauptete, da die Häuser Lancaster und York, bekannt unter dem Namen der rothen und weißen Rose, nur Nebenlinien jener Hauptlinie sind; es lieferte 14 Könige, deren letzter, Richard III., nur durch Verbrechen auf den Thron gelangte, der ihm nicht gebührte, aber schon nach zweijähriger Regierung im J. 1485 in der Vertheidigung der usurpirten Krone den Tod fand, ohne Leibeserben zu hinterlassen.

Jetzt succedirte das Haus Tudor, welches bis 1603 regierte und drei Könige und zwei Königinnen geliefert hat. Heinrich Tudor, Graf von Richmond, der 1485 als Heinrich VII. den Thron bestieg, stammte von mütterlicher Seite aus dem Hause Lancaster, da seine Mutter Margarethe die Urenkelin des Herzogs Johann von Lancaster, Vaters des Königs Heinrich IV., war; indem er die Tochter Königs Eduard IV., Elisabeth, heirathete, vereinigte er die Ansprüche der rothen und weißen Rose, nachdem, um diese geltend zu machen, 30 Jahre lang ein furchtbarer Bürgerkrieg geführt worden war, in welchem nicht weniger als 80 Sprößlinge des königlichen Hauses gewaltsamen Todes starben. Dem Enkel Heinrich's VII., Eduard VI., folgte 1553 dessen um 21 Jahre ältere Schwester, die Königin Maria I. die Katholische, Tochter Heinrich's VIII. und seiner ersten Gemahlin Katharine von Aragonien. Ohne dem von ihrem Vater und ihrem Bruder gegebenen Beispiele zu folgen, blieb Maria bei dem katholischen Glauben und verfolgte die Anhänger der Reformation mit der größten Strenge. Erst nach ihrer Thronbesteigung, am 28. Juni 1554, vermählte sie sich, 38 Jahre alt, mit dem Kronprinzen Philipp von Spanien, der um 11 Jahre jünger als sie und Witwer der Prinzessin Maria von Portugal war, und dieses ist das einzige in der frühern Geschichte Englands vorkommende Beispiel von einer Vermählung einer regierenden Königin von England als solcher, d. h. nach der Besteigung des Thrones. Das Parlament traf die geeigneten Maßregeln, um eine Theilnahme Philipp's an der Ausübung der höchsten Gewalt in England zu verhindern, und weigerte sich auch, ihn als Gemahl der Königin, wie diese wünschte, krönen zu lassen. Philipp, der sich in England ziemlich beliebt gemacht hatte, so ungünstig ihm auch die Stimmung des Volkes anfänglich gewesen war, aber wenig Vergnügen dort fand und von der zudringlichen Zärtlichkeit der alternden ihn heftig liebenden Königin belästigt wurde, verließ England noch im Jahre seiner Vermählung, um nie wieder zurückzukehren, und bestieg bekanntlich 1556 als Philipp II. den spanischen Thron. Ohne Nachkommen starb Maria, deren Scepter centnerschwer auf dem Volke gelastet hatte, im J. 1558 und ihr folgte ihre um 17 Jahre jüngere Halbschwester Elisabeth, Tochter Heinrich's VIII. und der Anna von Boleyn, hinsichtlich welcher wir auf die früher (Nr. 288 fg.) gegebene Biographie verweisen. Elisabeth blieb unvermählt, wiewol sich nicht wenige Prinzen (man zählt deren 14) um ihre Hand beworben hatten, unter andern der Witwer ihrer Schwester, König Philipp II. von Spanien, und der Herzog Franz von Alençon oder Anjou, präsumtiver Thronerbe von Frankreich, jüngster Sohn des Königs Heinrich II. und der Königin Katharina von Medici, der 1581 vergebens nach England kam, um seiner Werbung Nachdruck zu geben; sie starb 1603 nach einer langen und glücklichen Regierung, und mit ihr erlosch das Haus Tudor.

Die nächsten Ansprüche auf den Thron hatte nun das in Schottland regierende Haus Stuart. Heinrich's VIII. Schwester Margaretha war nämlich mit König Jakob IV. Stuart vermählt gewesen; ihre Enkelin war die unglückliche Königin Maria Stuart, welche von ihrer Verwandten, der Königin Elisabeth, mit unversöhnlichem Hasse verfolgt und nach 19jähriger harter Gefangenschaft 1587 hingerichtet worden war. Auf ihrem Todbette erkannte Elisabeth den Sohn der gemordeten Maria, König Jakob VI. von Schottland, als Thronfolger an, der sofort als Jakob I. den britischen Thron bestieg und zuerst den Titel eines Königs von Großbritannien annahm. Aus dem Hause Stuart regierten vier Könige und zwei Königinnen von 1603—1714, jedoch mit zwei Unterbrechungen, welche durch die beiden englischen Revolutionen herbeigeführt wurden. Jakob's I. Sohn, Karl I., fiel gleich seiner Großmutter auf dem Blutgerüste, worauf England 11 Jahre lang, 1649—60, eine Republik bildete. Bei der Herstellung des Königthums 1660 kam Karl's I. Sohn, Karl II., zur Regierung; nach ihm 1685 dessen Bruder Jakob II., der aber seines tyrannischen, das Volk aufs äußerste erbitternden Verfahrens wegen in der Revolution von 1688 abgesetzt wurde. Mit ihm ging auch seine Nachkommenschaft des Throns verlustig, denn wiewol ihm kurz zuvor ein Kronprinz geboren worden war, übertrugen doch das englische und schottische Parlament, nachdem jenes den Thron für erledigt, dieses den flüchtig gewordenen Jakob wegen Misbrauchs der Gewalt der Krone verlustig erklärt hatte, die königliche Gewalt seiner ältesten Tochter Maria, geboren 1662, die bis zur Geburt jenes Prinzen präsumtive Thronerbin gewesen war, und dem Gemahle derselben, Prinz Wilhelm von Oranien, Erbstatthalter der vereinigten Niederlande, der am 5. November 1688 mit einem Heere von 14,000 Mann an der englischen Küste gelandet war. Prinz Wilhelm, der als König den Namen Wilhelm III. annahm und als Sohn von Jakob's Schwester Marie auch durch seine Geburt ein freilich entfernteres Recht auf den englischen Thron hatte, sollte nach den Bestimmungen der von beiden Parlamentshäusern angenommenen Acte oder sogenannten Convention die Regierung lebenslang allein verwalten; nur wenn er vor seiner Gemahlin gestorben wäre, würde diese zur selbständigen Ausübung der königlichen Gewalt befugt gewesen sein. Allein Maria starb schon 1695, ohne Erben zu hinterlassen, Wilhelm III. erst 1702. Nach ihm bestieg der 1689 festgesetzten Successionsordnung gemäß die jüngere Schwester seiner Gemahlin, Anna, welche 1664 geboren und seit 1683 mit dem Prinzen Georg von Dänemark, dem jüngsten Sohn des Königs Friedrich III. und Bruder des Königs Christian V., vermählt war, den britischen Thron. Ihr Gemahl, der den Titel eines Großadmirals von England erhielt und eine Apanage von 50,000 Pf. St. bezog, übte auf die Regierung keinen Einfluß aus und starb schon im J. 1708; die Königin hatte ihm 17 Kinder geboren, von denen aber keins am Leben geblieben war und die bis auf den Prinzen Wilhelm von Gloucester, geboren 1689, gestorben 1700, alle im frühesten Alter gestorben waren; den Bitten des Parlaments, zu einer zweiten Vermählung zu schreiten, gab sie kein Gehör und starb unbeerbt am 22. Aug. 1714. Ihre Anstrengungen, um ihrem Bruder Jakob Eduard, dem sogenannten Prätendenten, zur Nachfolge zu verhelfen, waren erfolglos geblieben, und nach der Successionsacte vom 12. Juni 1701 gelangte nun das Haus Braunschweig-Lüneburg auf den Thron der vereinigten Königreiche Großbritannien und Irland, den es noch gegenwärtig einnimmt. Die Berechtigung dieses Hauses, aus welchem bis jetzt fünf Könige und eine Königin hervorgegangen sind, beruht auf seiner nahen Verwandtschaft mit dem Hause Stuart, indem die Kurfürstin Sophie von Hanover von mütterlicher Seite eine Enkelin des Königs Jakob I. war, dessen Tochter Elisabeth mit Sophiens Vater, dem unglücklichen Kurfürsten Friedrich V. von der Pfalz, der kurze Zeit die böhmische Königskrone trug, vermählt war. Da Sophie noch vor der Königin Anna (am 8. Juni 1714) gestorben war, so succedirte dieser der Sohn Sophiens und des Kurfürsten Ernst August von Hanover, Kurfürst Georg Ludwig, unter dem Namen Georg I. Sein Urenkel Georg III. war der Vater der beiden letzten Könige, Georg's IV. und Wilhelm's IV., ferner der verstorbenen Herzöge von York und Kent, des jetzt regierenden Königs Ernst August von Hanover und der noch lebenden Herzöge von Suffex und Cambridge. Des 1820 verstorbenen Herzogs Eduard von Kent, des vierten Sohnes Georg's III., einzige Tochter ist bekanntlich die jetzt regierende Königin Victoria, die bei Wilhelm's IV. Tode im Jahre 1837 nach der oben angegebenen Thronfolgeordnung zur Nachfolge berechtigt war, weil jener König so wenig als seine beiden ältern vor ihm verstorbenen Brüder, Georg IV. und der Herzog von York, eheliche Leibeserben hinterlassen hatten. Georg's IV. Tochter, die Kronprinzessin Charlotte, die mit dem jetzigen Könige der Belgier vermählt war, starb schon 1817 in ihrem ersten Kindbette.

Victoria ist demnach die vierte oder, wenn man die Königinnen Mathilde, Mutter Heinrich's II., und Maria, Gemahlin Wilhelm's III., mitrechnen will, die Erstere niemals die allgemeine Anerkennung der Nation erlangt und die Letztere an der Ausübung der königlichen Gewalt eigentlich keinen Theil gehabt hat, die sechste regierende Königin von England. Sie stammt direct im 25. Grade von König Wilhelm dem Eroberer, im 9. von der Königin Maria Stuart, im 20. von Herzog Heinrich dem Löwen ab. Unsere Leser wissen bereits, daß sie am 10. Februar dieses Jahres im St.-Jamespalaste zu London mit dem Prinzen Albrecht von Sachsen-Koburg, dem zweiten Sohne des regierenden Herzogs Ernst von Sachsen-Koburg-Gotha (geboren am 26. Aug. 1819, also drei Monate jünger als die am 24. Mai 1819 geborene Königin Victoria), vermählt worden ist. Dieser Prinz, der zugleich der Cousin der Königin ist, da sein Vater und Victoria's Mutter Geschwister sind, wird an der Regierung keinen Antheil haben; schon vor der Vermählung ist ihm der Hosenbandorden, das Prädicat königliche Hoheit, die Naturalisation als Engländer und die Feldmarschallswürde verliehen worden. Die jährliche Apanage, welche er lebenslänglich aus dem englischen Schatze bezieht, beträgt 30,000 Pf. St. (über 200,000 Thaler). Durch diese Vermählung wird die Gelangung des Hauses Sachsen-Koburg, das bereits die Throne von Belgien und Portugal einnimmt, auf den britischen Thron wahrscheinlich; sollte aber die Königin unbeerbt sterben, so fiele die Krone an den König von Hanover oder dessen Nachkommenschaft.

Der Fliegenfänger.

Die Familie der fliegenfängerartigen Vögel enthält zahlreiche Gattungen und Arten; von erstern kennt man bis jetzt 12, von denen aber nur diejenige Gattung, von welcher die ganze Familie benannt wird, in Europa vorkommt. Die Fliegenfänger haben in der Größe, Lebensart und zum Theil auch in der Bildung ihres harten, platten und dünnen Schnabels mit den Bachstelzen Ähnlichkeit, unterscheiden sich aber von denselben durch die Art, ihre Nahrung zu erhalten, indem sie, wie die Schwalben, die Insekten, von denen sie sich nähren, im Fluge fangen, statt sie, wie die Bachstelzen, auf der Erde zu suchen. Ihr Nest bauen sie in Baumhöhlen. Bis jetzt kennt man fast 200 Arten, die in allen Welttheilen vorkommen, aber weniger in der gemäßigten als in der heißen Zone, wo sich viele von ihnen durch lebhafte Farben auszeichnen. In Europa, aber nicht im Norden des Welttheils, kommen nur vier oder fünf Arten vor, welche Zugvögel sind und ziemlich spät zu uns kommen, auch zeitig wieder wegziehen.

Der gefleckte Fliegenfänger ist in England und Deutschland noch ziemlich häufig; er ist etwa sechs Zoll lang, von dunkler aschgraubrauner Farbe, weißlicher Brust und orangegelben Flecken an den Seiten; sein Schnabel ist von dunkler Farbe und an der Wurzel mit einigen kleinen Borsten besetzt. Dieser zahme Vogel baut sein Nest oft in ein Mauerloch oder an eine Thürpfoste, wo beständig Menschen hin und her gehen, auch auf vorragende Balken eines Hauses, weshalb man ihn in England auch Balkenvogel nennt. Auf den Namen des Gesangs kann seine Stimme keinen Anspruch machen; nur bisweilen gibt er einen kurzen, wehklagenden Ton von sich, den man mit Unterbrechungen vom Mai bis September hört. Verschieden von den meisten andern Vögeln, die in Wald und Feld herumstreifen, um ihr Futter zu suchen, nimmt er seinen Stand an irgend einem Lieblingsplatze, gewöhnlich auf einem alten verdorrten Baumstamme, und lauert da auf seine Beute, bis sie in seinen Bereich kommt, dann stürzt er auf sie, bemächtigt sich ihrer und kehrt dann wieder auf seinen Posten zurück, um auf anderweite Beute zu lauern; so bleibt er auf einer Stelle, bis sein Appetit gestillt ist, ohne den Boden zu berühren oder weiter und länger zu fliegen, als die Erreichung seines Zwecks erheischt. Bei dieser Beschäftigung entfaltet er ungemeine Gewandheit, und es ist höchst ergötzlich, die Schnelligkeit zu beobachten, mit der er auf seine ausersehene Beute stürzt, seine geschickten Wendungen in der Verfolgung derselben und die zufriedene Haltung, mit welcher er auf seinen Posten zurückkehrt. Vor andern Insekten scheint er Bienen zu lieben; er erhascht sie nicht nur im Fluge, sondern lauert auch auf sie an der Öffnung eines Bienenstocks, weshalb man ihn in einigen Gegenden Englands den Bienenvogel nennt. Häufig sieht man ihn auch auf und bei Kirschbäumen, aber wol nicht, weil er die Kirschen, sondern weil er die sie heimsuchenden Insekten liebt. Der scheckige Fliegenfänger ist viel weniger häufig. Er hat ungefähr die Größe eines Hänflings, ist aber seiner Gestalt wegen mit einer Elster im Kleinen verglichen worden. Die Krone des Kopfes ist schwarz, ebenso der Schnabel; den Namen scheckig führt er von einem weißen Flecke am Vorderkopfe, der übrige Körper zeigt verschiedene Schattirungen von Schwarz, Braun und Weiß. Auch dieser Vogel ist ein Zugvogel, wiewol manche englische Naturforscher der Meinung sind, daß er in England einheimisch sei; indeß ist es auffallend, daß man ihn in Südengland fast nie, öfter, wiewol auch nicht sehr häufig, in Nordengland antrifft.

Von ausländischen Gattungen sind besonders der Plattschnabel, der Breitschnabel, der Weitmund, der Fliegenschnapper und der Tyrann zu bemerken; ihre Zahl wird durch neue Entdeckungen beständig vermehrt.

1) Der scheckige Fliegenfänger. 2) Der gefleckte Fliegenfänger.

Ein merkwürdiger Criminalfall.

Am 1. November 1838 gegen 10 Uhr Abends wurde der Hufschmied Termet zu Andret im französischen Departement Ain (an der Grenze von Savoyen und der Schweiz) durch heftiges Pochen an die Thüre seines vereinzelt stehenden Hauses und den Ruf: „Steht auf! zu Hülfe! zu Hülfe!" aus seiner Ruhe gestört; er ging hinunter, um zu öffnen, und fand einen Mann, der sich als der Notar Peytel aus Belley zu erkennen gab und ihm mit hastigen Worten erzählte, sein Bedienter habe soeben seine Frau ermordet, worauf er in der Wuth jenen erschlagen habe. Auf sein Verlangen ging nun der Schmied nebst seinem Sohne mit ihm, hob den mit dem Gesichte auf dem Boden liegenden Leichnam der Unglücklichen in den Einspänner Peytel's, welcher sich indessen ruhig wieder in den Wagen gesetzt hatte, ohne Hand anzulegen, und fuhr mit ihm nach dem noch 1½ Stunde entfernten, dicht an der italienischen Grenze liegenden Städtchen Belley. Unterwegs äußerte Peytel keinen Schmerz über den Tod seiner Gattin, machte auch nicht den mindesten Versuch zu ihrer Wiederbelebung, suchte ihren halb entblößten Körper ungeachtet der kalten Witterung und des Regenwetters nicht einmal zu bedecken und zu erwärmen, sondern schmähte nur beständig auf seinen Bedienten und war mit Mühe abzuhalten, den Wagen über dessen Leichnam, an dem man vorbeikam, zu lenken. Kaum war er aber in Belley angekommen, als er sich wie wahnsinnig vor Schmerz gebehrdete, sich auf den Leichnam warf, ihn mit Küssen bedeckte und die herbeigelaufene Menge aufforderte, alle Ärzte des Orts herbeizurufen. Einer derselben, den Peytel selbst geholt, erklärte, daß Frau Peytel todt sei, und ließ sie in ihr Zimmer bringen; Peytel aber, dessen Angaben sogleich Verdacht erregen mußten, wurde vorläufig von Gendarmen bewacht (der Gendarmerielieutenant Wolff verhaftete ihn mit den Worten: „Ich verhafte Sie, denn Sie waren Drei, und Sie allein sind unverletzt zurückgekommen") und am folgenden Tage den Händen der Gerechtigkeit überliefert.

Dem Instructionsrichter erzählte nun Peytel den Hergang der Sache auf folgende Weise: Er sei in einem Einspänner mit seiner Frau von Belley nach Macon gereist, um hier einige Tage zu bleiben; sein Bedienter, Louis Rey, sei in einem offenen Wagen vor ihnen hergefahren. Auf dem Rückwege hätten sie in Pont d'Ain übernachtet, am 1. November in Tenay zu Mittag gegessen und Abends wären sie eine halbe Stunde in Rossillon geblieben, wo die Pferde gefüttert worden wären. Als sie die Brücke von Andret um 500 Schritte hinter sich gehabt, habe er, Peytel, dem vor ihm herfahrenden Bedienten zugerufen, vom Wagen zu steigen, um die steile Anhöhe der Darde leichter hinanfahren zu können. Indem er nun in eine Ecke des Wagens gedrückt gewesen sei, seine Frau aber mit dem Kopfe an seinen linken Arm gelehnt geschlafen habe, habe er einen Schuß fallen gehört, auch in einer geringen Entfernung den Blitz davon wahrgenommen, seine Frau sei davon erwacht und habe gerufen: „Mein armer Mann, nimm deine Pistolen." Er habe nun aus dem Wagen auf einen Menschen, den er auf der rechten Seite in dessen Nähe erblickt, gefeuert; hierauf seien sowol er als seine Frau, von deren Verwundung er nichts gewußt habe, nach verschiedenen Seiten aus dem Wagen gesprungen, nachdem er sich mit einer andern Pistole und einem sogenannten geognostischen Hammer, wie ihn Mineralogen zur Untersuchung des Gesteins brauchen, bewaffnet. In dem Angreifer, den er auf der Flucht eingeholt, habe er nun erst seinen Bedienten erkannt und nochmals nach ihm geschossen, ihn aber wie zuvor verfehlt; dann habe er ihm von hinten mit dem Hammer einen Schlag auf den Kopf versetzt, und da der Bediente sich zu einem zweiten Schusse angeschickt habe, ihn, wiewol er um Gnade gefleht, durch wiederholte Hammerschläge getödtet. Nun habe er lange nach seiner Frau gesucht, sie endlich mehre hundert Schritte entfernt an der Brücke von Andret auf einer überschwemmten Wiese gefunden und mit Mühe an die Landstraße geschafft, wo er zu seinem Erstaunen seinen Wagen ganz in der Nähe in einer der frühern entgegengesetzten Richtung stehen gesehen habe; hierauf habe er aus dem nächsten Hause Hülfe herbeigerufen. Der Zweck des mörderischen Anfalls des Bedienten sei ohne Zweifel der gewesen, sich in den Besitz der von ihm, Peytel, zu Macon eingenommenen, in sieben Säcken im Wagen befindlichen 7500 Francs zu setzen.

Diese Erzählung enthielt zu viele Unwahrscheinlichkeiten und Widersprüche, um Glauben zu finden. Der angebliche Mörder Louis Rey, ein Findelkind von Lyon, hatte sich immer gut aufgeführt und stand im Rufe eines fleißigen und rechtschaffenen Mannes; seit dem Juli 1838 stand er als Bedienter bei Peytel in Diensten und hatte zu keiner erheblichen Klage Anlaß gegeben. Hätte er zwei Personen morden wollen, so hätte er sich gewiß nicht blos mit einer Pistole versehen, zumal da Peytel, wie er wußte, deren zwei hatte. Seine Flucht nach kaum begonnener That war mindestens nicht sehr wahrscheinlich; jedenfalls würde er im Fliehen die wollene Decke und die Peitsche weggeworfen haben, die man beide neben ihm fand. Allerdings hatte er am Tage vor der That in Macon Kugeln gekauft, aber im Auftrage Peytel's und in Begleitung von Peytel's Neffen, dem 14jährigen Carand, wie dieser selbst aussagte, wiewol Peytel es in Abrede stellte. Wenn Peytel, wie er vorgab, anfänglich nichts davon wußte, daß seine Frau getroffen sei, warum brachte er den Bedienten mit solcher Wuth um? Auch sein häufiges Anhalten unterwegs, zuletzt noch 8 Uhr Abends in Rossillon, nur 1½ Stunde vom Ziele der Fahrt, wiewol das Wetter kalt und unfreundlich war, scheint darauf zu deuten, daß er die Reise absichtlich verzögerte und abwarten wollte, bis die Wege menschenleer und in dichte Nacht gehüllt wären. Alles deutete darauf hin, daß Niemand anders als Peytel selbst der Thäter sei. Vor und nach der Verhaftung benahm sich Peytel höchst räthselhaft; mit seinem erkünstelten Schmerze nach der Ankunft in Belley stand die von ihm theils während der Fahrt, theils später an den Tag gelegte Gleichgültigkeit in grellem Contrast; als ihn sein Amtsvorgänger Cerdon bald nach der Ankunft in Belley besuchte, wollte Peytel sogleich mit ihm von Geschäften zu sprechen anfangen; auch seine Äußerung gegen einen Gendarmen, daß, um das Maß seines Unglücks voll zu machen, seine Frau ihren Mörder geliebt habe, war in hohem Grade geeignet, den obschwebenden Verdacht gegen ihn zu steigern.

Wiewol die öffentliche Meinung sehr bald mit Peytel's Schuld im Reinen war, so war doch die gerichtliche Untersuchung sehr schwierig, da es an Zeugen der That ganz fehlte und Peytel als Halbjurist seine Aussagen wohl abzumessen verstand. Die besten Indicien gab noch die Leichenschau. Frau Peytel war auf beiden Wangen verwundet, auf der linken war die Haut angebrannt und Wimpern und Augenbrauen ganz versengt, sodaß sie von zwei Schüssen getroffen und von diesem der eine mit dicht an die Wange gehaltener Mündung abgefeuert sein mußte; die andere Kugel hatte das Nasenbein zerschmettert und war ins Innere des Kopfes gedrungen. Nach dem Gutachten der Ärzte war es völlig unmöglich, daß die beiden in verschiedener Richtung laufenden Kopfwunden von demselben Schusse herrührten, ebenso daß sie durch einen Prellschuß entstanden sein könnten. Hätte der Bediente den Schuß gethan, so mußte er die Hand fast auf der Brust seines Herrn liegen haben, da dieser zwischen seiner Frau und der Stelle, von welcher der Schuß gekommen sein mußte, saß. Daß die Verwundete nach dem Schusse noch 500 Schritte bis an die Brücke von Andret habe gehen können, erklärten die Ärzte für ganz unmöglich, ebenso daß sie in dieser Zeit auch nur ein einziges Wort hätte reden können; bei dem geringsten Versuche zum Sprechen wäre ihr die auf der Zunge liegende Kugel in die Speiseröhre gefallen. Von den Kugeln hatte die eine genau das Caliber derjenigen, die Peytel in Belley vorräthig hatte und von denen man noch fünf Stück in seiner Tasche fand; die andere hatte das Gewicht der von dem Bedienten in Macon eingekauften, war aber, um in die Pistole geladen werden zu können, länglich geschlagen worden. Der Bediente hatte fünf oder sechs Kopfwunden, worunter drei tödtliche.

Über Peytel's früheres Leben wurde Folgendes ermittelt: Sebastian Benedict Peytel war zu Macon im Departement Saone und Loire im J. 1803 geboren, also 35 Jahre alt. Nachdem er von 1825—29 in St.-Laurent bei einem Notar gearbeitet, war er nach Paris gegangen, um die Rechte zu studiren, hatte sich aber mehr mit literarischen Arbeiten beschäftigt; hierauf hatte er in Paris und Lyon bei einigen Notaren gearbeitet und sich endlich, nachdem er schon 1830 um eine Notariatsstelle in Macon angehalten hatte, aber von der Notariatskammer zurückgewiesen worden war, für 18,000 Francs eine Notariatsstelle in Belley gekauft. Seine Frau war, als er sie kennen lernte, nur 20 Jahre alt, hieß Felicia Alcazar und war die Tochter eines verstorbenen Colonisten in Amerika, der früher Oberst in englischen Diensten gewesen war; er erlangte ihre Hand, wiewol Felicia wenige Neigung zur Verbindung zeigte, nur dadurch), daß er ihre Angehörigen hinsichtlich seiner Vermögensumstände täuschte. Diese Verbindung, von beiden Seiten nur aus Interesse eingegangen, konnte nicht glücklich ausschlagen. Felicia war halsstarrig und mürrisch, wenig gebildet und nichts weniger als schön, übrigens im Grunde von gutem Herzen, wie es ihr auch nicht an andern guten Eigenschaften fehlte, unter denen exemplarische Ordnungsliebe gerühmt wird; Peytel war heuchlerisch und tückisch, dabei in hohem Grade jähzornig. Schon am Hochzeittage kam es zu heftigen Zwistigkeiten, die sich später fast täglich wiederholten. Wohl mochte Felicia öfter Ursache zur Klage geben, aber auch Peytel ließ es keineswegs daran fehlen und behandelte seine Frau ohne alle Schonung; einmal hieß er sie in Gegenwart Fremder vom Tische weg und in ihr Zimmer gehen. Als sie ihm im Scherz seine Eifersucht vorwarf, führte er sie vor den Spiegel und sagte zu ihr: „Betrachte dich doch selbst und sage, ob man eines solchen Gesichts wegen eifersüchtig sein kann." Wie Peytel schon vor Abschluß der Ehe bei Fertigung des Ehevertrags auf den Tod seiner Frau speculirt hatte, so drang er schon im zweiten Monate nach ihrer Verehelichung, die am 7. März 1838 stattfand, in sie, ihr Testament zu machen, und zwar zu seinem Vortheil, indem er ihr ein von ihm zu ihren Gunsten errichtetes zeigte. In der That machte Felicia Peytel am 30. Juli ein Testament, worin sie ihren Mann für den Fall, daß sie ohne Kinder sterben sollte, zum Universalerben einsetzte, für den Fall aber, daß sie Kinder hinterließe, ihm die Hälfte ihres Vermögens vermachte; freilich hätte er im letztern Falle nach dem Ehevertrage mehr erhalten. Dieses Testament suchte Peytel lange mit großer Sorgfalt der Aufmerksamkeit des Untersuchungsrichters zu entziehen, da er wohl wußte, daß die Entdeckung desselben nur dienen konnte, den gegen ihn bestehenden Verdacht zu vergrößern.

Nachdem die Voruntersuchung oder Instruction des Processes drei Vierteljahre gedauert hatte, war die Sache endlich dahin gediehen, daß sie vor den Assisen des Aindepartements in Bourg zur Verhandlung kommen konnte. Die Debatten begannen am 26. August 1839 in Beisein einer großen Menge von Zuhörern, die zum Theil weit hergekommen waren. Als Peytel, ein Mann von kleiner Statur, hoher Stirn und bärtigem Gesichte, hereingeführt wurde, erscholl gegen ihn von allen Seiten ein Schrei der Verwünschung. Der Angeklagte sah bleich und niedergeschlagen aus; bei der Verlesung der Anklageacte floß ihm der Angstschweiß von der Stirn. In seinem Verhör, das fast drei Stunden dauerte, beharrte er im Allgemeinen bei seinen frühern Aussagen, war in seinen Antworten kurz und entschlossen und behauptete, er sei mit seinem Bedienten, der sich mehrmals unehrlich gezeigt habe, nie ganz zufrieden gewesen. Die nun folgende Abhörung der Zeugen, unter denen vorzüglich der 64jährige Hufschmied Termet durch seine schlichte, rührende Erzählung Theilnahme erregte, lieferte keine neuen Aufschlüsse von Wichtigkeit. Aus den Aussagen der Verwandten der Familie Alcazar, die natürlich mit großem Interesse angehört wurden, lernte man den Angeklagten auch als heuchlerischen Frömmler kennen; um sich nämlich bei der Geistlichkeit Clienten zu verschaffen, muthete er der Familie seiner Frau zu, Freitags und Sonnabends nur Fastenspeisen zu essen. Die Mutter der Ermordeten zerfloß vor Schmerz in Thränen und wurde vom Präsidenten mit vielen Fragen verschont; großen Eindruck machte ihre kaum hörbare Erzählung, ihre Tochter habe ihr einst ihr Leid mit den Worten geklagt: „Ich weine mehr, als ich lache, und bin sehr unglücklich. Die Schwester der Ermordeten, an den Arzt Broussais in Paris verheirathet, erzählte unter Anderm, ihre Schwester habe oft zu ihr gesagt: „Wenn ich mit ihm allein bin, befehle ich meine Seele Gott." Ein Artillerieoffizier erklärte sich über die Beschaffenheit der Schußwunden mit genauer und ausführlicher Auseinandersetzung der Gründe auf eine Weise, die an der Schuld des Angeklagten kaum mehr zweifeln ließ; um ihn in den Stand zu setzen, Alles besser demonstriren zu können, war sogar die Calesche Peytel's in den Gerichtssaal gebracht worden. Freilich stand damit die Aussage eines angesehenen Arztes, Olivier aus Angers, im Widerspruche; dieser war nämlich der Einzige, welcher es für möglich hielt, daß beide Schußwunden von einem und demselben Schusse herrührten, worüber zwischen ihm und den andern Aerzten eine lange Erörterung entstand. Die übrigen für den Angeklagten sprechenden Zeugen (Entlastungszeugen) hielten sich nur im Allgemeinen und äußerten sich über Peytel's guten Ruf, die Theilnahme seiner Freunde an seinem Schicksale u. s. w.

Am 30. August wurde das Schicksal Peytel's entschieden. Der Generalprocurator (Staatsankläger) hielt eine vierstündige, dann der erste Vertheidiger des Angeklagten eine noch längere Rede, worin Beide allen Scharfsinn und alle Beredtsamkeit aufboten, um die Gründe für und wider zu entwickeln. Der Präsident Durieu erklärte hierauf die Debatten für geschlossen, faßte die Resultate derselben kurz und unparteiisch zusammen und wandte sich dann an die Geschworenen, die er aufforderte, mit ihrem Gewissen zu Rathe zu gehen und nach der Eingebung desselben ihr Urtheil zu fällen. Halb elf Uhr verließen die Geschworenen den Saal, um sich zu berathen, gegen Mitternacht traten sie leise wieder ein und die Sitzung wurde wieder eröffnet. Der Erste der Geschworenen erklärte auf Ehre und Gewissen, daß alle vier ihnen vorgelegte Fragen, nämlich 1) Ist Sebastian Peytel schuldig, Felicia Alcazar freiwillig getödtet zu haben? 2) Ist diese Tödtung mit Vorbedacht geschehen? 3) Ist er schuldig, den Louis Rey freiwillig getödtet zu haben? 4) Ist diese Tödtung mit Vorbedacht geschehen? mit Stimmenmehrheit bejahend entschieden worden wären. Mit tiefster Bestürzung hörte Peytel, der nun wieder hereingeführt wurde, das Verdict aus dem Munde des Gerichtsschreibers; alle seine Glieder zitterten convulsivisch, von seiner Stirne floß kalter Schweiß. Der Gerichtshof zog sich nun gleichfalls zurück, um über die Anwendung des Gesetzes zu deliberiren, und fällte über den Angeklagten das Todesurtheil. Peytel trug auf Cassation des gefällten Spruches an, aber der Cassationshof verwarf sein Gesuch am 10. October, wiewol der bekannte Schriftsteller Balzac eine Schrift zu Gunsten des Angeklagten schrieb und in einem Journale veröffentlichte. Auch das Begnadigungsgesuch Peytel's wurde verworfen; am 20. October wurde Peytel hiervon in Kenntniß gesetzt und wenige Stunden nachher zu Bourg hingerichtet, ein Schicksal, dem er sich mit Fassung und äußerer Ruhe unterzog.

Straßenpflasterung mit Holz.

Nach neuerlich in London angestellten Versuchen hat sich eine Holzpflasterungsmethode, deren Erfinder ein Patent darauf genommen hat, vortheilhaft gezeigt. Der Erfinder braucht Eichen-, Föhren-, Buchen- oder anderes hartes Holz, woraus er sechseckige Blöcke schneiden läßt, die, um größere Dauerhaftigkeit zu erhalten, mit Theer gesotten werden. Man stellt sie senkrecht auf die Faser und verbindet sie durch Bolzen oder auf andere geeignete Weise; die Zwischenräume werden mit Pech oder mit Pech und Sand ausgegossen.

Das Dorf Eden im Libanon.

Das Dorf Eden auf dem Gipfel des Gebirges Libanon in Syrien gleicht einem zwischen Himmel und Erde hängenden Adlerneste. Es liegt dem berühmten Cedernwalde gegenüber, dessen dunkle Masse auf einem nahen Hügel sichtbar ist, und zeichnet sich während des größten Theils des Jahres durch ein sehr gesundes Klima aus, wiewol die Hitze im Sommer einen so hohen Grad erreicht, daß die Einwohner genöthigt sind, in das Dorf Zarti herabzusteigen, was von der sonst allgemeinen Erfahrung, daß die Wärme in der Höhe abnimmt, eine bemerkenswerthe Ausnahme bildet. Nach einer alten Tradition wäre der Garten Eden, das von den ersten Menschen bewohnte Paradies, in dieser Gegend zu suchen, wiewol man in der Regel annimmt, daß die Wiege des Menschengeschlechts in Mesopotamien war, wofür auch größere Wahrscheinlichkeit zu sprechen scheint.

Das Dorf Eden im Libanon.

Verantwortlicher Herausgeber: Friedrich Brockhaus. — Druck und Verlag von F. A. Brockhaus in Leipzig.

Das Pfennig-Magazin
für Verbreitung gemeinnütziger Kenntnisse.

368.]   Erscheint jeden Sonnabend.   [April 18, **1840.**

Ferrara.

Das Schloß zu Ferrara.

Ferrara, die Hauptstadt einer gleichen Namen führenden päpstlichen Delegation und die nördlichste Stadt des Kirchenstaats, liegt an einem Arme des Po, nur etwa eine Meile südlich von dem Hauptstrome, der die Grenze zwischen dem Kirchenstaate und dem lombardisch-venetianischen Königreiche bildet, in einer sumpfigen und ungesunden Ebene. Als Residenz der Herzöge von Este, deren Hof längere Zeit ungeachtet der Kleinheit des Landes von allen italienischen Höfen der glänzendste und gebildetste war, deren Haus aber im J. 1597 ausstarb, war diese Stadt eine der blühendsten und berühmtesten Italiens und zählte 80—100,000 Einwohner; jetzt ist sie nur noch ein Schatten ihrer frühern Größe, zwar schön und regelmäßig gebaut, mit breiten Straßen und stolzen Palästen geziert, aber verlassen und öde, und zählt kaum noch 25,000 Einwohner. Die Citadelle hat nach der wiener Schlußacte östreichische Besatzung. Mitten in der Stadt steht das mit vier starken Thürmen versehene, von einem Graben umgebene alte Schloß, ehemals die Residenz der Herzöge, jetzt des päpstlichen Legaten; es enthält Überbleibsel guter Frescomalereien von Dossi und Tizian. Demselben gegenüber erhebt sich am Ende des Platzes der in Form eines griechischen Kreuzes erbaute Dom, der eine altgothische Façade hat, aber inwendig im neuern Style ausgebaut ist; daneben steht das große Theater. Die Kirchen, deren Zahl mehr als 100 beträgt, enthalten mehre schöne Gemälde, besonders von Rafael's Schüler Garofalo. Die 1264 gestiftete Universität zählt jetzt kaum 100 Studirende. In der Bibliothek werden sehr interessante Handschriften von Ariost, Tasso und Guarini aufbewahrt, sowie andere Andenken aus der glänzenden Zeit der Stadt, unter andern Ariost's Tintefaß, Stuhl und Denkmal. Das letztere befand sich ursprünglich in der Kirche des heiligen Benedict, wo der große Dichter, welcher 1533 hier starb, begraben liegt; 1801 wurde es von den Franzosen hierher gebracht. Neben jener Kirche steht das in- und auswendig mit Inschriften bedeckte Wohnhaus Ariost's, unweit davon dasjenige, in welchem er sein Leben beschloß; beide werden sorgfältig erhalten; der ganze Platz, an welchem sie stehen, führt dem Dichter zu Ehren den Namen Piazza Ariostea. Im Armenhospitale, wo der später lebende, noch größere Dichter Tasso vom Herzog Alfons II. sieben Jahre lang, 1579—86, unter dem Vorwande des Wahnsinns eingesperrt gehalten wurde, zeigt man noch den feuchten und dunkeln Kerker, der dem unglücklichen Sänger als Gefängniß gedient haben soll.

Der Verfall Ferraras datirt sich von der Zeit, wo Ferrara unter päpstliche Herrschaft gerieth. Das Haus Este, von welchem auch das Haus Braunschweig abstammt, dessen Stammvater Welph IV., Herzog von Baiern, Bruder des Markgrafen Fulco von Este ist, führte ursprünglich den markgräflichen Titel, stand in den Kämpfen zwischen den Guelfen und Ghibellinen an der Spitze der erstern Partei und erwarb sich damals den Besitz von Ferrara und Modena (den des erstern am Ende des 12., des letztern um die Mitte des 14. Jahrhunderts). Nikolaus II. (1361—88) erhob zuerst den Hof von Ferrara zum Sitz des guten Ge-

VIII.   16

schmacks; sein Sohn und Nachfolger Nikolaus III. (1393—1441), wirkte in seinem Geiste fort und berief die ausgezeichnetsten Männer Italiens an seinen Hof; seine Liebe zu den Wissenschaften ging auf seine Söhne Lionel (1441—50) und Borso (1450—71) über, von denen der Letztere vom Kaiser Friedrich III. 1452 den Titel eines Herzogs von Modena und Reggio und später, 1470, von Papst Paul II., als dem Lehnsherrn von Ferrara, den eines Herzogs von Ferrara erhielt. Seines Bruders und Nachfolgers Hercules' I. (1471—1505) Freund und Minister war der bekannte Dichter Graf Bojardo, der Verfasser des „Verliebten Rolands". Alfons I. (1505—34), Gemahl der berüchtigten Lucrezia Borgia, unter dessen Regierung Ariosto lebte, der im Dienste des Bruders des Herzogs Cardinal Hippolyt, stand, verlor Modena und Reggio, erhielt sie aber 1527 wieder und war an seinem Hofe von den ausgezeichnetsten Männern Italiens umgeben. Noch glänzender wurde der Hof von Ferrara unter seinem Sohne Hercules II. (1534—58) und besonders unter seinem Enkel Alfons II. (1558—97), der sich gegen Tasso so hartherzig bewies. Der von ihm erwählte Nachfolger Cäsar, ein natürlicher Sohn Alfons' I., mußte Ferrara dem Papste zurückgeben, behielt aber die Reichslehen Modena und Reggio, über welche seine Nachkommen zu regieren fortfuhren, bis dieser Zweig des Hauses Este mit Hercules III. im J. 1803 im Mannsstamme erlosch, worauf Modena an eine Linie des Hauses Östreich fiel.

Rubens' Besuch bei Velasquez.

An einem schönen Herbstmorgen des Jahres 1629 herrschte in einem eleganten Hause in Madrid eine lebhafte Bewegung. Man bestreute den Hof mit Sand, man legte die Teppiche zurecht, man stellte Gemälde auf, vor Allem aber ordnete man sorgfältig eine große Malerwerkstatt, denn jenes Haus war das des jungen und berühmten Malers Diego Velasquez und die darin herrschende Bewegung verkündigte deutlich, daß man einen feierlichen Besuch erwartete. Erst 34 Jahre alt, hatte Velasquez sich in Spanien bereits einen Ruf erworben, der mit jedem Tage zunahm; eine ansehnliche Zahl von Schülern lauschte begierig seinem Unterrichte; selbst der kunstliebende König Philipp IV. versuchte unter den Augen des Künstlers bisweilen einige Skizzen zu entwerfen. Diego Velasquez hatte Italien, Holland und Flandern durchreist und von seinen Reisen jene Kenntnisse mitgebracht, die für die Künste Das sind, was die Weltbildung für die Gesellschaft ist.

In des Malers Hause bemerkte man ein sonderbares Wesen, einen Mulatten, einen armen schüchternen Sklaven, den der Maler liebte und beschützte, der aber in seiner Abwesenheit der Spielball seiner Schüler und die Zielscheibe ihres Witzes war. Er war der Admiral Pareja in Indien gekauft worden; als Velasquez das Portrait des Seemanns gemalt hatte, kam Pareja, erfreut darüber, sich so getroffen zu finden, zu dem Maler, um ihm zu danken, gefolgt von einem jungen Mulatten, der für jenen eine prächtige goldene Kette trug. Als der Admiral wegging, wollte der Sklave, welcher Juan hieß, ihm folgen, aber der rohe Seemann stieß ihn mit dem Fuße zurück. „Meinst du", sagte er, „daß, wenn ich eine goldene Kette schenke, der Schrein nicht im Geschenk mit inbegriffen ist? Du gehörst von heute an dem Señor Velasquez."

Der arme Mulatte, mit der niedergedrückten, scheuen Miene der Sklaverei, erschien den Schülern des Malers als ein stumpfsinniges Wesen, mit dem sie sich belustigen könnten. Die Art seines Eintritts in das Haus war für sie eine unerschöpfliche Quelle von Witzen; aus Spott legten sie ihm den vornehmen Namen seines ersten Herrn bei und nannten ihn Juan de Pareja, ein Name, den er nachmals immer behielt. Velasquez seinerseits nahm sich seiner an und übertrug ihm die wenig beschwerliche Besorgung der kleinen Geschäfte der Werkstatt. Juan war glücklich, so lange der Maler zu Hause war; sobald dieser ausging, begannen seine Leiden, die er lange mit standhafter Ergebung ertrug; endlich ward er aber ihrer doch müde und flüchtete sich, um ihnen zu entgehen, wenn Velasquez abwesend war, in irgend einen versteckten Winkel, wo er außer dem Bereiche seiner Peiniger war. Kaum hatte er ein Jahr lang malen gesehen und die größten Männer Spaniens die Malerei bis zum Himmel erheben gehört, als ihm auch die Lust ankam, sich mit den Farben zu beschäftigen. Zu seiner Unterhaltung in den langen Stunden der Einsamkeit, in denen er auf die Rückkehr seines Herrn wartete, versuchte er zu malen; freilich hatte er nur abgelegte Pinsel und Farbenreste, die er überall zusammensuchte. Er fühlte wol, daß er noch ein Stümper war; aber er fand viel Freude an seinen Versuchen und beobachtete über diese Beschäftigung ein so vollkommenes Stillschweigen, daß vier Jahre lang Niemand etwas davon ahnte.

Während der Bewegung, die in dem Hause des Velasquez, wie bereits erwähnt, zu bemerken war, schien der arme Sklave am meisten beschäftigt zu sein, denn Jeder gab ihm Befehle. Man erwartete zwei ausgezeichnete Besucher: der eine war König Philipp IV., aber für ihn, der ziemlich oft kam, hätte man nicht so viele Umstände gemacht und so große Vorbereitungen getroffen; der andere war Peter Paul Rubens, und dieser, wiewol nur Bürger von Antwerpen, ging für Velasquez und seine Schüler weit über den König von Spanien; er war ihr Souverain, der König der Malerei, der Großmeister der Künste. Damals sprach man in ganz Europa den Namen Rubens nur mit Ehrfurcht und Begeisterung aus; in Holland, seinem Vaterlande, in Deutschland, Frankreich, Italien, England, Spanien, überall war Rubens geachtet, wie er verdiente. Er war fast allen Fürsten befreundet. Maria von Medici liebte ihn, Philipp IV. hat ihn mit Gunstbeweisen überhäuft, König Karl I. von England hat ihn auf eine ganz besonders ehrenvolle und ausgezeichnete Weise zum Ritter geschlagen, die Infantin Isabella saß gern an seiner Staffelei. In allen Bildergalerien von Europa hingen Gemälde von ihm; er hatte eine Malerschule und eine Kupferstecherschule gestiftet, die die Welt in Erstaunen setzen sollten; als Architekt hatte er sich in Antwerpen ein prächtiges Haus und daneben eine mit den herrlichsten Kunstwerken geschmückte Rotunde erbaut, und mit den ersten Gelehrten Europas stand er in Briefwechsel. Sein Charakter war ebenso trefflich als sein künstlerisches Talent. Er unterhielt auf seine Kosten junge Künstler in Rom; seinen Feinden vergalt er durch Wohlthaten. Durch Van Uden und andere seiner Schüler ließ er die Thiere und Landschaftspartien seiner Gemälde ausführen; man warf ihm daher vor, er verstehe diese Gattungen nicht zu behandeln; bald darauf stellte er eine kraftvolle Jagden und herrliche Landschaften, ganz von seiner Hand gemalt, öffentlich aus und antwortete so auf die Kritik, indem er sie entwaffnete und Das leistete, was er nach ihrer Behauptung nicht leisten konnte.

Velasquez empfand eine lebhafte Unruhe bei dem

Gedanken, daß der berühmteste Maler seiner Zeit ein Urtheil über ihn fällen sollte. Mein Ruf ist von keiner Bedeutung, sagte er, so lange mir der Beifall dieses Meisters nicht zu Theil geworden ist. Nur umgeben von Meisterwerken wollte er sich ihm zeigen; er hatte ausdrücklich zum Behuf dieser Zusammenkunft sein berühmtes Gemälde „das Gewand Joseph's" gefertigt, das die Franzosen 1808 nach Frankreich führten, von wo es später wieder nach Spanien zurückgekommen ist. Er rechnete auf die Wirkung dieses Werks; zwei Jahre zuvor hatte Rubens meisterhafte Schöpfungen seines Pinsels in Madrid gelassen, den die spanischen Künstler begeistert und gewissermaßen inspirirt hatten.

Es war Mittag geworden, als zwei glänzende Gesellschaften fast zu gleicher Zeit in dem Hof der von Diego Velasquez bewohnten stattlichen Gebäudes ankamen. Der eine Zug machte ehrerbietig Halt, um den König Philipp IV., umgeben von der Blüte des spanischen Adels, eintreten zu lassen, dann folgte Rubens, begleitet von Van Dyck, Snyders, Van Uden, Casper Grayer, Widens und andern seiner Schüler, die er bei seinen Gesandtschaften mitnahm, denn bereits zum zweiten Male kam er in der Eigenschaft eines Gesandten in Spanien an. Sobald sich der flamändische Maler in der Nähe des Königs befand, beeilte er sich, vom Pferde zu steigen, und verneigte sich vor dem Monarchen, der aber seine Huldigung nicht annehmen wollte. „Wir sind bei einem Maler", sagte er, „hier sind Sie der König." Mit diesen Worten nahm er ihn bei der Hand und trat mit ihm in die Werkstatt.

Von Seiten des spanischen Malers und seiner Schüler erzeigte man Beiden große Ehre, aber kaum ließ es sich verkennen, daß Rubens Allen wichtiger als der König war. Der arme Mulatte selbst war wie bezaubert; seine glühenden Augen verschlangen den großen Mann und man sah ihm an, daß er am liebsten vor ihm niedergekniet hätte. Rubens war damals 52 Jahre alt; sein Kopf war schön, seine Figur imposant, seine Haltung edel und würdevoll. Gewöhnt an den Umgang mit Großen, verband er mit der angeborenen Majestät des Genies die feinern Manieren des Edelmanns. Das Herz des spanischen Malers schlug heftiger, als der „Fürst" der niederländischen Schule schweigend seine Werke musterte. Beim Anblicke des „Gewands Joseph's" drückte Rubens laut seine Bewunderung aus und reichte dem Velasquez die Hand. Dieser rief aus: „Dies ist der größte Tag meines Lebens; Ihr werdet mein Glück vollständig machen, Señor, wenn Ihr meiner Werkstatt die Ehre anthut, selbst etwas darin zu malen, wären es auch nur ein paar Pinselstriche, die Ihr einem meiner Bilder hinzufügt." Dies sagend, deutete er mit der Hand auf seine bedeutendsten Gemälde und reichte Rubens einen Pinsel und die Palette, in der Hoffnung, daß der große Künstler auf einem seiner Werke sich verewigen würde. „Alles, was ich sehe, ist vollendet", sagte Rubens, sich bückend, um eine verkehrt an der Wand stehende Leinwand aufzunehmen, die er leer glaubte. Er stieß einen Schrei des Erstaunens aus, denn diese Leinwand war das unter dem Namen „das Begräbniß" später allgemein bekannt gewordene Gemälde. Der Mulatte wurde blaß vor Schrecken, als er das Bild, das er in einem einsamen Versteck gemalt hatte und nicht hier vermuthete, in solchen Händen sah. Er zitterte wie ein Verbrecher und neigte das Haupt, indem er sich auf einen strengen Verweis seines Herrn und auf den Spott der Schüler desselben gefaßt machte. Rubens aber betrachtete das Bild aufmerksam und sagte endlich: „Anfangs war ich der Meinung, dies Bild wäre von Euch, Velasquez." Der Sklave richtete den Kopf auf; er traute seinen Ohren kaum und glaubte einen seligen Traum zu träumen, Rubens aber fuhr fort: „Als ich genauer hinsah, bemerkte ich, daß das Bild von einem Eurer Schüler sein muß; wie dem auch sei, er kann sich schon jetzt einen Meister nennen, denn sein Bild ist ein Beweis seines Genies." Jedes dieser Worte vermehrte das Herzklopfen des armen Juan. Velasquez sah das Bild gleichfalls genau an und erwiderte: „Ich weiß nicht, von wem dieses Gemälde ist, das ich nicht kenne und nie zuvor in meiner Werkstatt gesehen habe." Dann warf er auf seine Schüler einen unruhigen Blick und fragte, wer es gemalt habe. Noch hatte Keiner geantwortet, als seine Augen auf dem Mulatten fielen. Juan de Pareja fiel mit unbeschreiblicher Bewegung auf die Knie und sagte: „Ich, Señor." Dann brach er in Thränen aus und konnte kein Wort mehr hinzufügen; Rubens und Velasquez hoben ihn auf und umarmten ihn.

König Philipp, der Zeuge dieser Scene war, trat alsbald hinzu, legte seine Hand auf die Schulter des Mulatten und sagte: „Ein Mann von Genie darf nicht Sklave bleiben; hebe deine Stirne empor und sei frei. Dein Herr wird 200 Unzen Gold als dein Lösegeld von mir empfangen." — „Diese 200 Unzen Gold", fügte Velasquez hinzu, „gehören dir, ich habe schon genug gewonnen, indem du aus meinem Sklaven ein Maler und ein Freund geworden bist." — „Noch immer dein Sklave", rief Juan de Pareja. „Ja ich will noch immer dein Sklave sein", und dabei umfaßte er mit leidenschaftlicher Heftigkeit die Knie seines Herrn. Rubens aber, der zu sehr ergriffen war, legte Palette und Pinsel weg und verschob die Erfüllung der Bitte des Velasquez, eine Spur seiner Anwesenheit in seiner Werkstatt zurückzulassen, auf den folgenden Tag. Er kam auch wirklich, blieb eine Stunde und malte eine Skizze. Hierbei bediente ihn Juan, jetzt als freier Mann gekleidet, und wurde beim Abschiede von dem großen Künstler umarmt.

Juan de Pareja blieb der guten Behandlung seines letzten Herrn stets eingedenk und wollte sich nie von ihm trennen. Er begleitete ihn überallhin und wurde an einem Tage mit ihm in Rom in die Akademie des heiligen Lucas aufgenommen, die damals Domenichino, Guido Reni, Poussin, Guercino und Sandrart zu ihren Mitgliedern zählte. Velasquez starb in Madrid im J. 1660 an einer ansteckenden Krankheit. Juan verließ sein Sterbebett nur, um der Witwe seine Pflege zu widmen. Auch diese starb acht Tage darauf an derselben Krankheit, worauf er sich zur Tochter seines Herrn begab, die seit kurzem an den Landschaftsmaler Martinez del Mazo verheirathet war. Dieser verdankte dem wackern Juan, der ihn nicht wieder verließ, das Leben; denn als im J. 1670 von einem der Großen Madrids, der sich durch ein noch im Palaste von Aranjuez vorhandenes satirisches Gemälde Mazo's beleidigt hielt, ein Meuchelmörder gedungen wurde, um Jenen aus dem Wege zu räumen, warf sich Juan de Pareja, der ihn beständig begleitete, dem Dolch entgegen, fing den Stoß auf und starb daran.

Das Museum zu Madrid besitzt von dem farbigen Maler mehre treffliche Portraits; auch derjenige Theil der kolossalen pariser Bildergalerie im Louvre, welcher das spanische Museum heißt, ist kürzlich durch zwei seiner Gemälde bereichert worden, von denen das eine die heiligen Frauen am Grabe des Heilands vorstellt, das andere aber jenes oben erwähnte, von Rubens so günstig beurtheilte Bild „Das Begräbniß" ist. Als Meisterwerk Juan's de Pareja betrachtet man aber „die Berufung des heiligen Matthäus", die sich im Palaste zu Aranjuez befindet.

Tunis und die Tuneser.*)

Die Regentschaft Tunis, der kleinste der Barbareskenstaaten, liegt ziemlich in der Mitte von Nordafrika und grenzt im Osten an Tripolis und das mittelländische Meer, im Norden ebenfalls an das mittelländische Meer, im Westen an das Gebiet von Algier, im Süden an Biledulgerid. Die Größe des Gebiets beträgt gegen 4000 Quadratmeilen; der Küstenstrich ist etwa 125 Meilen lang. Arme des Atlas durchziehen das Land in mehren Richtungen; einer derselben zieht unweit der Grenze von Algier unter dem Namen Megalagebirge gegen Norden und läuft in das Vorgebirge Bon aus. Die größten Flüsse sind der Wadelkibir und der Medscherda (sonst Bagrada); außerdem gibt es mehre ansehnliche Landseen. Ein großer Theil der Quellen im Lande hat salziges Wasser, das gleichwol von den daran gewöhnten Eingeborenen ohne Widerwillen getrunken wird. Das Klima ist im Ganzen gesund, namentlich an der Küste, und der Boden größtentheils fruchtbar, besonders im östlichen Theile des Landes, wo die Ernte schon gegen Ende Aprils beginnt, während sie im Westen zwei Monate später fällt. Unter den Producten des Pflanzenreichs sind die wichtigsten: Granatäpfel, Datteln, Citronen, Oliven, Wein, Weizen von vorzüglicher Güte, Gerste, Hanf und Flachs. In Folge der despotischen Verwaltung ist der Ackerbau jetzt fast ganz vernachlässigt und das erbaute Getreide reicht nicht mehr für den Bedarf dieses Landes hin, das ehemals die Kornkammer des römischen Reichs war; das Haupterzeugniß des Landbaus bilden die Ölbäume. Das Vieh ist sehr zahlreich, sowol das Rindvieh als die Schafe mit den Fettschwänzen sind klein aber gut; aus Biledulgerid kommen Pferde und Kameele von außerordentlicher Schnelligkeit. Überall im Lande gibt es Wildpret in Menge, besonders Rebhühner, Hasen, Gazellen, wilde Schweine und Hirsche. Auch an reißenden Thieren, namentlich Löwen, Leoparden, Panthern, Hyänen, Wölfen und Füchsen, ist kein Mangel. Die Gebirge enthalten reiche Silber-, Kupfer- und Bleigruben; auch Quecksilber ist vorhanden.

Die Bevölkerung ist ihrer Zahl nach nicht bekannt; vor etwa einem halben Jahrhunderte soll sie fünf Millionen betragen haben, aber die furchtbare Pest, welche später mehrmals das Land verheerte, sowie verschiedene Perioden des Mangels, namentlich die große Hungersnoth im J. 1805, haben jene Zahl auf weniger als die Hälfte vermindert, und nach den neuesten Berichten beläuft sich die Volksmenge gegenwärtig auf höchstens zwei Millionen. Wenn man die große Menge ehemaliger Städte, deren Ruinen über das ganze Land zerstreut sind, die außerordentliche Fruchtbarkeit des Bodens, die ungeheuern Armeen der frühern Beherrscher des Landes in Betracht zieht, so muß man es für wahrscheinlich halten, daß das Land in der Zeit seiner Blüte 10—12 Millionen Einwohner zu ernähren vermocht habe.

Die tunesische Bevölkerung, welche außer 100,000 Juden und 7000 Christen in Mauren, Arabern und Türken besteht, von denen die Mauren und Araber die große Masse der Nation bilden, kann als die civilisirteste der ganzen Berberei betrachtet werden. Die Mauren oder Städtebewohner insbesondere sind im Allgemeinen ein ruhiges und gesittetes Volk, wiewol mit Haß gegen die Christen erfüllt; viele arabische Stämme dagegen sind wild, gesetzlos und grausam. Die Tune-

*) Vergl. Pfennig-Magazin Nr. 314 fg.

Ein Barbier, eine Maurin und ein Matrose aus Gabes.

ser haben eine kraftvolle Constitution und erreichen ein hohes Alter; die Frauen sind wohlgebildet, wiewol häufig zu corpulent. Die Künste und Gewerbe stehen auf keiner hohen Stufe; am blühendsten sind noch die Seifensiedereien und die Manufacturen, wo Mützen, wollene Zeuche und Saffian verfertigt werden. Die rothen Mützen aus Tunis werden überall im ganzen Oriente getragen und sind seit undenklichen Zeiten berühmt; sie werden gewöhnlich aus spanischer Wolle gefertigt. Der Handel wird zu Lande durch Karavanen aus Sudan, Marokko und Ägypten, nur selten durch Karavanen tunesischer Kaufleute, die ins Innere von Afrika gehen, zur See meist durch europäische Schiffe betrieben. Die Hauptausfuhr von Tunis besteht in Öl, lebendigem Vieh, Häuten, Wolle, Wachs, Honig, Krapp, rothen Mützen, Shawls, Sennesblättern, Seife, Badeschwämmen, Baumwolle, Straußfedern, Orseille, Seide und Korallen; freilich werden mehre der genannten Artikel nur in sehr kleinen Quantitäten ausgeführt. Der Sklavenhandel hat seit 1830 sehr abgenommen, indem seit diesem Jahre keine christlichen Gefangenen mehr als Sklaven verkauft werden dürfen; dagegen werden noch immer Negersklaven eingeführt, größtentheils durch Tripolitaner; aber ihr Zustand ist im Ganzen genommen sehr erträglich, da sie gut behandelt und sehr häufig nach Verlauf von sieben Jahren ohne Lösegeld freigelassen werden.

Das Oberhaupt des Staats führt den Titel Bei (Schatzmeister) und wird gewöhnlich von der türkischen Miliz zu dieser Würde erhoben oder doch, da sie seit längerer Zeit erblich ist, in derselben bestätigt; er regiert fast ganz unumschränkt, da der Divan nur zum Schein zusammenberufen und zu Rathe gezogen wird. Der Bei Sidi Hussein starb am 20. Mai 1835, und an seine Stelle trat sein Bruder Sidi Mustapha, der durch Geschenke an die Pforte seine Bestätigung erwirkte, aber schon am 10. October 1837 starb; ihm folgte sein Sohn Sidi Achmet. Der Einfluß des türkischen Sultans, der sich als Schutzherrn von Tunis, sowie von Tripolis und früher von Algier betrachtet, ist sehr gering, und die Abhängigkeit von Algier, das von Tunis seit der Eroberung dieser Stadt im J. 1686 einen jährlichen Tribut in Anspruch nahm, hat mit der Eroberung Algiers durch die Franzosen ein Ende genommen. Ehemals regierte hier ein türkischer Pascha, dann ein Aga, später ein von der türkischen Miliz gewählter Dei. Die Landmacht bestand im J. 1832 aus 49,620 Mann, worunter 40,000 Araber, die nur in Kriegszeiten aufgeboten werden; die übrigen sind türkische Truppen, Zuaven, Spahis und Mamluken oder Leibwachen; die letztern, etwa 300 an der Zahl, sind sämmtlich Renegaten, namentlich Neapolitaner, Sicilier und Sardinier; die ganze stehende Armee beträgt nur etwa 6000 Mann. Die ehemals so wichtige Seemacht von Tunis ist jetzt ganz unbedeutend; 1833 bestand sie noch aus 1 Fregatte, 1 Corvette, 3 Briggs, 3 Schoners und 30 Kanonenbooten, von denen aber der kleinste Theil dienstfähig war, und schwerlich dürfte seitdem eine Vermehrung eingetreten sein.

Außer Tunis (wovon früher die Rede gewesen ist) sind folgende Städte zu bemerken: Keruan im Innern, die bedeutendste Stadt nach Tunis, mit 50—60,000 Einwohnern, auch wichtig als heilige Stadt der Mohammedaner (unter den heiligen Städten im Reiche des Islam dem Range nach die vierte), wo der Barbier des Propheten begraben liegen soll. Sie enthält eine kolossale Moschee mit 500 Granitsäulen. Gabes oder Cabes an der Küste, an einer Bucht, die ehemals den Namen der kleinen Syrte führte, hat 30,000 Einwohner und treibt bedeutenden Handel, was auch von den Seestädten Sfar, Susa und Bizerta (unweit der Grenze von Algier) gilt. Monastir mit 12,000 Einwohnern, welche Wollenweberei treiben. Keff, Grenzstadt von Algier, östlich vom Flusse Medscherda.

Ruinen aus der Zeit der Römer findet man überall in einer Menge und von einer Großartigkeit, wie in keinem andern Theile von Nordafrika; sie zeugen von

Ein Araber aus Tunis.

einem überaus blühenden Zustande des Landes in der Vorzeit, von dem der jetzige freilich gerade das Gegentheil ist. Die herrlichsten Ruinen sind die der Stadt Thugga, zwischen Tunis und Keff, drei Tagereisen von ersterer Stadt entfernt. Nächstdem sind die Ruinen zu Spetla (dem alten Suffetula), Cassarin, Hydrah, El Dschemm u. s. w. ebenfalls sehr merkwürdig und imposant. Das berühmte Karthago, das ganz in der Nähe des heutigen Tunis lag, erkennt man nur noch an seinen Cisternen, den Überresten einiger Amphitheater und einer Wasserleitung, und dennoch flößen diese dürftigen Überreste wegen der sich an dieselben knüpfenden Erinnerungen dem Kenner des Alterthums ein größeres Interesse ein als alle übrigen, ungleich bedeutendern Ruinen.

Die höchsten Kälte= und Wärmegrade.

Die Extreme der Wärme und Kälte, die bisher mit einem in freier Luft und im Schatten aufgehängten Thermometer beobachtet worden sind, können in runden Zahlen, wenn man einige zweifelhafte Beobachtungen ausschließt, auf 45 Grad Wärme und 50 Grad Kälte (nach Réaumur) angenommen werden. Einige der merkwürdigsten Beobachtungen, die bisher in dieser Hinsicht angestellt worden, sind folgende.

Die größte Hitze anlangend beobachteten Denham und Clapperton zu Bornu im Innern von Afrika mehre Stunden lang in ihrer Hütte 36 Grad. Capitain Tuckey berichtet, daß auf seiner Station auf dem rothen Meere das Thermometer um Mitternacht 29 Grad, um Mittag 36 Grad gezeigt habe. Russegger beobachtete in Ostafrika unter 15 Grad nördlicher Breite im Schatten häufig 35 und selbst 37 Grad. Die Franzosen maßen am 22. September 1799 bei Ombos in Ägypten unterhalb Syene einige Fuß über dem Boden 43 Gr. In Suez erreichte die Temperatur nach dem arabischen Reisenden Ali Bei el Abassi einmal Abends 6 Uhr 42 Gr. In Seringapatam in Ostindien hat Scarman 37 Gr. als größte Wärme beobachtet. Zu Bagdad, das doch 33⅓ Gr. nördlich vom Äquator liegt, stieg die Hitze am 25. Aug. 1819 auf 39 Gr. und erhielt sich in der Nacht auf 33¾ Gr., sodaß Menschen vor Hitze umkamen. Zu Sidney=Town in Neusüdwales, wo auffallenderweise die über hohe Berge streichenden Nord= und Nordwestwinde Hitze bringen, erreichte die Hitze im Januar 1814 nach Ledyard Nicholas 36½ Gr., sodaß die Vögel in den Käfigen davon starben; ja Sturt beobachtete am 12. December 1813 in der Nähe des Sees Budda im Schatten 43 Gr. und in Neusüdwales soll das Thermometer acht Tage anhaltend auf 35½ Gr. gestanden haben. Ohne Zweifel gehört diese an der Südostküste Neuhollands herrschende unnatürliche Hitze zu den auffallendsten und noch nicht erklärten Phänomenen, da im Allgemeinen Inseln und Küsten ein gemäßigtes Klima haben. Bei allen angeführten Beobachtungen befand sich das Thermometer im Schatten und war vor aller Einwirkung der Sonnenstrahlen geschützt. Wenn man es der Sonne aussetzt und wol gar überdies die Kugel mit einer schwarzen Farbe überzieht, so kann es um fast 18 Grad höher steigen, weshalb eine in der Sonne beobachtete Wärme niemals als die wahre Luftwärme angesehen werden kann. Auch der Boden, namentlich Sandboden, nimmt eine weit höhere Temperatur als die Luft an. In Westafrika sah Winterbottom das Thermometer auf dem Boden bis 47 Gr. steigen; der Sand in den Llanos von Venezuela erreicht zuweilen 48 Gr. Réaumur, und die Temperatur des trockenen Sandes an den Ufern unserer Flüsse oder auf der Straße steigt im Sommer oft auf 40 und mehr Grad, während das Wasser der Flüsse, wenigstens da, wo es einige Tiefe hat, immer 10—13 Gr. kälter als die Luft ist. Auf offener See erreicht die Temperatur der Luft nirgend und niemals 24 Gr.; auch die Temperatur der obersten, wärmsten Schicht des Meerwassers in der heißen Zone beträgt niemals mehr.

Die größte Kälte soll Capitain Roß zu Felix Harbour in Nordamerika unter 70 Grad nördlicher Breite beobachtet haben, wenn eine freilich sehr zweifelhafte Angabe richtig ist, nach welcher die niedrigste beobachtete Temperatur einmal fast 55 Gr. betragen haben soll; die Kälte war dort so unglaublich, daß das Thermometer in 136 Tagen nicht bis zum Nullpunkt der Fahrenheit'schen Scala, d. h. bis zu —14⅔ Gr. nach Réaumur stieg. Capitain Back, der eine Expedition einzig in der Absicht unternahm, den über alle Erwartung lange ausbleibenden Capitain Roß aufzusuchen, beobachtete als absolut größte Kälte am 17. Januar 1834 45½ Gr. In Torneå unter dem Polarkreise erreicht die Kälte nicht selten 40 Gr. und betrug im J. 1810 sogar einmal 46⁸⁄₁₀ Gr. In Jakutsk in Sibirien tritt alle Jahre eine Kälte von mehr als 40 Gr. ein; im Jahre 1828 hielt sie sich zehn Tage lang (1.—10. Januar) auf dieser Höhe und stieg am 4. bis 44½ Grad. Zu Bagranowskaja in Sibirien beobachtete Hansteen einmal 50½ Gr., was, wenn die Angabe anders genau ist, der höchste in Sibirien beobachtete Kältegrad sein würde. Capitain Franklin beobachtete im December 1820 zu Fort Enterprise in Nordamerika 40 Gr. Kälte. Auf der Melvilleinsel unter 75 Gr. nördl. Breite beobachtete Parry in fünf Monaten (November 1819 bis März 1820) eine Kälte von 32—38 Gr. Réaumur, bei welcher das Quecksilber gefroren war, wozu schon eine Kälte von 31½ Gr. hinreicht; auch in den Monaten October und April stieg die Kälte auf 27—28½ Gr.; gleichwol war die Insel von sehr vielen Thieren (Moschusochsen, Rennthieren, Hasen, Gänsen, Enten und einer Rebhühnerart) bewohnt. Parry macht hierbei die Bemerkung, daß ein in Kleider und Pelze eingehüllter Mensch sich bei einer Kälte von 36 Gr. ohne große Unbequemlichkeit mehre Stunden im Freien aufhalten könne, vorausgesetzt, daß er sich bewegt und daß kein Wind weht, indem bei solcher Kälte selbst ein leises Lüftchen höchst empfindlich ist. Nach Arago's Annahme, die freilich auf sehr unsichern Grundlagen beruht, ist die Temperatur des Himmelsraumes niedriger als die tiefsten auf der Erde gemessenen Temperaturen; der nicht minder berühmte französische Gelehrte Poisson hält es dagegen für möglich, daß die Atmosphäre kälter sei als der Himmelsraum.

Hieran knüpfen wir einige Bemerkungen über die größte künstliche Hitze, welche der Mensch ertragen kann. Marschall Marmont will zu Brussa einen Türken in einem 62 Grad warmen Bade lange verweilen gesehen haben. Nach Andern beträgt die höchste ertragbare Badehitze viel weniger. Ein französischer Arzt konnte in den warmen Bädern von Roussillon 40 Gr. Réaumur nur drei Minuten lang aushalten. Acht englische Gelehrte (worunter Banks, Solander und Blagden), die 1774 in einem geheizten Raume eine Lufttemperatur von 102½ Gr. acht Minuten lang aushielten, haben durch andere Versuche gefunden, daß der Mensch mit der Hand im Mittel ertragen könne: im Quecksilber 37½, im Wasser 40½, im Öl 43, im Weingeist 43½ Grad.

Begräbnißgebräuche der neuern Ägypter.*)

Sobald der letzte Kampf des Lebens mit dem Tode beginnt, legt man den Sterbenden so, daß sein Gesicht nach Mekka gekehrt ist; nach dem Tode drückt man ihm die Augen zu und die anwesenden Männer rufen den Spruch: „Allah, es ist keine Kraft noch Macht außer in Gott; wir gehören Gott an und müssen zu ihm zurückkehren; Gott habe Erbarmen mit ihm." Die Frauen erheben ein durchdringendes Klagegeschrei, Wilwal genannt; sobald dieses vernommen wird, kommen die Nachbarinnen hinzu und stimmen in die Klage ein, während die weiblichen Verwandten des Verstorbenen mit verhülltem Haupte auf dem Divan sitzen, dessen Polster wie die Teppiche zum Zeichen der Trauer umgekehrt worden sind. Nun treten die Klageweiber ins Zimmer; die Anführerin derselben hat sich zuvor nach den Verhältnissen des Verstorbenen erkundigt, erzählt nun von diesen und ahmt seine Redeweise nach; dazwischen bejammert sie ihn und die andern Klageweiber stimmen in die Klage ein. Der Eindruck auf die Witwe oder die andern nahen weiblichen Verwandten des Verstorbenen ist oft so mächtig, daß er Ohnmachten herbeiführt.

Wenn der Tod am Morgen erfolgt, so geschieht die Bestattung noch an demselben, außerdem am folgenden Tage. In der ersten Nacht nach dem Tode werden im Hause des Verstorbenen, falls dieser nicht ganz arm war, von einigen Fickis oder Schullehrern die Gebete des großen Rosenkranzes gesprochen und der Koran gelesen. Der Rosenkranz, welcher bei dieser Gelegenheit gebraucht wird, hat 1000 Kugeln von der Größe eines Taubeneis; so oft eine solche Kugel durch die Finger gleitet, murmelt der Betende die Worte: „Es ist kein Gott außer Gott"; wenn er dies 1000 Mal gethan hat, bekommt er eine Tasse Kaffee und beginnt dann von neuem, bis er den Rosenkranz 31 Mal abgebetet, also jenen Spruch 31,000 Mal wiederholt hat, worauf er eine ordentliche Mahlzeit erhält. Unterdessen setzen auch die Klageweiber gemeinschaftlich mit den Frauen des Sterbehauses ihr Klagegeschrei fort, das sich in größerer Heftigkeit wiederholt, wenn der Augenblick der Bestattung kommt. Der Todte, von Leichenwäschern seines Geschlechts gewaschen und in den Todtenkittel gekleidet, liegt auf der Bahre, die von Freunden des Verstorbenen getragen wird. Voran geht paarweise geordnet eine Anzahl Fickis oder anderer armer, oft auch blinder Männer, die in dumpfem Tone das Glaubensbekenntniß beten; dann folgen einige Freunde des Todten, nicht selten auch Derwische mit Fahnen, hierauf paarweise eine Anzahl Knaben, die den Sterbegesang singen, worin das jüngste Gericht geschildert wird. Nun kommt die Bahre und hinter ihr die klagenden Frauen, deren Klage übrigens weder beim Begräbniß einer Jungfrau noch bei dem eines vermeintlichen Heiligen laut werden darf; bei jenem erscheinen die weiblichen Verwandten zu Pferde, bei diesem stimmen sie ihren Zugharit oder Jubeltriller an.

Vom Sterbehause geht der Weg zuerst zu einer Moschee, wo der Iman das Todtengebet verrichtet und dann die Formeln des Glaubensbekenntnisses spricht. Nach einer kurzen Pause wendet er sich zu den Engeln, welche unsichtbar zu beiden Seiten der Bahre stehen, und grüßt sie mit dem Gruße des Friedens und der Segnungen. Endlich wendet er sich an die Anwesenden und fodert sie auf, ihr Zeugniß über den Todten zu geben; in der Regel antworten sie dann: Er war unter den Guten.

Wenn diese Ceremonie, die freilich nur ein sehr schwacher Überrest der Todtengerichte der alten Ägypter ist, vorüber ist, so beginnt der Zug nach dem Gottesacker. Das Grab ist ein backofenähnliches Gewölbe, auf dessen geschlossenen, mit Erde bedeckten Bogen der Grabstein liegt; es muß so groß sein, daß der Todte darin aufrecht sitzen kann, wenn in der ersten Nacht nach der Beerdigung die beiden Engel Munkir und Nekir hineinkommen, um ihn zu verhören. Gewöhnlich hat das Grab Platz für mehre Leichname und der Eingang desselben ist nach Nordost gerichtet. Man legt darin den Leichnam so, daß sein Angesicht gegen Mekka, also nach Südost gerichtet ist, und sichert ihm diese Stellung durch einen untergelegten Stein. Nach der Bestattung setzt sich ein Ficki als Todtenlehrer vor das Grab und ruft dem Todten zu, wie er auf die Fragen der beiden Engel antworten soll, daß nämlich der Islam sein Glaube, der Koran das Buch seiner Gebete gewesen sei u. s. w. Am Grabe eines Bemittelten wird ein Büffel als Versöhnungsopfer geschlachtet und sein Fleisch unter die Armen vertheilt. Am Donnerstage nach der Beerdigung wiederholen die Frauen das Klagegeschrei, am Freitage besuchen sie das Grab mit Palmzweigen in der Hand, Beides wird in den nächsten Wochen wiederholt, bis sich in der sechsten Woche die 40tägige Periode der Klagezeit schließt. Die Farbe der Trauergewänder ist in Ägypten dunkelblau, doch werden dieselben nur von Frauen getragen. In Oberägypten halten die Frauen in den ersten drei Tagen nach dem Tode eines nahen Verwandten außer den lauten Klagen täglich dreimal, jedes Mal eine Stunde lang, Todtentänze von ganz besonderer Art, wobei sie Gesicht und Gewand mit Staub und Asche bestreuen, Palmenstöcke oder scharfe Waffen in den Händen und um den Leib einen Gürtel von Stroh oder Grashalmen tragen, der nach Verlauf der drei Tage auf das Grab gelegt wird.

Übrigens wird der Weg nach dem Grabe, da er dem Islam zufolge unmittelbar nach dem Paradiese geht, auch von den Lebenden, und zwar insbesondere zur Zeit des Bairamfestes, häufig besucht. Man findet dann vor den Begräbnißstellen von Kairo Schaukeln und Carroussels angebracht; Zelte, in und vor welchen Tänzer, Musikanten und Romanzenerzähler ihre Künste ausüben, stehen allenthalben; die Frauen, die mit ihren Kindern die Gräber besorgen, haben sich mit einer Fülle von Kuchen versorgt, und wer noch keine hat, kann sie bei den Verkäufern überall zwischen den Gräbern haben, denn man baut sich da, wo keine Gebäude über den Familienbegräbnissen angebracht sind, Zelte, in denen manche Frauen — freilich nicht gerade solche, die unter strenger Aufsicht stehen oder sich ihren Ruf unbescholten erhalten möchten — sogar die ganze Nacht hindurch verweilen.

Indianische Hügel.

In vielen Gegenden der Vereinigten Staaten von Nordamerika, namentlich aber in Georgien, am Ufer des Flusses Savannah, findet man Hügel, die unter dem Namen „indianische Hügel" bekannt sind. Sie sind von geringer Höhe und haben die Form eines abge-

---
*) Aus Schubert's „Reise nach dem Morgenlande."

stumpften Kegels; das Erdreich derselben besteht aus Austerschalen, Bruchstücken von Thongeschirren und Erde. Ob diese Hügel das Werk von Menschenhänden oder natürlichen Ursprungs sind, möchte schwer zu entscheiden sein; ersteres erscheint darum nicht sehr wahrscheinlich, da man keine Spur des Aufwerfens findet, doch scheint es aus der Analogie mit ähnlichen und größtentheils viel bedeutendern Hügeln zu folgen, die man fast in allen Flußthälern der westlichen Staaten, auch in den sogenannten Prairien, antrifft; in diesen hat man nämlich Geräthe und Knochen gefunden, woraus mit ziemlicher Sicherheit zu schließen ist, daß sie das Werk der Ureinwohner sind. Jedenfalls haben auch die Hügel in Georgien, die eine mit dem Flußufer fast parallel laufende Linie bilden, den Indianern ehemals als Begräbnißplatz und Wohnort, besonders zur Zeit von Überschwemmungen, gedient, da die in denselben befindlichen Scherben von Gefäßen auf den frühern Aufenthalt von Menschen hindeuten.

Der Weltbürger.

Vor dem Disciplinarrathe der fünften Legion der Nationalgarde in Paris erschien ein gewisser Bomier, weil er sich geweigert hatte, Dienst zu thun.

„Sie erscheinen hier nicht zum ersten Male", redete ihn der Präsident an.

„Wie Sie hartnäckig darauf bestehen, mich auf die Wache zu bringen, obgleich das Gesetz mich davon freispricht, so bin ich auch hartnäckig, und mit Hartnäckigkeit auf beiden Seiten können wir es noch weit bringen."

„Aus welchem Grunde wollen Sie vom Dienste frei sein?"

„Der Grund liegt auf der Hand. Wer ist berufen, sich für Frankreich zu bewaffnen? Der Franzose, nicht wahr? Ich bin nun aber kein Franzose und kann mir also mit Ihren Wachbillets die Cigarre anbrennen."

„Sie sind also Franzose?"

„Nicht im geringsten; ich habe zwar ein französisches Herz, ich habe französischen Geist und vielleicht auch boshaften Witz genug, um ein Vaudeville schreiben zu können, dennoch habe ich mit Ihrem gallischen Hahne nichts zu schaffen; ich bin Ausländer."

„Aus welchem Lande?"

„Ich bin ein Engländer."

„Sie sind bereits zum dritten Male hier und suchen stets vom Dienste sich dadurch frei zu machen, daß Sie sich für einen Ausländer ausgeben. Leider haben Sie ein so schlechtes Gedächtniß, daß Sie Ihr Vaterland bald nach Norden, bald nach Süden verlegen. Das erste Mal nannten Sie sich einen Spanier."

„Allerdings, ich bin auch ein Spanier." (Man lacht.)

„Das zweite Mal wollten Sie ein Belgier sein."

„Auch dies ist wahr; ich bin gewissermaßen auch Belgier." (Man lacht.)

„Und heute nennen Sie sich einen Engländer. Entscheiden Sie sich wenigstens für das eine oder das andere Land und bringen Sie Beweise bei, daß Sie dem Auslande angehören; bis dahin sind Sie nicht mehr und nicht weniger als Franzose."

„Sie spaßen, Herr Präsident, aber der Spaß ist ganz unzeitig, denn wenn ich einmal gesagt habe, ich sei ein Spanier, dann, ich sei Belgier, und wieder einmal, ich sei ein Engländer, so kann ich diese dreifache Behauptung beweisen."

„Darauf bin ich neugierig; lassen Sie hören."

„Ich werde Ihre Neugierde sogleich befriedigen. Zuerst und vor Allem bin ich Engländer, denn ich bin in England geboren; einen schlagendern Beweis gibt es doch nicht."

„Aber Ihr Vater ist Franzose und hat selbst in Paris ein ansehnliches Geschäft."

„Das Geschäft meines Vaters geht uns hier nichts an; wäre es auch noch ansehnlicher, so könnte er doch mit meiner Mutter eine Reise nach Albion gemacht und meiner Geburt an dem Ufer der Themse beigewohnt haben."

„Der Beweis?"

„Der Beweis ist, daß ich englisch spreche. (Man lacht.) Fragen Sie mich englisch, ich werde Ihnen antworten."

„Das ist kein Beweis; Sie antworten wol auch, wenn man sie spanisch anredet."

„Sie haben es errathen, denn ich hielt mich lange in Castilien auf und wurde als Spanier naturalisirt."

„Der Beweis?"

„Der Beweis? God damn! Fragen Sie Don Carlos." (Man lacht.)

„Solche Ausflüchte nützen Ihnen nichts."

„Wol möglich, dagegen kann ich bis zu einem gewissen Grade meine Eigenschaft als Belgier darthun, weil ich 1831 die Holländer unter der belgischen Fahne mit bekämpfte, weil ich zum Lieutenant einer lütticher Compagnie ernannt wurde und das Patent noch habe, sowie einen Orden, der beweist, daß ich einer der erbittertsten Feinde des Prinzen von Oranien war."

„Alles dies macht Sie nicht zum Ausländer."

„Wenn Ihnen dies nicht genügt, so muß ich Ihnen noch sagen, daß ich ein Preuße bin, weil meine Mutter aus Köln stammt, und daß ich ferner auch zu Portugal gehöre, weil eine meiner Tanten Schleppenträgerin der Königin Donna Maria ist." (Allgemeine Heiterkeit.)

„Eine andere Entschuldigung haben Sie nicht?"

„Nun wahrhaftig, wenn das Ihnen nicht genügt, so sind Sie schwer zufrieden zu stellen."

Bomier wurde zu eintägigem Arrest verurtheilt.

Geschwindigkeitsmesser für Schiffe.

Man bediente sich bisher zur See zum Messen der Geschwindigkeit der Schiffe gewöhnlich einer Knotenschnur, die man auswirft und deren Ablaufen man mit einer Art Sanduhr mißt, welches Verfahren jedoch nur sehr mangelhafte Resultate gibt. Zweckmäßiger dürfte ein von Clément in Rochefort erfundenes einfaches Instrument sein, von dem Erfinder montre à sillage genannt. Es besteht in der Hauptsache aus zwei Uhren, von denen die eine von gewöhnlicher Construction die Zeit zu messen hat, die andere aber durch die Anstrengung des Schiffs bei Überwindung des Widerstandes des Wassers in Bewegung gesetzt wird. Von dieser letztern Uhr läuft eine Kette an das Ende eines Hebels, der durch einen einfachen Mechanismus mit einer unter dem Kiele in das Meer getauchten Metallkugel in Verbindung steht; die letztere erzeugt eine Spannung, sobald der Widerstand des Wassers gegen die Bewegung des Schiffs auf sie wirkt, und da dieser Widerstand um so größer ist, je rascher der Lauf des Schiffes ist, die gedachte Spannung aber ihm proportional ist, so gibt dieselbe ein genaues Maß für die Geschwindigkeit ab.

Verantwortlicher Herausgeber: Friedrich Brockhaus. — Druck und Verlag von F. A. Brockhaus in Leipzig.

Das Pfennig-Magazin

für Verbreitung gemeinnütziger Kenntnisse.

369.] Erscheint jeden Sonnabend. [April 25, **1840**.

Hyder Ali.

Der Gründer des einst so mächtigen indischen Reichs Mysore oder Mayssur in Ostindien, Hyder Ali, wurde 1728 zu Devanelli geboren und war der jüngere Sohn von Nadim Saheb, der im Dienste des Rajah von Mysore 10,000 Reiter commandirte. Das Gebiet von Mysore bestand ursprünglich nur aus der noch vorhandenen Festung dieses Namens, südlich von Seringapatam in der Präsidentschaft Madras, und 32 Dörfern, um welche sich in der Folge das von Hyder Ali gegründete große Reich nach allen Seiten ausdehnte. Die alten Rajahs von Mysore waren abwechselnd Vasallen der Könige von Bisnagar, der Sultane von Visapur und der Saubahs von Dekan, d. h. der Statthalter des Großmoguls, die dessen Eroberungen in der Halb= insel diesseit des Ganges in seinem Namen regierten. Von 1610—1760 regierten zehn Regenten derselben Dynastie über Mysore, von denen der letzte, Chick Kissna, im J. 1760 von Hyder Ali entthront wurde und sein Leben als Gefangener in Mysore beschloß. Hyder Ali diente 1750 unter den mysorischen Truppen in dem Kriege, den die beiden von den Engländern und Franzosen unterstützten Prätendenten der Provinz Karnatik miteinander führten, und da er meist in Verbindung mit den Franzosen agirte, so bildete er seine Truppen nach ihrem Muster und nahm viele Franzosen und andere Europäer in seine Dienste. Während des Kriegs starb erst sein Vater, dann (1756) sein älterer Bruder, Js= mael Saheb; dadurch wurde Hyder Besitzer der frucht=

baren Lehnsherrschaft Devanelli und eines Truppencorps von 15,000 Mann, auch wurde er sogleich von dem König von Mysore zu einem der Befehlshaber seiner Armee ernannt, wie es sein Bruder gewesen war. Bald zerfiel er mit dem ersten Minister seines Fürsten, der, um ihn zu unterdrücken, die Mahratten zu Hülfe rief; aber Hyder gewann diese durch Unterhandlungen und bewog sie durch Zahlung einer Geldsumme, das Land wieder zu räumen, wofür ihm der Rajah den Ehrentitel Bahadar beilegte und das Obercommando seiner Truppen übertrug. Als die Engländer die französische Festung Pondichery einschlossen, stand Hyder den Franzosen bei, was vom Rajah und seinen Rathgebern nicht gebilligt wurde; misvergnügt hierüber ging Hyder um das Jahr 1760 nach Seringapatam, setzte die Minister ab und riß die Regierung an sich, indem er den Rajah, der seine Würde beibehielt, aber seine Macht verlor, in seinem Palast in der Stadt Mysore einschloß und ihm eine Summe für seinen Hofstaat aussetzte, ihm also eine ähnliche Rolle zutheilte, wie sie 1000 Jahre früher die von ihren Hausmeiern bevormundeten merovingischen Könige gespielt hatten. Die Umstände dieser Palastrevolution werden übrigens auf sehr verschiedene Weise erzählt. Nach dem Tode des Rajah im J. 1766 setzte Hyder einen andern, gleich ohnmächtigen Scheinfürsten ein; erst sein Nachfolger Tippo Saheb hielt es 1796 für überflüssig, die Ceremonie der Ernennung eines Rajah zu erneuern. Seinen Feind, den bisherigen ersten Minister Canero, denselben, der die Mahratten ins Land gerufen, ließ Hyder in einen eisernen Käfig sperren, welcher auf dem öffentlichen Platze zu Bangalor aufgehängt wurde; in diesem Gefängnisse lebte der unglückliche Günstling noch zwei Jahre, dem Muthwillen des ihn hassenden und Hyder Ali anbetenden Volkes preisgegeben.

Nachdem Hyder die nöthigen Maßregeln zur Behauptung der Obergewalt getroffen hatte, zog er gegen die Mahratten zu Felde und bewog sie durch eine ansehnliche Geldsumme zum Rückzuge; aber in seiner ganzen Regierungszeit hatte er mit diesen raubgierigen Nachbarn zu kämpfen. Während seiner Kriege ließ er das Wohl seiner Unterthanen nicht aus dem Auge, sondern zog fortwährend eine Menge Handwerker in seine Staaten, bemühte sich, den Seidenbau und andere Culturzweige emporzubringen und ermunterte den Landmann durch gesetzliche Maßregeln, wüste Gegenden anzubauen.

Die erste Provinz, die er 1763 dem damals kleinen Gebiete von Mysore hinzufügte, war Serah im Norden, das von den Mahratten besetzt war; Hyder erhielt es als Lehen zugleich mit dem Nabobstitel von dem Großmogul zum Lohne für die Vertreibung der Mahratten von den Grenzen der Provinz Dekan. Im folgenden Jahre bezwang Hyder das durch unersteigliche Berge und dichte Waldungen von Mysore getrennte Königreich Kanara im Nordwesten, ein Küstenland nördlich von Malabar, das wegen seines trefflichen Hafens Mangalor sehr wichtig war. Unter allen Eroberungen Hyder's war diese die bedeutendste. Hier ließ Hyder von Europäern Kriegsschiffe erbauen, um seine Länder gegen Angriffe zur See zu schützen, und die Engländer ließen die mysorische Seemacht niemals aufkommen. Seine folgende Eroberung war ein Theil der Provinz Sunda, westlich von Kanara, in welche sich die Portugiesen, die Mahratten und einige indische Fürsten getheilt hatten; ein Versuch Hyder's, die Portugiesen, deren Hauptfestung Goa in Sunda liegt, aus ihren Besitzungen zu vertreiben, glückte jedoch nicht. Vom J. 1765 an machte er die Küste Malabar zum Schauplatze seiner Feldzüge, zu Hülfe gerufen von den dort lebenden Mapelets. So hießen nämlich die dort lebenden Abkömmlinge arabischer, angeblich schon 642 n. Chr. dort eingewanderter Kaufleute, welche die mohammedanische Religion beibehalten hatten, von den Hindus abgesondert lebten und durch Handel und Schiffahrt große Reichthümer erworben hatten, eben dadurch aber die Habsucht der zur indischen Kriegerkaste gehörigen Nairen, der Herren des Landes, schon längst rege gemacht hatten. Im J. 1765 beschlossen die Nairen, alle in ihrem Gebiete zerstreuten Mapelets an einem bestimmten Tage zu ermorden. Über 6000 wurden wirklich umgebracht, die übrigen retteten sich in die holländische Festung Cranganor und baten ihren Glaubensgenossen Hyder Ali um Hülfe. Dieser erschien mit zahlreichen Heere, besiegte die Nairen, nahm an ihnen grausame Rache und eroberte auch Calicut, die Hauptstadt eines der mächtigsten Nairenfürsten, der den Titel Zamorin führte. Da dieser die ihm auferlegte Brandschatzung von 120 Millionen Rupien nicht aufbringen konnte, ließ ihn Hyder in seinen Palast einschließen und entzog ihm alle Nahrungsmittel, weshalb sich der Zamorin aus Verzweiflung mit seiner ganzen Familie verbrannte.

Die wichtigsten Kriege führte Hyder mit den Engländern, denen er sich als ein furchtbarer Gegner zeigte. Der erste Krieg dauerte von 1767—69; damals verbanden sich die Engländer mit den Mahratten und dem Saubah oder Nizam von Dekan, und Hyder Ali's Länder wurden von verschiedenen Seiten angegriffen. Die Mahratten, welche die Nordprovinzen des Staats verwüsteten, bewog Hyder durch Zahlung einer Geldsumme und Abtretung einiger festen Plätze zum Frieden; der Nizam von Dekan folgte ihrem Beispiele, vermählte sogar seine Tochter mit Hyder's ältestem Sohne und späterm Nachfolger Tippo Saheb, belehnte ihn zugleich mit der Provinz Karnatik und versprach ihm allen Beistand zur Eroberung derselben. Die Engländer bekämpfte Hyder in der Provinz Karnatik, die er mit zahlreicher Reiterei überschwemmte, ja sein Sohn drang bis Madras vor; gleichzeitig drangen aber die Engländer von der entgegengesetzten Seite, von Bombay her, in seine westlichen Staaten ein und eroberten Mangalor. Hyder eilte dorthin und trieb die nicht sehr zahlreichen Engländer in ihre Schiffe zurück. Im Ganzen war in diesem Kriege trotz mehrer Siege der Engländer der Vortheil auf der Seite Hyder's, und durch den Frieden, der am 4. April 1769 unterzeichnet wurde, erlitt seine Macht keine Schmälerung, indem beide Theile ihre Eroberungen zurückgaben. In demselben Frieden sicherten sich Hyder Ali und die Engländer gegenseitigen Schutz in Defensivkriegen zu, eine Bestimmung, die von den Engländern später nicht befolgt wurde.

Bisher war Hyder immer glücklich gewesen; aber im J. 1772 brachten ihm die Mahratten, gegen welche Hyder vergeblich die tractatmäßig zugesagte Hülfe der Engländer nachsuchte, bei Mailcotta, drei Meilen nördlich von seiner Hauptstadt Seringapatam, eine schwere Niederlage bei. Er verlor 13,000 Mann seiner besten Truppen, mußte sein Lager und alles Geschütz im Stiche lassen und entkam selbst mit genauer Noth. Eine von den Mahratten versuchte Belagerung von Seringapatam blieb jedoch ohne Erfolg; Hyder erholte sich bald wieder, entriß auch später den Mahratten ihre besten Eroberungen südlich vom Flusse Kißnah und dehnte 1776—80 seine Herrschaft im Norden bis an die Flüsse Gutpurba und Tumbudra aus.

Im J. 1780 wurde Hyder zum zweiten Male in

Krieg mit den Engländern verwickelt. Diese eroberten nämlich damals alle französischen Besitzungen in Bengalen und Dekan, aber Hyder wollte den kriegführenden Europäern die Fortsetzung der Feindseligkeiten auf seinem Gebiete nicht gestatten, und als sich die Engländer nicht daran kehrten, griff er mit zahlreichen und geübten Heeren die englischen Besitzungen auf den Küsten Malabar und Coromandel an. Auf der letztern fiel er mit 80,000, nach andern Angaben 100,000 Mann, großentheils durch europäische Offiziere commandirt, und 100 Kanonen in der Provinz Karnatik ein, eroberte viele Festungen, schlug und vernichtete ein englisches Heer und zwang die Engländer, sich nach Madras zu flüchten. Die Lage der Präsidentschaft Madras, der die andern Präsidentschaften, selbst von den Mahratten bedrängt, keine Hülfe leisten konnten, war damals so hoffnungslos, daß die Engländer bei den Portugiesen in Goa, sowie bei den Holländern Hülfe suchten. Auf regelmäßige Schlachten ließ sich Hyder nicht ein, da er die Überlegenheit der Engländer im offenen Felde wohl kannte, sondern beschränkte sich darauf, sie durch Eilmärsche und unerwartete Angriffe zu ermüden, indem er bald hier eine Zufuhr, bald dort eine Truppenabtheilung abschnitt, heute eine partielle Niederlage erlitt und morgen durch die Schnelligkeit seiner Bewegungen eine wichtige Stadt oder Festung überrumpelte. Namentlich aber war er beflissen, die Districte in der Nähe der englischen Standquartiere zu verwüsten und ihnen dadurch die Lebensmittel zu entziehen, eine Taktik, die durch seine zahlreiche Reiterei erleichtert wurde. Aber als im Jahre 1781 Truppen aus Bengalen anlangten und die englischen Truppen von Bombay aus abermals in Kanara einfielen, mußte Hyder seine Eroberungen räumen. Im J. 1782 erhielt er Hülfe aus Frankreich, fiel abermals in Karnatik ein und besiegte die Engländer, denen eine französische Flotte alle Zufuhr abschnitt, wodurch in dieser Provinz eine furchtbare Hungersnoth ausbrach, von welcher allein in Madras, wo eine ungeheure Menschenmenge zusammengedrängt war, 60,000 Menschen hinweggerafft worden sein sollen. Lord Macartney bot den Frieden an, aber Hyder schlug ihn aus, und die Präsidentschaft schien ihrem Untergange nahe, als ein unerwartetes Ereigniß der Lage der Dinge eine andere Wendung gab, nämlich Hyder's plötzlicher Tod. Er starb am 9. November desselben Jahres im 54. Jahre seines Alters und hinterließ seinem Sohne Tippo Saheb, der den Krieg fortsetzte, ein blühendes Reich von 4200 Quadratmeilen und einen gefüllten Schatz.

Hyder Ali war von einer nicht schönen, aber offenen und Zutrauen erweckenden Gesichtsbildung und seiner Corpulenz ungeachtet sehr lebhaft und behende. Sein Benehmen gegen Jedermann war herablassend und freundlich; mit Ausnahme der Fakirs oder Bettelmönche, die bei den meisten indischen Fürsten in großem Ansehen stehen, aber bei Hyder Ali in sehr schlechtem Credit standen, hatte Jeder Zutritt bei ihm. Seine Thätigkeit und geistige Gewandtheit war außerordentlich. Eine Lieblingsunterhaltung seines Hofs war das Schauspiel; alle Abende wurde am Hofe von Bajaderen eine Art Komödie mit Tänzen und Gesang aufgeführt, die drei Stunden dauerte, aber während der Vorstellungen besorgte Hyder oft die schwierigsten Geschäfte und entschied die wichtigsten Dinge. Unter den asiatischen Fürsten zeichnete er sich durch seltene Milde aus und erwarb sich dadurch die allgemeine Liebe des an jene Eigenschaft eines Herrschers nicht gewöhnten Volkes. In alle Zweige seiner Regierung hatte er Ordnung eingeführt, beförderte Künste und Handel und gewährte den Bekennern aller Religionen, wenn sie nur seinen Gesetzen Gehorsam leisteten, gleichen Schutz.

Boston.

Boston, die Hauptstadt des nordamerikanischen Freistaats Massachusetts, eines der sechs nordöstlichen Staaten der Union, die man unter dem Namen Neuengland begreift, liegt auf einer mit dem Festlande nur durch eine niedrige Landzunge zusammenhängenden Halbinsel vor der Mündung des Charlesstroms in die inselreiche Boston- oder Massachusettsbai, unter $42\frac{1}{2}$ Grad nördl. Breite, ist eine der schönsten Seestädte, überhaupt aber eine der bedeutendsten Städte der Vereinigten Staaten und zählt gegenwärtig etwa 80,000 Einwohner (am Ende des J. 1835 78,603), sodaß sie nur den Städten Neuyork, Philadelphia und Baltimore an Einwohnerzahl nachsteht; im J. 1790, vor einem halben Jahrhundert, hatte sie erst 18,038 Einwohner. Den zu Schiffe Ankommenden bietet die Stadt einen äußerst malerischen Anblick dar. Ringsum wird sie von Quais mit zahlreichen vor denselben vor Anker liegenden Schiffen eingeschlossen, deren Masten, von der Seeseite gesehen, über die dahinterliegenden Häuser hervorragen; in der Mitte steht auf einem Hügel das umstehend abgebildete prächtige Staatenhaus, das mit einer hohen Kuppel geziert ist; an dasselbe lehnen sich die Straßen terrassenförmig an. Die Stadt, welche in drei Haupttheile, Nordende, Südende und West- oder Neuboston zerfällt, hat reinliche, gepflasterte, durchgängig mit Trottoirs versehene Straßen; der schönste und regelmäßigste Stadttheil ist der zuletzt genannte, wo die reichen Kaufleute wohnen. Unter den öffentlichen Gebäuden sind außer dem bereits erwähnten Staatenhause noch die Börse, das Athenäum mit einer Bibliothek von 29,000 Bänden und einer Gemäldegalerie, der Leuchtthurm und die Brücke über den Charlesstrom als die schönsten zu erwähnen; ferner findet man hier einen Concertsaal und drei zahlreich besuchte Theater, von denen zwei mehr der niedern Komödie angehören, das dritte aber, genannt Tremonttheater, in jeder Beziehung ausgezeichnet genannt werden kann. Die Zahl der Kirchen und Bethäuser beträgt 40. Der Hafen von Boston ist befestigt, kann über 500 große Schiffe fassen und zeichnet sich durch seine Tiefe selbst zur Zeit der Ebbe aus. Daß der Handel der Stadt sehr lebhaft ist, versteht sich unter diesen Umständen von selbst. Die Ausfuhrartikel Bostons, insoweit sie hier fabricirt werden, bestehen namentlich in Segeltuch und Tauwerk, raffinirtem Zucker, Rum, Wollen- und Baumwollenkrempeln, Potasche, Papiertapeten, Hüten, Tafelglas u. s. w. Zur Erleichterung des Verkehrs tragen die vier Eisenbahnen, welche von hier nach Salem, Lovell, Worcester und Providence führen, von denen die letztere die wichtigste ist, da sie die Stadt mit Neuyork verbindet, sehr wesentlich bei. Auf die Bedeutung des Handelsverkehrs und die Menge des vorhandenen Capitals deutet endlich auch der Umstand, daß in Boston nicht weniger als 17 Banken mit einem Capitalfonds von $20\frac{1}{2}$ Millionen Dollars bestehen.

Unter den wissenschaftlichen Anstalten und Gesellschaften sind zu erwähnen: die amerikanische Akademie der Künste und Wissenschaften, eine historische und eine medicinische Gesellschaft, eine Sternwarte. In dem drei englische Meilen entfernten Dorfe Cambridge, das mit Boston durch eine hölzerne Brücke verbunden ist,

*

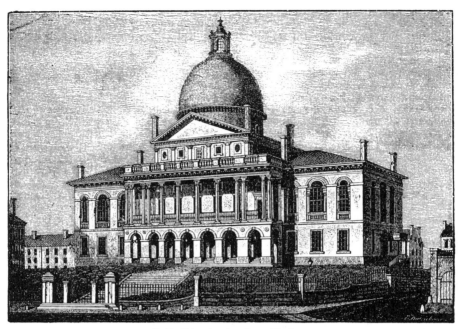

Das Staatenhaus zu Boston.

ist der Sitz der sogenannten Harvard-Universität, der ältesten Anstalt dieser Art in den Vereinigten Staaten, die von den Pilgrims, d. h. den Dissenters, welche England 1620 wegen Religionsverfolgungen verließen, im J. 1637 gegründet wurde und 1835 391 Studirende zählte. Sie besteht aus folgenden getrennten Anstalten: dem eigentlichen Collegium, das zwischen einem Gymnasium und einer philosophischen Facultät die Mitte hält, einer theologischen, einer juristischen und einer medicinischen Schule, welche letztere aber nicht in Cambridge, sondern in Boston ihren Sitz hat. Die theologische Schule, deren Lehrer zu der Sekte der Unitarier gehören, ist erst 1824 gegründet worden; die juristische Schule besteht erst seit wenigen Jahren. Die Professoren der ziemlich bedeutenden medicinischen Schule sind zugleich als Ärzte an dem aus Granit aufgeführten, an der Façade mit hohen Granitsäulen gezierten Massachusettshospital angestellt. Auf einem lieblichen Hügel in der Nähe von Boston, am Flusse Mystik, befindet sich eine großartige, aus drei Gebäuden bestehende Irrenanstalt, die zu Ehren eines gewissen Maclean, der derselben 100,000 Dollars vermacht hat, den Namen Maclean Asylum führt. In der Nähe von Cambridge ist der erst kürzlich (1833) von einer Privatgesellschaft auf Actien angelegte Begräbnißplatz Bostons, Mount Auburn genannt, gelegen, der von Vielen als Spaziergang benutzt wird, wozu er durch seine schöne Lage ganz geeignet ist. In der Mitte desselben erhebt sich ein Hügel, von dem man eine sehr freundliche Aussicht auf Boston mit seinen Brücken und Thürmen, die umliegenden Ortschaften und den Hafen genießt. Die Grabmäler sind zwar einfach, aber immer mit einem sehr sorgfältig unterhaltenen Garten oder Rasenplatze umgeben.

Auf der andern Seite des engen Meerarms, der um die Halbinsel von Boston herumgeht und die Flüsse Charles und Mystick aufnimmt, liegt der kleine Ort Charleston, der als eine Vorstadt von Boston betrachtet werden kann und mit der Stadt ebenfalls durch eine hölzerne Brücke verbunden ist. Hier befindet sich die nach dem Muster der berühmten Anstalt in Auburn eingerichtete Strafanstalt des Staats Massachusetts, aus mehren getrennten Gebäuden bestehend, die von einer hohen Mauer von Granit eingeschlossen sind. Die ebenfalls aus Granit gebauten Zellen, nur 8 Fuß hoch, 6 Fuß tief und 3½ Fuß breit, nehmen fünf Stockwerke ein; in jedem befinden sich 38. Die Gefangenen beschäftigen sich gemeinschaftlich mit verschiedenen Arbeiten, wobei ihnen das strengste Stillschweigen auferlegt ist. Eine andere interessante Anstalt ist das Arbeitshaus, womit ein Correctionshaus und ein Besserungshaus in Verbindung stehen; das erste ist für gebrechliche und schwächliche Personen, das zweite für Verbrecher geringerer Art, das dritte für junge Verbrecher bestimmt; die Lage dieser drei von der Stadt errichteten Anstalten auf einem hübschen Hügel an der Bai von Boston ist frei und gesund.

Die Stadt Boston wurde 1630 von englischen Auswanderern, die zum Theil aus der Stadt Boston in England (in Lincolnshire) kamen, angelegt und von den drei Hügeln, auf denen sie erbaut ist, anfangs Trimountain (Dreihügelstadt) genannt, späterhin aber zu Ehren eines gewissen Cotton, eines eifrigen Freiheitsfreundes, der zu Boston in England Prediger gewesen war, Boston genannt. Die europäische Mutterstadt, welche noch jetzt nur etwa 10,000 Einwohner zählt, hat sie sehr bald überflügelt. In der Geschichte der Vereinigten Staaten ist sie sehr merkwürdig, weil hier am 31. October 1773 die amerikanische Revolution ausbrach; diese begann damit, daß bewaffnete Einwohner, die sich als Mohawksindianer verkleidet hatten, den aus England eingeführten Thee ins Meer warfen, worauf mehre andere Küstenstädte das Beispiel Bostons nachahmten. Zur Strafe dafür sollte der Hafen von Boston bis zur völligen Schadloshaltung der ostindischen Compagnie, welcher jener Thee gehörte, gesperrt bleiben, und statt Bostons wurde die nahgelegene kleine Stadt Salem zur Hauptstadt der Provinz erklärt, wohin zugleich der ganze Handel Bostons gezogen werden sollte; aber Salem verschmähte es, sich auf Kosten der

Schwesterstadt zu bereichern. Zwei Jahre nachher, am 17. Juni 1775, begann der Kampf, welcher mit der gänzlichen Unabhängigkeit der Vereinigten Staaten endigte, mit dem Treffen bei dem Hügel Bunkershill, unweit Boston, das die Entschlossenheit der republikanischen Krieger verkündete. Diese Anhöhe bildet jetzt einen Haupttheil des Städtchens Charleston; zum Andenken an die dort gefallenen Amerikaner ist hier eine 250 Fuß hohe Granitsäule errichtet worden.

Benutzung gefrorener Kartoffeln.

Man hat in der neuesten Zeit durch vielfach angestellte Versuche die gewisse Überzeugung gewonnen, daß die chemische Beschaffenheit der Kartoffeln durch den Frost keine Veränderung erleidet, indem man aus einer gleichen Quantität gefrorener und ungefrorener Kartoffeln durchaus dieselbe Menge von Wasser, Stärkemehl, Faserstoff, Eiweiß, Zucker und salzigen Substanzen erhielt. Das Gefrieren der Kartoffeln scheint demnach eine rein mechanische Wirkung zu sein und auf folgende Weise erklärt werden zu müssen: Indem das Wasser im Innern des Zellgewebes gefriert, zerreißt es die Zellen, welche es einschließen, trennt es von den andern Substanzen des Gewebes und ist der Grund, weshalb die Knollen, wenn man sie nach dem Aufthauen in der Hand zusammendrückt, wie ein Schwamm zusammengehen und ihr Vegetationswasser fahren lassen. Mithin ist in den gefrorenen Kartoffeln blos die vegetabische Organisation zerstört, die Bestandtheile selbst aber erleiden beim Gefrieren keine Veränderung ihrer Natur; es verändert sich blos ihre gegenseitige Anordnung, und dies reicht hin, um die Verschiedenheit des Geschmacks zu erklären, welcher den Kartoffeln vor und nach dem Gefrieren eigen ist. Da nun die gefrorenen Kartoffeln noch ebenso viel Nahrungsstoff enthalten als vor dem Gefrieren, so würde es thöricht sein, sie als verderben wegzuwerfen, ohne den größtmöglichen Nutzen daraus zu ziehen. Selbst dann, wenn ihre Veränderung nach dem Aufthauen schon sehr weit gediehen ist, wenn sie fast zu Brei zergangen sind und einen starken Geruch verbreiten, kann man sie noch benutzen, indem man nachstehendes Verfahren anwendet. Wenn nämlich die gefrorenen Kartoffeln hart wie Holz sind, so taucht man sie einige Stunden in kaltes Wasser ein, um einen Anfang von Aufthauung zu bewirken, wodurch ihre weitere Zerkleinerung befördert wird; darauf bringt man sie auf eine Reibemaschine oder in ein Stampfwerk. Sind sie zu einem feinen und gleichartigen Brei geworden, so wäscht man diesen in kleinen Portionen auf einem über einen Zuber gestellten Siebe. Das Wasser nimmt das Stärkemehl mit sich, der gute ausgewaschene Rückstand wird ausgedrückt, auf Horden der Luft ausgesetzt und dann in einen Backofen gebracht, nachdem das Brot herausgenommen worden. Einmal getrocknet, läßt er sich beliebig lange in Fässern aufbewahren und zur Fütterung der Schweine und des Rindviehs benutzen, die dieses Nahrungsmittel sehr lieben, wenn es gekocht ist. Das am Boden des Zubers abgesetzte Stärkemehl wird gut gewaschen, zum Abtropfen auf Leinwand gebracht und bei gelinder Wärme getrocknet. Es kann dann als Nahrungsmittel gebraucht und sowol in der Küche als auch zu industriellen Zwecken statt der gewöhnlichen Kartoffelstärke benutzt werden.

Wenn die Kartoffeln bereits mehr oder weniger aufgethaut sind, kann man sie derselben Behandlung unterwerfen. Will man sie aber blos in Mehl verwandeln, so unterwirft man sie in Säcken der Presse, um daraus die größte Menge von Vegetationswasser auszuziehen, trocknet dann den Rückstand im Backofen, und wenn er trocken und zerreiblich geworden ist, verwandelt man ihn auf der Mühle in Mehl. Diese Art von Kartoffelmehl kann sehr gut, wenn man es zum vierten oder fünften Theile mit Getreidemehl vermischt, zur Brotbereitung verwendet werden. Das Wasser, welches die Presse aus den gefrorenen Kartoffeln entfernt hat, führt etwas Stärkemehl mit sich, welches man ebenfalls sammeln kann.

Das Land Khiwa.

Bekanntlich haben die Russen gegen das Ende des vorigen Jahres eine Expedition gegen Khiwa unternommen und der General Perowsky hat den Marsch in dieses Land an der Spitze einer Armee von 20,000 Mann mit der ungeheuern Zahl von 12,000 Kameelen am 1. Dec. von Orenburg aus angetreten. Nähere Nachrichten über dieses so wenig bekannte Land werden hier um so weniger überflüssig sein, da die Folgen jenes Kriegszuges, der die Russen der englisch-ostindischen Macht näher bringt (die Hauptstadt von Khiwa ist in gerader Linie von der kürzlich für Sudschah-ul-Mulk von den Briten eroberten Stadt Kabul nur 135 deutsche Meilen entfernt, von Orenburg hingegen 180 Meilen), sich noch gar nicht übersehen lassen.

Das Land Khiwa, von seinen frühern Beherrschern, den Khowaresmiern, auch Khowaresm oder Kharesm genannt, liegt in Hochasien, zwischen dem 40. und 45. Breitengrade, und wird gewöhnlich zu der Bucharei gerechnet. Mit den Namen Bucharei, freie Tatarei, Dschagatai, Turkestan oder Turan (von denen aber der letztere, sowie ein anderer, Mawaralnahr, bei den Persern nur den nördlich vom Flusse Amu liegenden Theil Hochasiens bedeutet) bezeichnet man gewöhnlich denjenigen Theil von Asien, der zwischen dem kaspischen Meere, dem russischen Asien oder vielmehr dem Kirgisenlande, China, dem Lande der Afghanen und Persien liegt, etwa 30—32,000 Quadratmeilen enthält und aus sehr verschiedenartigen Theilen und Staaten besteht. Die Haupttheile desselben bilden jedoch drei Staaten oder Khanate: Bukhara oder Usbekistan in der Mitte, Khokan oder Khokand im Osten und Khiwa im Westen, von denen jener der größte, dieser der kleinste ist. Khiwa ist nur ein kleiner Theil der großen, sich östlich und nordöstlich vom kaspischen Meere ausbreitenden Tiefebene, die von den beiden Strömen Amu (sonst Dschihon, bei den Alten Orus) und Sir (sonst Sihon) durchschnitten wird, welche jetzt sich beide scheinbar in den Aralsee ergießen (der erstere mündete noch vor etwa 100 Jahren in das kaspische Meer), während der beiweitem größere Theil ihres Gewässers sich entweder in den anliegenden Wüsten oder den gewaltigen, jenen See umgebenden Rohrwaldungen und Sümpfen verliert. In diesem weiten, augenscheinlich einst vom Meere bedeckten Gebiete ist die Cultur des Bodens nur oasenartig an den Ufern der Ströme oder in künstlich bewässerten Gegenden vertheilt; der größte Theil der Ebene besteht aus Wüsten von Flugsand, die den sie durchziehenden Kriegsheeren schon oft verderblich geworden sind, oder ist mit Kieselgeröll, versteinerten Seethieren, Salzgründen und Salzseen bedeckt. Der unterirdische Wasserreichthum, den jene Wüsten beherbergen, läßt hier und da fruchtbare Oasen entstehen; eine solche ist auch die Landschaft oder das

Khanat Khiwa, in dem Deltalande des Flusses Amu gelegen, etwa 26 Meilen lang und 20 breit, und nur etwa 500, nach andern Angaben nur 300 Quadratmeilen umfassend, dessen Herrschaft sich aber auch über die sich im Westen bis zum kaspischen Meere, im Süden bis zur persischen Grenze ausdehnenden Wüsten erstreckt. Die Cultur des Landes beruht auf zahlreichen Kanälen und Wassergräben, die das Wasser des schon geschwächten Stromes überallhin vertheilen; daher ist die Bewässerungskunst hier wie in Persien sehr ausgebildet. Von dem Flusse Amu führt ein Hauptkanal nach der etwa zwei Tagereisen entfernten Stadt Khiwa; von diesem gehen wieder 160 kleine Kanäle nach allen Gegenden des Landes. Das hier vorherrschende trockene Klima erzeugt die größten Contraste der Temperatur; im Sommer herrscht eine erstickende Hitze, größer als in Südrußland und selten durch Regen abgekühlt, aber mit kalten Nächten, im Herbst fällt reichlicher Regen; im Winter, der schon zu Ende Octobers beginnt und bis Ende März anhält, tritt die strengste trockene Kälte ein, weshalb der untere Lauf der genannten Ströme und der größte Theil des kaspischen Meeres sich oft schon im November mit einer dicken Eisdecke überziehen, wiewol sie bisweilen auch ganz offen bleiben.

Alle europäischen Getreidearten gedeihen hier, auch die in Europa fortkommenden Südfrüchte, nicht aber die eigentlich tropischen Früchte. Die Hauptproducte sind Roggen, eine Weizenart, Hirse, besonders Linsen, auch Reis und mehre Früchte, besonders Melonen; der Feldbau ist in einem ziemlich blühenden Zustande, wenn er auch natürlich von minder rohen Bewohnern ungleich besser betrieben werden könnte; das Korn reicht indessen für das Bedürfniß der Bewohner nicht hin. Baumwolle wird in großer Menge gewonnen und theils gesponnen, theils in Flocken verkauft. Unter den Kunsterzeugnissen des Landes stehen die Seidenstoffe oben an, die den bucharischen vorgezogen werden.

Die Bevölkerung beläuft sich auf etwa 200,000, nach Andern 300,000 Seelen und gehört, wie die des gesammten bucharischen Tieflandes, zwei Hauptstämmen an, dem persischen und türkischen. Die persischen Bewohner, durch geistige Anlagen und körperliche Bildung ausgezeichnet, kommen unter dem Namen Bucharen oder Sarten, d. h. Kaufleute, vor; die ältesten hier einheimischen persischen Bewohner heißen Tadschiks und treiben nur Ackerbau, die Sarten dagegen, welche sehr zahlreich sind und die Städte bewohnen, treiben vorzugsweise Handel und gelten für feig und unkriegerisch. Die hier wohnenden türkischen Stämme sind eingewandert, führen noch das ihnen von jeher eigenthümliche Nomaden= oder Hirtenleben und bewohnen nur im Winter feste Ortschaften. Zu diesen Stämmen gehören die Karakalpaken am Aralsee, deren Wohnsitze eigentlich östlich vom Amu liegen und deren Zahl nicht über 1000 Männer betragen soll; die Truchmenen am nordöstlichen Ufer des kaspischen Meeres, die erst in der neuern Zeit zahlreich eingewandert sind, für die besten Krieger gelten und von den jetzigen Herren des Landes als Kriegerkaste benutzt werden; endlich die Usbeken, der Urstamm der türkischen Bevölkerung und die eigentlichen Beherrscher des Landes, welche jetzt etwas entartet und nicht mehr so kriegerisch, aber immer noch so übermüthig und raubsüchtig als früher sind und sich mit den übrigen Bewohnern wenig abgeben. Sie sind groß, stark gebaut und ziemlich wohlgebildet, wiewol etwas dunkelfarbig und den Kalmücken ähnlich. Seit dem Sturze der Macht von Timur's Geschlecht haben sich die Usbeken zu Herren des bucharischen Tieflandes gemacht und ihre Herrschaft zuerst in Khiwa begründet von wo ihr Großkhan später seine Residenz weiter nach Osten, nach Samarkand in Bukhara, verlegte; jetzt residirt er in der zwischen Khiwa und Samarkand liegenden Stadt Bukhara, ohne über die kleinern Khane eine Oberherrschaft zu üben. Die Usbeken bekennen sich, wie alle türkischen Stämme, zur mohammedanischen Religion, und zwar zur Sekte der Sunniten; sie sind fanatisch ergeben und betrachten daher den Kampf gegen die Ungläubigen als Pflicht. Schon längst machten sie sich durch ihre räuberischen Einfälle in Sibirien, von wo sie die Bewohner entführten und zu Sklaven machten, den Russen furchtbar; nur theilweise gelang es diesen, sich durch Anlegung von Festungslinien und Gewinnung der Kirgisenhorden, welche Rußland von den Usbeken trennen, gegen sie zu schützen. Gegenwärtig befinden sich gegen 2000, nach andern Angaben noch weit mehr russische Gefangene in Khiwa, welche die schlechteste Behandlung erfahren und deren Befreiung einer der Hauptzwecke der russischen Expedition ist; kaum 100 von ihnen ist es bisher gelungen, ihre Freiheit zu erhalten und nach Rußland zurückzukehren. Auch aus Persien kehren die Usbeken von ihren Kriegszügen jedesmal mit zahlreichen Gefangenen zurück, von denen sie die Schiiten, zu denen die eigentlichen Perser gehören, zu den härtesten Arbeiten verwenden, die Sunniten aber im Heere anstellen. Die geraubten Gefangenen werden ganz, wie ehemals die Christen in den Barbareskenstaaten, als Sklaven behandelt und müssen sich bei den härtesten Arbeiten mit der dürftigsten und schlechtesten Nahrung behelfen. Die Cultur der Gärten und Felder erheischt die beschwerlichste Arbeit, welche ihnen allein obliegt, da die usbekischen Bewohner von Khiwa selbst nie Hand anlegen. Die nach Khiwa kommenden Gefangenen werden dort nach ihrer Ankunft auf den Markt gebracht und an den Meistbietenden verkauft; der Khan bezahlt nur den Preis, den der Gefangene dem Verkäufer kostet. Der mittlere Preis für einen rüstigen, arbeitsfähigen Gefangenen ist 60—70 Dukaten. Nicht nur die Flucht, sondern selbst die Correspondenz mit dem Vaterlande wird den Gefangenen auf jede Weise erschwert; die aus dem Lande gehenden Karawanen werden an der Grenze aufs strengste untersucht und den etwa aufgefangenen Flüchtlingen in der Regel Nasen und Ohren abgeschnitten. Die Kirgisen, welche sich zur Bestellung von Briefen an russische Gefangene oder von solchen brauchen lassen, werden mit dem Tode bestraft.

Die Residenz des Khans, Khiwa, ist auf einer Anhöhe erbaut, ringsum von einem Erdwall umgeben und zählt an 20,000 Bewohner. Der Haupttheil derselben, die Festung, von Thonstein erbaut, bildet ein Rondel und hat an 2000 Häuser. Die letztern sind alle von Thon mit platten Dächern, ohne Fenster, deren Stelle Löcher in der Mauer vertreten. Der übrige Theil der Stadt dehnt sich von der Festung nach allen Seiten weit über eine Werst (Viertelstunde) aus. Die Gassen sind, wie in allen übrigen Städten, krumm, sehr eng und über alle Beschreibung schmutzig, im Herbst zur Regenzeit nicht zu passiren. Viel größer und volkreicher als Khiwa ist Urgendsch, die eigentliche Hauptstadt und der Mittelpunkt des ganzen Handelsverkehrs. Hier sind alle Kunsterzeugnisse und Naturproducte des Orients aufgehäuft, die durch Karawanen um den Aralsee herum auf einem sehr beschwerlichen Wege durch die Steppe der Kirgis-Kaisaken nach Orenburg gebracht werden. Andere größere Städte des Landes sind Hesares, Hanka, Hurland, Aral und Hadschi-Ili.

Der jetzige Khan heißt Alleh=Kuli, aus dem Stamme der Usbeken und ist etwa 45 Jahre alt; er hat zwei Söhne, Rahman=Kuli Thura und Hadschai=Kuli=Thura. Er ist bei den Usbeken nicht beliebt, weil er sie zurücksetzt und seine nächste Umgebung mehr aus russischen und persischen Gefangenen bildet; von erstern befinden sich über 100 um ihn, worunter 54 Kanoniere. Seine Streitkräfte belaufen sich auf einige 20,000 Mann; von Kanonen besitzt er etwa 30, fast alle untauglich und ohne Lafetten. Vor dem unansehnlichen Hause des Khans befindet sich keine Wache, nur zwei bis drei unbewaffnete Thürhüter. Der Khan wird als friedfertig und gutmüthig geschildert; verschieden von der Mehrzahl seines Volkes ist er dem Jagen und Rauben abgeneigt und bestraft Diebstahl und Raub in seinem Lande sehr streng, sodaß man sich freilich wundern muß, daß er die Beschwerden der Russen nicht längst abgestellt und den Menschenraub ganz abgeschafft hat. Aber keines Lasters kann dieser Fürst weniger als der Üppigkeit, Verschwendung und Prachtliebe beschuldigt werden. Er ist vom ganzen Hofe der einzige, der Thee trinkt, und zwar nur den gemeinen Ziegel= oder Kalmückenthee, aber nur zweimal in der Woche erlaubt er sich, ihn durch Zucker zu versüßen. Seinen Frauen, deren er zehn haben soll, werden ihre Nahrungsmittel nach dem Gewichte zugemessen, und sie werden in jeder Hinsicht so kurz gehalten, daß sie genöthigt sind, die Reste ihrer kargen Mahlzeit zum Verkauf auf den Bazar zu senden, um für den Erlös Seide und Toilettengegenstände einzukaufen. Der Khan erhält natürlich eine reichliche Mittagsmahlzeit als alle übrigen Personen seines Hofs, sodaß er nicht im Stande ist, sie aufzuessen; von den Resten derselben sättigen sich später seine ersten Minister und Hofbeamten, die darauf in den Vorgemächern ängstlich warten und bei der Theilung nicht selten miteinander handgemein werden.

Die gegenwärtige russische Expedition hat auf ihrem Marsche mit den größten Schwierigkeiten zu kämpfen: mit furchtbarer Kälte, die bisher niemals unter — 12 Grad betrug und einmal bis — 34 Grad Réaumur anstieg, mit Schneestürmen, Buran genannt, von unerhörter Heftigkeit, gegen welche man die Soldaten durch Tuchlarven und netzförmige Haarbrillen zu schützen bedacht gewesen ist, und durch außerordentlich tiefen Schnee, der das Fortkommen für Menschen und Thiere ungemein erschwert, besonders aber die Kameele entkräftet. Nach dem letzten Berichte vom 11. Februar dieses Jahres hat sich daher General Perowsky genöthigt gesehen, bei den Befestigungen am Flusse Emba, wo er noch nicht die Hälfte seines Marsches zurückgelegt hat, Halt zu machen, um den Eintritt besserer Witterung abzuwarten. Die Geschichte bietet nur ein Beispiel eines frühern Kriegszugs der Russen dar, nämlich im Jahre 1717 unter Peter dem Großen; die Expeditionsarmee war damals 5000 Mann stark, stand unter dem tscherkessischen Fürsten Alexander Bekewitsch und drang bis 15 Meilen von der Stadt Khiwa vor, wurde aber theils niedergemacht, theils gefangen, sodaß das Unternehmen völlig mislang.

Schnelligkeit der Tauben.

Am 29. Juli 1839 ließ man früh 7½ Uhr zu Orleans 114 Tauben, die aus Antwerpen geschickt worden waren, fliegen; von diesen kam die erste um 1 Uhr 14 Minuten nach Antwerpen, hatte also die Entfernung von 56 geographischen Meilen (in gerader Linie) in 5 Stunden 44 Minuten zurückgelegt, was auf die Stunde nahe 10 Meilen gibt. Achtzehn andere Tauben kamen noch vor 2 Uhr an.

Die Finken.

Zu denjenigen Vögeln, die sich auch in der heißen Jahreszeit noch hören lassen, wenn die Wälder und Felder schon ziemlich still geworden sind und die ganze Natur sich der Ruhe zu überlassen scheint, gehört namentlich die zahlreiche, fast über die ganze Erde verbreitete Gattung der Finken, die von neuern Naturforschern in acht Familien getheilt worden ist: 1) Kernbeißer; 2) Sperlinge, von denen in Nr. 344 ausführlicher die Rede gewesen ist; 3) Edelfinken; 4) Hänflinge, zu denen auch der Canarienvogel gehört; 5) Zeisige; 6) Senegalis und Bengalis; 7) Witwen; 8) Gimpelfinken.

Von den Edelfinken kommen in Europa nur drei Arten vor, der Buch= oder eigentliche Edelfink, der in ganz Europa sehr gemein ist, der Schneefink, der nur auf den höchsten Bergen im nördlichen und südlichen Europa zu finden ist, und der Bergfink; die letztere Art, auch Gold=, Wald=, Tannen= oder Winterfink genannt, ist in unserer Abbildung unter Nr. 3 und 4 dargestellt; sie kommt nur im nördlichen Europa vor und brütet in Deutschland fast nie. Der Bergfink ist sowol an Größe als Bildung dem Buchfinken fast ganz ähnlich; seine Farbe ist oben schwarz und rostbraun, unten rostrothgelb. Im Herbst und Winter durchzieht er Europa in ungeheuern Scharen. Sein Nest baut er sehr künstlich aus Moos auf Baumäste, ganz nahe an den Stamm. Wiewol sein Gesang an sich sehr schlecht ist, so zeichnet er sich durch die Leichtigkeit aus, mit der er die Stimmen anderer Vögel nachnahmt; sein Nachahmungstalent beschränkt sich aber nicht nur auf die Stimme, weshalb dieser Vogel zu mancherlei Kunststücken abgerichtet werden kann. Noch ist von ihm zu bemerken, daß er nicht selten ein verhältnißmäßig hohes Alter erreicht; einzelne Individuen haben es bis zu 23 Jahren gebracht.

Von den Hänflingen kommen alle Arten in Europa vor; in Deutschland namentlich der Grünhänfling, der Roth= oder Bluthänfling und der Girlitz. Die zuerst gedachte Art (Abbildung Nr. 1) kommt an baumreichen Orten in ganz Europa vor. Die Farbe der Grünhänflinge ist oben graugrünlich, unten gelblich. Sie ziehen in großen Scharen und brüten zwei= bis dreimal jährlich. Man hört sie nicht selten vom April, wo sie zuerst brüten, bis zum August, aber nicht leicht später; im Winter suchen sie in großen Scharen Sämereien auf und befreien den Landmann von manchem schädlichen Unkraut, das sie schon im Samen vernichten, ein Vortheil, der freilich durch die Liebe zu Flachs= und Hanfsamen (daher der Name Hänfling) einigermaßen wieder aufgewogen wird. Der dem gemeinen Hänfling sehr ähnliche Roth= oder Bluthänfling, auch Hanf= oder Flachsfink genannt (Abbild. Nr. 2), ist von rostbrauner, im Alter an Brust und Scheitel von schön rother Farbe. Er ist sehr gelehrig, ahmt die Stimmen anderer Vögel nach und lernt künstliche Melodien, die man ihm vorpfeift. Von Hanfsamen, die er ebenfalls sehr liebt, wird er schnell fett, außerdem frißt er aber viele andere Arten von Sämereien. Der Canarienvogel, einer der beliebtesten und angenehmsten

Singvögel, stammt von den canarischen Inseln und soll im 7. Jahrhundert nach Italien gebracht worden sein; die ursprüngliche graue Farbe hat sich durch Zähmung und Mischung mit andern Vögeln im Laufe der Zeiten so verändert, daß man jetzt Canarienvögel von sehr verschiedenen Farben, vorzüglich jedoch von gelber Farbe findet. Er läßt sich leicht erhalten und erreicht ein Alter von 12—20 Jahren.

Die Zeisige (Abbild. Nr. 5 u. 6) werden sehr leicht zahm und sind sehr gelehrig, lassen sich daher zu den mannichfaltigsten Kunststückchen abrichten und lernen sogar Buchstaben zu Wörtern zusammensetzen. In Europa kommen vier Arten vor: der Erlenzeisig, Distelzeisig, Birkenzeisig und Citronenzeisig. Die schönste von diesen ist der Distelzeisig, auch Stieglitz oder Distelfink genannt, der einen kastanienbraunen Rücken, scharlachrothen Vorderkopf und auf dem schwarzen Flügel einen schönen gelben Fleck hat. Der Birkenzeisig, auch Lein- oder Flachshänfling genannt, ist durch das schöne Roth des Oberkopfes und der Brust ausgezeichnet. Der Citronenzeisig ist in Deutschland sehr selten, desto häufiger aber im wärmern Europa.

1) Der Hänfling. 2) Der Rothhänfling. 3) und 4) Der Bergfink. 5 und 6) Der Zeisig.

Verantwortlicher Herausgeber: Friedrich Brockhaus. — Druck und Verlag von F. A. Brockhaus in Leipzig.

№ 1.
Neuigkeiten und Fortsetzungen
versendet von
F. A. Brockhaus in Leipzig.
1840. Januar, Februar und März.

1. **Analekten für Frauenkrankheiten,** oder Sammlung der vorzüglichsten Abhandlungen, Monographien, Preisschriften, Dissertationen und Notizen des In- und Auslandes über die Krankheiten des Weibes und über die Zustände der Schwangerschaft und des Wochenbettes. Herausgegeben von einem Vereine praktischer Aerzte. Zweiten Bandes drittes Heft. Gr. 8. Geh. 16 Gr.

    Der erste Band in 4 Heften (1837) kostet 2 Thlr. 16 Gr., das erste und zweite Heft des zweiten Bandes 1 Thlr. 8 Gr.

2. **Apel (Theodor), Gedichte.** 8. Geh. 1 Thlr.

3. **Allgemeine Bibliographie für Deutschland.** Eine Uebersicht der Literatur Deutschlands, wie der bedeutendern Schriften des Auslandes, nebst Angabe künftig erscheinender Werke und andern auf den literarischen Verkehr bezüglichen Mittheilungen und Notizen. Mit Register. Fünfter Jahrgang. 1840. 52 Nummern. Gr. 8. 3 Thlr.

    Jahrgang 1836 kostet 2 Thlr. 16 Gr., Jahrgang 1837, 1838 und 1839 jeder 3 Thlr.

4. **Bilder-Conversations-Lexikon für das deutsche Volk.** Ein Handbuch zur Verbreitung gemeinnütziger Kenntnisse und zur Unterhaltung. In vier Bänden. Mit bildlichen Darstellungen und Landkarten. Dritter Band: M—R. Zwölfte Lieferung. Gr. 8. Geh. 6 Gr.

5. **Blätter für literarische Unterhaltung.** Jahrgang 1840. 366 Nummern. Nebst Beilagen. Gr. 4. 12 Thaler.

6. **Busch (Dietr. Wilh. Heinr.), Das Geschlechtsleben des Weibes** in physiologischer, pathologischer und therapeutischer Hinsicht dargestellt. Zweiter Band. Aetiologie, Diagnostik, Therapie, Diätetik und Kosmetik, sowie auch specielle Pathologie und Therapie der weiblichen Geschlechtskrankheiten, getrennt von der Schwangerschaft, der Geburt und dem Wochenbette. Gr. 4. 3 Thlr.

    Der erste Band: Physiologie und allgemeine Pathologie des weiblichen Geschlechtslebens (1839), kostet 3 Thlr. 20 Gr.

7. **Conversations-Lexikon der Gegenwart.** Neunzehntes und zwanzigstes Heft. (Lindpaintner—Michelis.) Gr. 8. Preis eines Heftes von 10 Bogen auf Druckp. 8 Gr., auf Schreibp. 12 Gr., auf Velinp. 18 Gr.

    Ein für sich bestehendes, in sich abgeschlossenes Werk, zugleich ein Supplement zur achten Auflage des Conversations-Lexikons, sowie zu jeder frühern, zu allen Nachdrucken und Nachbildungen desselben.

8. **Darstellung der Landwirthschaft Großbritanniens in ihrem gegenwärtigen Zustande.** Nach dem Englischen bearbeitet von A. G. Schweitzer. In zwei Bänden. Zweiten Bandes erste Abtheilung. Mit 23 Holzschnitten. Gr. 8. Geh. 1 Thlr. 18 Gr.

    Der erste Band in zwei Abtheilungen mit 55 eingedruckten Holzschnitten (1839) kostet 3 Thlr. 4 Gr.

9. **Ausführliche Encyklopädie der gesammten Staatsarzneikunde.** Im Vereine mit mehreren Doctoren der Rechtsgelahrtheit, der Philosophie, der Medicin und Chirurgie, mit praktischen Civil-, Militair- und Gerichtsärzten und Chemikern bearbeitet und herausgegeben von *Georg Friedr. Most*. Für Gesetzgeber, Rechtsgelehrte, Policeibeamte, Militairärzte, gerichtliche Aerzte, Wundärzte, Apotheker und Veterinärärzte. Dreizehntes Heft, und Supplemente. (Wolfskirsche—Zwitter. Abdecker — Gebärfähigkeit.) Gr. 8. Subscriptionspreis eines Heftes von 12 Bogen 20 Gr.

10. ***Ersch (Joh. Sam.), Literatur der schönen Künste*** seit der Mitte des 18. Jahrhunderts bis auf die neueste Zeit; systematisch bearbeitet und mit den nöthigen Registern versehen. Neue, bis zum Jahre **1830** fortgesetzte Ausgabe von *J. K. A. Rese* und *Ch. Ant. Geissler*. (Aus der neuen Ausgabe des Handbuchs der deutschen Literatur besonders abgedruckt.) Gr. 8. 1840. 3 Thlr. 12 Gr.

    Mit dieser neuen Abtheilung ist die neue Ausgabe von *Ersch's* „Handbuch der deutschen Literatur" vollständig. Das ganze Werk besteht aus 4 Bänden in 8 Abtheilungen und kostet 12 Thlr. Um aber die Anschaffung zu erleichtern, habe ich mich entschlossen, den Preis **bedeutend zu ermässigen** und erlasse die Ex. auf Druckp. **für 6 Thlr.**, auf Schreibp. **für 8 Thlr.**, auf Schreibp. in 4. **für 12 Thlr.**

    Von frühern Abtheilungen, jede von einem in seinem Fache ausgezeichneten Manne bis auf die Zeit des Erscheinens fortgesetzt, werden die nachstehenden ebenfalls zu den **bemerkten ermässigten Preisen** erlassen: Philologie, Philosophie und Pädagogik, von *E. G. A. Böckel*. 1822. (1 Thlr. 16 Gr.) **Jetzt** 16 Gr. — Theologie, von *E. G. A. Böckel*. 1822. (1 Thlr. 16 Gr.) **Jetzt** 16 Gr. — Jurisprudenz und Politik, von *J. Ch. Koppe*. 1823. (1 Thlr. 18 Gr.) **Jetzt** 20 Gr. — Medicin, von *F. A. B. Puchelt*. 1822. (1 Thlr. 20 Gr.) **Jetzt** 20 Gr. — Mathematik, Natur- und Gewerbskunde, von *Fr. W. Schweigger-Seidel*. 1828. (4 Thlr.) **Jetzt** 1 Thlr. 16 Gr. — Geschichte und Hülfswissenschaften. 1827. (3 Thlr. 8 Gr.) **Jetzt** 1 Thlr. 8 Gr. — Die „Literatur der vermischten Schriften", von *Ch. Ant. Geissler* (1837), kostet 20 Gr.

11. **Examinatorium in jus criminale Germaniae commune.** In usum tironum editum. 8. Geh. 16 Gr.

    Ich habe diese Schrift aus dem Verlage von G. F. Krug in Frankfurt an mich gebracht und sie ist jetzt zu dem ermässigten Preise allein von mir zu beziehen.

12. ***Gagern (H. Ch., Freiherr v.), Kritik des Völkerrechts.*** Mit praktischer Anwendung auf unsere Zeit. Gr. 8. Geh. 1 Thlr. 20 Gr.

    (Beschluß auf dem nächsten Umschlage.)

Das Pfennig-Magazin
für
Verbreitung gemeinnütziger Kenntnisse.

370.] Erscheint jeden Sonnabend. **[Mai 2, 1840.**

Archangel.

Archangel, eigentlich Archangelsk (Michaelsstadt), ist die Hauptstadt des russischen Gouvernements gleiches Namens und liegt im nördlichsten Theile des europäischen Rußlands (nur zwei Grade südlich von dem nördlichen Polarkreise), an der Dwina, welche acht Meilen weiter nördlich ins weiße Meer mündet. Die Anlegung der Stadt und ihres Hafens wurde durch die Engländer veranlaßt, welche zuerst die Schiffbarkeit des weißen Meeres und des damit zusammenhängenden nördlichen Eismeers darthaten. Im J. 1553 wurde nämlich in England eine aus drei Schiffen bestehende Expedition unter dem Oberbefehle des Sir Hugh Willoughby ausgerüstet, welche bestimmt war, eine nordöstliche Durchfahrt nach China und Ostindien aufzusuchen. Ein heftiger Sturm zerstreute die Schiffe unter 72 Grad Breite; ein Schiff ging unter, Willoughby's Schiff wurde in einen Hafen von Lappland getrieben, aber das dritte, von Richard Chancellor befehligt, erreichte das weiße Meer, fuhr den Fluß Dwina hinauf und ging hier vor Anker. Der damalige Zar Iwan III., der sich zuerst Selbstherrscher von ganz Rußland nannte, hörte von der Ankunft der Engländer und lud sie ein, an seinen Hof nach Moskau zu kommen, wo sie bei ihm Audienz erhielten. Iwan gab ihnen ein Schreiben an den König von England und versprach, den Handelsverkehr mit England auf jede Weise zu begünstigen, ohne auf die Gegenvorstellungen mehrer holländischen Kaufleute in Moskau zu hören. Im J. 1555 machte Chancellor auf demselben Wege eine zweite Reise nach Rußland und überbrachte dem Zar ein Schreiben der Königin Maria und ihres Gemahls Philipp; auf der Rückkehr wurde er von einem russischen Gesandten und 16 Edelleuten begleitet. Zar Iwan gab nun Befehle zur Anlegung eines Hafens an der Mündung der Dwina, der lange Zeit der einzige Stapelplatz der russischen Waaren und der einzige Seehafen des europäischen Rußland war, bis die Russen ihre Herrschaft bis an das baltische Meer ausdehnten. Von dem 1584 hier erbauten Michaelskloster erhielt die Stadt ihren jetzigen Namen. An dem Handel mit Archangel nahmen außer den anfangs ausschließsich privilegirten Engländern später auch die Holländer und Hanseaten Theil. Noch im Anfange des 17. Jahrhunderts lagen in dem Hafen nicht selten zu gleicher Zeit 3—400 Schiffe, hauptsächlich englische und holländische; aber nach der Gründung von Petersburg, das gleichfalls Stapelgerechtigkeit erhielt, sowie seit der Benutzung des Hafens von Riga als einem russischen sank der Handel von Archangel, bis die Kaiserin Elisabeth 1762 dem Hafen dieser Stadt alle Vortheile des petersburger Hafens einräumte; seitdem hat er sich wieder beträchtlich gehoben. Im J. 1839 liefen 444 Schiffe in den Hafen von Archangel ein, worunter 89 beladen, 355 mit Ballast; ausgelaufen sind 458 Schiffe. Der Werth der eingeführten Waaren betrug 778,557 Rubel, dagegen der Werth der ausgeführten 11,597,591 Rubel, sodaß die Ausfuhr ohne allen Vergleich stärker als die Einfuhr ist. Die Ausfuhrartikel bestehen in den Producten des Landes, das auf beiden Ufern der bis auf 60 Meilen schiffbaren Dwina liegt, sowie den Producten und Fabrikaten Sibiriens und des innern Rußlands, die theils auf der Wolga und Kanälen, theils auf Schlitten herbeigeführt werden, namentlich Fischen, Fischthran, Talg, Talglichtern, Schiffbauholz, Pech, Theer, Harz, Wachs, Honig, Eisen, Kupfer, Leinsamen (1839 für mehr als drei Millionen Rubel oder über ein Viertel des Gesammtwerths der Ausfuhr), Häuten, Hanf, Pelzwerk, grober Leinwand, Matten, Schweinsborsten, Kaviar u. s. w. Sobald die Schifffahrt offen ist, gewöhnlich schon im Mai, da das Eis der Dwina im April bricht, bedeckt sich dieser Fluß mit einer Menge von Schiffen und Booten und zeigt nebst seinen Ufern ein sehr lebendiges Bild; die fremden Schiffe, welche Wein, Colonial-, Material- und Manufacturwaaren bringen, segeln meist im September wieder ab. Der Hafen von Archangel, dessen Eingang das Fort Nowo-Dwiesk beschützt, ist gut und sicher; nur gibt eine vor demselben liegende Sandbank einen großen Übelstand ab und ist dem Handel nicht wenig hinderlich. Bis zur Stadt selbst können Schiffe mit schwerer Ladung nicht kommen, wiewol der Fluß bei der Stadt etwa eine deutsche Meile breit ist. Etwa zwei Meilen unterhalb Archangel befindet sich eine Werft für Kriegsschiffe, die hier wohlfeiler als in andern russischen Häfen gebaut werden können; außerdem werden auch Kauffahrteischiffe hier gezimmert und ganz ausgerüstet verkauft.

Die Stadt Archangel hat ungefähr 17,000 Einwohner in 2000 fast durchgängig hölzernen Häusern und ist der Sitz eines Civil- und Militairgouverneurs und eines Erzbischofs. Sie ist mit einer steinernen Mauer umgeben und die Straßen sind mit Holz gepflastert. Die Einwohner nähren sich meistens vom Handel, von der Fischerei und Handwerken; auch gibt es hier Segeltuch- und Tuchmanufacturen. Die Handelsgesellschaft des weißen Meers sendet von hier aus im Sommer Schiffe auf den Heringsfang, außerdem Expeditionen nach Nowaja-Semlja, Kalgujew und Spitzbergen, um Robbenspeck, Walroßzähne, Federn und Eiderdunen zu holen.

Die Schlacht bei Abukir.

Eine der wichtigsten Seeschlachten der neuern Zeit ist ohne Zweifel die bei Abukir, auch die Schlacht am Nil genannt, durch welche die französische Seemacht eine empfindliche Demüthigung erlitt und ihr ein unermeßlicher Schaden zugefügt wurde. Bevor wir die nähern Umstände dieser Schlacht mittheilen, dürfte es angemessen sein, an die Ereignisse zu erinnern, welche dieselbe herbeigeführt haben.

Nach siegreichen Feldzügen in Italien war Bonaparte ruhmgekrönt nach Frankreich zurückgekehrt und dort mit Jubel empfangen worden; allgemein glaubte man, er sei gekommen, um die Befehlshaberstelle über die Armee von England zu übernehmen, welche das Directorium an den Küsten des Oceans zu versammeln beschlossen hatte; aber der eigentliche Zweck seiner plötzlichen Rückkehr war, die Vorbereitungen zu einem kühnen, wahrhaft romantischen Unternehmen zu treffen, über welches das Directorium die ganze Welt zu täuschen wußte: nämlich zu einer Expedition nach Ägypten. Allerdings war dieser Zug durch nichts veranlaßt und hatte nicht einmal einen Schein des Rechts auf seiner Seite, aber jedenfalls bot er große Vortheile dar und der Plan dazu gereicht dem Scharfsinne seiner Urheber zur Ehre. Gelang die Eroberung des fruchtbaren Nilthals, so konnte dieses für die verlorenen westindischen Inseln reichlichen Ersatz geben; den französischen Waaren wurden neue Abzugskanäle nach Afrika, Arabien und Syrien eröffnet; aber der letzte und wichtigste Zweck der Expedition ging wahrscheinlich dahin, von Ägypten aus mit einer erprobten, kampfgeübten Armee im Bunde mit den Mahratten, Hindus und Mohammedanern einen Angriff auf die englische Macht in Indien zu machen. Dem Directorium aber erwuchs außerdem kein geringer Vortheil durch die Entfernung des schon damals gefährlichen Feldherrn und seines meist aus Republikanern bestehenden Heers, wodurch die Herrschaft der Directoren noch auf einige Zeit gesichert und gefristet wurde. Als Vorwand diente die Unterstützung, die man den Türken gegen die rebellischen Mamluken gewähren wollte, ein Vorgeben, dem Niemand Glauben beizumessen im Stande war.

Unerwartet traf Bonaparte in Toulon ein und übernahm den Oberbefehl des in der Umgegend versammelten Heers von 40,000 Mann auserlesener Truppen, das den Namen des linken Flügels der Armee von England führte. Am 20. Mai 1798 ging die auf 350 Transportschiffen befindliche Armee unter Segel, begleitet vom Admiral Brueys, mit 13 Linienschiffen, 8 Fregatten und mehren andern Kriegsschiffen, zu welchen später noch mehre Schiffe aus Genua und andern Häfen stießen. Am 10. Juni erschien die Expedition vor Malta, das der Übermacht schon nach wenigen Tagen unterlag. Sechs Tage nach dieser schnellen Eroberung ging Bonaparte nach Ägypten unter Segel, wo er am 1. Juli ankam. Nachdem die Truppen an Land gesetzt waren, ließ er die Transportschiffe in den innern Hafen von Alexandrien ziehen, während die Kriegsschiffe sich auf der Rhede von Abukir längs der Küste vor Anker legten. Bonaparte selbst, der die Stadt Alexandrien sammt den dazu gehörigen Festungswerken ohne große Schwierigkeit mit Sturm erobert hatte, trat nun den Marsch ins Innere an.

Sobald die englische Regierung von den Rüstungen in Toulon Kunde erhalten hatte, sandte sie, ohne noch ihren Zweck zu kennen, zur Überwachung derselben eine Flotte ab; commandirt wurde dieselbe von dem Grafen St.-Vincent (früher Jervis, von seinem Siege auf der Höhe von St.-Vincent am 14. Februar 1797 über die überlegene französisch-spanische Flotte so genannt), welcher Befehl hatte, die Franzosen da nöthig mit der ganzen Flotte anzugreifen, falls eine Abtheilung, die er dann unter Nelson zu stellen hätte, genügen sollte. Graf St.-Vincent schickte Nelson mit drei Linienschiffen, vier Fregatten und einer Sloop von Gibraltar ab; mit diesem Geschwader segelte der Letztere nach dem Meerbusen von Lyon, um die Franzosen in Toulon zu beobachten, aber ein dichter Nebel verhinderte, daß beide Flotten einander sehen konnten, wiewol die Franzosen beim Auslaufen aus dem Hafen nur wenige Seemeilen von den Engländern entfernt segelten, die bei einem Angriffe unvermeidlich den Kürzern gezogen hätten. Sobald Nelson erfuhr, daß das Ziel der französischen Expedition sei, sandte er Nachricht an den Grafen St.-Vincent, der ihm zur Verstärkung seines schwachen Geschwaders zehn Linienschiffe und eine Fregatte schickte. Dem Lord Nelson blieb die alleinige Führung der schönen Flotte, welche er nun beisammen hatte, überlassen. Auf die Nachricht von der Überrumpelung Maltas entwarf Nelson den Plan, die Franzosen in dem Hafen von Gozzo anzugreifen, aber vor seiner Ankunft vor Malta hatten die Franzosen die Insel bereits wieder verlassen. Wiewol er annehmen mußte, daß sie ihre Richtung direct gegen Ägypten genommen hätten, fehlte es ihm doch an genauen Nachrichten über ihre Bewegungen. Er segelte indeß aufs Gerathewohl nach Ägypten und kam am 28. Juni vor Alexandrien an. Aber der Feind war nicht dort, auch wußte man nichts von ihm; nur unter der Hand war der Gouverneur von den Absichten der Franzosen benachrichtigt worden und war im Begriff, die Stadt in Vertheidigungszustand zu setzen. Nelson verließ daher Ägypten wieder, nur einen Tag vor der Ankunft Bonaparte's, und segelte in dem östlichen Theile des mittelländischen Meeres hin und her, erst gegen Karamanien, dann zurück an Kandia vorüber, in der vergeblichen Hoffnung, auf den Feind zu treffen. Die französische Flotte kam jedoch vor Alexandrien an, ohne von Nelson gesehen worden zu sein; dieser segelte endlich nach Sicilien zurück, misvergnügt über das Mislingen seiner Fahrt. In Sicilien besserte er einige seiner Schiffe aus und schickte Depeschen nach England; noch immer war er der Meinung, die Franzosen wären nach Ägypten gesegelt; „aber", schrieb er an den ersten Lord der Admiralität, „wären sie auch zu den Antipoden gesegelt, so kann sich Ew. Lordschaft darauf verlassen, daß ich keinen Augenblick verlieren werde, um sie am Ende zum Gefecht zu bringen." Am 25. Juli segelte er von Sicilien nach Morea ab; am 28. erhielt er Nachricht, daß die Franzosen schon vier Wochen zuvor von Kandia nach Südosten segelnd gesehen worden seien. Sogleich beschloß er, nach Alexandrien zurückzukehren; er erreichte es am 1. Aug. und erblickte dort endlich die ersehnte französische Flotte. Schon viele Tage vorher hatte Nelson sich des Schlafes und der Nahrungsmittel ganz enthalten; während der Vorbereitungen zur Schlacht ließ er eine vollständige Mahlzeit anrichten, und als die Offiziere von der Tafel aufstanden und an ihre Posten gingen, sagte er zu ihnen: „Morgen um diese Zeit habe ich einen Platz im Oberhause oder in der Westminsterabtei erworben."

Der französische Admiral hatte seine Flotte in der Bai von Abukir vor Anker gelegt. Abukir, das alte Kanopus, das ehemals eine ansehnliche, schöngebaute Stadt war, ist jetzt ein unbedeutendes Dorf nebst einem festen Schlosse an der Küste, vier Stunden östlich von Alexandrien, am Ende einer schmalen Landzunge, die sich zwischen dem Mittelmeere und einem geräumigen Meerbusen, dem sogenannten See von Abukir, hinzieht. Das vorderste französische Schiff befand sich dicht an einer kleinen, durch eine Batterie von Kanonen und Mörsern gedeckten Insel, und die übrige Flotte bildete längs der Linie des Tiefwassers eine gekrümmte Linie. Sie bestand aus 13 Linienschiffen (worunter 3 von 80 und 1 von 120 Kanonen) und 4 Fregatten, und enthielt im Ganzen 1196 Kanonen und 11,230 Mann. Die Engländer hatten ebenfalls 13 Linienschiffe und ein Schiff von 50 Kanonen, im Ganzen 1012 Kanonen und 8068 Mann. Nelson's Angriffsplan ging dahin, einen Theil der Schiffe des Feindes zwischen einer doppelten Linie seiner Schiffe einzuschließen und so zwischen zwei Feuer zu bringen. Als einer der englischen Offiziere, Capitain Berry, von Nelson von dem entworfenen Plane in Kenntniß gesetzt worden war, rief er freudig aus: „Was wird die Welt sagen, wenn es uns gelingt!" Nelson versetzte darauf: „Hier gibt es kein „wenn"; daß es uns gelingen wird, ist gewiß; wer aber am Leben bleiben wird, um die Geschichte zu erzählen, ist eine andere Frage." Dies ist einer der zahlreichen Fälle, wo Nelson einen für gewöhnliche Seelen fast unbegreiflichen Grad von Zuversicht an den Tag legte.

Als die englische Flotte vorrückte, wurde sie von der französischen mit einem heftigen Feuer empfangen, das jedoch nicht erwidert wurde, da die Engländer damit beschäftigt waren, ihre Schiffe vor Anker zu legen. Eine französische Brigg diente als Lockvogel, um die Engländer zu verleiten, sich einer Sandbank zu nähern, aber Nelson vermied die Falle. Fünf englische Schiffe brachen nach und nach zwischen der französischen Schlachtlinie und der Insel durch, segelten im Rücken jener an der Küste hinunter, ankerten jedes dicht an einem der französischen Schiffe und eröffneten ein lebhaftes Feuer auf dieselben; von den so angegriffenen Schiffen wurde das eine, der Guerrier, in 12 Minuten völlig kampfunfähig gemacht. Gleichzeitig griffen die übrigen britischen Schiffe, die sich auf der Fronte der französischen einen Pistolenschuß entfernt vor Anker legten, die französische Linie auf der äußern, der Küste entgegengesetzten Seite an; Nelson selbst, der sich auf dem Schiffe Vanguard befand, richtete seinen Angriff auf das Schiff Spartiate. Das Feuer wurde nun allgemein; es begann mit Sonnenuntergange um 6½ Uhr Abends und um 7 Uhr trat schon die Dunkelheit ein, sodaß das Kanonenfeuer zur Schlacht das einzige Licht hergab. Eins der englischen Schiffe, der Culloden, wurde an der Theilnahme am Gefecht dadurch verhindert, daß es, bevor es sich dem Kampfplatze nähern konnte, plötzlich in den Grund gebohrt wurde, ein Schicksal, dem drei andere englische Linienschiffe nur mit genauer Noth entgingen.

Binnen einer Viertelstunde waren bereits zwei französische Schiffe genommen und um 8½ Uhr noch drei andere. In der Zwischenzeit erhielt Nelson eine Wunde am Vorderkopfe, die eine Zeit lang große Besorgniß erregte, sich aber nachmals als gefahrlos erwies. Um 9 Uhr fing das französische Admiralschiff l'Orient von 120 Kanonen, bald nachdem der Admiral Brueys selbst durch eine Kanonenkugel den Tod gefunden hatte, Feuer und verbreitete eine solche Helligkeit, daß alle Schiffe hell erleuchtet waren; gegen 10 Uhr flog es in die Luft. Dieser furchtbaren Explosion folgte eine nicht minder grauenvolle Stille; das Feuer hörte momentan auf beiden Seiten auf und der erste Laut, der die Stille unterbrach, war das Herabfallen der in eine entsetzliche Höhe emporgeschleuderten Masten und Planken des Schiffs. Sogleich nach dem Ausbruche des Feuers hatte Nelson mit der Menschlichkeit, die den größten Krieger ziert und seine Verdienste erhöht, Befehl gegeben, Boote auszusetzen, um die Mannschaft des Schiffs zu retten; aber von der ganzen Mannschaft von etwa 1000 Mann

Die Schlacht bei Abukir.

wurden nur gegen 70 Franzosen auf diese Weise gerettet, die Andern alle wurden die Beute des Todes. Das zerstörte Schiff hatte Geldsummen zu dem ungeheuern Betrag von vier Millionen Thalern enthalten.

Bald nach der Explosion begann die Schlacht von neuem und dauerte die ganze Nacht hindurch, bis alle französischen Schiffe, nur vier ausgenommen, Wilhelm Tell, den Genereux und zwei Fregatten, denen es gelang, nach Malta und Korfu zu entkommen, genommen oder zerstört waren. Von 17 großen Schiffen, aus denen die französische Flotte bestanden hatte, waren neun genommen, eins in die Luft geflogen, zwei von den Franzosen selbst verbrannt, eins in den Grund gebohrt. Die Zahl der getödteten Franzosen belief sich auf 5000 Mann, die der gefangenen auf 4000, während der Verlust der Engländer nur etwa 1000 Mann betrug. Nelson würde seinen Sieg weiter verfolgt und die französischen Magazine am ägyptischen Ufer zerstört haben, wenn er kleine Schiffe, die zu diesem Zwecke geeignet gewesen wären, besessen hätte. Jedenfalls war dieser Sieg der ruhmvollste und folgenreichste, der seit dem Anfange des Krieges über die französischen Streitkräfte erfochten worden war. Das Kriegsglück der Franzosen hatte die Coalition der europäischen Fürsten gegen die Republik allmälig aufgelöst; Bonaparte's Siege hatten den Stolz Östreichs gedemüthigt, der Continent richtete besorgliche Blicke auf Frankreich, und als das Directorium seinen Arm nach Rom und der Schweiz ausstreckte, so wagte es keine Macht, zu ihren Gunsten zu interveniren. Aber in Folge des Siegs am Nil erhielt die Lage der Dinge plötzlich eine andere Wendung und der Eroberer Italiens wurde von seinem Vaterlande abgeschnitten und in einem entfernten Lande abgesperrt, aus welchem zurückzukehren die englischen Flotten ihn hindern konnten.

Dem Sieger brachte diese Schlacht Ehrenbezeigungen aller Art zuwege. Sein König verlieh ihm die Pairswürde, das Parlament setzte ihm und seinen beiden nächsten Nachkommen einen Jahrgehalt von 2000 Pf. St. aus; die ostindische Compagnie machte ihm ein Geschenk von 10,000 Pf. St.; die City von London beschenkte ihn und alle Capitaine seiner Flotte mit kunstvoll gearbeiteten Degen; der Großherr sandte ihm einen Zobelpelz, dessen Werth auf 5000, und eine diamantene Agraffe, die auf 18,000 Thaler geschätzt wird; des Sultans Mutter eine mit Diamanten besetzte Dose, gegen 1000 Pf. St. an Werth; Kaiser Paul von Rußland verehrte ihm sein in Diamanten gefaßtes Portrait; ähnliche Geschenke erhielt er endlich auch von den Königen von Neapel und Sardinien.

Die Südspitze von Spanien.

Die südlichste Stadt Spaniens ist Tarifa; hier ist die Straße von Gibraltar am engsten, nicht über 2½ geographische Meilen breit. Wiewol die ältern Angaben über die Breite von Gewässern mit großer Vorsicht aufgenommen werden müssen, da sie in der Regel auf bloßer Schätzung beruhen, so ist doch die allmälige Erweiterung dieser Meerenge eine historisch sichere Thatsache. Daß die beiden Festländer von Europa und Afrika ehemals zusammenhingen, geht aus geologischen Gründen unzweifelhaft hervor; die Überlieferung schreibt die Durchschneidung der beide Erdtheile verbindenden Landenge dem Hercules zu. Skylax, der 500 Jahre v. Chr. schrieb, schätzte die Breite der Meerenge auf ⅛ geogr. Meile, Euktemon, der 100 Jahre später schrieb, auf beinahe 1 geogr. Meile, Livius und Cornelius Nepos auf 1½, Procop auf 2¼ geogr. Meilen. Die erhöhte Küste auf beiden Seiten hat eine fernere Erweiterung unmöglich gemacht. Aus dem atlantischen Meere kommt beständig eine reißende Strömung, die über Malaga hinaus wahrnehmbar ist; ungeachtet dieses beständigen Einströmens und der von den Flüssen, vom Ebro bis zum Nil, zugeführten Wassermassen nimmt die Wassermenge des mittelländischen Meeres fortwährend ab, daher ist z. B. Murviedro, das ehemals ein Seehafen war, jetzt eine Binnenstadt.

Tarifa — lange vor den Römern erbaut und von Strabo Josa genannt; der jetzige Name ist arabisch und heißt eigentlich Gesira Tarif, d. h. Insel des Vorgebirgs — hat unter allen spanischen Städten am meisten ein maurisches Ansehen. Die Schönheit der hiesigen Frauen ist sprüchwörtlich; sie tragen noch ihre schwarze Mantilla auf die morgenländische und altspanische Weise, sodaß sie das ganze Gesicht mit Ausnahme des rechten Auges verbirgt, und ohne Zweifel trägt die Ungewißheit, in die diese Tracht die Begegnenden läßt, wie bei den Nonnen, nicht wenig dazu bei, den Ruf ihrer Schönheit zu erhöhen. Das alte Schloß ist nach spanischer Sitte in ein Gefängniß verwandelt worden. Es ist berühmt durch Guzman, der es 1292 gegen die Bestechungen und Angriffe der Mauren hielt; der Verräther Juan wußte Guzman's einzigen Sohn außerhalb der Wälle zu locken und drohte ihn zu ermorden, dafern das Schloß nicht übergeben würde, aber der heldenmüthige Vater zog seinen Dolch aus dem Gürtel und warf ihn den Feinden zu, die den Knaben vor seinen Augen tödteten. Für diese That wurde Guzman von seinem Könige mit Abraham verglichen und mit dem Beinamen des Guten belohnt; er wurde nachmals der Stifter des mächtigen Geschlechts der Herzöge von Medina-Sidonia. Der Sieg, welchen Alfons XI. im Jahre 1340 über die Mauren erfocht, bahnte den Weg zu ihrer gänzlichen Vertreibung. In dieser Schlacht wurden zuerst bei Tarifa Kanonen, die in Damaskus verfertigt waren, gebraucht, jene Höllenmaschinen, wie Ariost sie nennt, deren verheerende Zehnpfünder der Ritterschaft den Todesstoß versetzten, weil sie den edeln Ritter und den gemeinen Lanzenknecht in gleiche Kategorie stellten.

Zwei Meilen nordöstlich von Tarifa liegt Algesiras, wohin ein höchst romantischer Weg führt. Der Bergstrom Guadalmecil stürzt sich durch einen dichten Wald wilder Stein- und Korkeichen, deren rindenentblößte Äste mit einem zierlichen parasitischen Farrnkraut dicht besetzt sind, durch welches man zuweilen das blaue Meer und die dunkle Küste von Afrika erblickt. Algesiras liegt mit seinen Inseln, der Glut der Mittagssonne ausgesetzt, in der Tiefe, woher es seinen Namen (Gesira alhadra) erhalten ha.. Der König von Spanien führt in seinem vollständigen Titel auch den Titel König von Algesiras, was die frühere Wichtigkeit dieser jetzt so unbedeutenden Stadt beweist. Sie war für die Mauren der Schlüssel Spaniens, wie Calais für die Engländer der Schlüssel Frankreichs. Alfons XI. eroberte sie im Jahre 1344 nach einer Belagerung von 12 Monaten; aus der ganzen Christenheit strömten Krieger zu diesem europäischen Kreuzzuge herbei, und die Chronik meldet, daß sich die Engländer unter den Grafen von Derby und Salisbury ebenso tapfer als die Franzosen unter Gaston de Foix feige benahmen. Auf den Trümmern der geschleiften maurischen Festungswerke erhob sich das neue Algesiras und wurde im Jahre 1760 von Karl III. neu erbaut, um das gegenüber am andern Eingange der Bai, an welcher Algesiras liegt, gelegene Gibraltar gleichsam im Schach zu halten; im Kriege ist es ein Sitz von Kapern, im Frieden von Küstenwächtern. Nach Gibraltar führt ein 1½ Meile langer Umweg am Meeresufer; in der Mitte steht eine Meierei, Rocabillo, an der Stelle der phönizischen Stadt Carteja, von der sich noch der Umfang der Mauern erkennen läßt; mancherlei interessante phönizische Alterthümer, Stücke von phönizischem Glase, kupferne Fischhaken, Lampen, Vasen, Überreste einer sehr schönen rothen Töpferwaare und Münzen mit dem Herculeskopfe sind hier gefunden worden. Carteja wurde bald von Tyrus unabhängig; zum Beweis davon nahm König Arganthonius, wegen seines hohen Alters berühmt, das Anakreon auf 150 Jahre, der eingeborene Dichter Silius Italicus sogar auf das Doppelte angibt, die Griechen, die eifersüchtigen Nebenbuhler des phönizischen Handels, freundlich auf. Scipio Africanus erstürmte Carteja; im Jahre 171 v. Chr. wurde die Stadt den unehelichen Kindern römischer Soldaten und spanischer Mütter zum Wohnsitz angewiesen, ein Umstand, der auf die Tugend der schönen Andalusierinnen in jenen uns glücklicherweise fern liegenden Zeiten keinen günstigen Schluß ziehen läßt; später wurde die Stadt ein wichtiger Seeplatz. Der jüngere Pompejus floh nach der Niederlage bei Munda dahin; die treulosen Einwohner, die ihn früher unterstützt hatten, erboten sich gegen Cäsar, zu dessen Ehren sie eine Münze schlugen, ihm den verwundeten Flüchtling auszuliefern.

Das benachbarte San-Roque wurde von den flüchtigen Bewohnern Gibraltars nach dessen Einnahme durch die Engländer erbaut; ihre Nachkommen schmachten jetzt vor den Thoren ihres frühern Paradieses, und die Alcalden von San Roque bezeichnen sich in ihren officiellen Actenstücken als die Behörden von Gibraltar, sowie sich der König von Spanien noch immer König von Gibraltar nennt. Die Stadt hat ein halb spanisches, halb englisches Ansehen, seitdem viele englische Familien sie zu ihrem Sommeraufenthalte gemacht haben; der nördliche Stadttheil ist ganz spanisch geblieben, und die ins Innere Spaniens führende Landstraße ist abscheulich, während das Gibraltar gegenüber liegende Viertel nett und sauber und die nach Gibraltar führende, von den Engländern macadamisirte Straße vortrefflich ist. Die spanischen Linien (wie das spanische Grenzdorf genannt wird) bestehen aus wenigen elenden Hütten, welche gierige Zollbeamte beherbergen; eine Reihe hölzerner Verschläge dient den schlecht gekleideten Aufpassern und Schildwachen, welche als wahre Vogelscheuchen die Grenze bewachen, zur Wohnung. Die frühern furchtbaren Festungswerke der Spanier wurden im Jahre 1810 zerstört, um ihre Besetzung durch die Franzosen zu verhindern; ihren Wiederaufbau wird England wol niemals zugeben.

Die Nordseite von Gibraltar erhebt sich schroff aus dem Sande des neutralen Bodens und starrt von Artillerie; die in den Felsen gegrabenen Stückpforten der Batterien werden von den Spaniern los dientes de la vieja, d. i. die Zähne der Alten, genannt. Die Stadt liegt auf einem jähen Abhange nach Westen. Je mehr wir uns ihr nähern, desto mehr Vertheidigungsmittel werden wir gewahr; der Damm ist über eine Niederung geführt, die augenblicklich unter Wasser gesetzt werden kann. Jede Bastion wird von einer andern beherrscht; aus jeder Schießscharte ragt eine schußfertige, den Tod drohende Kanone hervor, für den Fremden ein unwillkommener Anblick. In kurzen Zwischenräumen stehende Schildwachen, gut gekleidet und von wohlgenährtem Aussehen, deuten auf eine Wachsamkeit, die jeder Überrumpelung Trotz bietet. Wir gehen weiter durch eine mit Weibern und Kindern von Soldaten angefüllte Caserne, die mit der klösterlichen Stille einer spanischen stark contrastirt. Die Hauptstraße von Gibraltar bildet den geraden Gegensatz einer spanischen Stadt. Über unzähligen Wirths- und Weinhäusern hängen Schilder mit dem englischen Wappen, auf denen sich die spanischen Namen der Eigenthümer seltsam ausnehmen; aus diesen Schildern und den sicheren Zeichen aufgedunsener Gesichter sehen wir mit Misvergnügen, daß wir aus dem Lande der Nüchternheit in einen Wohnsitz der Unmäßigkeit und auf den Boden der Branntweinherrschaft übergegangen sind. Alles rennt und drängt sich ohne Ruh und Rast durcheinander; die Offiziere im Dienst scheinen die einzigen Leute zu sein, die nichts zu thun haben. Der Mammon ist der Gott der Stadt, und aller Handel der Halbinsel scheint in diesem Mikrokosmus vereinigt zu sein, wo man alle Religionen und Nationen beisammen findet, denen nichts gemeinsam ist als der Wunsch, einander zu übervortheilen. Auch mit der Mantilla und dem heitern Lächeln der schwarzäugigen Andalusierinnen hat es ein Ende; die Frauen tragen Hauben und sehen so unfreundlich aus, als wären die Männer ihre natürlichen Feinde und hätten die Absicht, ihnen ein Leid zuzufügen. Die Häuser sind von Holz und nach dem Muster von Liverpool gebaut, das freilich für ein tropisches Klima nicht sehr passend erscheint.

Für einen unbeschäftigten Mann würde Gibraltar als bleibender Aufenthalt ganz unerträglich sein; das ewige Wirbeln der Trommeln, der militairische Kastengeist und die feinen Unterscheidungen kleinlicher Etikette würden das dolce far niente eines südlichen Daseins verbittern. Für den nur durchreisenden Fremden hingegen ist Gibraltar reich an Wundern der Kunst und Natur, wohin die staunenswerthen Bastionen und Batterien, die meilenlangen in den Berg gearbeiteten Galerien, die schrecklichen Abgründe und die Himmel und Erde beherrschenden Aussichten gehören, sowie die Gastlichkeit, Thätigkeit, Intelligenz und Betriebsamkeit der Bewohner, welche jeden Winkel zu benutzen gewußt haben, die Reisenden anziehen müssen. Für die Juden ist Gibraltar ein zweites gelobtes Land, wiewol die Spanier im Frieden zu Utrecht stipulirt haben, daß die Engländer keine Juden zulassen sollten. Das Judenviertel ist hinreichend, um das Gibraltarfieber zu erzeugen, welches die Engländer für ihre Tractatbrüchigkeit bestraft; dieses Fieber ist epidemisch und sucht die Bevölkerung etwa alle zehn Jahre heim.

Gibraltar war bei den Alten nicht bewohnt. Der Felsen hieß bei den Phöniziern Alube, woraus die Griechen Kalpe machten; Kalpe und Abyla, das gegenüberliegende afrikanische Vorgebirge, wurden die Säulen des Hercules genannt. Strabo behandelt mit großer Ausführlichkeit die Frage, ob diese Hügel, deren hohe und steile Gipfel der Ocean theilt, nur uneigentlich Säulen genannt werden oder ob hier von Hercules ehemals wirkliche Säulen errichtet worden sind. Das heutige Gibraltar, Dschibel Taric, d. h. der Hügel des Taric, hat seinen Namen von einem maurischen Eroberer Taric, der in dieser Gegend landete. Am 24. Juli 1704 wurde es den Spaniern durch Sir G. Rooke abgenommen, der eben von einem unglücklichen Kreuzzuge im mittelländischen Meere zurückkehrte und ganz unerwartet die Stadt angriff, welche nach der gewöhnlichen Sorglosigkeit der Spanier nur eine Garnison von 150 Mann hatte, die zu Heiligenbildern und Reliquien, statt zu Kanonen und Bayonneten ihre Zuflucht nahmen. An der Rückgabe der Stadt im Frieden von Utrecht (1713) wurde Georg I. durch die Macht der öffentlichen Meinung in England gehindert. Die außerordentlichen Anstrengungen, welche die Spanier machten, um wieder in den Besitz von Gibraltar zu kommen, liefern den besten Beweis von dem Werthe, den sie auf diesen Schlüssel der Meerenge legen. Die berühmte Belagerung von Gibraltar fand im Jahre 1782 und der Hauptangriff auf die Stadt am 13. September desselben Jahres statt; an diesem Tage schlug der tapfere Elliot alle Angriffe der vereinten spanischen und französischen Kriegsmacht ab und zerstörte die mit unsäglichem Aufwande ausgerüsteten schwimmenden Batterien, indem er sie mit glühenden Kugeln beschoß. Der Graf von Artois (nachmals König Karl X.), der von Paris hierher gekommen war, um an der gehofften Einnahme der Felsenfeste Theil zu nehmen, und als Freiwilliger in den Reihen der Franzosen diente, war nur Zeuge von der Niederlage der bourbonischen Macht und trug durch seine Anwesenheit dazu bei, den Triumph Elliot's zu erhöhen.

Sieben Meilen nördlich von Gibraltar liegt mitten unter steilen Felsen und üppigen Thälern die Stadt Ronda, von welcher das benachbarte Gebirge seinen Namen hat (Sierra de Ronda). Der Weg dahin führt bald längs dem Bette von Flüssen, bald am Rande von Abgründen, über Steinblöcke, die den Leichensteinen eines Kirchhofs oder den Trümmern einer Steintreppe nach einem Erdbeben gleichen. Die Mitte des Passes beherrscht das auf steilem Felsen emporsteigende Schloß Gausin, das mit dem Felsen ein Ganzes auszumachen scheint; hier fiel Guzman der Gute in einem Gefechte gegen die Mauren. Von hier führt der Weg, von den Spaniern mit Recht der Weg für Rebhühner genannt, unter den weit verzweigten Ausläufern der Sierra weiter fort; auf beiden Seiten erblickt man maurische Dörfer, welche die Gipfel krönen, Atajate, Bekali, Benadalid u. s. w., noch jetzt von Abkömmlingen von Mauren bewohnt, die das Christenthum angenommen haben. Unter diesem Wechsel von Berg und Thal erhebt sich Ronda, das Arunda der Alten, berühmt wegen seiner rothwangigen Äpfel und Mädchen, zwei Dinge, die in Spanien zu den Seltenheiten gehören. Die größte Naturmerkwürdigkeit in Ronda ist aber die ungeheure, 250 Fuß tiefe Schlucht, durch welche sich der Guadayra seinen Weg gebahnt hat; dieser gähnende Abgrund wird von einer Brücke überspannt, welche eine neuere Vorstadt mit der maurischen Stadt verbindet, und macht auf den Beschauer eine Wirkung, die gleich dem Niagarafalle alle Erwartungen hinter sich zurückläßt. Das alte Castell bei der Stadt wurde im Jahre 1812 von den Franzosen bei ihrem Abzuge in die Luft gesprengt.

Der Weg von Ronda nach Xeres de la Frontera, welches sieben Meilen westlich von jener Stadt liegt, führt durch ein wildes und unsicheres Steineichengehölz und Einöden, deren Boden mit Cistenrosen überzogen ist, nach Grazalema, das wie ein Adlernest auf einem Berge hängt; die Bewohner schlugen im letzten

Kriege eine ganze Division Franzosen zurück, die den Ort mit einem binnenländischen Gibraltar verglichen. Von da führt der Weg über den höchsten Rücken des Gebirgs von Ronda nach Arcos de la Frontera, einem zweiten Adlerneste am Flusse Guadalete, und durch die reichen Ebenen und fruchtbaren Ländereien der Karthäuser von Xeres, deren einst prachtvolles und berühmtes, jetzt verlassenes und entheiligtes Kloster (Cartuja) die Reformen der neuesten Zeit verwünscht. An den Ufern des unten fließenden Guadalete — eigentlich Guad al ledet, Fluß der Wonne, von den siegreichen Mauren so genannt — verlor Roderich, der letzte gothische König, am 26. Juli 711 im Kampfe gegen die Mauren Leben und Krone. Xeres de la Frontera ist berühmt wegen seines Weins, der unter dem Namen Sect und Pedro Ximenes oder Paxarete bekannt und namentlich in England beliebt ist; die Weinkeller der Stadt sind so groß wie Kirchen und ihre Abtheilungen führen, wie Kapellen, die Namen der Heiligen, denen sie gewidmet sind; manche von ihnen enthalten Tausende von Fässern. Die Stadt selbst ist übrigens wegen des unerträglichen Staubes und Gestanks, der sich in den ungepflasterten und ungereinigten, einer brennenden Sonne ausgesetzten Straßen erzeugt, durchaus kein angenehmer Aufenthalt.

Kaum drei Meilen südwestlich von Xeres liegt auf einer schmalen Landzunge der Insel Leon, die durch einen 1½ Meile langen Meeresarm (die Meerenge von San-Pedro) vom Lande getrennt ist, die große Handelsstadt Cadiz, wo die Interessen des Handels alle andern verschlingen. Die Stadt, deren Form mit einer antiken Schüssel, nach Mannert mit einem Schinken Ähnlichkeit hat, ist eine der ältesten in Europa, da sie von den Phöniziern um das Jahr 1100 vor Christi Geburt, also etwa 220 Jahre eher als Karthago, gegründet wurde; von ihrer Lage, weil sie rings vom Meere eingeschlossen wird, nannten sie die Phönizier Gadir. Wie verständig die Lage der Stadt gewählt war, hat die 3000jährige Blüte des Handels derselben hinreichend bewiesen. Im punischen Kriege hielt es Gades — dies war der römische Name der Stadt — mit den Römern, was ihnen nicht zum Nachtheil gereichte, im Kriege zwischen Cäsar und Pompejus mit dem Erstern, der sich auf verschwenderische Weise dankbar bewies und der Stadt seinen Namen beilegte, indem er sie Julia Augusta Gaditana nannte. Als aber der Sitz des Kaiserthums von Rom nach Konstantinopel verlegt wurde, gerieth Gades in Verfall und scheint Jahrhunderte lang nur geringe Bedeutung gehabt zu haben. Im Alterthume war der prachtvolle Tempel des Hercules, der Schutzgottheit der Tyrier, berühmt, an welchem 50 Jahre gebaut wurde; jetzt ist von ihm keine Spur mehr übrig. Er stand auf einem Felsen an der Mündung des Flusses Sancti Petri, einige Meilen südlich von Cadiz entfernt, und wurde, der Legende zufolge, von dem heiligen Jakob, welcher den Ort nebst dem Flusse dem heiligen Petrus weihte, bei seinem ersten Besuche in Spanien im J. 36 n. Chr. zerstört. Alfons der Weise stellte bei der Eroberung von Cadiz im J. 1262 die Tempelmauern wieder her; die Fundamente davon, welche jetzt vom Meere bedeckt sind, konnte man noch im J. 1730 sehen, sowie auf kurze Zeit im J. 1755, als sich das Meer gleichzeitig mit dem Erdbeben von Lissabon zurückzog. Mit der am andern Ende der Insel liegenden freundlichen Stadt Isla de Leon oder San-Fernando, die bei den Alten Erythräa oder Tartessus hieß, ist Cadiz durch einen Damm verbunden, welcher von den Phöniziern angelegt wurde und seinen alten Namen, Weg des Herkules, noch jetzt führt. Der neuere Name der Stadt, Isla de Leon, rührt von der Familie her, welcher die Stadt im J. 1469 verliehen wurde; 1484 nahm sie aber die spanische Krone wieder an sich.

Über den Fluß Sancti Petri führt eine auf römischen Fundamenten erbaute Brücke, vom Namen ihres neueren Erbauers Puente del Zuazo genannt; der jetzt befestigte Felsen, auf welchem der Herculestempel stand, beherrscht den Eingang des Flusses und sichert den Besitz der Insel. Die Ebenen sind hier mit weißen Salzpyramiden bedeckt; die Salzwerke dieser Gegend führen gleich den Weinkellern von Xeres Namen aus der heiligen Geschichte, liefern gutes Salz und sind ein Monopol der Regierung, welche jedem District die für denselben nöthig erscheinende Quantität zutheilt. Weiter südlich nach Gibraltar reisend kommt man zuerst nach Chiclana; zur Rechten liegt Barrosa, wo die Engländer unter Graham den Marschall Victor schlugen; zur Linken erblickt man auf einem Berge die weißen Mauern der zwei Meilen nach Osten entfernten Stadt Medina-Sidonia. Die Ebenen sind unbebaut, ohne Bäume, ohne Häuser und ohne Leben; die Grenzgegenden von Spanien und Afrika gleichen einander hinsichtlich ihres öden und unerfreulichen Charakters. Die kleine Stadt Vejer, an welcher die Straße vorbeiführt, steht an einem jähen Abgrunde; eine Felsenschlucht führt von hier an die Küste der Straße von Gibraltar und nach Tarifa. Afrika, hier keine Sandfläche, erhebt sich steil aus dem Meere, im Hintergrunde erscheinen schneebedeckte Gebirge. Zwei Continente liegen vor uns; wir haben die Grenze der alten Welt erreicht; eine enge Straße scheidet die Länder der Wissenschaft, Freiheit und Civilisation von den zum großen Theile unbetretenen Gegenden der Gefahr und des Geheimnisses. Jenes Vorgebirge ist Trafalgar, wo der Seeheld Nelson mit seinem Blute die Seeherrschaft der Briten befestigte; jenseit desselben liegt Tarifa und die Ebene des Rio Salado, wo im J. 1340 das Kreuz über den Halbmond triumphirte. Auf der gegenüberliegenden Küste glänzen die weißen Mauern von Tanger, wie ein Schneekranz auf dunkeln Bergen ruhend; hinter ihnen liegt die Wüste, der Wohnsitz wilder Thiere und noch wilderer Menschen. In gemessener Entfernung liegen die getrennten Erdtheile; einst waren sie vereinigt, jetzt fließt das Meer zwischen ihnen und trennt sie für immer; finster blicken sie einander an mit dem kalten Blicke aufgelöster Freundschaft; tausend Schiffe eilen vorüber, beladen mit dem Handel der Welt, jedes Segel ist geschwellt, um diesen Gewässern zu entfliehen, deren Tiefe kein Senkblei ergründet, wo weder See noch Land dem Fremden freundlich ist. Hinter jenem Vorgebirge liegt die Bai von Gibraltar; auf jenem grauen Felsen, dem Gegenstande so vieler Kämpfe, weht die rothe Fahne Englands und trotzt den Schlachten und Stürmen; in der Ferne dehnt sich das blaue Mittelmeer gleich einem schlummernden See aus. Europa und Afrika entfernen sich allmälig voneinander; beide an Gestalt und Natur der Küste und der Vorgebirge so ähnlich, und doch in den Gesetzen, Werken und Religionen der Menschen so verschieden, so entgegengesetzt!

Die reisenden Engländer.

In einem kürzlich erschienenen geistreichen Werke über England, betitelt „Sittenbuch der englischen Gesellschaft" (Stuttgart, bei Hallberger), werden die auf dem Festlande reisenden Engländer auf folgende scherzhafte Weise classificirt. Unter 1000 den Continent besuchenden Engländern sind im Durchschnitt 333 Offiziere auf halbem Sold, 100 zu Grunde gerichtete Spieler, 100 Bediente, Reitknechte u. s. w., 100 Kammermädchen, Gouvernanten u. s. w., 60 Kranke, die der Nebelluft entfliehen, 52 Handwerker und Krämer, die ihre Landsleute in fremden Ländern zu betrügen suchen, da sie zu Hause keine Gelegenheit dazu hatten, 50 dem Schuldarrest entfliehende Bonvivants, 48 Spieler von Profession, die gelegentlich auch Deutsche und Franzosen ausplündern, 40 nicht mehr junge Mädchen, deren Mütter nicht genug Vermögen besitzen, eine londoner Saison mitzumachen, 30 junge Leute, die auf dem Continent angenehm und ungenirt leben wollen, 26 Mädchen aus dem wohlhabenden Mittelstande, die gern einen deutschen Baron, französischen Grafen oder italienischen Herzog heirathen möchten, 20 verabschiedete Maitressen, 20 von ihren Männern getrennt lebende Weiber, die sich über dieses Unglück auf dem Continent zu trösten suchen, 10 Personen aus altadeligen Geschlechtern, die zu arm sind, um in England ein Haus machen zu können, 10 vornehme und reiche Engländer, welche reisen, um sich auf dem Continente ebenso zu langweilen wie in ihrem Vaterlande, endlich 1, welcher reist, um Geist und Herz auszubilden.

Die Straße der heiligen Ursula in Valetta.*)

*) Vergl. über Valetta und die Insel Malta Pfennig-Magazin Nr. 124.

Das Pfennig-Magazin
für Verbreitung gemeinnütziger Kenntnisse.

371.] Erscheint jeden Sonnabend. [Mai 9, **1840**.

Pestalozzi.

Johann Heinrich Pestalozzi, einer der berühmtesten und verdienstvollsten Schulmänner unserer Zeit, wurde am 12. Januar 1745 zu Zürich geboren, wo sein Vater Arzt war und einer angesehenen Familie angehörte. Leider starb er, als der junge Pestalozzi kaum sechs Jahre zählte; was für diesen um so mehr ein Unglück war, da er bei seiner eigenthümlichen Natur, in welcher das Gefühl und die Einbildungskraft vorherrschte, einer männlich-kräftigen Erziehung sehr bedurft hätte. Von dem ihm dargebotenen Unterrichte nahm er nur Das auf, was seinem Gemüthe und seiner Phantasie zusagte, vernachlässigte aber diejenigen Unterrichtsfächer, die den bloßen Verstand in Anspruch nehmen. Noch ehe Pestalozzi in das Jünglingsalter trat, hatte Lavater einen Verein junger Leute gestiftet, welche sich die Aufgabe stellten, eine vaterländische fromme Gesinnung wiederherzustellen und auf Erweckung edlerer Geistesbildung hinzuwirken; diesem Jugendbunde schloß sich Pestalozzi an, welcher schon früher den Gedanken gefaßt hatte, in die Wohnungen des Volkes verbesserte und vereinfachte Unterrichtsmittel zu bringen. Sein Herz nahm den innigsten Antheil an dem Geschicke des Landvolkes, das er in dem Dorfe Höngg, unweit Zürich, wo sein Großvater Pfarrer war, genauer kennen lernte; in dem schlechten Schulunterrichte erkannte er eine Hauptursache seines unerfreulichen Zustandes und beschloß, ihm nach Kräften aufzuhelfen. Zu diesem Ende widmete er sich mit großem Eifer dem Studium der Theologie; bald aber erschien ihm der Wirkungskreis eines Landpfarrers gar zu beschränkt, um wesentliche Verbesserungen des Volksschul- und Unterrichtswesens zu Stande zu bringen, und er kam zu der Einsicht, daß dies ihm nur in einer höhern Stellung gelingen werde. Sofort gab er den geistlichen Stand auf, beschloß, sich zum Staatsmann zu bilden, und warf sich mit großem Fleiße auf Jurisprudenz und Staatswissenschaft. Auch davon brachte ihn der Rath eines sterbenden Freundes zurück, in Folge dessen er seinen alten Plan, unmittelbar für Verbesserung des Volksschulunterrichts zu wirken, wieder aufnahm. Als er aber später, da er erst 20 Jahre alt war, von einer gefährlichen Krankheit genas, die er sich durch sein übermäßiges Studiren zugezogen hatte, verbrannte er im Unmuthe alle seine Manuscripte, gab alle gelehrten und wissenschaftlichen Studien auf und beschloß, sich dem Landbau zu widmen.

Bei dem damals berühmten Landwirth Tschiffeli in Kirchberg machte er sich nun praktisch mit der Landwirthschaft bekannt, verband sich darauf 1767 in dem jugendlichen Alter von 22 Jahren mit der Schwester eines Freundes, Anna Schultheß, und ging dann zuvörderst an die Anlegung ausgedehnter Krapppflanzungen, zu welchem Zwecke er zwischen Brugg und Lenzburg im Canton Aargau 100 Morgen Haideland um einen Spottpreis erkaufte und hier ein Gut, von ihm Neuhof genannt, gründete. An dem anfangs nöthigen Credit fehlte es ihm nicht, aber sein übergroßer Eifer und die unglückliche Wahl eines zwar geschickten, aber in der Umgegend verhaßten Gehülfen verdarb Alles, und da ihm von einem züricher Handelshause vorgeschossenen Capitale in Folge eines ungünstigen Berichts zurückgezogen wurden, kam er in vielfache Noth, in welcher er 30 Jahre lang geschmachtet hat. Unter vielfachem Kummer und mit größter Anstrengung führte er seine Wirthschaft fort, legte Esparsettenfelder an, als es ihm mit den Krapppflanzungen nicht gelingen wollte, und faßte seinen eigenen öconomischen Verlegenheiten ungeachtet gemeinschaftlich mit seiner edeln Gattin den Entschluß, auf seinem Gute eine Armenanstalt zu gründen, in welcher arme Kinder aufgenommen werden, Unterricht erhalten und sowol diesen als ihre Kleidung, Wohnung und Ernährung durch ihre Arbeit bezahlen sollten. Diese damals neue Idee fand vielen Beifall; durch Sammlungen in Zürich, Basel u. s. w. wurden die nöthigen Geldmittel zusammengebracht und im J. 1775 wurde die Anstalt eröffnet, welche bald gegen 50 Zöglinge zählte. Einige Jahre bestand sie ziemlich gut; der Eifer und Scharfsinn, den Pestalozzi in seinem Unterrichte an den Tag legte, die aufopfernde Sorge, welche er und seine Frau der Bettljugend widmeten, fand allgemeine Anerkennung. Bald aber machten sich zahllose Schwierigkeiten bemerkbar, die namentlich in der Eigenthümlichkeit des alles praktischen Sinnes entbehrenden Pestalozzi ihren Grund hatten. Um den ungenügenden Ertrag der Anstalt zu erhöhen, sah er sich genöthigt, die Bettelkinder zu strenger Arbeit anzuhalten; diese fiel ihnen beschwerlich und bald waren ihre Reihen durch Desertion sehr gelichtet; nicht selten wurden sie ihm von den Ältern entführt oder liefen davon, bald nachdem sie gekleidet und etwas herausgefüttert waren. Diese und andere Umstände untergruben den moralischen und pecuniairen Credit des Armeninstituts, das Pestalozzi im Vertrauen auf seine gute Sache nicht durch Beschränkung, sondern vielmehr durch Erweiterung des Geschäfts aufrecht zu erhalten suchte. Bisher hatte er die Bettelkinder theils mit Feldarbeiten, theils mit Baumwollenspinnerei beschäftigt; dazu gesellte er nun noch Weberei. Der Erfolg entsprach indeß seinen Erwartungen sehr schlecht; die Gewebe sowol als die Gespinnste der Bettelkinder blieben an Feinheit hinter den gerechten Anforderungen zurück und der dafür bezahlte Preis deckte kaum die Erzeugungskosten. Bald war er mit Schulden überhäuft und, die er nicht zu decken vermochte, und mußte im J. 1780 seine Anstalt auflösen. Aller Aussichten auf Rettung beraubt, war Pestalozzi der Verzweiflung nahe; in seinem Landhause fehlte es ihm oft an Brot und Holz, um Hunger und Kälte abzuwehren. Endlich kam er zu dem Entschlusse, als Schriftsteller aufzutreten, und gab im J. 1781 durch die Unterstützung des trefflichen Rathschreibers Iselin in Basel unter dem Titel „Lienhard und Gertrud" ein Naturgemälde des Bauernlebens heraus, das allgemeinen Beifall fand und ihm von den verschiedensten Seiten unerwartete Ehrenbezeugungen und Geldgeschenke verschaffte. Der Finanzminister Graf von Zinzendorf in Wien und andere dortige Große wünschten den Verfasser des trefflichen Buchs in ihrer Nähe zu haben und luden ihn zu sich ein; Dasselbe that Karl von Bonstetten, der ihn bat, auf seine Güter in der italienischen Schweiz zu ziehen. Aber Pestalozzi zog es vor, in Neuhof zu bleiben, wo er 1782 sein zweites Volksbuch, „Christoph und Else", schrieb; seine Dürftigkeit war damals so groß, daß er kein Papier kaufen konnte, sondern die Ränder und leeren Blätter alter Bücher zum Schreiben benutzte. Diesem Buche folgten mehre andere Schriften, von denen besonders seine „Nachforschungen über den Gang der Natur in der Entwickelung des Menschengeschlechts", an denen er mit großer Anstrengung drei Jahre lang schrieb und welche erst 1798 erschienen, auszuzeichnen sind. In der zweiten Hälfte der achtziger Jahre wurde er mit dem Grafen von Hohenwart in Florenz bekannt, der die Aufmerksamkeit des Großherzogs Leopold von Toscana auf ihn lenkte. Dieser weise Fürst erkannte bald, wie segensreich Pestalozzi's Ideen über Volksbildung wirken könnten. Pestalozzi's Anstellung in seinem Staate an einer ganz nach seinen Ideen zu errichtenden Volkserziehungsanstalt war fast entschieden, und Jener war eben im Begriff, einen definitiven Plan zur Ausführung einer solchen einzusenden, als Leopold im J. 1792 durch den Tod Joseph's II. auf den kaiserlichen Thron berufen wurde, auf welchem er während seiner kurzen Regierung keine Muße fand, ernstlich an Pestalozzi's Plan zu denken.

Es konnte nicht fehlen, daß Pestalozzi, der fortwährend mit äußerer Noth zu kämpfen hatte, durch dieses Fehlschlagen seiner schönsten Hoffnungen tief gebeugt wurde; es gab Zeiten, wo er der Verzweiflung nahe war, und nur seine fromme Gattin vermochte ihn in solchen Stimmungen zu beruhigen. Aber eine neue Gelegenheit zu einer großartigen und wohlthätigen Wirksamkeit bot sich ihm dar, als im Mai 1798 unter Beistand französischer Scharen die lange vorbereitete schweizerische Revolution zum Ausbruche gekommen und eine Directorialregierung nach dem Muster der französischen eingesetzt worden war. Pestalozzi, der mit mehren Regierungsgliedern noch aus frühern Zeiten in Verbindung stand, bot Alles auf, um die Errichtung von Staatserziehungsanstalten zu bewirken, ohne anfangs bei den Machthabern Gehör zu finden. Endlich wurde zwischen ihm und dem Director Legrand ein hierauf bezüglicher Plan verabredet, aber noch ehe dieser zur Ausführung kam, ihm ein anderer Wirkungskreis angewiesen. Im September 1798 war nämlich in Folge des Widerstandes der Unterwaldner gegen die neue Gestaltung der Schweiz und die Franzosen als die Urheber derselben außer vielen andern Ortschaften auch der Hauptort ihres Cantons, Stanz, in Flammen aufgegangen und viele Kinder waren ihrer Ältern beraubt worden; Legrand foderte daher Pestalozzi auf, das unglückliche Stanz zum Schauplatz seiner pädagogischen Thätigkeit zu wählen, ein Vorschlag, auf den der Letztere bereitwillig einging. In Stanz wurde das Kloster der Ursulinerinnen zu seiner Verfügung gestellt; hier installirte sich Pestalozzi und sah in dem improvisirten Waisenhause bald 70—80 vernachlässigte, auf der niedrigsten Stufe des Elends und der Roheit stehende Kinder um sich versammelt, denen er in dem folgenden Winter, von Niemand als einer Haushälterin unterstützt, Vater und Lehrer, Aufseher und Krankenwärter, Mutter und Dienstmagd zugleich sein mußte. Erst hier kamen seine pädagogischen Ideen zur völligen Ausbildung, und das hier verlebte Jahr muß für das wichtigste seines Lebens angesehen werden. Aber den außerordentlichen Anstrengungen, denen er sich Tag und Nacht unterziehen mußte, würde er wahrscheinlich bald unterlegen sein, wenn nicht der Krieg zwischen den Östreichern, Russen und Franzosen, welcher 1799 in der Schweiz wüthete, ihn genöthigt hätte, Stanz zu verlassen und die Anstalt aufzugeben. Er besuchte darauf eine Heilquelle im berner Hochlande auf der Höhe des Gurnigel, wo er sich völlig wieder erholte, und wandte sich dann nach Burgdorf, der zweiten Stadt des Cantons Bern. Hier gründete er, da das Project einer umfassenden Nationalbildungsanstalt nicht zur Ausführung gekommen war, mit Unterstützung einiger fähigen Gehülfen eine Privaterziehungsanstalt, die bald freudig aufblühte und aus der Nähe und Ferne Zöglinge anzog. Den guten Erfolg seiner Wirksamkeit schilderte er im Sommer 1801 in der merkwürdigen Schrift: „Wie Gertrud ihre Kinder lehrt". Der günstige Bericht, der über die Anstalt sowol als Pestalozzi's Methode von zwei mit Untersuchung jener beauftragten Commissarien im J. 1802 an die helvetische Regierung abgestattet wurde, hatte zur Folge, daß das Institut für ein öffentliches, der Nation angehöriges erklärt und ein Schullehrerseminar damit verbunden wurde. Im Jahre 1802 berief der damalige erste Consul der französischen Regierung, Bonaparte, schweizerische Deputirte nach Paris, um die noch herrschenden Zwistigkeiten unter den Schweizern beizulegen und eine neue Verfassung der Schweiz zu entwerfen; auch Pestalozzi, von zwei Bezirken zum Deputirten gewählt, ging damals mit nach Paris und überreichte dem ersten Consul eine Denkschrift politischen Inhalts, die aber ebenso wenig Berücksichtigung fand als die freimüthigen mündlichen Äußerungen, die er sich in einer Audienz erlaubte. Durch die Mediationsacte hob Napoleon bald nachher (1803) die helvetische Republik auf und stellte die Cantonalverfassung wieder her; dies hatte für Pestalozzi's Anstalt den doppelten Nachtheil, daß sie erstens unter den Schutze und der Aufsicht des Staats zu stehen aufhörte, womit auch die den Lehrern bisher gewährten Geldunterstützungen wegfielen, und zweitens Burgdorf verlassen mußte, da die berner Regierung das Schloß von Burgdorf, das der Anstalt eingeräumt worden war, zurückfoderte, um es wieder zur Wohnung eines Landvogts benutzen zu können.

Im Sommer 1804 verließ demnach Pestalozzi Burgdorf und verlegte die Anstalt in das ihm von der berner Regierung eingeräumte Schloß zu Münchenbuchsee, unweit des dem Herrn von Fellenberg gehörigen Gutes Hofwyl, dessen Besitzer von nun an die Direction der Anstalt in Verbindung mit zwei bisherigen Gehülfen Pestalozzi's übernehmen sollte; Pestalozzi selbst wollte nur als Vater in der Anstalt walten. Dieses Verhältniß konnte keine Dauer haben, und schon nach einem halben Jahre zog Pestalozzi nach Ifferten im Canton Waadt, von der dasigen Stadtgemeinde dringend eingeladen; die zurückgebliebenen Lehrer mit der ganzen Anstalt folgten ihm dahin im Sommer 1805. In den nächsten Jahren nahm die Anstalt, deren Schülerzahl 100—150 betrug und zu welcher 1806 noch ein Mädcheninstitut als Nebenzweig kam, einen neuen Aufschwung und erlangte einen solchen Ruf, daß sie das Interesse der ausgezeichnetsten Gelehrten und Staatsmänner erregte und gewöhnlich 20—40 junge Männer aus Deutschland (besonders Preußen), Holland, Dänemark u. s. w. sich eine Zeit lang in Ifferten aufhielten, um Pestalozzi's Methode theoretisch und praktisch zu studiren. Auffallend war es aber, daß gerade die schweizerischen Regierungen die Anstalt völlig unbeachtet ließen, was den patriotisch gesinnten Pestalozzi nicht wenig schmerzte. Er wandte sich daher im Mai 1809 an die versammelte Tagsatzung der Schweiz mit der Bitte, daß dieselbe eine Prüfung seiner Methode und Anstalt von Staatswegen anordnen möchte. Die Tagsatzung ging darauf ein und sandte im November drei Commissarien, Merian, Girard und Trechsel, nach Ifferten; sie blieben nur fünf Tage hier und statteten im Mai 1810 einen Bericht ab, der im Allgemeinen ungünstig ausfiel und sich über die Anstalt in Ifferten mit entschiedener Misbilligung äußerte, wiewol Pestalozzi's persönliche Verdienste anerkannt wurden. Unmöglich konnte dieser Bericht, obgleich man es an einer Protestation gegen denselben nicht fehlen ließ, der Anstalt förderlich sein; zwar wurde von dem gelehrten und geistreichen Franzosen Jullien, Bonaparte's Kampfgenossen in Ägypten, der im Sommer 1811 nach Ifferten kam, in zwei gründlichen Werken ein ganz entgegengesetztes Urtheil gefällt und dadurch der Eintritt vieler französischen Zöglinge veranlaßt, aber dies vermochte dem überhandnehmenden Verfall der Anstalt nicht Einhalt zu thun. Auch von den Widerwärtigkeiten des Kriegs wurde dieselbe berührt, indem ein östreichischer Offizier das Schloß, in dem sich die Anstalt befand, für ein Lazareth in Anspruch nahm. Um dies abzuwenden, reiste Pestalozzi nach Basel in das Hauptquartier der verbündeten Monarchen und erreichte durch zwei Audienzen bei dem Kaiser von Rußland und dem Könige von Preußen, daß jene Verfügung seinem Wunsche gemäß abgeändert wurde. Kaiser Alexander eröffnete ihm noch überdies die angenehme Aussicht, daß die Volkserziehung auch in Rußland nach seiner Methode organisirt werden solle, und schmückte ihn mit einem Orden. Das Ausbleiben vieler Zöglinge in den Kriegsjahren 1813—15 bereitete große finanzielle Verlegenheiten und 1815 hatte das Institut eine Schuldenlast von 20,000 Schweizerfrancs. In dem gedachten Jahre wurde durch den Wiedereintritt eines frühern Lehrers und ehemaligen Zöglings der Anstalt, der sie 1810 verlassen und sich seitdem als erbitterter Gegner derselben benommen hatte, der Grund zum völligen Ruin der Anstalt gelegt, da Jener sich die ältern Gehülfen dergestalt verfeindete, daß im J. 1816 13 derselben, nach einem vergeblichen Versuche, den mit blinder Vorliebe für ihn eingenommenen Pestalozzi zu enttäuschen, das Institut verließen; ihnen folgten bald alle übrigen ältern Gehülfen. Obgleich durch diesen Schritt die Anstalt einen Stoß erlitt, von dem sie sich nicht erholen konnte, so gründete doch Pestalozzi, auf seine Lieblingsideen zurückkommend, außer ihr noch eine zweite Anstalt zur Erziehung armer Kinder, die im Herbst 1818 zu Clindy bei Ifferten eröffnet wurde und anfangs guten Fortgang hatte; nach einiger Zeit wurden die Armenzöglinge von Clindy ins Schloß von Ifferten versetzt und auf Kosten des Unterrichts zu allerhand Dienstverrichtungen gebraucht. Nach fünfjährigem Bestehen löste sich die Armenanstalt auf und bald nachher auch die Pensionsanstalt. Im Anfange 1825 zog sich Pestalozzi auf sein Gut Neuhof zurück,

*

in der Absicht, sein Leben mit schriftstellerischen Arbeiten und mit Errichtung einer Armenanstalt nach seinen Ideen zu beschließen; zu der letztern kam es aber nicht, weil es an den erfoderlichen Geldmitteln fehlte. Noch zwei Jahre lebte der rüstige Greis auf seinem Landgute, das nun von seinem Enkel bewirthschaftet wurde, erhielt von allen Seiten Beweise persönlicher Liebe und Achtung, die sich auch in seiner Erwählung zum Vorstand der helvetischen Gesellschaft zu Schinznach kund gab, schrieb noch zwei Schriften, die allgemeines Aufsehen erregten, seine Lebensschicksale und seinen Schwanengesang, und starb am 17. Februar 1827 in dem Städtchen Brugg nach kurzen, aber heftigen Leiden, bald nach Vollendung seines 82. Lebensjahres.

Die Waldmeisen.

1) Die Kohlmeise. 2) Die Blaumeise. 3) Die Tannenmeise. 4) Die Sumpfmeise.

Die Meisen bilden unter den Singvögeln oder nach der Classification anderer Naturforscher unter den körnerfressenden Vögeln eine sehr zahlreiche Gattung, die durch alle Welttheile verbreitet ist, auch in der kalten Zone, z. B. in Grönland, einheimisch ist, am häufigsten aber in den Ländern der gemäßigten Zonen angetroffen wird. Sie sind ohne Ausnahme klein, aber sehr lebhaft, listig, gesellig und räuberisch; sehr belustigend ist es, ihnen zuzusehen, wenn sie sich ihre Nahrung verschaffen, die hauptsächlich in Insekten und deren Larven und Eiern besteht, welche in Löchern und Ritzen der Baumrinde verborgen sind und welche sie sehr geschickt zu fangen wissen. Mit großer Behendigkeit klettern und springen sie an den Zweigen herum, hängen sich mit ihren Füßen in jeder Richtung daran, sodaß der Kopf oft herabhängt, und hacken mit ihrem Schnabel nach der Rinde; dabei sind sie beständig in Bewegung und nehmen in ihren Anstrengungen zur Befriedigung ihres fast unersättlichen Hungers die verschiedensten Stellungen an. Ungeachtet ihrer eigenen Kleinheit greifen sie auch andere kleine Vögel an, besonders kranke und schwache, hacken ihnen wol gar ein Loch in die Hirnschale und fressen das Gehirn heraus; Dasselbe thun sie mit todten Vögeln. Sie streichen, mit Ausnahme der Brutzeit, in welcher sie paarweise leben, in Gesellschaften umher und vermehren sich sehr stark, da sie nicht selten bis 16 Eier legen; ihre Nester, die oft außerordentlich künstlich sind, bauen sie meistens in oder auf Bäume, oder auch ins Rohr. Man kennt jetzt über 30 Arten, von de=

nen 11 oder 12 in Europa und 9 in Deutschland (und zwar hier als Standvögel) vorkommen; zur bessern Übersicht theilt man sie in drei Familien, Waldmeisen, Schwanzmeisen*) und Beutelmeisen, von denen uns die erstere hier vorzugsweise beschäftigt, zu welcher die oben abgebildeten Arten gehören.]

Die Kohlmeise, auch große Meise, Fink- oder Spiegelmeise genannt, anderer provinzieller Benennungen nicht zu gedenken, ist in der Regel von der Schnabel- bis zur Schwanzspitze 5¾—6¼ Zoll lang; ihr weiches Gefieder ist wie bei den meisten andern Meisen auf dem Rücken von gelblichgrüner, auf der Brust und den Seiten von gelber, auf dem Kopfe und der Kehle von schwarzer Farbe mit weißen Flecken auf den Wangen. Diese Art ist durch ganz Europa, sowie im nördlichen Asien in Waldungen und Gebüschen sehr häufig, indessen nicht so gesellig als andere Meisen, von denen sie sich auch dadurch unterscheidet, daß sie Gärten und Häuser in der Nähe von Städten seltener besucht, wiewol sie im Winter selbst vor die Fenster und auf die Dächer kommt.

Die Blaumeise ist ein kurzer und gedrungener, aber wohlgebildeter Vogel, der an der hellblauen Farbe seines Scheitels sehr kenntlich ist; der Vorderkopf ist weiß, und diese Farbe erstreckt sich auf jeder Seite rückwärts, indem sie um den Kopf einen Kreis bildet, unter welchem sich ein anderer dunkelblauer Kreis befindet. Der Rücken ist olivengrün, der Bauch gelb. Dieser kleine Vogel, der zuweilen auch in Mauerlöchern wohnt und ein ganz einfaches Nest baut, ist wegen seines Muths und seiner Dreistigkeit bemerkenswerth. Im Winter nähert er sich ländlichen Wohnungen und frißt Brotkrumen aus der Hand; das ganze Jahr hindurch findet man ihn in naheliegenden Gärten und Gehölzen. Das Weibchen hängt mit großer Beharrlichkeit an dem Neste, vertheidigt es sehr muthig und läßt sich eher fangen als daraus vertreiben; den Angreifenden bedroht es auf seltsame Weise, indem es alle Federn emporrichtet und gleich einer Schlange zischt. Auf Gesang hat dieser Vogel keinen Anspruch; sein gellender, schnell wiederholter Ton ist nicht eben sehr harmonisch.

Die Tannenmeise ist der Blaumeise an Gestalt sehr ähnlich, aber kleiner, nur etwa vier Zoll lang und nicht mit so lebhaften Farben ausgestattet. Die Brust ist weißgrau, der Rücken gelbgrau, Kopf und Hals kohlschwarz mit einem weißen Flecke auf jeder Wange. Die Sumpfmeise ist von der Tannenmeise an Gestalt und Farbe wenig verschieden, nur größer. Am häufigsten findet sie sich in niedrigen Sumpfgegenden an Flüssen, wo sie ihr Nest gewöhnlich in hohle Weidenstämme baut; in der Regel wohnt eine größere Gesellschaft zusammen. Sie ist so gefräßig, daß sie täglich mehr als die Hälfte ihres eigenen Gewichts zu sich nimmt.

Außer diesen Arten ist noch die seltenere Haubenmeise zu bemerken, die sich von allen andern Meisen durch einen hohen, zugespitzten, weiß- und schwarzbunten Federbusch unterscheidet. Sie ist von dunkler Farbe, mit einem schwarzen Streifen um den Hals, lebt sehr einsam und nur in Nadelhölzern, zeigt bei ihrer und ihres Nestes Vertheidigung vielen Muth und ist sehr schwer zu zähmen. Die übrigen europäischen Arten der Waldmeisen sind: die zweifarbige Meise (im Norden), die schöne Lasurmeise, die sibirische Meise und die dunkle Meise (im Süden).

*) Vergl. Pfennig-Magazin Nr. 217.

Die Färöer.

Wiewol bereits in Nr. 87 und 88 Mittheilungen über diese zum Königreiche Dänemark gehörige Inselgruppe gegeben sind, so hoffen wir doch bei unsern Lesern Entschuldigung zu finden, wenn wir jene aus dem Reiseberichte des Franzosen Marmier, der sie im Jahre 1839 auf der Fregatte Recherche besuchte, in einigen Punkten vervollständigen.

Dieser Archipel besteht aus 25 Inseln, nackten, zum Theil fast aller Vegetation entbehrenden Felsen, die gleichwol dem Auge des Zeichners die pittoreskesten Aussichten darbieten. Wenn man von einer zur andern fährt, so kommt man bald unter einer wie ein Triumphbogen ausgehöhlten Steinmasse, bald an einem hohen und spitzigen Felsen vorbei. Hier öffnet sich am Fuße des Berges eine große dunkle Höhle, wo der Fischer die Robben verfolgt, denen sie als Zufluchtsort dient; dort steigt eine Mauer mit glatten Wänden senkrecht empor; weiterhin steht ein überhängender Felsen, der von den ihn peitschenden Wogen an seiner Basis ausgehöhlt ist. Von allen 25 Inseln sind 17 bewohnt, enthalten aber nicht mehr als 7000 Einwohner. Das Innere der Inseln ist völlig öde; nur in den Wäldern und auf der Küste schlägt der Bauer seine Wohnung auf; dort hat er seinen Grasplatz und baut bisweilen Gerste und Kartoffeln. Nur der 60. Theil des Bodens ist bebaut; das übrige ist eine Steinkruste, die blos mit einer dünnen Erdschicht bedeckt ist. Zur Zeit des Königs Harald I. des Schönhaarigen, des ersten Königs von ganz Norwegen (868—931), wurden die Inseln durch eine Colonie Norweger bevölkert, dann von den Norwegern erobert und gegen Ende des 14. Jahrhunderts sammt Norwegen, Island und Grönland mit Dänemark vereinigt. Jetzt werden sie von einem dänischen Gouverneur verwaltet und sind in sechs Districte eingetheilt. Man zählt auf ihnen 39 Kirchen, die unter sieben Geistliche vertheilt sind; diese müssen natürlich ihre zerstreuten Pfarreien zu gewissen Zeiten des Jahres besuchen, was oft nicht ohne Lebensgefahr ausführbar ist, und werden nicht selten durch Stürme Wochen lang von ihrem eigentlichen Wohnorte zurückgehalten.

Die Bevölkerung der Färöer zeichnet sich im Allgemeinen durch schöne Körperbildung aus; die Weiber machen durch die Regelmäßigkeit ihrer Züge und die Frische ihrer Gesichtsfarbe, die Kinder durch ihre Anmuth einen sehr vortheilhaften Eindruck. Dazu kommt, daß die Insulaner ihrer Armuth ungeachtet die gefälligsten, treuherzigsten Menschen sind, die den Fremden mit herzlicher Freude aufnehmen. Der einzige Reichthum der Färinger besteht in ihren Schafen (daher auch der Name der Inseln, welcher Schafinseln bedeutet), die ihnen fast Alles, was sie bedürfen, Nahrung, Wolle und Unschlitt geben; was sie nicht für sich selbst brauchen, verkaufen sie, um sich die Dinge zu verschaffen, die auf den Inseln nicht zu finden sind. Manche Färinger haben Hürden von 5—600 Schafen. Aber obgleich dieses Thier den Insulanern eine so unschätzbare Hülfsquelle ist, behandeln sie es, wenigstens scheinbar, mit auffallender Nachlässigkeit; sie denken nicht an die Erbauung von Schafställen, sondern lassen die armen Thiere beständig auf den Bergen herumirren, wo sie im Winter, wie die Rennthiere, ihre Nahrung unter dem Schnee suchen müssen, und wenn dieser hart geworden ist, nicht selten vor Hunger sterben. An den kältesten Tagen suchen sie ihre Zuflucht in den Höhlen, wo aber oft zusammengewehter Schnee ihnen den Ausgang versperrt, sodaß sie wol ganze Wochen eingeschlossen bleiben. Das Scheren der Schafe geschieht auf sehr barbarische Weise, indem die Wolle mit der Hand ausgerauft wird. Wie die Schafe werden auch die Pferde im Freien sich selbst überlassen, nur die Kühe werden im Stalle beherbergt. Nach der Viehzucht sind Jagd und Fischfang die einzigen Nahrungsquellen. Namentlich sind es die hier sehr zahlreichen Seevögel, besonders die Eidergänse, welche die Einwohner mit unglaublicher Verwegenheit verfolgen, indem sie die steilsten Felsen erklimmen, um die Nester auszunehmen. Oft lassen sie sich, wenn das Nest des Vogels an einer glatten Felsenwand hängt, von dem Gipfel des Felsens an einem Seile bis zur Stelle, wo sich das Nest befindet, herunter. Die Fischerei ist zwar weniger ergiebig als sonst, aber noch immer ist der Delphinfang sehr wichtig. Die Ankunft einer Delphinheerde setzt alle Inseln in freudige Bewegung; eine ganze Flotte von Barken zieht dann gegen sie aus und jagt die erschreckten Delphine in eine Bucht, wo sie zwischen dem Lande und den Barken eingeschlossen sind. Die mit Prügeln bewaffneten Fischer richten nun ein fürchterliches Blutbad unter den Fischen an; oft zählt man der Schlachtopfer zu Hunderten; hierauf werden die Delphine auf den Strand gezogen und vom Gouverneur vertheilt, wobei für den König, die Kirche und die Armen bestimmte Antheile zurückgehalten werden. Fleisch und Speck des Delphins dienen zu den wichtigsten Vorräthen einer Färingerfamilie; aus dem Fette macht man Öl (ein Delphin mittlerer Größe liefert gewöhnlich eine Tonne Öl), die getrocknete Blase dient als Ölbehältniß; die Haut wird zu Riemen verarbeitet.

Fast ohne Ausnahme sind die Färinger von sanfter Gemüthsart, ehrlich und gastfreundlich, ihre Abgeschiedenheit macht sie phlegmatisch, die düstere Natur ihres Landes schweigsam und melancholisch. Mordthaten sind etwas Unerhörtes; Streitigkeiten kommen selten vor. Die Sitten sind so rein, daß kaum ein oder zwei natürliche Kinder jährlich geboren werden. Das Costume der Insulaner ist einfach, aber gefällig. Die Männer tragen eine runde Jacke von blauer oder grüner Farbe, eine wollene Weste mit glänzenden Knöpfen, kurze Beinkleider und Schuhe aus Schafleder; einige tragen lange Haare in Flechten. Die Weiber tragen ein eng anliegendes Mieder mit kurzen Ärmeln, das bis an den Hals reicht, einen großen bauschigen Rock und eine niedliche kleine Mütze, welche die Stirn frei läßt und auf dem Scheitel platt aufliegt. Der Aberglaube ist bei den Färingern sehr verbreitet; besonders existiren eine Menge Sagen über die Wassergeister, die Ungeheuer des Oceans und die Meermenschen. Die alten Sitten haben sich namentlich in der Feier verschiedener Feste, besonders des Weihnachtsfestes und in den Vermählungsfeierlichkeiten erhalten. Am Hochzeitstage versammeln sich Verwandte und Freunde aus der Nähe und Ferne im Hause des Bräutigams, wo für diesen Tag ganze Kälber und Schafe gebraten sind und die Tafel vom Morgen bis zum Abend gedeckt bleibt. Abends ist allgemeiner Tanz, wobei die Tänzer, ohne Unterschied des Alters und Geschlechts, eine lange Kette bilden; ihre Bewegungen werden nicht durch Musik, sondern durch einen ernsten, aus wenigen Modulationen zusammengesetzten Gesang geregelt. Die Hochzeitsfeier dauert drei Tage; vor dem Weggehen müssen alle Gäste sich einer Collecte unterziehen und auf einen Teller, der herumgegeben wird, eine in Geld bestehende Gabe legen.

Alle Industrie der Färinger wird durch das auf ihnen lastende unselige Handelsmonopol gehindert, das die Regierung ausübt, seitdem sich König Friedrich II. des früher freien Handels bemächtigt hat. Das Gesetz ist so streng, daß es nicht einmal einen Verkehr der einzelnen Inseln untereinander gestattet; aller Einkauf fremder und Verkauf einheimischer Waaren geschieht durch Regierungsbeamte, welche die dänischen Producte theuer verkaufen, dagegen für die Erzeugnisse der Färöer nur geringe Preise bezahlen. Die dänischen Schiffe kommen erst im Mai an und machen ihre letzte Reise im September; in der Zwischenzeit sind die Einwohner von der ganzen Welt abgeschnitten. Vor wenigen Jahren gab es für sämmtliche Inseln nur ein einziges Waarenlager in der Hauptstadt Thorshavn; seit 1836 sind noch auf drei andern Inseln (zu Trangisrangfjord, Bordö und Vestmanna) Niederlagen angelegt worden, wodurch aber der traurige Zustand nur wenig erleichtert wird.

Die Hauptstadt, zugleich die einzige Stadt der Inseln, Thorshavn, auf der größten Insel Strömöe gelegen, der Sitz des Gouverneurs und des Amtmanns und der Mittelpunkt des Handels, besteht fast nur aus elenden Hütten und hat etwa 650 Einwohner, ist aber durch ihre eigenthümliche und malerische Lage interessant. Vom Meere kommend erblickt man im Hintergrunde eines Meerbusens einen Halbkreis von steilen Bergen; eine Landzunge oder vielmehr eine Felsenbank erstreckt sich in gerader Linie in das Meer und durchschneidet so den Halbkreis. Auf dieser Felsenbank sind die meisten Häuser symmetrisch in drei Reihen gebaut, die sie durchziehenden Straßen sind so eng, daß kaum zwei Personen nebeneinander gehen können; dazu sind sie steil, voll von Klippen und sehr beschwerlich zu passiren, namentlich im Winter beim Glatteise. Die ärmlichen Hütten sind aus einigen Dutzend zusammengenagelten Bretern alle nach einem Muster gebaut und so zerbrechlich, daß sie im Winter mit Tauen fest gebunden werden; sie haben nur ein Erdgeschoß und sind durch eine Breterwand in zwei Abtheilungen, Küche und Wohnzimmer, getheilt. Thorshavn ist übrigens eine alte Stadt von heidnischem Ursprunge, deren Bewohner im Jahre 998 die christliche Religion annahmen; aber sie ist auf derselben Stufe der Armuth stehen geblieben, während die meisten übrigen kleinen Städte des Nordens sich von Jahr zu Jahr vergrößern und verschönern, weil die Subsistenzmittel der Bewohner auf den geringen Ertrag ihrer Industrie und die Fischerei beschränkt sind. Vieh können sie die unfruchtbaren Bodens wegen nicht halten; rings um Thorshavn gibt es weder Bäume noch Saaten, nur hier und da eine grüne Stelle oder ein mageres Gerstenfeld. Die Stadt ist befestigt, so wenig dies bei ihrem ärmlichen Ansehen nöthig zu sein scheint. Am Eingange des Hafens erblickt man eine Festung, die von dem Helden der Färinger, Magnus Heinesen, dem Sohne eines Norwegers, der sich hier niederließ und nach der Reformation Priester wurde, erbaut worden ist, um seine Heimat gegen die Seeräuber zu schützen. Jetzt ist die Festung nur noch eine Bastei aus aufgeworfener Erde, durch einige Kanonen vertheidigt und durch etwa 24 Jäger bewacht, die zugleich als Matrosen fungiren.

Über grob- und feinkörniges Kochsalz.

Das Kochsalz, eines der nothwendigsten Lebensbedürfnisse, liefert uns die Natur in reichlicher Fülle, und zwar theils als Steinsalz, aufgelöst in Wasser und begleitet von verschiedenen andern Salzen, theils in Meer- und Soolwasser, theils endlich in den Salzsteppen, wo der Boden damit durchdrungen ist.

Das Steinsalz, wenn es ganz klar und nicht durch

Thon, Gyps und andere erdige Theile verunreinigt ist, kann zwar genossen werden, ist jedoch kein ganz reines Kochsalz, sondern enthält immer noch einige dasselbe begleitende Salze, welche es aber keineswegs ungenießbar oder sonst unbrauchbar machen. Das mit Salzthon vermengte, verschieden gefärbte Salz wird in Wasser aufgelöst und diese künstlich bereitete Soole versotten. So geschieht es namentlich in Oberöstreich, im Salzkammergute.

Aus dem Meerwasser gewinnt man an den Küsten des atlantischen und mittelländischen Meeres durch Verdunsten das Seesalz, oder auch, wie in Sibirien, durch Ausfrieren. Dieses Salz ist, da es langsam krystallisirend sich bildet, grobkörnig, hart, ziemlich rein und dient besonders zum Einsalzen der Seefische. Preußen ist auf seine Salzsoolen angewiesen, die in mehren Provinzen, vorzüglich in Sachsen, Pommern, Westfalen und am Rheine zu Tage kommen. Die Salzquellen liefern theils stärkere, theils schwächere Soole, d. h. es ist bald mehr, bald weniger Kochsalz in derselben gelöst. Außerdem enthalten sie auch noch eine Menge theils leichter, theils schwerer löslicher Salze aufgelöst. Überhaupt kennt man keine Soolquelle, welche blos Kochsalz in Wasser gelöst enthielte. Sehr reiche Soolen, welche nicht gradirt zu werden brauchen und so viel Salz enthalten, daß sie ohne Weiteres dem Sieden unterworfen werden können, enthalten weniger fremde Bestandtheile, die sich im Wasser schwer auflösen. In schwächern Soolen dagegen, in denen weniger Salz aufgelöst ist, kann sich eine größere Menge jener begleitenden Stoffe vorfinden. Diese werden jedoch schon durch das Gradiren, welchem schwächere Soolen vor dem Versieden unterworfen werden, größtentheils entfernt. Hingegen bleiben die leicht löslichen fremden Salze in der Soole aufgelöst und werden durch das Gradiren nicht beseitigt.

Beim Versieden der Soole wird nun nicht allein das Salz aus seiner Auflösung im Wasser geschieden und als eine feste Substanz gewonnen, sondern auch eine möglichst vollständige Scheidung desselben von den begleitenden leicht löslichen Salzen bewirkt. Letztere bleiben nämlich, da sie sich leichter, d. h. in weniger Wasser auflösen können als das Salz, beim Versieden der Soole in der sogenannten Muttersoole aufgelöst, während das Salz, indem das Wasser durch das Versieden immer mehr entfernt wird, sich absetzt. Nie läßt sich aber eine vollständige Trennung des Salzes von den dasselbe begleitenden leicht löslichen Salzen erzielen.

Das Salz wird nun, je nachdem das Versieden geleitet wird, theils als feinkörniges, theils als grobkörniges gewonnen. Je langsamer nämlich das Sieden vor sich geht, je allmäliger dadurch das Wasser aus der Soole entweicht, desto mehr hat das Salz Zeit, aus dem flüssigen in den festen Zustand übergehend, Krystalle zu bilden, d. i. in festen, dicken Stücken, welche als hohle Pyramiden, Würfel und dergleichen erscheinen, sich abzusetzen. Bei dieser Bildung größerer Stücke ist es nie zu vermeiden, daß Muttersoole zwischen die Krystalle bildenden Salztheilchen eingeschlossen wird, wodurch eine Verunreinigung entsteht. Wird hingegen die Soole rasch eingekocht, so wird die Bildung der Krystalle verhindert und das Salz erscheint als ein lockerer Haufen kleiner Körnchen, in denen keine Muttersoole eingeschlossen ist.

Daraus ergibt sich, daß zwischen dem grob- und feinkörnigen Salze kein Unterschied stattfindet, außer daß ersteres sich langsamer auflöst und eine andere Form hat. Ein altes, aller Begründung ermangelndes Vorurtheil ist es, zu glauben, daß das grobkörnige Salz mehr Salztheile als das feinkörnige in sich habe. Wiegt man das Salz ab, so zeigt sich durchaus kein Unterschied. Für den häuslichen Gebrauch jedoch ist die Anwendung des feinkörnigen Salzes jedenfalls vortheilhafter, denn es braucht nicht gestoßen zu werden, hat ein angenehmeres Ansehen als das gepulverte grobkörnige Salz, löst sich schneller auf als das letztere und ist deshalb zum Gebrauch bei Tische weit geeigneter. Es wird nicht, was bei dem gestoßenen grobkörnigen Salze nicht selten der Fall ist, feucht und schmierig, und endlich ist noch zu bemerken, daß das grobkörnige Salz in den größern Stücken kleine Zusätze von Bitterlauge enthält, welche in jene eingeschlossen ist und beim Zerstoßen zum Vorschein kommt.

Astrachan.

Astrachan am kaspischen Meere ist nach Archangel der älteste russische Seehafen und kam fast um dieselbe Zeit, als die Wichtigkeit der Lage von Archangel erkannt wurde, unter russische Botmäßigkeit. Die Stadt ist unter allen Städten des russischen Reichs ihrer Bedeutung nach die achte und die Hauptstadt einer Statthalterschaft gleiches Namens, die ein Theil des alten Khanats oder Königreichs Astrachan ist, das 1554 von dem russischen Zar Iwan Wasiljewitsch erobert wurde und zum asiatischen Rußland gerechnet wird. Sie liegt auf einer Wolgainsel, Dolgoi-Ostrow genannt, die durch ihre hohe Lage größtentheils gegen Überschwemmungen geschützt ist, wiewol der Rand derselben weit niedriger ist und lange unter Wasser steht, wodurch Moräste entstehen, deren Ausdünstungen ungesund sind. Etwa sieben Meilen von der Stadt mündet die Wolga, der größte aller europäischen Ströme, in den See, und zwar in 8 Haupt- und 65 Nebenmündungen, durch welche ein ausgedehntes Delta von 70 kleinen Inseln gebildet wird. Das alte Astrachan wurde im 14. Jahrhundert durch Tamerlan zerstört und die Lage desselben ist nicht genau mehr anzugeben. Die jetzige Stadt hat aus der Ferne ihrer zahlreichen Thürme, Kuppeln und Minarets wegen, die sich aus einer weiten niedrigen Ebene erheben, ein stattliches Ansehen; sie besteht aus der mit verfallenen Mauern umgebenen tatarischen Festung, der Kreml genannt, aus der eigentlichen Stadt, welche breite und ziemlich regelmäßige, aber ungepflasterte Straßen und fast lauter hölzerne Häuser von halb europäischer, halb asiatischer Bauart hat, und mehren Vorstädten. Unter den Gebäuden sind der Palast des griechischen Erzbischofs und ein russischer, ein armenischer, ein persischer, ein tatarischer und ein indischer Kaufhof oder Bazar, jeder aus einer Menge einzelner Buden bestehend, zu erwähnen. Außer 30 christlichen Kirchen sind auch 26 Moscheen und ein indischer Tempel vorhanden. Die Zahl der Einwohner beläuft sich auf ungefähr 40,000 (1784 erst 18,000), unter denen Russen, Armenier, Tataren, Georgier und Hindus die Mehrzahl bilden, aber auch Deutsche, Engländer, Franzosen, Italiener, Schweden, Griechen, Bucharen, Kalmücken u. s. w. zu finden sind, sodaß die Bevölkerung ein so buntes Gemisch der verschiedensten Nationen bildet, wie es nur in wenig Städten angetroffen wird. Zu der angegebenen Zahl kommen übrigens während eines großen Theiles des Jahres 20—25,000 Fremde, die sich meist der Fischerei halber lange Zeit hier aufhalten.

Die Fabriken und Manufacturen Astrachans waren schon in alten Zeiten von einer gewissen Bedeutung;

die wichtigsten sind eine Seidenmanufactur, Leder= und Baumwollenfabriken; außerdem gibt es viele kleinere, die meist von Armeniern betrieben werden und seidene und baumwollene Waaren, besonders Schleier und Gürtel, gestreifte Leinwand, Saffian, Chagrin und die bekannte tatarische Seife, die aus Pottasche und Seehundsfett verfertigt und vorzüglich in Tuchmanufacturen verwendet wird, auch gutes Glaubersalz liefern. Der Handel der Stadt, sowol der Land= als der Seehandel, ist noch immer ziemlich wichtig; der letztere befindet sich meist in den Händen der Armenier und Indier und geht über das kaspische Meer nach Persien, Khiwa, der Bucharei und Indien. In Astrachan leben meist 100—200 indische Kaufleute, die mit geringem Vermögen aus Indien kommen und nach 10—20 Jahren durch Betriebsamkeit reich geworden sind. Die Ausfuhr beträgt jährlich über 1½ Millionen Rubel und erstreckt sich vorzüglich auf Leder, Leinwand und Wollenzeuche; eingeführt werden aus Persien golddurchwirkte seidene Zeuche, andere seidene, sowie baumwollene Stoffe, rohe Baumwolle und Seide, Reis, Rhabarber und andere Apotheker= und Specereiwaaren. Auch der Fischfang ist für Astrachan ein sehr wichtiger, wo nicht von allen der wichtigste Nahrungszweig, da wol kein Fluß in der Welt fischreicher als die Wolga ist; Astrachan kann in Bezug auf den Fischhandel als der größte Stapelplatz des russischen Reichs angesehen werden. Im Jahre 1815 waren gegen 7000 Menschen auf 1847 Fahrzeugen mit dem Fischfange beschäftigt und fingen 1694 Störe, 4437 Welse, 9199 Hausen, 57,557 Seehunde, 400,000 Karpfen und Sander und 893,392 Sewrugen. Da der Fischfang auf der Wolga Regal ist und nur gegen eine ansehnliche Abgabe gestattet wird, so erwächst daraus der Regierung eine bedeutende Einnahmequelle. Der Fang geschieht hauptsächlich im Frühling, Herbst und Winter; den Anfang macht der Frühlingsfang der Hausen, die in der Wolga oft von außerordentlicher Größe vorkommen; dann folgt der Fang der Sewrugen, die in so ungeheurer Menge vorkommen, daß ein Schiff in 14 Tagen deren 16—20,000 fangen kann. Im Herbst und Winter werden nur Hausen gefangen; der Winterfang dauert den ganzen Winter hindurch. Mit dem Fischfang steht die Bereitung von Kaviar, Hausenblase und Fischleim in Verbindung, die hier im Großen betrieben wird. Ein vierter Erwerbszweig der Astrachaner ist der Weinbau. In der Umgegend der Stadt befinden sich 35 große Weingärten; die Trauben werden größtentheils frisch oder gedörrt versendet, zum Theil auch zur Gewinnung von Essig und Branntwein, aber nicht von Wein verwandt. Der erste Weingarten wurde 1613 angelegt und mit persischen Reben bepflanzt.

Astrachan.

Verantwortlicher Herausgeber: Friedrich Brockhaus. — Druck und Verlag von F. A. Brockhaus in Leipzig.

Das Pfennig-Magazin

für
Verbreitung gemeinnütziger Kenntnisse.

372.] Erscheint jeden Sonnabend. [Mai 16, **1840**.

Genua.

Genua, zur Zeit seines Glanzes mit dem Beinamen la superba (die Prächtige oder die Stolze) bezeichnet, ist eine durch die Natur selbst auf den Handel angewiesene Stadt. Das umliegende Land ist größtentheils dürre und felsig und erzeugt, wiewol es trefflich angebaut ist, weder vegetabilische noch animalische Nahrungsmittel in einer für den Bedarf der Einwohner hinreichenden Menge. Hätte sich ihr Fleiß darauf beschränkt, dem Boden ihren Unterhalt abzugewinnen, so würden wir statt einer großen Stadt mit schönen Gebäuden und reichen Kaufleuten wahrscheinlich nur die Hütten einiger Fischer erblicken, die durch ihr einfaches Gewerbe einen kümmerlichen Unterhalt erzielten. Glücklicherweise schlugen die Bestrebungen der Genueser bei Zeiten die Bahn ein, auf welche die Natur der Dinge selbst sie hinwies; schon frühzeitig, früher noch als die Venetianer, haben sie durch ihre Gewerbthätigkeit und ihren Handel einen hohen Ruf erlangt. Wiewol ihr eigener Boden ihnen einen hinreichenden Vorrath von den Bedürfnissen des Lebens versagte, so erhielten sie doch nicht nur diese, sondern alle ersinnliche Luxusartikel durch Austausch und Verkehr mit allen Ländern am Mittelmeere und den Gebrauch, den sie vor der Gründung von Banken in allen Ländern Europas von ihren Capitalien machten. Der Handel von Genua wurde nach einem so großen Maßstabe betrieben und war so einträglich, daß selbst die Edelleute dieser Stadt, selbst die angesehensten ihrer Adelsgeschlechter, die Doria und Spinola, es nicht verschmähten, ihr Geld im Handel anzulegen. Die Producte von West- und Nordeuropa, von Spanien, Sicilien, Afrika und der Levante fanden ihren Weg auf diesen Stapelplatz und ihr Transport und Vertrieb beschäftigte die Genueser vielfach; Factoren und Agenten in allen Handelsstädten von Lübeck bis Cadiz und längs der Küsten des Mittelmeers standen mit diesem Centralpunkte in beständiger Correspondenz. Gleich den Holländern waren die Genueser mäßig, haushälterisch und fleißig und flößten durch eben diese Eigenschaften in merkantilischen Geschäften allgemeines Vertrauen ein.

Genua liegt an einer Bai in einem weiten Meerbusen, der sich halbmondförmig von der französischen bis zur toscanischen Küste erstreckt. Gleiche Form hat der mit einem 374 Fuß hohen Leuchtthurme versehene treffliche Hafen, der ungefähr ¼ geographische Meile lang ist; seinen Eingang beschützen zwei große Hafendämme (Molo), die einander bis auf eine Viertelstunde nahe kommen; aber nur der kleinere innere Hafen, Darsena genannt, gewährt bei jedem Winde Sicherheit, während jener große dem Süd- und Südwestwinde ausgesetzt ist. Der Anblick, den die Stadt vom Meere her darbietet, ist im eigentlichsten Sinne herrlich. Mehre Hügel erheben sich vom Hafen ausgehend und bilden einen Halbkreis, auf ihren Abhang ist die Stadt in Form eines Amphitheaters zum großen Theile gebaut und eine Aufeinanderfolge schöner Gebäude, die sich gleich Flügeln eine halbe geographische Meile weit ausdehnen, bedeckt einen engen Streifen Land zwischen dem Meere und den ihm benachbarten Höhen, jenseit derer die Apenninen emporsteigen. Paläste von Marmor, die von Gärten umgeben sind, zum Theil auch auf ihren platten Dächern Gärten enthalten, erheben sich nebst Kirchen und Klöstern übereinander auf dem steilen Abhange der hintern Hügel, deren Gipfel mit Wällen, Bastionen und Batterien bedeckt sind, welche eine die Stadt auf der Landseite beschützende Linie von Festungswerken bilden; auf derselben Seite schließt eine doppelte Mauer die Stadt ein, wovon die äußere und neuere gegen 2½ geographische Meilen lang ist und über das Gebirge geht. Die meisten Straßen von Genua sind eng, unreinlich, winkelig, uneben, ja steil und wegen der sechs bis acht Stock hohen Häuser so finster, daß in den untersten Stockwerken oft am Tage Licht gebrannt werden muß, sie bieten also eine Verbindung von Fehlern dar, die nur selten in Städten von ähnlicher Größe angetroffen wird; aber gleich den Straßen von Venedig sind die Straßen des alten Genua ursprünglich nur für Fußgänger angelegt worden; nur in wenigen kann man fahren oder reiten, weshalb die Reichen ihre Besuche in Sänften machen, die sie sich bei gutem Wetter nachtragen lassen. Auszunehmen jedoch die Strada Balbi, Strada Nuova und Strada Nuovissima, drei breite Straßen, welche die Stadt in einer Länge von ¾ Stunde durchschneiden und in denen die Marmorpaläste der genuesischen Patricier stehen, die Paläste Durazzo, Brignole, Serra, Balbi, Doria u. s. w., die zum großen Theile Gemäldesammlungen enthalten und sowol hinsichtlich ihrer Bauart als ihrer innern Ausschmückung prachtvoll genannt werden müssen. Der eine der beiden Paläste Durazzo ist seiner Ausdehnung und Höhe, seiner Marmortreppen, seiner mit Gewächshäusern und Springbrunnen versehenen Terrassen und seiner ungeheuern mit zahllosen Gemälden und Bildhauerarbeiten angefüllten Säle wegen vor allen andern ausgezeichnet. Von den Kirchen sind viele sehr schön, mit Marmor, Gold und Bildwerken reich geschmückt; bemerkenswerth ist namentlich die im gothischen Styl erbaute Hauptkirche oder Kathedrale S.-Lorenzo (die auf der Stelle stehen soll, wo der heilige Laurentius auf seiner Reise von Spanien nach Rom einst ausruhte), mit den Grabkapellen der Familien Doria, Fiesco u. s. w., und einer Kapelle, in welcher die Asche Johannis des Täufers aufbewahrt wird, zu welcher die Genueser in großer Noth ihre Zuflucht nehmen. Die Kirche dell'Annunziata, wiewol angeblich auf Kosten einer einzigen Familie erbaut, ist wol unter allen hiesigen Kirchen die schönste; sie hat eine prachtvolle Marmortreppe, ruht auf weißen Marmorsäulen, ist mit rothem und weißem Marmor ausgekleidet und enthält treffliche Frescogemälde. Die Kirche Santa-Maria di Carignano ist nur mittels einer kühn geschwungenen, zwei Berge miteinander verbindenden Brücke zugänglich, von welcher aus man eine überaus reizende Aussicht auf die Stadt, den Hafen und das Meer hat. Nahe dabei hat auf einem jetzt öden Platze das Haus des durch Schiller's Trauerspiel bekannten Fiesco, Grafen von Lavagna, gestanden, der 1547 einen verunglückten Versuch machte, sich zum Herrn von Genua aufzuwerfen und das Haus Doria zu stürzen. Auch der ehemalige Palast der Dogen, die Signoria genannt, erst 1778 erbaut, mit einem herrlichen, 112 Fuß langen Saale, die Börse, das Zollhaus, die 1407 gestiftete Bank, die älteste Anstalt dieser Art in Europa, sowie andere öffentliche Gebäude sind der Beachtung werth. Als Universitätsgebäude dient jetzt das ehemalige Jesuitencollegium, ein großartiges Gebäude mit einer herrlichen Säulenhalle von carrarischem Marmor; die Hörsäle sind mit Gemälden, die zum Theil sehr werthvoll sind, geziert. Das neue Theater Carlo Felice, mit Säulenhallen und Treppen von weißem carrarischen Marmor, gehört zu den schönsten Italiens. Von milden Stiftungen aus der Zeit der Republik sind hervorzuheben: das Armenhaus, fünf Stockwerke hoch, für 3000 Menschen eingerichtet und zugleich eine Strafanstalt enthaltend; das Hospital Pamatone für 100 Kranke, verbunden mit einem Findelhause für 2—3000 Kinder; das palastähnliche Waisenhaus der Familie Fiesco für 230 Kinder; die Taubstummenanstalt, welche die älteste in ganz Italien ist. Von den öffentlichen Plätzen zeichnen sich die Plätze Acquaverde, dell'Annunziata und Banchi aus.

Genua bildet mit dem angrenzenden Gebiete, einem schmalen Landstriche zwischen den Seealpen und dem Meere, ein in sieben Districte getheiltes, zum Königreiche Sardinien gehöriges Herzogthum, das auf 110 Quadratmeilen etwa 630,000 Einwohner zählt, während die Republik in ihren letzten Zeiten nur etwa 400,000 Einwohner enthielt; die Stadt selbst enthält deren nach der neuesten Zählung im 1840 innerhalb der Ringmauern 97,621, mit Einrechnung des Hafens, der zahlreichen Garnison und des Marineviertels aber 115,257. Die Genueser sind im Allgemeinen arbeitsam und unternehmend, anderseits aber abergläubisch und rachsüchtig; die Frauen sind meistens sehr blaß und nicht schön zu nennen. Das Herzogthum hat seine eigenen Institutionen, einen obersten Gerichtshof und eine Universität; alle Civilstellen werden mit Genuesern besetzt und der liberale Geist der Regierung ist sehr lobenswerth, wiewol die Genueser, im Andenken an ihre frühere Selbständigkeit, noch voll von Vorurtheilen gegen die jetzt mit ihnen verbundenen Piemonteser sind. Der genuesische Handel ist zwar seit der Entdeckung des Seewegs nach Ostindien sehr in Verfall gerathen, aber noch immer sehr ausgedehnt und seit der Wiederherstellung des europäischen Friedens wieder ansehnlich gestiegen. Die Schiffe der Genueser fahren nach der Levante in das schwarze und baltische Meer, nach Amerika und Westindien, selbst nach den Küsten des stillen Weltmeers. Im J. 1839 liefen 5006 Schiffe in den Hafen ein, worunter 2518 Schiffe von mehr als 50 Tonnen und 2488 Küstenfahrzeuge; von den erstern kamen 354 aus dem schwarzen Meere und der Donau, 478 aus sardinischen Häfen u. s. w. Die ausgeführten rohen Landesproducte sind Reis, edle Früchte, Olivenöl, rohe Seide, Hanf, Schwämme; die Fabriken von Genua liefern seidene, wollene, baumwollene Zeuge, Damast, Sammt, der vorzüglich berühmt ist, Gold- und Silberwaaren, Rosenöl, Nudeln (Macaroni), künstliche Blumen, Hüte, Chocolate, Bleiweiß,

Papier u. f. w. Im Freihafen, der seit 1751 besteht, aber auf ein schmuziges, kleines Quartier beschränkt ist, können Waaren zollfrei ausgeschifft, aufgespeichert und wieder ausgeführt werden. Die Einfuhr beläuft sich jährlich auf nahe 20 Millionen, die Ausfuhr auf 14 Millionen Thaler.

Werfen wir zum Schlusse noch einen Blick auf die hervorragendsten Momente in der Geschichte von Genua. Genua, im Alterthume die bedeutendste Stadt Liguriens, während der punischen Kriege von dem Karthager Mago zerstört, nachher von den Römern wieder aufgebaut, stand nacheinander unter der Herrschaft der Römer, der Ostgothen, der griechischen Kaiser, der Longobarden, welche sie 670 zerstörten, und seit Karl dem Großen unter der römisch-deutschen Kaiser. Während der Kämpfe um die Krone von Deutschland, die auf den Fall der karolingischen Dynastie folgten, nahm Genua die Gelegenheit wahr, sich unabhängig zu machen. Damals wurde die vollziehende Gewalt in die Hände gewählter Beamten gelegt, welche Consuln genannt wurden. Im 11. Jahrhundert waren die Genueser schon furchtbar zur See und hatten im Bunde mit den Pisanern die Sarazenen aus Corsica und Sardinien vertrieben; aus den Kreuzzügen zogen sie gleich den Venetianern unermeßliche Vortheile. Als um die Mitte des 12. Jahrhunderts die Genueser den Mauren Minorca entrissen und aus der Hauptstadt des maurischen Königreichs Granada unermeßliche Beute hinweggeschleppt hatten, entspann sich ein Krieg mit ihren eifersüchtigen Bundesgenossen, den Pisanern, der ein Jahrhundert lang dauerte. Bei der erwähnten Expedition bestand die genuesische Flotte aus 63 Galeeren und 163 Transportschiffen, welche 12,000 Mann führten. Der vierte und letzte Krieg zwischen den Genuesern und Pisanern endigte im J. 1282 mit der gänzlichen Niederlage der Letztern im Angesichte ihrer eigenen Küsten; 3000 Pisaner kamen ums Leben und 13,000 starben in Genua in Fesseln; acht Jahre darauf zerstörten die Genueser den Hafen ihrer Nebenbuhler und füllten den Eingang desselben aus. Sie hatten nun Muße, mit ihren venetianischen Nebenbuhlern zu wetteifern, aber der Krieg mit diesen endigte mit der Niederlage der Genueser. Im J. 1381 wurde zu Turin nach drei Kriegsperioden ein dauernder Friede mit Venedig geschlossen, nachdem der Krieg im Ganzen 130 Jahre gedauert hatte. Von dem schwarzen Meere, wo sie zahlreiche Niederlassungen gegründet hatten und namentlich die Stadt Kaffa in der Krim besaßen, wurden sie etwa 100 Jahre nachher, im J. 1471, durch die Türken ausgeschlossen.

Während der Kriege mit Pisa und Venedig wurde die Macht der Genueser auch häufig durch innere Zwistigkeiten geschwächt. Im J. 1190 traten an die Stelle der Consuln Beamte mit dem Titel Podestà, welche jährlich aus den Bürgern einer andern Stadt gewählt wurden; 1270 wurde die Regierungsform wieder geändert, indem zwei Bürger, die sich durch ihre Dienste ausgezeichnet hatten, die höchste Gewalt an sich rissen, welche sie unter dem Namen von Hauptleuten bekleideten, das Volk aber mit ihrer angemaßten Macht durch Einsetzung eines volksthümlichen Gerichtshofs aussöhnten, der die Rechte des Volkes gegen die Edeln behauptete. Im J. 1291 wurde gesetzlich die höchste Gewalt zwei Hauptleuten übertragen, die aus Städten von wenigstens 20 Meilen Entfernung gewählt werden sollten; zugleich wurde, um sie in ihren Amtsverrichtungen zu unterstützen, ein Rath eingesetzt, bestehend aus 12 und später aus 24 Mitgliedern, welche zur Hälfte aus den Patriciern, zur Hälfte aus dem Volke genommen wur-

den. Die Streitigkeiten zwischen beiden Parteien waren häufig von Blutvergießen und Trübsal aller Art begleitet, bis die Volkspartei hinreichende Macht erlangte, um die Edeln von der höchsten Gewalt auszuschließen. Nun wurde im J. 1339 ein Doge, der auf Lebenszeit gewählt war, mit der vollziehenden Gewalt bekleidet und die gleichzeitig eingeführte neue Staatsverfassung dauerte zwei Jahrhunderte, jedoch nicht ohne häufige Ruhestörungen, die ebenso verderblich waren als die frühern Kämpfe gegen die Herrschaft der Patricier. Oft wurden die Dogen vertrieben oder konnten sich nur durch Waffengewalt im Amte behaupten. Diese innern Kämpfe erschöpften das Land, sodaß es unfähig war, äußern Feinden zu widerstehen; Genua mußte bald bei den Herzögen von Mailand, bald bei den Königen von Frankreich Schutz suchen und gerieth dabei (1499) in das Joch der letztern, von dem es nur durch den Patrioten Andreas Doria — den gefeierten Seehelden, der aus Liebe zu seinem Vaterlande von Frankreich abfiel und dadurch dem Kaiser Karl V., dessen Großadmiral er wurde, den Sieg in dem zweiten Kriege mit König Franz I. von Frankreich verschaffte, aber selbst lieber freier Bürger von Genua als dessen Herrscher sein wollte — 1528 befreit wurde. Die Amtsdauer des Dogen wurde nun auf zwei Jahre bestimmt und ihm Räthe, die aus den ausgezeichnetsten Bürger- und Patricierfamilien gewählt wurden — 12 Gubernatoren, welche mit dem Dogen die Signoria bildeten, 8 Procuratoren, der kleine Rath, aus 200 Mitgliedern bestehend, und der große Rath —, an die Seite gestellt. Von dieser Zeit an traten keine fernern Verfassungsänderungen von Bedeutung ein, bis zum J. 1797, doch erfuhr die Republik mehrmals schweres Ungemach. 1684 litt die Stadt durch die Franzosen ein verheerendes Bombardement und konnte schwereres Unglück nur durch Demüthigung unter Frankreichs Übermuth abwenden. Im J. 1730 empörte sich die schon 806 eroberte Insel Corsica, welche die Republik nie wieder völlig unterwerfen konnte und 1768 an Frankreich abtrat. Als sie 1745 an Sardinien den Krieg erklärte, wurde sie von den Engländern und Östreichern, welche eine Zeit lang die Stadt Genua besetzt hielten, hart dafür gezüchtigt. Zur Zeit der Invasion der Franzosen unter Bonaparte in Italien im J. 1797 standen Aristokraten und Demokraten einander abermals bewaffnet gegenüber. Ermuntert durch den französischen Gesandten empörten sich die Bürger gegen ihre aristokratische Regierung und zwangen den Senat, in eine Veränderung der Verfassung zu willigen. Durch einen am 6. Juni 1797 in Bonaparte's Hauptquartier zu Montebello abgeschlossenen Vertrag wurde eine der französischen ähnliche Verfassung eingeführt und dem Staate der Name der ligurischen Republik beigelegt. Im Jahre 1800 litt Genua sehr durch die Belagerung der Östreicher; Masséna, der mit 25,000 Mann in Genua eingeschlossen war, leistete jenen den hartnäckigsten Widerstand, mußte aber die Stadt, durch den äußersten Mangel genöthigt, der unter der zahlreichen Besatzung, den unglücklichen Einwohnern und mehren Tausenden östreichischer Gefangener schrecklich wüthete, am 2. Juni 1800 übergeben; wenige Tage nachher lieferte die Schlacht bei Marengo Genua wieder den Franzosen in die Hände. Nach einigen Jahren schon verlor die Republik den letzten Schatten ihrer Unabhängigkeit, wurde in Gemäßheit des Decrets vom 4. Juni 1805 mit Frankreich verbunden und bildete drei Departements des Kaiserthums. Das Continentalsystem Napoleon's mußte einer Stadt wie Genua, die ganz vom Handel und der

*

Schiffahrt lebte, höchst nachtheilig sein. Im J. 1814 ergab sich Genua den Engländern und wurde durch eine Verkündigung des englischen Generals Bentinck in den Zustand von 1797 wiederhergestellt, also für unabhängig erklärt, aber schon im folgenden Jahre durch den wiener Congreß mit Sardinien vereinigt, um diesen Staat zu einer kräftigen Mittelmacht zwischen Frankreich und Östreich zu machen.

Das Waschen der Schafe in Nordengland.

In den nordenglischen Gebirgsgegenden, wo sehr große Schafheerden gehalten werden, ist nächst der Schafschur das ihr vorausgehende Waschen der Schafe wol das interessanteste Ereigniß des gewöhnlichen, im Allgemeinen dort überaus einförmigen Lebens. In jenen Gegenden pflegen die Landwirthe ihre Schafheerden in den Monaten October und November mit einer Salbe, die aus geschmolzenem Fett oder Butter und einer gewissen Quantität Theer besteht, zu salben. Bei dieser Operation wird die Wolle sorgfältig in parallele, wenig voneinander abstehende Streifen getheilt und die Salbe dünn und behutsam auf die Haut gebracht, wo sie sich durch die natürliche Wärme des Thiers bald auf der ganzen Oberfläche verbreitet. In Folge dieser Gewohnheit, von welcher ein wesentlicher Nutzen durchaus nicht nachzuweisen ist, wird das Waschen der Schafe in noch höherm Grade als anderwärts zur gebieterischen Nothwendigkeit. Sobald die zur Wäsche der Schafe, die gewöhnlich in der Mitte des Juni stattfindet, bestimmte Zeit gekommen ist, machen sich in der ersten Frühe die Schäfer der zu waschenden Heerde, begleitet von ihren treuen und wachsamen Hunden, sowie von mehrern benachbarten Schäfern, auf den Weg nach derjenigen Gegend des Gebirgs, wo die Heerde weidet; jedem Theilnehmer ist ein bestimmter Raum angewiesen, um auf demselben die Schafe zusammenzutreiben. Bei diesem Geschäft, das mit Tagesanbruch beginnt, entwickeln die Hunde, deren ein Schäfer meistens zwei hat, die größte Thätigkeit, indem sie der Stimme, dem Pfeifen, den Handbewegungen ihres Herrn mit größter Behendigkeit und Genauigkeit gehorchen und das Geschäft, in dem sie begriffen sind, vollkommen zu verstehen scheinen. Die Zeit, welche das Zusammentreiben der Schafe erfodert, hängt theils von der Entfernung der Schafhürden von den Weideplätzen, theils von der Anzahl der dabei thätigen Personen ab; gewöhnlich beträgt sie vier bis fünf Stunden. Sobald die einzelnen Theile einer großen Heerde in eine Masse vereinigt und in der Nähe der Schafhürden angekommen sind, treten mehre Personen hinzu, um beim Einpferchen der Heerde mitzu-

Die Schafschwemme.

wirken. Bei diesem Theile des Geschäfts wird der Lärm fast betäubend und die umliegenden Berge hallen wieder von den vermischten Lauten des Blökens der Schafe, des Hundegebells und des Geschreis der Hirten.

Die Schafhürden jener Gegenden, welche oft 2—3000 Schafe fassen können, haben gewöhnlich vier bis fünf Abtheilungen, um die Lämmer, Schafmütter und Widder voneinander sondern zu können; da aber das Waschen der Schafe keine Sonderung dieser Art erheischt, so unterläßt man sie bei dieser Gelegenheit. Während des Einpferchens sammeln sich die Nachbarn an dem Schauplatze des für sie ebenso wichtigen als anziehenden Ereignisses, einige um hülfreiche Hand zu leisten, die meisten nur zuzusehen. Kleine Fässer mit Ale, Säcke und Körbe mit Brot, Butter und Käse finden gleichfalls den Weg zur Schwemme, entweder auf dem Rücken kleiner Bergpferde, oder von Menschen getragen, denn Wagen, selbst Karren können in den Gebirgsgegenden, von denen hier die Rede ist, in der Regel nicht fortkommen. Nachdem sich die Gesellschaft durch eine einfache Mahlzeit, die auf dem Rasen eingenommen wird, erquickt hat, bereiten sich die Schafwäscher (deren Zahl da, wo die Heerde aus ein paar Tausend Stück besteht, 5—6 beträgt) zu ihrem schwierigen Geschäfte vor, indem sie ihren Anzug auf eine dem vorliegenden Zwecke angemessene Weise anordnen, und treten dann in den zum Waschen bestimmten Fluß oder Teich, um an den Schafen die nöthigen Abwaschungen vorzunehmen. Die Hürden sind in der Regel an Bergströmen angelegt, wo die Natur selbst einen Wasserbehälter von hinreichender Tiefe und Größe liefert; ist dies nicht der Fall, so wird ein künstlicher Teich angelegt. Die Tiefe muß so groß sein, daß die Wäscher sich nicht zu bücken brauchen und die Schafe den Boden mit ihren Füßen nicht erreichen können, in welchem Falle jene nicht volle Gewalt über sie ausüben könnten; am besten beträgt sie 3—3½ Fuß. Auch muß auf irgend einer Seite das Ufer allmälig abfallen, um die Schafe, wenn sie schwach und ihre Bließe hinreichend mit Wasser gesättigt sind, leicht ans Land zu bringen. An dem schmalen Ausgang der

Der Schäfer im schottischen Hochlande.

Hürde, der mit dem Wasser in Verbindung steht, sind zwei bis drei rüstige Männer aufgestellt, welche die Schafe, die ihnen wieder durch Andre zugetrieben werden, in das Wasser zu werfen haben, und zwar so schnell, als die mit dem Waschen beschäftigten Männer sie abwaschen können. Das Waschen selbst geschieht in der Regel auf folgende Weise. Das Schaf wird im Wasser auf den Rücken gelegt, hierauf nach geringem Reiben der Wolle wieder umgedreht, dann aber die Wolle mit wenigen eigenthümlichen Armbewegungen dergestalt ausgedrückt, daß das Bließ von dem größten Theile des darin enthaltenen Fettes und Schmutzes gereinigt wird. Die ganze Operation dauert nur sehr kurze Zeit, wie sich daraus schließen läßt, daß ein geübter Mann in einer Stunde an 100 Schafe waschen kann. Das Wasser jener Gießbäche ist immer sehr kalt, weshalb es für nöthig gehalten wird, die darin beschäftigten Personen mit geistigen Getränken, heißem Ale u. s. w., die das Blut in Circulation zu erhalten bestimmt sind, zu erwärmen, wobei jedoch diese Leute nicht selten das Ziel überschreiten und den ihnen gewährten Getränken fleißiger zusprechen, als mit ihrer Nüchternheit verträglich ist. Die Schafschur findet 10—15 Tage nach der Wäsche der Schafe in unmittelbarer Nähe der Wohnung des Eigenthümers statt.

Sinken und Fall des mongolischen Reichs in Indien.

Aureng-Zeb, der allein unter allen Fürsten, die nach dem Timuriden Babur den von diesem 1519 errichteten Thron des Großmoguls zu Delhi inne hatten, den Namen eines großen Mannes verdient*), hinterließ drei Söhne, Mohammed Mauzim, der in frühem Alter den Namen Schah Aulum oder Alem erhielt, Azim Schah und Kam Buskh. Im Verfolg der unseligen Politik, welche seine eignen und seines Vaters unnatürliche Rebellionen unerläßlich zu machen schienen, hatte der Kaiser die Prinzen während seiner letzten Lebensjahre so weit als möglich von der Hauptstadt entfernt gehalten. Sobald ihnen der Tod ihres Vaters (1707) bekannt wurde, nahm Jeder von ihnen den Thron in Anspruch. Azim, der am nächsten war, traf zuerst im kaiserlichen Hoflager ein und wurde zum Kaiser ausgerufen. Sofort verlor er keinen Augenblick, um gegen Schah Aulum zu marschiren, der Gouverneur von Kabul war und seinerseits, sobald er die wichtige Kunde erhalten, mit gleicher Schnelligkeit seinen beiden Söhnen, welche die Gouvernements Multan und Bengalen inne hatten, den Befehl zusandte, in größter Eile nach Agra zu marschiren; dies geschah und diese Stadt mit ihren unermeßlichen Schätzen wurde von ihnen ruhig in Besitz genommen. Schah Aulum schrieb nun an seinen Bruder und bot ihm eine Theilung des Reichs an; Azim verwarf diesen Vorschlag, wurde geschlagen und blieb nebst seinen beiden Söhnen in der Schlacht. Der Sieger trug hierauf seinem noch übrigen jüngsten Bruder Kam Buskh das Königreich Golkonda an, als Zugabe zu dem von ihm schon beherrschten Königreiche Bijapore; dieser Fürst ließ sich jedoch durch seines Bruders Schicksal nicht warnen, schlug den Vergleich ebenfalls aus und beharrte in seinen Ansprüchen auf den Thron; aber seine vornehmsten Anhänger und der größte Theil seiner Armee verließen ihn, da sie keine Aussicht des Gelingens absahen, und er selbst fiel bei einem verzweifelten Angriffe, den er mit wenigen Hunderten seiner Anhänger auf Schah Aulum's Armee machte.

Der Kaiser hatte sich nun zwar seiner Nebenbuhler entledigt, aber mit einer neuen Macht zu kämpfen, die sich der kaiserlichen Gewalt furchtbar machte, nämlich mit den Sikhs, einer ursprünglich religiösen Sekte. Zur Zeit Babur's hatte ein Derwisch, auf den die Schönheit eines jungen Indiers aus dem Kriegerstande tiefen Eindruck gemacht hatte, denselben in sein Haus genommen und in den Lehren des Islams unterrichtet. Nannek (eigentlich Nanaka), so hieß der junge Neophyte, wählte im Verlauf seiner theologischen Studien diejenigen Lehren und Vorschriften aus, die ihm vorzugsweise zusagten; so entstand ein von seinem Nachfolger Erdschun herausgegebenes Buch, „Adi Granth", das allmälig zum Lehrbegriff einer Sekte wurde, die viele Abgeschmacktheiten der beiden in Indien am meisten verbreiteten Religionen, der mohammedanischen und der braminischen, verwarf, während sie das in beiden enthaltene Gute großentheils beibehielt, und sich zahlreiche Anhänger erwarb. Nach Nannek's Tode (1540) standen nacheinander neun Vorsteher, die geistliche und weltliche Herrschaft vereinigend, an der Spitze der Sekte der Sikhs, die anfangs sehr still und friedlich lebten, aber schon unter Nannek's zweitem Nachfolger, Har Gowind, in tapfere Krieger verwandelt worden waren, die am Ende des 17. Jahrhunderts im Pendschab des Ufer des Sutledsch einen Staat gründeten. Unter Aureng-Zeb wurden entweder wegen der Intoleranz des Kaisers oder wegen der ehrgeizigen Pläne der Sikhs zwei ihrer Anführer gefangen genommen und der eine hingerichtet, der andere verbannt. Als Schah Aulum den Thron bestieg, stand an der Spitze der Sikhs Bandu, der unter den Bewohnern des Reichs Raub und Mord verbreitete; Schah Aulum hemmte die Fortschritte der Sikhs, ohne sie zu bezwingen. Seine Regierung dauerte nur fünf Jahre; wiewol er sich weder durch Energie noch durch andere Eigenschaften auszeichnete, so hinterließ er doch, als er 1712 starb, den Ruf eines menschlich gesinnten und wohlwollenden Fürsten.

Bei seinem Ableben brach unter seinen vier Söhnen, die gerade sämmtlich am Hofe anwesend waren, ein allgemeiner Hader aus. Azim Uschaun, der zweite Sohn, der viele Schätze gesammelt hatte und seiner Stellung nach sich am leichtesten des kaiserlichen Schatzes bemächtigen konnte, riß das Scepter an sich und hätte es wahrscheinlich behauptet, hätte er nicht den bedeutendsten Heerführer Aureng-Zeb's, Zulfeccar Khan, einen ausgezeichneten Omrah, schwer beleidigt. Da Zulfeccar seine Dienste verschmäht sah, begab er sich in das Lager des ältesten Prinzen Moiz-ad-Dien und brachte einen Bund aller übrigen Brüder gegen Azim zu Stande, wobei eine Theilung des Reichs im Falle des Gelingens bedungen wurde. Azim zögerte mit der Vertheidigung und zog sich dadurch eine Niederlage zu. Wahrscheinlich stürzte sein Elefant mit ihm von einem Felsen herab in den Fluß, an welchem die Schlacht gekämpft wurde, denn nie wurde wieder etwas von Azim gehört. Zulfeccar beschloß nun, den ältesten Bruder mit Ausschließung der andern auf den Thron zu setzen; es gelang ihm, und der neue Kaiser wurde im J. 1712 unter dem Namen Jehander Schah ausgerufen. Seine Regierung war ebenso kurz als unglücklich. Als Rathgeberin stand ihm eine Concubine zur Seite, die einst das feile Gewerbe einer Bajadere geübt hatte, wie sich denn überhaupt dieser Kaiser im öffentlichen Umgange mit gemeinen Dirnen gefiel. Ferokfir, ein Sohn Azim's,

---

*) Vergl. über ihn Pfennig-Magazin Nr. 353.

unternahm es nun, seinen Vater zu rächen, und gewann dazu den Beistand zweier ausgezeichneten Brüder, Abdalla und Hussein Khan, welche Syads, d. h. Abkömmlinge des Propheten, waren. Ein Sohn des Kaisers marschirte dem Feroksir entgegen, aber am Vorabend der Schlacht gingen seine Truppen zum Feinde über. Jehander marschirte nun selbst gegen seinen Nebenbuhler und lieferte ihm ein blutiges Treffen, in welchem, aller Geschicklichkeit und Tapferkeit Zulfeccar's ungeachtet, die kaiserliche Armee geschlagen wurde, jedoch nicht so entschieden, daß der tapfere Feldherr nicht hoffen konnte, die Scharte am folgenden Tage wieder auszuwetzen, als er zu seiner großen Bestürzung entdeckte, daß der Kaiser geflohen sei. Dies war entscheidend. Jehander kam verkleidet nach Delhi und stellte sich unter den Schutz von Zulfeccar's Sohn Assud Khan, der dort Gouverneur war. Feroksir's Freunde verlangten seine Auslieferung; aber Assud brachte ihn in seinen Gewahrsam und sandte in der Hoffnung, sich und seinem Vater die Gunst des neuen Monarchen zu sichern, einen Boten an Feroksir, den er um seine Befehle bat. Er erhielt eine so huldvolle Antwort, daß Zulfeccar unvorsichtig genug war, sich mit seinem Sohne in Feroksir's Lager zu begeben. Dieser ließ ihn sowol als Jehander hinrichten, womit dessen kurze Regierung ein Ende hatte.

Feroksir wurde 1713 zum Kaiser ausgerufen und fuhr fort, wie er begonnen. Alle Personen, von denen möglicherweise eine Gefahr kommen konnte, ließ er, wenn er ihrer habhaft wurde, unbarmherzig hinrichten. Die ausgezeichnetsten Stellen wurden den beiden Syads übertragen; Feroksir wurde ein bloßes Werkzeug in ihrer Hand, und als er dessen inne wurde und sich ihrer zu entledigen versuchte, verwickelte er sich in einen Wirrwarr von Kabalen, bis er endlich von einem der beiden Brüder abgesetzt wurde und in der Gefangenschaft starb. Unter seiner sechsjährigen Regierung war der Anführer der Sikhs, Bandu, in des Kaisers Hände gefallen und qualvoll hingerichtet worden; seine Anhänger wurden mit großem Verluste zerstreut; andererseits hatten die Mahratten ihre Macht ansehnlich vergrößert. Hierauf regierten hintereinander zwei Brüder, Ruffet-al-Dirschant und Ruffet-al-Daulat, Jeder nur einige Monate. Ruschun-Akter, der Sohn von Schah Aulum's viertem Sohne, wurde dann unter dem Namen Mohammed Schah auf den Thron erhoben. Noch immer dauerte der Einfluß der mächtigen Syads fort; endlich wurde Hussein von einem Emissair des Kaisers ermordet, Abdalla, der andere, in offener Schlacht bezwungen, worauf der Kaiser ebenso triumphirend in seine Hauptstadt einzog, als hätte er eben erst das Scepter erkämpft, und in der That befand er sich jetzt erst im vollen Besitze der kaiserlichen Macht. Dem Reiche half diese Änderung wenig; Mohammed war schwach und üppig; zwar hatte er zwei fähige Minister, Nizam-al-Mulk und Sadit Khan, aber er konnte sich so wenig mit ihnen als sie mit ihm vertragen, weshalb sie sich in ihre Gouvernements Dekan und Dude zurückzogen, wo ihre Nachkommen später lange Zeit herrschten und noch jetzt die fürstliche Würde bekleiden. Die zahlreichen Feinde des Reichs, die während so vieler schwacher Regierungen an Stärke zugenommen hatten, wurden nun immer furchtbarer und drohender. Besonders die Mahratten waren so mächtig geworden, daß der Kaiser endlich das unheilvolle und schimpfliche Mittel wählte, ihnen als Preis des Friedens den vierten Theil seiner Einkünfte zu bezahlen. Bald nach Abschluß dieses Vertrags fand er die Erhebung dieses Viertels beschwerlich und ermächtigte die Mahratten, es selbst von den unglücklichen Einwohnern zu erheben, die so ihren Plünderern schonungslos preisgegeben wurden.

(Der Beschluß folgt in Nr. 373.)

Der Troglodytenaffe.

Dieser Affe, welcher von Buffon unter dem Namen Jocko aufgeführt wird und im System Simia troglodytes (Höhlenbewohner) heißt, ist jetzt unter dem Namen Chimpanse bekannt und nebst dem Orang-Outang der größte und dem Menschen ähnlichste unter den Affen. Seine Heimat ist die westliche Küste von Afrika, Congo und Guinea, während der Orang-Outang in Borneo und Sumatra zu Hause ist. Buffon hat in seiner Naturgeschichte Manches über den Troglodytenaffen gesagt, was nur Bezug auf den Orang-Outang haben kann, und da vor zwei Jahren durch den Capitain Boullemer dem Museum in Paris ein lebendes Individuum jener Affenart zugestellt worden ist, so sei es uns erlaubt, Einiges über den Unterschied, der zwischen beiden Thieren stattfindet, hier mitzutheilen.

Der Troglodytenaffe ist kleiner und weit besser proportionirt als der Orang-Outang, indem der obere Theil des Schädels minder stark ist und die Gliederbildung der des Menschen näher kommt. Die Arme und Hände sind nicht so lang und dünn wie die des Orang-Outang, und in demselben Verhältnisse treten auch die Muskeln an den Schenkeln und Waden mehr heraus. Der Körper ist, wie bei jenem, mit harten schwarzen Haaren bedeckt, die auf dem obern Theile des Körpers und der Außenseite der Glieder dichter sind als auf der Brust, dem Bauche und dem innern Theile der Glieder. Ihr Strich geht von vorn nach hinten und von oben nach unten. Während die Haupthaare bei dem Orang-Outang, sowie beim Menschen von hinten nach vorn gerichtet sind, folgen sie bei dem Chimpanse ganz der Richtung, welche die übrigen Haare des Körpers nehmen. Die Haare vor den Ohren bilden eine Art Backenbart und am Kinn befindet sich ein kurzer, dünner, weißer Bart. Die Gesichtshaut ist rußfarbig und die der Extremitäten von einer ins Veilchenblaue spielenden Fleischfarbe. Das Gesicht und die Sinnorgane haben in ihrer Bildung viel Ähnlichkeit mit denen des Orang-Outang; nur ist die Stirn weniger entwickelt und kugelförmig, und die Knochen über den Augenhöhlen treten weit mehr hervor. Die Augen sind kleiner und minder ausdrucksvoll; die Ohren hingegen viel größer, breiter und abgeplatteter als bei dem Orang-Outang, welcher sehr wohlgeformte Ohren hat, die denen des Menschen an Ähnlichkeit sehr nahe kommen. Die Nase ist weniger eingedrückt und abgeplattet, aber die Nasenlöcher stehen nahe beisammen und haben keine deutlich erkennbaren Nasenflügel. Die Lippen sind, wie beim Orang-Outang, lang, beweglich und dehnbar; die obere hat, wie bei jenem Thiere, längliche Runzeln. Was den übrigen Körper anlangt, so ist der Rumpf kurz, die Brust breit und eingedrückt, der Bauch etwas aufgetrieben. Von einem Schwanze findet sich keine Spur. Die vordern Gliedmaßen gleichen, wie bereits gesagt worden, denen des Menschen mehr, als dies bei dem Orang-Outang der Fall ist, und auch die hintern sind mehr entwickelt. Schenkel und Waden runden sich mehr ab und selbst der Fuß ist dem Menschen ähnlicher. Die breitere Fußsohle, die ausgebildetere Ferse und die kurzen, vorn abgestumpften Zehen bewirken, daß der Chimpanse die ganze Fläche des Fußes fest auf den Boden stellen kann, was der Orang-Outang nicht zu thun vermag. Die Nägel an den Fingern sind sehr ausgebildet, an den Zehen hingegen kurz und abgeplattet, sodaß sie nicht über das äußere Ende der Zehen hinausreichen. Gleich dem Orang-Outang ist er sehr ruhig, zeigt große Anhänglichkeit an seine Wärter und folgt dem Winke seines Herrn, ja selbst jedes Fremden, auf der Stelle.

Caldas da Rainha.

Diesen Namen führt das vorzüglichste und am häufigsten gebrauchte Bad in Portugal, begründet durch die Königin Donna Leonora, Gemahlin des Königs Joao II., im Jahre 1495. Die Chronik meldet darüber Folgendes:

In dem obenerwähnten Jahre kam die Königin Leonora auf einer Reise von Obidos nach Batalha an den Ort, wo jetzt das Brunnenhaus steht, und sah daselbst einige Personen, die sich in einem Sumpfe badeten; auf ihre Frage, zu welchem Zwecke dies geschähe, erfuhr sie, daß das Wasser gegen verschiedene Krankheiten Heilkraft habe. Die Königin, welche damals eben an einer kranken Brust litt, versuchte das Wasser sogleich und in kurzer Zeit verspürte sie die wohlthätigen Wirkungen desselben. Als der König davon benachrichtigt wurde, befahl er, ein Monument daselbst zu errichten, welches noch jetzt existirt. Nachdem die Königin durch mehre Bäder von ihrem Uebel befreit war, beschloß sie, an dieser Stelle ein Hospital für Arme zu errichten, was jedoch erst nach dem Tode ihres Gemahls geschah, indem sie zu diesem Behuf ihren Schmuck verkaufte und auch einen großen Theil ihrer Einkünfte verwendete. Darauf bewog sie den König Don Manuel, hier eine kleine Ansiedelung von 30 Häusern zu bauen, mit Befreiung der Einwohner von allen Abgaben.

Aus dieser Ansiedelung ist nach und nach ein kleiner Marktflecken entstanden, der den größten Theil seiner Nahrung durch das Bad erhält. Zwar ist die Gegend baumlos, öde und unfruchtbar, das Städtchen dagegen freundlich und das Leben, wie es an Badeorten zu sein pflegt, höchst gesellig, jedoch fehlt es an öffentlichen Vergnügungen, wie Spiel, Tanz, Musik und dergleichen, hier gänzlich, und der einzige Versammlungsort ist nur an der Quelle in einer ziemlich geräumigen Halle, wo man sich das lauwarme geschwefelte Wasser aus dem Brunnen zum Trinken schöpfen läßt und dann in einem Garten mit Baumalleen sich Bewegung macht. Uebrigens vergnügt man sich entweder in kleinen häuslichen Gesellschaften oder macht Ausflüge in die benachbarte Gegend, besonders nach dem nahe gelegenen malerischen Obidos mit seinem alten maurischen Castell und einer römischen Wasserleitung. Von dem Castell genießt man eine der schönsten Aussichten über die Campagna von Aljubarrota, wo Don Joao I. im Jahre 1385 über die Castilier in einer berühmten Schlacht den Sieg davontrug. Auf dem Eingangsthore des Castells stehen zwei große steinerne Urnen, von denen noch heutzutage im Volke die Sage geht, daß die Mauren in eine derselben große Reichthümer verbargen, in die andere aber Pestgift steckten; aus Furcht nun, an unrechte zu kommen, ist noch keine derselben untersucht worden.

Die Bäder werden des Morgens genommen, wobei das Unangenehme ist, daß immer mehre Personen zusammen baden, in einem großen unterirdischen dunkeln Basfin, wohin nur ein spärliches Licht von oben bringt. Es existiren zwei solcher Basfins für das weibliche und andere abgesonderte für das männliche Geschlecht. Das warme Wasser quillt in denselben aus einem schönen klaren Sande hervor und reicht einer erwachsenen Person, wenn sie darin sitzt, bis unter die Arme. Neben dem Bade ist ein kleines, ebenso dunkeles Zimmer mit hölzernen Bänken, in welchem man sich aus- und anzieht. Das Wasser ist von außerordentlicher Wirkung, allein da das Ganze bis jetzt aller Bequemlichkeit entbehrt, so kann nur die höchste Noth dazu zwingen, dieses Bad zu gebrauchen. Badegäste, welche Vergnügen suchen, finden sich also hier durchaus getäuscht.

Seit dem Tode der Königin Leonora war nichts mehr auf diese Anstalt verwendet worden. Erst als König Don Joao V. hier Bäder nahm und Alles im größten Verfall fand, ließ er große Verbesserungen machen und im Jahre 1747 Alles so einrichten, wie man es noch heute findet.

In der Brunnenhalle, die sehr massiv von Quadern aufgeführt ist, wodurch sich alle großartigen Werke des baulustigen Königs Joao V. auszeichnen, steht folgende lateinische Inschrift in Stein gehauen: „Joao V., König von Portugal, ließ aus Huld und Gnade dieses gastfreundliche Badehaus im Jahre 1747 zur größten Bequemlichkeit der Kranken von Grund aus herstellen und anständiger einrichten, und in drei Jahren wurde es vollendet. Die Königin Leonora, Gemahlin des Königs Joao II., hatte es aus Fürsorge, Freigebigkeit und Frömmigkeit erbauen und einrichten lassen. Beide waren barmherzig; Beiden wird es Gott vergelten. Benutze es, der du als Gast hierher kommst, ahme ihnen nach, und es wird dich nicht gereuen."

Verschiedene Schreibart eines Namens.

Wenige Namen dürften auf so viele Arten geschrieben worden sein und auch geschrieben werden können, als der Name des großen englischen Dichters Shakspeare, den man wol, ohne zu viel zu sagen, den größten dramatischen Dichter, welcher je gelebt hat, nennen kann. Er selbst unterschrieb sich in seinem Testamente Shakspeare; in der ersten Folioausgabe seiner Werke ist er Shakespeare genannt; in dieser Schreibart bedeutet der Name Lanzenschwinger und soll dem Großvater des Dichters auf einem Schlachtfelde in Frankreich von seinem Könige ertheilt worden sein. Noch 14 andere Schreibarten kommen in den Gemeinderegistern der Stadt Stratford am Avon (bekanntlich war diese der Geburtsort des Dichters) vor, in denen der Name 166 Mal genannt wird; hier heißt er nämlich 69 Mal Shakfpear, 18 Mal Shakrpere, 17 Mal Shakspeyr, 13 Mal Shakespere, 9 Mal Shakyspere und Sharspeare, 8 Mal Sharper, 5 Mal Shafpere, 4 Mal Shackesper, Shacksper und Shakysper, 3 Mal Shackespere, 2 Mal Shacksperе, 1 Mal Shakfper.

Das Pfennig-Magazin
für Verbreitung gemeinnütziger Kenntnisse.

373.] Erscheint jeden Sonnabend. [Mai 23, **1840**.

Sinken und Fall des mongolischen Reichs in Indien.
(Schluß aus Nr. 372.)

Nadir Schah.

Das verderblichste Ereigniß in der Geschichte des mongolisch-indischen Reichs, das seinen Fall beschleunigte, war der Einfall Nadir Schah's. Nadir, auch Thamasp Kuli Khan genannt, ohne Zweifel einer der verruchtesten Menschen, deren die Geschichte Erwähnung thut, war 1687 geboren und der Sohn eines reichen Kameeltreibers in Khorasan. Aus Liebe zum Räuberhandwerk verkaufte er einen Theil der Heerden seines Vaters und versammelte eine Räuberbande um sich, die bald eine furchtbare Geißel des Landes wurde. Später nahm er Kriegsdienste bei Thamasp Mirza, aus dem Geschlechte der Sofis, Schah oder König von Persien, der von einem afghanischen Häuptling aus seiner Hauptstadt Ispahan vertrieben und des größten Theils seines Reichs beraubt worden war. Unter diesem Fürsten, der ihn nachmals zum obersten Feldherrn seiner Truppen ernannte, zeichnete sich der ehemalige Kameeltreiber sehr aus, vertrieb endlich den afghanischen Usurpator und erhielt zum Lohne den höchsten Ehrentitel in Persien, Khan; schon früher hatte er auf Befehl des Königs den Namen Thamasp Kuli (d. h. Sklav des Thamasp) angenommen. Er hatte das ganze persische Heer auf seiner Seite, und als der König ohne seinen Rath mit den Türken Frieden schloß, entthronte er ihn, bemäch-

VIII. 21

tigte sich der Regierung, angeblich im Namen des noch in der Wiege liegenden rechtmäßigen Thronfolgers Abbas III. als Vormund desselben, und wurde nach einem blutigen Siege über die Türken, die zur Wiederabtretung der Provinzen Armenien und Georgien genöthigt wurden, da mittlerweile auch sein Mündel gestorben war, 1736 unter dem Namen Nadir Schah zum König von Persien ausgerufen. Mit ihm beginnt eine neue Periode in der persischen Geschichte. So groß war der Schrecken seines Namens, daß selbst die russische Kaiserin Anna ihm die Eroberungen Peter's des Großen, die Provinzen Gihlan, Daghestan und Schirwan, zurückgab. Da die Afghanen ihn nicht in Ruhe ließen, verfolgte er sie bis in ihr eigenes Land; überall war er siegreich, verfuhr aber sowol im Kriege gegen seine Feinde, als im Frieden gegen seine Unterthanen mit empörender Grausamkeit, und da seine durch den Krieg bereicherten Soldaten ihm blind ergeben waren, so durfte er sich ungescheut Alles erlauben. Sein wichtigster Feldzug war der, den er 1739 nach Indien gegen den Großmogul unternahm. Veranlassung zu demselben gab der Mord eines Gesandten und seines Gefolges durch die Bewohner von Dschellalabad und die verächtliche Art, wie Mohammed Schah sein Gesuch um Genugthuung und Bestrafung der Thäter aufgenommen hatte. Nadir bestrafte zuerst die Bewohner der schuldigen Stadt, indem er in den Straßen derselben Ströme von Blut vergoß; dann marschirte er durch Peschauer und Lahore gegen Delhi, ohne auf erheblichen Widerstand zu stoßen. Seine Bewegungen waren so schnell, daß er nur noch vier Tagereisen von Delhi entfernt war, bevor der Kaiser von der Nähe seines gefährlichen Gegners die leiseste Ahnung hatte. Als die Armeen beider Theile aufeinander trafen, siegten Nadir's kampfgeübte Truppen; des Kaisers Oberfeldherr und Minister, Dowran, blieb auf dem Platze, Sadit aber wurde gefangen genommen. Dieser suchte seine Gefangenschaft dazu zu benutzen, um mit Nadir über die Bedingungen seines Abzugs aus Indien zu unterhandeln, mit so gutem Erfolg, daß Mohammed Schah persönlich in Nadir's Lager kam und mit ihm einen Vergleich schloß, laut dessen der Eroberer nach Empfang einer Summe von zwei Millionen Pfund Indien verlassen sollte. Die Ausführung dieser Übereinkunft scheiterte an der Rivalität von des Kaisers Ministern Sadit und Nizam, die auf den durch Dowran's Tod erledigten höchsten Posten Anspruch machten. Die von Sadit beim Abschlusse des erwähnten Vertrags geleisteten Dienste schienen ihm gerechte Ansprüche darauf zu geben; aber Mohammed konnte dem auf Verleihung jenes Amts gerichteten Gesuch Nizam's, der großen Einfluß auf ihn übte, nicht widerstehen. Jetzt zerstörte Sadit sein eigenes Werk; er stellte dem Nadir vor, die angebotene Summe sei so gering, daß er bereit sei, eine ihr gleiche aus seinem eigenen Privatvermögen zu zahlen, wobei er die unermeßlichen Schätze von Delhi schilderte. Für Nadir war diese Versuchung zu mächtig; er nahm am 9. März 1739, als ihm eine Brandschatzung von 200 Millionen Thalern verweigert wurde, von der Stadt Besitz und behielt Mohammed als Gefangenen, behandelte ihn jedoch achtungsvoll und beruhigte ihn wegen der Besorgniß, entthront zu werden. Sadit starb unmittelbar nachher, vermuthlich an Gift.

Fast zwei Tage lang blieben die Bewohner der Stadt unbehelligt; ein geringfügiger Zufall am Abende des zweiten Tages gab Anlaß zu den entsetzlichen Greueln, die Nadir's Namen so furchtbar machten. Ein Perser nahm mit Gewalt den Korb eines Mannes, der Tauben verkaufte; darüber erhob dieser ein heftiges Geschrei. Die Straßen füllten sich mit Menschen, von denen viele auf den Perser und seine dazugekommenen, ihm beistehenden Landsleute eindrangen. In diesem Augenblicke verbreitete sich das Gerücht, Nadir sei todt; sogleich griffen die Bewohner alle persischen Soldaten, deren sie habhaft werden konnten, an und tödteten noch vor Einbruch der Nacht an 2000 derselben. Sobald Nadir, der sich in der etwas entfernten Citadelle befand, dies erfuhr, begab er sich in die Stadt und wartete hier auf den Anbruch des Tages, als von einer benachbarten Terrasse nach ihm geschossen und ein Offizier an seiner Seite getödtet wurde. Dies gab der Wuth des blutgierigen Tyrannen den letzten Impuls. Reiterscharen wurden nun durch die Straßen und Fußvolk auf die Terrassen geschickt und richteten ein allgemeines Gemetzel an. Weder Alter noch Geschlecht wurde verschont, Männer, Weiber und Kinder fielen ohne Unterschied, und nach einer Schätzung kamen an diesem furchtbaren Tage 100,000 Menschen um (nach Andern sogar 200,000). Während dieser Schreckenszeit durfte sich dem Schah Niemand nähern; sein Blick war finster und fürchterlich. Endlich wagte es der unglückliche Kaiser, begleitet von den vornehmsten Omrahs, mit gesenkten Blicken vor ihn zu treten. Als Nadir Schah nach ihrem Begehren fragte, riefen sie aus: „Schone die Stadt"; Mohammed sagte nichts, aber er vergoß Thränen. Der Tyrann, von plötzlichem Mitleid ergriffen, steckte sein Schwert ein und sagte: „Um des Kaisers willen verzeihe ich." Die Wirkungen seiner Befehle waren so augenblicklich, daß in wenigen Minuten vollkommene Ruhe hergestellt war; nun begann aber erst die mehrtägige Plünderung der Stadt, welche einen Ertrag von wenigstens 200 Millionen Thaler, nach Andern beinahe das Dreifache der ursprünglich geforderten Brandschatzung geliefert haben soll. Allein aus der kaiserlichen Schatz- und Rüstkammer soll Nadir an baarem Gelde, Kleinodien, kostbaren Gefäßen, Waffen, Elefanten, Pferden und Kameelen über 425 Mill. Thaler an Werth mit sich fortgenommen haben. Während der Plünderung wurden die Thore der Stadt verschlossen gehalten, sodaß die Einwohner, welche das Schwert verschont hatte, vom Hungertode bedroht wurden. Ein Schauspieler, Namens Tucki, machte dieser Noth seiner Mitbürger ein Ende; als er nämlich vor Nadir zur großen Zufriedenheit desselben gespielt hatte und von ihm aufgefodert wurde, sich eine Gnade auszubitten, welche er wolle, fiel er dem Schah zu Füßen und bat ihn, die Thore der Stadt öffnen zu lassen, ein Gesuch, das auf der Stelle gewährt wurde. Am 18. April verließ Nadir die unglückliche Stadt, nachdem er seinen Sohn mit einer Enkelin Aureng-Zeb's vermählt und einen Frieden mit dem Kaiser geschlossen, worin ihm die Provinzen zwischen Persien und Hindostan, westlich vom Indus, abgetreten wurden. Noch acht Jahre beherrschte er Persien; während dieser Zeit wurde er von den Lesgiern, einem kleinen Volke am Kaukasus, geschlagen; dies veranlaßte einen neuen Krieg mit den Türken im Jahre 1745, worin diese bei Eriwan eine entscheidende Niederlage erlitten. Noch viele Thaten der empörendsten Grausamkeit übte der furchtbare Schah Nadir, bis er am 15. Mai 1747 durch Mörder, welche sein Neffe und einer seiner Statthalter als Häupter einer Verschwörung gedungen hatten, den Tod fand. Sein einziger ihn überlebender Sohn wurde nach Konstantinopel, von da nach Semlin gebracht, hier getauft und auf Kosten der Kaiserin Maria Theresia erzogen; später trat er unter dem Namen eines Barons von Semlin in östreichische Dienste, wurde im siebenjährigen Kriege mehrmals verwundet und nahm als Major seinen Abschied.

In demselben Jahre 1747, wie Nadir Schah, starb auch der Kaiser Mohammed nach 13jähriger Regierung, 49 Jahre alt; in seinen letzten Lebensjahren hatten sich unter Ali Mohammed die Rohillas erhoben, ein afghanischer Stamm, der später, gleich den Mahratten, in den Kriegen der Engländer in Indien eine Rolle spielte. Ahmed Schah, Mohammed's ältester Sohn, folgte seinem Vater auf dem Throne; er hatte hauptsächlich mit den Rohillas und Mahratten, sowie mit dem afghanischen Häuptling Ahmed Abdallah zu kämpfen, der mehrmals ins Land einfiel und die nordwestlichen Provinzen Multan und Lahore von demselben trennte. Auf allen Seiten angegriffen, wurde der Kaiser beständig zum Nachgeben genöthigt und konnte den Frieden nur durch Abtretungen erkaufen. Am Ende wurde er von einem Enkel Nizam's, Ghasi-ad-Dien, entthront und seiner Augen beraubt, worauf Aulumschir II., ein Sohn von Jehander Schah, den Thron bestieg, während Ghasi-ad-Dien das Reich als allmächtiger Vezier verwaltete. Unter ihm erhob sich die Macht der Sikhs abermals und der afghanische König Abdalla marschirte, um für eine Verrätherei des gedachten Veziers Rache zu nehmen, gegen Delhi, das ihm seine Thore öffnen mußte und mehre Wochen in den Händen roher Kriegerschaaren war. So tief war der einst so mächtige Kaiser von Hindostan gefallen, daß er von Abdalla Beistand gegen seinen übermüthigen Vezier verlangte; endlich fiel er dennoch in dessen Hände und wurde 1759 ermordet. Die Mahratten näherten sich nun der Hauptstadt, in der Hoffnung, sich des Reichs mit einem Schlage bemächtigen zu können. Abdalla leistete ihnen Widerstand und lieferte ihnen 1760 in den durch mehre wichtige Schlachten in der indischen Geschichte berühmt gewordenen Ebenen von Paniput eine blutige Schlacht, in welcher er endlich Sieger blieb. Von einem Heere von 140,000 Mann, das die ausgezeichnetsten mahrattischen Feldherren befehligten, entkamen nur schwache Reste. Abdalla schlug die Krone aus und übergab sie dem Ali Gohur, der den Titel Aulum II. annahm, aber nie zum wirklichen Besitz der dem Namen nach von ihm beherrschten Länder gelangte. Endlich leistete er auf seine Gewalt zu Gunsten der Engländer, die ihm einen Jahrgehalt aussetzten, Verzicht, womit das mongolische Reich in Indien ein Ende hatte. Noch jetzt lebt zwar in Allahabad ein Abkömmling Babur's, der den Titel Großmogul führt, er ist aber auf wenige Ländereien und die Geldsumme, welche ihm von der ostindischen Compagnie ausgezahlt wird, beschränkt.

Von der Elektricität.

Unter den vier geheimnißvollen Stoffen, welche die ganze Natur durchdringen und sich von allen andern durch ihren Mangel an Schwere unterscheiden, weshalb sie auch unwägbare Stoffe heißen — Licht, Wärme, Elektricität und Magnetismus —, sind die beiden letzten wegen der erst in der neuesten Zeit entdeckten genauen Verwandtschaft, in der sie miteinander stehen, ebenso merkwürdig, als wegen der Mannichfaltigkeit und Großartigkeit der Erscheinungen, welche sie darbieten, weshalb eine gedrängte Darstellung derselben hier nicht am unrechten Orte sein dürfte. Wir beschränken uns für jetzt auf die Elektricität allein, und zwar auf die Reibungselektricität, werden aber in einem spätern Artikel auch die Berührungselektricität (den Galvanismus und den Magnetismus) näher betrachten und hierauf den Zusammenhang beider Materien ins Auge fassen.

Viele Körper haben die Eigenschaft, daß sie, wenn sie einige Zeit gerieben werden, leichte Körper anziehen und sodann wieder abstoßen. Dies bemerkten die alten Griechen, schon Thales, der 600 Jahre v. Chr. lebte, zuerst am Bernstein, der im Griechischen Elektron heißt und diesen Namen aller Wahrscheinlichkeit nach eben von seiner anziehenden Kraft erhalten hat; daher ist der Name Elektricität entstanden. Im vorzüglichen Grade besitzen diese Eigenschaft folgende Körper: Glas, Siegellack, Harz, Schwefel, Seide; am deutlichsten zeigt sie sich bei dem zuerst genannten, dem Glase. Wenn man aber eine trockene Glasröhre mit der trockenen Hand oder einem wollenen Lappen, einem Stücke Tuch u. s. w. stark reibt, so bemerkt man noch mehre Erscheinungen. Erstens werden leichte Körper, wie Papierstückchen, Korkkügelchen u. s. w., schon aus merklicher Ferne angezogen und dann wieder abgestoßen; zweitens bemerkt man, wenn man die Fingerspitze der Glasröhre nähert, daß aus derselben ein bläulicher, knisternder Funke in den Finger fährt und in demselben ein stechendes Gefühl hervorbringt, sowie man auch beim Reiben im Dunkeln einen bläulichen Schein an der Glasröhre wahrnimmt; drittens bemerkt man wol auch einen eigenthümlichen phosphorischen Geruch, sodaß bei Wahrnehmung dieser elektrischen Erscheinungen vier Sinne beschäftigt sind.

Anfänglich theilte man die Körper in elektrische an sich und unelektrische, je nachdem man die Eigenschaft, durch Reiben elektrisch zu werden, an ihnen beobachtete oder nicht; später hat man aber gefunden, daß eigentlich alle Körper, freilich in sehr verschiedenem Grade, durch Reiben elektrisch werden können, und daß der Grund, warum wir bei den meisten Körpern nichts davon bemerken können, in einer ganz andern Verschiedenheit zu suchen ist. Manche Körper halten nämlich, wenn sie durch Reiben elektrisch geworden sind, den erregten elektrischen Stoff fest und geben an benachbarte Körper wenig oder nichts davon ab; wenn sie dagegen selbst nicht elektrisch, aber mit einem elektrischen Körper in Berührung sind, so entziehen sie diesem von seiner Elektricität wenig oder nichts und leiten dieselbe daher auch nicht weiter zu andern Körpern; solche Körper heißen Nichtleiter der Elektricität. Andere Körper dagegen rauben, wenn sie mit einem elektrischen Körper in Berührung sind, diesem einen Theil seiner Elektricität und lassen sie durch sich hindurch oder leiten sie weiter; wenn sie aber selbst elektrisch sind, lassen sie ihre Elektricität sehr leicht fahren, sobald sie von einem andern Körper derselben Art berührt werden; solche Körper heißen Leiter der Elektricität und unter ihnen sind die Metalle die besten. Zu den Nichtleitern gehören alle die vorhin genannten Körper, welche vorzugsweise durch Reiben elektrisch werden und daher früher elektrische Körper genannt wurden; die Leiter können zwar ebenfalls durch Reiben elektrisch werden, lassen aber in der Regel alle Elektricität, sowie sie erregt ist, sogleich wieder fahren; nur dann, wenn sie von Nichtleitern umgeben oder, wie man sich ausdrückt, isolirt sind, können sie ebenfalls entweder durch Reiben elektrisch werden oder Elektricität anderer geriebener Körper, die ihnen mitgetheilt wird, behalten. Um einen Körper zu isoliren, muß man ihn auf Glas oder Harz stellen, an seidenen Fäden oder Bändern aufhängen u. s. w.; um Menschen zu isoliren, dient gewöhnlich ein sogenannter Isolirschemel mit Glasfüßen.

*

Außer den bereits früher genannten Nichtleitern ist vor allen die Luft zu erwähnen; dieser Eigenschaft der Luft verdanken wir es nämlich, daß wir überhaupt elektrische Erscheinungen wahrnehmen können und von Elektricität etwas wissen, denn wenn die Luft ein Leiter wäre, so würde sich alle erregte Elektricität in der alle Körper umgebenden und berührenden Luft sogleich zerstreuen und spurlos verschwinden. Außerdem gehören noch Edelsteine, Eis, Federn, Pelz, Haare und Holz, wenn sie trocken sind, und fette Öle unter die Nichtleiter; der vollkommenste Nichtleiter aber ist der Diamant. Unter den Leitern stehen, wie gesagt, die Metalle oben an, unter ihnen wieder Kupfer, Gold und Silber; andere minder vollkommene Leiter sind: Kohle, Dampf, Wasser und alle andere Flüssigkeiten, mit Ausnahme des Öls, Theile von Pflanzen und Thieren (mit Ausnahme von Haaren und Federn), der luftleere Raum, die Flamme und der Erdboden. Alle Nichtleiter werden zu Leitern, wenn sie feucht sind, weshalb elektrische Versuche in feuchter Luft nur sehr schlecht, dagegen im Winter bei trockner Luft, namentlich nach vorgängiger Erwärmung der elektrischen Geräthschaften, am besten gelingen. Brennende Lichter und Tabackspfeifen müssen bei Anstellung elektrischer Versuche entfernt werden, da Dampf und Rauch die Elektricität schnell ableiten.

Bei genauer Beobachtung der elektrischen Erscheinungen mußte bald noch ein anderer sehr wichtiger Unterschied zum Vorschein kommen. Wenn eine Glasröhre durch Reiben elektrisch geworden ist, so zieht sie, wie gesagt, leichte Körper an, stößt sie aber sogleich wieder ab, und zieht sie nicht eher wieder an, bis sie einen nicht elektrischen leitenden Körper, z. B. den Tisch oder die Hand, berührt haben; die von der Glasröhre abgestoßenen Körper stoßen sich aber auch untereinander ab, wie man an Korkkügelchen oder Strohhalmen, die an seidenen Fäden gehalten werden, wahrnehmen kann; man kann daraus leicht den Schluß ziehen, daß die Korkkügelchen u. s. w. durch Berührung mit der Glasröhre selbst elektrisch geworden sind und deshalb einander abstoßen, daß also überhaupt zwei elektrische Körper einander abstoßen, dagegen ein elektrischer und ein nichtelektrischer einander anziehen. Ganz Dasselbe ergibt sich, wenn man statt einer Glasröhre einen andern nichtleitenden Körper, z. B. eine Siegellackstange, nimmt und durch Reiben elektrisch macht. Nimmt man aber sowol eine Glasröhre als eine Siegellackstange und macht beide elektrisch, so zeigen sich ganz überraschende, mit dem Vorigen scheinbar im Widerspruche stehende Erscheinungen.

Solche Körper nämlich, die von der Glasröhre abgestoßen werden, werden von der Siegellackstange angezogen und umgekehrt; nimmt man aber ein von jener und ein von dieser erst angezogenes, dann abgestoßenes Kalkkügelchen, beide an seidenen Fäden hängend, so werden beide einander nicht abstoßen, wie man nach dem Vorigen erwarten sollte, sondern anziehen. Hiernach sind wir genöthigt, anzunehmen, daß die Elektricität des Glases von der des Siegellacks oder Harzes verschieden ist, aber daraus folgt nicht, daß jeder geriebene Körper seine besondere Art von Elektricität hat, sondern alle Körper zeigen, wenn sie gerieben werden, entweder mit dem Glase oder mit dem Harze einerlei Elektricität. Von diesen beiden Arten von Elektricität nennt man die eine, die Glaselektricität, die positive, die Harzelektricität aber die negative Elektricität. Beide sind nicht blos verschieden, sondern völlig entgegengesetzt, d. h. wenn sie zusammenkommen, so vernichten sie sich ganz oder theilweise, jenes, wenn sie von gleicher, dieses, wenn sie von ungleicher Stärke sind; im letztern Falle wird nur die schwächere ganz vernichtet, die stärkere aber vermindert. Diese gegenseitige Vernichtung oder Ausgleichung kann man z. B. dann erkennen, wenn man zwischen Körpern, welche gleich starke, aber entgegengesetzte Elektricität haben, einen dritten leicht beweglichen, der an einem leichten Faden hängt, hin und her spielen läßt; nach einiger Zeit werden beide Elektricitäten sich gegenseitig vernichtet haben und das Anziehen und Abstoßen des beweglichen Körpers wird völlig aufhören. Die Gesetze über das Anziehen und Abstoßen sind nun, mit Rücksicht auf die Erscheinungen der entgegengesetzten Elektricitäten, so auszudrücken: zwei elektrische Körper stoßen einander ab, wenn sie einerlei Elektricität haben, ziehen aber einander an, wenn sie entgegengesetzte Elektricität haben; ein elektrischer und ein nicht elektrischer Körper ziehen sich aber immer an. Sehr merkwürdig ist es nun, daß niemals die eine von beiden Elektricitäten allein entsteht; wenn ein geriebener nichtleitender Körper positiv elektrisch wird, so wird gleichzeitig der reibende negativ elektrisch oder umgekehrt; reibt man z. B. Glas mit Seide, so wird jenes positiv, diese negativ, reibt man aber Siegellack mit Wolle, so wird jenes negativ, diese positiv elektrisch u. s. w. Freilich kann die Elektricität des reibenden Körpers nur dann wahrgenommen werden, wenn dieser entweder ebenfalls ein nichtleitender Körper ist oder an einer isolirenden Handhabe von Glas oder Harz u. s. w. gehalten wird. Aber derselbe Körper, der mit einem Körper gerieben positiv elektrisch wird, kann mit einem andern gerieben negativ elektrisch werden, nur Schwefel wird stets, womit man ihn auch reiben mag, negativ, Katzenfell stets positiv elektrisch; glattes Glas wird mit den meisten Körpern positiv, dagegen negativ, wenn es mit Thierfellen (namentlich Hasen-, Kaninchen- und Katzenfell) oder mit wirklichen Edelsteinen, die härter als Glas sind, gerieben wird. Zwei einander völlig gleiche Körper würden aneinander gerieben gar keine Elektricität geben, aber diese vollkommene Gleichheit findet sich niemals statt, und schon eine Verschiedenheit hinsichtlich der Wärme oder hinsichtlich der Glätte und Rauheit der Oberfläche ist hier von Einfluß; von zwei sonst völlig gleichen Exemplaren eines Körpers wird der wärmere immer negativ, der kältere positiv, ferner der Körper mit rauher oder matter Oberfläche (z. B. matt geschliffenes Glas) negativ, der andere mit glatter Oberfläche positiv elektrisch u. s. w. Die Art, wie beide Elektricitäten einzeln auf unsere Sinne einwirken, ist übrigens nicht wesentlich verschieden, und der erheblichste Unterschied möchte folgender sein. Wenn man gegen eine Spitze eines negativ elektrischen Körpers einen platten leitenden Körper hält, so zeigt sich an der Spitze (am besten im Dunkeln) ein leuchtender Punkt oder Stern, begleitet von Zischen; hält man aber den Leiter einer Spitze an einem positiv elektrischen Körper entgegen, so erblickt man einen von der Spitze ausgehenden violetten und merklich knisternden Büschel oder Pinsel; doch ist jener leuchtende Punkt eigentlich nur ein Feuerbüschel im Kleinen. Auf der Zunge verursacht der positive Büschel einen sauern Geschmack, der negative mehr eine brennende Empfindung.

Um diese und andere Erscheinungen wahrzunehmen, reicht es nicht hin, zwei Körper mit der Hand aneinander zu reiben, was ohnehin auf die Länge sehr beschwerlich ist, sondern man muß sich dabei einer sogenannten Elektrisirmaschine bedienen, d. h. eines Apparats, welcher dazu dient, die Elektricität eines nichtleitenden Körpers durch Reiben stark und anhaltend zu erregen und andern Körpern mitzutheilen. Schon Otto von Guericke, bekanntlich der Erfinder der Luftpumpe, drehte zu diesem Ende eine Schwefelkugel mittels einer Kurbel um, aber die Erfindung der eigentlichen Elektrisirmaschine ist erst ungefähr 100 Jahre alt. Man bediente sich anfangs einer Glaskugel — zuerst that dies Professor Hausen in Leipzig — die aber später von gläsernen Cylindern und Scheiben verdrängt worden ist. Hiernach zerfallen die noch gegenwärtig üblichen Elektrisirmaschinen in zwei Classen: Cylinder-

Eine Elektrisirmaschine.

maschinen und Scheibenmaschinen; bei jenen wird ein Glascylinder, bei diesen eine runde Glasscheibe oder eine Verbindung von zwei oder mehr Scheiben mittels einer Kurbel umgedreht und dadurch an einem Kissen oder sogenannten Reibzeug gerieben.

Die Cylindermaschinen empfehlen sich durch größere Wohlfeilheit und Dauerhaftigkeit und sind in England fast ausschließlich in Gebrauch. Der zu denselben verwandte hohle Cylinder muß, wenn er gut sein soll, aus weißem, durchsichtigem, reinem und möglichst hartem Glase (am besten Flintglas) bestehen, recht glatt gearbeitet sein und keine Blasen und Sandkörner haben; seine Größe beträgt 4—12, bisweilen wol auch bis 24 Zoll Durchmesser und 8—24 Zoll Länge. Manche Cylinder werden durch einen innern Überzug von harziger Materie, der die sich sonst leicht anlegende Feuchtigkeit abhält, am besten aus vier Theilen venetianischem Terpenthin, einem Theile Wachs und einem Theile Pech bestehend, wesentlich verbessert; statt dessen kann man auch Bernsteinfirniß nehmen, den man gewöhnlich mit Zinnober vermischt, um dem Cylinder eine gefällige rothe Farbe zu geben. Der Cylinder muß keine durchgehende Achse haben, sondern an beiden Enden Achsen; er ruht auf zwei Gestellen, das aus einem Bodenbrete und zwei starken senkrechten Pfeilern besteht, die aus trockenem Holze gemacht und mit Bernsteinfirniß gut überzogen werden; noch besser sind jedoch zwei starke Glassäulen. Die Umdrehung geschieht am einfachsten durch eine bloße Kurbel, deren Hauptstiel eine massive, überfirnißte, in Holz gefaßte Glassäule ist. Um den Cylinder schneller umdrehen und dadurch eine schnellere Erregung der Elektricität bewirken zu können, bringt man gewöhnlich (wie auch die obige Abbildung darstellt) an der einen Seite des Gestells ein Rad an, das mittels einer Kurbel gedreht wird und durch eine Schnur ohne Ende mit einer weit kleinern Scheibe verbunden ist, welche sich unmittelbar an der einen Spindel des Cylinders befindet. Wenn nun der Durchmesser der Scheibe, folglich auch ihr Umfang, z. B. viermal kleiner ist als beim Kurbelrade, so dreht sich die Scheibe und mithin auch der Glascylinder bei jeder einzelnen Umdrehung des Rades viermal um.

Der reibende Körper oder das Reibzeug ist am besten ein seidenes oder ledernes mit Roßhaaren ausgestopftes Kissen, mit einem Stücke dünnen Kalbleders überzogen, das mit elektrischem Amalgama (einer mit Fett zusammengeriebenen Mischung aus Quecksilber, Zinn und Zink) bestrichen ist; die Rückseite des Kissens bildet eine Metall- oder eine mit Stanniol überzogene Holzplatte. Vorn ist am Kissen ein Lappen von Wachstaffent oder anderm, weder zu dünnen noch zu dicken Taffent befestigt, der über die Fläche des Cylinders bis in die Nähe des Leiters hinweggeht; er dient dazu, eine Entweichung der Elektricität vom Cylinder während der Umdrehung zu verhindern. Vom Kissen hängt gewöhnlich eine Metallkette herab, welche die Erde berührt.

Der dritte Hauptbestandtheil der Maschine ist der erste Leiter oder Conductor, ein isolirter, vollkommen leitender hohler Körper, gewöhnlich aus Messingblech, oder auch aus Pappe oder Holz, aber mit Silberpapier oder Stanniol überzogen, und auf Glasfüßen stehend; meistens hat er die Form eines Cylinders mit halbkugelförmigen Enden. An der dem Glascylinder zugekehrten Seite ist der Leiter mit einer oder einigen Spitzen versehen, die eine Art Kamm bilden und dazu dienen, die Elektricität vom Glascylinder einzusaugen, weshalb sie den Namen Einsauger oder Collector (Sammler) führen; am andern Ende des Leiters befindet sich eine kurze Röhre, die in eine hohle Kugel endigt. Wenn eine Kette vom Reibzeuge herabhängt und die Erde berührt oder das Reibzeug mit der Hand berührt wird, so erhält der Leiter beim Umdrehen der Maschine positive Elektricität wie der Glascylinder, und am Reibzeug ist keine Spur von Elektricität zu bemerken; hängt man die Kette an den Leiter und ist zugleich das Reibzeug (durch Glasfüße) isolirt, so zeigt das letztere an der Metall- oder Holzplatte negative Elektricität; läßt man die Kette weg, sodaß Leiter und Reibzeug zugleich isolirt sind, so zeigt jener beim Umdrehen positive, dieses negative Elektricität, jedoch nur in sehr schwachem Grade.

Bei den Scheibenmaschinen, die seit 1766 aufgekommen sind, bedient man sich einer runden Glasscheibe (bisweilen eines Paars von Scheiben); an einer durch dieselbe gehenden Achse ist die zum Umdrehen dienende Kurbel angebracht. Reibkissen befinden sich entweder an einer oder an beiden Seiten; über den obern Theil der Scheibe geht ein Stück Wachstaffent. Der Hauptleiter ist ebenso eingerichtet wie bei den Cylindermaschinen, und ebenfalls mit einem Einsauger versehen; in der Nähe des Reibzeugs kann ein anderer Leiter stehen, der für die negative Elektricität bestimmt ist. Scheibenmaschinen können größer als Cylindermaschinen verfertigt werden und thun daher im Allgemeinen mehr Wirkung als diese; die größte Maschine dieser Art war bisher die von dem Engländer Cuthbertson verfertigte und von Van Marum verbesserte im Teyler'schen Museum in Haarlem, welche aus zwei Glasscheiben von 65 englischen Zoll Durchmesser besteht, die an acht Kissen gerieben werden. *)

An einer Elektrisirmaschine zeigen sich alle oben im Allgemeinen angegebenen elektrischen Erscheinungen in sehr verstärktem Grade. Aus den nicht mit Wachstaffent bedeckten Theilen des Cylinders oder der Scheibe brechen beim Umdrehen nach allen Seiten knisternde Funken hervor; im Dunkeln nimmt man an dem Cylinder oder der Scheibe einen leuchtenden Schein wahr, und der erwähnte phosphorische Geruch verbreitet sich bei einer wirksamen Maschine sehr bald. Nähert man

---

*) Über eine noch größere Scheibenmaschine, welche gegenwärtig in London verfertigt werden soll, vergl. Pfennig-Magazin Nr. 336.

den Finger oder einen andern leitenden Körper dem mit der Maschine verbundenen Leiter, am besten der an demselben befindlichen Kugel, so springen aus ihm während des Umdrehens der Maschine beständig bläuliche oder violette Funken über, deren Farbe, Dicke und Länge nach den Umständen sehr verschieden sind; je stärker die Maschine ist, desto dicker und länger sind sie oder desto größer die Schlagweite, d. h. die Entfernung, in welcher sie überspringen. Gewöhnlich sind sie kaum einige Zoll lang; bei großen Maschinen jedoch weit länger. Aus dem Leiter der vorhin erwähnten großen Scheibenmaschine in Haarlem erhält man bei trockner Witterung in einer Minute 300 Funken von 24 Zoll Länge und der Dicke eines Federkiels, ja wenn der Funken über die Fläche eines schlechten Leiters geführt wird, so wird er 6 Fuß lang; ein isolirter Draht von 207 Fuß Länge wurde bei jedem überspringenden Funken in seiner ganzen Länge erleuchtet. Die elektrischen Funken leuchten und knistern aber nicht blos, sie entzünden auch leicht entzündliche Gegenstände, z. B. Weingeist, wenn er erwärmt ist; die Funken der haarlemer Maschine entzünden sogar Schießpulver, Zunder, Schwamm, Terpenthin= und Olivenöl. Die sogenannte elektrische Pistole beruht auf der Entzündung von Knallgas durch den elektrischen Funken, die mit einer Explosion verbunden ist, welche mit der des Schießpulvers Ähnlichkeit hat. Die negativen Funken sind stets weit kürzer und dünner als die positiven. Durch Verlängerung und verhältnißmäßige Verdünnung des Leiters kann man die Wirkungen der Elektrisirmaschine sehr verstärken; die Funken, die man dann erhält, werden zwar nicht länger, aber wirksamer. Man hat es z. B. durch Anwendung eines 200 Ellen langen Drahtes dahin gebracht, kleine Vögel durch einen einzigen Funken zu tödten.

Gewöhnlich und bequemer verstärkt man aber die Elektricität, wenn man mit derselben größere Wirkungen hervorbringen will, durch sogenannte Verstärkungsflaschen oder leidener Flaschen, deren Einrichtung auf einer bisher noch nicht erwähnten Eigenschaft der Elektricität beruht. Man muß zuvörderst annehmen, daß jeder Körper im natürlichen Zustande beide elektrische Materien enthält, die aber, so lange sie einander das Gleichgewicht halten und miteinander vereinigt sind, auf keine Weise wahrgenommen werden können. Wahrnehmen kann man sie nur da, wo die eine von beiden Materien allein oder doch in größerer Menge vorhanden ist; nur einen Körper, bei dem dies der Fall ist, nennen wir elektrisch oder elektrisirt. Jeder elektrische Körper hat nun die Eigenschaft, daß er in jedem ihm gehörig genäherten nicht elektrischen leitenden Körper die beiden verbundenen elektrischen Materien trennt und die seiner eigenen Elektricität entgegengesetzte an sich zieht oder nöthigt, sich nach dem ihm zugekehrten Ende zu begeben, die andere aber zurückdrängt. Diese Erscheinung wird die Vertheilung der Elektricität genannt und beruht darauf, daß die beiden entgegengesetzten Elektricitäten einander anziehen und ein Bestreben, sich zu vereinigen, haben, dagegen positive und positive Elektricität, ebenso negative und negative sich abstoßen.

(Der Beschluß folgt in Nr. 374.)

Die Fasten der Araber und koptischen Christen.*)

Die Fastenzeit der Mohammedaner, wo sie vor Sonnenuntergang nicht rauchen und selbst keinen Tropfen

*) Nach Schubert's „Reise in das Morgenland".

Wasser in den Mund nehmen dürfen, heißt Ramadan. Man darf sie aber wegen der Strenge des Ramadan nicht zu sehr bedauern. Alle Kranken, Fußreisende und Soldaten auf dem Marsche sind von der Pflicht zu fasten ausgenommen; nur dem gemeinen Volke, das am Tage arbeiten muß, mag die Einrichtung beschwerlich sein, die Wohlhabendern verschlafen den Tag und schmausen bei Nacht. Manche nehmen auch wol schon am Tage heimlich manchen Bissen zu sich, und wenn sie ja kein Wasser trinken, so halten sie sich mit Wein schadlos. Die Sorgfalt der Muselmänner für ihren Magen ist übrigens während des Ramadans wahrhaft zärtlich. Wenn sich am Nachmittage die Gassen wieder mit Wohlhabendern und Vornehmern füllen, ziehen zwar Manche nach der Moschee, werfen aber dabei im Vorbeigehen bedeutsame Blicke auf die sich allmälig öffnenden Läden der Kuchenbäcker, Scherbetverkäufer und Köche, an der Moschee stehen bereits die Austheiler des Brotes unter die Armen und die von Gaben der Frommen bezahlten Wasserschenker, welche Jedem, der es begehrt, eine Trinkschale frischen Wassers reichen. Vier Minuten nach Sonnenuntergang verkündet in Kairo der Knall der Kanone die Zeit des Abendgebets und gibt das Signal zu allgemeinem Jubel. Der Arme vor der Moschee fällt nach kurzem Stoßgebet über das dargebotene Brot her und trinkt Wasser; in jedem Privathause steht auf einer Art von rundem Schemel ein Gericht von getrockneten Früchten, dabei der honigsüße Kuchen und Krüge mit Scherbettrank.

Das Erste, was der zu Hause sitzende Gläubige nach vernommenem Kanonenschusse thut, ist, daß er einen Schluck trinkt, dann betet er ein kurzes Gebet und greift hierauf nach den Früchten und der Pfeife, auf deren Tabak schon die glühende Kohle bereit liegt. Kaum ist diese ausgeraucht, da dampfen schon die Schüsseln mit den Gerichten der ersten Mahlzeit. Ist diese eingenommen, so macht man Besuche bei Freunden oder in den Kaffeehäusern, welche gleich den Läden der Köche beleuchtet sind, seltener in den vom Glanze unzähliger Lampen erhellten Moscheen. Nach dem Abendgebet kommt die Hauptmahlzeit. Damit kein Gläubiger den Augenblick versäume, seinen Magen für den morgenden Fasttag zu rüsten, hat man in jeder Gasse einen Wächter bestellt, den man ebenso gut Magenwächter als Nachtwächter nennen könnte. Dieser beginnt zwei Stunden nach Sonnenuntergang mit den Häusern der Wohlhabendern und singt aus dem Stegreife eine Lobrede auf die Bewohner des Hauses. Die Weiber drinnen warten längst auf ihn, werfen ihm nach geendigtem Loblied einige Geldmünzen hinunter, in Papierstückchen gewickelt, die angezündet werden, und begehren dafür, daß der Wächter ihnen das erste Capitel des Korans hersage; hat er dies schnell hergeplappert, so fängt er an, ihnen Schwänke und Geschichten zu erzählen, die bei uns wenig für sehr anständig gelten würden. Die wichtigste Function des Wächters folgt aber später. Anderthalb Stunden vor dem Beginne der Tagesfasten pocht er an die Thüre jedes Hauses, bis man ihm antwortet, und warnt Alle vor der Gefahr des Hungerns. Hinterdrein kommt noch ein Mann von untergeordnetem Range, der Thorhüter des Stadtviertels, und ermahnt die Leute, ohne Säumen so viel als möglich. Auch das Morgengebet wird in dieser Zeit früher als gewöhnlich gesungen, um die Gläubigen an das Einnehmen der Mahlzeit zu erinnern, und noch 20 Minuten vor dem Augenblicke des Fastenbeginns ertönt ein Gebet so laut als möglich. Sobald aber bei Tagesanbruch die Zeit der Enthaltsamkeit gekommen ist, ruft der Gebetankündiger laut: „Thut hinweg!" (nämlich eure Speisen), was viele ungläubige Muselmänner des aufgeklärten Kairo so verstehen, als sollten sie ihre Honigkuchen und Fleischpasteten nur in einem Winkel des Zimmers verstecken, an dem sie während des Tages bisweilen vorüberkommen.

Ungleich beschwerlicher erscheint die Fastenzeit der Kopten. Dieses Volk der ernsten Trauer hat nicht blos einmal jährlich, sondern vor jedem großen Feste eine strenge Zeit des Fastens. Wenn der Kopte fastet, darf er entweder gar nichts essen und trinken, was Viele vor dem Anfange der großen Fasten drei Tage und Nächte lang aushalten, oder muß sich wenigstens aller Nahrung vom Abend an bis nach Beendigung der Kirchengebete am nächsten Mittag enthalten, und darf auch dann keine Speise von thierischer Natur, also weder Fleisch noch Fisch, nicht einmal Eier, Milch, Butter und Käse, sondern nur Brot mit Pfeffersalz oder Bohnen und andere Früchte genießen. Solcher Fasttage hat der Kopte fast jede Woche zwei, außerdem aber während seiner großen Fastenzeit um Ostern 55, vor Pfingsten und vor Mariä Himmelfahrt 15, vor Weihnachten 28, sodaß für ihn der größte Theil des Jahres eine Zeit der Enthaltung ist. Übrigens ist auch diese bei den meisten Kopten nur scheinbar, da sie sich für die Entbehrung der Speisen durch Branntweintrinken entschädigen.

Die Caprification der Feigen.

Die Feige ist nicht, wie es den Anschein hat, eine Frucht, die ohne vorhergegangene Blüte entstanden ist, sondern die scheinbare Frucht selbst ist nur das Behältniß der verborgenen Blüten und Früchte, keine Frucht im botanischen Sinne des Worts, sondern ein Fruchtbehältniß (eine falsche Frucht). Im Innern ihres fleischigen Gehäuses sitzen die kleinen, deutlich unterscheidbaren Blüten, aus denen die Samen des süßen Fruchtbodens entstehen, welche die eigentlichen Früchte sind. Die Beschaffenheit dieser Blüten ist jedoch in den verschiedenen Früchten sehr verschieden, in einigen sind nämlich die männlichen und weiblichen Geschlechts- oder Befruchtungstheile, die Antheren oder Samenbeutel und die Stempel oder Pistille, vereinigt und so vollkommen entwickelt, daß die Frucht ohne Beihülfe von selbst gedeiht. Bei den meisten Feigen findet jedoch ein anderes Verhältniß statt; sie enthalten nämlich entweder nur männliche Blüten mit Antheren oder nur weibliche mit Pistillen, und beide Arten von Feigen kommen gewöhnlich an verschiedenen Bäumen vor, sodaß hinsichtlich des Geschlechts der Blüten drei Arten von Feigenbäumen zu unterscheiden sind. Die weiblichen Blüten können aber ohne die männlichen, diese ohne jene keine reife Frucht tragen, und das grüne Blütengehäuse würde ganz klein und unausgebildet abfallen, wenn die Natur nicht Vorsorge getroffen hätte. Derselbe Fall, wie bei den Feigenbäumen, kommt zwar auch bei andern Bäumen vor, daß die männlichen und weiblichen Blüten auf verschiedenen Bäumen sitzen; aber bei diesen kann eine Befruchtung der weiblichen Blüten leicht dadurch bewirkt werden, daß der Wind den letztern Blütensamen zuführt, was bei den verschlossenen Feigenblüten nicht möglich ist. Hier wird die Vermittelung durch ein Insekt bewirkt, genannt die Feigenfruchtwespe, eine Art kleine Gall- oder Schlupfwespe, welche vorzugsweise den wilden, in Kleinasien und auf den Inseln des griechischen Archipelagus in Menge wachsenden Feigenbaum, den Stammvater des veredelten, heimsucht, aber ihm nicht nur keinen Nachtheil bringt, sondern vielmehr die Zeitigung seiner Früchte möglich macht. Sie saugt nämlich an den die Antherenblüten tragenden Früchten, bohrt sich dann, um sich einzuspinnen, in solche Früchte ein, bei denen nur das zur Aufnahme des Samens bestimmte Pistill zur Entwickelung gekommen ist, und befruchtet sie durch Blütensamen. Um diesen Erfolg künstlich herbeizuführen, pflegen die Landleute in der Umgegend von Smyrna, sowie auf den griechischen Inseln, den wilden Feigenbaum, den Lieblingsaufenthalt der Feigenfruchtwespe, in die Nähe des zahmen Feigenbaums zu pflanzen oder noch öfter die Früchte jenes, in denen die Larve des Insekts ihre Verwandlung vornimmt, in die Nähe der Früchte des letztern zu hängen. Auf diese Weise soll ein Baum, der sonst nur 25—30 Pfund Früchte in einem Jahre tragen würde, eine Ergiebigkeit von mehren Centnern erlangen. Nach einer andern Erklärung wird die Zeitigung der Feigen durch die erregende Kraft des Insektenstichs bewirkt, der als ein die Thätigkeit des Zellgewebes beschleunigender Reiz wirken soll, doch möchte die oben gegebene Erklärung den Vorzug verdienen, wiewol es seine Richtigkeit hat, daß wurmstichige Früchte eher reif werden als andere. Einen ähnlichen Erfolg soll man durch Anstechen der sogenannten Früchte des Feigenbaums mit einer in Öl getauchten Nadel oder zugespitzten Feder hervorbringen, was in Kleinasien zuweilen geschehen soll. Die Güte der Feigen kann durch jenes Verfahren schwerlich leiden, wie Manche behaupten wollen; die Bäume sollen indeß dadurch entkräftet werden.

Seidenproduction in Frankreich.

Im Jahre 1820 fanden sich in 18, 1834 in 30 Departements Maulbeerbäume, deren Zahl in jenen von 9,631,674 auf 14,879,404 gestiegen war. Die Coconsernte hat sich von 1808—34 in 16 Departements um die Hälfte vermehrt; 1808 betrug sie 6,056,346, 1834 9,007,967 Kilogramm (ein Kilogramm = 2 Pfund). Der Preis der Cocons war sehr verschieden: der höchste fand 1818 statt, ein Kilogr. = 6 Francs 3 Centimes, der niedrigste 1811, ein Kilogr. = 2 Fr. 60 Cent. Von Greze, d. i. roher, ungezwirnter Seide, wurden 1810 350,629, 1835 876,015 Kilogr. erzeugt.

Odessa.

Odessa, der Hauptstapelplatz des russischen Handels am schwarzen Meere, liegt im Gouvernement Cherson, einem der drei südlichsten des russischen Reichs, an einer Anhöhe, unter welcher sich eine den Hafen bildende kleine Bucht ausbreitet. Sie ist offen, ganz regelmäßig in einem länglichen Viereck gebaut, enthält breite, gerade, sich rechtwinkelig durchschneidende Straßen, fast lauter steinerne Häuser (aus einem weißen Steine, der in der Nähe gebrochen wird) und ist entschieden eine der schönsten Städte des russischen Reichs. Unter den vielen ansehnlichen Gebäuden sind der Palast des Gouverneurs, des Grafen Woronzow, die Admiralität, das Zollhaus, die Börse, das Schauspielhaus, das Lyceálgebäude, das Clubhaus und das Hospital zu nennen. Unter den Einwohnern, deren Zahl in schneller Zunahme begriffen ist und jetzt ungefähr 60,000 beträgt (1837 wurden in der Stadt, den beiden Vorstädten, den Landbesitzungen und den zum Stadtgebiet gehörigen Dörfern 69,023 gezählt, 1829 erst 52,000), sind viele Griechen, Armenier und Juden, auch ziemlich viele deutsche Handwerker. Der aus drei Theilen bestehende, durch eine Citadelle vertheidigte, vor den meisten Winden gesicherte Hafen, welcher 300 Schiffe fassen kann und neben welchem auch eine gute Rhede liegt, ist von 1817 an auf 30 Jahre zum Freihafen erklärt worden, in welchem mit alleiniger Ausnahme des Branntweins alle europäischen Waaren zollfrei eingeführt werden können. Wie sich denken läßt, hat dies nicht wenig dazu beigetragen, die schon vorher bedeutende Lebhaftigkeit des Handels von Odessa, der größtentheils von Ausländern, namentlich Engländern, Franzosen und Italienern, sowie von Juden und Armeniern betrieben wird, noch zu erhöhen. Unter den Ausfuhrartikeln ist Korn aus der Ukraine der bedeutendste, nächstdem Flachs, Bauholz, Talg und Rindshäute, doch sind auch die Producte der zahlreichen hiesigen Tuch-, Seiden-, Pomaden-, Seifen-, Tabacks-, Lichtfabriken u. s. w. von Wichtigkeit. Das Klima ist gesund; lange fehlte es an gutem Trinkwasser, doch ist diesem Übelstande durch eine Wasserleitung abgeholfen. Die Umgegend, eine weite Ebene, die ehemals eine Einöde war, ist jetzt trefflich angebaut und leidet nur Mangel an Holz.

Odessa ist eine der neuesten Städte des Reichs und hat noch kein halbes Jahrhundert erlebt. Noch im J. 1791, wo der Landstrich von Oczakow bis an den Dniester von den Türken an Rußland abgetreten wurde, stand hier ein ärmliches tatarisches Dorf, Kodschabey genannt. Die Kaiserin Katharina II., die längst einen Hafen am schwarzen Meere zu haben gewünscht hatte, wählte diesen Platz zu einer neuen Handelsstadt und verwandte zur Erbauung derselben im Jahre 1794 mehre Regimenter. Einige griechische Familien waren die ersten Bewohner von Odessa. Im Jahre 1803 hatte die Stadt etwa 8000 Einwohner, als der Herzog von Richelieu, Enkel des Marschalls dieses Namens und nachmaliger französischer Premierminister, der beim Ausbruche der Revolution im Jahre 1789 Frankreich verlassen hatte und in russische Kriegsdienste getreten war, vom Kaiser Alexander zum Generalgouverneur der Provinz ernannt wurde, ein Amt, das er bis zur ersten Restauration der Bourbons im Jahre 1814 bekleidete und mit großer Thätigkeit und Umsicht verwaltete. Ihm hat Odessa, dessen Einwohnerzahl sich schon im ersten Jahre seiner Amtsführung verdoppelte, sein rasches Aufblühen zum größten Theile zu danken, und gewiß hat er das Denkmal, das ihm die Stadt hat setzen lassen, vollkommen verdient.

Odessa.

Verantwortlicher Herausgeber: Friedrich Brockhaus. — Druck und Verlag von F. A. Brockhaus in Leipzig.

Das Pfennig-Magazin
für Verbreitung gemeinnütziger Kenntnisse.

374.] Erscheint jeden Sonnabend. **[Mai 30, 1840.**

Kronstadt.

Ansicht von Kronstadt.

Kronstadt, auf einer 1½ Meile langen, ¼ Meile breiten Insel, genannt Kotlin-Ostrow, d. h. Kesselinsel, am Ausflusse der Newa in den finnischen Meerbusen gelegen, ist der wichtigste Kriegshafen des russischen Reichs, wo der größte Theil der russischen Flotte stationirt ist, und dient zugleich als Hafen von Petersburg, wiewol es von dieser Hauptstadt noch sieben Meilen entfernt ist. Die Newa selbst, an welcher Petersburg liegt, ist zu seicht, um schwerbeladene Schiffe zu tragen, daher werden die Ladungen derselben in Kronstadt ganz oder zum Theil in Boote, sogenannte Lichter, geladen und auf diesen nach jener Stadt gebracht. Übrigens passiren sämmtliche aus der Newa oder in dieselbe kommende Schiffe südlich von Kronstadt vorbei, da die nördliche Straße wegen vieler Klippen und Untiefen nur mit der größten Gefahr zu passiren ist. Der Eingang in den Hafen (welcher eigentlich aus zwei Kriegshäfen und einem Kauffahrteihafen besteht) wird durch ein gleichfalls auf einer Insel erbautes sehr festes Fort, Kronslot genannt, und auf der andern Seite durch die auf einem Felsen mitten im Meere liegende Citadelle vertheidigt. Der äußere Hafen ist ein sich tief in das Meer erstreckendes längliches Viereck, welches 35 und mehr Linienschiffe fassen kann, aber jetzt sehr verschlämmt ist; der mittlere ist eigentlich zum Bau und zur Ausbesserung der Schiffe bestimmt; der dritte nimmt nur Kauffahrteischiffe auf, für welche auch noch außerhalb des Hafens eine schöne von der Citadelle beschützte Rhede bestimmt ist. Alle drei Häfen sind gegen die Winde gesichert, auch mit Ausnahme des ersten hinlänglich tief, sie haben aber den Nachtheil, daß sich die Schiffe darin nicht lange (nur etwa 20 Jahre) halten, weil das Wasser wegen des starken, sich mit großer Heftigkeit in das Meer stürzenden Stroms meistens süß ist. Zur Ausbesserung der Schiffe dient der große Peterskanal, der mit Quadersteinen gefüttert, 2160 Fuß lang, 56 breit und 26 tief ist und die Figur eines Kreuzes hat, das in der Mitte ein Rundtheil bildet; er wird durch mehre

Schleusen mit Wasser gefüllt, das nachher durch Dampfmaschinen wieder ausgepumpt wird. Der erst in neuerer Zeit angelegte Katharinenkanal, 1880 Faden lang, setzt die Schiffe in den Stand, sich in der unmittelbaren Nähe der Magazine mit den nöthigen Vorräthen zu versehen. Man findet ferner hier sehr ausgedehnte Schiffswerften, Docken, Arsenäle, Kanonengießereien, Taufabriken u. s. w., kurz alle diejenigen Anstalten, die erfoderlich sind, um eine Flotte auszurüsten und in Stand zu erhalten, unter denen eine große Küche für alle im Hafen liegende Schiffe besondere Aufmerksamkeit verdient; ferner eine Steuermanns- und Matrosenschule. Kronstadt wurde, wie Petersburg, von Zar Peter dem Großen im Jahre 1710 gegründet. Ein holländisches Schiff war im Jahre 1703 das erste Kauffahrteischiff, das in die Newa einlief; 1714 kamen 16 Schiffe an; gegenwärtig laufen jährlich 2800 Schiffe ein, worunter in der Regel die Hälfte englische. Die Schiffahrt ist die Hälfte des Jahres, von der Mitte Mais bis Ende Novembers, offen; während dieser Zeit herrscht hier ein reges Leben, das mit der Stille der Wintermonate auffallend contrastirt. Kronstadt enthält lauter gerade, regelmäßig gebaute, gut gepflasterte Straßen, aber meist hölzerne Häuser. Die wichtigsten öffentlichen Gebäude sind die Admiralität, der Palast Peter's des Großen, das Seehospital, die Börse, das Zollhaus und die Casernen. Die Bevölkerung beläuft sich mit den Soldaten, Matrosen (etwa 10,000) und Hafenarbeitern im Sommer auf 40,000, im Winter nur auf etwa 30,000 Einwohner, die ihre Nahrung zum beiweitem größten Theile von der Flotte und den hier anlegenden Kauffahrteischiffen ziehen.

Von der Elektricität.

(Beschluß aus Nr. 373.)

Eine Verstärkungsflasche oder leydener Flasche ist eine cylinderförmige, oben offene Glasflasche, gewöhnlich mit einem Deckel von trockenem Holze geschlossen, durch welchen ein Metalldraht, an dem oben ein Knopf oder eine Kugel befestigt ist, bis zum Boden herabgeht; man kann auch ein gewöhnliches Medicinglas mit engem Halse nehmen, durch welchen der Draht geht. Die äußere und innere Oberfläche der Flasche müssen mit Stanniol oder Silberpapier überklebt sein; ist dies bei der innern Oberfläche nicht möglich, so füllt man das Glas mit Eisenfeile oder Messingspänen, wol auch mit Schrot oder Salzwasser. Der freibleibende obere Rand kann zur Abhaltung von Feuchtigkeit mit Siegellack oder Bernsteinfirniß überzogen werden. Die Elektrisirung oder sogenannte Ladung der Flasche geschieht nun folgendermaßen. Man hält oder stellt die Flasche so, daß sich die Kugel ihres Drahtes in der Nähe des Leiters einer Elektrisirmaschine befindet, während die äußere Belegung der Flasche durch die Hand oder eine Metallkette mit dem Erdboden in Verbindung steht. Beim Umdrehen der Maschine springen nun Funken in die Kugel der Flasche über, die aber nach einiger Zeit schwächer werden und endlich ganz aufhören; nun ist die Flasche mit Elektricität geladen, gleichsam gefüllt oder gesättigt und kann zu vielfachen Versuchen gebraucht werden, die sich mit den einfachen Funken derselben Maschine nicht anstellen lassen. Der Vorgang der Ladung läßt sich aber so erklären. Durch die auf den Knopf der Flasche überspringenden Funken wird positive Elektricität zu der innern Belegung des Glases geführt, verbreitet sich über dieselbe und vertheilt die Elektricität der äußern Belegung, d. h. sie zieht die negative an die Oberfläche des Glases und drängt die positive zurück. Beide Elektricitäten können, durch das Glas getrennt, sich nicht vereinigen, binden aber einander gegenseitig, sodaß keine von beiden sich von dem Glase entfernen kann. Während nun immer neue positive Elektricität zu der innern Belegung der Flasche geführt wird, strömt zu der äußern aus dem menschlichen Körper oder dem Erdboden fortwährend negative Elektricität, und die verdrängte positive fließt eben dahin ab, bis die innere Belegung keine Elektricität mehr aufnehmen kann. Je größer eine Flasche und je größer also auch die belegte Oberfläche ist, desto mehr Elektricität kann sie aufnehmen oder desto stärker kann sie geladen werden.

Von der Einwirkung dieser verstärkten Elektricität auf den menschlichen Körper kann man sich sehr leicht überzeugen, wenn man die geladene Flasche mit der einen Hand an der äußern Belegung faßt oder berührt und die andere Hand oder einen andern Körpertheil an die Kugel der Flasche hält; dann sieht man aus derselben einen lebhaft glänzenden und laut knisternden oder vielmehr knallenden Funken bringen und empfindet gleichzeitig nicht nur einen stechenden Schmerz, sondern eine Erschütterung, die eine unwillkürliche Zusammenziehung der Muskeln und Bewegung der getroffenen Körpertheile veranlaßt; man nennt dies den elektrischen Schlag. Die Flasche ist nun entladen oder ihrer Elektricität beraubt, nur ein kleiner Überrest derselben bleibt gewöhnlich noch zurück, den man nach einiger Zeit auf dieselbe Weise entfernen kann. Bei einer großen Flasche ist der Schlag zu heftig, als daß man sich ihm unbedenklich aussetzen kann; man kann aber die Entladung, ohne selbst einen Schlag zu bekommen, durch einen sogenannten Auslader bewirken, einen an beiden Enden mit Kugeln versehenen Metalldraht mit einem gläsernen Handgriffe; wenn man an diesem den Auslader hält und die eine Kugel desselben der äußern Belegung, die andere der Kugel der Flasche nähert, so wird diese ebenfalls entladen. Der Hergang der Entladung ist im Allgemeinen der, daß die entgegengesetzten, vorher durch einen nichtleitenden Körper, das Glas, geschiedenen Elektricitäten beider Belegungen sich nach Herstellung einer leitenden Verbindung derselben plötzlich vereinigen. Zuweilen entladet sich aber eine Flasche von selbst, indem sich die Elektricität entweder durch das Glas, das hierbei durchbohrt wird, oder längs des unbelegten Randes der Flasche einen Weg bahnt; im ersten Falle kann die Flasche nicht weiter gebraucht werden. Allmälig und unmerklich wird eine geladene Flasche bei längerm Stehen durch die Luft ihrer Elektricität beraubt.

Aber nicht nur eine Person, sondern mehre, ja hundert und mehr Menschen können den Schlag einer elektrischen Flasche auf einmal empfinden, wenn sie sich mit den Händen anfassen und der Erste die äußere Belegung, der Letzte die Kugel der Flasche berührt; Alle empfinden den Schlag genau in demselben Augenblicke und mit gleicher Stärke, selbst dann, wenn zwei in dieser Kette vorkommende Personen mehre tausend Ellen voneinander entfernt oder nur durch einen Draht von dieser Länge miteinander verbunden sind. Sind die beiden Belegungen einer geladenen Flasche durch leitende Körper verbunden, die an einer oder einigen Stellen unterbrochen sind, so erblickt man bei der Entladung an allen diesen Stellen und zwar zu gleicher Zeit Funken, indem die Elektricität von einem Leiter zum andern überspringen muß; nur darf der Zwischenraum nirgend zu groß sein, weil sonst gar keine Entladung erfolgt. Man hat dies zu mehren interessanten elektrischen Spielwerken benutzt, die bei Anstellung elektrischer Versuche gezeigt zu werden pflegen; dahin gehört die Blitztafel. Dieselbe besteht aus einer Glastafel, auf welcher der geschlängelte oder zickzackförmige Weg des Blitzes durch aufgeklebte Stanniolstreifen, die aber an sehr vielen Stellen unterbrochen sind, dargestellt ist; läßt man im Dunkeln den Schlag einer Flasche über die Glastafel gehen, so erscheint der ganze Weg des Funkens, welcher den Stanniolstreifen folgt, feurig.

Noch größere Wirkungen als durch eine einzige Flasche kann man hervorbringen, wenn man sich einer sogenannten elektrischen Batterie bedient. Man versteht darunter eine Verbindung mehrer leydener Flaschen von der vorhin beschriebenen Einrichtung, die auf einer gut leitenden metallischen Unterlage stehen, wozu man gewöhnlich einen inwendig mit Stanniol überzogenen hölzernen Kasten nimmt; die innern Belegungen müssen ebenfalls in Verbindung stehen, was durch einen Draht oder eine Kette bewirkt wird. Diese Flaschen werden alle auf einmal entladen, und die Wirkung ist dann desto größer, je größer die Zahl der Flaschen oder vielmehr je größer die belegte Oberfläche derselben ist. Die größte Batterie, die, so viel bekannt, bisher verfertigt worden ist, ist diejenige, welche zu der vorhin erwähnten kolossalen Scheibenmaschine in Harlem gehört; sie besteht aus 100 Flaschen, die zusammen 550 Quadratfuß belegte Oberfläche haben, ist daher auch weit wirksamer als eine früher in Harlem verfertigte von 225 Flaschen, deren belegte Oberfläche nur ebenso viel Quadratfuß betrug.

Bei der Entladung großer Batterien muß man mit großer Vorsicht verfahren und sich stets eines Ausladers bedienen, weil der durch sie bewirkte elektrische Schlag dem Blitzstrahle ähnlich wirkt und nicht nur sehr schmerzhafte Empfindungen, sondern auch bleibende Nachtheile für die Gesundheit und Lähmung von Gliedern herbeiführen, vielleicht selbst das Leben in Gefahr setzen kann. Kleinere Thiere, Ratten, Katzen u. s. w., selbst Hunde kann man schon durch schwache Batterien tödten, besonders wenn man den Schlag auf den Kopf leitet; Frösche und überhaupt kaltblütige Thiere können jedoch weit mehr aushalten. In geringerer Stärke angewandt kann die Elektricität andererseits sich durch Hebung mancher Krankheiten sehr wohlthätig erweisen, indem sie die Nerven reizt; dahin gehören Lähmungen der Muskeln, schwarzer Staar, Taubheit, Krämpfe und Convulsionen, chronischer Rheumatismus, Bandwurm, Frostbeulen u. s. w.; selbst als Wiederbelebungsmittel im Scheintod hat sie nicht selten gute Wirkung gethan. Man bedient sich zu medicinischen Zwecken bald des elektrischen Bades, bald des elektrischen Durchströmens, des elektrischen Hauchs, der elektrischen Reibung, der Funken und der Schläge.

Was die anderweitigen Wirkungen der verstärkten Elektricität betrifft, so ist der Knall bei der Entladung großer Batterien dem Knalle eines Pistolenschusses gleich; läßt man den Schlag über Wasser und andere Flüssigkeiten, Milch, Eiweiß u. s. w. gehen, so wird der Knall sehr verstärkt und der Funken glänzt sehr lebhaft. Schießpulver wird durch den elektrischen Schlag dann entzündet, wenn man ihn durch eine von Schießpulver umgebene, etwas befeuchtete Hanfschnur gehen läßt, nicht aber, wenn man statt derselben einen Metalldraht nimmt, weil dieser zu schnell leitet. Dünne Metalldrähte oder Metallstreifen (zwei bis drei Linien dick), durch welche man den Schlag gehen läßt, werden glühend, wol gar ganz oder theilweise geschmolzen oder verbrannt, was am leichtesten bei denjenigen Metallen geschieht, welche die Elektricität am schlechtesten leiten, wie Blei, Zinn, Eisen. Durch die erwähnte Riesenbatterie in Harlem wird Eisendraht von $1/20$ Linie Durchmesser in einer Länge von 100 und mehr Fuß, Eisendraht von $3/10$ Linie Durchmesser in einer Länge von 24 Zoll geschmolzen. Schließt man den Metallstreifen oder Metalldraht zwischen zwei Glasplatten ein, so treibt der durch jenen hindurchgehende Schlag das Metall, indem er es schmilzt, in das Glas, von dem es sich nicht wieder trennen läßt; so kann man öfters Blattgold mit Purpurfarbe in Glas einschmelzen. Läßt man den Schlag einer Batterie oder auch einer einzelnen Flasche durch ein Buch Papier oder ein Spiel Karten gehen, so werden dieselben durchlöchert, wobei jedes Blatt von der Mitte aus durchbohrt wird und jedes Loch einen umgebogenen Rand erhält. Sehr dicke Glasplatten werden durch den elektrischen Schlag zersprengt; ebenso dicke Glasröhren, die mit Wasser gefüllt sind, wenn die den Schlag durch das Wasser leitenden Drähte sich in geringer Entfernung voneinander befinden. Selbst metallene Röhren, sogar von Stahl, Bronze und Kupfer, bei denen die Wände mehre Linien dick waren, hat man dadurch zerrissen, daß man sie mit Wasser füllen und den elektrischen Schlag durch einen darin aufgehängten dünnen Bleidraht gehen ließ, der dabei in Dampf verwandelt wurde. Durch die kleinere harlemer Batterie wurde einmal ein cylinderförmiges Stück Buchsbaumholz mit einer Kraft von 100 Centnern zerrissen.

Noch ist ein interessantes und sehr leicht herzustellendes, 1775 von Volta eingeführtes Instrument zu erwähnen, das ebenfalls die Stelle einer Elektrisirmaschine vertreten kann, vor welcher es den Vorzug größerer Wohlfeilheit hat. Dasselbe führt den Namen Elektrophor, d. h. Elektricitätsträger, und besteht aus drei Haupttheilen: dem Teller, dem Kuchen und dem Deckel. Der Teller oder die Form ist eine runde Scheibe von Metall oder von Holz, das mit Stanniol oder Silberpapier überzogen ist, mit einem erhöhten Rande. Der Kuchen besteht aus einer Platte von harziger Materie, z. B. einer Mischung von gemeinem Harze, Terpenthin und burgundischem Pech oder aus Kolophonium und weißem Pech mit etwas Terpenthin. Diese Masse wird in einem irdenen Gefäße über Feuer geschmolzen und auf den Teller gegossen, dessen Rand das Abfließen hindert; die Oberfläche des Harzes muß mit dem höchsten Theile des Randes völlig gleich stehen; die entstandenen Blasen im Harze beseitigt man durch einen darüber gehaltenen heißen Stahl, um eine spiegelglatte Oberfläche zu erhalten. Teller und Kuchen zusammen heißen die Basis und Unterscheibe. Der Deckel, auch Schild oder Oberscheibe genannt, ist ein isolirter Leiter, am besten eine pappene oder hölzerne, mit Stanniol oder Silberpapier überzogene Scheibe, die etwas kleiner als der Kuchen ist. Um ihn isolirt abheben und aufsetzen zu können, werden an drei oder vier gleichweit entfernten Stellen Löcher durchgebohrt und seidene Schnüre oder Bänder durchgezogen, die man in einiger Höhe zusammenknüpft; indeß verdient ein aufgekitteter und überfirnißter Handgriff von Glas in mehrfacher Hinsicht den Vorzug.

Der Gebrauch des Elektrophors ist folgender. Zuerst macht man den Kuchen dadurch elektrisch, daß man ihn mit einem warmen und trockenen Stücke Flanell, einem Hasen- oder Katzenfell oder einem Fuchsschwanze wiederholt und immer nach derselben Richtung reibt oder schlägt. Setzt man dann den Deckel auf die Basis und berührt ihn entweder allein oder mit dem Teller zugleich, so erhält man im ersten Falle einen kleinen Funken, im zweiten einen schwachen Schlag. Hebt man hierauf den Deckel auf, so kann man aus ihm einen Funken ziehen wie aus dem Conductor einer Elektrisirmaschine. Auf diese Weise kann man nun auch eine Flasche laden, indem man sie mit der Hand an der äußern Belegung faßt und die Funken aus dem in den Knopf der Flasche schlagen läßt; nur muß man nach jedem ausgezogenen Funken den Deckel abermals auf den Kuchen aufsetzen, berühren und abheben. Nach einer einzigen Reibung kann man auf diese Weise oft Monate lang Funken aus dem Deckel erhalten, bis der Kuchen seine Elektricität ganz verliert und durch neues Reiben oder Schlagen abermals elektrisirt werden muß. Die Elektricität des Deckels ist der des Kuchens entgegengesetzt, also positiv. Hat man eine Flasche auf die vorhin angegebene Weise geladen, so kann man mit derselben die Kraft des Elektrophors folgendermaßen sehr verstärken. Man stellt die Flasche auf den Kuchen und schiebt sie, indem man ihren Knopf mit der Hand faßt, auf dem Kuchen hin und her; hierbei wird die Flasche allmälig entladen, indem ihre negative aber in den Harzkuchen abfließt, dessen eigene Elektricität dadurch verstärkt wird. Ist die Flasche entladen, so ladet man sie aufs neue und wiederholt das vorige Verfahren, wobei man sich aber hüten muß, mit der Flasche dem äußern Rande des Tellers zu nahe zu kommen, weil sie sich sonst auf einmal entladen kann. Hebt man den Deckel nach vorgängiger Berührung auf, ohne ihn nachher zu berühren, so kann man mit demselben den elektrischen Tanz hervorbringen; wenn nämlich auf dem Tische, über welchem der Deckel gehalten wird, leichte Körper, wie Papierschnitzel, Hollundermarkkügelchen, menschliche Figuren aus dünnem Papier u. s. w., liegen, so werden sie zwischen dem Tische und dem Deckel hin und her hüpfen, indem sie von diesem abwechselnd angezogen und abgestoßen werden.

Die Erklärung dieser Erscheinungen beruht auf der Vertheilung der Elektricität. Durch Reibung wird der Harzkuchen negativ elektrisch; setzt man dann den Deckel auf, so zieht der Kuchen, ohne ihm von seiner Elektricität etwas mitzutheilen, die positive Elektricität des Deckels an sich und bindet sie, die negative aber stößt er zurück; berührt man nun den Deckel, so wird die negative Elektricität desselben ganz abgeleitet, und hebt man ihn in die Höhe, so wird die vorhin vom Kuchen gebundene positive Elektricität frei, daher springt aus dem Deckel in nahe gehaltene leitende Körper ein Funke über, durch den jene freie Elektricität abgeführt wird.

Bei Gelegenheit des Elektrophors muß schließlich noch eine Art interessanter Versuche angeführt werden, die sich mit einem Harzkuchen anstellen lassen. Wenn man nämlich auf einen dünnen und platten Harzkuchen oder eine aus Gummilack oder Schwefel geschmolzene Platte einen Metallring setzt, der sich in eine Kugel oder Spitze endigt, und in diese einen positiven oder negativen Funken schlagen läßt, dann aber nach Wegnahme des Rings die Platte mit Schwefelblumen, Bärlappsamen oder am besten mit feinem Harzstaub bestreut, so kommen Figuren zum Vorschein, die nach Beschaffenheit des Funkens verschieden sind. War der Funke positiv, so erscheint eine Sonne oder sternartige Figur mit vielen sich verzweigenden Strahlen; war der Funke aber negativ, so erscheint eine strahlenlose Figur mit mehren Kreisen, die denselben Mittelpunkt haben. Streut man eine Mischung von Zinnober und Schwefelblumen auf, so erscheinen die positiven Figuren weiß, die negativen roth, weil die positiven Stellen nur die Schwefelblumen, die negativen den Zinnober annehmen. Beschreibt man mit dem Knopfe einer geladenen Flasche, die man in der Hand hält, auf der Fläche eines Harzkuchens buchstabenähnliche Züge, so kommen sie, sobald sie mit Harzstaub bestreut werden, zum Vorschein, sind aber verschieden, je nachdem die Flasche positiv oder negativ geladen war. Im ersten Falle gehen von den gezogenen Strichen seitwärts Strahlen aus, die sich in feine Zweige ausbreiten; im letztern erscheinen die Buchstaben wie Perlenschnüre. Von dem bekannten Philosophen und Physiker Lichtenberg in Göttingen, der diese Figuren 1777 entdeckte, haben sie den Namen der Lichtenberg'schen Figuren erhalten.

Die altenglischen Balladen.

Wol in keinem Lande haben Volksgesänge und Balladen seit den ältesten Zeiten eine so hohe politische Bedeutung gehabt und auf die Stimmung des Volks so großen Einfluß geübt, als in England. Im Kampfe mit König Karl I. waren sie auf der Seite des Parlaments; in der Revolution von 1688 war eine im Grunde ziemlich schlechte Ballade von mächtigem Einfluß. Lieder von großem poetischen Werthe konnten zwar den Thron des Hauses Stuart nicht wieder aufrichten, befeuerten aber die Clans und trugen zu den Siegen von Prestonpans und Falkirk bei; noch beweist der Enthusiasmus, mit welchem das Lied von Burns: „Scots wha hae wi Wallace bled" in Schottland gesungen und gehört wird, welche Macht die Muse noch heutiges Tages ausübt, wenn sie patriotische Gefühle in Anspruch nimmt. In Griechenland und Italien waren die ersten Gesänge, von denen wir Kenntniß haben, religiöser Art, während in Großbritannien die frühesten Dichtungen politischen Inhalts waren. Die Dichter Griechenlands sangen von ihren Göttern und Göttinnen und beschrieben ihr Leben im Olymp; die Barden der britischen Inseln besangen den Kampf zwischen der Staatsgewalt und ihren Gegnern und schilderten das Treiben kühner Freibeuter, welche die Schwachen plünderten, auch den Starken trotzten und die Gesetze übertraten, für welche wieder andere Sänger Achtung und Gehorsam in Anspruch nahmen. Diese wie jene folgten nur der Stimme ihres Volkes. Die Götter und Gesetze Griechenlands entsprachen dem Geiste und dem Glauben des griechischen Volkes, aber die Gesetze und die Herrschaft, gegen welche sich Robin Hood und seine Genossen, der kleine John, Will Scarlett u. s. w., auflehnten, waren der Mehrzahl des britischen Volkes lange Zeit nach der normännischen Eroberung verhaßt und man betrachtete sie als die Ketten eines Eroberers, der Leib und Seele unterdrückte. Die herrschsüchtige Aristokratie und habsüchtige Geistlichkeit der Normannen gab den niedern Ständen in England, namentlich dem Bauernstande, der sächsischer Abkunft war, Jahrhunderte lang Grund zu lauten Klagen, und die Versuche der kühnen Robin und seiner bogenkundigen Waldgesellen, den Zähnen und Klauen des königlichen Leoparden zu trotzen und der Kirche eine Beute abzugewinnen, glichen dem Ibis des Nils, der seine Mahlzeit aus den Zähnen des schlummernden Krokodils holt. Die Thaten dieses kühnen Mannes hielten den Geist der Freiheit im Lande rege, so lange er lebte, und die zahlreichen Balladen, in denen sie besungen wurden, lebten viele Jahrhunderte nach ihm im Munde des Volkes und hatten auf die Stimmung und Gesinnung desselben nicht geringen Einfluß, indem sie das Verlangen nach Unabhängigkeit nährten. Der Streit, der sie veranlaßte, hat in gemilderter Gestalt bis auf die neueste Zeit fortgedauert und mit dem Triumph gleicher Gesetze und gleicher Rechte und dem vollständigen Siege der sächsischen Sprache der englischen Landbewohner über das Normännische ihrer Eroberer und Unterdrücker geendigt.

Die Zahl dieser Balladen, welche die trotzige Sinnesart und Freiheitsliebe ebensowol als den Humor und die gemessene Fröhlichkeit der Altengländer treu ausdrücken und im eigentlichsten Sinne volksthümlich sind, ist sehr beträchtlich und viele ungedruckte leben noch im Munde des Volkes. Durch die mündliche Überlieferung seit den Tagen des Königs Johann haben sie zwar nicht unbedeutende sprachliche Veränderungen erlitten, sind aber ihrem Wesen nach unzweifelhaft alt. Die bedeutendsten und werthvollsten darunter gehören den Grafschaften Nottingham, Lancaster, Derby und York an. Nur wenige derselben mögen zu Verfassern einen oder den andern der in ihnen besungenen Abenteurer haben, die ihre Lust darin fanden, in den Wäldern umherzustreifen und die Ungebundenheit, welche diese gewährten, zu genießen, ohne es mit den Begriffen von Mein und Dein sehr genau zu nehmen; die meisten aber verdanken wol ihren Ursprung den ländlichen Balladensängern, einer Art von Minstrels, die den Landleuten zugleich Barden und Historiker waren und ihre Abende durch schmucklose Gesänge und Legenden erheiterten, in denen die Helden der Grafschaft und die romantischen Geschichten der Umgegend besungen wurden. In metrischer und poetischer Hinsicht sind diese Balladen freilich sehr mangelhaft und den verwöhnten oder feiner gebildeten Ohren der jetzigen Engländer tönen sie roh und unharmonisch, aber dennoch haben sie ein hohes Interesse, weil sie die Sitten und Gesinnungen längst vergangener Zeiten wiederspiegeln und Vieles, was der Maler übergangen und der Historiker vergessen hat, schildern. Namentlich aber sind es die Balladen von Robin Hood, die sich durch Liebe zur Freiheit, Tapferkeit und Fröhlichkeit, Haß gegen alle Unterdrücker geistlichen oder weltlichen Standes und offene Verhöhnung aller Feigheit und Falschheit auszeichnen. *)

Robin Hood und der kleine John.

Zwiefacher Werth der Roßkastanie.

Es ist durch die vielfältigsten Beispiele älterer und neuerer Zeit erwiesen, daß bisweilen die herrlichsten Producte aus Unkunde entweder gar nicht benutzt oder doch nur zu einem geringfügigen Zwecke verwendet werden, und zwar zum größten Nachtheil Derjenigen, die sich mit Leichtigkeit in den Besitz solcher Erzeugnisse zu setzen vermöchten.

Die wilde oder Roßkastanie hat vermöge ihrer Be-

*) Vergl. über Robin Hood Pfennig-Magazin Nr. 295.

standtheile einen dem Roggen und Weizen gleichkommenden Futterwerth und kann daher zu demselben Preise wie die ebengenannten Früchte bei dem Viehe verwerthet werden. Allein einen weit höhern Werth erhält sie durch die ihr inwohnende Arzneikraft, nämlich den Bitterstoff, der sehr reichlich darin enthalten ist und dem Viehe anfangs den Genuß derselben verleidet. Dieser Bitterstoff kann, in zu reichlichem Maße genossen, allerdings durch seine erhitzende Eigenschaft dem Viehe nachtheilig werden, allein man kann ihn durch folgendes ganz einfache Verfahren entfernen. Kocht man nämlich die wilde Kastanie mit der Schale, bis sie weich wird, so wird das Wasser braun-violett gefärbt und hat einen so bittern und zusammenziehenden Geschmack, daß man von einem auf die Zunge genommenen Tropfen eine Bitterkeit empfindet, die der Gaumen auf längere Zeit kaum loswerden kann. Gießt man die bittere Lauge ab und neues Wasser auf, so erhält dieses letztere, nachdem es einige Zeit mit den Kastanien gekocht und dieselben vollkommen erweicht hat, einen merklich süßen Geschmack und nur im Nachgeschmacke findet sich noch eine Spur von Bitterkeit. Die Kastanien selbst nehmen hierauf einen aromatischen Geruch an und ihr Geschmack wird dem der guten Kastanien sehr ähnlich. Die Frucht wird hierdurch nicht nur für das Vieh, sondern nöthigenfalls selbst für den Menschen genießbar. Es ist wol keinem Zweifel unterworfen, daß durch das Abkochen der Bitterstoff ausgezogen wird. Will man ihn ganz beseitigen, so läßt man die Kastanien vor dem Abkochen einige Zeit in einer Lauge von Kalk und Asche stehen, wie es in Frankreich gewöhnlich ist; dann kann man auch alles Federvieh damit mästen.

Da man jedoch diese Kastanien gewöhnlich nicht in großer Menge hat und deshalb mit anderm Futter vermischt dem Viehe zu geben pflegt, so würde in diesem Falle das Ausziehen des Bitterstoffs tadelnswerth sein, da derselbe nicht nachtheilig, sondern wohlthätig wirkt. Die Kastanien würden dann zwar ihren hohen Futterwerth behalten, allein ihren Werth als Arznei einbüßen. Dies Letztere ist wohl zu beachten, denn man hat gefunden, daß in Gegenden, wo die Viehseuche gewüthet, das Rindvieh, welches wilde Kastanien gefressen, nicht davon befallen worden ist. Die Kastanien stärken nämlich durch ihren eigenthümlichen Bitterstoff die Eingeweide der Thiere und machen sie für den Krankheitsstoff unempfänglich.

Überhaupt haben vielfaltige Versuche zur Genüge dargethan, daß der Bitterstoff der Roßkastanien bei einem richtigen Verfahren nicht den geringsten Einfluß auf den Geschmack der Milch und Butter hat. Zur Mästung sind die Kastanien gleich vortrefflich. Zu diesem Zwecke schüttet man sie auf einen luftigen Boden und gibt sie dem Rindviehe entweder gestampft ganz allein oder mit anderm Stampffutter vermischt. Bei den Pferden ist die Roßkastanie ein vorzügliches Mittel gegen die Druse. Die Aufbewahrung der Kastanien ist leicht, indem sie nur von Zeit zu Zeit umgesetzt werden und luftig liegen müssen.

Die Prinzeninseln.*)

Im Meere von Marmara, der alten Propontis, liegt unweit der asiatischen Küste eine Gruppe von neun reizenden Inseln, die bei den Alten die Demonnesoi genannt wurden, welcher Name in den jetzigen Namen Prinzeninseln umgewandelt wurde, weil sie während der Zeiten der byzantinischen Kaiser ein Verbannungsort vieler Prinzen und Großen des Reichs waren, weshalb fast jede von ihnen traurige Erinnerungen weckt. Sie sind klein, fruchtbar und von etwa 5000 Griechen bewohnt. Die schönste von allen ist die Insel Heibeli-adassi, ehemals Chalkitis oder Demonnesos genannt, welcher Name nachher auf die ganze Gruppe übertragen wurde; sie ist von dreieckiger Gestalt und hat drei Hügel, auf deren jedem ein griechisches Kloster steht. Alleen von Cypressen, Gruppen von Terebinthen und Pinien, Gärten mit Feigen- und andern Fruchtbäumen, sowie dickstämmige Platanen zieren sie. Den Namen Chalkitis erhielt sie von dem Kupferbergbau, der ehemals hier betrieben wurde. Auf dieser wie auf den andern Prinzeninseln verübten die Venetianer im Jahre 1302 an den Bewohnern und an den armen Pelopythiern, die vor dem Schwerte der Perser hierher geflohen waren, schändliche Greuelthaten. Dieser Insel gegenüber liegt die große Prinzeninsel, von den Türken Kisil-ada, d. h. rothe Insel, von den Griechen und Franken Prinkipo genannt, welche von allen am meisten besucht wird. Sie ist gegen drei Meilen lang und von einem fruchtbaren, durch zwei Hügelreihen gebildeten Thale durchzogen, wo Weinreben und Cypressen, Feigen, Granaten, Waldungen von Ölbäumen mit Pflanzungen der andern Obstbäume und Gemüsegärten abwechseln. Der Reiz dieses Thales wird durch den Contrast mit der Felsenwildniß im Süden der Insel nicht wenig erhöht. In einem von ihr selbst erbauten Kloster dieser Insel lebte die große Kaiserin Irene, Gemahlin Leo's IV. und selbständig regierende Kaiserin von 797—802, also Zeitgenossin Karl's des Großen, mit dem sie sich vermählen wollte, um das morgenländische und abendländische Kaiserthum zu vereinigen, in der Verbannung, ein Loos, das später auch Zoe, die Gemahlin Michael's V., sowie Anna, die Mutter der Komnenen, mit ihren Töchtern traf. Konstantinopel am nächsten liegt die Insel Kinali-adassi, sonst Prote, auf welcher die Kaiser Romanus I. und Romanus III. Diogenes im Elende starben, der Letzte mit ausgestochenen Augen. Auf Baghatsli-ada, sonst Antigone, starben der entthronte Kaiser Romanus Lacapenus und sein Sohn Stephan, von Konstantin Porphyrogenetos hierher verbannt; in einer frühern Zeit saß der bekannte Schriftsteller Methodius hier sieben Jahre gefangen. Die flache öde Insel Plate diente dem Michael Rhangabes und seinen Söhnen (813—845), die noch ödere kleine Felseninsel Oreia dem hier geborenen frommen Patriarchen Michael Oryta, Pyti dem 477 hierher verbannten Empörer Knaphäus als Aufenthalt. Die beiden letzten Inseln, Antirobidos und Niandro, sind blos nackte Klippen, die von Kaninchen bewohnt werden.

Vom Schnee.

Der Schnee entsteht, wie der Regen, aus demjenigen Wasser, welches in der Atmosphäre als Dampf enthalten ist, und fällt zwar im Allgemeinen unter denselben Bedingungen, als jener, aber nur bei niedriger Temperatur unter oder nur wenig über dem Gefrierpunkte, bei welcher das Wasser seine flüssige Beschaffenheit verliert und zu einem festen Körper wird, wobei es jedoch geschehen kann, daß die in den kältern Regionen

---

*) Nach Schubert.

erzeugten Schneeflocken beim Herabfallen in wärmere zum Theil wieder schmelzen, sodaß ein Gemenge aus Schnee und Regen entsteht. Die Gestalt des Schnees ist sehr mannichfaltig, wechselt von den kleinsten Nadeln bis zu dicken Flocken und beruht im Allgemeinen auf der Krystallform des Eises, hat demnach die Form des regelmäßigen Sechseckes zur Grundform. Von jeher haben die Gestalten der Schneeflocken die Aufmerksamkeit der Naturforscher erregt, unter Andern haben sich auch der berühmte Astronom Kepler und der Philosoph Descartes mit ihnen beschäftigt; die genauesten Untersuchungen über dieselben verdanken wir aber Scoresby, dem kühnen und kenntnißreichen Schiffer im Polarmeere, der die verschiedenen Arten in folgende fünf Classen geordnet hat: 1) Blättrige Krystalle, meist sehr dünn, durchscheinend und zart gebaut, kommen am häufigsten vor. Zu ihnen gehören die sternförmigen mit sechs von einem Punkte auslaufenden Spitzen; die regelmäßigen Sechsecke; die Verbindungen von Sechsecken, die sich namentlich bei strenger Kälte sehr mannichfaltig zeigen, oft mit Radien und Spitzen u. s. w. 2) Kugelartige oder flache Kerne, die von Spitzen oder Nadeln umgeben und bald durchsichtig, bald undurchsichtig sind. 3) Feine Spitzen oder sechsseitige Prismen, bis 1/3 Zoll lang; sie fallen häufig aus dem Nebel und scheinen in den untern Luftschichten zu entstehen; die feinsten Arten gleichen einem Haare. 4) Sechsseitige Pyramiden sind sehr selten, am seltensten aber 5) Spitzen oder Prismen, deren Enden in der Mitte eines krystallisirten Blättchens festsitzen. Es bedarf kaum erwähnt zu werden, daß diese Gestalten, namentlich bei den kleinen Flocken, erst unter dem Vergrößerungsglase genau erkannt werden können. Die regelmäßigsten, vollständigsten und mannichfaltigsten Figuren entstehen bei strenger Kälte, doch hat auch die Beschaffenheit der Atmospäre und die Stärke und Richtung des Windes Einfluß auf Größe und Gestalt der Schneeflocken.

Daß es bei sehr strenger Kälte nicht schneien könne, ist ein ungegründetes Vorurtheil; indessen ist so viel richtig, daß der meiste Schnee, wenigstens unter mittlern Breiten und in geringer Höhe über dem Meere, bei einer Kälte von nur wenigen Graden unter dem Gefrierpunkte des Wassers fällt, und daß bei der strengsten Winterkälte der Himmel heiter bleibt, was ohne Zweifel darauf beruht, daß die aus sehr kalten Gegenden kommenden Luftströme sehr wenig Wasserdampf enthalten, während eine mit Wasserdampf mehr oder weniger beladene Luftschicht vorhanden sein muß, wenn Schnee entstehen soll. Es fehlt übrigens nicht an Beispielen von Schneeflocken, selbst in Deutschland, die bei einer sehr strengen Kälte stattfanden, z. B. zu Halle am 30. Jan. 1830 bei 14½ Grad R. Die von Leop. von Buch für Berlin aufgefundene Regel gilt für ganz Deutschland, daß gewöhnlich dann Schnee fällt oder feiner Herbstregen in Schnee übergeht, wenn das Barometer zu steigen beginnt und der Wind sich von Süden durch Westen nach Norden dreht. Demnach kann die Kälte noch während des Schneiens steigen und der Schneefall bei bedeutender Kälte fortdauern, wiewol die Temperatur auch nach dem Schneien milder werden kann, dann nämlich, wenn die südlichern, wärmern Luftströmungen das Übergewicht erhalten. In Deutschland und überhaupt unter mittlern Breiten fällt der Schnee meistens bei ruhiger Luft und ist nur zuweilen, bei gewitterhaftem Zustande der Atmosphäre, namentlich im Februar, mit Wind verbunden. In Gebirgsgegenden aber ist das Fallen des Schnees nicht selten von sehr heftigen sturmähnlichen Winden begleitet, die man Schneestürme nennt, weil sie blos so lange dauern, als der Schnee fällt. Dergleichen Schneestürme werden in den Alpen den Reisenden oft sehr gefährlich, indem sie die Wege unkenntlich machen, sogenannte Schneelehnen aufhäufen, durch ihre Heftigkeit Menschen und Thiere in Abgründe stürzen u. s. w. Unter höhern Breiten, z. B. in Norwegen und Kamtschatka, wo sie ungemein heftig sind, herrschen solche Schneestürme auch in geringen Höhen. Daß sie eigentlich gewitterhafte Erscheinungen sind, ergibt sich aus der elektrischen Disposition der Luft beim Schneien; auch sind starke Schneefälle zuweilen von Donner und Blitzen begleitet.

In der heißen Zone fällt der Schnee nur in beträchtlicher Höhe über der Meeresfläche; die höchsten Bergspitzen sind auch dort meistens mit Schnee bedeckt und haben stets Schnee, wenn es in tiefern Gegenden regnet. In der Ebene schneit es in den heißen Ländern in der Regel selbst dann nicht, wenn die Temperatur unter Null fällt; z. B. in Havana wird bei anhaltendem Nordwinde die Luft zuweilen so erkältet, daß sich auf dem Wasser eine mehre Linien dicke Eisrinde bildet, dennoch fällt auch dann kein Schnee, was daher rühren muß, daß dann gegen die Regel die Temperatur nur in den untern Luftschichten so niedrig, in der Höhe aber warm ist. Diejenige Höhe über der Erde oder diejenige Grenze in der Atmosphäre, über welcher beständiger, selbst im Sommer nicht schmelzender Schnee anzutreffen ist, heißt die Schneegrenze. Sie liegt unter dem Äquator oder in der Nähe desselben am höchsten, etwa 15,000 pariser Fuß über dem Meere, hängt jedoch vom örtlichen Einflusse ab; nach den Polen zu senkt sie sich immer tiefer herab oder nähert sich immer mehr der Meeresfläche, über welcher sie am Nordcap (70° Breite) noch 2200 Fuß erhaben ist; an der Nordspitze von Spitzbergen unter 80 Grad nördlicher Breite erreicht sie die Erdoberfläche. Von der Schneegrenze hat man die Region des Schnees zu unterscheiden, d. h. diejenige Region, wo es in der Ebene überhaupt schneit; diese beginnt in Europa erst etwa in Mittelitalien, erstreckt sich aber in Asien und namentlich in Amerika viel weiter nach Süden. Mit der Breite nimmt die Menge des Schnees zu, in höhern Breiten nimmt sie jedoch wieder ab, weil in sehr nördlichen Gegenden die Luft zu kalt ist und daher zu wenig Wasserdampf enthält. Aber nicht nur nach der geographischen Lage der Gegenden, sondern auch nach ihrer sonstigen Beschaffenheit und nach den Jahren ist die Menge des fallenden Schnees sehr verschieden; während es in manchen Wintern gar nicht oder nur sehr wenig schneit, erreicht in andern der Schnee eine Höhe von mehren Fußen. In Thälern und waldigen Gegenden fällt mehr Schnee als in der Ebene, und im hohen Norden haben diejenigen Länder viel Schnee, die in der Nähe des Meeres liegen; so fällt in Norwegen sehr viel Schnee, namentlich in Finnmarken, ferner in Lappland, Grönland u. s. w.

Die Dichtigkeit und Festigkeit des Schnees ist sehr verschieden. Frisch gefallen ist er am lockersten; allmälig wird er fester, theils durch seinen eigenen Druck, theils durch den Einfluß der Sonnenstrahlen. Diese schmelzen nämlich einen Theil des Schnees auf der Oberfläche, dieser fällt daher zusammen, gefriert aber nachher wieder, wodurch auf dem Schnee eine Schneekruste entsteht, die immer dicker und fester, nicht selten so hart wird, daß man darüber hingehen kann, ohne einzubrechen und in den Schnee einzusinken. Mit der Dichtigkeit ist natürlich auch die Wassermenge, welche der Schnee gibt, sehr verschieden. Bei strenger Kälte und nördlichen Winden fallender Schnee ist sehr locker und gibt daher wenig Wasser, worauf das bekannte Sprüchwort beruht: viel Schnee wenig Wasser, wenig Schnee viel Wasser. Hiermit hängt auch folgende Methode, aus dem Schnee auf die nachfolgende Witterung zu schließen, zusammen. Hält man einen Schneeball über eine Lichtflamme, so wird das durch den geschmolzenen Schnee gebildete Wasser entweder heruntertröpfeln oder durch die lockere Masse aufgesogen werden; in letzterm Falle schließt man auf zunehmende Kälte. Im Durchschnitt kann man annehmen, daß die Dichtigkeit des Schnees neunmal geringer ist als die des Wassers; von dieser mittlern Dichtigkeit weicht indeß die wirkliche oft sehr bedeutend ab und ist zu gewissen Zeiten dreimal, zu andern dagegen etwa 18—19 Mal geringer als die des Wassers, so daß man also, um einen Cubikfuß Wasser zu erhalten, wenigstens drei Cubikfuß Schnee, zu andern Zeiten aber (wenn die Dichtigkeit des Schnees am geringsten ist) sogar 18—19 Cubikfuß Schnee nehmen muß. Wenn übrigens nach sehr bedeutenden Schneefällen kein großes Wasser entsteht, so hat dieses zum Theil auch in der Verdunstung des Schnees seinen Grund, in Folge welcher die Menge des Schnees desto mehr abnimmt, je länger er liegt und je trockener die Luft ist, besonders also bei nördlichen und östlichen Winden; liegt der Schnee nicht hoch, so wird er oft durch die Verdunstung in kurzer Zeit ganz consumirt. Auf Bergen, in Thälern und waldigen Gegenden erhält sich der Schnee oft sehr lange und speist die Quellen das ganze Jahr hindurch.

Weil der Schnee ein schlechter Wärmeleiter ist, so schützt er die Pflanzen in dem von ihm bedeckten Boden gegen das Erfrieren und ist insofern der Vegetation förderlich, nicht aber wegen der angeblich darin enthaltenen Salze, wie man ehemals glaubte; vielmehr ist das Schneewasser im Allgemeinen ebenso rein als das Regenwasser, und die von Einigen aufgestellte Vermuthung, daß der größern Menge des im Schnee enthaltenen Sauerstoffgases ein vortheilhafter Einfluß zuzuschreiben sei, wird dadurch widerlegt, daß nach angestellten Untersuchungen das Schneewasser sogar weniger Sauerstoffgas enthält als das Regenwasser. Übrigens sind manche Sommer sehr fruchtbar, ohne daß in den vorhergegangenen Wintern vieler Schnee oder überhaupt Schnee gefallen wäre.

Da die Farbe des Schnees nach dem Falle blendendweiß ist, und nur unmerklich ins Bläuliche spielt, so reflectirt er vieles Licht, wirkt daher zwar bei Nacht durch Erhellung der Gegenden wohlthätig, afficirt dagegen am Tage, namentlich bei hellem Sonnenschein, die Augen unangenehm und erzeugt sogar in manchen Fällen Augenentzündungen, in nördlichen Gegenden aber, namentlich in Nordamerika, die sogenannte Schneeblindheit. Diese besteht in einer sehr schmerzhaften Empfindung, welche derjenigen gleicht, die man hat, wenn feiner Sand in die Augen gekommen ist, und wird durch ein kühlendes, aus in Wasser gelöstem Bleizucker bereitetes Augenwasser, von den Amerikanern aber durch warme Wasserdämpfe geheilt. Um sich gegen dieses Übel zu schützen, bedienen sich die Eskimos hölzerner Brillen aus dünnen Bretchen mit schmalen Ritzen; die Tataren brauchen auf ihren Winterjagden ein feines Gewebe aus schwarzen Pferdehaaren; Xenophon der Jüngere und seine 10,000 Griechen scheinen sich auf ihrem Rückzuge aus Persien eines ähnlichen Mittels bedient zu haben und bei der neuesten Expedition der Russen nach Khiwa waren die Soldaten gleichfalls mit solchen netzförmigen Haarbrillen versehen.

Von der zuweilen vorkommenden bunten Färbung des Schnees ist bereits früher die Rede gewesen.*)

---

*) S. den Aufsatz über den rothen Schnee in Nr. 305.

Schneeflocken im Mikroskop gesehen.

Das Pfennig-Magazin

für Verbreitung gemeinnütziger Kenntnisse.

375.] Erscheint jeden Sonnabend. [Juni 6, 1840.

Prinz Eugen.

Eugen Franz, Prinz von Savoyen, nicht nur einer der größten Feldherren der neuern Zeit, sondern auch als trefflicher Staatsmann und edler Mensch hohen Lobes würdig, wurde zu Paris am 18. Oct. 1663 geboren. Er stammte nicht aus der regierenden Linie des Hauses Savoyen, sondern aus der von seinem Großvater, Prinz Thomas Franz von Carignan, gestifteten Nebenlinie Savoyen-Carignan, die erst in der neuesten Zeit (1831) auf den Thron von Sardinien gelangt ist; sein Vater war Eugen Moritz, Graf von Soissons, General der im französischen Dienste stehenden Schweizertruppen, sowie Gouverneur von Champagne, und mit Olympia Mancini, einer Schwestertochter des berühmten Cardinals Mazarin, vermählt. Prinz Eugen verlebte seine erste Jugend in Frankreich und wurde als der jüngste von fünf Brüdern, auch wegen seines schwächlichen Körpers, von seinem Vater, der 1673 starb, anfangs für den geistlichen Stand bestimmt, mußte auch sehr frühzeitig geistliche Kleidung tragen; mit großem Eifer trieb er frühzeitig das Studium der alten Sprachen und König Ludwig XIV., der den Knaben zuweilen sah, nannte ihn im Scherz das Äbtchen. Dieser Stand stimmte indeß mit den Neigungen des Prinzen zu wenig überein, als daß er bei demselben zu bleiben vermocht hätte; mit Gewalt entledigte er sich der Fesseln, die man ihm anlegen wollte, und bat den König von Frankreich, ihn in seine Kriegsdienste aufzunehmen und ihm ein Regiment zu geben. Da aber Ludwig XIV., entweder seiner Mutter Olympia halber oder auf Betrieb von Louvois, der der Familie des Prinzen persönlich abgeneigt war, nicht darauf eingehen wollte, verließ er Frankreich und ging 1683 nach dem Beispiele seines ältern Bruders Ludwig Julius, der ein Dragonerregiment in Diensten des Kaisers Leopold commandirte, zugleich mit mehren misvergnügten französischen Offizieren an den kaiserlichen Hof, wo er um so besser empfangen wurde, da man daselbst bereits mit den Absichten Frankreichs auf Savoyen bekannt und ihnen entgegenzutreten entschlossen war. Es war eine denkwürdige Zeit, zu welcher Eugen nach Östreich kam; für den angehenden Krieger hätte es kaum eine interessantere und lehrreichere geben können. Die Türken, welche 1682 in Ungarn eingefallen waren, machten den kaiserlichen Heeren viel zu schaffen und erschienen am 13. Juli 1683 mit furchtbarer Kriegsmacht, geführt von ihrem Großvezier Kara Mustapha, sogar vor Wien, das sie belagerten und hart bedrängten. Eugen wohnte der zum Entsatze der Residenz zusammengezogenen, durch 20,000 Polen unter ihrem Könige Johann Sobieski verstärkten Armee als Freiwilliger bei und zeigte sowol bei dem Entsatze (12. Sept.) als bei der darauf folgenden Schlacht bei Gran solche Tapferkeit, daß der Kaiser ihm noch in demselben Jahre ein Dragonerregiment verlieh. Noch ahnete die Welt den großen Feldherrn, der in Eugen schlummerte, nicht; über seine schwächliche Figur und seinen unscheinbaren grauen Mantel, den er zu Pferde trug, machten sich die kaiserlichen Soldaten nicht selten lustig und meinten spöttisch, der kleine Capuziner werde schwerlich vielen Türken den Bart ausraufen; aber schon nach wenigen Jahren stand der Prinz bei der Armee im größten Ansehen. Mit seinem Regimente folgte er im nächsten Feldzuge (1684), der im Allgemeinen für die kaiserlichen Waffen ungünstig war, den trefflichen kaiserlichen Feldherren, Herzog Karl von Lothringen und Prinz Ludwig von Baden, nahm an der Belagerung von Ofen Theil, die unverrichteter Sache wieder aufgehoben werden mußte, und trug viel zu dem Siege bei, der am 22. Juli über die zum Entsatz heranrückenden Türken erfochten wurde. Im J. 1685 führte der Herzog von Lothringen abermals eine Armee von 60,000 Mann gegen die Türken ins Feld, bei welcher Eugen mit seinem Regimente wieder war, und sich sowol in der Schlacht am 11. Aug. bei Gran, als in der Belagerung von Neuhäusel, welches am 19. Aug. mit Sturm genommen wurde, auszeichnete. Bei der Rückkehr nach Wien stellte ihn der Herzog von Lothringen dem Kaiser mit der viel sagenden Versicherung vor, daß er bestimmt sei, der erste Feldherr seines Jahrhunderts zu werden. Im folgenden Jahre war er bei der erneuerten Belagerung von Ofen; bei dem Hauptsturme am 2. Sept. hatte er zwar eigentlich Befehl, das Lager gegen etwaige Angriffe zu schützen, konnte indessen seine Ungeduld nicht bemeistern und dem Drange, an der diesmal zum Ziele führenden Erstürmung Theil zu nehmen, nicht widerstehen. Nach kurzem Aufenthalte in Venedig im Anfang des Jahres 1687 trat er seinen fünften Feldzug gegen die Türken an, wohnte der Schlacht am 12. Aug. bei Mohacz bei, war der Erste, der in das türkische Lager eindrang, das eine überaus reiche Beute enthielt, und überbrachte die Nachricht dieses glänzenden Siegs nach Wien. Bald nachher, im J. 1688, wo er unter dem Commando des Kurfürsten von Baiern abermals der kaiserlichen Armee nach Ungarn folgte, wurde seine Tapferkeit durch die Ernennung zum Feldmarschall-Lieutenant belohnt; als solcher wohnte er der Belagerung und Erstürmung von Belgrad bei, bei welcher er verwundet wurde.

Auf einen andern Kriegsschauplatz wurde er 1690 berufen. Nachdem nämlich der Herzog von Savoyen mit dem Kaiser ein Bündniß gegen Frankreich geschlossen hatte, wurde ihm von jenem ein Hülfscorps von 6000 Mann geschickt, das Prinz Eugen commandirte. Dieser, der seinen Truppen vorausgeeilt war, nahm am 18. Aug. an dem Treffen bei Saluzzo Theil, in welchem sein Vetter, der Herzog von Savoyen, der das Treffen gegen Eugen's Rath vor Ankunft der geübten deutschen Truppen gewagt hatte, von dem französischen Marschall Catinat geschlagen wurde, was den Verlust von ganz Savoyen nach sich zog. Da Turin selbst 1691 mit einer Belagerung bedroht wurde, wurde Eugen zum Commandanten dieser Stadt ernannt, bereitete Alles zu einer tapfern Gegenwehr vor und legte in der Art, wie er den wankenden Herzog von Savoyen bei dem Bündnisse mit dem Kaiser erhielt, große Klugheit an den Tag; indeß wurde den Franzosen zum Schein Hoffnung auf den Abfall des Herzogs gemacht und dadurch eine Belagerung von Turin abgewandt. Als Catinat sah, daß man ihn zum Besten habe, zog er sich mit seiner Armee vor dem mittlerweile sehr verstärkten alliirten Heere nach Carignan zurück; Eugen setzte ihm mit 500 Mann nach, um den Nachtrab zu überfallen, fiel aber selbst in einen Hinterhalt von 2000 Mann und konnte sich nur durch seine außerordentliche Tapferkeit aus der drohenden Gefahr befreien. Im September nahm er an der Belagerung und Einnahme von Carmagnola Theil, begleitete dann nach Beendigung des Feldzugs den Kurfürsten von Baiern nach Venedig und ging von da nach Wien. Die glänzenden Anerbietungen Frankreichs, das jetzt den einst für unbedeutend gehaltenen Prinzen nur zu gern in seinen Diensten gehabt hätte — die Statthalterschaft der Champagne, die Würde eines Marschalls von Frankreich und eine jährliche Pension von 2000 Louisdor —, wies er, eingedenk der frühern Abweisung und seinem kaiserlichen Herrn mit felsenfester Treue ergeben, mit Bestimmtheit von sich. Im folgenden Jahre 1692 fiel die savoyisch-kaiserliche Armee über 20,000 Mann stark in die Dauphiné ein; Eugen nahm am 30. Aug. Gap ein, worauf die Stadt nebst den umliegenden Schlössern und Ortschaften (an 80 an der Zahl) zur Vergeltung für die von den Franzosen seit dem Jahre 1688 in der Pfalz verübten Greuel eingeäschert wurde, eine Rache, die freilich auf keine Weise gebilligt werden kann. Später wurde Eugen für die Dauer einer schweren Krankheit des Herzogs von Savoyen zum Regenten von Savoyen und Piemont ernannt. In der Schlacht bei Orbessan am 4. Oct. 1693 commandirte er, vorher zum Feldmarschall ernannt, auf dem rechten Flügel, der das Feld lange, als der linke von den Franzosen bereits geschlagen war, behauptete, endlich aber gleichfalls der Übermacht weichen mußte. Im nächsten Feldzug (1694) erhielt zwar Eugen das Obercommando der kaiserlichen Truppen in Italien, wurde aber durch die geheimen Friedensunterhandlungen des Herzogs von Savoyen mit Frankreich zu gänzlicher Thatenlosigkeit verurtheilt; sie zerschlugen sich jedoch, worauf Eugen 1695 bei der Eroberung von Casal mitwirkte.

Durch den Particularfrieden, den Savoyen 1696 mit Frankreich abschloß, erreichte der italienische Krieg seine Endschaft, da die Alliirten die Neutralität von Savoyen anerkannten. Eugen kehrte daher auf den Schauplatz seiner ersten Kriegsthaten zurück, nachdem er 1697 an die Stelle des Kurfürsten von Sachsen zum Oberbefehlshaber der kaiserlichen Armee in Ungarn ernannt worden war. Mit diesem Jahre erst beginnt seine selbständige Wirksamkeit, zugleich aber die Reihe seiner Triumphe und die glänzende, ruhmgekrönte Periode seines Lebens, denn von da an hat er das Glück und den Sieg ununterbrochen auf seiner Seite gehabt. Am 11. Sept. schlug er, wiewol er eigentlich Befehl hatte, alle Haupttreffen zu vermeiden, bei Zentha die türkische

Armee mit weit geringerer Macht so völlig, daß jene fast vernichtet wurde und an 30,000 Mann verlor, die theils auf der Wahlstatt blieben, theils in der Theiß ertranken; der Großvezier selbst war unter den Todten. Dieser Sieg, nach welchem Eugen tief in Bosnien eindrang, hatte die wichtige Folge, daß sich die Pforte endlich zum Frieden bequemte und denselben 1699 zu Carlowitz auf 25 Jahre abschloß. Bei seiner Rückkehr nach Wien wurde Eugen mit großen Ehrenbezeigungen empfangen; auch der Kaiser vergaß gern, daß er eigentlich seinen Befehlen zuwidergehandelt hatte, und wies den Vorschlag der Feinde und Neider des Prinzen, ihn vor ein Kriegsgericht zu stellen, mit Entrüstung von sich.

Der bald darauf erfolgende Ausbruch des spanischen Erbfolgekrieges gab dem Prinzen eine neue Gelegenheit, Ruhm einzuernten. Der Kaiser Leopold, der das Testament des 1700 gestorbenen Königs Karl II. von Spanien, durch welches der Herzog Philipp von Anjou, Enkel Ludwig's XIV., zum Erben des spanischen Reiches ernannt wurde, nicht als gültig anerkannte, sandte unter Eugen's Befehle und nach seinem Rathe schon im Dec. 1700 ein Truppencorps nach Italien, um von dem Herzogthume Mailand als einem erledigten Reichslehen, sowie von den übrigen spanischen Besitzungen in Italien Besitz zu nehmen. Eugen ging von Roveredo aus durch die Schluchten Tirols mit 30,000 Mann über die Alpen, besetzte die Ebene von Verona, schlug die Franzosen, die er durch sein Erscheinen so überraschte, wie einst Hannibal die Römer, am 9. Juli bei Carpi an der Etsch und bezog ein Lager in einer vortheilhaften Stellung bei Chiari, wo er die ihn angreifende, doppelt so starke französische Armee unter den Marschällen Villeroy und Catinat am 1. Sept. siegreich zurückwarf und ihr einen großen Verlust (4—5000 Mann) beibrachte, selbst aber fast gar nichts verlor. Er besetzte hierauf das ganze Gebiet von Mantua und überfiel am 1. Oct. 1702 die von den Franzosen besetzte Stadt Cremona, indem ein Theil seiner Truppen sich mittels einer Wasserleitung in die Stadt schlich, was ein Geistlicher derselben, mit dem Kaiserlichen im Einverständnisse waren, an die Hand gegeben hatte; bei dieser Gelegenheit wurde der in der Stadt befindliche Marschall de Villeroy gefangen genommen; doch wurde Eugen's kleine Schar nach einem hartnäckigen Gefecht in den Straßen genöthigt, die halb eroberte Stadt wieder zu verlassen. An Villeroy's Stelle erhielt das Commando der französischen Armee der geschickte Herzog von Vendome, der die Kaiserlichen am 15. Aug. bei Luzzara angriff, aber mit großem Verlust zurückgeschlagen wurde. Bald darauf übergab Eugen das Commando der Armee dem Grafen von Stahremberg und ging nach Wien, wo er 1703 zum Hofkriegsrathspräsidenten ernannt wurde; von da wurde er nach Ungarn geschickt, um die dort entstandenen ernstlichen Unruhen beizulegen, bald nachher aber (1704) zurückgerufen, um in Deutschland den Franzosen, die bisher mit ziemlichem Glück gefochten hatten, die Spitze zu bieten. Er vereinigte sich am 22. Jun. in Folge eines trefflich combinirten und ebenso geschickt ausgeführten Planes mit der von dem Herzog von Marlborough commandirten englisch-holländischen Armee, drang darauf in Baiern ein und gewann im Verein mit dem englischen Heerführer über das große französisch-bairische Heer, das von dem Kurfürsten von Baiern und dem Marschall Tallard befehligt wurde, den entscheidenden Sieg bei Blindheim oder Hochstädt an der Donau am 13. Aug. 1704; er selbst kämpfte auf dem rechten Flügel, dem die Baiern hartnäckigen Widerstand leisteten.

In dieser Schlacht, der blutigsten, die seit langer Zeit gekämpft worden war, und der größten Niederlage, welche die Franzosen seit der Schlacht bei St.-Quentin, also seit 150 Jahren erlitten hatten, verloren die Franzosen und Baiern 10,000 Todte und 15,000 Gefangene, unter den letztern war der Marschall Tallard selbst; die Flucht der Franzosen über den Rhein (von 60,000 hatten sich nur 20,000 wieder gesammelt), die Eroberung Landaus und ganz Baierns waren die Früchte dieses herrlichen Sieges.

(Der Beschluß folgt in Nr. 376.)

Die londoner Brücken.

In keiner Stadt der Welt findet man so große und schöne Brücken vereinigt als in London, dieser Weltstadt, die freilich auch in zahllosen andern Beziehungen einzig in ihrer Art ist. Paris hat gleichfalls eine große Menge schöner Brücken der verschiedensten Art aufzuweisen *); wenn sie aber auch die Brücken Londons an Zahl übertreffen, so stehen sie ihnen dafür an Größe bedeutend nach, da die Themse bei London um ein Beträchtliches breiter als die Seine bei Paris ist.

Die Zahl der Brücken Londons beträgt im Ganzen sechs; diese folgen, wenn man stromaufwärts fährt, in folgender Ordnung aufeinander: Neue londoner Brücke, Southwark-Brücke, Blackfriars-Brücke, Waterloo-Brücke, Westminster-Brücke und Vauxhall-Brücke. Weiter stromabwärts, also östlich von der zuerst genannten Brücke, soll der seiner Vollendung entgegeneilende Tunnel die Communication zwischen beiden Ufern herstellen, wie sie die Welt nicht ein zweites Mal aufzuweisen hat, weiter stromaufwärts aber folgt, etwa zwei Stunden von London entfernt, die merkwürdige Kettenbrücke bei Hammersmith.

1) Die neue londoner Brücke ist an die Stelle der schwerfälligen und unzweckmäßigen alten londoner Brücke getreten, welche von 1176—1209 erbaut worden war und wegen Baufälligkeit abgetragen werden mußte. Die neue Brücke wurde nach dem Plane des verstorbenen Ingenieurs Rennie von seinen beiden Söhnen erbaut und im März 1824 begonnen, am 1. August 1831 aber im Beisein des Königs Wilhelm IV. mit großen Feierlichkeiten eröffnet. Sie besteht aus fünf steinernen Bogen, die sich durch ihre weite Spannung auszeichnen, welche bei den zwei äußersten 130, bei den zwei folgenden 140, bei den mittelsten 152 Fuß beträgt. Dazu kommen auf beiden Seiten Bogen auf dem Lande, welche über die in ostwestlicher Richtung laufenden Straßen geführt sind, wodurch ein aus den einander kreuzenden lebhaften Communicationen früher entstehendes Hinderniß sehr zweckmäßig beseitigt ist. Die Höhe der Brückenbahn über der Wasserfläche beträgt bei hoher Flut 29½ Fuß, die Gesammtlänge der Brücke mit dem ins Land hineingehenden Anbau auf beiden Ufern 950 Fuß, ohne diesen 782 Fuß, die Breite von einer Brustwehr zur andern 53 Fuß, wovon der Fußsteig auf beiden Seiten 9 Fuß einnimmt. Die Kosten des Baues beliefen sich auf eine halbe Million Pf. St. und wurden theils von der Stadt, theils vom Staate getragen; die Masse der dazu gebrauchten Steine (Granit) beträgt 120,000 Tonnen.

2) Die Southwark-Brücke, deren Bau schon 1811 vom Parlament genehmigt, 1814 nach Rennie's Plan begonnen und im März 1819 beendigt wurde, ist wol die größte und kühnste eiserne Brücke, die es gibt. Sie

---
*) Vergl. Pfennig-Magazin Nr. 54.

besteht aus drei gußeisernen Bogen, von denen der mittelste 240, jeder der andern 210 Fuß Spannung hat; diese ruhen auf steinernen Pfeilern, bei denen der Grund bis 10 Fuß unter dem gegenwärtigen Bette des Flusses reicht und durch einen Pfahlrost gesichert ist. Ihre Gesammtlänge beträgt zwischen den Anbauen am Ufer 708 Fuß, das Gewicht des Eisenwerks über 5300 Tonnen (106,000 Centner); der Kostenaufwand, über 800,000 Pf. St., wurde durch eine Privatgesellschaft bestritten.

3) Die Blackfriars- oder Dominikaner-Brücke wurde von 1760—69 von Robert Mylne mit einem Kostenaufwande von nur 152,840 Pf. St. erbaut und ist eine der größten und schönsten steinernen Brücken.

Die neue londoner Brücke.

Sie besteht aus neun flachen elliptischen Bogen, von denen der mittelste 100 Fuß Spannung hat, und ist 995 Fuß lang, 42 Fuß breit. Von dieser Brücke hat man eine vorzüglich schöne Aussicht auf den Tower, Somersethouse, die Westminsterabtei und mehr als 30 Kirchen, worunter die erhabene St.-Paulskirche.

4) Die Waterloo-Brücke ist eine der schönsten Zierden von London, wenn sie auch eine fehlgeschlagene Speculation genannt werden muß. Sie wurde unter Leitung des Ingenieurs Dodd im J. 1811 begonnen, unter der Rennie's im J. 1817 beendigt und am Jahrestage der Schlacht bei Waterloo, 18. Juni 1817, im Beisein des Prinz-Regenten und des Herzogs von Wellington eröffnet. Der Fluß, welcher hier zur Zeit des Hochwassers 1326 Fuß breit ist, ist durch neun elliptische Bogen von Stein, deren jeder 120 Fuß Spannung und 35 Fuß Höhe hat, überspannt worden. Die Gesammtlänge des Baues beträgt 2456 Fuß, wovon 1380 auf die Brücke selbst und die Anbaue an den Ufern, 310 auf den Aufgang von der Straße the Strand und 766 auf den von Landpfeilern getragnen Damm auf der andern Seite des Ufers kommen, die Breite 43 Fuß. Der rühmlichst bekannte französische Statistiker Karl Dupin nennt diese Brücke ein kolossales, des Sesostris und der Cäsaren würdiges Denkmal; freilich hat sie aber auch mehr als jede der übrigen Brücken, nämlich über 1,100,000 Pf. St. gekostet. An den Enden der Brücke, wo elegante Stufen hinab zum Flusse führen, befinden sich geschmackvolle kleine Häuser für die Einnehmer des Brückenzolls, dessen Controle durch eine eigenthümliche Vorrichtung bewirkt wird. Jeder, der die Brücke passirt, muß nämlich durch ein drehbares eisernes Kreuz gehen, das nur eine Person auf einmal durchläßt; bei seiner Umdrehung setzt dieses Kreuz eine in den erwähnten Häusern befindliche uhrwerkartige Maschine und einen damit verbundenen Zeiger in Bewegung, der auf einer Art Zifferblatt die Menge der Personen, welche die Brücke passirt haben, angibt.

5) Die Westminster-Brücke*), ebenfalls eine der größten, ist von 1739—50 unter der Leitung eines damals berühmten schweizerischen Architekten Labelie erbaut worden und 1223 Fuß lang; sie besteht aus 15 vollen Steinbogen, von denen der mittelste 76 Fuß Spannung hat, die andern nach den Enden zu allmälig um vier Fuß Spannung abnehmen; das einfache Steingeländer auf jeder Seite ist 6¾ Fuß hoch.

6) Die Vaurhall-Brücke, 1813—16 mit einem Aufwand von 423,000 Pf. St. gebaut, besteht aus neun gußeisernen Bogen, die auf steinernen Pfeilern ruhen und 78 Fuß Spannung haben, und ist demnach 702 Fuß lang.

Wie hieraus erhellt, gehören alle diese Brücken der neuesten Zeit an und statt der heutigen sechs Brücken mußten sich die Bewohner Londons noch vor 80 Jahren mit einer einzigen, der alten londoner Brücke, begnügen. Die Entfernung zwischen den aufgezählten Brücken beträgt von Mitte zu Mitte der Reihe nach 1620, 2520, 2940, 3450 und 5430, also die zwischen der ersten und letzten Brücke 15,960 englische

---

*) Vergl. Pfennig-Magazin Nr. 14.

Fuß oder über drei englische (⅘ deutsche) Meilen. Von der Frequenz dieser Brücken und der londoner Straßen überhaupt kann man sich nach der von den Unternehmern der Southwark-Brücke veranstalteten Zählung auf der londoner und der Blackfriars-Brücke einen Begriff machen. Über jene passirten nämlich am 16. und 22. Oct. 1810: 56,180 Fußgänger, 472 Reiter, 1391 Kutschen und Cabriolets, 587 Lastwagen, 2576 Schleifen und Karren, über diese an denselben beiden Tagen 37,280 Fußgänger, 433 Reiter, 1152 Kutschen und Cabriolets, 389 Lastwagen, 1269 Schleifen und Karren. Hiernach begreift man, daß die Frequenz in der Regel zum Gedränge werden muß; eine Ausnahme davon macht nur die Waterloo-Brücke, welche wegen des hier zu zahlenden Brückenzolls ungleich weniger frequent ist, sodaß man hier den Vortheil hat, gemächlich und mit Muße passiren zu können, weshalb die Brücke häufig von Spaziergängern benutzt wird, die sich auf derselben ergehen und des Anblicks auf die Themse und die fernen Stadttheile erfreuen.

Die Southwarkbrücke.

Die Händel der Engländer mit China.

Der zwischen England und China ausgebrochene Streit ist seiner möglichen Folgen wegen so wichtig und seiner nähern Umstände wegen so interessant, daß wir ihn auch in diesem Blatte nicht mit Stillschweigen übergehen zu dürfen glauben. Aus einem frühern Artikel (über die Opiumcultur, Nr. 313) ist unsern Lesern bereits bekannt, daß die Chinesen das Opium leidenschaftlich lieben, daß ferner ihre Regierung, welche die verderblichen Wirkungen desselben kennt, das Rauchen des Opiums sowol, als die Einführung desselben streng untersagt und verpönt hat, daß aber gleichwol bis zum Jahre 1838 sehr viel Opium auf dem Wege des Schleichhandels aus Indien, größtentheils auf englischen Schiffen, in China eingeführt worden ist.*) Seitdem hat nun die chinesische Regierung, die man für so schwach zu halten gewohnt ist, energische Maßregeln ergriffen, um ihren Befehlen Gehorsam zu verschaffen. Gegen Ende des J. 1838 befahl der Kaiser des himmlischen Reichs, daß alle des Schleichhandels überführten chinesischen Unterthanen im Angesicht der fremden Factoreien in Kanton erdrosselt werden sollten. Die Ausführung dieses für die Ausländer beleidigenden Edicts stieß auf lebhaften Widerstand; allein am 26. Februar 1839 erschien plötzlich ein Trupp chinesischer Soldaten auf dem den englischen Factoreien gegenüberliegenden freien Platze und bildete einen Kreis; hierauf wurde ein Bambuskorb gebracht, aus diesem ein Chinese gezogen und erdrosselt, darauf der Leichnam fortgeschafft und der Platz gereinigt. Dies vermerkten die in Kanton wohnenden fremden Kaufleute, namentlich die Engländer, sehr übel; sie nahmen sogleich die britische Flagge von ihren Gebäuden und der französische, der holländische und der amerikanische Consul folgten ihrem Beispiele. Bald aber folgten strengere Maßregeln der chinesischen Regierung. Ein von ihr mit außerordentlichen Vollmachten versehener kaiserlicher Commissair, Namens Lin, kam in Kanton an, begnadigte vorerst fast alle des Schleichhandels überführte Chinesen, berief dann die beim Schleichhandel mit Opium stark betheiligten Hongkaufleute zu sich, d. h. diejenigen chinesischen Kaufleute, welche das Monopol des Handels mit den Fremden haben, und verkündete ihnen, daß die Regierung ferner gegen alle Übertreter

---

*) Die Ursache, warum die Chinesen das Opium rauchen, statt es, wie andere Nationen des Morgenlandes, zu essen, soll darin liegen, daß die Berauschung auf jene Weise schneller von statten geht. Seit 1820 hat der Opiumverbrauch in China in einem sehr schnellen Verhältnisse zugenommen. In den drei Jahren nach 1820 schätzte man die Anzahl der Opiumraucher auf 365,569, welche jährlich an 4287 Kisten verbrauchten. Von 1822—35 vermehrte sich die Zahl der Opiumraucher auf 2,039,998, die der jährlich verbrauchten Kisten auf 12,339. Gegenwärtig soll es nicht weniger als 12 Millionen Opiumraucher in China geben, von denen jeder im Durchschnitt 17½ Gran täglich consumirt.

ihrer Befehle unnachsichtliche Strenge üben würde. Gleichzeitig übergab er ihnen zur Besorgung ein vom 18. März datirtes Edict an die Fremden, worin er diesen befahl, alle am Bord ihrer bei Kanton vor Anker liegenden Schiffe befindlichen Opiumkisten an die Regierung abzuliefern und zugleich die feierliche schriftliche Erklärung abzugeben, daß ihre Schiffe es nicht wieder wagen würden, Opium zu bringen. Sollten sie sich dessen weigern, so hätten sie die zerschmetternden Wirkungen der chinesischen Streitkräfte zu Land und zur See zu fürchten; als Bedenkzeit waren ihnen drei Tage gestattet. Den Hongkaufleuten wurde, damit sie Alles aufbieten möchten, die Fremden zum Gehorsam zu bewegen, gedroht, daß zwei von ihnen die Köpfe verlieren würden, falls die Fremden nicht gehorchen sollten. Als die Frist verstrichen war, ohne daß die Letztern nachgegeben hätten, wurde ihnen (am 22. März) jede Communication mit der Küste und mit der Stadt untersagt; der Handel wurde gehemmt, die Schiffe durften nicht absegeln, die Fremden wurden in ihren Factoreien eingeschlossen und streng beobachtet. Am 23. machten die Fremden die erste Concession und willigten auf die dringenden Bitten der Hongkaufleute ein, 4037 Opiumkisten abzuliefern, aber der Obercommissair nahm diesen Vorschlag an, weil die Zahl der Kisten ihm nicht genügte.

Der Oberaufseher des englischen Handels in Indien, Capitain Elliot, befand sich zu Macao, als er die gegen die fremden Residenten in Kanton ergriffenen Maßregeln erfuhr. Sogleich befahl er den in jener Gegend befindlichen englischen Schiffen, die Flagge zu hissen und Vorbereitungen zur Vertheidigung zu treffen. Er selbst begab sich nach Kanton, wurde von den wachehaltenden Mandarinenschiffen in den Fluß gelassen, landete am 24. März und erließ eine Bekanntmachung, in welcher er anzeigte, daß er für alle Engländer, die abzureisen wünschen sollten, Pässe verlangen würde, und sie ersuchte, alle ihre Effecten an Bord der englischen Schiffe bringen zu lassen, um sie nach Macao zu transportiren, da die dortige portugiesische Regierung ihren Schutz zugesagt habe; den übrigen in Kanton residirenden Fremden bot er allen in seiner Macht stehenden Beistand an.

Aber Elliot selbst wurde gleich allen andern Fremden blokirt und ihm alle Verbindung mit seinen Schiffen abgeschnitten. Die verantwortlich gemachten Hongkaufleute bewachten sorgfältig alle Ausgänge und hatten auf dem Platze vor den Factoreien Schuppen errichtet, um hier die Nächte zuzubringen; sie bildeten fünf Abtheilungen, jede von 50 Mann, die auf ihren Laternen den Namen ihrer Magazine führten. Die Bewegung der Laternen, die erleuchteten Schuppen, besonders aber die Erleuchtung der chinesischen Fahrzeuge, boten ein interessantes Schauspiel dar, dessen die Blokirten freilich nicht sehr froh werden konnten, da ihnen die Vorräthe auszugehen anfingen. Sie sahen sich daher zum Nachgeben gezwungen, und nach zweitägigen vergeblichen Unterhandlungen erließ Capitain Elliot am 27. März eine Proclamation, in der er, in Betracht der allen in Kanton residirenden Fremden drohenden Gefahr, den in Kanton gegenwärtigen britischen Unterthanen befahl, alles unter ihrer Controle befindliche Opium an ihn abzuliefern, sich aber zugleich im Namen der Regierung für dasselbe verantwortlich erklärte. In Folge dieser Proclamation wurden über 20,000 Kisten Opium, jede von 150 Pfund, zusammen über 20 Millionen Thaler an Werth, zur Verfügung des Capitains Elliot gestellt, und man gestattete den Fremden nun wieder, Vorräthe einzukaufen, ja der Commissair sandte ihnen selbst Schweine, Schafe, Geflügel und frisches Wasser im Überflusse. Am 31. März wurden die Bedingungen der Auslieferung des Opiums an den Commissair in folgender Weise festgestellt. Für das erste abgelieferte Viertel sollen den fremden Residenten ihre chinesischen Diener wiedergegeben werden, deren man sie beraubt hatte; für das zweite sollen die Passageboote wieder auf dem Flusse geduldet werden; für das dritte wird der Handel wieder eröffnet; für das Ganze sollen die Verhältnisse wieder auf den frühern Fuß gestellt werden. Am 1. April richtete Capitain Elliot eine letzte Proclamation an seine Landsleute, in der er ihnen für das in seine aufrichtigen Bemühungen gesetzte Vertrauen dankte und sie wegen des Endresultats beruhigte. Das abgelieferte Opium wurde nach dem kaiserlichen Edict vom 29. Mai von den Chinesen in großen Fässern mit Salz und Kalk vermischt und mit großer Sorgfalt vernichtet; viele Leute waren beschäftigt, die Masse einige Tage lang mit langen Rechen zu zerstampfen, bis das Ganze ein übelriechender Schlamm geworden war, worauf man die Zapfen öffnete und die Fässer in den Fluß ausleerte. Schon einige Zeit vorher (im Mai) sahen sich die Engländer genöthigt, Kanton ganz zu verlassen, worauf sie sich nach dem nahen Macao zurückzogen, das bekanntlich den Portugiesen gehört. Allein auch diesen Zufluchtsort mußten sie verlassen, nachdem in einer Rauferei zu Hong-Kong, an der Rhede von Macao, zwischen Chinesen und englischen Matrosen ein Chinese getödtet worden war, ein Vorfall, welcher den Streit zwischen dem kaiserlichen Obercommissair Lin und dem Oberaufseher des englischen Handels neuerdings anfachte. Jedesmal, so oft Chinesen durch die Hände von Europäern den Tod gefunden hatten, was unter Anderm in den Jahren 1780, 1784, 1800, 1806, 1810, 1820, 1821 und 1823 der Fall gewesen war, hatte dieses Ereigniß ärgerliche Folgen nach sich gezogen, da die Chinesen immer die Auslieferung des Thäters verlangten, welche die Fremden aller Nationen natürlich verweigerten; indeß haben Franzosen im J. 1780 und Nordamerikaner 1823 einen Matrosen den chinesischen Gerichten überliefert. Auch in dem erwähnten neuesten Falle foderte Lin den Capitain Elliot auf, den Todtschläger auszuliefern, der aber Niemand wußte oder wissen wollte, wer es gewesen sei, so erließ der chinesische Gouverneur an den portugiesischen Statthalter die ziemlich gebieterische Aufforderung, die Engländer zu vertreiben. Die chinesischen Behörden nahmen zuerst, wie sie schon in Kanton gethan, den Engländern alle ihre chinesische Dienerschaft, und als man statt derselben portugiesische Diener miethete, schnitten sie den Engländern alle Lebensmittel ab, sodaß diese sich entfernen mußten. Am 26. August erhielten sämmtliche Engländer den Befehl, binnen 12 Stunden Macao zu verlassen, und mit Ausnahme von zweien sahen sich alle genöthigt, sich so schnell einzuschiffen, daß sie nicht einmal Zeit hatten, ihre Kleider und Rechnungsbücher mitzunehmen. Der portugiesische Gouverneur hatte ihnen erklärt, daß er zwar angelegentlich wünsche, den Briten alle in seiner Macht stehende Hülfe zu gewähren, aber in der That nicht im Stande sei, ihnen wirksamen Schutz angedeihen zu lassen.

Nach diesem Ereignisse trat ein völliger Kriegszustand zwischen den Chinesen und Engländern ein und es fanden mehrfache Feindseligkeiten zwischen britischen und chinesischen Schiffen statt. Der britische Schooner „Black Joke" wurde, als dessen Mannschaft gerade schlief, in der Straße von Lantao von drei Mandarinenbooten überfallen; die Chinesen stiegen an Bord des Schooners, ermordeten sechs Laskaren und verstümmelten einen Engländer dergestalt, daß sein Aufkommen lange zweifelhaft war. Am 4. September ging Capitain Elliot mit seinem Kutter und einem Schooner nach der Bai von Coallo unter Segel, um Lebensmittel für seine Flotte einzunehmen. Die Mandarinen widersetzten sich der Einschiffung der Vorräthe, und als die Engländer eine Kanonade auf ihre Boote eröffneten, wurde dieselbe von den Chinesen von dem Fort und den Kriegsdschunken aus besser als man erwartet hatte, erwidert; man versuchte, die chinesischen Boote zu entern, aber dies war wegen ihrer Höhe nicht möglich. Das Resultat des Gefechts, an dem später auch eine englische Fregatte Theil nahm, war, daß die Engländer ihre Lebensmittel im Stiche ließen und die Dschunken bei einbrechender Nacht davon ruderten. Der Verlust der Chinesen soll sich an Todten auf zwei Mandarinen und sechs Soldaten, an Verwundeten auf sieben Soldaten belaufen haben; auf der Seite der Engländer wurden 14 verwundet.

Am 23. September erließ der Admiral der chinesischen Seemacht in Kanton, Kwan, von der Bocca Tigris aus (der Mündung des Flusses Kanton) eine Proclamation, worin er die Fremden, welche den Opiumschiffen angehören, die ihr Opium bereits ausgeliefert haben, oder welche durch kaiserlichen Befehl verbannt sind, auffodert, die chinesische Küste zu verlassen, die ehrlichen, einen gesetzlichen Handel treibenden Kaufleute aber, für welche er das Herz einer Mutter zu haben versichert, ermahnt, die andern zu meiden, damit sie nicht gleiches Verderben treffe. Hinsichtlich des Capitains Elliot äußert er: „Wenn Elliot noch der Reue und der Einsicht seiner sündhaften Thaten fähig ist, so hindere ich für ihn nicht, zu mir zu kommen, und ich will mich für ihn verwenden, wenn er seine Sünden bekennen und um Gnade bitten will. Beharrt er aber in seiner bisherigen Hartnäckigkeit, so wird in Betracht der Größe und Macht des himmlischen Reichs unsere Majestät furchtbar entfaltet werden." Im Eingange rühmt er sich seiner Abstammung von der Dynastie Han; der Kaiser Kwan=foo=tze, gewöhnlich der Kriegsgott von China genannt, dessen Ruhm glänzend und leuchtend, dessen Verstand groß und mächtig wie die Winde und die Wolken gewesen sei, dessen edles Herz wie die Sonne am Tage und der Mond bei Nacht geglänzt habe u. s. w., sei sein Ahnherr gewesen und demüthig empfange er dessen Mahnungen. Nach dem blutigen Ruhme des Schlächters trachte er nicht; da nun Elliot der alleinige Urheber des begangenen Verbrechens und die Mehrzahl der Fremden von ihm wahrscheinlich nur verführt worden sei, so müßte er, wenn er seine Streitkräfte plötzlich vereinigen und das Blutbad beginnen wollte, befürchten, den Edelstein und den schlechten Stein miteinander zu zerstören, weshalb er zuvor diese aus seinem Herzen und seinen Eingeweiden kommende Proclamation erlasse.

Bald nachher fanden lange Verhandlungen zwischen dem Obercommissair Lin und dem Capitain Elliot statt, bei denen Jener darauf bestand, daß die Engländer als Bedingung eines fernern Handelsverkehrs mit den Chinesen einen Revers unterzeichnen sollten, in welchem sich die Capitaine und Mannschaften britischer Schiffe anheischig machten, sich, wenn sie auch nur ein einziges Tael (ungefähr 1½ Unze) Opium bei sich führten, den chinesischen Gesetzen zu unterwerfen, nach denen sie mit Enthauptung und Erdrosselung bestraft werden würden.

Da nun angenommen werden kann, daß an Bord jedes Schiffes in der Schiffsapotheke wenigstens das Vierfache von einem Tael an Opium zu finden ist, so würde bei buchstäblicher Befolgung jenes Reverses kein Schiff der Bestrafung entgangen sein. Endlich bequemte sich Lin, in seiner Strenge nachzulassen und auf dem Revers nicht weiter zu bestehen; demnach kam am 14. October zwischen Lin und Capitain Elliot eine Convention zu Stande, nach welcher, bis Antwort aus England und Verhaltungsbefehle eingetroffen seien, was in drei oder vier Monaten der Fall sein könne, die englischen Schiffe in Tschumpi und Annunghoy, außer dem Hafen oder der Bocca Tigris, aber an der Bai von Kanton gelegen, ihre Waaren ausladen und dagegen chinesische einnehmen könnten; wegen des getödteten Chinesen sollten keine Schritte weiter geschehen und die chinesischen Beamten sollten unter Mitwirkung der englischen das Recht haben, die englischen Schiffe zu untersuchen, um sich zu versichern, daß kein Opium an Bord sei. Im Vertrauen auf diese Convention, die am 20. October zu Macao bekannt gemacht wurde, begaben sich mehre Engländer nach Macao, die Hongkaufleute waren auf dem Wege nach Tschumpi, und man hoffte, daß wenigstens einige Zeit lang der erlaubte Handel seinen Fortgang nehmen werde, als auf einmal Lin andern Sinnes wurde. Die Ursache davon war der Umstand, daß der Capitain und Supercargo eines englischen Schiffs, um ihren Concurrenten den Rang abzulaufen und ihre Ladung zuerst abzusetzen, auch eine Rückfracht von Thee und Seide einzunehmen, sich ungeachtet der Warnungen und Befehle des Capitains Elliot zur Unterzeichnung des Reverses bequemt hatten, worauf das Schiff die Erlaubniß erhielt, in die Rhede von Whampoa (einer drei Meilen von Kanton entfernten Insel mit bequemen Ankerplatze, wo sich früher der Ausladungsplatz für die europäischen Schiffe befand) einzulaufen; eine ähnliche Nachgiebigkeit zeigte ein anderer Capitain, dessen Schiff eine Ladung Reis aus Batavia enthielt. Dies hatte zur unmittelbaren Folge, daß Lin plötzlich seine Foderungen wieder höher spannte; er ließ die Kaufleute zurückkommen, die Engländer wieder aus Macao verjagen und dem Capitain Elliot bekannt machen, daß er in Zeit von drei Tagen den Mörder des getödteten Chinesen auszuliefern und englische Schiffe in den Hafen von Kanton zu senden habe, um 22 aus dem Reiche verbannte Chinesen wegzuführen, wo nicht, so werde er alles englische Eigenthum durch Brander vernichten lassen. Capitain Elliot begab sich hierauf am 3. November auf der Fregatte Volage, von einer andern Fregatte begleitet, nach Tschumpi, um Gegenvorstellungen zu machen; bei ihrer Ankunft wurden sie von 29 Kriegsdschunken, jede von 140—200 Chinesen bemannt, umgeben, welche Miene machten, anzugreifen. In dem sich nun entspinnenden Gefecht, das einen halben Tag dauerte, wurden fünf der chinesischen Schiffe in den Grund gebohrt und eins in die Luft gesprengt; die übrigen flohen, ihren Admiral Kwan an der Spitze, ohne daß die Engländer sie daran hinderten. Der Verlust der Chinesen wird auf 200, nach andern Angaben, die aber wol übertrieben sind, auf 900 Mann geschätzt.

Unmittelbar nachher kehrte Elliot nach Macao zurück und erhielt noch in der folgenden Nacht die Weisung, sich in aller Eile zu entfernen; den Engländern aber wurde aller Verkehr mit den Chinesen auf das strengste untersagt. In der Nähe von Macao stehen mehre Hundert Chinesen, welche Verschanzungen aufgeworfen haben. Die nordamerikanischen Kaufleute in

Kanton erkennen die Gesetzlichkeit der britischen Blockade nicht an und haben sich an die chinesischen Behörden um Schutz für ihre Schiffe gewendet; in Folge dessen hat Lin dem Admiral Kwan Befehl gegeben, das Einlaufen amerikanischer Schiffe mit seinen Kriegsschiffen zu beschützen, den Capitain Elliot aber zu ergreifen und zu züchtigen, da er sich erfreche, die Schiffe anderer Nationen am Einlaufen zu hindern.

Der Handel der Engländer nach China ist durch diese Ereignisse völlig unterbrochen worden, obschon noch immer, namentlich von Manilla aus, wo ein großes Depot für den Schleichhandel an der chinesischen Küste errichtet wird, Opium in ansehnlichen Quantitäten in China eingeschmuggelt wird, was aber zu der frühern Einfuhr in keinem Verhältnisse steht. Durch eine Proclamation Lin's vom 24. November ist der Handel der Chinesen mit den Engländern, sowie die Einfuhr englischer Waaren durch Schiffe anderer Nationen auf ewige Zeiten untersagt. Der Schlag, den dadurch die mercantilischen Interessen der Engländer erlitten haben, ist sehr empfindlich. Der Verlust an Einkünften seit dem Beginne der Handelsunterbrechung wird blos an Zöllen bis Ende Novembers vorigen Jahres auf neun Millionen Rupien (sechs Millionen Thaler) berechnet, und die dabei betheiligten Fonds der Kaufleute von Bombay — die übrigen Theile Ostindiens gar nicht gerechnet — sollen sich mit Einschluß des ausgelieferten Opiums auf fünf Millionen Pf. St. belaufen; die Gesammtzahl der bei China vor Anker liegenden und am Handel gehinderten Schiffe wird auf 58 angegeben. Ein energisches Einschreiten der britischen Regierung zu Gunsten der gefährdeten Interessen ihrer Unterthanen ist daher unvermeidlich und mit Bestimmtheit zu erwarten. Bereits sind mehre Linienschiffe und Fregatten zur Verstärkung des ostindischen Geschwaders von England abgegangen und nach den neuesten Nachrichten sollte die ganze Flotte am 7. Mai zu Sinkapore versammelt sein, um gegen China unter Segel zu gehen; die Stärke der Expeditionsarmee wird auf 16,000 Mann angegeben. Über die Art und Weise, auf welche die Engländer zu Werke gehen werden, um die Chinesen zu züchtigen und Entschädigung von ihnen zu erzwingen, ist man noch sehr getheilter Meinung, da sich jedem möglichen Verfahren große Schwierigkeiten entgegenstellen; nur so viel ist außer Zweifel, daß sie sich darauf beschränken werden, die Chinesen von der Seeseite anzugreifen, und sich auf keinen Eroberungskrieg mit dem Reiche der Mitte, das doch ungleich mächtiger ist, als man glauben könnte, einlassen werden und einlassen können. Die Zeit, wo das kolossale chinesische Reich den Angriffen der europäisch-asiatischen Mächte erliegen wird, scheint noch nicht gekommen zu sein. Stellt man übrigens die Frage auf, ob der bevorstehende Krieg der Engländer mit China gerecht genannt werden kann, so möchte diese schwerlich zu Gunsten der Engländer zu entscheiden sein, was selbst dem einsichtsvollern Theile der britischen Nation einleuchtet. Denn gewiß kann man es der chinesischen Regierung nicht verargen, daß sie die Einfuhr eines Giftes, wie das Opium erwiesenermaßen ist, mit allen ihr zu Gebote stehenden Mitteln hintertreiben will, und wenn sie sich dabei einige Gewaltthätigkeiten und Eingriffe in die Eigenthumsrechte der Engländer erlaubt hat, so sind dieselben mit ihren wohlthätigen, einer aufgeklärten Nation würdigen Absichten, wenn diese auch bei dem schon tief eingewurzelten Hange der Chinesen zum Opium doch nicht vollständig durchgeführt werden könnten, gewiß zu entschuldigen.

Die Waterloo-Brücke in London.

Das Pfennig-Magazin
für Verbreitung gemeinnütziger Kenntnisse.

376.] Erscheint jeden Sonnabend. **[Juni 13, 1840.**

Anekdoten aus dem Leben Friedrich's des Großen. *)

I.

Eine Scene aus Friedrich's Kinderjahren ist durch ein schönes Gemälde des damaligen Hofmalers Pesne der Nachwelt überliefert worden. Der Prinz hatte eine kleine Trommel zum Geschenk erhalten, und man bemerkte mit Freude, daß es ihm, im Gegensatz gegen sein sonstiges stilles Wesen, Vergnügen gewährte, den Marsch, den man ihn gelehrt, rüstig zu üben. Einst hatte ihm die Mutter erlaubt, diese Übung in ihrem Zimmer vorzunehmen; auch die Schwester war mit ihren Spielsachen dabei. Der Letztern wurde das Trommeln des Bruders lästig und sie bat ihn, lieber ihren Puppenwagen ziehen zu helfen oder mit ihren Blumen zu spielen. Aber sehr ernsthaft erwiderte der kleine Prinz, so gern er sonst jeder Bitte der Schwester willfahrte: „Gut Trommeln ist mir nützlicher als Spielen und lieber als Blumen." Diese Äußerung schien der Mutter so wichtig, daß sie schleunig den König herbeirief, dem das selten geäußerte soldatische Talent des Knaben die größte Genugthuung gewährte. Dem Hofmaler mußte die Scene, ohne daß die Kinder die Absicht merkten, noch einmal vorgespielt werden; auf seinem Gemälde hat er, als zur Bedienung der königlichen Kinder gehörig, noch einen Kammermohren hinzugefügt.

II.
(Die Abbildung hierzu siehe Seite 192.)

Als Friedrich in das siebente Jahr getreten war, kamen an die Stelle der Gouvernanten zwei Hofmeister, Generallieutenant Graf von Finkenstein als Oberhofmeister und Oberst von Kalkstein als Untergouverneur, denen des Prinzen Vater, König Friedrich Wilhelm I., eine ausführliche Instruction über die Erziehung des Kronprinzen ertheilte. In derselben war der Unterricht in der lateinischen Sprache verboten worden, doch hat Friedrich selbst in späterer Zeit öfters erzählt,

---

*) Wir entlehnen sowol diese Anekdoten als auch die dazu gehörigen Abbildungen aus dem in Leipzig bei J. J. Weber erscheinenden Werke: „Geschichte Friedrich's des Großen. Geschrieben von Franz Kugler, gezeichnet von Adolf Menzel", das sich durch die Gediegenheit des Textes und die Schönheit der Abbildungen, sowie der Ausstattung überhaupt gleich sehr auszeichnet, weshalb wir es unsern Lesern mit vollkommner Überzeugung empfehlen können. Dieses Buch ist eine Volksschrift im besten Sinne des Worts und entspricht dem ihm vom Verleger gegebenen Namen einer Pracht- und Jubelausgabe und der in demselben liegenden Bestimmung, zur hundertjährigen Jubelfeier der Thronbesteigung Friedrich's des Großen, die am 31. Mai d. J. stattgefunden hat, einen Beitrag zu liefern, den vorliegenden Heften nach auf das vollständigste. Es erscheint in 18—20 Lieferungen, von denen jede vier Bogen stark ist, ungefähr 25 in den Text gedruckte Abbildungen enthält und im Subscriptionspreise 8 gGr. kostet; monatlich erscheinen 1—2 Lieferungen; die erste erschien am 15. März.

er habe in seiner ersten Jugend — ob aber mit Bewilligung des Vaters, wissen wir nicht zu sagen — einen lateinischen Sprachmeister gehabt. Einst sei der König dazu gekommen, als der Lehrer ihn aus dem berühmten Reichsgesetz der goldenen Bulle Einiges habe übersetzen lassen. Da er einige schlechte lateinische Ausdrücke gehört, so habe er den Sprachmeister gefragt: „Was machst du Schurke da mit meinem Sohn?" — „„Ew. Majestät, ich explicire dem Prinzen auream bullam."" — Der König aber habe den Stock aufgehoben und gesagt: „Ich will dich Schurke auream bullam" — habe ihn weggejagt, und das Latein habe aufgehört.

III.
(Die Abbildung hierzu siehe Seite 192.)

Friedrich's Vater, Friedrich Wilhelm I., unter dessen Regierung Berlin nicht mehr das deutsche Athen, wie früher, sondern das deutsche Sparta genannt wurde, fand bekanntlich die größte Freude an seinem Heere, das durch den unermüdlichen Eifer des Königs eine sehr hohe Stufe erreichte und sich theils durch Schönheit und Körpergröße der Mannschaften, theils durch die Schnelligkeit und Sicherheit, mit der es exercirte und manoeuvrirte, vor allen andern Armeen jener Zeit auszeichnete. Es konnte nicht fehlen, daß der König Alles that, was er konnte, um dem Kronprinzen schon von früh an eine lebhafte Neigung zum Soldatenstande einzuflößen und ihn sowol mit allen Regeln des kleinen Dienstes, als mit den kriegerischen Wissenschaften vertraut zu machen. Sobald es passend war, mußte er die Kinderkleider ausziehen und eine militairische Uniform anlegen, auch sich zu der Frisur, die damals bei der preußischen Armee eingeführt war, bequemen. Dies Letztere war freilich ein trauriges Ereigniß für den Knaben, denn er hatte bis dahin sein schönes blondes Haar in frei flatternden Locken getragen und seine Freude daran gehabt. Aber dem Willen des Vaters war nicht füglich zu widersprechen. Dieser ließ eines Tages einen Hofchirurgus kommen, den Prinzen die Seitenhaare abzuschneiden. Ohne Weigerung mußte sich der Prinz auf einen Stuhl setzen, aber der bevorstehende Verlust trieb ihm die Thränen ins Auge. Der Chirurg hatte indeß Mitleid mit dem Armen; er begann sein Geschäft mit so großer Umständlichkeit, daß der König, der die Vollziehung seines Befehls beaufsichtigte, bald zerstreut wurde und andere Dinge vornahm. Den günstigen Moment benutzte der Chirurg, kämmte den größten Theil der Seitenhaare nach dem Hinterkopfe und schnitt nicht mehr ab, als die äußerste Nothwendigkeit erforderte. Friedrich hat später dem Chirurgen die Schonung seiner kindischen Thränen mit dankbarer Anerkennung belohnt.

Prinz Eugen.
(Beschluß aus Nr. 375.)

Aus Deutschland eilte Eugen im J. 1705 wieder nach Italien, um dem bedrängten Herzog von Savoyen, seinem Verwandten, der es jetzt wieder mit Östreich hielt, Beistand zu leisten, lieferte den Franzosen unter Vendome fruchtlos das blutige Treffen bei Cassano oder Agnadello am 16. Aug., in welchem der Sieg streitig war, und zog sich bis Trient zurück, ohne die Fortschritte der Franzosen in Oberitalien hemmen zu können. Mittlerweile war am 6. Mai 1705 Joseph I. seinem Vater, Leopold I., auf dem Kaiserthrone gefolgt und ließ dem Prinzen Eugen noch freiere Hand als sein Vorgänger. Im folgenden Jahre erfocht Eugen abermals einen glänzenden Triumph, in dessen Folge die Östreicher ganz Italien in ihre Hände bekamen. Mit zahlreichen Streitkräften belagerten die Franzosen unter Anführung der Herzoge von Feuillade und von Orleans Turin und bedrängten es schwer, sodaß die Übergabe unvermeidlich schien, aber in Eilmärschen rückte Eugen heran, nachdem er den Übergang über die Etsch und den Po erzwungen hatte, erschien unvermuthet mit 24,000 Mann in Piemont und machte am 7. Sept. 1706 vereint mit dem Herzog von Savoyen einen Angriff auf das bei Turin verschanzte feindliche Heer. Schon am Mittag war mit leichter Mühe der Sieg gewonnen und die Stadt entsetzt, in welche die Sieger am Abend einzogen; unter 7000 Gefangenen war der tödtlich verwundete Marschall de Marsin, der den Verlust seiner Freiheit nur um wenige Stunden überlebte. Das ganze reiche Lager fiel mit mehr als 200 Kanonen in die Hände der Kaiserlichen, aber die Folgen des Sieges waren ungleich bedeutender. Die Franzosen räumten unmittelbar darauf Piemont und die ganze Lombardei, Eugen aber, dessen Ruhm in ganz Europa widerhallte, wurde vom Kaiser Joseph mit einem kostbaren Degen beschenkt und zum Generalgouverneur des Herzogthums Mailand ernannt. Nachdem er 1707 das ihm angebotene Commando der Armee am Rhein ausgeschlagen, belagerte er die Citadelle von Mailand, die am 13. März capitulirte, und später, wiewol gegen seinen Willen und nur auf Betrieb des Herzogs von Savoyen, die französische Festung Toulon, während eine englisch-holländische Flotte sie von der Seeseite blockirte. Die Stadt war aber zu fest und unter dem Marschall von Tessé rückte ein überlegenes französisches Heer zum Entsatze heran, weshalb die Belagerung mehrer partieller Erfolge ungeachtet am 22. Aug. nach vierwöchentlicher Dauer unverrichteter Sache wieder aufgehoben werden mußte. Eugen ging nach Italien zurück, eroberte Susa (3. Oct.), das für Frankreich der Schlüssel von Piemont war, und begab sich 1708 nach Deutschland und den Niederlanden, wo er abermals vereint mit Marlborough am 11. Juli die Franzosen unter Vendôme und den Herzog von Bourgogne bei Oudenarde schlug und am 13. Aug. die Belagerung der starken und wichtigen, von Marschall Bouflers besetzten Stadt Ryssel (jetzt gewöhnlich Lille genannt) begann. Ungeachtet der tapfersten Gegenwehr und der angestrengtesten Bemühungen Vendôme's, den Platz zu entsetzen, mußten die Franzosen capituliren und erst die Stadt, dann die Citadelle (8. Dec.) übergeben. In der Kriegsgeschichte ist diese Belagerung sowohl des Angriffs, als der Vertheidigung wegen, welche beide das höchste Lob verdienen, sehr merkwürdig. Dem Falle der Festung folgte die Einnahme von Gent, Brügge und andern Plätzen; im folgenden Feldzuge wurde von dem fortwährend vereinigt bleibenden Heldenpaare das feste Dornik erobert (5. Sept. 1709) und der bisher nie besiegte französische Marschall Villars am 11. Sept. in seinem wohlverschanzten Lager bei Malplaquet angegriffen und nach überaus blutiger, lange zweifelhafter Schlacht, die 33,000 Menschen das Leben kostete, überwunden. Eugen wurde in derselben gleich anfangs am Kopfe verwundet, achtete jedoch auf die Wunde nicht, als er aber von seinen Offizieren bestürmt wurde, sich verbinden zu lassen, gab er kaltblütig zur Antwort: „Wenn wir hier sterben sollen, ist kein Verband nöthig; wenn wir aber davon kommen, so hat es damit bis zum Abend Zeit." Auch noch im J. 1710 setzten die beiden großen Feldherren die Reihe ihrer Siege fort, überstiegen die französischen Linien bei

Valenciennes und eroberten Douai, das von dem jungen Vauban vertheidigte Bethune, Aire und St.-Venant; aber immer lockerer wurden die Bande, welche die Coalition gegen Frankreich zusammenhielten. Der Tod des Kaisers Joseph (17. April 1711) änderte die ganze Lage der Dinge und durch Unterzeichnung der Präliminarien eines Separatfriedens zu London (8. Oct. 1711) wurde die Allianz völlig zerrissen. Prinz Eugen that sein Möglichstes, um die Generalstaaten zur Fortsetzung des Kriegs zu bewegen, und begab sich auch zu gleichem Zwecke nach England (im Jan. 1712), wo er mit den größten Ehrenbezeigungen empfangen und von der Königin Anna mit einem kostbaren, mit Diamanten reich besetzten Degen, 4000 Pfund an Werth, beschenkt wurde; aber kurz vorher (im Anfang des Januars) war in Folge einer Änderung der Politik der englischen Regierung, die aus den Händen der Whigs in die Hände der Tories überging, der Herzog von Marlborough, welcher am meisten bemüht gewesen war, den Krieg in die Länge zu ziehen, aller seiner Ämter entlassen worden, und alle Versuche Eugen's, sich für ihn zu verwenden, waren fruchtlos. Zwar bewilligte das Parlament die zur Fortsetzung des Krieges nöthigen Subsidien und beschloß sogar eine Vermehrung der in den Niederlanden bereits stehenden Armee von 40,000 Mann um 10,000 Mann; als aber Eugen nach dem Continent zurückkehrte und den Krieg fortsetzen wollte, wurde er von dem neuen englischen Oberbefehlshaber, Herzog von Ormond, sehr schlecht unterstützt, wiewol dieser noch an der Belagerung und Einnahme von Quesnoy Theil nahm, und am 17. Juli wurde der Waffenstillstand zwischen England und Frankreich öffentlich verkündigt. Eine Folge davon war, daß Eugen durch ein unglückliches Gefecht mit Villars, der (bei Denain, 24. Juli) den General Albemarle schlug, genöthigt wurde, die Belagerung von Landrecy wieder aufzuheben, worauf Marchiennes, worin Eugen seine Hauptmagazine errichtet hatte, und ein großer Theil der von den Alliirten eroberten festen Plätze wieder verloren ging. Bald nachher, am 11. April 1713, kam zu Utrecht zwischen Frankreich und den meisten Alliirten Östreichs (England, Holland, Portugal, Preußen und Savoyen) ein definitiver Friedensschluß zu Stande. Der Kaiser war demnach ganz allein auf sich und das Reich beschränkt; nachdem er noch eine Zeit lang den Krieg mit schlechtem Glück fortgesetzt und Villars den Prinzen Eugen am Rhein zurückgedrängt und Landau und Freiburg erobert hatte, bequemte auch er sich zum Frieden. Unterhändler desselben waren Eugen und Villars, die am 27. Nov. 1713 zu Rastadt die erste Conferenz hielten; sie konnten sich, da Frankreich sehr ungünstige Bedingungen stellte, lange nicht verständigen und trennten sich am 7. Febr. 1714 wieder; endlich aber wurde, nachdem Frankreich Eugen's Ultimatum angenommen, der Friede zwischen Frankreich und dem Kaiser am 7. März zu Rastadt und der zwischen Frankreich und dem Reich am 7. Sept. zu Baden (in der Schweiz) von beiden Bevollmächtigten unterzeichnet.

Aber nicht lange sollte der tapfere Eugen, der mehr Kriegs- als Friedensjahre erlebt hatte, müßig bleiben; bald wurde ihm Gelegenheit, seine Waffen wieder gegen den östlichen Feind zu wenden, nachdem der westliche beruhigt war. Schon 1715 überzogen die Türken die Republik Venedig mit Krieg und eroberten in kurzer Zeit die Halbinsel Morea, die im Frieden zu Carlowitz an jene abgetreten worden war; die Venetianer suchten Schutz bei dem Kaiser, der mit ihnen am 13. April 1716 eine Offensiv- und Defensiv-Allianz gegen die Pforte abschloß und den Prinzen Eugen mit dem Oberbefehl der in Ungarn stehenden Armee betraute. Eugen kam am 9. Juli bei der Armee an, bezog unweit der türkischen Grenze ein Lager bei der von den Türken bedrohten Stadt Peterwardein und erfocht über sie in der Nähe derselben am 4. Sept. einen glänzenden Sieg; der Verlust der Türken in dieser Schlacht wird auf 30,000 Mann (worunter der Großvezier) angegeben, doch war auch der der Kaiserlichen nicht gering. Diesem Siege folgte am 13. Oct. die Einnahme von Temeswar, das von den Türken, die diesen wichtigen Platz 164 Jahre innegehabt hatten, tapfer vertheidigt wurde. Zum Beweise seiner Dankbarkeit sandte der Papst dem siegreichen Prinzen einen geweihten Degen nebst Hut, welche beide ihm in der Hauptkirche zu Raab feierlich überreicht wurden. Fast noch glücklicher war der folgende Feldzug, in welchem Eugen am 15. Juni unterhalb Belgrad über die Donau ging und demnach in Serbien einrückte; dieser Übergang ist in der Kriegsgeschichte darum merkwürdig, weil er im Angesicht der feindlichen Armee, in der Nähe der starken Festung Belgrad, am hellen Tage und dennoch ohne den mindesten Verlust vor sich ging; wichtig aber war er deshalb, weil dadurch die gedachte Festung mit allen darin befindlichen Kriegsvorräthen und zahlreichen dort liegenden türkischen Kriegsschiffen abgeschnitten wurde. Hierauf ließ Eugen eine förmliche Schiffbrücke von 84 Schiffen über die Donau schlagen, welche die Türken durch brennende Schiffmühlen vergeblich in Brand zu setzen suchten, und begann die Belagerung von Belgrad, das von 40,000 Mann und 600 Kanonen vertheidigt war. Am 5. Juli griffen die Türken die kaiserlichen Kriegsschiffe mit 27 kleinen und 104 großen Schiffen, auf denen sich gegen 4500 Mann befanden, an, mußten sich aber nach heftigem Gefechte zurückziehen; ein heftiger Sturm zerstörte jedoch bald darauf den größten Theil der Brücke, die sieben Tage lang ungangbar blieb, was in Eugen's Lager großen Mangel hervorbrachte. Zum Entsatze der durch Bombardement und Hungersnoth hart bedrängten Festung langte am 30. Juli in der Nähe derselben der Großvezier mit einer ungeheuren Armee an, die auf mehre Hunderttausende (220,000 Mann Infanterie und 100,000 Mann Reiterei) angegeben wurde und die größte war, welche die Türken seit der Belagerung von Wien ins Feld gestellt hatten. Eugen wartete seinen Angriff nicht ab und erfocht über ihn mit einer an Zahl ungleich geringern Macht am 15. Aug. nach sechsstündiger blutiger Schlacht, in der die Janitscharen mit großer Tapferkeit kämpften, einen glänzenden Sieg, der so vollständig und ruhmvoll war, als nur irgend einer seiner zahlreichen Vorgänger. Im türkischen Lager erbeutete man ungeheure Vorräthe. Nach drei Tagen capitulirte Belgrad, ohne daß Bresche geschossen oder Sturm gelaufen worden wäre. Schon die Zahl der in der Festung und in der Schlacht eroberten Geschütze belief sich auf nicht weniger als 463 metallene, 209 eiserne Kanonen und 105 Mörser. In kurzer Zeit war fast ganz Serbien in der Gewalt des Helden; die bedrängte Pforte suchte daher den Frieden, der auch am 21. Juli 1718 zu Passarowicz zu Stande kam und dem Hause Östreich sehr große Vortheile einräumte. Nur ungern schloß ihn Eugen ab, da sein Wunsch auf gänzliche Vertreibung der Türken gerichtet war, weshalb er dem Kaiser geradezu den Rath gab, im Nothfalle lieber Italien aufzugeben, um nur der Herrschaft der Türken in Europa ein Ende machen zu können.

Nun folgte eine längere Periode des Friedens, während deren Eugen mit ebenso großem Eifer und Erfolg im Cabinet als früher im Felde wirkte. Unter Anderm beschäftigte ihn der Plan, Östreichs Nationalkraft durch auswärtigen Handel zu erhöhen, wozu die Erwerbung der spanischen Niederlande im rastadter Frieden Mittel gewährte. Er ermunterte daher eine Privatgesellschaft (1717) zum Versuch eines Handelsverkehrs mit Ostindien, und nachdem derselbe gelungen war, bestimmte er den Kaiser, der Privatgesellschaft zu Ostende das Prädicat einer kaiserlichen beizulegen, und auf 30 Jahre ein Monopol für Ost- und Westindien und Afrika zu verleihen.

Noch einmal zog Eugen zu Felde, nämlich in dem Kriege über die polnische Königswahl. Im J. 1734 erschien er, fast 71 Jahre alt, an der Spitze einer Reichsarmee von 70,000 Mann am Rhein, um den Franzosen die Spitze zu bieten, durfte aber mit seinen schlechtdisciplinirten Truppen gegen den überlegenen Feind nur vertheidigungsweise zu Werke gehen. Er bezog eine feste Stellung bei Heilbronn, um den Feind von Franken und Schwaben abzuhalten, mußte es aber geschehen lassen, daß Philippsburg am 18. Juli an den Marschall von Berwick überging. Bei der Reichsarmee befand sich der damals 22jährige Kronprinz Friedrich von Preußen, nachmals König Friedrich II., der seinen Vater König Friedrich Wilhelm I. begleitete und seiner Jugend ungeachtet die Aufmerksamkeit Eugen's, der in ihm das schlummernde Feldherrngenie ahnen mochte, erregte. Ohne etwas Entscheidendes unternommen zu haben, ging Eugen nach Wien zurück und starb hier am 21. April 1736 im 73. Lebensjahre.

Eugen besaß einen außerordentlichen Scharfsinn, ein sehr richtiges Urtheil, ein ungeheures Gedächtniß und eine seltene Menschenkenntniß; er war vorsichtig, aber zugleich energisch, in der Schlacht besonnen und ohne Furcht, religiös, ohne bigot zu sein, sehr belesen und ein Freund der Künste und Wissenschaften. Viele Worte zu machen, war seine Sache nicht; auch sprach er gegen die Gewohnheit der Franzosen und Italiener langsam und bedächtig, aber was er sprach, war stets wohl erwogen. Seine Thätigkeit war so groß, daß er in seinen jungen Jahren nur drei Stunden zum Schlaf brauchte. In seinen Mußestunden beschäftigte er sich zur Erholung mit mathematischen und historischen Studien. Für seine Truppen sorgte er väterlich, weshalb er von ihnen angebetet wurde; besonders in den Winterquartieren war er auf regelmäßige Verpflegung des Heers bedacht, und widmete namentlich den Kranken und Verwundeten seine Sorgfalt. Im Dienst verlangte er die strengste Pünktlichkeit und blinden Gehorsam; Ausreißer schoß er mit eigener Hand nieder. Gegen das weibliche Geschlecht war er, ohne sich jemals zu Ausschweifungen in der Liebe hinreißen zu lassen, durchaus nicht gleichgültig, wiewol er nie zu einer Vermählung schreiten wollte. Sein Äußeres war, wie bereits erwähnt, nicht ansehnlich zu nennen, da er klein von Statur war; sein bleiches Gesicht hätte seiner schwarzen und feurigen Augen wegen gefallen müssen, wäre es nicht durch eine zu lange Nase und den stets offen gehaltenen Mund entstellt worden. Durch das Tragen einer gewaltigen Wolkenperücke, die uns an einem Krieger komisch erscheinen, fügte sich der Prinz der Mode seiner Zeit. Sauberkeit in der Kleidung gehörte nicht zu seinen lobenswerthen Eigenschaften, wäre auch mit dem übermäßigen Gebrauche des Schnupftabacks nicht zu vereinigen gewesen.

Der Quäker und der Räuber.

In England bildeten die Räuber ehemals eine besondere Classe, welche vielleicht mehr als jede andere das eigenthümliche Gepräge des Nationalcharakters an sich trug. Ihre Profession war gewissen Gesetzen und Gebräuchen unterworfen, die sie selbst nicht zu verletzen wagten, indem sie hinsichtlich der Grenzen ihrer Rechte ebenso streng und gleichsam gewissenhaft waren als die übrigen Bewohner Großbritanniens. Wenn der Räuber sich von Denen, die in seine Hände fielen, eine ansehnliche Summe oder einen werthvollen Gegenstand hatte zustellen lassen, so setzte er seinen Foderungen und Nachsuchungen ein Ziel; er hätte sich ein Gewissen daraus gemacht, seine Beute völlig auszuplündern, und Beispiele blutiger Kämpfe waren sehr selten. Wenn aber der Angreifer seine Gewaltthätigkeiten mäßigte, beobachteten auch die Angegriffenen ihrerseits in ihrem Widerstande eine kluge Mäßigung. Jedermann versah sich beim Antritt einer Reise mit einer sogenannten Räuberbörse oder Räuberuhr; vermöge dieser Abgabe, die er im Falle eines Angriffs ohne viele Umstände entrichtete, konnte er seinen Weg ruhig fortsetzen. Andererseits übte die Obrigkeit, sei es aus Schwäche oder aus Sorglosigkeit, eine Art Duldung gegen diese ehrlichen Räuber; diese versteckten sich daher auch nicht in den Wäldern, sondern griffen die Reisenden, mit einer gutschließenden Maske versehen, auf offener Straße an. Während der französischen Revolution erlitten diese alten Gebräuche den ersten Stoß; die zahlreichen, nach London geflüchteten französischen Emigrirten konnten sich an diese Art von Geduld und Resignation nicht gewöhnen und widerstanden den Angreifern tapfer, daher bedienten diese sich ihrer Waffen und es entstand ein förmlicher Krieg. Mittlerweile fuhren viele Eingeborene fort, sich mit den Räubern gutwillig abzufinden; namentlich waren die Quäker, denen ihre Religion Abscheu vor dem Blutvergießen einflößt und welche nicht einmal zu ihrer Vertheidigung Blut vergießen mögen, die sanften, demüthigen und schüchternen Quäker, welche immer unbewaffnet sind und weder dem Zorne noch der Rache Gehör geben, immer noch wie sonst eine leichte Beute für die Uebelthäter.

Einer der achtbarsten unter seinen Brüdern, Toby Simpton, bewohnte in London ein hübsches kleines Haus, das die Anwesenheit seiner kaum 17 Jahre alten Tochter verschönerte. Marie, eine reizende blauäugige Blondine, war ebenso sittsam als schön; vergebens verfolgten sie alle jüngere Bekannte ihres Vaters mit ihren Huldigungen, vergebens suchten alle jungen Leute in der Nachbarschaft ihren Blicken zu begegnen. Marie war gar nicht kokett; statt sich über die von ihren Reizen hervorgebrachte Wirkung zu freuen, war ihr dieselbe so lästig, daß sie allen ihren Anbetern gram war, mit Ausnahme eines einzigen, Eduard Weresford, eines in der Familie eingeführten jungen Künstlers. Der Tod hatte die noch junge und schöne Frau des Quäkers vor der Zeit dahingerafft; um ihre Züge zu erhalten, hatte der Letztere Jenen als Maler zum Sterbebette berufen. Hier hatte Eduard die trostlose Marie gesehen und eine ernsthafte Neigung hatte sich unter ihren Thränen und seiner sorgfältigen Arbeit entsponnen. Das seitdem verstrichene Jahr hatte das Band nur noch fester geknüpft und der junge Mann hatte dem Vater bereits seine Wünsche und zugleich seine Hoffnungen eröffnet. Toby hatte keinen Grund, sich der gegenseitigen Neigung der jungen Leute zu widersetzen. Eduard war freilich nicht reich, verdiente aber genug, um eine Familie anständig versorgen zu können. Sein Vater, ein ehemaliger Kaufmann der City, hatte sich mit einem mehr als verzehnfachten Vermögen von den Geschäften zurückgezogen; der Erfolg seiner Speculationen war so schnell gewesen, daß nur wenig Leute den Fortgang derselben hatten verfolgen können. Übrigens lebte der alte Weresford, der von rauher und menschenfeindlicher Gemüthsart war, ganz allein in einer Vorstadt und ließ seinem Sohne vollkommene Freiheit, ohne sich um seine Handlungen zu bekümmern; er gehörte zu den bequemen Egoisten, die Niemand geniren, um selbst nicht genirt zu sein, und so lange, als man nichts von ihnen verlangt, die Gefälligkeit selbst sind.

Eduard konnte also ohne ein Hinderniß der schönen Quäkerin den Hof machen, da er gewiß sein durfte, daß es seinem Vater nie einfallen würde, sich seiner Heirath zu widersetzen. Die Verhältnisse des liebenden Paars waren demnach so günstig als nur möglich, und der ehrliche Toby wartete, um den Tag ihrer Vermählung zu bestimmen, nur auf den Eingang seiner Pachtgelder, von denen er die Kosten des Festes zu bestreiten gedachte. Um sie zu erheben, begab er sich auf sein Landgut, das einige Meilen von London entfernt war; er blieb hier nur einen Tag, und als er des Abends zu Pferde zurückkehrte, bemerkte er in einiger Entfernung einen Reiter, der ihm den Weg versperrte. Er machte Halt, ungewiß, ob er umkehren oder seinen Weg fortsetzen sollte; während dieser Zeit hatte sich der Reiter ihm genähert und der Quäker konnte ihm nicht entrinnen; er nahm daher eine beherzte Haltung an und ließ sein Pferd im Schritt gehen. Als er dem Reiter, welcher der Gegenstand seiner Furcht war, bemerkte er, daß dieser maskirt war; der Unbekannte zog ein Pistol heraus, richtete es gegen den Quäker und verlangte ihm seine Börse ab. Dem Letztern fehlte es nicht an Muth, da er aber den Vorschriften seines Glaubens gemäß einem bewaffneten Manne keinen Widerstand leisten konnte, zog er mit der größten Kaltblütigkeit eine Börse mit 12 Guineen aus der Tasche. Der Räuber nahm sie, zählte die Goldstücke und ließ den Quäker weiter ziehen, der nun den Unhold los zu sein glaubte und sein Pferd in Trab setzte. Bald aber holte der Räuber, angelockt durch die Hoffnung einer zweiten Beute, den ehrlichen Toby wieder ein, verlegte ihm abermals den Weg und rief ihm mit vorgehaltenem Pistole zu: „Eure Börse!" Der Quäker war überrascht, aber nicht erschrocken; er nahm ruhig seine Uhr aus der Tasche, sah, welche Zeit es sei, und händigte sie dann dem Räuber mit den Worten ein: „Jetzt laß mich aber nach Hause zurückkehren; meine Tochter wird über mein Ausbleiben in Sorgen sein." „Wartet noch einen Augenblick", versetzte der Räuber, „und schwört mir, daß Ihr keine andere Summe..." — „Ich schwöre niemals", erwiderte der Quäker. — „Wohlan, so betheuert mir, daß Ihr kein anderes Geld bei Euch habt, und bei dem Worte eines ehrlichen Räubers werde ich Euch Euern Weg fortsetzen lassen." — Toby besann sich einen Augenblick und schüttelte den Kopf; endlich sagte er: „Wer du auch sein magst, du hast errathen, daß ich ein Quäker bin und keine Unwahrheit sagen kann, wenn es mich auch mein Leben kosten sollte. Ich erkläre dir also, daß ich unter der Decke meines Pferdes eine Summe von 200 Pf. St. habe." — „Zweihundert Pfund!" rief der Räuber, dessen Augen durch seine Maske hindurch glänzten. — „Aber wenn du menschlich bist", fuhr der arme Quäker fort, „so wirst du mir dieses Geld lassen; ich will meine Tochter verheirathen und dazu ist diese Summe mir unentbehrlich. Das arme Mädchen liebt ihren Bräutigam zärtlich und es wäre grausam, ihre Verbindung verzögern zu wollen. Wenn du jemals geliebt hast, wirst du dich dieser schlechten Handlung nicht schuldig machen." — „Was geht deine Tochter und ihr Liebhaber mich an? Mache nicht so viel Worte und gib her, ich kann auch dieses Geld brauchen."

Seufzend hob Toby die Pferdedecke in die Höhe, nahm einen ziemlich schweren Sack hervor und reichte ihn langsam dem Maskirten hin; dann wollte er im Galopp davonreiten. „Halt, Freund Quäker", sagte Jener, die Hand auf den Zaum legend; „bei deiner Ankunft wirst du mich der Obrigkeit anzeigen, das ist in der Ordnung, und ich kann es dir nicht verdenken; ich muß aber für diese Nacht wenigstens einen Vorsprung gewinnen. Meine Stute ist ermüdet und ziemlich schwach; dein Pferd hingegen scheint kräftig zu sein, da die Last dieses Sacks es nicht genirte. Steige ab und gib mir dein Pferd; wenn du willst, kannst du meins bekommen." Es war jetzt zu spät, um einen Widerstand zu beginnen, wiewol diese endlosen Foderungen auch die Galle des geduldigsten Mannes zum Überlaufen hätten bringen müssen. Toby stieg ab und nahm mit Resignation den schlechten Klepper, der ihm gelassen wurde. Hätte ich das gewußt, dachte er, so hätte ich beim ersten Zusammentreffen die Flucht ergriffen, denn mit dieser Mähre hätte er mich sicher nicht eingeholt. Der Räuber dankte ihm spöttisch für seine Gefälligkeit, gab dem Pferde die Sporen und verschwand.

Bis zu seiner Ankunft in London hatte der geplünderte Quäker Zeit, über sein Unglück und über den Gram der armen jungen Leute, die sich so innig liebten und nun ihr Glück verschoben sehen mußten, nachzudenken. Die Summe, die ihm genommen worden, war unwiederbringlich für ihn verloren; es war nicht möglich, den kühnen Räuber wiederzuerkennen; plötzlich aber ging ihm ein Licht auf. Ja, rief er aus, dieses Mittel kann gelingen. Wenn dieser Mann in London wohnt, so werde ich ihn ausfindig machen. Ohne Zweifel hat ihm der Himmel seine Unklugheit eingegeben. Durch diese Hoffnung etwas getröstet, kehrte Toby in sein Haus zurück, ohne etwas von seinem Abenteuer zu sagen oder sich etwas merken zu lassen. Er küßte seine Tochter, die nichts ahnen konnte, legte sich nieder und schlief voller Zuversicht ruhig ein.

Am folgenden Morgen zog er die Stute aus dem Stalle, legte ihr den Zügel auf den Hals, ließ sie in voller Freiheit in den Straßen Londons umherirren und folgte ihr, in der Hoffnung, daß sie, durch die Gewohnheit geleitet, den Weg zum Hause ihres Herrn einschlagen würde. Hierbei hatte er aber dem armen Thiere mehr Instinct zugetraut, als es besaß; lange Zeit lief es bald rechts, bald links, ohne Ziel und bestimmte Richtung, bisweilen anhaltend und dann wieder die entgegengesetzte Richtung einschlagend. Dem armen Toby ging nachgerade die Hoffnung aus. Der Räuber, dachte er bei sich, kann niemals in London gewohnt haben; welche Thorheit war es von mir, mich dem Instincte dieses armseligen Kleppers anzuvertrauen, statt bei der Obrigkeit Anzeige zu machen, als es noch Zeit war!

Plötzlich wurde er in seiner Gedankenreihe durch das Geschrei einiger Kinder unterbrochen, welche die Stute fast über den Haufen gerannt hätte; sie, die eben noch so phlegmatisch einherschritt, hatte sich plötzlich in Galopp gesetzt. „Halt auf! halt auf!" rief man von allen Seiten. „Haltet nicht auf", schrie der Quäter. „halte das Pferd um Gottes willen nicht auf!" Indem er dem schnellen Lauf des Thieres ängstlich mit den Augen verfolgte, sah er es durch den halboffenen Thorweg eines Hotels in der Vorstadt laufen. Also hier! dachte der Quäker, indem er die Augen gen Himmel richtete, um der Vorsehung zu danken. Als er an dem Hause ankam, sah er im Hofe einen Diener, der das Pferd streichelte und in den Stall führte. „Wem gehört dieses Hotel?" fragte er den Ersten Besten, der vorüberging. „Ihr müßt wol noch nie in diesem Quartier gewesen sein", antwortete man ihm, „wenn Ihr nicht wißt, daß der reiche Kaufmann Weresford hier wohnt." Der Quäker war wie versteinert. „Weresford sollte mein Räuber sein?" dachte er, „Eduard's Vater, dieser reiche, angesehene Mann?" Er glaubte zu träumen und wollte wieder umkehren; indessen fielen ihm mehre Beispiele von sehr angesehenen Leuten ein, die mit Räuberbanden insgeheim in Verbindung gestanden hatten; dazu kam Weresford's schnell erworbenes Vermögen, dessen Quelle Niemand kannte, und die Stute, welche allem Anscheine nach hier zu Hause sein mußte. Er beschloß, der Sache auf den Grund zu kommen.

Entschlossen trat er in den Hof des Hotels und verlangte den Eigenthümer desselben zu sprechen. Dieser lag noch zu Bette, wiewol es sehr hoch am Tage war. Der Quäker ließ sich indeß nicht abweisen und drang halb mit Gewalt in Weresford's Schlafzimmer. Dieser, der eben erst erwacht war, rieb sich die Augen und fragte sehr barsch: „Wer sind Sie, mein Herr? Was wollen Sie?" Diese Stimme war dem Quäker bekannt und beseitigte jeden noch übrigen Zweifel. Er nahm ruhig einen Stuhl und ließ sich, den Hut auf dem Kopfe behaltend, neben dem Bette nieder. „Sie behalten den Hut auf!" äußerte der Kaufmann sehr erstaunt. — „Ich bin Quäker", antwortete der Andere ganz gelassen, „und du weißt, daß dies bei uns üblich ist." — Bei dem Worte Quäker richtete sich Weresford im Bette auf und sah den Fremden genauer an; jetzt erkannte er ihn, denn er erblaßte und fragte stammelnd, was ihm die Ehre seines Besuchs verschaffe, worauf Toby antwortete: „Ich komme, mir ohne Umstände die Uhr wieder auszubitten, welche ich dir gestern geliehen habe." — „Welche Uhr?" — „Ich halte viel auf sie; sie gehörte meiner seligen Frau und ich kann sie nicht veräußern. Der Alderman, mein Schwager, wird es mir nie vergeben, mich eines einzigen Tag von einem Gegenstande getrennt zu haben, der mich an seine Schwester erinnert." — Das Wort Alderman schien auf Weresford einigen Eindruck zu machen; ohne seine Antwort abzuwarten, fuhr Toby fort: „Auch würde es mir lieb sein, wenn du mir die 12 Guineen zurückgeben könntest, die ich dir gleichfalls geliehen habe. Brauchst du sie aber, so will ich dir sie noch für einige Zeit lassen, wenn du mir eine Schuldverschreibung ausstellst." Die Ruhe des Quäkers setzte den alten Kaufmann so außer Fassung, daß er es nicht wagte, den Besitz der geraubten Gegenstände zu leugnen; ihn eingestehen mochte er ebenso wenig und zögerte daher mit der Antwort, als Toby hinzufügte: „Auch muß ich dich von der bevorstehenden Verheirathung meiner Tochter Maria benachrichtigen. Ich hatte zu ihrer Ausstattung eine Summe von 200 Pf. St. zurückgelegt, aber gestern Abend habe ich das Unglück gehabt, auf der Landstraße völlig ausgeplündert zu werden; daher bitte ich dich, deinem Sohne die Mitgift zu geben, die ich außerdem nicht verlangt haben würde." — „Meinem Sohne?" — „Nun ja, weißt du denn nicht, daß er der Bräutigam meiner Tochter Marie ist?" — „Eduard?" rief der Kaufmann, indem er aus dem Bette sprang. — „Eduard Weresford", versetzte gelassen der Quäker, indem er eine Prise nahm; „du mußt wol etwas für ihn thun. Ich möchte nicht, daß er von dem Vorgange von gestern Abend etwas erführe, und wenn du nicht die Summe hergibst, die ich ihm versprochen habe, so muß ich ihm wol sagen, wie ich sie verloren habe."

Weresford ging zu einem Secretair, nahm einen dreifach verschlossenen Kasten heraus, öffnete ihn und stellte dem Quäker nacheinander seine Börse, seine Uhr und seinen Geldsack zu. „Gut", sagte der Quäker, „ich habe mich also nicht getäuscht, als ich auf dich rechnete." — „Ist das Alles, was du willst?" — „Nein, ich verlange noch etwas von deiner Freundschaft." — „So sprich." — „Du mußt deinen Sohn enterben." — „Warum das?" — „Weil ich nicht will, daß man sagen soll, ich hätte auf dein Vermögen speculirt; Gott bewahre mich und die Meinigen davor, gestohlenes Gut anzurühren." Mit diesen Worten verließ der Quäker das Zimmer; als er im Hofe war, rief er Weresford, der sich ans Fenster gestellt hatte, zu: „Ich habe dir deine Stute wiedergebracht, laß mir nun auch mein Pferd wiedergeben." In wenigen Augenblicken saß Toby mit seiner Habe zu Pferde und trabte seiner Wohnung zu; hier fand er seinen künftigen Schwiegersohn und sagte ihm, soeben habe er seinem Vater einen Besuch gemacht und hoffe, sie würden miteinander einig werden.

Zwei Stunden darauf erschien Weresford in der Wohnung Toby's, verlangte diesen allein zu sprechen und sagte zu ihm: „Ehrlicher Quäker, Ihr Benehmen hat mich innig gerührt. Sie konnten mich entehren, meinen Sohn entehren, ihn durch Verweigerung Ihrer Tochter unglücklich machen; Sie haben als Mann von Kopf und Herz gehandelt. Ich will nicht zum zweiten Male vor Ihnen erröthen. Nehmen Sie diese Papiere und leben Sie wohl, Sie sehen mich nie wieder." Nach seinem Weggange öffnete der Quäker die Papiere, es waren Wechsel und Anweisungen zu sehr hohem Belauf auf die ersten Banquiers von London. Beigelegt war eine Liste, auf welcher eine Menge Namen verzeichnet waren, neben denen mehr oder weniger bedeutende Summen bemerkt waren; darunter stand: „Diese Namen sind die Namen der von mir Bestohlenen; daneben stehen die Summen, welche ihnen zurückzustatten sind; erheben Sie das Geld bei den Banquiers und nehmen Sie dann selbst insgeheim die Zurückerstattungen vor. Was übrig bleibt, ist mein rechtmäßig erworbenes Vermögen." Am folgenden Tage hatte Weresford London verlassen und war nach Frankreich gegangen. Am Hochzeitstage Eduard's und Marien's versammelte der Quäker eine Gesellschaft fröhlicher Freunde, unter denen sich viele befanden, die von dem Lobe des edelmüthigen Verfahrens der londoner Räuber überflossen, die ihnen durch Toby's Vermittelung das verlorene Capital nebst den Zinsen zurückerstattet hatten.

Ein Besuch im Silberbergwerk zu Kongsberg.*)

Das berühmte, oben genannte norwegische Silberbergwerk liegt im hohen Gebirge, etwa zwei Stunden von

---

*) Nach der Mittheilung eines französischen Reisenden.

der Stadt Kongsberg; zwei gleich malerische Wege, die zu demselben führen, schlängeln sich in die Tiefe bewaldeter, einsamer, unbewohnter Thäler hin, die einen angemessenen Aufenthaltsort der unsichtbaren Kobolde bilden, welche nach der Sage die Schätze des Bergwerks bewachen. Unerwartet weichen die mit Tannen bedeckten Hügel zurück und lassen einen weiten und öden Raum zwischen sich, der mit Steinhaufen und Felsenblöcken bedeckt ist. Inmitten dieses gestaltlosen Chaos erhebt sich der schroffe Jons Knuber bis zu 2000 Fuß Höhe und wacht über die Ebene wie ein Schildwache stehender Riese. An seinen graulichen Seiten entdeckt man die Hütten, in denen das Erz gewaschen wird. Von der Grube selbst erblickt man noch keine Spur; weder die Stimme eines Menschen, noch das Geräusch der Arbeit sind zu vernehmen; vergebens sucht man tiefe Schachte und knarrende Seile. Geheimnißvolle Stille ruht über der Gegend, und wenn man auf die einzige Öffnung, eine kleine gewölbte Thüre in der Seite des Felsens, aufmerksam gemacht wird, so glaubt man die Grotte einer Bergnymphe zu sehen. Bald aber schwindet dieser poetische Traum beim Anblick einiger Bewohner dieses Orts mit geschwärzten Gesichtern, Händen und Kleidern.

Wir waren Drei, ohne den schwedischen Führer, den wir klüglicherweise angenommen hatten. Eine gleiche Zahl von Bergleuten versah sich mit Kienfackeln, um uns zu geleiten. Im nächsten Augenblicke umhüllte uns tiefe Finsterniß, denn die Fackeln dienten nur, die Dunkelheit besser hervortreten zu lassen. Unsre kleine Schar ging in einer Reihe vorwärts und drang in das Innere des Bergs mittels eines in den Felsen gehauenen Stollns oder Ganges, der aber hoch genug war, daß wir aufrecht gehen konnten; seine Breite betrug etwa zwölf, seine Länge 6000 Fuß. Die Quellen, welche längs der Wände entspringen und fortlaufen, verursachen ein unaufhörliches Geräusch; da sie aber in hölzerne Röhrenleitungen eingeschlossen sind, so wird man vom Wasser nicht belästigt, nur ist die Luft feucht und kalt.

Als wir das Ende des langen Ganges erreichten, waren wir erst am Anfang unserer Strapazen. Bis dahin war unser Pfad vollkommen horizontal gewesen; aber hier stieg er fast senkrecht in die Eingeweide der Erde herab, nachdem er sich in eine weite Höhle erweitert hatte, die von einigen Schmiedefeuern matt erleuchtet war, um welche sich kräftige Schmiedegesellen mit bloßen Armen und schwarzen Gesichtern bewegten. In dieser Höhle wird das Arbeitszeug der Arbeiter geschärft, auch ist hier die Maschine in Thätigkeit, welche die Erz gefüllten Kübel emporhebt. In einem Winkel befindet sich die enge Öffnung, durch welche wir tiefer hinabsteigen wollten. Die Dunkelheit ließ uns die Sprossen der ersten Leiter nicht erkennen, weshalb einer unserer Fackelträger vorausging. Die beiden ersten Leitern waren zwar bald zurückgelegt, aber das Herabsteigen in dem engen Schacht, der noch enger ist als die Treppe eines kleinen Dorfkirchthurms, und dreimal so tief als der Thurm des Münsters zu Strasburg hoch, ermüdete bald unsere Handgelenke und Kniekehlen. Da die Leitern sehr steil waren, so mußten wir uns mit beiden Händen fest anklammern und die Füße fest und bedächtig aufsetzen. Mir schwindelte der Kopf und schmerzten die Kniee; selbst die Schreie der Arbeiter setzten mich in Schrecken und das Anschlagen der Erzkübel gegen die Wände des Schachts betäubte meine Ohren.

Als wir mit dem angenehmen Bewußtsein, 4000 Fuß Felsen über uns zu haben, unten anlangten, setzte uns der Anblick der Grube in Erstaunen. Statt einer weiten Aushöhlung mit zahlreichen Arbeitern bietet sie einen engen Raum dar, wo kaum ein paar Menschen zu gleicher Zeit arbeiten können. Das Silber ist in einer schmalen Ader enthalten, welcher die Grube auf ihrem geschlängelten Wege folgt. An der tiefsten Stelle, welche wir erreicht hatten, erweitert sich die Grube ein wenig und bildet eine kleine Kammer von etwa sechs Fuß Höhe und derselben Weite. Die hier befindlichen Arbeiter schlagen das Erz beim Fackelschein mit kleinen spitzigen Hämmern ab. Ihre Bekleidung beschränkt sich auf einen leichten Schurz, wovon wir den Grund sehr bald inne wurden. Die Hitze, welche durch unsere Fackeln noch vermehrt wurde, war nämlich wahrhaft unerträglich, und ich begreife nicht, wie die schwache menschliche Organisation es in dieser Glutatmosphäre längere Zeit aushalten kann. Halb erstickt durch den Rauch und über und über mit Schweiß bedeckt, traten wir schnell wieder den Rückzug an; ich glaube, wir wären gestorben, wenn wir nur einige Minuten länger geblieben wären. Gleichwol leben und arbeiten die armen Bergleute in dieser hohen Temperatur Tag und Nacht; nur früh fünf Uhr, Nachmittags vier Uhr und Abends neun Uhr ruhen sie aus. Da das ganze Gestein, in welchem sich die Hauptader befindet, einen gewissen Antheil des kostbaren Metalls enthält, so werden auch die kleineren Bruchstücke und der Staub gesammelt und in die Hütten, wo sie der Operation des Waschens unterliegen, transportirt. Den größten Theil des Silbers trifft man jedoch rein und in Barren, die man mit den kleinen spitzigen Hämmern losmacht. Ungeachtet der außerordentlichen Hitze, welche die Arbeiter nöthigt, fast ganz nackt zu arbeiten, bleiben sie doch in Folge der langen Gewohnheit vom Schweiße befreit. Ihr Gewerbe ist höchst ungesund und gestattet die Erreichung eines höhern Alters selten; gleichwol ist der Lohn sehr niedrig und beträgt täglich nicht über neun Groschen. Zwar werden die Arbeiter und Fremden, welche die Grube besuchen, nicht, wie in andern Bergwerken, durchsucht, doch ist es bei strenger Strafe verboten, sich nur das kleinste Bruchstück des Metalls anzueignen.

Die Aussicht, 40 Leitern hinan zu steigen, war nicht eben sehr erfreulich, wol aber die, nach beendigter Ascension das Tageslicht wieder zu erblicken. Als ich den blauen Himmel wieder sah, empfand ich einen ähnlichen Stolz, als der trojanische Held nach seinem Besuche in der Unterwelt. Man erzählte uns nachher, daß acht Tage zuvor mehre englische Damen dasselbe Wagniß bestanden hatten.

Orientalische Justiz.

Ein ägyptischer Bauer hatte 60 Reiyals (etwa $10\frac{1}{2}$ Thaler) Abgaben zu zahlen und besaß nichts als eine Milchkuh, die ihn und die Seinigen nährte. Der Steuereinnehmer fodert die andern Bauern des Dorfes auf, die Kuh zu kaufen, und da Alle sich weigern, läßt er die Kuh durch den Metzger schlachten und in 60 Theile theilen, welche 60 der wohlhabendsten Bauern kaufen und mit einem Reipal das Stück bezahlen müssen. Der arme Bauer läuft zu dem jetzt verstorbenen Defterdar Mohammed Bei und klagt ihm seine Noth, worauf dieser den Steuereinnehmer, den Metzger und die Käufer des Fleisches kommen läßt. Den Metzger fragt er, warum er die Kuh geschlachtet habe; als dieser sich damit entschuldigt, er habe nur gethan, was seine Obrigkeit ihm befohlen, befiehlt ihm der Defterdar, den Steuereinnehmer zu schlachten. Der Metzger vollzieht den Befehl mit denselben Gebräuchen, wie sie bei dem Schlachten eines Ochsen üblich sind, und schneidet dem Manne den Kopf ab. Hierauf läßt der Defterdar den Körper in 60 Stücke theilen, von denen jeder Käufer des Kuhfleisches eins zu dem Preise von zwei Reivals nehmen mußte; diese 120 Reivals bekommt der arme Bauer zur Entschädigung, der Metzger aber erhält als Schlächterlohn den Kopf des Steuereinnehmers.

(Zu den Anekdoten II und III aus dem Leben Friedrich's des Großen.)

Verantwortlicher Herausgeber: Friedrich Brockhaus. — Druck und Verlag von F. A. Brockhaus in Leipzig.

Das Pfennig-Magazin

für Verbreitung gemeinnütziger Kenntnisse.

377.] Erscheint jeden Sonnabend. [Juni 20, **1840**.

Poitiers.

Poitiers, die Hauptstadt des französischen Departements Vienne in der ehemaligen Provinz Poitou, liegt auf einem Hügel, fast auf allen Seiten von Felsen umgeben, am Zusammenfluß der sie beinahe ganz umringenden kleinen Flüsse Clain und Boivre, von denen jener diesen aufnimmt, um später selbst in die Vienne zu fallen. Die Stadt ist von einer alten Mauer umgeben, die mit Thürmen besetzt und von vier Thoren unterbrochen ist, welche mit ebenso vielen Brücken über den Clain in Verbindung stehen. Sie ist groß, aber sehr unregelmäßig gebaut und hat enge, krumme, schlecht gepflasterte Straßen, deren Häuser auf architektonische Schönheit keinerlei Anspruch machen können; auch die öffentlichen Plätze sind, mit Ausnahme des Königsplatzes, auf dem ehemals eine Statue Ludwig's XIV. stand, klein und unansehnlich; doch muß ein in dem erhabensten Theile der Stadt angelegter öffentlicher Spaziergang Boffac mit der Aussicht auf den Clain und die Umgegend mit Auszeichnung genannt werden. Die Domkirche, sowie die übrigen Kirchen sind nur ihres Alters wegen bemerkenswerth, aber noch interessanter ist in dieser Hinsicht das unter Ludwig XIII. großentheils zerstörte Schloß, an welches sich viele historische Erinnerungen knüpfen. Poitiers ist der Sitz eines Bischofs, der zu dem Sprengel des Erzbischofs von Bordeaux gehört, und enthält einen königlichen Gerichtshof, eine Akademie mit zwei Facultäten, Secundairschulen für Medicin, Chirurgie und Pharmacie, eine Zeichnen- und Bauschule, ein naturhistorisches Cabinet, einen botanischen Garten, eine Bibliothek von 22,000 Bänden, ein Lyceum u. s. w. Der Handel ist nicht sehr bedeutend; die Industrie beschränkt sich auf Strumpfwirkereien, Gerbereien, Branntweinbrennereien und Fabriken von wollenen Zeuchen. Die Einwohnerzahl belief sich nach der letzten Zählung auf 22,000. In geringer Entfernung von der Stadt ist ein celtisches Denkmal, bestehend aus einem länglich-runden Steine von 20 Fuß Länge und 17 Fuß Breite, der auf fünf Pfeilern 3½ Fuß über der Erde ruht.

Poitiers ist eine der ältesten Städte Galliens. Schon zur Zeit der Eroberung dieses Landes durch Julius Cäsar war sie ein ziemlich ansehnlicher Ort und zu der

Zeit des Ptolemäus, im 2. Jahrhundert, war sie noch bedeutender geworden. Sie hieß damals Limacum, nahm aber später den Namen der gallischen Völkerschaft Pictavi oder Pictones an, deren Hauptstadt sie war. Die Römer legten hier mehre große Werke an; von drei derselben, dem Palaste des Gallienus, einer Wasserleitung und einem Amphitheater, sind noch einige Spuren vorhanden. Im 4. Jahrhunderte wurde Poitiers der Sitz eines Bischofs; im fünften gehörte es den Westgothen; nach der Schlacht bei Bouille, in welcher Clovis den Alarich schlug, kam es zum fränkischen Reiche. In den Ebenen von Poitiers war es, wo Karl Martell im J. 732 der Macht der Sarazenen, die Gallien bis zur Loire und Saone überschwemmt und verheert hatten, einen Damm entgegenstellte und einen entscheidenden, glänzenden Sieg über sie erfocht, nachdem er sechs Tage lang ihren überlegenen Scharen Widerstand geleistet hatte. Durch die Vermählung der Prinzessin Eleonore von Aquitanien mit Herzog Heinrich von der Normandie, der nachmals den englischen Thron bestieg, kam Poitiers und die ganze Provinz Poitou im J. 1157 in den Besitz der Engländer, die sich 200 Jahre lang darin behaupteten. Im J. 1356 wurde in geringer Entfernung von der Stadt auf dem Felde Maupertuis bei dem Dorfe Beauvoir abermals eine berühmte Schlacht gekämpft, in welcher Eduard, Prinz von Wales, Sohn des Königs Eduard III. von England, bekannt unter dem Namen des schwarzen Prinzen, den er von der Farbe seiner Rüstung führte, den König Johann von Frankreich besiegte und zum Gefangenen machte. Die nähern Umstände dieser Schlacht waren folgende.

Nach dem Erlöschen der ältern regierenden Linie des capetingischen Hauses im J. 1328 war eine jüngere Linie desselben, genannt das Haus Valois, auf den französischen Thron gelangt; aber König Eduard III. von England glaubte wegen seiner Mutter, welche die Schwester der letzten drei Könige aus der ältern Linie gewesen war, ein näheres Recht zur Nachfolge zu haben und fing daher einen Krieg mit Frankreich an, der dieses Land vier Menschenalter hindurch verheerte. Sein vorher erwähnter Sohn, der schwarze Prinz, der bereits 1346 an der Schlacht bei Crecy Theil genommen, marschirte im J. 1355 von Bordeaux aus, das mit der ganzen Provinz Guienne im Besitz der Engländer war, mit 60,000 Mann über Toulouse nördlich, verheerte alles auf seinem Wege liegende Land und kehrte unangefochten nach Bordeaux zurück. Im folgenden Jahre unternahm er mit nur 12—14,000 Mann einen ähnlichen Kriegszug, drang bis zur Loire, in das Herz Frankreichs und bezeichnete jeden Schritt seines Marsches mit Feuer und Schwert. Der Unwille des bedrängten Volkes war aber auf den höchsten Gipfel gestiegen, und König Johann der Gute, der zweite König aus dem Hause Valois, marschirte mit einer sehr zahlreichen Armee gegen Poitiers, um die Engländer abzuschneiden; der Prinz setzte indeß seinen Marsch gegen dasselbe fort, ohne von den Bewegungen der königlichen Armee die mindeste Kunde erhalten zu haben. Am 17. Sept. stieß der Vortrab der Engländer ganz unerwartet auf den Nachtrab der Franzosen und der Prinz entdeckte zu seinem Schrecken, daß ihm der Rückzug abgeschnitten und die Umgegend voll feindlicher Truppen war; er wählte daher eine möglichst vortheilhafte Stellung, ein erhöhtes Feld, zu welchem für Reiter nur ein enger Zugang war, den er mit Bogenschützen besetzte. Am folgenden Morgen stellte König Johann seine Armee — die gegen 60,000 Mann (zum großen Theil Reiterei) stark war, während die englische nicht über 10,000 zählte — in drei Divisionen auf, von denen er selbst die erste, der Dauphin die zweite und der Herzog von Orleans die dritte (Reserve) commandirte. Die Schlacht sollte eben beginnen, als der päpstliche Legat, Cardinal Talleyrand, im Felde erschien und beide Parteien aufforderte, einen Vergleich zu schließen. Der schwarze Prinz war sogleich dazu bereit und erbot sich, alle auf dem Kriegszuge eingenommene Schlösser und Städte herauszugeben, alle seine Gefangenen ohne Lösegeld freizulassen und zu schwören, daß er in den nächsten sieben Jahren nicht wieder gegen den König von Frankreich zu Felde ziehen wollte. Der Letztere foderte aber, daß der Prinz und 100 seiner besten Ritter sich ihm als Gefangene stellten, worauf der übrige Theil der englischen Armee freien Abzug haben sollte, ein Verlangen, welches die Engländer einstimmig entrüstet zurückwiesen. Während der Unterhandlungen zogen die Engländer Gräben, warfen Dämme auf, errichteten eine Wagenburg u. s. w., und verstärkten auf andere Weise ihre schon an sich feste Stellung. Vergebens versuchte der Cardinal am folgenden Tage, von dem Könige annehmlichere Bedingungen zu erlangen; Prinz Eduard, hiervon benachrichtigt, traf guten Muths alle Anstalten zur Schlacht. Wol mochte das Andenken an die Schlacht bei Crecy, die kurz zuvor zwischen ebenso ungleichen Heeren gekämpft worden und zum Vortheil des schwächern ausgefallen war, nicht ohne Einfluß auf seinen und seiner Krieger Zuversicht sein. Des Prinzen Hoffnung beruhte darauf, daß man ihn angriff; geschah dies nicht, so mußte er, da es den Seinigen an Nahrungsmitteln fehlte, einen Versuch sich durchzuschlagen machen, dessen Gelingen fast unmöglich war. In der That wurde er, wie er erwartete, von einer Abtheilung französischer Reiterei angegriffen, aber die englischen Bogenschützen schossen auf die Pferde und brachten dadurch das ganze Corps in Verwirrung; bald war es in die Flucht geschlagen und sein vorneh mster Anführer, der Anderen gefangen. Dies brachte die ganze Division des Dauphins zum Wanken und als 600 englische Bogenschützen sie von der Seite angriffen, verließ der Dauphin mit 700 Lanzen das Feld und bald darauf folgten ihnen viele andere Ritter. Der Prinz nahm nun den günstigen Augenblick wahr und stürzte sich mit seiner Hauptmacht auf den Feind; vergeblich suchte der Connetable von Frankreich mit zahlreichen Reiterscharen das Feld zu behaupten, er selbst wurde erschlagen und mit ihm viele der vornehmsten Anführer. Die dritte Division unter dem Herzoge von Orleans floh ohne Schwertstreich; nur der größte Theil der ersten, die der König in Person befehligte, hielt nach dem Beispiele des Monarchen Stand. Wäre der Verstand des Königs Johann seinem Muthe gleich gekommen, so würde die Schlacht einen ganz andern Ausgang gehabt haben. Man hatte ihm gerathen, den Angriff mit seinem Fußvolk zu beginnen, er hatte aber diesen Rath verworfen und der Erfolg war, wie man gesehen hat, unheilvoll; als er aber nun die Engländer in Eile gegen sich anrücken sah, wandte er den frühern Rath unter völlig veränderten Umständen an. Er und seine Umgebungen, denen die Hauptmacht der Engländer gegenüber stand, kämpften zu Fuß mit großer Tapferkeit, während der größte Theil der französischen Armee ganz aufgelöst und auf der Flucht begriffen war; schon war der König verwundet niedergesunken, aber er erhob sich aufs neue und setzte muthig das Gefecht fort, ja er würde sich bis auf den letzten Blutstropfen gewehrt haben, hätte ihn nicht ein junger Ritter aus St.-Omer, der aus

Frankreich verbannt in englische Dienste getreten war, in französischer Sprache aufgefodert, sich zu ergeben, mit dem Erbieten, ihn zu dem Prinzen von Wales zu führen. Dieser Auffoderung gab der erschöpfte König Gehör, schwebte aber noch immer in bedeutender Gefahr, da ihn die englischen Soldaten noch mehrmals von dem Ritter, dem er sich ergeben hatte, trennten, um sich die Ehre seiner Gefangennehmung zuzuschreiben; endlich wurde er wohlbehalten in das Zelt des schwarzen Prinzen geführt. Die englische Armee benahm sich nach dem Siege sehr menschlich, weshalb das Blutvergießen verhältnißmäßig gering war. An 8000 Franzosen in Allem waren geblieben, aber die Zahl der Gefangenen war doppelt so groß als die Zahl der Sieger; unter ihnen befanden sich außer dem König 13 Grafen und 70 Barone. Der gefangene König wurde von dem schwarzen Prinzen höchst ehrerbietig und (ohne Rücksicht auf die Ansprüche des englischen Königs auf den französischen Thron) als König behandelt; bei dem Bankett, das ihm am Abend gegeben wurde, konnte der Prinz nicht bewogen werden, sich an der Tafel niederzulassen, weil er, wie er sagte, noch nicht würdig sei, mit einem so großen Fürsten und so tapfern Krieger an einer Tafel zu sitzen.

Aus der spätern Geschichte von Poitiers ist wenig zu bemerken. 1372 kam es in den Besitz Karl's V., der den Einwohnern wichtige Privilegien verlieh. Karl VII. verlegte die Parlamentssitzungen auf einige Zeit dorthin und stiftete hier 1431 eine Universität, die während der Revolution wieder einging und später durch eine Akademie mit zwei Facultäten ersetzt wurde. Ludwig VII. hielt in Poitiers Hof und vergrößerte und befestigte die Stadt.

Die Pehuenchen.

Ein Volk, das bisher fast ganz unbekannt war und über welches uns erst Professor Pöppig in Leipzig in der Beschreibung seiner Reise in Chile, Peru und auf dem Amazonenstrome nähere Nachrichten mitgetheilt hat, sind die Pehuenchen in Südamerika. Gleich den schon früher bekannten, im Süden von Chile wohnenden Araucanern gehören sie zu dem patagonischen Zweige der kupferfarbenen amerikanischen Menschenrace, unterscheiden sich aber von den Araucanern dadurch, daß sie Nomaden sind und auf einer noch weit niedrigern Bildungsstufe stehen. Im Sommer ziehen sie stets in den Anden herum, erscheinen bald als Hirten, bald als Räuber und dehnen ihre Streifzüge zuweilen bis an die Thore von Buenos Ayres aus, wo man sie unter dem Namen Pampas-Indier kennt, überschreiten jedoch selten den ihrem Stamme angehörigen Bezirk. Nur im Winter, besonders in den kalten Monaten Juli und August, erbauen sie sich Hütten, in denen sie überwintern, um mit dem Schmelzen des Schnees wieder ihre Wanderungen anzutreten. In mehren Hinsichten, namentlich in Betreff der Wohnungen, der Lebensmittel, der Gewandtheit im Reiten und der Waffen, zeigen sie viele Ähnlichkeit mit mehren Völkern Nordasiens. Ihre spitzigen, kegelförmigen Hütten bestehen aus aufgerichteten Stäben, über welche einige wohlbereitete Ochsenhäute befestigt sind, und gleichen den Jurten der Tataren; man errichtet sie am liebsten am Ufer eines Baches, dessen eiskaltes Wasser zum Baden dient. Vor jeder Hütte steht das Pferd seines Bewohners gesattelt, neben welchem die Lanze im Boden steckt. Der Hausrath im Innern ist sehr gering und beschränkt sich auf einige Schaffelle zum Schlafen, viereckige Säcke aus Kuhhaut, Sättel nebst Zubehör, eine Lanze, einen Lasso und Wurfkugeln. Auf einem in den Hütten brennenden Feuer wird fortwährend irgend etwas gekocht, denn die Pehuenchen sind sehr eßlustig oder vielmehr gefräßig und essen zu allen Stunden des Tages. Am meisten lieben sie das Stutenfleisch, das sie, wenn es an Gelegenheit fehlt, es zu rösten, ohne Bedenken auch roh verzehren. Monate lang sind sie allein auf Fleischkost beschränkt, da sie gar keinen Feldbau treiben; fast ihre einzige vegetabilische Nahrung besteht in den schmackhaften und nährenden, den Kastanien ähnlichen Kernen oder Nüssen der Araucaria oder Andentanne, eines schönen Baumes von etwa 150 Fuß Höhe, der in Chile auf den hohen Gebirgen wächst. Von diesem Baume hat auch das Volk seinen Namen, denn die einheimische Benennung des erstern ist Pehuen und die Endung che bedeutet Volk oder Leute, Pehuenches heißt also Leute aus den Araucarienwäldern. Aber die Pehuenchen sind nicht nur große Freunde der Speisen, sondern auch der Getränke und zwar der geistigen, welche aus mehren Pflanzen, wie den Berberitzen, der Aristotelia u. s. w. bereitet werden.

Das Loos der Frauen ist bei den Pehuenchen sehr hart, wie fast bei allen uncivilisirten Völkern; die schwerlichsten Geschäfte müssen sie besorgen, während die Männer der Ruhe pflegen; sie müssen die Pferde, welche jene reiten wollen, einfangen und satteln, bei Wanderungen die Lastthiere bepacken und auf den Ruheplätzen entladen, die Feuer anzünden, die Nüsse der Araucarien sammeln und bereiten, die geistigen Getränke anfertigen u. s. w. Das geringste Versehen bei Besorgung dieser mannichfaltigen Geschäfte zieht harte Züchtigungen nach sich, weshalb manche Pehuenchenweiber mit einer Menge tiefer Narben bedeckt sind. Den Besitz eines Mädchens erlangt ein Freier nur dadurch, daß er einen von den Ältern des Mädchens bestimmten, in Pferden, Sattelzeug, silbernen Sporen, Zierathen und Waffen oder auch in Kühen und Schafen bestehenden Preis erlegt; außerdem muß jeder Verwandte des Mädchens ein Geschenk erhalten. Sonstige Ceremonien finden bei Schließung der Ehen nicht statt und ebenso kann der Mann seine Frauen (nur die Ärmern begnügen sich mit einer) ohne Umstände verstoßen. So wenig Sinn für die Liebe den Pehuenchen nach dem Gesagten beiwohnt, so hohen Werth legen sie auf Freundschaft. Zwei Männer, die aneinander Gefallen finden, errichten mit gewissen Ceremonien ein Freundschaftsbündniß, das gewissenhaft aufrecht erhalten wird und in alle Lebensverhältnisse eingreift. Wenn zwei solche Freunde sich besuchen, so muß der Wirth ein Schaf schlachten und das gebratene Herz als erstes Gericht mit seinem Freunde verzehren. Im Kriege trennen sie sich nie und sind verbunden, sich nicht nur beizustehen, sondern im Fall der Noth sich Einer für den Andern zu opfern.

Die Familien sind nicht zahlreich, doch werden, wie es scheint, unverhältnißmäßig mehr Mädchen als Knaben geboren. Die Kinder lernen schon in sehr frühem Alter, sich hinter der Mutter an den Sattel festzuhalten und anhaltende Ritte zu ertragen; in einem Alter, wo unsere Knaben kaum allein gehen können, sind die Pehuenchen schon wilde Reiter, lernen auch sehr frühzeitig den Gebrauch der Waffen und liefern einander nicht selten blutige Gefechte, woran die Ältern ihre Freude haben. Die Mädchen lernen Mais zerquetschen, die Heerden abwarten, einen Poncho (Mantel) weben und färben u. s. w.

*

Was die Kleidung der Pehuenchen betrifft, so haben sie bei ihren Nachbarn immer für putzsüchtig gegolten, wiewol ihre gewöhnliche Kleidung überaus einfach ist und mit Ausschluß der Beinkleider und Hemden, gegen welche sie einen großen Widerwillen haben, in einem Poncho, der den Rücken bedeckt, und einer um die Hüften geschlagenen, bis auf die Knöchel herabhängenden und einem Weiberrocke gleichenden Decke besteht, die mit schweren silbernen Knöpfen besetzt ist. Außerdem tragen sie Ohrringe in Form von Vorlegschlössern, die durch Schnuren am Stirnbande befestigt sind und von denen das Paar an zwei Pfund wiegt; auch sind der Zaum und der einen Fuß breite silberne Schild, den die reichern Häuptlinge tragen, nicht selten von ansehnlichem Werth. Kopfbedeckungen sind unbekannt; man läßt das Haar frei wachsen. Die Weiber

Eine Patagonierin zu Pferde.

hüllen sich in eine einfache wollene Decke, die mit einem Gürtel befestigt wird, sodaß die Arme frei bleiben. Das Haupthaar fällt bei den Frauen in zwei langen Zöpfen herab, die unten durch Schnuren verbunden werden, an denen Schellen, Glaskorallen und polirte Kupferstücke in möglichst großer Anzahl hängen, sowie ähnliche Ketten, oft einige Pfund schwer, den Hals umgeben.

Stets sind die Pehuenchen mit einem der Nachbarvölker in Krieg begriffen, wozu Streitigkeiten über Weideplätze eine nie mangelnde Veranlassung geben. Jeder Häuptling zieht mit seinen Leuten ins Feld, ohne einen Oberbefehlshaber anzuerkennen. Die Kriegskunst des Volks besteht hauptsächlich in plötzlichen Ueberfällen unbewachter Ortschaften, die in Zeit von wenigen Stunden ausgeplündert und zerstört werden; die Heerden werden theils weggetrieben, theils getödtet, die Männer und Knaben ermordet, die Mädchen und jüngern Weiber in die Gefangenschaft geführt; das Anzünden der Hütten macht den Beschluß, und ebenso schnell als sie gekommen waren verschwinden die Pehuenchen. Im offenen Felde fehlt es ihnen nicht an Muth, ihr Angriff ist schnell und wüthend, aber von kurzer Dauer; einmal zurückgeschlagen erneuern sie ihn nicht leicht wieder. Bevor sie zu Pferd steigen, werfen sie ihre Kleidung ab und bestreichen Arme und Gesicht mit Pferdeblut, zu Fuß fechten sie nie; ihre einzige Waffe ist die Lanze, welche aus einem 18 Fuß langen Rohr eines baumartigen Grases, des Colligue, besteht, woran eine kupferne Spitze befestigt ist; was sie mit dieser nicht erreichen können, trifft der sichere Wurf der Wurfkugeln. Gefangene machen die Pehuenchen auf ihren zahlreichen Kriegszügen selten; ihre Gegner, die ihre Grausamkeit gegen gefangene Feinde kennen, vertheidigen sich eher bis auf den letzten Blutstropfen, als sie sich gefangen nehmen lassen.

Im Frieden sind die Pehuenchen gegen Fremde gastfrei, nehmen namentlich ihre Handelsfreunde aufs beste auf und sind im Handel ehrlich. Diese Freundschaft gegen die Weißen ist indeß nicht uneigennützig; die Indier sind sehr begehrlich und erwarten, ihre Geschenke durch werthvollere erwidert zu sehen. Gegen Unbekannte, Nichtempfohlene üben sie nicht selten ungescheut Raub und Mord. Auf Bezeigung gegenseitiger Achtung halten sie viel und erwarten sie auch von den Weißen; der gemeine Pehuenche gibt dem Fremden zum Gruß die Hand, der Häuptling umarmt ihn, was durch kräftiges Pressen erwidert werden muß; bei der Umarmung wird der Kopf dreimal gewendet, bald über die rechte, bald über die linke Schulter. Bei solchen Gelegenheiten fehlt es nicht an langen Anreden, wie überhaupt jene Nomaden sehr wortreich sind, eine Eigenschaft, die sie namentlich bei ihren öffentlichen Versammlungen an den Tag legen.

Spuren eines religiösen Cultus konnte der obenerwähnte Reisende bei den Pehuenchen nicht entdecken; sie haben nicht einmal ein passendes Wort für den Begriff der Gottheit, nur Bezeichnungen für einzelne Attribute derselben. Indeß glauben sie wie alle chilenischen Indier an eine Fortdauer der Seele und schmücken das Paradies, das sie jenseit des großen westlichen Meeres, in dem die Sonne untergeht, suchen, auf eine ihren Begriffen von Glück entsprechende Weise aus. Dem Verstorbenen männlichen Geschlechts gibt man das Reitzeug, die Lanze und Nüsse der Andentanne mit ins Grab, dem Reichen wol auch seinen besten Silberschmuck; bei einem Stamme wird der Todte und mit ihm sein bestes Pferd balsamirt, am Rauche getrocknet und erst spät begraben, bei einem andern wird das Pferd ohne Umstände angebunden. Die Leichname der Weiber werden ohne alle Ceremonien und am ersten besten Orte begraben. An Gespenster glauben alle Pehuenchen; am meisten fürchten sie sich vor ihren nächsten Verwandten, von denen sie glauben, daß sie in einer schrecklichen Gestalt wiederkehren; um den Verstorbenen die Rückkehr unmöglich zu machen oder doch zu erschweren, werden sie mit den Füßen zuerst aus den Hütten getragen. Jeden Schaden an ihren Heerden und unangenehme Vorfälle aller Art schreiben sie stets der Bezauberung eines feindlichen Stammes zu. Eine besonders angesehene Classe bilden unter den Pehuenchen die Matschis, d. h. solche Menschen beiderlei Geschlechts, die sich der Vertrautheit mit Geistern rühmen; solche Matschis sprechen über die Heerden des Feindes den Fluch aus, während sie die eigenen durch Zauberspruch zu sichern suchen. Die Matschis sind fast immer bejahrt, unterscheiden sich durch keinerlei äußere Kennzeichen und besitzen einige Kenntniß von den Heilkräften der Pflanzen, wodurch sie manche äußerliche Übel vertreiben. Auch den Aderlaß kennen sie, wenden ihn jedoch nicht sehr ungeschickt an, wobei sie sich eines mühsam zugespitzten Stücks Basalt, das in einem hölzernen Stiele befestigt ist, bedienen; doch können sie damit nur Adern, die der Haut zunächst liegen, aber nicht Adern in fleischigen Theilen öffnen. Bei Schmerzen, die an einen bestimmten Körpertheil gebunden sind, geben sie einen durch Zauberei dahin gelangten fremden Körper als Ursache an, machen einen flachen Schnitt in die Haut und stellen sich, als saugten sie Eidechsen, Nadeln, Stücke von Messerklingen u. s. w. aus der Wunde, wobei ihre Taschenspielerkunst die Anwesenden vollständig täuscht. Wer des Verbrechens, zum Nachtheil seines eignen Stammes Zauberei geübt zu haben, angeklagt ist, muß mit dem Feuertode dafür büßen, ein Schicksal, dem gewöhnlich nur kinderlose Witwen verfallen.

Die Strafen der Chinesen.

Die gewöhnlichste Strafe in China ist der Stock oder genauer genommen das Bambusrohr; die Anzahl der für jedes Vergehen zu ertheilenden Hiebe ist im Strafgesetzbuche des Reichs genau bestimmt; doch wird diese Strafe sehr oft in eine Geldbuße oder andere Strafe verwandelt. Vor dem Richter steht ein Behältniß voll hölzerner Bolzen; von diesen nimmt er bei jedem einzelnen ihm zur Entscheidung vorliegenden Rechtsfall einige heraus und wirft sie auf den Fußboden, worauf die Gerichtsdiener dem Delinquenten für jeden Bolzen vier Hiebe aufzählen. Die nächste Strafe ist der Block, auch das hölzerne Halsband genannt, bestehend in einer beweglichen hölzernen Wand, in welche der Verbrecher mit Kopf und Händen eingeklemmt ist; während dieser Lage, in der man ihn zuweilen einen Monat läßt, muß er gefüttert werden, da er die Hände nicht zum Munde führen kann. Nach dieser Strafe folgt die Verbannung, entweder in eine bestimmte Entfernung, oder aus dem Reiche, und entweder auf bestimmte Zeit oder für immer. Die Todesstrafe wird auf dreifache Art vollzogen; bei den leichtern Verbrechen durch Erdrosselung, bei den größern durch Enthauptung, bei Verrätherei, Vatermord, Kirchenraub u. s. w. durch Viertheilen oder Zerstückelung des Körpers, was die Chinesen den langsamen oder schimpflichen Tod nennen. Die Köpfe der Diebe und Mörder werden in einem an einer Stange hängenden Käfig an einer Wand ausgestellt.

Obgleich das Gesetzbuch keine eigentlichen Freiheitsstrafen kennt, so kommt doch Einkerkerung sehr oft, in der Regel aber nur bei Männern vor, und dauert, wiewol sie nur als Untersuchungshaft anzusehen ist, nicht selten ungebührlich lange; die Kerker der Chinesen, von ihnen mit dem Namen „Hölle" bezeichnet, sind abscheulich und noch mehr geeignet abzuschrecken, als die eigentlichen Strafen selbst. Um Geständnisse zu erpressen, bedient man sich einer Tortur, die im Zusammenpressen der Nägel oder Finger zwischen drei ein Dreieck bildenden Stöcken besteht, aber nur bei Personen zwischen 15 und 70 Jahren angewendet werden darf. Tortur sowol als Hinrichtung dürfen bei einer Frau erst 100 Tage nach ihrer Verhaftung vollzogen werden. In allen Fällen, wo das begangene Verbrechen nicht Todesstrafe nach sich zieht, kann der Schuldige, wenn er unter 15 oder über 70 Jahre alt ist, sich von der Strafe, die ihn treffen soll, durch Zahlung einer Geldsumme befreien. Bei Raub und Diebstahl kann im Fall der Zurückerstattung des geraubten Guts die kaiserliche Begnadigung erfolgen. Verbrechen, von Sklaven verübt, werden härter, dagegen Verbrechen gegen Sklaven gelinder bestraft, als wenn sie von freien Männern oder gegen solche verübt werden; so wird der Sklave, der seinen Herrn tödtet, mit der langsamen Todesstrafe, dagegen der freie Chinese, der einen Sklaven tödtet, gar nicht am Leben gestraft.

Die Theeläden in Petersburg.

Gleich den Engländern sind die Russen große Freunde des Thees, den sie durch ihren Verkehr mit China aus erster Hand beziehen; Thee ist ihr Morgen- und Abendgetränk, ihre Medicin in vielen Krankheiten und zuweilen ihre einzige Nahrung. Für ganze Völkerschaften in Rußland gibt der Thee das alltägliche und vornehmste Nahrungsmittel ab, mit dem sie selbst jedes Glas Wasser würzen. In der ganzen Mongolei ist der sogenannte Ziegelthee verbreitet, der mit einigen andern Kräutern und thierischen Bestandtheilen gemischt in feste Ziegelsteinformen gebracht wird, wie unser Bouillon, und eine sehr nahrhafte und beliebte Speise abgibt, die seit uralten Zeiten unter jenen Völkern gebräuchlich ist. Außer dem chinesischen Thee trinkt der gemeine Russe warme Aufgüsse von sehr vielen einheimischen Blüten und Beeren. Allerdings muß es auffallen, daß der Russe zwei so entgegengesetzte Getränke, wie Branntwein und Thee, gleich leidenschaftlich liebt; aber einigermaßen erklärlich wird es dadurch, daß der Thee dort in einer Güte getrunken wird, wie in keinem andern Lande, was daher kommen mag, daß gerade die nördlichen Provinzen Chinas, aus denen Rußland den Thee bezieht, der Entwickelung der Pflanze am günstigsten sind, der Seetransport aber den Duft dieser Blume verdirbt.

Die Theeläden Petersburgs, wo die vornehmsten Herrschaften persönlich ihre Einkäufe machen, vereinigen petersburger Luxus und chinesische Zierlichkeit. Gewöhnlich steht mit goldenen Buchstaben an den Fenstern: „Hier verkauft man alle Sorten chinesischen Thees." Die Anzahl dieser Sorten und Varietäten beläuft sich aber auf mehre Hunderte; die gemeinsten kosten 5—10 Rubel, die feinsten 100 Rubel das Pfund. Der Boden dieser Läden ist mit chinesischen Teppichen belegt, die Wände mit seidenen chinefischen Tapeten von der zierlichsten Stickerei behangen, auf denen chinesische Gärten mit hübschen Häusern und sorgfältig beschnittenen Bäumen dargestellt sind; zur Beleuchtung dienen bunte chinesische Papierlaternen. Alle Sachen und Möbeln sind von echt chinesischer Arbeit. Der lieblichste Wohlgeruch erfüllt die Atmosphäre und schmeichelt den Sinnen. Die kostbaren Blüten selbst sind in einer Menge von Kästchen und Beuteln von den verschiedensten Formen verpackt und in lackirten Schränken mit größter Ordnung arrangirt. Die kostbarsten Sorten liegen in Quantitäten von einem bis fünf Pfund in sauber gearbeiteten nußbraun oder schwarz lackirten und vergoldeten Schachteln von ganz vollendeter Arbeit. Auf manchen derselben sind Basreliefs angebracht, bei denen die menschlichen Figuren aus Papiermaché und die Kleider aus wirklichen Seidenstoffen bestehen. In diesen Kästchen, die der Erhaltung der Malerei und des Lacks wegen in zarte Papiere eingeschlagen sind, liegt der Thee nicht unmittelbar, sondern von einer innern blechernen Büchse umgeben. Beim Transport befinden sich die Kästchen von einem Geflecht aus Bambusrinde umgeben, zwischen welchem noch eine Menge Faserstoff eingeschoben ist, in großen Kisten, die mit behaartem Kalbleder umnagelt sind; die Emballage ist demnach so sorgfältig, daß von dem eigenthümlichen Aroma des Thees nicht das Mindeste entweichen kann.

Im Gefolge des Thees, welcher den Hauptzweck des russischen Verkehrs mit China bildet, werden noch eine Menge anderer Waaren in Rußland eingeführt; seidene und baumwollene Stoffe aller Art, Malereien, Pfeifen, Theegschirre, Mosaikarbeiten, Götterbilder, Laternen, Toiletten, Kästchen, Spielsachen, Alles höchst zierlich gearbeitet. Alle diese Artikel, für welche Irkutzk die erste, der Jahrmakt von Nowgorod die zweite, Petersburg die dritte Hauptniederlage ist, werden gleichfalls in den Theeläden feilgeboten, die zum Theil als vollständig assortirte chinesische Galanteriewaarenhandlungen gelten können. Man findet hier chinesische mit Gold oder Silber durchwirkte Stoffe, von denen die Elle oft mehre hundert Rubel kostet und die dennoch reißend abgehen. Zu den gewöhnlichsten Artikeln gehört unter andern eine große Art von Fächern oder vielmehr Lichtschirmen, deren sich die russischen Damen am Kamin bedienen; sie sind aus Federn, Pflanzenfasern, feinen Hölzern, dünnen Papieren, Seidenfäden oder andern zarten Stoffen verfertigt. Vorzüglich bewundern muß man die Leistungen der Chinesen in der Holzschneidekunst, welche dem Künstlichsten und Zierlichsten gleichkommen, was unsere Kunstcabinete von solchen Arbeiten aufzuweisen haben. Endlich sieht man in den Theeläden ganze Schränke mit zierlich gearbeiteten Puppen oder kleinen Automaten gefüllt, mit denen sich in China auch Erwachsene häufig belustigen. Man sieht darunter ein junges Mädchen, das auf einem weißen Pferde reitet, einen Schreiber, der mit vielen Papierrollen zum Gerichte läuft, zwei Mandarine, die vor einander tiefe Verbeugungen machen, Reiter auf Elefanten oder goldenen Drachen, Wasserträger u. s. w.

Von einigen Sumpfvögeln.

Die Sumpf- oder Waldvögel, die zweite große Vogelfamilie (wenn wir, wie gewöhnlich geschieht, die gesammte Vogelwelt in die drei Familien der Landvögel, Sumpfvögel und Schwimmvögel eintheilen) zerfallen wieder in drei kleinere Familien: in die reiherartigen, schnepfenartigen und hühnerartigen Sumpfvögel, von denen uns die zweite hier vorzugsweise beschäftigen soll. Die schnepfenartigen Sumpfvögel haben pfriemenförmige Schnäbel von verschiedener, meist ziemlich bedeutender Länge und kürzere Beine als die reiherartigen, weshalb sie auch nicht so hoch fliegen und sich meist in der Höhe der Bäume halten; sie laufen, wie die hühnerartigen, und zwar größtentheils sehr schnell, während die reiherartigen einen langsamen Gang haben. Ihre Nahrung nehmen sie, wie alle Sumpfvögel, ganz oder vorzugsweise aus dem Thierreiche und verschlucken sie ganz, ohne sie zu zerhacken oder zu zerreißen. Sie kommen in allen Zonen vor und sind auch in der kalten nicht selten. Die Geschlechter, welche hauptsächlich zu ihnen gerechnet zu werden pflegen, sind: der Ibis, die Schnepfe, der Säbelschnäbler, der Strandläufer, der Regenpfeifer, der Austernfischer, wozu Einige noch den Steinwälzer, den Sanderling, den Kampf-, den Sumpf-, den Ufer-, den Wasser- und den Stelzenläufer, den Wassertreter, die Uferschnepfe und den Brachvogel als besondere Geschlechter rechnen.

Die Schnepfen, von denen diese ganze Abtheilung der Vögel ihren Namen erhalten hat, haben ein befiedertes Gesicht, einen langen pfriemenförmigen Schnabel und mittelmäßig lange Füße. Ihre Größe wechselt von der eines Huhns bis herab zu der einer Lerche, zwischen welchen Grenzen die meisten in der Mitte stehen. Die neuesten Naturforscher haben das früher aufgestellte Geschlecht der Schnepfen in mehre getheilt und diejenigen Arten, deren Schnabel abwärts gebogen ist, unter dem Namen Brachvogel, einen Theil derjenigen aber, deren Schnabel gerade oder aufwärts gebogen ist, unter den Namen Wasserläufer und Uferschnepfe als besondere Gattungen abgesondert. Das so verkleinerte Geschlecht der Schnepfen umfaßt nur Vögel mit geradem Schnabel und wird von Naumann wieder in die Familien der Sumpfschnepfen oder Becassinen und der Waldschnepfen gesondert; von jenen kommen drei Arten, die große, gemeine und kleine Sumpfschnepfe, von diesen nur eine, die gemeine Waldschnepfe, in Deutschland vor. Sie sind halbe Nachtvögel, indem sie ihre meisten Geschäfte in der Dämmerung, ja wol in der Nacht, wenn diese hell ist, verrichten und am Tage ruhen. Auch ihre Wanderungen, die sie jährlich zweimal vornehmen, machen sie des Nachts und zwar, verschieden von den übrigen Schnepfenvögeln, einzeln. Ihr weicher, mit feinem Gefühl versehener Schnabel leistet ihnen beim Aufsuchen ihrer Nahrung, die in Würmern, Insekten und Insektenlarven besteht, die besten Dienste. Sie nisten an versteckten Orten im Gebüsch oder frei in den Sümpfen und legen nie mehr als vier birnförmige Eier; die Jungen laufen, wenn sie ausgekrochen sind, sogleich aus dem Neste. Ihres ungemein wohlschmeckenden Fleisches wegen haben die Schnepfen viele Feinde, sind in allen cultivirten Ländern ein Gegenstand der Jagd und werden sammt den Eingeweiden gegessen. Die große Sumpfschnepfe hat ungefähr die Größe der Turteltaube, ist leicht zu schießen, kommt aber in Deutschland nur einzeln vor. Die gemeine Sumpfschnepfe, bei Jagdliebhabern und Köchen unter dem Namen Becassine bekannt, ist um ein Drittel kleiner als jene, hat etwa die Größe einer Wachtel oder Drossel und ist sehr scheu; ihre Jagd wird trotz ihrer Beschwerden für eine der interessantesten gehalten, erfodert aber gute Schützen, weil man diesen Vogel fast ohne Ausnahme nur im Fluge schießt. Wegen ihres knurrenden oder brummenden Tons, der dem fernen Meckern einer Ziege täuschend ähnlich ist, nennt man diese Schnepfe zuweilen auch Himmelsziege oder Haberbock, dagegen führt sie den Namen Heerziege ganz mit Unrecht, da sie gar nicht gesellig ist. Die kleine Sumpfschnepfe, auch die stumme Schnepfe oder nur die Stumme genannt, ist wieder um ein Drittel kleiner als die vorige und überhaupt, so viel bekannt, die kleinste Art dieser Gattung; ihre Größe ist nur die einer Haubenlerche oder eines Kirschkernbeißers. Wegen ihrer Einfalt und Furchtlosigkeit sind viele Jagdliebhaber auf die Meinung gekommen, sie höre nicht, und in Frankreich nennt man sie deshalb die Taube (la sourde); bei den deutschen Jägern heißt sie die Stumme, weil sie ohne Geschrei auffliegt; erwiesenermaßen ist sie jedoch so wenig taub als stumm, hat aber eine sehr schwache Stimme, die sie nur höchst selten hören läßt, während die gemeine Becassine nie ohne lautes und wiederholtes Schreien auffsteigt. Die Waldschnepfen sind ziemlich plump, haben kurze Beine und große Köpfe und ihr Aussehen hat etwas Eulenartiges. Die in Deutschland vorkommende gemeine Waldschnepfe hat ziemlich die Größe des gemeinen Feldhuhns, aber längere Flügel, und sieht ihres dicken Rumpfes, kurzen und dicken Halses und eigenthümlich geformten Kopfes wegen höchst sonderbar aus; am Tage schläft sie oft sehr fest und hat unter allen schnepfenartigen Vögeln den langsamsten Flug, der viel langsamer als der eines Rebhuhns ist. Unter allen Schnepfen steht die Waldschnepfe ihrer Größe und ihres Wohlgeschmackes wegen am höchsten im Preise; viele Feinschmecker ziehen jedoch das Fleisch der Sumpfschnepfen, namentlich der großen, bei weitem vor. Die Eingeweide (der sogenannte Schnepfendreck) werden bei der Zurichtung dabei gelassen und gelten bekanntlich für die höchste Leckerei.

Der Brachvogel ist von mittlerer Größe, schlank gewachsen mit langem, dünnem Halse, kleinem Kopfe, großen spitzigen Flügeln und ziemlich hohen Beinen. Das Gefieder ist von oben lerchenfarbig, am Bauch weiß, der Schwanz weiß und braun gebändert. Diese Vögel wohnen an freien Gewässern, abwechselnd aber auch auf Brachäckern, andern gepflügten Feldern und Viehtriften; in hellen Nächten sind sie sehr munter und lebhaft. Unter allen Schnepfenvögeln haben sie die angenehmste, lautpfeifende und flötenartige Stimme und lassen sie oft hören. Ihr kunstloses Nest bauen sie meist an ganz trockenen Stellen. Das Weibchen legt stets vier große birnförmige Eier. Da sie sehr scheu sind, sind sie schwer zu schießen, folgen aber leicht Locktönen und werden auf dem Wasserschnepfenherde gefangen; ihr Fleisch ist sehr wohlschmeckend. Die ganze Gattung hat acht bis neun Arten, von denen drei in Europa und Deutschland vorkommen: der große, der Regen- und der dünnschnäblige Brachvogel. Der große, auch Doppel- oder Brachschnepfe genannt, ist von diesen Arten die größte und gleicht in der Größe einer Rabenkrähe; sein Schnabel gehört unter die längsten Vogelschnäbel und scheint mehre Jahre fortzuwachsen; bei alten Vögeln kommt er bis 7 Zoll lang vor. Auffallend sind die Veränderungen, die sein Gefieder durch Abreiben und Verstoßen erleidet, sodaß Vögel vor und nach der Mauser, die im Winter erfolgt, ganz erstaunlich verschieden sind. Die großen Brachvögel wandern selten einzeln, meist in Vereinen von 5—20 Stück und fliegen dabei meist sehr hoch, in einer einzigen schrägen Reihe. Dörfern und menschlichen Wohnungen kommen sie nie zu nahe; in den heißen Mittagsstunden sind sie auf Feldern und Viehweiden häufig und verweilen hier still und regungslos lange an derselben Stelle. Sie waden nicht nur im Wasser (oft bis an den Bauch), sondern schwimmen auch mit großer Gewandtheit über die Tiefe hinweg. Ihre Töne gleichen den Flötentönen und sind dabei so voll und kräftig, daß sie weit, viel weiter, als man den Vogel sieht, gehört werden; von vielen Vögeln zugleich ausgerufen klingen sie wie entfernte Orgeltöne. Weil der französische Name Louis die Stimme dieses Vogels einigermaßen versinnlicht, hat man ihm in manchen Ländern denselben beigelegt.

Die Uferschnepfen haben einen bald geraden, bald ein wenig aufwärts gebogenen Schnabel, sehr lange und dünne Füße, lange und spitzige Flügel und einen kurzen und abgerundeten Schwanz. Von den fünf bis sechs Arten dieser Gattung kommen drei in Deutschland vor, von denen die größte, die schwarzschwänzige oder große Uferschnepfe, auch See- oder Pfuhlschnepfe genannt, umstehend abgebildet ist. Sie ist ein sehr stattlicher Vogel von der Größe einer Haustaube und sieht nur ihres langen Schnabels, gestreckten Halses und ihrer hohen Beine wegen größer aus; die Weibchen sind merklich größer als die Männchen. Die vorherrschende Farbe ist am Frühlings- oder Sommerkleide rostroth, an dem sehr verschiedenen Winterkleide grau; der Hals und die Brust sind rostfarbig, im Winterkleide mit dunkelbraunen Flecken; der Schwanz ist schwarz, an der Wurzel weiß. Die ganze Gestalt dieses Vogels hat etwas Storchartiges; sein Gang ist anmuthig und leicht, sein ganzes Wesen aber weniger munter und beweglich als bei vielen verwandten Vögeln; sein Flug ist schön und gewandt. Seine reine, volle, flötende Stimme läßt er nur selten hören. Gesellschaft seines Gleichen sucht er nur auf dem Zuge, wo man höchstens 30—50 beisammen sieht. Die Eier — deren Zahl stets vier ist — sind ziemlich groß, an ihrer Farbe und matten Zeichnung leicht zu erkennen; die Alten lieben ihre Brut ungemein. Da dieser Vogel sehr scheu ist, so ist er ziemlich schwer zu schießen, weit leichter aber in Laufschlingen und auf dem Wasserschnepfenherde zu fangen. Das Fleisch ist sehr zart und schmackhaft und gibt dem der Becassinen wenig nach; auch die Eier sind wohlschmeckend, werden den Kibitzeiern weit vorgezogen, weil sie größer sind, und in Holland und andern Ländern in großer Menge aufgesucht und zu Markte gebracht.

Die Strandläufer haben ebenfalls lange Schnäbel und ziemlich hohe Füße und sind kleine Vögel, von denen nur wenige die Größe einer größern Drosselart erreichen. In ihrem Gefieder sind Grau, Braun und Rostfarbe vorherrschend; auch sie mausern jährlich zweimal und tragen ein vom Sommerkleide ganz verschiedenes Winterkleid. Sie sind Zugvögel und kommen auf der ganzen Erde vor; ihre Reisen machen sie meist in Gesellschaft, oft in großen Schaaren und zwar gewöhnlich in der Dämmerung. Die Strandläufer sind sehr beweglich, laufen sehr schnell und halten sich an den Ufern stehender Gewässer, selten der Flüsse auf. Ihr leichter und sehr schneller Flug geht in der Regel dicht über der Oberfläche des Wassers hin, oder wenn sie weit über Land müssen, hoch durch die Luft. Die Zahl der Eier ist drei bis vier; sie werden vom Weibchen allein ausgebrütet. Die meisten Arten sind nicht scheu, daher leicht zu schießen und zu fangen; ihres zarten Fleisches wegen, das namentlich im Herbst sehr fett und wohlschmeckend ist, sind sie sehr beliebt. Man kann unter den Strandläufern zwei Familien unterscheiden: mit geradem und etwas abwärts gebogenem Schnabel; von jener kommen drei, von dieser fünf

Arten in Deutschland vor. Zu den letztern gehört der hier abgebildete Alpenstrandläufer, auch lappländischer Kibitz, Meerlerche u. s. w. genannt. Er hat die Größe einer Lerche und sein Schnabel ist etwas länger als der Kopf, der Schwanz doppelt ausgeschnitten; die Weibchen sind merklich größer als die Männchen. Das Frühlings- oder Sommerkleid ist schön zu nennen; der Oberrücken ist schwarz gefleckt auf rostfarbigem Grunde, der Oberkopf gelblich rostfarbig, der Hals weiß, die ganze Brust bis auf den Bauch kohlschwarz. In Europa kommt dieser Vogel überall häufig vor, besonders an den Meeresküsten, ebenso in Asien, Nordafrika und Nordamerika; im August fängt er an auszuwandern und bringt den Winter an den Küsten Südfrankreichs und Italiens, zum Theil auch der Berberei und Ägyptens zu, im Mai oder Ende Aprils kehrt er wieder. Nach Mitteldeutschland kommen seltsamerweise fast nur junge Vögel. An den Küsten der Nordsee sieht man sie in großen Schwärmen von mehren Tausenden, wie in manchen Gegenden Deutschlands die Staare. Diesen sind sie auch darin ähnlich, daß sie die Wendungen ihres reißend schnellen Flugs alle zugleich, wie auf Commando, machen, weshalb eine fliegende Schar derselben einen interessanten Anblick gewährt. Man kann dann zuweilen 20 und mehr mit einem Schusse erlegen. Wie sie in Gesellschaften laufen und fliegen, scheinen sie auch gemeinschaftliche Brüteplätze zu haben, wie unsere Saatkrähen. In den Sümpfen Finnlands soll es von nistenden Vögeln dieser Art wimmeln; das Nest ist sehr kunstlos. Die Eier (nie über vier, selten darunter) sind von ansehnlicher Größe.

Der Alpenstrandläufer liebt vorzugsweise die schlammigen Ufer und zeigt vor Bäumen entschiedene Abneigung, weshalb er ihnen ausweicht, wo er kann. Weiter nach Norden steigt er auf die Berge und wohnt z. B. auf Island, in Lappland und im russischen Reiche im Sommer sehr häufig hoch zwischen den Gebirgen, weshalb ihm Linné, der ihn auf den lappländischen Alpen beobachtete, den Namen Alpenstrandläufer (tringa alpina) beilegte. Er ist zähmbar und gibt einen artigen Stubenvogel ab, der ungemein kirre wird, aber oft und reichlich mit frischem Wasser versehen werden muß.

1) Der Brachvogel. 2) Die Uferschnepfe. 3) Der Alpenstrandläufer.

Verantwortlicher Herausgeber: Friedrich Brockhaus. — Druck und Verlag von F. A. Brockhaus in Leipzig.

Das Pfennig-Magazin
für
Verbreitung gemeinnütziger Kenntnisse.

378.]   Erscheint jeden Sonnabend.   **[Juni 27, 1840.**

Laplace.

Pierre Simon Marquis von Laplace, einer der größten Mathematiker und scharfsinnigsten Denker, die je gelebt haben, wurde am 28. März 1749 in dem Flecken Beaumont-en-Auge im französischen Departement Calvados von völlig unbemittelten Ältern geboren. Schon in der frühesten Jugend legte er seine außerordentlichen Talente, insbesondere für die mathematischen Wissenschaften, an den Tag und berechtigte zu den schönsten Erwartungen. Noch war er nicht 20 Jahre alt, stand also in einem Alter, wo die meisten Jünglinge, die sich den Wissenschaften widmen, erst ihre Studien beginnen, als er der Mathematik bereits in solchem Grade mächtig war, daß er an der in seinem Geburtsorte errichteten Militairschule als Professor dieser Wissenschaft angestellt wurde. Nachdem er diese Stelle nur kurze Zeit verwaltet, legte er sie, weil sie ihm keinen seinen Geist befriedigenden Wirkungskreis gewährte, nieder, um nach Paris zu eilen und dort seine Ausbildung zu vollenden. Es konnte nicht fehlen, daß er sich bald bemerklich machte, da sein Talent zu eminent war, um lange verborgen zu bleiben; er fand daher zahlreiche Gönner, unter denen namentlich der berühmte d'Alembert ihn seiner Freundschaft würdigte und mit seinen Rathschlägen unterstützte. Durch die Gunst des Präsidenten Saron wurde er nach kurzer Zeit an Bezout's Stelle zum Examinator am königlichen Artilleriecorps ernannt — ein Amt, das einerseits ihn aller Nahrungssorgen überhob, andererseits ihm Zeit genug ließ, um seinen Studien zu leben — und in dem Alter von 24 Jahren zum Mitglied der Akademie der Wissenschaften erwählt. Von nun an gab er eine Reihe der scharfsinnigsten Abhandlungen über physische Astronomie heraus, von denen jede eine wichtige Bereicherung der Wissenschaft enthielt, und beschäftigte sich nebenbei, wie zur Erholung, auch mit Experimentalchemie. Beim Ausbruche der Revolution ließ er sich von dem Schwindel, der so viele der edelsten Geister Frankreichs erfaßte, gleichfalls fortreißen und war ein ebenso begeisterter Anhänger der Republik, als später ein eifriger und ergebener Anhänger Bonaparte's und noch später der Restauration. Bei der definitiven Organisation des polytechnischen Instituts erhielt er eine der ersten Lehrstellen dieser Anstalt, war auch eins der ersten Mitglieder des neu errichteten Längenbureaus. Bonaparte, an den er sich später anschloß, ernannte ihn nach Einsetzung der Consularregierung 1799 zum Minister des Innern, beging aber damit freilich einen großen Misgriff; Laplace, als Gelehrter so ausgezeichnet, eignete sich für diesen Posten durchaus nicht, weshalb schon nach sechs Wochen, im Dec. 1799, Bonaparte's

Bruder Lucian an seine Stelle trat. Bonaparte äußerte später, Laplace habe das Ministerium des Innern zu einem Gegenstande der Rechnung des Unendlichen machen wollen. Hierauf wurde Laplace zum Mitgliede des Erhaltungssenats, im Juli 1803 zum Vicepräsidenten, im Sept. d. J. zum Kanzler desselben und 1806 zum Grafen des Reichs ernannt. So viele Gunstbezeigungen vermochten dennoch nicht, dem Kaiser auf die Dauer die Anhänglichkeit Laplace's zu sichern; im J. 1814 war dieser einer der ersten Senatoren, die sich von Napoleon lossagten und für seine Absetzung, die Abschaffung des Kaiserthrones und die Errichtung einer provisorischen Regierung stimmten, und während der 100 Tage weigerte er sich, ein Amt anzunehmen. Von Ludwig XVIII. wurde er für diese dem bourbonischen Hause geleisteten Dienste durch die Ernennung zum Pair und zum Marquis belohnt. Zu seinen vielen Auszeichnungen kam 1816 noch die Wahl zum Mitgliede der französischen Akademie (die von der Akademie der Wissenschaften wohl zu unterscheiden ist und unter ihre 40 Mitglieder nur ausgezeichnete französische Dichter und Schriftsteller aufnimmt, von welcher also Mathematiker eigentlich von vorn herein ausgeschlossen zu sein scheinen, weil diese fast gar keine Gelegenheit haben, indem sie über Gegenstände ihrer Wissenschaft schreiben, sich durch Schönheit des Styls auszuzeichnen). Laplace starb zu Paris am 5. März 1827, 78 Jahre alt. Es ist natürlich hier nicht der Ort, auf die unsterblichen Verdienste, welche er sich um die Mathematik, namentlich die Analysis und die Astronomie erworben hat, hier näher einzugehen. Daher mag hier die Angabe genügen, daß die Mechanik des Himmels, die Darstellung des Weltsystems, die analytische Theorie der Wahrscheinlichkeit und die philosophische Abhandlung über die Wahrscheinlichkeit seine wichtigsten und scharfsinnigsten Werke sind, von denen schon das erste hinreichen würde, seinen Namen unsterblich zu machen.

Die Perser in London.

Vor einigen Jahren machten drei persische Prinzen, Oheime des jetzigen Schahs, eine Reise nach London, um König Wilhelm um Unterstützung ihrer Ansprüche auf den persischen Thron zu bitten. Ihr Tagebuch, das von einem sie begleitenden Perser ins Englische übersetzt und in London im Druck erschienen ist, enthält viele für europäische Leser bemerkenswerthe Schilderungen und Reflexionen, wie sie dem Bildungsgrade jener asiatischen Prinzen angemessen sind, wovon wir zur Probe Einiges hier mittheilen.

Über das Opernhaus in London heißt es in jenem Tagebuche: „Es ist ein sehr hohes, auf wunderbare Art gebautes Haus. Vom Dache bis zum Fußboden und an den Seiten sind kleine Zimmer von Holz, die man Logen nennt; diese sind geziert mit Decken und Sammt, vor jeder Loge sind 40 Leuchter von geschliffenem Glas, jeder hat 50 Lichter; andere Lichter sind in allen Theilen des Hauses. Jedes Licht hat fünf Arme und eine Röhre, die durch die Berührung eines Instruments alle Lichter auf einmal dunkel macht, wenn man aber das Instrument anders dreht, so strahlen sie sogleich wieder ein glänzendes Licht aus. — Da sind junge Frauen mit Gesichtern, die dem Vollmonde gleichen, deren Schönheit den Glanz der Sonne verdunkelt, und eine Gesellschaft schöner junger Männer. Die Musiker spielen auf Instrumenten, daß es eine Lust ist. Feder und Zunge sind nicht im Stande, Alles, was man hier sieht, gehörig zu schildern. In den Logen saßen mehr als tausend schöne Frauen, prächtig mit Juwelen geschmückt. Der Glanz ihrer reizenden Gesichter fesselt das Herz; meine Seele schrie laut auf und begehrte den Körper zu verlassen, um sich diesen Houris nähern zu können. An besondern Plätzen sind anmuthige Frauen mit Gesichtern gleich leuchtenden Spiegeln, welche Erfrischungen verkaufen. Dieser Ort scheint die Nahrung des Lebens zu geben. Eine Hand faßt die andere; man setzt sich und beginnt ein Gespräch; das Vergnügen scheint ohne Ende. Ich habe keine Kraft, es zu beschreiben; wer mehr wissen will, begebe sich dorthin, wo er alle Lust des Lebens finden wird."

In dem zoologischen Garten sahen sie nach ihrer Angabe Vieles, was vor ihnen noch Niemand gesehen hatte; sie sprechen von mehr als 30,000 Arten Vögel, die sich dort befinden sollen, und von Elefantenvögeln, welche die Gestalt des Elefanten, nur ohne seinen Rüssel, und 15 Ellen lange Flügel haben. Noch mehr setzte sie aber das Colosseum in Erstaunen, und das darin aufgestellte Panorama von London erwies sich an ihnen so täuschend, daß sie es lange für Wirklichkeit hielten. Sie sagen darüber: „Darauf führte man uns die Treppe hinauf und ließ uns dann in ein Zimmer treten. Auf einmal verließ dieses seinen Platz und stieg mit der Schnelligkeit eines Adlers in die Luft. Nach einer Stunde hielt der Vogel still, faltete seine Schwingen und öffnete seinen Schnabel; wir gingen heraus und traten aus dem Zimmer auf eine Terrasse. Hier hat man eine herrliche Aussicht auf die Stadt mit der Themse und ganz England bis ans Meer; wir sahen alle Gebäude und Gärten, alle Menschen auf den Straßen, hörten ein Getöse von Wagen, Kutschen und Pferden; auf der Themse sahen wir einen Wald von zahllosen Schiffen, die theils vor Anker lagen, theils fuhren; eine große Menge Dampfboote kam und ging. Viele Menschen gingen in die Kirche, andere spazierten umher oder ritten in den schönen Gärten. Ein Fernrohr ließ uns Alles in der größten Entfernung erkennen. Als ich das Land hinreichend betrachtet, sagte ich zu Herrn Fraser (einem der persischen Sprache kundigen Engländer, der die Prinzen in England begleitete), das sei zwar eine treffliche Aussicht, doch würde ich lieber etwas von der englischen Kunst sehen, und bat ihn, uns an einen solchen Ort zu führen. Herr Fraser lachte und sagte: „Es gibt keine größere Kunst, als Das, was ihr seht." Wir fragten: „Was ist das für eine Kunst? Was anders als die Macht des Schöpfers, auf dessen Befehl die Welt mit ihrer Schönheit entstanden ist?" Da sprach er: „Der Himmel, den ihr hier seht, ist nur wenige Schritte von euch entfernt; werft ihr eine Orange nach ihm, so kommt sie zu euch zurück; die Stadt, die Wohnungen und die Menschen sind nicht weiter als sechs Schritte." Ich wurde unwillig, da ich glaubte, er wolle unserer spotten, und sagte: „Haben wir nicht Augen, um Natur und Kunst zu unterscheiden?" Darauf führte uns Herr Fraser einige Stufen hinauf, wo wir dasselbe Schauspiel sahen, aber jetzt schien die Sonne und vorher war es wolkig. Wir gingen nun hinauf und hinunter und erkannten endlich, daß alle diese Wunder nur durch ein Gemälde hervorgebracht wurden. Wir konnten es nicht glauben, bis wir das Geheimniß sahen, durch welches diese künstliche Natur hervorgebracht wird."

In den glänzenden Zirkeln der Hauptstadt gefiel sich namentlich der eine Prinz, Taymur Mirza, welcher zu einer jungen Engländerin eine heftige Neigung faßte.

Über den Schluß dieser Bekanntschaft schreibt sein Bruder: „Als unsere Freunde sahen, daß Taymur nur wegen der Gegenwart dieser jungen Dame an ihren Gesellschaften Gefallen finde, luden sie sie öfter ein. Als wir einmal zu einer Abendgesellschaft kamen, bemerkte Taymur, daß das Haus finster sei; er blickte überall hin, aber sein Stern erschien nicht am Horizonte. Da sagte er zu sich selbst: Ich habe das Gesicht meiner Augen verloren, darum laßt mich sterben. Dann zwang ihn sein Herz, zum Wirth zu gehen und ihn laut zu fragen, wo die Dame sei. Die Gesellschaft lachte laut und man sagte ihm: Sie ist fern von Ihnen. Vor zwei Tagen verfiel sie in Liebe zu einem jungen Mann, mit dem sie in die Kirche ging und verheirathet wurde; Beide haben die Stadt verlassen, wandeln jetzt unter Blumen und genießen das Glück der Liebe. Als Taymur Mirza dies vernahm, wurde er fast wahnsinnig und konnte lange nicht getröstet werden."

Marokko.*)

Das Kaiserthum Fez und Marokko, gegenwärtig der den Europäern am wenigsten zugängliche Theil vom nördlichen Afrika, bildet die nordwestliche Ecke dieses Welttheils, grenzt im Norden an das mittelländische Meer und die Meerenge von Gibraltar, im Westen an den atlantischen Ocean, im Süden an die Wüste Sahara, im Osten an die Landschaft Biledulgerid und an die Regentschaft Algier, von der es nur im Norden durch eine natürliche Grenze, den Fluß Maludscha, geschieden wird, und hat einen Flächenraum von 7—8000, nach Andern aber von 13,700 Quadratmeilen, also nach der erstern Angabe ungefähr mit Spanien, nach der letztern mit Deutschland gleiche Größe. Noch schwankender als über die Größe sind die Angaben über die Bevölkerung, die von Einigen auf nur fünf Millionen, von Andern mit mehr Wahrscheinlichkeit auf das Dreifache dieser Zahl geschätzt wird. Die Einwohner, welche sich der großen Mehrzahl nach zur mohammedanischen Religion bekennen, zerfallen in mehre Classen oder Stämme, namentlich aber in Mauren oder Stadtbewohner; Araber oder Landbewohner; Amazirghen, Berbern (eigentlich Berebbers) und Tuariks, die wahrscheinlich Nachkommen der Ureinwohner des Landes (der alten Getulier) sind und Viehzucht, Ackerbau und Jagd treiben, und Schellöchen in den südlichen Gebirgen, die ebenfalls Ackerbau, besonders aber Handel treiben, wozu noch etwa 120,000 Schwarze und 540,000 Juden kommen. Die Letztern treiben sehr bedeutenden Handel, leben aber unter dem härtesten Drucke und sind Demüthigungen aller Art unterworfen; sie dürfen sich nicht zu Pferde erblicken lassen, keine andere Kleidung als schwarze tragen, müssen vorkommenden Falls Scharfrichterdienste verrichten u. s. w. Überaus gering ist die Zahl der sich im Lande aufhaltenden Christen, deren kaum 300 sein mögen; übrigens ist die Christensklaverei bereits im Jahre 1815 von dem vorigen Sultan Mulei Suleiman mit einer bei orientalischen Regenten ziemlich seltenen Humanität aus eigenem Antrieb aufgehoben worden. Die Bildungsstufe, auf welcher die Einwohner stehen, ist sehr niedrig und statt eines Fortschreitens in der Cultur ist in vieler Hinsicht ein Rückschreiten nicht zu verkennen; die europäische Civilisation hat bisher noch gar keinen Eingang finden können; die von frühern Herrschern angelegten reichhaltigen und berühmten Bibliotheken sind theils zerstreut, theils ganz vernichtet.

Das Klima des Landes ist im Allgemeinen sehr schön, gesund und stärkend, im Norden fast wie in Portugal und Spanien. Der Boden ist sehr fruchtbar, namentlich im Innern, wo man fast überall dreimal im Jahre ernten kann. Zur Bearbeitung des lockern Bodens genügt eine hölzerne Pflugschar, die fünf bis sechs Zoll tief einschneidet; Düngung ist unnöthig; das Korn trägt 20—30=, nicht selten 60—80fach. Nur an der Seeküste ist der Boden größtentheils felsig und unfruchtbar. Die Hauptproducte sind Getreide (besonders wird Moorhirse zum Brotbacken verwandt), Mandeln, Datteln, Feigen, Gummi, Wachs, Honig, Öl, Salz, Kupfer; auch Eisen, das trefflich sein soll, wird gewonnen, desgleichen Blei; Gold= und Silbermienen sind in mehren Gegenden vorhanden, werden aber größtentheils nicht mehr bearbeitet. An trefflichen Schafen und Ziegen ist Überfluß; die zahlreichen Strauße einiger Landestheile zeichnen sich durch die schönsten Federn aus. Die vorzüglichsten Fabrikate bestehen in feinen Lederarten, die unter den Namen Maroquin, Saffian und Corduan bekannt sind (das beste rothe kommt aus Fez, das beste gelbe aus Marokko und das beste grüne aus Tafilelt), ferner in rothen Mützen, seidenen Zeuchen und Teppichen. Der Handel, welchen die Marokkaner treiben, ist ziemlich bedeutend, aber fast nur Tauschhandel.

Ehemals zählte man dieses Land, wie Algier, Tunis und Tripolis, zu den Barbareskenstaaten, doch hat es nie, wie jene, unter türkischer Botmäßigkeit gestanden, und wiewol es mit der türkischen Regierung, sowie mit andern mohammedanischen Staaten immer in gutem Vernehmen gestanden hat, so werden doch im ganzen Lande keine Türken geduldet. Die Seeräuberei, welche Marokko in frühern Zeiten mit den genannten drei Staaten gemein hatte, wird schon seit 1817 nicht mehr oder doch nicht mehr im Großen ausgeübt. Die meisten europäischen Seemächte fanden es schon in frühen Zeiten gerathen, ihre Unterthanen durch besondere Verträge mit diesem Lande, wie mit den andern Raubstaaten, gegen die Seeräuberei sicher zu stellen, und ließen sich zum Theil zur Zahlung eines regelmäßigen, mehr oder minder ansehnlichen Tributs herab; noch jetzt zahlt Dänemark jährlich 25,000, Schweden 20,000 Piaster an Marokko, das überhaupt mit folgenden 12 christlichen Mächten einen durch Verträge geordneten diplomatischen Verkehr unterhält: England, Frankreich, Östreich, Holland, Dänemark, Schweden, Spanien, Portugal, Toscana, Sardinien, Neapel und Sicilien, Vereinigte Staaten von Nordamerika. Indeß ist Marokko noch in der neuern Zeit mehrmals in Krieg mit europäischen Mächten verwickelt und dann jedesmal zum Nachgeben veranlaßt worden; zuletzt bekriegten Östreich (im J. 1830) und Neapel (1834) die Marokkaner durch Absendung von einigen Schiffen, die einige Hafenstädte beschossen; beide Kriege wurden aber sehr bald durch Friedensschlüsse, die den genannten Mächten günstig waren, beendigt. Ernsthafter könnte ein Streit mit Frankreich werden, der seinem Ausbruche nahe zu sein scheint. Als nämlich die Franzosen 1830 Algier erobert hatten, glaubte der Sultan von Marokko seine Ansprüche auf das Gebiet von Oran, namentlich auf den District von Tlemezen, geltend machen zu können und ließ durch seinen Neffen Mulei Ali mit ansehnlicher Macht die Städte Mascara und Tlemezen besetzen; seine Scharen drangen bis vor die Thore von Oran. Der damalige Gouverneur von Algier, Mar-

---

*) Vergl. Pfennig=Magazin Nr. 18, 21 und 23.

schall Clauzel, ließ dem Sultan eine gegen dieses Verfahren protestirende Note überreichen und sandte, da sie ohne Antwort blieb, eine Brigade unter den Befehlen Damrémont's nach Oran; zwar wurden die von ihm gethanen Schritte von seiner Regierung nicht durchgängig genehmigt, aber der Sultan sah sich durch innere Unruhen genöthigt, seine Truppen zurückzuziehen. Später wiederholte er seine Umtriebe und marokkanische Truppen fielen abermals in das Gebiet von Algier ein, weshalb im J. 1832 der Marquis von Mornay als außerordentlicher Gesandter nach Marokko geschickt wurde, um energische Vorstellungen zu machen, worauf der Sultan nachgab und seine Truppen abermals zurückzog. Neuerdings hat er jedoch den Emir Abd-el-Kader, der seine meisten Kriegsbedürfnisse aus Marokko beziehen soll und bei den meisten Feldzügen von einem marokkanischen Hülfscorps begleitet wird, das z. B. an der Tafna 6000 Mann stark war, zu offenkundig unterstützt, als daß die Franzosen dieses feindselige Benehmen länger ignoriren könnten. Sonst hat sich der jetzige Beherrscher von Marokko, Mulei Abderrahman, der gegenwärtig etwa 62 Jahre alt ist, seit dem 28. Nov. 1822 regiert und Sultan, Kaiser oder Scherif genannt wird, gewöhnlich aber den Titel Emir-al-Mumenin, d. h. Beherrscher der Gläubigen, führt, im Ganzen ziemlich friedliebend und gegen die Christen mild und schonend gezeigt. Er soll in gerader männlicher Linie von der einzigen Tochter des Propheten abstammen und herrscht völlig unumschränkt. Die Armee ist nicht sehr zahlreich; das stehende Heer soll nur 15—16,000 Mann betragen, worunter die Hälfte Neger; in frühern Zeiten soll es doppelt so stark gewesen sein. Festungen zählt das Reich 24; die Flotte, welche noch zu Ende des 18. Jahrhunderts gegen 50 Schiffe mit 6000 Seeleuten zählte, besteht jetzt nur noch aus 3 Briggs mit 40 Kanonen und 13 Kanonenschaluppen.

Ansicht der Stadt Marokko.

Die Haupttheile des Landes sind die Provinzen oder sogenannten Reiche Fez und Marokko, wozu noch im Süden die Provinzen Tafilelt, Susa u. s. w. kommen. Die größte und wichtigste Stadt ist Fez, im nördlichsten Theile des Reichs, etwa 46 Meilen von der Meeresküste gelegen, deren Einwohnerzahl auf 80—100,000 angegeben wird; sie liegt größtentheils auf Hügeln, enthält mancherlei Fabriken, besonders von rothen Mützen (die den Namen der Stadt führen) und Teppichen, und treibt einen lebhaften Handel. Ehemals war sie noch ungleich bedeutender und volkreicher als jetzt; von ihren 700 Moscheen sind jetzt nur etwas über 100 noch übrig. Als die eigentliche Hauptstadt wird gewöhnlich die 50 Meilen weiter nach Süden liegende, ungemein weitläufige Stadt Marokko oder eigentlich Marakſch angesehen, auf welche sich unsere Abbildung bezieht. Sie liegt auf einer 1200 Fuß hohen Hochebene, nur vier Meilen vom Gebirge, in einer angenehmen und fruchtbaren Gegend. In einiger Entfernung gewährt die Stadt einen romantischen Anblick; hin und wieder ist die sie umgebende Ebene mit kleinen Palmhainen geziert und im Hintergrunde ragen die schneebedeckten Gipfel des Atlas hervor. Im Sommer herrscht hier eine sehr große Hitze, wiewol die Nächte sehr kühl sind, im Winter aber eine strengere Kälte als in andern Theilen des Landes, was jedenfalls der Nähe des Gebirges zugeschrieben werden muß, das aber zugleich gegen den glühenden Samum wohlthätigen Schutz gewährt. Jasmin, Orangen, Citronen, Jonquillen, Rosen, Lilien wachsen hier überall im Freien ohne alle Pflege; im Frühlinge ist die Luft ganz erfüllt mit balsamischen Wohlgerüchen. Von Früchten findet man treffliche Pomeranzen, Feigen, Wassermelonen, Aprikosen, Pfirsiche, Datteln, Granaten, Trauben u. s. w. Die Stadt selbst, im J. 1052 erbaut, ist zwar sehr verfallen, wie sich daraus schließen läßt, daß sie im 12. Jahrhunderte in 100,000 Häusern 700,000 Einwohner enthalten haben soll, jetzt aber kaum noch 30,000

Einwohner zählen mag; aber noch immer zeigt sie viele Spuren ihrer ehemaligen Herrlichkeit. Wie alle orientalische Städte ist sie voll Unreinigkeit; außer zahlreichem Ungeziefer sollen Scorpionen und Schlangen in den Häusern sehr häufig sein. Die sie umgebenden Mauern sind sehr dick, angeblich 30 Fuß hoch, alle 50 Schritte mit viereckigen Wachthürmen versehen und sollen einen Umfang von 1½ — 2 Meilen haben; der Raum innerhalb derselben ist jedoch zum größten Theile mit Gärten und Ruinen bedeckt. In einer abgesonderten Vorstadt wohnen die Aussätzigen. Den wichtigsten Gewerbszweig der Stadt bildet die Verfertigung von feinem Leder, das daher den Namen Maroquin führt. Der einen besondern Stadttheil bildende Palast des Sultans ist aus gehauenen Steinen erbaut und hat mit seinen drei Gärten angeblich über eine Stunde im Umfange; der Sultan residirt abwechselnd hier und in seinem prachtvollen Palaste in Mequinez oder Miknás, einer acht Meilen südwestlich von Fez, in einem schönen und fruchtbaren Thale liegenden, sehr alten und stark befestigten Stadt, deren Einwohnerzahl bald auf 15,000, bald auf 55,000, bald sogar auf 110,000 angegeben wird, ein schlagender Beweis, wie wenig man sich auf Bevölkerungsangaben aus nicht civilisirten, besonders aber aus mohammedanischen Ländern verlassen kann. Die genannten drei Städte liegen sämmtlich im Innern, wo außerdem noch die angeblich 30,000 Einwohner zählende Stadt Wedinun oder Nun in der Provinz Susa, zwischen dem westlichen Atlas und der Wüste, Erwähnung verdient. Ungeachtet der großen Ausdehnung der Küsten hat das Reich nur wenig gute Häfen. Den Europäern ist nur in folgenden der Zutritt gestattet: Tetuan, an der Nordküste, eigentlich der einzige marokkanische bedeutende Hafen am mittelländischen Meere, aber seiner wilden und zügellosen Bevölkerung wegen sehr im Verruf; Tanger, gleichfalls an der Nordküste oder vielmehr an der Nordwestspitze von Afrika, der bequemste und sicherste vor allen, Sitz der europäischen Consuln; El-Araisch, gewöhnlich Laraice genannt; Rabat mit 27,000 Einwohnern; Mogadore (oder Suira) an der Westküste mit 16,000 oder nach Andern 36,000 Einwohnern. An der Nordküste besitzen die Spanier seit dem 16. Jahrhunderte vier Punkte: die stark befestigte Stadt Ceuta, Gibraltar gegenüber, am Fuße des Affenbergs, einer der Säulen des Hercules, und die kleinen, gleichfalls befestigten Ortschaften Peñon de Velez, Melilla und Alhucemas; sie führen den gemeinschaftlichen Namen Presidios, haben zusammen etwa 9000 Einwohner und dienen der spanischen Regierung als Verbannungsort für Verbrecher.

Von den Höhlen.

Einen sehr interessanten Gegenstand der physischen Erdbeschreibung bilden diejenigen auf natürlichem Wege entstandenen Höhlen oder leeren Räume im Innern der Erde, die man Höhlen oder Grotten nennt. Ohne Zweifel sind sehr viele derselben durch das Erheben der Bergmassen bei der Urbildung der Erde, sowie durch das Feuer der Vulkane gebildet worden und aller Wahrscheinlichkeit nach befinden sich die Herde der noch jetzt thätigen Vulkane nahe bei oder in solchen unermeßlichen Höhlen; aber gerade diese, welche sicher unter allen die größten sind, sind unserer unmittelbaren Beobachtung entzogen, ebenso wie diejenigen, welche als unterirdische Wasserbehälter dienen und zahlreiche Quellen speisen; von allen diesen kann daher hier nicht weiter die Rede sein. Was aber die zu Tage ausgehenden, uns zugänglichen Höhlen betrifft, so zerfallen sie nach Humboldt ihrer Gestalt nach in drei wesentlich verschiedene Hauptclassen: 1) Höhlen, welche die Gestalt von Spalten oder Rissen haben und nur an einem Ende zu Tage ausgehen; sie sind immer schmal und lang gezogen. 2) Höhlen, welche an beiden Enden zu Tage ausgehen; wenn sie so gerade sind, daß das Tageslicht oder gar die Sonne durchscheinen kann, so nennt man sie nach Kant's Vorgange durchscheinende Höhlen; zu diesen gehört, als berühmtestes Beispiel dieser Art, die Martinswand im Tschingalhorn in der Schweiz, durch welche die Sonne zweimal im Jahre scheint. 3) Höhlen, die aus einer Reihenfolge von größern, ungefähr in gleicher Höhe und Richtung liegenden Räumen bestehen, welche durch verhältnißmäßig schmale Gänge verbunden sind; diese Höhlenform kommt unter allen am häufigsten vor.

Was die Gebirgsarten betrifft, in denen Höhlen vorkommen, so ist zu bemerken, daß dieselben im Urgebirge weit seltener, als in den jüngern Formationen, am seltensten aber in den ältesten Felsmassen der Granit- und Gneisformation sind. Hierher gehören die in der Schweiz und der Dauphiné vorkommenden sogenannten Krystallhöhlen, deren Wände mit Säulen von Bergkrystall bedeckt sind; ferner die Klüfte im Granit in Schweden und Norwegen, die nach Pontoppidan's und Anderer fast fabelhaft klingenden Erzählungen eine ganz ungeheure Ausdehnung und Tiefe haben, namentlich die Höhle bei Friedrichshall, ein Loch von nur etwa vier Fuß Umfang, bei welchem das Geräusch des Auffallens eines hineingeworfenen Steines erst nach 1½ bis 2 Minuten gehört wird, was eine senkrechte Tiefe von mindestens 40,000 Fuß (fast zwei deutsche Meilen) anzeigen würde. Häufiger sind die Höhlen im Kalksteine des Urgebirges, wohin mehre der berühmtesten Höhlen (z. B. die von Antiparos) gehören; auch im Übergangs- und Flötzgebirge kommen wenigstens die größern Höhlen fast ausschließlich in Kalkstein vor, namentlich aber ist der Kalkstein der Jura-Formation, deshalb auch Höhlenkalk genannt, wegen seines Reichthums an Höhlen zu bemerken. Auch der salzführende oder sogenannte ältere Gyps ist reich an Höhlen, wohin die bekannten Kalkschlotten im Mannsfeldischen zu rechnen sind. Selten sind Höhlen im Sandsteingebirge und fast niemals sehr groß; ein Beispiel davon ist der Kuhstall im meißner Hochlande oder der sogenannten sächsischen Schweiz. Minder groß, als die in den genannten Gebirgsarten vorkommenden, sind im Allgemeinen die ziemlich zahlreichen Basalthöhlen; unter ihnen ist die berühmte Fingalshöhle auf der hebridischen Insel Staffa beiweitem die ausgezeichnetste und eine Naturmerkwürdigkeit ersten Ranges. Sie ist nach Banks 371 F. tief und vorn 53 F. breit, 117 F. hoch, hinten 20 F. breit, 70 F. hoch, und besteht aus lothrechten sechsseitigen Basaltpfeilern, die 54 Fuß lang sind. Den Boden der Höhle bildet das Meer, das hier 9—18 Fuß tief ist, und der zu ihr führende, bei unruhiger See stark brandende Meeresarm kann nicht ohne Gefahr beschifft werden. Die Höhle wurde zuerst 1772 durch Banks bekannt und seitdem von zahlreichen Reisenden besucht. Unter den bekannten eigentlich vulkanischen Höhlen ist die größte die sogenannte Jura-Höhle auf Island, die gegen 5040 Fuß lang und 30—36 Fuß hoch ist.

Am bedeutendsten ist im Allgemeinen die Längenausdehnung derjenigen Höhlen, welche der Kalkstein enthält, bei denen man größtentheils noch kein Ende hat finden können. Wol die größte unter allen bekannten Höhlen ist die salpeterreiche im Gebiete Warren County des Staates Kentucky in Nordamerika, die aus mehren Abtheilungen besteht, welche cities (Städte) genannt werden. Sechs englische Meilen vom Eingange erreicht man die Hauptabtheilung, von welcher aus fünf Gänge in die kleinern Abtheilungen führen; der erste Beschreiber der Höhle durchwanderte sie unausgesetzt 19 Stunden lang, ohne alle Abtheilungen untersuchen zu können. In Europa sucht die adelsberger Höhle, sechs Meilen von Triest entfernt, an Ausdehnung ihres Gleichen; sie enthält eine Menge tiefer Abgründe, dunkler Risse u. s. w., welche es ganz unmöglich machen, sie bis ans Ende zu untersuchen, doch ist schon der bisher untersuchte Theil von ungeheurer Ausdehnung. Durch diese Höhle fließt ein kleiner Fluß, die Pinka, der von der Stelle an, wo er wieder an die Oberfläche tritt, den Namen Laibach erhält; außerdem noch ein anderer Bach, über den zwei natürliche Brücken von Tropfstein führen. In demselben Gebirge, welches die adelsberger Höhle enthält, sind in der Nähe derselben noch mehre andere von bedeutender Ausdehnung zu finden.

Was die Kalksteinhöhlen besonders merkwürdig macht, sind die fast in allen enthaltenen Tropfsteinbildungen (auch Stalaktiten oder Stalagniten genannt). Der Tropfstein findet sich nur in denjenigen Höhlen, über welchen Vegetation stattfindet, und entsteht aus vollkommen hellem und wohlschmeckendem Wasser, das aus den modernden organischen Resten Kohlensäure aufgenommen hat; wenn solches Wasser durch den lockern Kalkstein sickert, so löst es ihn auf, was eben dem Gehalte an Kohlensäure zuzuschreiben ist; durch diese allmälige Auflösung erhält die Decke der Höhle nach und nach eine schwammartige Beschaffenheit und das Wasser tröpfelt endlich unaufhörlich von der Decke herab. Was nun nach Verdunstung des Wassers zurückbleibt, ist der Tropfstein. Man hat zweierlei Tropfsteingebilde zu unterscheiden: Stalaktiten und Stalagniten; jene bedecken die Seitenwände und den Boden und entstehen durch die Verdunstung der herabgefallenen größern Tropfen, diese hängen gleich Eiszapfen an der Decke und werden durch die kleinern Tropfen gebildet, welche verdunsten, während sie noch an der Decke hängen. Die von den Boden nach und nach immer mehr sich erhebenden und die von der Decke immer tiefer herabhängenden Zacken vereinigen sich endlich an manchen Stellen und bilden durchscheinende Säulen. Bekannt ist es, daß die Tropfsteingebilde in den verschiedensten, mitunter sehr sonderbaren Formen vorkommen, in denen eine lebhafte Phantasie Ähnlichkeit mit allerhand Gegenständen, selbst mit menschlichen Gesichtern und Gestalten finden kann; daher zeigt man in Höhlen dieser Art die verschiedensten Dinge, als Altäre, Leuchter, Ungeheuer, erstarrte Wasserfälle u. s. w. In einigen seltenen Fällen ist die Menge des herabsickernden Wassers so groß, daß es nicht schnell genug verdunsten kann und sich daher ansammelt. Gewöhnlich enthält das durchsickernde Wasser etwas Farbstoff, der dem Tropfsteine eine röthlichgelbe oder schwärzliche Farbe gibt; da aber die Menge desselben zu verschiedenen Zeiten verschieden ist, so entstehen oft marmorartige Gebilde von ausgezeichneter Schönheit. Daß sich in und nach nassen Jahren mehr Tropfstein bildet, als in trockenen, erscheint nach der angegebenen Entstehungsart desselben sehr natürlich. Wegen der Größe, Schönheit und Mannichfaltigkeit ihrer Tropfsteinmassen ist die Höhle auf der Insel Antiparos, die erst seit 1663 bekannt geworden ist, vorzüglich ausgezeichnet. Sie ist etwa 300 Fuß lang, ebenso breit und 80 Fuß hoch; die Tropfsteingebilde, unter denen namentlich ein schön verzierter Altar und eine sieben Fuß hohe und einen Fuß dicke, angeblich durchsichtige Säule Erwähnung verdienen, sind von blendend weißer Farbe. Nächstdem ist die sehr große Jungferngrotte (auch Herenhöhle genannt) in den Cevennen, drei französische Meilen von der kleinen Stadt Ganges, bemerkenswerth, zu welcher man 1000 Fuß tief herabsteigen muß. Ihren Umfang schätzt man halb so groß als der der gedachten Stadt ist; die Höhe aber ist so groß, daß man selbst bei der hellsten Fackelbeleuchtung nicht im Stande ist, die Decke zu erblicken. Man findet hier Säulen von Tropfstein, welche vier Männer nicht umspannen können, auf der andern Seite aber auch die zartesten, feinsten Bildhauerarbeit nicht nachstehenden Steingebilde. Die Höhle bei Bredewind in der Oberpfalz, mehr als 3600 Fuß lang, mit Räumen von 240 Fuß Länge, 120 Fuß Breite und 180 Fuß Höhe, ist durch das marmorartige Aussehen der Tropfsteingebilde, bei denen weiße Lagen mit schwärzlichen abwechseln, merkwürdig. Übrigens geht nach Humboldt die Bildung des Tropfsteins desto vollkommener und leichter vor sich, je enger und abgeschlossener die Höhlen sind, weshalb weit geöffnete Höhlen wenige oder gar keine Tropfsteinbildungen enthalten.

Eine andere sehr interessante Erscheinung, welche in vielen Höhlen vorkommt, sind die Versteinerungen und Überreste urweltlicher Thiere von Geschlechtern oder doch Arten, die völlig untergegangen sind; man nennt solche Höhlen Knochen= oder Zoolithenhöhlen. Unter den deutschen Höhlen dieser Art sind die fränkischen, welche in der Nähe von Muggendorf zwischen Nürnberg und Baireuth im Thale der Wiesent liegen, beiweitem die reichhaltigsten und schönsten und die Menge der in ihnen vergrabenen Überreste von Thieren ist wahrhaft ungeheuer. Fünf Höhlen sind vorzugsweise merkwürdig, unter diesen ist die gailenreuther Höhle am bedeutendsten; sie besteht aus sechs durch enge Öffnungen verbundenen Abtheilungen. Der Boden ist größtentheils aus verwesten thierischen Theilen entstanden und in den hintern Abtheilungen ist ein deutlicher Modergeruch bemerkbar. Fast alle hier vorhandenen Knochen sind gut erhalten und gehören dem großen Höhlenbär (der nach Cuvier gegen 18 Fuß lang war), sowie einer damit verwandten Bärenart an; Reste von Hyänen und einer Katzenart sind weit seltener. In einer nahe liegenden Höhle, dem Kuhloch, hat man die Reste von wenigstens 2500 Bären zusammen unversehrt und in zerreiblichem Zustande gefunden. Auch die berühmte, 758 Fuß lange, aus sechs einzelnen Grotten bestehende Baumannshöhle im Harze, die Sundwig= oder Prinzenhöhle in der Grafschaft Mark, die Mirtnitzer Höhle in Steiermark und mehre andere in Deutschland enthalten zahlreiche Petrefacten. Viele Höhlen dieser Art finden sich in England und sind erst in der neuesten Zeit von Buckland genauer untersucht worden; namentlich die Höhle zu Kirkdale in Yorkshire, welche 1821 entdeckt wurde und sich als ein schmaler Gang etwa 250 Fuß weit in den Berg hineinzieht. Wände und Boden derselben sind mit Tropfstein überzogen; unter diesem befindet sich am Boden eine Lehmschicht, welche eine zahllose Menge von Knochen enthält, meist sehr wohl erhalten und noch mit einem Theile ihrer natürlichen Gallerte versehen. Die Thiere, denen sie angehörten, sind untergegangene Arten von Hyänen, Tigern, Löwen, Elefanten (Mammuth), Rhinocerossen, Flußpferden, Stieren, Hirschen, Wasserratten und Mäusen; am häufigsten sind Reste von Hyänen (von 2—300 Individuen), nächstdem von Stieren. Aus der Lage und Beschaffenheit der Knochen zog Buckland den Schluß, daß die Hyänen — von denen er sogar ihre Excremente und Spuren ihrer Fußtritte fand — lange Zeit in dieser Höhle gelebt und die größern Thierknochen, welche größtentheils in kleine Stücke gebrochen sind, als Beute in ihr Lager geschleppt haben müssen. Aus der neuen Welt kennt man ein einziges Beispiel von einer solchen Höhle zu Green=Briar in Virginien, wo man die Reste eines riesenartigen Faulthiers, des Megalonyx, gefunden hat.

Besondere Arten von Höhlen sind ferner die Eishöhlen und die Aolushöhlen. Eishöhlen sind solche, in denen gerade dann, wenn die äußere Luft warm ist, eine ungewöhnliche Kälte herrscht, die so groß ist, daß sich Eis erzeugt, oft in sehr bedeutender Menge. Aolushöhlen, auch Windhöhlen oder Ventarolen, heißen solche Höhlen, welche besonders im Sommer kalte Luftströme ausstoßen. Von beiden Erscheinungen ist bereits früher in Nr. 272 ausführlicher gehandelt worden, weshalb wir uns begnügen können, auf den dort befindlichen Aufsatz zu verweisen. Noch aber sind diejenigen Höhlen zu erwähnen, in denen sich mephitische oder irrespirable Luftarten entwickeln, die den Besuch derselben gefährlich machen. Da jedoch diese Luftarten meistens schwerer sind als die atmosphärische Luft und daher die niedern Räume jener Höhlen einnehmen, so werden sie in der Regel mehr für Thiere als für Menschen nachtheilig. Die mephitischen Luftarten entwickeln sich entweder aus umgebenden Gebirgsarten oder fließen aus dem Innern der Erde herbei. Das Erste ist der Fall bei den Gypsschlotten, die sich ihrer äußern Erscheinung nach bald durch ihre glatten und weißen, oft mit Fraueneis besetzten Alabasterwände auszeichnen, deren Anblick bei Fackelschein wahrhaft zauberisch ist. Hier entwickelt sich die schädlichen Luftarten nicht aus dem Gypse, sondern aus dem innig mit ihm gemengten Stinksteine, einem von Bitumen durchdrungenen Kalksteine, welcher in ihm oft ganze zusammenhängende Streifen bildet und die Eigenschaft hat, seinen Kohlenwasserstoff an die äußere Luft abzugeben. Solche Höhlen, in denen sich irrespirable Gasarten sammeln, die aus dem Innern der Erde durch Spalten gedrungen sind, kommen in der Regel nur in der Nähe von Vulkanen vor, da jene Entwickelung ein Act der vulkanischen Thätigkeit ist; die entwickelten Gasarten sind fast immer Kohlensäure oder schwefligsaures Gas. Am berühmtesten unter den Grotten, wo sich Kohlensäure entwickelt, ist die Hundsgrotte bei Pozzuoli unweit Neapel, die schon den Alten bekannt war und von Plinius beschrieben wird. Sie ist nur zehn Fuß tief, neun Fuß hoch und vier Fuß breit und die mephitischen Dünste steigen nur sechs Zoll hoch, ohne sich mit der obern Luft zu vermischen; Fackeln und Lichter verlöschen, kleine Thiere ersticken in ihr, z. B. Hunde, und von diesen, deren man sich zur Anstellung von Versuchen vorzugsweise bedient, hat sie ihren Namen; Menschen empfinden aufrecht stehend, ja selbst sich bückend nicht das Mindeste. Bekannt ist auch die Gas= oder Dunsthöhle bei Pyrmont, eine kleine Grotte in einem Kalkfelsen, wo die große Menge des kohlensauren Gases zuweilen wenigstens Hunde tödtet und selbst Menschen betäubt. Entschieden vulkanisch sind die Schwefelhöhlen im Berge Budosch in Ungarn, nur wenige Klafter hoch, breit und tief, in denen sich aus Rissen im Felsen ein heißer, mit Schwefel gemischter Dampf sammelt und an den Wänden Schwefel absetzt. So erstickend die Gasart ist, so wenden sie doch die Bewohner jener Gegend als Heilmittel gegen Haut= und Augenkrankheiten an. Ähnlich ist die Höhle auf Guadeloupe, in welcher sich eine solche Menge kohlensauren und schwefelsauren Gases entwickelt, daß man nicht im Stande ist, sie genauer zu untersuchen.

Schließlich mögen noch drei Höhlen erwähnt werden, welche in verschiedenen Hinsichten merkwürdig sind, ohne zu einer der angeführten Kategorien zu gehören. Die erste ist eine Höhle im Staate Indiana in Nordamerika, aus mehren durch enge Gänge verbundenen Räumen bestehend, welche, obgleich in einem Kalkberge befindlich, eine erstaunliche Menge von Salzen enthält, die besonders aus Bittersalz, salpetersaurem Kalk und salpetersaurem Thon bestehen und an den Wänden, sowie auf dem Boden sehr dicke Schichten bilden. Die von Humboldt beschriebene Cueva di Guacharo oder Caripe unweit Macarapana, aus einem weiten und ziemlich geraden Gange bestehend, wird bis auf 430 Fuß weit vom Tageslicht erhellt und von Tausenden von Nachtvögeln, Guacharo genannt, bewohnt, die ein durchdringendes Geschrei erheben, sobald Menschen mit Fackeln die Höhle besuchen. Von den Bewohnern jener Gegend werden diese Vögel ihres reichlichen Fettes wegen jährlich zu Tausenden getödtet. Die Höhle, durch welche ein 28—30 Fuß breiter Fluß fließt, behält bis auf 1450 Fuß ihre Höhe und Richtung bei; von da an wird sie enger und erschwert das weitere Vordringen, doch soll ein Geistlicher bis 2500 Fuß gekommen sein, ohne das Ende zu erreichen. Das seit uralten Zeiten bekannte Labyrinth auf der Insel Kreta (Kandia) besteht aus vielen, in verschiedenen Richtungen laufenden Gängen von sieben bis acht Fuß Höhe und sechs bis zehn Fuß Breite; nach Einigen ist es durch Kunst entstanden und nichts als ein Steinbruch, was jedoch darum nicht wahrscheinlich ist, weil die Steine zu weich und zum Bauen unbrauchbar sind; nach Andern ist es nur eine lange Reihe miteinander verbundener Höhlen, wie sich deren in den Kalkbergen der Insel mehre finden, doch mag die Kunst hier und da nachgeholfen haben.*) Von denjenigen Höhlen, welche entschieden durch künstliche Ausgrabungen entstanden sind, wie die Steinbrüche bei Syracus, das Labyrinth in Ägypten, die Katakomben bei Rom, Neapel u. s. w., kann hier, wo wir es nur mit den natürlichen Höhlen zu thun haben, nicht weiter die Rede sein.

Beispiellose Ignoranz.

Bei dem Rector der Universität Bern meldet sich ein angehender Studiosus der Rechte. Der Professor hält ihm Album und Feder hin, damit er seinen Namen einschreibe und dazu setze Stud. juris. Nachdem der Student gethan, wie ihm geheißen worden war, ergreift ihn plötzlich ein Gewissensscrupel; er sieht seinen Namen noch einmal an und bemerkt hierauf: „Aber, Herr Professor, ich bin doch nicht aus dem Jura!"

Merkwürdiges Duell.

In dem Badeorte Pyrmont im Fürstenthume Waldeck ist vor kurzem nach der Versicherung der scherzhaften „Dorfzeitung" ein Pistolenduell zwischen einem Apo-

---

*) Vergl. Pfennig=Magazin Nr. 195.

theker und einem Schreiber vorgekommen, unter Umständen, die ohne Beispiel sein dürften. Der Apotheker stand auf preußischem, sein Secundant auf lippischem, der Schreiber auf waldeckischem, sein Secundant auf hanöverschem Boden; die beiden Kugeln fand man auf braunschweigischem Boden; die letztern lagen zusammen, weil die Duellanten nicht aufeinander, sondern seitwärts, und zwar nach derselben Seite hin geschossen hatten, wenn sie nicht — wie Manche behaupten wollten — von den Secundanten dahin gelegt worden sind. Was an der fabelhaften Geschichte Wahres sein mag, lassen wir dahingestellt sein.

Der Leichenzug nach Robert.

Obgleich das Pfennig=Magazin bereits mehre Abbildungen nach Gemälden von Robert enthält (Die Schnitter in den pontinischen Sümpfen, Nr. 269; Fischer in Chioggia bei Venedig, Nr. 305, wo wir eine kurze Biographie des Künstlers geliefert haben; Der neapolitanische Improvisator, Nr. 340), so wird es unsern Lesern gewiß nicht unwillkommen sein, wenn wir jenen Abbildungen noch eine beifügen, welche schwerlich als die schlechteste betrachtet werden wird. Wir erblicken im Bilde eine italienische Bauernfamilie, welcher der Versorger durch den Tod entrissen worden ist; den Vordergrund nehmen der blinde Vater, die Frau und der junge Sohn des Verstorbenen ein, Alle in tiefen Schmerz versunken. Der Leichenzug ist eben in Begriff, sich in Bewegung zu setzen; wir sehen im Hintergrunde den Leichnam nach italienischer Sitte unbedeckt, getragen von der Brüderschaft der schwarzen Büßenden, welche in Rom auch diejenigen Verstorbenen, deren Leichen keine Verwandten und Freunde folgen, zu ihrer letzten Ruhestätte begleiten.

Das Pfennig-Magazin
für Verbreitung gemeinnütziger Kenntnisse.

379.] Erscheint jeden Sonnabend. **[Juli 4, 1840.**

Der Erbe von Linne.
(Nach einer altenglischen Ballade.)

Der alte Laird von Linne, einer der reichsten Gutsbesitzer seiner Grafschaft (in Schottland), war ebenso sparsam, als sein Sohn verschwenderisch; dieser war ein Freund von Weintrinken und Wohlleben, pflegte am Tage zu schmausen, bei Nacht zu schwärmen und zu spielen, und verstand sich vortrefflich auf die Kunst, das Geld unter die Leute zu bringen, aber auf keine Kunst so schlecht als auf die Sparsamkeit. Als sein Vater starb und ihm sein ganzes Besitzthum hinterließ, wurde die Schwelgerei nur noch mehr im Großen betrieben und so lange fortgesetzt, bis dem Prasser das Geld ausgegangen war. Da dachte er an den durch Übervortheilung seiner Herrschaft reich gewordenen Verwalter seines Vaters, John von Scales; zu diesem ging er und bot ihm seine Besitzungen zum Kauf an. Der Verwalter ging sehr bereitwillig auf diesen Vorschlag ein und bezahlte sogleich den Kaufschilling, für welchen er bei einem öffentlichen und ehrlichen Verkaufe kaum den dritten Theil der Ländereien hätte erwerben können.

Der gewesene Laird von Linne behielt nichts für sich als ein einsam stehendes kleines Häuschen, welches zu behalten er seinem Vater auf dem Sterbebette hatte versprechen müssen, wobei dieser ihm gesagt hatte, daß er, wenn er alle seine Besitzungen, bewegliche und unbewegliche, vergeudet hätte, in dieser einsamen Wohnung einen sichern und treuen Freund finden würde. Um diesen Freund in der Noth bekümmerte sich aber der junge Laird so wenig jetzt als damals, wo sein Vater von ihm sprach, sondern nahm das aufgezählte Geld und lebte davon mit seinen Gesellen, wie er bisher gethan, herrlich und in Freuden. Sie zechten, schmausten und waren guter Dinge, bis endlich das Geld auf die Neige ging; da schlich sich von den bisherigen guten Freunden einer nach dem andern hinweg, bis der Verschwender mit seinem geleerten Geldbeutel allein blieb. „Wohl", sagte er bei sich, „ich habe noch viele treue Freunde, die an meinem Tische gegessen und getrunken haben; ich will gehen und von ihnen borgen, damit meine Taschen sich wieder füllen." Es ging ihm aber, wie es in der Regel zu gehen pflegt; der eine seiner guten Freunde war nicht zu Hause, der andere bedauerte, sein Geld so eben weggeliehen zu haben, ein dritter schalt ihn wol gar einen Verschwender und zeigte ihm mit harten Worten die Thür. Der tief bekümmerte Erbe von Linne sann eine Weile seinen zerrütteten Glücksumständen nach; „ich müßte mich schämen", dachte er bei sich, „mein Brot wie ein gemeiner Bettler zu betteln; stehlen ist Sünde und an Arbeit sind meine Glieder nicht gewöhnt, auch ist Arbeit eines Edelmanns unwürdig; was soll ich anfangen? Vor allen Dingen muß ich doch in das einsame Häuschen gehen, wovon mein Vater sprach, und sehen, welchen Trost ich dort finde, da sonst nirgend Hülfe für mich zu finden ist."

Er eilte hinweg über Stock und Stein, über Feld und Sumpf, bis er zu dem Häuschen kam, das in der Tiefe in einem einsamen Thale stand. Er ging hinein und musterte es von oben bis unten, aber an den kahlen Wänden war nicht das Mindeste zu sehen; in dem einzigen kleinen Zimmer, in welches das ganz mit Epheu bewachsene Fenster kaum einen Sonnenstrahl eindringen ließ, war kein Tisch, kein Stuhl, kein Bette vorhanden, der einzige Gegenstand, der sich den Blicken darbot, war — ein Strick mit einer Schlinge, der von der Decke herabhing.

Also das ist der Freund, den mein Vater meinte, rief der Trostlose aus, die leere Schlinge mit trüben Blicken betrachtend, der sie willkommen zu heißen schien, und als ob der im Stricke liegende Wink noch nicht hinreichend deutlich für einen Verzweifelten gewesen wäre, entdeckte er in demselben Augenblicke eine Inschrift an der Wand, die ihn aufforderte, jetzt, da er in Armuth und Elend gekommen, sich dem Stricke anzuvertrauen und durch ihn seinen Sorgen ein Ziel zu setzen. Der Erbe von Linne war tief ergriffen; sein Herz wollte zerspringen vor Scham und Reue. Endlich rief er aus: „Wahrhaftig, hier ist ein treuer Freund, der mir willkommen sein soll", legte den Strick um seinen Hals und gab sich einen Schwung; aber statt den Tod zu finden, wie er erwartete, gab die Decke nach, an welcher der Strick befestigt war. Er fiel zu Boden, und als er wieder zu sich kam, sah er zu seinem großen Erstaunen an dem Strick einen Schlüssel gebunden mit einem Zettel, der ihm einen Ort bezeichnete, wo er einen Kasten voll Gold und Silber finden würde; beigefügt war eine Ermahnung, daß er in sich gehen und sich bessern möchte, sonst würde doch noch der Strick seinem Leben ein Ende machen. „Ich gelobe zu Gott", rief der so plötzlich wieder Reichgewordene aus, „daß meines Vaters Geheiß mir fernerhin zur Richtschnur meines Lebens dienen soll." Nachdem er den Schatz an der bezeichneten Stelle gefunden und in Sicherheit gebracht hatte, sann er auf Mittel, sich wieder in den Besitz seiner Güter zu setzen; er eilte daher zu dem Wohnhause des neuen Herrn, beschloß aber, klug und vorsichtig zu Werke zu gehen, denn er kannte den Charakter seines Nachfolgers.

Als er zu John von Scales kam, ging es bei diesem hoch her; an einer mit zahlreichen Weinflaschen und ausgesuchten Leckerbissen besetzten Tafel saß der besagte neue Laird, an seiner Seite sein Weib, Beide sich brüstend im Gefühl ihrer Wichtigkeit; ihnen leistete eine ansehnliche Zahl benachbarter Gutsbesitzer Gesellschaft. Der Erbe von Linne näherte sich dem Herrn vom Hause und sprach zu ihm: „Ich bitte dich, guter John, mir 40 Pence zu leihen." Sogleich erfolgte die Antwort: „Hinweg mit dir, du nichtsnutziger Gesell, ein Fluch auf mein Haupt, wenn ich dir nur einen einzigen Penny leihe." Dies hatte der Bittende ebensowol gewünscht als erwartet; er wandte sich darauf an die neue Lady von Linne, mit der Bitte, ihm aus Barmherzigkeit ein Almosen zu geben. „Packe dich fort", rief die stolze Frau, „ich schwöre dir, daß du aus meiner Hand kein Almosen bekommen sollst." Ein gutmüthiger Laird, der mit bei Tafel saß, hatte Mitleid mit dem jungen Mann und sagte: „Komm zu mir, du Erbe von Linne; du warst einst ein freigebiger Lord, der Geld und Gut nicht sparte, daher will ich dir 40 Pence leihen und wiederum 40, wenn du sie bedarfst. Dich aber, wackerer John von Scales, bitte ich, ihn nicht aus deiner Gesellschaft zu entfernen, denn ich wette, du hast mit ihm einen guten Handel gemacht, als du sein Gut kauftest." „Einen guten Handel", rief John zornig aus, „dann versteht ihr nichts, sonst würdet ihr anders reden; ich will verdammt sein, wenn ich nicht bei dem Handel verloren habe. Vor allen diesen Lords versichere ich dir, Erbe von Linne, daß ich dir dein Gut um hundert Mark billiger, als ich es gekauft, wieder verkaufen würde." — „Gentlemen, ich nehme euch zu Zeugen", rief der Erbe von Linne, indem er dem Lord einen Penny als Aufgeld zuwarf; „und hier, John von Scales, ist dein Geld." Alle Anwesenden geriethen in das höchste Erstaunen, denn das hatten sie sich nicht träumen lassen. Der junge Mann aber brachte die Sache sogleich in Richtigkeit, indem er drei Beutel mit Gold hervorzog und auf den Tisch entleerte mit den Worten: „Das Geld ist dein und mein das Land, und jetzt bin ich wieder Herr von Linne." John von Scales verließ in tiefster Niedergeschlagenheit, aber schweigend die Besitzung, die er schneller verloren, als erworben, der junge Laird aber besserte sich von Stund' an und blieb den gefaßten guten Vorsätzen getreu.

Abd-el-Kader.

Abd-el-Kader, der kühne Araberfürst, der aufs neue die Blicke der ganzen Welt auf sich gezogen hat und der französischen Macht in Afrika als gefährlicher Gegner gegenübersteht, wurde im J. 1807 zu Guetma unweit Maskara auf dem Gebiet des arabischen Stammes Hachem geboren. Sein Name bedeutet Diener des Allmächtigen; außerdem führt er den Beinamen el-Hadschi, den sich die Muselmänner beilegen, wenn sie eine Reise nach der heiligen Stadt Mekka gethan haben. Er ist der Sohn eines allgemein geachteten Mannes Sidi-Mahiddin; seine Familie ist nicht reich, gehört aber einem sehr alten Marabut-Geschlechte an, das seinen Ursprung von den ägyptischen Kalifen herleitet und sich den Beinamen Scherif, d. h. Abkömmlinge des Propheten, gibt. Dieser angeborenen Würde eines Marabut verdankt Abd-el-Kader großentheils die ausgezeichnete Stellung, die er gegenwärtig einnimmt.

Der Ursprung der Marabuts fällt in das 11. Jahrhundert. Gegen das Jahr 1040 bildete sich nämlich in Folge der unter den Arabern überhand nehmenden Sittenverderbniß in den arabischen Stämmen südlich vom Cap Nun ein mohammedanischer religiöser Verein, der von seinem abgelegenen Aufenthaltsort Rabathah auf einer Flußinsel den Namen el-Marabethyn annahm, woraus die Spanier Almoraviden gemacht haben und später der Name Marabut entstanden ist. Dieser Verein hat die Sitten gereinigt und dem Islam als mächtige Stütze gedient; später wurde er kriegerisch und dehnte seine Herrschaft über Marokko und Spanien bis zum Ebro aus, bis dieselbe nach hundertjähriger Dauer von den Almohaden gestürzt wurde. Dessenungeachtet dauerte die geistige Macht der Marabuts fort; sie vererbt sich bei dem Stamme Moghreb-el-Auffet in den vornehmsten Familien desselben vom Vater auf den Sohn. Die Marabuts sind gewöhnlich reich, gastfrei, tugendhaft, gottesfürchtig und mit der Lehre des Korans genau bekannt; fast alle sind einmal oder mehrmal nach Mekka gepilgert. In der Regel leben sie von der Welt und den Geschäften zurückgezogen, werden aber ihren Stammgenossen durch Rath und Mildthätigkeit nützlich; mehre derselben haben in ihrer Nähe Schulen angelegt. Überall werden sie hochgeachtet und bei vorkommenden Streitigkeiten zwischen Einzelnen wie zwischen ganzen Stämmen als Schiedsrichter und Friedensstifter angerufen. Auf dem Lande sowol als in den Städten üben sie einen großen Einfluß aus, der fast immer nützlich gewesen ist.

Abd-el-Kader erhielt in Guetma, das in einer reizenden und malerischen Gegend am Fuß eines hohen Berges liegt, von seinem Vater seine erste Erziehung; schon seine Vorfahren hatten hier eine Schule angelegt, um junge Leute im Islam und in der Gesetzkunde zu unterrichten. In sehr frühem Alter kannte er schon jeden Spruch des Korans und zeichnete sich durch seine Auslegung desselben aus; auch auf Redekunst und Geschichte legte er sich und soll im ganzen Lande die größte Beredsamkeit besitzen. Dabei versäumte er ebenso wenig, sich körperliche Fertigkeiten anzueignen, und erwarb namentlich als Reiter einen seltenen Grad von Geschicklichkeit. In einem Alter von 20 Jahren vereinigte er schon alle Eigenschaften eines Herrschers in seltener Ausbildung.

Einige Zeit nach der Eroberung Algiers durch die Franzosen machte er mit seinem Vater eine Reise nach Arabien und Ägypten; nach seiner Rückkehr traf er seine Heimat in größter Aufregung und völliger Anarchie. Die Einnahme von Oran durch die Franzosen hatte den Arabern in der ganzen Provinz das Signal gegeben, sich von der türkischen Oberherrschaft zu befreien; die Bewohner von Maskara hatten die dort befindlichen Türken theils ermordet, theils verjagt und sich selbständig gemacht, andere Städte erkannten dagegen die französische Herrschaft an. Im Anfang des Jahres 1832 wurde Abd-el-Kader's bejahrter Vater zum Oberhaupt aller in der Umgegend von Maskara wohnenden arabischen Stämme gemacht, schlug aber diese Würde seines Alters wegen aus und bat, sie seinem Sohne zu übertragen, der auch sogleich in dieser Eigenschaft anerkannt wurde. Bei diesem Anlasse erzählte Mahiddin eine Geschichte, die nicht wenig dazu beigetragen hat, die Macht seines Sohnes zu begründen. Als er mit seinem ältesten Sohne und Abd-el-Kader in Mekka gewesen, sei ihm eines Tages auf einem Spaziergange mit jenem ein Fakir begegnet, der ihm drei Äpfel mit den Worten gegeben habe: „Dieser ist für dich, dieser für deinen Sohn und dieser für den Sultan!" Auf die Frage, wer dieser Sultan sei, habe der Fakir geantwortet: der Sohn, den du zu Hause gelassen. Kurz darauf wählte ihn auch die Stadt Maskara zu ihrem Emir und von da an wuchs sein Einfluß zusehends.

Nach wiederholten glücklichen Gefechten der Araber kam zwischen Abd-el-Kader und den Franzosen unter General Desmichels ein Friede zu Stande, der im Februar 1834 geschlossen wurde. Abd-el-Kader benutzte die Waffenruhe, um die innere Administration seines Landes zu ordnen, wobei er ein außerordentliches administratives Talent entfaltete. Er theilte die arabischen Stämme in fünf Districte oder Abtheilungen von ziemlich gleicher Größe und setzte über jede derselben einen Aga. In jedem Stamme ernannte er verwaltende und richtende Behörden und setzte die Policeiofficianten (Kaïden) und Richter (Kadis) mit fester jährlicher Besoldung ein. Die Unmündigen und Waisen nahm er in seinen Schutz und ließ ihr Eigenthum von der Obrigkeit verwalten. In der Provinz Oran herrschte bald eine bis dahin unerhörte Sicherheit für Personen und Eigenthum; französische Offiziere, Naturforscher und Handelsleute durchstreiften die Provinz in allen Richtungen, blos von einem Araber als Wegweiser begleitet, und die Wege wurden so sicher, daß nach dem Ausdruck der Araber ein Kind das Land mit einer goldenen Krone auf dem Kopfe durchstreifen konnte. Auf die Finanzen wandte er eine ganz besondere Aufmerksamkeit, betrieb die regelmäßige jährliche Einsammlung des im Koran vorgeschriebenen Zehnten und schuf sich außerdem durch den Handel eine bedeutende Einnahme. Die europäischen Staatseinrichtungen kannte er durch die bei ihm mit Aufträgen sich aufhaltenden französischen Offiziere, ohne etwas von ihnen zu entlehnen, was mit den Ideen und Vorurtheilen seiner Nation im Widerspruche gewesen wäre. Die Schritte, welche er that, um 30 junge Araber nach Marseille schicken zu dürfen und sie dort in Künsten und Handwerken unterrichten zu lassen, sind ohne Erfolg geblieben.

Abd-el-Kader's vorzügliches Augenmerk war auf Verbesserung seiner militairischen Macht gerichtet. Er errichtete daher in Maskara ein kleines stehendes Heer, das den Kern seiner Kriegsmacht bilden sollte; seine Infanterie (Zuaven) ließ er durch europäische Exercirmeister einüben. Eine allgemeine Veränderung in dem freien Kriegswesen der arabischen Stämme einzuführen, wäre zu gefährlich gewesen; Abd-el-Kader begnügte sich damit, zuverlässige Listen anlegen zu lassen, wie viel Reiterei und waffenfähige Mannschaft jeder Stamm in Kriegszeiten stellen könne. Schon war Abd-el-Kader zu bedeutender Macht gelangt, als General Trézel, der dem General Desmichels als Commandant der Provinz Oran gefolgt war, in Streit mit ihm gerieth und im Juni 1835 einen Kriegszug gegen ihn unternahm, der für die Franzosen nicht sehr günstig ausfiel; in dem Gefecht am 26. d. M. zogen sie entschieden den Kürzern. Bald nachher wurde Marschall Clauzel zum Generalgouverneur in Algier ernannt und beschloß, seine ganze Macht gegen Abd-el-Kader zu wenden. Am 27. Nov. trat er eine Expedition gegen denselben an, welcher auch der Kronprinz, Herzog von Orleans, beiwohnte, und äscherte am 6. Dec. Maskara, des Emirs bisherige Residenz, zum größten Theile ein, seit welcher Zeit Abd-el-Kader in die von den Franzosen entweihte Stadt nicht wieder zurückgekehrt ist. Im Sommer 1836 marschirte General Bugeaud gegen Abd-el-Kader und schlug ihn am 6. Juli an der Sikah, zwischen Tlemecen und der Tafna, wobei die Araber 12—1500 Todte und 118 Gefangene (die in den bisherigen Kämpfen zwischen den Franzosen und Arabern von jenen noch nie gemacht worden waren) verloren. Derselbe General bot ihm im nächsten Jahre, an der Spitze von 12,000 Mann stehend, den Frieden an, der auch wirklich zu Stande kam und unter Bedingungen, die dem Abd-el-Kader sehr günstig waren, am 30. Mai 1837 an der Tafna abgeschlossen, auch von der französischen Regierung bestätigt wurde. Die Hauptbestimmungen dieses Friedensvertrags, der zwar in Frankreich vielfachen Tadel erfuhr, nach der Meinung Vieler aber das Vernünftigste war, was die Franzosen in Algier seit sieben Jahren ausgeführt hatten, waren folgende. Der Emir erkennt die Souverainetät Frankreichs in Afrika an, verwaltet aber die Provinzen Oran und Tittery, sowie den westlichen Theil der Provinz Algier (innerhalb genau bestimmter Grenzen); außerdem tritt Frankreich an ihn die Orte Raschgun, Tlemecen und Meschuar ab. Dafür macht der Emir sich anheischig, den Franzosen eine bestimmte Quantität Weizen und Gerste (von jedem 30,000 Fanegas) und 5000 Ochsen zu liefern und seinen ganzen Bedarf an Pulver, Salpeter und Waffen in Frankreich einzukaufen. Zwischen den Arabern und Franzosen soll freier Handel stattfinden, aber außer den von den Franzosen besetzten Häfen der Regentschaft soll in keinem andern Handel getrieben werden. Dieser Friede zwischen Abd-el-Kader und den Franzosen ist fast 2½ Jahre aufrecht erhalten worden, wiewol von Seiten der Letzteren sehr bald mehrfach über mangelhafte Erfüllung der Artikel des Tractats geklagt wurde. Andererseits gab ein Kriegszug, den die Franzosen im Jahre 1839 unternahmen, indem sie von Konstantine durch die sogenannten eisernen Thore direct nach Stora marschirten und dabei die Grenzen von Abd-el-Kader's Gebiet überschritten, diesem eine wahrscheinlich sehr willkommene Gelegenheit, die Franzosen des Tractatbruchs zu beschuldigen und ihnen (am 20. Nov.) den Krieg zu erklären, der sofort mit einem Ueberfalle der französischen Ansiedelungen in der Ebene Metidscha und der Ermordung eines großen Theils der daselbst befindlichen Colonisten begonnen wurde. Seitdem ist eine große Expedition gegen den Emir vorbereitet und bereits unternommen worden, die, wie man hofft, mit seiner gänzlichen Unterwerfung und dem Sturze seiner Macht endigen wird. Zwei französische Prinzen, der Kronprinz oder Herzog von Orleans und der Herzog von Aumale, sind im April in Algier angekommen, haben an einem vorläufigen Kriegszuge der von Marschall Valé befehligten französischen Armee gegen Medeah Theil genommen und sind nach dessen glücklicher Beendigung im Mai wieder nach Frankreich zurückgekehrt.

Das Aeußere des Emirs wird von Reisenden folgendermaßen geschildert. Er ist klein, aber schlank und wohlgebaut, hat ein langes Gesicht, hohle Wangen, eine bleiche Gesichtsfarbe, einen nicht sehr starken schwarzen Bart, schwarze Augen von seltenem Feuer, edle Gesichtszüge und eine breite offene Stirn. Auf dieser, der rechten Wange und der rechten Hand trägt er eine kleine Tättowirung. Bei der anscheinenden Schwäche seines Körperbaues fällt seine überaus kraftvolle laute Stimme nicht wenig auf. Seine Kleidung ist in der Regel sehr einfach: ein schöner weißer Haik, d. h. ein langes Gewand, das auf besondere Art um Kopf und Körper gewunden wird, und außerdem ein schwarzer und ein weißer Burnus, statt dessen er im Felde einen blauen Mantel trägt; ein rother Gürtel, in welchem zwei stark vergoldete Pistolen stecken, umgibt den Leib. Sein Säbel hat eine goldene Scheide und einen goldenen Griff; an seiner Kleidung selbst sieht man nie Gold oder Silber. Sein rundes hellgrünes Zelt ist mit einer Matte ausgelegt, über welche ein wollener Teppich von Maskara gebreitet ist; außerdem enthält dasselbe nichts als zwei Kopfkissen, ein Tintenzeug mit Federn, einen Koran und einen Leuchter. Fünfmal des Tags tritt er aus seinem Zelte, um seine Gebete zu verrichten, und alle Gläubigen folgen dann seinem Beispiele. Als Leibwache hat der Emir nur ein Dutzend Neger, außerdem einige dreißig Diener, die fast alle sechs Fuß hoch sind. Seine Lebensart ist ganz der herkömmlichen Sitte gemäß und im höchsten Grade einfach und prunklos. Des Morgens genießt er eine Tasse schwarzen Kaffee, um zehn bis elf Uhr Brod und Früchte, Nachmittags um vier Uhr wieder eine Tasse Kaffee und Abends Fleisch und Zukost; des Weins und anderer geistigen Getränke enthält er sich gänzlich. Er hat nur eine Frau, und auch diese sieht er nur selten, da die Liebe nach Ruhm die einzige zu sein scheint, die ihn beherrscht.

Benutzung des Laubes als Fütterungsmittel.

Das Laub der Waldbäume ist nicht nur für Pferde und Rindvieh, sondern mehr noch für Schafe und Ziegen eine sehr angenehme Nahrung und wird dazu in Ungarn, Italien, im südwestlichen Frankreich und in mehren Gegenden des nördlichen Deutschlands häufig verwendet. Am meisten schätzt man das Laub der Ulme, Esche, Akazie und des Zapfenholzstrauchs, diesem zunächst steht das der Eiche, Schwarzpappel, Linde, Hainbuche, Hasel und des Ahorns, schlechter ist das Buchen-, Weiden- und Espenlaub, und das geringste liefern die Erle und die Birke. Man verfüttert das Laub selten in grünem Zustande, gewöhnlich wird es vorher getrocknet.

Das Laub gewinnt man entweder durch Abstreifen oder dadurch, daß man die zarten Zweige sammt dem Laube abschneidet. Im erstern Falle wird es gerade so getrocknet wie das Heu, im letztern bindet man die abgeschnittenen Zweige in Büschel von ungefähr einem Fuß im Durchmesser und läßt sie, aufrecht gestellt, sodaß die Luft durchziehen kann, abtrocknen. Die getrockneten Zweige werden dem im Winter dem Vieh aufgesteckt, welches das daran befindliche Laub begierig frißt, das übrig bleibende stärkere Reisholz wird als Feuerungsmaterial verwendet. Bei der Fütterung rechnet man hundert solcher Büschel im Futterwerth zwei Centnern guten Heues gleich.

Im vorigen Jahre hat man auch in Süddeutschland Versuche mit der Laubfütterung gemacht und günstige Resultate erhalten. Man gab nämlich Ackerpferden zu der Hälfte ihrer sonstigen Haferportion nichts als Laub, und sie verrichteten nicht nur ihre gewöhnliche Arbeit wie früher, sondern behielten auch ein sehr gutes Aussehen; das Melkvieh erhielt Monate lang nichts als Laub und hat, nach Versicherung glaubwürdiger Zeugen, während es Laub von weichen Hölzern, besonders aber von Eschen und Ahorn, fraß, viele und so fette Milch gegeben wie mit dem besten Wiesengras oder Klee gefüttert. Das gedörrte Laub wurde meistens vermischt mit etwas Stroh geschnitten, was nicht nur wegen besserer Verdauung, sondern auch deshalb geschah, weil das abgestreifte Laub der weichen Hölzer noch viele kleine Zweige enthielt.

Wenn also in Gegenden, wo ohnehin die Obstbäume nicht gedeihen, allenthalben auf Viehweiden, auf den Wiesenrändern, in Hecken an Wegen und Gräben, sowie auf trockenen Feldern die oben angeführten Bäume gezogen und die sowol neben als oben an dem Stamme hervorkommenden Zweige alle drei Jahre im September abgehauen und zu Futterlaub verwendet würden, so könnte auf diese Weise nicht allein viel Futtermaterial gewonnen werden, sondern es würde auch eine nicht unbeträchtliche Menge Holz gewonnen und alle trockenen Gründe würden durch die Beschattung der Bäume ertragreicher werden.

Die Nadeln von Etretat.*)

Wenn man in der Normandie, genauer gesprochen in dem jetzigen französischen Departement Nieder-Seine, von Fécamp nach Havre reist und seinen Weg längs der Küste nimmt, so trifft man auf merkwürdige Felsen, welche von ihrer Gestalt und dem nahen Marktflecken Etretat den Namen Nadeln von Etretat führen. Die Küste ist in dieser Gegend nicht nur durch Klippen, sondern auch durch Sandbänke geschützt, deren Bildung augenscheinlich durch die Wirkung der Flut auf die Felsen verursacht wird. Da nun das Vorgebirge Cap d'Autifer in dieser Gegend den Kanalstrom theilt, so wird die eine Hälfte dieser sandigen Ablagerungen der Umgegend der Seinemündung, die andere der Küste der Picardie zu Theil. Die Nadeln von Etretat zeigen die deutlichsten Spuren von der gewaltsamen Wirkung des Meeres, denn die in ihnen vorhandenen Öffnungen sind ohne Zweifel durch die Wellen hervorgebracht worden, deren Gewalt sie, da sie an einer Biegung des Kanals La Manche liegen, wo er sich nach Südwesten wendet, sehr ausgesetzt sind. Schiffen, die ihnen zu nahe kommen, können sie leicht gefährlich werden.

Ursprung der kleinern europäischen Monarchien und ihrer Regentenhäuser. **)

Nachdem wir in einer frühern Nummer über den Ursprung der drei Kaiserthümer und 16 Königreiche Europas historische Notizen mitgetheilt haben, scheint es angemessen zu sein, auch die kleinern Staaten Europas, und zwar zuvörderst die erbmonarchischen, welche in sieben Großherzogthümer, ein Kurfürstenthum, elf Herzogthümer, zehn Fürstenthümer und eine Landgrafschaft zerfallen, auf gleiche Weise durchzugehen.

Großherzogthümer.

I. **Toscana.** Im Mittelalter bildeten die Städte Pisa und Florenz, von denen die letztere ihre Freiheit vom deutschen Kaiser Rudolf von Habsburg erkauft hatte, blühende Freistaaten, die 1406, wo Pisa von Florenz bezwungen wurde, zu einem einzigen verschmolzen wurden. Seit dem 14. Jahrhunderte wurde das reiche Haus Medici in Florenz so mächtig, daß die Freiheit der Florentiner zu einem bloßen Schatten herabsank und endlich ganz unterging. Alexander von Medici war der erste Herzog von Florenz und wurde im Jahre 1531 unter diesem Titel vom Kaiser Karl V. an die Spitze des Staats gestellt; sein Nachfolger, Cosmus I., der 1557 auch die Republik Siena mit Florenz verband, erhielt im J. 1569 vom Papste den Titel Großherzog; unter diesem regierten seine Nachfolger bis zum J. 1737, wo das Geschlecht der Mediceer mit Johann Gasto, dem siebenten Großherzog aus diesem Hause, erlosch. Diesem folgte in Gemäßheit des wiener Friedens Herzog Franz Stephan von Lothringen, Gemahl der Kaiserin Maria Theresia, der sich zuerst Großherzog von Toscana (und nicht von Florenz) nannte und 1745 unter dem Namen Franz I. den römisch-deutschen Kaiserthron bestieg. Durch ein von ihm 1765 erlassenes Gesetz wurde bestimmt, daß Toscana eine Secundogenitur (Erbtheil der jüngern Linie) des Hauses Östreich sein und nie mit

---

*) Vergl. über Etretat Pfennig-Magazin Nr. 144.
**) Vergl. den Aufsatz in Nr. 284: „Ursprung der größern europäischen Monarchien und Regentenhäuser."

Östreich unter einem Regenten vereinigt sein solle. An die Stelle des Großherzogthums Toscana trat im J. 1801 ein Königreich Etrurien, das dem Prinzen Ludwig von Parma (König Ludwig I.) zugetheilt, aber 1807 schon wieder aufgelöst und mit dem französischen Kaiserreiche vereinigt wurde. Im J. 1809 ernannte Napoleon seine Schwester Elise, Fürstin von Lucca und Piombino, zur Großherzogin von Toscana. Im Mai 1814 nahm Ferdinand III., der 1803—5 Kurfürst von Salzburg, 1806—14 Großherzog von Würzburg gewesen war, das ihm 1801 genommene Großherzogthum Toscana wieder in Besitz. Sein Sohn, der jetzt regierende Großherzog Leopold II., ist ein Urenkel des vorhin genannten Kaisers Franz I., Cousin des jetzt regierenden Kaisers von Östreich und der vierte Großherzog aus der lothringisch-habsburgischen Dynastie.

II. Baden war ehemals eine Markgrafschaft; 1803 wurde sie in ein Kurfürstenthum, 1806 in ein Großherzogthum verwandelt. Das Regentenhaus, eins der ältesten in Europa, hat mit der in Östreich herrschenden lothringischen Dynastie, mit dem im Mannsstamme erloschenen Hause Habsburg und mit der in Preußen herrschenden hohenzollernschen Dynastie angeblich einerlei Stammvater an Ethico I., der um 690 Herzog in Alemannien und Elsaß war. Von ihm stammte Graf Gonzelin von Altenburg oder Habsburg (gestorben 991) ab, von dessen zwei Söhnen, Graf Ratbod von Habsburg (gest. 1027) und Landulus, Graf im Breisgau, Jener Ahnherr des 1740 erloschenen Hauses Habsburg-Östreich, Dieser Stammvater des jetzt in Baden regierenden Hauses wurde. Des Landulus Sohn, Berthold I. der Bärtige (gest. 1077), nahm den Titel eines Herzogs von Zähringen an. Von seinen Söhnen stiftete Berthold II. die zähringische Linie, deren Nebenlinie das herzogliche Haus Teck war; 1218 starb der letzte Herzog von Zähringen, Berthold V., und 1439 der letzte Herzog von Teck, Friedrich IV. Ein anderer Sohn des Herzogs Berthold I., Graf Hermann von Zähringen, welcher den Titel eines Markgrafen von Verona führte, wurde der Stammvater der Markgrafen von Baden und Hochberg, deren Reihe sein Sohn Hermann I. (gest. 1130) eröffnete. Von den Söhnen eines Enkels desselben stiftete Heinrich I. die hochbergische Linie, welche 1503 erlosch, Hermann IV. aber das alte Haus Baden-Baden; des Letztern Nachkomme, Christoph I. (gest. 1527), wurde der Stammvater aller spätern Markgrafen von Baden. Zwar theilten dessen Söhne Bernhard IV. und Ernst das Haus Baden abermals, indem Jener das jüngere Haus Baden-Baden, Dieser das Haus Baden-Durlach gründete; aber jenes erlosch im Mannsstamme 1771 mit August Georg, und so blieb nur das noch jetzt regierende Haus Baden-Durlach übrig. Markgraf Karl Friedrich erhielt 1803 die Kurwürde, 1806 die großherzogliche Würde; sein Sohn, der jetzige Großherzog Leopold I., ist der vierte Großherzog und kam im J. 1830 nach dem Absterben der ältern Söhne Karl Friedrich's und ihrer männlichen Nachkommenschaft zur Regierung.

III. Hessen-Darmstadt. Die Abstammung des in den hessischen Landen regierenden Hauses leitet man von Rainer I., Graf von Hennegau, ab, der um 875 lebte. Dessen Nachkommen besaßen (seit 1106) Niederlothringen und nannten sich von Heinrich I. an Herzoge von Lothringen und Brabant. Heinrich das Kind (gest. 1308), Sohn des Herzogs Heinrich II. des Großmüthigen von Brabant, erhielt 1263 als mütterliches Erbtheil die von Thüringen getrennte Landgrafschaft Hessen (nachdem der Mannsstamm der Landgrafen von Thüringen 1248 mit dem Bruder seiner Mutter, Heinrich Raspe IV., erloschen war) und wurde der Stammvater des hessischen Hauses, während sein Bruder Heinrich III. das Geschlecht der Herzoge von Brabant fortsetzte, das mit seinem Enkel Johann III. 1355 erlosch. Der von Heinrich dem Kinde im siebenten Gliede abstammende, in der Reformation bekannt gewordene Landgraf Philipp der Großmüthige (gest. 1567) — welcher über das ganze Hessen regirte, da eine in Marburg residirende Nebenlinie nach kurzem Bestehen 1500 wieder erloschen war — ist der Ahnherr aller nachfolgenden hessischen Regenten. Von seinen Söhnen stiftete der älteste, Wilhelm IV., die in Kassel, der jüngste, Georg I. oder der Fromme (gest. 1596), die in Darmstadt regierende Linie, welche letztere durch Georg's Söhne, Ludwig V. und Friedrich, wieder in zwei Linien zerfiel, indem Letzterer die homburgische Nebenlinie stiftete. Ludwig X., neunter Landgraf von Hessen-Darmstadt, nahm 1806 den Titel eines Großherzogs von Hessen und bei Rhein an und nannte sich als solcher Ludwig I. Ihm folgte 1830 sein Sohn Ludwig II.

IV. Mecklenburg-Schwerin und V. Mecklenburg-Strelitz. Die mecklenburgische Dynastie, die einzige von wendischer Abstammung, hat den obotritischen Fürsten Pribislaw II., dessen Vater Niclot 1147 das Christenthum angenommen hatte, zum Stammvater; derselbe nannte sich zuerst Fürst von Mecklenburg, wurde 1170 Reichsfürst und starb 1181. Sein Nachkomme, Fürst Heinrich II., der Löwe genannt, der von dem gleichen Namen führenden berühmten Herzog von Sachsen, dessen Vasall Pribislaw II. war, wohl zu unterscheiden ist und 1329 starb, hinterließ zwei Söhne, Albert und Johann, die 1349 vom Kaiser Karl IV. zu Herzögen von Mecklenburg erhoben wurden. Von diesen stiftete Johann die ältere stargardische Linie, welche 1471 mit Ulrich II. erlosch, Albert die ältere schwerinische Linie. Heinrich der Fette vereinigte 1471 ganz Mecklenburg; aber die Söhne Johann's VI. (gest. 1592), Adolf Friedrich I. und Johann Albert II., theilten abermals; der Letztere stiftete das Haus Güstrow, das aber schon 1695 mit seinem Sohne Gustav Adolf erlosch; der Erstere residirte in Schwerin und ist der nächste gemeinschaftliche Stammvater der beiden noch blühenden Linien. Nach seinem Tode (1658) theilten seine Söhne seine Besitzungen; Friedrich erhielt Grabow und wurde Stifter des jetzigen Hauses Schwerin; Adolf Friedrich II. erhielt Strelitz und stiftete das daselbst noch jetzt regierende Haus; ihre ältern Brüder, welche Schwerin und Mirow erhielten, starben ohne Nachkommen. Beide Linien nahmen 1815 die großherzogliche Würde an.

VI. Oldenburg. Der oldenburgische Regentenstamm, der seinen Ursprung gleich dem sächsischen (dem Hause Wettin) von dem sächsischen Heerführer Wittekind, dem Gegner Karl's des Großen, ableitet, zerfällt in zwei Hauptlinien: die ältere, holstein-schleswigsche, gestiftet von König Christian III. von Dänemark, dessen Nachkommen noch jetzt in Dänemark regieren, und die jüngere, holstein-gottorpsche, gestiftet von dem jüngern Bruder dieses Königs, Herzog Adolf (gest. 1586), dessen Nachkommen in Rußland und Oldenburg regieren und bis 1809 in Schweden regiert haben. Der nächste gemeinschaftliche Stammvater der russischen, oldenburgischen und frühern schwedischen Regenten ist Herzog Christian Albert (gest. 1694); von seinem ältern Sohne Friedrich IV., dem Großvater des Kaisers Peter III., stammt das russische Kaiserhaus ab, von seinem jüngern Sohne, Christian August, das Haus Oldenburg. Von den Söhnen des Letztern bestieg der zweite, Adolf

Friedrich, 1751 den schwedischen Thron (den schon sein Enkel, Gustav IV., wieder verlor); der dritte, Friedrich August, erhielt 1774 von der ältern oder russischen Linie die Grafschaften Oldenburg und Delmenhorst, die von Kaiser Joseph II. 1777 zu einem Herzogthum erhoben wurden; dieses fiel 1823, nach dem Aussterben der von Friedrich August gestifteten Linie, an diejenige Linie, welche sein jüngerer Bruder Georg Ludwig gestiftet hatte. Erst der noch jetzt regierende Enkel desselben, August, nahm bei seinem Regierungsantritte 1829 den großherzoglichen Titel an, der seinem Hause in der wiener Congreßacte 1815 verliehen worden war.

VII. Sachsen-Weimar. Das sächsische Regentenhaus (das Haus Wettin) zerfällt bekanntlich in zwei Hauptlinien: die ältere oder ernestinische und die jüngere oder albertinische, gestiftet und benannt von Kurfürst Ernst (gest. 1486) und Herzog Albert dem Beherzten (gest. 1500), den Söhnen des Kurfürsten Friedrich's des Sanftmüthigen, welche 1485 die väterlichen Länder theilten. Jene Linie führte die Kurwürde bis 1547, wo dieselbe dem Kurfürsten Johann Friedrich I. dem Großmüthigen, dem Enkel Ernst's, entzogen und dem Herzog Moritz, dem Enkel Albert's, verliehen wurde, dessen Nachkommen seit 1806 die königliche Würde führen. So kam die jüngere Linie in den Besitz des Hauptlandes und der ältern blieben nur einige kleine Gebiete in Thüringen, die unter mehre Herren getheilt zu werden pflegten. Der Enkel Johann Friedrich's I., Herzog Johann, der von seinem Vater Johann Wilhelm 1573 Weimar erbte und 1605 starb, ist der nächste gemeinschaftliche Stammvater aller jetzt regierenden Großherzöge und Herzöge von Sachsen. Seine Söhne Wilhelm und Ernst I. der Fromme theilten im Jahre 1640 und stifteten Jener das Haus Weimar, Dieser das Haus Gotha. Die von Herzog Wilhelm's jüngern Söhnen gestifteten Seitenlinien zu Eisenach, Marksuhl und Jena sind bald ausgestorben, die erste 1671, die zweite 1741, die dritte 1690. Herzog Karl August von Weimar, Vater des jetzt regierenden Großherzogs Karl Friedrich, nahm 1815 die großherzogliche Würde an.

Kurfürstenthum.

Hessen-Kassel. Hier regiert die von Landgraf Wilhelm IV. oder dem Weisen (s. Hessen-Darmstadt) 1567 gestiftete ältere oder kasselsche Hauptlinie. Landgraf Wilhelm IX., Sohn Friedrich's II., nahm 1803 die Kurwürde und den Namen Wilhelm I. an, verlor aber 1806 seine Länder an die Franzosen, worauf jene dem von Napoleon für seinen Bruder Hieronymus gestifteten Königreiche Westfalen zugetheilt wurden, das aber nur bis 1813 bestand, wo Wilhelm I. zurückkehrte. Dieser nahm zwar 1816 auch den Titel eines Großherzogs von Fulda an, fuhr aber, der 1806 erfolgten Auflösung des deutschen Reichs ungeachtet, fort, den kurfürstlichen Titel zu führen, und sein Sohn, Wilhelm II., folgte seinem Beispiele. Seit 1831 ist des Letztern Sohn, Kurprinz Friedrich Wilhelm, von seinem Vater zum Mitregenten ernannt und mit alleiniger Leitung der Regierungsgeschäfte beauftragt. Noch blühen zwei apanagirte Seitenlinien des Hauses Kassel, Hessen-Philippsthal und Hessen-Philippsthal-Barchfeld, beide eigentlich Zweige derjenigen Nebenlinie, die Landgraf Philipp (gest. 1721), Bruder des Landgrafen Wilhelm VII., gestiftet hat. Die Nebenlinie Hessen-Rheinfels-Rothenburg ist 1834 erloschen.

Herzogthümer.

I. Parma und Piacenza. Die Städte Parma und Piacenza, im Mittelalter frei, kamen nacheinander 1346 unter die Herrschaft des über Mailand regierenden Hauses Visconti, 1420 unter die Frankreichs, 1521 unter die des Papstes. Papst Paul III. stiftete 1545 die Herzogthümer Parma und Piacenza und verlieh sie seinem natürlichen Sohne Peter Aloys von Farnese, dessen Nachkommen sie bis 1731 regierten, wo das Haus Farnese mit Herzog Anton Franz erlosch. Hierauf nahm nach den Bestimmungen der Quadrupelallianz (1718) und des wiener Friedens (1725) der spanische Infant Don Carlos, Sohn des Königs Philipp V. von Spanien aus seiner Ehe mit Elisabeth Farnese, Prinzessin von Parma, die Herzogthümer in Besitz, überließ sie aber schon 1735 an Östreich und erhielt dafür das Königreich beider Sicilien. Sein jüngerer Bruder, Infant Philipp, wurde nach dem aachner Frieden 1748 Herzog von Parma, Piacenza und Guastalla (welches letztere bis 1746 im Besitz des Hauses Gonzaga gewesen war), aber schon sein Sohn Ferdinand I. mußte diese Besitzungen 1802 an Frankreich abtreten. Ferdinand's Sohn und Enkel, Ludwig I. und Karl Ludwig, regierten von 1801—7 über Toscana, das in ein Königreich Etrurien verwandelt war; der Letztere ist der jetzige Herzog von Lucca. Parma und Piacenza standen 1802—14 unter französischer Herrschaft und wurden 1814 der Gemahlin des entsetzten Kaisers Napoleon, Erzherzogin Marie Louise, der Schwester des jetzt regierenden Kaisers von Östreich, verliehen. Nach ihrem Tode fallen beide Herzogthümer an den Herzog von Lucca, Enkel des Herzogs Ferdinand I. von Parma.

II. Lucca war seit 1370, wo es seine Freiheit vom Kaiser Karl IV. erkaufte, bis auf die neuesten Zeiten ein Freistaat. Im J. 1805 wurde Napoleon's Schwager, Felix Pascal Bacciocchi, Fürst von Piombino, für sich, seine Gemahlin Elisa und ihre Nachkommen unter dem Titel Fürst von Lucca und Piombino zum Oberhaupte der Republik Lucca ernannt, was er bis 1815 blieb, wo der frühere König von Etrurien, Infant Karl Ludwig (aus dem Hause Bourbon) Lucca als souveraines Herzogthum erhielt. Dieser trat die Regierung 1817 unter Vormundschaft seiner Mutter, 1819 aber selbständig an; er oder seine Nachkommenschaft wird nach dem Ableben der Erzherzogin Marie Louise derselben in Parma und Piacenza succediren, worauf Lucca an Toscana fallen wird.

III. Modena. In Modena regierte 1452—1803 das lombardische Haus Este, das von Albrecht Azo I. (gest. 964) abstammt und sich mit den Söhnen seines Urenkels, des Markgrafen Albrecht Azo II. von Este (gest. 1097), in zwei Stämme theilte. Von den ältern, Welf IV., Herzog von Baiern, stammt der welfestische Stamm oder das in Großbritannien, Hannover und Braunschweig regierende Haus Braunschweig-Lüneburg, von dem jüngern, Markgraf Fulco von Este, der fulco-estische Stamm. Schon Obizzo III. war Herr zu Modena, eben so sein Enkel Nicolaus III., aber erst dessen Sohn, Markgraf Borso, wurde 1452 von Kaiser Friedrich III. zum Herzoge von Modena und Reggio erhoben und 1470 auch mit dem Herzogthume Ferrara belehnt. In beiden Ländern folgte ihm 1471 sein Bruder Hercules I., dessen Nachkommen die vereinigten Herzogthümer Ferrara und Modena bis 1597, wo der Hauptast des Hauses mit Alfons II. erlosch, seitdem aber Modena allein beherrschten. Der letzte Herzog aus diesem Hause, Hercules III. Rainald (gest. 1803), verlor Modena, das mit dem Königreich Italien vereinigt wurde, 1801 und erhielt dafür den Breisgau, den er 1802 seinem Schwiegersohn, dem Erzherzog Ferdinand von Oestreich, Bruder des Kaisers Joseph II. und Leopold II., überließ, welcher 1771 die Zusicherung der dereinstigen Nachfolge in Modena erhalten hatte. Erst sein Sohn, der noch jetzt regierende Herzog Franz IV., gelangte 1814 zum Besitze von Modena.

(Der Beschluß folgt in Nr. 380.)

Die Belagerungen Konstantinopels.

Konstantinopel ist bis jetzt nicht weniger als 24 Mal von Feinden bestürmt und belagert worden: zweimal durch die alten Griechen (Alcibiades 410 und Philipp, König von Macedonien, 340 v. Chr.); dreimal durch römische Kaiser (Severus 195—196, Maximinus 236 und Konstantin 324 n. Chr.); einmal durch die Perser (im J. 616); einmal durch die Avaren (626); siebenmal durch die Araber (654, 667, 672, 713, 743, 780, 798); zweimal durch die Bulgaren (764 und 914); zweimal durch Rebellen (819 und 1048); einmal durch die Lateiner oder Abendländer (1204); dann durch einen byzantinischen Kaiser (1261); dreimal durch die Türken (1393, 1424 und 1453). Von diesen Belagerungen führten nur sechs zum Ziele, zu einer Einnahme der Stadt: dreimal wurde das alte Byzanz eingenommen, durch Alcibiades, Severus und Konstantin; das christliche Konstantinopel schlug von 616 an 14 Belagerungen zurück, wurde erst in der 15. durch die Lateiner eingenommen (1204), dann durch den Kaiser Michael Paläologus 1261 diesen wieder entrissen und fiel endlich 1453 in die Gewalt der Türken, seit welcher Zeit es nicht wieder belagert worden ist.

Die Banyane.

Die Banyane, eine Art Feigenbaum (Ficus indica), ist eins der merkwürdigsten und schönsten Naturerzeugnisse. Ihre Äste gehen in fast horizontaler Richtung vom Stamme aus und erreichen eine außerordentliche Länge; aus ihnen wachsen kleine, perpendicular herabgehende Schößlinge heraus, die in dem Boden Wurzel fassen, den Zweigen, von denen sie ausgehen, als Stützen dienen und nach und nach dicker werden. So bildet jeder Baum für sich allein einen Hain, der aus zahlreichen mit einander verbundenen Stämmen besteht, wovon einige die Größe eines ansehnlichen Baumes haben. So lange diese Schößlinge noch nicht lang genug sind, um auf dem Erdboden Wurzel fassen zu können, sind sie sehr biegsam und haben Ähnlichkeit mit starken Riemen. Die Blätter sind von elliptischer Form, glatt, spröde und glänzend und stehen abwechselnd an beiden Seiten des Zweigs. Die stiellose Frucht, welche an den jüngsten Schößlingen zum Vorschein kommt, ist ungefähr so groß wie eine Haselnuß und von glänzend dunkelrother Farbe; sie dient den Affen, Papageien und anderen Vögeln, nur sehr selten aber und nur im höchsten Nothfalle Menschen zur Nahrung.

Ein berühmter Baum dieser Art steht auf der Insel Nerbuddah bei Baroach in Ostindien, genannt Cabbir-Burr. Sein Umfang beträgt fast 2000 Fuß; sein Alter der Sage nach 3000 Jahre. Die Zahl der größeren Stämme beläuft sich auf 350, die der kleineren mehr als 3000, jeder derselben senkt fortwährend hängende Zweige herab, die neue Stämme bilden. Einige halten diesen Baum für denselben, den Klearch, einer von Alexander's Feldherren, der von diesem mit einer Flotte von der Mündung des Indus abgeschickt wurde, um die persischen Küsten zu erforschen, besucht und beschrieben hat.

Verantwortlicher Herausgeber: Friedrich Brockhaus. — Druck und Verlag von F. A. Brockhaus in Leipzig.

Das Pfennig-Magazin
für Verbreitung gemeinnütziger Kenntnisse.

380.] Erscheint jeden Sonnabend. **[Juli 11, 1840.**

Tamerlan.

Timur, auch Timur-Beg oder Timurlenk (d. i. der lahme Timur) genannt, in Europa aber vorzüglich unter dem Namen Tamerlan bekannt, einer der gewaltigsten und berühmtesten Eroberer Asiens, den Manche als den asiatischen Alexander bezeichnen, wurde um 1336 in dem Dorfe Sebzar südlich von Samarkand in dem jetzigen Chanat Buchara (dem alten Transoxiana) geboren, nach Einigen aus einem reichen und mächtigen Geschlechte, in welchem die Würde eines Emirs von Kesch erblich war, nach Andern dagegen als der Sohn eines Hirten; er selbst leitete sein Geschlecht von dem furchtbaren mongolischen Eroberer Dschingis-Khan ab. Bei der Abwehr der Einfälle der Kalmücken und Tataren in seine Heimat zeigte er frühzeitig — schon vom zwölften Jahre an zog er ins Feld — ebenso viel Muth als Gewandtheit und gelangte daher unter seinen Landsleuten bald zu großem Ansehen. Um das Jahr 1370 gelang es ihm, sich in dem Königreiche Dschagatai, wo die mongolische Dynastie längst in Verfall gerathen war, des Throns derselben zu bemächtigen, nachdem er seinen Schwager Emir Hussein, des Khans Adel ersten Minister, getödtet hatte, worauf er Samarkand zur Hauptstadt erhob. Dem machtlosen Geschlecht der früheren Herrscher ließ er den Titel Khan, während er selbst sich Sahib Keran, d. i. Herr der Welt, nannte. Er eroberte nach und nach Persien, die Tatarei, Schirwan, Fars, Bagdad, selbst Sibirien, aber seine glänzendste Eroberung war die von Ostindien, die er 1398 unternahm. Im März dieses Jahres rückte er von Samarkand aus und erreichte ohne Schwierigkeit den Hindukusch, die hohe Gebirgskette, welche Kabul und Buchara trennt. Hier begannen die Hindernisse, welche theils das steile Gebirge selbst, theils dessen Bewohner seinem Vor-

VIII.
28

dringen entgegensetzten, aber endlich wurden sie glücklich überwunden. Er ging auf einer Schiffbrücke über den Indus, schiffte hierauf auf dem Flusse Ihilum stromabwärts bis zur Stadt Tolumba und rückte dann gegen Delhi, seinen Weg mit Feuer und Schwert bezeichnend. Als er dieser Stadt nahe war, fiel ihm die Überzahl seiner Gefangenen (angeblich gegen 100,000) lästig, weshalb er kaltblütig ein allgemeines Blutbad anordnete, das binnen einer Stunde ihrem Dasein ein Ende machte. Nach der Angabe des Geschichtschreibers Ali Schereffedin wurden sie deshalb geschlachtet, weil sie bei der Nachricht von der Annäherung des ihnen befreundeten Heers gelächelt hatten.

Am 3. Jan. 1399 rückte aus Delhi eine Armee von 40,000 Mann Fußvolk, 10,000 Panzerreitern und 120 Kriegselefanten, geführt von Sultan Mahmud und seinem Feldherrn Ekbal, dem furchtbaren Angreifer entgegen. Bald erklärte sich der Sieg für die Mongolen; die Elefanten waren durch Abhauen ihrer Rüssel in die Flucht geschlagen worden, ein Mittel, das sie gefährlicher für ihre Führer als für die ihnen gegenüberstehenden Feinde machte. Sultan Mahmud kehrte nach Delhi zurück, um in der folgenden Nacht heimlich zu entfliehen. Die Bewohner der Stadt erboten sich zur Zahlung einer ungeheuern Contribution, um die Schrecken der Plünderung abzuwenden; aber die Unterhandlungen zerschlugen sich und endeten mit der Plünderung und Zerstörung der Stadt. Die Hindus tödteten ihre eigenen Weiber und stürzten sich dann mit der Wuth der Verzweiflung gegen die Feinde, konnten aber gegen die regelmäßigen Truppen der Mongolen nichts ausrichten. In den Straßen floß das Blut in Strömen; die zahlreichen Paläste und Tempel wurden mit Allen, die darin waren, den Flammen preisgegeben. Von Delhi marschirte Timur nach dem obern Ganges, trat aber von da plötzlich den Rückmarsch an und zog am Fuße des Himalayagebirgs hin, überall mit den tapfern Bewohnern in Kampf verwickelt. Fünf Monate nach seinem Einrücken in Hindostan ging er wieder über den Indus zurück, aber sein Einfluß in Indien dauerte noch einige Zeit fort; Geld wurde mit seinem Namen geschlagen, in den Moscheen wurde für ihn gebetet, er blieb dem Namen nach Kaiser, bis es dem frühern Herrscher Mahmud gelang, wieder in den vollen Besitz seiner Gewalt zu gelangen. Nach Mahmud's Tode im J. 1413 bemächtigte sich Ghizer, Timur's Statthalter in Multan, des kaiserlichen Throns, nur zum Schein in Timur's Namen. Nach ihm verfiel das indische Reich immer mehr, bis Baber, ein Nachkomme Tamerlan's und einer der merkwürdigsten Männer der indischen Geschichte, 1525 das Reich des Großmoguls in Delhi gründete, von dessen Fall wir bereits früher (Nr. 372 fg.) berichtet haben.

Kaum war Timur nach Samarkand zurückgekehrt, als mehre Fürsten Kleinasiens, welche der furchtbar gewordene osmanische Sultan Bajazet I. aus ihren Besitzungen vertrieben hatte, Schutz suchend bei ihm erschienen; ihnen folgten mit ähnlichen Gesuchen um Beistand gegen die osmanische Macht Gesandte des griechischen Kaisers und anderer europäischer Fürsten. Timur ließ sich nicht vergebens bitten; mit ungeheurer Macht zog er nach Westen, unterwarf auf seinem Wege die Georgier und später die Syrer, verbrannte Aleppo und Damaskus und errichtete über den Trümmern nach seiner Gewohnheit Siegessäulen aus Menschenschädeln, dergleichen er bereits früher in Ispahan aus 70,000, in Bagdad aus 90,000 Schädeln erbaut hatte. Mit dem türkischen Sultan, den er im offenen Felde anzugreifen lange Bedenken trug, während auf der andern Seite gleiche Furcht dieselbe Wirkung hatte, knüpfte er Unterhandlungen an, die zwei Jahre dauerten, ohne zum Ziel zu führen, worauf es endlich am 20. Juli 1402 bei Ancyra (dem heutigen Angora) in Galatien zur Schlacht kam. Ungeheuer waren die Streitkräfte, welche sich hier gegenüberstanden: nach den mäßigsten Angaben morgenländischer Schriftsteller, die freilich in diesem Punkte nicht eben sehr glaubwürdig sind, war die türkische Armee 400,000, die mongolische 800,000 Mann stark. Obgleich demnach die letztere an Zahl weit überlegen war, entschied sich doch der Sieg erst dann für sie, als nach langem blutigen Kampfe die krimschen Tataren von Bajazet zu Timur übergingen. Die Niederlage der Osmanen war vollständig; der Sultan selbst wurde auf der Flucht gefangen und von Timur in einer vergitterten Sänfte transportirt, woraus die Sage entstanden ist, daß er in einen eisernen Käfig gesperrt worden sei, an dessen Stäben er sich in der Verzweiflung den Kopf zerschmettert habe. Schon zitterte Europa vor dem mongolischen Eroberer, doch dieser, durch ansehnliche Tributzahlungen befriedigt, überschritt den Hellespont nicht und kehrte 1404 wieder nach Samarkand zurück, wo er glänzende Triumphe feierte. Schon wenige Monate nachher sann er auf eine neue Eroberung, auf keine geringere als die des ungeheuern chinesischen Reichs, wo er die 1368 gestürzte mongolische Herrschaft wiederherzustellen hoffte. Er sammelte zu diesem Ende ungeheure Streitmassen und trat den weiten Marsch noch im Winter an, aber sein Ziel war gesteckt — er starb in seinem 70. Jahre am 19. März 1405 unweit Otrar an einem Fieber.

Ohne Zweifel war Timur ein außerordentlicher Mann, aber seine Grausamkeit und Blutgier kannte so wenig Grenzen, als seine Eroberungssucht. So schwere Blutschuld als er hat kaum noch einer der zahlreichen asiatischen Eroberer auf sich geladen, unter deren Tugenden Menschlichkeit und Milde vergebens gesucht werden. Man rühmt an Timur, daß er die Künste und Wissenschaften geschätzt, auch selbst vielfache Kenntnisse besessen und als Gesetzgeber zur Anwendung gebracht habe; er liebte die Dichter, die ihm freilich nur schmeicheln durften, und ließ in Kesch eine hohe Schule errichten. Schwerlich kann jedoch angenommen werden, daß es mit dieser Liebe zum Edlern und Erhabenern bei dem mongolischen Eroberer weit her gewesen sei. Als Curiosität mag noch erwähnt werden, daß sein Geheimschreiber ein Deutscher war, Schiltberger aus München, dessen Schrift über seinen Aufenthalt an Timur's Hofe 1473 zu Ulm im Druck erschienen ist.

Taubstumme vor Gericht. Verhandlungen durch die Fingersprache und Mimik.*)

Vor einiger Zeit fanden sich eines Tages vor dem Zuchtpoliceigerichte in Paris eine große Anzahl Taubstummer ein; es handelte sich um eine Klage zwischen zwei Taubstummen, Pelissier und Contremoulin. Der

---

*) Wir theilen das Nachstehende nicht der Sache wegen mit, welche die Verhandlung betraf, sondern wegen des Interesse, das dieselbe gewiß der Art und Weise wegen gewährt, wie die Verhandlungen gepflogen wurden.

Letztere saß auf der Bank der Angeklagten und gab durch seine Geberden zu verstehen, daß er taub und stumm sei und deshalb dem Tribunale nur mittels eines Dolmetschers antworten könne. Zwanzig Arme zeigten sogleich mit der ausdrucksvollsten Pantomime auf einen der geschicktesten sprechenden Professoren der Taubstummenanstalt, Herrn Baüsse, der zugegen war.

Dieser wurde demnach von dem Präsidenten aufgefodert, den Eid zu leisten und dem Gerichtshofe die Antworten des Angeklagten mitzutheilen, welcher erklärt, 27 Jahre alt und Kupferstecher im Kriegsdepot zu sein.

Präsident. Sie sind angeklagt, dem Herrn Pelissier an der Thüre der Centralgesellschaft der Taubstummen aufgelauert und eine Ohrfeige gegeben zu haben.

Contremoulin theilt dies Contremoulin mit, der jedoch die Beschuldigung mit der lebhaftesten Pantomime zurückweist. Aus seinen Geberden, die er mit der schnellsten Fingersprache verbindet, kann man abnehmen, daß er behauptet, gereizt worden zu sein und sich nur vertheidigt zu haben. Aber die Geberden werden immer eifriger, er erzürnt sich, schlägt auf seine Brust und wirft den Kopf empor, um anzudeuten, er könne mit freier Stirn einhergehen. Man geräth, daß er behauptet, der Gegenstand einer beleidigenden Beschuldigung gewesen zu sein. Er fährt mehrmals mit dem rechten Mittelfinger in der linken hohlen Hand am linken Mittelfinger hin und ahmt die Bewegung eines Tambourinschlägers nach.

Baüsse erklärt, der Angeklagte wolle durch dieses Zeichen zu verstehen geben, er sei von dem Kläger des Betrugs beschuldigt worden. Übrigens weist er jeden Vorbedacht von sich. Er versichert, ohne alle Absicht mit zwei Freunden an die Taubstummenanstalt gekommen zu sein.

Der Präsident fodert nun Baüsse auf, den Kläger zu Erläuterungen über die Klage zu veranlassen. Pelissier deutet an, er wünsche direct und schriftlich dem Präsidenten zu antworten, und nimmt deshalb einen Bleistift und Pergamentblätter aus der Tasche. Der Präsident dagegen bemerkt, die Verhandlungen müßten mündlich stattfinden und von allen Anwesenden gehört werden. Baüsse legt also seinen rechten Zeigefinger quer in die linke Hand und macht ein verneinendes Zeichen. Pelissier und alle Taubstumme verstehen dies sofort und diese Entscheidung scheint auf Alle einen unangenehmen Eindruck zu machen. Der Kläger deutet darauf an, er wünsche durch einen andern Dolmetscher zu antworten, wählt sich als solchen den Herrn Eugen von Monglare, Secretair der historischen Gesellschaft, und setzt sodann mit seltener Pantomimengeläufigkeit und rascher Zeichensprache seine Klage auseinander.

Herr von Monglare. Der Kläger geht in sehr weitläufige Details über die Taubstummengesellschaft ein. Sobald er zu Ende ist, werde ich dem Tribunale seine Angabe kurz wiederholen.

Pelissier setzt seine Erzählung fort und als er zu dem Gegenstande der Klage kommt, deutet er den Unwillen an, den er empfunden, als er eine Ohrfeige von einem Manne erhalten, den er gar nicht gekannt.

Herr von Monglare. Der Kläger erklärt, er sei Mitglied der Centralgesellschaft der Taubstummen, die monatlich ihre Sitzungen hält und den Zweck hat, den unglücklichen Taubstummen beizustehen. Mehre Taubstumme wurden aus der Gesellschaft ausgeschlossen, weil sie Ursache zur Unzufriedenheit gaben. Sie wollten trotzdem mit Gewalt eindringen und wurden durch Policediener zurückgewiesen. Da versammelten sie sich in einer nahen Straße, um die Mitglieder des Bureaus zu erwarten und zu insultiren. In dem Augenblicke, als Berthier, der Präsident, mit den Mitgliedern des Bureaus heraustrat, zu dem Pelissier gehörte, wurde dieser von einem Derjenigen in das Gesicht geschlagen, die seit länger als eine Stunde bei einem Weinhändler warteten.

Präsident. Und ist Der, welcher Sie geschlagen hat, der Angeklagte?

Pelissier zeigt wiederholt auf den Angeklagten, der seinerseits seine Erklärungen wiederholt, versichert, gereizt worden zu sein und einen Angreifenden nur mit der Rückseite der Hand zurückgedrängt zu haben, nachdem er (hierbei wiederholt er mehrmals das Zeichen, das wir oben anführten) vor allen seinen Kameraden ein Betrüger und ein falscher Bruder genannt worden sei.

Präs. War der Angeklagte betrunken?

Der Angeklagte, dem diese Frage vorgelegt wird, antwortet durch Lachen und indem er einen Mann nachahmt, der auf den Füßen wankt, er sei nicht in diesem Zustande und nie in demselben gewesen, drückt auch noch ein bedeutungsvolles Zeichen aus, er verabscheue alle Betrunkenen.

Die Belastungszeugen werden abgehört und bestätigen die Klage. Eine neue Schwierigkeit findet sich aber bei der Aussage des Zeugen John Carlin, eines Malers, der nur die allgemeine Geberdensprache kennt, durch die Fingersprache aber nur Englisch versteht. Monglare gesteht, daß er der englischen Sprache nicht mächtig genug sei, es wird deshalb noch ein zweiter Dolmetscher verpflichtet und auf diesem doppelten Wege werden die Fragen des Gerichtshofes und die Antworten der Parteien und Zeugen mitgetheilt.

Die Entlastungszeugen versichern, der Angeklagte sei von dem Kläger falscher Bruder genannt worden. Sie alle bezeichnen den Kläger mit dem Spitznamen „der Dichter", was sie so ausdrücken, daß sie auf der Hand ungleiche Linien ziehen.

Der Angeklagte wurde nur zu 25 Francs Strafe verurtheilt.

Die Opfer der französischen Revolution.

Während der Dauer der Schreckenszeit, vom 26. August 1792 bis zum 15. August 1794, also in nicht ganz zwei Jahren, sind auf Verurtheilung des Revolutionstribunals in Paris allein 2742 Personen durch die Guillotine hingerichtet worden, also im Durchschnitte täglich mehr als zwei. Am häufigsten waren die Hinrichtungen vom 14. Juni bis 28. Juli 1794; in diesen 45 Tagen fanden nicht weniger als 1284 statt, also jeden Tag 28—29. Unter den Guillotinirten befanden sich: a) dem Geschlechte nach 2398 Männer, 344 Frauen; b) dem Alter nach: 41 unter 20 Jahren, 390 von 20—30, 600 von 30—40, 623 von 40—50, 475 von 50—60, 312 von 60—70, 102 von 70—80, 11 von 80—90, 1 über 90 Jahre, 187 von unbekanntem Alter; c) dem Stande nach: 607 Adelige, 1065 aus dem Mittelstande, 692 Proletarier, 358 von unbestimmtem Stande; 356 Militairs, 226 Juristen, 189 Priester, Mönche und Nonnen, 40 Conventsmitglieder.

Noch ungleich zahlreicher waren die Opfer, die an andern Orten Frankreichs unter der Guillotine fielen. Das Werk des Republikaners Prudhomme, der ein alphabetisches Verzeichniß der Guillotinirten mit Angabe ihres Alters, Standes, Wohnorts u. s. w. in zwei Bänden geliefert hat, zählt 18,613 Guillotinirte auf; darunter befinden sich 1278 Adelige männlichen Geschlechts, 750 adelige Frauen, 1467 Frauen von Landleuten, Handwerkern u. s. w., 350 Nonnen, 1135 Priester, 13,633 nicht adelige Männer verschiedener Stände. Dazu kommen noch folgende: in der Vendée wurden getödtet 937,000 (worunter Weiber 15,000, Kinder 22,000); Schlachtopfer in Lyon 31,000; Schlachtopfer in Nantes unter Carrier 32,000 (unter andern wurden ertränkt Handwerker u. s. w. 5300, Adelige 1400, Priester 460, Frauen 500; erschossen: Priester 300, Frauen 264, Kinder 500; Frauen, die vor Schreck während der Schwangerschaft oder in Folge unzeitiger Entbindung starben, 3748).

Hierbei sind noch nicht gerechnet: die Massacrirten zu Versailles, Paris, Avignon, die, welche in Toulon und Marseille nach den Belagerungen dieser beiden Städte erschossen wurden, die Bewohner der kleinen Stadt Bedoin in der Provence, welche fast sämmtlich umkamen u. s. w.

Karahissar.

Die Stadt Karahissar in der Provinz Anadoli in der asiatischen Türkei (nicht zu verwechseln mit der gleichnamigen, weit kleinern Stadt in der Provinz Erzerum in Armenien) liegt im westlichen Theile der den Namen Kleinasien führenden Halbinsel, in gerader Linie 36 Meilen von Konstantinopel, 40 Meilen von Smyrna, 26 Meilen von der Südküste entfernt. Sie ist der Sammelplatz der von Konstantinopel ausgehenden Karavanen, und da die Straße von Smyrna nach dem Osten, Armenien, Georgien, Persien und den Ländern am Euphrat, hindurchführt, so fehlt es dem Orte nicht an Lebhaftigkeit und Wohlstand. Niebuhr berichtet, daß hier mehr steinerne Häuser zu finden seien, als in irgend einer andern Stadt Kleinasiens, was er der größern Industrie der Einwohner zuschreibt. Die Sättel und Steigbügel von Karahissar waren zu seiner Zeit in der ganzen Türkei gesucht; die Fabriken von Feuerwaffen und Säbeln blühten und mit rothem Leder wurde gleichfalls starker Handel getrieben. Die Teppichmanufactur wird zwar in dem Landstriche zwischen Karahissar und Smyrna am stärksten betrieben, aber die erstere Stadt ist der Hauptstapelplatz für ihre Producte. Wegen der großen Menge von Opium, das in der Umgegend erbaut wird, pflegt man der Stadt den darauf hindeutenden Beinamen Afioum beizulegen; als Niebuhr sie besuchte, wurden jährlich 180 Maulthierladungen von hier verführt, was etwa 400 Centner geben würde; gegenwärtig sollen 5—600 Centner hier bereitet werden

Die Lage der Stadt ist in hohem Grade romantisch. Auf einer Seite erhebt sich ein hohes und kahles Felsengebirge, der Kaldesdagh, auf der andern eine Reihe fruchtbarer, meist mit Weinpflanzungen bedeckter Hügel; ein kleiner Fluß, der im Winter und Frühjahr sehr wasserreich ist, fließt durch die Stadt. Der Umfang derselben beträgt beinahe 1½ Stunden; sie enthält zehn Moscheen und angeblich 50—60,000 Einwohner. Das Schloß liegt auf dem Gipfel eines steilen Felsen von fast 600 Fuß Höhe. Niebuhr bestieg denselben mit großer Anstrengung und fand innerhalb einer mit runden Thürmen besetzten Mauer einige alte Kanonen, halbverfallene Häuser, Cisternen und einen tiefen Brunnen. Gehörig hergestellt und verproviantirt würde diese Citadelle bei ihrer großen natürlichen Festigkeit völlig uneinnehmbar sein.

Ursprung der kleinern europäischen Monarchien und ihrer Regentenhäuser.

(Beschluß aus Nr. 379.)

Herzogthümer.

IV. Nassau. Das fürstliche Haus Nassau, für dessen Stammvater Otto, Herr von Laurenburg, ein Bruder des Kaisers Konrad I. (gest. 918), gehalten wird, während Andere das Geschlecht noch weiter zurückführen, nämlich auf Adolf, der 682 Graf v. Nassau geworden und 703 gestorben sein soll, blüht gegenwärtig in zwei Hauptlinien, von denen die ältere herzogliche in Nassau, die jüngere königliche in den Niederlanden regiert. Walram oder Walrav I. hinterließ zwei Söhne, von denen der ältere Walram II. Nassau erhielt, der jüngere Otto I. 1079 Graf von Geldern wurde und das später (seit 1339) herzogliche, 1372 erloschene Haus Geldern gründete. Mit Walram's II. Sohn, Rupert oder Robert I. (um 1120), beginnt erst eine zuverlässigere Stammreihe des Hauses. Sein Sohn Walram soll zuerst seit 1158 den Namen eines Grafen von Nassau geführt haben. Der Urenkel desselben war Graf Heinrich II. der Reiche (gest. 1254), von dessen Söhnen, welche das Land unter sich theilten, Walram (gest. 1289) die ältere oder Walramische, Otto die jüngere oder Ottonische Linie stiftete. Von jener ist hier allein die Rede. Sie theilte sich später in mehre Zweige, von denen nur der zu Weilburg erblühte. Graf Ludwig von Nassau-Weilburg (gest. 1625) erbte 1605 auch Idstein und Wiesbaden. Seine Söhne theilten abermals: Wilhelm Ludwig (gest. 1640) stiftete die Linie Nassau-Saarbrück, die sich wieder in die Zweige Ottweiler, Saarbrück und Usingen spaltete und erst 1816 mit Herzog Friedrich August von Nassau-Usingen erlosch; Johann (gest. 1668) stiftete die Linie Nassau-Idstein, die schon 1721 mit seinem Sohne Georg August Samuel erlosch; Ernst Kasimir endlich (gest. 1655) stiftete die einzige noch blühende Linie Nassau-Weilburg. Erst sein Urenkel Karl August nahm 1737 die dem ganzen Hause schon 1366 verliehene, 1688 erneuerte und seitdem von Nassau-Usingen geführte Reichsfürstenwürde an. Im J. 1806 vereinigten die Linien Nassau-Usingen und Nassau-Weilburg ihre Lande in ein einziges gemeinschaftlich zu regierendes Herzogthum und jene nahm als die ältere den Herzogstitel an, der bei ihrem Erlöschen mit dem ungetheilten Besitze des Landes auf den 1839 verstorbenen Herzog Wilhelm, den Urenkel Karl August's und den Vater des jetzigen Herzogs Adolf, überging.

V. Braunschweig. Das Haus Braunschweig-Lüneburg stammt, wie bereits erwähnt (s. Modena), vom Herzog Welf IV. (I.) von Baiern (gest. 1101), dem ältern Sohne des Markgrafen Azo II. von Este, und ist demnach italienischen Ursprungs. Welf's Urenkel, Heinrich der Löwe (gest. 1195), war Herzog von Baiern und Sachsen, verlor aber beide Herzogthümer und behielt nur die braunschweigischen Lande; sein Enkel, Otto das Kind (gest. 1252), wurde 1235 zum (ersten) Herzoge von Braunschweig und Lüneburg ernannt. Dessen Urenkel Albrecht I. der Große stiftete das Haus Braunschweig, das sich wieder in mehre Linien theilte; von diesen blühte nur das von Bernhard I. (gest. 1434) gestiftete mittlere Haus Lüneburg fort. Ein Nachkomme Bernhard's, Herzog Ernst I. der Bekenner (zu Celle), der 1546 starb, ist der nächste gemeinschaftliche Stammvater der Regenten von Braunschweig, Hanover und Großbritannien. Ernst's Söhne stifteten zwei Linien: der jüngere, Wilhelm (gest. 1592), das jüngere Haus Lüneburg, welches die ältere Linie überflügelte, 1692 die Kurwürde erlangte, 1714 den großbritannischen Thron bestieg, den es noch jetzt einnimmt; der ältere, Heinrich zu Dannenberg (gest. 1598), stiftete das jüngere oder herzogliche Haus Braunschweig, auch Braunschweig-Wolfenbüttel genannt, aus welchem der jetzt regierende Herzog Wilhelm stammt. Eine Seitenlinie zu Bevern ist erst 1809 erloschen.

VI—VIII. Die sächsischen Herzogthümer. (S. Sachsen-Weimar.) Der gemeinschaftliche Stammvater der drei Herzoge von Sachsen ist Ernst der Fromme aus der ernestinischen Linie des Hauses Sachsen, welcher das Gesammthaus Gotha stiftete. Schon nach seinem Tode, 1680, theilten sich seine sieben Söhne unter seine Besitzungen und vier von ihnen stifteten ebenso viele Speciallinien: 1) Friedrich I. stiftete die Linie zu Gotha, welche 1825 mit Herzog Friedrich IV. im Mannsstamme erlosch. 2) Albert erhielt Koburg und starb 1699 ohne Nachkommen. 3) Bernhard stiftete die noch jetzt blühende Linie Meiningen; der jetzige Herzog Bernhard Erich Freund, sein Urenkel, erhielt durch Erbvertrag von 1826 auch Hildburghausen und Saalfeld. 4) Heinrich erhielt Römhild. 5) Christian Eisenberg; Beide starben ohne männliche Nachkommen (1710 und 1707). 6) Ernst stiftete die noch blühende Linie Hildburghausen, welche 1826 unter Herzog Friedrich dieses Fürstenthum mit Altenburg vertauschte (das bisher der gothaischen Speciallinie gehört hatte) und daher auch ihren Namen änderte; der jetzige Herzog Joseph, Sohn Friedrich's, ist der zweite Herzog von Sachsen-Altenburg aus dieser Linie. Eine frühere in Altenburg regierende Speciallinie, welche Friedrich Wilhelm I. (gest. 1602, bekam Altenburg 1573), älterer Bruder des Herzogs Johann von Weimar, gestiftet hatte, ist 1672 mit Friedrich Wilhelm III. ausgestorben. 7) Johann Ernst stiftete die Linie zu Saalfeld, die 1699 Koburg und den Namen Koburg-Saalfeld annahm. Sein Nachkomme, der jetzige Herzog Ernst, erhielt 1826 auch Gotha, trat dafür Saalfeld an die meiningische Linie ab und nennt sich seitdem Herzog von Sachsen-Koburg-Gotha.

IX—XI. Anhalt-Dessau, Anhalt-Bernburg und Anhalt-Köthen. Das fürstliche Haus Anhalt hieß ehemals Askanien; unter den Nachkommen desselben werden Albrecht IV. (gest. 951), Albrecht V. und Esiko IV., Graf von Ballenstedt (im 11. Jahrhundert), genannt, aber die gewissere Geschlechtsfolge beginnt erst mit Otto dem Reichen, Markgraf v. Soltwedel, der sich zuerst Graf v. Askanien und Aschersleben nannte. Sein Sohn war der berühmte Albrecht (VII.) der Bär (gest. 1169), welcher 1152 der erste Markgraf und Kurfürst von Brandenburg wurde. Von seinen Söhnen wurde der ältere Otto I. Kurfürst von Brandenburg, welche Würde seine Nachkommen bis 1320 besaßen, wo diese Linie mit Heinrich III. erlosch, der jüngere Bernhard aber wurde 1180 Kurfürst und Herzog zu Sachsen und der Stammvater der Herzoge von Anhalt. Bernhard's jüngerer Sohn Albert I. succedirte seinem Vater 1212 (seine Nachkommen regierten in Sachsen bis 1422, wo diese Linie erlosch; die Seitenlinie Sachsen-Lauenburg erlosch erst 1689), der ältere aber, Heinrich I. oder der Fette genannt, wählte Anhalt und nannte sich zuerst (seit 1218) Fürst von Anhalt. Sein Nachkomme Joachim II. Ernst (gest. 1586) ist der nächste gemeinschaftliche Stammvater der noch blühenden Linien. Von seinen Söhnen stiftete Johann Georg, der älteste, die Linie Anhalt-Dessau, der zweite, Christian, die Linie Anhalt-Bernburg, der dritte, August, die Linie Anhalt-Plötzkau, welches die drei noch jetzt blühenden Linien sind; zwei andere Söhne, Rudolf und Ludwig, stifteten, jener die Linie Anhalt-Zerbst, die 1793 mit Friedrich August ausstarb, dieser die ältere Linie Anhalt-Köthen, die schon 1665 mit seinem Sohne Wilhelm Ludwig erlosch, worauf die Linie Anhalt-Plötzkau Namen und Besitzungen dieser erloschenen Linie erbte. Von dieser regiert seit 1818 die Seitenlinie Anhalt-Pleß; eine Seitenlinie des Hauses Anhalt-Bernburg, genannt Anhalt-Bernburg-Schaumburg, ist 1812 im Mannesstamme erloschen. Bernburg führt seit 1806, Dessau und Köthen seit 1807 den Herzogstitel.

Fürstenthümer.

I und II. **Schwarzburg-Rudolstadt und Schwarzburg-Sondershausen.** Das Geschlecht der Grafen von Schwarzburg ist eins der edelsten Thüringens und kommt schon in der frühesten Zeit des Mittelalters vor; die Stammreihe desselben erhielt aber erst im 12. Jahrhundert, wo Sizzo Graf von Schwarzburg und Käfernburg war, Zusammenhang. Der nächste gemeinschaftliche Stammvater der beiden noch blühenden Linien war Graf Günther von Schwarzburg und Arnstadt (gest. 1552), von dessen Söhnen, die das Land 1583 theilten, der ältere, Johann Günther (gest. 1586), die Linie zu Sondershausen, früher die arnstädtische genannt, der jüngere, Albrecht VII. (gest. 1603), die Linie zu Rudolstadt stiftete. Jene erlangte im J. 1697, diese im J. 1711 die reichsfürstliche Würde, doch erst 1754 erfolgte die Aufnahme in den Reichsfürstenrath.

III. **Waldeck.** Als Ahnherr dieses Hauses wird Wittekind, nach einer Urkunde Graf im Hwetigau (um 1031), genannt; sein Urenkel gleichen Namens führte den Titel Graf von Schwalenberg (um 1129), den seine Nachkommen, später aber auch die 1356 erloschene Hauptlinie führte. Die von den ältern Sohne des Grafen Josias (gest. 1580), Christian Ludwig, welcher 1625 die Grafschaft Pyrmont erbte, gestiftete eisenbergische Linie ist die jetzt regierende. Graf Friedrich Anton Ulrich erhielt 1712 die Reichsfürstenwürde (welche die 1692 erloschene jüngere oder wildungische Linie schon seit 1682 geführt hatte), führte sie aber erst seit 1717. Sein Bruder Josias stiftete eine noch blühende gräfliche Linie zu Bergheim.

IV u. V. **Hohenzollern.** Dieses Haus hat mit dem preußischen Regentenhause gleichen Ursprung. Thassilo soll um 800 der erste Graf von Zollern und nach der Sage ein Sohn Isenbart's, Fürsten in Alemannien, Grafen zu Altdorf und Ravensberg, ein Enkel des Grafen Warin von Altdorf, dieser aber ein Sohn des Herzogs Eberhard von Elsaß und ein Enkel des Herzogs Ethico von Alemannien oder von Elsaß gewesen sein. Graf Rudolf II. zu Zollern, der um 1165 lebte, wurde gemeinschaftlicher Stammvater der beiden hohenzollernschen Hauptstämme; sein jüngerer Sohn Konrad erhielt um 1170 die Burggrafschaft Nürnberg als erbliche Besitzung mit reichsfürstlicher Würde und gründete das Haus der Burggrafen von Nürnberg, welches 1417 zur Kurwürde von Brandenburg, 1701 zur Königswürde gelangte; sein älterer Sohn Friedrich III. setzte den hohenzollernschen Namen fort. Seine Nachkommen gaben den fürstlichen Titel, den seit ungefähr 1200 auch die ältere Linie geführt haben soll, bald wieder auf und nannten sich nur Grafen. Des Grafen Karl I. drei Söhne stifteten 3 Linien: der älteste, Graf Eitel Friedrich VI., die hechingensche; der zweite, Graf Karl II. die sigmaringensche, welche beide noch blühen; die von dem dritten Sohne Christoph gestiftete haigerlochische Linie erlosch 1634. Die reichsfürstliche Würde des Hauses wurde 1623 erneuert, aber erst seit 1807 sind auch die Nachgebornen und Seitenverwandten beider Linien zur Führung des Fürstentitels ermächtigt.

VI u. VII. **Lippe.** Das alte Dynastengeschlecht der edeln Herren von der Lippe oder zur Lippe stammt von Hermann I., der um 1129 vorkommt, und nahm im 16. Jahrhundert den gräflichen Titel an. Der nächste gemeinschaftliche Stammvater der noch blühenden Linien war Graf Simon VI. (gest. 1613). Von seinen Söhnen stiftete Simon VII. die ältere oder detmoldische Hauptlinie, Otto die 1709 erloschene brakische Linie und Philipp die jüngere oder schaumburg-lippische Hauptlinie, welche die erste und dritte noch blühen. Die ältere Linie führt seit 1789 die ihr schon 1720 ertheilte fürstliche Würde; ein erbherrlicher oder gräflicher, apanagirter Nebenast (Sternberg-Schwalenberg) blüht noch in zwei Zweigen, Lippe-Biesterfeld und Lippe-Weißenfeld. Von der jüngern Hauptlinie, die erst seit 1807 die fürstliche Würde führt, erlosch 1777 der ältere Ast zu Bückeburg, worauf der jüngere bisher apanagirte zu Alverdissen succedirte.

VIII — X. **Reuß.** Die Vorfahren des jetzigen reuß-plauenschen Hauses nannten sich zuerst Herren von Gleisberg, bis sich Heinrich (um 1127) Herr von Weida nannte. Heinrich der Reiche (um 1143—1193) erhielt vom Kaiser mit dem Titel Voigt des Reiches den größten Theil des Voigtlandes, das einen viel weitern Umfang als das jetzige hatte. Dessen Söhne stifteten 1206 vier Hauptlinien zu Weida, Plauen, Gera und Greiz, von denen nur die plauensche noch blüht, und zwar die 1307 von Heinrich dem jüngern, Voigt zu Plauen (gest. 1294), der den Beinamen „der Reuße" führte und zu einem erblichen Geschlechtsnamen machte, gestiftete jüngere oder reuß-plauensche Linie. (Die ältere plauensche oder burggräfliche Linie erlosch 1572.) Heinrich der Stille oder Friedsame (gest. 1535) ist der nächste gemeinschaftliche Stammvater der jetzt blühenden Linien; seine Söhne Heinrich der ältere, mittlere und jüngere stifteten drei Linien, eine ältere, mittlere und jüngere, von denen die mittlere oder obergreizer 1616 erlosch, die beiden andern aber noch blühen und zwar die ältere oder untergreizer (jetzt Reuß-Greiz) in einem Aste, die jüngere in zwei Ästen, Reuß-Schleiz und Reuß-Lobenstein-Ebersdorf, seitdem der älteste Zweig zu Gera 1802 erloschen ist. Seit 1671 führt das Haus den gräflichen Titel; die fürstliche Würde, die dem ältern plauenschen Stamme schon 1426 verliehen worden war, wurde 1778 der ältern Hauptlinie, 1806 auch der jüngern Linie erneuert.

XI. **Liechtenstein.** Dieses Haus, das zu den ältesten Adelsgeschlechtern der östreichischen Erblande gehört, wird auf Ahnherren, die im 10. Jahrhundert lebten, ja von Einigen auf Azo I., den Stammvater des Hauses Este, zurückgeführt. Die beiden noch blühenden Linien sind nur Zweige der 1588 von dem Sohne Hartmann IV. aus der liechtenstein-nicolsburger Linie, Gundaccar, gestifteten Hauptlinie (die von seinem Bruder Karl gestiftete carolinische erlosch 1712); sie wurden 1772 von zwei Brüdern, Franz Joseph und Karl Borromäus, gestiftet, nämlich von jenem die französische oder regierende, von diesem die karlische, mit einem Majorate dotirte Linie. Die erbliche Reichsfürstenwürde erhielt das Haus schon 1618 und 1623, allein das jetzige Fürstenthum Liechtenstein in Schwaben, die einzige souveraine Besitzung dieses Hauses, wurde erst 1713 zu einem Fürstenthum erhoben.

Landgrafschaft.

Hessen-Homburg. Das regierende Haus ist eine Nebenlinie des Hauses Hessen-Darmstadt (s. d.), gestiftet von Landgraf Friedrich, Sohn des Landgrafen Georg I. zu Darmstadt. Die Herrschaft Homburg war ehemals reichsunmittelbar, stand aber 1806—1816 unter großherzoglich-hessischer Souverainetät; die Schlußacte des wiener Congresses stellte die Souverainetät des landgräflichen Hauses wieder her und 1816 erfolgte die feierliche Einweisung.

Die Hadschuten.

Seitdem Frankreich ernstlich Miene macht, das Gebiet von Algier zu behaupten und zu colonisiren, werden wir veranlaßt, uns mit den Völkern, welche jenes Gebiet theilweise noch bewohnen und den Eroberern streitig machen, hinsichtlich ihres Ursprungs, ihrer Sitten, Gebräuche, Lebensweise und dergleichen mehr bekannt zu machen. Da die Hadschuten zu den gefürchtetsten Gegnern der Franzosen gehören, so mag folgende Mittheilung über dieselben die Leser in den Stand setzen, sich ein Bild von diesem Volke zu entwerfen.

Die Hadschuten, arabischen Ursprungs, sind Nomaden und bewohnen die weiten Steppen jenseit der Chiffa und des Massafran. Hadschut ist ihr arabischer Stammname, übrigens ohne besondere Bedeutung. Sie zeichnen sich unter den übrigen Stämmen durch ihren kriegerischen Ruf, sowie durch ihr Ansehen und ihre Furchtbarkeit aus, und zwar, wie es scheint, schon seit Jahrhunderten. Überhaupt sind sie bis auf den heutigen Tag in Sitten, Sprache und Geist ihren kriegerischen Ahnen aus Osten treu geblieben. Der Uthan (Bezirk), welchen sie bewohnen, hieß zu den Zeiten des Dei El Sabet. Sie waren von jeder Geldabgabe befreit und hatten blos die Verpflichtung, als Reiter ins Feld zu ziehen, so oft sie dazu aufgefodert wurden. Oft unternahmen sie förmliche Raubzüge gegen die Bewohner der Metidscha, wurden aber nur in einzelnen Fällen zur Rückgabe ihres Raubes gezwungen, da man ihnen Manches nachzusehen für gut hielt. Seit der Einnahme Algiers durch die Franzosen haben die Hadschuten den Siegern gegenüber stets eine feindselige Haltung mit Kraft und Nachdruck behauptet; nur ein einziges Mal stellte ein förmlicher Friede mit ihnen auf eine kurze Zeit die Ruhe in der Ebene Metidscha her. Außerdem waren die Hadschuten bei jeder Unternehmung an der Spitze der Eingeborenen. Als die Franzosen im Juni 1837 einen Friedensvertrag mit dem Emir Abd-el-Kader abschlossen, dessen Herrschaft die Hadschuten anerkannt haben, stellten sie auf dessen Befehl die Feindseligkeiten ein, ohne jedoch einzelne Räubereien ganz zu unterlassen. Jetzt, da Abd-el-Kader jenen Vertrag plötzlich gebrochen und nach der alten Weise die Franzosen zu beunruhigen angefangen hat, werden die Hadschuten diese Gelegenheit, ihre Lieblingsbeschäftigungen fortzusetzen, mit Freuden ergriffen haben, um so mehr, da sie zwei Jahre lang sich ganz ruhig verhalten mußten, was ihnen ungemein schwer wird.

Fragt man nun, wie es möglich sei, daß ein einziger Volksstamm, der kaum 500 Reiter zählt, den französischen Heeren Trotz bieten und der Schrecken mehrer tausend Colonisten sein könne, so ist vor allen Dingen die natürliche Lage ihres Gebiets ins Auge zu fassen. Sie bewohnen nämlich einen Landstrich, dessen östliche Grenze durch eine Menge von Sümpfen gedeckt ist; von Norden ist ihnen wegen des steilen Meerufers nicht beizukommen; im Süden sind sie durch die Gebirge geschützt und im Westen, der einzigen verwundbaren Seite ihres Gebiets, gibt es keine französischen Lager. Außerdem sind die Hadschuten vortreffliche Reiter und besitzen die besten Pferde des Landes. Es gewährt einen ganz eigenen Anblick, diese malerisch wilden Gestalten in ihren fliegenden weißen Gewändern, auf feurigen silbergrauen Schimmeln, deren Mähne die Erde berührt, wie der Sturmwind in das Treffen fliegen zu sehen. Sie sind, als der reichste Stamm der Ebene, sämmtlich aufs beste bewaffnet, und sobald sie von der Infanterie der Kabylen sich unterstützt wissen, werden sie im höchsten Grade tollkühn. Ihre Waffen bestehen in einer langen Flinte, zwei oder vier Pistolen und einem Yatagan oder kurzen Säbel, am Ende etwas gekrümmt, schwer und ohne Spitze.

Man sollte glauben, daß die Hadschuten bei ihren ewigen Kämpfen nach und nach aufgerieben werden oder wenigstens an Zahl abnehmen müßten. Allein dies ist durchaus nicht der Fall; sie vermehren sich vielmehr, indem sie, wie eine förmliche Räuberrepublik, allen Verbrechern des Landes auf ihrem Gebiete eine Freistätte gewähren.

Vor den übrigen Arabern der Umgegend Algiers zeichnen sich die Hadschuten durch einen noch höhern, kräftigern Körperbau und durch eine gewisse majestätisch kühne Haltung aus, welche aus dem Bewußtsein ihres freien Lebens, ihrer körperlichen Stärke und ihres kriegerischen Rufes entspringt. Ihr Körperbau ist muskulös, ihre Figur gigantisch, die Haut von der Sonne verbrannt, das Auge feurig, mit einem Worte, sie sind fast Alle sehr schöne Männer, das heißt, sie sind schön als Wilde. Von den thierisch rohen Wilden Südafrikas und anderer Länder unterscheiden sie sich dadurch, daß in ihrem Benehmen nicht selten etwas Feines, Zartes durchschimmert. Daher beginnt auch schon der Geschmack an den Sitten der Civilisation bei ihnen Wurzel zu fassen; jedoch dürfte wol mehr als ein Jahrhundert nothwendig sein, diese Völker wirklich zu civilisiren.

Consumtion der Stadt Paris.

Im Jahre 1839 wurden in Paris verzehrt: 69,513 Ochsen, 18,961 Kühe, 76,125 Kälber, 414,120 Hammel, was gegen das Jahr 1838 eine ansehnliche Verminderung (um 1294 Ochsen, 1165 Kühe, 2877 Kälber und 12,046 Hammel) ergibt. In den Handel kamen 115,683 Centner geschmolzener Talg.

Der Harpyenadler.

Die Familie der Raubvögel, welche unter den Vögeln Das sind, was unter den vierfüßigen Thieren die reißenden sind, zerfällt in sechs Gattungen, Geier, Aasvogel, Lämmergeier, Geieradler, Falke und Eule, von denen die fünf ersten Tag-, die letzte Nachtraubvögel sind. Unter ihnen ist die der Falken am reichsten an Arten, welche man in sechs Familien zu theilen pflegt: Adler (24 Arten), Habichte (36 A.), Edelfalken (27 A.), Milane (8 A.), Bussard (12 A.), Weihen (80 A.), die zusammen 115 Arten enthalten, worunter in Europa 29 einheimisch sind. Nicht zu den letztern gehört diejenige Adlerart, mit der wir uns gegenwärtig beschäftigen wollen, welcher Cuvier den Namen der Harpye beigelegt hat. Dieser Vogel ist von außerordentlicher Größe (drei Fuß zwei Zoll lang), hat kurze und abgerundete Flügel, einen starkgekrümmten Schnabel, eben solche Krallen und ungewöhnlich dicke und starke Füße. Vergleicht man ihn mit dem Königsadler, einer der größten europäischen Arten, so findet man, daß der Harpyenadler kürzere Flügel, weit stärkere Füße und Krallen und einen mehr gekrümmten Schnabel hat. Die Anordnung der Federn am Kopfe erinnert in etwas an die Eulen. Am Genick und an den Seiten des Kopfes sind sie breit und vorn abgerundet; auf dem Hinterkopfe sind sie länger als die übrigen und bilden eine liegende Haube oder einen Kamm, den der Vogel nach Belieben in die Höhe sträuben kann, was er thut, wenn er gereizt wird. Die Mittelfedern dieses Kamms sind kürzer als die an der Seite, sodaß er aufgerichtet in der Mitte am niedrigsten erscheint und sich auf jeder Seite ohrenähnlich erhebt; dies gibt dem Vogel eine gewisse Ähnlichkeit mit den Ohreulen, welche freilich durch seine stolze Haltung und den wilden Blick der Augen wieder aufgehoben wird. Die allgemeine Farbe dieses Vogels ist schwarzgrau, die untern Theile sind weiß mit einem breiten schwarzen Streifen über die Brust. Der Schwanz ist grau und schwarz gesprenkelt, unten weißlich, und hat mehre querlaufende schwarze Streifen; der Schnabel und die Klauen sind schwarz, der untere nackte Theil der Fußwurzel, sowie die Zehen blaßgelb.

Der Harpyenadler ist in Guiana und andern Theilen von Südamerika einheimisch, wo er einsame, von menschlichen Wohnungen entfernte Waldungen bewohnt, aber nicht sehr häufig ist. Von seiner Lebensweise im Naturzustande wissen wir nur wenig. Man fürchtet ihn wegen seiner Stärke und Wildheit; selbst Menschen soll er ohne alle Scheu angreifen, ja man erzählt Beispiele von Menschen, denen er mit dem Schnabel und den Klauen die Hirnschalen zerbrochen haben soll. Dies mag Übertreibung sein, aber ohne Zweifel wäre es ein tollkühner Versuch, sich dem Nest eines Paars dieser furchtbaren Adler zu nähern. Nach Einigen greift er nicht nur Menschen, sondern auch Raubthiere an. Am meisten aber ist er den die Wälder bewohnenden Faulthieren verderblich, die freilich wenig geeignet sind, einem so furchtbaren Gegner Widerstand zu leisten; sie bilden seine gewöhnliche Beute, und wo es viele Faulthiere gibt, ist auch der Harpyenadler am häufigsten. Außerdem greift er Affen, Rehe, Beutelthiere u. s. w. an, tödtet sie und schleppt sie in sein Nest, um ihm als Nahrung zu dienen.

Die Kürze, Breite und abgerundete Form der Flügel des Harpyenadlers befähigt ihn zwar zu einem anhaltenden Fluge, macht sie aber in noch geringerm Grade zu geeigneten Organen schneller Bewegung, als bei andern Adlerarten, die im Allgemeinen den Falken und Habichten an Leichtigkeit in Verfolgung ihrer Beute nachstehen. Da aber der Harpyenadler die Wälder bewohnt und auf keine Vögel Jagd macht, sondern auf Thiere, die unfähig sind, sich durch Fliegen zu retten, so steht die Einrichtung seiner Flügel mit seiner Lebensart im vollkommensten Einklange. Mehr noch als bei andern Adlern ist bei diesem der Tod der einmal gefaßten Beute das Werk eines Augenblicks, was nicht überraschen kann, wenn man die Kraft, welche in den gewaltigen Klauen des Vogels liegen muß, gegen welche die Klauen anderer Adler nur schwach zu nennen sind, in Erwägung zieht.

Ericson's Feilenhaumaschine.

Man war bisher allgemein der Meinung, daß das Feilenhauen nur mit Menschenarmen, nicht mit Maschinen bewerkstelligt werden könne; diese Ansicht wird jedoch durch eine vor einigen Jahren von dem englischen Capitain Ericson erfundene Maschine widerlegt, welche in derselben Zeit ungleich mehr Feilen liefert, als mit Menschenhänden möglich ist, und zwar Feilen, welche die von Feilenhauern gelieferten an Regelmäßigkeit und Genauigkeit weit übertreffen.

Verantwortlicher Herausgeber: Friedrich Brockhaus. — Druck und Verlag von F. A. Brockhaus in Leipzig.

Das Pfennig-Magazin
für
Verbreitung gemeinnütziger Kenntnisse.

381.] Erscheint jeden Sonnabend. **[Juli 18, 1840.**

Gap.

Gap und die Alpen.

Die Stadt Gap, Hauptstadt des französischen Departements der Oberalpen (in der ehemaligen Provinz Dauphiné), des gleichnamigen Bezirks und eines Cantons, liegt an der Luce, in welche sich hier die Bonne ergießt, in einem weiten, von Hügeln eingeschlossenen Kessel mit der Aussicht auf hohe Schneegebirge, welche jene überragen. Sie ist sehr schlecht gebaut und hat außer einem Museum, das Alpenproducte, römische Alterthümer und das Grabmal des Connetable Lesdiguières vereinigt, keinerlei Merkwürdigkeiten aufzuweisen. Die Einwohnerzahl betrug nach der letzten Zählung von 1836 7854. Die Industrie beschränkt sich auf einige Seiden- und Wollfabriken, der Handel ist unbedeutend.

Die heutigen Griechen. *)

Die Griechen unserer Zeit sind in jeder Hinsicht, körperlich sowol als geistiger, den alten Griechen so unverkennbar ähnlich, daß ihre Abstammung von den letztern nicht in Zweifel gezogen werden kann. Zwar hat ein deutscher Geschichtschreiber (Fallmerayer) die Meinung aufgestellt, daß die Griechen ein Gemisch von allerlei Völkern wären und mit den alten Griechen so gut als gar nichts mehr gemein hätten; aber die von ihm gegebenen Gründe sind durchaus unhaltbar. Was zunächst die körperliche Bildung betrifft, so sind die Griechen beider Geschlechter im Allgemeinen wohlgebildet, und kein anderes Volk in Europa möchte verhältnißmäßig so viel schöne Menschen aufzuweisen haben. Am schönsten sind die Bewohner der Inseln und Rumeliens, aus welchem Lande die meisten Palikarenoffiziere stammen, welche großentheils bildschöne Männer sind; minder schön sind die Morcoten. Noch schöner als die Männer sind die Knaben und Jünglinge, deren Bildung ihnen ein fast weibliches Ansehen gibt, um so mehr, da das Geschlecht sich in Griechenland bei den Knaben ebenso langsam als bei den Mädchen schnell entwickelt; sie haben in der Regel ausdrucksvolle dunkle Augen, einen wohlgeformten kleinen Mund, eine niedliche Nase und schöne Zähne. Die Frauen kommen zwar an Schönheit den Männern nicht völlig gleich, sind aber gleichfalls im Allgemeinen wohlgebildet, namentlich auf den Inseln. Ihre Gesichtsfarbe ist rein und weiß, wie bei den Bewohnerinnen nordeuropäischer Länder, auf den Wangen mit einem leichten Rosenroth vermischt, wodurch sie sich von den bleichen Italienerinnen unterscheiden; freilich erhöhen die

*) Nach Greverus' „Reise in Griechenland".

Griechinnen zum Theil die Farbe der Wangen durch künstliche Mittel, sowie auch manche, wiewol nur auf dem platten Lande, die Nägel gelb färben. Die Form des Gesichts ist lieblich, aber nur bei den Mädchen schön oval, bei den Frauen oft zu rund. Die schönen braunen Augen sind sanfter und nicht so beweglich und feurig als die italienischen; künstlichen Gebrauch machen nur wenige Griechinnen von ihnen, da sie fast durchgängig äußerst sittsam und gegen Männer zurückhaltend sind. Noch sind den griechischen Frauen reiche lange schwarze Haarflechten eigenthümlich; auch kleine Hände und schöne Füße findet man häufig, namentlich bei Jungfrauen, denn bei den Frauen sind sowol Hände als Füße oft zu fleischig und zu breit. Eine Schattenseite in der Bildung der griechischen Frauen liegt überhaupt darin, daß sie selten von schlankem Wuchse sind und frühzeitig eine Neigung zum Fettwerden zeigen; daher ist auch ihr Gang schlaff und nachlässig und muntere, rasche Bewegung ihnen durchaus fremd. Die Mädchen heirathen oft schon mit dem zwölften Jahre, was sich noch aus der türkischen Zeit herschreibt, wo die Türken schöne Mädchen ohne Umstände für ihre Harems wegnahmen, verheirathete Frauen aber verschonten; diese frühen Heirathen haben ein zeitiges Welken der Jugend zur Folge und hindern das Wachsthum der Frauen. Die griechischen Kinder sind ungemein reizend und scheinen sich einige Monate früher als bei uns zu entwickeln.

Die geistigen Anlagen der Griechen sind gleichfalls überaus glücklich. Sie lernen leicht und mit großem Eifer; nicht nur Knaben und Jünglinge zeigen in den Schulen einen unermüdlichen Eifer, sondern auch gereifte Männer gehen der Jugend mit gutem Beispiele voran und suchen das Versäumte durch Benutzung der Schulen und der Universität nachzuholen. Man trifft nicht selten ältere Männer, die sich im Lesen üben. Als die Apotheker des Königreichs zur Anhörung eines pharmaceutischen Cursus von der Regierung einberufen wurden, eigneten sie sich die gewöhnlichen Kenntnisse deutscher Apothekergehülfen in einem halben Jahre an; ebenso wurden die unwissenden Chirurgen in einem halbjährigen Cursus vollständig in die niedere Wundarzneikunst eingeweiht. Vorzüglich geschickt sind aber die Griechen in der Erlernung fremder Sprachen, worin sie den Polen nicht nachstehen, weshalb sie sich zu Dolmetschern sehr gut eignen. Fast alle Gebildetern sprechen französisch und englisch; auf den Inseln und im westlichen Morea aber sprechen selbst viele Personen der niedern Stände italienisch, was ihnen wegen des häufigen Verkehrs mit Italien von Nutzen ist.

Was den griechischen Nationalcharakter anlangt, so sind in diesem gegenwärtig noch immer die schlechten Eigenschaften fast überwiegend, was jedoch als eine nothwendige Folge des langen Druckes betrachtet werden muß, unter welchem die griechische Nation Jahrhunderte lang geseufzt hat. Zu den guten Eigenschaften der Griechen gehört ihre Höflichkeit, Gefälligkeit und Freundlichkeit, in der sie die Franzosen früherer Zeit fast noch übertreffen. Sie spricht sich in ihrem ganzen Wesen und Betragen aus und beschränkt sich keineswegs auf Höflichkeitsformeln, mit denen sie überaus freigebig sind. Die Art, wie man Gäste behandelt und bewirthet, erinnert an die Erzählungen Homer's und des Alten Testaments; man tischt ihnen das Beste auf, was Küche und Keller enthalten, freut sich, wenn sie starken Appetit an den Tag legen, und sucht auf alle Weise ihren Wünschen zuvorzukommen. Dies geschieht nicht nur gegen Bekannte oder Solche, die mit Empfehlungsbriefen versehen sind, sondern nicht selten auch gegen hülfsbedürftige Unbekannte. Auch die Mäßigkeit ist eine der hervorstechendsten Nationaltugenden, da sie darin alle andern Völker Europas übertreffen. Nur die Reichen essen in Griechenland täglich warme Speisen; das Volk begnügt sich in der Regel mit kalter Küche. Brot bildet die Hauptnahrung; dazu ißt man eine bis zwei große byzantinische Sardellen, Ziegenkäse, Melonen, Oliven oder Porreyzwiebeln, zuweilen auch Knoblauch, und trinkt Wein dazu, dessen Genuß sich seiner außerordentlichen Wohlfeilheit wegen fast der Ärmste verschaffen kann. Braten ißt der gemeine Mann selten oder nie, mit Ausnahme des Osterlamms, das sich auch der Unbemittelte zu verschaffen sucht. Die Uferbewohner essen in Öl gebackene Fische. So mäßig jedoch der Grieche in der Regel und zu Hause ist, so unmäßig ist er im Essen und Trinken bei festlichen Gelegenheiten, besonders aber am Osterfeste, wo der Taumel oft acht Tage währt; indeß ist dies mit den vorausgehenden langen und strengen Fasten zu entschuldigen. Tapferkeit und Vaterlandsliebe können nur von Einzelnen, nicht vom ganzen Volke gerühmt werden.

Unter den Nationalfehlern ist vor allen die Eitelkeit zu nennen. Die Reichern und Gebildetern sehnen sich nach höhern Staatsstellen und Ehrenzeichen, ohne jenen gewachsen zu sein und diese verdient zu haben; daher beneiden sie Alle, die höher stehen als sie, mögen es nun Fremde oder Griechen sein. Um mit dem Erlöserorden geschmückt zu werden, gaben zur Zeit der Ordensvertheilung Viele vor, im Freiheitskriege große Thaten gethan zu haben, und erschlichen sich so jenes Ehrenzeichen, das sie später zurückgeben mußten. Bei den mittlern Classen äußert sich die Eitelkeit in der Kleidung; selbst die Waffen des Palikaren sind meist mit Gold und Silber geschmückt, wovon seine Kleidung strotzt. Mit ihren berühmten Vorfahren, den alten Griechen, prahlen fast Alle, aber die Geschichte derselben kennen nur Wenige; den Schein, von Fremden etwas zu lernen, vermeiden sie so viel als möglich, weil sie sich selbst für die erste Nation in der Welt halten. Einer der schlimmsten Fehler der Griechen ist ferner der unter allen Volksclassen verbreitete Hang zum Lügen und zur Falschheit, womit die Neigung zum Betrug und zur Übervortheilung zusammenhängt. Die griechische Treue ist schon längst, seit der Zeit der alten Griechen, verrufen und zum Sprüchwort geworden. Im Lügen kommt ihnen eine unglaubliche Geistesgegenwart und Gewandtheit zu Hülfe. Am schlimmsten sind die Personen, welche täglich mit Fremden umgehen, wie Gastwirthe, Kleinkrämer u. s. w., mit denen man, um sicher zu gehen, bei allen Geschäften einen schriftlichen Contract abschließen möchte. Natürlich zeigt sich dieser Mangel an Wahrheit auch bei gerichtlichen Verhandlungen, wo es sehr gewöhnlich ist, eine Anzahl falscher Zeugen aufzustellen. Betrug wird gegen Fremde und Landsleute ohne Unterschied geübt, doch leiden jene am meisten darunter und müssen in der Regel, Athen ausgenommen, überall doppelte Preise bezahlen. Bei alle dem sind die Griechen noch immer lange nicht so betrügerisch als die Italiener und ihre große Armuth kann ihnen zu einiger Entschuldigung gereichen. Ein anderer großer Fehler der Griechen ist ihre große Neigung zum Müßiggang, der doch nach dem Sprüchworte aller Laster Anfang ist. In den Städten sind alle Kaffeehäuser den ganzen Tag über voll von Müßiggängern, die Kaffee und Taback trinken, um den griechischen Ausdruck für rauchen wörtlich wiederzugeben; schon am frühen Morgen sieht man sie Karten, Billard und Domino spielen. Zwingt Hunger und Noth die Griechen, an einen Erwerbszweig zu denken, so wählen sie, allen einigermaßen anstrengenden Arbeiten abgeneigt, möglichst bequeme Beschäftigungen. Gleich den Juden scheuen sie die Handwerke und wollen nur Handel treiben und Wein oder Kaffee schenken; freilich wählen sie nicht selten Verkaufsgegenstände der geringfügigsten Art, die eben nicht geeignet scheinen, den Verkäufer zu nähren. Die Folge dieser unseligen Handelswuth ist die unerschwingliche Höhe des Gesinde= und Arbeitslohns in den Städten und der schlechte Zustand der Bodencultur. Noch unthätiger als die Männer sind in der Regel die griechischen Frauen, die mit Ausnahme des Waschens an den Brunnen keine Arbeit außer dem Hause betreiben und im Hause mit der Wirthschaft so gut als nichts zu thun haben, da die Griechen, wie erwähnt, von kalter Küche leben. Den gemeinen Frauen dient die Spindel fast als einzige Beschäftigung, während vornehmern, die Pflege ihrer Kinder abgerechnet, gar nichts zu thun haben. Noch ist den Griechen ein großes Mistrauen gegen Fremde eigen, eine Eigenschaft, die man allerdings nicht eigentlich zu den Fehlern rechnen kann; indessen hat sie zum Theil in der schon erwähnten Nationaleitelkeit ihre Quelle und erscheint zugleich als Undankbarkeit, indem sie ganz vergessen, daß sie ihre Befreiung vom türkischen Joche ganz vorzüglich dem Beistande anderer Nationen Europas und keineswegs nur ihrer eigenen Tapferkeit verdanken, wie denn überhaupt Dankbarkeit bei den Griechen oft zu vermissen ist. Von allen Fremden hassen sie die Baiern am meisten und übersehen über der von der bairischen Verwaltung zur Zeit der Regentschaft begangenen Fehlern die großen Verdienste, die sie um Griechenland gehabt hat, das durch sie unleugbar seiner völligen Regeneration um große Schritte näher geführt worden ist.

Übrigens hat man bei Beurtheilung des Nationalcharakters zwischen den Land= und Städtebewohnern zu unterscheiden, von denen jene weit mehr gute Eigenschaften als diese haben, und ziemlich arbeitsam, weit zuverlässiger und ehrlicher, jedoch gleichfalls gegen Fremde sehr verschlossen und mistrauisch sind. Ihren Wohlstand entziehen sie den Blicken Anderer, um keine Abgaben zahlen zu dürfen, wie ehemals unter türkischer Herrschaft, um das Ihrige zu retten. Die Städtebewohner sind durch den beständigen Umgang mit den Türken verdorben worden, indem sie bald gewahr wurden, wie leicht dieselben zu täuschen seien, und dies benutzten, um ihren unterdrückten Zustand erträglicher zu machen. Am schlimmsten von allen sind die vornehmern und gebildetern, europäische Kleidung tragenden Griechen, insbesondere diejenigen jungen Leute, die im Auslande studirt haben, unter denen wieder die, welche ihre Studien in Frankreich gemacht haben, am wildesten und der bestehenden Ordnung der Dinge am meisten abgeneigt sind, es sich daher auch auf alle Weise angelegen sein lassen, ihre Unzufriedenheit mit der Regierung ihren Landsleuten einzuflößen.

Die Lebensweise der Griechen hat auf dem Lande und in den kleinern Städten noch am meisten ihre Eigenthümlichkeit behalten. Ihre Wohnungen sind auf wenig Zimmer beschränkt, die meist im obern Geschosse liegen, während das untere zu Vorrathskammern dient und die Hausthiere enthält, auch die fast überall fehlenden und doch der Hitze wegen eigentlich so nöthigen Keller ersetzen muß. In den Möbeln herrscht die größte Einfachheit. Auf dem Lande hat man keine Stühle, sondern statt derselben eine mit Decken und Polstern belegte, die ganze eine Seite des Zimmers einnehmende hölzerne Bank oder Pritsche; nicht selten sitzt man auf ausgebreiteten Teppichen auf dem Boden. Nur selten findet man Tische mit hohen Beinen, wie wir sie brauchen; als Speisetisch dient ein rundes Tischchen, das etwa einen halben Fuß hoch ist. Glasfenster hat man nur in den Städten; auf dem Lande vertreten hölzerne Läden ihre Stelle. Die Decken und Fußböden sind überall von Tannenholz, was zur Vermehrung des überaus lästigen Ungeziefers nicht wenig beiträgt, ein Übelstand, dem die Griechen dadurch zu begegnen suchen, daß sie im Sommer im Freien schlafen, meist auf dem Balcon, mit welchem die meisten Häuser versehen sind.

Beim Essen bedient man sich an den meisten Orten nach türkischer Weise noch der Finger, mit denen man das Fleisch zerreißt, außerdem hölzerner Löffel; die Hausfrau bedient bei Tische, ohne mitzuessen, wie schon bei den alten Griechen Sitte war. Das gewöhnlichste Fleisch ist Schaf=, Lamm= und Ziegenfleisch, wird aber nur an Festtagen oder Gästen zu Ehren bereitet, und zwar in verschiedenen Gestalten, sonst begnügt man sich gewöhnlich mit der mit Citronensaft gewürzten Schaf= oder Hühnerfleischbrühe mit Reis. Im Winter kommt auch Schweinefleisch auf den Tisch, nie aber im Sommer, wo es schädlich ist und Krankheiten verursacht.

Die Nationaltracht der Griechen, die aber in den größern und Seestädten immer mehr der fränkischen Kleidung Platz macht, ist sehr malerisch, theils ihrer Form, theils ihrer Farben wegen, von denen Roth, Blau, Gold und Weiß die gewöhnlichsten sind. Die Männer tragen über dem feinen weißen Hemde mit weiten Ärmeln, oft auch mit bunten Knöpfen, eine kurze, eng anliegende Jacke von einfarbigem, in der Regel blauem, Tuche, das nicht selten mit sehr schöner Gold= oder Silberstickerei, Pelz oder Schnüren besetzt ist. Als Gürtel dient ein Shawl, der so straff als möglich angezogen und als Tasche gebraucht wird; früher enthielt er Pistolen und Dolch, jetzt aber, seitdem Unberechtigte diese Waffen nicht mehr tragen dürfen, anstatt derselben häufig ein großes metallenes Tintenfaß. Unter dem Gürtel beginnt die Fustanella, eine Art faltiger Weiberrock von weißem Baumwollenzeuche, der durch Bänder über den Hüften festgebunden ist, bis über das Knie reicht und oft aus 50 und mehr Ellen Zeuch besteht. Unter der Fustanella trägt man kurze Unterbeinkleider, Gamaschen, die mit Stickerei verziert sind, seltener eigentliche Strümpfe und Schuhe; arme Leute tragen statt der letztern eine Art Sandalen, die durch Riemen festgehalten werden. Als Kopfbedeckung dient beiden Geschlechtern das Fes, eine 10—12 Zoll hohe rothe Mütze, an welcher oben eine große seidene, beim Gehen schwingende Troddel hängt; diese Mützen rühren von den Türken her und sind in Tunis verfertigt, mit Kermes gefärbt und ziemlich theuer (das Stück kostet oft 40—50 Drachmen, d. i. 10—12 Thaler), dafür aber auch von großer Haltbarkeit. Die Frauen tragen ebenfalls eine Fustanella von Seide oder Baumwolle, die aber länger ist, und darunter kurze Beinkleider, Schuhe und Strümpfe, darüber aber ein Leibchen von Seide oder Tuch, das bei den Frauen weit ausgeschnitten, bei den Jungfrauen bis an den Hals verschlossen ist; vornehmere Frauen tragen ganze seidene Kleider. Schnürleiber sind bei den Griechinnen unbekannt. Auf dem Kopfe tragen ärmere Weiber statt des Fes, das den Mädchen sehr gut steht, ein niedrigeres rothes Käppchen, das sie unten am Rande mit ihren Haarflechten umwinden, die von rothem Bande durchschlungen sind. Außer der beschriebenen Tracht findet

*

man an einzelnen Orten noch andere, die von jener mehr oder weniger verschieden sind.

Die Ehen werden von den Vätern abgeschlossen, ohne daß den Kindern dabei eine Stimme gegönnt wird. Am Tage vor der Hochzeit schickt der Bräutigam seiner Braut Geschenke, die meist in Kleidungsstücken, Halsbändern, in Gold- und Silbermünzen u. s. w. bestehen und von der Braut durch unbedeutende Gegengeschenke erwidert werden. Die Mitgift der Braut, welche außer einer Geldsumme hauptsächlich in Betten, Decken und Hausgeräth besteht, wird genau festgesetzt und dem Bräutigam ein schriftliches Verzeichniß derselben zugestellt. Die Trauung geschieht entweder in der Kirche, wo die Brautleute mit Musik empfangen und entlassen werden, oder im Hause. Nach derselben führt der Bräutigam die Braut in festlichem Zuge und Begleitung von Musik in seine Wohnung. Bei Todesfällen kommen die weiblichen Verwandten und Freundinnen des Gestorbenen ins Sterbehaus und stimmen, wie in den mohammedanischen Ländern, eine Todtenklage an, in der sie abwechselnd die Tugenden und Verdienste des Hingeschiedenen preisen. Der Leichnam wird mit Wein gewaschen und auf einer Bahre unbedeckt liegend unter Vortritt der Priester, welche Kerzen und Crucifix tragen und das Rauchfaß schwingen, und unter Gesängen zu seiner Ruhestätte gebracht.

In Künsten und Gewerben stehen die Griechen noch auf einer sehr niedrigen Stufe, und die einzige Handarbeit, in der sie sich auszeichnen, ist Stickerei in Gold und Silber. Ackerbau und Ackergeräthe sind höchst unvollkommen. Der Pflug ist, wie bei den alten Griechen, entweder aus zwei Theilen, Scharbaum und Sterz, zusammengesetzt oder aus einem einzigen krummen Aste gebildet. Die Pflugschar besteht meist aus einem mit Eisenblech beschlagenen Aste, die Egge aus einem rauhen Weidengeflecht; beide werden von Ochsen gezogen. Zum Dreschen des Getreides dienen zwei oder drei nebeneinander gespannte Pferde, die an einen Pfahl befestigt im Kreise herumgetrieben werden; die Hülsenfrüchte werden mit langen Stöcken enthülst. Der Halm wird nicht viel unter der Mitte abgeschnitten, das Stroh bleibt ganz unbenutzt; die Düngung der Felder beschränkt sich auf Verbrennung der Stoppeln.

Ebenso mangelhaft ist die Viehzucht, bei welcher das Princip der Stallfütterung gänzlich unbekannt ist. Das Rindvieh dient nur zum Pflügen, nicht zur Gewinnung von Milch, Butter und Käse; dafür werden Milch und Käse von den Schafen und Ziegen gewonnen. Schweine sind nicht sehr zahlreich; sie sind meist schwarz, hochbeinig und kurz. Der Gemüsebau wird ebenfalls ohne Sorgfalt getrieben und beschränkt sich gewöhnlich auf Artischocken, eine Art Lattich, kleine Kürbisse, Gurken, Zwiebeln, Knoblauch; seltener werden Feldbohnen und Kichererbsen gezogen. Auf den Inseln wird sehr guter Blumenkohl gebaut. Kartoffeln hat man erst neuerlich in den Seestädten zu bauen angefangen; im Innern sind sie fast ganz unbekannt. Die Obstzucht steht auf einer sehr niedrigen Stufe, indem die Griechen die Veredelung der Bäume nicht verstehen, weshalb die meisten vorkommenden Obstarten schlecht und halbwild sind. Südfrüchte kommen in keiner großen Menge vor; die meisten süßen Orangen kommen von den Inseln. Der Ölbaum ist ungeachtet der durch die Ägypter verübten Verwüstungen in Griechenland häufig und liefert nicht nur Brennöl, sondern auch Fett zu Speisen und Seife. Ohne Zweifel könnte das Öl einen wichtigen Ausfuhrartikel bilden, wenn die Griechen, die nur eine einzige, zugleich zum Brennen und zur Bereitung der Speisen dienende Sorte gewinnen, es besser zu bereiten verständen. Auch Maulbeerbäume sind häufig, namentlich in der Gegend von Sparta, wo auch die meiste Seidenzucht getrieben wird; wegen mangelhafter Bereitung ist aber die gewonnene Seide grob und daher wenig gesucht.

Der Weinbau könnte auf einer hohen Stufe stehen, da das Land die trefflichsten, an Geist und Zuckerstoff reichsten Weine erzeugt, von denen der beste und berühmteste, der sogenannte Malvasier, von Napoli di Malvasia in Morea, im alten Lakonien, kommt; nächstdem liefern auch andere Orte, namentlich die Inseln Samos, Naxos und Santorin, Gewächse von ausgezeichneter Qualität. Der griechische Kalkboden ist dem Gedeihen der Weinrebe sehr günstig, sie wächst mit außerordentlicher Üppigkeit. Leider ist jedoch die griechische Behandlung des Weins sehr mangelhaft; er wird auf freiem Felde in gemauerten Gruben mit den Füßen gekeltert und in Fässern aufbewahrt; weil es aber an Kellern gänzlich fehlt, braucht man bei den weniger Zuckerstoff enthaltenden Weinen, die an sich der Hitze nicht widerstehen können, das Mittel, frisches Kieferharz, das durch stufenartige Einschnitte in die Bäume gewonnen wird, und Gyps, das aber der Gesundheit nachtheilig ist, in die Fässer zu schütten. Der mit Harz behandelte Wein, von jenem Zusatze Resinatwein genannt, kommt von weißer und rother Farbe vor, ist würzig, leicht und gesund (besonders der weiße) und muß frisch vom Fasse getrunken werden, weil er in der Flasche bald trübe und unschmackhaft wird. Der Preis desselben ist überaus niedrig; eine Okka, welche ungefähr zwei Flaschen beträgt, kostet etwa einen Groschen, zuweilen noch weniger. Aus den Weintrestern, welche in steinernen Löchern neben der Kelter aufbewahrt werden, um in Gährung zu gerathen, wird im Mai oder Juni ein Branntwein, Raki genannt, gebrannt, der wegen der großen Unvollkommenheit des Brennapparats, welchem namentlich Vorrichtungen zum Abkühlen fehlen, nur geringe Stärke hat. Die Consumtion desselben ist zwar lange nicht so allgemein verbreitet, wie in nördlichern und weinarmen Ländern, aber doch häufiger, als man bei der Häufigkeit und Wohlfeilheit des Weins erwarten sollte.

Eine Angewohnheit.

Die Herren Benedict Laroze und Honoré Malbret, die Beide länger als 20 Jahre ihre Geschäfte, der Eine als Pastetenbäcker, der Andere als Papierhändler in Paris nebeneinander betrieben und sich fast zu gleicher Zeit zur Ruhe gesetzt hatten, waren aus Nachbarn gute Freunde geworden. Jeden Tag oder vielmehr jeden Abend Schlag sechs Uhr trafen sie einander in einem gewissen Kaffeehause, um einige Partien Domino zu spielen. Wie dieses einfache, unschuldige Spiel einen Augenblick die lange Freundschaft der beiden Nachbarn stören konnte, werden wir sogleich aus den Verhandlungen erfahren, die in Folge einer Klage stattfanden, welche der ehemalige Pastetenbäcker gegen den ehemaligen Papierhändler angestellt hatte. Laroze steht auf, um seine Sache auseinanderzusetzen, und der Präsident fodert ihn auf, die Hand zu erheben, um zu schwören. „Erlauben Sie mir, daß ich erst meine Brille aufsetze", sagt er.

Präs.: „Zum Schwören brauchen Sie keine Brille."

Laroze: „Die Brille brauche ich zu Allem; wenn ich meine Brille nicht habe, kann ich nicht einmal sagen: Wie befinden Sie sich?" Laroze setzt also seine Brille auf und sagt dann: „Herr Präsident, jeder Mensch hat seine Marotte, sein Steckenpferd; ich habe auch eine Marotte und zwar die, daß ich beim dritten Wort: Puff! sage. Manche sagen: Bah, Manche: Ah, ich sage Puff! Es ist meine Angewohnheit."

Präs.: „Was hat das mit Ihrer Klage zu schaffen?"

Laroze: „Viel, sehr viel. Lassen Sie mich erzählen; ich spielte also Domino mit Herrn Malbret, wie alle Abende; wenn man von seinem Gelde lebt, muß man doch seine Abende auf irgend eine Art hinbringen . . Also, Malbret sagte immer zu mir: „Nachbar, ich wette, diese Partie verlieren Sie . . Nachbar, ich mache vor Ihnen Domino und dergl." Ich antworte natürlich immer: Puff! Anfangs achtete er nicht darauf. Er muß auch schon seit fünf und zwanzig Jahren daran gewöhnt sein, denn so lange kennen wir einander. Da er aber verlor, so ward er verdrießlich und ärgerlich und sagte endlich, mein Puff! greife ihm die Nerven an und deshalb verliere er. Ich wollte ihn nicht kränken und hielt mein Puff! an mich; aber es dauerte nicht lange, Puff! da sagte ich wieder Puff! Malbret drohte nun, wenn ich mein Puff! noch einmal bringe, so würde er mir die Dominosteine in das Gesicht werfen. Ich hielt an mich, so viel ich konnte, aber das Puff! kam doch wieder; Malbret nahm die Steine und warf sie mir wirklich mit aller Gewalt in das Gesicht. Das eine Auge wurde mir sehr verletzt, wie Sie noch sehen können. Trotzdem wollte ich nicht klagen, weil ich glaubte, Malbret würde zu mir kommen und sagen, was geschehen sei, thue ihm leid. Aber Puff! er hat es nicht gethan und ich bin nun hierher gekommen, damit sein Hitzkopf abgekühlt werde."

Präs.: „Was haben Sie dagegen zu sagen, Herr Malbret?"

Malbret: „Es ging über meine Kräfte. Der Mann ist unerträglich mit seinem Puff!, das er jeden Augenblick von sich gibt. Ich war gereizt. Er langweilt Jedermann mit seiner Marotte."

Laroze: „Puff! Sie haben gar nicht Ursache, so zu sprechen. Seit länger als drei Jahren necken Sie mich auf allerlei Weise; ich bin noch nicht böse darüber geworden, Puff! Sagen Sie die Wahrheit; Sie waren ärgerlich, weil ich Ihnen sechs Partien hintereinander abgewonnen hatte."

Malbret: „Nun freilich! die Partie zu zwei Sous! Soll man da nicht aus der Haut fahren?"

Laroze: „Ach, um das Geld ist es Ihnen nicht, es ist die Ehre! Man weiß es ja, wie ehrgeizig Sie sind, Puff! Puff!"

Das Gericht sprach Malbret frei und die beiden Herren spielten denselben Abend wieder ihre Partie Domino miteinander.

Das Schloß zu Anet.

Das hier abgebildete Schloß gehört zu dem Marktflecken Anet, der im französischen Departement Eure- und = Loir zwischen den Flüssen Eure und Vespre liegt und ehemals im Besitze der Grafen von Eu war. Es wurde unter König Heinrich II. von Philibert d'Orbe erbaut und hat dadurch, daß die berühmte Diana von Poitiers, die Geliebte jenes Königs, nach dem Tode desselben hier wohnte und 1566 hier starb, eine gewisse Celebrität erhalten. Diana von Poitiers war die Tochter Jean's de Poitiers, Grafen von St.=Vallier, und zeichnete sich nicht nur durch außerordentliche Schönheit, sondern noch mehr durch die ungewöhnliche Dauer und Unverwüstlichkeit derselben aus. Schon im 14. Jahre wurde sie mit dem Großmarschall der Normandie, Louis de Brézé, vermählt und 1531 Witwe. Schon war sie 40 Jahre alt, als der damals 18jährige König Heinrich II. sie kennen lernte und die heftigste Neigung zu ihr faßte, die erst mit seinem Tode ein Ende nahm. Fast 20 Jahre lang beherrschte Diana den König, denn ihr Einfluß auf ihn war groß, aber leider mehr nachtheilig als heilsam, indem er unter ihrer Leitung zwar die ihm von Natur eigene Roheit ablegte, sich aber zugleich an Verschwendung und Vergnügungen in so hohem Grade gewöhnte, daß er die Pflichten, die ihm als König oblagen, völlig vernachlässigte.

Die Juden in Damascus.

Ein Ereigniß, das jeden Freund der Duldung und Aufklärung innig betrüben muß, hat vor Kurzem die Aufmerksamkeit von ganz Europa auf sich gezogen. Eine Mordthat, die zu Damascus begangen worden ist und als deren Urheber Juden angeklagt wurden, hat dort zu einer Verfolgung der Juden geführt, die an die finsterste Zeit des Mittelalters erinnert. Wiewol alle Zeitungen diesen Gegenstand mehr oder weniger ausführlich besprochen haben dürften, glauben wir ihn doch auch in unsern Blättern nicht mit Stillschweigen übergehen zu können, weil er in zu hohem Grade das Interesse aller Gebildeten in Anspruch nimmt.

Hinsichtlich der Vorfälle in Damascus, über denen noch immer ein gewisses Dunkel schwebt, legen wir in der Hauptsache der Erzählung eines sehr glaubwürdigen Mannes, des östreichischen Consuls in Damascus, Merlato, zum Grunde, von welcher andere Berichte in einzelnen Umständen nicht unwesentlich abweichen. In Damascus lebte seit 1806 oder 1807 ein Capuzinermönch, Pater Thomas aus Sardinien, der sich seit langer Zeit dem Impfen kleiner Kinder jedes Standes und Glaubens widmete, daher im ganzen Lande bekannt war, übrigens nicht immer den strengsten Wandel führte und der Regel seines Ordens entgegen ein beträchtliches Vermögen zusammengebracht hatte. Am 5. Febr. 1840 verschwand dieser Mönch plötzlich, und mit ihm sein Diener, ein junger kräftiger Mensch. Der französische Consul, Graf de Ratti-Menton, leitete, wie dies seine amtliche Stellung mit sich brachte, eine Untersuchung der Sache ein. Mehre Juden sagten aus, daß sie den Mönch am Tage seines Verschwindens im Judenviertel gesehen hätten; hieraus schloß man, daß er in diesem Viertel ermordet worden sein müsse, und stellte nirgend außerdem Untersuchungen an, wiewol es erwiesen war, daß der Pater und sein Diener an demselben Tage an einem sehr besuchten Platze der Stadt (außerhalb des Judenviertels) Streit mit gemeinen Muselmännern gehabt hatten. Sogleich begannen die Verfolgungen, Verhaftungen und Bastonnaden der Juden, von denen einer, der 60jährige Thorwächter des Judenviertels, unter den Schlägen starb; aber lange war alles Forschen vergeblich. Gleich anfangs war ein jüdischer Barbier eingezogen worden; da er in höherm Grade als die andern Gefangenen verdächtig schien, gleichwol aber nichts gestehen wollte, obschon ihm der Consul für den Fall, daß er über die Ermordung des Paters ein Geständniß ablegte, Straflosigkeit, ja sogar eine Belohnung und sicheres Geleit ins Ausland versprach, so übergab ihn der Consul dem türkischen Gouverneur Scherif-Pascha. Dieser ließ den Unglücklichen zweimal peitschen und am Kopfe foltern, sodaß er endlich, seiner selbst nicht mehr mächtig, sieben angesehene jüdische Kaufleute (unter ihnen zwei Rabbiner) angab, die ihn in die Wohnung des Einen von ihnen, David Harari, wohin er am 5. Febr. Abends gerufen worden, aufgefodert hätten, den in einem Winkel des Zimmers geknebelt liegenden Pater Thomas zu tödten, da sie sein Blut zu den Osterkuchen brauchten, und ihm 300 Piaster als Belohnung geboten hätten. Er habe sich der Schandthat geweigert und wisse nicht, was seitdem mit dem Pater vorgegangen sei. Sogleich wurden die angegebenen Juden verhaftet und verhört, leugneten aber Alles, worauf sie der unmenschliche Pascha allen nur ersinnlichen Martern unterwarf, um sie zum Geständniß zu bringen. Man peitschte sie mit Ruthen, ließ sie 36 Stunden ununterbrochen stehen, ohne sie schlafen zu lassen, entzog ihnen mehre Tage lang Speise und Trank, aber sie blieben selbst dann beim Leugnen, als die an ihnen bereits vollzogenen Martern wiederholt wurden, was angeblich auf den Antrag des französischen Consuls geschah. Endlich am 27. Febr. gestand der Diener desjenigen Juden, in dessen Hause der Barbier seiner Aussage nach den Pater Thomas zu ermorden aufgefodert worden war, nach lange fortgesetzter Bastonnade, zuerst, daß er den Barbier in das Haus seines Herrn bestellt habe, dann, daß er selbst in Gegenwart und auf Befehl der sieben verhafteten Kaufleute den Pater ermordet habe, wobei die Kaufleute das Blut desselben in einer Krystallflasche aufgefangen hätten; hierauf habe er mit Hülfe des Barbiers (der den Pater beim Schlachten gehalten habe) den Leichnam zerschnitten, Knochen und Schädel klein geschlagen und Alles in eine ziemlich entfernte Wasserleitung getragen. In der That fand man an der bezeichneten Stelle der Wasserleitung die Überbleibsel einer Priestermütze und einen Haufen Knochen, welche von Ärzten für Menschenknochen erklärt wurden. (Nach einem andern Berichte hingen die gefundenen Knochen noch am Schädel zusammen und wurden von drei italienischen und sechs türkischen Ärzten als Menschenknochen anerkannt; auch fand man an derselben Stelle noch ältere Gerippe, muthmaßlich von ähnlichen Mordthaten aus frühern Zeiten herrührend.) Sofort wurden die sieben Angeklagten aufs neue der grausamsten Tortur unterworfen und endlich dahin gebracht, Alles zu gestehen, was man verlangte. Neue Martern wurden angewandt, um von ihnen das angeblich abgezapfte Blut zu erhalten; jeder behauptete, es einem Mitschuldigen gegeben zu haben, der letzte aber, Rabbiner Muffa Abulafia, ging, um sich zu schützen, zum Islam über. Endlich sollten die Unglücklichen die Uhr und den Schlüssel, welche der Pater bei sich getragen hatte, herausgeben, wurden daher aufs neue gefoltert und dadurch so sehr erbittert, daß sie alle frühern Geständnisse widerriefen und erklärten, sie seien ihnen nur durch den Schmerz entrissen worden. Man kann sich denken, daß dies nur eine neue Anwendung der Tortur zur Folge hatte, unter welcher zwei der Angeklagten den Geist aufgaben. Die Übrigen sollen nach einigen Berichten durch den Strang hingerichtet worden sein, nachdem sie sämmtlich dem Islam angenommen, um ihr Leben zu retten; vergeblich sollen die Juden in Damascus, deren Zahl sich auf fast 60,000 beläuft, für ihre Rettung große Summen geboten haben. Neuern und zuverlässigern Nachrichten zufolge ist jedoch die Hinrichtung vom Pascha zwar angeordnet gewesen, aber nicht vollzogen worden.

Zu vielen grausamen Maßregeln ähnlicher Art führte die Untersuchung wegen der Ermordung des Dieners, deren nähere Umstände wir hier übergehen. Der ganze traurige Vorfall hat, wie gesagt, eine allgemeine Judenverfolgung in Damascus zur Folge gehabt; selbst Frauen, sowie die geachtetsten Männer dieses Glaubens wurden nicht verschont, und mehre Tage lang waren 63 Kinder im Gefängnisse. Es heißt sogar, der Pascha habe sämmtliche Juden aus Damascus vertrieben und an einem unweit der Stadt gelegenen Orte unter strenge Aufsicht gestellt. Um Gewißheit darüber zu erlangen, ob den Juden durch ihr Gesetz Menschenopfer vorgeschrieben seien, soll der Pascha drei Rabbinern, welche abgesondert arbeiten, befohlen haben, ihm eine genaue Übersetzung des Talmud zu liefern; auf die mindeste von ihnen dabei begangene Fälschung, die aus der Vergleichung hervorgehen muß, ist Todesstrafe gesetzt. Sehr zu beklagen ist es, daß, wie aus Allem erhellt, Christen, namentlich Mönche, an diesen Abscheulichkeiten einen thätigen Antheil genommen haben; doch ist zu hoffen, daß sie in Kurzem ein Ende nehmen werden, wenn ihnen nicht schon jetzt ein Ziel gesteckt ist. Denn bereits hat die französische Regierung wegen dieser Angelegenheit einen besondern Viceconsul nach Damascus geschickt, da das Benehmen des bisherigen Consuls in einem mehr als zweideutigen Lichte erschien; auch die englische Regierung hat einer Deputation der angesehensten Juden in London, die in einer Audienz bei Lord Palmerston um Schutz für ihre bedrängten Glaubensgenossen nachsuchten, das Versprechen ertheilt, daß sie alle geeignet scheinenden Maßregeln ergreifen werde, und nach den neuesten Nachrichten hat der Pascha von Ägypten bereits Befehl gegeben, die Untersuchung des ganzen Vorfalls dem Gerichte zu Kairo zu übertragen. Ein Einschreiten der europäischen Regierungen erscheint aber um so dringender, da im ganzen Orient, namentlich in ganz Syrien durch die erzählten Vorgänge eine bedenkliche Aufregung gegen die Juden entstanden ist, wozu noch ein zweiter Vorfall beigetragen hat. Seltsamerweise sind nämlich fast um dieselbe Zeit die Israeliten in Rhodus angeklagt worden, ein christliches Kind geraubt zu haben, um es an dem nahen Osterfeste zu opfern; zwar fehlte es dort ebensowol als in Damascus an ausreichenden Beweisen, aber der erbitterte Pöbel hielt die Sache für ausgemacht und die Juden dürfen nicht wagen, ihre Häuser zu verlassen. Auch in Konstantinopel sollen gegen 60 Juden eingezogen worden sein.

Ob nun der Pater Thomas wirklich von Juden, es sei nun von den angeklagten oder andern, ermordet worden sei oder nicht, lassen wir natürlich dahingestellt; auch wird es schwerlich auf unzweifelhafte Weise ermittelt werden; in keinem Falle kann man den durch Tortur erpreßten Geständnissen irgend ein Gewicht beilegen. Gewiß ist aber so viel, daß der unglückliche Pater von den Juden nicht ermordet worden sein kann, um sein Blut zu einem religiösen Zwecke zu verwenden, nämlich zur Bereitung der ungesäuerten Osterkuchen (die überall lediglich aus Mehl und Wasser geknetet werden), nicht nur weil die jüdische Religion, wie die christliche, den Mord als eins der schwersten, abscheulichsten Verbrechen verbietet und mit der Todesstrafe bedroht („wer Menschenblut vergießt, dessen Blut soll wieder vergossen werden"), sondern weil sie den Juden sogar den Genuß alles Blutes ohne Ausnahme untersagt, ein Verbot, das im Alten Testament zu wiederholten Malen ausgesprochen ist. Dazu kommt, wie nur nebenbei bemerkt werden mag, daß der Mord schon am 5. Febr. begangen worden sein soll, das Osterfest der Juden aber erst am 18. April seinen Anfang nahm, zu welcher Zeit das Blut ganz verdorben gewesen wäre. Der Abscheu der Juden gegen Blut geht so weit, daß sie, wenn beim Abbeißen vom Brot oder einer Frucht das Zahnfleisch berührt wird und eine Blutspur zurückläßt, Brot und Frucht sogleich als unrein weglegen, auch niemals ein Ei, in welchem sich ein Tropfen Blut befindet, genießen oder zu Nahrungsmitteln verwenden. Übrigens ist die soeben widerlegte unsinnige Beschuldigung durchaus nicht neu; sie hat im Mittelalter mehrmals heftige Judenverfolgungen veranlaßt, unter andern unter Kaiser Friedrich III. zu Wien, wo die Juden der Ermordung von drei Christen angeklagt und deshalb 300 derselben verbrannt wurden, wiewol sich bald darauf ergab, daß jene Personen ertrunken waren. Noch im vorigen Jahrhundert wurden die Juden in Posen eines Kindermordes beschuldigt und deshalb zwei Rabbiner zu Tode gemartert. Unter König Eduard I. wurden aus einem ganz ähnlichen Vorwande Juden, die man wie in Damascus durch die Tortur zum Geständniß gebracht hatte, aus England verbannt und ihre Güter confiscirt. Manasse, einer der ausgezeichnetsten jüdischen Gelehrten, wirkte nachmals bei dem Protector Oliver Cromwell für jene vertriebenen Juden die Erlaubniß zur Rückkehr nach England aus und legte den furchtbaren im zweiten Buche Moses vorgeschriebenen Eid ab, daß er nie einen solchen Gebrauch in der jüdischen Gottesverehrung gesehen und nie weder in dem geschriebenen noch in dem mündlichen Gesetze, weder in den Vorschriften der Rabbiner noch in der Überlieferung oder in dem Herkommen, irgend eine ähnliche Anordnung gefunden habe, daß sie nie ausgeübt oder versucht worden sei, daß er nie eine solche Gotteslästerung und Schändlichkeit aus dem Mund eines Juden gehört, in einem Buche oder einer Schrift gelesen habe. Diesen Reinigungseid wiederholte hundert Jahre später der treffliche Moses Mendelssohn, den wol Niemand eines Meineids fähig halten kann, sodaß über den Ungrund jener den Juden gemachten Beschuldigung nicht der leiseste Zweifel übrig sein kann.

Notizen über Seidenzucht.

Der französische Graf v. Gasparin hat seit Jahren die sorgfältigsten Beobachtungen und Untersuchungen über die Seidenzucht angestellt, welche zum Zweck hatten, die Grenzen der Cultur der Maulbeerbäume und der Seidenwürmerzucht zu bestimmen, und der pariser Akademie der Wissenschaften die ausführliche Denkschrift darüber überreicht. Die wichtigsten darin enthaltenen Resultate sind folgende: 1) Die Cultur des weißen Maulbeerbaumes ist im Norden durch diejenigen Gegenden begrenzt, wo eine Temperatur von 25° Kälte häufig eintritt; der Maulbeerbaum der Philippinen verträgt nicht einmal die häufige Wiederkehr einer Kälte von 15 Grad. 2) Der Maulbeerbaum entwickelt seine Knospen bei $12\frac{1}{2}$ Grad Wärme; wenn man von dem Zeitpunkte, wo dieser Wärmegrad in irgend einem Klima erreicht ist, 40 Tage weiter zählt, was der für das Ausbrüten und Aufziehen der Seidenwürmer nöthige Zeitraum ist, so erhält man den Zeitpunkt, wo der zweite Trieb der Blätter eintritt. 3) Die Vegetation des Maulbeerbaums steht still, wenn die Temperatur bis auf $13\frac{1}{2}$ Grad Wärme gesunken ist; die Dauer der zweiten Vegetation des Blatts ist also in jedem Klima zwischen dem vorher bestimmten Zeitpunkte und dem Eintritte der gedachten Temperatur begriffen. Die Kraft dieser Vegetation steht mit der Summe der in der Zwischenzeit erhaltenen Wärmegrade in directem Verhältnisse. 4) Da auch das Licht zur Vegetation nothwendig ist, so richtet sich die Stärke derselben auch nach dem erhaltenen Lichte, das nach der mehr oder minder schiefen Richtung der Sonnenstrahlen und der heitern oder nebeligen Beschaffenheit eines Landes verschieden ist. 5) Der Maulbeerbaum gedeiht trefflich in jedem Boden, der während der Sommermonate bis zu zwei Fuß Tiefe unter der Oberfläche eine gewisse Feuchtigkeitsmenge behält. Ist diese Menge geringer, so leidet der Baum und die Vegetation fällt in eine Art von Sommerschlaf, der bis zur Rückkehr der Feuchtigkeit dauert. 6) Die nach der Entwickelung der Blätter des Maulbeerbaums eintretenden Frühjahrsfröste sind um so seltener, je nördlicher und weniger geschützt die Lage des Landes ist; jeder solche Frost vermindert die jährliche Ernte etwa um den vierten Theil. 7) Das häufige Erscheinen des Honigthaus auf den Maulbeerblättern ist für die Einführung der Seidenzucht ein unüberwindliches Hinderniß, dem die nördlichen Länder, wo das Ausbrüten später stattfindet, mehr unterworfen sind als die südlichen. 8) Das Ausbrüten und Aufziehen der Seidenwürmer hängt nicht von der Temperatur des Klimas ab, da es in geschlossenen Räumen stattfindet, wo die Temperatur beliebig abgeändert werden kann. 9) Häufige Regen sind den Seidenwürmern schädlich, indem sie das Einsammeln der Blätter verzögern oder aufhalten, dadurch aber diese Insekten in ihrer Nahrung beschränken. Die Gefahr kann auf eine Verminderung der Ernte um $1/20$ für jeden Regentag während des letzten Monats der Aufziehung der Seidenwürmer geschätzt werden. 10) Die Seidenwürmer fürchten eine Luft, die mit Miasmen erfüllt ist, welche bei den Menschen endemische Fieber erzeugen; diese aus Nordosten kommende Luft kann durch noch warme und feuchte Winde weit fortgeführt werden. 11) Die Luftelektricität ist dem Leben der Seidenwürmer zwar nicht zuträglich, aber der Nachtheil, den sie hervorbringen kann, kommt nicht in Anschlag.

Der Pfauenargus.

Eine überaus merkwürdige Gattung unter den hühnerartigen Vögeln, die nur eine einzige Art enthält, ist der Argus oder Pfauenargus, auch Pfaufasan genannt, weil ihn Einige zu den Fasanen zählen. Das Männchen ist höchst sonderbar gestaltet; die beiden mittelsten Schwungfedern sind nämlich ganz ungewöhnlich verlängert und haben eine Länge von $3^2/3$ Fuß, während die Länge des ganzen Vogels vom Schnabel bis zum äußersten Ende des Schwanzes wenig über fünf Fuß beträgt. Die Flügelfedern des Argus sind sehr breit, fast drei Fuß lang und mit augenförmigen blaugrünen Flecken besetzt, welche Veranlassung gegeben haben, dem Vogel den Namen Argus beizulegen. Kopf und Vorderhals sind schön karmoisinroth und mit kleinen Federn besetzt, die sich wie Sammt anfühlen. Der Vorderrücken ist bräunlichgrau, der Hinterrücken rostgelb, beide mit schwarzbraunen Flecken und Streifen; die Schwanzfedern braun und weiß getüpfelt. Das Weibchen ist klein und hat weder einen so langen Schwanz und so lange Schwungfedern, noch die schönen Augenflecken, übrigens ein ebenso schön gezeichnetes Gefieder. Dieser Vogel ist in Ostindien, namentlich auf der Insel Sumatra einheimisch; er soll wild und schwer zu zähmen sein, ist aber übrigens in Betreff seiner Lebensart noch wenig bekannt.

Verantwortlicher Herausgeber: Friedrich Brockhaus. — Druck und Verlag von F. A. Brockhaus in Leipzig.

Das Pfennig-Magazin

für

Verbreitung gemeinnütziger Kenntnisse.

382.] Erscheint jeden Sonnabend. **[Juli 25, 1840.**

Franz Drake.

Der Seeheld Franz Drake war der Sohn eines Matrosen und wurde 1545 unweit Tavistock in Devonshire geboren. Von Kindheit an für den Stand seines Vaters bestimmt, verdankte er seinem Verwandten, dem berühmten Seefahrer Sir John Hawkins, eine sorgfältige Erziehung für den Seedienst und war schon im 18. Jahre Seckelmeister auf einem Handelsschiffe, das nach Biscaya segelte. Zwei Jahre nachher machte er auf einem das schändliche Gewerbe des Sklavenhandels treibenden Schiffe eine Reise nach Guinea. Im 22. Jahre war er Seecapitain in der königl. Flotte und zeichnete sich 1567 unter den Befehlen seines vorhin gedachten Verwandten bei den Gefechten gegen die Spanier im mexicanischen Meerbusen, namentlich bei dem unglücklichen im Hafen von Veracruz, durch seine Tapferkeit aus. Im J. 1570 unternahm er mit zwei Schiffen auf eigene Hand eine Expedition gegen die Spanier in Westindien, bei welcher er sich für die bei dem letzten Kriegszuge gemachten großen Verluste schadlos zu halten und an den von ihm mit glühendem Hasse verfolgten Spaniern wegen früher erlittener Unbilden Rache zu üben beabsichtigte. Jener Zug mislang zwar, aber dagegen hatte ein anderer, den er zwei Jahre nachher nach der Landenge von Panama unternahm und im August 1573 beendigte, den besten Erfolg. Im Bunde mit den Symeronen, einer wilden Völkerschaft, nahm er zwei kleine Städte, Nombre de Dios und Veracruz, auf der östlichen Küste der Landenge von Panama gelegen, ein, fing bedeutende Sendungen der Spanier, in Gold= und Silberstangen bestehend, auf und fügte jenen großen Schaden zu. Den Symeronen überließ er nach ihrem Wunsche alle erbeuteten eisernen Waffen, Geräthe u. s. w., schenkte auch ihrem Häuptling sein kostbares Seitengewehr, wonach jener großes Verlangen trug, und als derselbe ihm als Gegengeschenk vier Blöcke Gold gab, warf er sie, wiewol sie ihm allein gegeben waren, zur allgemeinen Beute. Durch diesen und viele andere Züge von Edelmuth erwarb er sich bald die Liebe seiner Mannschaft.

Bald nachher bemannte er auf eigene Rechnung drei Fregatten, mit denen er in Irland unter dem Befehl des Grafen von Esser freiwillige und sehr rühmliche Dienste that. Nach des Grafen Tode kehrte er nach England zurück und erwarb sich hier die Gunst der Königin Elisabeth. Eifersüchtig auf die Spanier, die bisher allein die Welt umsegelten und durch die Magelhaens-Straße nach Indien schifften, erbot er sich zu einer Reise um die Welt, und sein Vorschlag wurde von der Regierung bereitwillig aufgenommen und genehmigt. Am 13. Nov. 1577 trat er mit fünf kleinen Schiffen, von denen das größte 100, das zweite 80 Tonnen hielt und die zusammen nur 164 Mann führten, von Plymouth aus die wichtige Fahrt an, ließ unterwegs eins der Schiffe als überflüssig verbrennen und erreichte im Anfang Aprils 1578 Brasilien, segelte dann südlich, erreichte am 27. April den Hafen Deseado, den er Seehundsbai nannte, am 2. Juni den Hafen St.-Julian und beendigte die schwierige Fahrt durch die Magelhaens-Straße, in welche er am 20. Aug. einfuhr, mit seltenem Glücke in 13 Tagen (Bougainville brauchte 52 Tage, Wallis vier Monate, andere Seefahrer gar neun Monate), doch wurde ein Schiff durch Sturm von der Flotte getrennt und mußte nach England zurückkehren. Im Südmeer suchte Drake nördlich an der Küste von Chile hinaufzusegeln, wurde aber durch widrige Winde viermal nach Süden zurückgetrieben, zuletzt bis 56 Grad südl. Br., wobei er zuerst das später sogenannte Cap Horn, die Südspitze von Südamerika, entdeckt zu haben scheint. Am 20. Nov. landete er an der Küste von Chile und führte mit seiner kleinen Schar einen überaus glücklichen Kampf gegen die Spanier, indem er sich schwerer Sendungen von edlen Metallen, die in Barren aus den Bergwerken kamen, und der reichsten Schiffe bemächtigte (von denen eins 13 Kisten voll Realen, 80 Pfund Gold, 26 Tonnen mit Silberbarren und eine Menge Edelsteine enthielt). Auf dem Rückwege nach England, den er über Ostindien zu nehmen beschloß, segelte er erst an der amerikanischen Westküste bis 48 Grad nördl. Breite, wurde aber durch die Kälte genöthigt, wieder südlich zu steuern, landete später unter $38\frac{1}{2}°$ Br. in einer nach ihm benannten Bai und nahm von dem Lande, das er wegen der an England erinnernden weißen Klippen der Küste Neu-Albion nannte, im Namen seiner Königin Besitz. Von hier segelte er über die Ladronen nach den Molukken, entging bei der Insel Celebes nur mit Mühe dem Untergang, kam im März 1579 nach dem Vorgebirge der guten Hoffnung, landete im Juli auf Sierra Leone und kam am 3. Nov. 1580 mit unermeßlichen Schätzen in Plymouth an, womit die erste Reise der Engländer um die Welt beendigt war. England empfing ihn mit Jubel, wiewol die Räubereien gegen die Spanier, während beide Staaten im Frieden waren, vielfach gemißbilligt wurden. Die Königin selbst erzeigte dem kühnen Seefahrer die Ehre, am 4. April 1581 auf einem bei Deptford in der Themse vor Anker liegenden Schiffe ein Gastmahl anzunehmen, schlug ihn zum Ritter und erklärte die Billigung seines Unternehmens. Als sein Schiff, der Pelikan, dem Zahn der Zeit erlegen war, ließ man aus einem Theil des Holzwerks einen Armsessel fertigen, der der Universität Orford geschenkt wurde.

Aber die glänzendste Laufbahn Drake's sollte erst beginnen; der Kampf zwischen Elisabeth und König Philipp von Spanien bot ihm die beste Gelegenheit zur Auszeichnung. 1585 ging er mit seiner Flotte nach Westindien und nahm dort San-Jago, San-Domingo, Cartagena und St.-Augustin ein. Als die berühmte Armada Philipp's im Hafen von Cadiz ausgerüstet wurde, eilte Drake mit seinem Geschwader, das aus 30 Schiffen bestand, dahin, drang im Angesicht der Batterien der Festung unter die vor Anker liegenden Schiffe, zerstörte 30 derselben, schlug die übrigen in die Flucht und verzögerte durch diesen unerwarteten kühnen Streich Philipp's Expedition nicht wenig. Hierauf lief er in den Tajo ein und foderte den spanischen Großadmiral Marquis von Santa-Cruz zum Kampfe auf, den dieser, durch Batterien und Forts geschützt, verweigerte und die Wegnahme oder Vernichtung seiner kleinen Fahrzeuge ruhig geschehen ließ. Drake segelte nun nach den Azoren und nahm den St.-Philipp, eine aus Ostindien kommende reiche Caracke oder Gallione, was großes Aufsehen machte, da diese Art von Schiffen bisher für uneinnehmbar gegolten hatte.

Als endlich die furchtbare, aus 130 Schiffen bestehende spanische Flotte, mit Unrecht die unüberwindliche genannt, im J. 1588 gegen die englischen Küsten segelte, führte der Großadmiral Lord Effingham die Flotte der Engländer. Unter ihm diente Drake als Viceadmiral und zeichnete sich namentlich bei den Angriffen auf einzelne, von der Hauptflotte getrennte spanische Schiffe aus. Er nahm zwei sehr bedeutende; eins derselben war die große Gallione von Andalusien, commandirt von dem berühmten Valdez, die sich ihm auf die bloße Nennung seines Namens ergab, und auf welcher man 55,000 Dukaten fand; außerdem mußte Valdez an Drake noch ein Lösegeld von 3500 Pfund zahlen. Die Prahlereien der Spanier, welche sich ungeachtet des gänzlichen Mislingens der Expedition ihrer Heldenthaten rühmten, widerlegte Drake in einer eigenen Schrift, die er herausgab.

Bald fand Drake neue Gelegenheit, die Spanier zu bekämpfen. Don Antonio, Prior zu Crato, ein natürlicher Sohn des Herzogs Ludwig von Beja und mithin Enkel des Königs Emanuel von Portugal, erneuerte seine Ansprüche auf den seit 1580 von dem spanischen Könige Philipp eingenommenen portugiesischen Thron, die er mit englischer Hülfe geltend zu machen suchte. Es gelang ihm, in England fast 20,000 Freiwillige für seine Sache anzuwerben; Drake wurde zum Befehlshaber der kleinen Flotte ernannt, welche aus sechs englischen Schiffen bestand. Mit diesen griff er im Hafen von Corunna eine neue Expedition an, die gegen England ausgerüstet wurde, und verbrannte die Schiffe; zugleich wurde ein spanisches Truppencorps von 5000 Mann geschlagen und die untere Coruña geplündert. Von hier ging Drake nach Lissabon, das zu Land und zu Wasser angegriffen wurde; das Unternehmen schlug indessen fehl und die Engländer mußten sich schnell wieder einschiffen, hatten jedoch in der Vorstadt viele Beute gemacht. Von jetzt an wurde Drake vom Glücke verlassen. 1590 segelte er mit Hawkins wieder nach Westindien, fand aber bei den durch Schaden klug gewordenen Spaniern stärkern Widerstand, als er erwartet hatte. In der Nähe des Forts von Portorico wurde sein Schiff am 12. Nov. 1595 von einer Kanonenkugel getroffen, die den Stuhl, auf welchem er saß, wegriß, ohne ihm selbst Schaden zu thun. Tags darauf griff er die spanischen Schiffe vor Portorico an, aber sowol hier als bei Panama schlugen seine Angriffe fehl, was ihm nicht geringen Kummer bereitete. Zu diesem gesellte sich die Ruhr, welcher sein Körper endlich erlag; er starb am 28. Januar 1596 auf seiner Flotte unweit Nombre de Dios im 51. Jahre seines Alters.

Drake war nicht nur ein kühner Held, wozu ihn schon sein Äußeres befähigte, sondern besaß auch mannichfache Kenntnisse und war einer der gelehrtesten Seemänner jener Zeit. Er hat nicht nur um sein Vaterland, sondern auch um die Geographie große Verdienste, indem er Cap Horn und Neu=Albion (nachher unter dem Namen Californien von den Spaniern in Besitz genommen) entdeckte, und sowol die Magelhaens=Straße und das Feuerland, als die damals sehr unbekannten Gewässer der Ladronen und Molukken genauer kennen lehrte. Aber vielleicht das größte Verdienst, das er sich erworben und wodurch er seinen Namen berühmt gemacht hat, besteht darin, daß er die Kartoffeln (die schon 1565 von Hawkins aus Peru nach England gebracht, aber damals nicht beachtet worden waren) im J. 1585 nochmals und zwar aus Virginien nach England brachte, wo sie zwar lange eine Seltenheit blieben, von wo sie sich aber nach und nach über den größten Theil der Erde verbreitet haben.

Seltsamer Wunsch eines Sterbenden.

Die Bärenjagd war in frühern Zeiten in den Pyrenäen etwas sehr Gewöhnliches; sie kommt zwar auch jetzt noch bisweilen vor, allein da die Behörden auf die Erlegung eines Bären einen hohen Preis gesetzt haben, so sind diese Thiere beinahe ganz ausgerottet worden. Ein Engländer, welcher in neuerer Zeit die Pyrenäen besuchte, kam mit einem Bärenjäger, einem sehr unternehmenden Manne, in Berührung und erzählt uns von ihm Folgendes:

„Der Mann hieß Fonda und war, wie sein Vater, in dem Gewerbe der Bärenjagd ergraut. Noch im Tode hing der Greis an dieser seiner Lieblingsbeschäftigung; er war einer der entschlossensten und während eines halben Jahrhunderts auch einer der glücklichsten Jäger gewesen, indem sich die Zahl der von ihm erlegten Bären, die freilich vormals weit zahlreicher waren als jetzt, auf 99 belief. Auf seinem Todtenbette, nachdem er bereits gebeichtet und die Absolution des Priesters empfangen hatte, machte er dem Letztern bemerklich, er habe noch etwas Schweres auf dem Herzen. „„Was kann sein?"" fragte der Geistliche; „„Ihr habt Euch rechtschaffen betragen gegen Eure Mitmenschen und sterbt nun, nachdem Ihr Vergebung Eurer Sünden erlangt habt, im wahren Glauben."" Hierauf erwiderte der Sterbende: „„Das, was Ihr sagt, ist wohl wahr, aber ich hätte doch recht sehr gewünscht, bevor ich sterbe, noch meinen hundertsten Bär erlegt zu haben.""

Der Kraken.

Von den beiden fabelhaften oder bisher fast allgemein für fabelhaft gehaltenen Meerungeheuern, der Seeschlange und dem Kraken, wird jene noch immer dann und wann von sonst glaubwürdigen Schiffern, die sie selbst gesehen zu haben behaupten, erwähnt, sodaß ihre Nichtexistenz wol nicht für ganz ausgemacht gelten kann. Den Kraken, an den die norwegischen Seeleute und Fischer allgemein glauben, erwähnte zuerst Pontopidan in seiner norwegischen Naturgeschichte, nach welcher dieses Thier oder vielmehr Ungethüm eine halbe Stunde im Umfange haben, Berge und Thäler auf seinem Rücken tragen, auf dem Grunde des Meeres wohnen und sich nur bei stiller Witterung an die Oberfläche desselben erheben soll, um sich für ein ganzes Jahr satt zu fressen und beim Eintritte windigen Wetters wieder in die Tiefe zu sinken. Von diesem Seeungeheuer sind zwar in der neuern Zeit keine nur einigermaßen glaubwürdigen Nachrichten von Augenzeugen bekannt geworden, englische Naturforscher aber haben die Meinung aufgestellt, die frühern Angaben darüber ließen sich auf eine ungeheure Art der achtarmigen Sepia oder des Tintenfisches (Kuttelfisches) zurückführen. Nach Pennant findet sich in den indischen Meeren eine Art davon in solcher Größe, daß sie in den mittlern Theilen 12 Fuß im Durchmesser hat, während jeder Arm 54 Fuß lang ist. Die Eingeborenen der indischen Inseln versehen sich, wenn sie eine Fahrt ins Meer antreten, immer mit Äxten, um die Arme dieser Thiere abzuhauen, wenn sie dieselben über das Boot schlagen, um es in die Tiefe zu ziehen. Mögen auch einige Berichte übertrieben sein, so ist es doch wahrscheinlich, daß diese Art alle diejenigen, welche gewöhnlich an den Küsten europäischer Meere gefunden werden, an Größe weit übertrifft. In der französischen Hafenstadt St.=Malo befindet sich ein Gemälde, das von der Mannschaft eines Schiffes für ihre wunderbare Rettung aus den Armen eines solchen ungeheuren Tintenfisches gestiftet wurde; dieser hatte das Schiff umschlungen und stand im Begriff, es in den Abgrund zu ziehen, aber den vereinigten Anstrengungen der Mannschaft gelang es noch zur rechten Zeit, ihm die Arme abzuhauen. Aus dieser und einigen andern Angaben läßt sich wol der Schluß ziehen, daß der norwegische Kraken keine bloße Chimäre, sondern mit diesem gigantischen Tintenfisch identisch oder nahe verwandt ist.

Thann.

Die Stadt Thann (Neu=Thann) im Elsaß (im Departement des Oberrheins, Bezirk von Befort) liegt an dem Flusse Thuren am Fuß eines Berges, den die Ruinen des im 17. Jahrhunderte von Turenne zerstörten Schlosses Engelsburg krönten, und am Eingange des Thales von Amarin; die Einwohnerzahl beträgt 4—5000, sodaß die Stadt nur eine kleine genannt werden kann. Gleichwol ist sie eine der merkwürdigsten im Elsaß, nicht sowol wegen ihrer nicht unbedeutenden Industrie (namentlich wichtig ist die Kattunfabrikation, die mehre hundert Arbeiter beschäftigt), als wegen eines der schönsten Monumente der gothischen Baukunst, der Sankt=Theobaldskirche, deren Thurm nach dem Muster des Münsters von Strasburg gebaut ist.

Die Kapelle des heil. Theobald, zu Ehren des Bischofs Theobald von Spoleto errichtet, der um die Mitte des 12. Jahrhunderts lebte, wurde der Keim einer Stadt, die den Namen Thann von einer Tanne erhielt, welche in der Legende von dem wunderbaren Ursprung jener Kapelle eine Rolle spielt. Anfangs gehörte sie den Grafen von Ferrette, den Herren der Engelsburg, ging aber im 14. Jahrhundert an das Haus Habsburg über und hatte damals schon eine ziemlich zahlreiche Bevölkerung. Im J. 1227 ließen die Bewohner von Thann von dem Erbauer des Münsters zu Strasburg, Erwin von Steinbach, den Plan zu einer neuen Kirche entwerfen, die an die Stelle der alten Theobaldskapelle treten sollte; aber mehr als zwei Jahrhunderte ver=

*

gingen, bevor Erwin's Plan durch Heinrich Walch ausgeführt wurde, wobei sich dieser mit der größten Gewissenhaftigkeit nach jenem richtete. Das große Portal der Fronte ist mit Basreliefs und Statuen reich verziert; auch das längs der Mauern um das ganze Dach herumlaufende Geländer und die auf Strebepfeilern stehenden Heiligenstatuen verdienen die Aufmerksamkeit des Beschauers; die größte Merkwürdigkeit und Zierde der Kirche ist aber der Thurm, der mit Ausnahme der eine achtseitige Pyramide bildenden Spitze viereckig ist und sich bis zu einer Höhe von 300 Fuß in die Luft erhebt. Das Innere der Kirche entspricht der Schönheit des Äußern keineswegs.

In geringer Entfernung von der Stadt liegt das Dorf Alt-Thann, das bei der Erbauung der Theobaldskapelle bereits länger als ein Jahrhundert existirte und damals schon Thann hieß. Es ist im Besitz eines sehr schönen auf S. 240 dargestellten Werks der Bildhauerkunst, eines Grabmals, das den Heiland in seinem Grabe zeigt. Auf dem Fußgestell befinden sich Figuren bewaffneter Krieger in zum Theil sonderbaren Stellungen; am Kopf und zu den Füßen stehen Engel, andere Statuen sind in die Mauer gehauen, an welche sich das Denkmal lehnt. Dieses ebenso correct entworfene als schön ausgeführte Denkmal wurde zu Ende des 15. Jahrhunderts errichtet und ist trefflich erhalten.

Seit 1839 ist Thann mit der 3 Meilen entlegenen Stadt Mühlhausen durch eine Eisenbahn verbunden.

Thann im Elsaß.

Die schwarzwälder Uhrenfabrikation. *)

Im südwestlichen Winkel von Deutschland, auf einem schmalen Landstriche, der sich in einer Länge von fünf Meilen auf der südlichen Hälfte des badischen Schwarzwaldes zwischen St.-Blasien und Hornberg ausdehnt, treffen wir, abgeschieden von dem Treiben der Welt, ein talentvolles Gebirgsvolk, das sich seit länger als einem Jahrhunderte mit der Fabrikation hölzerner Wanduhren, die über die ganze Erde verbreitet sind, beschäftigt, und einerseits bei der Verfertigung derselben unermüdlichen Fleiß und große mechanische Geschicklichkeit, anderseits beim Vertriebe ihres Kunstproducts auch

---

*) Nach einer ausführlichen Darstellung von Adolf Poppe in Dingler's „Polytechnischem Journal".

einen hohen Grad von Speculationsgeist und kaufmännischer Gewandtheit an den Tag legt. Nähere Nachrichten über diese eigenthümliche Industrie und den Gang ihrer Entwickelung vom ersten Ursprung an sind daher in vielfacher Hinsicht ebenso interessant als belehrend und in diesen Blättern gewiß an ihrer Stelle.

Bis zum 17. Jahrhunderte kannte man in der bezeichneten Gegend des Schwarzwaldes keine Art von Industrie und die Einwohner nährten sich durch Ackerbau und Viehzucht, bis die Kriege im 17. Jahrhundert ihnen die Nothwendigkeit, andere Erwerbsquellen aufzusuchen, fühlbar machten. Im J. 1683 ließ der Abt Paul von St.=Peter in den Klosterwaldungen im Sprengel Neukirch eine Glashütte anlegen, die zunächst den Keim zu dem jetzt dort blühenden Glashandel legte, durch Zufall aber auch Veranlassung zur Entstehung der Uhrenfabrikation gab. Einige Jahre nach ihrer Anlegung brachte nämlich ein darin angestellter Glasbläser von einer Reise eine hölzerne Stundenuhr mit, die nicht durch den Perpendikel, sondern durch eine Unruhe regulirt wurde, und die er einem böhmischen Glashändler abgekauft hatte. Ein Schreiner, Namens Frey, sah sie und machte sie mit großer Mühe glücklich nach, ebenso ein anderer Künstler, Namens Kreuz; ihre Versuche machten allgemeines Aufsehen, wurden aber wegen der Drangsale des bald nachher ausbrechenden spanischen Erbfolgekrieges nicht weiter verfolgt. Erst zu Anfang des 18. Jahrhunderts betrieben Dilger, ein Drechsler aus Urach, Ketterer und Duffner aus Schönewald und Löffler aus Gütenbach die Verfertigung von Holzuhren als Gewerbe; während es die beiden Letztgenannten bald wieder aufgaben, setzten es die beiden Ersten emsig fort und sind als die Patriarchen der jetzt so zahlreichen Uhrmacherfamilien anzusehen. Die ersten Uhren waren sehr einfach und unvollkommen, indem sie aus drei Rädern nebst Getrieben und einem Zeiger bestanden, statt des Perpendikels eine Unruhe hatten und nur die Stunden zeigten; gleichwol fanden sie guten Absatz. Bald aber machte sich das Bedürfniß besserer Instrumente fühlbar, denn die bisherigen beschränkten sich auf einige Feilen, Bohrer und Messer, eine kleine Säge und einen Zirkel; Löffler erfand 1720 das erste Zahngeschirr zum Eintheilen und Einschneiden der Räderzähne, Dilger führte eine Theilscheibe aus, und mit Hülfe dieser und anderer Vervollkommnungen konnte der Gewerbtreibende nun in einem Tage eine Uhr liefern, wozu er früher sechs Tage gebraucht hatte. Um höhern Absatz zu erzielen, setzte man allerlei mechanische Spielereien mit dem Uhrwerk in Verbindung; so zierte Ketterer 1730 die Uhr mit einem beweglichen Vogel, der durch den Ruf Kukuk! die Stunden anzeigte; diese Uhren fanden viel Beifall und sind noch jetzt gesucht. Um dieselbe Zeit ging Friedrich Dilger, der Sohn des vorhin genannten, nach Paris, um die dortige Uhrmacherei kennen zu lernen, und lieferte nach seiner Rückkehr sehr künstliche Uhrwerke mit beweglichen Figuren. Ketterer lieferte die erste Repetiruhr und Kaspar Dorer brachte auf seiner Uhr den Lauf des Mondes und der Planeten an.

Von 1740 an gestaltete sich die Verfertigung der Uhren mehr fabrikmäßig. Um dieselbe Zeit wurde der Perpendikel statt der Unruhe eingeführt, dadurch aber der Mechanismus zugleich vereinfacht und vervollkommnet. Statt der bisherigen gläsernen Glöckchen der Schlaguhren wandte Friedrich Dilger zuerst metallene Glöckchen an, die er aus Solothurn bezog; später lieferte Nürnberg den ganzen Bedarf an metallenen Glocken, Rädern, Zeigern u. s. w. Bis 1740 bemalte man die Zifferblätter mit Tinte, Leimwasser= oder Ölfarben aus freier Hand; Grieshaber in Gütenbach kam auf den Gedanken, die Zifferblätter in Kupfer stechen und in vielen Exemplaren abdrucken zu lassen, dann aber selbst mit Wasserfarben zu illuminiren, und bald waren fünf Druckerpressen beschäftigt, dergleichen Zifferblätter mit mancherlei Abwechselungen zu liefern. 1750 brachten einige Uhrenhändler feine Instrumente aus England mit, die man sogleich sorgfältig nachahmte. Bald entstanden nun zierlichere Uhren in allen Größen von der großen Thurmuhr bis zum kleinsten Hängeührchen, ja ein Uhrmacher verfertigte eine zierliche Taschenuhr aus Buchsbaumholz. Um 1760 fing man an, die Glocken zu den Schlaguhren nachzugießen; der Erfolg war vollkommen, nach der ersten Gießhütte, in der jährlich an 40,000 Stück dieser kleinen Glocken verfertigt wurden, entstanden bald mehre und die nürnberger Glocken wurden nun gänzlich verdrängt. 1768 wurde die erste Spieluhr (mit Glasglöckchen) verfertigt; des Erfinders Sohn fügte ein Saitenspiel, ein Dritter tanzende Figuren hinzu. 1770 verfertigte Scherzinger das erste musikalische Spielwerk mit Pfeifen und legte den Grund zu einem neuen ergiebigen Erwerbszweige, der seitdem ungemein ausgebildet worden ist. Auch die Uhrenschildmalerei entwickelte sich, besonders nach Erfindung des trockenen Lacks, und die gestochenen Zifferblätter verloren sich; überdies fing man an, die Uhrenschilde mit plastischen Schnitzarbeiten zu verzieren. 1780 kamen Uhren auf, die nur alle acht Tage aufgezogen zu werden brauchten, während die ersten Uhren nur zwölf Stunden gingen. Um 1790 oder 1792 wurden die niedlichen Hängeuhren erfunden, die noch jetzt so beliebt sind. Die Zahl aller Uhrmachermeister wurde damals auf 500 geschätzt, die zusammen jährlich 150,000 Uhren im Werthe von 450,000 Gulden rhein. producirten. In den beiden ersten Jahrzehnten des 19. Jahrhunderts litt zwar die Uhrenindustrie unter den politischen Ereignissen jener Zeit, welche aller Industrie nachtheilig waren, doch machte die Fabrikation auch damals und noch mehr in der spätern Zeit ansehnliche Fortschritte, besonders die der Spieluhren.

Der Uhrenhandel war anfangs in den Händen der Glas= und Strohhuthändler, aber bald übernahmen ihn die Uhrmacher selbst und durchwanderten Schwaben, den Breisgau und Sachsen. Aus dem letzten Lande brachte einer von ihnen Canarienvögel zurück und verhandelte sie am Niederrhein bis nach Holland; dies fand Nachahmung und bald entstand eine eigene Gesellschaft von Uhren= und Vogelhändlern. Das erste fremde Land, wohin die Uhren gingen, war Frankreich und zwischen 1740—70 dehnte sich der Uhrenhandel nach und nach auf folgende Länder aus: England, Irland, Schottland, Holland, Rußland, Polen, Ungarn, Siebenbürgen, Italien, Spanien, Portugal, Dänemark, Schweden, Nordamerika, Türkei, Ägypten. Die ihnen in den Weg gelegten Hindernisse wußten die Schwarzwälder überall glücklich zu beseitigen. In Schweden konnten sie sich nicht anders helfen, als so, daß sie die Uhren in ihre einzelnen Theile zerlegt, als Materialien zu Uhren, über die Grenze brachten und dann wieder zusammensetzten. Als ein Schwarzwälder, Namens Faller, 1779 den Sultan mit einer Spieluhr beschenkte, ertheilte ihm dieser durch einen Freibrief das Recht, in der ganzen Türkei abgabenfrei handeln zu dürfen; derselbe dehnte seinen Handel bis ins Innere Asiens aus, wo besonders die Kukukuhren bewundert wurden. Daß unter den von Haus aus so ehrlichen und treuherzigen Schwarzwäldern in Folge der glücklichen Lage Vieler am Ende des 18. Jahrhunderts eine gewisse Verderbniß des Charakters und der Sitten einzureißen anfing, ist nicht zu leugnen, sie zeigte sich aber mehr im Auslande, in der Heimat dagegen ist die alte Biederkeit und Treue des Schwarzwälders im Allgemeinen unverändert geblieben.

Fassen wir nun nach dieser gedrängten historischen Skizze den gegenwärtigen Zustand der Uhrenfabrikation näher ins Auge, so finden wir, daß sich der Hauptsitz derselben in den beiden badischen Amtsbezirken Neustadt (im Seekreis) und Tryberg (im Oberrheinkreis) befindet, welche zusammen einen Flächeninhalt von sieben Quadratmeilen und nach der neuesten Volkszählung 27,139 Einwohner haben. Unter diesen sind 1213 Meister mit der Uhrmacherei beschäftigt (mit Einrechnung der Uhrenhändler und Spediteurs); da nun auf jeden Meister im Durchschnitt zwei Gesellen und zwei Gehülfen zu rechnen sind, so ergibt sich die Zahl von 5173 Personen, welche in den gedachten Bezirken, in 40 Ortschaften vertheilt, durch Uhrenmanufactur und Uhrenhandel Beschäftigung finden. Gleichsam als Brennpunkt der Uhrenmanufactur ist der Marktflecken Furtwangen (mit 2483 Einwohnern) anzusehen, der sich in einer Länge von fast zwei Stunden in einem freundlichen Wiesenthale an der Brege (welche durch ihren Zusammenfluß mit der Brigach die Donau bildet) ausdehnt; die Häuser sind ungemein nett, wiewol nur mit Holzziegeln bedeckt, und man erkennt in ihnen die Werkstätte des Uhrmachers schon an der auffallenden Menge von Fenstern, die dicht aneinander liegen. Hier kommt auf 13, in dem Orte Neukirch schon auf 10 Einwohner ein Meister.

Das Princip der Arbeitstheilung, dessen große Vortheile in diesen Blättern mehrmals, zuletzt in Nr. 294 besprochen worden sind, kommt im District der Uhrenfabrikation auf die ausgedehnteste Weise zur Anwendung. Sämmtliche mit der Uhrenmanufactur beschäftigte Arbeiter lassen sich in neun Classen theilen: 1) Schildbretmacher und Schilderdreher, 2) Schildmaler, 3) Uhrenglocken- und Uhrenrädergießer, 4) Federmacher, 5) Kettenmacher, 6) Uhrengestellmacher, 7) Uhrenräderdreher, 8) Uhrmacher, welche die einzelnen Bestandtheile feiner ausarbeiten und zusammensetzen, 9) Verfertiger der Uhrmacherwerkzeuge. Dieses System der Arbeitstheilung erstreckt sich über das ganze Gebiet der Uhrenindustrie und wird nicht nur vortheilhaft, sondern unentbehrlich gefunden; nur auf diesem Wege war es möglich, den Preis der Uhren so herabzusetzen, als die gesunkenen Preise der Metalluhren erheischten. Hier, wie anderwärts, bestehen die nächsten Vortheile der Arbeitstheilung darin, daß der Arbeiter bedeutend an Zeit gewinnt, da bei dem Übergange von einem Geschäfte zum andern nothwendig Zeit verloren geht, daß er sich einen höhern Grad von Geschicklichkeit aneignet und daß er unwillkürlich auf die Verbesserung und Erfindung von Werkzeugen und Maschinen, die zur Ausführung seines Geschäftes dienen, geführt wird. Seit kurzem fängt der badische Staat, der bis auf die neueste Zeit die Uhrenindustrie ganz sich selbst überlassen hat, an, in den Uhrenmanufactur-Districten technische Lehranstalten zu errichten, wodurch einem dringenden Bedürfnisse abgeholfen wird; durch sie wird der Schwarzwälder in den Stand gesetzt werden, sein Gewerbe auf noch rationellere Weise als bisher zu betreiben.

Was nun die einzelnen oben erwähnten Classen von Arbeitern betrifft, so beginnen wir mit Denjenigen, welche sich mit den Vor- und Nebenarbeiten beschäftigen. 1) Die Arbeit des Schildbretmachers besteht in der Verfertigung der hölzernen Uhrenschilde; die erst vom Schildmaler in eigentliche Zifferblätter verwandelt werden. Er spaltet den Schild aus Tannenholz, gibt ihm die Form eines Quadrats, bei welchem eine Kante einen halbkreisförmigen Ansatz hat, und dreht ihn, um ihm seine convexe Wölbung zu geben, auf einer besonders eingerichteten Drehbank ab, die entweder vom Wasser oder durch die Hand getrieben wird. Mit einer vom Wasser getriebenen Maschine kann der Schilddreher in einem Tage 250 Stück, mit einer Handmaschine im Durchschnitt nur 75 Stück fertigen; ein Meister kann, wenn er fortwährend Arbeit hat, mit einem Gesellen und einem Gehülfen jährlich 78,000 Uhrenschilde verfertigen, zu denen er etwa 43 Tannenstämme braucht. Die Gesammtzahl der Schilddreher im badischen Schwarzwalde ist 11, welche jährlich zusammen aus 289 Tannenstämmen 520,000 Uhrenschilde im Werthe von 35,000 Gulden Rhein. verarbeiten. 2) Der Schildmaler hat den vom Bretmacher gelieferten Uhrenschild mit weißer Grundfarbe zu überziehen, die Ziffern darauf zu zeichnen und den übrigen Raum mit mancherlei Zierathen zu bemalen; da dieses Gewerbe weder körperliche Anstrengung, noch großen Capitalaufwand erheischt, so widmen sich ihm nicht selten ledige Frauenzimmer. Zwar sind die Producte der Schildmaler (deren es übrigens in den beiden Amtsbezirken 139 gibt) in der Regel nur auf den Geschmack des Landvolks berechnet, in dessen Hände die meisten Uhren übergehen, können daher auf Feinheit und Eleganz keinen Anspruch machen; doch enthalten die großen Spieluhrenschilde, deren Preis bis zu 150 Gulden steigt, oft Gemälde von wahrhaft künstlerischem Werthe. Nachdem der Schild in Leimwasser getränkt worden ist, wird er mit einem Grund aus gepulverter Kreide überzogen, dann getrocknet, hierauf der Kreidegrund mit Bimsstein geschliffen und endlich ein mehrmaliger Überzug von Kremserweiß aufgetragen, der nach dem Trocknen abermals mit Bimsstein abgeschliffen wird. Jetzt erst erfolgt das eigentliche Bemalen, bei welchem Chromgelb, wiener Lack, Zinnober, Berggrün oder Grünspan die vorherrschenden Farben sind. Zur Eintheilung des Zifferblatts dient eine einfache Pappscheibe mit zwölf schmalen Einschnitten; die Ziffern werden mit Kienruß aufgetragen. In der neuesten Zeit werden häufig Kupferstiche und Lithographien auf die weißlackirten Uhrenschilde befestigt und nachher angemalt, was schneller von statten geht und wohlfeiler ist. Übrigens ist der Geschmack verschiedener Länder hinsichtlich der Schildmalerei auf merkwürdige Weise verschieden; während z. B. England einfach bemalte, fast ganz weiße Zifferblätter vorzieht, müssen die nach Frankreich gehenden Schilde über und über mit bunten Farben bedeckt sein. Ein fleißiger Arbeiter liefert in einem Tage durchschnittlich sechs, jährlich also 1872 Schilde, die im Mittel mit 38 Kr. das Stück bezahlt werden. Schildmaler, die mehre Arbeiter beschäftigen können, stehen sich sehr gut, dafür ist aber auch ihr Gewerbe sehr ungesund, da sie in einer mit Farbetheilen und Terpentindünsten angefüllten Atmosphäre arbeiten müssen. Hauptsächlich für den transatlantischen Verkehr sind bemalte Blechschilde bestimmt, weil die hölzernen auf dem Ocean Feuchtigkeit anziehen und sich werfen. Für denselben Zweck empfehlen sich bei größerer Wohlfeilheit auch die in neuerer Zeit aufgekommenen völlig wasserdichten Uhrenschilde aus Pappe, die gepreßt, mit Öl getränkt, im Backofen gebacken und zuletzt glatt gehobelt sind und wegen der Fettigkeit, mit der sie durchdrungen sind keine Feuchtigkeit aufnehmen. 3) Die Zahl der Gießhütten in beiden Amtsbezirken beträgt 19, die jährlich an Glocken, Rädern u. s. w. etwa 1900 Centner produciren, deren Werth auf 190,000 Gulden anzuschlagen ist. Die Composition für die Glocken besteht aus drei Theilen Kupfer und 1 Theil englischem Zinn, die für die Räder aus 1 Th. Kupfer und 1 Th. Zink; von diesen Metallen wird das Kupfer aus Ungarn, Rußland und Schweden, das Zinn aus England, das Zink aus Preußen bezogen. 4) Ein noch neuer Gewerbszweig ist die Fabrikation der spiralförmigen stählernen Tonfedern, welche die Stelle der Glocken vertreten; sie wird nur von wenigen Personen fabrikmäßig betrieben. Das Material zu den Federn ist Gußstahl, der meist aus Schaffhausen in kleinen prismatischen Stangen bezogen wird. 5) Sehr einfach ist die Verfertigung der messingenen oder eisernen Ketten, die in neuerer Zeit statt der Schnüre als Träger der Gewichte beliebt geworden sind. Der Kettenmacher liefert auch zugleich Kettenräder, die aus einer messingenen oder hölzernen Scheibe bestehen, auf deren Umfang eine Anzahl von Stiften, in welche die Kettenglieder zur Verhütung des Gleitens eingreifen, in gleichen Abständen befestigt ist. 6) Der Gestellmacher liefert dem Uhrmacher die aus Buchenholz verfertigten Gestelle; seine Arbeiten sind von denen eines gewöhnlichen Tischlers nicht wesentlich verschieden. Wie die Größe ist auch der Preis der Gestelle sehr verschieden und schwankt zwischen 5 und 30 Kreuzern; als Mittelzahl ist 9 Kreuzer anzunehmen. Die Gesammtzahl der Gestellmacher in beiden Amtsbezirken beträgt 69 (Meister), welche jährlich 550 Buchenstämme zu etwa 503,094 Gestellen im Werth von 75,464 Gulden verarbeiten. 7) Das Geschäft des Uhrenräderdrehers besteht darin, die aus der Gießhütte bezogenen rohen Uhrenräder und Glocken mittels einer gewöhnlichen Drehbank rund und glatt zu drehen; dieser so höchst einfache Manufacturzweig beschäftigt nicht weniger als 33 Familien.

Wir kommen nun auf den Uhrmacher selbst, der die von den genannten Arbeitern gelieferten Theile zusammensetzt und justirt. Nur durch rastlosen, unermüdlichen Fleiß kann er bei der großen Concurrenz bestehen, daher dauert seine regelmäßige Arbeitszeit mit Einschluß der dem Mittags- und Abendessen gewidmeten Zeit nicht weniger als 16 Stunden, von früh fünf bis Abends neun Uhr, ja nach Befinden sogar noch länger, von früh vier bis Abends zehn Uhr. Überraschend ist die Mannichfaltigkeit der Uhren, sowol was Größe und Form, als was die innere Einrichtung, die Mechanik betrifft. Alle Uhren sind entweder Geh- oder Schlaguhren, d. h. Uhren ohne oder mit Schlagwerk. Die letztern sind entweder Stunden- oder Halbstunden- oder Vierteluhren. Beide Classen von Uhren zerfallen wieder in große (mit lackirtem Zifferblatt) und kleine (mit emaillirtem Zifferblatt). Jene werden ferner in 12stündige, 24stündige, Achttageuhren (je nachdem sie 12 Stunden, 24 Stunden, 8 Tage gehen), Figurenuhren und ordinaire Spieluhren eingetheilt; die kleinen sind entweder 24stündige oder Achttageuhren. Eine Uhr, welche 12 Stunden geht, kostet 1 Fl. bis 1 Fl. 54 Kr.; eine 24 Stunden gehende Uhr mit hintereinander stehenden Läufen 1 Fl. 54 Kr. bis 2 Fl. 54 Kr.; eine dergleichen mit nebeneinander stehenden Läufen 2 Fl. 24 Kr. — 5 Fl. 48 Kr.; eine 24 Stunden gehende Vierteluhr 4½ — 8½ Fl.; eine 24stündige Uhr kleinster Sorte mit Emailzifferblatt und Bronzeaufsatz 2 Fl. 12 Kr. bis 11½ Fl.; eine acht Tage gehende Uhr größter Sorte 2 Fl. 42 Kr. bis 15 Fl.; eine Figurenuhr (Kukuk-, Männchen-, Schornsteinfeger-, Metzger-, Kapuziner-, Schiffuhr u. s. w.) 3½ bis 7½ Fl. Der materielle Verdienst eines Uhrmachers ist ungeachtet der für seine Leistungen erfoderlichen größern Geschicklichkeit weit geringer, als der eines Schildmalers, selbst eines Gestellmachers. Was die Zahl der Uhrmacher und die Größe der Production anlangt, so beträgt jene in beiden Amtsbezirken 694, welche selbständig arbeiten; auf jeden Meister sind im Durchschnitt zwei Gesellen und zwei Lehrlinge zu rechnen. Da nun ein Arbeiter durchschnittlich 4½ Uhren jede Woche liefert (von Uhren mittlerer Größe kann ein guter Arbeiter sogar täglich eine fertigen), so liefern jene 694 Meister zusammen jährlich 487,188 Uhren, wovon fast zwei Drittel auf das kleinere Amt Tryberg kommen. Von den Instrumenten, die in der schwarzwälder Uhrmacherei angewendet werden, dem Räderschneidzeug, der Zahnwälzmaschine, dem Spindelbohrer u. s. w., kann hier nicht im Einzelnen gehandelt werden; nur im Allgemeinen mag bemerkt werden, daß es den schwarzwälder Uhrmachern keineswegs an den besten und zweckmäßigsten Werkzeugen fehlt. Sie haben nicht ermangelt, sich nach und nach alle neuen Erfindungen und Verbesserungen im Maschinenwesen, wenn sie sich einmal von ihrer Nützlichkeit überzeugt hatten, anzueignen, ohne die Kosten zu scheuen, abgesehen von den vielen, welche sie selbst ersonnen haben.

Noch ist über den Uhrenhandel einiges Nähere mitzutheilen. Diejenigen Länder, nach denen der Uhrenhandel jetzt hauptsächlich betrieben wird, sind England, Frankreich, Nordamerika, Rußland, Preußen, Sachsen, Hanover, Baiern und Belgien. Nach den drei zuerst genannten Ländern gehen die meisten Uhren, etwa sechsmal so viel, als nach sämmtlichen deutschen Staaten. Der Uhrenhandel nach Spanien ging früher gut, ist aber ganz ins Stocken gerathen, und nach Östreich geht er darum nicht so gut, weil dort ebenfalls sehr wohlfeile Uhren producirt werden; ganz neuerlich hat man versucht, mit Ostindien und Algier Handelsverbindungen anzuknüpfen. Die Hauptstapelplätze des Uhrenhandels sind Tryberg, Furtwangen, Neustadt und Lenzkirch; aus jedem dieser vier Orte fährt wöchentlich ein mit Uhren befrachteter Wagen nach Strasburg ab, von wo die Uhren weiter spedirt werden. Die gesammte jährliche Ausfuhr mag sich auf 537,000 Stück im Werth von 1,612,000 Gulden belaufen, wovon 487,188 auf die beiden Hauptindustriebezirke, der Rest aber auf die umliegenden Amtsdistricte kommt. Die Uhren werden in große Kisten, deren jede etwa 300 Stück enthält, so gepackt, daß Gestelle, Zifferblätter und Perpendikel gesondert liegen. Das gesammte Handelspersonal theilt sich in zwei Classen: Spediteurs oder Packer, die im Districte der Uhrenmanufactur ansässig sind, und reisende Händler; die Zahl der erstern beläuft sich in den beiden oft genannten Amtsbezirken auf 223, die Zahl der letztern ist ungleich größer, aber nicht mit Bestimmtheit anzugeben; allein in London befanden sich 1838 230. Übrigens wird der Uhrenhandel auf eine doppelte Weise betrieben: theils durch einzelne Individuen, die sich ins Ausland begeben, theils durch ganze Gesellschaften von 20 oder mehr Mitgliedern unter einem Vorsteher, die sich an verschiedenen Orten eines Landes etabliren und den Gewinn unter sich theilen. Diese Händler leben ökonomisch, scheuen sich nicht, mit den Uhren auf dem Rücken umherzuziehen und sie feilzubieten, und treiben nicht selten unterwegs neben dem Uhrenhandel noch sonstige Handelsgeschäfte. Die meisten Händler nehmen die Uhren, mit denen sie Handel treiben, auf Credit, die Spediteurs aber nehmen sie entweder auf eigene Rechnung oder auf Rechnung der Händler; das Verhältniß zwischen Handel und Gewerbe ist im Ganzen noch sehr unsicher und eine Reform desselben wünschenswerth.

An die Uhrenmanufactur schließt sich die früher mit ihr eng verbundene, jetzt aber zu einem selbständigen Kunstzweige ausgebildete Fabrikation größerer musikalischer Spielwerke, die auf demselben Districte, aber durchgängig von Männern betrieben wird, welche musikalisch gebildet und mit den Gesetzen der Mechanik und Akustik vertraut sind. Die Zahl solcher Werkstätten beläuft sich gegenwärtig auf acht, unter deren Besitzern vier zur Familie Blessing angehören, von denen Martin Blessing weit und breit bekannt ist. Vor einigen Jahren hat derselbe ein Spielwerk für 15,000 Fl. nach London geliefert, welches durch ein Gewicht von mehren Centnern in Bewegung gesetzt wird und ganze Ouvertüren und Symphonien spielt; ein anderes prachtvolles Spielwerk, 12,000 Fl. an Werth, ist vor kurzem nach Odessa geliefert worden. Überhaupt gehen die meisten dieser Spielwerke nach England, Nordamerika und Rußland, nur wenige nach Deutschland; in einigen größern Wirthshäusern des Schwarzwaldes sind aber zur Unterhaltung der Fremden dergleichen Kunstwerke aufgestellt. Wie weit es die Schwarzwälder in dieser Hinsicht gebracht haben, ist in hohem Grade bewundernswerth. Sie haben sich nicht begnügt, den Klang der verschiedenen Blasinstrumente, Flöte, Oboe, Fagott, Horn, Trompete u. s. w., auf täuschende Weise nachzuahmen, sondern auch alle Abstufungen des Tons hinsichtlich der größern oder geringern, ab- oder zunehmenden Stärke hervorgebracht. In der Regel findet man diese Kunstwerke in der Gestalt eleganter Schränke. Eins dergleichen, das bei dem Löwenwirth in Tryberg aufgestellt ist und einen Werth von etwa 3000 Fl. hat, enthält 88 Tasten und 8 verschiedene Register für Horn, Trompete, crescendo u. s. w.; es spielt mehre Walzer von Strauß und Lanner, die Ouvertüren zu den Opern „Wilhelm Tell" und „Barbier von Sevilla" von Rossini und ein vollständiges Concert von Mozart. Ein gutes Spielwerk, das größere Musikstücke vorträgt, erhält man schon für 500 Fl.; ein Spielwerk von 2000 Fl. aber macht den Effect eines ganzen, gut besetzten Orchesters. Wer im Besitz eines solchen Kunstwerks ist, kann sich irgend ein von ihm gewünschtes neues Musikstück, d. h. eine neue Walze, auf die es aufgetragen ist, für vier bis sechs Louisdor verschaffen. Kleinere Musikflötenuhren von resp. 22, 23, 24, 25 und 30 Tönen kosten 42, 50, 88, 112, 144 Fl.; die beiden erstgenannten spielen jedes acht Stücke.

Die öffentlichen Bäder in Konstantinopel.

In Konstantinopel gibt es besondere Bäder fast für jeden Stand und jedes Gewerbe, dessen Zugehörige sich wirklich an diesen zugleich der geselligen Unterhaltung gewidmeten Orten einstellen, ja sogar, was noch weit seltsamer ist, Bäder für verschiedene Charaktere. So gibt es den Inschriften zufolge ein eigenes Bad für Rechtsgelehrte, eins für fromme und andächtige Männer, ein anderes für unschuldige und sittsame Leute, ferner besondere Bäder für Sternkundige, Dichter, Maler, Tonkünstler, Derwische, Pferdeliebhaber, sogar eins für Vogelfänger. Wenn man von den Inschriften dieser Bäder annehmen kann, daß sie von den sie Besuchenden, wenigstens theilweise, wirklich berücksichtigt werden und dazu dienen, solche Personen, deren gemeinsame Beschäftigung oder Sinnesart für ihre Unterhaltung viele Berührungspunkte darbietet, zu vereinigen, nach dem Sprüchworte: „Gleich und gleich gesellt sich gern", so ist dies bei andern nicht denkbar. Außer jenen Inschriften gibt es nämlich auch andere von weniger einladender Art; unter andern findet man ein Bad für Solche, die das Gebet nicht lieben, eins für Üppige, eins für Possenreißer, eins für Lügner, ja sogar eins für Banditen.

Gemäldeeinfuhr in England.

Nach den Angaben eines französischen Blattes sind in England im J. 1833 nur 3760, im J. 1838 dagegen 8691 Gemälde aus fremden Ländern eingeführt worden, wonach die Liebhaberei der Engländer für Gemälde außerordentlich zugenommen zu haben scheint. In den sechs Jahren 1833—38 wurden überhaupt 46,381 Gemälde eingeführt, worunter 22,291 aus Frankreich, 11,423 aus Italien, 5609 aus Deutschland, 3240 aus Belgien, 1119 aus Holland, 2699 aus andern Ländern.

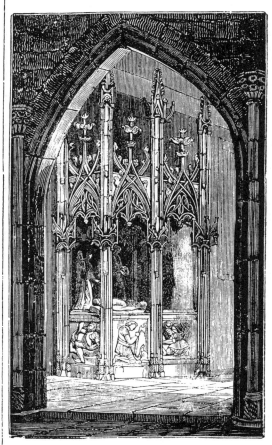

Das Grabmal Christi zu Alt-Thann.

Das Pfennig-Magazin
für Verbreitung gemeinnütziger Kenntnisse.

383.] Erscheint jeden Sonnabend. [August 1, 1840.

Avignon.

Die anmuthige Lage von Avignon, der Reiz der umliegenden, mit Wiesen, Obstgärten und Maulbeerbaumpflanzungen gezierten, an Korn, Wein, Oliven und den herrlichsten Südfrüchten reichen Gegend, die Schönheit seiner Frauen, die Lebhaftigkeit und Fröhlichkeit der gesammten Bevölkerung, endlich auch seine historischen Erinnerungen machen es zu einer der interessantesten Städte Frankreichs; aber freilich wird es von Fremden in der Regel nur auf der Reise nach Italien besucht und sein Eindruck später durch den berühmterer und merkwürdigerer Städte vernichtet oder doch in den Hintergrund gedrängt. Die Stadt liegt im südlichen Frankreich im Departement Vaucluse, dessen Hauptstadt sie ist, etwa 90 Meilen südsüdöstlich von Paris, ist enge und winkelig gebaut und zeigt schon in hohem Grade die charakteristischen Merkmale südlicher Städte. An der Westseite der Stadt fließt die Rhone, die hier breit, tief und ziemlich reißend ist, an ihren alten Mauern vorbei; den übrigen Theil der Stadt schließt ein von Ulmenbäumen gebildeter Spaziergang ein. Im 12. Jahrhundert begann nach der Legende ein 12jähriger Hirtenknabe, Benezet, den Bau einer steinernen Brücke von 19 Bogen, die 1188 vollendet wurde; den größten Theil derselben riß 1699 die Heftigkeit des Stroms hinweg und jetzt stehen nur noch vier Bogen; statt jener wurde später eine noch im Gebrauch befindliche hölzerne Brücke erbaut.

Der Ursprung von Avignon ist von Einigen auf die kleinasiatischen Griechen (aus Phocäa) zurückgeführt worden, welche in Marseille eine Colonie anlegten; gewiß ist,

daß sich die Römer in der ersten Zeit ihrer Herrschaft über Gallien hier festsetzten. Im Mittelalter war Avignon 70 Jahre lang die Residenz der Päpste; dieser Umstand hat am meisten zur historischen Berühmtheit der Stadt beigetragen und war nicht ohne Einfluß auf die Schwächung der Obergewalt, welche die Päpste so viele Jahrhunderte lang ausübten. Die Ursachen, welche die Verlegung des päpstlichen Stuhls von Rom nach Avignon herbeiführten, und die Ereignisse, welche darauf folgten, sind einer genauern Auseinandersetzung werth.

Philipp IV. oder der Schöne, König von Frankreich, trat in seinem Lande sowol der Aristokratie der Großen als auch den Anmaßungen der Hierarchie mit Erfolg entgegen. Hierüber, insbesondere aber wegen der Steuern, die er der Geistlichkeit auflegte, gerieth er mit dem herrschsüchtigen Papste Bonifaz VIII. in einen heftigen Streit, in dessen Verlaufe der Papst, von Philipp auf jede nur erdenkliche Weise gereizt und beleidigt, Frankreich an den deutschen Kaiser Albrecht verschenkte. Diese Schenkung hatte keine andere Folge als die, daß der König den Papst durch seinen Abgesandten, Wilhelm von Nogaret, der wie ein echter Raubritter zu Werke ging, auf die schmählichste und empfindlichste Weise mishandeln und aller seiner Schätze berauben ließ, was sich Bonifaz so zu Herzen nahm, daß er im J. 1303 vor Gram starb. Ihm folgte erst Benedict XI., der nur 20 Monate regierte, dann 1305 Clemens V., ein geborener Franzose aus Villandrane im Sprengel von Bordeaux. Dieser Papst verlegte auf Philipp's dringende Vorstellungen seine Residenz nach Avignon, angeblich um den beständigen Unruhen in Italien und namentlich in Rom selbst, dessen Einwohner lange einen sehr rebellischen Geist zeigten, auszuweichen. Die Grafschaft Venaissin, zu welcher Avignon ehemals gerechnet wurde, hatte schon König Philipp III. im J. 1273 den Päpsten geschenkt. Gewiß war es ein Meisterstreich von Philipp IV. Politik, den päpstlichen Stuhl in sein eignes Land zu versetzen, da er als Herr des umgebenden Gebiets zugleich Herr des Papstes wurde, dessen Einfluß von nun an sichtlich abnahm. Während der Abwesenheit der Päpste erhob sich in Italien die ihnen feindliche Partei der Ghibellinen zu einer größern Höhe als je zuvor; sie griffen nicht nur das römische Gebiet, sondern durch ihre Schriften auch die päpstliche Gewalt an. Rom selbst war die Hauptquelle und der Herd von Umtrieben, Unruhen und Bürgerkriegen und die aus Frankreich dorthin gesandten Bullen und Decrete wurden von dem gemeinen Volke gar nicht beachtet. Der Einfluß dieses Beispiels verbreitete sich von Italien aus durch die meisten Länder von Europa und es liegt aus zahlreichen Vorfällen klar zu Tage, daß die Bewohner christlicher Länder im Allgemeinen den Geboten und Bannstrahlen der französischen Päpste beiweitem weniger Geltung beilegten als denen der römischen.

Als Clemens V. im J. 1314 gestorben war, wurde nach einem länger als zwei Jahre dauernden Kampfe zwischen der französischen und italienischen Partei, während dessen der römische Stuhl unbesetzt blieb, Johann XXII., gleichfalls ein Franzose (aus Cahors), zum Papst gewählt; ähnliche Kämpfe kamen auch bei spätern Wahlen vor. Auf den letztgenannten Papst folgten erst Benedict XII., dann Clemens VI., ebenfalls Franzosen. Der Letztere kaufte im J. 1348 die Stadt Avignon für 80,000 Gulden von Johanna, Königin von Neapel und Gräfin von Provence; seit dieser Zeit bis zur französischen Revolution (1791), also fünftehalb Jahrhunderte, blieb sie im Besitz der Päpste. Die folgenden Päpste waren Innocenz VI., Urban V. und Gregorius XI., sämmtlich Franzosen. Mit dem Letztern endigte die Periode der Gefangenschaft von Avignon oder der babylonischen Gefangenschaft der Päpste, wie die Italiener die 70jährige Abwesenheit der Päpste von Rom nannten. Gregor gab den dringenden Vorstellungen zweier begeisterter Weiber, Katharina von Siena und Brigitta von Schweden, die nachmals heilig gesprochen wurden, nach und kehrte 1376 nach Rom zurück, starb aber bald nachher. Nach seinem Tode wurden die im Conclave versammelten meist französischen Cardinäle durch einen Volkstumult gezwungen, einen Italiener zum Papste zu wählen; sie wählten Bartholomäus von Prignano, Erzbischof von Bari, unter dem Namen Urban VI. Weil aber dieser Papst die Cardinäle, welche ihn unfreiwillig gewählt hatten, übermüthig behandelte, entfernten sich viele derselben von Rom, protestirten gegen die erste Wahl und wählten 1378 zu Fondi in Neapel aus ihrer Mitte den Grafen Robert von Genf, der sich Clemens VII. nannte und nach Avignon ging. So begann die große Kirchenspaltung (das Schisma), welche 51 Jahre dauerte und darin bestand, daß gleichzeitig zwei Päpste regirten, einer zu Rom, der andere (in der Geschichte Gegenpapst genannt) in Avignon. Italien, Deutschland und England erkannten den römischen Papst, Frankreich und Spanien den in Avignon residirenden als den rechtmäßigen an. Jeder hatte seine Anhänger, aber ihre gegenseitigen Bannflüche, die zu anderer Zeit zu Schlachten geführt hätten, hatten nur einen Federkrieg zur Folge. Seit 1409 gab es gar drei Päpste zugleich, indem das Concil zu Pisa die beiden Päpste Benedict XIII. und Gregor XII. absetzte und an ihre Stelle Alexander V. ernannte, die abgesetzten aber ihre Würde behaupteten. Auf den Letztern folgte Johann XXIII.; ihn und Benedict XIII. setzte das Concil zu Konstanz 1415 ab, worauf an ihre Stelle Martin V. gewählt wurde. Gregor XII. entsagte freiwillig der päpstlichen Würde, Benedict XIII. fuhr jedoch fort, den päpstlichen Titel zu führen; erst der nach ihm gewählte Clemens VIII. unterwarf sich im J. 1429 und erkannte Martin V. an, womit das große Schisma ein völliges Ende hatte.

Die Stadt blieb, wie erwähnt, bis zur französischen Revolution im Besitz der Päpste und wurde dem Namen nach durch einen Cardinallegaten verwaltet, der aber immer abwesend war und sich durch einen Vicelegaten vertreten ließ. Papst Sixtus IV. erhob 1474 den hiesigen Bischofssitz zu einem Erzbisthum, das noch besteht. Die Bewohner von Avignon behielten ihre Rechte als geborene Franzosen und waren demnach in ganz Frankreich zu Staats- und Kirchenämtern wählbar, standen aber hier unter verschiedenen Localgerichtshöfen, die aufgehoben wurden, als Avignon mit Frankreich vereinigt wurde. Dies geschah nach mehren stürmischen Auftritten, zuletzt am 16. Oct. 1791, worauf der Papst im Frieden zu Tolentino am 19. Febr. 1797 auf Avignon und die Grafschaft Venaissin förmlich Verzicht leistete. Die Stadt — von Rabelais wegen ihres häufigen Glockengeläutes la ville sonnante (die tönende Stadt) genannt — enthielt in frühern Zeiten 20 Mönchs- und 15 Nonnenklöster und noch 1762 900 Geistliche. Der ehemalige päpstliche Palast, ein schwerfälliges gothisches Gebäude, ist jetzt in eine Caserne verwandelt. Die Kathedrale, welche die Bilder mehrer Päpste enthält, ist von ansehnlicher Größe, aber unregelmäßiger Bauart. Das Portal soll einst einen Theil eines alten Herculestempels gebildet haben. Die Franciscanerkirche enthält oder enthielt früher das Grab der vielbesungenen Geliebten Petrarca's, Laura de Sade, welche hier 1348 starb; 1791 wurde das Grab nebst der Kirche zerstört. Petrarca selbst hat in Avignon, um seine Laura zu sehen, mehre Jahre verlebt; das durch ihn verewigte Thal Vaucluse liegt nur fünf Stunden entfernt. In der Cölestinerkirche findet sich das Grab des Papstes Clemens VII. und das des heiligen Benezet, des Erbauers der alten steinernen Brücke.

Der Hauptnahrungszweig der Einwohner ist Seidenmanufactur und Seidenfärberei; in der umliegenden Gegend wird die Seidenwürmerzucht in der größten Ausdehnung betrieben. Noch enthält die Stadt einige Eisenwerke und eine Kanonengießerei in dem ehemaligen Dominicanerkloster; Handel wird vorzüglich mit Seide, Sumach, Kermes und Safran betrieben; ihn begünstigt die Rhone, welche nur 10 Meilen von der Stadt ins mittelländische Meer mündet. Die Bevölkerung der Stadtgemeinde betrug 1836 31,786 Seelen.

Johannes Gutenberg. [*]

Gutenberg, der gefeierte Erfinder der Buchdruckerkunst, dessen Name in den verflossenen Tagen von Millionen mit Ehrfurcht genannt worden ist, hieß ursprünglich Henne oder Johannes Gensfleisch und stammte aus dem

---

[*] Vgl. über die Erfindung der Buchdruckerkunst Nr. 77 und 269 des Pfennig-Magazins.

angesehenen, schon im 13. Jahrhunderte vorkommenden Patriziergeschlechte zum Gensfleisch in Mainz, wo er zwischen 1395 und 1400 geboren wurde.*) Seine Ältern waren Friele (Friedrich) zum Gensfleisch und Else (Elisabeth) zum Gudenberg; den letzten Namen, der in verschiedener Schreibart vorkommt, fügte später der Sohn dem väterlichen bei. Die Benennung Johann von Sorgenloch, welche ihm Einige beilegen, ist nicht richtig; den Namen Sorgenloch führte eine bergische Nebenlinie der Familie, nicht die mainzer Linie. Von den Jugendjahren und der Erziehung Gutenberg's ist nichts bekannt, inzwischen läßt sich vermuthen, daß er schon in früher Jugend ein bedeutendes mechanisches Talent an den Tag gelegt habe. Reibungen zwischen den Bürgern und dem Adel scheinen ihm den Aufenthalt in seiner Vaterstadt verleidet und der Ausbruch von Unruhen ihn bewogen zu haben, sich 1420 oder nach Andern 1424 nach Strasburg zu wenden, wo er sich, wie schon früher in Mainz, mit dem Schleifen von Edelsteinen, dem Poliren von Spiegeln u. s. w. beschäftigte. Um das Jahr 1436 machte er die ersten Versuche mit Drucken, ob auf die damals übliche Weise mit Holztafeln oder schon mit beweglichen Typen, läßt sich nicht ermitteln; jedenfalls hielt er seine Kunst damals geheim. Bald nachher verband er sich mit einem angesehenen und reichen strasburger Bürger, Andreas Dritzehn, später noch mit Johann Riffe und Andreas Heilmann, denen er gegen Entschädigung die von ihm erdachten Künste beizubringen und sie zu ihrem gemeinschaftlichen Nutzen auszuüben versprach. Diesen Männern konnte es nicht lange verborgen bleiben, daß Gutenberg insgeheim noch eine Kunst (wahrscheinlich die des Buchdrucks) übte, die er ihnen vorenthielt; sie drangen daher in ihn, sie auch in dieser zu unterrichten, und schlossen deshalb im J. 1438 einen Contract mit ihm ab. Noch vor Ablauf dieses Jahres starb Dritzehn; mit dessen Bruder Georg, sowie mit den andern Contrahenten gerieth Gutenberg über Vollziehung des Contracts in einen Proceß, der für ihn ungünstig ausfiel. Schon im J. 1437 war er in einen andern Proceß verwickelt worden, indem ihn ein adeliges Fräulein, Anna zu der eisernen Thüre, die er später geheirathet zu haben scheint, wegen eines angeblichen Eheversprechens verklagte. Ob die einer dieser Processe oder ein anderer Umstand bewog, Strasburg zu verlassen, was 1443 oder 1444 geschehen sein muß, ist unbekannt; 1444 finden wir ihn wieder in Mainz, wo er seine Erfindung erst zur Vollendung brachte.

Die ansehnlichen Kosten, welche seine bisherigen Versuche verursacht hatten, nöthigten ihn, sich nach einem bemittelten Geschäftstheilhaber umzusehen, dessen Beitritt eine Erweiterung des bisher nur im Kleinen betriebenen Geschäfts gestattete. Er schloß daher im J. 1450 mit dem wohlhabenden Goldschmied Johann Fust oder Faust einen Gesellschaftsvertrag ab und begann dann gemeinschaftlich mit ihm den Druck einer lateinischen Bibel, die nach vielen Hindernissen erst 1455 vollendet wurde. Diese Bibel führt den Namen der 42zeiligen Bibel oder auch den der Mazarin'schen, weil man sie zuerst in der Bibliothek des Cardinals Mazarin in Paris entdeckte; soviel man weiß, sind von derselben nur noch 16 Exemplare vorhanden, 7 auf Pergament und 9 auf Papier.*) Als dritter Theilhaber trat später Peter Schöffer, zu Gernsheim unweit Darmstadt um das Jahr 1420 geboren, hinzu, dem die Erfindung mehre sehr wesentliche Verbesserungen verdankt; um 1453 finden wir ihn zuerst in Gutenberg's Buchdruckerei beschäftigt, nachdem er früher in Paris seinen Unterhalt als Abschreiber erworben hatte.

Wie aber nur zu oft dem Verdienste die ihm gebührende Krone vorenthalten und mit Undank gelohnt wird, so geschah es auch hier. Fust, der nur von Habsucht geleitet wurde, erkannte sehr wohl, welcher ansehnliche Gewinn sich aus der neuen Kunst ziehen lasse, und um ihn für sich allein zu behalten, bot er Alles auf, um sich Gutenberg's zu entledigen. Zuerst foderte er von ihm die Zurückzahlung des vorgeschossenen Capitals nebst Zinsen und Zinseszinsen, indem er vorgab, daß die Kosten jener Bibel die veranschlagte Summe weit überschritten hätten. Diesen ungestümen Foderungen zu genügen, war Gutenberg ganz außer Stande, da seine Erfindung, der Natur der Sache nach, noch keinen Gewinn abgeworfen haben konnte. Fust war seinerseits unverschämt genug, am 9. Nov. 1455 einen Proceß gegen ihn anhängig zu machen, den Gutenberg verlor, worauf ihm Fust nicht nur, wozu der Contract ihn allerdings berechtigte, das Druckgeräth, sondern auch sämmtliche Vorräthe an Papier, Pergament und gedruckten Schriften wegnahm und die Druckerei mit Schöffer gemeinschaftlich fortsetzte. (Fust starb 1466, Schöffer 1502 oder 1503.)

Durch die Unterstützung des Syndicus in Mainz, Konrad Hummer, sah sich Gutenberg, der aller Widerwärtigkeiten ungeachtet den Muth nicht verloren hatte, in den Stand gesetzt, schon im folgenden Jahre eine neue Druckerei zu gründen, aus welcher schon 1460 ein ansehnliches Werk (das „Catholicon" von Johann v. Janua) hervorgegangen zu sein scheint, denn mit seinem Namen ist es so wenig als irgend ein anderes bekanntes Druckwerk bezeichnet. Nachdem ihn Kurfürst Adolf II. (jedoch nicht wegen Erfindung der Buchdruckerkunst) in den Adelstand erhoben hatte, übergab er um das Jahr 1465 die Druckerei gegen einen jährlichen Miethzins an Heinrich Bechtermünze in Eltville und starb am 24. Febr. 1468. Von dem Denkmale, das ihm in Mainz errichtet worden ist, haben wir bereits in Nr. 275 eine Abbildung nebst Beschreibung geliefert. Wir bemerken hier nur nachträglich, daß das von Thorwaldsen gefertigte Modell von Crozatier in Paris in Erz gegossen worden ist und an dem aus Stücken eines in Nassau gebrochenen röthlichen Marmors zusammengesetzten Fußgestell zwei in Erz gegossene lateinische Inschriften, von dem berühmten Alterthumsforscher Otfried Müller in Göttingen verfaßt, enthält. Die erste lautet:
Joannem Gensfleisch de Gutenberg patricium Moguntinum aere per totam Europam collato posuerunt cives. MDCCCXXXVII.
d. h. Dem Johann Gensfleisch von Gutenberg, Patrizier in Mainz, haben die Bürger von den in ganz Europa gesammelten Beiträgen dies Denkmal errichtet. 1837.
Die zweite:
Artem quae Graecos latuit latuitque Latinos
  Germani sollers extudit ingenium.
Nunc quidquid veteres sapiunt sapiuntque recentes
  Non sibi sed populis omnibus id sapiunt.

---

*) Die vor kurzem von böhmischen Schriftstellern aufgestellte Behauptung, daß Gutenberg in der Stadt Kuttenberg in Böhmen geboren und mit Faust identisch sei, ist völlig grundlos.

*) Daß dieselben wirklich mit jener ältesten Bibelausgabe identisch sind, unterliegt keinem Zweifel, wiewol sie mit keiner Jahrszahl versehen sind. Die älteste auf dem Titel eines gedruckten Buches vorkommende Jahrszahl ist 1457.

d. h. Jene Kunst, die den Griechen entging und La-
tiums Söhnen,
Fand des germanischen Manns, Gutenberg's for-
schender Geist.
Was die Alten gewußt und was die Neuen gefunden,
Ist nicht der Einzelnen mehr, sämmtlicher Völker
Besitz.

Die am 24. Juni d. J. in Strasburg enthüllte Statue Gutenberg's, ein Werk des berühmten David, stellt den alten Meister dar, wie er emporgerichtet stehend einen Probedruck eines Blattes der Bibel, den er mittels einer neben ihm stehenden Presse angefertigt hat, in seinen Händen hält; auf diesem Blatte stehen die Worte aus der Schöpfungsgeschichte: „Und es ward Licht" (in französischer Sprache). Von den an der Bildsäule angebrachten, nach den vier Welttheilen Europa, Asien, Afrika, Amerika eingetheilten Basreliefs stellte jedes eine der großen Folgen der Erfindung der Buchdruckerkunst dar. Auf dem Europa gewidmeten Basrelief sah man die ausgezeichnetsten Denker, Schriftsteller und Dichter aller europäischen Nationen, unter ihnen, wie billig, auch Martin Luther; auf dem Asien umfassenden Basrelief William Jones und Anquetil du Perron, die den Brahmanen Bücher darreichen, Sultan Mahmud II., der im „Moniteur" liest, und den Kaiser von China, der ein Buch des Confucius in den Händen hält. Auf dem dritten Afrika darstellenden Basrelief drückt Wilberforce einen Neger, der ein Buch hält, an sein Herz, Grégoire hebt einen Sklaven auf; am Boden liegen zerbrochene Peitschen und Ketten. Bei Amerika erblickte man links Franklin, der eben die Unabhängigkeitsacte von Amerika druckt, neben ihm stehen Washington, Lafayette, Jefferson u. s. w.; zur Rechten drückt Bolivar einem Wilden die Hand. Bald nach dem Feste wurden jedoch auf den Wunsch des Erzpriesters des Münsters die vier Basreliefs, welche noch nicht in Erz gegossen waren, wieder ausgehoben, weil die Gestalt Luther's eine bedenkliche Aufregung unter dem katholischen Pöbel veranlaßt haben sollte, und Luther wird nun wahrscheinlich durch Melanchthon oder Ulrich von Hutten ersetzt werden.

Die Salpetrière. *)

Das Hospital der Salpetrière in Paris ist geräumig, gut gebaut und liegt an einem schönen, luftigen Platze. Rings herum herrscht die größte Stille; dicht an die Salpetrière grenzt der Pflanzengarten, und die Seine fließt nahe genug, um sie für die Bedürfnisse der Anstalt zu benutzen, und wiederum auch so entfernt, daß der schädliche Einfluß ihrer Ausdünstung sich nicht bis dahin erstrecken kann. Obgleich der Boulevard, auf dem das Hospital sich befindet, einen Namen von schlimmer Vorbedeutung führt, Boulevard des Hospitaur, so scheinen doch die Leute, denen man dort begegnet — meistentheils Bewohner der Vorstadt St. Antoine und der Vorstadt du Marais —, im Allgemeinen kräftig und gesund zu sein, was wol der reinen Luft zuzuschreiben ist, welche man in diesen dem Mittelpunkte von Paris so fern liegenden Stadtvierteln einathmet. Der Eingang zum Hospital der Salpetrière hat übrigens etwas Feierliches, Erhabenes, was sehr gut zu der Bestimmung eines der Barmherzigkeit geweihten Gebäudes paßt, auf dessen Giebel man die Inschrift: „Zuflucht des Alters", liest.

Der Name Salpetrière kommt daher, weil man ehemals in diesem Viertel viel Salpeter anfertigte. Im Jahre 1656 wurde dies Gebäude auf Befehl des Parlaments-Präsidenten von Paris gegründet, der vom Könige die Erlaubniß erhalten hatte, ein öffentliches Hospital zu errichten, worin alle Bettler, mit denen Paris in Folge der durch die Fronde und Ligue verursachten Unordnungen überschwemmt wurde, aufgenommen werden sollten. Seit jener Zeit wechselte die Salpetrière mehrmals ihre Bestimmung; sie war nach einander ein Arbeitshaus für Bettler, ein Zufluchtsort für kleine Kinder und ein Zuchthaus für öffentliche Dirnen. Jetzt ist sie ein Hospital für alte Frauen.

Das Hospital der Salpetrière ist das weitläufigste in Europa; mit Recht hat man von demselben gesagt, daß manche Stadt keinen so großen Raum einnehme und nicht so viel Einwohner zähle. Die Höfe, die Säle, die Gärten, Alles ist geräumig, bequem und sehr gut vertheilt. Die Mittelzahl der jährlich in der Salpetrière aufgenommenen Frauen beläuft sich ungefähr auf 6000. Leidende aller Art finden hier eine Zuflucht: Fieberkranke, Gichtbrüchige, Epileptische, Blinde u. s. w. Aber mitten in dieser nur von den Kranken und ihren Wärtern bewohnten Stadt ist ein Viertel, welches ganz besonders die Aufmerksamkeit in Anspruch nimmt; es ist die sogenannte fünfte Abtheilung des Gebäudes, in welcher sich die Wahnsinnigen befinden. Früher war der Zutritt in diese Abtheilung des Hospitals Jedem gestattet, doch wurde durch die häufigen Besuche und durch die Gegenwart fremder Personen die Aufregung der Irren nur gesteigert und die Ordnung und Disciplin gestört, deren Aufrechthaltung gerade bei solchen Kranken von äußerster Wichtigkeit ist. Oft machten sich sogar unvorsichtige Personen kein Gewissen daraus, die Wahnsinnigen zu erzürnen, sie einzuschüchtern und sich auf ihre Kosten zu belustigen; aller dieser Ursachen wegen trugen die bei dieser Abtheilung besonders angestellten Ärzte auf Untersagung jedes Besuches an, und man erhält jetzt nur mit großer Mühe die Erlaubniß dazu.

Wer die Salpetrière zum ersten Male betritt, kann sich einer Anwandlung von Trübsinn nicht erwehren, wenn er diese weiten stillen Höfe durchschreitet und nur hin und wieder einigen armen, alten, kranken und gebrechlichen Frauen begegnet, die sich an Krücken fortschleppen und von Zeit zu Zeit auf den hier und dort angebrachten steinernen Bänken ausruhen. Die Blinde athmet hier ein wenig frische Luft ein und sagt der angenehmen Wärme des Tages Lebewohl; die Gichtbrüchige versucht zu gehen, vielleicht sind dies die letzten Schritte ihres Lebens. Traurige und dahinwelkende Überreste des menschlichen Daseins, die langsam ihrem Grabe zuschleichen und denen man selbst von Herzen ein schnelles Ende ihrer Leiden wünschen muß! Doch gibt es einen noch betrübenderen Anblick, der unser Mitleid und unser Interesse noch mehr erregt; das sind die Kämpfe und Todeszuckungen der Vernunft, die von jenem Übel befallen wird, welches die Menschheit ihrer schönsten Rechte beraubt und sie dem Thiere gleichstellt.

Der Tag beginnt in der Salpetrière, wie in allen öffentlichen Anstalten dieser Art, schon sehr frühzeitig. Bei dem ersten Morgenstrahl sieht man bereits die Hausbeamten in den Höfen umherwandern. Doch kommen die Ärzte selten vor acht bis neun Uhr; drei derselben sind bei der Irren-Abtheilung insbesondere angestellt. Früher hatte jeder von ihnen unter seiner Behandlung

---

*) Aus dem Magazin für die Literatur des Auslandes

eine bestimmte Anzahl von Kranken, welche in drei Classen eingetheilt waren: in solche, die noch unter ärztlicher Behandlung standen, in Unheilbare und in Blödsinnige. Jetzt aber hat jeder Arzt Kranke aus allen drei Kategorien unter seiner Obhut, was seine Besuche für ihn weniger einförmig macht. Oft werden die Ärzte bei ihrer Rückkehr aus dem Hospital auf dem Hofe von den Verwandten irgend einer der Wahnsinnigen mit thränenden Augen über das Befinden einer Mutter, einer Tochter oder Schwester befragt: eine traurige, fromme Pflicht, welche zeigt, daß die Gefühle des Herzens durch nichts entmuthigt und geschwächt werden, selbst wenn auf keine Erwiderung derselben mehr zu hoffen ist. Wenn so ein Arzt gefragt wird: „Wie geht es ihr? Ist sie ruhiger? Können wir hoffen, sie bald herauszunehmen?" so antwortet er gewöhnlich: „Es geht besser" — was aber oft vielmehr sagen will: „Es geht schlechter, oder es geht weder gut, noch schlecht" — denn der Zustand der Irren bleibt sich fast immer gleich; die Heilungen sind in den meisten Fällen mehr zufällig als vorhergesehen, da bei den Gemüthskranken Alles dunkel und ungewiß ist; oft sind gar keine bemerkbaren Ursachen, keine organischen Verletzungen vorhanden, das Gehirn, der Kopf und die übrigen Organe befinden sich oft in vollkommen regelmäßigem Zustande. Es scheint, als wolle die Vernunft, deren erhabene Thätigkeit für uns ein Geheimniß ist, sich auch in ihren Zuckungen und Störungen dem menschlichen Forschen entziehen. Wenn die Angehörigen eine Wahnsinnige, die sich längere Zeit ohne Spur von Besserung in der Cur befunden, wieder zu sich nehmen wollen, so widersetzt man sich diesem Wunsche sehr selten, weil oft ein Ortswechsel, eine andere Atmosphäre, eine andere Reihefolge von Gegenständen, Eindrücken und Ideen schon hinreichend ist, um eine heilsame Veränderung in dem Zustande der Irren hervorzubringen. Oft sind nach einem bloßen Wechsel des Schlafgemachs plötzlich die Zeichen der Heilung einge-

Die Salpetrière.

treten. Eine Wahnsinnige wird manchmal schon am Tage nach ihrem Eintritt in das Hospital völlig geheilt, weil das Betragen, die Sprache, ja der bloße Anblick der sie umgebenden Irren einen gewaltigen Eindruck auf sie macht und sie gleichsam durch das warnende Beispiel wieder zu sich selbst bringt. Zuweilen aber, wenn eine Wahnsinnige aus der Salpetrière herausgenommen wird, übt gerade diese Rückkehr zu ihrer Familie eine entgegengesetzte Wirkung aus; denn Rückfälle sind bei solchen Kranken immer zu fürchten, und nichts ist gewöhnlicher, als daß eine Irre wieder in das Hospital zurückgebracht werden muß, nachdem sie einen oder zwei Monate außerhalb desselben den vollständigen Gebrauch ihrer Vernunft gehabt hat.

Wie mächtig wir uns aber auch von Traurigkeit und Entsetzen ergriffen fühlen mögen bei dem Gedanken, daß wir in die Höfe, Zellen und Schlafsäle von Wesen eintreten sollen, welche ihres Verstandes beraubt sind, so ist es doch rathsamer, sich vorher keine zu übertriebenen Vorstellungen von diesem Anblick zu machen, weil man sonst die Wirklichkeit tief unter der Erwartung finden wird. Man glaubt kaum, unter Wesen zu sein, welche eingesperrt worden, weil sie wahnsinnig sind, da sie sich doch so ruhig und so vernünftig geberden; man meint, nur gewöhnliche Kranke zu sehen. Jede Irre sitzt in dem Raume zwischen ihrem Bette und dem ihrer Nachbarin; die eine strickt, die andere näht, eine dritte hilft den Mägden bei ihren Arbeiten. Man wird ihre Krankheit erst gewahr, wenn man länger bei ihnen verweilt, tiefer eindringt und jenen

Scenen von Aufregung und Wuth beiwohnt, die zu den seltenen Fällen gehören und oft nur ganz zufällige Krisen des Wahnsinns sind.

Die Schlafsäle bestehen aus langen, sehr hellen Galerieen, die alle miteinander zusammenhängen, sodaß man oft eine bis zwei Stunden gehen kann, ohne sonst irgend Jemand als Wahnsinnigen zu begegnen, welche den Fremden grüßen, Verbeugungen machen, lächeln und einige Worte an ihn richten, Worte, die mit den Ideen, von denen sie besessen sind, in Verbindung stehen, denn nur selten fällt ihnen etwas auf den Augenblick Bezügliches ein; sie sprechen nur aus ihrer Erinnerung oder Dinge, die sie für ihre Erinnerungen halten. Im Allgemeinen sind sie sanft und ihre kleinen Listen verrathen, mit wenigen Ausnahmen, keine sehr arge Bösartigkeit. Nach einiger Übung ist es sehr leicht, sie zu durchschauen; eine große Einförmigkeit in ihrer Handlungsweise, in ihren Gedanken, Geberden und Stellungen, wenig oder gar kein Thätigkeitstrieb und eine fast unbesiegbare Apathie, das sind ihre gewöhnlichen, charakteristischen Kennzeichen. Diejenigen, welche arbeiten, folgen dabei weniger einem innern Antriebe als einer ihnen eingeimpften Gewohnheit. Sie sind Automaten, deren Räderwerk man aufzieht und die dann ihre Aufgabe vollziehen. Übrigens nehmen die von ihnen verrichteten Arbeiten keinen großen Aufwand von Klugheit und Aufmerksamkeit in Anspruch; man will dadurch bei ihnen nur den schlimmen Folgen des Müßiggangs vorbeugen. Viele unter ihnen weigern sich hartnäckig zu arbeiten, sie bleiben entweder auf ihren Betten sitzen oder um die Öfen herum sitzen, hängen den Kopf und geben fast kein Lebenszeichen von sich; auf alle an sie gerichtete Fragen antworten sie mit Ja oder Nein, und nur selten lassen sie sich durch das Geräusch der Schritte, durch die Bewegungen und Gespräche der Hin- und Hergehenden aus ihrer Ruhe und Unbeweglichkeit aufschrecken.

Die Wahnsinnigen in der Salpetrière gehören meistentheils der niedrigen Volksclasse an. Der Preis einer Pension beträgt jährlich 400 Francs; die, welche außerdem noch Geld besitzen, erhalten für das Übrige Taback, Leckereien oder andere ihnen angenehme Dinge, denn größtentheils gleichen die Irren in ihren Launen und Wünschen den Kindern. Das ihnen zugehörige Geld geht durch die Hände der Wärterinnen, welche ihnen nur geringe Summen zustellen und so dem schlechten Gebrauch vorbeugen, den sie davon machen könnten.

Die größte Zahl der Wahnsinnigen sind bejahrte oder wenigstens in Jahren vorgerückte Personen; man findet sehr wenig junge darunter, und fast nie ist eine derselben hübsch zu nennen, weil das gewöhnliche Einfallen der Züge und die Muskelverzerrungen, die fast immer mit dem Wahnsinn verbunden sind, der Gesichtsbildung alles Angenehme rauben. Überhaupt sind die Frauen in Frankreich mehr hübsch und angenehm als wirklich schön; selten trifft man hier auf den ausgesprochenen, bestimmten Schönheitstypus, wodurch sich die Frauen in Italien, Spanien und selbst in England auszeichnen. Die Französinnen sind vielleicht nur deshalb anmuthiger als die Frauen anderer Völker, weil sie es sein wollen, weil sie sich auf die Kunst, anziehend zu sein, so gut verstehen; ihr Reiz entspringt mehr aus dem Willen, zu gefallen, und aus der Aufmerksamkeit, die sie beständig auf sich selbst haben, als aus der natürlichen Correctheit und Makellosigkeit der Schönheitslinien ihres Gesichts. Nun kann man sich leicht denken, daß die Wahnsinnigen, welche keinen Begriff mehr von Reiz und Anmuth in sich tragen, diese Eigenschaften auch äußerlich nicht wiederspiegeln können. Die Mehrzahl derselben hat düstere oder wilde Züge, einen starren oder wüthenden Blick und keinen bestimmten Ausdruck. Die Gefallsucht, die doch im Herzen der Frauen so fest eingewurzelt ist, scheint sich bei den Irren in das Gegentheil verkehrt zu haben. Statt eines Blumenstraußes stecken sie sich einen Strohwisch vor, statt eines Kranzes flechten sie Grashalme in ihr Haar; sie wissen nicht mehr, was sie kleidet, und gewöhnlich wählen sie lächerliche oder gemeine Gegenstände zu ihrem Schmuck. Die meisten sind beinahe ganz gleichgültig in Betreff ihres Anzugs; sie sind darin den Blinden ähnlich, die ebenfalls in gänzlicher Nichtbeachtung und Vernachlässigung ihres Äußern leben; aber diese Gleichgültigkeit entspringt aus einer andern Quelle; ihnen sind die Augen des Körpers, jenen die Augen des Geistes geschlossen.

Wenn man so durch die Schlafsäle wandert, kann man an dem veränderten Gesichtsausdruck der Wahnsinnigen die verschiedenen Arten ihrer Geisteszerrüttung studiren. Hier heftet eine Wüthende ihre blutigrothen Augen auf uns, die sie mit erschreckender Lebhaftigkeit in ihren Höhlen umherrollt; dort stimmt uns der Anblick einer Tiefsinnigen, die man an ihrer Niedergeschlagenheit, ihrer fast unbeweglichen Haltung, ihrem stieren Blick, ihrer schlaff herabhängenden Lippe erkennt, zur Traurigkeit; anderswo murmelt eine Blödsinnige beständig vor sich hin und verschlingt mit echt thierischer Gierigkeit die ihr vorgesetzten Speisen.

(Fortsetzung folgt in Nr. 384.)

Die Schwalben.

Unter den Vögeln nehmen die Schwalben in ganz vorzüglichem Grade unsere Aufmerksamkeit, ja in mehr als einer Hinsicht unsere Bewunderung in Anspruch. Sie kommen alljährlich aus entfernten Ländern über das Meer, über die halbe Hemisphäre zu uns, um uns durch ihre Gegenwart zu erfreuen, und ihr Erscheinen unter uns ist der Verkünder sonniger Tage. Sie thun dem Menschen keinen Schaden, weder an Blüten, noch an Früchten, selbst der Vorurtheilvollste hat sie in keinem Verdacht, vielmehr werden ihre Dienste dankbar anerkannt; sie schließen sich zutraulich an den Menschen an und lieben die Nähe seiner Wohnung. Alle ihre Bewegungen sind interessant und unterhaltend und namentlich auf dem Lande wird ein Abendspaziergang nach einem schwülen Tage durch die Gegenwart dieser willkommenen Gäste nicht wenig erheitert. Bald streift die Schwalbe über die Oberfläche stehender Gewässer hin, bald schießt sie im duftenden Gebüsch an uns vorbei, und wenn wir nach beendigtem Spaziergang in das Dorf zurückkehren, fliegen die Mauerschwalben in kühnen und schnellen Bewegungen um den alten Kirchthurm und geben dabei fröhliche Töne von sich.

Die Hausschwalbe ist häufiger als ihre Stammgenossen; sie ist kleiner als die Rauchschwalbe und von ihr an Farbe verschieden, indem der Bürzel und die untern Theile rein weiß sind; die Beine dicht mit Fläumfedern bekleidet; Rücken und Flügel sind glänzend blauschwarz. Sie fliegt nicht so schnell und kühn, als die Rauchschwalbe, weil Schwanz und Flügel kürzer sind, aber ihre Bewegungen sind leicht und anmuthig, besonders wenn sie mit ausgebreiteten Flügeln ihre Beute verfolgt. Ihren Aufenthalt nimmt sie immer in der Nähe der menschlichen Wohnungen. An einem geeigneten Orte finden sie sich bisweilen so zahlreich ein, daß sie lästig werden; ein Überzug von Seife auf der Außenseite des Hauses soll sie abhalten, ihre Wohnung in ihrem Lieblingswinkel aufzuschlagen, doch muß dieses Mittel angewandt werden, bevor sie das Nest zu bauen beginnen, denn wenn sie einmal damit angefangen haben, so lassen sie sich selbst durch tägliche Zerstörung ihres Baus nicht irre machen und setzen ihre fruchtlosen Bemühungen einige Zeit fort. Zuweilen lassen sie sich durch Schalen oder andere passende Gegenstände, die unter dem Dache befestigt werden, bestimmen, ihr Nest an einer neuen Stelle anzulegen, immer aber versichern sie sich mit großer Behutsamkeit der Festigkeit ihrer Nester und beginnen gewöhnlich damit, eine Art Strebepfeiler als Unterlage für dieselben anzulegen. Haben sie sich einmal an einem Orte angesiedelt, so besuchen sie ihn in jedem Jahre wieder. Einige Tage nach ihrer Ankunft ruhen sie von ihrer langen Reise aus, und wenn sie zu bauen beginnen, was um die Mitte des Mai geschieht, arbeiten sie nur in der ersten Frühe und vollenden täglich eine Schicht von etwa ½ Zoll, die bis zum folgenden Morgen fest wird. Sie legen fünf weiße Eier und brüten jährlich zweimal. Gewöhnlich kommen sie im April, sieben bis zehn Tage später als die Rauchschwalben an. Die Sperlinge nehmen häufig von den Nestern der Hausschwalben Besitz und diese müssen dann als den schwächere Theil sich die Ungerechtigkeit gefallen lassen, wiewol man Beispiele erzählt, wo sie durch Schlauheit die Eindringlinge vertrieben haben.

Die Rauchschwalbe, auch Spieß- oder Blutschwalbe, unterscheidet sich von der vorigen Art dadurch, daß sie größer ist und nackte Füße hat; Rücken und Flügel sind schwarz, Stirn und Kehle kastanienbraun, Brust und Bauch weiß und zwar ins Röthliche oder Gelbliche fallend; Flügel und Schwanz sind länger, dieser noch stärker gegabelt; auch ihre Lebensweise unterscheidet sie von der Hausschwalbe. Sie ist kühn und muthig, hat eine größere Flügelstärke, bewegt sich mit größerer Schnelligkeit, beschreibt größere Bogen und macht in ihrem Flug plötzliche Wendungen. Bald streift sie vorbei mit der Schnelligkeit des Gedankens, bald schießt sie fort ins freie Feld, kehrt wieder um und fliegt in derselben Linie vorwärts und zurück. Ist der Tag schön und die Luft rein und trocken, so sind die Insekten, von denen sie sich nährt, in größerer Höhe in der Luft zu finden; die Schwalben steigen dann empor, um auf sie Jagd zu machen; ist Regen im Anzuge, so gehen die Insekten tiefer und die Schwalbe hält sich dann in der Nähe der Oberfläche. Das Auge kann ihren Bewegungen nicht folgen, während sie die Beute faßt, nur das Zuklappen des Schnabels ist zu hören. Das Lieblingsfutter der Rauchschwalbe besteht aus Mücken und mehren Arten von Eintagsfliegen. Ihr oben ganz offenes Nest baut sie im Mai in Häusern, Scheunen, Ställen, Schornsteinen u. s. w. und ist gegen die Menschen so zutraulich wie nur wenige Vögel. Sie legt vier bis sechs weiße Eier mit rothen Flecken und brütet jährlich ein- bis zweimal. Die ersten Jungen erscheinen im Juni; die zweite Brut im August. Bekannt ist die Dreistigkeit, mit welcher die Rauchschwalbe kleinere Raubvögel verfolgt. Sobald sie einen solchen bemerkt, ruft sie mit lautem Geschrei andere Schwalben herbei, um auf den gemeinschaftlichen Feind Jagd zu machen. Erscheint eine Katze auf dem Dache eines Hauses, wo eine Schwalbe nistet, so beweist diese gleichen Muth.

Die Uferschwalbe, oben und auf der Brust graubraun, unten weiß, ist kleiner und weniger zutraulich als die beiden vorigen Arten; sie nistet nicht in der Nähe der Menschen, sondern auf Haiden und unbewohnten Plätzen, liebt aber besonders sandige Flußufer und verlassene oder bis zu beträchtlicher Tiefe ausgearbeitete Sandgruben. Mit ihrem platten Schnabel gräbt sie auf eine fast unbegreifliche Art in harten Boden oder zwischen Mauerfugen horizontal einwärts gehende Gänge, die oft zwei Fuß tief sind, und baut daselbst aus einigen Strohhalmen oder Federn ein kunstloses Nest, das mehre Jahre hintereinander dient, bis es wegen des zu starken Überhandnehmens von Flöhen verlassen werden muß. Von der Beweglichkeit und dem unermüdlichen Fluge der andern Schwalbenarten hat dieser Vogel nichts, und seine Bewegungen, die stoßweise sind, haben etwas Ungefälliges. Einen Ton hört man von ihm selten, fast nur dann, wenn sich Eindringlinge und Angreifer seinem Zufluchtsorte nahen.

Sehr verschieden von den genannten Arten, auch merklich größer und weit weniger zahlreich ist die Mauerschwalbe (auch Thurm- oder Spierschwalbe und gemeiner Mauersegler genannt). Sie ist mit Ausnahme der weißlichen Kehle ganz schwarz und hat lange Flügel, aber kurze Beine; deshalb setzt sie sich nicht leicht freiwillig auf die Erde, oder wenn sie es thut, so kann sie nur schwer wieder in die Höhe. Übrigens fliegt sie ganz vortrefflich, meist sehr hoch und ohne mecklichen Flügelschlag und ist beweglicher und lebhafter als andere Schwalben, indem sie von der Morgendämmerung bis in die Nacht herumfliegt. Sie nahrt sich meist von hoch- und schnellfliegenden Insekten, die sie sehr geschickt im Fluge zu fangen weiß, auch von kleinen Spinnen, die sich nur in den höchsten Gebäuden finden. Die zum Baue ihres Nestes erforderlichen Gegenstände, Strohhalme, Papierschnitzel, Federn u. s. w., kann sie aus dem vorhin angegebenen Grunde nicht von der Erde holen, sondern fängt sie, was sonst kein anderer Vogel thut, in der Luft auf. Am liebsten bewohnt sie hohe Gebäude, Thürme, Kirchen, Schlösser, aber zuweilen verschmäht sie auch niedrigere Wohnungen nicht. Fünf bis sechs Paare zusammen wählen einen Ort, fünf bis sechs Fuß unter dem Dache, wohin man nur durch eine kleine Öffnung gelangen kann. Hier werden die Nester gebaut und zwar nicht so nachlässig, als man gewöhnlich annimmt; die vorhin genannten Gegenstände werden mit einem leimartigen, schnell trocknenden Speichel zusammengehalten. Die Mauerschwalbe kommt am spätesten und verläßt uns am frühesten unter allen Schwalben, bringt es daher im Sommer nur zu einer Brut. Gleich den übrigen Schwalben wird sie von Schmarotzern heimgesucht, einer Lausfliegenart (hippobosca hirudinis), die ebenso groß ist als die, welche sich auf Schafen findet; sie ist von dunkelgrüner Farbe und ein Vogel enthält zuweilen fünf bis sechs. Wegen seiner dicken Haut wird der Vogel dadurch vielleicht weniger, als man meinen sollte, belästigt; doch sollen junge Vögel manchmal von diesen Schmarotzern umgebracht werden.

Außer diesen vier Arten gibt es noch etwa 40, die meistens dem warmen Klima angehören; nur noch eine außer den genannten kommt in Deutschland, eine andere im südlichen Europa vor. Diejenigen Arten, welche alle Zehen nach vorn gerichtet haben, was bei den wenigsten (etwa neun) der Fall ist, während die meisten drei Zehen nach vorn und eine nach hinten, einige auch alle vier nach hinten haben, werden von mehren Naturforschern als eine besondere Gattung unter dem Namen Segler von den übrigen getrennt, die letztern aber nach der Beschaffenheit der Füße und des Schwanzes in vier Unterabtheilungen getheilt. Zu der ersten, mit befiederten Füßen und gegabeltem Schwanze, gehört die Hausschwalbe und zwei außereuropäische Arten; zu der zweiten, außer der Rauchschwalbe und Uferschwalbe, noch viele außereuropäische, worunter die in Ostindien und den nahen Inseln einheimische Salangane oder Schwalbe mit dem eßbaren Neste, von welcher die berühmten Schwalbennester kommen, die namentlich in China für Leckerbissen gelten.*)

Was die Reisen der Schwalben betrifft, so ziehen sie über das mittelländische Meer nach Afrika, bis zum Senegal und noch südlicher. In Afrika trifft man zu allen Zeiten des Jahres Schwalben und bemerkt es im Sommer kaum, daß ein großer Theil derselben abwesend ist. Wie es kommt, daß ein Theil dieser Vögel in Afrika bleibt und dort brütet, andere aber aus der heißen Zone nach dem Cap Horn, nach Island oder nach den Ufern der Hudsonsbai fliegen, ist ein noch ungelöstes Räthsel. Die Schwalben verlassen uns ohne Rücksicht auf die Witterung gewöhnlich schon im Anfang Septembers und kommen ebenso ohne Rücksicht auf das Wetter im April zu uns zurück; oft kommen sie, während noch Schnee fällt, und wenn sich warme Witterung ungewöhnlich zeitig einstellt, kommen sie doch deswegen um nichts früher. Die Zeit der Rückkunft ist bei den einzelnen Arten verschieden.

*) Vergl. Pfennig-Magazin Nr. 94.

1) Die Hausschwalbe. 2) Die Rauchschwalbe. 3) Die Mauerschwalbe. 4) Die Uferschwalbe.

Verantwortlicher Herausgeber: Friedrich Brockhaus. — Druck und Verlag von F. A. Brockhaus in Leipzig.

Das Pfennig-Magazin
für
Verbreitung gemeinnütziger Kenntnisse.

384.]   Erscheint jeden Sonnabend.   [August 8, **1840.**

Friedrich Wilhelm IV., König von Preußen.

Friedrich Wilhelm IV., König von Preußen, ältester Sohn des Königs Friedrich Wilhelm III. und der Königin Luise, geborenen Prinzessin von Mecklenburg-Strelitz, wurde zu Berlin am 15. Oct. 1795 geboren und zwei Jahre nachher, als sein Vater den preußischen Thron bestieg, Kronprinz (als solcher war er zugleich geborener Militair-Statthalter von Pommern). Unter der Leitung Ancillon's (der 1837 als Minister der auswärtigen Angelegenheiten starb) und Delbrück's (gestorben 1830 als Superintendent in Zeiz) wurde er in Schulwissenschaften und Philosophie, unter Scharnhorst's und Knesebeck's Leitung aber in den Militairwissenschaften unterrichtet und legte frühzeitig große Empfänglichkeit für alles Edle und Schöne und zugleich glänzende Talente, welche die schönsten Hoffnungen erregten, an den Tag. Später vollendete er einen akademischen Cursus der Rechts- und Staatswissenschaft unter Savigny, Ritter, Lancizolle und Niebuhr, welcher Letztere in seinen Briefen aus den Jahren 1813 und 1814 seines erlauchten Schülers mit dem höchsten Lobe gedenkt. An der Ausbildung seines Charakters hat ohne Zweifel die ereignißvolle, vielbewegte Zeit, in welche seine Jugend fiel, großen Antheil gehabt. Den meisten Hauptschlachten der Feldzüge von 1813—14 wohnte er persönlich bei, machte auch 1815 den Feldzug gegen Frankreich mit. Seine schon früh geweckte, durch Schinkel, Rauch und andere Meister gepflegte Liebe zu den bildenden Künsten fand im letztgenannten Jahre durch das Anschauen der Kunstschätze in Paris erwünschte Nahrung, noch mehr aber 1828 durch eine Reise nach Italien, wo er die Protection des Instituts für archäologische Correspondenz übernahm. Die Hochburg zu Marienburg, der ehemalige Sitz der Hochmeister des deutschen Ordens, hat dem Kunstsinne des Königs ihre Wiederherstellung (seit 1824) zu danken. Kunst und Künstler hatten sich stets seiner ganz besondern Gunst zu erfreuen, aber immer waren es nur Mußestunden, die er den Künsten widmete, denn die Staatsgeschäfte (er war Mitglied des Staatsministeriums, sowie des Staatsraths, seiner hohen militairischen Würden nicht zu gedenken) und die Vorbereitung auf seine künftige hohe Bestimmung nahmen den beiweitem größten Theil seiner Thätigkeit in Anspruch. Am 7. Juni 1840 wurde er bekanntlich durch den Tod seines Vaters auf den Thron berufen, auf welchen er sich so würdig vorbereitet hatte. Ein seltsamer Zufall — wenn man so sagen darf — wollte, daß der herrschende Volksglaube, welcher dem preußischen Staate einen Thronwechsel für das J. 1840 prophezeite, in Erfüllung ging und dadurch dieses Jahr die von drei frühern Säcularjahren hergeleitete Analogie um ein Bedeutendes verstärkte. (Im J. 1440 starb der erste Kurfürst von Brandenburg aus dem Hause Zollern, Friedrich I., geborener Burggraf zu Nürnberg; ihm folgte sein Sohn Friedrich II. 1640 starb Kurfürst Georg Wilhelm; ihm folgte sein Sohn Friedrich Wilhelm der Große, bekannt unter dem Namen des großen Kurfürsten, erster souverainer Herzog von Preußen. Endlich 1740 starb des Leztern Enkel, König Friedrich Wilhelm I., dem sein Sohn Friedrich II. der Große, Großoheim des leztverstorbenen Königs, folgte.) Seit den 29. Nov. 1823 ist der König vermählt mit Elisabeth, Tochter des Königs Maximilian und Halbschwester des Königs Ludwig I. von Baiern, geb. 13. Nov. 1801, und es darf nicht unerwähnt bleiben, daß jetzt die Könige von Preußen und Sachsen, sowie die präsumtiven Thronerben von Östreich und Sachsen mit vier leiblichen Schwestern vermählt sind, was als günstiges Omen für die innige Verbindung dieser drei Staaten betrachtet werden muß. Da die Ehe des Königs bisher kinderlos geblieben ist, so ist sein ältester Bruder Wilhelm, geb. 22. März 1797, als präsumtiver Thronfolger zu betrachten und führt als solcher den Titel „Prinz von Preußen", wie dies zuerst bei dem Bruder Friedrich's des Großen, August Wilhelm, dann nach dessen Ableben bei seinem Sohn, dem ehemaligen König Friedrich Wilhelm II., der Fall war, da immer nur der älteste Sohn eines regierenden Königs Kronprinz genannt wird.

Mittheilungen über die Insel Rhodus.*)

Rhodus, die Hauptstadt der gleichnamigen türkischen Insel, ist eine der wenigen Städte, die ihre Schönheit Jahrtausende lang behauptet haben. Am Ende des peloponnesischen Krieges verwendeten die Bewohner der Insel die Macht und den Reichthum der drei ältern Städte Lindos, Kamiros und Jalyssos zum Bau dieser gemeinschaftlichen Hauptstadt, die von dem Baumeister des Piräus und der langen Mauern von Athen erbaut wurde und bald den Beinamen der kolossalen und herrlichen empfing, weil außer den berühmten Kolossen der Sonne und des Zeus noch tausend andere Kolosse und 3000 Statuen ihre Plätze, Gassen und Tempel schmückten. Einen ganz andern Charakter erhielt die Stadt durch die Johanniterritter und jetzt noch ist sie mit ihren alten Mauern, die mit Zinnen und Thürmen versehen sind, eins der schönsten Meisterwerke der mittelalterlichen Befestigungskunst, da die Türken diesen Wohnsitz des gedachten Ordens fast ganz unverändert gelassen haben. Sie ist amphitheatralisch an einen Berg gebaut; rechts bei der Einfahrt in den Hafen steht der feste St.=Nicolausthurm, dem auf der andern Landzunge der Engelsthurm gegenüberliegt; in der Ferne zeigt sich die alte Bergfeste St.=Elmo mit ihren tiefen Gräben, Zugbrücken und Bollwerken. Auf den Felsenklippen am Eingange des innern oder Galeerenhafens soll eins der sieben Wunder der Welt gestanden haben, der berühmte, von Chares und Laches verfertigte eherne Sonnenkoloß, zwischen dessen Beinen die Schiffe aus- und einliefen. Er wurde 282 v. Chr. zum Andenken an die abgeschlagene Belagerung des Demetrius Poliorketes (des Städtebezwingers) errichtet und stürzte in Folge eines Erdbebens schon im J. 226 ein, nachdem er nur 56 Jahre gestanden hatte; noch lange erregten seine Trümmer Bewunderung, bis sie im J. 656 n. Chr. von den Arabern hinweggeführt wurde. Das Gewicht der von ihnen weggeschafften Überreste wird auf 9000 Centner angegeben.

Die Hauptstraße der Stadt ist die Straße der Ritter. Hier erblickt man über den Thüren der alten fest gebauten Häuser noch jetzt die Wappen jener edeln, größtentheils noch jetzt fortbestehenden Geschlechter, denen die Ritter entsprossen waren. Der Palast des Großmeisters mit seinen Hallen und Gemächern, das alte Gebäude der Kanzlei und der Rittersaal erinnern durch ihr unversehrtes festes Gemäuer an die Kraft ihrer tapfern Erbauer. Am Ende dieser Straße steht die vormalige Kathedrale, die Kirche des heil. Johannes. Die Säulen und Bogen, selbst die Thüren mit vielem halberhabenem Schnitzwerk sind noch in ihrer ehemaligen Schönheit zu sehen. Mitten durch das Innere der Kirche haben die Türken einen bretternen Verschlag gemacht; der östliche Theil ist in ein Kornmagazin verwandelt, der westliche dient als Moschee. Von dem noch immer festen Thurme der Kirche hat man eine reizende Aussicht auf Stadt, Land und Meer. An der gleichfalls in eine Moschee verwandelten Allerheiligenkirche bewundert man die prächtigen Marmorsäulen und schönen halberhabenen Arbeiten ihres Haupteinganges und Vorhofes, welche Waffen, musikalische Instrumente und Embleme der Kaufmannschaft darstellen. In einer der Hauptstraßen sieht man außer dem vormaligen erzbischöflichen Palaste noch viele, freilich jetzt verödete, ansehnliche Gebäude; alterthümliche prachtvolle Gesimse, von Tauben bewohnt; Marmortafeln mit halberhabenen Figuren als Zierathen gebraucht u. s. w. Einen besonders großartigen Eindruck macht der Anblick der hohen Mauern und tiefen Gräben der Stadt von der Westseite derselben, wo man zugleich eine herrliche Aussicht nach den benachbarten Anhöhen von St.=Stephan und nach der Küste hat. Überaus schön und reich bewachsen zeigt sich die Umgegend der Stadt nach der nördlichen Seite, wo sich der von Cypressen beschattete Hügel Sünbülli, d. h. der hyacinthenreiche, erhebt. In der Stadt selbst durften seit Eroberung derselben durch die Türken keine Christen, wol aber Juden wohnen; jene sind auf eine Vorstadt beschränkt.

In der Geschichte von Rhodus ist namentlich die wiederholte tapfere Vertheidigung der Insel durch die Johanniterritter merkwürdig, welche nach ihrer Vertreibung aus Akre im J. 1411 unter ihrem Großmeister Foulques de Villaret die Insel den Türken abgenommen und sich auf derselben niedergelassen hatten, weshalb sie auch den Namen Rhodiserritter erhielten. Die folgenden Großmeister Helion de Villeneuve, Dieudonné de Gozon, der von Schiller als Kämpfer mit dem Drachen besungen wird und den Damm des Ga-

---

*) Nach Schubert's „Reise nach dem Morgenlande". Vergl. Pfennig-Magazin Nr. 168.

leerenhafens gründete, und Johann Lastik befestigten die Insel immer mehr, sodaß das Heer des ägyptischen Sultans im J. 1444 nach 42tägiger Belagerung der Insel wieder abziehen mußte. Am 4. Dec. 1479 setzte der türkische Admiral Mesih Pascha eine Schar seiner Krieger ans Land, die von dem Großprior von Brandenburg, Rudolf v. Walenberg, geschlagen wurde; aber schon im folgenden Jahre, am 23. Mai 1480, als d'Aubuisson Großmeister war, erschien vor Rhodus die aus 160 Schiffen bestehende Flotte des Sultans Mohammed II., des Eroberers von Konstantinopel. Die Türken landeten und schlugen im Westen der Stadt ihr Lager auf; ihre riesenhaften Geschütze thaten großen Schaden und zerstörten endlich die äußere Mauer. Am 28. Juni drangen 2500 Türken in die Bresche ein und ihnen folgte das ganze türkische Heer; die Stürmenden waren schon mit Stricken zum Binden der Gefangenen, mit Säcken zur Beute und mit 8000 Pfählen zum Spießen der Ritter und bewaffneten Einwohner versehen; aber die Belagerten hatten innerhalb der äußern Mauer eine zweite angelegt und vertheidigten sie ihrer geringen Zahl ungeachtet so tapfer, daß die Feinde nichts ausrichten konnten und den Rückzug antreten mußten, nachdem sie 3500 Todte verloren hatten. Bald nachher hoben sie die ganze Belagerung auf, in welcher 9000 der Ihrigen geblieben und 15,000 kampfunfähig gemacht worden waren. Im Jahre 1522, als der greise Villiers de l'Isle Adams Großmeister war, gelang endlich den von Sultan Soliman dem Großen angeführten Türken die Wiedereroberung der Insel. Während Soliman an der Spitze eines Heers von 100,000 Mann sich der gegenüberliegenden Küste nahte, erschien eine türkische Flotte von 300 Segeln vor der Insel. Am 24. Juni landeten die ersten türkischen Schaaren, am 28. Juli Soliman selbst; am 1. Aug. machten die Türken an der Nordseite, bei dem Bollwerk der Deutschen, an deren Spitze Christoph von Waldner aus Pludenz kämpfte, den ersten wüthenden Angriff auf die Stadt; die alte feste Mauer widerstand bis zum Ende Augusts, erst am 4. Sept. öffnete eine Mine eine Bresche. Dreimal wurde hier der schon eingedrungene Feind mit Verlust von Tausenden durch den Löwenmuth der Ritter zurückgeworfen; am 24. Sept. bestürmte das ganze türkische Heer abermals die Stadt, aber auch dieser Sturm, in welchem 15,000 Türken fielen, und die wiederholten im October und November waren vergeblich; während der ganzen Belagerung verloren die Türken nicht weniger als 64,000 Mann im Kampfe und gegen 40,000 durch Krankheiten. Aber dennoch blieb den Belagerten bei ihrer geringen Zahl — die christliche Armee zählte im Beginn des Kampfs nur 600 Ritter und 5000 Reisige, wozu aber noch die ihnen thätigen Beistand leistenden Bewohner der Stadt kamen — keine Aussicht auf Rettung. Mangel an Pulver beschleunigte die Übergabe, die am 20. Dec. 1522 auf die Zusicherung eines freien Abzugs der Belagerten nach 12 Tagen festgesetzt wurde; zugleich versprach Soliman, sein Heer bis auf die Entfernung einer Meile von der Stadt zurückzuziehen. Aber am 26. Dec. langte Ferhad Pascha mit 15,000 von den Grenzen Persiens herbeigeführten Janitscharen an, welche in die Stadt eindrangen und die schändlichsten Greuelthaten verübten, denen jedoch Soliman bald ein Ziel setzte, wie er denn überhaupt im Ganzen viele Mäßigung bewies. Am 1. Jan. 1523 räumten die Ritter die Insel, wobei Soliman, als der Großmeister sich von ihm beurlaubte, gegen einen seiner Vertrauten äußerte, daß es ihm leid thue, den Greis von Haus und Hof vertrieben zu haben.

Einfaches Mittel, Ratten zu fangen.

Da die gewöhnlichen Rattenfallen nur selten ihren Zweck gehörig erfüllen, so wird in einer ökonomischen Zeitschrift folgende Vorrichtung empfohlen: Man nimmt ein etwas hohes, jedoch nicht allzu weites Faß, gießt ungefähr eine halbe Elle hoch Wasser hinein und legt mitten in dasselbe einen Stein so, daß er etwas aus dem Wasser hervorragt. Nun bindet man einen starken Bogen Pergamentleder über das Faß, legt ein Bret mit dem einen Ende auf dasselbe und läßt das andere Ende auf der Erde liegen, damit es als Brücke für die Ratten dient. Auf das Faß legt man die Lockspeise und wiederholt dies so lange, bis die Ratten daran gewöhnt sind, hier Nahrung zu finden. Dann macht man kreuzweis Einschnitte in den Pergamentbogen, jedoch nicht so tief, daß sich die Lappen umbiegen. Laufen nun die Ratten wie gewöhnlich auf das Faß, so wird die erste, sobald sie das Pergament berührt, in das Faß stürzen und sich auf den Stein zu retten suchen. Die zweite, welche hineinfällt, wird die erste zu verdrängen suchen, es wird deshalb Streit entstehen und sie werden sich mit Geschrei beißen. Dadurch werden die übrigen Ratten herbeigelockt werden, ebenfalls in das Faß stürzen und auf diese Weise sämmtlich ihren Tod finden.

La Rochelle.

La Rochelle, die Hauptstadt des französischen Departements Nieder-Charente, liegt am atlantischen Meere und einem Canale der Sèvre, ist stark befestigt und gut gebaut und hat nach der Zählung von 1836 etwa 15,000 Einwohner. Ihr Hafen wird durch zwei Thürme vertheidigt und ist zwar sicher und bequem, aber nur zur Fluthzeit zugänglich. Von den wissenschaftlichen Anstalten sind eine Bibliothek, ein botanischer Garten, ein Naturaliencabinet und eine Schiffahrtsschule zu erwähnen. Die Industrie der Bewohner ist wenig bedeutend, doch sind Zucker- und Thransiedereien, sowie Fayence- und Glasfabriken vorhanden. Desto lebhafter ist der Handel, der namentlich mit Wein, Branntwein, Salz und andern Landesproducten und Colonialwaaren getrieben wird. In historischer Beziehung spielte die Stadt seit 1552 als Hauptwaffenplatz der Hugenotten während der Religionskriege des 16. und 17. Jahrhunderts eine bedeutende Rolle. Sie war unter den vier Plätzen, die den Hugenotten im Frieden zu St.-Germain en Laye 1570 überlassen wurden. Zwei Jahre nachher wurde sie von dem Herzog von Anjou, dem Bruder des Königs Karl IX., mit einem zahlreichen Heere acht Monate lang belagert, aber der unerschütterliche Muth ihrer Bewohner widerstand beharrlich und zwang die Belagerer zum Abzug; indessen mußte sie nach dem vierten Religionsfrieden (1573) einen königlichen Statthalter annehmen. Im Edict von Nantes von 1598 verlieh Heinrich IV. die Stadt den Reformirten wieder als Sicherheitsplatz, was sie blieb, bis sie am 29. Oct. 1628 nach 13monatlicher Belagerung, die 15,000 Menschen durch Hunger und Elend hinwegraffte, von den Katholiken erobert wurde, womit die Niederlage der Hugenotten entschieden war.

252 Das Pfennig=Magazin.

Nur der Hunger hatte die standhaften Bewohner, denen ihr Bürgermeister Guiton mit dem Beispiele des unerschrockensten Heldenmuths voranging, zu beugen vermocht, da Richelieu durch einen mit außerordentlichen Anstrengungen aufgeführten Seedamm der Stadt alle Zufuhr von der Seeseite abgeschnitten hatte, während er sie zu Lande mit einer großen Armee blockirt hielt. Aufs Äußerste gebracht, unterwarf sich endlich die Stadt der Gnade

Der Hafen von La Rochelle.

des Königs, verlor aber alle ihre politischen Freiheiten; ihre Festungswerke wurden geschleift. Ein großer Theil der Bevölkerung, der den Drangsalen der Belagerung entgangen war, suchte damals sein Heil in der Flucht nach Amerika und die Stadt gerieth in einen Verfall, von dem sie sich noch immer nicht völlig erholt hat. Noch verdient Erwähnung, daß sie der Geburtsort des verdienten Physikers René de Réaumur (geb. 1683, gest. 1757) ist, der um die Theorie des Thermometers Verdienste hat und von welchem die am allgemeinsten gebräuchliche 80theilige Scala desselben benannt wird.

Die Salpetrière.
(Fortsetzung aus Nr. 383.)

Außer diesen von der Art des Wahnsinns hergenommenen Classificationen unterscheidet sich eine Irre von der andern auch noch durch gewisse Charakterzüge. Die Stolze z. B. wiederholt sich unendlich oft in allen Irrenanstalten; denn der Stolz ist einer der Hauptzüge des Wahnsinns und oft selbst eine der Ursachen, die zu seiner Unheilbarkeit beitragen. Die Stolze erkennt man an der Selbstgefälligkeit, die über ihr ganzes Wesen verbreitet ist, und an der Ziererei, mit welcher sie sich aufbläht und in die Brust wirft, wenn man an ihr vorübergeht. Die Ärzte empfehlen allen Besuchern, sowie den Aufwärtern, solche Kranke stets nur mit Gleichgültigkeit, ja selbst mit Verachtung zu betrachten.

Andere zeigen sich abwechselnd mürrisch oder redselig; sie mustern die Fremden entweder mit Mistrauen und Zorn, oder sie nehmen dieselben bei der Hand, umarmen, liebkosen sie, empfangen sie mit Freudengeschrei und einem unerklärlichen Entzücken. Sie besitzen aber einen Sinn, eine Vorliebe, die ihnen immer bleibt, die Liebe zum Gelde; beim Anblick irgend einer Münze erzittern sie gewöhnlich vor Wohlbehagen. Das Wort Geld wiederholt sich unendlich oft in allen ihren Klagen und Reden, und sie bedienen sich zuweilen der seltsamsten Wendungen, um nur wieder darauf zurückzukommen. Eine Wahnsinnige fragte unter Anderm die Personen, welche sie sah, ob sie nicht den Doctor Richecand kennten? Fragte man sie nach der Ursache dieser Erkundigung, welche sie unaufhörlich und bei jedem Anlaß wiederholte, so antwortete sie: „Er ist mein Landsmann, und ich habe schon sehr oft an ihn geschrieben, er solle mir doch Geld schicken, weil ich gar keins besitze und es mir selbst am Nothwendigsten fehlt."

Man hat leider die schmerzliche Bemerkung gemacht, daß die Wahnsinnigen eigentlich keiner Empfindung, keiner Zuneigung mehr fähig sind. Zuweilen springen sie beim Erblicken eines Verwandten, eines Bruders, eines Gatten hoch auf vor Freude, als fühlten sie sich darüber ganz glücklich, aber ein anderes Mal bleiben sie dabei in sich versunken, schweigen hartnäckig still und bezeugen weder Freude noch Verdruß über ihren Besuch. Das beste Mittel, ihre Zuneigung zu gewinnen, ist, wenn man ihnen zuweilen kleine Geschenke macht. Einer der Oberbeamten zum Beispiel hatte die Gewohnheit, täglich einer Irren einen oder zwei Sous zu geben, und dafür hing sie mit so lebhafter Dankbarkeit an ihm, daß sie jedes Mal, wenn derselbe durch die Höfe ging, wo sie mit Kehren beschäftigt war, ihm mit ihrem Besen Platz machte, vor ihm herschritt und die andern Irren zu Ehrenbezeigungen gegen ihn veranlaßte.

Oft wird man auch durch die Gefühle, welche diese Unglücklichen ausdrücken, und die nur eigentlich das Resultat ihres Wahnwitzes sind, irre geführt. So sprach unter andern eine Wahnsinnige beständig von ihren Kindern, beklagte sich, daß man dieselben vor Hunger sterben lasse, und verlangte von Jedem Brod, Milch und Früchte, um sie ernähren zu können. Ihre Klagen waren um so unbegreiflicher, weil man von ihrem Manne wußte, daß sie nie Kinder gehabt hatte. Wollte man ihr Bette machen, so widersetzte sie sich lebhaft, drohte mit den Fäusten und rang voll Verzweiflung die Hände. Nach einem Monate endlich entfernte man sie mit Gewalt von ihrer Matraze und kam dadurch hinter diese vorgeblichen Kinder, für die sie so viel Angst und Zärtlichkeit bewies; man fand nämlich in ihrem Strohsack acht bis zehn Puppen, die sie sich aus allerhand Leinenzeug verfertigt hatte und für deren Ernährung sie so ängstlich Sorge trug. Um ihre Aufregung nur etwas zu dämpfen, ließ man der Wahnsinnigen ihre geliebten Puppen, die sie mit wahrhaft mütterlicher Sorgfalt und Anhänglichkeit pflegte.

Die Fälle aber, wo der Wahnsinn an einem Gegenstande haftet, sind seltener, als man gewöhnlich glaubt; man hat die Irren sehr gut bezeichnet, indem man von ihnen sagte, sie besäßen alle ihre Fähigkeiten bis auf eine; oft könnte es aber auch von ihnen heißen, daß sie mit allen Fähigkeiten begabt seien, doch eine zu viel besäßen, was hinreicht, um die andern alle zu trüben und zu stören. Die Personen, denen man in den Schlafsälen der Salpetrière begegnet, sehen häufig sehr gesund aus, denn der Wahnsinn, der auf den Geist so zerstörend einwirkt, verschont fast immer den Körper, der dabei oft an Fülle zunimmt, was doch für ein Zeichen vortrefflicher Gesundheit zu halten ist. Traurige Entschädigung, die das Schicksal den Wahnsinnigen als Ersatz für die geraubten geistigen Vorzüge zu bieten scheint!

Die Unheilbaren und die in der Cur befindlichen Wahnsinnigen bilden die beiden größten Abtheilungen der Salpetrière. Sie bewohnen entweder die Schlafsäle oder abgesonderte Zellen, je nachdem sie ruhig oder heftig sind. Übrigens trifft man bei den Unheilbaren keineswegs auf wüthendere oder nur aufgeregtere Wahnsinnige, als in den andern Abtheilungen. Die Unheilbarkeit einer Wahnsinnigen zeigt sich durch Symptome, die mit ihrem äußern Betragen oft in gar keiner Verbindung stehen. Hinfälligkeit, Gicht und Blödsinn machen den Wahnsinn fast immer unheilbar; doch trägt die Gicht, welche mit dem Wahnsinn verbunden ist, einen ganz eigenen Charakter. Sie bekundet sich gewöhnlich durch eine zu Anfang fast unmerkliche Lähmung der Sprache, durch eine gewisse Schwere der Zunge, die oft schwer zu erkennen ist. Sie verbreitet sich dann immer weiter und erstreckt sich nach und nach über den ganzen Körper. Beobachtet man die gichtbrüchigen Wahnsinnigen genau, so kann man oft keins der Zeichen und Symptome bei ihnen entdecken, woran man die gewöhnliche Gicht erkennt.

Es ist in der That ein sehr trauriger Anblick, wenn man die doppelte Reihe dieser Kranken der Salpetrière übersieht, welche sowol der Denk= wie der Bewegungsfähigkeit beraubt sind; sie gleichen den Mumien, die nur noch die menschliche Form bewahrt haben und stumme Zeugen einer Welt sind, der sie nicht mehr angehören. Geht man durch diese mit unbeweglichen Gästen bevölkerten Säle, so glaubt man irgend eine Versteinerungsscene zu überschauen. Welche traurige Betrachtungen flößen diese noch lebenden und athmenden Statuen ein, diese in starre Körper eingeschlossenen erloschenen Seelen, welche ein so treffendes Bild des Todes und der Vernichtung darbieten!

Aus den Schlafsälen begibt man sich in die Höfe, wo sich die Zellen für die rasenden Irren befinden, und hier übersieht man endlich jene Art von Wahnsinn, welche die Einbildungskraft sich gewöhnlich bei diesem Worte vorstellt. Die Rasenden, welche sich in der freien Luft befinden, sind gewöhnlich lärmender als die eingeschlossenen; sie laufen, singen und stoßen ein wildes Geschrei aus; doch wie die freie Luft ihre Aufgeregtheit zu vergrößern scheint, so verleiht sie auch ihren Fähigkeiten mehr Lebensfrische, und selten sieht man in den Höfen jene starren, niedergeschlagenen Wesen, wie man sie in den Schlafsälen antrifft. Es ist übrigens bekannt, daß der von Wuthausbrüchen und lebhaften Bewegungen begleitete Wahnsinn gerade nicht am schwierigsten zu heilen ist; bei dem schlaffen und trägen Irrsinn will im Gegentheil gar keine Curmethode anschlagen.

Um den doppelten Einfluß der freien Luft und der Absonderung auf den Zustand der in der Behandlung befindlichen Irren zu prüfen, hat man kürzlich auf einem der Höfe der Salpetrière mehre kleine voneinander abgesonderte Hütten, Schweizer=Logen genannt, erbauen lassen. Doch scheint es, als habe man bis jetzt durch diese Neuerung noch nichts Wesentliches erzielt; die Behandlung und Bedienung der Irren wird nur dadurch erschwert, weil diese Hütten auf abgesonderten, ungepflasterten Höfen liegen, auf welchen bei Schnee= und Regenwetter das Hin= und Hergehen sehr beschwerlich ist. Die dort eingeschlossenen Wahnsinnigen sind übrigens in demselben Zustande geblieben, wie früher, wo sie noch die Schlafsäle und gewöhnlichen Zellen bewohnten.

Um den Grad von Entmenschung oder Wuth kennen zu lernen, in den ein von Geistesverwirrung befallenes Wesen gerathen kann, muß man in eine dieser Zellen eintreten, und doch gehört eine gewisse Kraft dazu, sich hineinzuwagen. Die halbnackte Wahnsinnige liegt gewöhnlich auf einem an die Mauer befestigten Bette, das nur aus einem Strohsack besteht, auf welchem die Kranke sich umherwälzt und von Zeit zu Zeit ein Geheul, so schrecklich wie das eines wilden Thiers, ausstößt. Man hat ihr die Haare abgeschnitten und der Anblick des sich sträubenden Haars, der funkelnden Augen, des geöffneten Mundes und der verstörten Züge erinnert an die Vorstellung der Alten vom Haupt der Gorgone. Unter den Wahnsinnigen der Salpetrière befinden sich mehre Bäuerinnen, die ihre Klagen und Verwünschungen in der Mundart ihrer Gegend ausstoßen. Diese unverständlichen Laute erhöhen noch das Schauerliche der Scene; man wähnt, Verdammte zu hören, die schon im voraus die Sprache der Hölle reden.

Beim Anblick des Elends, in das ein solches unglückliches Wesen verfallen ist, gedenke man der glücklichen Augenblicke, der heitern Tage, die ihr einst in ihrer Jugend lächelten; man schmücke dieses dämonische Haupt mit dem lieblichen Kranze der Braut, der jungen Mutter, oder auch nur mit den Blumen des Vergnügens und der Lust, und man wird es sich verzeihen, daß man diese Zellen aus bloßer Neugierde betrat; denn es ist unmöglich, daß der Gedanke nicht aus diesem traurigen Asyle hinüber in die Welt schweife, um die Ursachen und Vorboten solcher Qualen aufzusuchen. Will man sich über das frühere Leben der Wahnsinnigen und über die Ursachen ihrer Geistesverwirrung unterrichten, so erhält man leider sehr unbestimmte Belehrungen, die sich gewöhnlich nur auf gleich= gültige Umstände beziehen. Unter den Wahnsinnigen der Salpetrière befinden sich ungefähr gegen 20 öffentliche Dirnen; die übrigen sollen durch Geldverluste, übermäßiges Essen und Trinken, durch häusliches Unglück, die größere Anzahl aber durch Herzenskummer in diesen Zustand verfallen sein. Was sind das für Leiden, worin bestand dieser Kummer? Davon weiß man nichts, und man wird auch nie etwas darüber erfahren, denn wenn ein Weib so ganz von einem Leiden dieser Art sich beherrschen läßt, daß sie darüber den Verstand verliert, so verschließt sie auch meistentheils dieses Geheimniß aus Schamgefühl tief in sich und läßt es sich nicht entreißen. Ist sie erst zu dem Grade von Wahnsinn gelangt, der eine besondere Einsperrung nöthig macht, so ist es zu spät, sie zu befragen. Es besteht übrigens bei der Mehrzahl der Irren eine so große Verschiedenheit zwischen ihrem jetzigen und frühern Wesen, daß es sehr schwierig ist, aus ihren Worten und Handlungen im Hospital irgend einen richtigen Schluß zu ziehen.

(Der Beschluß folgt in Nr. 385.)

Die Brutöfen in Ägypten. *)

Bekanntlich lassen die Ägypter schon seit uralter Zeit die Hühnereier fabrikmäßig in besonders dazu eingerichteten Öfen durch künstliche Wärme ausbrüten, wozu ausschließend die Monate vom Februar bis zum April angewendet werden. In den dazu bestimmten Anstalten befinden sich zwei Reihen Kammern, zwischen denen ein enger Gang für die Besorger der Öfen und Eier hinläuft; am Boden der Kammern liegen Matten von Binsen und feinem Stroh; über jeder Kammer steht ein oben rund gewölbter Ofen, den man mit Mist heizt; die Öfen stehen miteinander in Verbindung. In den ersten zehn Tagen heizt man in jeder Reihe der Kammern die Hälfte der Öfen und legt unter diese die Eier; am elften Tage legt man auch auf den Boden der andern bisher kalt gelassenen Kammern Eier und heizt die Öfen über ihnen, läßt aber das Feuer in der ersten Kammer ausgehen und bringt die hier befindlichen Eier vom Boden in die darüber befindlichen Öfen, deren Backsteine noch von der vorigen Heizung warm sind, und in welche zugleich aus den geheizten Öfen warme Luft dringt. Am 20. oder 21. Tage kriechen die Küchlein aus, werden nun aus den Öfen genommen und noch einige Tage in einer erwärmten Kammer gelassen. Im Mittel kriechen von 100 Eiern 60—70 Küchlein aus; den Bauern, welche die Eier brachten, gibt man gewöhnlich ein Küchlein für zwei Eier. Unterägypten allein hat über 100, Oberägypten nur halb so viele Brutöfen; sie liefern jährlich zusammen 16—17 Millionen Hühner. Das große Brutgebäude in Gizeh hat in jeder der beiden Reihen 12 Kammern und bringt zuweilen in einem Jahre gegen 130,000 Küchlein aus.

Die Riesencypresse.

In dem Dorfe Santa Maria del Tule, das zwei Stunden östlich von der Stadt Oajaca in Mejico in einem reizenden Thale liegt, steht eine Cypresse von riesenmäßigen Dimensionen, die weit älter ist als die Eroberung des Landes durch die Spanier. Der Stamm hat 124 spanische Fuß im Umfang und erhält durch eine Menge rundlicher Vorsprünge das Ansehen,

---

*) Nach Schubert's Reise im Morgenlande.

als bestehe er aus verschiedenen zusammengewachsenen Bäumen; inzwischen sind jene Hervorragungen nur Auswüchse eines und desselben Stammes. Der ungeheuren Dicke desselben entspricht die Höhe keineswegs, obgleich sie hinreicht, um den Baum, der alle andern Bäume im Dorfe weit überragt, schon aus weiter Ferne erkennen zu lassen. Etwa 25 Fuß über dem Boden hört die Dicke des Stammes auf und dieser fängt an, sich in Zweige zu theilen, die sich theils senkrecht erheben, theils in horizontaler Richtung weithin erstrecken. Was den Baum noch merkwürdiger macht als seine ungeheure Größe, ist eine Quelle, die oben aus seinem Stamme, wo sich zwischen den Zweigen ein napfförmiges, nur wenige Zoll weites und tiefes Bassin befindet, hervordringt, und während der nassen Jahreszeit stets am Stamme herunterfließt, während der trocknen aber wenigstens jenes Bassin immer gefüllt hält. Ob dieses Wasser durch hydraulischen Druck aus einer Quelle im nahen Gebirge in den Stamm hinaufgetrieben wird oder durch Haarröhrchenanziehung aus einer unter den Wurzeln verborgen liegenden Quelle in den Poren des Stammes emporsteigt, ist zweifelhaft; eine aus dem gedachten Bassin in den Stamm hinabführende Röhre ist nicht zu bemerken. Übrigens liebt die Cypressenart, zu welcher dieser Baum gehört (die virginische Cypresse, Cupressus disticha), überhaupt die Feuchtigkeit sehr und findet sich wildwachsend nur an den Ufern großer Flüsse in warmen Thälern. Zugleich gehört sie zu den Bäumen, die das höchste Alter erreichen können; das Alter einiger Exemplare schätzt man mit Wahrscheinlichkeit auf mehre Tausend Jahre.

Eishandel der Nordamerikaner.

Für heiße Länder ist bekanntlich das Eis ein sehr wichtiger Consumtionsartikel, mit dessen Verführung sich namentlich die unternehmenden, speculativen Nordamerikaner abgeben. Besonders von Boston aus wird viel Eis verschifft, das von einem kleinen See in geringer Entfernung von dieser Stadt kommt, dessen Wasser sich durch große Klarheit auszeichnet und ein vortreffliches, zum Aufbewahren sehr geeignetes Eis liefert. Wenn hier die Eisdecke eine Tiefe von 10—14 Zoll erlangt hat, so wird sie zuerst mit einem eisernen, einem doppelten Pfluge ähnlichen Schlitten, der mit Messern versehen ist und von einem Pferde gezogen wird, bis zu einer gewissen Tiefe, ungefähr bis zur Hälfte der Dicke, eingeschnitten. Sobald zwei Furchen gemacht sind, dient die eine als Richtschnur für die nächste, die ihr parallel gemacht wird; diese Schnitte werden dann auf dieselbe Weise durch neue Furchen rechtwinkelig durchkreuzt und dadurch Würfel gebildet, die gewöhnlich über einen Fuß dick sind und etwa 1½ Fuß im Quadrate haben. Die vollständige Trennung dieser bei dem angegebenen Verfahren noch im Zusammenhange bleibenden Würfel geschieht durch große von Menschen gehandhabte Sägen und große eiserne Meißel. Ein Theil des Eises wird sogleich auf Wagen geladen, die auf der Eisdecke bis an die Stelle, wo die Würfel geschnitten werden, fahren; ein anderer Theil wird mittels eines in die Eisdecke gehauenen Kanals in große an den Ufern stehende Häuser gebracht und darin zum Gebrauch für Boston und die Umgegend aufbewahrt. Die gedachten Häuser, aus Holz gebaut und mit doppelten Wänden versehen, deren Zwischenraum mit Hobelspänen ausgefüllt ist, ersetzen die Stelle unserer Eiskeller vollkommen, da sich in ihnen das Eis selbst in der größten Hitze hält. Von diesen Häusern gehen im Sommer täglich mit Eis beladene Wagen nach allen Richtungen. In Boston wird das Eis verschifft und von da sehr weit verführt; ein Theil desselben geht nach den südlichen Staaten der Union, einige sogar nach Ostindien, ohne daß unterwegs zu viel verloren geht, und der Unternehmer dieses Handels ist durch denselben zum reichen Manne geworden.

Die Lerche.

Die von Linné aufgestellte Gattung Lerche haben neuere Naturforscher aus triftigen Gründen in zwei Geschlechter, Lerche und Pieper, gesondert, welche nur im Gefieder und dem langen Sporn an der Hinterzehe übereinstimmen, aber im Bau des Kopfes, im Schnabel und in der Lebensart verschieden sind. Die Farbe ist bei allen Arten beider Gattungen, namentlich der europäischen, graubraun und hinsichtlich des Geschlechts findet im Ansehen wenig Unterschied statt.

Die Lerchen im engern Sinne halten sich viel auf der Erde auf, wo sie auch nisten; sie gehen und laufen, ohne wie die Sperlinge und andere ihnen ähnliche Vögel zu hüpfen, und fliegen mit großer Schnelligkeit und Gewandtheit; sie nähren sich von Sämereien und Insecten, verschlucken zuweilen absichtlich kleine Steinchen und baden gern im Sande. Die Männchen singen angenehm (bis in die Mitte des Sommers, dann nach einer Pause wieder im Herbste) und nach der Nachtigall ist bekanntlich kein Singvogel bei den Dichtern so gefeiert als die Lerche; fast immer singen sie im Fluge und zwar während des Aufsteigens. Ihre Nester sind sehr einfach und kunstlos; sie brüten jährlich zweimal und legen drei bis sechs marmorirte oder gefleckte Eier. Man kennt über 20 Arten, die ziemlich gleichmäßig in allen Welttheilen verbreitet sind; in Europa kommen acht, in Deutschland fünf vor. Die letztern sind mit Ausnahme der Haubenlerche sämmtlich Zugvögel, kehren aber zum Theil schon frühzeitig zu uns zurück. Die bekannteste und häufigste Art ist die gemeine oder Feldlerche, 7—8 Zoll lang, welche senkrecht oder in einer Spirallinie in die Höhe steigt und in ganz Europa bis Norwegen, außerdem in Asien und Nordafrika und am Vorgebirge der guten Hoffnung vorkommt. In der Regel kommt sie schon gegen Ende Februars nach Deutschland und in gelindern Wintern bleibt sie zuweilen ganz da. Nicht selten brütet sie dreimal im Jahre. Im Herbste wird sie ihres wohlschmeckenden Fleisches wegen auf dem Lerchenstriche in großer Menge gefangen (namentlich an nebligen Morgen). Die Baumlerche ist noch etwas kleiner als die vorige Art und wohnt nur in öden und unfruchtbaren Gegenden in der Nähe von Waldungen, setzt sich aber nur im Frühling auf Bäume; sie kommt nicht so weit nach Norden vor als die Feldlerche und ist weit seltener als diese, im südlichen und mittlern Europa aber am häufigsten. Wol eine Stunde lang schwebt sie in der Luft, indem sie große Kreise beschreibt und dabei ihren Gesang hören läßt, der nach Einigen den der Feldlerche an Melodienreichthum, wiewol nicht an Mannichfaltigkeit der Töne übertrifft. Die Haubenlerche führt ihren Namen von einem spitzigen Federbusche, den sie auf dem Kopfe hat; sie kommt in vielen Gegenden des mittlern Europa vor, am meisten in der Nähe von Ortschaften, und überwintert in den mittlern und südlichen Theilen Deutschlands. Die Berg- oder Alpenlerche mit schwefelgelber Kehle und einem schwarzen Fleck auf Stirn und Brust wohnt im Norden von Europa, Asien und Amerika, unter allen Lerchen am nördlichsten, und kommt nur im Winter zuweilen nach Deutschland. Alle übrigen europäischen Arten sind der Feldlerche sehr ähnlich.

Die **Pieper**, welche ihren Namen von ihrem piependen Locktone haben, stehen zwischen den Bachstelzen und Lerchen und gleichen den ersten hinsichtlich ihrer Eigenschaften und ihrer Lebensart. Sie fressen nur Insekten und Würmer. Von den wenigen, aber weit verbreiteten Arten sind zu bemerken:

Der **Wiesenpieper** oder die **Wiesenlerche**, von grünlichgrauer Farbe, mit langem Lerchensporn, ist in ganz Europa bis zum Polarkreise hinauf häufig und kommt am meisten auf feuchten Wiesen, in Sümpfen und auf Moosboden, im Herbste aber auf Saatfeldern vor. Im Fliegen ist er an seiner unregelmäßigen, absetzenden Bewegung zu erkennen; in der Brütezeit erhebt er sich schnell, mit zitternden Flügeln, zu einer ansehnlichen Höhe, wo er seinen Gesang beginnt und von wo er sich zuletzt fast senkrecht herabläßt. Der **Baumpieper**, von gleicher Farbe, aber etwas größer, sitzt gern auf Bäumen und hat im Gesange mit dem Canarienvogel Ähnlichkeit. Der **Wasserpieper**, auch Wasser- oder Sumpflerche genannt, ebenfalls von grünlichgrauer Farbe, am Bauch im Sommerkleide röthlich, im Winterkleide gelblich, nistet gern in Gebirgsgegenden und fehlt in vielen Gegenden Deutschlands ganz. Der **Bachpieper** von röthlichgrauer Farbe kommt auf trockenen Feldern und an Waldrändern vor; der **Felsen-** oder **Uferpieper** nistet an felsigen Meeresufern u. s. w. (Die unter 3 und 4 angegebenen Abbildungen von Drossel und Amsel sind in Nr. 364 des Pfennig-Magazins beschrieben.)

1) Wiesenlerche. 2) Baumlerche. 3) Drossel. 4) Amsel. 5) Feldlerche nebst Nest.

Das Pfennig-Magazin

für Verbreitung gemeinnütziger Kenntnisse.

385.] Erscheint jeden Sonnabend. [August 15, **1840.**

Alfieri.

Graf Vittorio Alfieri, der Sprößling eines uralten, ebenso vornehmen als reichen Geschlechts, wurde zu Asti am 17. Jan. 1749 geboren. Nachdem er auf der schlecht eingerichteten Militairakademie zu Turin eine sehr mangelhafte Bildung erhalten hatte, übernahm er der Landessitte gemäß, wiewol ohne alle Neigung zum Militairdienste, eine Offizierstelle bei einem Provinzialregimente, die aber seinen strebenden, ungestümen Geist nicht lange zu fesseln vermochte. Da er sich in seiner Heimat Piemont nicht gefiel, durchzog er zuvörderst die Hauptstädte Italiens, kehrte aber unbefriedigt zurück und durchreiste 1767—73 den größern Theil von Europa, Frankreich, England, Holland, Deutschland, Dänemark, Schweden, Rußland, zuletzt Spanien, mit ungestümer Hast von einem Orte zum andern jagend und mit Ausnahme von Haag und London, wo ihn Liebesverhältnisse zurückhielten, nirgend lange verweilend. Nach seiner Rückkehr trat er aus dem Militairdienste und wandte sich den Wissenschaften zu. Bald ergriff ihn ein ehrgeiziges Verlangen, sich als Schriftsteller auszuzeichnen, wiewol seine Kenntniß der italienischen Sprache wie seine ganze Bildung nur noch mangelhaft war. Er fühlte sich zum Trauerspieldichter berufen; seine erste sehr unvollkommene dramatische Dichtung „Kleopatra" wurde 1775 zu Turin aufgeführt und beifällig aufgenommen. Bestärkt in seinem Vorsatze und recht eigentlich begeistert wurde er von der reizenden Gemahlin des Prätendenten Karl Stuart, Gräfin Luise von Albany, geb. Gräfin v. Stolberg, die er in Florenz kennen gelernt und mit der er ein vertrautes Verhältniß angeknüpft hatte. Ihm zu Liebe ließ sie sich von ihrem rohen Gemahl, den sie 1780 verlassen, um in einem Kloster eine Zuflucht zu suchen, im J. 1783 scheiden; Alfieri mußte sich aber mehr als einmal von ihr trennen, bevor ihnen das Schicksal dauernde Vereinigung gestattete, worauf er mit ihr erst in Colmar und Paris, dann, während der Revolution 1792 zur Flucht von da genöthigt, in Florenz lebte. Seitdem er sie kennen gelernt, füllten Liebe und Poesie seine Seele, und an die Stelle der letztern traten, als die jugendliche Begeisterung verraucht und der poetische Quell versiegt war, gelehrte Studien, denen er sich mit größter Anstrengung widmete. Noch in seinen letzten Lebensjahren lernte er die griechische Sprache mit einem jugendlichen Eifer. In Folge einer falschen Diät, von der er sich nicht abbringen ließ, starb er am 8. Oct. 1803 zu Florenz, wo ihm die liebende Gräfin durch Canova in der Kirche Sta.-Croce ein prachtvolles Grabmal errichten ließ, das nach 21 Jahren auch ihre sterbliche Hülle aufnahm.

Alfieri muß der Reformator der tragischen Dichtkunst Italiens und der beste Tragiker, den dieses Land bis heute hervorgebracht, genannt werden; seine Stücke sind höchst originell, obschon nicht ohne viel Mängel; Schroffheit im Charakter und Kürze der Sprache zeichnen sie vor allen andern aus. Unverkennbar sind sie mehr die Frucht des rastlosen Fleißes als des poetischen Ergusses, und jedenfalls ein treuer Spiegel von Alfieri's schroffem, ungestümem, freiheitliebendem Charakter. Wir besitzen von ihm 21 Trauerspiele, 6 Lustspiele und eine von ihm sogenannte Tramelogödie, vielleicht das gelungenste aller seiner dramatischen Werke. Sämmtliche Trauerspiele sind in Italien noch jetzt sehr beliebt und werden häufig gegeben. Die andern von ihm hinterlassenen Schriften sind von sehr untergeordnetem Werthe; dahin gehören 17 Satiren, meist gegen die von Alfieri grimmig gehaßten Franzosen gerichtet, an 200 Sonetten, Madrigale und Canzonen, ein Epos, mehre Oden und Übersetzungen von Sallust, Terenz, Virgil's Äneis und mehren Stücken der griechischen dramatischen Dichter.

Die Salpetrière.
(Beschluß aus Nr. 384.)

Was nun die verschiedenen Arten von Irrsinn anbelangt, so findet man in der Salpetrière ebenfalls die gewöhnlichen Wahnsinnstypen, wie in allen ähnlichen Anstalten. Hier, wie überall, sieht man Herzoginnen, Marquisen, Königinnen, Kaiserinnen und Heilige in der Einbildung, sowie diejenigen Arten von Manie, welche sich nach den Individuen verändern: die Furcht vor Mord, Vergiftung und Diebstahl; Wahnsinnige, welche sich vor der Sonne oder vor ihrem Schatten fürchten; die Eine, obgleich sie sich einbildet, eine Millionairin zu sein, bittet doch alle Vorübergehenden um einen Sou zu Taback; die Andere schreibt, dichtet und fertigt Bittschriften an, um ihre Entlassung aus der Anstalt zu bewirken. Doch sind diese verschiedenen Geistesverwirrungen zu bekannt, um länger bei ihrer Aufzählung zu verweilen; bewährt aber hat es sich, daß in Frankreich die Zahl der wahnsinnigen Frauen beständig die der Männer um ein Viertel übersteigt. Wenn man bedenkt, daß die Ursachen des Wahnsinns, wie Trunk, Glückswechsel, ehrgeizige Pläne, angestrengtes Studium und dergleichen mehr, weit häufiger bei den Männern als bei den Frauen vorkommen, so muß man eigentlich erstaunen, daß es doch mehr geistesgestörte Frauen als Männer gibt, und man fühlt sich veranlaßt, dieses Misverhältniß der Bestimmung der Frauen selbst und der falschen und unglücklichen Stellung zuzuschreiben, die ihnen so oft in der Welt zu Theil wird.

Wenn man nun die Ärzte über die Zahl der Wahnsinnigen befragt, die gänzlich geheilt aus der Salpetrière entlassen werden, so erhält man sehr voneinander abweichende Antworten, je nach dem Charakter und der Aufrichtigkeit des Befragten. Die Ärzte, welche von jeder Aufschneiderei sich fern halten und es vorziehen, lieber das Unzureichende ihrer Kunst in gewissen Fällen einzugestehen, als der Wahrheit zu nahe zu treten, erklären, daß die Mittelzahl aller erzielten Heilungen nie ein Drittel oder ein Viertel der Kranken übersteige. Die Heilungen sind oft nur schwankend, ungewiß und erfodern die größte Schonung; man muß von der Genesenden mit großer Behutsamkeit alle Gegenstände fern halten, die auch nur im entferntesten auf die Ideen und Eindrücke ihres Wahnsinns Bezug haben. Die Heilmittel sind oft ganz einfach, oft sehr verwickelt; die beruhigenden, kühlenden Mittel schlagen zuweilen an, oft aber sind sie auch ganz erfolglos; die Sturzbäder werden hier nur als Strafe angewendet. Oft bringen auch Zerstreuungen, Musik, Schauspiel oder das Landleben glückliche Veränderungen in den Ideen der Wahnsinnigen hervor, doch gibt es durchaus keine bestimmte Regel in dieser Beziehung. Vor einigen Jahren ließ man die Irren in Charenton einem Schauspiel beiwohnen, doch man überzeugte sich bald von der Nutzlosigkeit dieses Versuches; die in der Cur befindlichen Wahnsinnigen vermochten es nicht zu fassen, daß sie einem Schauspiele beiwohnten, und blieben unverändert in ihrem gewöhnlichen Ideenkreise befangen. Die in der Besserung Begriffenen sagten aus, daß sie dabei eine Aufregung, eine innere Bewegung verspürt hätten, welche sie für die Vorboten eines Rückfalls hielten. Übrigens begreift man wohl, daß der Einfluß solcher Vergnügungen auf ein verwirrtes Gehirn nur sehr unvollkommen und nur zufällig sein kann, denn um für das Schöne und Sinn für die schönen Künste zu haben, muß man ein sehr feines und gebildetes Gefühl besitzen, und wenn nun das Gefühl überhaupt so getrübt ist, daß es sich keine klare Vorstellung von irgend einem Gegenstande zu schaffen vermag, so kann es auch unmöglich den richtigen Gesichtspunkt auffinden und von allem Andern abstrahiren, um ein schönes Werk der Malerei, der Musik oder der Dichtkunst recht zu genießen. Daher irren sich auch Diejenigen durchaus, welche in dem Wesen der Musiker, der Dichter, ja überhaupt aller großen Künstler und dem der Wahnsinnigen gewisse Annäherungspunkte entdecken wollen. Nichts steht dem Wahnsinn ferner und erfodert eine kräftigere und ungetrübtere Ideenverbindung als der Zustand eines Gehirns, in welchem große Begriffe und erhabene Vorstellungen sich erzeugen. Freilich geschieht es oft, daß Künstler in Wahnsinn verfallen, oder man wird doch wenigstens zuweilen an ihnen untrügliche Zeichen von Geistesverwirrung gewahr; dazu tragen aber weniger die geistigen Aufregungen als die Diätfehler und die ungeregelte Lebensweise bei, welche sich die Mehrzahl solcher Personen zu Schulden kommen läßt.

Wenn man auch bei der Rückkehr aus der Salpetrière nur noch geringe Hoffnung für die Wiederherstellung der dort befindlichen Irren hegt, so gedenkt man doch mit Befriedigung der gesunden Lage des Hospitals, der schönen Höfe, der bequemen Schlafsäle und aller der Sorgfalt und Aufmerksamkeit, womit diese armen Wesen behandelt werden, die leider nur noch für rein materiellen Beistand empfänglich sind. In der milden Behandlungsweise, die jetzt den Wahnsinnigen der Salpetrière zu Theil wird, erkennt man den glücklichen Einfluß eines Mannes, den man wol mit Recht den Wohlthäter der Irren nennen kann: denn der Doctor Pinel war der Erste, der diese Unglücklichen von den Ketten und Handschellen befreite, womit man sie ehemals belastete. Obgleich die ganze Heilmethode der Geisteszerrüttung bis jetzt nur noch ein Problem ist, so versucht man doch gewiß mit Recht bei dieser Krankheit alle Hülfsmittel der Arzneikunde. Vielleicht kommt noch die Zeit, wo es der ärztlichen Kunst gelingt, der menschlichen Gesellschaft diese geistigen Parias zurückzugeben, die Fackel der erloschenen Vernunft neu zu entzünden, die Seelen mit ihren Empfindungen und Neigungen aus dem starren Todesschlafe wieder zu erwecken. Welch ein herrliches Resultat der Anstrengungen und Forschungen in der Arzneikunst! Von diesem Gesichtspunkte aus wäre der Beruf des Arztes ein wahrhaft göttlicher! Mit solchen Gedanken beschäftigt, vergißt man, was jetzt noch mangelhaft, noch unvollkommen und fehlerhaft in der Behandlung der Geisteskranken ist, und man fühlt sich gedrungen, den Männern, welche alle Kräfte ihres Geistes und ihren ganzen Eifer auf solche Curen verwenden, einen ganz besondern Tribut von Ehren- und Dankesbezeigungen darzubringen.

Ein Besuch in der Salpetrière ist nicht blos ein Act des Studiums und der Beobachtung, sondern auch ein Werk der Barmherzigkeit und der Menschenliebe. Die Zeit der religiösen Pilgerfahrten ist vorüber, Niemand wallfahrtet mehr zur heiligen Genoveva von Nanterre, aber es gibt jetzt andere Wallfahrten, die im Grunde genommen vielleicht noch besser dem Wesen der Religion entsprechen. Wäre es denn eine zu schwierige Aufgabe, monatlich ein oder zwei Mal gewisse Barmherzigkeitsanstalten und Hospitäler zu besuchen? Nur wenn man in die Zufluchtsstätten des Elends eindringt, lernt man die Wunden der Menschheit kennen, dringt man zu ihren Quellen hinauf; nur wenn man ihre traurigen Wirkungen beobachtet, fühlt man sich gedrungen, zu ihrer Erleichterung beizutragen. Wenn man das Hospital der Salpetrière verläßt, so betrachtet man das Geschick der Frauen von einem andern Gesichtspunkte aus, der freier von Selbstsucht und Gleichgültigkeit ist. Geist und Herz treten gereinigt daraus hervor, und man blickt nicht mehr so gleichgültig auf manches ephemere, verwilderte Dasein, das glänzend auftaucht und von dem Schimmer und den Verführungen der Welt verlockt wird; man denkt an das Ziel, das seiner nur zu oft unvermeidlich harrt: eine Besserungszelle in St.-Lazarus oder eine Schweizerzelle in der Salpetrière.

Kampf zweier Elefanten gegen Artillerie.

Am 24. Sept. v. J. erfuhr man, daß sich in der Nähe eines Dorfes in Indien, in der Präsidentschaft Bombay, zwei ungeheure Elefanten gezeigt hatten, was den Bewohnern großen Schrecken einjagte. Am 25. sandte man alle auf dem nächsten englischen Militairposten befindlichen zahmen Elefanten gegen sie ab, aber schon bei der ersten Recognoscirung wurde einer derselben tödtlich verwundet. Man sah sich genöthigt, Kanonen kommen zu lassen; da man aber die beiden Thiere wo möglich lebendig zu fangen wünschte, so zog man um das Zuckerrohrfeld, in das sie sich geflüchtet hatten, tiefe Gräben und suchte jene mit Hülfe der zahmen Elefanten in demselben zurückzuhalten. Diese Gräben waren jedoch nicht tief genug; der eine Elefant entkam aus dem eingeschlossenen Felde und half mittels seines Rüssels dem andern heraus. Beide nahmen hierauf mit außerordentlicher Schnelligkeit ihren Lauf gegen ein drei engl. Meilen entferntes Dorf, wo sie mehre Menschen theils tödteten, theils verwundeten. Man brachte nun Vierpfündner herbei, die gegen die furchtbaren Feinde gerichtet wurden; der größte von beiden Elefanten wurde durch einen Kanonenschuß, der ihn am Kopfe traf, zu Boden geworfen, sodaß man ihn für todt hielt, aber nach wenigen Minuten erhob er sich kräftiger als zuvor. Wüthend stürzten sich die Thiere mehrmals gegen die Kanonen, deren Mündungen sie beim Abfeuern fast berührten. Schon ging die Munition zu Ende, als die Elefanten das Dorf verließen und ungeachtet des großen Blutverlustes im schnellsten Lauf bis Hazarebah kamen. Die Reiter und zahmen Elefanten setzten ihnen nach und der Kampf begann mit erneuerter Heftigkeit, bis die Elefanten endlich von zahlreichen Schüssen getroffen und durch Blutverlust erschöpft unterlagen. Aus ihren Wunden zog man nicht weniger als 19 Kanonenkugeln. Man glaubt, daß die Elefanten aus Hyderabad oder einem andern Theile Dekans kamen; noch nie hatte man in diesem Theile Indiens so große gesehen. Der größte maß, von der Spitze des Rüssels bis zum Ende des Schwanzes gerechnet, $26^{3}/_{4}$ Fuß; seine Höhe betrug 11 F., sein Umfang $17^{2}/_{3}$ F.; der kleinere hatte 24 F. Länge, 10 F. Höhe, $17^{1}/_{3}$ Fuß im Umfang.

Das Théâtre français in Paris.

Das Théâtre français in Paris, die beste Bühne für die Darstellung des recitirenden Schauspiels in ganz Frankreich, befindet sich in der Straße Richelieu in einem Gebäude, das mit dem Palais royal zusammenhängt und der jetzigen königl. Familie gehört. Es wurde 1787—89 vom Architekten Louis erbaut, 1822 im Innern verschönert und kann über 1500 Personen fassen. Gußeiserne Säulen, die das Parterre halbkreisförmig umgeben, tragen die Galerie; alle Logen sind auswendig vergoldet; der Eingang des Theaters ist durch bedeckte Gänge mit der Galerie des Palais-Royal verbunden.

Das Theater ist eine Fortsetzung der Comédie française, die schon seit 1548 besteht und selbst wieder aus einem schon 1402 in einem Sale des Dreieinigkeitshospitals errichteten Theater zur Aufführung geistlicher Dramen, der sogenannten Passionen, entstanden ist. Die an demselben angestellten Schauspieler hießen Confrères de la passion und erhielten im gedachten Jahre ein ausschließliches königl. Privilegium; später nannten sie sich eine königliche Truppe und bezogen 1548 den von ihnen gekauften ehemaligen Palast der Herzöge von Burgund. Vierzig Jahre nachher mußte sie einer neuen Schauspielergesellschaft weichen, welche statt jener veralteten Passionen unterhaltendere Stücke darstellte. Im J. 1600 wurde das Theater dreimal wöchentlich geöffnet; mit neuen Stücken wurde es von dem fruchtbaren Dichter Hardy, dem Scribe jener Zeit, versehen, der an 800 Stücke schrieb. Das Theater begann damals schon um 2 und endigte um $4^{1}/_{2}$ Uhr Abends; es befand sich in einem Ballspielhause, an dessen einem Ende eine Estrade die Bühne bildete. Andere concurrirende Theater konnten sich nicht halten, selbst das von Molière 1645 errichtete Illustre-Théâtre nicht, weshalb dieser große Dichter Paris verließ; aber 1658 kehrte er aus der Provinz nach Paris zurück und errichtete ein neues Theater, das er mit Erlaubniß des Bruders des Königs Théâtre de Monsieur nannte und das dem ältern bald alle Zuschauer wegnahm; 1665 wurde es königlich, 1673 aus dem Théâtre du Petit Bourbon in das Hôtel de Guénégaud verlegt. Bis 1681 gab es nur diese beiden Theater für das recitirende Schauspiel in Paris; 1682 wurden auf königl. Befehl beide Theater vereinigt, um durch Vereinigung der Mittel größere Vollkommenheit der Darstellungen zu erzielen; das so gebildete Theater erhielt ein ausschließliches Privilegium. Im J. 1688 von der Sorbonne vertrieben, acquirirten die Schauspieler, die sich, wie noch jetzt, Comédiens du roi nannten, das Ballhaus de l'Etoile, ließen hier nach d'Orbay's Plänen ein neues Theater erbauen, das 1689 mit „Phädra" von Racine eröffnet und 1770 geschlossen wurde. Die nächsten zwölf Jahre 1770—1782 befand sich das Theater provisorisch in einem Saale der Tuilerien neben der Capelle, bis 1782 das neue in der Vorstadt St.=Germain auf dem Platze des Hôtel de Condé erbaute Theater eröffnet werden konnte, das jedoch schon im Sept. 1793 in Folge der Verhaftung sämmtlicher Schauspieler geschlossen werden mußte. Erst 1799 (am 11. Prairial VII.) wurde das Theater reconstituirt und ihm das damals sogenannte Théâtre de la république in der Straße Richelieu angewiesen; fast gleichzeitig entstand ein zweites Theater dieser Art, das später den Namen Theater der Kaiserin erhielt, 1806 zum Rang eines der vier großen Theater erhoben und 1808 in das neue Odeon verlegt wurde. Nach dem Brande von 1820 wurde dieses Theater officiell zweites Théâtre français genannt, konnte sich aber nicht halten und wurde nach der Julirevolution wieder mit dem ersten vereinigt.

Zwar kann schwerlich behauptet werden, daß die dramatische Kunst in der neuen Zeit in Frankreich Fortschritte gemacht habe; aber noch immer ist das Théâtre français das erste französische Nationaltheater, wo französische Trauer= und Lustspiele vollkommener als sonst irgendwo aufgeführt werden. Von den großen Koryphäen dieser Bühne lebt nur noch Dlle. Mars, die aber auch bald am Ziele ihrer dramatischen Laufbahn angekommen sein dürfte; neuerdings ist jedoch in Dlle. Rachel abermals eine tragische Schauspielerin vom ersten Range aufgestanden, der es nur an physischer Ausdauer zu fehlen scheint.*) Jeden Abend werden

---

*) Als einen Beweis theils von der Höhe der Gagen, die an diesem Theater gezahlt werden, theils von dem Werthe,

Das Théâtre français in Paris.

hier entweder ein Trauerspiel und ein Lustspiel oder auch zwei Lustspiele aufgeführt; und zwar sind es vorzugsweise Dramen aus dem goldenen Zeitalter der französischen Literatur von Racine, Corneille, Voltaire, Molière, die hier zur Aufführung kommen, wiewol in der neuesten Zeit auch Stücke aus der neuen sogenannten romantischen Schule zur Aufführung zugelassen worden sind. Die jetzt so beliebten Melodramen und Schauer= und Spectakelstücke sind von dieser Bühne völlig verbannt.

Das Neueste aus der Natur= und Gewerbswissenschaft.*)

Der wichtige Gegenstand, mit dessen Betrachtung ich meinen diesmaligen Bericht einleiten muß, betrifft wirklich eine naturwissenschaftliche Lebensfrage: es handelt sich um die beiden**) neu entdeckten, nach ihrem Entdecker, dem an der berliner Sternwarte angestellten Observator Galle, sogenannten Galle'schen Kometen, und die Gefahren, welche aus ihrem frühern oder spätern Zusammenstoße mit unserer Erdkugel, dessen Möglichkeit theoretisch allerdings nicht wegdisputirt werden kann, wenigstens entstehen könnten. Da die Frage nach dieser Möglichkeit und nach den wahrscheinlichen Folgen eines solchen Zusammenstoßens unsers Planeten mit einem oder dem andern Kometen gewiß mehr als einen meiner Leser beschäftigt, so muß ich schon ausführlicher auf die Sache eingehen.

Wir wollen uns, behufs eines gründlichen eigenen Urtheils in derselben, zuvörderst eine große Ebene denken, in der die elliptische Laufbahn (die Ekliptik) liegt, welche die Erde alljährlich um die Sonne beschreibt, und welche einen Umfang von 130 Millionen deutscher Meilen hat, sodaß die Bewegung der Erde in dieser Bahn vier Meilen in jeder Secunde beträgt. In derselben oder doch fast in derselben Ebene liegen die Bahnen aller übrigen Planeten und Monde unsers Sonnensystems; nur das einzige kleine Planetchen Pallas, dessen Bahn gegen diese Ebene um etwa 30 Grad geneigt ist, macht davon eine einigermaßen erhebliche Ausnahme; zugleich bewegen sich die Planeten in diesen Bahnen alle nach einer und derselben Richtung, von Westen nach Osten, oder sie sind sämmtlich rechtläufig. Die Gründe dieser Anordnung der Planetenbahnen durch die Hand des Schöpfers sind uns unbekannt; da das gewaltige Centralgestirn des Systems, die Sonne, durch seine anziehende, erleuchtende und erwärmende Kraft nach allen möglichen Richtungen hin thätig ist, so scheint es, hätten Planeten dasselbe auch in allen diesen Richtungen umkreisen können, und es wäre nicht nöthig gewesen, ihre Bahnen sämmtlich in die nämliche oder doch fast die nämliche Ebene zu legen.

Damit indeß die Anziehungs=, Erleuchtungs= und Erwärmungskraft der Sonne nach diesen übrigen Richtungen im Weltall nicht ungenützt bleibe, so schuf die Gottheit die Kometen, deren Bahnen, abweichend von den Planetenbahnen, nur eben die Anordnung haben, daß sie nicht, wie diese, auf die Ebene der Ekliptik eingeschränkt sind, sondern dieselbe vielmehr unter allen möglichen Winkeln und Richtungen durchschneiden, ja senkrecht auf ihr stehen, indeß die Kometen selbst sich in diesen Bahnen bald recht= bald rückläufig bewegen, und sich also auch in diesem Bezuge, durch eine scheinbare Unregelmäßigkeit mehr, von den Planeten unterscheiden. Dieser Umstand nun, daß die Kometen die Sonne in allen möglichen Richtungen umkreisen, während die Planeten auf eine enge Zone der Ekliptik eingeschränkt sind, läßt schon vermuthen, daß die Anzahl jener Weltkörper viel größer sein müsse als die der Planeten, und diese Vermuthung findet sich durch die Beobachtung vollkommen bestätigt.

Man darf nämlich, den Beobachtungen und darauf gebauten Schlüssen zufolge, mit Bestimmtheit annehmen, daß die Anzahl der Kometen, deren Perihelien der Sonne näher liegen, als ihr der Planet Venus kommt, mindestens 600 beträgt. Ferner deutet Alles auf eine gleichförmige Vertheilung der Kometen=Perihelien durch unser ganzes Sonnengebiet hin, und unter dieser Voraussetzung verhält sich, aus geometrischen Gründen, die Anzahl der Perihelien, welche man sich auf die Ebene der Ekliptik projectirt denkt, in jeder Entfernung von der Sonne wie das Quadrat dieser Entfernung, d. h. zum Beispiele, die Anzahl der Kometen, deren Perihelien in einer mit dem Halbmesser der Venusbahn um die Sonne beschriebenen Kreisfläche liegen, verhält sich zu der bis zum Uranus, als präsumtiver Grenze unsers Sonnengebiets, ausgedehnten ganzen Kometenzahl dieses Gebietes, wie das Quadrat der Venusentfernung von der Sonne zum Quadrat der Uranusentfernung. Da nun aber Uranus 27 mal weiter von der Sonne entfernt ist als Venus und da die Anzahl der Kometen, deren Perihelien der Sonne näher liegen als letzterer Planet, schon mindestens 600 beträgt, so muß die ganze Anzahl der zu unserm Sonnengebiete gehörigen Kometen, wofern man den Uranus als dessen Grenze betrachtet, mindestens schon 27 × 27 × 600 oder 437 400 betragen. Diese Zahl ist aber, mit Bezug auf unser ganzes Sonnengebiet, gewiß noch viel zu klein, da gar kein hinreichender Grund vorliegt, den Uranus als Grenze desselben zu bezeichnen.

Man sieht hieraus also zuvörderst, daß die Anzahl der Kometen, überhaupt der der Planeten unsers Systems gegenüber, ganz unverhältnißmäßig groß ist; das Häuflein der 11 Haupt= und 18 Nebenplaneten verschwindet gegen jenes Heer von Himmelskörpern. Ferner aber überzeugt man sich, bei Einschränkung der obigen Rechnung auf den bloßen Halbmesser der Erdbahn, noch besonders, daß schon die Anzahl der Kometen, deren Perihelien nach Projection auf die Ekliptik, zwischen Sonne und Erde fallen, mindestens auf 2000 angeschlagen werden kann. Da nun sowol diese, der Erde gewiß näher kommenden 2000 Kometen, als jene fast 500,000 Kometen überhaupt, bei Durchlaufung ihrer Bahnen sämmtlich die Ebene der Ekliptik durchschneiden, während sich die Planeten, und namentlich auch unsere Erde, in dieser Ebene bewegen, so ist man ganz natürlich auf die Besorgniß gerathen, daß dabei ein Zusammenstoß dieser verschiedenen Himmels=

---

der auf die Leistungen der Dlle. Rachel gelegt wird, führen wir an, daß sie nach dem neuesten Contracte jährlich 60,000 Francs erhält, nämlich 27,000 Fr. Gehalt, 18,000 Fr. Spielhonorar für 64 Vorstellungen (à 280 Fr.) und eine mit 15,000 Francs garantirte Beneficzvorstellung; außerdem sind ihr drei Monate Urlaub bewilligt. Dlle. Mars erhält nur 42,000 Francs.

*) Vgl. den letzten Bericht Pfennig=Magazin Nr. 360 und 361.

**) Der wackere Galle hat seitdem schon einen dritten Kometen entdeckt, und ist von seinem Könige dafür mit der Preismedaille belohnt worden.

körper, und besonders auch unserer Erde mit einem oder dem andern der vielen Kometen eintreten könne. Diese Besorgniß vergrößert sich noch, wenn eine genauere Berechnung der Bahn eines bestimmten Kometen zeigt, daß der eine oder der andere Punkt, in welchem diese Bahn durch die Ebene der Ekliptik geht, der in eben derselben Ebene befindlichen Erdbahn sehr nahe liegt; denn wenn sich die Erde selbst gerade in diesem Punkte ihrer Bahn befunden hätte, indem vom Kometen eben auch die Ebene der Ekliptik durchschnitten worden wäre, so würde sich das gefürchtete Zusammenstoßen allerdings haben ereignen können. Von dem ersten der hier besonders in Rede stehenden Galle'schen Kometen galt aber allerdings, daß seine Bahn eine solche gefährliche Lage gegen die Bahn unserer Erde hat. Um die Sache also gleich in den bestimmtesten Ausdruck zu fassen, so ist die Unmöglichkeit eines solchen Zusammenstoßens der Erde oder eines andern Planeten unsers Systems mit einem Kometen durch Rechnung nicht darzuthun; wir wollen jetzt die Wahrscheinlichkeit und dann die Gefahr eines solchen Ereignisses betrachten.

Unsere Erde legt in jeder Zeitsecunde vier deutsche Meilen in einer Bahn zurück, welche, wie wir angeführt haben, den ungeheuren Umfang von 130 Millionen Meilen hat; die Geschwindigkeit der Kometen in ihrer Sonnennähe, in welcher sie doch auch nur in die Nähe der Erde kommen, ist meistens noch viel größer, gleichwie ihre Bahnen meistens auch einen noch viel größern Umfang haben. In wieviel entfernten Punkten seiner Bahn kann sich also der eine oder der andere dieser Weltkörper befinden, indem sich das zweite Gestirn eben dem gefährlichen Punkte der seinigen nähert, und wie schnell eilt der eine und der andere Körper über die gefährliche Stelle hinweg! Das Jahr hat bekanntlich 8766 Stunden, und unter diesen könnte eine einzige die verhängnißvolle sein, wofern man die Gefahr auf eine ganze Stunde ausdehnen und sie noch nicht in viel engere Zeitgrenzen einschließen will.

Wie gesagt also, ganz hinwegdisputiren läßt sich die Möglichkeit des Zusammentreffens eines Kometen mit der Erde oder einem andern Planeten nicht; die Wahrscheinlichkeit eines solchen Ereignisses ist aber, nach den obigen Auseinandersetzungen, äußerst gering. Welches würden indeß nunmehr die Folgen des wirklichen Eintretens eines solchen Ereignisses für die Erde sein? Auf diese ertheile ich die meine Leser wahrscheinlich überraschende Antwort: daß sich ein solcher Zusammenstoß der Erde mit einem Kometen ganz kürzlich in der That zugetragen hat, hinsichtlich seines Einflusses aber, von uns Allen ganz unbemerkt geblieben ist. Am 24. Juni 1819 nämlich ist die Erde durch den Schweif des damals sichtbar werdenden Kometen gegangen; die Rechnung für die Orte beider Himmelskörper hat dies gleich nachher unwiderleglich gezeigt, ohne daß man gleichwol, während des Vorgangs selbst, das Mindeste davon gewahr worden wäre. Dies wird auch begreiflich, wenn man die Naturbeschaffenheit der Kometen, soweit uns einmal wirkliche Beobachtungen darüber belehren, und soweit sodann teleologische Schlüsse darauf angewendet werden dürfen, näher in Betracht zieht. Unzweifelhaft sind diese Weltkörper aus einer äußerst feinen Materie gebildet; ihr äußerst geringer Massengehalt ergibt sich unwiderleglich aus dem Umstande, daß sie, selbst beim nahen Vorbeigange bei den Planeten unsers Systems, nie eine nur irgend bemerkliche Störung im Lauf derselben bewirken, wogegen sie selbst, umgekehrt, die ganze Anziehungskraft der Planeten erfahren. Herschel (der Vater) und nach ihm Laplace betrachten die Kometen als bloße vorläufige Verdichtungen des Weltenschöpfungsstoffes, mit dem das Universum erfüllt ist, und ihr ganzer Anblick stellt sie auch als Nebelgebilde dar. Treten dergleichen Zusammenballungen in das Anziehungsgebiet des großen und mächtigen Centralkörpers unsers Systems, der Sonne, so finden sie sich nun gezwungen, einen Kegelschnitt um dieselbe zu beschreiben, und während dieser Umläufe geht dann, jedoch ohne Beeinträchtigung ihrer ätherischen Natur, wahrscheinlich eine solche weitere Ausbildung in ihnen vor, welche sie zu einem dauernden Weltkörper stempelt. Die oben nachgewiesene ungeheure Anzahl der Kometen im Systeme deutet aber schon von selbst auf ihre Gefahrlosigkeit für dasselbe hin. Wären ihre Bahnen von der Hand des Schöpfers nicht so angeordnet, daß schon dadurch ein Zusammenstoß mit den Planeten als ganz oder (da wir eben den Fall des Durchgangs der Erde durch den Schweif eines Kometen zugegeben haben) doch nahe unmöglich erschiene, und wären sie, bei Annahme der Möglichkeit eines solchen eigentlichen Zusammenstoßes, nicht ätherisch genug, um den Vorgang unmerklich zu machen, so müßten, eben ihrer so großen Zahl wegen, sehr häufig die bedenklichsten Katastrophen sowol für die Erde selbst als für die übrigen Planeten, und in letzterm Falle, durch Rückwirkung, auch für uns eintreten. Die Geschichte schweigt aber darüber, und da sie uns Jahrtausenden Nichts von einer solchen Kometenkatastrophe zu berichten weiß, welche doch, wenn sie überhaupt möglich wäre, unter den angeführten Umständen kaum hätte ausbleiben können, so ist Alles auf die allgemeine Unzulässigkeit der Annahme einer solchen Katastrophe zu geben. Die Kometenfurcht ist demnach wirklich eine unbegründete Besorgniß, und ich freue mich, meine Leser, an der Hand dieses Trostes, jetzt zu einem andern Gegenstande führen zu können.

Dies sind zunächst die fortgesetzten Beobachtungen zur Entdeckung einer Firsternparallaxe. Bereits früher ist in diesen Blättern angeführt worden, daß Struve eine solche Parallaxe für den Stern Wega (alpha Lyrae) von $1/8$ Secunde und Bessel für den Stern 61 im Schwan, von $1/3$ Secunde ausgemittelt hat, und daraus die Entfernung jenes erstern Sternes von der Erde = $1\frac{1}{2}$ Million Sonnenweiten (zu 20 Millionen Meilen), des letztern aber = 700,000 solcher Sonnenweiten folge. Der königl. großbritannische Astronom Thomas Henderson hat diese Untersuchung, während eines kürzlichen Aufenthalts am Cap der guten Hoffnung, auf den Sirius, bekanntlich den glänzendsten und darum immer für den größten und nächsten aller Firsterne gehaltenen, ausgedehnt, welcher daselbst nahe am Zenith steht, wodurch sich die aus der Refraction entstehenden Ungewißheiten beseitigt finden, und aus 67 gemachten, höchst genauen Beobachtungen den Schluß gezogen, daß die Parallaxe auch dieses Firsternes höchstens zu $1/2$ Secunde angeschlagen werden dürfe, woraus seine Entfernung von der Erde über 400,000 Sonnenweiten folgen würde. Diese Bestimmung ist deshalb wichtig, weil sie wenigstens im Allgemeinen das Struve-Bessel'sche Resultat: daß die Parallaxe auch der für die nächsten gehaltenen Firsterne noch lange keine Secunde betrage, bestätigt und unsern Begriff von den wahren Dimensionen des Universums also immer fester stellt. Fortgesetzte Messungen werden uns die Secundenbruchtheile genauer geben, sodaß dann eine strengere Vergleichung der verschiedenen Entfernungen wird stattfinden können, wovon eine vervollkomnete

Astronomie die Möglichkeit der wichtigsten Folgerungen erwarten darf.

An einer andern Stelle dieser Blätter*) wurde der Mondglobus der Hofräthin Witte zu Hanover erwähnt; da sich dieses ausgezeichnete Kunstwerk aber jetzt in Berlin befindet und dort die Aufmerksamkeit nicht nur aller Kenner, sondern auch einer Menge von bloßen Liebhabern aus den höchsten Ständen erregt, mit Erlaubniß der Verfertigerin auch vielleicht die Reise durch ganz Deutschland, wo nicht Europa, machen wird, so halte ich, im Interesse meiner Leser, angemessen, nochmals darauf zurückzukommen. Früher waren zwar wol Mondkugeln, jedoch nur nach Art der gewöhnlichen Erdplaniglobien, versucht, aber auch nur versucht worden — nur erst Lohrmann und nach ihm Mädler haben etwas wirklich Brauchbares in dieser Art geliefert; an eine plastische Darstellung unsers Himmelsnachbars hatte Niemand gedacht. Dies Letztere ist nun durch die genannte Künstlerin, mit Benutzung besonders jener Lohrmann'schen und Mädler'schen Vorarbeiten, wirklich ausgeführt worden. Auf einer etwa einfüßigen glatten Kugel sind alle in der 35 Zoll Durchmesser haltenden Mädler'schen Mondcharte verzeichneten Gebilde, mittels einer Mischung von Wachs und Mastir, welche sich allein zart genug dazu bewies, im rechten Verhältnisse en relief nachgebildet; keiner der unzähligen Berge, Krater, keine „Rille", kein „Strahlensystem" u. s. w. fehlt hier, und man kann die bei der genauesten Vergleichung mit der Karte immer deutlicher hervortretende Treue nicht genug bewundern. Da sich dieser Globus um seine Are drehen läßt, so ist es möglich, durch seine Aufstellung im Sonnenscheine jede Phase beliebig zu produciren, und betrachtet man ihn sodann, aus 30—40 Fuß Entfernung, durch ein Fernrohr, so erblickt man dieselben Schattencontouren, dieselben Lichtinseln, kurz Alles, wie auf dem wirklichen Monde, wenn um derselbe die nämliche Phase zeigt. Für das Mondstudium kann diese Witte'sche Mondkugel von außerordentlichem Nutzen werden; aber wie wird es anzufangen sein, sie zu vervielfältigen? Der wackere Mondtopograph Mädler zu Berlin, unter dessen Aufsicht sie sich dort befindet, behauptet die vollkommene Unmöglichkeit einer solchen Vervielfältigung wegen der außerordentlichen Zartheit des Gegenstandes; allein nach Demjenigen, was unser wunderbares Jahrhundert, namentlich hinsichtlich des nicht weniger zarten Daguerre'schen Verfahrens, der Jacobi'schen Galvanoplastik u. s. w. geleistet hat, mögen wir auch an der Möglichkeit dieser Leistung nicht verzweifeln. Das für unausführbar oder für sehr schwer ausführbar Gehaltene liegt zuweilen viel, viel näher als man glaubt, und ich will diese Veranlassung nützen, um davon gleich ein in unsere heutige Unterhaltung gehöriges Beispiel anzuführen.

Der bekannte Astronom Gruithuisen hatte vor einiger Zeit die Aufgabe gestellt: eine geographische Uhr zu bauen, welche die Zeit für viele verschiedene, weit auseinander gelegene Orte angebe. Meine Leser erinnern sich, um den ganzen Sinn dieser Foderung zu fassen, daß, in Folge des täglichen Umlaufs der Sonne um die Erde, in der Richtung von Osten nach Westen, die westlicher gelegenen Punkte der Erdoberfläche auch immer später Mittag oder jede andere Tagesstunde haben als die östlicheren; wenn Petersburg z. B. in irgend einem Augenblicke die Sonne schon im Meridian hat und folglich 12 Uhr Mittags Sonnenzeit und die nach der dortigen Zeitgleichung darauf bezügliche (mittlere) Zeit zählt, so ist die Sonne dagegen noch weit von Paris entfernt, und die dortigen Uhren zeigen erst eine frühere Stunde. Gruithuisen verlangte also eine allgemeine Uhr, welche für jeden Augenblick auf demselben Zifferblatte angebe, was eben die besondern Uhren in Petersburg, Paris, Wien, London, Newyork u. s. w. zeigen.

Dies sieht, auf den ersten Blick, auch sehr schwer aus, allein der Uhrkünstler Johbaum zu Kapfenberg in Obersteiermark hat eine überaus einfache Construction dazu erdacht. Er beschreibt nämlich auf demselben Zifferblatte so viele concentrische Kreise, als Zeitbestimmungen für verschiedene Orte, gefodert werden. In diese Kreise schreibt er die Ortsnamen und, correspondirend untereinander, die entsprechenden Zeiten (deren Differenz man bekanntlich aus der Längendifferenz der Orte kennt).

(Der Beschluß folgt in Nr. 386.)

Der Fallschirm.

Ein Fallschirm ist eine schirmartige Vorrichtung, welche dazu dient, um mittels derselben, d. h. an derselben hängend, gefahrlos aus großen Höhen herabfallen zu können. Die Wirkung desselben beruht auf dem Widerstande der Luft, welcher die Fallgeschwindigkeit unter gewissen Bedingungen in einem solchen Grade vermindern kann, daß der Fall aufhört, gefährlich zu sein. Die Ursache, warum der Fall aus einer Höhe desto gefährlicher ist, je größer die Höhe, liegt bekanntlich in der mit der Höhe zunehmenden Geschwindigkeit des Falls, je größer aber diese ist, desto heftiger ist natürlich der Zusammenstoß, welcher stattfindet, sobald die Erde oder irgend ein auf derselben befindlicher Körper der Bewegung des Falls ein Ende macht. Die Geschwindigkeit eines Körpers, welcher frei fällt, d. h. von keiner andern Kraft als der Schwerkraft getrieben wird, würde im luftleeren Raume so zunehmen, daß er in der ersten Secunde etwa 15 pariser Fuß, in der zweiten das Dreifache dieses Raums, in der dritten das Fünffache, in der vierten das Siebenfache, in der fünften das Neunfache u. s. w. zurücklegt, wo die Fallräume der einzelnen Secunden nach den ungeraden Zahlen zunehmen. Wie man sieht, würde dadurch die Geschwindigkeit in sehr kurzer Zeit ins Ungeheure vergrößert werden. Nun findet aber die angegebene Bedingung des luftleeren Raums in der Wirklichkeit niemals statt; alle auf der Erde oder in deren Nähe fallenden Körper befinden sich innerhalb der Atmosphäre in einem Raume, welcher mit Luft erfüllt ist, und diese setzt, wie das Wasser, allen sich in ihr bewegenden Körpern einen Widerstand entgegen, welcher ihre Geschwindigkeit vermindert; daher ist die Geschwindigkeit fallender Körper in der Wirklichkeit immer kleiner, als vorhin angenommen wurde. Dieser Widerstand bleibt sich aber nicht gleich, sondern wächst mit der Geschwindigkeit, wenn diese wächst, wie bei fallenden Körpern; außerdem aber richtet er sich nach der Oberfläche des sich bewegenden Körpers und ist desto größer, je größer diese Oberfläche bei gleichem Gewichte ist. Hat man also zwei Körper von gleichem Gewichte, aber ungleicher Oberfläche, z. B. Holz und Eisen, so fällt derjenige langsamer, dessen Oberfläche größer ist; und hat man umgekehrt zwei Körper von gleicher Oberfläche, aber ungleichem Gewichte, so fällt der schwerere am schnellsten. Wenn der Fall lange genug fortdauert, so wird mit

*) Nr. 355.

zunehmender Geschwindigkeit auch der Widerstand der Luft endlich so groß werden, daß die Geschwindigkeit nicht ferner zunehmen kann, und je größer die Oberfläche des fallenden Körpers im Verhältniß zu seinem Gewichte ist, desto früher wird dieser Zeitpunkt eintreten. Z. B. eine freifallende eiserne Kugel von drei Pfund Gewicht erlangt höchstens eine Geschwindigkeit von 280 Fuß in einer Secunde; eine genau ebenso große Kugel von Holz wiegt nur etwa ³⁄₈ Pfund und erlangt nur eine Geschwindigkeit von 100 Fuß in einer Secunde. Verbindet man nun einen an sich noch so schweren Körper mit einem andern leichten, der eine große Oberfläche darbietet und von seiner Gestalt ein Fallschirm heißt, so kann dadurch die Geschwindigkeit des Falls, soviel als man will, vermindert werden und man hat es in seiner Hand, zu bestimmen, welches die größte Geschwindigkeit sein soll, die der Körper erreichen darf, was lediglich von der Größe der Oberfläche des Fallschirms und dem Gewichte desselben, sowie des mittels desselben herabfallenden Körpers abhängt. Soll z. B. ein Mann von 150 Pfund Gewicht mit einer Geschwindigkeit von 150 Fuß herab-

Ein Fallschirm.

fallen, wie man sie durch einen Sprung von 1½ Fuß Höhe erreicht, so muß der Fallschirm einen Halbmesser von fast 19 Fuß haben, vorausgesetzt, daß er aus einem Stoffe besteht, von welchem eine Kreisfläche von einer Elle Durchmesser ¼ Pfund (also eine Quadratelle ⁷⁄₂₂ Pfund oder 10 Loth) wiegt. Übrigens ist obige Geschwindigkeit sehr gering angenommen, da ein Mensch, ohne Gefahr wenigstens, wenn der Boden nicht zu hart ist, von vier Fuß Höhe herabspringen kann, in welchem Fall er eine Geschwindigkeit von 16 Fuß (in der Secunde) erreicht; nimmt man dies an, so braucht in dem angegebenen Beispiele der Halbmesser des Schirms nur etwa 10 Fuß zu betragen. Der Fallschirm ist desto besser und kann desto kleiner sein, je leichter der Stoff, aus welchem er besteht, ist, vorausgesetzt, daß er dabei hinreichende Stärke hat; ist derselbe zu schwer, so kann er gar nicht zu einem Fallschirm dienen. In dem angegebenen Beispiele, wo die herabfallende Last mit Einrechnung der Stäbe und der Stange des Schirms, sowie der daran befestigten kleinen Gondel 150 Pfund wiegen soll, muß das Gewicht einer Quadratelle von dem den Fallschirm bildenden Stoffe weniger als ⅞ Pfund oder weniger als 2¹⁰⁄₁₀ Pfund betragen, je nachdem man verlangt, daß die größte zu erreichende Geschwindigkeit 10 oder 16 Fuß betragen soll.

Als Erfinder des Fallschirms ist Le Normand, Professor zu Montpellier, anzusehen. Dieser hatte gelesen, daß in Indien zuweilen Sklaven zur Belustigung der Könige vermittels eines Sonnenschirms aus beträchtlichen Höhen herabspringen, ohne beschädigt zu werden; dies ahmte er nach, indem er am 26. Nov. 1783, einen Regenschirm von nur etwa 2½ Fuß Durchmesser in der Hand haltend, dessen Fischbeinstäbe er festgebunden hatte, um das Zurückschlagen zu verhüten, von der ersten Etage eines Hauses herabsprang. Später ließ er an einem ähnlichen Schirme Thiere von der Sternwarte herabfallen, gleichfalls mit glücklichem Erfolge. Diese Versuche wiederholte Montgolfier, der bei einigen Augenzeuge gewesen war, verfertigte mit einem gewissen Brante einen halbkugelförmigen Schirm von Leinwand von 7–8 Fuß Durchmesser, der durch Seile mit einem aus Weiden geflochtenen Korbe zusammenhing und ließ in diesem einen Hammel vom höchsten Thurme von Avignon herabfallen. Blanchard, der als kühner Luftschiffer einen hohen Grad von Berühmtheit erlangt hat, ließ von seinem Luftballon nur Thiere mit einem Fallschirm herabfallen und wagte es endlich in Basel, sich selbst herabzulassen, was Niemand vor ihm gethan. Er fiel jedoch auf Bäume, brach dabei ein Bein und wiederholte den Versuch nicht. Später hat Garnerin, gleichfalls als Luftschiffer berühmt, viele seiner Luftfahrten mit einer Descension im Fallschirm beschlossen; später that seine noch lebende Tochter bei ihren Luftfahrten Dasselbe.

Der Anblick eines sich aus einer großen Höhe mit dem Fallschirme herablassenden Menschen hat namentlich im Anfang etwas Schreckliches, weil dann der Fallschirm noch geschlossen ist, und der Fall des Luftschiffers eine sehr große und zunehmende Geschwindigkeit hat, die später, wenn sich der Fallschirm entfaltet hat und die Dichtigkeit der Luft wächst, wieder abnimmt. Was das Herablassen mit dem Fallschirme am meisten gefährlich macht, sind die heftigen Schwankungen, denen er unterworfen ist, und deren Ursache theils in dem Baue des Fallschirms und dem Widerstande der Luft, theils in dem ungleichen Ausweichen der zusammengedrückten Luft und den Luftbewegungen selbst zu suchen ist. Oft sind sie so heftig, daß der Luftschiffer Gefahr läuft, aus der an einem Seile hängenden Gondel geschleudert zu werden. Um die Gefahr möglichst zu vermindern, muß man dem Fallschirm einen längern Stiel geben und die Last in ziemlicher Tiefe unter dem Schwerpunkte des Fallschirms anbringen.

Sehr wichtig und zugleich naheliegend ist eine praktische Anwendung des Fallschirms, die gleichwol noch nicht versucht worden zu sein scheint, nämlich bei Feuersbrünsten, wo Menschen oft genöthigt sind, sich von bedeutender Höhe herabzustürzen. Selbst Fallschirme von geringer Größe würden in diesem Falle einigen Nutzen gewähren, und schon ein gewöhnlicher Regenschirm könnte wenigstens bei mäßigen Höhen einem Kinde von großem Nutzen sein, wenngleich für einen erwachsenen Menschen die Größe desselben nicht hinreichen würde.

Verantwortlicher Herausgeber: Friedrich Brockhaus. — Druck und Verlag von F. A. Brockhaus in Leipzig.

Das Pfennig-Magazin

für Verbreitung gemeinnütziger Kenntnisse.

386.] Erscheint jeden Sonnabend. [August 22, **1840**.

Dublin.

Das Posthaus zu Dublin.

Dublin, die Hauptstadt des Königreichs Irland, sowie der von ihr benannten Grafschaft, liegt fast genau in der Mitte der irischen Ostküste in einer fruchtbaren Ebene, nur eine englische Meile von der dubliner Bai, in welche sich der von Westen nach Osten fließende Fluß Liffey bei Ringsend ergießt, nachdem er die Stadt, zu deren Verschönerung er mit seinen schönen und geräumigen, sich durch die ganze Stadt erstreckenden Quais und sieben Brücken, sechs steinernen und einer eisernen, nicht wenig beiträgt, durchströmt und in zwei ungleiche Theile getheilt hat, von denen der größere südlich liegt. Die halbkreisförmige Bai ist zwar sehr geräumig (eine Meile breit und fast doppelt so lang), aber seicht und besonders im Winter unsicher, woran außer der Lage zwei Sandbänke Schuld sind. Um dem Übel so viel als möglich abzuhelfen, hat man in den Jahren 1748—55 einen bewundernswürdigen Steindamm erbaut, der auf der Krone 30 Fuß breit und 25,692 Fuß (über eine deutsche Meile) lang ist; er endigt mit einem Leuchtthurme, außer welchem noch ein anderer auf der Halbinsel Howthhill im Norden der Bai steht. Noch zwei andere Steindämme, welche kleine Häfen bilden, sind später im Nord-Westen von Howthhill und im Süden der Bai zu Dunleary angelegt worden. Der letztere Hafenort, jetzt zu Ehren eines Besuchs des Königs Georg IV. Kingstown (Königstadt) genannt, ist mit Dublin durch eine Eisenbahn verbunden, deren Beschreibung wir in Nr. 177 gegeben haben. Übrigens können Schiffe von 200 oder weniger Tonnen im Liffey bis zur Stadt heran, bis an die dem Meere nächste Carlislebrücke, stromaufwärts fahren.

Der größte Theil der Stadt bildet ein rechtwinkliges Viereck, ist gut gebaut, hat breite, regelmäßige, gut gepflasterte und bei Nacht gut beleuchtete Straßen mit stattlichen, größtentheils modernen Häusern und kann mit den schönsten Städten Europas kühn in die Schranken treten. Der kleinere Theil der Stadt, Liberty genannt, hat fast nur hüttenähnliche Häuser aufzuweisen und dient den untersten und ärmsten Volksclassen zum Aufenthalt. Zu diesen beiden Stadttheilen kommen noch sechs Vorstädte; mit diesen hat die Stadt über 24,000 Häuser und gegen 250,000 Einwohner, welche bis auf 70,000 Bekenner der englischen oder bischöflichen Kirche und 8000 Dissenters der katholischen Kirche angehören. Unter den öffentlichen Plätzen oder Squares steht der Stephansgreen oben an, welcher an Umfang von keinem öffentlichen Platze in irgend einer Stadt der drei vereinigten Königreiche übertroffen wird; er bildet ein Quadrat, dessen Seite über 1000 Fuß lang ist, und enthält in der Mitte einen von einem eifernen Gitter umgebenen Rasenplatz, auf welchem die bronzene Reiterstatue des Königs Georg II. steht. Nächstdem verdienen die Plätze Merionsquare, mit einem schönen Springbrunnen, Mountjoiesquare mit herrlicher Aussicht und der Schloßplatz genannt zu werden. Die schönsten Straßen sind die Sackvillestraße, 180 Fuß breit, an beiden Seiten prächtige Kaufläden enthaltend, die Damen- und die Westmorelandstraße. Unter den öffentlichen Gebäuden, die im Allgemeinen in einem schönern und großartigern Style als irgendwo im britischen Reiche gebaut sind, nennen wir zuerst das uralte, sehr ausgedehnte, aber unansehnliche Schloß, welches dem Lordlieutenant oder Vicekönig von Irland als Residenz dient und außerdem die Schatzkammer, das Zeughaus und andere militairische Gebäude umfaßt. Der Bau desselben wurde im 13. Jahrhundert beendigt; die alten Thürme und andere Befestigungswerke sind bis auf den Birminghamthurm, der das Archiv des Königreichs enthält, abgetragen worden. Vorzüglich sehenswerth ist noch die alterthümliche gothische Schloßkapelle; ihr Inneres ist mit herrlichen Glasgemälden aus Italien, die im 15. Jahrhunderte gemalt sind, und mit Holzschnitzwerk, welches zwar neuern Ursprungs ist, aber dem alten nichts nachgibt, geziert. Unter den übrigen öffentlichen Gebäuden sind hervorzuheben: die geschmackvolle Börse, ein rundes Gebäude mit korinthischen Säulen, einer Kuppel und einer hohen steinernen Freitreppe, im Erdgeschoß die Marmorstatue Georg III. enthaltend; die Bank (früher das irische Parlamentshaus) mit offenem Säulengang von ionischer Ordnung; das irische Akademiegebäude; das neue Posthaus (s. die umstehende Abbildung) mit einem großen Säulenportal; der Justizpalast mit einer 433 Fuß langen, durch sechs korinthische Säulen und eine Kuppel gezierten Hauptfronte und zwei Flügeln, jeder 90 Fuß lang und 60 Fuß tief; das neue Zollhaus, 375 Fuß lang und 209 Fuß tief, mit einem Kostenaufwande von 255,000 Pf. St. oder 1,785,000 Thalern erbaut und 1790 vollendet, von einer dorischen Säulenreihe, einer Kuppel und einer den Handel vorstellenden weiblichen Statue geziert; die für 6000 Mann eingerichteten Casernen, von Quadersteinen erbaut u. s. w. Unter den Privatgebäuden zeichnet sich der Palast des Herzogs v. Leinster aus. Die Zahl der Kirchen, welche den Episcopalen angehören, ist 21, worunter zwei Kathedralen; von diesen ist die alterthümliche, 1190 vollendete Kathedrale des heil. Patrick theils ihrer schönen gothischen Bauart, theils ihrer vielen Denkmäler wegen vorzüglich merkwürdig; mit ihr ist eine öffentliche Bibliothek von 25,000 Bänden verbunden. Noch älter ist die andere Kathedrale, die Christkirche, schon 1038 erbaut. Zu den schönsten Gebäuden der Stadt gehört unstreitig auch die katholische Metropolitankapelle. Die Zahl der Kapellen und Bethäuser der Katholiken und Dissenters (denn nur die gottesdienstlichen Gebäude der Episcopalen heißen Kirchen) wird verschieden angegeben; jedenfalls übersteigt sie 30; hierzu kommen noch 13 Klöster der Katholiken. Unter den zahlreichen Wohlthätigkeitsanstalten sind hauptsächlich das Bluecoat-Hospital, eigentlich ein Erziehungs- und Waisenhaus, das imposante Hospital für Wöchnerinnen mit schönem Garten, das Invalidenhaus und das Findelhaus zu erwähnen. An Denkmälern ist die Stadt ziemlich reich; außer der schon genannten Reiterstatue Georg II. enthält sie Reiterstatuen der Könige Wilhelm III. und Georg I., von denen die erstere freilich nur geringen Kunstwerth hat, und eine 130 Fuß hohe Säule, die zu Ehren Nelson's errichtet wurde und seine kolossale Statue, in moderne Uniform gekleidet, trägt.

An der Spitze der wissenschaftlichen Anstalten steht die Universität oder das Trinity-College, gestiftet 1320 und von der Königin Elisabeth 1594 erneuert, mit sehr umfangreichen und schönen Gebäuden. Die Zahl der Studirenden beträgt gegen 1200; 300 von ihnen wohnen im Universitätsgebäude. Die dazu gehörige Bibliothek zählt 60—70,000 Bände; der Universitätsgarten ist geräumig und schön; Museum und Sternwarte sind unbedeutend. Von den gelehrten Gesellschaften ist außer der 1786 gestifteten irischen Akademie noch die 1812 gestiftete Gesellschaft für Naturwissenschaften und schöne Künste zu bemerken, welche jährlich von der Regierung eine Unterstützung von 10,000 Pf. St. erhält, hauptsächlich zur Besoldung der bei ihr angestellten Professoren, welche unentgeltlich Unterricht ertheilen; sie besitzt sehr reiche Sammlungen von Naturalien, Modellen u. s. w.

Die größere Hälfte der Bewohner Dublins nährt sich durch Industrie und Handel; jene liefert Leinwand, Baumwollen-, Wollen- und Seidenwaaren, Strümpfe, Stärke, Zucker und Whisky, welches Getränk in sehr großer Menge producirt wird und in dieser Hinsicht den Porter noch überflügelt hat, wiewol die Stadt 30—40 Brauereien enthält. Noch ungleich wichtiger als die Industrie ist aber der Handel Dublins, für den die Lage der Stadt sehr günstig ist. Der inländische wird durch zwei Kanäle, auf denen Kohlen, Victualien und Torf herbeigeführt werden, sehr wesentlich unterstützt; der eine derselben, genannt der königliche, führt in nordwestlicher Richtung zum Fluß Shannon, der andere, genannt der große, läuft südwestlich und theilt sich in zwei Arme, von denen der eine in den Shannon, der andere in den Barrow führt. Der auswärtige Handel wird hauptsächlich mit Westindien, Nordamerika, England, Schottland, Frankreich, Holland, der Ostsee und den Ländern am mittelländischen Meere getrieben. Neben vielen reichen und wohlhabenden Personen enthält Dublin auch eine große Menge Armer, welche sich im tiefsten Elend befinden und in Lumpen gehüllt, die ihre Blöße kaum zu decken vermögen, einen traurigen Anblick gewähren, an den man sich freilich in Irland gewöhnen muß.

Für das Vergnügen der wohlhabenden Bewohner sorgen vier Theater, die jedoch von der höhern Gesellschaft selten besucht werden, und eine Musikhalle; außerdem die öffentlichen Spaziergänge, unter denen der Phönixpark am Westende der Stadt obenan steht. Dieser enthält namentlich schöne Lindenalleen, große Wiesen u. s. w., und ist nach dem Urtheile eines geistreichen Reisenden der Prater Dublins, welcher dem wiener weder an Umfang noch an schönen Rasenflächen zum Reiten, langen Alleen zum Fahren und schattigen Gängen nachsteht. Der Lordlieutenant hat hier einen schönen von Gärten eingeschlossenen Sommerpalast. Außerdem findet man hier einen kolossalen, 210 Fuß hohen, dem Herzoge von Wellington zu Ehren errichteten Obelisk, der sich aber nicht eben durch schöne Verhältnisse empfiehlt. Noch ist der um den größern Theil Dublins herumführende Weg, genannt Circular road (kreisförmiger Weg), zu erwähnen, dessen Länge zwei deutsche Meilen beträgt. In der Umgegend Dublins sind die sehenswerthesten Punkte: der botanische Garten zu Glasvenin, die Bäder zu Clontarf, Ringsend, Beldoyle und Lucan, die Sternwarte zu Finglas, die Felsenspalte Scalp u. s. w.

Unter den vielen ausgezeichneten Männern, welche Dublin hervorgebracht hat, sind Sheridan, Kirwan,

Cunningham, Steele und Swift auch im Auslande bekannt geworden.

Zwei Criminal-Anekdoten.
1. Die Weigerung.

Zu Charleval im Eure-Departement ereignete es sich vor Kurzem, daß ein Abenteurer, unter dem Vorwande, von hoher Hand dazu beauftragt zu sein, die Manufacturen durchzog, Zahl und Namen nothleidender Arbeiter aufzuzeichnen, um zu deren Gunsten eine Subscription zu eröffnen. Wirklich glückte es seiner Verschmitztheit, an 1000 Francs zusammenzubringen. Aber eben als er im Einkassiren begriffen war, fiel die Sache auf, und der Staatsprocurator erhielt davon noch zu rechter Zeit Kunde, seine Verhaftung anzuordnen, bis seine Legitimation herbeigeschafft sein würde. Der Obergendarme glaubte, seiner am sichersten in dem Wirthshause habhaft zu werden, wo er seinen gewöhnlichen Aufenthalt genommen. Er rückt also in hastigem Eifer vor das bezeichnete Quartier, klopft an und befiehlt zu öffnen. „Wird nicht aufgemacht!" ertönt eine Stimme. „Was!" ruft der Obergendarme erstaunt. „Kraft des Gesetzes befehle ich Euch, daß Ihr den Augenblick aufmacht!" — „Wird nicht aufgemacht!" läßt sich die vorige Stimme mit einer Ruhe vernehmen, deren Leidenschaftslosigkeit dem Spotte glich. „Wie? Ihr wollt nicht pariren?" donnerte hierauf der Diener der Gerechtigkeit entgegen. „Ich gebiete es Euch zum letzten Mal, oder" — „Wird nicht aufgemacht!" blieb die wiederkehrende Antwort. Um dem Gesetze zu genügen, wird ein Schlosser herbeigeholt und die Thüre aufgesprengt. Der Obergendarme tritt mit Sturmschritt in die Stube und findet sie leer, durchsucht alle Winkel und will sich unverrichteter Sache entfernen. Aber kaum wendet er den Rücken, so tönt ihm laut das alte „Wird nicht aufgemacht!" nach, und beim Umkehren fällt ihm ein prächtiger Rabe in die Augen, welcher unweit der Decke in einem Ringe sich wiegend einen langen Hals macht und sich selbst Lügen straft. Unser Abenteurer hatte ohne Vorwissen des Wirths bereits früher sich aus dem Staube gemacht und kam erst später in Arrest.

2. Das Vermächtniß.

Der Mörder Edward Clarke bat den Kerkermeister vor seiner Hinrichtung zu Chelmsford dringend, daß man drei Finger seiner rechten Hand ablösen und jedem seiner drei unglücklichen Kinder davon einen geben möchte, weil diese drei Finger die Ursachen seines traurigen Endes und des Elends seiner Kinder wären. Zwei Mitgefangene mußten ihm mit Hand und Mund versprechen, für pünktliche Vollziehung dieses Vermächtnisses zu sorgen, welcher sich der dasige Wundarzt gewissenhaft unterzog.

Poussin.

Nicolaus Poussin, einer der ausgezeichnetsten Landschafts- und Historienmaler der französischen Schule, dem in ersterer Hinsicht nur Claude Lorrain an die Seite gestellt werden kann, wurde 1594 zu Andelys in der Normandie geboren und stammt aus einer angesehenen, aber unbemittelten Familie. Eigentlich für das Studium der Wissenschaften bestimmt, legte er schon frühzeitig eine unüberwindliche Neigung zum Zeichnen an den Tag und bedeckte die Wände der Schulstube mit Figuren, die den künftigen Künstler ahnen ließen. Ohne Vorwissen der Ältern ging er 1614, weitere Ausbildung in der erkorenen Kunst suchend, nach Paris, wo es damals nur wenige geschickte Maler gab. Die beiden Meister, denen er sich hier anvertraute (der bekanntere von ihnen war George Allemand), konnten ihn wenig fördern, weshalb er sie bald wieder verließ; er behalf sich nun ohne Lehrer und zeichnete nach Werken italienischer Meister, wie Rafael, Giulio Romano u. s. w. Schon hatte er ziemlich allgemeine Anerkennung gefunden und zahlreiche Aufträge erhalten, als er dem Wunsche, die Heimat seiner Kunst, Italien, zu besuchen, nicht länger widerstehen konnte. Zweimal trat er die Reise dahin an, wurde aber jedesmal durch widrige Umstände zur Umkehr genöthigt; erst 1624 gelang es ihm, Rom wirklich zu erreichen. Hier hatte er an dem Dichter Marini, der ihn an den Cardinal Barberini empfahl, einen wohlwollenden und einflußreichen Gönner, als aber jener plötzlich gestorben und dieser in Staatsangelegenheiten nach Frankreich und Spanien abgereist war, sah sich der junge Künstler in einer sehr bedrängten Lage und mußte seine Arbeiten zu sehr niedrigen Preisen losschlagen, um nur leben zu können; kaum konnte er Leinwand und Farben zu neuen Bildern erschwingen. Indessen ließ er nicht nach, mit dem größten Fleiße zu arbeiten, und zeichnete theils die alten Kunstdenkmäler Roms, theils die Umgegend dieser Stadt, modellirte auch Statuen und Reliefs mit großer Geschicklichkeit. Die Rückkehr des Cardinals riß ihn zum Glück aus aller Bedrängniß; dieser trug ihm sogleich mehre große historische Bilder auf, welche allgemeinen Beifall fanden und seinen Ruf bald weit verbreiteten. Für den Ritter Cassiano del Pozzo malte er eine sehr schätzbare Reihe von Gemälden, die unter dem Namen der sieben Sacramente bekannt ist. Einem Mordanfall durch römische Soldaten entging er zwar glücklich, aber nicht ohne eine ernstliche Wunde an der linken Hand zu erhalten; seitdem legte er römische Tracht an und behielt sie bis an seinen Tod bei. Kaum von seiner Wunde hergestellt, fiel er in eine schwere Krankheit, von der er aber durch die sorgsame, liebevolle Pflege seines Freundes und Landsmanns Dughet, der gleichfalls Maler war, und der Familie desselben hergestellt wurde; dies mag Anlaß zu der ehelichen Verbindung mit Dughet's Tochter, die er 1629 schloß, gegeben haben. Vom Cardinal Richelieu nach Paris berufen, kehrte er 1640 dahin zurück, um die Galerie des Louvre mit seinen Gemälden zu schmücken. Ludwig XIII. verlieh ihm ein Jahrgeld von 3000 Livres und den Titel eines ersten Malers des Königs. Bestellungen zu Gemälden liefen nun von allen Seiten bei ihm ein, aber im Allgemeinen fanden seine Arbeiten weniger Beifall als in Italien und zahlreiche Gegner konnten ihm den Aufenthalt in der französischen Hauptstadt nicht angenehm machen. Er gab daher seine dortige Stellung schon im Sept. 1642 wieder auf und kehrte nach Rom zurück, das er nun nicht mehr verließ und wo er am 19. Nov. 1665 in seinem 71. Jahre starb. Ludwig XIII. hatte ihm seinen Titel und Gehalt auf Lebenszeit gelassen.

Poussin gehörte zu den feingebildetsten, denkendsten Malern aller Zeiten. Er studirte nicht nur die Meisterwerke seiner Kunst, sondern auch die Geschichte und Poesie; am liebsten las er Homer, Plutarch und die Bibel. Seine Werke zeichnen sich durch Correctheit der Zeichnung, Schönheit der Composition, großen und heroischen Styl und einen edeln, ernsten, oft fast schwermüthigen Ausdruck aus, welcher mit dem des Rafael Ähnlichkeit hat, weshalb er auch Rafael Frankreichs

*

genannt wird. Bisweilen vernachlässigte er freilich das Colorit über der Zeichnung, namentlich in seinen spätern Arbeiten. Zu seinen ausgezeichnetsten Werken gehören der Tod des Germanicus, das Testament des Eudamides, die Sündflut und die arkadische Landschaft, nächstdem die sieben Sacramente, welche er zweimal malte, die Einnahme von Jerusalem, das Abendmahl, die Pest der Philister, die Anbetung des goldenen Kalbes u. s. w.; die meisten derselben befinden sich in der Galerie des Louvre. Als Mensch war Poussin bescheiden, uneigennützig, großmüthig, treu und aufrichtig, daher auch bei Männern aller Stände beliebt; selbst die gelehrtesten und vornehmsten Männer seiner Zeit suchten seinen Umgang. Es wäre ihm ein Leichtes gewesen, sich zu bereichern, aber er arbeitete mehr für den Ruhm als für den Gewinn und kam daher nie zu großem Vermögen. In seiner Lebensweise war er stets einfach und anspruchlos. Als einst Cardinal Massimo, der ihn besucht hatte und dem er beim Weggange selbst leuchtete, gegen ihn äußerte: „Ich beklage Sie, Freund, daß Sie keinen Diener haben", antwortete Poussin: „Und ich Sie, daß Sie so viele haben."

Unsere Abbildung stellt die letzten Augenblicke dieses ausgezeichneten Künstlers nach einem Gemälde eines verdienstvollen, noch lebenden Malers aus der neuern französischen Schule, François Marie Granet (geb. 1776 zu Aix in der Provence), dar. Der sterbende Künstler hat eben die letzte Ölung erhalten und ist im Begriff, zu verscheiden; über seinem Haupte hängt eins seiner größten Meisterstücke: die arkadische Landschaft. Der dem Sterbenden gegenüberstehende, ihn mit Theilnahme anblickende Geistliche ist der ihm befreundete Cardinal Massimo, der ihn so eben der letzten Segnungen der Kirche theilhaftig gemacht hat.

Der Tod Poussin's nach einem Gemälde von Granet.

Das Neueste aus der Natur- und Gewerbswissenschaft.

(Beschluß aus Nr. 385.)

Wo z. B. im Ringe für Paris 12 Uhr bemerkt ist, findet sich im gleich darunter befindlichen Ringe für Augsburg 12 Uhr 34′ 16″ (als der dem Unterschiede in der geographischen Länge entsprechende Zeitunterschied), im Ringe für Wien 12 Uhr 56′ 10″ u. s. w., darüber aber im Ringe für Madrid 11 Uhr 35′ 5″, für Lissabon 11 Uhr 14′ 5″, für Philadelphia 6 Uhr 49′ 57″ u. s. w. angegeben. So zeigen die nämlichen geradlinigen Stunden- und Minuten- oder Secundenzeiger augenblicklich, welche Zeit es eben an allen diesen Orten ist, und zwar wahre oder mittlere Zeit, jenachdem man das Kunstwerk zu einem bestimmten Tage für erstere oder überhaupt für letztere gestellt hat. Um dem Auge zu Hülfe zu kommen, schlägt der Erfinder vor, den verschiedenen Armillen (ringförmigen Räumen zwischen den concentrischen Kreisen) die Regenbogenfarben zu geben, wodurch zugleich das Äußere gewinnen würde.

Daguerre's große optische Erfindung gewährt in täglich wachsender Vervollkommnung wirklich auch bereits täglich bedeutenden Gewinn. Schon jetzt findet man überall Daguerre'sche Lichtbilder, welche durch die bewundernswürdigste Treue, durch Deutlichkeit und Nettigkeit der Ausführung jede andere Darstellungsweise weit hinter sich zurücklassen. Der bekannte Optiker Petitpierre in Berlin hat z. B. mit einem der von ihm selbst verfertigten, besonders ausgezeichneten Daguerréotype kürzlich drei Ansichten von Umgebungen seiner Wohnung aufgenommen, welche uns in jeder Art bewundernswürdig vorgekommen sind. Der eine dieser „Lichtstiche" stellt die Vorderseite des Akademiegebäudes mit dem schneebedeckten Spaziergange der Linden, der zweite des Hôtel de Rome mit dem daran stoßenden Gebäude in der Charlottenstraße und der dritte den Spaziergang der Linden selbst dar; bei allen dreien ist die Genauigkeit des Details so groß, daß man mit einer Loupe sogar die Schrift der Anschlagzettel an verschiedenen Bäumen lesen kann.*) Als ein ganz eigenthümlicher Fortschritt der Daguerreotypie veroffenbart sich aber in ihren neuern Leistungen eine Annäherung zur Lösung des Problems, auch die Localfarben wieder zu erhalten. In der ersten der hier beschriebenen Petitpierre'schen Lichtzeichnungen, welche bei hellem Sonnenlichte aufgenommen ist, bemerkt man nämlich die blaue Farbe des Himmels und den Localton des Akademiegebäudes, in der zweiten, ohne Sonnenlicht, die Reflexe der Farben, und in der dritten den Nebel, der die Bäume und den ganzen Spazierweg einhüllt. Ähnliches ist auch bereits anderweitig gelungen. So wurden in einer der jüngsten Sitzungen der Akademie der Wissenschaften zu Paris photographische Bilder eines Herrn Bianchi aus Toulouse vorgezeigt, welche er ebenfalls als Proben von Erzielung der natürlichen Farben eingesendet hatte, und auf welchen in der That die rothen Ziegeldächer und grünen Jalousien eine der Wirklichkeit sehr nahe kommende Farbe zeigten. Es wird nun Sache der Künstler bleiben, die Umstände, namentlich die atmosphärischen Bedingungen, genau zu ermitteln, unter denen die Gewinnung dieses oder jenes Farbetons besonders gehofft werden darf. Schon die bisherigen Erfolge sind so außerordentlich ermuthigend, daß es doppelt zu beklagen wäre, wenn die Erfindung hier auf halbem Wege stehen bliebe.

Nachdem aber solchergestalt die Fähigkeit des Sonnenlichts, auf iodirten Platten dauerhafte Bilder mittels die Camera obscura hervorzubringen, hinreichend erkannt und in immer weiterer Ausdehnung benutzt worden war, lag die Frage sehr nahe: Ob dasselbe Resultat der Firation photographischer Bilder nicht auch durch künstliches, namentlich durch das bei dem bekannten Hydro-Orygas-Mikroskop in Anwendung kommende Drummond'sche Licht und zwar mit diesem Instrumente selbst erlangt werden könne? Dies erschien um so wünschenswerther, weil man einmal wenigstens helles energisches Sonnenlicht nicht immer haben kann, sondern dabei vom Eigensinn der Witterung abhängt, zweitens aber, weil das Fortrücken der Sonne in ihrer täglichen Bewegung bei photographischen, etwas längere Zeit fodernden Darstellungen einen nachtheiligen Einfluß übt. Diese Frage ist indeß, und zwar auf die glänzendste Weise, bejahend entschieden worden; ich muß aber zur vollkommenen Verständlichkeit des dabei angewendeten Verfahrens erst noch Einiges in das Gedächtniß meiner Leser zurückrufen. Das Drummond'sche Licht (nach seinem Erfinder, dem englischen Schiffslieutenant Drummond so genannt) entsteht bekanntlich, wenn man aus zwei verschiedenen Röhren einen Strom Sauer- und Wasserstoffgas auf einen Kegel von ungelöschtem Kalke zusammenstoßen läßt, wobei der Kalk von der entstehenden außerordentlichen Hitze glühend wird und in diesem Zustande ein überaus starkes Licht verbreitet. Dergleichen künstliches Licht wendet man nun bei einem Mikroskop von der Einrichtung der gewöhnlichen Sonnenmikroskope statt des Sonnenlichts an, indem man es durch eine erhabene Linse auf ein vor einer zweiten solchen Linse stehendes durchsichtiges Object fallen läßt, dessen Bild sich dann sehr vergrößert auf einer Wand oder Tafel darstellt. Um ein solches Bild nun zu firiren, nimmt man statt der sonstigen weißen Tafel vielmehr eine iodirte Daguerre'sche Metallplatte und erhält also die verlangten dauernden Abbildungen mikroskopischer Gegenstände in beliebiger Vergrößerung. Diese Anwendung der Daguerreotypie ist ziemlich gleichzeitig von den Naturforschern Ettingshausen zu Wien und Gebauer und Göppert zu Breslau gemacht worden. Nach einer Bekanntmachung des Erstern darüber war ganz Außerordentliches davon zu gewärtigen; die sehr genauen Gebauer-Göppert'schen Versuche stimmen diese Erwartung aber wieder etwas herab. Man erhält darnach, wenn man die iodirte Platte in den Focus der Vergrößerungslinse des Hydro-Orygas-Mikroskops bringt und dort 15—20 Minuten lang der Einwirkung des Knallgaslichts aussetzt, dauernde Bilder der Art, daß die durchsichtigern Theile des Objects mattweiß, die weniger durchsichtigen aber im Metallglanz erscheinen.

Die obige Einschränkung kann sich doch nur auf durchsichtige Gegenstände beziehen. Man hat aber bekanntlich auch Sonnenmikroskope für undurchsichtige Gegenstände (zuerst von dem englischen Künstler Adams), bei denen ein Planspiegel das vom Erleuchtungsglase concentrirte Sonnen- oder künstliche Licht auf die Vorderseite des Objects wirft. Jeder Optikus macht ein solches, und diese Einrichtung läßt, scheint es mir, den ganzen Vortheil der Daguerreotypie zu. Man ersieht aber jedenfalls aus diesen ersten Versuchen, welche ich nur als eine Andeutung zu betrachten geneigt bin, wieviel von der Daguerreotypie selbst in mikroskopischem Bezuge erwartet werden darf: sie ist, wie ich gleich bei ihrem ersten Bekanntwerden erklärt habe, „eine unermeßliche Erfindung", welche den Keim unbegrenzter Ausbildung und vielfacher Anwendung in sich trägt. Schon die Vorliebe, mit welcher so viele Hände an ihrer Vervollkommnung arbeiten, spricht dafür, und während einerseits das Iodiren der Metallplatten, auf dessen technisches Detail ich hier nicht weiter eingehe, immer mehr vereinfacht und zweckmäßiger ausgeführt wird, hat man andererseits die Darstellung des photographischen Papiers, welches diese kostbaren Platten bald ganz verdrängen wird, auch bereits sehr ausgebildet. Hinsichtlich des letztern bemerke ich nur noch, daß in einer der letzten Sitzungen der pariser Akademie der Wissenschaften überaus gelungene Lichtzeichnungen auf solchem Papier vorgelegt worden sind. Überhaupt eignet sich dasselbe, nicht blos wegen der größern Wohlfeilheit, viel besser zur Darstellung, als die Platte, welche den Eindruck doch immer durch ihren Metallglanz beeinträchtigt.

Der Eifer der Wissenschaft, ihre Forschungen und Bestrebungen beschränken sich aber nicht auf diese Gefilde des Lichts: die wissenschaftliche Untersuchung steigt auch hinab in die Tiefen der Erde, um daselbst die Reste einer grauen Urzeit, einer antediluvianischen Vorwelt aufzusuchen und aus diesen Resten das Bild jener kolossalen Schöpfung zusammenzusetzen. Was war die Erde, ehe eine Revolution, welche wir Sündflut nennen, ihr Gebäude in Trümmern schlug, um aus denselben eine neue zierlichere Gestaltung hervorgehen zu lassen? Welche Pflanzen grünten auf ihr? Welche Thiere nährten sich von diesen Pflanzen? Theilten Menschen, Wesen nach unserm Bilde, den Aufenthalt auf der vorsündfluthlichen Erde mit jenen Thieren? Standen sie auf einer gewissen Stufe der Cultur und hinterließen sie

---

*) Noch ein anderer Vorzug dieser photographischen Bilder besteht darin, daß die Umrisse bis an den äußersten Rand haarscharf bleiben, welches man der Trefflichkeit der Petitpierre'schen achromatischen Linsen verdankt.

demzufolge Bauten oder andere Spuren von Thätigkeit, welche neben ihren Gerippen für ihr Dasein zeugen könnten? — Diese und ähnliche Fragen sind es, auf welche die unterirdische Naturforschung eine befriedigende Antwort sucht. Zu den wichtigsten Entdeckungen, die sie in der neuesten Zeit gemacht hat, gehören die Resultate von Ausgrabungen, welche auf Veranstaltung eines Herrn Koch aus Roißsch bei Bitterfeld seit zehn Jahren in St.-Louis am Missuri lebt und sich in Nebenstunden auf eine auch für die vaterländischen Sammlungen, denen er Zusendungen macht, erfolgreiche Weise mit dem Sammeln und Zubereiten von Naturalien beschäftigt, in jenen noch weniger ausgebeuteten Gegenden gemacht worden sind, und worüber uns eine Mittheilung des berliner Naturforschers Lichtenstein vorliegt.

Zu den vorzüglichsten Stücken, welche dabei zu Tage gefördert worden sind, gehört nach derselben zunächst ein Schädel eines einem Elefanten ähnlichen Thiers, an welchem zwei mäßig lange Stoßzähne dicht nebeneinander aus der Mitte des Zwischenkieferbeins unter der Schnauze hervorwachsen und sich bogenförmig gekrümmt mit ihren Spitzen nach außen wenden. Da eine solche Bildung bis jetzt noch an keinem vorweltlichen Thiere beobachtet worden ist, so erkennt Koch darin eine neue Gattung, die er **Missourium** nennt. Außerordentlicher erscheint aber zweitens ein ganz vollständiger Schädel des **Mastodon giganteum** (eines übrigens häufig vorkommenden Riesenthiers der Urzeit), wie noch nie einer gefunden ist, von der enormsten Größe. Dieser Schädel ist im Museum von St.-Louis zur Schau ausgestellt. Es bestätigt sich darnach, daß, wie schon an den früher aufgefundenen Exemplaren dieses Ungeheuers beobachtet worden, die Stoßzähne bei demselben in horizontaler Richtung mit den Spitzen seitwärts gewendet lagen. Die Länge eines jeden derselben, auf der Krümmung gemessen, beträgt volle zehn Fuß; die Spitzen beider stehen in gerader Linie 21 Fuß von einander ab. Die übrigen Dimensionen dieses Schädels gebe ich weiter nicht in Zahlen an, sondern bemerke nur überhaupt, daß derselbe etwa die Größe eines gewöhnlichen einfenstrigen Zimmers hat, sodaß nach diesem Verhältnisse das Thier in unsern größten Sälen kaum Platz finden würde. Neben so kolossalen Urthieren hat aber der Mensch, wenigstens in seiner heutigen Gestalt, gewiß nicht bestanden; man darf dies a priori annehmen, und a posteriori wird es durch den Umstand bestätigt, daß man bis auf diesen Augenblick noch nie unzweifelhafte Spuren vorweltlicher menschlicher Existenz entdeckt hat. Freilich paßt der Ausdruck „Sündflut" im biblischen Sinne des Wortes dann nicht mehr auf die große Erdrevolution, von der wir hier sprechen: die Sündflut in jenem Sinne dürfte vielmehr ein beiweitem späteres, partielleres und lange nicht so gewaltsames Ereigniß gewesen sein. Wir bedienen uns des Wortes nur als einer allgemeinen Bezeichnung, da man einmal übereingekommen ist, die Geschichte der Erde in die zwei großen Epochen der ante- und postdiluvianischen Zeit zu theilen. Wenn es möglich wäre, das aller Geschichte Vorangehende geschichtlich aufzuklären, so würden wir gewiß von mehrfachen großen Erdzertrümmerungen erfahren.

Das am allgemeinsten verbreitete Thier jener nächsten Urzeit, in welche unsere Untersuchungen noch hinabreichen, scheint indessen das Mammuth gewesen zu sein; denn fast überall werden Überbleibsel desselben aufgefunden. So las in einer der letzten Sitzungen der geologischen Gesellschaft zu London Capitain Martin (aus Ramsgate) über die Mammuthknochen, welche man im englischen Kanal und überhaupt in der ganzen Nordsee auffischt. Die englischen Küstenfischer finden sich in ihrem Gewerbe oft durch ganze Massen solcher Knochen behindert, welche sich in ihre Fischergeräthschaften verwickeln, und welche sie, um die Fischerplätze zu säubern, an das Land ziehen. Der Vortragende hat eine ganze Sammlung von Stoßzähnen, Backzähnen und andern Knochen davon zusammengebracht, die besonders zwischen Dungeneß und Boulogne, zwischen Dover und Calais, zwischen Yarmouth und der holländischen Küste u. s. w. gefunden sind. Forscht man der Beschaffenheit der Lagen derselben näher nach, so entdeckt man meistens unterseeische Thäler oder Höhlen: es scheint demnach fast, als wenn vor der Erdrevolution hier festes Land mit solchen Thälern oder Höhlen gewesen sei, in welchen die Thiere von der plötzlich hereinbrechenden Flut überrascht worden sein mögen. Dies wäre wenigstens ein Fingerzeig mehr, um das Räthsel der Katastrophe aufzuklären. Recht eigentlich in das Gebiet dieser urweltlichen Forschung gehören auch die Untersuchungen über die im Bernstein eingeschlossen vorkommenden organischen Überreste der Vorwelt, mit denen sich die preußischen Naturforscher Berendt und Siebold beschäftigen. Unter den im Bernstein eingeschlossen vorkommenden Insekten trifft man verhältnißmäßig wenig ganz neue Gattungen; dagegen sind alle bis jetzt aufgefundenen Arten neu und unbekannt, und nur eine einzige möchte vielleicht auch der heutigen Thierwelt angehören, nämlich **Lepisma sacharina** (nach der Bestimmung des Forstraths Koch zu Regensburg). Als besonders merkwürdig muß dabei aber hervorgehoben werden, daß viele andere Arten der im Bernstein vorgefundenen Gattungen von Insekten in Brasilien und Neuholland vorkommen. Dies scheint wieder auf die durch so viele andere Umstände bestätigte Vermuthung zu führen, daß die Temperaturverhältnisse der Erdoberfläche zu der Zeit, in welche die Entstehung des Bernsteins fällt, überaus verschieden von den gegenwärtigen gewesen sein müssen; wir treten aber auch damit wieder vor das eigentliche Geheimniß der Urwelt, dessen Aufklärung noch keiner geologischen Theorie hat gelingen wollen.

Den Übergang zum Technischen bahnt uns dieses Mal die Jacobi'sche Galvanoplastik, von welcher in unsern früheren Vorträgen bereits die Rede gewesen ist. Diese Erfindung, die anfänglich nur als eine wissenschaftliche Speculation erschien, ist unterdeß vielfach in das wirkliche Leben getreten, und wir erfahren namentlich, daß dieses Jacobi'sche Verfahren in mehren londoner Fabriken von Metallknöpfen mit erhabener Arbeit erfolgreich angewendet wird. Meine Leser erinnern sich nämlich im Allgemeinen, daß es bei demselben darauf ankommt, eine Metall-, z. B. eine Kupferplatte mit vertiefter oder erhabener Arbeit in eine Auflösung von Kupfer zu bringen, in welcher letztern auf eine oder die andere Art der Galvanische Proceß erregt wird, wonächst sich die Elemente des aufgelösten Kupfers auf die Platte anlegen und die genaueste Abbildung des auf derselben befindlichen Modells bilden, durch welche Abbildung man sodann in gleicher Weise soviel neue Darstellungen desselben Modells erhalten kann, als man will. Man begreift nach dieser bloßen Andeutung, wie die Galvanoplastik zur Darstellung von Metallknöpfen mit erhabener Arbeit angewendet werden kann. Sie dient aber auch noch andern Zwecken. In einer der letzten Sitzungen der petersburger Akademie der Wissenschaften wurden verschiedene Proben der durch sie bewirkten Leistungen vorgezeigt, welche gleichsam die verschiedenen Stufen ihrer allmäligen Vervollkommnung darstellten; was aber die Bewunderung aller Anwesenden erregte, war die Copie en relief einer gravirten Arbeit des bekannten italienischen Meisters Bernini in Kupfer, die Martern der heiligen Katharina darstellend (16¾ Zoll lang, 11½ Zoll breit). Das aus Italien durch den Grafen Paul Demidoff mitgebrachte Original wurde dem Professor Jacobi anvertraut, und seine Versuche damit geriethen so vortrefflich, daß die galvanoplastische Copie vom Bernini'schen Originale nur mit Mühe unterschieden werden kann.

Den Schluß unsers diesmaligen Berichts machen wir mit einer Bemerkung über Dampfmaschinen, welche wir dem zehnten Jahresberichte des breslauer Gewerbevereins entnehmen. Nach einer daselbst mitgetheilten Berechnung nämlich beträgt die ganze Anzahl der auf dem Erdboden jetzt in Thätigkeit befindlichen Dampfmaschinen nach einem sehr mäßigen Anschlage, doch schon mindestens 200,000, und es werden dadurch die Kräfte von gewiß 25 Millionen Menschen und 4 Millionen Pferden ersetzt. Da jene Zahl der Dampfmaschinen, wie ungeheuer sie auch bereits erscheint, doch immer nur als ein Anfang zu betrachten ist und mit Gewißheit angenommen werden darf, daß in kurzem ziemlich alles rein Mechanische der Dampfkraft überlassen sein und die Menschenhand also in immer weiterer Ausdehnung disponibel werden wird, so entsteht allerdings die Frage, wohin dies endlich führen soll? Diese Frage führt freilich zu tief und ist zu umfangreich, als daß ich mich hier nicht damit begnügen müßte, das Nachdenken darüber nur angeregt zu haben; aber wirklich beschleicht den aufrichtigen Philanthropen der Zweifel, ob so viel unbeschäftigte Menschenkraft auch durchaus zu Besserm werde verwendet werden können? Die Absicht der Vorsehung, so weit es dem schwachen menschlichen Blicke gestattet ist, in den verwickelten Plan der Weltregierung einzudringen, scheint dabei zu sein, diese disponibel werdenden Menschenhände zunächst der Cultur der Tausende von Quadratmeilen, welche in fernen Weltgegenden noch brach liegen, zuzuwenden, und in der That wird Emigration wol das einzige Mittel sein, um Europa von dem Kraftüberflusse zu befreien, mit dessen Verderblichkeit es in dem Maße täglich mehr bedroht wird, als man der Menschenhand bloße Naturgewalten, wie die hier zunächst in Rede stehende Expansionsgewalt des Dampfes, substituiren lernt.

Cigarrenfabrikation in Sevilla.

Das Merkwürdigste in der Tabackfabrik zu Sevilla ist ein Saal oder vielmehr vier verbundene Säle, die einen sehr großen vierseitigen Hof umgeben und wo 3000 Mädchen und Weiber beschäftigt sind, Cigarren zu wickeln. Vergebens sucht man unter dieser großen Zahl eine einzige von leidlich hübscher Gesichtsbildung; ein englischer Reisender versichert, er habe noch nie so viele Häßlichkeit beisammen gesehen. Jedes dieser Frauenzimmer kann 10—12 Bund Cigarren (das Bund zu 51 Stück oder 10 Loth Taback) täglich wickeln. Auf dieselbe Weise sind 600 Männer beschäftigt, von denen jeder 14—16 Bund täglich liefert. Der tägliche Lohn aller dieser Arbeiter beläuft sich auf fast 1500 Thaler. Die Fabrik ist eine kleine Stadt; alle nöthigen Artikel werden innerhalb ihrer Mauern verfertigt; für die zinnernen Kisten, die Säcke und Körbe, selbst für die Räder der Wagen, in denen der Taback nach der Fabrik und aus derselben transportirt wird, sind besondere Werkstätten vorhanden.

Liebe der Neger zur Musik.

Eine merkwürdige Eigenthümlichkeit der Neger in Amerika, die nicht wenig dazu beitragen mag, ihnen die Drangsale der Sklaverei zu erleichtern, liegt in ihrer Liebe zur Musik, namentlich zum Gesange, die mit dem Mangel an Sinn für Musik, der bei den Weißen in Nordamerika herrscht, auf sehr auffallende Weise contrastirt. Die Schwarzen besitzen ein eigenes Instrument, das sie Banjo nennen. Dasselbe besteht aus einer leeren halben Kürbisschale, die mit Fellsaiten bespannt ist, wird mit den Fingern gespielt und hat die Form einer Laute. Die Musikchöre der nordamerikanischen Truppen und Milizen bestehen meist aus Deutschen und Schwarzen. Nur in den Schulen für farbige Kinder ist in Nordamerika ordentlicher Gesang zu finden; in den Volksschulen für weiße Kinder fehlt dieser Gegenstand des Unterrichts ganz.

Mohammed Ali's Bart.

Vor einiger Zeit kam eine englische Dame, die an einen im Dienste der ostindischen Compagnie stehenden Obersten verheirathet war, in Alexandrien an und ließ den Vicekönig bitten, ihr eine Locke seines Haars zum Geschenk zu machen, da sie sich damit beschäftige, eine Sammlung von den Haaren aller berühmten Monarchen ihrer Zeit anzulegen. Mohammed Ali ließ ihr antworten, daß er keine Haare habe, ihr daher auch keine Locke schenken könne; da er übrigens weit davon entfernt sei, ein berühmter Monarch zu sein, so würde schon die Überzeugung von seinem geringen Verdienste ihm nicht gestatten, auf den für ihn so schmeichelhaften Wunsch einzugehen. Um indeß der Dame seinen guten Willen zu zeigen, versprach er ihr, daß er in seinem Testament seine Erben anweisen werde, ihr nach seinem Tode seinen vollständigen — Bart zu überliefern, wenn anders bis dahin die britische Reisende nicht andern Sinnes geworden sein sollte.

Die chinesische Armee.

Der Hauptbestandtheil der chinesischen Streitkräfte sind die tatarischen Truppen, welche in acht Abtheilungen oder Standarten (die vier ersten führen die gelbe, weiße, rothe und blaue Farbe einfach, die andern haben eine Einfassung von einer oder der andern dieser Farben) eingetheilt sind. Die Abtheilung jeder Standarte der Tataren soll 10,000 Mann stark sein, was eine Effectivstärke dieser Truppen von 80,000 Mann ergeben würde. Außerdem steht in den Provinzen eine schlecht disciplinirte Miliz, die nur zu Policeidiensten verwendet wird. Zählt man diese Miliz mit, so ergibt sich eine Gesammtsumme von 700,000 besoldeten Streitern, von denen aber die meisten in ihrer Heimat leben und Ackerbau oder andere Gewerbe treiben. Die Tataren werden ungleich besser bezahlt als die chinesischen Soldaten, ohne Zweifel weil die erstern zum effectiven Dienste gebraucht werden, von ihrer Heimat weit entfernt und auf die Subsistenzmittel, welche der Soldatenstand liefert, beschränkt sind. Die gewöhnliche Uniform der Soldaten ist eine blaue Jacke mit rothen oder eine rothe mit weißen Aufschlägen über einem langen, blauen Weiberrocke. Die Mütze ist aus bemalten Bambusstreifen gemacht, von conischer Form und fest genug, einem Säbelhiebe zu widerstehen; bisweilen tragen die Soldaten eine andere Mütze von Tuch oder Seide, welche der der Mandarinen ähnlich ist. Ein Theil der Truppen hat eine Art Rüstung von Tuch mit Metallknöpfen und eine eiserne, einem Trichter ähnliche Mütze, die oben eine Spitze hat, woran ein Büschel von Seide oder Pferdehaaren befestigt ist.

Die Waffen sind sehr mangelhaft; sie bestehen in schlecht gearbeiteten Säbeln, noch schlechtern Radschloßflinten und geflochtenen runden Schildern. Die Hauptwaffen der Reiterei sind Bogen und Pfeile; der Bogen ist von biegsamem Holze oder von Horn, die Sehne von Seide stark gedreht; das Gewicht, welches erfoderlich ist, sie zu spannen, wechselt zwischen 80—100 Pfund. Das Spannen wird durch einen Ring von Stein erleichtert, der auf dem Daumen steckt. Der Gebrauch der Artillerie ist ziemlich neu, wiewol der des Pulvers uralt ist. Im Jahre 1636, zu der Zeit, als die Mandschu China mit einem Einfalle bedrohten, wurden die sich in Peking aufhaltenden Jesuiten vom Kaiser gebeten, seinem Volke das Gießen der Kanonen zu lehren.

Die oberste Leitung der ganzen chinesischen Armee wird außer dem Kaiser von den fünf obersten Collegien gehandhabt: 1) dem Heu-fu oder Nachtrab; 2) dem Tso-fu oder linken Flügel; 3) dem Jeu-fu oder rechten Flügel; 4) dem Tschong-fu oder der Schlachtlinie; 5) dem Tsien-fu oder dem Vortrab. Jedes derselben besteht aus einem Präsidenten und zwei Assessoren, welche meist vornehme Personen sind und den Befehl über die Truppen im Palaste haben. Alle fünf Collegien zusammen bilden das oberste Tribunal, genannt Jong-tsching-fu, dessen Präsident eine der mächtigsten Personen im Reiche ist. Alle, welche in der Armee befördert werden wollen, müssen eine strenge Prüfung vor dem Heo-juen oder Präsidenten aller Prüfungen bestehen. In derselben müssen sie erstens zeigen, ob sie gehörig reiten, den Bogen handhaben und mit demselben ihr Ziel treffen können; zweitens, ob sie kurz und einfach, aber zusammenhängend und bündig sprechen können, weshalb ihnen eine Frage aus der Kriegswissenschaft zur Beantwortung vorgelegt wird.

Die genannten Militairbehörden sind rein chinesisch. Die tatarischen Offizierstellen folgen dem Range nach folgendermaßen aufeinander: 1) Tsiang-kioun oder Obergeneral, welcher 5000 Mann zu seiner Verfügung hat; 2) Tutong oder Generallieutenant; 3) Ke-tschan oder Obrist; 4) Tsang-ling oder Obristlieutenant der Reiterei; 5) Fang-ju oder Capitain der Reiterei, welcher fünf Schwadronen, jede von 50 Mann, führt; 6) Hiao-ki-hiao oder Lieutenant der Infanterie. Der chinesische Generallieutenant, dessen Commando neben dem der Tataren besteht, ist stets in der Schlachtlinie gegenwärtig und heißt Tschong-kioun; er hat 3000 Mann in drei Regimentern, meist Infanterie und zwar theils Bogenschützen, theils Musketiere, unter seinem Befehl. Der Oberbefehlshaber der chinesischen Miliz heißt Ti-tu und commandirt die in jeder Provinz ausgehobenen Truppen; ihm folgen im Range in jeder Provinz 6 Tsang-ping oder Generallieutenants, 12 Fu-tsiang oder Generalmajors, 12 Tsang-tsian oder Brigadegenerals, 5 Jeu-kin oder Obersten, von denen jeder 200 Reiter und 800 Mann zu Fuß commandirt, 5 Tscheu-poei oder Obristlieutenants, 10 Tsing-tsong oder Capitains, deren jeder 500 Mann commandirt, 20 Pa-tsong oder Lieutenants. Dazu kommen die niedern Offiziere, Namens Pe-tsong oder Anführer von 100 Mann. Der Mandarin, welcher im Namen des Kaisers in den Provinzen Kanton und Kuansi den Oberbefehl führt, heißt Tsong-tu; er residirt nicht in Kanton selbst, sondern in Tschao-quing, 20 Stunden von Kanton und hat 5000 Mann unter sich. Der zweite Großbeamte, der in Kanton selbst wohnt, ist der Fujuen oder Vicekönig, welcher 3000 Mann commandirt.

Die ganze ungeheure Armee wird gut verpflegt und ist (wenigstens mit Ausnahme der Provinzialmilizen) ziemlich gut disciplinirt. Sie wird regelmäßig in den Waffen geübt. Die Offiziere üben sie in Evolutionen aller Art und bilden sie in größern und kleinern Abtheilungen; an Gewandtheit im Gebrauch der Waffen, besonders des Bogens und Säbels, fehlt es ebenfalls nicht. Dennoch ist die Armee nicht eben furchtbar und geeignet, äußern Feinden Furcht einzuflößen. Die Chinesen sind im Allgemeinen weichlich und feig. Die Tataren greifen zwar hitzig an, sind aber nicht im Stande, einen Angriff lange fortzusetzen oder einen, der auf sie gemacht wird, lange auszuhalten. Der geringste Widerstand verwandelt den Angriff in gänzliche Flucht und dann sind alle Versuche, die Flüchtigen wieder zu sammeln, vergeblich.

Ein chinesischer Infanterist.

Verantwortlicher Herausgeber: Friedrich Brockhaus. — Druck und Verlag von F. A. Brockhaus in Leipzig.

Das Pfennig-Magazin
für
Verbreitung gemeinnütziger Kenntnisse.

387.]   Erscheint jeden Sonnabend.   [August 29, **1840**.

Calvin.

Johann Calvin (eigentlich Cauvin oder richtiger Chauvin), der größte Beförderer der Reformation in Frankreich, war nach Einigen der Sohn eines Böttchermeisters, nach Andern eines königl. Procurators und wurde zu Noyon in der Picardie (jetzt Departement Oise) am 16. Juli 1509 geboren. Für die Studien und den geistlichen Stand bestimmt, erhielt er schon in seinem zwölften Jahre durch einflußreiche Gönner eine Pfründe und sechs Jahre nachher eine Pfarrstelle. Den Grund zu seiner wissenschaftlichen Bildung legte er in Paris, wohin er schon als Knabe geschickt worden war, und zeichnete sich früh in der Dialektik und Grammatik aus, aber die religiösen Streitigkeiten jener Zeit verleideten ihm den theologischen Beruf und mit Zustimmung seines Vaters ging er zum Studium der Rechtswissenschaft über, dem er sich zu Orleans und später zu Bourges mit dem besten Erfolge widmete, nebenbei aber auch das Studium der Geschichte und der classischen Sprachen mit Eifer betrieb. Inzwischen konnte er bei der Vorliebe, die er für die Grundsätze der Reformation schon in Paris gefaßt hatte, nicht umhin, seine religiösen Überzeugungen auf dem Lande zu verbreiten. Als er sie aber, 1532 nach Paris zurückgekehrt, in einer öffentlichen Rede aussprach, die er für seinen Freund, den Arzt Michael Cop, Rector der Universität zu Paris, verfertigte und die dieser wirklich vortrug, zog er sich und seinem Freund eine heftige Verfolgung zu. Beide mußten flüchtig werden und Calvin irrte lange umher, bis die den Wissenschaften und der Reformation günstige Königin Margarethe von Navarra, Schwester Franz I., jener Verfolgung ein Ziel setzte. Calvin lebte nun in der Verborgenheit zu Saintonge bei dem Kanonicus Ludwig de Tillet, ging dann nach Nerac zur Königin Margarethe, die ihn sehr wohl aufnahm, und kehrte endlich nach Paris zurück, wo er 1534 seine Pfründen völlig niederlegte. Bald aber sah er sich durch neue ihm drohende Gefahren genöthigt, Frankreich ganz zu verlassen, worauf er nach Strasburg und von da nach Basel ging. Von hier aus fing bald der Ruf seiner theologischen Gelehrsamkeit (denn Theologie hatte er nun wieder zu seinem Hauptstudium und Lebensberufe gemacht) an, sich weiter zu verbreiten. Hier schrieb er auch sein wichtiges Werk „Institutio christianae religionis" (Basel 1535), das er dem König Franz I. in der Absicht widmete, um die von diesem Monarchen mit unerbittlicher Grausamkeit verfolgten Bekenner der Reformation und ihre Lehren zu rechtfertigen und ihrer Verfolgung Einhalt zu thun, ein Zweck, den er leider völlig verfehlte. Dieses Werk machte übrigens überall großes Aufsehen und wurde bald in die meisten europäischen Sprachen übersetzt.

Von Basel ging Calvin nach Italien, wahrscheinlich auf Einladung der an den Herzog Hercules von Ferrara vermählten Tochter Ludwig's XII. von Frankreich, Renate; er wurde nicht nur an ihrem Hofe mit Auszeichnung aufgenommen, sondern fand auch anderwärts Anhänger, mußte sich aber bald den Nachstellungen der Gegner der Reformation entziehen und flüchtete sich von Aosta über einen unwegsamen Bergpfad nach Wallis, von wo er um die Mitte des J. 1536 nach Paris, bald aber, da hier seines Bleibens nicht war, nach Genf ging.

Diese Stadt hatte eben, im J. 1536, die Reformation angenommen, aber noch befand sich ihre Kirchenverfassung in sehr unvollkommenem Zustande und namentlich herrschte unter den Bewohnern zügellose Unsittlichkeit. An der Spitze der Geistlichkeit stand der würdige Farel; dieser erkannte in dem jungen Calvin den Mann von unerschütterlichem Charakter, welcher seinen brauchbarsten Mitarbeiter abzugeben verhieß, und bewog ihn, in Genf zu bleiben, wo er im August 1537 eine Predigerstelle übernahm. Im Verein mit Farel und dem blinden Corauld führte nun Calvin eine überaus strenge Kirchenzucht ein, aber die Heftigkeit, mit der jene Männer sittliche Ausschweifungen bekämpften, zog ihnen viele Feinde zu, und über die Kirchengebräuche entstand zwischen dem Rathe und den Predigern ein Streit, der im August 1538 die Verbannung der Letztern zur Folge hatte. Calvin begab sich nun nach Bern, und als der dortige Magistrat im Verein mit der züricher Synode sich vergeblich für seine Zurückberufung nach Genf verwendet hatte, ging er nach Strasburg. Hier erhielt er sogleich einen theologischen Lehrstuhl und die Erlaubniß, für die zahlreichen französischen Flüchtlinge eine Kirche zu errichten, an welcher er als Prediger wirkte. Mittlerweile verlor in Genf die ihm feindliche Partei ihre Macht und das Volk begann sich allgemein nach seiner Rückkehr zu sehnen. Die Bürgerversammlung nahm den Beschluß seiner Verbannung 1540 einstimmig zurück und suchte in Strasburg um seine Entlassung von seinen dortigen Ämtern nach, als sich eben Calvin in Religionsangelegenheiten mit Bucer auf dem Reichstage zu Worms und zu Regensburg befand und mit Melanchthon und Cruciger Unterredungen hielt. Der Magistrat zu Strasburg fügte sich der Auffoderung, Calvin selbst weigerte sich lange, seine frühere Wirksamkeit in Genf wieder zu beginnen, entschloß sich aber endlich, indem er auf zwei Jahre Urlaub nahm, zur Rückkehr nach Genf, wobei er die Einführung einer Kirchenordnung und Sittencensur nach seinem Sinne zur Bedingung machte. Am 1. Sept. 1541 kam er in Genf an und machte sich hier von dieser Zeit an nicht nur durch seine Thätigkeit als Seelsorger, sondern auch durch seine politische Wirksamkeit verdient, indem er im Verein mit drei Räthen die Abfassung bürgerlicher Gesetze zu besorgen hatte. Die Macht, die er in Genf ausübte, obgleich nur mit dem Charakter eines Pastors bekleidet, und die Verehrung, die er genoß, waren groß; vor seiner strengen und unerbittlichen Censur schützte kein Amt und kein Ansehen der Person Diejenigen, welche den guten Sitten zuwiderhandelten. Wiewol seine Gesundheit sehr bald vielfache Störungen erlitt, blieb doch seine rastlose Thätigkeit unverändert und auch nach außen hin vertrat er die Sache der Kirche, indem er während des Reichstags zu Speier kräftig und unerschrocken die Sache der Reformation verfocht.

In Vertheidigung seiner Meinungen legte Calvin eine seinem Charakter eigenthümliche Heftigkeit an den Tag und verfolgte oft Andersdenkende, aber Keinen in solchem Grade als den unglücklichen Spanier Michael Servede (Servet). Dieser war als Gegner der Lehre von der Dreieinigkeit 1531 aus Basel vertrieben und auf Veranlassung Calvin's zu Vienne verhaftet worden, aber wieder entkommen. Entschlossen, nach Neapel zu gehen, hielt er sich einige Wochen heimlich in Genf auf; dies erfuhr Calvin und denuncirte ihn dem Magistrat als Irrlehrer, worauf Servet verhaftet wurde. Calvin betrachtete ihn als Gotteslästerer und Zerstörer des Christenthums und erklärte ihn des Todes schuldig; am 27. Oct. 1553 wurde Servet, dem nicht einmal ein Vertheidiger bewilligt worden war, lebendig verbrannt. Daß dieses leidenschaftliche Verfahren dem Calvin (denn er hatte den größten Antheil an demselben) zum großen Vorwurfe gereicht und auf keine Weise gerechtfertigt werden kann, unterliegt keinem Zweifel. Mit den Hinrichtungen von Jakob Gruet und Joh. Valentin Gentilis verhält es sich in sofern anders, als Calvin nur bei der Anklage und Untersuchung, nicht aber bei der Verurtheilung der gedachten Männer betheiligt war; letztere erfolgte ohnehin bei Gentilis erst nach dem Tode Calvin's.

Seiner sehr geschwächten Gesundheit ungeachtet machte Calvin noch 1556 eine Reise nach Frankfurt, um einige Uneinigkeiten der dortigen Protestanten zu vermitteln. Bald nach seiner Rückkehr strömte eine Menge lernbegieriger junger Männer in Genf zusammen, welche sein Ruf herbeizog. Auf seine Vorstellung wurde 1558 eine Akademie mit vier Lehrstühlen errichtet, deren Leitung sein Freund Beza übernahm, während Calvin seine theologische Lehrstelle behielt. Durch seine zahlreichen Schüler verbreitete sich sein Ruf durch die Schweiz, Frankreich, Deutschland, Holland, England, Schottland, und sein Rath in theologischen Angelegenheiten wurde in den entferntesten Gegenden Europas befolgt. Er war der Verfasser des Glaubensbekenntnisses, welches 1562 den zu Frankfurt versammelten Reichsständen im Namen der reformirten Kirche in Frankreich übergeben wurde, und daß man ihn hier als das Haupt dieser Religionspartei ansah, beweisen die Namen Calvinisten und Calvinismus, welche um diese Zeit aufkamen.

Die Zerrüttung seiner schwachen Gesundheit wurde durch seine rastlosen Anstrengungen beschleunigt; aber wie sehr auch Quartanfieber, Gichtanfälle und Steinschmerzen ihn peinigten, die Kraft seines Geistes verleugnete sich nie. Am 6. Febr. 1564 bestieg er zum letzten Male die Kanzel, ohne vor Erschöpfung seinen Vortrag vollenden zu können, nahm am 27. März von dem Rathe auf dem Rathhause, wohin er sich hatte tragen lassen, am 28. April von der Geistlichkeit feierlich Abschied und starb allgemein betrauert am 27. Mai 1564 in einem Alter von 55 Jahren. Seine Gattin Idelette von Buria, Witwe des Wiedertäufers Storder von Lüttich, war schon 1549 nach zehnjähriger Ehe gestorben.

Calvin war schmächtig, von mittlerer Größe und blasser Gesichtsfarbe; sein Äußeres wurde durch seinen durchdringenden, geistvollen Blick belebt. Seine Lebensweise war überaus einfach. Sein fester Gehalt in Genf betrug nicht mehr als 150 Franken, 15 Centner Weizen und 2 Ohm Wein. Gewiß wäre es ihm ein Leichtes gewesen, zu Reichthum zu gelangen, aber nichts lag ihm ferner als Streben nach Glücksgütern. Sein ganzer Nachlaß wird von Einigen auf 125 Thaler berechnet. War er selbst mäßig, so foderte er diese Tugend auch streng von Andern. Seiner großen Heftigkeit ungeachtet war er inniger Zuneigung fähig, wenn er auch für geselligen Umgang wenig Sinn haben mochte. Auch seine Gegner erkennen ihn als einen der gelehrtesten und scharfsinnigsten Theologen seiner Zeit an. Als

Schriftsteller zeichnete er sich, auch abgesehen von der seltenen Schärfe und Klarheit seiner Beweisführung, namentlich durch die Schönheit seines fast classischen lateinischen Styls aus; als Redner besaß er eine eindringende Beredtsamkeit, wiewol seine Predigten in der Regel nur Homilien waren; seinen Scharfsinn und Verstand unterstützte ein außerordentliches Gedächtniß. Nach allem Gesagten kann es für Niemand zweifelhaft sein, daß Calvin mannichfacher Fehler ungeachtet zu den Männern gehörte, die ihrem Vaterlande zur Zierde gereichen und auch von Denen, die ihre Meinungen nicht theilen, als außerordentliche und bewundernswürdige Männer anerkannt werden müssen.

Der Kopfrechner Dase.

Unter die große Zahl der merkwürdigen Erscheinungen, welche dazu beitragen, uns die Herrlichkeit der menschlichen Organisation und den Umfang der Leistungen, deren sie unter gewissen Umständen fähig ist, bewundern zu lassen, gehören Menschen, die im Besitz einer an das Gebiet des Unglaublichen grenzenden, ja in dasselbe hinüberstreifenden Fertigkeit im Kopfrechnen sind, fast immer Knaben, welche in späterm Alter, wenn sie zu solchem gelangen, jene Fertigkeit wol nicht ganz, aber doch größtentheils einbüßen. Ihre Zahl ist jedoch ungleich geringer als die ausgezeichneter Künstler, die in irgend einem Fache Epoche machen. Vor einiger Zeit machte der junge Sicilier Mangiamele durch seine staunenswürdigen Leistungen in diesem Felde in Italien großes Aufsehen, aber unser Landsmann, der junge jetzt 16jährige Zacharias Dase, der erst in der neuesten Zeit bekannt geworden ist, möchte ihm wol in jeder Hinsicht an die Seite, vielleicht noch über ihn zu stellen sein. Dase ist der Sohn eines Gastwirths in Hamburg und legte schon in seiner frühesten Jugend eine entschiedene Liebe zum Zählen und Rechnen an den Tag. Mit großer Begierde und Schnelligkeit faßte er bald Alles auf, was ihm durch Unterricht über Arithmetik mitgetheilt wurde, erregte durch seine schnellen Fortschritte das Erstaunen seiner Lehrer, die er sehr bald überflügelte, und jetzt ist ihm das Zählen so zur andern Natur geworden, daß er unwillkürlich alles Zählbare unter den ihn umgebenden Gegenständen zählt und z. B. niemals eine Treppe hinansteigt, ohne oben angelangt ganz genau die Zahl der Stufen zu wissen. Auch in Leipzig, wo er kürzlich (in der zweiten Hälfte des Juni) Proben seines Talents abgelegt hat, konnte ihm der allgemeine Beifall und die ungetheilte Bewunderung der Kundigen wie der Unkundigen nicht entgehen. Nie zuvor hatte man hier dergleichen gesehen. Ohne uns auf Specialitäten einzulassen, bezeichnen wir nur im Allgemeinen einige der frappantesten Leistungen des jungen Rechnenkünstlers. Legt man ihm eine beliebige Zahl von Dominosteinen vor, so gibt er auf der Stelle die Zahl der Augen an, ohne dabei zu irren. Schreibt man in beliebiger Reihenfolge und Menge zweierlei Zeichen, z. B. Kreuze und Nullen, an die Tafel, so gibt er gleichfalls ohne alles Besinnen die Zahl der erstern sowol als die der letztern richtig an. Schreibt man, während er der Tafel den Rücken zukehrt, mehre (etwa bis 12) beliebige Zahlen an, so bedarf es für ihn nur eines einzigen Blicks auf dieselben, um sie sodann wegsehend in richtiger Folge aus dem Gedächtnisse herzusagen. Sind ihm große Zahlen (10 oder noch mehr) von bedeutender Ziffermenge zum Addiren aufgeschrieben, so schreibt er entweder sogleich die Ziffern des Facits auf, oder führt die Rechnung laut, aber ohne die Aufgabe anzusehen, nur zuweilen einen flüchtigen Blick auf dieselbe werfend. Zwei Factoren bis zu 6 oder auch noch mehr Ziffern multiplicirt er entweder so, daß er nur die Ziffern des Facits hinschreibt, natürlich mit desto längern Pausen, je mehr Stellen der Multiplicator hat, oder die einzelnen Partialproducte aufschreibt, aber mit einer fast rapiden Schnelligkeit, und indem er jedes bald rechts (wie gewöhnlich) bald links zu schreiben beginnt. Ebenso vollendet er im Kopfe viele andere Rechnungen mit ganzen und gebrochenen Zahlen, zu deren schriftlicher Ausführung selbst geübte Rechner fünf bis zehn Minuten brauchten, in einer oder doch in wenigen Minuten. Selbst zusammengesetztere Rechnungen, wie das Ausziehen von Quadrat=, Cubik= und höhern Wurzeln bis auf mehre Stellen (keine noch so hohe Wurzel macht ihm bange) nehmen nur wenige Minuten weg, ja die Zeit, die er zu den schwierigern Rechnungen braucht, ist eigentlich noch kürzer und wird nur dadurch, daß er sie der Sicherheit wegen gewöhnlich doppelt macht, begreiflicherweise verdoppelt. Während der Rechnungen selbst gewährt die Haltung und Physiognomie des Rechnenden, in der sich seine Geistesthätigkeit kundgibt, ein interessantes Schauspiel. Übrigens hat die anstrengende Kopfarbeit auf das Äußere des Rechners durchaus keinen nachtheiligen Einfluß geübt; derselbe ist vielmehr für sein Alter auffallend groß und stark und seine Gesichtsfarbe munter und gesund. Daß schwierige und verwickelte Rechnungen eine längere Zeitdauer erheischen, zum Theil wol auch ganz ungelöst blieben, hat wol in Niemands Augen die Bewunderung der Leistungen des Jünglings vermindern können. Ob derselbe einst ein ausgezeichneter Mathematiker werden wird? Jedenfalls kann aus einer eminenten Fertigkeit im Kopfrechnen nicht auf eine vorzügliche Befähigung zur Mathematik im Allgemeinen geschlossen werden, da die letztere einen hohen Grad von Scharfsinn, jene aber außer der so leicht zu erwerbenden Kenntniß der einfachsten Rechnungsarten nur ein ausgezeichnet gutes Gedächtniß erheischt, dessen der Mathematiker ungleich weniger als der Jurist, der Theolog, der Mediciner, der Historiker u. s. w. bedarf; ja man kann als Mathematiker ausgezeichnet sein, und doch im gewöhnlichen Rechnen, namentlich aber im Kopfrechnen, sehr wenig leisten, wie zahlreiche Beispiele beweisen. Gewiß aber ist ein so außerordentliches Gedächtniß, als es zu einem Kopfrechner wie Dase erfoderlich ist, theils an sich, theils wegen seiner Richtung auf Zahlen und Zahlenverhältnisse, welche zu behalten gewiß unendlich schwerer ist, als zusammenhängende, einen Sinn gebende Worte und Sätze, verbunden mit einem so außerordentlichen Überblicke, einer so großen Fertigkeit im Beurtheilen gegebener Mengen, eine Merkwürdigkeit vom ersten Range, eine wunderähnliche Erscheinung, welche das lebhafteste Interesse aller Gebildeten in Anspruch nehmen muß, weshalb wir uns verbunden glaubten, unsere Leser, von denen bei weitem die meisten noch nicht Gelegenheit gehabt haben, sich von den Leistungen des gedachten Rechnenkünstlers selbst zu überzeugen, auf denselben aufmerksam zu machen.

Genneté.

Das Schloß zu Genneté (wol auch Genetay geschrieben) in der Normandie ist seines Echos wegen merkwürdig. Derjenige, welcher im Schloßhofe stehend ruft, singt u. s. w., hört nur seine eigne Stimme ohne Widerhall, die in einiger Entfernung von ihm stehenden Zuhörer hören dagegen größtentheils nur das Echo, das sich bald zu nähern, bald zu entfernen scheint, Manche hören es einfach, Andere mehrfach, Manche zur Rechten, Andere zur Linken. Der Benedictiner Quesnet, der schon vor 150 Jahren eine Beschreibung dieses Echos geliefert hat, erklärt die angegebenen Erscheinungen aus der länglichen Gestalt des Hofes und der ihn einschließenden Gebäude. Ein ganz ähnliches Echo befindet sich am Rhein zwischen Koblenz und Bingen, unweit des Einflusses der Nahe. Auch hier hört man an geeigneten Stellen Denjenigen, welcher redet, ruft oder mit einem musikalischen Instrumente Töne hervorbringt, gar nicht, wol aber ein sehr deutliches Echo, das bald aus geringerer, bald aus größerer Ferne, bald von der linken, bald von der rechten Seite zu kommen scheint, bald laut, bald leiser tönt u. s. w. Wir behalten uns vor, in einer spätern Nummer von den Bedingungen und Verschiedenheiten der Echos im Allgemeinen zu sprechen.

Das Schloß zu Genneté.

Die sicilische Vesper.

Als Konrad IV., der letzte Hohenstaufische Kaiser, im J. 1254 gestorben war, nur einen unmündigen Sohn Konradin hinterlassend, dem die Nachfolge in den italienischen Besitzungen des Hauses der Hohenstaufen, Neapel und Sicilien, zukam, übernahm Konrad's Halbbruder Manfred im Namen seines Neffen die Reichsverwaltung. Der Papst Innocenz IV., welcher das sicilische Reich als ein der Kirche verfallenes Lehn betrachtete, that Manfred in den Bann und ließ gegen ihn das Kreuz predigen; allein dieser behauptete sich, wurde 1257 Herr des ganzen sicilischen Reichs diesseit und jenseit der Meerenge und bestieg, als sich das Gerücht von Konradin's Tode verbreitete, 1258 den Thron, erklärte aber später, als jenes Gerücht sich als ungegründet erwies, daß er die Krone nur auf Lebenszeit behalten und an Konradin vererben wolle. Seine Regierung wäre ohne den auf ihm lastenden Kirchenbann glücklich und sorgenfrei gewesen; allein die auf Innocenz folgenden Päpste verfolgten ihn mit gleichem Hasse als jener und Urban IV. schenkte im J. 1263 das Reich Konradin's an Karl von Anjou, den Bruder Ludwig IX. oder des Heiligen, Königs von Frankreich, den auch Urban's Nachfolger, Clemens IV., bestätigte. Karl langte 1265 in Italien an und wurde am 6. Jan. 1266 in Rom zum Könige beider Sicilien gekrönt; Manfred aber wurde bei Benevent am 26. Febr. d. J. geschlagen und blieb in der Schlacht. Zwei Jahre nachher machte der 16jährige Konradin einen Versuch, sich in den Besitz des ihm angestammten Reichs zu setzen, rückte auch wirklich siegreich in Rom ein, wurde aber am 23. Aug. 1268 bei Tagliacozzo geschlagen und gerieth in die Gefangenschaft seines gefühllosen, grausamen Gegners, der ihn am 29. Oct. 1268 auf dem Marktplatze zu Neapel enthaupten ließ.

Nach dem Tode des Papstes Johann XXI. bemühte sich Karl von Anjou, während der sechsmonatlichen Vacanz des päpstlichen Stuhles vergeblich, die Wahl eines Franzosen zum Papste durchzusetzen; das Cardinalscollegium wählte im November 1277 den Cardinal Gaetano Orsini, der sich den Namen Nikolaus III. beilegte. Dieser, der als Cardinal wie im Privatleben für einen frommen, ausgezeichneten Mann gegolten hatte, zeigte nach seiner Wahl eine ungemäßigte Begierde, seine Verwandten zu erheben; alle Pfründen und zeitlichen sowol als geistlichen Ämter und Güter verlieh er ihnen und ihren Freunden und stellte sogar an den König Karl das Verlangen, einem seiner Angehörigen die Tochter des Prinzen von Salerno zur Ehe zu geben. König Karl, der gewohnt war, mit unterwürfigen Päpsten zu thun zu haben, nahm dies übel auf und gab zur Antwort, es zieme sich nicht für das königliche Blut, sich mit einem Geschlecht wie das des Papstes zu verbinden, dessen Adel auf ein Menschenleben beschränkt sei. Dies erzürnte den Papst dergestalt, daß er sich offen zum Feinde des Königs erklärte. Karl aber kümmerte sich um den Zorn des Papstes wenig; ihn beschäftigte einzig sein Krieg gegen den byzantinischen Kaiser Michael Paläologus, gegen den er in seinem Königreich Neapel, auf der Insel Sicilien und in der Provence gewaltige Streitkräfte zusammengebracht und eine ansehnliche Zahl von Galeeren und Transportschiffen ausgerüstet hatte. Alle seine Vasallen und Lehnsträger bot er zu diesem Kriegszuge auf und bestimmte Brindisi zum Sammelplatz.

Der Ruf dieser außerordentlichen Rüstungen setzte den Kaiser, der die Macht des Königs Karl kannte, in großen Schrecken und er that, was er konnte, um kräftigen Widerstand zu leisten; zu seinem Glücke fand er in dem Unternehmungsgeiste und Muthe eines einzigen Mannes mehr Hülfe, als er sich von einem noch so großen Heere hätte versprechen können. Dieser Mann war Johannes von Procida, ein Edelmann von Salerno und Besitzer großer Ländereien, der dem Hohenstaufischen Hause sehr ergeben und von dem schwäbischen Kaiser Friedrich II. in hohen Ehren gehalten worden war, sowol wegen seiner vielen Tugenden als wegen seiner Erfahrenheit in der Heilkunde, welche damals nicht nur die vornehmsten Männer in Salerno, sondern auch die Geistlichen auszuüben kein Bedenken trugen. Nicht minder als Kaiser Friedrich II. liebte ihn König Manfred, zu dessen Partei er sich mit größter Beharrlichkeit hielt; daher wurden nach dem Siege Karl's seine Güter confiscirt, und da er sich wegen des überwiegenden Anhangs des Königs in Italien nicht sicher glaubte, ging er nach Aragonien zur Königin Constanze, Manfred's Tochter, welche die Gemahlin des Königs Peter und der einzige noch lebende Sprößling des Hauses der Hohenstaufen war; dieser war zum Zeichen der Belehnung mit den Königreichen Neapel und Sicilien der Handschuh überbracht worden, den König Konradin, als er 1268 auf den Befehl des Königs Karl enthauptet werden sollte, vom Schaffot unter die Zuschauer geworfen hatte. Sie sowol als ihr Gemahl nahmen ihn wohlwollend auf und da der Letztere in ihm bald einen Mann von Entschlossenheit und seltener Einsicht erkannte, ernannte er ihn zum Baron des Königreichs Valencia.

Procida faßte nun den Entschluß, sein ganzes Bestreben dahin zu richten, daß der König Peter in den Besitz der Königreiche Neapel und Sicilien gelangte; alle Einkünfte seiner Baronie verwandte er dazu, in beiden Königreichen, wo er zahlreiche Freunde hatte, seine ergebensten Anhänger als Kundschafter zu brauchen. Bald aber sah er ein, daß ein Unternehmen auf das Königreich Neapel als ganz unmöglich und hoffnungslos betrachtet werden müsse weil hier in Folge der Gegenwart des Königs Karl, der in Neapel residirte, seiner Freigebigkeit gegen die Anhänger und seiner Strenge gegen die Gegner seiner Regierung das Andenken an König Manfred so gut als erloschen war. Er richtete daher sein ganzes Augenmerk auf die Insel Sicilien, wo die Umstände günstiger waren; denn da die französischen Beamten, denen der König die Regierung hier übertragen hatte, die Einwohner sehr hart behandelten, so waren die Franzosen bei allen Insulanern sehr verhaßt. Procida begab sich daher verkleidet nach Sicilien, suchte einige der mächtigsten, von den Franzosen am schlechtesten behandelten Männer für die Verschwörung zu gewinnen und verabredete mit ihnen, daß sie alle zu gleicher Zeit die Waffen gegen die Franzosen ergreifen und Peter von Aragonien zu ihrem König ausrufen sollten. Inzwischen waren die Streitkräfte der Insel nur gering, die des Königs Peter auch nicht hinreichend; man mußte daher auf mächtigere Bundesgenossen denken. Procida erinnerte sich der Zwistigkeiten des Königs Karl mit dem Papste und erwog ferner, daß der griechische Kaiser aus Furcht vor Karl's Rüstungen seinerseits Alles aufbieten würde, diesen von der Expedition gegen Konstantinopel abzuhalten; er ging daher in geistlicher Tracht zuerst nach Rom und fand hier den Papst sehr bereit, das Unternehmen zu unterstützen. Von da ging er nach Konstantinopel und bewies dem Kaiser, daß es für ihn gar keinen vortheilhaftern Weg gäbe, als den König Peter mit Geld zu unterstützen und dadurch das Gelingen der Expedition gegen Sicilien zu sichern, weil König Karl dann an keinen auswärtigen Krieg denken könne. Der Kaiser ging auf seine Vorschläge ein und sandte in der Begleitung Procida's einen Betrauten mit dem Auftrage ab, dem König Peter eine ansehnliche Geldsumme zu überliefern und sich mit dem Papste zu besprechen.

Die Reisenden kamen nach Malta, hielten sich hier einige Tage auf, während deren die von Procida benachrichtigten Häupter der Verschwörung aus Sicilien kamen, um den kaiserlichen Bevollmächtigten zu begrüßen, und gingen dann nach Rom, wo sie dem Papste die Sachlage vorlegten. Dieser trat dem Bündnisse völlig bei, und da er gehört hatte, daß der Kaiser Geld schickte, so versprach er, auch seinerseits Beiträge zu senden; überdies schrieb er an König Peter und foderte ihn zu schleuniger Unterstützung der Sicilianer auf, ihm die Belehnung mit dem Königreiche Sicilien versprechend. Hierauf reiste Procida 1280 nach Aragonien und theilte nun erst dem Könige den Plan mit, ihm die Insel Sicilien in die Hände zu spielen. Anfangs trug Peter Bedenken, sich in einen Krieg einzulassen, dessen Ausgang zweifelhaft war; allein Procida beseitigte alle Bedenklichkeiten durch die Hinweisung auf die Geldunterstützung des Kaisers von Konstantinopel und durch den Brief des Papstes; dazu kam, daß von den Siciliern, welche den Franzosen unversöhnlichen Haß geschworen hatten, die bereitwilligste Unterstützung des Unternehmens zu erwarten stand; endlich brauchte ja der König seine Mitwirkung nur für den Fall zu versprechen, wenn die sicilische Verschwörung von glücklichem Erfolg begleitet wäre. Durch diese Gründe wurde der König bestimmt, auf den Plan Procida's einzugehen, um so mehr als seine Gemahlin Constanze ihm anlag, sowol ihren Vater Manfred und ihren Cousin Konradin zu rächen, als sich in Besitz der Reiche zu setzen, die ihr zukamen, da das Haus der Hohenstaufen im Mannsstamme erloschen war. Er berieth sich daher mit seinen Räthen über die Art und Weise der Ausführung; es wurde beschlossen, daß der König unter dem Vorwande, die Sarazenen in Afrika zu bekämpfen, eine ansehnliche Flotte ausrüsten lassen, diese aber sich an der afrikanischen Küste halten sollte, bereit, nach Sicilien zu segeln, falls die Verschwörung gelänge; wenn sie dagegen mislänge, könnte sie, ohne eine Verbindung mit derselben zu verrathen, den Krieg mit den Sarazenen fortsetzen. Man erzählt sogar, König Karl habe auf die Kunde von diesen ungewöhnlichen Rüstungen sich nach dem Zwecke derselben erkundigen lassen und auf die Nachricht, sie seien gegen die Sarazenen gerichtet, habe er, entweder um an dem Verdienste einer Kriegsführung gegen die Ungläubigen Theil zu nehmen, deren heftigster Verfolger er immer gewesen war, oder um sich dem ihm nahe verwandten König gefällig zu erweisen, ihm als Unterstützung in diesem Kriege 20,000 Dukaten geschickt.

Unterdessen starb unerwartet der Papst Nikolaus; an seine Stelle wurde durch die Umtriebe Karl's, der die Cardinäle beinahe zwang, ihm zu willfahren, im Februar 1282 ein dem König Karl sehr befreundeter Franzose aus der Familie de Brie zum Papste gewählt, der sich Martin IV. nannte. Um der Wirkung dieses Ereignisses zuvorzukommen, reiste Procida schleunigst wieder nach Konstantinopel; unterwegs sprach er in Sicilien den Verschworenen Muth ein. König Peter erfuhr zwar den Tod des Papstes Nikolaus mit großem Misvergnügen, gab jedoch das Unternehmen darum nicht auf, sondern schickte einen Gesandten nach Rom, angeblich um dem neuen Papste Glück zu wünschen und als Vergünstigung die Heiligsprechung eines gewissen Raimondforte zu erbitten, in der That aber, um die Gesinnung des Papstes zu erforschen und die Absicht zu äußern, vor dem heiligen Collegium die Ansprüche der Königin Constanze auf die Königreiche Neapel und Sicilien auseinanderzusetzen. Der Papst erklärte, nicht eher könne König Peter von dem apostolischen Stuhl eine Gunstbezeigung erwarten, bis er der römischen Kirche den seit so vielen Jahren schuldigen Zins, den die aragonischen Könige als ihre Lehensträger zu entrichten hätten, bezahlt habe.

Mittlerweile kehrte Johann von Procida aus Konstantinopel zurück und bereiste fast ganz Sicilien, die Verschworenen ermuthigend und den König Peter durch geheime Boten von Allem, was vorging, in Kenntniß setzend. Sobald er in Erfahrung gebracht hatte, daß des Königs Flotte bereit wäre, unter Segel zu gehen, brachte er den Aufstand zum Ausbruch. Im Monat März 1282, am zweiten Osterfeiertage, griff das Volk in allen Theilen Siciliens, wo sich Franzosen befanden, beim Klange der Glocken, welche die Gläubigen zur Vesper riefen, zu den Waffen und mordete jene mit so maßloser Nachbegier, daß es auch die aus Sicilien gebürtigen Frauen von Franzosen, selbst die schwangern und ihre kleinen Kinder, nicht verschonte. Dieses gräßliche Blutbad, welches unter dem Namen der sicilischen Vesper bekannt geworden ist, raffte ungefähr 8000 Personen hinweg, deren Mord das Werk von nicht mehr als zwei Stunden war; wenn es in dieser Zeit auch einigen wenigen Franzosen gelang, zu entfliehen oder sich zu verbergen, so waren sie deshalb doch nicht gerettet, sondern wurden mit großer Beharrlichkeit verfolgt und endlich ebenfalls getödtet.

Diese plötzliche Umwälzung meldete der Erzbischof Monreale sogleich dem Papste, bei dem sich damals gerade König Karl in Montefiascone befand. Der Letztere war im höchsten Grade bestürzt und niedergeschlagen, da er erfuhr, daß er in so kurzer Zeit ein Königreich und einen ansehnlichen Theil seiner besten Soldaten verloren habe; sofort kehrte er in sein Reich zurück, wo die Ausrüstung der gegen den griechischen Kaiser bestimmten Flotte beendigt war, ging mit dieser nach Sicilien unter Segel und blockirte Messina von der Seeseite. Seinerseits schickte der Papst, dem an der Wiedereroberung der Insel viel gelegen war, einen apostolischen Legaten nach Sicilien mit Briefen, worin er die Prälaten und Großen zur Unterwerfung unter König Karl aufforderte; im Fall dieselben ohne Wirkung blieben, war der Legat berechtigt, Excommunicationen, Interdicte und andere geeignete Mittel in Anwendung zu bringen. Zwar richtete er gegen die Ausdauer der Sicilier nichts aus, aber die mit Strenge durchgeführte Blockade von Messina brachte die Bewohner der Stadt dahin, daß sie sich dem Könige unter der einzigen Bedingung, daß ihr Leben geschützt würde, ergeben wollten; selbst von dieser Bedingung wollte jedoch der aufs Äußerste erbitterte König nichts hören. In ihrer Noth schickten die Belagerten Gesandte an den Papst, um dessen Fürsprache nachzusuchen; sie wurden aber nicht vorgelassen, und so blieb jenen nichts übrig, als der verzweifelte Entschluß, sich bis auf den letzten Blutstropfen zu vertheidigen.

Johann von Procida befand sich in Palermo, ungeduldig über die Zögerung des Königs Peter, der bereits an der Küste von Afrika angekommen war und hier die Belagerung der Stadt Andacalle begonnen hatte. Als er die Noth der Messinesen sah, schiffte er sich mit drei Begleitern, die mit ihm unter dem Namen von Syndiken die Insel verwalteten, auf einer Galiote ein, suchte den König Peter auf und bewog ihn, die afrikanische Küste sogleich zu verlassen und nach Palermo unter Segel zu gehen. Da dieser Fürst seine Absichten auf Sicilien nun nicht länger verbergen konnte und sich im Angesicht der Monarchen von Europa zu rechtfertigen wünschte, erließ er, bevor er die afrikanische Küste verließ, ein Schreiben an den König Eduard von England, worin er ihm meldete, die Sicilier hätten an ihn, als eben mit dem Kriege gegen die Sarazenen beschäftigt gewesen, Abgeordnete gesandt und ihn gebeten, sich in den Besitz von Sicilien zu setzen, und er sei dazu entschlossen, weil dieses Königreich von Rechts wegen seiner Gemahlin Constanze gehöre. Hierauf ging er nach Sicilien unter Segel und kam am letzten August in Trapani an, wo er von allen Baronen und Rittern der Umgegend feierlich empfangen wurde; von da begab er sich nach Palermo und wurde daselbst von dem Bischof von Cefalu (da der Erzbischof von Palermo, dem dies eigentlich zukam, sich bei dem Papste befand) mit großem Pomp zum König von Sicilien gekrönt.

Die Ankunft des Königs gab den Messinesen neuen Muth; sie setzten die Vertheidigung ihrer Stadt mit erneuter Anstrengung fort, und nicht nur die waffenfähigen Männer nahmen an derselben Theil, sondern selbst die Weiber und Greise waren bemüht, bei Nacht Alles, was die Kriegsmaschinen bei Tage zerstört hatten, wiederherzustellen. Mittlerweile gab König Peter auf Procida's Rath dem berühmten Rüdiger von Loria, dem Anführer seiner Streitkräfte, Befehl, die französische Flotte anzugreifen und die Meerenge von Messina streng bewachen zu lassen, damit den Franzosen kein Proviant von Calabrien aus zugeführt würde; er selbst reiste, um den Messinesen noch mehr Muth zu machen, von Palermo nach Randuzzo unweit Messina. Von da sandte er drei catalonische Ritter an den König Karl mit einem Schreiben, in dem er ihm anzeigte, er sei in dem Königreiche Sicilien angekommen, das ihm durch die Kirche, den Papst und die Cardinäle zugesprochen worden sei, und ihn aufforderte, sogleich nach Empfang des Schreibens die Insel zu räumen, widrigenfalls man ihn mit Gewalt zu vertreiben wissen werde. Dieser Brief, der von Karl in der Versammlung seiner Räthe und Hauptleute vorgelesen wurde, brachte eine allgemeine Entrüstung hervor; vor Allen dem König schien es unerträglich, daß König Peter von Aragonien, der für den ärmsten Könige der ganzen Christenheit galt, ihm, der sich für den größten König der Welt hielt, in so übermüthigem Tone zu schreiben wagte. Man berieth lange über die zu ertheilende Antwort. Graf Guido v. Monforte war der Meinung, man müsse gar nicht antworten, sondern sogleich gegen den König ziehen und ihn für seinen Übermuth züchtigen; der Graf von Bretagne rieth dagegen, man solle eine noch weit stolzere Antwort ertheilen, was auch geschah in einem Briefe, worin König Peter ein Verräther an Gott und der heiligen römischen Kirche genannt wurde und Schmähung auf Schmähung gehäuft war.

Inzwischen hatte König Peter den Messinesen Hülfe zugeführt und Rüdiger von Loria war mit seiner Flotte nach der Meerenge gesegelt, um die Franzosen anzugreifen. Der Admiral Karl's erklärte dennoch, er getraue sich nicht, mit seiner Flotte der spanischen die Spitze zu bieten, welche auf das beste ausgerüstet und bemannt sei. Karl, hierüber nicht wenig bestürzt, berief seine Räthe und nach langen Verhandlungen wurde beschlossen, daß die französische Armee, um sich nicht der Gefahr auszusetzen, von der Flotte der Spanier ausgehungert zu werden, die Belagerung aufheben und nach Calabrien zurückkehren solle. Obwol wider Willen und ganz gegen die Eingebungen seines Stolzes verließ Karl Sicilien, in der Absicht, den Feldzug im Frühjahre mit seiner ganzen Macht zu erneuern; aber kaum waren seine Truppen bei Reggio ans Land gesetzt, als Rüdiger von Loria mit seiner ganzen Flotte ankam, und im Angesichte des Königs 30 seiner Galeeren wegnahm, mehr als 70 Lastschiffe aber verbrannte, worüber Karl dergestalt in Bestürzung gerieth, daß man ihn zu Gott beten hörte, er möge, da er ihn so hoch habe steigen lassen und ihn nun erniedrigen wolle, ihm doch gestatten, mehr allmälig von seiner Höhe herabzusteigen. Er begab sich hierauf nach Neapel und von da sogleich nach Rom, um beim Papste gegen seinen Feind Klage zu führen. Während er damit seine Zeit verlor, hielt Peter am 10. Okt. seinen Einzug in Messina, wo er mit großem Jubel empfangen wurde. Er blieb noch einige Zeit in Sicilien und brachte, nachdem die Insel unter seiner Botmäßigkeit zur Ruhe zurückgekehrt war, die Angelegenheiten derselben in Ordnung. Da der Cardinal von Parma als apostolischer Legat ihm durch Interdicte und Censuren in den Weg treten wollte, nöthigte er nach dem Beispiel früherer Könige von Sicilien, ohne sich um das Interdict zu kümmern, die Priester auf der ganzen Insel, Gottesdienst zu halten; diejenigen Prälaten aber, welche dem Papst anhängen und keinen Gottesdienst in ihrer Kirche halten wollten, mußten auswandern und gingen nach Rom. Nach einiger Zeit ließ Peter seine Gemahlin Constanze und seine beiden Söhne Jakob und Friedrich, sowie seine Tochter Violante nach Sicilien kommen und befahl den Sicilien, der Königin Gehorsam zu leisten, da er das Königreich nur für sie erobert habe, vor seiner Abreise aber ließ er seinem Sohn Jakob als rechtmäßigem Thronfolger Treue schwören. Von nun an bis 1435 blieben die Königreiche Neapel und Sicilien getrennt; in diesem herrschten die Aragonier, in jenem das französische Haus Anjou.

Die Bewohner der Insel Borneo.

Borneo steht in demselben Verhältniß zu Ostindien, wie das Festland von Amerika zu Europa: Diejenigen, welche Schutz gegen religiöse Verfolgung suchen oder durch Übervölkerung sich genöthigt sehen, eine neue Heimat aufzusuchen, wandern nach Borneo aus. Daher kommt es, daß die Küsten der Insel von vielen mit einander in durchaus keiner Verbindung stehenden Nationen bewohnt sind, die nach ihren eigenen Gesetzen, Sitten und Gewohnheiten leben. Die Westküste wird von Malaien und Chinesen, die Nordwestküste von Abkömmlingen der Moslims des westlichen Indiens, die Nordküste von Cochinchinesen, die Nordostküste von den Sulus, die Ost- und Südküste von den Bugisstämmen aus Celebes bewohnt. Außer diesen gibt es noch drei verschiedene Stämme, die in Praus (Booten) leben und die Küsten des Landes umfahren. Die Urbewohner der Insel haben sich fast sämmtlich in das Innere derselben zurückgezogen, blos an der Nordwestküste findet man die Dayaks in der Nähe des Meeres.

Darf man von dem Reichthum des westlichen Theils dieser Insel auf die noch unbekannten Gegenden schließen, so würde in dieser Hinsicht kein Land auf der ganzen Erde sich mit ihr messen können; denn die von den Holländern und Chinesen bewohnten Districte zeichnen sich nicht nur durch einen Boden, der an Fruchtbarkeit den jeder andern Insel des Archipels weit hinter sich zurückläßt, sondern auch durch unerschöpfliche Gold- und Diamantgruben aus, die so leicht auszubeuten sind, daß die Einwohner mit den unvollkommensten Instrumenten sich Beides in ziemlicher Menge verschaffen können. Wahrscheinlich hatten die Malaien bereits festen Fuß auf Borneo gefaßt, als die Chinesen dahin kamen, da die Letztern anerkennen, daß das Land, welches sie bewohnen, den malaiischen Häuptlingen von Sambu und Pontiana rechtlich zugehöre. Die Malaien, als Seefahrer, beschäftigten sich viel mit dem Ausbeuten der Minen, sondern kreuzten, nachdem sie sich an den Mündungen der Flüsse Pontiana, Sambus und Succadan angesiedelt hatten, als Seeräuber gegen die betriebsamen Bewohner des Archipels, und begnügten sich mit dem Gold und den Diamanten, die sie von den Eingeborenen der Insel eintauschten. Die Chinesen hingegen, als gute Bergleute, schlugen ihre Wohnsitze da auf, wo sie Goldstaub und Diamanten antrafen. Sie sind vorzüglich in dem District von Montradok versammelt, doch befinden sich auch viele derselben zu Sambas, sowie in allen Städten und Dörfern an der Küste.

Bis zum Jahr 1823, in welchem bekanntlich die Holländer die Westküste von Borneo in Besitz nahmen, wanderten jährlich ungefähr 3000 Chinesen ein, um sich anzusiedeln; dies hat jedoch seitdem fast ganz aufgehört. Eine Zählung ist bisher auf dem Gebiete der Holländer und Chinesen nicht angestellt worden, doch soll folgende Angabe ziemlich genau sein: 150,000 Chinesen, 50,000 Malaien, 10,000 Bugis, 400 Araber, 150 javanesische und amboinesische Soldaten, 80 Holländer. Die Zahl der Dayaks, die im Bereich der Ansiedelungen wohnen, wird auf 250,000 angeschlagen. Diejenigen von ihnen, welche Urbewohner von Borneo sind, bilden den bei weitem interessantesten Theil der Bevölkerung. Sie sind in kleinen Stämmen über die Insel zerstreut, und Diejenigen, welche an den Ufern der großen Flüsse wohnen, stehen meist unter der Herrschaft eines der mächtigern dieser Stämme. Jene Horden aber, welche im Innern der Wälder hausen, wo die gegenseitige Verbindung schwieriger ist, sind meistentheils bedeutend voneinander verschieden und stehen auf der niedrigsten Stufe menschlicher Bildung, ja, sie würden kaum wissen, daß es außer ihnen noch menschliche Wesen gibt, wenn nicht Einzelne zuweilen von den Kriegern eines mächtigen Stammes geraubt würden.

Die verschiedenen Stämme im Innern des Landes stehen durchaus in keinem geselligen Verkehr mit einander und sprechen daher Mundarten, die oft der zunächst wohnende Stamm nicht versteht. Unter solchen Verhältnissen ist wol eine Verbesserung der geselligen Lage dieser Menschen kaum denkbar; wahrscheinlich leben sie seit undenklichen Zeiten in diesen Umständen und werden auch, da ihnen jede Verbindung nach außen mangelt, noch lange, vielleicht für immer, in ihrer Abgeschlossenheit bleiben.

Die kranke Frau von Terburg.

Gerhard Terburg aus Zwoll (in der holländischen Provinz Oberyssel), der Sohn eines Malers, geb. 1608, nach Andern 1611 oder 1612, gest. 1681 als Bürgermeister zu Deventer, gehört zu den vorzüglichern Malern der holländischen Schule und zeichnete sich besonders in Gesellschaftsstücken aus. Von seinen Lebensumständen ist wenig bekannt; unter seinen Schülern ist namentlich Gabriel Metzu zu erwähnen.

Verantwortlicher Herausgeber: Friedrich Brockhaus. — Druck und Verlag von F. A. Brockhaus in Leipzig.

Das Pfennig-Magazin

für Verbreitung gemeinnütziger Kenntnisse.

388.] Erscheint jeden Sonnabend. [September 5, **1840.**

Maria Stuart.

Maria Stuart, die unglückliche Königin von Schottland, welche in einem der schönsten Dramen unsers Schiller die Hauptrolle spielt und deren Schicksal daher auch bei dem gesammten deutschen Publicum die lebhafteste Theilnahme erregt hat und noch fortwährend erregt, wurde am 7. December 1542 geboren; ihre Ältern waren König Jakob V. von Schottland und Marie von Guise, Tochter des Herzogs Claude von Guise und Witwe des Herzogs von Longueville. Maria war erst sieben Tage alt und noch nicht getauft, als ihr durch den Tod ihres Vaters, dem ihre beiden Brüder in sehr zartem Alter vorausgegangen waren, das sehr zweifelhafte Glück zu Theil wurde, die Krone von Schottland zu erben, worauf sie am 9. Sept. 1543 in Stirling gekrönt wurde. Das Schloß Stirling diente ihr bis 1547 zum Aufenthalt, wo sie in Folge der Schlacht bei Pinkefield, in der die Schotten von den Engländern unter dem englischen Reichsverweser oder Protector Eduard Seymour, Herzog von Somerset, geschlagen wurden, auf eine unzugängliche Insel auf dem Menteithsee gebracht wurde, um etwaigen Versuchen der Feinde, sich ihrer zu bemächtigen, zuvorzukommen. Schon einen Monat nach ihrer Geburt hatte König Heinrich VIII. von England eine Heirath zwischen ihr und seinem Sohne Eduard, dem nachmaligen König Eduard VI., in Vorschlag gebracht; ihre Mutter gab aber dem Dauphin von Frankreich, Franz, Sohn des Königs Heinrich II., den Vorzug, und mit Bewilligung des schottischen Parlaments wurde ausgemacht, daß die junge Königin ihre Erziehung am pariser Hofe erhalten sollte. Von einem Bevollmächtigten des französischen Königs abgeholt, schiffte sie sich im Juli 1548 nach Frankreich ein, landete am 13. Aug. zu Brest und begab sich von da an das Hoflager zu

VIII. 36

St.-Germain en Laye, von wo sie nach einigen Tagen in ein Nonnenkloster gebracht wurde, in welchem die Töchter der vornehmsten französischen Großen erzogen wurden. Während sich zwei Jahre darauf ihre Mutter in Frankreich aufhielt, machte ein in der französischen Garde dienender schottischer Armbrustschütze aus unbekannten Gründen einen Versuch, die junge Maria mit Gift aus dem Wege zu räumen, wurde aber daran verhindert und als Hochverräther hingerichtet. Als die Königin Mutter, jetzt erst nach Entsetzung des Grafen von Arran zur Vormünderin und Regentin von Schottland ernannt, 1551 durch England zurückreiste, erneuerte Eduard VI. seine erfolglose Bewerbung um ihre Tochter, die bereits mit dem um einige Wochen jüngern Dauphin verlobt war. Die Vermählung mit demselben fand am 24. April 1558 in Gegenwart mehrer dazu berufenen schottischen Großen als Bevollmächtigter des Parlaments in der Kirche Notre-Dame zu Paris statt; unmittelbar darauf begrüßte Maria ihren Gemahl als König von Schottland. Der Trauungsceremonie folgten Banquets und Festlichkeiten aller Art von einem beispiellosen Glanze. Das junge Königspaar lebte fortan in größter Harmonie und Innigkeit und gab sich sorglos einem Glücke hin, das leider von sehr kurzer Dauer sein sollte. Anmuth und Geist machten Marien zur Zierde des französischen Hofs, aber aller Wahrscheinlichkeit nach sog sie gerade hier jenen Leichtsinn und jene Vergnügungssucht ein, die ihr später so verderblich wurden.

Als König Heinrich II. am 10. Juli 1559 mit Tod abging, bestieg Franz II., erst 16½ Jahre alt, den französischen Thron, überließ aber die Sorgen der Regierung seiner Mutter, Katharina von Medici, und starb schon am 5. Dec. 1560, sodaß das kaum geschlossene Band zwischen Frankreich und Schottland bereits wieder gelöst war. Maria zog sich nach Rheims zurück; außer dem frühzeitigen Tode ihres Gemahls waren die Angelegenheiten ihres Vaterlandes, das von Parteien zerrissen war, für sie ein Gegenstand ernster Bekümmerniß, doch benahm sie sich damals mit unverkennbarer Einsicht und Festigkeit. Ihre Mutter, die seit 1554 in ihrer Abwesenheit die Regierung von Schottland geführt hatte, war schon am 10. Juni 1560 zu Edinburg gestorben, ermüdet durch fruchtlosen Kampf gegen die aufrührerischen Reformirten, welche bei der englischen Königin Elisabeth Hülfe gesucht und gefunden hatten. Im Juli dieses Jahres wurde zwischen Frankreich, das der rechtmäßigen schottischen Regierung Beistand leistete, und England der sogenannte Friede zu Edinburg abgeschlossen, in welchem ausgemacht wurde, daß Maria ihren wohlbegründeten Ansprüchen auf die Thronfolge in England nach dem Tode Elisabeth's völlig entsagen sollte. Dieses Artikels wegen konnte Maria, die nebst ihrem Gemahl den Titel von England angenommen hatte, weil sie muthmaßliche Erbin der englischen Krone war, niemals vermocht werden, den Vertrag zu genehmigen, was den Grund zu ihrem spätern Unglück legte; doch hatte sie schon seit dem Tode ihres Gemahls Wappen und Titel Englands abgelegt. Die Reformirten hatten indessen in Schottland die Oberhand behalten und das von ihnen zusammenberufene schottische Parlament schaffte den Katholicismus, die bestehende Landeskirche, ab und setzte die von Knox gepredigte presbyterianisch-reformirte Lehre an dessen Stelle. Im folgenden Jahre entschloß sich Maria — seit dem Tode ihres Gemahls vom Volke die weiße Königin genannt, weil sie stets in weißen Kleidern trauerte — zur Rückkehr in ihr Erbreich. Sie verließ Paris am 21. Juli 1561, schiffte sich am 25. in Calais ein, wohin sie fast der ganze französische Hof begleitet hatte, entging glücklich den Nachstellungen der von Elisabeth mit dem Befehle, sie gefangen zu nehmen, abgesandten englischen Schiffe und landete am 19. Aug. 1561 in Leith, dem Hafen der schottischen Hauptstadt Edinburg, wo sie mit freudigem Zuruf des Volks empfangen wurde.

Eine ihrer ersten Maßregeln war eine Auffoderung an die Grenzbewohner, keine Gelegenheit zur Verletzung des Friedens mit der Königin von England zu geben. Diese beeilte sich, ihrer Verwandten — Elisabeth's Vater Heinrich VIII. war der Bruder von der Großmutter Mariens, Margarethe, welche mit König Jakob IV. von Schottland vermählt war — zu ihrer Ankunft Glück zu wünschen und sie zu versichern, daß sie, Elisabeth, nie daran gedacht habe, ihre Reise zu hindern, eine Botschaft, mit welcher der bekannte Randolph, der früher auf ihr Geheiß mit den schottischen Insurgenten Einverständnisse unterhalten hatte, beauftragt war. Maria schenkte ihm Glauben und beging den Fehler, gerade Diejenigen, welche insgeheim ihre ärgsten Feinde waren und später an der Spitze der Verschwörung gegen sie standen, zu ihren Rathgebern zu wählen; ihr natürlicher Bruder Jakob war ihr erklärter Günstling, unter ihm stand der Staatssecretair Maitland, ein gewandter Staatsmann, aber voll Ränke und Hinterlist. Gegen ihre Nebenbuhlerin Elisabeth legte sie unausgesetzt eine große, schwerlich aufrichtige Zuneigung an den Tag und that sogar Schritte, um eine persönliche Zusammenkunft mit derselben im J. 1562 herbeizuführen, die jedoch wegen verschiedener Hindernisse verschoben wurde und dann gar nicht zu Stande kam. Ihrerseits gab sich Elisabeth Mühe, eine Vermählung zwischen Maria und ihrem eigenen Günstling Lord Robert Dudley, Graf v. Leicester, zu Stande zu bringen, theils weil es ihrer Eitelkeit schmeichelte, ihren verschmähten Liebhaber einer Königin zum Gemahl zu geben, theils weil sie wünschte, daß in Schottland ein von ihr abhängiger König regiere; im Nov. 1564 traten in Berwick englische und schottische Bevollmächtigte zusammen, um über Elisabeth's Vorschlag zu berathschlagen, gingen aber unverrichteter Sache auseinander. Maria, um deren Hand sich bereits früher der Herzog von Anjou, Erzherzog Karl von Östreich und Infant Philipp von Spanien beworben hatten, entschied sich für ihren vier Jahre jüngern Vetter Heinrich Darnley, Sohn des Grafen von Lennox, dessen Familie schon seit dem Tode des Königs Franz daran gearbeitet hatte, ihm die Hand der Königin zu verschaffen. Ihr Halbbruder, der Graf von Murray, war dieser Verbindung entgegen und zettelte mit dem Herzog von Argyle und andern Großen eine Verschwörung an, um die Königin nebst ihrem begünstigten Liebhaber bei ihrem Aufenthalt in Perth im Juni 1565 gefangen zu nehmen; der Anschlag mislang jedoch, und die Vermählung wurde am 29. Juli zu Edinburg vollzogen, nachdem Darnley, schon früher zum Grafen von Roß ernannt, die Würde eines Herzogs von Albanien erhalten hatte; Tags darauf wurde ihm auch der Königstitel ertheilt. Die Flitterwochen konnten die Neuvermählten wenig genießen; die von Murray angestiftete Verschwörung war zum offenen Aufstande ausgebrochen, dem theils die Erklärung Darnley's zum Könige, theils die dem protestantischen Glauben angeblich drohende Gefahr zum Vorwande diente. Darnley und Maria, die eine ansehnliche Macht zusammengebracht hatten, zogen gegen die Empörer ins Feld, Maria selbst mit Helm und

Harnisch angethan, und der Aufstand endigte im October mit der Flucht Murray's und seiner Genossen nach England, wo sie von dem Befehlshaber Elisabeth's, Graf Bedford, freundlich aufgenommen wurden.

Aber nur kurze Zeit sollte sich die unglückliche Maria ihres Sieges über die Empörer freuen, da an die Stelle des Aufstandes bald nachher eine Palastrevolution trat, die weit gefährlicher war. Schon im Januar des nächsten Jahres 1566 hatten mehre dem Hofe nahe stehende schottische Große, ja fast alle höhere Staatsbeamten, namentlich der Staatssecretair Maitland und die Lords Ruthven, Morton und Lindsay, eine neue Verschwörung gegen die Königin gebildet; es war ihnen sogar gelungen, den schwachen Gemahl derselben ins Complot zu ziehen, welcher der Königin zürnte, weil sie ihm mit der Königswürde nicht zugleich die Leitung der öffentlichen Angelegenheiten übertragen, sondern diese sich selbst vorbehalten hatte, auch ihn nicht krönen lassen wollte, während er doch seiner Geburt wegen ein näheres Recht auf die Krone als sie zu haben meinte. Dazu mochte sich noch die Eifersucht auf den Secretair der Königin, den italienischen Sänger David Riccio, gesellen, dem die Königin allerdings wohlwollte, ohne daß der Verdacht eines verbrecherischen Umgangs irgend gerechtfertigt erscheint; dieser Riccio wurde als Ausländer und Katholik von den schottischen Großen tödtlich gehaßt und war zum ersten Opfer der Verschwörung ausersehen. Als die hochschwangere Königin am 9. März 1566 in Gesellschaft weniger Personen, unter denen sich der gedachte Riccio befand, beim Abendessen saß, trat der König in ihr Zimmer, und bald nachher folgte ihm der Lord Ruthven mit mehren Gewaffneten, die sich Riccio näherten. Vergebens flüchtete sich dieser, die ihm drohende Gefahr ahnend, hinter die Königin, vergebens verwandte diese sich für ihn mit dringender Bitte; Ruthven und seine Genossen bemächtigten sich seiner und jener stieß mit einem Jagdmesser nach ihm, worauf sie ihn aus dem Zimmer schleppten und ihn an der Thüre mit 56 Stichen tödteten. Nach mehren Erzählungen legte der König selbst mit Hand an und gab dem Riccio noch im Augenblicke seines Verscheidens einen Dolchstich. In den folgenden Tagen wurde die Königin gefangen gehalten; Darnley befahl dem versammelten Parlament, auseinander zu gehen, und nahm Murray und die flüchtigen Häupter des Aufstandes wieder zu Gnaden an. Bald aber gelang es Marien, durch ihre Überredungskunst ihren Gemahl umzustimmen, von den Verschworenen zu trennen und zu bewegen, mit ihr heimlich nach dem Schlosse Dunbar zu entfliehen, wo sich bald viel getreue Vasallen um sie versammelten. Feierlich kehrte sie nach fünf Tagen nach Edinburg zurück, die meisten Verschworenen entflohen und Darnley erklärte dem Geheimrathe, daß er die schändliche Ermordung Riccio's nicht gebilligt habe. An Wiederherstellung des ehelichen Friedens und der frühern Liebe zwischen Darnley und Maria war aber forthin nicht zu denken; denn Beide verachteten einander und hatten dessen wenig Hehl. Am 19. Juni gab die Königin einem Prinzen das Dasein, der den Namen Karl Jakob erhielt und ihr später nicht nur auf den Thron folgte, sondern auch nach Elisabeth's Tode den englischen Thron bestieg.

Im September 1566 trennte sich Darnley, der sich am Hofe, in der Nähe der ihn offen verachtenden Edeln nicht gefallen konnte, ganz von der Königin und ging zu seinem Vater nach Glasgow; in Edinburg aber entwarfen mehre der von ihm beleidigten Großen den Plan, ihn aus dem Wege zu räumen. Auf den ihr gemachten Vorschlag, ihre Ehe mit Darnley trennen zu lassen, ging Maria nicht ein, weil sie die Hoffnung auf seine Sinnesänderung nicht aufgab; die Folge davon war nachmals ihre Entthronung, an welcher auch die Mörder Riccio's einen Hauptantheil hatten, welche sie am 24. Dec. feierlich amnestirte. Im Januar 1567 kam eine Versöhnung Mariens mit Darnley zu Stande; dieser kehrte von ihr abgeholt nach Edinburg zurück, wurde aber schon am 9. Febr. auf höchst räthselhafte Art ermordet; während sich nämlich Maria auf einer Hochzeit eines ihrer Edelleute befand, wurde ihr Gemahl durch eine Mine in die Luft gesprengt. Die Haupturheber der geheimnißvollen That waren jedenfalls Graf Jakob von Bothwell, Großadmiral von Schottland, der in der Gunst der Königin nach der Ermordung Riccio's dessen Stelle eingenommen hatte, ferner Maitland und der von der Königin eben erst begnadigte Morton. Ob die Königin an dem Morde schuldig sei, ist nicht hinreichend ermittelt; allerdings spricht der Umstand sehr stark gegen sie, daß sie sich schon drei Monate nachher mit einem der Mörder ihres Gatten, dem Grafen Bothwell, vermählte, doch lassen sich hinwiederum nicht unerhebliche Gründe für ihre Unschuld anführen. Bothwell wurde von dem Vater des Ermordeten öffentlich als Mörder angeklagt, aber von dem Gerichtshofe, der aus seinen Freunden bestand, in Ermangelung eines gehörigen Beweises freigesprochen. Am 24. April wurde Maria zu Edinburg von 800 Reitern, an deren Spitze Bothwell stand, aufgehoben, nach dem Schlosse Dunbar gebracht und hier so lange gefangen gehalten, bis sie darein willigte, dem Bothwell ihre Hand zu reichen. Am 29. April brachte dieser die Königin nach Edinburg, ließ sich darauf von seiner ersten Gemahlin scheiden, die gleichzeitig mit ihm ein Gesuch auf Scheidung einbrachte, und wurde am 15. Mai mit der Königin nach katholischem und reformirtem Ritus vermählt, nachdem er drei Tage zuvor zum Marquis von Fife und Herzog von Orkney ernannt worden war.

Diese Vermählung, welche nothwendig auf die Königin ein sehr schlechtes Licht werfen mußte, stürzte sie und Bothwell ins Verderben. Ohne Verzug bildete sich eine neue Verschwörung aus den Mitgliedern der alten, Morton und Maitland an ihrer Spitze, und dieselben Edeln, welche früher Bothwell freigesprochen und der Königin als den für sie geeignetsten Gemahl empfohlen hatten, bezeichneten ihn jetzt als den Mörder des Königs und erklärten seine Vermählung mit der Königin als Beweis, daß diese seine Mitschuldige sei. Gegen Ende des Mai hielten sie in Stirling eine geheime Zusammenkunft und beschlossen, die Königin abzusetzen und ihren Sohn, der noch kein Jahr alt war, zu krönen. Vergebens versuchte die Königin durch mehre Maßregeln, wie durch Zurücknahme der Acte wegen freier Ausübung des katholischen Glaubens, die Liebe des Volks zu gewinnen. Als sie eine Auffoderung an ihre Vasallen erließ, sich bei Melrose zu versammeln und unter ihrer Anführung gegen die aufrührerischen Grenzbewohner zu marschiren, sprengten die Verschworenen aus, diese Mannschaft sei bestimmt, den jungen Prinzen aus dem Schlosse Mar, wo er sich in Gewahrsam des mit seiner Erziehung beauftragten Grafen von Mar befand, zu entführen, und das leichtgläubige Volk schenkte diesem Gerüchte Glauben. Die Königin und Bothwell, die sich in Edinburg nicht sicher glaubten, gingen nach Schloß Borthwick, das aber bald nachher von den Empörern umzingelt wurde; doch gelang es zuerst Bothwell, dann mit Hülfe männlicher Tracht auch Marien, nach dem Schlosse Dunbar zu ent=

kommen, worauf die Insurgenten vor Edinburg rückten und sich der Stadt ohne Mühe bemächtigten. Am 11. Juni erließen die Verschworenen eine Proclamation, in der sie behaupteten, die Königin werde gefangen gehalten, und die Bewohner Edinburgs auffoderten, sie zu befreien und den Prinzen zu beschützen.

(Der Beschluß folgt in Nr. 389.)

Franz Boucher.

Franz Boucher, erster Maler des Königs von Frankreich und Director der pariser Malerakademie, war zu Paris im J. 1704 geboren und starb daselbst 1770. Er war ein Schüler des berühmten, weit über ihm stehenden Le Moine, gewann schon in früher Jugend den ersten akademischen Preis und war zu seiner Zeit so beliebt, daß man ihn nur den Maler der Grazien nannte, hat aber nichts geliefert, was eine strengere Kritik aushalten könnte; sowol seine Zeichnung als sein Colorit sind in hohem Grade mangelhaft, und die Gegenstände, welche er malte, waren fast durchgängig unsittlicher Art, wie es freilich dem Geiste jener sittenlosen Zeit gemäß war; ohne Anstand läßt sich behaupten, daß Boucher nebst dem geistesverwandten Huet den Verfall der Malerkunst in Frankreich herbeigeführt und insofern allerdings auch in der Geschichte derselben Epoche gemacht hat. An Fleiß und Gründlichkeit fehlte es ihm gänzlich und die Leichtigkeit und Flüchtigkeit, mit der er arbeitete, ging ins Unglaubliche, weshalb auch die Zahl der von ihm nachgelassenen Gemälde und Zeichnungen (letztere sollen sich auf mehr als 10,000 belaufen) ganz ungeheuer ist. Als Mensch verdiente er wegen seiner uneigennützigen Unterstützung anderer Künstler, nicht aber hinsichtlich seines sittlichen Wandels Achtung.

Die schlafende Schäferin nach einem Gemälde von Boucher.

Sternschnuppen, Feuerkugeln und Meteorsteine.

Keinem unserer Leser ist die Erscheinung unbekannt, die man mit dem Namen Sternschnuppe (bisweilen auch Sternschneuze oder Sternschuß) bezeichnet; sie ist so häufig, so alltäglich, daß man selten eine Viertelstunde lang in einer heitern Nacht den Himmel betrachten wird, ohne sie in dieser Zeit wenigstens einmal zu erblicken. Die Sternschnuppen gleichen in ihrem Ansehen Sternen, die sich mit ansehnlicher Geschwindigkeit am Himmel fortbewegen und nach einer Dauer von einer oder wenigen Secunden verschwinden, zum Theil nicht spurlos, sondern mit Zurücklassung eines blassen Schweifes, der bei großen Sternschnuppen wol mehre Minuten sichtbar ist. Die meisten gleichen Sternen von dritter bis sechster Größe, aber manche erreichen sogar den Glanz der Sterne erster Größe und zuweilen übertreffen sie selbst die hellsten Planeten, Jupiter und Venus; die Zahl solcher, die nur mit Fernröhren wahrgenommen werden können, ist seltsamerweise nicht sehr bedeutend. Genauere Bestimmungen über Entfernung, Geschwindigkeit und Größe der Sternschnuppen sind erst in neuern Zeiten von Benzenberg und Brandes geliefert worden. Diese stellten im Jahre 1798 an zwei verschiedenen Orten gleichzeitige Beobachtungen von Sternschnuppen an und berechneten aus den verschiedenen Gegenden des Himmels, in denen ihnen dieselben genau zu derselben Zeit sichtbaren Sternschnuppen erschienen, ihre Entfernungen oder Höhen; die kleinste derselben betrug noch nicht $1\frac{1}{2}$ Meile, die größte über 30 Meilen. Noch wichtiger waren die gleichzeitigen Beobachtungen, welche Brandes nebst den Mitgliedern eines eigens zu diesem Zwecke gestifteten Vereins im J. 1823 in Breslau und der Umgegend anstellte. Damals wurden die Höhen von 98 Sternschnuppen berechnet, von denen 4 weniger als 3 Meilen, 37 zwischen 3 und 10 Meilen, 48 zwischen 10 und 20 Meilen und 11 über 20 Meilen, unter diesen aber etwa 60 und eine über 100 Meilen betrugen. Die Geschwindigkeit betrug zwischen vier und acht Meilen in der Secunde, war also im Allgemeinen größer als bei der Bewegung der Erde um die Sonne, die mit einer Geschwindigkeit von wenig über vier Meilen in der Secunde vor sich geht. Die Größe der Sternschnuppen läßt sich wegen der durch ihren Glanz bewirkten optischen Täuschung, die sie uns größer, als sie sind, erscheinen läßt, nicht genau bestimmen, doch fand Brandes, daß in niedrigen Höhen von einer bis zwei Meilen nur kleine Sternschnuppen vorkommen und alle großen fünf und mehr Meilen entfernt sind; bei zwei sehr großen gibt er den Durchmesser auf 80 und 120 Fuß an.

In jedem Klima kommen, wie es scheint, die Sternschnuppen gleich häufig vor; selbst im hohen Norden, in Grönland werden viele gesehen. Die Witterung scheint auf ihre Menge keinen Einfluß zu haben, doch ist neuerlich (seit etwa acht Jahren) beobachtet worden, daß sie in zwei bestimmten Perioden des Jahres beiweitem am häufigsten sind: am 12.—14. November und um den 10. und 11. August; die Erfahrung einer Reihe von Jahren hat diese Bemerkung vollständig bestätigt, sodaß ihr außerordentlich häufiges Vorkommen um diese Zeit unmöglich zufällig sein kann. Am 12. November 1799 beobachtete man in ganz Amerika, außerdem auch an einigen Orten in Europa eine ungewöhnlich große Menge von Sternschnuppen; ebenso war z. B. die Zahl der Sternschnuppen und Feuerkugeln, die in der Nacht vom 12. auf den 13. November 1833 in Nordamerika beobachtet wurden, ganz außerordentlich; ein Beobachter in Boston zählte noch um 6 Uhr Morgens am zehnten Theil des Himmels in einer Viertelstunde 650 Sternschnuppen, wonach Arago die Zahl der in dieser Nacht vorgekommenen Sternschnuppen auf 240,000 berechnet.

Der Übergang von den großen Sternschnuppen zu den Feuerkugeln ist ganz unmerklich, doch zeichnen sich die meisten Feuerkugeln, abgesehen von ihren größern Dimensionen und ihrem lebhaftern Glanze, dadurch aus, daß sie mit einem heftigen Knalle zerspringen; außerdem fallen aus ihnen nicht selten Eisenmassen, sogenannte Meteorsteine, herab. Zuweilen sind Feuerkugeln am Tage, wol gar bei hellem Sonnenscheine gesehen worden; aber auch Sternschnuppen hat man in einigen Fällen am Tage beobachtet, freilich nur mit dem Fernrohre, da sie gleich den Sternen mit bloßen Augen wegen des hellen Sonnen- oder Tageslichts nicht erkannt werden konnten; wir müssen daher annehmen, daß Sternschnuppen und Feuerkugeln am Tage ebenso gut als bei Nacht vorkommen. Besonders merkwürdige Feuerkugeln sind unter andern 1676 in Italien und Deutschland, 1686 in Sachsen, 1719 und 1741 in England, 1751 in Deutschland, 1758 in England, 1771 in England und ganz Frankreich, 1783 ebenfalls in England, Schottland, Frankreich und den Niederlanden, 1798 in der Schweiz und Oberitalien, 1805 in Deutschland, 1807 in Nordamerika, 1821 in Frankreich, 1837 in Deutschland und der Schweiz beobachtet worden. Den Durchmesser der Feuerkugeln hat man in einzelnen Fällen 1000, 1800, ja sogar 2700 Fuß groß gefunden.

Die Frage, was die Sternschnuppen sowol als die Feuerkugeln eigentlich sind und wie sie entstehen, ist auf sehr verschiedene Weise beantwortet worden. Wahrscheinlich sind sie aber hinsichtlich ihres Ursprungs und ihrer Beschaffenheit wirklich verschieden. In einigen Fällen sind Sternschnuppen und Feuerkugeln als schleimige, schaum- oder gallertartige Massen zu Boden gefallen, z. B. 1718 in Ostindien, 1796 in der Lausitz, 1811 bei Kassel und 1819 in Nordamerika (Massachusetts); leider ist jedoch noch keine dieser herabgefallenen Massen, welche bald nachher zerflossen und verdunsteten, näher untersucht worden. Die Behauptung, daß Raben, Seemöven und einige Raubvögel halbverdaute Reste von Fröschen, Regenwürmern u. s. w. als leuchtende schleimige Massen auswürfen, ist nicht bewiesen, und die meisten angeblichen Reste von Sternschnuppen mögen dem Pflanzenreiche angehören. Was die eigentlichen Sternschnuppen betrifft, so hielten die ältern Physiker dieselben für fette, ölige oder schwefelige Dünste in der Atmosphäre, die sich auf irgend eine Art entzünden und dann einen sich schnell bewegenden Funken bilden sollten; Andere hielten sie für elektrische Funken; Deluc meinte, daß sie durch Phosphor erzeugende Ausdünstungen gebildet würden, und noch andere Physiker schreiben sie dem Wasserstoffgas zu, das sich wegen seiner großen Leichtigkeit in den obersten Luftschichten sammeln sollte. Alle diese Hypothesen sind aber erheblichen Einwendungen ausgesetzt; vielleicht gibt es unter den uns sichtbaren Sternschnuppen einige, die blos elektrische Funken sind oder in unserer Atmosphäre aus Gasarten und Dämpfen entstehen; beiweitem die meisten Sternschnuppen und Feuerkugeln aber sind ohne Zweifel nicht terrestrischen oder atmosphärischen, sondern kosmischen Ursprungs, d. h. sie sind nicht in unserer Atmosphäre gebildet, sondern von außen aus dem Weltraume in die Nähe der Erde und in ihren Dunstkreis gekommen. Hierbei bleibt freilich noch viel zu erklären übrig. Denn wenn es auch an und für sich nicht unwahrscheinlich ist, daß sich im Weltraume außer den größern Himmelskörpern eine Menge kleiner Massen befinden, vielleicht die Bruchstücke zertrümmerter Himmelskörper, die sich in krummlinigen, vermuthlich elliptischen Bahnen um die Sonne bewegen, sowie die vier kleinen Planeten Vesta, Juno, Ceres und Pallas auch die Bruchstücke eines größern sein mögen, so bleibt doch die plötzliche Entzündung in unserer Atmosphäre, welche den Sternschnuppen und Feuerkugeln einen so lebhaften firsternähnlichen Glanz verleiht, und das darauf folgende ebenso plötzliche Verlöschen oder Zerspringen in hohem Grade räthselhaft. Der Umstand aber, daß jährlich zu derselben Zeit, im August und November, eine außerordentlich große Zahl von Sternschnuppen und Feuerkugeln beobachtet wird, scheint unwiderleglich zu beweisen, daß sich die Erde um diese Zeit auf ihrer Bahn um die Sonne in Gegenden des Himmelsraumes befindet, die an dergleichen Meteoren vorzüglich reich sind. Besonders wichtig ist die Bemerkung, welche namentlich bei dem großen Sternschnuppenfalle in Amerika in der Nacht vom 12. zum 13. November 1833 gemacht, später aber vielfach bestätigt worden ist, daß die große Mehrzahl der beobachteten Sternschnuppen beständig von derselben Stelle des Himmels ausging, nämlich von dem Kopfe des großen Löwen, woraus mit Bestimmtheit erhellt, daß diese Sternschnuppen an der Umdrehung der Erde um ihre Axe nicht Theil nahmen, sondern von außen in die Atmosphäre gekommen sein mußten. Dies wird auch dadurch bestätigt, daß die Bewegung der meisten Sternschnuppen von Nordost nach Südwest gerichtet, also der Bewegung der Erde gerade entgegengesetzt ist.

Die angegebene Erklärung von dem Ursprunge der Feuerkugeln war zwar schon von Halley, Maskelyne und andern Physikern aufgestellt worden, aber fast ganz in Vergessenheit gerathen, als sie in neuern Zeiten von dem durch die Erfindung der Klangfiguren bekannten, scharfsinnigen Chladni abermals vorgebracht und mit neuen Gründen unterstützt wurde. Er erklärte die Erhitzung und Entzündung der Feuerkugeln durch die starke Compression der Luft, welche die mit großer Geschwindigkeit in die Atmosphäre eindringenden Körper hervorbringen, wiewol freilich die Wirkung dieser Compression in Gegenden, die eine so außerordentlich dünne Luft enthalten, daß sie kaum noch als Luft betrachtet werden kann, sehr zweifelhaft erscheinen muß. Den Sternschnuppen legte Chladni gleich anfangs denselben Ursprung wie den Feuerkugeln bei, später nahm er aber an der Erscheinung Anstoß, daß Sternschnuppen sich aufwärts bewegen, statt niederzufallen, und trennte daher die Sternschnuppen von den Feuerkugeln, bis er nachher fand, daß auch viele der letztern aufwärts stiegen. Dies kann daher erklärt werden, daß diese Kugeln mit Dämpfen gefüllt sind und überall den Druck derselben auszuhalten haben, aber bei einem plötzlichen Hervorbrechen der Dämpfe an irgend einer Stelle nach dem Princip der Rückwirkung in der entgegengesetzten Richtung fortgetrieben werden; weshalb auch Feuerkugeln nach einer Explosion, wobei sie nicht ganz zerstört werden, ihre Richtung verändern, weil dann der Dampfstrom wahrscheinlich an einer andern Stelle der Oberfläche hervorbricht. Hiernach wäre also das Aufsteigen von Feuerkugeln und Sternschnuppen auf ganz ähnliche Art zu erklären, wie das Aufsteigen von Raketen und das Zurückprallen von Kanonen und andern Schießgewehren nach dem Abfeuern. Übrigens hat Bessel in Königsberg, bekanntlich einer der ersten jetzt lebenden Astronomen, der soeben eine Arbeit über die Berechnung der Sternschnuppen beendigt und den Plan hat, neue correspondirende Beobachtungen derselben anzustellen, durch Untersuchung der Beobachtungen von Brandes gefunden, daß diese das Aufsteigen der Sternschnuppen in keinem einzigen Falle erweisen, wodurch nach seiner Ansicht eine große Schwierigkeit für die Erklärung des Phänomens wegfällt.

Was aber vorzugsweise für den kosmischen und gegen den irdischen Ursprung der Feuerkugeln spricht, sind die Steinmassen, die aus vielen derselben herabfallen und von den auf der Erde vorkommenden Körpern ihrer Zusammensetzung nach völlig verschieden sind. Lange Zeit hatte man das Herabfallen von Steinen aus der Luft, dessen bei den alten Schriftstellern so häufig Erwähnung geschieht, als fabelhaft und unmöglich verworfen; noch am Ende des vorigen Jahrhunderts bezweifelte man die Sache ganz und gar. Der vorhin genannte Chladni war der Erste, der mit Bestimmtheit behauptete, daß mineralische Massen vom Himmel herabfallen könnten und wirklich herabgefallen wären, und zwar nicht etwa selten, sondern sehr häufig. Er behauptete dies zuerst im Jahre 1794 von einer zuerst durch den Reisenden Pallas beschriebenen Eisenmasse, die in Sibirien aufgefunden worden war und unmöglich dort entstanden sein konnte. Zufällig kamen gerade um dieselbe Zeit mehre Meteorsteinfälle vor, die keinen Zweifel an der Richtigkeit seiner Behauptung übrig ließen: am 16. Juni 1794 zu Siena in Italien, am 13. December 1795 in England, wo ein 56 Pfund schwerer Stein heiß herabfiel, und am 8. März 1798 bei Benares in Bengalen u. s. w. In Frankreich wurde der merkwürdige Meteorsteinfall am 26. April 1803 bei Aigle, wo gegen 2000 Bruchstücke von Steinen von 2 Quentchen bis $17\frac{1}{2}$ Pfund Gewicht aus der Luft fielen, auf Veranstaltung der Akademie der Wissenschaften genau constatirt. Dasselbe geschah von Seiten der östreichischen Regierung hinsichtlich des Meteorsteinfalls bei Stannern in Mähren am 22. Mai 1808. Zu den neuesten Meteorsteinfällen gehören folgende: am 25. Nov. 1833 bei Blansko in Mähren; am 13. Nov. 1835 im Departement Ain in Frankreich; im Juni 1837 bei Budatin in Ungarn u. s. w. In Frankreich wurden von 1790—1815, also in 26 Jahren, 10 Steinfälle beobachtet, auf einem Flächenraume, der etwa 6000 Quadratmeilen beträgt oder dem 2000sten Theile der ganzen Erdoberfläche gleich ist; hiernach hätten in diesem Zeitraume auf der ganzen Erde wenigstens 20,000 Meteorsteinfälle, also in jedem Jahre gegen 800, in jedem Tage wenigstens 2 stattgefunden, da man schwerlich annehmen kann, daß dergleichen Erscheinungen in Frankreich häufiger sind als anderwärts, und gewiß auch dort nicht alle beobachtet worden sind. Die herabfallenden Steine dringen zuweilen ziemlich tief in die Erde ein: z. B. die am 26. Mai 1751 bei Hradschina in Kroatien herabgefallene, 71 Pfund schwere Eisenmasse 3 Klafter oder 18 Fuß tief; nicht selten hat man sie heiß, ja sogar glühend gefunden. Fallen sie aus zerplatzenden Feuerkugeln, so ist ihr Fall von starkem Getöse begleitet, das mit Kanonenschüssen Ähnlichkeit hat, mehre Minuten anhält und weit und breit gehört wird.

Was nun die Beschaffenheit der Meteorsteine anlangt, so sind alle mit einer dünnen schwarzen, meist nur wenig glänzenden Rinde überzogen; einige sind so locker, daß sich Luft hindurchblasen läßt und daß sie Wasser einsaugen, andere dagegen sind sehr fest; ihr specifisches Gewicht ist $2—4\frac{1}{4}$ Mal, im Mittel ungefähr $3\frac{1}{2}$ Mal größer als das des Wassers. Ihrer großen Verschiedenheit ungeachtet stimmen sie hinsichtlich ihrer Bestandtheile im Wesentlichen miteinander überein und unterscheiden sich sehr auffallend von den irdischen Fossilien. Ihr Hauptbestandtheil ist gediegenes nickelhaltiges Eisen, das sie meist in Körnern oder kleinen Stückchen enthalten; man findet aber zuweilen größere gediegene Eisenmassen, die man ebenfalls für meteorischen Ursprungs hält, da gediegenes Eisen sonst auf der Erde nicht vorkommt. Die vorhin erwähnte sibirische, 1749 gefundene Eisenmasse war ursprünglich 1400 Pfund schwer; ähnliche Massen wurden zu Lenarto in Ungarn, 194 Pfund schwer, am Cap der guten Hoffnung, 300 Pfund schwer, in Mexico bei Zacatecas, angeblich 3—400 Centner schwer, in Brasilien 140 Centner schwer u. s. w. gefunden. Das Eisen der Meteorsteine enthält außer dem Nickel auch kleine Quantitäten von Kobalt, Kupfer, Schwefel, Kohle u. s. w.; andere Bestandtheile der Meteorsteine sind Kieselerde, Talkerde, Chrom, Kalk, Thon, Mangan, Zinn, Schwefeleisen, Magneteisenstein, Meteorolivin u. s. w.

Daß die Meteorsteine aus irdischen Vulkanen ausgeworfen sein sollten, ist aus vielfachen Gründen nicht denkbar; dagegen hat aber der berühmte Astronom Olbers schon im J. 1793 die Vermuthung aufgestellt, daß sie aus den Vulkanen des Mondes herrührten; neuerlich ist der berühmte schwedische Chemiker Berzelius als Anhänger dieser Theorie aufgetreten, und Benzenberg behauptet geradezu, daß die Sternschnuppen und Feuerkugeln nichts Anderes als Steine aus den Mondvulkanen seien. Sehen wir nun auf die Beschaffenheit der Meteorsteine, so scheint Manches für diese Vermuthung zu sprechen, namentlich der Umstand, daß sie metallisches Eisen enthalten, welches auf einem Himmelskörper, der Wasser enthält, in diesem Zustande nicht bleiben kann, sondern sich mit Sauerstoff verbinden muß; daß aber der Mond kein Wasser enthält, kann als ausgemacht betrachtet werden. Berzelius hält es für nicht unwahrscheinlich, daß die große Menge des Nickels, die wir in den Meteorsteinen finden, wegen des Magnetismus dieses Minerals Ursache sei, daß der Mond der Erde immer dieselbe Seite zukehrt, wenn man nämlich annimmt, daß die andere Seite des Mondes keinen Nickel enthält und daher vom Magnetismus der Erde nicht angezogen wird. Vor Allem mußte die Frage erörtert werden, ob es überhaupt möglich sei, daß Steine oder andere schwere Gegenstände von einem Himmelskörper auf einen andern, also auch vom Monde auf die Erde, gelangen; daß dies aber möglich ist, ist von Olbers, Laplace und Andern nachgewiesen worden. Freilich bemerken wir, daß alle Gegenstände, die von der Erde in die Höhe geworfen werden, zwar desto höher steigen und desto länger ausbleiben, je größer die Kraft oder Geschwindigkeit ist, mit der sie emporgeworfen werden, daß sie aber dennoch immer wieder, durch die Anziehung der Erde genöthigt, auf die Erde zurückfallen; dies würde jedoch, wenigstens wenn kein Widerstand der Luft vorhanden wäre, nicht der Fall sein, wenn wir nur im Stande wären, einen Körper mit einer hinreichend großen Geschwindigkeit emporzuschleudern; könnten wir einen Körper mit einer Geschwindigkeit von 34,436 Fuß (auf die Secunde) in die Höhe werfen, so würde er, wenn keine Widerstand leistende Luft vorhanden wäre, sich ins Unendliche fortbewegen, ohne jemals wieder auf die Erde zurückzukehren. Eine solche Kraft ist nun freilich auf der Erde nicht vorhanden, und die sie würde, wenn sie vorhanden wäre, in dem Widerstande der Luft ein unübersteigliches Hinderniß finden; auf dem Monde würde es aber einer weit geringern Kraft bedürfen, da der Mond wegen seiner weit kleinern Masse die auf ihm und in seiner Nähe befindlichen Körper mit weit geringerer Kraft anzieht, auch fällt bei ihm das auf der Erde vorhandene Hinderniß, eine Widerstand leistende Atmosphäre, hinweg. Olbers hat berechnet, daß ein Körper, der mit einer Geschwindigkeit von 7967 Fuß vom Monde ausgeworfen wird, nie wieder auf den Mond zurückkehrt, auch ohne von einem andern Weltkörper angezogen zu werden; aber schon ein Körper, der mit einer Anfangsgeschwindigkeit von 7780 Fuß nach der Erde zu geworfen wird, erreicht eine solche Entfernung von dem Monde, daß die Anziehung des Mondes von derjenigen der Erde übertroffen wird und der Körper, wenn man Mond und Erde als ruhend annimmt, auf die letztere gelangt; ja nach neuern Bestimmungen, wonach die Masse des Mondes 75—80 Mal kleiner als die der Erde ist, reicht hierzu schon eine Geschwindigkeit von 7200—7400 Fuß hin. Eine solche Geschwindigkeit aber, die nur 4—5 Mal größer ist als die größte unserer Kanonenkugeln, scheint an und für sich durchaus nichts Unmögliches zu enthalten. Auf dem Monde befinden sich Berge, die den höchsten der Erde gleich, mithin im Verhältnisse zur Größe des Mondes fast viermal höher als jene sind; ferner kraterähnliche Einsenkungen, die 20—30 geographische Meilen im Durchmesser haben, und das ganze Ansehen des Mondes scheint auf vormalige vulkanische Eruptionen der gewaltigsten Art zu deuten. Schröter glaubt sogar bemerkt zu haben, daß noch in den neuesten Zeiten, zum Theil unter seinen Augen, Veränderungen dieser Art auf der Oberfläche des Mondes vorgegangen seien, wiewol diese nach neuern Beobachtungen nur auf Täuschungen beruhen mögen.

Jedenfalls wäre es möglich, daß Auswürflinge des Mondes auf unsere Erde gelangten; ob es aber wirklich geschieht und ob namentlich die Meteorsteine und zugleich die Sternschnuppen und Feuerkugeln diesem Ursprunge zuzuschreiben sind, ist eine Frage, die aus vielen Gründen verneint werden muß. Einmal ist es noch gar nicht erwiesen, daß der Mond Vulkane hat, die noch gegenwärtig in Thätigkeit oder es je gewesen sind, wenn dies auch der Analogie nach angenommen werden kann. Sodann paßt der von Olbers geführte Beweis nur für den Zustand der Ruhe beider Himmelskörper; da dieser aber in der Wirklichkeit nicht stattfindet, so könnte auch kein Körper in einer geradlinigen Bahn vom Monde nach der Erde gelangen, sondern die meisten vom Monde aus mit der oben angegebenen oder einer größern Geschwindigkeit nach der Erde zu geworfenen Körper würden sich in krummlinigen Bahnen um die Erde bewegen, und nur unter ganz bestimmten Verhältnissen der Richtung und der Wurfgeschwindigkeit könnten einige derselben auf die Erde fallen. Da diese aber von allen vom Monde ausgeworfenen beiweitem den kleinsten Theil ausmachen würden, so müßte die Menge der vom Monde ausgeschleuderten Massen so groß sein, daß dadurch die Masse des Mondes im Laufe der Zeit sehr merklich vermindert werden würde, was jedoch mit den Beobachtungen durchaus nicht im Einklange steht. Auch der laute Knall, mit dem das Fallen von Meteorsteinen häufig verbunden ist oder der vielmehr ihrem Falle vorhergehend schon dann stattfindet, wenn sie sich noch in sehr großer Höhe, folglich in sehr dünnen Luftschichten befinden, ließe sich nicht erklären, wenn die herabfallenden Körper bereits auf dem Monde ausgebildet worden wären. Ein Haupteinwand gegen den lunarischen Ursprung der Sternschnuppen und der ihnen verwandten Meteore liegt endlich darin, daß dieselben sich mit einer so großen Geschwindigkeit von vier bis acht Meilen bewegen. Wenn ein Körper mit einer Geschwindigkeit von etwa 8000 Fuß vom Monde ausgeworfen würde, so würde seine Geschwindigkeit bei der Ankunft auf der Erde nur etwa 35,000 Fuß oder 1½ Meile in der Secunde betragen; sollte er aber mit einer Geschwindigkeit von fünf Meilen bei der Erde ankommen, so müßte er mit einer beinahe ebenso großen Geschwindigkeit vom Monde ausgeworfen werden, was doch wol über die Grenzen der Möglichkeit hinausgehen möchte. Immerhin bliebe es möglich, daß wenigstens unter den sich langsamer bewegenden Sternschnuppen Mondauswürflinge wären; aber selbst dies hält Olbers, der seine anfängliche Vermuthung später ganz aufgegeben hat, nicht für wahrscheinlich, und hält den Mond in seinem jetzigen Zustande für einen sehr ruhigen Nachbar, der bei seinem Mangel an Wasser und Luft keiner kräftigen Explosionen mehr fähig ist.

Wir müssen sonach auf die kosmische Entstehung der in Rede stehenden Meteore zurückkommen. Was die den Fall von Meteorsteinen begleitenden Explosionen betrifft, so müssen wir vermuthen, daß zu der Zeit, wo sie erfolgen, mächtige chemisch-physische Operationen vorgehen, die aus Urstoffen neue Körper bilden, welche eben die Meteorsteine sind, wodurch auch das Zusammenschwinden der Feuerkugeln sehr großer Dimensionen auf Massen, die nur einen sehr beschränkten Raum einnehmen, seine Erklärung finden oder doch räthselhaft zu sein aufhören würde. Wahrscheinlich sind die Meteorsteine im Weltraume als dampfartige, kometenähnliche Massen vorhanden, die durch die Glühhitze sehr ausgedehnt und locker sind, wie die Kometen, welche auch hinsichtlich ihres Schweifes den Feuerkugeln verwandt sind. Bei der Ankunft in unserer Atmosphäre erleiden sie einen plötzlichen Verlust der Wärme, ziehen sich daher in einen weit kleinern Raum zusammen; in den dadurch plötzlich entstandenen leeren Raum dringt die Luft gewaltsam ein und bewirkt dadurch eine heftige Explosion. Hierbei würde es noch unentschieden bleiben, ob die Massen, woraus sich die Meteorsteine bilden, dem gesammten Himmels- oder Firsternraume angehören, oder sich im Gebiete unsers Sonnensystems befinden und daher auch an der gemeinschaftlichen Umdrehung um die Sonne Theil nehmen. Beides ist möglich, aber der Umstand, daß die Meteorsteine hinsichtlich ihrer Bestandtheile den Körpern unserer Erde ähnlich sind, sowie die jährlichen Perioden des häufigen Erscheinens der Sternschnuppen machen es wahrscheinlicher, daß diese Massen alle oder wenigstens ihrer Mehrzahl nach dem Sonnensysteme angehören. Nach der hiermit übereinstimmenden neuesten Theorie des französischen Physikers Biot befindet sich die Erde im August und November an der Stelle, wo ihre Bahn den Sonnennebel, der uns zuweilen als Zodiakallicht (Thierkreislicht) erscheint und sich nach Cassini weit über die Venusbahn, also vielleicht noch über die Erdbahn hinaus erstreckt, berührt oder durchschneidet; wenn nun dieser Sonnennebel aus einer Menge von Gasanhäufungen oder kleinen planetenähnlichen Massen besteht, so werden diese durch die Annäherung der Erde in ihren Bahnen gestört werden und viele von ihnen unsere Atmosphäre durchstreifen.

Der gelbe Enzian.

Die Enziane bilden eine sehr zahlreiche Familie krautartiger Pflanzen, die in **44** Gattungen mehr als 350 über die ganze Erde verbreitete Arten umfaßt, welche von den Polen bis zum Äquator, von der Meeresfläche bis zur Schneelinie vorkommen und sich sämmtlich durch starke Bitterkeit auszeichnen. Der Enzian, diejenige Gattung, von welcher die ganze Familie benannt wird, kommt nur auf der nördlichen Halbkugel und zwar fast durchgehend auf höhern Gebirgen vor; man kennt von ihm bereits über 60 Arten, die sämmtlich sehr bitter sind und kräftige Arzneimittel abgeben. Die hier abgebildete Art, der gelbe Enzian, auch großer oder edler Enzian oder Bitterwurz genannt, hat eine dicke, fleischige Wurzel von gelblichbrauner Farbe, die oft bis drei Fuß in die Erde dringt, und einen dicken und hohlen Stengel, der bis fünf Fuß hoch wird, und ist durch ihren pyramidalischen Wuchs, sowie durch ihre schönen goldgelben Blumen, die im Juli und August erscheinen, ausgezeichnet. Er wächst auf trockenen Triften der hohen Gebirge, besonders auf den schweizer Alpen, aber auch auf den Apenninen und allen südeuropäischen Gebirgen. Die frische Wurzel hat einen sehr starken unangenehmen Geruch und eine sehr ausgezeichnete Bitterkeit; sie kommt im Handel unter dem Namen rother Enzian theils in ganzen, theils in gespaltenen Stücken vor und ist schon seit alten Zeiten als ein treffliches Heilmittel bekannt. In der Schweiz wird daraus ein starker und bitterer, sehr geschätzter Branntwein bereitet, dessen sich die Gemsjäger bedienen. Andere bekannte Arten des Enzians sind der purpurrothe (ebenfalls zur Bereitung des Enzianbranntweins gebraucht), der punktirte, der stengellose, der bärtige, der bittere, der deutsche oder gemeine, der Kreuz- und der Lungenenzian. Zur Familie der Enziane werden auch das Tausendgüldenkraut und die Zottenblume gerechnet.

Der gelbe Enzian.

Das Pfennig-Magazin
für
Verbreitung gemeinnütziger Kenntnisse.

389.] Erscheint jeden Sonnabend. **[September 12, 1840**

Burgos.

Der Dom zu Burgos.

Burgos, die Hauptstadt des spanischen Königreichs Altcastilien, liegt an der Stelle der alten Stadt Auca oder Cauca am Flusse Arlanza, der sich hier mit dem Arlanzon vereinigt, und am Fuße der Gebirge von Occa, 30 Meilen nördlich von Madrid, und ist eine der größten, auch ungeachtet ihrer engen und unebenen Straßen eine der schönsten Städte Spaniens, hat aber gegenwärtig nur noch eine Bevölkerung von etwa 10,000 Seelen, während dieselbe sich vor 300 Jahren, als Spanien auf dem Gipfel seiner Blüte und Macht stand, auf das Dreifache belief. Sie ist halbmondförmig gebaut; ihr schönster Theil ist die Vorstadt la Vega. In historischer Hinsicht ist Burgos merkwürdig als Geburtsstadt des vielbesungenen Helden Cid (Don Rodrigo Diaz, Graf von Bivar), welcher 1026, nach Andern aber erst gegen 1045 hier geboren wurde und 1099 in Valencia starb. An der Stelle seines Hauses steht ein Denkmal; im nahen Kloster San Pedro de Cardeña liegt er nebst seiner Gemahlin Ximene begraben und unter Bäumen vor dem Kloster liegt sein berühmtes Roß Babieça. Auf dem Hauptplatze steht die Bildsäule des Königs Karl III. Die sonst reiche und blühende Stadt ist jetzt ziemlich öde und todt; nur der Wollhandel (jährlich werden hier 40,000 Centner Wolle verkauft) und die durchführende Straße nach Frankreich gibt ihr noch einige Lebhaftigkeit; die 1768 für erstern gestiftete Handels- und Manufacturcompagnie (die Compagnie von St.-Karl) ist zu völliger Bedeutungslosigkeit herabgesunken.

Von Gebäuden derselben sind namentlich zu bemerken: das auf einem Berge stehende alte und ziemlich feste Schloß, die Paläste des Connetabels und des Erzbischofs, das Rathhaus, der Palast Velasco, der unter Karl V. errichtete Triumphbogen des hier geborenen berühmten Feldherrn Fernando Gonzalez v. Cordova (gest. 1515) und das merkwürdigste und schönste von allen, der Dom, ein wahres Meisterwerk der Baukunst, über welches sich ein geistreicher französischer Kunstrichter folgendermaßen äußert:

„Der Dom zu Burgos ist im Geschmack der Architektur des 13. Jahrhunderts gebaut und blieb so 300 Jahre lang; nach Verlauf dieser Zeit mußte das Schiff und der Hochaltar umgebaut werden und in dieser geschmackvollen Restauration erkennt man das 16. Jahrhundert, das Jahrhundert der Künste und der Eleganz. Die Façade ist im strengsten gothischen Styl gehalten, eine großartige christliche Inspiration, denn beim bloßen Anblick der Steinmasse fühlt man sich von Andacht durchdrungen. Zu jener Zeit war der Baumeister ein Apostel und sprach zum Gemüth und zum Geiste ebensowol als zu den Sinnen. In diesen übereinanderliegenden christlichen Steinen wohnt eine mächtige Beredtsamkeit; man sieht sogleich, daß sie mit jenen gemeinen Steinen, welche unsere Sorgen, Hoffnungen, Befürchtungen beherbergen, nichts gemein haben. Hier erblickt man im Geiste, in aller Strenge ihrer Überzeugungen, die Christen der Vorzeit, welche ihren Glauben in unauslöschlichen Zügen auf den Mauern dieser katholischen Citadelle eingegraben haben. Wenn man die Kirche betritt, so findet man im Innern dieselbe Ruhe, dieselbe Kraft, Größe und Andacht, wie außerhalb; die geheimnißvollen Räume, welche dieses himmelanstrebende Dach bedeckt, sind so angeordnet, daß in jedem Winkel des erhabenen Gebäudes das Gebet ungestört und nur von Gott gehört zum Himmel steigen kann. Blickt man um sich, so trifft das Auge auf eine unglaubliche Verschwendung von Zierathen, in denen die christliche und profane Kunst allen ihren Launen freien Lauf gelassen hat. Freilich findet der Kunstkenner an diesen Zierathen gar Manches zu tadeln, und z. B. die Statuen würden einzeln genommen die Vergleichung mit den Statuen des Alterthums nicht aushalten; aber an ihrem Platze und in Masse gesehen, wie sie das Chor bevölkern, sich hinter den Pilastern verstecken, die Karnieße überragen, auf ihren marmornen Fußgestellen ruhen in den verschiedenen Stellungen des Kampfes, des Siegs, der Ruhe, des Gebets, tragen alle diese Marmorbilder wesentlich dazu bei, die Absicht des Baumeisters zur Erfüllung zu bringen, und erhöhen um Vieles die Wirkung seines Werks."

„Selbst wenn man die christliche Stimmung und Gesinnung ganz bei Seite setzt und nur als Künstler urtheilt, muß man die meisten Einzelheiten dieses großen Werks bewundern. Die Marmorbasreliefs am Hochaltar, von den großen spanischen Meistern Rodrigo und Martin del Aja, stellen die schönsten Gegenstände der heiligen Schrift dar; dieselben Künstler erkennt man in einer heidnischen Gruppe, der Entführung der Europa. In zwei Seitenkapellen erblickt man Denkmäler, zu Ehren des berühmten castilischen Kronfeldherrn Don Pedro Fernandez de Velasco und seiner Gemahlin Donna Mencia Lopez de Mendoza. An Meisterwerken der Malerei ist keine spanische Kirche so reich als die Kathedrale zu Burgos. In der Kapelle Velasco's bewundert man eine Magdalena von Leonardo da Vinci, in einer andern eine heilige Jungfrau von Michel-Angelo, in der Kapelle de los Remedios das Leiden des Heilands von Matteo Cergo aus Burgos."

„Die spitzigen, pfeilähnlichen Glockenthürme und der gewaltige viereckige Mittelthurm erinnern an den herrlichen Münster in York; die Ähnlichkeit wird vollständig durch einen achtseitigen Bau mit acht pyramidalischen Thürmchen. Was dem Ansehen der Kathedrale schadet, sind zwei steinerne heraldische Ungeheuer, welche das castilische Wappen tragen. Aber der Blick übersieht sie sehr leicht über den unzähligen andern Zierathen, welche jenes Octogon bedecken. Einen erhabenen Anblick hat man vom Gipfel des großen Mittelthurms; von dem aus überschaut man die Stadt, auf ihrem grünen Hügel hingelagert, das zu den Füßen der Citadelle liegende Schloß der ehemaligen Könige von Castilien, den Fluß Arlanza, der sich im Thale verliert, unermeßliche Wiesen und Felder, lachende Thäler, zahlreiche Dörfer, Klöster, Ruinen, Kirchthürme, und diese ganze Welt beleuchtet von der blendenden Sonne Spaniens."

Die Kathedrale ist 400 Fuß lang, 250 Fuß breit und enthält ein Gnadenbild der Mutter Gottes und außer den oben genannten noch viele andere Grabmäler; in der Sacristei wird der eiserne Harnisch des Cid aufbewahrt. Außer dieser Kirche hat die Stadt noch 15 Pfarrkirchen und zählte früher 18 Klöster. Das hiesige Erzbisthum ist 1574 aus einem Bisthum entstanden. Die 1550 errichtete, 1778 erneuerte Universität ist in der neuern Zeit wieder aufgehoben und durch eine lateinische Schule ersetzt worden.

In der neuern Kriegsgeschichte ist Burgos durch das Treffen unweit der Stadt und die Belagerung derselben bekannt geworden. Ersteres fand statt am 10. Nov. 1808 zwischen den Franzosen unter Marschall Soult und dem spanischen Heere von Estremadura unter dem Grafen von Belvedere und endigte nach zwölfstündigem heißen Kampfe mit der Niederlage des letztern; es hatte zur nächsten Folge, daß Napoleon sein Hauptquartier nach Burgos verlegte. Belagert wurde Burgos zwei Jahre später von Wellington. Als nämlich nach der von diesem gewonnenen Schlacht bei Salamanca am 22. Juli 1812 Marmont's geschlagenes Heer sich nach Burgos zurückzog und General Clauzel die Citadelle besetzt hatte, wurde Burgos vom 17. September bis zum 21. Oktober von dem englischen Feldherrn belagert, aber seine fünf Stürme auf die von Dubreton tapfer vertheidigte Citadelle wurden abgeschlagen, und nachdem die Engländer 2500, die Besatzung 600 Mann verloren, wurde beim Herannahen eines französischen Heers die Belagerung aufgehoben.

Maria Stuart.
(Beschluß aus Nr. 388.)

Maria hatte indessen eine kleine Macht um sich versammelt, rückte mit dieser am 14. Juni 1567 gegen Edinburg vor und nahm ihre Stellung am Carberryhügel; gegenüber stellte sich das weit zahlreichere Heer der Insurgenten auf, aber bevor es zum Kampfe kam, wurden Unterhandlungen eröffnet. Bothwell erbot sich, seine Unschuld durch einen Zweikampf zu beweisen, aber die Königin wollte diesen nicht zugeben, weshalb er unterblieb. Auf das Verlangen der Verschworenen verließ Bothwell das königliche Lager (und bald nachher Schottland), die Königin aber begab sich zu ihren Feinden, die versprochen hatten, ihr als ihrer Königin zu gehorchen. Dieses Versprechen hielten die sechs Häupter des Aufstandes jedoch nicht, sondern behandelten die Königin sogleich als Gefangene und schickten sie am 16. von dem Schlosse Holyrood nach dem Schlosse Lochleven, legten sich aber selbst den Namen „Lords vom geheimen Staatsrathe" bei. Vergeblich verwandte sich die englische Königin durch ihren Gesandten Throkmorton für Maria; die Lords wollten diese nur dann frei geben, wenn sie in die Trennung ihrer Ehe mit Bothwell willigte, wozu sie auf keine Weise zu bewegen war. Am 24. Juli wurde der rohe Lord Lindsay nach Lochleven geschickt, um der Königin Einwilligung zur Niederlegung ihrer Krone zu erhalten; im Weigerungsfalle sollte er ihr mit dem Tode drohen, den sie wegen Ermordung ihres rechtmäßigen Gemahls verdient habe. Die unglückliche Königin that, was man verlangte, worauf in Edinburg die Ernennung einer Regentschaft proclamirt wurde; unmittelbar nachher, am 29. d. M., wurde der erst ein Jahr und sechs Wochen alte Sohn der Königin zu Stirling gekrönt und gesalbt, wobei die Lords Lindsay und Ruthven öffentlich erklärten, daß die Königin die Krone freiwillig und ohne Zwang an ihren Sohn abgetreten habe, das Volk aber auf eine unzweideutige Weise seinen Beifall an den Tag legte. Am 23. Aug. wurde Murray, der aus Frankreich zurückgekehrt war (wo er dem Könige eidlich versprochen haben soll, Marien zu befreien und in ihre Würde wieder einzusetzen), zum Regenten von Schottland ausgerufen, und das von ihm im Dec. zusammenberufene Parlament genehmigte das gegen die Königin beobachtete Verfahren, wiewol die hauptsächlichste gegen sie erhobene Beschuldigung, daß sie Schuld an Darnley's Morde habe, auf vorgebliche Briefe von ihr an Bothwell gegründet war, welche weder dem Staatsrathe noch dem Parlamente vorgelegt worden sind und gegen deren Echtheit vielfache Bedenken obwalten.

Schon am 25. März 1568 machte Maria, welche selbst ihr Leben bedroht sah, einen vergeblichen Versuch zur Flucht, indem sie die Kleider ihrer Wäscherin anzog; der Sohn des Herrn von Lochleven und Halbbruder Murray's*), Georg Douglas, welcher ihr dabei behülflich gewesen war, wurde deshalb aus Lochleven entfernt, ohne sich dadurch von fernern Versuchen zur Befreiung der Königin abhalten zu lassen. Diese gelang endlich am 2. Mai; die Königin schiffte über den See, der das Schloß Lochleven umgibt, und wurde von Georg Douglas, der am Ufer ihrer harrte, und zwei befreundeten Lords nach Hamilton gebracht. Hier sammelte sich ein aus neuem eine ansehnliche Schar und am 8. Mai verbanden sich in Glasgow 9 Grafen, 9 Bischöfe, 18 Lords und 90 Barone für die Königin. Diese erklärte einer zahlreichen Versammlung in Hamilton, daß ihre Thronentsagung ihr nur durch Furcht abgenöthigt worden sei, foderte den Regenten auf, sich seiner usurpirten Gewalt zu begeben, und sandte einen treuen Diener nach England und Frankreich, um ihre Befreiung aus dem Kerker anzuzeigen und um Beistand zu bitten. Am 13. Mai zog ihr Heer unter Argyle's Anführung von Hamilton aus, um sie in das starke Schloß Dunbarton zu bringen, aber das Heer des Regenten verlegte ihr den Weg und bei Goneymuire, am Hügel Longside, kam es zu einem Gefecht, in welchem der Sieg dem Regenten blieb. Ohne den Ausgang des Treffens abzuwarten, floh die entmuthigte Königin nach Galloway und schrieb von da an den Befehlshaber der englischen Stadt Carlisle, Lowther, anfragend, ob sie, im Falle sie sich dazu genöthigt sähe, sicher dahin kommen könne. Ohne die Antwort abzuwarten, warf sie sich am 15. Mai in ein Boot und landete mit 16 Begleitern bei Wirkington in Cumberland, von wo sie Lowther nach Carlisle geleitete; am 16. Juli wurde sie nach dem Schlosse Bolton, am 26. Jan. 1569 nach Tutbury im Innern des Königreichs England gebracht.

Ihre Heimat sollte die unglückliche Maria fortan nie wiedersehen, nie wieder die Luft der Freiheit athmen. Neunzehn Jahre lang, von ihrem Eintritte in England bis zu ihrem Tode, wurde sie von der englischen Königin in einer mit jedem Jahre strenger werdenden Gefangenschaft gehalten, wiewol ihr die in der ersten Zeit wenigstens der Schein der Freiheit gelassen wurde; die wiederholten, schwerlich jemals aufrichtigen Betheuerungen ihrer freundschaftlichen Gesinnungen für Elisabeth waren nicht im Stande, ihr Schicksal zu mildern. Im October 1568 wurde eine Untersuchung über die Entthronung Mariens begonnen, zu welchem Ende Bevollmächtigte beider Königinnen und der schottischen Machthaber in York zusammentraten. Maria trat als Anklägerin Murray's und seiner Genossen auf, welche ihr eine Gegenanklage entgegensetzten, worauf eine neue Untersuchung über die der Königin Maria zur Last gelegten Verbrechen in Westminster eröffnet wurde, die bis zum August 1569 dauerte, ohne zu einem entscheidenden Resultate zu führen. Maria, die, wie sich denken läßt, aufs sehnlichste wünschte, ihre Freiheit und mit derselben ihre Gewalt wiederzuerlangen, ließ es zu diesem Ende nicht an mannichfachen Umtrieben fehlen, die der englischen Regierung nicht geringe Verlegenheit bereiteten. So begünstigte sie die Empörungsversuche der Grafen von Northumberland und Westmoreland (im Nov. 1569), welche angeblich den Plan hatten, sie zu befreien. Der Herzog von Norfolk, einer der mächtigsten englischen Großen, den Mariens Liebenswürdigkeit gefesselt hatte, ging sogar soweit, ihr seine Hand anzubieten, und begünstigte feindliche Einfälle, welche die Befreiung Mariens bezweckten, weshalb er als Hochverräther angeklagt, verurtheilt und am 2. Juni 1572 hingerichtet wurde. Um dieselbe Zeit ging im englischen Parlamente eine Anklagebill gegen Marien durch, aber Elisabeth versagte ihre Zustimmung, weil ihr der rechte Zeitpunkt noch nicht gekommen schien.

Aus den nächsten Jahren bis 1581 kann nur im Allgemeinen angeführt werden, daß Maria in ihr Schicksal mehr gefügt und daher allen Befreiungsversuchen entsagt zu haben schien. Ihre Gesundheit hatte jedoch durch die langwierige Gefangenschaft so sehr gelitten, daß sich Elisabeth bewegen fand, ihr auf kurze Zeit den Besuch des Bades Buxton zu gestatten. Ihren Aufenthalt hatte sie seit 1570 größtentheils in Sheffield (einem Schlosse des Grafen v. Shrewsbury). Im J. 1582 regte sich in ihr die unglückliche Königin von neuem das Verlangen nach Freiheit. Auf ihren Wunsch schickte Elisabeth einen Bevollmächtigten nach Schottland, um mit dem jungen Könige Jakob, der mittlerweile die Regierung selbst übernommen und sich von der Oberherrschaft der schottischen Großen gewandt und energisch befreit hatte, über die neuen Vorschläge seiner Mutter zu berathen und wo möglich eine gemeinsame Übereinkunft zu Stande zu bringen; aber der König schien ihre Rückkehr nicht sehr zu wünschen und machte unter Anderm den Übertritt Mariens zur protestantischen Kirche zur Bedingung einer mit ihr abzuschließenden Übereinkunft. Die Unterhandlungen dauerten auch im folgenden Jahre fort, wo Maria nach Wingfield, sowie 1585, wo sie nach Tutbury gebracht wurde; indessen war es der Königin Elisabeth nur um den Schein zu thun, da eine Freilassung Mariens keineswegs in ihrer Absicht lag. Am 5. Juli 1586 kam eine Übereinkunft zwischen Elisabeth und König Jakob zu Stande, in welcher jedoch der Mutter des Letztern gar nicht gedacht wurde.

Die Katastrophe, welche ihrem unglücklichen Dasein ein Ende machte, wurde durch die Verschwörung des Schwärmers Babington herbeigeführt, die nichts Geringeres als die Ermordung Elisabeths bezweckte. Maria wurde auf Zeugnisse, die in hohem Grade zweideutig sind, als seine Mitschuldige angeklagt; nach den neuesten Geschichtsforschern war sie es wirklich, wie aus vielen im britischen Reichsarchive befindlichen Urkunden erhellt, deren Verfälschung höchst unwahrscheinlich ist. Ob und wie eine gerichtliche Untersuchung gegen sie einzuleiten sei, war lange zweifelhaft; endlich wurde

---

*) Beide waren Kinder von Margarethe Erskine, der Geliebten des Königs Jakob V., welche später den Herrn von Lochleven heirathete.

eine Commission von 40 englischen Großen, die meist ihre persönlichen Feinde waren, niedergesetzt, um sie zu richten. Mariens Secretaire, Naue und Curl, bekannten, daß durch ihre Vermittelung die Königin mit Babington in Briefwechsel gestanden habe; die Briefe seien dem ersten von ihr französisch dictirt, dann von Curl übersetzt und in Chiffern übertragen worden. Am 25. Sept. langte Maria auf dem ihr als Gefängniß angewiesenen Schloß Fotheringhay in Northamptonshire an, das sie nicht wieder verlassen sollte. Hier trat die erwähnte Commission am 11. Oct. zusammen und Marie, die persönlich vor ihr erschien, vertheidigte sich mit ebenso viel Geistesgegenwart als Umsicht, aber noch in demselben Monate wurde das Verdammungsurtheil über sie gefällt, durch welches sie für eine Verrätherin, der Thronfolge unwürdig und des Todes schuldig erklärt wurde; sofort wurde es von beiden Parlamentshäusern genehmigt und am 6. Dec. 1589 in London unter dem Geläute aller Glocken (Dasselbe geschah später im ganzen Lande) bekannt gemacht. Die fremden Mächte ließen es nicht an Verwendung für Maria fehlen; der König von Schottland ließ der Königin Elisabeth erklären, daß er, wenn sie seine Mutter hinrichten lasse, ihrer Freundschaft entsagen müsse, schrieb auch deshalb persönlich an sie; besonders dringend war aber die Fürsprache Frankreichs, dessen Gesandten jedoch nur einen Aufschub erwirken konnten. Anderseits drang das Parlament, ebenso fanatisch als servil, auf Vollziehung des gefällten Urtheils. Elisabeth wollte den Tod ihrer Feindin, schwankte aber lange und konnte sich nicht zu dem letzten entscheidenden Schritte entschließen, weil sie die Verantwortlichkeit zu übernehmen sich scheute. Am liebsten wäre es ihr gewesen, wenn Maria heimlich aus dem Wege geräumt worden wäre, wozu sich aber ihres nicht gerade bestimmt ausgesprochenen, aber angedeuteten Wunsches ungeachtet keine Mörderhand finden wollte. Endlich unterschrieb sie das Todesurtheil und übergab es ihrem Secretair Davison; ob sie diesem befahl, es sofort vollziehen zu lassen, oder es noch zurückzuhalten, ist zweifelhaft. Davison händigte es dem Premierminster Burleigh aus, der sofort die Hinrichtung anordnete, welche am 8. Febr. 1587 in einem Saale des Schlosses Fotheringhay vollzogen wurde. Die unglückliche, wenn auch nicht unschuldige Königin litt den Tod mit großer Fassung und Standhaftigkeit, welche die Bewunderung aller Umstehenden erregen mußte. Als die Nachricht von ihrem Tode in London ankam, wurden 24 Stunden lang alle Glocken geläutet und auf allen Straßen und Plätzen Freudenfeuer angezündet; Elisabeth aber legte eine große Gemüthsbewegung an den Tag, als komme ihr die Nachricht ganz unerwartet, ließ ihrem Secretair den Proceß machen, weil er das von ihr unterzeichnete Todesurtheil wider ihren Willen weiter befördert habe, wofür er durch seine Absetzung und eine Geldstrafe von 10,000 Pfund büßen mußte, und verbannte selbst Lord Burleigh vom Hofe. Der Leichnam Mariens wurde erst am 1. Aug. 1587 in der Kathedrale von Peterborough beigesetzt; 22 Jahre nachher ließ ihn ihr einziger Sohn, König Jakob, der damals auf den englischen Thron gelangt war, nach London bringen und in der Kapelle Heinrich's II. beisetzen. Außer jenem Sohne hinterließ sie von ihrem dritten Gemahl, Bothwell, eine Tochter, die in Notre-Dame zu Soissons Nonne wurde.

Maria Stuart war nach dem Zeugnisse gleichzeitiger Geschichtschreiber entschieden schöner als die um neun Jahre ältere Elisabeth, auch größer von Statur; sie hatte ein griechisches Gesicht mit einer etwas länglichen Nase, hellblondes Haar und kastanienbraune Augen. Gleich ihrer Feindin fand sie an Putz und Schmuck viel Vergnügen, Beide glichen sich aber auch darin, daß sie nach der Sitte ihrer Zeit gelehrt waren; Maria sprach lateinisch, las auch nach ihrer Rückkehr aus Frankreich täglich etwas im Livius und beschäftigte sich viel mit dem Studium der Geschichte; in ihrer Bibliothek fehlte es nicht an Erdkugeln, Landkarten u. s. w. Unter ihren Vergnügungen befanden sich das Schachspiel, das Schießen nach der Scheibe und die Falkenbeize, ein in jener Zeit sehr gewöhnliches und der Gesundheit sehr zuträgliches Vergnügen. Außerdem fand Maria viel Geschmack an der Musik, spielte auch selbst Clavier und Laute; an ihrem Hofe hatte sie ein kleines Sängerchor, das freilich nur aus drei Kammerdienern bestand, und ihr unglücklicher Secretair David Riccio wurde ihr zuerst als Sänger empfohlen, um die vierte Stimme zu singen. Ein Urtheil über den Charakter der Königin zu fällen ist nicht ganz leicht, da die schweren gegen sie erhobenen Beschuldigungen von einigen glaubwürdigen und gewissenhaften Geschichtschreibern für gegründet, von andern für falsch erklärt werden. Aber auch wenn man sie von einer Mitschuld an der Ermordung ihres zweiten Gemahls und von einer Theilnahme an der Verschwörung Babington's gegen Elisabeth freisprechen will, bleiben eine Menge nicht zu beseitigender Flecken ihres Charakters übrig. Jedenfalls war sie in so hohem Grade leichtsinnig und schwach, besaß so wenig Klugheit und nahm auf den Anstand und die Sitte so wenig Rücksicht, daß sie zur Führung eines Scepters wenig geeignet erscheint, womit jedoch keineswegs gesagt werden soll, daß es ihr ganz an guten Eigenschaften gefehlt habe, unter denen ihre Milde und Wohlthätigkeit vorzugsweise Erwähnung verdient.

Lesueur.

Lesueur in Napoleon's Loge.

Jean François Lesueur, einer der Componisten, die am meisten zum Ruhme der französischen Musik beigetragen haben, wurde am 15. Febr. 1763 in dem Dorfe Plessiel an der Grenze der Picardie und der Grafschaft Artois geboren. Seine Familie (aus welcher der berühmte Maler Eustache Lesueur, gest. 1655, hervorgegangen war) war ehemals wohlhabend und angesehen gewesen; aber sein Vater besaß nur eine Hütte und das kleine Stück Land, das er bebaute, um seine Frau und seinen Sohn zu ernähren. Dieser bewachte einst, als er kaum sechs Jahre alt war, auf einem Felde einen dem Bienenstock entflohenen Bienenschwarm. Plötzlich vernimmt er in seiner Nähe die Musik eines Regiments, das auf der Landstraße einherzieht, und ist wie von einem Zauberstab berührt. Ganz hingerissen von dem neuen Eindrucke, vergißt er seine Spiele, seines Vaters Haus, sich selbst und beginnt ein neues Dasein. Von Natur zur Musik bestimmt, erhält er mit einem Male die Offenbarung des in ihm schlummernden Talents und folgt, seiner selbst nicht mächtig, dem Regimente. So oft die melodischen Klänge ertönen, kehrt sein Entzücken wieder und er empfindet ein gebieterisches Verlangen, sie von neuem zu hören. Schon ist er mehr als fünf Stunden fortgegangen, ohne es zu merken; endlich versagen ihm seine schwachen, wund gewordenen Füße den Dienst. Erschöpft und athemlos macht er wider seinen Willen Halt und legt sich an der Straße nieder; vom Instinct getrieben, hält er sein Ohr an den Boden, um noch einige jener Töne aufzufangen, die ihn zu einem neuen Leben berufen haben. Seine Ältern, die ihn bei dem von ihm verlassenen Bienenschwarme nicht mehr gefunden haben, suchen ihn voll Bestürzung und gehen den Spuren nach; endlich finden sie das arme Kind vor Ermattung regungslos auf dem Rasen liegen, über nichts als über die Entfernung der Musik klagend, das Gesicht von Begeisterung strahlend. In das väterliche Haus zurückgekehrt, weigert sich der Knabe, seine gewohnten Beschäftigungen vorzunehmen; er will und kann es nicht mehr; von einem musikalischen Fieber ergriffen, spricht er von nichts als jener Regimentsmusik. Bald versucht er mit der Stimme, bald mit selbst gemachten Pfeifen die Töne nachzuahmen, die sein Ohr entzückt haben; diese Töne verfolgen ihn überall und begleiten ihn selbst im Schlummer. Seine Ältern, die das Wunder des Genies nicht ahnen konnten, sahen ihr Kind mit Schmerz von einer Art Krankheit ergriffen, die für seinen Verstand fürchten ließ. Ein alter Nachbar, der ihr Vertrauen besaß, sagte zu ihnen: „Euer Knabe befindet sich in einem sonderbaren Zustande, aber wer weiß, was das bedeutet; da er nun einmal nichts thun will als singen, so bringt ihn doch nach Abbeville zum Cantor und laßt ihn Chorknabe werden; dort wird er ganz nach seinem Gefallen singen können und vielleicht noch mehr singen müssen, als ihm recht sein wird."

Der wohlgemeinte Rath wird schleunigst befolgt. Man bringt den kleinen Lesueur nach Abbeville, aber der Cantor weist ihn ab, weil der Zöglinge schon zu viel sind. In seinem Schmerze ruft der Vater: „Nehmen Sie mein Kind nur immer auf; wenn Sie wüßten, wie er singt!" Da Alles vergeblich war, selbst der Gesang des Knaben, beschlossen die Ältern, es in Amiens zu versuchen, wo der Knabe auf einem Esel ankam, seine Lieblingsmelodien trällernd und mit den Füßen auf dem Bauche seines Thiers den Takt dazu schlagend. Sie treten bei dem Singlehrer der Domkirche ein; leider sind auch hier alle Plätze besetzt; der Knabe weint, der Vater bittet den Lehrer flehentlich, und diesmal sind seine Bitten nicht vergeblich. Das einnehmende Äußere des

Lesueur bei dem Cantor zu Amiens.

jungen Lesueur, sein so frühzeitig, aber so bestimmt hervortretendes Talent rühren den Cantor; er nimmt ihn auf. Die Fortschritte des neuen Zöglings sind außerordentlich; er scheint die Kunst zu errathen, seine Schnelligkeit der Auffassung grenzt an das Wunderbare und zugleich zeichnet er sich im Studium der theoretischen Musik und der alten Sprachen aus. Die Güte seines Herzens, die Liebenswürdigkeit seines Charakters, die eigenthümliche Lebhaftigkeit seines Geistes, seine reißend schnellen Fortschritte erwerben ihm die Achtung und Liebe des ganzen Domcapitels. Nach beendigten Studien erhält er die Stelle eines Kapellmeisters und bald nachher die Cantorstelle in Tours; später wurde er bei der Kathedrale zu Dijon in gleicher Eigenschaft angestellt.

Bevor er dieses einträgliche, durch seine Verdienste erlangte Amt antrat, wollte er seine Heimat und seine Ältern wiedersehen und ihnen an der Stelle, wo sie seine Kindheit gepflegt hatten, versprechen, daß er sie nie vergessen und verlassen wollte. Er hat sein Versprechen gewissenhaft gehalten; seine Ältern haben im Alter bis an ihr Ende den wohlthätigen Einfluß seines Wohlstandes empfunden.

Lesueur dirigirte mit Auszeichnung die Kapelle in Tours und erlangte bald großen Ruf. Seine Oratorien und Motetten zogen zahlreiche Zuhörer herbei; aus allen Theilen der Provinz kam man, sie zu hören. Ahnend, daß er zu größern Dingen berufen sei, aber durch übertriebene Bescheidenheit zurückgehalten, sandte er eins seiner Oratorien an Grétry und bat den berühmten Componisten, ihm offen zu erklären, ob er ihn für würdig halte, mit den Tonsetzern der Hauptstadt in die Schranken zu treten. Grétry, über das außerordentliche Talent des Provincialcantors erstaunt, beeilte sich, ihm zu schreiben: „Kommen Sie nach Paris; Ihr Platz ist Ihnen im ersten Range gesichert." Die Prophezeiung ging in Erfüllung. Schon 1784 wurde Lesueur in Paris an der Kirche des Innocents als Musikdirector angestellt, wandte sich aber bald dem Theater zu, wozu ihn außer eigener Neigung der Rath seines Freundes Sacchini bestimmte, und legte 1788 seine kirchliche Stelle ganz nieder, um mit mehr Muße für die Bühne arbeiten zu können. Bis 1792 lebte er im Hause seines Freundes und Gönners Bochard de Champagny und arbeitete hier so anhaltend, daß Jener es nöthig fand, ihn hinsichtlich der Beleuchtung so zu beschränken, daß er wenigstens nur die halbe Nacht hindurch arbeiten konnte. Bald nachher ließ er seine Oper „Die Höhle", aufführen und fand allgemeinen Beifall, ebenso später mit „Paul und Virginie" und 1796 mit der lyrischen Tragödie „Telemach"; aber erst die im ersten Jahre des Kaiserreichs (1804) aufgeführte Oper „Die Barden" verbreitete Lesueur's Ruf in ganz Europa. Paisiello, der verdienstvolle Componist der „Schönen Müllerin", äußerte nach der ersten Vorstellung, der er beigewohnt hatte: „Alles ist darin wahr, originell und erhaben." Napoleon, der lange Zeit für die französische Musik gleichgültig geschienen hatte, bekannte, daß Lesueur's Musik auf ihn den mächtigsten Eindruck gemacht habe, und ernannte den Componisten zum Nachfolger Paisiello's als Hofkapellmeister. Bei der zweiten Vorstellung der „Barden" wurde Lesueur in die Loge Napoleon's gerufen; nachdem er die Glückwünsche des Kaisers empfangen hatte, dessen Lob selbst den Großen dieser Erde so schmeichelhaft war, wollte er sich hocherfreut zurückziehen. „Bleiben Sie", sagte der Kaiser, indem er ihn am Arme festhielt; „feiern Sie hier Ihren Triumph." Bei jeder Scene, die den Enthusiasmus der Zuhörer zum Ausbruch brachte, erneuerte der Kaiser seine Glückwünsche; beim Abschied sagte er: „Es ist mir angenehm gewesen, meine Blicke vom Meisterwerk hinweg auf dessen Schöpfer zu richten." Indem er dem Componisten sein eigenes Kreuz der Ehrenlegion überreichte, setzte er hinzu: „Herr Lesueur, wir sehen uns wieder." Das Publicum, dem diese Scene nicht entging, beklatschte zugleich den Künstler, der die Belohnung verdiente, und den Monarchen, der den Werth derselben so sehr zu erhöhen wußte. Am folgenden Tage las er in den Journalen am Schlusse des Berichts von der Theatervorstellung folgenden Zusatz: „Der Kaiser hat dem Componisten eine goldene Dose geschenkt, um welche in diamantenen Buchstaben zu lesen ist: der Kaiser der Franzosen dem Componisten der Barden." Außer sich ruft Lesueur seine Familie herbei, liest den Satz wieder und ruft aus: „Das Glück berauscht mich und blendet mich; ich träume!" In demselben Augenblicke tritt ein Kammerherr ein und macht den Traum zur Wahrheit, indem er dem Componisten eine kostbare Tabacksdose überreicht, in welcher sich 12 Banknoten zu 1000 Francs finden. „Diese Summe", fügt der Kammerherr hinzu, „ist nur die Vorausbezahlung der Pension, welche der Kaiser Ihnen bewilligt. Er hat mir aufgetragen, Ihnen zu versichern, daß er damit nicht Ihnen eine Gunst zu erzeigen, sondern Ihrem erhabenen Werke eine Huldigung darzubringen beabsichtigt." Vier Jahre nachher lieferte Lesueur die Oper „Der Tod Adam's", in welcher er die Einfachheit der ersten Zeiten der Welt mit Milton'scher Begeisterung schilderte. Als Beethoven sie gehört, äußerte er: „Diese Musik scheint meine Leiden zu heilen; ich glaube, Lesueur hat einen der Bogen gefunden, welche die Engel, die Zeugen der Schöpfung waren, vom Himmel haben fallen lassen." Außerdem lieferte Lesueur der kaiserlichen Kapelle eine große Zahl von Oratorien, Märschen, Motetten und Tedeums, welche das Gepräge seines originellen und kräftigen Geistes tragen.

Als Professor am Conservatorium zu Paris hat er ausgezeichnete Schüler gebildet, von denen 19 den großen Preis errungen haben; als Schriftsteller hat er eine allgemeine Geschichte der Musik, eine Abhandlung über die Kirchenmusik u. s. w. geliefert. Oft vom Ruhme berauscht, oft vom Unglück gebeugt, hat er Glück und Widerwärtigkeiten mit Adel und Gleichmuth ertragen. Am 7. Oct. 1837 starb er in einem Alter von 74 Jahren, von allen seinen Freunden, die ihm sein schöner Charakter erworben, und den zahlreichen Bewunderern seines Genies innig bedauert.

Die Calvillenäpfel.

In der ersten Zeit des Consulats verließ Bonaparte mit seiner Gemahlin gern das Gewühl der Hauptstadt, um in Malmaison einige ruhige Stunden zuzubringen. Besonders Josephine liebte dieses bescheidene Landhaus, wo sie frei von allem Ceremoniel, Prunk und Luxus aus ihrer Nähe verbannte. Doch gelang es ihr nicht, hier Einsamkeit zu finden; aller Bemühungen ungeachtet sah sie hier fast mehr Höflinge als Blumen und sobald man sie hier wußte, war sie sogleich von den elegantesten Damen und ehrgeizigsten Männern von Paris umgeben. Die Feste jagten einander, namentlich während der Abwesenheit des ersten Consuls, dessen durchdringende Blicke man fürchtete. Bonaparte mistraute mit Recht dem Leichtsinne seiner Gemahlin, welche ohne Überlegung immer ihren ersten Regungen folgte und deren natürlicher, aber gefährlicher Wohlthätigkeit oft Schranken gesetzt, deren Versprechungen oft zurückgenommen werden mußten.

Eines Abends speiste Josephine allein in Malmaison, als in dem Augenblicke, wo das Desert gebracht wurde, ein junger Mann ihr seine Aufwartung zu machen kam; ihm folgte ein Mann von mittlern Jahren, der einen kleinen Tisch trug, den er vor Josephinen aufstellte und mit einem abgenutzten Teppich bedeckte. Hierauf zog er drei Becher von Zinn aus seiner Tasche und begann, seine Taschenspielerkünste zu zeigen. Unter seinen Fingern entstand eine Unzahl von Nüssen, die er einem Hagel gleich herabfallen ließ, bis sie endlich auf einen Hauch verschwanden. „Befehlen Sie, Madame", sagte er darauf zu Josephinen, „Sie sollen nach Wunsch bedient werden. Ich bedaure, daß Ihre Mahlzeit schon beendigt ist; sonst hätte ich

Ihnen Gerichte hervorzaubern können, die gewiß nicht auf Ihrer Tafel erschienen sind: die Rothfeder aus dem Mittelmeere, die Sardelle von Royan oder jene kleinen Silberfische, die man in jenem Theile der Erde fängt, wo Sie das Licht der Welt zuerst erblickten. Sie haben nur zu befehlen — wünschen Sie einen Diamant vom reinsten Wasser oder eine Grasmücke, einen orientalischen Rubin oder eine Nachtigall?"

Der sonderbare Mensch, der Josephinen die ganze Natur anbot, schien zu wünschen, daß sie sich für eine Nachtigall entscheiden möchte, denn er hielt das Ohr an seinen Becher und sah aus, als vernähme er schon die harmonischen Laute der Sängerin des Lenzes; aber Josephine verlangte weder einen Edelstein noch einen Vogel, sondern eine Rose. Kaum hatte sie sich erklärt, als der Taschenspieler seinen Becher umstürzte, und die erstaunten Zuschauer eine Rose sehen ließ, deren lieblicher Geruch das Zimmer erfüllte. „Mein Gott!" rief Josephine, „Sie haben die schönste Rose in meinem Gewächshause abgeschnitten, eine Rose, die ich erst morgen dem Consul zu geben gedachte, weil sie die Nacht braucht, um völlig aufzublühen." „Erlauben Sie, Madame", versetzte der Taschenspieler, „diese Rose ist mein und ich habe die Ehre, sie Ihnen als Geschenk anzubieten; gewiß würde ich nicht so verwegen sein, Ihre Blumen anzurühren; übrigens habe ich keinen Fuß in die Gewächshäuser gesetzt." Josephine sandte Jemand von ihren Leuten ab, um sich von der Sache zu überzeugen, und erhielt die Nachricht, daß die für den ersten Consul bestimmte Rose noch ruhig am Stengel hänge. Josephine konnte sich von ihrem Erstaunen nicht erholen; der wunderbare Mann, der sie so trefflich unterhielt, ließ nicht ab, es rege zu machen. Endlich hatte die Bewunderung den höchsten Gipfel erreicht und die Neugierde war mehr ermüdet als erschöpft; Josephine nahm einen Beutel und suchte darin ein paar Goldstücke, als sich der Taschenspieler ihr zu Füßen warf.

„Madame", sagte er, „Sie können mir die kleine Belustigung, die ich Ihnen gewährt habe, hundertfach bezahlen, aber nicht mit Geld, sondern durch eine Gefälligkeit." — „Und welche verlangen Sie?" fragte Josephine, die dem Menschen weit mehr Macht zutraute, als sie selbst besaß. Der Taschenspieler bat sie darauf, eine der auf der Tafel befindlichen Früchte zu kosten. Sie griff nach einem der Calvilläpfel, die längst ihren Appetit gereizt hatten, legte mit unschlüssiger Hand das Messer an, öffnete ihn und fand darin — eine an den ersten Consul gerichtete Bittschrift.

„Madame", sagte der noch immer vor ihr knieende Taschenspieler, „Sie sehen zu Ihren Füßen einen Unglücklichen, der sich in den Streit der Könige mischen wollte und die Waffen gegen die Republik getragen hat; ich habe mich in der Vendée unter einer fremden Cocarde geschlagen, und als die Partei, der ich diente, besiegt war, verließ ich Frankreich. Mein Vaterland hat mich verstoßen, mein Name ist aus der Liste der Bürger gestrichen und steht auf der der Emigranten; es bedarf nur eines Wortes von Ihnen, und ich werde wieder Franzose und kann unter den Meinigen leben."

Während er sprach, prüfte Josephine mit neugierigem Blicke die Frucht, deren Stücke auf ihrem Teller lagen; es war ihr noch nie begegnet, in einem Apfel statt der Kerne eine Bittschrift zu finden. Sie versprach dem Emigranten, zu thun, so viel sie könne. „Der erste Consul", sagte sie, „wird Ihre Bittschrift erhalten, und Sie können gewiß sein, daß ich Alles thun werde, damit Ihre Bitte erfüllt wird." Der Taschenspieler erhob sich, steckte seine Becher wieder ein, nahm seinen kleinen Tisch unter den Arm, verbeugte sich und ging.

Unter dem Directorium waren die Emigranten in Menge zurückgekehrt, da Barras gern glaubte, daß aller Haß erloschen sei; unter dem Consulate war man strenger. Bonaparte sah allerdings die Republikaner als seine gefährlichsten Feinde an, überwachte aber auch die Schritte der Emigranten, und Diejenigen von ihnen, welche in der Vendée gekämpft oder sich in England aufgehalten hatten, waren ihm doppelt verdächtig. Fouché behielt die Vendée im Auge und quälte Bonaparte mit den übertriebensten Berichten, konnte aber doch das Erscheinen der Höllenmaschine nicht verhindern. Wie man weiß, hatte Bonaparte im ersten Augenblicke die Republikaner wegen dieses Complotts im Verdacht, während Fouché die royalistische Partei offen beschuldigte.

Kurz vor Mitternacht war der Consul, der die Oper um 11 Uhr verlassen hatte, in Malmaison. Er kam ohne Geräusch, fast allein, und begab sich, da er Josephinen schlafend fand, in sein Zimmer. Eine Kammerfrau zeigte ihm an, Josephine habe Befehl gegeben, sie zu wecken, sobald ihr Gemahl kommen würde, aber er untersagte es und legte sich auf sein eisernes Feldbette, das ihn auf allen seinen Feldzügen begleitete. Am andern Morgen frühstückte er stehend im Speisesaal, während im Schloßhof der Wagen angespannt wurde, der ihn nach Paris zurückbringen sollte, als Josephine eintrat. Sie ging auf ihn zu, küßte ihn und machte ihm Vorwürfe, daß er habe wegfahren wollen, ohne sie zu sehen. „Was hast du gestern gemacht?" fragte Bonaparte, „wer hat dich besucht?" — „Ich habe mich trefflich unterhalten; wenn du heute bei mir zu Abend essen willst, so werde ich dir eine angenehme Überraschung bereiten. Aber fast hätte ich vergessen", fügte sie hinzu, indem sie ein kleines Papier, das sie entfaltete, aus ihrem Busen zog; „laß doch diesen Namen aus der Liste der Emigranten streichen, du wirst mir einen Gefallen thun — übrigens habe ich bereits zugesagt."

„Ein Chouan", rief Bonaparte zornig aus, indem er die Petition las, „ein Gefährte von Charette und Larochejaquelin; einer jener Menschen, die vor kaum 18 Monaten den Armeen der Republik folgten, um die vereinzelten Soldaten zu tödten und den Sterbenden den Rest zu geben. Marec, Marec — dieser Mensch kommt aus England und ist heimlich an unserer Küste gelandet, ohne Zweifel mit einem Auftrage von Pitt — mein Freund Fox hat mir selbst gerathen, mich vor solchen Elenden in Acht zu nehmen. Und wie lernten Sie diesen Menschen kennen? Wo haben Sie ihn gesehen? Warum interessiren Sie sich für ihn?"

Bei dieser Explosion gerieth Josephine in Verwirrung und begann zu weinen; Bonaparte fuhr fort: „Wohlan, antworte mir nicht und weine nicht. Ohne Zweifel kennst du diesen Menschen gar nicht; man hat deine Güte gemißbraucht. Sie glaubten, die Verräther, daß dieses von deiner Hand übergebene Gesuch nothwendig gewährt werden müßte; dann hätten sie ganz offen in Paris gehandelt und das Verbrechen fast unter unsern Augen vorbereitet! Fouché hat wol Recht." Josephine hatte sich gefaßt und sagte: „Ich kenne ihn nicht, werde daher nicht böse, Bonaparte; ich zerreiße diese Petition. Wenn du wüßtest, wie ich dazu gekommen bin!" — „Das will ich eben wissen", fiel Bonaparte ein.

Josephine erzählte nun, wie nach Beendigung ihrer Mahlzeit ein Taschenspieler bei ihr eingeführt worden sei und sie durch die wunderbarsten Kunststücke in Erstaunen gesetzt habe. „Solchen Leuten öffnest du also die Pforten meines Hauses", sagte der Consul, „Gauklern und Taschenspielern, die, weil sie nicht hoffen dürfen, den Mann zu täuschen, die Frau zu verblenden und zu berücken suchen. Wie kindisch du bist!" Dies sagend, näherte er sich einem Tische und nahm eine Frucht aus einem Korbe. „Sieh", sagte Josephine, „in einem solchen Apfel habe ich die Bittschrift gefunden. Du weißt, wie sehr ich die Calvillen liebe, ich esse täglich einige zum Nachtisch und der Zufall hat meine Wahl geleitet." Bonaparte zuckte die Achseln, nahm ein Messer und öffnete die Frucht. Das Wunder erneuerte sich; im Innern des Apfels war eine Bittschrift verborgen. Bonaparte nahm einen zweiten, öffnete ihn ebenfalls und fand eine dritte Bittschrift; so wurden alle Äpfel geöffnet und alle zeigten dasselbe Wunder. Bonaparte zeigte nun Josephinen, auf welche künstliche Weise man ein sorgfältig zusammengerolltes Papier an die Stelle des Gröbses zu bringen gewußt habe. „Diesem Menschen konnte sein Streich nicht fehlschlagen; er hatte es so eingerichtet, daß du nach Belieben wählen konntest, und war mit dem Fruchthändler im Einverständnisse, der dich am längsten bedient haben wird; was deinen Taschenspieler betrifft, so werde ich Fouché rufen lassen..."

„Bonaparte, ich beschwöre dich", rief Josephine, „laß ihn nicht bei mir verhaften, schone die Unverletzlichkeit meines Hauses." — „Bei dir? Ist er denn hier?" — „Nein, aber er kommt wieder. Ich hoffte, daß er dich diesen Abend belustigen würde." — „Fouché wird ihn zu finden wissen; sei ruhig, dein Haus soll nicht verletzt werden; aber dieser gefährliche Mensch soll nicht ungestört conspiriren." Ohne weiter auf Josephinen zu hören, küßte er sie, stieß dann mit dem Fuße die Bittschriften, welche den Boden bedeckten, bei Seite, eilte zu seinem Wagen, der, von der Consulargarde umgeben, auf ihn wartete, und fuhr in Eile nach Paris.

Josephinens Misvergnügen war groß. Sie interessirte sich nicht eigentlich für ihren Schützling; aber der Gedanke, an seiner Verhaftung und wol gar an seinem Tode schuld zu sein, war ihr unerträglich. Vergeblich ließ sie ihn in der Nähe von Malmaison suchen, um ihn warnen und mit Geldmitteln versehen durch einen ihrer Leute bis an die Grenze begleiten zu lassen; Marec war nicht zu finden, und der Herr, der ihn eingeführt, war gleichfalls verschwunden. Endlich kam die Zeit des Mittagsmahls, aber Josephine konnte nicht essen, da jene Idee ihr allen Appetit verscheuchte. Als das Desert aufgetragen war, öffnete sich die Thüre und Georg Marec erschien mit seinem kleinen Tische, seinem Ebenholzstabe und seiner Tasche. Josephine erschrak und rief ihm zu: „Fliehen Sie, oder Sie sind verloren; Sie sind ein Chouan; Sie haben französische Soldaten getödtet und verdienen daher selbst den Tod. Mein Haus kann Sie nicht länger schützen. Fliehen Sie!"

Der Taschenspieler sah Josephinen mit ruhigen Blicken an, bat, ihm nur eine Viertelstunde Zeit zu lassen, ordnete seinen Tisch und zog seine Becher aus der Tasche. Diesmal bot er weder Diamanten noch Rubinen an und ließ keine Blumen von der Decke fallen, sondern aus seinen Bechern kamen kleine Soldaten zu Fuß und zu Pferd. „Hier sind", sagte er, „die Östreicher, die Preußen, die Russen, die sich in der Ebene ausbreiten. Sehen Sie ihre Scharen; dort auf dem weißen Pferde reitet Melas, der östreichische Anführer; der auf dem Rappen ist der russische Feldmarschall Suwarow, der seinem Schutzpatron, dem heiligen Nicolaus, versprochen hat, ihm alle Flinten der französischen Armee darzubringen. Hier ist die französische Armee; sehen Sie da den General Bonaparte; er beobachtet seine Feinde, streckt den Arm aus und die Schlacht beginnt. Hören Sie den Kanonendonner, das Blasen der Trompeten? Sehen Sie die dreifarbige Fahne, welche den Feinden immer näher kommt, sie bedroht und endlich erreicht hat? Es lebe die Republik: es lebe der General Bonaparte! Der Sieg ist unser!"

Immer größere Scharen schienen aus den Bechern des Taschenspielers zu kommen und stellten sich auf den Tisch auf, wo sie die Bewegungen ausführten, mit denen Georg Marec Josephinens Ohren betäubte. Als die Schlacht gewonnen war, kehrten Sieger und Besiegte in die Becher zurück und der Taschenspieler erklärte, daß er nun der Gemahlin des ersten Consuls noch viel erstaunlichere Dinge zeigen wolle: Murad-Bei, die Mamluken, Kleber, Junot, Desair, die Schlacht bei den Pyramiden, kurz den ganzen ägyptischen Feldzug. „Um Gotteswillen nehmen Sie dieses Gold", sagte Josephine, welcher die Gefahr, in welcher der Mann nach ihrer Meinung schwebte, nicht gestattete, das verheißene Schauspiel zu genießen, „nehmen Sie dieses Gold und entfernen Sie sich schnell." „Erweisen Sie mir nur noch eine Gefälligkeit", sagte der Taschenspieler, den ägyptischen Feldzug in der Tasche behaltend, „haben Sie die Güte, noch einen Calvillenapfel zu öffnen." Josephine that nach seinem Wunsche und fand in dem Apfel folgenden Brief: „Madame! Ich habe dem ersten Consul soeben bewiesen, daß der junge Marec, welcher die Ehre hatte, vor Ihnen zu erscheinen und um Ihren Schutz zu bitten, nicht jener Mörder ist, welcher die ganze Strenge der Gesetze verdient; Ihr Schützling ist ein Ehrenmann, welcher zwar an der Expedition von Quiberon Theil genommen, aber ehrlich geschlagen hat und nach der Niederlage der Royalisten ausgewandert ist; er ist nicht nach England gegangen, sondern nach Deutschland, von wo er Marionetten mitgebracht hat, welche Sie belustigen werden. Der andere Marec heißt nicht Georg, sondern Ives und befindet sich noch in England, wo er unter Aufsicht steht. Ich fühle mich glücklich, Madame, Ihnen anzeigen zu können, daß Ihr Schützling aus der Liste der Emigranten gestrichen ist. Ich habe die Ehre u. s. w. Fouché."

„Das ist etwas Anderes", sagte Josephine, indem sie wieder aufathmete. „Jetzt lassen Sie uns den Feldzug in Ägypten sehen." Bald nachher verschaffte sie dem gewandten Taschenspieler eine Stelle im Lieferungswesen.

Weingas.

Vor kurzem wurde in Bordeaux der Versuch gemacht, die Traubentrester und die Weinhefe zur Gewinnung von Leuchtgas zu benutzen. Ein Pfund getrockneter Trester wurde deshalb in eine rothglühende Retorte gebracht und gab in sieben Minuten 200 Litres kohlensaures Wasserstoffgas, das von Geruch frei war und ohne Rauch mit glänzendem Lichte verbrannte.

Das Pfennig-Magazin

für Verbreitung gemeinnütziger Kenntnisse.

390.] Erscheint jeden Sonnabend. [September 19, 1840.

Paganini.

Nicolo Paganini wurde im Febr. 1784 zu Genua geboren, wo sein Vater, Antonio Paganini, ein wenig bemittelter Kaufmann war. Dieser, ein großer Liebhaber der Musik, gab seinem Sohne schon im sechsten Jahre selbst Unterricht auf der Mandoline, ließ ihn bald nachher, durch einen Traum der Mutter bewogen, im Violinspiel unterrichten und hielt ihn durch die härtesten Strafen zum Fleiße an, sah sich aber jener durch die früh erwachende Begeisterung seines Sohnes für die Musik sehr bald überhoben. Schon in seinem siebenten Jahre spielte der talentvolle Knabe öffentlich in einer Kirche ein Violinconcert, worauf der treffliche Violinist Costa sich seinem Unterricht unterzog; seitdem spielte Nicolo öfter bei kirchlichen Feierlichkeiten und gab in seinem zwölften Jahre ein großes Concert im Augustiner-Theater. Sein Vater brachte ihn nun nach Parma, wo der berühmte Paer dem Musikconservatorium vorstand; hier ertheilten ihm erst kurze Zeit Rolla im Violinspiel, dann Ghiberti, ein berühmter Violoncellist, in der Composition Unterricht. Nach beendigten Studien lebte Paganini längere Zeit in Genua und machte erst in seinem 17. Jahre eine Kunstreise durch Oberitalien, auf welcher er enthusiastischen Beifall fand, der seiner Eitelkeit nur zu große Nahrung gab. In Lucca wurde er als erster Violinist angestellt; Napoleon's Schwester, die Fürstin Elise Bacciocchi, ernannte ihn zum Ehrencapitain und machte ihn hoffähig. Hier kam Paganini, der immer nach neuen Effecten haschte, auf den Gedanken, erst zwei, dann drei Saiten wegzulassen, und componirte erst eine Sonate, Liebesscene betitelt, für zwei Saiten, von denen die eine die männliche, die andere die weibliche Stimme nachahmen sollte; dann spielte er, als ihn Jemand (nach Einigen die Fürstin Bacciocchi selbst) gefragt hatte, ob es ihm nicht auch möglich sei, auf einer Seite allein zu spielen, Variationen auf der G=Saite, wozu er einmonatlicher Übungen bedurfte.

VIII.

Die Geschichte von der Ermordung seiner Frau, die man ihm Schuld gegeben und mit seinem Spiel auf der G=Saite in Verbindung gebracht hat, indem er dasselbe während seiner vieljährigen, durch jene That herbeigeführten Gefangenschaft eingeübt haben soll, nachdem ihm drei Saiten gesprungen, deren Ersatz der Kerkermeister versagt habe, ist eine Fabel, die durch Verwechselung mit einem französischen Offizier entstanden sein mag. Nach dem Tode seiner hohen Gönnerin verließ Paganini Lucca und machte Reisen durch ganz Italien, wo sein Ruf namentlich seit 1816 so hoch stieg, daß er sich Eintrittspreise von einer bis dahin unerhörten Höhe zahlen lassen konnte.

Erst im J. 1828 kam er auf Einladung des Fürsten Metternich, der ihn in Rom gehört hatte, nach Deutschland und spielte mit dem ungeheuersten Erfolge zuerst am 29. März 1828 in Wien. Von da ging er nach Prag, wo er lange an einer Luftröhrenentzündung daniederlag, dann nach Berlin, wo er vier Monate blieb, und ließ sich nach und nach fast in allen bedeutenden Städten Deutschlands (Frankfurt am Main, München, Leipzig u. s. w.) hören, nicht ohne überall die allgemeinste Bewunderung einzuernten. Kränklichkeit hielt ihn von einer Reise nach Rußland, die er sich vorgenommen hatte, ab; er kam nur bis Warschau und soll hier in einem Wettstreite mit Karl Lipinski (dem jetzigen Concertmeister in Dresden) unterlegen haben. Der Letztere hatte es schon in Italien gewagt, mit ihm Doppelconcerte zu spielen. Paganini ging nun nach Frankreich und von da nach England: überall war der Erfolg seines Spiels beispiellos. In dem letztern Lande schloß er mit dem Speculanten Watson einen Contract, nach welchem dieser ihm eine vorher bestimmte Summe monatlich auszahlte, dafür aber alle durch die von ihm veranstalteten Concerte, deren Unkosten Watson zu bestreiten hatte, erzielten Einnahmen bezog; mit ihm bereiste er Frankreich, Belgien, Holland und kehrte dann wieder nach England zurück. Als er dieses Land nach dem Erlöschen des gedachten Vertrags 1834 verließ, folgte ihm die Tochter jenes Speculanten, eine Sängerin, die ihn seines sonderbaren, eher abschreckenden als anziehenden Äußern ungeachtet leidenschaftlich liebte, heimlich nach Frankreich; Paganini, mit Unrecht ihrer Entführung beschuldigt, wußte von ihrer Reise nichts und sandte sie von Calais aus, wo er sie zuerst sah, ihrer Familie zurück.

Noch im J. 1834 kehrte Paganini in sein Vaterland zurück und kaufte in Parma die Villa Gajona. Öffentlich hat er sich seitdem im Ganzen nur selten hören lassen; jene Krankheit, die ihn zuerst in Prag befallen hatte, kehrte in immer heftigern Anfällen wieder und zerrüttete seine Gesundheit nach und nach gänzlich. Seinen Aufenthalt nahm er in den letzten Jahren abwechselnd in Oberitalien und Frankreich. Er starb am 27. Mai 1840 zu Nizza an der Luftröhrenschwindsucht und hinterließ seinem von ihm leidenschaftlich geliebten natürlichen Sohne Achilles ein sehr beträchtliches, meist aus Immobilien bestehendes Vermögen, das gerichtlich auf mehr als 1,700,000 Francs geschätzt ist.

Über die künstlerischen Leistungen Paganini's zu urtheilen, ist hier nicht der Ort; jedenfalls muß er unter die ausgezeichnetsten und genialsten Violinspieler und überhaupt Virtuosen aller Zeiten gerechnet werden, und steht in vieler Hinsicht ganz einzig da, wenn er auch von dem Vorwurfe der Charlatanerie und des übermäßigen Haschens nach Effect schwerlich freigesprochen werden kann. Auch im Guitarrespiel besaß er große Fertigkeit, deren Erlangung ihm durch den eigenthümlichen Bau seiner Hand erleichtert wurde, legte aber auf dieses Instrument nur geringen Werth. Von seinen Compositionen, die nur darauf berechnet sind, ihm Gelegenheit zu außerordentlichen Leistungen zu geben, ist bisher sehr wenig erschienen; er hat jedoch viele Manuscripte hinterlassen, die wahrscheinlich sein Sohn herausgeben wird, welcher selbst für Musik nur sehr mittelmäßiges Talent besitzt. Der Charakter Paganini's ist vielfältig angegriffen worden; daß er in hohem Grade geizig und habsüchtig war, muß wol für ausgemacht gelten, wiewol einzelne Züge (namentlich das großmüthige Geschenk von 20,000 Francs, das er dem talentvollen französischen Componisten Berlioz machte, um ihm nach dem Anhören einer seiner Compositionen einen sprechenden Beweis seines Beifalls zu geben), sowie der leidenschaftliche Hang zum Hazardspiel, dem er sich zuweilen hingab, damit im Widerspruche stehen. Sehr möglich ist es, daß er nur aus übertriebener Liebe zu seinem Sohne geizig war, um diesem ein kolossales Vermögen zu hinterlassen; überhaupt aber zeigte er eine völlige Unbekanntschaft mit dem Werthe des Geldes und war unfähig, sein Vermögen selbst zu verwalten. Sein Äußeres war höchst eigenthümlich und mußte sich Jedem, der ihn sah, unauslöschlich einprägen; die lange, hagere Gestalt und das leblose, bleiche, von langem schwarzen Haar umflatterte Gesicht hatten etwas Dämonisches und Unheimliches. So lange er nicht spielte, erschien er hinfällig und kraftlos, aber von dem Augenblicke an, wo er die Violine berührte, zeigte er, gleichsam von übernatürlichem Feuer durchglüht, die größte Energie und Spannkraft, welche nach beendigtem Spiele völliger Erschöpfung Platz machte. Seine Hand war nicht übermäßig groß, aber mit so dehnbaren Fingern versehen, daß er damit wahrhaft ungeheure Griffe zu machen im Stande war.

Das heutige Athen.*)

Die Haupt= und Residenzstadt des jungen Königreichs Griechenland, Athen, einst die berühmteste Stadt in allen von Griechen bewohnten Ländern und der Hauptsitz der griechischen Cultur, zerfällt gegenwärtig in die alte, türkische und die neue, erst nach der Befreiung vom türkischen Joch entstandene Stadt; denn was aus der altgriechischen Zeit noch übrig ist, reicht nicht hin, um eine Stadt genannt zu werden. Die alte oder innere Stadt hat nur drei Straßen von Bedeutung, die Hermenstraße, Athenenstraße und Aeolosstraße; sie sind breit, ziemlich gerade und lebhaft und erhalten durch anständige Häuser, die sich in ihnen zu bilden beginnen, nach und nach ein immer besseres Ansehen. Der übrige größte Theil der Stadt besteht aus engen, krummen und höckerigen Gäßchen, in denen armselige, meist nur ein Gemach enthaltende Steinhütten stehen. Hier und da trifft man unregelmäßige, mit Schutt bedeckte Plätze, und überall sieht man Trümmer aus der neuesten Zeit, mit einzelnen Resten aus dem Alterthume vermischt.

Um diese alte Stadt bildet sich im Norden und Westen eine neue Stadt, die freilich noch ganz im Werden begriffen und vollständig nur auf dem Papier vorhanden ist; nur die Stadiumsstraße ist größtentheils schon mit Häusern besetzt. Von den meist unbedeutenden neuen Gebäuden sind das Militairhospital und die Münze die schönsten; das großartigste aber wird un-

---

*) Nach Greverus' „Reise in Griechenland" (Bremen 1839).

streitig der an der Westseite der Stadt gelegene königliche Palast werden, der aus einem Viereck mit einem Hofe besteht und zur Zeit nur bis zum ersten Stock vorgerückt ist. Er wird nach dem Plane des münchner Künstlers v. Gärtner in einem ziemlich schwerfälligen Style erbaut und kostet so ungeheure Summen, daß an die Vollendung desselben sobald nicht zu denken ist. Die Verzierungen daran sind von pentelischem Marmor. *) Die Privatgebäude sind meistens klein, doch zeichnet sich unter andern das des östreichischen Gesandten und einige andere an der Stadiumsstraße aus. In allen Gegenden der Stadt steigen übrigens mit größter Schnelligkeit neue Häuser empor, die zum Theil auf Speculation gebaut werden. Die Kirchen in Athen sind klein, niedrig und mehr Hütten ähnlich, weshalb sie mit den daneben stehenden ungleich stattlichern türkischen Moscheen sehr auffallend contrastiren.

An Straßenpflaster ist in Athen bis jetzt so wenig zu denken als an Straßenbeleuchtung, weshalb im Sommer der Staub, im Winter der Koth unerträglich ist. Von Bettlern und zwar von solchen der ekelhaftesten Art, die ihre Geschwüre und Gebrechen zur Schau tragen, wird der Fremde wie in Italien geplagt, während man im übrigen Griechenland fast gar keine findet. Überhaupt ist die städtische Policei im höchsten Grade mangelhaft, weshalb es auch um die öffentliche Sicherheit in den Straßen, besonders aber außerhalb der Stadt, auch in unmittelbarer Nähe derselben, zur Nachtzeit schlecht bestellt ist, da es in Athen einen zahlreichern Pöbel als sonst im ganzen Lande gibt und dieser zur Nachtzeit auf Wegelagerung ausgeht.

Die Athenenstraße ist der Corso von Athen und gewährt des Abends, wo die Bevölkerung hier lustwandelt, einen sehr interessanten Anblick; das an dieser Straße gelegene Kaffeehaus della bella Grecia ist der Sammelplatz der feinen athenischen Welt und aller Fremden. Eine noch viel größere, buntgeputzte Menschenmenge sieht man Sonntags Abends auf dem Wege nach dem nahgelegenen Dorfe Patissia oder Padischah; jene wallfahrt dann ins freie Feld, wo die königliche Militairmusik spielt. Ungemein lebhaft ist endlich der Weg nach dem Hafen von Athen, Piräus, eine Stunde von der Stadt entfernt, nur bietet er wegen des unerträglichen Staubes eben keinen angenehmen Spaziergang dar; vom Morgen bis in die Nacht wird er nicht leer von hin= und zurückeilenden Wagen, Reitern und Fußgängern und fast möchte man nach dieser Frequenz Athen für volkreicher halten, als es ist, indem die allerdings in schnellem Steigen begriffene Einwohnerzahl nach der neuesten Zählung sich nur noch auf 21,869 belief.

Für Unterhaltung ist in Athen noch wenig gesorgt. Ein stehendes Theater gibt es nicht; die Regentschaft hatte zwar ein eigenes Haus zu diesem Zwecke bauen lassen, aber der König hat ihm bald nach seinem Regierungsantritte eine andere Bestimmung gegeben, da er es nicht passend fand, daß dem Vergnügen ein besonderes Gebäude gewidmet sein sollte, während die Gerichte ihre Sitzungen in gemietheten Häusern halten. Auch gesellige Zusammenkünfte finden außer den Häusern der fremden Gesandten nur noch in wenigen Häusern statt, da die Griechen den Reiz der Geselligkeit noch nicht kennen und die meisten im griechischen Staatsdienste stehenden Fremden unverheirathet sind. Die öffentliche Bibliothek ist erst im Werden und zählt bis jetzt nur einige Tausend Bücher; die einzige vorhandene Buchhandlung kann diesen Mangel nicht ersetzen, und mit literarischen Neuigkeiten ist sie sehr schlecht ausgestattet.

Das Leben ist in Athen besonders für Fremde sehr theuer; die ersten Lebensbedürfnisse sind theurer als sonst in Griechenland, da die Zufuhr von Lebensmitteln kaum hinreichend ist. Die Preise in den Wirthshäusern sind sehr hoch gestellt, wiewol die Bequemlichkeit, die dafür gewährt wird, überaus viel zu wünschen übrig läßt. Auf feine und wohlschmeckende Speisen darf der Fremde keinen Anspruch machen. Schaf= und Lammfleisch kehren unaufhörlich wieder, Rindfleisch und Geflügel sind selten, die Fische mager sind und schlecht zubereitet. Gemüse fehlen im Sommer ganz; im Frühlinge sind Artischocken und Blumenkohl gut. Brot und Wein sind meistens schlecht; Butter fehlt ganz; die europäischen Obstarten sind schlecht und nicht veredelt, dafür aber Trauben, Feigen, Mandeln, Orangen, Wallnüsse, Melonen im Überflusse vorhanden, doch muß sich der Fremde vor dem Genusse der Melonen, sowie des kalten Wassers und der Limonade hüten, weil sie den Magen erkälten.

Das Klima ist im Sommer von Mitte Mais bis Mitte Septembers sehr heiß und die Hitze desto unerträglicher, weil sie durch keinen Luftzug gemildert wird. Der Boden ist noch immer, wie in der alten Zeit, unfruchtbar; Anpflanzungen gedeihen nicht, weil die Sonne den jungen Wurzeln alle Feuchtigkeit entzieht, darum ist die Umgegend Athens fast ganz baumleer und nur in Athen selbst sieht man einige Palmen.

Das meiste Interesse bieten in Athen die Überreste aus der altgriechischen Zeit dar; vor Allem zieht die Burg oder Akropolis, die nacheinander von Römern, Venetianern und Türken als Festung benutzt wurde, die Aufmerksamkeit auf sich. Hier erblickt man zuvörderst die Propyläen, ein prachtvolles Thorgebäude, das mit seinen Flügeln die ganze 168 Fuß breite westliche Seite der Akropolis einnahm und von der südlichen bis zur westlichen Ringmauer reichte. Die Seitenflügel sprangen um 32 Fuß vor; der mittlere 58 Fuß lange Theil führte durch Säulenhallen und eine hinter ihnen befindliche Mauer mit fünf Pforten in das Innere der Burg. Das Ganze war aus pentelischem Marmor erbaut. Wenn man durch die Propyläen gegangen ist, sieht man rechts auf einer Plateform den Tempel der Nike Apteros, d. h. der ungeflügelten Siegesgöttin; außerdem den Erechtheustempel, den Tempel der Athene Polias u. s. w., ohne Symmetrie und von den verschiedensten Bestandtheilen und Säulenordnungen. Das schönste Gebäude auf der Akropolis, vielleicht auf der ganzen Welt, ist der aus pentelischem Marmor erbaute Minerventempel, Parthenon genannt. Er ist 228 Fuß lang, 102 Fuß breit, bis zur Spitze des Giebelfeldes 66 Fuß hoch und steht auf der höchsten Höhe der Akropolis nach Südosten, etwa 300 Fuß von den Propyläen entfernt. Gegenwärtig ist das Parthenon seiner schönsten Zierden und Kunstwerke beraubt; was die Zeit verschont hatte, ist durch Lord Elgin nach England gebracht worden und wird im britischen Museum zu London aufbewahrt. Auch vollständig ist der Tempel nicht mehr, da durch eine 1687 bei der Belagerung der Burg durch die Venetianer in das Innere, wo die Türken ihre Pulvermagazine hatten, gefallene Bombe eine große Lücke ungefähr in der Mitte des Gebäudes entstanden ist. Das Pflaster im Innern des Tempels besteht aus großen, einen Fuß dicken Platten von pentelischem Marmor und ist zum Theil gut er-

---

*) Dieser Marmor kommt aus dem Gebirgsrücken Pentelikon, drei Stunden von Athen; er ist von sehr feinem Korn, feiner als der parische und von einer Härte, die allen Einwirkungen der Luft widersteht.

halten. Bei fortgesetzter Aufräumung der Akropolis, die jetzt nur langsam betrieben wird, dürfte noch viel Merkwürdiges zum Vorschein kommen; schon bisher sind zahlreiche, mehr oder weniger interessante Bruchstücke entdeckt worden.

An der Südseite des Berges befindet sich ein theaterähnliches Gebäude, das oben einen Halbkreis mit Sitzen bildet, unten aber durch eine hohe Mauer begrenzt wird. Ohne Zweifel ist dieses Gebäude das von Herodes Atticus um 150 v. Chr. erbaute Odeon, das Pausanias in seiner Beschreibung Griechenlands seiner Größe und Schönheit wegen jedem ähnlichen vorzieht; es mochte indeß höchstens 8000 Menschen fassen. Nahe dabei an der südöstlichen Seite des Berges war das große berühmte Theater der Athener, Theater des Dionysos genannt, dasselbe, auf welchem die Tragödien des Aschylus, Sophokles u. A. dargestellt wurden, in den Berg hineingearbeitet. Gegenwärtig sieht man kaum noch die Spuren desselben, nach denen man nicht begreift, wie es 30,000 Menschen fassen konnte; das Mauerwerk, auf welchem die Sitze unten ruhten, ist durch die Zeit aufgelöst worden. Im Norden der Akropolis sieht man zwei Grotten, Agraulion und Pansgrotte genannt; unterhalb der letzteren hat man eine Bildsäule des Pan gefunden.

Das am besten erhaltene Monument von Athen ist der Tempel des Theseus (nach Andern des Mars). Er ist an Mauern und Säulen noch ganz vorhanden, auch in seinem Innern vollständig; nur das Dach ist neu. Das mit Basreliefs verzierte Giebelfeld und die Zwischenräume der Decke sind vorn ganz, an der Seite zum Theil erhalten. Jetzt dient der Tempel zur Aufbewahrung von Alterthümern, alten Sesseln und Sarkophagen von Marmor, großen Marmortafeln mit Inschriften, Grabsteinen, Fragmenten von Statuen u. s. w., sämmtlich von sehr untergeordnetem Werthe. Am entgegengesetzten südöstlichen Ende der Stadt sind die Reste des prachtvollen Tempels des Jupiter Olympius vorzüglich merkwürdig. Er wurde zur Zeit des Pisistratus begonnen, aber erst nach 700jährigem Baue vom Kaiser Hadrian vollendet und war einer der größten von den Griechen erbauten Tempel, 354 Fuß lang, 171 Fuß breit. Von den Säulen, deren Zahl 120 betragen haben soll, stehen jetzt noch 16, die 6½ Fuß Durchmesser bei 60 Fuß Höhe haben und aus pentelischem Marmor bestehen. Auf dem Architrav zweier Säulen steht das einen seltsamen Contrast bildende, aus drei Abtheilungen bestehende Häuschen eines Derwisches, der hier bei Brot und Wasser ein in jeder Hinsicht beschauliches Leben führte.

Nördlich vom Tempel steht ein dem Kaiser Hadrian gewidmetes Denkmal in Form eines Triumphbogens; es gehört der korinthischen Ordnung an und besteht aus zwei Stockwerken, ist aber plump und ohne schöne Verhältnisse gebaut; der Thorweg ist 18 Fuß breit, 24 Fuß hoch; auf ihm stehen vier Säulen mit einem Giebelfelde. Östlich vom Tempel gelangt man, an dem im Sommer ganz trockenen Bette des Ilissos aufwärts gehend, zu den Spuren einer antiken Brücke, die zum Stadium führte, das zwischen zwei Hügeln von Lykurgos um 350 v. Chr. für die panathenäischen Spiele angelegt wurde. Seiner Form nach ist es vollkommen erhalten, aber von den Marmorsitzen (nach Dodwell 30 Sitzreihen), die mit den Hügelseiten gewiß über 30,000 Menschen fassen konnten, ist nichts mehr vorhanden.

Südwestlich von der Akropolis liegt der Hügel Musäon, von dem altgriechischen Dichter Musäos so genannt, auf welchem ein gutgearbeitetes Denkmal steht, das ein gewisser Philopappus seinem Wohlthäter, dem Kaiser Trajan, setzen ließ. Nördlich vom Musäon nach dem Meere zu liegt ein anderer Hügel, die Pnyr; in beiden Hügeln befinden sich eine Menge von Grotten und Höhlen, die zu Gräbern, Vorrathskammern, Kellern u. s. w. gedient haben mögen und meistens Spuren von menschlicher Thätigkeit zeigen. Eine derselben, die aus mehren Abtheilungen besteht, halten einige gelehrte Griechen für das Gefängniß des Sokrates. In der Nähe der Pnyr wurden bekanntlich die Volksversammlungen der Athener gehalten; die Rednerbühne, zu welcher mehre Stufen führen, dieselbe, von welcher Perikles und Demosthenes mit beredtem Munde zum Volke sprachen, lehnt sich an den glatt gehauenen Felsen, ist aus demselben gehauen und völlig gut erhalten; zur Seite sind Vorrichtungen und Plätze für Schreiber und andere Diener angebracht, und noch andere Nischen, Stufen u. s. w. in den Felsen gehauen.

Im Innern der Stadt sind folgende Überreste alter Baukunst zu erwähnen. Zuerst das muthmaßliche Thor der neuen Agora (des neuen Marktes), aus vier jonischen Säulen bestehend, übrigens erst unter Augustus errichtet. Von diesem nach Osten steht der noch wohlerhaltene sogenannte Thurm der Winde, ein niedriger, dicker, achtseitiger Thurm, dessen acht Flächen den Hauptwinden zugekehrt sind. Unter dem Gesims des Daches befinden sich Basreliefs, auf denen diese Winde in gestreckter fliegender Stellung allegorisch dargestellt sind. Nördlich von diesem Thurme steht eine mächtige Mauer von dunklem Steine, auf der andern Seite derselben sieben korinthische Säulen römischen Ursprungs, die wahrscheinlich zum Pantheon des Trajan gehörten. Östlich von der Burg an der Tripoden- oder Dreifußstraße steht ein einzelnes gut erhaltenes Monument, das der Inschrift zufolge um 320 v. Chr. von einem gewissen Lysimachus errichtet wurde. Es ist ein zierliches Tempelchen mit sechs kleinen korinthischen Säulen, auf einem viereckigen Unterbaue; das Ganze ist etwa 34 Fuß hoch, wovon die Säulen 11 Fuß einnehmen. Außerdem liegen an sehr vielen Orten Säulenschafte, Capitäler, Mauerreste und andere Trümmer zerstreut und in dem Schutt, auf welchem die Wohnungen zum Theil gebaut sind, sind ohne Zweifel noch manche Kostbarkeiten antiker Kunst verborgen.

Von den Umgebungen Athens ist insbesondere noch der Hafen Piräus zu bemerken, der beinahe eine deutsche Meile südöstlich von der Stadt liegt. Das Hafenbecken hat eine Viertelmeile im Umfange und gehört zu den schönsten am Mittelmeere; es hat bis zur Mitte eine Tiefe von 36—40 Fuß, sodaß die größten Linienschiffe hier liegen können, und einen völlig zuverlässigen Ankergrund. Geschlossen wird es durch eine Landzunge an der Nordseite und zwei an beiden Seiten vorlaufende antike Hafendämme; das Einlaufen ist wegen der engen Mündung nicht ohne Gefahr. Im südöstlichen Winkel des Beckens erhebt sich eine kleine Stadt, von der erst wenige Gebäude, besonders die Militairschule und Quarantaine, fertig, andere, als: Navigationsschule, Börse, Hospital für Seeleute u. s. w., erst projectirt sind. Die beiden andern im Alterthume gangbaren Häfen Athens, Munychia und Phaleron, sind jetzt nicht mehr im Gebrauch. Jener hat etwa den dritten Theil von der Größe des Piräus und ist ebenfalls durch Landzungen und Hafendämme geschlossen; dieser ist viel kleiner, vorn offen und sehr seicht. Von den zwei langen Mauern, welche in alten Zeiten den Piräus mit der Stadt verbanden und nach den

Perserkriegen von Themistokles erbaut worden waren, sind sehr wenig Spuren vorhanden, die nach der Stadt zu am seltensten sind. In der Gegend des Piräus findet man häufig Gräber mit Alterthümern, besonders mit Vasen und Grablampen, und alte Münzen. Den interessantesten Theil des Piräus bildet die von jenem und dem munychischen Hafen gebildete durchaus felsige Halbinsel. Hier trifft man überall Ruinen theils von Festungswerken, theils von andern Bauten, ferner in den Fels gehauene Grotten, Löcher, Grabhöhlen und Sarkophage; an zwei Stellen finden sich Spuren eines Theaters. Das Merkwürdigste aber, was man auf der Halbinsel zeigt, ist das Grab des Themistokles, das sich nach Plutarch am Piräus befand, wiewol die Stelle desselben freilich zweifelhaft erscheinen muß.

Friedrich der Große und Prinz Eugen.*)

Als Frankreich im Oct. 1733 wegen vorgeblicher Eingriffe in die sogenannte polnische Wahlfreiheit den Krieg an Östreich erklärt hatte, unterstützte König Friedrich Wilhelm I. von Preußen den Kaiser einem früher geschlossenen Bündnisse zufolge durch ein Truppencorps von 10,000 Mann, welches im Frühjahre 1734 zu dem kaiserlichen Heere abging. Den Oberbefehl über das letztere führte Prinz Eugen von Savoyen, der im kaiserlichen Dienste ergraut und dessen Name durch die Siege, die er in seinen frühern Jahren erfochten hatte, hochberühmt war. Dem Könige von Preußen schien die Gelegenheit günstig, um den Kronprinzen unter so gefeierter Leitung in die ernste Kunst des Kriegs einweihen zu lassen, und so folgte dieser, als Freiwilliger, den preußischen Regimentern. Kurze Zeit nach ihm ging auch der König selbst zum Feldlager ab.

Das französische Heer, das mit schnellen Schritten in Deutschland eingerückt war, belagerte die Reichsfestung Philippsburg am Rheine. Eugen's Heer war zum Entsatz der Festung herangezogen; das Hauptlager des Letztern war zu Wiesenthal, einem Dorfe, das von den französischen Verschanzungen nur auf die Weite eines Kanonenschusses entfernt lag. Hier traf Friedrich am 7. Juli ein. Kaum angekommen, begab er sich sogleich zum Prinzen Eugen, den 71jährigen Helden von Angesicht zu sehen, dessen Name noch als der erste Stern des Ruhms am deutschen Himmel glänzte, sowie er auch heutiges Tages noch in den Liedern des deutschen Volks lebt. Friedrich bat ihn um die Erlaubniß, „zuzusehen, wie ein Held sich Lorbern sammele". Eugen wußte auf so feine Schmeichelei Verbindliches zu erwidern; er bedauerte, daß er nicht schon früher das Glück gehabt habe, den Kronprinzen bei sich zu sehen; dann würde er Gelegenheit gefunden haben, ihm manche Dinge zu zeigen, die für einen Heerführer von Nutzen seien und in ähnlichen Fällen mit Vortheil angewandt werden könnten. „Denn", setzte er mit dem Blicke des Kenners hinzu, „Alles an Ihnen verräth mir, daß Sie sich einst als ein tapferer Feldherr zeigen werden."

---

*) Aus Franz Kugler's „Geschichte Friedrich's des Großen" (Leipzig bei Weber), der wir bereits in Nr. 376 mit Genehmigung des Verlegers drei Anekdoten und dazu gehörige Abbildungen entlehnt haben. Über den Aufenthalt Friedrich's im Lager Eugen's vergl. in ders. Nummer die Biographie Eugen's, S. 188.

Eugen lud den Prinzen ein, bei ihm zu speisen. Während man an der Tafel saß, ward von den Franzosen heftig geschossen; doch achtete man dessen wenig und das Gespräch ging ungestört seinen heitern Gang. Friedrich aber freute sich, wenn er eine Gesundheit ausbrachte und seinen Trinkspruch von dem Donner des feindlichen Geschützes begleiten hörte.

Eugen fand an dem jugendlichen Kronprinzen ein lebhaftes Wohlgefallen; sein Geist, sein Scharfsinn, sein männliches Betragen überraschten ihn und zogen ihn an. Zwei Tage nach Friedrich's Ankunft machte er ihm, in Gesellschaft des Herzogs von Würtemberg, einen Gegenbesuch und verweilte geraume Zeit in seinem Zelte. Als beide Gäste sich entfernten, ging Eugen zufällig voran, ihm folgte der Herzog von Würtemberg. Friedrich, der den Letztern schon von früherer Zeit her kannte, umarmte diesen und küßte ihn. Schnell wandte sich Eugen um und fragte: „Wollen denn Ew. Königliche Hoheit meine alten Backen nicht auch küssen?" Mit herzlicher Freude erfüllte Friedrich die Bitte des Feldherrn.

Prinz Eugen bewies dem Kronprinzen seine Zuneigung auch dadurch, daß er ihm ein Geschenk von vier ausgesuchten, großen und schön gewachsenen Rekruten machte. Zu jedem Kriegsrathe ward Friedrich zugezogen. Dieser aber war bemüht, sich solcher Zuneigung durch eifrige Theilnahme an allen kriegerischen Angelegenheiten würdig zu machen. Er theilte die Beschwerden des Feldlagers und unterrichtete sich sorgfältig über die Behandlung der Soldaten im Felde. Täglich beritt er, so lange die Belagerung anhielt, die Linien, und wo nur etwas von Bedeutung vorfiel, fehlte er nie.

So konnte denn Prinz Eugen, als Friedrich Wilhelm im Feldlager eintraf, das günstigste Zeugniß über den Kronprinzen ablegen; er versicherte dem Könige, daß der Prinz in Zukunft einer der größten Feldherren werden müsse. Ein solches Lob, und aus dem Munde eines so ausgezeichneten Heerführers, bereitete dem Könige die größte Freude; er äußerte, wie ihm dies um so lieber sei, als er immer daran gezweifelt, daß sein Sohn Neigung zum Soldatenstande habe. Fortan betrachtete er den Letztern mit immer günstigern Augen.

Miscelle.

Medicinalpersonen in der preußischen Monarchie im J. 1838. 1) Promovirte Ärzte 2560, worunter 1653 zugleich als Wundärzte, 1456 als Geburtshelfer, 126 als Augenärzte approbirt; auf Berlin allein kommen 265, mehr als auf irgend einen der Regierungsbezirke, von denen die Regierungsbezirke Gumbinnen und Bromberg die wenigsten, nämlich jeder nur 30, enthalten; im Civil sind 865, im Militair 225 angestellt; 2) Wundärzte erster Classe 618, worunter am meisten im Regierungsbezirke Breslau, nämlich 59; 3) Wundärzte zweiter Classe 1647; 4) Augenärzte, die nur als solche approbirt sind, 4; 5) bloße Zahnärzte 69; 6) Apotheker 1369, worunter am meisten (118) im Regierungsbezirke Düsseldorf, am wenigsten (18) im Regierungsbezirke Stralsund; 7) Thierärzte 589; 8) Hebammen 11,227, worunter die meisten (867) im Regierungsbezirke Breslau, die wenigsten (55) in Berlin.

Die Adersbacher Felsen.

Nahe bei dem Dorfe Adersbach in Böhmen, im königgrätzer Kreise und nordöstlichen Theile dieses Königreichs und ganz nahe an der schlesischen Grenze, unweit der geraden Linie, welche die böhmische Hauptstadt mit der schlesischen verbindet, findet sich eine Naturmerkwürdigkeit vom ersten Range, deren Besuch mit einer Reise durch das nur wenige Meilen entfernte Riesengebirge füglich verbunden werden kann. Es ist dies ein Felsenlabyrinth, das nur in wenigen Gegenden der Erde seines Gleichen haben dürfte; nur bei Antequera in Spanien, sieben Leguas von Malaga, sollen ähnliche Felsenbildungen vorhanden sein. Zwar gewaltige Felsmassen und ausgedehnte, mit Felsen gleichsam bestreute Gegenden sind an ziemlich vielen Orten zu finden und auch die Lurburg oder Louisenburg unweit Wunsiedel in Baiern, sowie die Heuschuer im glatzer Gebirge sind in dieser Hinsicht höchst merkwürdig; aber an den adersbacher Felsen ist nicht nur ihre Ausdehnung und Großartigkeit, sondern ebenso sehr und vielleicht vorzugsweise die Seltsamkeit ihrer Gestaltung und die Art ihrer Gruppirung zu bewundern. Der vielgereiste Fürst von Pückler-Muskau äußert in seinen „Briefen eines Verstorbenen", die adersbacher Felsen (in der Umgegend schlechthin nur unter dem Namen der Steine bekannt) seien einen Weg von 500 Meilen werth. Er nennt sie ein wunderbares Felsenlabyrinth, so weitläufig gewunden, so gegen alle Gesetze der Schwerkraft, so mystisch und über Alles, was er gesehen habe, phantastisch gestaltet, gleich einem abenteuerlichen Walde, in welchem Felsen die Stelle der Bäume vertreten, oder gleich einer Gnomenstadt, die einst eine dichterische Zauberkraft hervorgerufen. Wer in Adersbach gewesen ist, wird ihm ohne Zweifel beistimmen und allen Denen, die das Riesengebirge bereisen oder sich in einem der schlesischen Bäder, von denen Charlottenbrunn, Altwasser und Salzbrunn die nächsten sind, aufhalten, dringend anrathen, einen Besuch in Adersbach nicht zu versäumen. Sowol von der Schneekoppe, als von jedem der genannten Bäder aus hat man bis Adersbach nur wenige Meilen.

Schon in der Ferne sieht man in einem freundlichen Thale in der Nähe der Dörfer Merkelsdorf und Adersbach die gewaltigen Sandsteinmassen emporragen, die Das, was sie enthalten, dunkel ahnen lassen; wer in nördlicher Richtung von Merkelsdorf herkommt, sieht vor sich, in einer fruchtbaren, wohlangebauten Gegend, einen Halbkreis von gigantischen Felsen, in deren Mitte der merkwürdigste Theil des Labyrinths oder die Felsenstadt sich findet. Der Weg dahin führt an dem geräumigen Traiteurhause vorbei, wo man einen Führer anzunehmen hat, ohne welchen man die Wanderung nicht füglich fortsetzen könnte und in große Gefahr, sich zu verirren, gerathen würde; von da aus führt eine Lindenallee über einen Damm zu den Steinkolossen, von denen die seltsamsten nach ihrer Ähnlichkeit mit den verschiedensten Gegenständen benannt worden sind, und wiewol die Ähnlichkeit in vielen Fällen nur gering ist und durch eine lebhafte Phantasie ergänzt werden muß, so läßt sich doch in vielen andern nicht in Abrede stellen, daß der gewählte Name sehr bezeichnend und passend ist. An dem Zwergenstein und der spanischen Wand vorbei schlängelt sich der Weg über sandigen Grund in die sogenannte Vorstadt und führt am Henkel und Großvaterstuhl vorbei zu dem in unserer Abbildung vorgestellten umgekehrten Zuckerhute, einem der sonderbarsten Steingebilde, welches in einiger Entfernung von den übrigen ganz frei hervorragt. Derselbe ist nur etwa 100 Fuß hoch, während die höchsten der hier befindlichen Felsmassen eine Höhe von 3—400 Fuß erreichen; was ihn aber merkwürdig macht, ist seine Gestalt, indem er oben ungleich breiter ist als unten (am untersten Ende ungefähr 6, am obersten 20 und mehr Fuß breit) und einem umgestürzten Kegel oder einer verkehrten Keule gleicht. Dabei ist er rings von einem kleinen Wasserbecken umgeben, das sein Ansehen noch sonderbarer macht; diese scheinbar unbedeutende Wassermasse ist an manchen Stellen so tief, daß man selbst mit einer langen Stange den Grund nicht erreichen kann. Wol mag Mancher nicht ohne Zagen an diesem Felsen vorübergehen, der den Umsturz zu drohen scheint, und doch wird ihn gewiß noch manches kommende Geschlecht aufrecht erblicken. Weiterhin zeigt man den Schornstein, die Urne, die Kanzel, die Pauken, die Orgelpfeifen, das Hochgericht, die Mumie, den breslauer Dom u. s. w. Reich an den sonderbarsten Steingebilden ist der Platz zunächst dem Eingange in das Innere der Felsenstadt; hier sieht man den Handschuh, die Zwillinge, die verschleierte Nonne, den Walfischrachen, aber das Täuschendste von Allem ist das auf einem kolossalen Obelisken ruhende Haupt des Bürgermeisters, an welchem sowol Nase, Mund und Lippen, als die Locken der Alongeperücke deutlich zu erkennen sind.

Durch eine schmale hölzerne Pforte, deren Öffnung erkauft werden muß, betreten wir das Innere der Felsenstadt. Niemand wird es auffällig finden, daß für das Beschauen dieser Naturwunder eine Kleinigkeit bezahlt werden muß, da der jetzige Eigenthümer der ganzen Herrschaft von Adersbach, Edler von Nadherny in Prag, den Reisenden die Wanderung durch die Felsen nicht ohne ansehnliche Kosten erleichtert und fortwährend für ihre Bequemlichkeit Sorge trägt. Zur Linken des Wanderers fließt ein kleiner Bach, der Mettaubach genannt, über weißen Sand geräuschlos dahin; sein Wasser ist so kalt, daß kein Fisch darin leben kann. Ihm verdanken wir die wahrhaft üppige Vegetation, welche den Aufenthalt in den Felsen um Vieles angenehmer macht, schöne Nadel= und Laubbäume, mehre Arten Farrnkräuter von seltener Größe, Alpenpflanzen und Moose aller Gattungen; an vielen Stellen bedeckt die Felsen, besonders in der Höhe, ein schönes rothes Moos, das einen sehr malerischen Anblick gewährt. Mit der Aufzählung aller im Innern der Felsenstadt vorkommenden Gebilde, denen die Ehre besonderer Namen zu Theil geworden ist, wollen wir den Leser nicht behelligen, sondern nur die merkwürdigsten hervorheben. Sobald man den Eingang passirt hat, schreitet man zwischen zwei hohen Felsenwänden auf einem engen Pfade hin, der den Namen der Jesuitengasse führt, kommt dann über den kleinen Ring in die lange Gasse und sieht im Vorbeigehen den breslauer Wollmarkt, die Gesetztafeln, die alte Felsenburg, den gigantisch-grotesken Riesenzahn, den Elisabeththurm, Johannes in der Wüste u. s. w. Nicht weit von hier liegt der Gewitterstein, ein ungeheures Felsstück, das der Blitz von seiner Höhe (von einer Stelle, die noch gezeigt wird) herabgeschleudert hat. Von einer Inschrift, die der Stein trägt, ist außer den Worten „j'ai bravé" (ich habe getrotzt) nichts mehr zu entziffern. Der Sage nach hegte einst (man nennt das Jahr 1763) ein reisender Engländer den Wunsch, ein Gewitter in diesen Felsen zu erleben, und wartete daher den Ausbruch eines solchen in Adersbach ab, worauf er sich in die Felsenstadt begab. Als er nur 60 Schritte von jener Stelle entfernt war, trennte ein gewaltiger Blitzstrahl die erwähnte Steinmasse von der Felswand und schleuderte sie vor den Augen und fast vor den Füßen des tödtlich erschrockenen Briten in den Weg; zum Andenken ließ derselbe in den Stein eine den Vorfall andeutende Inschrift graben, war aber von der Neugier, die Wirkungen des Gewitters in dieser oder einer ähnlichen Gegend zu beobachten, wahrscheinlich auf immer geheilt. An der Tuchpresse vorüber kommt man nun auf den sogenannten großen Ring oder Marktplatz der Felsenstadt, wo ein Tisch und Bänke den Wanderer zur Ruhe einladen. Um den Namen des Platzes zur Wahrheit zu machen, werden hier verschiedene Lebensmittel, Ansichten und Beschreibungen von Adersbach u. s. w. feilgeboten. Im Hintergrund quillt die sogenannte Silberquelle aus dem Felsen, deren herrliches, aber eiskaltes Wasser dem Fremden mit Ausschluß aller andern Getränke hier als gesündestes von allen dargeboten wird. Ganz nahe ist zur Rechten der Eingang zu dem großen Wasserfall (der kleine befindet sich zur Linken der Silberquelle), welcher nicht die kleinste Merkwürdigkeit dieser an Wundern so reichen Gegend ist und unbedenklich jedem der zahlreichen Wasserfälle des Riesengebirges an die Seite gestellt werden kann, auch dem schönen Zackenfall an Höhe nur wenig nachsteht. Man tritt in eine finstere, ebenso enge als hohe Felsenschlucht, in welche das Licht nur von oben bringt, und sieht von der gegenüberliegenden Felswand einen mäßig breiten Wasserstreifen, der schon allein befriedigen könnte, herunterfließen; allein wie ganz anders ist der Eindruck, wenn die beiden oben befindlichen Schützen losgelassen werden und eine gewaltige Wassermasse mit furchtbarem, donnerähnlichem Brausen schäumend in die Tiefe herabstürzt. Dem schrecklichen Nachbar gegenüber möchte es wol Niemand aushalten, der vorher arglos an dem Geländer einige Schritte vorwärts gegangen ist, um den Wasserfall mit Muße von vorn zu betrachten; Jeder wird eilen, um durch schleunige Flucht aus dem Bereich des nassen Elements an eine geschützere Stelle zu gelangen, wo er gleichwol den Anblick des Sturzes genießen kann. Wer es wagen wollte, stehen zu bleiben, würde seine Verwegenheit wenigstens mit vollständiger Durchnässung bezahlen müssen, wenn nicht der heftige Luftdruck von einer ungleich gefährlichern Wirkung begleitet sein sollte. Durch eine schroffe Felsenspalte, welche die Wolfsschlucht heißt, gelangt man auf die Höhe des Wasserfalls, wo man eine neue, nicht minder interessante Ansicht desselben hat, und kommt dann auf schwankenden Bretern zu den nächsten Felsmassen, der Räuberhöhle u. s. w. Von da führt ein tiefes fruchtbares Thal im Hintergrunde der Felsenstadt zu dem letzten und höchsten Berge des Felsenkranzes, auf welchem die wenigen Ruinen einer Ritterburg, der Feste Althaus, zu finden sind. Sie war ein Raubschloß, das in der Mitte des 10. Jahrhunderts von den schlesischen Städten und Fürsten, im Verein mit den Sechsstädten der Lausitz, erkauft und zerstört wurde. Auf der höchsten Felsenspitze hat der jetzige Besitzer der Felsen einen Pavillon erbauen lassen, von welchem aus man eine reizende Aussicht auf die Umgegend und die Gipfel des Riesengebirges genießt. In der Nähe der Ruinen steht eins der kleinern, aber merkwürdigsten Gebilde, der sogenannte schweidnitzer Thurm, eine Art niedriger runder Kuppel, die auf acht anscheinend sehr schwachen, zum Theil nur wenige Zoll im Umfange habenden Stützen ruht.

Einen würdigen Beschluß der Wanderung durch die Felsen bildet das Echo, zu dessen (phonischem und phonokamptischem) Mittelpunkt man entweder von der Ruine Althaus her, oder von der sogenannten Vorstadt am Zuckerhut vorbei gelangt. Nur eine beschränkte Stelle unweit des für die aus der Felsenstadt Kommenden links gelegenen Endes des Felsenkranzes hat die Eigenschaft eines vielfachen Echos und ohne allen Zweifel gehört dasselbe unter die herrlichsten und vollkommensten, die es gibt, sodaß es auf alle Hörer einen tiefen, unauslöschlichen Eindruck machen muß. Man lauscht demselben entweder aus einem kleinen offenen Pavillon, oder von einer dicht an dem Felsen angebrachten Rasenbank aus. Ein Mann, der sich hier angesiedelt hat und das Echo als Erwerbsquelle benutzt, ist bemüht, die Stimme desselben auf mannichfache Art zu wecken: durch Clarinette, Horn, Flintenschuß und Ruf, und eigenthümlich und schön ist die Wirkung einer Horn. Ziemlich lange und complicirte musikalische Passagen werden vom Echo nicht einmal, sondern mehre Mal (mindestens sieben Mal) mit einer Treue und Deutlichkeit wiedergegeben, die nichts zu wünschen übrig läßt, und nur der letzte Wiederhall, der vom gegenüberliegenden mehr als 1000 Fuß entfernten Felsen, dem Capuziner, gebildet wird, ist fast zu leise, um noch wahrgenommen zu werden. Hinsichtlich der menschlichen Stimme ist es sehr bemerkenswerth, daß selbst ziemlich leises Reden, wenn der Sprechende an der rechten Stelle steht und nach einer bestimmten Felswand gerichtet ist, von dieser mit größter Deutlichkeit und ohne die mindeste Veränderung im Klange wiederholt wird, und gewiß mag schon mancher Reisende hier die Erfahrung gemacht haben, daß seine unbefangenen, für das Echo gar nicht bestimmten Bemerkungen, die er über dasselbe gegen seine Gefährten machte, zu seinem Erstaunen und zu nicht geringer Belustigung der Zuhörer in einer zweiten Auflage vernommen wurden. Die Anzahl der Wiederholungen, sowie die Zahl der wiederholten Sylben zu bestimmen, hat einige Schwierigkeit; indeß dürfte die in einem physikalischen Werke vorkommende Angabe, daß sieben Sylben dreimal wiederholt werden, wol übertrieben sein, mindestens konnte Referent selbst es nie zu sieben Sylben bringen; umgekehrt möchte die Angabe eher richtig sein.

Über die Entstehung und Bildung der adersbacher Felsen sind verschiedene Vermuthungen aufgestellt worden. Nach Einigen sind sie Folgen einer Erderschütterung, nach Andern einer allgemeinen Überschwemmung; die Meisten sind jedoch der Meinung, daß sie sich zwar durch den Einfluß des Wassers, aber allmälig gebildet haben und Überreste eines vor Jahrhunderten zusammenhängenden Sandsteingebirges seien, das durch Thau und Regen allmälig ausgewaschen und durch das Eis zersprengt worden sei. Die verhältnißmäßige Regelmäßigkeit der Formen jener Felsen läßt sich zum Theil aus der dem Quadersandstein eigenen regelmäßigen cubischen und trapezoidischen Schichtung und senkrechten Zerklüftung erklären. Da jedoch nichts so mislich ist, als Hypothesen über diejenigen Naturkräfte und Ursachen, denen die Oberfläche der Erde ihre gegenwärtige Gestalt verdankt, so wollen wir unsere Leser damit verschonen, sie aber zum Schluß nochmals dringend auffodern, bei einer etwaigen Reise in das so höchst interessante Riesengebirge oder überhaupt in die benachbarten Gegenden Böhmens oder Schlesiens die adersbacher Felsen ja nicht unbesucht zu lassen. Sicher wird eine Wanderung durch dieselben ihnen einen Genuß der edelsten und erhebendsten Art gewähren, denn sie geben wahrlich Zeugniß von der Größe Gottes und fodern zur Andacht und Anbetung des allmächtigen Schöpfers auf.

Der umgekehrte Zuckerhut im adersbacher Felsenwalde.

Das Pfennig-Magazin
für
Verbreitung gemeinnütziger Kenntnisse.

391.]   Erscheint jeden Sonnabend.   [September 26, **1840.**

Aix in Provence.

Die alte Stadt Aix im französischen Departement der Rhonemündungen liegt am Flusse Are in einer fruchtbaren Ebene und ist im Allgemeinen gut gebaut. Unter ihren Gebäuden sind vorzüglich das Stadthaus und die herrliche Kathedrale bemerkenswerth, in letzterer aber besonders die mit werthvoller Sculpturarbeit gezierte Thüre und acht antike Säulen zu erwähnen. Am schönsten gebaut ist das Quartier l'Orbitelle, und wahrhaft prächtig der 900 Fuß lange und 90 Fuß breite öffentliche Spaziergang oder sogenannte Cours mit seinen vier Baumreihen und drei Springbrunnen. Mehr Ruf als Gehalt haben die hiesigen warmen Schwefelbäder, welche 27—28 Grad R. warm sind und Magnesia, Selenit, mineralisches Alkali u. s. w. enthalten. Sie waren schon zur Zeit der Römer so berühmt, daß diese hier Bäder anlegten, die zum Theil noch erhalten sind, sowie sich auch außerdem zahlreiche römische Alterthümer hier finden. Die Stadt selbst wurde um 120 v. Chr. von C. Sextius Calvinus angelegt und ihrer Mineralquellen wegen Aquae Sextiae genannt. Unter den Grafen von Provence war sie die Hauptstadt dieser Landschaft und blühte bis zur Revolution, wo sie ihr Parlament und den größten Theil ihrer Manufacturen einbüßte. Noch immer bestehen zwar in Aix Manufacturen von ordinairen Tüchern, verschiedenen andern Wollenzeuchen, rothen Mützen u. s. w., aber alle (vielleicht nur mit Ausnahme der Baumwollenwebereien) sind sehr im Verfall. Ehemals war auch der Ölbau für Aix eine Quelle des Wohlstandes und das hier erzeugte Öl war als das feinste Provencer-Öl sehr geschätzt; aber die kalten Winter von 1788 und 1809 verdarben den Ölbau so gänzlich, daß er sich noch immer nicht wieder hat erholen können. Neuerdings sucht sich Aix durch Production und Verarbeitung von Seide, sowie durch Erzeugung südlicher Gartenfrüchte zu heben.

Aix ist der Sitz eines Erzbischofs und enthält eine Akademie mit zwei Facultäten, ein Collegium (Gelehrtenschule), eine Gesellschaft für Wissenschaften und Künste, eine ansehnliche Bibliothek, die auf 72,000 Bände angegeben wird, eine Bildergalerie und ein Museum. Die größte Merkwürdigkeit in dem letztern ist das Denkmal des bekannten Schriftstellers Marquis d'Argens (geb. in Aix 1704, gest. in Toulon 1771), welches ihm sein königlicher Freund Friedrich der Große 1775 in der Minoritenkirche errichten ließ. Außerdem enthält Aix ein Denkmal des Königs René des Guten, Titularkönigs von Neapel. Die Einwohnerzahl beträgt (nach der letzten Zählung von 1836) 24,660.

Unter den berühmten Männern, welche Aix hervorgebracht hat, sind außer dem bereits genannten Marquis d'Argens vier bemerkenswerth: die Botaniker Tournefort und Adanson, jener 1714, dieser 1804 gestorben, der Maler Vanloo, gestorben 1745, und aus der neuesten Zeit der als Staatsmann wie als Historiker gleich ausgezeichnete Thiers, geb. 1798, der bekanntlich jetzt zum zweiten Male als Präsident des Ministeraths an der Spitze der französischen Regierung steht.

Nicht zu verwechseln ist Aix mit mehren andern Orten dieses Namens, namentlich der weit kleinern Stadt dieses Namens in Savoyen (Aquae Allobrogum), unweit des Sees Bourget, wo sich ebenfalls warme Quellen finden, ferner mit zwei Marktflecken in den Departements Cher und Aube und mit einer Insel unweit der Mündung der Charente.

Die Melonengärten in Rußland.

Bei den Bewohnern des südlichen Rußlands, Tataren, Kleinrussen und Moldauern, findet man eine eigenthümliche Art von Gärten, von den Eingeborenen Baschtans genannt; wir können sie Melonengärten nennen, da in ihnen vorzugsweise die in Südrußland so beliebten Arbusen oder Wassermelonen, sowie eigentliche Melonen, Gurken und verwandte Pflanzen gebaut werden; außer diesen enthalten sie aber in der Regel noch Paradiesäpfel, Kürbisse, Pfeffer, türkischen Hirse, Mais, Sonnenblumen, Zwiebeln, Rettig u. s. w.

Die Wassermelonen gedeihen am besten in den trockenen Steppen und zwar gerade in den trockensten Jahren; sie werden so groß, süß und saftig, daß sie als vortrefflicher Ersatz für gutes Quellwasser gelten können, wie sie denn vorzugsweise zum Löschen des Durstes dienen. Diese erfrischende Frucht ist daher allgemein beliebt und darf so wenig auf der Tafel der Vornehmen als bei den Mahlzeiten der Armen fehlen, wo sie die Stelle der Wasserflasche vertritt; ja Viele trinken den Saft der Arbusen als Frühstück, wie wir Kaffee oder Thee. Wer eine Reise macht, nimmt ein paar Wassermelonen im Wagen mit. Es gibt sehr verschiedene Arten von Wassermelonen; einige haben ein ganz weißes, andere ein gelbliches, wieder andere ein rosenrothes Fleisch; Kenner schließen theils nach dem Äußern, theils nach dem Ton, der beim Anklopfen mit dem Finger gehört wird, auf die Güte des Innern. Die Frucht ist zart und verdirbt leicht; mit Thon umhüllt und im Keller läßt sie sich aber bis in den Winter frisch erhalten.

Die eigentlichen Melonen sind in den Steppengärten überaus zahlreich, erlangen aber nicht die Güte, wie die Arbusen, wahrscheinlich weil sie nicht sorgfältig genug gepflegt werden. Die Kürbisse kommen in den Baschtans in zahllosen Varietäten, zum Theil von ungeheurer Größe und von den sonderbarsten Formen vor. Einige sind zwei Fuß lang und haben nur ein bis zwei Zoll im Durchmesser; andere sind klein und haben die Gestalt einer Birne oder sind rund und polirt wie Billardkugeln; wieder andere haben genau die Größe und das Ansehen der Apfelsinen. Der sonderbarste ist der Flaschenkürbis, dessen Früchte einem gläsernen Riechfläschchen gleichen. Die kleinern Spielarten dienen nur zum Spielzeug, da sie ihres trockenen und holzigen Fleisches wegen nicht gegessen werden können; die Flaschenkürbisse werden hier und da zu kleinen Geräthschaften verwandt.

Eins der wichtigsten Producte der russischen Gemüsegärten sind die Gurken, die in Rußland so beliebt sind und selbst roh wie unsere Äpfel verzehrt werden. Die Paradiesäpfel, die zu vielen Gerichten gebraucht werden und besonders in Odessa des Sommers in großen Massen auf den Markt kommen, gedeihen in den Steppen trefflich. Die Zwiebeln dürfen ebenfalls in den Baschtans nicht fehlen, da sie von den Russen in bedeutenden Quantitäten verspeist werden, weshalb man in Odessa ganze Zwiebelmagazine findet und selbst Großhändler sich mit diesem Handelsartikel befassen. Zu den genannten Früchten kommt der Bakloschan, eine der Gurke an Gestalt und Größe ähnliche Frucht von violetter Farbe, die man gebacken und mit Fleisch gefüllt speist.

Die Sonnenblumen dienen in den Steppengärten keineswegs als Zierpflanzen; die Russen lieben die Kerne derselben, die gleich den Kernen der Arbusen, Melonen, Kürbisse u. s. w. überall feilgeboten werden. Auf Spaziergängen nehmen die Kleinrussen häufig eine reife Sonnenblume mit und laben sich an den Kernen derselben. Diese Pflanzen erreichen in den Baschtans eine außerordentliche Größe, die Stämme gleichen kleinen Bäumen und tragen 20—30 ihrer kolossalen Blüten, von denen manche vier Fuß im Umfang haben.

Türkischer Hirse, Mais und Pfeffer sind in den Baschtans Nebensache und dienen nur zur Einfassung. Übrigens werden diese Gärten, die keine perennirenden Gewächse enthalten, jährlich neu angelegt. In der Nähe der Städte bildet die Pflege dieser Gärten ein besonderes Gewerbe, das sich in guten Jahren, die im Ganzen trocken sind, bedeutend lohnt. In der Gegend von Odessa befassen sich besonders die Bulgaren mit denselben; sie miethen dazu ein Stück Land von sechs bis zehn Morgen, wählen gewöhnlich ein hartes Steppenland und brennen das darauf wachsende Gras ab, dessen Asche als Dünger dient. Zur Wohnung dient ihnen eine in der Nähe des Gartens erbaute Sommerhütte.

Der Diebstahl aus Liebe.

Am heiligen Abende des vergangenen Weihnachtsfestes verfügte sich der Vicar von Pontscorff (in Frankreich), Abbé Hedan, Abends gegen zehn Uhr zur Kirche, dem nächtlichen Gottesdienste zu assistiren. Auch seine Leute hatten sich hinbegeben. Niemand blieb im Hause, außer seinem stocktauben Bruder, den er schlafend zurückließ. Alle Thüren im Hause waren sorgfältig verschlossen.

Als er nach Hause zurückkommt, bemerkt er mit Befremden auffallende Unordnung in der Hausflur. Er geht auf sein Zimmer und findet das eine Fenster zerbrochen, vermißt sein Silberzeug, eine bedeutende Menge Wäsche, seine Alltagskleider, einigen Kirchenschmuck. Selbst Butter und Victualien hat man nicht unverschont gelassen. Daß Diebe eingestiegen waren, schien außer Zweifel. Noch desselben Morgens macht er beim Friedensrichter Anzeige, ohne Jemanden als verdächtig nennen zu können.

Am Abend des nämlichen Tags erhält er Besuch von der verwitweten Denis, einer Dame adeliger Herkunft, welche ebenfalls zu Pontscorff wohnt. Sie kommt, ihn zu trösten, und überbringt ihm zur Aushülfe einige Wäsche. Er nimmt sie an, wiewol ihm auffällt, daß sie ganz frisch mit einem H. gezeichnet ist. Zugleich stellt sie ihm 150 Francs zu, wie sie sagt, zu einiger Entschädigung wegen des erlittenen Verlustes.

Am 30. December kommt sie wieder und überantwortet ihm mehres Silberzeug, unter andern ein Besteck, das er ganz bestimmt als sein Eigenthum erkennt. Dieser Umstand veranlaßt den Vicar, bei welchem sich eben der Pfarrer von Pontscorff anwesend befindet, der Überbringerin den Verdacht mitzutheilen, welchen er wegen des ihn betroffenen Unfalls wider sie hege. Sie leugnet anfänglich hartnäckig, gesteht aber endlich, nachdem man ihr heftig zugesetzt, und unterschreibt das darüber aufgenommene Protokoll. Man verlangt ihre Mitschuldigen zu wissen, und sie nennt ihren eigenen Vater. Weil aber diese Behauptung so schwer zu glauben war, zieht sie einen Brief von ihm hervor, in welchem er ihr seinen Fluch droht, wenn sie ihn öffentlich beschimpfe.

Noch am Abende desselben Tags bewirkt sie die Wiederherstellung aller entwendeten Gegenstände, bis auf einige Kleinigkeiten, die sie später zurückgibt, ja sie zahlt 15 Francs für Einiges, das bei dieser Gelegenheit zerbrochen worden war. Da aber mehre achtbare Personen des Orts bei diesem Vorfall in Verdacht gekommen waren, so konnte derselbe der öffentlichen Justiz nicht entzogen werden, und es wurde demnach wider sie eine Untersuchung eingeleitet. In Folge des gedachten Briefs war ihr Vater, Herr von Palsy, verhaftet worden, blieb aber nur 24 Stunden in Haft, da er mittels des Alibi seine Unschuld erwies.

Am 4. Januar widerrief sie selbst diese so gehässige Beschuldigung, wozu sie nach ihrer Aussage nur verleitet worden war, weil sie geglaubt, daß die Sache unter vier Augen bleiben würde, bezeugte tiefen Schmerz über die Verirrung und legte wegen des Verfolgs der That folgendes Geständniß ab:

„Montags, den 23. December, entfernte ich mich von meiner Wohnung, trotz des ärgsten Regenwetters, um meinen Plan auszuführen. Ich wußte, daß der Abbé Hedan mit seinen Leuten in der Kirche war. Die Messe wurde eingeläutet; es war ungefähr halb elf Uhr. Vier Wege mußte ich machen, die entwandten Gegenstände in Sicherheit zu bringen. Ich bediente mich eines Schlüssels, den mir vor etwa drei Jahren Herr Hedan auf mein dringendes Bitten hatte machen lassen, als ich, durch den Verlust meines Gatten in namenlosen Kummer gestürzt, seiner Tröstungen in ebenso hohem Grade bedurfte, als theilhaftig ward. Da aber einst mein freier Eintritt von Andern wahrgenommen wurde, mußte ich ihm versprechen, nie wieder von dem Hauptschlüssel Gebrauch zu machen. Ich hielt dieses Versprechen bis zum 24. December, wo ich obige That beging. Um ihn auf den Gedanken zu bringen, daß ein Dieb eingebrochen sei, drückte ich ein Fenster ein, das auf den Hof geht, ja ich nahm selbst ein Stück Butter mit. Gleichwol kann ich versichern, daß nicht Raub= und Gewinnsucht mich bewogen. Nein, ich kann betheuern, bei einem Alter von bereits 37 Jahren nur durch unnennbare Zuneigung zu ihm, so rein, wie sie eine Schwester gegen ihren Bruder fühlen würde, dazu vermocht worden zu sein. War nicht einst meine Verzweiflung schon auf einen so hohen Punkt gestiegen, daß ich Hand an mich legen wollte, daß er mir selbst das Fläschchen mit dem Gifttranke aus den Händen riß! Mit der edelsten Hingebung hat er an meiner Rettung gearbeitet, und daher gestattete er mir durch jenen Hauptschlüssel zu allen Zeiten äußerster Gemüthszerrüttung freien Zutritt. Wie edel hat er sich meiner, meines Sohns angenommen! Und diese Gefühle für seine großmüthige Aufopferung und Menschenliebe bewogen mich, seine Habseligkeiten zu entführen und in meinen Gewahrsam zu bringen. So wollte ich mich an dem Genusse weiden, sie ihm nach und nach theils in Natur, theils auf andere Weise wieder zuzustellen, um so in seinem Herzen ein Gefühl der Erkenntlichkeit rege zu machen, welches ihn bewöge, mich in Kost zu sich zu nehmen."

Dieses Geständniß ist durch die Vernehmung vor Assisengericht und Präsidenten, wie durch die Abhörung der Zeugen vollkommen bestätigt worden. Nach einer kurzen Wiederholung des Ganzen traten die Geschworenen zur Berathung zusammen und erschienen schon nach zehn Minuten wieder im Saal. Die Witwe Denis ward frei gesprochen.

Der Herzog von Wellington und sein Schild.

Unter den englischen Heerführern in dem langen Kriege Europas gegen Frankreich, in welchem keine Macht so beharrlich als England die französische Gewaltherrschaft bekämpfte, hat sich keiner so hervorgethan als Arthur Wellesley, Herzog von Wellington, der berühmteste englische Feldherr seit den Zeiten des Herzogs von Marlborough. Die Hauptmomente seines Lebens sind bereits in Nr. 43 mitgetheilt worden, freilich nur bis zur Beendigung des französischen Krieges, weshalb wir die spätern Schicksale Wellington's in der Kürze nachtragen. Im J. 1818 wohnte er dem Congresse zu Aachen bei und wurde gleich den Prinzen vom Geblüte durch eine eigene Ehrenwache ausgezeichnet; 1822 war er als britischer Bevollmächtigter auf dem Congresse zu Verona. Im J. 1826 erhielt er die ehrenvolle Mission, im Namen seiner eigenen Regierung, zugleich aber auch in den der Regierungen von Frankreich, Östreich und Preußen dem russischen Cabinet zu eröffnen, daß die großen Mächte entschlossen seien, die Griechen gegen die Türken zu beschützen, wodurch der Grund zu dem londoner Tractate vom 6. Juli 1827 gelegt wurde. Im Jan. 1828 wurde Wellington an die Stelle des Lords Goderich zum ersten Lord des Schatzes, d. h. zum Premierminister ernannt und behielt diesen Posten bis nach der Thronbesteigung Wilhelm IV. im J. 1830, wo er in Folge einer seinem Ministerium feindlichen Entscheidung des Unterhauses am 17. Nov. nebst allen seinen Collegen resignirte. An seine Stelle trat ein Whigministerium unter Lord Grey; als dasselbe am 16. Oct. 1834 sich wieder auflöste, bildete Wellington in Verein mit Robert Peel ein neues Toryministerium, das aber schon am 7. April 1835 wieder einem Whigministerium unter Lord Melbourne Platz machte. Obgleich Wellington seitdem nicht wieder ins Ministerium getreten ist, hat er doch als Führer der Opposition im Oberhause an den Staatsangelegenheiten bis auf die neueste Zeit großen Antheil genommen, sich ihnen mit einer Thätigkeit gewidmet, die bei seinem Alter — er hat das 71. Jahr überschritten — in Erstaunen setzen muß, und auf die Leitung derselben einen zwar nur mittelbaren, aber gleichwol wesentlichen Einfluß geübt.

Von allen Feldherren unserer Zeit ist keiner von seinem Vaterlande und den Monarchen Europas so freigebig, ja man kann sagen überschwänglich belohnt und so hoch geehrt worden. Seinen ersten glänzenden Lohn erhielt er für die Schlacht bei Assaye am 23. Sept. 1803, die er über die Mahrattenstämme gewann, ein Denkmal in Kalkutta, einen kostbaren Degen von einem Werthe von 7000 Thalern und von dem Offiziercorps eine goldene Vase. Nach der Schlacht bei Talavera am 28. Juli 1810 wurde er vom Prinz=Regenten zum Lord Viscount von Talavera ernannt; nach der Vertheidigung der Linien von Torres Vedras bei Lissabon (14. Oct. 1810 — 5. März 1811) zum Marquis von Torres Vedras; nach der Einnahme von Ciudad=Rodrigo am 20. Jan. 1812 vom Prinz=Regenten zum Grafen von Wellington, von den spanischen Cortes aber zum spanischen Granden und Herzog von Ciudad=Rodrigo. Zum Lohne für den Sieg bei Salamanca am 22. Juli 1812 erhielt er den Hosenbandorden, das Patent eines Gardeobersten und vom Parlament 100,000 Pf. St. zum Ankauf von Gütern. Für die Schlacht bei Vittoria am 21. Juni 1813 wurde er von dem Prinz=Regenten zum Feldmarschall, von den Cortes zum Herzog von Vittoria ernannt, auch von den letztern mit dem goldenen Vließ und der Herrschaft Sotto di Roma in Granada beschenkt. König Ferdinand VII. bestätigte ihn in seinen von den Cortes erhaltenen Würden und ernannte ihn außerdem zum Generalcapitain von Spanien, womit ein Gehalt verbunden war, für

308 Das Pfennig-Magazin.

dessen Rückstände er Kronländereien (Xeres de la Frontera) erhielt. Am 3. Mai 1814 ertheilte ihm der Prinz-Regent die Würde eines Herzogs von Wellington und Marquis von Duero; das Parlament bestimmte ihm eine Summe von 300,000 Pf. St. zum Ankauf von Landgütern. Nach der Schlacht bei Waterloo ernannte ihn der König der Niederlande 1815 zum Fürsten von Waterloo. Die übrigen Monarchen Europas überhäuften ihn gleichfalls mit Geschenken und Ehrenbezeigungen. Wellington ist mit allen Orden Europas geschmückt, ist englischer, portugiesischer, spanischer, östreichischer, russischer, preußischer und niederländischer Feldmarschall. Außer den oben erwähnten Titeln und Geldsummen erhielt er von dem Kaiser von Östreich und König von Preußen kostbare Tafelservice von wiener und berliner Porzellan mit den Darstellungen seiner Siege. Der König von Sachsen verehrte ihm ein ähnliches noch prächtigeres aus der meißner Fabrik. Der König von Portugal gab ihm ein silbernes Service von mehr als 1 Million Thaler im Werthe u. s. w. Nach allem Diesem beschlossen londoner Banquiers und Kaufleute dem Befreier von dem Continentalsystem durch ein eigenthümliches Geschenk noch ganz besonders ihren Dank auszudrücken. Sie wählten dazu ein Kunstwerk, wozu das berühmte Homerische Achillesschild die Idee, und die glänzende Kriegslaufbahn Wellington's den Stoff gab, und welches die Skizze seines Feldherrnlebens bilden sollte. So wurde denn nach den Zeichnungen von Stothard das kreisförmige, im Durchmesser drei Fuß acht Zoll große, silberne Schild mit seinem goldenen Mittelfelde und mit den zehn Randbildern von den londoner Meistern Green und Ward verfertigt. Es ist unstreitbar eines der schönsten und merkwürdigsten modernen Kunstwerke in edlem Metall und verdient Unvergeßlichkeit gleich den Thaten, welche es darstellt.

Dieses Schild tragen zwei, vier Fuß vier Zoll hohe Säulen, nach Zeichnungen von Smirke gefertigt. Sie schildern die segensreichen Folgen der auf dem Schilde selbst verewigten Thaten des Helden. Palmen bilden den Schaft und Knauf der Säulen. Fama steht auf einer, Victoria auf der andern Säule. Auf der dreiseitigen Grundfläche umgeben symbolische Figuren die Säulen, die drei Ecken zieren Trophäen und Waffenhaufen. Ein englischer Grenadier, ein Bergschotte und ein irischer Jäger mit den Fahnen ihres Vaterlandes, kenntlich durch Rose, Distel und Klee, umgeben die Victoriasäule. Auf der Grundfläche prangt in halberhabener Arbeit Britannia, dem Landheer und der Flotte den Lorberkranz reichend; das Wiederbeginnen aller nützlichen und schönen Künste, ein froher Tanz von Jung und Alt. Die Famasäule umgeben ein Portugiese, ein Seapoyindier und ein spanischer Guerillakrieger mit ihren Fahnen. Um sie her auf der Grundfläche erblüht das Friedensglück der Lande Portugal, Spanien und Ostindien in lebensvollen, bezeichnenden Bildern und Gruppen, unter welchen gleichsam als Hüter ein Seapoy, ein Dragoner vom 19. Regiment und ein gefangener Mahratte.

Figur 1. Mittelfeld des Schildes.

Auf dem mittelsten reich vergoldeten Felde erblicken wir in einer Vertiefung und in mattem Golde den Herzog von Wellington zu Pferde, rings umgeben von den ausgezeichnetsten der Offiziere, die unter ihm gedient haben, worunter Lord Beresford, Lord Hill, der Graf von Hopetoun, Lord Lyndoch, der tapfere Sir Thomas Picton, der bei Waterloo fiel, Sir Lowry Cole und A. m. Über dem Herzog schwebt der Genius des Ruhms, bereit, ihn mit dem wohlverdienten Lorberkranze zu schmücken; unter den Hufen seines Rosses liegt die gestürzte Gewaltherrschaft, kenntlich an dem zerbrochenen Schwerte, der entfallenen Krone und dem gedemüthigten Adler. Noch liegen zwei andere Figuren am Boden, welche die Gewalt und die Verwüstung vorstellen, jene mit einem Dolch und einer abgestreiften Larve, diese mit einer gesenkten Brandfackel. Dieses Mittelstück ist durch einen Eichenkranz von den zehn Randfeldern getrennt, die in Basreliefs von mattem Golde die wichtigsten Ereignisse im Kriegerleben des Herzogs von 1803 bis zu dem ersten pariser Frieden von 1814 darstellen, also freilich gerade das größte und folgenreichste von allen, die Schlacht bei Waterloo, die erst am 18. Juni 1815 stattfand, nicht mit umfassen.

Figur 2. Die Schlacht bei Assaye.

Die Schlacht bei Assaye, die erste, welche Wellington gewann, gehört unter diejenigen, wo eine starke Heeresmacht durch eine an Zahl und physischer Stärke unbedeutende Armee bezwungen wurde, und ist wegen des entschiedenen moralischen Übergewichts des Siegers in hohem Grade merkwürdig. Sie steht außer allem Zusammenhang mit den später von Wellington geführten Kriegen und bedarf daher einer längern Auseinandersetzung der Umstände, welche sie herbeiführten.

Das Reich der Mahratten nahm zu Anfange des gegenwärtigen Jahrhunderts in Ostindien eine sehr bedeutende Stelle ein. Es hatte die Eigenthümlichkeit, daß eine Anzahl voneinander unabhängiger Fürsten insgesammt unter einem Oberhaupte standen, welchem sie nur Titel und Würde, nicht aber die Macht eines Königs zugestanden, daneben aber alle einem erblichen höchsten Reichsbeamten, welcher den Namen Peischwah führte, die vollstreckende Gewalt überließen. Die Vereinigung der Mahratten in eine Nation datirt sich von den Jahren 1660—70, wo Sevadschi eine mächtige Monarchie stiftete, die von ihm und seinen Abkömmlingen unter dem Namen der Rajahs von Sattarah bis in die Mitte des letzten Jahrhunderts fortgesetzt wurde, wo der regierende König seiner Gewalt unter gewissen Bedingungen zu Gunsten des Großveziers oder Peischwahs zu entsagen genöthigt wurde. Bei dem entschiedenen Übergewicht des Letztern ward gleichwol dem Rajah sonst alle Ehre bezeigt, sodaß dieser seltsam genug die Eigenschaft eines Souverains und Gefangenen in sich vereinigte. Seit dem Bestehen des Mahrattenreichs war es Grundsatz der Politik der Engländer, mit dem Oberhaupte dieser Nation ein freundliches Vernehmen zu beobachten. Als die Feindschaft Hyder-Ali's und Tippo-Saib's die britische Herrschaft in Indien bedrohte, ward mit dem Peischwah ein neuer Allianztractat geschlossen. Ein Nebenbuhler, Namens Holkar, erhob sich damals gegen den Peischwah; die Folge davon war ein Krieg, der nach vergeblichen, durch Englands Vermittelung gepflogenen Unterhandlungen zum Ausbruch kam. Holkar siegte; der Peischwah flüchtete nach Bombay und ließ seine Hauptstadt Punah in den Händen der Sieger. Unter Wellington (damals Generalmajor Wellesley), welcher wegen seiner örtlichen Kenntnisse und seines persönlichen Einflusses auf die Einwohner zum Dienste in Indien besonders geschickt war, wurden nun Truppen von England ins Mahrattenreich gesandt. Der Peischwah ward zu Punah wieder eingesetzt, nachdem Holkar beim Anrücken der britischen Macht entwichen war. Gleichzeitig hatte ein alter Verbündeter des Ersten, Scindiah, ein ansehnliches Truppencorps zusammengebracht, um damit Holkar zu bekämpfen und die Niederlage des Peischwah zu rächen. Doch nahm die Feindschaft dieser beiden indischen Häuptlinge bald ein Ende, und sie kehrten nun gemeinschaftlich gegen England die Waffen, wobei sich der Rajah von Berar, ein anderer mahrattischer Fürst, mit ihnen verband. Erfolglos waren alle Unterhandlungen mit diesen Verbündeten; aber der Marquis Wellesley, damaliger Generalgouverneur von Indien, Wellington's Bruder, ergriff sofort die wirksamsten Maßregeln zu ihrer völligen Unterwerfung und es ward ein Feldzugsplan von einer Großartigkeit entworfen, die von europäischer Seite in Indien bis dahin unerhört war.

Eine große Schwierigkeit im Kriegführen wider die Mahratten liegt in ihrer räuberähnlichen Methode, indem sie stets vor Herbeikunft des disciplinirten Feindes sich davon machen und aufs Sorgfältigste jede Schlacht in offenem Felde vermeiden. Da General Wellesley, der das eine Armeecorps befehligte, wohl wußte, daß die indischen Generale auf diese Weise verfahren, nahm er seine Maßregeln darnach. Am 21. September 1803 stieß er zu Obrist Stevenson, welcher mit 8000 Mann zu Budnapur aufgestellt war; zu dieser Zeit war die Hauptmacht des Mahrattenheers in der Gegend von Bokerdun postirt; es bestand in 38,500 Reitern, 10,500 Mann regulairen Fußvolks, 500 Musketieren und 500 Raketenmännern nebst 190 Stück Geschütz. Zur Verstärkung dieser Kriegsmacht hatte Scindiah einige 1000 Stück wohlzugerittener Pferde auf den Hügeln zerstreut, welche ihn von dem englischen Heere trennten.

Dem Operationsplan gemäß schlug General Wellesley mit seinen Truppen den Weg ostwärts um diese Hügel ein, wogegen Obrist Stevenson westwärts marschirte. Als jener am 23. Sept. die Stelle erreichte, welche er sich zur Aufschlagung seines Lagers ausersehen hatte, fand er, daß das mahrattische Heer nicht mehr als fünf, höchstens sechs englische Meilen entfernt war. Es schien ihm nur zu wahrscheinlich, daß der Feind ihm zu entweichen suchen werde; daher beschloß er einen allgemeinen Angriff, ohne erst Obrist Stevenson abzuwarten. Er rückte vorwärts und fand die feindlichen Truppen zwischen dem Kaitna und dem Juah, zwei Flüssen, welche beinahe parallel gegen ihren Vereinigungspunkt ihren Lauf nehmen, gelagert. Ihre Linie erstreckte sich längs des nördlichen Ufers des Kaitna. Die Ufer des Flusses sind hoch und felsig; der Feind hatte dafür gesorgt, die einzige für das Geschütz gangbare Straße einzunehmen. Rechts stand die gesammte Reiterei; die Kanonen und das Fußvolk aber, worauf der britische Befehlshaber sein Hauptaugenmerk richtete, waren links unweit des verschanzten Dorfs Assaye aufgestellt. Zwar war das kleine britische Corps, mit welchem gegen diese furchtbare Masse vorgerückt ward, nicht über 4500 Mann stark; aber Alle waren mit ihrem Befehlshaber gleicher Meinung, daß der Sieg ihnen nicht entgehen könne. Über den Fluß gehend, rückten sie nach der linken Seite des Feindes vor, stellten die Infanterie zwischen den Flüssen in zwei Treffen auf, ließen die Reiterei als Reserve im dritten Treffen zurück und schickten sich an, dem Feinde in die Flanke zu fallen. Dieser, ihre Absicht errathend, veränderte die Stellung von Fußvolk und Artillerie, und eröffnete mit letzterer sogleich ein mörderisches Feuer; ein ansehnlicher Theil der mahrattischen Reiterei ergriff die Gelegenheit, in die gelichteten Reihen der Gegner einzuhauen, ward aber tüchtig zurückgewiesen, worauf die britische Reiterei Befehl vorzurücken erhielt. Diese warf im Verein mit einem Theil der Infanterie die ihr entgegenstehenden feindlichen Scharen über den Haufen und drang unaufhaltsam vorwärts; das erste Treffen des Feindes schwankte und fiel über das zweite, und mit gefälltem Bayonnet ward Alles in den Juah gestürzt. In kurzer Zeit war der Sieg entschieden; 89 Kanonen fielen in die Hände des Siegers.

Selten war ein Sieg mit so vielen Schwierigkeiten verbunden. Diese bestanden nicht allein in der Ungleichheit der Zahl, denn der Feind hatte auch disciplinirte Truppen unter europäischen Offizieren, welche das britische Heer an Stärke um mehr als das Doppelte überstiegen, und eine zahlreiche Artillerie, welche vortrefflich bedient wurde und ihre Wirkung nicht verfehlte. Der Generalgouverneur Wellesley wußte sowol die seltene Klugheit und Unerschrockenheit seines Bruders als die Tapferkeit seiner Truppen zu würdigen. Ehrenfahnen mit passender Devise wurden den zum Gefecht gekommenen Cavalerie- und Infanterieregimentern decretirt, und zu Fort-William den im Kampf Gefallenen ein Monument errichtet. Die Einwohnerschaft von Kalkutta beschenkte den siegreichen General mit einem Degen; sein eignes Offiziercorps mit einer goldenen Vase; das Parlament votirte ihm seinen Dank, und der König ernannte ihn zum Ritter des Bathordens.

(Fortsetzung folgt.)

Friedrich Wilhelm Herschel.

Unser berühmter Landsmann Friedrich Wilhelm Herschel gehört zu jenen außerordentlichen Menschen, welche, bestimmt, im Vaterland und ihr Jahrhundert zu ehren, anfangs alle Hindernisse zu überwinden haben, die das Schicksal dem ersten Aufschwunge des Genies so oft entgegensetzt. Er öffnete sich neue Bahnen in einer erhabenen Wissenschaft; er sah Gestirne, die vor ihm unbekannt gewesen waren, und erweiterte die Grenzen des uns sichtbaren Sternhimmels. Unterstützt durch die Wohlthaten eines mächtigen Monarchen, weihte er sein Leben den großartigsten und scharfsinnigsten Untersuchungen und erfüllte Europa 40 Jahre lang mit dem Ruhme seiner Entdeckungen.

Herschel wurde zu Hanover am 15. November 1738 geboren. Vom 14.—19. Jahre war er Musiker bei einem hanöverschen Garderegimente; sein Vater, ein geschickter Musiklehrer, hatte fünf seiner Söhne in seiner Profession erzogen; der zweite von diesen, Wilhelm, von dem hier die Rede ist, verließ sein Vaterland im Jahre 1757 und begab sich nach England, wo die Ausübung seiner Kunst ihm ein besseres Loos verhieß. Einige Jahre hielt er sich in der Grafschaft Durham auf, wo ihn der Graf von Darlington als Director eines dort errichteten Musikcorps anstellte, und lebte hierauf als Musiklehrer in Leeds, dann als Organist in Halifax; bald darauf, im Jahre 1766, wurde er Musikdirector der Kapelle zu Bath und hatte als solcher ein ziemlich gutes Einkommen. Wegen seiner Talente war er gesucht, wegen seines Charakters beliebt, wegen seiner Sitten geschätzt. Hätte er nur nach den äußern Vortheilen einer günstigen Stellung gestrebt, so wären seine Wünsche erfüllt gewesen; aber eine innere Gewalt trieb ihn zu einer höhern Bestimmung.

Das gründliche Studium seiner Kunst hatte ihn zu der mathematischen Theorie derselben, die schon den Alten nicht unbekannt war, und somit auch zur Geometrie geleitet; diese führte ihn wieder zur Astronomie, deren Kenntniß ihn mit staunender Bewunderung erfüllte und gleichsam in eine neue Welt versetzte. Er wünschte lebhaft, selbst jene Himmelserscheinungen zu beobachten, deren Gesetze zu entdecken dem menschlichen Verstande gelungen ist; er unternahm daher, da die Anschaffung eines Teleskops seine Mittel überstieg, selbst den Bau und die Vervollkommnung von Fernröhren, und die Beharrlichkeit, die ihm eigen war, ließ ihn seinen Zweck erreichen; bald besaß er Instrumente, die allen denen, welche eine schwierige und vielen Scharfsinn erfodernde Kunst bis dahin geliefert hatte, vorzuziehen waren. Seinen ersten astronomischen Beobachtungen, welche er im Jahre 1776 anstellte, folgte eine merkwürdige Entdeckung, die die allgemeine Aufmerksamkeit im höchsten Grade rege machte: die eines neuen Planeten, der mehre Jahre seinen Namen geführt hat. Er verfolgte damals beharrlich die Aufgabe, die er sich gestellt hatte, alle Gegenden des Himmels zu durchmustern und alle merkwürdigen Erscheinungen desselben genauer zu beobachten. Am 13. März 1781 beobachtete er in Bath mit einem seiner besten Teleskope (einem Spiegelteleskope von sieben Fuß Brennweite, mit 227maliger Vergrößerung) im Sternbilde der Zwillinge einen Stern, dessen Licht ihm von dem der benachbarten Sterne sehr verschieden, dem des Saturn ähnlich, nur weit schwächer zu sein schien. Die Vollkommenheit des Instruments gestattete ihm, bei Anwendung einer stärkern Vergrößerung eine deutlich begrenzte Scheibe zu erkennen; als er seine Beobachtungen fortsetzte, erkannte er schon am zweiten Tage nach seiner ersten Entdeckung, daß der Stern seinen Ort verändert habe; diese Beobachtung wurde in Paris, Mailand, Pisa, Berlin und Stockholm bestätigt. Allgemein hielt man anfangs diesen Stern für einen Kometen ohne Nebelhülle und suchte die Elemente seiner Bahn zu bestimmen; die Astronomen Bochard de Saron und Professor Lexell (aus Petersburg) erkannten zuerst, jener in Paris, dieser in London, die kreisrunde Form und die Größe der Bahn und bald zweifelte man nicht mehr, daß der von Herschel aufgefundene Stern ein Planet sei, was alle spätern Beobachtungen bestätigt haben. Der neue Planet erhielt von Herschel seinem Monarchen zu Ehren den Namen Georgium sidus (Georgsgestirn), von den Astronomen aber den Namen Herschel; später schwankte man einige Zeit zwischen den Namen Cybele, Neptun und Uranus, bis der letztere, von Bode in Berlin gleich anfangs vorgeschlagen, den Sieg davontrug.

In England, ja in ganz Europa unterhielt man sich nun von den astronomischen Forschungen des Musikdirectors der Kapelle in Bath, von der Vollkommenheit seiner Instrumente, die er selbst verfertigt hatte, von den Umständen seines Lebens und der trefflichen Anwendung, die er von seinen Mußestunden machte. Es konnte nicht fehlen, daß dies Alles auch zur Kenntniß des Königs kam. Georg III. liebte die Wissenschaften als eine Zierde der Staaten und eine reine Quelle des Ruhms, und der öffentlichen Wohlfahrt. Er berief Herschel zu sich, kam allen seinen Wünschen zuvor und wies ihm in Datchett, bald nachher aber in Slough, unweit der königlichen Residenz Windsor, seinen Aufenthalt an. Bald wurde das kleine Slough einer der merkwürdigsten Örter der civilisirten Welt, den berühmte Reisende aller Nationen besuchten. Hier wohnte Herschel mit seiner Familie; hier hat er seine lange und denkwürdige Laufbahn beschlossen. Der König interessirte sich lebhaft für alle seine Untersuchungen und war nicht selten bereit, den veranschlagten Aufwand zu erhöhen, damit nichts die Vollkommenheit und Größe der Instrumente beschränken möchte. Die Geschichte muß die Antwort aufbewahren, welche dieser Fürst einem berühmten fremden Gelehrten ertheilte, der ihm für die der Astronomie bewilligten ansehnlichen Summen im Namen der Wissenschaft Dank sagte. „Ich bestreite den Aufwand des Kriegs", sagte der König, „weil er nothwendig ist; was aber den Aufwand für die Wissenschaften betrifft, so ist es mir angenehm, ihn zu bewilligen, weil sein Gegenstand keine Thränen kostet und die Menschheit ehrt."

Herschel hatte einen seiner Brüder zu sich berufen, der in der theoretischen und praktischen Mechanik sehr bewandert war; dieser unterstützte alle seine Unternehmungen, stand den Werkstätten vor, wo die großen Instrumente verfertigt wurden, und führte alle Erfindungen seines Bruders mit seltenem Scharfsinne fast augenblicklich aus. Ihre Schwester Karoline (geboren zu Hanover 1743) erlangte bald in der Mathematik und Astronomie sehr umfassende Kenntnisse; eine zärtliche und dauernde Zuneigung zu ihrem Bruder, der Wunsch, zu seinem Ruhme beizutragen, und ohne Zweifel auch eine dieser außerordentlichen Familie eigenthümliche Anlage hatten ihren Studien einen unerhörten Erfolg verschafft. Sie ordnete und veröffentlichte die Beobachtungen und entdeckte selbst mehre Kometen; sie theilte alle Nachtwachen und literarischen Arbeiten ihres Bruders, und gewiß hat niemals ein Astronom einen verständigern, treuern und aufmerksamern Gehülfen gehabt. In seiner von den schönen Künsten, mehr noch von der Eintracht und den häuslichen Tugenden verschönerten Einsamkeit überließ sich Herschel, den fast alle gelehrte Gesellschaften der Welt zu ihrem Mitgliede erwählten und die Universität Oxford zum Ehren-Doctor der Rechte creirte, frei von allen Sorgen, umgeben von einer theuern Gattin und einer den Wissenschaften ergebenen Familie, ungestört den Eingebungen seines Genius, d. h. einem unüberwindlichen Verlangen, die Natur und den Himmel zu studiren; aus dem einsamen Dorfe Slough erfuhr die Welt die größten Merkwürdigkeiten des Firmaments, die gerade am schwersten wahrzunehmen waren.

Die Instrumente, deren sich Herschel bediente, waren Spiegelteleskope nach Newton'scher Einrichtung; er verbesserte sie aber wesentlich durch Weglassung des ebenen Auffangspiegels, der eine zweite Reflexion bewirkt, aber eben dadurch die Strahlen schwächt, und sah durch eine am obern Ende des Tubus angebrachte Ocularröhre unmittelbar in den etwas schief gestellten Hohlspiegel, wobei er den beobachteten, im Spiegel reflectirten Gegenstand im Rücken hatte; von diesen verbesserten Newton'schen Teleskopen verfertigte er selbst mehre Hunderte, nämlich 200 Metallspiegel von 7 Fuß, 150 von 10 Fuß, 80 von 20 Fuß Brennweite, und gelangte darin zu einer solchen Fertigkeit, daß er als der größte Optiker seiner Zeit angesehen werden muß. Aber nicht zufrieden, durch die erwähnte Verbesserung die optische Wirkung gleichsam verdoppelt zu haben, unternahm er es, die Stärke seiner Instrumente aufs höchste zu steigern, und begann im Jahre 1785 den Bau eines Teleskops von wahrhaft ungeheuern Dimensionen, des größten, das jemals existirt hat, welches er 1789 vollendete. Man denke sich eine hohle Röhre aus Eisenblech von 40 englischen Fuß Länge und 4¼ Fuß Durchmesser, die unter einer Verbindung geneigter Balken hängt und von mehren Maschinerien nach allen Richtungen bewegt werden kann. Das ganze System ist um eine verticale Axe beweglich und beschreibt eine Peripherie von 40 Fuß Durchmesser. Ein sehr sorgfältig polirter Metallspiegel, der 2148 Pfund wiegt und 49½ Zoll im Durchmesser hat, befindet sich im Innern der Röhre und strahlt, wenn das Instrument gegen den Himmel gerichtet ist, das glänzende Bild der Gestirne wieder. Der Beobachter wird mit der Röhre nach allen Richtungen bewegt, da er sich auf einem am obern Ende angebrachten Sitze befindet. Das ganze Instrument wiegt mit dem Spiegel gegen 5100 Pfund; die Kosten sollen sich auf 2000 Pf. St. belaufen haben; die stärkste Vergrößerung, die Herschel anwendete, war 6400, d. h. sie zeigte ihm die Sterne so, als wären sie 6400 Mal näher, als sie wirklich sind. Mit diesem Rieseninstrumente beobachtet bot der Himmel einen ganz neuen Anblick dar. Die Milchstraße und die Nebelflecken, d. h. jene kleinen unregelmäßigen Lichtwolken, die man unter den Firsternen in verschiedenen Gegenden des Himmels bemerkt, schienen sich fast alle in eine zahllose Menge von Sternen aufzulösen; andere fast unsichtbare schienen ein deutliches Licht erhalten zu haben. Wenn der Firstern Sirius in das Gesichtsfeld trat, wurde das Auge so stark gereizt, daß es unmittelbar nachher Sterne von geringerer Größe nicht mehr bemerken konnte und über 20 Minuten bedurfte, sich völlig zu erholen. Um Alles zusammenzufassen, läßt sich behaupten, daß kein Astronom vor Herschel sich eine so vollständige und deutliche Kenntniß der himmlischen Erscheinungen erwerben konnte. So konnte man bisher den Saturnring nicht mehr sehen, sobald seine Ebene der Erde zugekehrt war, weil seine Dicke dann ein sehr schwaches Licht zurückwirft; dies war aber für Herschel hinreichend, um ihn auch dann wahrzunehmen. Eine ganz neue und sehr wichtige Beobachtung waren die ausgezeichneten Punkte auf der Oberfläche des Saturnsrings, aus denen Herschel auf eine 10½ Stunden dauernde Umdrehung dieses seltsam gestalteten Trabanten um eine auf seiner Ebene senkrecht stehende Achse schloß; auch entdeckte Herschel zwei neue Monde des Saturn, die dem Planeten näher als die schon bekannten sind, sowie im Jahre 1787 zwei Nebenplaneten des Uranus. Übrigens sind die großen Instrumente, deren sich Herschel bediente, ihrer großen Vorzüge ungeachtet Schwierigkeiten unterworfen, die ihre Anwendung beschränkt haben, und weniger für genaue Messungen als für Entdeckungen geeignet. Insbesondere jenes Riesenteleskop lieferte beiweitem nicht alle die Früchte, die man von demselben erwartet hatte; der große Spiegel verlor wenige Jahre nach seiner Aufstellung seine hohe Politur, indem er sich in einer einzigen feuchten Nacht mit Dünsten überzog, und wurde zur Seite gestellt, da eine neue Politur desselben zu kostspielig gewesen wäre. Die meisten Entdeckungen am Himmel machte Herschel mit einem kleinern Teleskope von 20 Fuß Brennweite, dessen Spiegel nur 18 Zoll im Durchmesser hielt. Das Riesenteleskop wurde nach Herschel's Tode von Lucian Bonaparte gekauft, aber nicht wiederhergestellt und vor kurzem ganz auseinandergenommen und in den Ruhestand versetzt; an seiner Stelle steht jetzt das gedachte kleinere.

Zwei Hauptgegenstände von Herschel's Beobachtungen und Forschungen bildeten die Doppelsterne und die Nebelflecken; über jene stellte er eine ganz neue Theorie auf, diese classificirte er und wies zuerst ihre eigentliche Beschaffenheit nach. Die Milchstraße betrachtet er als einen einzigen aus vielen Millionen Sternen bestehenden Nebelfleck; diese Sterne sind in eine Menge von Schichten von unermeßlicher Länge und Breite vertheilt, die so übereinander liegen, daß die Dicke des Systems viel kleiner ist als die beiden andern Dimensionen. Herschel unterscheidet unter den Nebelflecken solche, die von starken Teleskopen in eine Menge einzelner Sterne aufgelöst werden, solche, in denen man einen oder mehre glänzende Mittelpunkte wahrnimmt, und solche, die er planetarische nennt, welche einen besser begrenzten Umriß und einen mehr homogenen Glanz haben. Seine Kataloge enthalten mehr als 2000 Nebelflecke, welche der Mehrzahl nach die seltsamsten und unregelmäßigsten Formen haben.

Tiefer in die zahlreichen Untersuchungen und Forschungen Herschel's einzugehen ist hier nicht der Ort; wir erwähnen nur noch, daß er auch in der Physik sich als scharfsinniger Beobachter zeigte und die Entdeckung machte, daß die verschiedenfarbigen Lichtstrahlen, in welche das weiße Sonnenlicht durch das Prisma zerlegt wird, eine ungleiche Erwärmung geben, und zwar die rothen Strahlen die größte. Eine Sammlung von Herschel's vielen Schriften ist noch nicht erschienen; zum großen Theil sind sie noch ungedruckt. Bei völlig ungeschwächter Geisteskraft, fast frei von allen dem Alter gewöhnlich anhängenden Beschwerden starb er in Slough am 25. August 1822, 84 Jahre alt, und wurde zu Upton in Berkshire begraben. Sein einziger Sohn, Sir John Frederik William Herschel, ist seines großen Vaters würdig und hat sich durch seine mannichfaltigen astronomischen Arbeiten bereits rühmlichst ausgezeichnet; erst vor wenig Jahren ist er vom Vorgebirge der guten Hoffnung zurückgekehrt, wo er sich längere Zeit aufgehalten hatte, um den südlichen Himmel zu beobachten.

Miscellen.

In Schweden wurden im J. 1838 nicht weniger als 11,600 Raubthiere getödtet, worunter 5796 Füchse, 325 Wölfe und 98 Bären.

Schwerlich sind jemals in irgend einem Lande so viele Namensveränderungen so schnell aufeinander gefolgt, als in Frankreich, wo mit dem Wechsel der Regierungen für so viele Gegenstände auch ein Wechsel der Namen verbunden war. Selbst Schiffe waren demselben unterworfen. Das Linienschiff Friedland wurde 1810 auf den Werften von Cherbourg begonnen und damals l'Inflexible (der Unbeugsame) genannt; 1811 erhielt es den Namen König von Rom, 1814 wieder seinen ersten Namen, den es 1815 nach den hundert Tagen, während deren es wieder König von Rom geheißen hatte, zum dritten Male erhielt. Im J. 1820 gab man ihm den Namen Herzog von Bordeaux, 1830 den Namen Friedland. Fertig wird es erst im laufenden Jahre.

Das Pfennig-Magazin

für Verbreitung gemeinnütziger Kenntnisse.

392.] Erscheint jeden Sonnabend. [October 3, **1840**.

Antonio Canova.

Antonio Canova, einer der ausgezeichnetsten Bildhauer der neuern Zeit, war der Sohn eines Steinmetzen und wurde am 1. Nov. 1757 in dem Dorfe Possagno im Trevisanischen geboren. Als er kaum drei Jahre alt war, starb sein Vater, worauf er in dem Hause seines Großvaters, Pietro Canova, eine liebevolle und zärtliche Erziehung erhielt. Der Letztere war ebenfalls Steinmetz und ein Mann von vielem Talent, der selbst werthvolle Bildhauerarbeiten lieferte, welche sein Enkel zeitig nachahmte und dabei ungewöhnliches Talent verrieth. Dies bemerkte ein in der Nähe wohnender, reicher Kunstkenner, Hermann Falier, der öfter zu dem alten Canova kam; er gewann den liebenswürdigen Knaben bald lieb und führte ihn in seinen Familienkreis ein, wo derselbe mit dem Bildhauer Torretto bekannt wurde. Dieser sorgte im Verein mit Falier für die Ausbildung des jungen Canova, der ihm zwei Jahre darauf nach Venedig folgte, aber kurz nachher den treuen Lehrer durch den Tod sich entrissen sehen mußte. Indessen war dieses Ereigniß seinen Studien nicht im mindesten nachtheilig; er studirte von nun an fleißiger als bisher die Natur und war in den folgenden Jahren so fleißig, daß seine Leistungen für die Zukunft die größten Erwartungen erregten. Gegen Ende des J. 1780 ging er, von Falier unterstützt und empfohlen, nach Rom, wo er zuerst die Gruppe des Dädalus und Ikarus ausstellte. Schon im folgenden Jahre wirkten seine Gönner für ihn eine Pension von 300 Dukaten auf drei Jahre aus, die es ihm möglich machte, mit größerer Ruhe und frei von Nahrungssorgen sich den Studien zu widmen. Sein erstes in Rom ausgeführtes Werk, Theseus als Sieger des Minotaurus, war hinreichend, seinen Ruf zu begründen, der sich bald durch ganz Italien verbreitete. Das erste von ihm ausgeführte öffentliche Denkmal war das des Papstes Clemens XIV. (Ganganelli) in der Kirche

VIII.   40

degli Apostoli, woran er drei Jahre arbeitete; diesem folgte das des Papstes Clemens XIII. (Rezzonico), in der Peterskirche 1792 aufgestellt, dem ersten an Verdienst noch weit überlegen; ferner das Monument des Admirals Emo (in Venedig) und das der Erzherzogin Christine von Östreich (in Wien).

Nach dem Ausbruche der Revolution begleitete er den Fürsten Rezzonico, seinen Gönner, nach Deutschland, wo sie über Wien und Dresden nach Berlin reisten; als die Franzosen Oberitalien geräumt hatten, kehrten Beide in die Heimat zurück. Durch das erste seitdem von Canova ausgestellte Werk, Perseus, erreichte sein Ruhm den höchsten Gipfel, doch wurde jenes, so verdienstvoll es war, von der bald darauf folgenden reizenden Gruppe Amor und Psyche, welche nach Malmaison kam und durch unzählige Nach- und Abbildungen allgemein bekannt geworden ist, noch weit übertroffen.

Im J. 1802 wurde Canova nach Paris berufen und erhielt den Auftrag, die Büste zu einer kolossalen Statue Napoleon's zu verfertigen; die Büste wurde ein Meisterwerk, nur ist leider die Statue minder gut gelungen. Unter andern Mitgliedern der Familie Napoleon's führte Canova 1805 die Mutter des Kaisers in Marmor aus und wählte die Kaiserin Marie Luise zum Modell der Statue der Göttin der Eintracht, die er 1811 vollendete. Nach der Wiederherstellung der Herrschaft der Bourbons kam er im Jahre 1815 wieder nach Paris, und zwar in der Eigenschaft eines päpstlichen Gesandten und mit dem Auftrage, die von Rom weggeführten Kunstschätze aus den französischen Museen zurückzufodern. Nach Beendigung dieses Geschäfts besuchte er England und kehrte 1816 nach Rom zurück. Auf einer Reise nach Venedig starb er daselbst am 13. Oct. 1822 nach kurzem Aufenthalte in einem Alter von 65 Jahren und wurde in der von ihm gegründeten, nach einem großen Plane in Form einer Rotunda angelegten neuen Kirche seines Geburtsorts beigesetzt.

Wenige Künstler sind so vom Glücke begünstigt worden und haben sich eines solchen Maßes von Ehre und Reichthum zu erfreuen gehabt, als Canova. Er wurde unter dem Titel eines Marchese von Ischia, an den sich ein jährliches Einkommen von 3000 Scudi knüpfte, in den Adelstand erhoben, war ferner Aufseher der Künste und Alterthümer im Kirchenstaate mit einem Jahrgehalt von 400 Scudi, Präsident zweier und Mitglied fast aller namhaften europäischen Kunstakademien, Ritter von sechs Orden u. f. w. Das von ihm hinterlassene Vermögen ward auf 7 Millionen Scudi geschätzt. Eine der größten Ehren aber, vielleicht die größte, die ihm als Künstler zu Theil wurde, bestand darin, daß zwei seiner Werke in dem berühmten Museum Pio-Clementinum in Rom aufgestellt wurden, in welchem vorher kein Werk eines neuern Künstlers Aufnahme gefunden hatte, bei welcher Gelegenheit der Papst in dem darauf bezüglichen Decret ihn einen Nebenbuhler des Phidias und Praxiteles nannte. Fragt man, inwieweit er dieses Prädicat und den enthusiastischen Beifall seiner Zeitgenossen verdient habe, so fehlt es allerdings nicht an tadelnden Stimmen, allgemein aber läßt man ihm insofern Gerechtigkeit widerfahren, daß man ihm das Verdienst, einen reinern Geschmack in der Bildhauerei wieder eingeführt zu haben, und große Meisterschaft in der Darstellung des Anmuthigen und Lieblichen zuerkennt, in welcher Beziehung die Gruppe Amor und Psyche wol schwerlich übertroffen werden kann. Ebenso sehr, wie als Künstler, zeichnete sich Canova als Mensch durch seine Bescheidenheit und die Reinheit seines Charakters aus, welche Eigenschaften nicht wenig beitrugen, ihn allgemein beliebt zu machen.

Der Winterschlaf der Thiere.

Zu dem bereits früher über diesen Gegenstand Bemerkten fügen wir nach den sorgfältigen Beobachtungen des Engländers Marshall Hall Folgendes hinzu.

Der Winterschlaf tritt bei mäßiger Kälte ein; eine Kälte zwischen 30 und 40 Grad Fahrenheit (— 1 u. + 4 Grad R.) scheint am meisten dazu einzuladen. Das Athmen scheint während des Winterschlafs fast ganz aufzuhören; dies beweist ein Experiment Hall's, welcher eine im Winterschlafe befindliche Fledermaus in ein mit Luft gefülltes, hermetisch verschlossenes Gefäß mit Luft brachte und nach Verlauf einer ganzen Nacht keine Veränderung an der Luft, die auf einen Verbrauch derselben hätte schließen lassen, wahrnehmen konnte. Dasselbe ergibt sich aber ferner aus der Thatsache, daß die Wärme der in diesem Zustande befindlichen Thiere mit derjenigen der umgebenden Atmosphäre genau übereinstimmt, während sie in gewöhnlichen Umständen, während des Athmens, weit größer als die letztere ist; endlich daraus, daß die im Winterschlafe befindlichen Thiere längere Zeit in einem luftleeren oder gar mit irrespirablen Luftarten, z. B. mit kohlensaurem Gas, welches alle andern Thiere augenblicklich tödtet, oder mit Wasser angefüllten Raume leben können. Wenn aber das Athemholen aufhört, so nimmt dagegen die Reizbarkeit in außerordentlichem Grade zu. Auch die Empfindung ist durchaus nicht (wie man gewöhnlich glaubt) geringer als im gewöhnlichen Schlafe; vielmehr fühlen die schlafenden Thiere die geringste Störung oder Bewegung und fangen in deren Folge an zu athmen. Zwar hören die Functionen der Sinneswerkzeuge fast ganz auf, aber die Glieder werden weder steif, noch gelähmt, vielmehr erhalten die Thiere, wenn sie völlig erweckt werden, den Gebrauch ihrer Sinne wieder, aber freilich nur auf kurze Zeit, denn wenn ein Thier während seines Winterschlafs lange wach und in Aufregung erhalten wird, so tritt bald nachher der Tod ein, und die plötzliche Wiederherstellung des Athmens ist ebenso verderblich als unter gewöhnlichen Umständen die Hemmung desselben. Die Circulation des Bluts geht während des Winterschlafs ununterbrochen vor sich, aber langsamer als gewöhnlich; das Blut ist dick und hält sich mehr in den Blutadern. Nahrung nehmen die Thiere während des Winterschlafs wenig oder keine zu sich. Doch findet in dieser Hinsicht zwischen den einzelnen dem Winterschlafe unterworfenen Thieren eine große Verschiedenheit statt. Die Fledermaus erwacht während ihres lethargischen Zustands gar nicht von selbst, um Nahrung zu suchen; der Igel erwacht nach Zwischenräumen von zwei bis vier Tagen, um Nahrung zu sich zu nehmen; die Haselmaus erwacht täglich. Diese Verschiedenheit steht damit im genauen Zusammenhang, daß die Haselmaus ihre in Sämereien bestehende Nahrung im Winter noch am leichtesten, die Fledermaus aber die ihrige, welche in Insekten besteht, im Winter fast gar nicht finden kann.

Was die Thiere betrifft, welche diesem Zustande periodisch unterworfen sind, so hat man bisher vergeblich nach allgemeinen äußern oder innern Merkmalen der wenigen hierher gehörigen Thiere gesucht. In der kalten Zone sind namentlich die Fledermaus, der Igel und die Haselmaus hierher zu rechnen; aber auch in der heißen Zone gibt es Thiere, die in einen ähnlichen lethargischen Schlaf verfallen, z. B. das Tenk, eine Art Stachelschwein in Madagaskar. Derjenige lethargische Zustand, in welchen viele kaltblütige Thiere gerathen, ist wahrscheinlich von dem eigentlichen eben beschriebenen Winterschlafe wesentlich verschieden. In einem solchen Zustande, in welchem sie keine Nahrung zu sich nehmen, bringen die meisten Amphibien, Insekten, Mollusken u. s. w. einen Theil des Jahres zu; so beschreibt Humboldt einige Amphibien in Südamerika, welche während eines Theils des Jahres in der Erde vergraben liegen und nur durch Regenwetter oder gewaltsame Aufregung erweckt werden, und die Indianer finden oft Riesenschlangen in demselben lethargischen Zustande. Der Zweck des Winterschlafs ist ohne Zweifel, das Leben gewisser Thiere in einer Jahreszeit zu erhalten, in welcher sie außerdem wegen Mangels an Nahrung nicht zu existiren vermöchten.

Der Herzog von Wellington und sein Schild.
(Fortsetzung aus Nr. 391.)

Fig. 3. Niederlage der Franzosen bei Vimiera.

Im J. 1807 kamen Napoleon und der damalige König von Spanien, Karl IV., miteinander überein, sich des Königreichs Portugal zu bemächtigen, und entwarfen einen Plan zur Theilung des portugiesischen Gebiets. Vor dem Ende des Jahres marschirte ein Corps französischer Truppen unter General Junot durch Spanien und nahm Lissabon in Besitz, während eine spanische Armee von Norden und Süden in Portugal eindrang. Nur zu bald bereute der spanische Hof seine Theilnahme an diesem Unternehmen und schöpfte Argwohn gegen die Aufrichtigkeit seines Verbündeten. Napoleon, bemüht, die Zwistigkeiten, welche unter der königlichen Familie herrschten, zu seinem Vortheil zu benutzen, besetzte die wichtigsten Grenzfestungen und suchte den König Karl und seinen Sohn Ferdinand, die sich zu Bayonne in seiner Gewalt befanden, zur Aufgebung aller Ansprüche auf den spanischen Thron zu seinen Gunsten zu bewegen. Seine Truppen waren in Spanien und in die Hauptstadt Madrid selbst eingerückt. Die Spanier empörte dieses Verfahren aufs äußerste; sie erhoben gegen Frankreich die Waffen und riefen Englands Hülfe an, die schleunigst gewährt wurde. Sie wurden von den Briten mit Waffen, Munition, Geld und Kleidung versehen, und ein Hülfscorps von 9000 Mann zu Cork versammelt, worüber Wellington (als Generallieutenant Sir Arthur Wellesley) das Commando erhielt. Am 12. Juli 1808 schiffte sich jenes ein und erreichte bald die Küsten von Portugal. Die Ausschiffung hielt jedoch bis zum 5. August auf, an welchem Tage General Spencer, von Gibraltar kommend, zu ihnen stieß, wodurch sich ihre Anzahl bis zu 12,300 Mann verstärkte. Junot gerieth bei dem schlechten Zustande seiner Armee durch jene Landung in große Verlegenheit. Von Lissabon ward ihm auf General Laborde, den man für einen der geschicktesten französischen Generale hielt, mit 3000 Mann Fußvolk, 5—600 Mann Reiter und 5 Kanonen in der Richtung von Leria abgesandt, während General Loison mit ungefähr 7—8000 Mann eine Verbindung mit Laborde bewerkstelligen sollte.

Der britische General vereitelte diesen Plan durch die Schnelligkeit seiner Bewegungen und hatte bereits Leria inne, bevor einer von Beiden es erreichen konnte. So war die Vereinigungslinie zwischen diesen beiden Generalen abgeschnitten, und da das Zusammenstoßen nur durch einen bedeutenden Umweg möglich gewesen wäre, war Laborde allein dem Angriff von einem mehr als doppelt so starken Feind ausgesetzt. Wellington benutzte den Vortheil, rückte schnell vor und stieß bei Roliça auf Laborde. Der Angriff geschah, und die Franzosen wurden aus zwei starken Stellungen getrieben, welche ihr wackerer Führer sehr klug ausgesonnen und ritterlich vertheidigt hatte. Sie retirirten auf der Straße, welche nach Torres Vedras führt, Wellington war aber gehindert, sie weiter zu verfolgen, weil er sich von der Küste wegen der nöthigen Deckung erwarteter Verstärkung, die auch wirklich eintraf, nicht weit entfernen durfte. Am 20. Juli ergriff die britische Armee wieder die Offensive. Doch ward in diesem kritischen Augenblick Wellington des Commandos enthoben, und sein Nachfolger, Sir Henry Burrard, hielt es nicht für gerathen, vor Eintreffen der Verstärkung unter John Moore und Concentrirung der ganzen Armee einen angreifende Bewegung zu versuchen.

Inzwischen war Junot nicht müßig, ließ hinlängliche Mannschaft in Lissabon und den Festungen am Tejo, verließ die Stadt am 15. mit 2000 Mann Infanterie, 600 Mann Cavalerie und 10 Stück schwerem Geschütz und führte auch seinen großen Munitionspark mit. Beim Vorrücken nach Alcoentre fand er eben Loison bemüht, die Communication mit Laborde wiederherzustellen. Dieser hatte durch die einfallende außerordentliche Hitze einen großen Verlust an Mannschaft erlitten, weshalb er sich zu Santarem, das er am 13. erreichte, zwei Tage aufhalten mußte. Ganze Compagnien waren unterwegs liegen geblieben; Viele kamen um vor Durst und noch Mehre würden erlegen sein, wenn nicht die Stabsoffiziere, sobald sie die Stadt erreichten, Wagen mit Wasser und Branntwein abgeschickt hätten, um die zum Marschiren Unfähigen zu transportiren. Endlich am 20. Juli war Junot im Stande, zu Torres Vedras seine ganze Armee von 14,000 Mann zusammenzuziehen, und rüstete sich zu einer entscheidenden Schlacht. Die Engländer hatten die Gegend von Vimiera eigentlich nur als eine zeitweilige Position erwählt, ohne sich zu versehen, daß hier eine Schlacht geschlagen werden sollte. Das genannte Dorf liegt in einem reizenden Thale, vom kleinen Flusse Maceira durchströmt, und hier befand sich der Park sammt dem Proviantvorrath. In der Fronte erhob sich eine steinige isolirte Anhöhe, auf welcher das Centrum postirt war. Der rechte Flügel ruhte auf einem Berge, welcher von dem Dorfe nach der Seeküste einen Halbkreis beschrieb; der linke, aus nur wenigen Pikets bestehend, nahm einen andern Berg ein, welcher sich auf der gegenüberstehenden Seite ausdehnte. Am Morgen des 21. Juli um sieben Uhr ward eine Staubwolke um die nächstgelegenen Hügel und bald darauf ein Vorposten zu Pferde bemerkt, welcher auf den südlichen Höhen Posto faßte und nach allen Seiten Patrouillen sandte. Nun bewegten sich nacheinander Colonnen der Infanterie längs der nach Lourinhao führenden Straße, und ihre Richtung mit der Fronte des britischen Centrum machte ersichtlich, daß sie eine Schlacht und zwar in der Richtung nach dem britischen linken Flügel beabsichtigten, dessen Schwäche Junot ganz richtig bemerkt hatte. Wellington übersah schnell ihren Plan und schickte von dem rechten Flügel dem linken starken Succurs. Die französische Armee bestand aus zwei Divisionen Infanterie unter Loison und Laborde;

*

eine dritte unter Kellermann, als Reserve gehalten, bestand aus Grenadieren; eine vierte von Reiterei gebildete führte General Margaron an; zugleich hatten sie 23 Stück schweren Geschützes.

Um zehn Uhr begannen die Franzosen unter Loison und Laborde das Gefecht und machten zwei Angriffe auf das Centrum, von denen die eine von dem gedachten Generalen selbst geleitet wurde, der andere unter den Generalen Solignac und Brenier auf den linken Flügel zuging. Loison's Corps stürmte mit der den Franzosen eigenen Heftigkeit auf den Feind, ward aber mit scharfem Musketenfeuer zurückgewiesen. Mit Loison zugleich rückte eine dichte Colonne von 2000 Mann, Laborde an der Spitze, ein Schwarm leichter Truppen voran, gegen die entgegenstehenden Linien vor. Die britische Artillerie eröffnete von der Höhe herab, auf welcher sie aufgestellt war, ein schreckliches, Viele hinraffendes Feuer. Doch die Franzosen hielten sich als brave Soldaten, trieben die leichten Kämpfer zurück und machten sich schnell Bahn nach dem Gipfel der Anhöhe. Aber hier trafen sie auf das 50. Regiment, welches zuerst die dichten Massen mit einer mörderi-

schen Salve empfing, dann auf sie vorn und seitwärts mit dem Bayonnete losging und sie in Verwirrung zurücktrieb. Loison ward zur nämlichen Zeit zurückgedrängt. Obrist Taylor ergriff die Gelegenheit, mit seiner Handvoll Dragoner auf die Franzosen loszugehen, und verfolgte die retirirende Mannschaft mit gutem Erfolge. Margaron ward die Schwäche dieser ritterlichen Krieger gewahr, drängte im Galopp auf sie an und hieb die Hälfte der Mannschaft, worunter der Obrist selbst, in Stücke. Jetzt brachte auch Kellermann seine Reserve in Action. Ein Theil wurde verwendet, den Rückzug der geschlagenen Truppen zu decken; der andere schickte sich muthig an, den äußersten linken Flügel des britischen Centrums anzugreifen, welcher den Kirchhof und die Kirche von Vimiera besetzt hielt, wodurch der Weg, welcher nach der Höhe des Dorfes führte, versperrt war; aber auch diese Truppen wurden nach kurzem Gefecht zurückgeschlagen. General Brenier, welcher zur nämlichen Zeit gegen den linken Flügel marschirt war, gerieth wider Erwarten in einen Hohlweg, welcher die Fronte deckte und, mit Felsblöcken und wildem Wasser angefüllt, ihnen in den Weg trat. Solignac umging mit seiner Mannschaft diesen Hohlweg und kam an das Ende des Berges, wo der linke Flügel postirt war. Er fand hartnäckigen Widerstand und ward zurückgetrieben; selbst verwundet mußte er das Feld räumen und verlor sechs Kanonen. Brenier, welcher sich aus dem Hohlwege gerettet, bemächtigte sich dieser Kanonen wieder, wurde aber bald nachher geschlagen und gefangen genommen. Jetzt beschloß Wellington, während sein linker Flügel auf Junot drängte, mit dem Rest der Armee nach Lissabon zu marschiren, und so das französische Heer von der Stadt abzuschneiden. Sir Henry Burrard, welcher jetzt das Commando hatte und während der Action gegenwärtig war, hatte zwar Wellington's Disposition nicht widersprochen; er hielt aber in Erwägung aller Umstände, da die Artilleriewagen schlecht bestellt waren, es an tüchtigen Pferden fehlte, die Proviantangelegenheit in Unordnung war und die Reiterei sehr gelitten hatte, den Plan für gewagt. Es wurden daher, bis Sir John Moore mit der erwarteten Verstärkung einträfe, alle Operationen eingestellt.

Die Franzosen hatten in dieser Schlacht großen Verlust erlitten. Er belief sich auf 2—3000 Mann, außerdem büßten sie 13 Kanonen und 23 Munitionswagen ein, wogegen die Engländer nur an 700 Todte, Verwundete und Vermißte zählten. Ihre Armee war 16,000 Mann stark, wovon nicht über die Hälfte zur Action kam. Die französischen Truppen waren 14,000 Mann stark, worunter an 1300 Mann Cavalerie, und ihre gesammten Truppen kamen zum Gefecht.

Fig. 4. Der Übergang über den Douro.

Auf die Schlacht bei Vimiera folgte die bekannte Convention von Cintra, laut welcher die Franzosen sich anheischig machten, Portugal unter gewissen Bedingungen zu räumen. Kurze Zeit vor dieser Räumung erlitt Napoleon in Spanien mehre Unfälle. 18,000 Mann unter General Dupont hatten sich den Spaniern ergeben; des Kaisers Bruder, Joseph, den er auf Spaniens Thron gesetzt, verließ flüchtend Madrid; zwei seiner Generale hatten vergebens Saragossa belagert, dessen heldenmüthige Vertheidiger diese Belagerung durch ihren Widerstand zu einer der berühmtesten machten, deren die Geschichte Erwähnung thut. Der Usurpator ward dadurch und durch die Erfolge der Engländer in Portugal nur noch mehr aufgereizt. Er beschloß die Demüthigung der Völker der Halbinsel und die Vernichtung der ihnen von England zu Hülfe gesandten Heere. Im November zogen an 300,000 kräftige schlachtgewohnte, unter seinen über Europa zerstreuten zahllosen Heeren ausgesuchte Soldaten über die Pyrenäen. Nicht einen Monat darauf saß er ruhig in Madrid und begann seine Truppen gegen Portugal vorrücken zu lassen, um seine Drohungen wahr zu machen und die Engländer aus der Halbinsel zu vertreiben. Inzwischen marschirte ein englisches Corps unter Sir John Moore gegen den Norden Spaniens und bedrohte die französische Operationslinie auf der Seite von Burgos. Sogleich richtete Napoleon seine ganze Macht dahin und das Resultat war der berühmte Rückzug nach Coruña, welcher mit einer Schlacht vor dieser Stadt und dem Tode des englischen Generals Moore endigte.

Durch diese Operation der Engländer ward Lissabon vor einer zweiten Unterjochung bewahrt; denn Napoleon mußte, durch Östreichs Rüstungen zur Rückkehr genöthigt, dem Marschall Soult die Vollführung seiner Pläne in Betreff Lissabons überlassen. Die englische Regierung veranstaltete nun die Sendung einer

neuen Armee unter Wellington. Dieser landete zu Lissabon, wo John Cradock mit geringen Streitkräften stand, am 22. April 1809 und seine Ankunft brachte in Portugal den größten Enthusiasmus hervor. Alle Städte des Reichs, die nicht von Franzosen besetzt waren, wurden drei Nächte hintereinander erleuchtet, und die Regentschaft ernannte ihn zum Generalfeldmarschall der portugiesischen Truppen.

Bald hatte er seine Pläne entworfen, eilte aber nicht mit ihrer Ausführung, da seine Lage mit einiger Schwierigkeit verbunden war. Im Norden hielt Soult Oporto mit 24,000 Mann besetzt, während Victor an der Spitze von 30,000 Mann über die Grenze von Alemtejo schritt. Rückte er nun gegen einen dieser Generale vor, so fürchtete er, daß der andere in seiner Abwesenheit sich zum Meister von Lissabon machen würde. Dennoch beschloß er, mit der ihm eigenen Behendigkeit Soult anzugreifen und aus Portugal zu treiben, dann sich nach Süden wendend und mit den Spaniern unter General Cuesta gemeinschaftliche Sache machend, auf Victor zu fallen. Die Hauptarmee ging auf Coimbra los, und am 5. Mai waren daselbst 25,000 M. concentrirt, nämlich 9000 Portugiesen, 3000 Deutsche, die übrigen Engländer. Soult gewahrte das Gefahrvolle seiner Lage und begegnete ihr mit seiner gewohnten Festigkeit. Er sah ein, daß er nicht länger in Portugal bleiben konnte, und suchte sich seinen Rückzug nach Spanien zu sichern. Er hieß Loison zur Sicherung seiner Armee die Brücke bei Amarante besetzen, damit die Armee über den Tamega gehen könnte. Geschütz und Proviant sollten denselben Weg einschlagen, und alle Vorbereitung ward zum Rückzug gemacht. Die Maßregeln von britischer Seite waren jedoch schon ergriffen, und Soult sah, daß er es mit keinem unthätigen Feind aufzunehmen haben würde.

Wellington wählte zum Vorrücken zwei verschiedene Wege. Marschall Beresford sollte den linken Flügel des Feindes umgehen; er selbst wollte mit der Hauptarmee gegen den rechten marschiren. Da ein trefflich ausgesonnener Plan, die Franzosen am 9. Mai zu überrumpeln, mislungen war, so erfolgte ein offener Angriff, um sie zum Rückzug zu vermögen; der ganze 10. Mai ging im fechtenden Rückzug hin, und beide Armeen näherten sich in größter Eile dem Douro. Das britische Heer machte beim Einbruch der Dunkelheit Halt; die Franzosen aber fuhren fort, sich zurückzuziehen, passirten zur Nachtzeit den Douro und brachen hierauf die Brücke ab. Alle Boote und Barken waren auf der Seite von Oporto in Sicherheit gebracht und Wachen an geeigneten Punkten ausgestellt. Alle in Oporto zurückbleibende Bagage und Artillerie war längs der bestimmten Rückzugslinie bei Seite geschafft, Soult selbst hatte sich den 12. als Termin für seinen Abzug gesetzt und hielt sich durch einen Fluß wie der Douro in der Fronte für diese kurze Zeit vor einem Anfall gesichert.

Der Douro ist ein tiefer und reißender Strom, welcher an Länge jeden andern der Halbinsel übertrifft, und eine größere Menge Wasser als der Tejo ins Meer ergießt. Bei Oporto ist er über 900 Fuß breit und seine Ufer sind zu beiden Seiten jäh und felsig. Bevor er in die Stadt fließt, schlängelt er sich um den Fuß einer Anhöhe auf dem linken Ufer, welche die Gebäude und Gärten des Klosters von S.-Agostino-da-Serra trägt, wodurch der Anblick des obern Theils des Flusses der Stadt völlig entzogen wird. Unter dem Schutz dieser Anhöhe versammelte sich am Morgen des 12. die ganze britische Heeresmacht. Nur wenig französische Truppen ließen sich noch erspähen, und Alles schien auf den herannahenden Abzug des Feindes zu deuten. Wellington sah wohl ein, daß er dazu thun müsse, wenn ihm nicht der Preis entzogen werden sollte. Die Frage war nur die: wie der Fluß passirt werden könne? Ein großes unvollendetes Bauwerk, allein stehend und von einem hohen Steinwall umgeben, schien ihm für die zuerst Landenden eine gute Position; hier beschloß er daher den Übergang zu bewerkstelligen.

Ein armer Barbier von Oporto, welcher den französischen Patrouillen entgangen war, kam mit einem kleinen Boot des Nachts übers Wasser. Der Obrist Waters, ein kühner Offizier, ging nun wieder mit ihm und dem Prior von Amarante über den Fluß; in einer halben Stunde kehrten sie mit drei bis vier großen Barken zurück. Inzwischen wurden 18—20 Stück schweres Geschütz nach dem gedachten Kloster geschafft, und der Generalmajor John Murray verfügte sich mit der deutschen Brigade, einigen Schwadronen eines Dragonerregiments und zwei Kanonen nach Barca de Avintas, drei Meilen weiter stromaufwärts gelegen, mit der Ordre, Boote aufzusuchen und wo möglich auch da einen Übergang zu bewerkstelligen. Jetzt wurden noch mehr britische Truppen nach Avintas zur Unterstützung Murray's gesandt, während andere ganz behutsam das Gestade des Flusses einnahmen. Der Feind war ruhig und arglos. Auf Wellington's Ordre schiffte sich ein Offizier mit 25 Mann Kürassieren ein und befand sich nach Verlauf einer Viertelstunde in der Mitte der französischen Armee. Das gedachte Gebäude ward ohne alles Geräusch von ihnen eingenommen, und Alles war noch still in Oporto; man gewahrte keine Bewegung. Es folgte ein zweites und drittes Fahrzeug etwas weiter stromaufwärts. Kaum hatte die Mannschaft des letzten gelandet, als ein tumultuarischer Lärm der Trommeln und Kriegsgeschrei sich in Oporto vernehmen ließ; zahlreiche Scharen wurden nach dem Gebäude zum Kampf abgesandt. Die Einwohner gaben Signale aus ihren Häusern und die britischen Truppen kamen haufenweise nach dem Gestade des Flusses. Die Engländer behaupteten sich jedoch in dem unvollendeten Gebäude; der Douro ward schnell mit Booten bedeckt, welche die jauchzenden Bürger eifrig herbeischafften, und als Murray's Truppen von Avintas kommend auf dem rechten Ufer erschienen, gab ein lauter Jubel in der Stadt und das Winken mit Taschentüchern aus allen Fenstern zu erkennen, daß der Feind den untern Theil der Stadt verlassen habe.

Die Franzosen machten sich eilig auf den Rückzug, mußten aber, als sie bei der Mauer des Seminariums vorbeizogen, ein mörderisches Musketenfeuer aushalten, welches schreckliche Lücken in ihre dichtgescharten Colonnen riß. Während Sherbrooke's Truppen in die Stadt über den Fluß setzten, und unter Segenswünschen, Triumphgeschrei, einem Gemisch von Lachen und Weinen und Gebet die jähen Straßen entlang eilten, stießen sie auf die Arrieregarde des Feindes, als eben die Führer von fünf Stück französischer Artillerie durch die Linie von Musketieren, die sie zu passiren hatten, stutzig gemacht wurden. Da streckte eine Salve der Briten die meisten Artilleristen zu Boden, worauf der übrige Theil die Kanonen verließ. Jetzt waren die Engländer in vollem Besitz der Stadt und der Feind floh von allen Seiten.

So hatte Wellington durch diese mit beispielloser Kühnheit bewerkstelligte Überrumpelung eine That ausgeführt, welche allein schon im Stande war, ihm den größten Ruf zu sichern. Das Hauptquartier wurde in das Haus verlegt, wo Soult gelegen hatte. Man war hier eben im Begriff gewesen, ein üppiges Mittagsmahl für diesen zu bereiten; denn der französische Marschall verließ die Stadt erst um zwei Uhr Nachmittags, nachdem das köstliche Mahl bestellt war.

Welche Freude die Einwohner bei der Ankunft der Briten empfanden, kann man sich denken. In der Nacht war ganz Porto illuminirt, während die Straßen Ströme Bluts rötheten und Leichnamen von Pferden und Menschen erfüllten. Das Gefecht in den Vorstädten dauerte an drei Stunden, und vor Einbruch der Nacht hatte man die gefallenen Franzosen entkleidet und nackt liegen gelassen. Wellington sorgte dafür, daß die Gefangenen mit Menschlichkeit und nach den Kriegsgesetzen behandelt wurden.

(Fortsetzung folgt.)

Das Barometer.

Das Barometer ist ein so wichtiges, so allgemein verbreitetes Werkzeug, gleichwol aber geht eine nur einigermaßen gründliche Kenntniß desselben so ungemein vielen Menschen ab, daß eine populair gehaltene, aber dennoch möglichst vollständige Erklärung desselben und Angabe der an ihm wahrzunehmenden Erscheinungen auch in den Spalten unseres Blattes wol an ihrer Stelle sein dürfte.

Das Barometer, zu deutsch Schwermesser, insgemein auch Wetterglas genannt, ist ein Werkzeug, welches dazu bestimmt ist, den Druck der die Erde auf allen Seiten umgebenden atmosphärischen Luft zu messen. Die Einrichtung desselben beruht auf einem bekannten Gesetze der Hydrostatik oder Lehre vom Gleichgewichte der Flüssigkeiten, nach welchem eine Flüssigkeit in einer communicirenden, aus zwei Schenkeln bestehenden Röhre im Gleichgewichte ist, wenn sie in beiden Röhren gleich hoch steht, zwei verschiedene Flüssigkeiten aber, deren eigenthümliches (specifisches) Gewicht ungleich ist, in einer solchen Röhre dann einander das Gleichgewicht halten, wenn die leichtere Flüssigkeit in demselben Verhältnisse höher als die schwerere steht, in welchem sie leichter ist, z. B. sechs Mal höher, wenn sie sechs Mal leichter ist. Ist nun das Gewicht der einen Flüssigkeit bekannt, so kann man aus der ungleichen Höhe beider Flüssigkeiten auch das Gewicht der andern finden. Nimmt man eine communicirende Röhre und bringt in den einen oben verschlossenen Schenkel irgend eine Flüssigkeit ohne alle Beimischung von Luft, in den andern Schenkel aber Luft, so kann man den letztern, welcher oben offen bleibt, abschneiden und so kurz machen, als man will; es ist dann ebenso gut, als reichte er bis an die Grenze der Atmosphäre, da die Luft den ganzen Raum über der Erde erfüllt, und die Größe des Luftdruckes wird dann durch die Höhe der Flüssigkeit in dem oben verschlossenen Schenkel gemessen. Je leichter diese Flüssigkeit ist, desto höher steigt sie, desto länger muß also der sie enthaltende Schenkel der Flüssigkeit sein, beim Wasser in niedrig liegenden Gegenden etwa 32 Fuß hoch; da aber durch eine so große Länge das Instrument sehr kostbar und unbehülflich wird, so bedient man sich am vortheilhaftesten der schwersten aller Flüssigkeiten, des Quecksilbers, welches alle andern an Brauchbarkeit zu diesem Zwecke so weit übertrifft, daß es ausschließlich zu Barometern gebraucht wird.

Die Erfindung des Barometers fällt in das Jahr 1643 und die Ehre derselben gebührt dem Italiener Evangelista Torricelli, Professor der Mathematik und Philosophie zu Florenz. Indem er die Untersuchungen seines berühmten Lehrers Galilei weiter fortsetzte, der beim Aufsteigen des Wassers in der Saugpumpe wol schon an den Luftdruck denken mochte, ohne jedoch hierüber ganz klare Begriffe zu haben, füllte Torricelli eine an einem Ende zugeschmolzene Glasröhre mit Quecksilber, verschloß das offene Ende mit dem Finger und drehte sie dann um, indem er jenes in ein Gefäß mit Quecksilber senkte. Das Quecksilber blieb in der Röhre (deren längerer, die Luft enthaltender Schenkel hinzugedacht werden muß) in einer Höhe von etwa 28 pariser Zoll stehen und über demselben, bis zu dem zugeschmolzen Ende, entstand ein luftleerer Raum, der zum Unterschiede von dem durch Auspumpen mit der Luftpumpe erzeugten oder der sogenannten Guericke'schen Leere die Torricellische Leere genannt wird; auch das Instrument selbst nannte man lange Zeit seinem Erfinder zu Ehren die Torricelli'sche Röhre. Torricelli bemerkte sogleich, daß das Wasser in einer Saugpumpe genau in demselben Verhältnisse höher als bei seinem Versuche das Quecksilber steigt, in welchem Wasser leichter als Quecksilber ist, und kam bald auf die richtige Erklärung beider Erscheinungen durch den Gegendruck der Luft, während man bisher das Aufsteigen des Wassers in den Saugpumpen dadurch erklärt hatte, daß man annahm, die Natur habe einen Abscheu vor dem leeren Raume. Anfangs bezweifelten seine Zeitgenossen die Richtigkeit seiner Lehre; erst nach dem schon 1647 erfolgten Tode Torricelli's veranlaßte der berühmte französische Philosoph Pascal die Anstellung eines Experiments, welches die auch von ihm bestrittene Richtigkeit der Lehre Torricelli's außer Zweifel setzte, statt sie, wie von ihm erwartet und beabsichtigt wurde, zu widerlegen. Ist es nämlich der Luftdruck, welcher das Quecksilber in der Glasröhre trägt, so muß dasselbe auf Bergen, über denen eine minder hohe Luftsäule ruht, niedriger stehen als in der Ebene; aufgefodert von Pascal trug daher dessen Schwager Perrier zu Clermont das Barometer am 19. Nov. 1648 auf den 3000 Fuß hohen Berg Puy de Dôme und fand, daß das Quecksilber hier 3 Zoll $1\frac{1}{2}$ Linien niedriger stand als am Fuß des Berges. Hierdurch wurde Pascal, der bisher ein so eifriger Gegner der neuen Lehre gewesen war, veranlaßt, die Lehre vom Drucke der atmosphärischen Luft genau zu studiren und in einem trefflichen Werke wissenschaftlich zu entwickeln.

Seit seiner ersten Erfindung ist das Barometer auf vielfache Weise abgeändert worden, um es für die mannichfaltigen Zwecke, denen es dienen soll, geschickt zu machen; man braucht es nämlich entweder zu Wetterbeobachtungen, oder zu Höhenmessungen, oder auf Schiffen zur Vorausbestimmung der Stürme. Das Barometer nach seiner ursprünglichen einfachsten Construction, eine mit Quecksilber angefüllte, in einem Gefäß mit Quecksilber umgekehrte Glasröhre, läßt sich nicht gut transportiren und erheischt viel Quecksilber. Man kam bald darauf, das Gefäß an die Röhre anzukitten oder die Röhre umzubiegen und an dieselbe statt des Gefäßes eine Kugel oder Flasche anzuschmelzen; bei dieser Einrichtung kann das ganze Barometer auf ein Bret befestigt, auf dieses eine Scale zum Messen der Quecksilberhöhe aufgetragen und das Ganze leichter transportirt werden. Barometer dieser Art sind zu oberflächlichen Wetterbeobachtungen am bequemsten und heißen Gefäß-, Kapsel- oder Flaschenbarometer. Von diesen verschieden sind die eigentlichen Heberbarometer, bestehend aus einer Röhre mit einem längern verschlossenen und einem kürzeren offenen Schenkel; bei diesen gibt der Unterschied der Quecksilberhöhe in beiden Schenkeln die Größe des Luftdrucks an. Zu der Röhre wird am besten hartes, wenig Kali enthaltendes Glas, das nicht über $\frac{1}{5}$ Linie dick ist, genommen; die Röhre darf nicht unter $1\frac{1}{2}$ Linie weit sein und wird am besten möglichst genau cylindrisch genommen, vor allen Dingen aber muß sie vollkommen trocken und rein von Staub und Schmuz sein, was durch einen durchgezogenen Stöpsel bewirkt wird. Das Quecksilber selbst muß rein von Schmuz und Feuchtigkeit und mit andern Metallen nicht vermischt sein. Verunreinigtes Quecksilber kann man am besten dadurch reinigen, daß man es durch Vermischung mit geschmolzenem Schwefel (1 Theil Schwefel und 5 Theile Quecksilber) in Zinnober verwandelt, diesen pulvert und in einer eisernen Retorte im Sandbade destillirt. Um alle Luft und Feuchtigkeit zu entfernen, ist es unumgänglich nöthig, die Barometer auszukochen, am besten die ganze Röhre auf einmal über einer hinlänglichen Quantität Kohlen; diese Operation ist allerdings mühsam und besonders bei weiten Röhren sehr schwierig, kann aber durch Erhitzen des Quecksilbers vor dem Einfüllen in die Röhre nicht ersetzt werden. Arbeiter, die das Auskochen oft und anhaltend verrichten, müssen sich gegen den schädlichen Einfluß der Quecksilberdämpfe dadurch schützen, daß sie Mund und Nase mit einem Badeschwamm verhüllen. Ein sehr wesentlicher Bestandtheil des Barometers ist die Scale. Bei gewöhnlichen Barometern ist sie in der Regel nur auf Papier gezeichnet und erstreckt sich nur auf denjenigen Theil der Quecksilbersäule, dessen Grenzen das Niveau des Quecksilbers bei einem ruhig hängenden Barometer niemals überschreitet; wo eine größere Genauigkeit erheischt wird, wird die Scale auf Elfenbein oder noch besser auf Messing verzeichnet, wol auch auf die Glasröhre selbst geätzt, wobei sich Zehntheile einer Linie angeben lassen. Bei Heberbarometern befindet sich entweder der Nullpunkt der Scale in der Mitte des Barometers, von hier aus ist dieselbe eingetheilt und bei der Beobachtung muß man an beiden Schenkeln ablesen und die erhaltenen Größen addiren; oder die Scale ist beweglich und der Nullpunkt derselben wird bei jeder Beobachtung an das Niveau des kürzern Schenkels gestellt; für gewöhnliche Wetterbeobachtungen würde freilich Beides zu weitläufig und mühsam sein. Als Maß wird in Frankreich das Mètre, in England der londoner Fuß, in den übrigen Ländern meistens der altfranzösische Fuß gebraucht, die beiden letztern Füße mit der Duodecimaleintheilung (1 Fuß = 12 Zoll, 1 Zoll = 12 Linien).

Ein bedeutendes Hinderniß, das namentlich bei engen Röhren dem richtigen Gange der Barometer entgegensteht, liegt in der Capillarität oder Haarröhrchenwirkung, vermöge welcher das Quecksilber stets zu niedrig steht, und desto niedriger, je enger die Röhre ist, sowie umgekehrt Wasser in einer engen gläsernen Röhre stets höher steht als in einer weitern, weil das Quecksilber vom Glase abgestoßen, das Wasser aber angezogen wird. Dieser störende Einfluß der Glasröhre verschwindet, wenn die Weite oder der Durchmesser derselben 6 Linien oder mehr beträgt, wozu freilich eine große Quantität Quecksilber erfoderlich ist; nur solche Barometer können also völlig richtig gehen. Das größte jemals gebrauchte Barometer ist wol das nach Bohnenberger's Angabe verfertigte sogenannte Normal- oder Musterbarometer, dessen Röhre 14½ par. Linien und dessen Gefäß 5 Zoll Durchmesser hatte. Barometer dieser Art können nicht transportirt werden, sollten sich aber behufs der Anstellung genauer meteorologischer Beobachtungen an allen meteorologischen Hauptbeobachtungsstationen befinden.

(Der Beschluß folgt in Nr. 393.)

Der verhütete Justizmord.

Vor kurzem starb einer der Reichen Londons, sein großes Vermögen seinem einzigen Kinde, einer Tochter, hinterlassend, zu deren Vormund er seinen Bruder ernannte; diesem oder seinen Leibeserben sollte das ganze Vermögen zufallen, falls das junge Mädchen, das beim Ableben ihres Vaters 18 Jahre alt war, unverheirathet oder in kinderloser Ehe mit Tode abgehen sollte. Die mütterlichen Verwandten des Mädchens hielten es für bedenklich, die Nichte in des Onkels Hause zu lassen, sei es nun, daß sie dem Letztern wirklich nicht trauten, oder daß sie ihn für den Fall ihres frühzeitigen Todes keinem grundlosen Verdachte ausgesetzt sehen wollten. Indessen nahm der Onkel weder von ihren diesfallsigen Rathschlägen, noch von den nachtheiligen Gerüchten, die sie über ihn in Umlauf zu setzen für gut fanden, die mindeste Notiz und behielt die Nichte bei sich, bis sie drei oder vier Monate nach ihres Vaters Tode plötzlich verschwand. Sofort machte der Onkel der Obrigkeit davon Anzeige; da sich aber ergab, daß er am Tage ihres Verschwindens mit ihr in ein Gehölz gegangen und ohne sie zurückgekommen war, wurde er als verdächtig fänglich eingezogen und vor die nächsten Assisen gestellt. Beim Verhöre bestätigte der Onkel zwar jene Thatsache, versicherte aber, seine Nichte sei bei der Rückkehr unter dem Vorwande, Blumen zu pflücken, zurückgeblieben, und vergebens habe er, sobald er sie vermißt, sie gesucht und gerufen, sodaß er durchaus nicht wisse, was aus ihr geworden. Der obschwebende Verdacht, durch die bereits früher circulirenden ungünstigen Gerüchte und die Darstellungen der mütterlichen Verwandten des verschwundenen Mädchens genährt, wurde durch mehre gravirende Zeugenaussagen aufs höchste gesteigert. Glaubwürdige Zeugen erzählten nämlich, ein in der Nachbarschaft wohnender Herr, der kurz vor dem Verschwinden der Nichte nach Schottland gereist sei, habe um ihre Hand geworben und ihr Jawort erhalten, der Oheim dagegen habe seine Einwilligung beharrlich verweigert, worüber das Mädchen mehrmals außer sich gewesen sei und ihm die bittersten Vorwürfe gemacht habe. Am meisten gravirend war die Aussage einer Frau, welche eidlich versicherte, daß sie an dem Tage, wo das Mädchen verschwand, durch das gedachte Gehölz gegangen sei und in der Entfernung zwei laute Stimmen gehört habe. Bevor sie die Personen, von denen sie ausgingen, gesehen, habe sie den Ruf gehört: „Bringen Sie mich nicht um, Oheim, geben Sie mir nicht den Tod", und gleich nacher einen Schuß fallen gehört, worauf sie, die Zeugin, sich vor Schrecken eiligst entfernt habe. Auf diese und andere Indicien gestützt, fällten die Geschworenen ihren Spruch und erklärten den Angeklagten einstimmig für schuldig. Schon lag das Todesurtheil der Königin zur Bestätigung vor, als zum größten Erstaunen aller Welt die ermordet geglaubte Nichte wieder zum Vorschein kam, wobei sich ergab, daß der Verurtheilte völlig unschuldig war, wiewol alle Zeugen die Wahrheit geredet hatten. Die junge Dame hatte sich mit ihrem Geliebten verabredet, daß sie ihm nach Frankreich folgen und sich dort mit ihm trauen lassen wolle; dieser hatte eine Reise nach Schottland vorgeschützt, sich aber bis zu dem bestimmten Tage in der Nähe des Gehölzes verborgen gehalten. An jenem Tage hatte die Nichte mit ihrem Oheim zur gewohnten Stunde einen Spaziergang in das Gehölz gemacht und auf diesem nochmals versucht, seine Einwilligung zu ihrer Heirath zu erlangen; als er sie abermals verweigert, hatte sie zu ihm gesagt: „Ich habe mein Wort gegeben und will es halten; wenn Sie mich daran verhindern, so tödten Sie mich; also bringen Sie mich nicht um, Oheim, geben Sie mir nicht den Tod." Zufälligerweise war unmittelbar darauf ein Schuß gefallen. Bald nachher war das Mädchen wirklich unter dem Vorwande, Blumen zu pflücken, an dem Orte, wo der Geliebte sie erwartete, zurückgeblieben und mit ihm entflohen. In Frankreich hatte sie aus den Zeitungen die gegen ihren Oheim verhängte Untersuchung erfahren und sich beeilt, ihn vom Galgen zu retten, was ihr auch zum Glück gelang. Gewiß ein warnendes Beispiel richterlicher Kurzsichtigkeit.

Notiz.

Veredelung des Gänse- und Schweinefleisches. Nach Hill erhält das Gänsefleisch einen viel zartern und bessern Geschmack, wenn man unter die für die jungen Gänse bestimmte Nahrung grob zerstoßene Holzkohlen mischt; nach Dingler kann man solches Kohlenpulver auch großen Gänsen, besonders solchen, die man mit Klucken mästet, sowie Enten, deren Fleisch oft auffallend nach Fischthran schmeckt, beibringen. Im Elsaß und einem großen Theile von Baden gibt man schon seit langer Zeit den zu mästenden Gänsen Wasser zu trinken, worin Holzkohlen abgelöscht werden und grob zerstoßene Ketten schwimmen, was wirklich zur Veredelung des Fleisches beiträgt. Auch das Schweinefleisch würde ohne Zweifel einen bessern Geschmack erhalten, wenn man diesen Thieren von Zeit zu Zeit zerstoßene Holzkohlen zu fressen gäbe.

Verantwortlicher Herausgeber: Friedrich Brockhaus. — Druck und Verlag von F. A. Brockhaus in Leipzig.

Das Pfennig-Magazin
für
Verbreitung gemeinnütziger Kenntnisse.

393.] Erscheint jeden Sonnabend. [**October 10, 1840.**

Livorno.

Livorno, eine der blühendsten Handelsstädte Italiens, ja gegenwärtig wahrscheinlich die wichtigste von allen, liegt am mittelländischen Meere in der Mitte einer niedrigen Ebene, die sich vom südlichen Ufer des Flusses Arno, mit welchem die Stadt durch einen Kanal verbunden ist, bis zu den Hügeln von Montenero erstreckt, etwa 2½ Meilen von Pisa und 11 Meilen von Florenz entfernt, in der toscanischen Provinz Pisa. Die innere Stadt hat etwa eine Stunde im Umfang; dazu kommen aber noch zwei schöne Vorstädte, eine im Norden, die andere, Borgo Cappuccini genannt, im Süden. Der nordwestliche Stadttheil, welcher sehr niedrig liegt, heißt Neu-Venedig, weil er von Kanälen durchschnitten ist, auf denen die Güter aus dem Hafen in Booten zu den Niederlagen der Kaufleute transportirt werden. Der innere Hafen der Stadt, welcher durch zwei feste Thürme auf Felsenklippen im Meere und ein altes Castell geschützt wird, ist ziemlich geräumig, aber der Verschlämmung ausgesetzt und für große Schiffe nicht tief genug; diese ankern daher außerhalb des Hafens, wo sich eine gute und sichere Rhede befindet, die einen äußern Hafen bildet und von einem 600 Schritte langen Molo gegen die Gewalt der Wellen und theilweise auch der Winde geschützt wird. Dieser Hafendamm ist gut gepflastert und bildet wegen der schönen Aussicht längs der toscanischen Küste einen beliebten Spaziergang. Andere Spaziergänge sind: der lange Weg, genannt gli Sparti, zwischen der Stadt und den sie umgebenden Vorstädten; ferner der Waffenplatz und der Weg nach dem Wallfahrtsorte Montenero auf dem reizenden Berge gleiches Namens, welcher nebst den umliegenden Hügeln mit den Landhäusern und Gärten der Kaufleute von Livorno bedeckt ist.

Die Stadt wird von Festungswerken umgeben und ist zwar eng, aber im Ganzen ziemlich freundlich. Die geraden Straßen sind sorgfältig gepflastert und werden nur durch die übermäßige Höhe der meisten Häuser, die fast sämmtlich von Stein gebaut sind, etwas verfinstert. Prächtige Privatpaläste, die in andern Städten Italiens so zahlreich sind, sucht man hier vergebens; überhaupt fehlt es der Stadt an den Zierden, mit denen die Kunst so viele andere in diesem Lande geschmückt hat. Die schönste und einzige breite Straße ist die Ferdinandsstraße, die von Süden nach Norden läuft und nach dem Hafen führt; in der Mitte der Stadt liegt ein von jener durchschnittener, schon vorhin genannter freier Platz, genannt der Waffenplatz (Piazza d'Armi). Die öffentlichen Gebäude sind zahlreich und geräumig, aber durchaus nicht schön zu nennen; das großherzogliche Schloß, die Kathedrale, die sieben Pfarrkirchen, die drei großen Hospitäler und das neue geräumige Theater sind einfache Gebäude, die durch nichts die Aufmerksamkeit des Reisenden auf sich ziehen können. Außer den genannten katholischen Kirchen gibt es hier englische, armenische, griechische und lutherische Bethäuser, eine türkische Moschee und eine prachtvolle jüdische Synagoge. Auf dem Platze an dem innern Hafen steht eine kolossale und schöne, von Francavella gefertigte Marmorstatue des Großherzogs Ferdinand I., auf einem von Pietro Tacca angegebenen Piedestale, an dessen Ecken vier Bronzefiguren stehen, Sklaven darstellend, denen die Hände auf den Rücken gebunden sind. Die öffentliche Bibliothek ist ziemlich unbedeutend. Die einzige Bildergalerie der Stadt gehört einem genuesischen Kaufmanne, Namens Lambruschini. Musterhaft eingerichtet ist die Quarantaineanstalt, mit großen Magazinen für Waaren, die aus Pestländern kommen, und drei Lazarethen; auch die großen Salz=, Tabacks= und Ölmagazine sind erwähnenswerth, von denen das letztere in steinernen Trögen zwei Millionen Pfund Öl fassen kann.

Die Stadt ist den Seewinden ausgesetzt, welche oft mit außerordentlicher Heftigkeit wehen und das Meer längs der Küste so aufwühlen, daß es die Dämme überströmt und die Kanäle austreten. Gewöhnlich sind sie von einem dichten Nebel begleitet, der für Marmorstatuen und Gemälde sehr nachtheilig ist. Dieselben Winde treiben die Wolken mit großem Ungestüm landeinwärts, sodaß die ersten Regengüsse über den Hügeln von Pisa stattfinden; daher ist ungeachtet der geringen Entfernung zwischen Pisa und Livorno die Regenmenge in der letztern Stadt weit geringer als in der erstern. Übrigens ist das Klima gesund und die umliegende Ebene ein ununterbrochener Garten. Der Boden erzeugt Getreide, Gartengewächse und Früchte im Überfluß; die letztern gelten für die besten in ganz Toscana. Die Weine der Umgegend haben den eigenthümlichen Geruch, welcher die Weine der Seeküste charakterisirt. Dem Gedeihen der Cypressen sind die Seewinde nachtheilig, welche nicht selten die meisten dieser Bäume ihrer sämmtlichen Blätter berauben. Die Brunnen von Livorno sind großentheils brackisch; die meisten steigen und fallen mit der Flut; das gute Trinkwasser holte man früher in kleinen Schiffen; jetzt dient eine neuerlich erbaute Wasserleitung von Pisa, die über zwei Meilen lang ist, dazu, die Stadt mit diesem unentbehrlichen Bedürfniß zu versorgen. In einer Tiefe von 1—20 Fuß unter der Oberfläche findet man Erdschichten, die fast gänzlich aus Muschelschalen (von Muschelarten, die in den benachbarten Meeren jetzt nicht mehr angetroffen werden) im Zustande größerer oder geringerer Verkleinerung bestehen und sich bis zur Meeresküste erstrecken.

Für Mittelitalien ist Livorno der wichtigste Seehafen und treibt besonders mit der Levante sehr bedeutenden Handel, der sich aber meist in den Händen der Ausländer, besonders der Engländer, befindet, während Juden, Griechen und Armenier die Mäkler abgeben. Die Ausfuhrartikel bestehen hauptsächlich in Seide, Strohhüten, Öl, Eisen, Pottasche, Alabaster, groben wollenen Zeuchen, Korallen, Seefischen und andern Artikeln. Die Korallen werden an der sardinischen und sicilischen Küste gefischt (womit 1828 164 Schiffe beschäftigt waren) und in Livorno zu allerlei Putzgegenständen verarbeitet; die hiesigen Korallenfabriken liefern jährlich für 400,000 Gulden Waaren. Die wichtigsten andern Fabriken in Livorno (außer den Gerbereien, Färbereien, Rosogliobrennereien u. s. w.) sind Seiden=, Fayence=, Papier=, Leder=, Gewehr=, Tabacks= und Rosenölfabriken; das von den letztern gelieferte Rosenöl steht dem orientalischen weit nach. In der Umgegend werden sehr viele Strohhüte verfertigt, womit sich namentlich die Landleute abgeben, und die Ausfuhr dieses Artikels soll sich jährlich auf eine Million Thaler belaufen. Die wichtigsten Einfuhrartikel sind englische Baumwollen= und französische Wollenwaaren, Korn aus der Ostsee und Colonialwaaren. Jährlich laufen etwa 600 Schiffe im Hafen ein, un=

gerechnet 2000 Küstenschiffe aus den benachbarten Häfen. Die Bevölkerung mag sich auf 60,000 belaufen, unter denen sich über 20,000 Juden befinden, welche zwei Drittel der Stadt besitzen und ein eigenes Quartier bewohnen; außer der oben genannten Synagoge haben sie zwei Schulen, eine Bibliothek, eine Druckerei, verschiedene Sammlungen und viele Freiheiten, auch treiben sie nach der Levante einen ansehnlichen Handel mit hebräischen Büchern. Auch die Zahl der Griechen, Armenier und Türken ist ziemlich beträchtlich.

Aus der Geschichte von Livorno heben wir Folgendes aus. Im 11. Jahrhundert und noch 1279 war der Ort nur noch ein anfänglich zu Pisa gehöriger offener Flecken, der in den Kriegen der Pisaner verwüstet, später aber an die Genueser für 26,000 Dukaten verkauft wurde; von diesen kauften es 1421 die Florentiner für 100,000 Dukaten. Die neuen Besitzer des Orts bauten Mauern und Docken und theils diesem Umstande, theils dem allmäligen Verschlämmen und der Zerstörung des Hafens von Pisa hat Livorno das Emporkommen seines eigenen Handels zu danken. Die Mediceer thaten im 16. Jahrhundert viel für das Gedeihen von Livorno; sie bauten den Hafendamm und einen Leuchtthurm auf einem Felsen im Meere (mit 214 Stufen) und machten den Hafen zur Station der Galeeren des von Cosmo I. gestifteten militairischen St.=Stephansordens, dessen Beruf wie der des Johanniterordens im Kampfe gegen die Mohammedaner bestand. Sie bewilligten allen neuen Ansiedlern Privilegien, Freiheit von Abgaben und Schutz gegen Verfolgung wegen Schulden, die sie anderwärts gemacht hatten, oder wegen Strafen, die ihnen anderwärts zuerkannt waren; sie errichteten regelmäßige Festungswerke um die Stadt, gruben einen schiffbaren Kanal vom Meere bis zum Arno, bauten Magazine und ein Lazareth und luden endlich fremde Kaufleute, selbst Griechen, Armenier, Türken, Juden und Mauren ein, sich in Livorno ohne Besorgniß, wegen ihrer Religion behelligt zu werden, niederzulassen. Großherzog Cosmo I. erklärte den Hafen um 1560 für einen Freihafen, was er noch ist. Bis 1633 war die Stadt gleichwol ziemlich unbedeutend gewesen; von da an nahm der Handelsverkehr so zu, daß die Stadt erweitert werden mußte. Nur vorübergehend wurde der Wohlstand Livornos im Revolutionskriege und 1804 durch das gelbe Fieber gestört. Als Napoleon 1808 Toscana besetzte, litt Livorno sehr bedeutend und der Handel gerieth in Stocken, aber der Friede von 1814 brachte Alles ins alte Gleis, der Wohlstand der Stadt kehrte bald zurück und ist noch fortwährend im Zunehmen begriffen. Wenn, wie nicht zu bezweifeln ist, die projectirte Eisenbahn zwischen Livorno und Florenz zu Stande kommt, so wird auch sie nur dazu beitragen, den bereits so lebhaften Verkehr zu vermehren.

Chinesische Papierfabrikation und Druckmethode.

Das Mobiliar einer chinesischen Papierfabrik beschränkt sich im Wesentlichen auf ein Paar gußeiserne Kessel, einige hölzerne Bottiche, einen mit Stuck gedeckten Trockenapparat, mehre Bambusgeflechte und einige gleichfalls aus Bambus zusammengesetzte Formen und ist selbst bei einer großen Fabrik noch nicht 400 Thaler werth. Das Verfahren besteht in Folgendem. Man taucht die aus abgeblätterten Reisern des Papiermaulbeerbaums bestehenden Bündel in einen Kessel mit siedendem Wasser, wo sie so lange bleiben, bis das untere Ende der Rinde auf einen Zoll Länge geschwunden ist. Dann breitet man die Reiser auf einer Hürde aus und schlägt sie mit Bambusstöcken, bis sich die Rinde mit dem Faserstoff ablöst, worauf dieser behufs gänzlicher Entfernung der Rinde von Weibern wie Flachs gehechelt wird. Die gehechelten Fasern, welche seidenartig glänzen, thut man in einen in den Boden eingesetzten steinernen Mörser, in welchem ein durch einen Rahmen in senkrechter Stellung erhaltener hölzerner Stempel von Arbeitern mit Hebeln auf- und niederbewegt wird. Die so erhaltene gleichförmige Zeugmasse bringt man in eine Butte mit Reis- oder mit reinem Wasser, je nachdem das Papier eine Leimung erhalten soll oder nicht. Aus der Butte schöpfen zwei Arbeiter ein Blatt nach dem andern und schichten die einzelnen Blätter in Haufen auf, wobei sie an dem einen ihrer Enden Holzstückchen, die zum Fassen und Aufheben dienen, anbringen. Hierauf werden die Blätter auf dem Trockenapparat, einer aus Stuck gebildeten Plattform, unter welcher ein Feuer unterhalten wird, ausgebreitet und durch eine feine Bürste gezwungen, sich anzulegen. Sobald sie völlig getrocknet sind, was nach einigen Secunden der Fall ist, werden sie im Zickzack so gefaltet, wie sie im Handel vorkommen. Ein Ries von 100 großen Blättern kostet an Ort und Stelle wenig über zwei Thaler.

Endloses Papier bereiten die Chinesen aus Floretseide, welche sie auf die angegebene Art stampfen, worauf sie die Zeugmasse der Sonne aussetzen. Die leichte Seide steigt an die Oberfläche empor und bildet ein dünnes Häutchen, das ein gewandter Arbeiter an einem Ende zwischen zwei Latten faßt und langsam aus dem Bottiche zieht, und da sich immer neue Seidenmasse ansetzt, so läßt sich aus dem Bottiche ein ununterbrochenes Blatt ziehen. Um endloses Papier zu erhalten, wird das Häutchen auf einen Cylinder gerollt und zwischen die Windungen trockenes Papier gelegt; indessen hält der Chinese endloses Papier für unnütz und gibt den Blättern gewöhnlich nur 20 Fuß Länge (bei drei Fuß Breite). Dieses Seidenpapier ist gelblich, dient hauptsächlich zum Einwickeln und besitzt eine sehr ansehnliche Festigkeit, die es den Seidenfasern verdankt. Die Blätter der chinesischen Bücher sind stets doppelt, weil sie nur auf einer Seite bedruckt werden. Die Druckmethode selbst ist folgende. Zuerst wird das für den Druck bestimmte Werk mit einem Pinsel von einem geschickten Schreiber sauber auf dünnes Papier geschrieben und dann dieses verkehrt auf die zum Druck bestimmten, mit einem Kleister von Reis bedeckten Holzblöcke geklebt; sobald es getrocknet ist, wird es mit einem Schwamme befeuchtet und von dem Holzblocke abgenommen, auf welchem nun die Schriftzüge zurückbleiben. Diese werden dann von Weibern und Kindern mit kleinen stählernen Instrumenten ausgeschnitten; mit den so erhaltenen erhaben gravirten Blöcken wird gedruckt, was ohne Presse oder Walze so geschieht: Nachdem man mit einer in Schwärze getauchten Bürste leicht über die Blöcke hingefahren ist, hält ein Kind das Ende eines Blattes von einem zarten und weichen, aber festen Papier an den Rand des Blocks, während ein zweites Kind das andere Ende gespannt erhält; der Drucker überfährt nun den Rücken des Papierblattes mit einer trockenen Bürste, um sein Ankleben zu bewirken. Ein guter Arbeiter zieht nach jeder Schwärzung 4—5 Abdrücke ab; da die Schwärze auslöschlich ist, so können alte Papiere abgewaschen und neu bedruckt werden. Ein einziger Mann kann täglich ein paar Tausend Drucke liefern. Die Druckerschwärze der Chinesen wird aus Lampenruß, Branntwein, Wasser und Leim bereitet.

Napoleon in Boulogne. *)

Die Stadt Boulogne ist in der letzten Zeit, seit dem neuesten unsinnigen Versuche des Prinzen Ludwig Napoleon, die bestehende französische Regierung zu stürzen und sich zum Beherrscher von Frankreich aufzuschwingen, in den öffentlichen Blättern so vielfach genannt worden, daß es an der Zeit zu sein scheint, an die Rolle zu erinnern, welche Boulogne und das in der Nähe dieser Stadt aufgeschlagene große Lager in der Geschichte des Kaiserreichs gespielt haben.

Als Bonaparte den Kaiserthron bestieg, war der Krieg mit England, das ihn schon im Mai 1803 erklärt hatte, von neuem ausgebrochen, wozu der Bruch der vorangegangenen Friedensschlüsse hinreichenden Grund gab. Napoleon traf gewaltige Rüstungen und versammelte längs des Kanals, welcher England von Frankreich trennt, vorzüglich aber in der Nähe von Boulogne ungeheure Truppenmassen unter dem Namen der Armee von England, während gleichzeitig eine zahlreiche Flotte unter Admiral Bruix ausgerüstet wurde. Sämmtliche französische Häfen am Kanal waren in Werften und Arsenäle verwandelt, in denen mit außerordentlicher Thätigkeit gearbeitet wurde. Den damals sehr versandeten Hafen von Boulogne ließ Napoleon reinigen und zur Sicherstellung desselben und der Stadt eine Menge kleiner Forts und Batterien anlegen. Die staffelförmig aufgestellten Truppen dehnten sich von Etaples bis Ostende aus; Davoust befehligte zu Dünkirchen und Ostende, Ney zu Calais und Montreuil, Oudinot zu St.-Omer, Marmont an der holländischen Grenze, Soult im Hauptlager bei Boulogne; unter diesen Anführern herrschte ein Wetteifer, der sich den Soldaten und Arbeitern mittheilte. Der augenscheinliche Zweck dieser Rüstungen konnte kein anderer sein, als eine Landung in England. Im Hafen von Boulogne zählte man nicht weniger als 8—900 flache Schiffe, die meist hier gebaut worden waren, dazu kamen die in den Häfen von Etaples, Dünkirchen, Bimereux und Ambleteuse befindlichen, die unter Marmont stehende holländische Marine, die man zum Transport der Armee bestimmt glaubte, und die batavische Flotte von 500 Schiffen unter Admiral Verhuell; alle schienen nur auf das Signal zu warten, um nach der britischen Küste zu segeln. Aber Napoleon dachte an nichts weniger; die versammelten Streitermassen waren nicht für England, sondern für Deutschland bestimmt und die Anstalten zur Landung in England hatten einzig den Zweck, die Engländer zu den anstrengendsten und kostspieligsten Vertheidigungsanstalten zu nöthigen, ein Zweck, der vollkommen erreicht wurde, so wenig man auch in England selbst an die Landung glauben mochte. Außer den sehr verstärkten regulairen Truppen stand an den englischen Küsten eine halbe Million von Milizen und Freiwilligen bereit, jedem Angriff der Franzosen mit Nachdruck zu begegnen, falls es zur Landung kommen sollte; aber bei der entschiedenen, auch dem Kaiser wohlbekannten Überlegenheit der englischen Flotte würde es den Franzosen wol so wenig als 230 Jahre früher

---

*) Wir entlehnen die beiden zu diesem Artikel gehörigen Abbildungen dem nun vollendeten Werke: „Geschichte des Kaisers Napoleon von P. M. Laurent. Illustrirt von Horaz Vernet." (Leipzig, Weber, 1840)

den Spaniern gelungen sein, den britischen Boden wirklich zu erreichen.

In Frankreich war man ziemlich allgemein überzeugt, daß es dem Kaiser mit seinem Angriffe auf die britischen Inseln Ernst sei, und Napoleon that seinerseits Alles, die Täuschung so vollkommen als möglich zu machen. Schon war ein Theil seiner Truppen eingeschifft, als er am 3. Aug. 1804 persönlich im Lager von Boulogne erschien; als Vorwand seiner Reise hatte eine feierliche Vertheilung von Ehrenlegionskreuzen gedient, welche diejenige vervollständigen sollte, die am 14. Juli in der Invalidenkirche mit großem Gepränge stattgefunden hatte. Napoleon's Ankunft in der Mitte seiner Truppen gab dem Enthusiasmus derselben, wenn dies anders möglich war, einen neuen Schwung. Als günstiges Prognostikon überreichte man ihm mehre bei Nachgrabungen gefundene antike Gegenstände, namentlich eine römische Streitart; einige in der Nähe des Platzes, wo das Zelt des Kaisers errichtet wurde, aufgefundene Spuren eines römischen Lagers dienten der Armee als Beweis, daß der Cäsar der Franzosen dieselbe Stelle einnähme, auf der einst der Cäsar der Römer gestanden, um Britannien zu bedrohen, weshalb man einem hier stehenden alten Thurm, der bisher Tour de l'Ordre geheißen hatte, den Namen Cäsarsthurm beilegte. Einige bei einer andern Gelegenheit zu Ambleteuse gefundene, vielleicht mit Fleiß zu diesem Zweck vergrabene Münzen von Wilhelm dem Eroberer sollten auch den Ungläubigsten beweisen, daß Napoleon England erobern werde.

Unweit des Cäsarsthurmes wurden am 15. Aug., dem Geburtstage Napoleon's, 80,000 Mann aus den Lagern von Boulogne und Montreuil unter Marschall Soult's Befehlen in einer weiten Ebene versammelt, um der Feierlichkeit der Vertheilung der Ehrenlegionskreuze beizuwohnen. Diese Ebene gleicht einer ungeheuern kreisförmigen Muschel; in ihrer Mitte erhebt sich ein Hügel, der den Kaiserthron Napoleon's inmitten seiner Soldaten abgab. Napoleon nahm auf demselben mit seinem glänzenden Stabe, seinen Brüdern, Marschällen und Großoffizieren Platz; um diesen Mittelpunkt wurden die Regimenter strahlenförmig aufgestellt. Von der Höhe dieses natürlichen Throns herab sprach Napoleon mit starker Stimme dieselbe Eidesformel, die er wenige Tage zuvor in der Invalidenkirche vorgesagt hatte; dies war das Signal zu allgemeiner Begeisterung. An demselben Tage kam der Schiffscapitain Daugier mit 47 Schiffen aus Havre in dem Hafen von Boulogne an, vom Strand aus mit rauschendem Jubelruf begrüßt; aber bald darauf

brach ein heftiger Sturm aus und man mußte befürchten, daß ein Theil der Flotte dabei Schaden nehmen möchte. Napoleon verließ daher seinen erhabenen Standpunkt und begab sich eilig in den Hafen, um die zu ergreifenden Maßregeln anzuordnen, als bei seiner Ankunft das Meer sich wie durch ein Wunder beruhigte und die zerstreuten Schiffe, 16 an der Zahl, wohlbehalten im Hafen einliefen. Der Kaiser, dem die Truppen in ihrer abergläubischen Begeisterung die Rettung der Flotte zuschrieben, kehrte nun ins Lager zurück, wo die für die Truppen veranstalteten Spiele und Lustbarkeiten begannen und bis tief in die Nacht dauerten. Am Abend erhob sich ein an der Küste abgebranntes ungeheures Feuerwerk als Lichtsäule, die von den englischen Küsten aus deutlich gesehen werden konnte. 15,000 Mann unterhielten, in Schlachtordnung auf dem linken Flügel des Lagers aufgestellt, ein Reihenfeuer mit Leuchtkugeln, das die Blicke der feindlichen Kreuzer und der Bevölkerung von Dover auf sich zog. An den folgenden Tagen musterte er die Truppen von sechs Uhr Morgens bis Mittag und wandte den übrigen Theil des Tags dazu an, die in seiner Gegenwart mit wundergleicher Schnelligkeit fortschreitenden Arbeiten zu besichtigen. Im Lager von Boulogne stiftete er ferner die großen zehnjährigen Preise für die Wissenschaften und schönen Künste (neun an der Zahl, jeder zu 10,000 Francs), deren erste Vertheilung am 9. November 1809 stattfinden sollte, und gab der polytechnischen Schule, deren republikanische Stimmung seinen Argwohn rege machte, eine neue, ganz militairische Einrichtung.

Ehe der Kaiser Boulogne verließ, um sich in die Rhonedepartements zu begeben, besichtigte er noch einmal die Flotte und fand Gelegenheit, einem Seegefechte beizuwohnen, das zwischen einer französischen Flottenabtheilung von 146 Schiffen, die dicht vor dem Hafen lag, und einer englischen, die zwei Linienschiffe und zwei große Fregatten enthielt, stattfand. Er stieg an Bord des Admirals Bruir, übernahm zum ersten Male in seinem Leben das Commando einer Flotte und ertheilte den Befehl, sich beim Feuer dichter zusammenzuhalten; nach einem zweistündigen hitzigen Gefechte mußten sich die Engländer, welche auch dem Feuer der Landbatterien ausgesetzt gewesen waren, mit Verlust eines Schiffs zurückziehen.

Bei seiner Abreise erhielt Napoleon von der Armee einen Beweis ihrer Ergebenheit, indem sie ihm eine kolossale Statue von Bronze votirte, die mitten auf dem altrömischen Lager aufgestellt werden sollte; die Soldaten aller Grade erklärten sich bereit, einen Theil ihres Soldes zu diesem Denkmale beizusteuern, dessen Errichtung jedoch wegen Mangels an Metall damals unterbleiben mußte.

Noch einmal besuchte Napoleon nach seiner Rückkehr aus Italien im Juli 1805 das Lager von Boulogne, welches bald nachher aufgehoben wurde. Auch diesmal dachte er nicht an einen Angriff Englands, sondern wollte dasselbe nur bedrohen und den Enthusiasmus seiner Truppen erhöhen, welche bald darauf den Namen des Heers von England mit dem Namen der großen Armee vertauschten und sich auf dem Wege nach Deutschland befanden.

Boulogne selbst ist übrigens eine alte befestigte Stadt an der Küste der Picardie und Mündung der Liane, fünf Meilen südlich von Calais und dem englischen Vorgebirge Dungeneß gegenüber; sie zählt 25,700 Einwohner.

Der Hafen ist für große Kriegsschiffe zu seicht, doch können bei hoher Flut die größten Kauffahrteischiffe aus- und einlaufen. Die Überfahrt nach England, wohin man bei gutem Winde auch mit Segelschiffen in zwei bis drei Stunden gelangen kann, besorgen jetzt vier Dampfschiffe.

Zum Andenken an das große Lager wurde eine Säule errichtet, die noch jetzt nicht ganz fertig ist; König Ludwig Philipp hat aber bei seiner letzten Anwesenheit in Boulogne versprochen, sie in kurzem vollenden zu lassen.

Das Barometer.
(Beschluß aus Nr. 392.)

Barometer, die sich transportiren lassen und zur Bestimmung der Höhen dienen, nennt man Reisebarometer; man braucht dazu sowol Gefäß- als Heberbarometer. Das Quecksilber muß bei ihnen auf irgend eine Weise festgemacht sein, damit kein Theil desselben beim Transporte ausfließen, auch die ganze Säule nicht gegen das Ende der Glasröhre anschlagen und diese zerbrechen kann, was bei jeder Ortsveränderung eines gewöhnlichen Barometers ohne Anwendung großer Vorsicht leicht eintreten wird. Die Lösung dieser Aufgabe hat große Schwierigkeit; wird nämlich die Quecksilbersäule fest abgeschlossen, so wird die Glasröhre bei zunehmender Wärme zersprengt, weil das Quecksilber durch die Wärme weit stärker als das Glas ausgedehnt wird; gleichwol darf zur Vermeidung dieses Übelstandes in dem das Quecksilber enthaltenden Raume keine Luft vorhanden sein, weil diese sonst in die Röhre dringt und das Barometer völlig unbrauchbar macht. Auf die vielen zur Verfertigung solcher Barometer gemachten Vorschläge können wir hier nicht weiter eingehen. Eine der einfachsten Vorrichtungen für Heber- und Flaschenbarometer besteht darin, daß man an einen dünnen Stab Fischbein einen Kork oder besser etwas Federharz befestigt, das Barometer behutsam neigt, sodaß das Quecksilber den längern Schenkel ganz ausfüllt, den Kork oder das Federharz vermittels des Fischbeinstäbchens fest in die Verengerung der Röhre drückt und zuletzt das Stäbchen festschraubt, weshalb das obere Ende des kürzern Schenkels mit einer Fassung und einem Deckel versehen wird. Noch schwieriger ist es, Barometer für den Gebrauch auf Schiffen einzurichten, wo sie wegen der vielen und heftigen Schwankungen in ihrer gewöhnlichen Form nicht gebraucht werden könnten; gleichwol ist das Barometer für den Seefahrer nicht nur nützlich, sondern völlig unentbehrlich, da die sorgfältige Beobachtung desselben ihn zur Ergreifung der nöthigen Sicherheitsmaßregeln veranlassen kann und die auf dem Lande so häufig trügerischen Wetteranzeigen auf dem Meere weit zuverlässiger sind. Die gewöhnlichste Einrichtung eines Seebarometers ist folgende. Ein Gefäßbarometer mit einem hölzernen Gefäße, durch dessen Poren die Luft den Zutritt erhält, ist in gehöriger Entfernung von der Wand zwischen zwei Ringen nach Art des Schiffscompasses und der cardanischen Lampe frei schwebend aufgehangen. Die Röhre ist bis auf wenige Zolle am obern Theile unsichtbar und in einem gegen Beschädigungen schützenden hölzernen Cylinder eingeschlossen; nur die obersten 6 Zoll der Glasröhre haben die Weite eines gewöhnlichen Barometers, der übrige Theil ist nur etwa ½ Linie weit, sodaß das Quecksilber bei den Schwankungen des Schiffs den engen Kanal durchlaufen und dabei eine bedeutende Adhäsion überwinden muß, wodurch seine Schwingungen sehr geschwächt werden.

Außerdem sind noch zwei Constructionen des Barometers vorzüglich bemerkenswerth: das Doppelbarometer und das Radbarometer. Jenes wurde von Huyghens erfunden und ist bestimmt, sehr geringe Veränderungen der Länge der Quecksilbersäule im vergrößerten Maßstabe zu messen. Es ist ein Heberbarometer, dessen Röhre, etwa 1½ Linie weit, an den obern beiden Schenkeln eine cylindrische Erweiterung von etwa 6 Linien Durchmesser hat; an die Erweiterung des kürzern offenen Schenkels ist eine enge, höchstens etwa ½ Linie weite Röhre geschmolzen, in welcher sich über dem Quecksilber Weingeist, der (mit Orseille oder Cochenille) gefärbt ist, befindet. Ändert sich nun der Barometerstand z. B. um ¼ Linie, so fällt das Quecksilber in der einen und steigt in der anderen Erweiterung um ⅛ Linie, daher muß der Weingeist in der engen Röhre um $⅛ \times 144$ Linien, also 18 Linien oder 1½ Zoll steigen oder fallen, und zwar steigen, wenn das Barometer eigentlich fällt, und fallen, wenn es steigt; da hier außer der Luft noch eine Weingeistsäule auf das Quecksilber drückt, so muß bei Eintheilung der Scale hierauf Rücksicht genommen werden. Wegen seiner außerordentlichen Empfindlichkeit ist dieses Barometer zur Beobachtung der Luftschwankungen sehr geeignet. Häufig findet man auch das von dem Engländer Hooke angegebene sogenannte Radbarometer, welches folgende Einrichtung hat. Es besteht, wie das eben beschriebene Doppelbarometer, aus zwei weitern Cylindern, die durch eine gewöhnliche Barometerröhre verbunden sind. Auf dem Quecksilber im Cylinder des kürzern Schenkels schwimmt ein kleines Gewicht von Elfenbein, Stein oder Eisen, mit einem Faden, der um die Axe eines Zeigers geschlungen ist und am andern Ende ein jenes Gewicht balancirendes Gegengewicht trägt. Wenn nun das Quecksilber steigt oder fällt, so fällt oder steigt das auf ihm schwimmende Gewicht und treibt dadurch den Zeiger herum, welcher die Zolle und Linien des Barometerstandes auf einem Zifferblatte anzeigt; letztere ist gewöhnlich der einzige sichtbare Theil des Apparates.

Zum Gebrauch auf Reisen ist auch das von D. August in Berlin erfundene Differentialbarometer sehr zweckmäßig. Man versteht darunter ein abgekürztes Barometer, das die Dichtigkeit der Luft durch die Höhe einer Quecksilbersäule mißt, welche eine Quantität eingeschlossener Luft zusammendrückt. Es besteht aus zwei Glasröhren, einer weiten oben verschlossenen und einer engern offenen, die nur den dritten oder vierten Theil von der Länge eines gewöhnlichen Barometers zu haben braucht. Man füllt an einem Orte, dessen Barometerstand man kennen lernen will, das weite Gefäß mit Luft und sperrt sie; wenn man nun durch Eingießen von oben Quecksilber in beide Röhren bringt, so drückt dieses die eingeschlossene Luft zusammen, kann aber wegen des Widerstandes derselben in der verschlossenen Röhre nicht so hoch als in der offenen steigen. Aus dem Verhältniß des Raums, den die eingeschlossene Luft vor- und nachher einnahm, und dem Unterschiede der Quecksilberhöhen in beiden Röhren läßt sich nun der Barometerstand berechnen, welcher an dem Orte, von welchem die Luft genommen wurde, stattfand. Zwar kann dieses Instrument das eigentliche Barometer nicht ersetzen, da es diesem an Genauigkeit weit nachsteht, es empfiehlt sich aber durch seine unverwüstliche Dauerhaftigkeit. Endlich mag unter den verschiedenen Arten von Barometern noch das Wasserbarometer erwähnt werden, das nicht wie alle andern mit Quecksilber, sondern mit Wasser angefüllt ist und gewöhnlich aus zusammengeschraubten, oben in eine Glasröhre endigenden Blechröhren verfertigt ist. Für die praktische Anwendung ist es aus den bereits oben erwähnten Gründen ganz ungeeignet, hat jedoch den Vorzug, daß es im höchsten Grade empfindlich ist. Schon Otto von Guericke, der als Erfinder der Luftpumpe Berühmtheit erlangt hat, zeigte ein solches Instrument im J. 1654 auf dem Reichstage zu Regensburg.

Was nun die Erscheinungen betrifft, welche das Barometer zeigt, so bestehen diese im Allgemeinen in weiter nichts als in einem beständigen Steigen und Fallen des Quecksilbers oder in sogenannten Oscillationen (Schwankungen), die nach Zeit und Ort sehr verschieden sind und von Veränderungen im atmosphärischen Luftdrucke abhängen. Man hat aber zwei Arten von Oscillationen zu unterscheiden: regelmäßige oder tägliche und unregelmäßige. Im Allgemeinen verändert sich das Barometer unter dem Äquator fast gar nicht; je mehr man sich vom Äquator entfernt und den Polen nähert, desto stärker werden die Schwankungen; auf der See zeigt es weit mehr Regelmäßigkeit als am Lande. Bei genauer Beobachtung, namentlich in der heißen Zone, bemerkt man bald, daß das Barometer regelmäßig täglich steigt und fällt und im Laufe eines Tages zweimal (ungefähr um neun Uhr Morgens und Abends) seinen höchsten und zweimal (ungefähr um drei Uhr Morgens und Nachmittags) seinen tiefsten Stand erreicht; diese Stunden, welche man Wendestunden nennt, ändern sich nach den Jahreszeiten und sind im Sommer weiter als im Winter vom Mittag entfernt. Am Tage steht das Barometer im Allgemeinen etwas höher als in der Nacht. Inzwischen sind diese Oscillationen nur gering, aber unter niedern Breiten bedeutender als unter höhern; am Äquator betragen sie etwa 1⅓ Linie, in Deutschland nur ¼ Linie. Ihre Ursache ist, da sie mit dem täglichen Laufe der Sonne zusammenhängen, in der Erwärmung durch die Sonnenstrahlen zu suchen.

Alle übrigen Veränderungen des Barometers rechnet man zu den unregelmäßigen, die eigentlich niemals aufhören, indem besonders unter höhern Breiten an sehr feinen Barometern eine unaufhörliche Bewegung beobachtet wird. Im Allgemeinen sind die Schwankungen im Winter stärker als im Sommer und nach manchen Beobachtern am zahlreichsten zur Zeit der Nachtgleiche; die größte, mittlere Barometerhöhe fällt in den Sommer, namentlich in den Juni. Das Steigen und Fallen des Barometers hängt auf das genaueste mit der Wärme zusammen und fast immer ist eine für die Jahreszeit ungewöhnliche Wärme mit einem Sinken, eine ungewöhnliche Kälte mit einem Steigen desselben verbunden, sodaß man im Allgemeinen sagen kann: das Barometer steigt, während das Thermometer fällt, und umgekehrt. Genauer läßt sich dieser Zusammenhang auf folgende Weise ausdrücken. Wenn die Wärme eines Orts steigt, während die der umliegenden Orte unverändert bleibt oder abnimmt, so fällt das Barometer an jenem Orte und steigt in den umliegenden Gegenden; Dasselbe findet statt, wenn die Wärme eines Orts sich nicht ändert, aber die der umliegenden Gegenden beträchtlich abnimmt. Steigt dagegen die Kälte eines Orts, während die Temperatur der umliegenden Gegenden unverändert bleibt oder gar zunimmt, so steigt das Barometer an jenem Orte und fällt in den umliegenden Gegenden; Dasselbe findet statt, wenn die Wärme an einem Orte unverändert bleibt, aber in den umliegenden Gegenden merklich zunimmt. Die Erklärung dieses Verhaltens liegt darin, daß die über den einzelnen Gegenden befindlichen Luftsäulen durch Erkaltung verkürzt und durch Erwärmung verlängert werden; dies hat ein Überfließen der Luft zur Folge, womit eine Erhöhung des Luftdruckes oder Barometerstandes in den Gegenden, über denen die Luftsäulen durch Zuströmen anderer Luft erhöht, und eine Verminderung desselben in den Gegenden, über denen sie durch Abfließen der Luft vermindert werden, verbunden ist. Außerdem sind es hauptsächlich die veränderlichen Winde, denen wir die unregelmäßigen Schwankungen zuzuschreiben haben, weshalb man namentlich zur See die Richtung und Stärke der nahe bevorstehenden Stürme aus dem Barometerstande vorhersagen kann.

Der Zusammenhang des Barometerstandes mit dem Wetter ist längst bekannt, doch ist es namentlich auf dem Lande nicht möglich, dieses aus jenem mit Sicherheit vorherzusagen. Die den gewöhnlichen Barometern so häufig beigeschriebenen Angaben: Schön Wetter, Wind und Regen u. s. w., beruhen zwar im Allgemeinen auf richtigen Erfahrungssätzen, sind aber im Einzelnen nichts weniger als sicher und zuverlässig. Die folgenden Bestimmungen, die auf langer Erfahrung beruhen, gelten vorzugsweise für Deutschland. Gewöhnlich fällt das Barometer am Tage vor dem Regen, steigt aber während des Regens selbst; so lange das Barometer nicht unter den mittlern Stand herabgeht, ist kein Landregen zu erwarten; bei bevorstehendem starken Schnee fällt das Barometer noch mehr. Anhaltendes langsames Steigen des Barometers deutet auf bevorstehendes schönes Wetter; aber erst wenn der hohe Barometerstand einige Zeit gedauert hat, tritt heiteres Wetter ein und dauert desto länger, je langsamer und höher das Barometer gestiegen ist und je länger es seinen hohen Stand behalten hat. Sinkt das Barometer, so nimmt die Heiterkeit des Himmels ab, und sinkt jenes sehr tief, so kann man mit Gewißheit Regen oder Schnee voraussagen. Häufiger und schneller Wechsel des Barometerstandes und der Windrichtungen deutet auf regnerische Witterung; plötzliches tiefes Fallen des Barometers läßt auf heftige Stürme schließen. Namentlich findet bei schnell entstehenden südwestlichen Stürmen ein schnelles Fallen, umgekehrt aber bei nordöstlichen ein schnelles Steigen des Barometers statt. Im Allgemeinen hat das Barometer bei südlichen und südwestlichen Winden den niedrigsten, bei nördlichen und nordöstlichen den höchsten Stand.

Was die Größe der unregelmäßigen Schwankungen des Barometers betrifft, so ist diese, wie bereits erwähnt, zwischen den Wendekreisen am kleinsten und nimmt zu, je weiter man sich vom Äquator entfernt. Der Unterschied zwischen dem bisher beobachteten höchsten und tiefsten Barometerstande beträgt unter dem Äquator noch nicht ganz 8 Linien, zu Rio Janeiro sogar nur $5\frac{1}{4}$ Lin., dagegen in Karlsruhe $29\frac{1}{3}$, in Mastricht $30\frac{1}{3}$, in Bergen in Norwegen sogar $35\frac{1}{2}$ Lin. u. s. w. Ungewöhnlich hohe und tiefe Barometerstände an einem Orte pflegen nahe beieinander zu fallen; auf der nördlichen Halbkugel fallen jene meist in die Winter=, diese in die Sommermonate. Weit geringer als die vorher angegebenen Unterschiede sind die Unterschiede der höchsten und tiefsten, innerhalb eines Jahres vorkommenden, mittlern monatlichen Barometerstände; dieser Unterschied oder die mittlere ganzjährige Oscillation beträgt in Batavia nur $1\frac{1}{3}$ Lin., wächst mit der Breite, beträgt in Rom $7\frac{6}{10}$, in Wien $9\frac{1}{10}$, in Paris $10\frac{1}{2}$, in Berlin $11\frac{1}{5}$, in London $12\frac{1}{3}$, in Petersburg $12\frac{1}{2}$, in Christiania $14\frac{3}{5}$, in Nås auf der Insel Island fast 16 Linien u. s. w.

Beobachtet man das Barometer an einem und demselben Orte längere Zeit hindurch und nimmt aus den beobachteten Barometerständen das Mittel, so findet man den mittlern Barometerstand des Ortes. Je mehr Beobachtungen man anstellt, desto genauer findet man ihn, indessen reicht es aus, längere Zeit hindurch täglich zu einer bestimmten Tageszeit den Barometerstand aufzuzeichnen; für höhere Breitengrade müssen die Beobachtungen im Jahre lang fortgesetzt werden. Je höher ein Ort über der Meeresfläche liegt, desto niedriger ist natürlich auch sein mittlerer Barometerstand; am größten ist derselbe also im Niveau des Meeres, doch darf man nicht glauben, daß er hier überall gleich groß gefunden wird. Nach theoretischen Gründen scheint es, als müßte er unter dem Äquator niedriger sein, als unter höhern Breiten, womit jedoch die Erfahrung nicht übereinstimmt. Reducirt man die an verschiedenen Orten gefundenen mittlern Barometerstände auf den Meeresspiegel, so weichen sie sehr bedeutend voneinander ab und schwanken zwischen 27 Zoll $7\frac{1}{2}$ Lin. (Goodhaab auf Grönland) und 28 Zoll $4\frac{1}{5}$ Lin. (Tripoli). Am Äquator beträgt der auf den Meeresspiegel reducirte mittlere Barometerstand genau 28 Zoll (nach v. Humboldt aber $1\frac{4}{5}$ Lin. darüber), in London und Petersburg 28 Zoll $1\frac{1}{5}$ Lin., in Paris 28 Zoll $1\frac{1}{2}$ Lin., in Manheim 28 Zoll $2\frac{1}{4}$ Lin. u. s. w. Daß das Barometer im Allgemeinen auf der südlichen Halbkugel niedriger steht als auf der nördlichen, wie man oft behauptet hat, ist keineswegs erwiesen.

Noch ist eine von dem Steigen und Fallen des Quecksilbers verschiedene Erscheinung der Barometer zu erwähnen, nämlich das Leuchten derselben, das schon 1676 wahrgenommen wurde. Noch jetzt ist man über die Erklärung desselben nicht ganz im Reinen; aller Wahrscheinlichkeit nach ist es aber eine elektrische Erscheinung, die durch die Reibung des Quecksilbers an den Wänden der Glasröhre oder von durchströmender Elektricität verursacht wird. Man kann aus dem Leuchten weder auf gänzliche Abwesenheit, noch auf Anwesenheit von Luft in dem leeren Raume über dem Quecksilber schließen, doch leuchten solche Barometer am leichtesten, die nicht völlig ausgekocht sind, wiewol auch auf die eigenthümliche Beschaffenheit des Glases viel anzukommen scheint.

Zwei neue Arten von Brücken.

Bei mehren nordamerikanischen Eisenbahnen sind sogenannte Gitterbrücken und Rahmenbrücken im Gebrauch, die in Europa wol noch nirgend ausgeführt sein möchten. Jene sind von Town, diese von Long angegeben, beide sind von Holz construirt. Das zu den Gitterbrücken verwandte Holz hat wenig Masse und verhältnißmäßig schwache Dimensionen, aber doch bedeutende Festigkeit. Die gitterförmigen Rahmen, aus denen sie bestehen, sind aus fichtenen Pfosten von 12 Zoll Breite und 3 Zoll Dicke verfertigt, die sich unter rechten Winkeln durchkreuzen und an den Kreuzungspunkten durch eichene Bolzen verbunden sind; zu größerer Befestigung dienen wagerechte Streckhölzer, die über die ganze Spannung hinwegreichen. Die Höhe des Gitterwerks hängt von der Größe der Spannung ab, die bei den bisher ausgeführten Gitterbrücken im Maximum 150 Fuß beträgt. Bei diesen allen wurden nur zwei Gitterwerke angewandt, von denen jedes unter den äußern Geleisbaume der darüberführenden doppelgeleisigten Eisenbahn liegt; unten und oben stehen sie durch Querbalken in Verbindung, von denen die obern die Langschwellen, auf denen die Brückenebene aufgenagelt ist, tragen, und sind von 12 zu 12 Fuß durch senkrecht stehende Querbänder gegen das Umschlagen gesichert. Um das Holz vor dem Einflusse der Witterung zu sichern, wird auf der Außenseite beider Gitterwerke ein leichter Breterverschlag angebracht. Ist die Brücke zu lang, um einer Unterstützung zu entbehren, so legt man die Gitterwerke ohne alle weitere Vorrichtung auf sehr schwache Brückenpfeiler auf. Die längste bis jetzt ausgeführte Gitterbrücke ist die auf der Philadelphia-Reading-Eisenbahn vorkommende von 1100 Fuß Länge, deren ohne Unterbrechung fortlaufendes Gitterwerk durch 10 steinerne Pfeiler unterstützt ist. Eine ähnliche Brücke auf der die beiden Stadttheile von Neuyork verbindenden Haerlemeisenbahn ist 736 Fuß lang und ruht auf vier steinernen Pfeilern.

Die ebenfalls bei vielen Eisenbahnen mit einer Spannung von 100—150 Fuß ausgeführte Rahmenbrücke von Long fodert auch sehr wenig Material und übt keinen Seitenschub aus. Die Brücke ruht auf jeder Seite auf verticalen Rahmen, die durch zwei horizontale Spannbalken, aus drei nebeneinander liegenden Hölzern bestehend, und verticale Ständer gebildet und durch schräg liegende oder diagonale Haupt- und Gegenstreben befestigt sind. Die Verbindung der Ständer und Streben mit den Spannbalken erfolgt durchaus ohne Bolzen und Nägel, wodurch die Reparatur der Brücke und die Auswechselung einzelner schadhaft gewordener Hölzer sehr erleichtert wird. Die vollendetsten nach diesem Systeme gebauten Brücken findet man in der Nähe von Boston.

Anekdote aus Talma's Leben.

Der dramatische Dichter gibt oft dem Schauspieler Veranlassung, im Doppelspiel sein Talent zu entwickeln und dadurch das Publicum höchlich zu ergötzen. Aber auch abgesehen davon, wird oft der Meister, während er den Kreis der begeisterten Zuschauer auf die Höhe seiner Kunst führt, unbeschadet dieser Wirkungen, als ein Zweiter hinter den Coulissen in ungesehener Parallele die Angelegenheiten seines häuslichen Lebens verfolgen. Daß eben bei diesem Treiben die Ganzheit jenes Gemäldes nicht im mindesten Abbruch leidet, darin thut sich die wahrhafte mimische Energie kund. Zu dieser Bemerkung leitet eine Anekdote, welche von dem berühmten Nachfolger Lekain's, Talma, aufbewahrt ist. Dieser tief denkende Künstler war ein leidenschaftlicher Freund der Stille des Landlebens, um hier seinen dem Räthsel der Menschennatur, wie es in den geistreichen Schöpfungen der Dramatiker entwickelt wird, gewidmeten Betrachtungen nachzuhängen und sich süßen Ahnungen und Gefühlen seines edlen Selbst hinzugeben. Darum gefiel er sich auf seinen anmuthigen Besitzungen, namentlich zu Brunoy, hier in Schwärmereien sich verlierend, die sein Hang zur Schwermuth begünstigte. Er hatte einen treuen Aufseher und Arbeiter in einem Gärtner gewonnen, und sobald er sein Tagwerk vollbracht hatte, eilte er, ein paar Tage in seinem Parke zuzubringen, musterte mit scharfem Blicke die abgängigen Bäume und Gewächse, und berieth sich mit Louetten, — so hieß der Gärtner, — wie die entstandenen Lücken auszufüllen seien. Es war im December 1817, als er in das südliche Frankreich reiste, um dort Vorstellungen zu geben. Obgleich er nun fast täglich dort spielte, ließ er kaum einen Tag vergehen, wo er nicht an ihn schrieb und ihm Arbeiten aufgab, nach dem Erfolge anderer fragte und sich nach dem Gedeihen etwaiger neuer Anlagen erkundigte. Am 6. Januar 1818 kehrte er von jener Kunstreise nach Brunoy zurück, und das Erste war, daß er nach den Rechnungen verlangte. Da er wieder abreiste, bat ihn der Gärtner (aus dessen Memoiren diese Nachrichten entnommen sind), ein paar Tage später auch nach Paris gehen zu dürfen. „Und warum nicht gleich?" entgegnete Talma mit seiner gutmüthigen Lebhaftigkeit. In wenig Augenblicken saßen Beide schon im Wagen, hatten die neuesten Bedürfnisse des Gartens durchgesprochen, und es fand sich bald, daß nichts so erfoderlich sei, als eine Anzahl Fuder Sand, um die vordern Baumgänge in tüchtigen Stand und dem wuchernden Unkraut in den labyrinthischen Verschlingungen eines Theils des Parks ein Ziel zu setzen. Louette erhielt in dieser Angelegenheit einen Brief an den Aufseher der Waldung zu Senart, unweit des boulogner Lustgehölzes. „Auf alle Fälle bringst du mir heute Abend die Antwort in die Theaterloge, denn ich spiele heute Abend", fügt Talma hinzu, während sie sich trennen. Der Gärtner besorgt bestens seinen Auftrag und eilt nicht ohne manche Zurechtweisung, da er nie zuvor im Theater gewesen war, in die bewußte Loge. Talma spielt eben auf der Bühne den Britannicus, im lebhaften Gespräch mit Nero, seinem gefährlichen Nebenbuhler, begriffen. Louette sperrt weit die Augen auf und ist, da er seinen Herrn nie im Costüm gesehen, nicht im Stande, ihn herauszufinden, weiß aber sich von seinem Staunen nicht zu erholen, als plötzlich sich die Logenthüre öffnet und im fürstlichen Prunk — Britannicus eintritt und auf ihn zugeht, welcher zurückweicht, mit den Worten: „Nun, Louette, bekommen wir Sand?" Dieser vermochte nicht ein Wort hervorzubringen, gewann jedoch Zeit, sich zu erholen, während Talma wieder auf die Bühne mußte, in der rührenden Abschiedsscene mit Junia, welche seiner Vergiftung vorhergeht — der letzten seines Erscheinens. Nun erkannte er ihn, als er immer noch im Costüm wieder in der Loge erschien und mit den Worten: „Warum hast du nicht geantwortet, Louette?" ihn wieder anredete. „Herr, ich kannte Sie nicht", antwortete ec. „Sie haben mir rechte Angst gemacht; aber Sie werden den Sand erhalten!"

Verantwortlicher Herausgeber: Friedrich Brockhaus. — Druck und Verlag von F. A. Brockhaus in Leipzig.

Das Pfennig-Magazin

für
Verbreitung gemeinnütziger Kenntnisse.

394.]   Erscheint jeden Sonnabend.   [October 17, **1840**.

Benjamin West.

Lasset die Kindlein zu mir kommen, nach einem Gemälde von West.

VIII.   42

Benjamin West.

Benjamin West, einer der besten historischen Maler der neuern Zeit, wurde am 10. Oct. 1738 in Springfield unweit Philadelphia in Nordamerika geboren und stammte aus einer alten und angesehenen englischen Familie, die wegen ihrer Anhänglichkeit an die Lehre der Quäker im J. 1667 mit mehren andern ausgewandert war. Seine Neigung zum Zeichnen offenbarte sich schon in seinen frühesten Jahren. Als er acht Jahre alt war, kamen Cherokesen nach Springfield und fanden an seinen rohen Skizzen von Vögeln, Früchten und Blumen so vieles Vergnügen, daß sie ihm einige von ihnen gefertigte zeigten und ihn lehrten, wie er die rothen und gelben Farben zubereiten könne, mit denen sie ihre Waffen färbten. Noch wußte er aber diese und andere Farben nicht aufzutragen, da es ihm an Pinseln fehlte; er half sich damit, daß er der Katze seines Vaters eine Partie Haare abschnitt und daraus Pinsel machte. Endlich schenkte ihm ein Kaufmann in Philadelphia einen Farbenkasten mit Pinseln und einige Abbildungen; in der folgenden Nacht konnte er vor freudiger Aufregung nicht schlafen; am Morgen aber fing er an, die Abbildungen zu copiren, blieb mehre Tage aus der Schule und arbeitete insgeheim Tag und Nacht. Als seine Mutter ihn hier fand, sah sie mit Erstaunen die Arbeit, die er inzwischen gefertigt hatte, und vergaß die Vorwürfe, die sie ihm wegen seiner Schulversäumniß zu machen Willens war.

In einem Alter von etwa 14 Jahren machte er den ersten Versuch in der Geschichtsmalerei durch das Gemälde „Der Tod des Sokrates", welches allgemeine Bewunderung erregte. Um dieselbe Zeit verfiel er in ein hitziges Fieber, wahrscheinlich in Folge der Aufregung, in die seine künstlerischen Studien ihn versetzt hatten; als er wieder in der Genesung begriffen war, sah er eines Tags mit Erstaunen an der Decke seines verfinsterten Zimmers Gestalten von Menschen und Thieren zum Vorschein kommen. Da er dies den ihn besuchenden Freunden erzählte, meinten diese, er phantasire, wiewol er nach der Aussage des Arztes völlig fieberfrei war. West aber entdeckte, während er allein war, in dem Fensterladen eine kleine Öffnung, durch welche das Licht dringen konnte; sobald er das Loch mit der Hand bedeckte, verschwanden die Gestalten. Diese Beobachtungen verfolgte er weiter und verfertigte nach seiner gänzlichen Herstellung, ohne zuvor von dem Instrumente gehört zu haben, eine camera obscura, deren er sich später bei seinen Arbeiten mit großem Vortheil bediente.

Es war nun nachgerade Zeit geworden, daß West sich für seinen Lebensberuf bestimmte. Sein Vater freute sich zwar über das entscheidende Talent seines Sohnes, trug aber als Quäker Bedenken, ihn einen Maler von Profession werden zu lassen, und berief daher eine Versammlung seiner Glaubensgenossen nach Springfield, um ihrer Weisheit die künftige Bestimmung seines Sohnes anheimzustellen. Unter den Anwesenden gab sich große Verschiedenheit der Meinungen kund, bis der ehrwürdige John Williamson auf überzeugende Weise darthat, daß es unrecht sein würde, den jungen West von Dem abzuhalten, wozu er durch die Hand der Vorsehung berufen schien, und daß er auch durch seine Kunst den Zwecken der Religion förderlich sein könne. Der junge Künstler wurde in die Versammlung gerufen und feierlich für seinen Beruf eingesegnet. Diese Scene machte auf sein Gemüth einen tiefen und dauernden Eindruck; er sah sich nun als geweiht für die Kunst an und hielt es für seine Pflicht, seinen Pinsel nur auf heilige und reine Gegenstände anzuwenden; in seinem ganzen Wesen und Benehmen aber zeigte er fortan stets die ernste Einfachheit eines Quäkers. In den folgenden Jahren lebte er in Philadelphia und Neuyork, beschäftigt mit Portraitmalen und Copiren aller guten Bilder, die er zu Gesicht bekam.

Sobald er eine kleine Geldsumme erspart hatte, beschloß er, eine sich darbietende Gelegenheit zu benutzen, um Italien zu besuchen, dadurch aber seine Kenntnisse und Begriffe zu erweitern, seinen Geschmack zu läutern und sich mit den Arbeiten großer Meister bekannt zu machen. Mit vielen Empfehlungen reiste er 1760 ab. In Rom machte die Ankunft eines amerikanischen Quäkers, der dort zu studiren beabsichtigte, große Sensation. Es gelang ihm bald, bei Cardinal Albani und durch ihn bei den ausgezeichnetsten Männern von Rom eingeführt zu werden. Anfangs wußte er die Schönheiten Rafael's und Michel Angelo's nicht vollkommen zu würdigen; von dem Letztern ist er auch später niemals ein Bewunderer geworden. In Rom malte er unter Anderm ein Portrait, das einer großen Gesellschaft von Künstlern und Kunstliebhabern als eine Arbeit des gefeiertsten unter den damals in Rom lebenden Malern, Mengs, vorgezeigt wurde; man war einstimmig der Meinung, es sei besser gemalt, aber nicht so gut gezeichnet, als die gewöhnlichen Arbeiten dieses Künstlers. Als Mengs dies erfuhr, nahm er es nicht nur nicht übel, sondern schloß sogar innige Freundschaft mit West und gab ihm hinsichtlich der Fortsetzung seiner Studien die besten Rathschläge.

Die Aufregungen in Rom, die gegen die Ruhe seines pennsylvanischen Lebens zu sehr contrastirten, zogen West eine heftige Krankheit zu, von der er nach dem Ausspruch der Ärzte nur durch Luftveränderung genesen konnte; er begab sich nach Livorno und wurde hier erst nach elf Monaten völlig hergestellt. Hierauf besuchte er sämmtliche italienische Städte, wo Malerschulen geblüht hatten, und wurde wegen einer Copie des berühmten Hieronymus von Correggio zum Mitgliede der Malerakademie zu Parma ernannt. Durch Savoyen ging er nach Frankreich und hielt sich einige Zeit in Paris auf; von hier aber kam er 1763 mit Empfehlungen an Reynolds und den damals berühmten Landschaftsmaler Wilson nach England, wo er sich bald gänzlich niederzulassen beschloß und 1765 mit seiner Braut, die er aus Pennsylvanien hatte kommen lassen, vermählt wurde. Drei Bilder, die er bald nach seiner Ankunft an die Gesellschaft zur Ermunterung der Künste u. s. w. schickte, fanden großen Beifall und bewirkten sofort seine Ernennung zu einem der Oberbeamten dieses Vereins. Nachdem er für den Erzbischof von York die Geschichte der Agrippina, welche mit der Asche des Germanicus landet, gemalt hatte, machte ihn der mit seiner Leistung höchlich zufriedene Prälat mit König Georg III. bekannt, der ein tüchtiger Kunstkenner war. Der Monarch fand an dem Bilde so großes Gefallen, daß er den Künstler fortan seiner besondern Gunst würdigte und ihm die letzte Abreise des Regulus von Rom zu malen auftrug, ein Gemälde, das bei der Ausstellung mit allgemeinem Beifall aufgenommen wurde. West wurde nun häufig in die Nähe des Königs berufen und hatte mit demselben lange Unterredungen über die besten Mittel, die Künste zu befördern, woraus der Plan zu der königlichen Kunstakademie hervorging, welche 1768 vom Könige bestätigt wurde und deren Kosten vom Ertrag der jährlichen Kunstausstellungen bestritten werden sollten. Als Joshua Reynolds 1792 starb, folgte ihm West im Amte des Präsidenten jener Akademie. Nach dem Regulus malte er für den König den Eid des Hannibal, den Tod des Epaminondas und andere Gegenstände; für Lord Grosvenor aber das bekannte Bild „Der Tod des Generals Wolfe".*) Nach der Ausführung vieler historischen Werke erhielt West von seinem Monarchen den Auftrag, den Georgssaal im Schlosse zu Windsor mit einer Reihe von Gemälden zu schmücken, die sich auf die Geschichte Eduard's III. beziehen sollten; nach Beendigung derselben begann er eine Reihe von 36 Gemälden, die sich auf die Geschichte der offenbarten Religion (18 auf die der jüdischen, 18 auf die der christlichen) beziehen und eine Privatkapelle in Windsor schmücken sollten. Nur 28 wurden vollständig ausgeführt, und West erhielt dafür vom König eine Summe von 21,700 Pf., im Ganzen aber für alle im Auftrag des Königs gefertigte Gemälde nicht weniger als 34,000 Pf. (etwa 240,000 Thaler).

Nach dem Frieden mit Amerika besuchte er Paris, um die Sammlung von Statuen und Gemälden im Louvre in Augenschein zu nehmen, und wurde nicht nur von den französischen Künstlern, sondern auch von der französischen Regierung ehrenvoll empfangen; man sah jedoch in England die ihm in Frankreich erzeigten Ehren so ungern, daß bei der nächsten Wahl eines Präsidenten der Malerakademie Wyatt an seine Stelle kam. Als er zurückgekehrt war, ließ ihm die Königin, während der König krank war, sagen: er möge seine Arbeiten für die königliche Kapelle in Windsor einstellen; aber der König foderte ihn nach seiner Genesung auf, wieder fortzufahren, und versprach ihm auch für die Zukunft seine Gunst. Dies war West's letzte Zusammenkunft mit dem Könige; bei der Einsetzung der Regentschaft wurde er entlassen. Er arbeitete nun für das Publicum und lieferte mehre seiner bedeutendsten Gemälde, die ihm Ruhm und Gewinn brachten. Für sein treffliches Bild, die Darstellung Christi, der die Kranken im Tempel heilt, erhielt er von dem großen britischen Kunstinstitute, genannt British institution, an dessen Gründung im J. 1805 er thätigen Antheil genommen hatte, die Summe von 3000 Guineen (eine Copie davon, die er dem Hospital in Philadelphia zum Geschenk machte, setzte die Direction dieses Hospitals in den Stand, von dem Ertrage der Ausstellung jenes Bildes das Gebäude zu erweitern und die Zahl der Krankenbetten zu vermehren.

West starb im März 1820 in einem Alter von 82 Jahren, eine ansehnliche Gemäldesammlung hinterlassend, und wurde mit großem Pomp in der Paulskirch' beigesetzt. Die Zahl der von ihm vorhandenen Gemälde ist sehr groß; auch die besten darunter tragen mehr das Gepräge des Fleißes als des Genies. Berühmt sind besonders der Tod Nelson's, Christus, der die Kranken im Tempel heilt, der Tod auf dem fahlen Pferde u. s. w. Seine Composition und Gruppirung, sowie seine Zeichnung sind immer völlig regelrecht, aber das Colorit ist nicht ganz harmonisch. Sein größtes Verdienst um die Kunst besteht unstreitig nicht in seinen Gemälden, sondern in der Beförderung der beiden obengenannten englischen Kunstanstalten.

*) Vergl. Nr. 231.

Bordeaux.

Bordeaux, die Hauptstadt des aus einem Theile der vormaligen Landschaft Guienne gebildeten Departements der Gironde, die nach der neuesten Zählung von 1836 98,705 Einwohner hat (1831 wurden 109,467 gezählt), eine der wichtigsten, ansehnlichsten und schönsten Städte Frankreichs, liegt in einer weiten Ebene, am linken Ufer der hier das Doppelte von der Breite der Themse bei London habenden Garonne, welche nach ihrer Vereinigung mit der Dordogne, drei Meilen unterhalb Bordeaux, den Namen Gironde annimmt, sich meerbusenartig erweitert und zwölf Meilen von Bordeaux sich in den atlantischen Ocean ergießt. Die Steinbrücke über die Garonne, eine der schönsten Brücken in Europa, ist 1700 Fuß lang und zwischen den Brustwehren 50 Fuß breit; sie hat 17 Bogen, von deren 7 mittelsten jeder 87 Fuß Spannung hat. Der Bau derselben wurde 1811 begonnen und 1824 vollendet; er kostete über 2 Millionen Thaler und war mit großen Schwierigkeiten verknüpft, theils wegen der Tiefe des Flusses, die an einer Stelle bei niedrigem Wasser 26 Fuß beträgt, theils wegen der Flut von 12–18 Fuß Höhe, die sich bis hieher erstreckt, und der starken Strömung, die oft die Geschwindigkeit von 1½ geographischen Meilen in einer Stunde erreicht, theils endlich wegen des sandigen, veränderlichen Bodens. Die Stadt wird von einer Mauer mit vielen alten Thürmen umgeben, außerdem aber nur von zwei unbedeutenden Castellen, Namens Ha und St.-Louis oder Ste.-Croix, und dem stärkern Chateau Trompette vertheidigt. In neuern Zeiten ist sie sehr verschönert worden, hat meist massive, größtentheils ansehnliche Häuser, von denen mehre Paläste zu heißen verdienen, in den alten Quartieren enge und unregelmäßige, in den neuen aber wahrhaft prächtige Straßen, schöne Plätze, breite und regelmäßige Quais und bietet namentlich von der Flußseite einen überraschenden, großartigen Anblick dar. Von den Straßen, die zum Theil mit Bäumen besetzt sind und angenehme Spaziergänge bilden, ist die im Quartier Chapeau-Rouge die schönste; nächstdem sind auszuzeichnen die Straßen oder sogenannten Cours d'Albert, du Tourny, du Jardin und St.-Severin, sowie die im Norden der Stadt liegende Vorstadt Chartrons, welche fast sämmtliche Weinlager enthält. Die schönsten öffentlichen Plätze sind der Ludwig-Philippsplatz, sonst Platz Ludwig's XVI. genannt, und der Königsplatz. Jener ist an einer Seite gegen den Fluß offen, wird an der entgegengesetzten von dem Cours Douze-Mars durchschnitten und enthält Baumgänge, welche die Namen der Alleen Angoulême und Berri führen; dieser ist mit dem Börsengebäude und dem vormaligen Hôtel des Fermes geziert. Außer diesen sind die vornehmsten Gebäude: der königliche Palast, 1810 von Napoleon erbaut, das große Theater, eins der schönsten in Europa, dessen Façade mit einem Säulengange und Bildsäulen geziert ist, die neue Kathedrale, das Stadthaus u. s. w. Noch muß eine nach einer neuen Construction erbaute Mühle von 24 Gängen erwähnt werden, die blos durch die Ebbe und Flut getrieben wird. Als Überreste der Römerzeit sind namentlich das Unterthor, die Ruinen eines Amphitheaters und ein Brunnen bemerkenswerth. Unter den wissenschaftlichen Anstalten sind hervorzuheben: eine Akademie mit zwei Facultäten (gestiftet 1441), eine Gesellschaft der Wissenschaften (gestiftet 1712), eine derselben gehörige öffentliche Bibliothek von 55,000 Bänden, ein botanischer Garten u. s. w. Die 1670 gestiftete Akademie der schönen Künste besitzt ein schönes Museum mit einer Bildergalerie. Die Industrie der Stadt ist sehr wichtig; man macht hier Fayence, Wollenzeuche, Spitzen, treffliche Liqueurs, Weingeist, Weinessig u. s. w.; ferner findet man hier 8 Zuckersiedereien, 50 Tabacksfabriken, 5 Glashütten und 8 Taudrehereien. Auch der Schiffbau wird sehr stark betrieben. Vor Allem wichtig ist aber der Handel der Stadt, welcher durch ihre Lage ausnehmend begünstigt wird.

Bordeaux ist der wichtigste Ausfuhrplatz im südwestlichen Frankreich; wiewol der Vortheil, den ihm ein so bedeutender schiffbarer Strom, wie die Garonne, gewährt, einigermaßen gemindert wird theils durch die Schwierigkeit der Schiffahrt auf dem obern Theile derselben, theils durch den Canal du Midi, welcher die Garonne mit dem mittelländischen Meere verbindet und die Kaufleute von Marseille in den Stand setzt, mit denen von Bordeaux in einem Theile der südlichen Departements zu concurriren, sodaß Bordeaux nicht einmal den Handel der 10—12 zum Gebiet der Garonne gehörigen Departements ausschließlich beherrscht. In dem Hafen der Stadt, der an 1000 Schiffe faßt, können der hohen Flut und der Tiefe des Flusses wegen die größten Kauffahrteischiffe bis dicht an die Stadt kommen. Im J. 1837 liefen 3428 Schiffe ein, worunter 442 fremde; die Stadt besaß in diesem Jahre 335 eigene Schiffe, von denen 201 von durchschnittlich 269 Tonnen zum auswärtigen Handel und 104 von durchschnittlich 100 Tonnen zum Küstenhandel verwandt wurden. Die Hauptgegenstände des Handels sind Wein, Branntwein und Colonialwaaren; außerdem werden ausgeführt Weinessig, getrocknete Früchte, besonders Pflaumen, Terpenthin, Brennholz, Glasflaschen, Kork, Honig, Schinken u. s. w., eingeführt englisches Zinn, Blei, Kupfer und Steinkohlen, Farbstoffe, Bauholz, Pech, Hanf, Leder, Heringe, Pökelfleisch, Käse u. s. w. Die ausgeführten Weine sind hauptsächlich die bekannten Bordeauxweine, von denen die besten, Margaux, Laffitte, Latour und Haut-Brion, aus dem Districte Medoc am linken Ufer der Garonne unterhalb Bordeaux kommen, aber auch Weine aus Languedoc, Roussillon, Perigord u. s. w. Die Quantität des ausgeführten Weins betrug 1829 9,643,083 Gallons, die des Branntweins über 2 Millionen Gallons. Auch werden von Bordeaux Schiffe auf den Walfisch- und Stockfischfang geschickt. Jährlich werden zwei große Messen gehalten, im März und October, welche 14 Tage dauern und, namentlich die letzte, wegen des Weinhandels wichtig sind.

Bordeaux ist eine sehr alte Stadt, die zur Zeit der Römer Burdigala hieß; der römische Dichter Ausonius, der 393 n. Chr. starb, ist hier geboren. Im 5. Jahrhundert war es im Besitz der Gothen und wurde später von den Normannen verwüstet. Karl's des Großen Sohn Ludwig gab die Landschaft Aquitanien oder Guienne (der zweite Name verdrängte den ersten im

Bordeaux mit der Brücke über die Garonne.

12. Jahrhundert) einem gewissen Arnulf als Herzogthum in Lehn, dessen Nachkommen es über drei Jahrhunderte besaßen. Die Tochter des letzten Herzogs Wilhelm V., Eleonore, vermählte sich mit König Ludwig VII. von Frankreich und brachte ihm Guienne zu; da sie aber 1151 von ihm verstoßen wurde und sich mit Graf Heinrich von Anjou vermählte, der 1154 nach dem Tode des Königs Stephan unter dem Namen Heinrich II. den englischen Thron bestieg, so fiel Guienne an England. In den Kriegen zwischen England und Frankreich unter den englischen Königen Eduard III., Richard II., Heinrich IV., V. und VI. gelangte Bordeaur zu großer Wichtigkeit. Eduard III. machte es zur Hauptstadt mehrer Provinzen, die er als besonderes Fürstenthum seinem tapfern Sohne, dem schwarzen Prinzen, übergab, welcher von Bordeaur den merkwürdigen Kriegszug antrat, der mit der Schlacht bei Poitiers im J. 1336 endigte und seinen in dieser gemachten Gefangenen, König Johann II. von Frankreich, nach Bordeaur führte, wo er zugleich mit dem englischen Prinzen elf Jahre lebte. Des schwarzen Prinzen Sohn, König Richard II., der in Bordeaur geboren war, trat Guienne an Johann, Herzog von Lancaster, ab, aber die Bewohner hingen so sehr an der englischen Herrschaft, daß sie sich weigerten, diesen neuen Gebieter anzuerkennen. Die Verbindung zwischen Bordeaur und England dauerte bis in die Regierung Heinrich VI., unter welchem die Stadt im J. 1451 sich unter günstigen Bedingungen dem König Ludwig VIII. von Frankreich ergab. Später empörten sich die Bordeaurer noch einmal zu Gunsten Englands; eine englische Armee unter dem Grafen von Shrewsbury wurde abgeschickt, um sie zu unterstützen, aber geschlagen. Das zum zweiten Male unterworfene Bordeaur mußte nun härtere Bedingungen eingehen und zu gleicher Zeit wurden die Schlösser Trompette und Ha gebaut, um die Treue der Einwohner zu sichern und fernern Angriffen von außen zu begegnen. Einen gleich unglücklichen Ausgang hatte die durch die Einführung der Salztare verursachte Empörung im J. 1548, in welcher der Gouverneur de Morems ermordet wurde, wofür der Connetable von Montmorency die Einwohner hart züchtigte. In der ersten französischen Revolution erlitt Bordeaur als Hauptsitz der gemäßigten oder Girondisten-Partei eine ähnliche Verheerung wie Lyon und Marseille. Der Regierung Napoleon's war Bordeaur seit Einführung des Continentalsystems, von welchem der Handel der Stadt sehr beeinträchtigt wurde, ganz abgeneigt, weshalb es schon am 12. März 1814, unter allen Städten zuerst, sich für das Haus Bourbon erklärte. In geringer Entfernung von Bordeaur sind die geistreichen französischen Schriftsteller Montaigne und Montesquieu geboren, von denen der Letztere hier begraben liegt.

Die Insel Sardinien und ihre Bewohner.

Sardinien ist größtentheils eben; gegen die Mitte der Insel findet man ansehnliche Anschwellungen des Bodens, die jedoch von tiefen Einschnitten, ausgedehnten Plateaus und Tiefebenen unterbrochen werden, sodaß man von eigentlichen Bergketten nicht sprechen kann. Die bedeutendste Berggruppe, meist aus Schiefer bestehend, heißt Gennargentu; ihre zwei höchsten Gipfel sind etwa 6000 Fuß hoch; dieser zunächst kommt ein Kalkberg bei dem Dorfe Oliena und die Gipfel der Granitgruppe des Limbara, jener wie diese etwa 4000 Fuß hoch. Vulkanische Felsen, Trachyt, Basalt und Lava sind in Menge vorhanden und deuten auf gewaltige Naturereignisse der Vorzeit; die merkwürdigsten vulkanischen Gipfel der Insel sind der Monte Ferro und der Monte Arci, jener 3000, dieser 2500 F. hoch. Die sardinischen Berge sind reich an Metallen; zehn bis zwölf Gruben liefern silberhaltiges Bleierz; am Monte Narba gediegenes Silber; am häufigsten ist Blei, namentlich schwefelhaltiges; die Kupferminen sind nicht ohne Bedeutung; von Eisen wird jährlich für 85,000 Thaler ausgeführt; auch Quecksilber wird in einer Gegend gefunden und von Spießglanz und Braunstein sind Spuren vorhanden. Von fossilen Brennstoffen gibt der Anthracit von Suni die meiste Ausbeute, der von guter Qualität ist, auch schöne Pflanzenabdrücke enthält, aber wegen der schlechten Beschaffenheit der zu den Gruben führenden Wege nur geringen Nutzen gewährt. Die ausgedehnteste Ebene Sardiniens, der Campidano, ist wegen ihrer Fruchtbarkeit berühmt. Die Flora der Insel ist sehr reich, namentlich auf den Bergen und Hochebenen; man findet hier in den Wäldern die Fichte, den Kastanienbaum, den Nußbaum, den Ahorn, die Eiche, den wilden Ölbaum, die Stechpalme, den Wachholderstrauch, das Pantoffelholz u. s. w. Der Tarus wird sehr hoch, auch die Myrte gedeiht sehr gut; der Erdbeerbaum wird zuweilen bis 21 Fuß hoch. Unter den zahlreichen schönen Haidekräutern wächst die erica arborea bis zu bedeutender Höhe; in feuchten Thälern sieht man die zierliche Geniste vom Ätna mit goldgelben Blüten; Alpenrosen, Lorberrosen, Mastirbäume und Terebinthen wachsen überall wild. In der Nachbarschaft der Küste trifft man die Tamarinde, die Zwergpalme und den Dattelbaum. Citronen und Orangen werden sehr stark angebaut; Feigen, Granatäpfel und Weintrauben gedeihen ohne alle Pflege aufs beste, Gemüsesorten sind in reicher Auswahl vorhanden. Hinsichtlich des Thierreichs verdient erwähnt zu werden, daß es weder Vipern noch andere giftige Schlangen hier gibt, dafür sind aber Scorpione und Tarantela eine große Plage der Einwohner. Vorzüglich merkwürdig sind die Wasservögel, namentlich die prachtvollen Flamingos, die im August und September aus dem Süden ankommen. Ihnen folgen im October zahlreiche nordische Vögel: Schwäne, Enten, Reiher, Rohrdommeln, Krebsfresser, Nachtraben, Silbertaucher, Kormorans, Wasserhühner u. s. w. Die Häufigkeit der Wasservögel hängt mit dem großen Reichthume der Insel an Teichen und Sümpfen zusammen, der in der Natur derselben einen der hervorstechendsten Züge bildet. Diese stehenden Gewässer, von denen einige durch künstliche Einschnitte mit dem Meere in Verbindung stehen, andere ein niedrigeres Niveau als dieses haben, sind seicht und können namentlich bei starkem Winde nicht einmal mit platten Kähnen befahren werden; alle sind mehr oder weniger fischreich, fast alle erzeugen salzsaure, schwefel- und kohlensaure Soda, welche jedoch nicht eingesammelt wird. Die Zahl der Moräste, die meist durch verschüttete Betten fließender Gewässer entstanden sein mögen, hat wegen der Abnahme der Bevölkerung und des Landbaues beständig zugenommen; sie hauchen größtentheils eine verpestete Luft aus, wegen deren schon die Alten die Insel für ungesund erklärten, was im Allgemeinen nicht richtig ist, da die trockenen, hochliegenden Gegenden völlig gesund sind. Außer den mephitischen Ausdünstungen mag der große Unterschied in der Temperatur bei Nacht und bei Tage und der nach heißen

Sommer_ fallende kalte Thau häufig den Grund zu bösartigen Krankheiten legen. Andererseits fehlt es der Insel nicht an Heilquellen, die zum Theil sehr warm sind, nur sind nirgend Anstalten zur Aufnahme von Curgästen getroffen, die sich fast überall mit elenden Hütten aus Baumzweigen begnügen müssen.

Die Bevölkerung läßt sich, da die Volkszählungen sehr mangelhaft sind, nicht genau angeben, mag aber über eine halbe Mill. betragen; nach der Zählung von 1838 betrug sie 524,635, mithin leben auf jeder der 400 Quadratmeilen durchschnittlich nur etwa 1300 Einwohner. Von 1775—1816 war sie im Abnehmen, seitdem wieder im Zunehmen begriffen; 1824 wurden nur 412,357 Individuen gezählt (worunter 6200 Adelige, 1857 Weltgeistliche, 1125 Mönche, 65000 Städtebewohner, 16500 Hirtenfamilien, aus 85,000 Personen bestehend). Die Sarden sind im Durchschnitt wohlgewachsen und stark, wiewol in der Regel nur von mittlerer Größe; sie haben schöne schwarze Augen und ausdrucksvolle Züge. Ihre Gesittung steht auf einer niedrigen Stufe, aber die Tugend der Gastfreundschaft besitzen sie im hohen Grade; sie sind verschlagen, beständig in Haß wie in der Liebe und beseelt von Nationalstolz. Wie in dem nahen Corsica gibt es in den Wäldern zahlreiche Räuber und die Blutrache gilt hier wie dort. Sinn für Dichtkunst scheint den Sarden angeboren zu sein und zwar vorzugsweise dem Landvolke; bei ihren Arbeiten oder auf Reisen kürzen sie sich die Zeit mit improvisirten Liedern und in manchen Gegenden sind Wettgesänge zwischen Personen beider Geschlechter üblich. Die sardinische Sprache, keine bloße Mundart der italienischen Sprache, obgleich wie diese eine Tochter der lateinischen, hat aus dieser mehr altrömische Wörter behalten als jene, enthält aber auch viele griechische Wörter. In einigen Klöstern und Bezirken werden die beiden Hauptdialekte der spanischen Sprache gesprochen.

Das sardinische Nationalcostume hat eine merkwürdige Ähnlichkeit mit gewissen antiken Kleidertrachten; dies gilt namentlich von einer Art Wamms aus gegerbtem und glattem Leder, den Pelzröcken aus Hammel- oder Ziegenfellen im Naturzustande, welche die Einwohner seit undenklichen Zeiten selbst im Sommer tragen, u. s. w.; die sardinische Mütze entspricht der phrygischen oder der Mitra. Zuweilen binden sich die Bauern ein bloßes Taschentuch um den Kopf, das am Halse festgeknüpft wird, was ihnen ein weibisches Ansehen gibt. Die Tracht der jungen Mädchen ist sehr mannichfaltig. In Quartu tragen die Landmädchen Mieder ohne Ärmel, einen Gürtel aus Linnen, der mehrmals um die Hüften geschlungen wird, einen kurzen faltigen Rock von brennenden Farben und geflochtenes Haar, das von einem Netz aus amaranthfarbiger Seide umhüllt ist. An Festtagen erscheinen sie in einem Sammtmieder mit goldenen Tressen und silbernen Knöpfchen; um den Hals tragen sie dann eine goldene Kette, an den Fingern geschnittene Steine in Ringe gefaßt. Zuweilen hüllen sie sich in einen weißen Schleier, der nur das Gesicht frei läßt. Die Frauen von Osilo tragen scharlachrothe Gewänder mit aufgeschlitzten Ärmeln, die das reine weiße Hemde sehen lassen, und einer kostbaren Tressengarnitur.

Die alten Sitten des Landes finden wir noch auf den Bergen und im Innern in vollkommener Reinheit. Charakteristisch sind namentlich die Leichen- und Hochzeitsfeierlichkeiten. Am Lager eines Verstorbenen versammeln sich gedungene Frauen, die ein lautes Schluchzen und Wehklagen beginnen, zum Zeichen des Schmerzes ihr Haar zerraufen und sich zu Boden werfen; hierauf erhebt sich eine und singt ein das Lob des Verstorbenen enthaltendes Leichengedicht, dessen Refrain die andern wiederholen. Die Weise des Liedes ist nach dem Alter, Geschlecht und Stand verschieden, sanft und melancholisch bei einem jungen Mädchen, lebhafter bei einer Frau, ernst und feierlicher bei einem kräftigen Manne. Bei den Heirathen macht der Vater oder Vormund des Liebhabers dem Freiwerber; wird sein Gesuch angenommen, so verabredet man sich über die gegenseitigen Geschenke, die an bestimmtem Tage feierlich ausgetauscht werden. Ein langer Zug von Verwandten und Freunden überbringt dann die Geschenke aus dem Hause des Bräutigams in das der Braut. Knaben tragen lauter zerbrechliche Gegenstände, Gefäße, Spiegel u. s. w.; dann kommen schön geputzte Bäuerinnen, welche Guirlanden, Kissen mit Bändern und eine bronzene oder irdene Amphora von antiker Form tragen; hierauf folgt ein Zug von Wagen, die den Hausrath des Bräutigams fahren; den Beschluß macht ein Esel, dessen Ohren und Schwanz mit Bändern und Myrten geschmückt sind. Nach der Vermählung richten die Ältern der Braut ein Hochzeitsessen aus, bei welchem die Neuvermählten aus einem Teller und mit einem Löffel essen; hierauf wird die Braut in feierlicher Procession in ihre neue Wohnung begleitet, wobei die Frauen rechts, die Männer links dem Wagen des jungen Paares folgen. Beim Eintritte in die neue Wohnung wird die Braut von ihrer vorausgegangenen Mutter empfangen, die ihr etwas Getreide, Salz und Zuckerwerk reicht.

Heilung der Kurzsichtigkeit und des Schielens.

Eine sehr wichtige medicinische oder richtiger physiologische Entdeckung, eine Methode nämlich, welche die Heilung und Verhütung der Kurzsichtigkeit zum Zweck hat, ist kürzlich durch Professor Berthold in Göttingen gemacht worden. Sie beruht darauf, das Vermögen des Auges, sich für die Nähe und Ferne einzurichten, der zu starken physischen Brechungskraft der Krystalllinse bei Kurzsichtigen anzupassen. Zur Erläuterung schicken wir voraus, daß ein Gegenstand dann deutlich gesehen wird, wenn die von demselben kommenden Strahlen, von der Hornhaut und Krystalllinse des Auges gebrochen, sich auf der Netzhaut des Auges vereinigen; die Kurzsichtigkeit rührt nun daher, daß sich entweder wegen zu großer Conversität der Krystalllinse oder aus andern Ursachen zwar die von sehr nahen Gegenständen kommenden Strahlen auf der Netzhaut, aber die von entfernten kommenden schon in einiger Entfernung vor derselben vereinigen, während umgekehrt bei weit- oder fernsichtigen Personen wegen zu geringer Conversität und daher zu schwacher Brechungskraft der Krystalllinse oder aus andern Ursachen nur die Strahlen von entfernten Gegenständen sich auf der Netzhaut, die von nahen kommenden aber erst in einiger Entfernung hinter derselben vereinigen. Aber auch bei einem völlig gesunden oder normalen Auge könnten sich eigentlich nur die aus einer bestimmten Entfernung kommenden Strahlen auf der Netzhaut vereinigen, da bei jeder Linse die auf dieselbe fallenden Strahlen sich hinter derselben in einem Punkte vereinigen, der von der Linse desto weiter entfernt ist, je näher der Gegenstand, von dem die Strahlen ausgehen, der Linse liegt. Demnach würde auch das beste Auge nur in einer bestimmten Entfernung befindliche Gegenstände deutlich sehen können, wenn das Auge nicht das Vermögen besäße, sich für die Nähe und Ferne einzurichten, d. h. seine physische Brechungskraft der Entfernung der Gegenstände so anzupassen, daß innerhalb gewisser Grenzen sowol die von nahen, als die von entfernten Gegenständen kommenden Strahlen sich auf der Netzhaut des Auges vereinigen, was entweder dadurch geschieht, daß die Krystalllinse bei entfernten Gegenständen der Netzhaut näher rückt, bei nähern aber sich weiter von ihr entfernt, oder dadurch, daß die Krystalllinse ihre Form ändert, und zwar beim Anblick entfernter Gegenstände flacher, beim Anblick naher aber converer wird. Welche dieser Veränderungen vor sich geht, ist freilich nicht zu ermitteln, aber die beim Sehen sehr naher oder sehr entfernter Gegenstände fühlbar werdende Anstrengung des Auges deutet auf eine daran stattfindende Thätigkeit desselben. Der berühmte Astronom Olbers hat berechnet, daß, wenn der Abstand der Krystalllinse von der Netzhaut nur etwa um eine Linie sich zu ändern im Stande wäre, dadurch das Sehen der Gegenstände, welche sich von vier Zoll bis in die äußerste Entfernung von dem Auge befinden, möglich werden würde. Nur in einzelnen seltenen Fällen fehlt dieses Vermögen, sich für die Nähe und Ferne einzurichten, und das Auge verhält sich dann genau wie eine camera obscura, sodaß nur die in ganz bestimmten Entfernungen befindlichen Gegenstände deutlich gesehen werden.

Professor Berthold geht von der Idee aus, daß dieses Anpassungsvermögen gleich jeder willkürlichen Körperbewegung durch länger fortgesetzte Übung gestärkt werden könne, und hat zur Erreichung dieses Zweckes einen Apparat construirt, den er Myopodiorthotikon nennt und der die Beschäftigungen des Lesens und Schreibens gestattet, welche zwar einerseits die Kurzsichtigkeit am häufigsten herbeiführen, andererseits aber auch als die geeignetsten Mittel zur Beseitigung derselben erscheinen. Er besteht aus einem Pulte, anderthalb Fuß lang, elf Zoll tief, das auf einen beliebigen Tisch gestellt werden kann und auf einem gleich großen Grundbrete mit seiner Vorderseite durch Charniere oder eine andere Vorrichtung beweglich ist; vom hintern Theile desselben steigt auf jeder Seite eine Schraube gerade in die Höhe, welche durch einen beweglichen Querbalken hindurchgeht, der mittelst einer untern Schraubenmutter auf- und niederbewegt und durch eine obere befestigt werden kann. In der Mitte des Querbalkens befindet sich ein Horizontalloch zur Aufnahme eines Nasenstegs, an den man den obern Theil der Nasenwurzel anlehnt; dieser Steg aber, in Zolle und Linien eingetheilt, ist beweglich und kann durch eine Schraube festgestellt werden. Durch passende Bewegung des Pults, des Querbalkens und des Nasenstegs kann man den Apparat so stellen, daß das auf dem Pulte liegende, zum Lesen dienende Buch die zweckmäßigste Lage gegen das Auge erhält. Anfangs wird die Spitze des Nasenstegs so weit vom Pult entfernt, daß der Kurzsichtige ein aufgelegtes Buch, wo möglich mit etwas großer Schrift, bequem lesen kann, durch langsame Umdrehung der Schraubenmutter wird diese Entfernung nach und nach vergrößert, doch darf dies nur ganz allmälig geschehen, weil sonst das Vermögen des Auges in seiner Verstärkung nicht folgen kann, und niemals über den Punkt hinaus, von welchem die Schrift nicht mehr völlig deutlich oder nur mit Anstrengung gelesen werden kann. Durch Maßstäbe an dem Instrument, die dazu dienen, die allmälige Verminderung der Kurzsichtigkeit zu bestimmen, wird es möglich, dasselbe zum Lesen von Büchern mit verschiedener Schrift zu gebrauchen, doch ist es gut, sich so lange als möglich desselben Buchs oder derselben Schrift zu bedienen, sowie Bücher zu wählen, die nicht mit verschieden großen Typen, wie sie namentlich in Kinderschriften vorzukommen pflegen, gedruckt sind. Während der Cur hat der Kurzsichtige die Beschäftigung mit anderweitigen nahen Gegenständen zu vermeiden, also z. B. das Zeichnen, Nähen, Stricken, Sticken zu unterlassen, kann aber schreiben, wobei das Papier die Stelle des Buchs einnimmt. Dagegen beschäftige er das Auge möglichst mit entfernten Gegenständen, bewege sich fleißig im Freien und richte hier seine Aufmerksamkeit auf ferne Bäume, Berge u. s. w. Hinsichtlich der Diät sind alle erhitzenden Nahrungsmittel zu vermeiden, bei Denjenigen aber, die häufig an Congestionen des Bluts nach dem Kopfe leiden, sind zweckmäßige kühlende und ableitende Mittel anzuwenden.

Die heilsame Wirkung dieses Apparats ist durch die Erfahrung bereits erwiesen; aber allerdings ist in frühern Lebensjahren schnellerer Erfolg von der Cur zu erwarten, als in den spätern, und je größer der Grad der Kurzsichtigkeit ist, desto länger muß die Cur dauern. Ein sehr auffallendes Beispiel ist das eines jungen Mannes von 26 Jahren, der gewöhnliche Schrift, die er früher nur aus fünf Zoll Entfernung bequem zu lesen im Stande war, in nicht völlig vier Monaten durch den Gebrauch des Instruments aus einer Entfernung von $11\frac{1}{3}$ Zoll vollkommen deutlich lesen gelernt hatte. Durch zeitige Anwendung des Instruments bei Kindern, bei denen eine Neigung zur Kurzsichtigkeit vermuthet werden kann, weil ihre Ältern daran leiden, läßt sich diesem Sehfehler ganz vorbeugen. Ja man könnte sogar den Apparat im Großen in Schulen einrichten. Die zu dem Gebrauche desselben bestimmten Kinder müßten dann an einen besondern Tisch zusammengesetzt werden, der durch Seitenschrauben und Querbalken zu einem großen Myopodiorthotikon umgewandelt würde; mittels der Nasenstege ließe sich dasselbe den einzelnen Kindern so anpassen, wie es ihre verschiedene Sehweite erheischen würde. *)

Mindestens ebenso wichtig ist eine neue, bereits sehr verbreitete Methode, den Fehler des Schielens zu operiren, welche der berühmte Augenarzt Dieffenbach in Berlin zwar nicht eigentlich erfunden, aber neu begründet und zuerst mit entschieden glücklichem Erfolg bereits in zahlreichen Fällen angewandt hat. Bekanntlich besteht dieser so entstellende Fehler darin, daß die Schielenden die Richtung der Augenachsen nicht in ihrer Gewalt haben und daher ihre Augen unwillkürlich bewegen, womit in der Regel eine Schwäche der Augen verbunden ist. In den meisten Fällen schielt nur das eine Auge; in seltenern haben beide Augenachsen eine schiefe, gewöhnlich convergirende Richtung. Die Ursache dieses Fehlers liegt in einer unwillkürlichen Thätigkeit der Augenmuskeln, die wieder die Folge entweder von angeborener Schwäche oder von Angewöhnung ist. In dem letzten Falle verliert sich der Fehler oft mit den Jahren und läßt sich leicht heilen, wozu man theils Augenbedeckungen mit kleinen Öffnungen, theils — und zwar mit noch besserm Erfolg — ein sehr einfaches Verfahren anwenden kann, welches darin besteht, das gesunde Auge zu schließen, die Gegenstände nur mit dem kranken zu betrachten, hierauf das gesunde wieder zu öffnen und nun beide in ihrer Richtung zu erhalten. Man bediente sich bisher auch wol der Schielbrillen oder anderer optischen Apparate, um das Auge an seine natürliche Richtung zu gewöhnen, ohne jedoch durch dieselben das

---

*) In Tauber's physikalischem Magazin in Leipzig werden Apparate, die genau nach Berthold's Vorschrift gefertigt sind, zu dem Preise von fünf Thalern verkauft.

336 — Das Pfennig=Magazin.

Übel dauernd beseitigen zu können. Dies läßt sich aber durch eine Operation bewirken, die schon früher vorgeschlagen, aber erst von Dieffenbach wirklich ausgeführt worden ist: nämlich durch Durchschneidung der geraden innern oder äußern Augenmuskeln oder auch beider. Auf diesem Wege hat Dieffenbach in wenigen Monaten mehre hundert Schielende von ihrem lästigen Fehler glücklich befreit und sich bei der großen Mannichfaltigkeit der Fälle, die ihm Gelegenheit gab, die genauesten Beobachtungen über die Thätigkeit der einzelnen Muskeln anzustellen, die vollkommenste Sicherheit angeeignet; die von ihm angewandte Methode der Operation ist ebenso einfach als schonend für das Auge.

Miscellen.

Die Stadt Paris hat ihre muthmaßlichen Ausgaben des Jahres 1840 für Verschönerungen der Stadt, Neubauten, Verbesserungen auf 4,536,605 Francs veranschlagt. In der Regel sollen diese Voranschläge um mehr als drei Viertheile überschritten werden.

Rundschit=Singh, König von Lahore, hat den in seinem Besitze befindlichen kostbaren Diamanten Kohi=Noor, einen der größten, welche existiren (halb so groß wie ein Hühnerei) und vom schönsten Wasser, dem Tempel zu Jaggernaut vermacht. Die Geschenke, die er an seinem Todestage vertheilte, werden auf etwa 7 Millionen Thaler berechnet.

Das goldene Alter, nach einem Gemälde von West.

Verantwortlicher Herausgeber: Friedrich Brockhaus. — Druck und Verlag von F. A. Brockhaus in Leipzig.

Das Pfennig-Magazin

für Verbreitung gemeinnütziger Kenntnisse.

395.] Erscheint jeden Sonnabend. **[October 24, 1840.**

John Milton.

John Milton, der größte epische Dichter Englands, wurde am 9. Dec. 1608 zu London geboren. Seine Familie war einst wohlhabend und im Besitze von Milton in Oxfordshire gewesen, hatte aber dieses Gut in Folge der Bürgerkriege zwischen den Häusern York und Lancaster verloren und verdankte vielleicht gerade dem Unglück eine weit größere Auszeichnung, als der Wohlstand ihr hätte geben können. Des Dichters Großvater war Förster im Walde von Shotover unweit Oxford und sandte seinen Sohn auf diese Universität, um sich den Studien zu widmen; aber als strenger Katholik enterbte er den eifrigen jungen Mann wegen seiner Neigung zu den Lehren der Reformation und versetzte ihn in die Nothwendigkeit, seine kaum begonnene wissenschaftliche Laufbahn zu verlassen und mit einer weniger ehrenvollen, aber einträglichern zu vertauschen. Der gewesene Student wählte das Geschäft eines Schreibers (Notars), welches damals die Ausfertigung von Contracten und das Verleihen von Capitalien umfaßte. Die ansehnlichen Einkünfte dieses Geschäfts setzten Milton's Vater in den Stand, seinem eigenen Sohne die Vortheile der Erziehung, deren er selbst beraubt worden war, zu Theil werden zu lassen. Beiden Ältern widmete der Dichter die innigste Liebe und gedenkt ihrer nur mit dem höchsten Lobe. Seine Erziehung vereinigte die Vortheile des häuslichen und öffentlichen Unterrichts. Von seiner frühen Liebe zu den Wissenschaften sagt er selbst Folgendes: „Mein Vater bestimmte mich schon als Knaben für das Studium der Wissenschaften und ich ergab mich ihm mit solchem Eifer, daß ich vom zwölften Jahre an selten vor Mitternacht die Bücher verließ, um das Bette zu suchen. Dies wurde freilich meinen Augen verderblich, deren natürliche Schwäche mit häufigem Kopfschmerz

VIII. 43

verbunden war; aber dies konnte meine Wißbegier nicht mindern." Sein Hauslehrer war Thomas Young, welcher nachmals (1623) sein Vaterland wegen religiöser Meinungen verlassen mußte und englischer Prediger in Hamburg wurde. Diesem gelehrten und gewissenhaften Manne verdankte Milton wahrscheinlich nicht nur seine leidenschaftliche Liebe zur Literatur, sondern auch jene Festigkeit und Rechtlichkeit des Charakters, die ihn in allen Wechselfällen seines stürmischen Lebens ausgezeichnet hat. Am 12. Febr. 1624 wurde er im Christcollegium auf der Universität zu Cambridge aufgenommen und hatte hier zwar anfangs mit mancherlei Widerwärtigkeiten zu kämpfen, wie nachmals in der Welt, indem er mit parteiischer Strenge behandelt wurde, war aber später der Gegenstand allgemeiner Bewunderung. Denn schon damals zeichnete er sich als Dichter (wiewol fast ausschließlich noch in lateinischer Sprache) sehr rühmlich aus und seine noch vorhandenen Gedichte aus jener Zeit sind voll von Innigkeit und Begeisterung. Im Beginn seiner akademischen Laufbahn beabsichtigte er, sich dem Dienste der Kirche zu widmen, zu welchem er schon als Kind von seiner Familie bestimmt worden war; religiöse Bedenklichkeiten hielten ihn jedoch später ab, dieses Vorhaben auszuführen, weil er sich nicht dazu verstehen konnte, die in der bischöflichen Kirche herkömmlichen Glaubenseide zu unterschreiben. Nach siebenjährigem Aufenthalte in Cambridge, wo er nach einigen Biographen der letzte Student in England war, der eine körperliche Züchtigung erlitt, ging er nach Oxford und kehrte von da 1632 in das Haus seines Vaters zurück, der sich zu Horton in Buckinghamshire niedergelassen hatte. Hier, in ländlicher Zurückgezogenheit, lebte er fünf Jahre lang den Studien, namentlich dem der classischen Literatur, mit jenem Eifer und jener Beharrlichkeit, die seiner Natur eigenthümlich waren; zuweilen hielt er sich auch einige Zeit in London auf, um sich in der Mathematik und Musik, die er zu seiner Unterhaltung trieb, zu vervollkommnen.

Nach dem Tode seiner Mutter, welche im April 1637 starb, erhielt er von seinem Vater die Erlaubniß, eine Reise nach dem Continent zu machen, worauf sein sehnliches Verlangen gerichtet war. Als eins der Motive zu dieser Reise wird angegeben, daß er in Italien eine Sammlung italienischer Musik zusammenzubringen wünschte. In Begleitung eines Dieners reiste er 1638 nach Paris, wo ihn der englische Botschafter Lord Scudamore auf seinen dringenden Wunsch mit Hugo Grotius, der sich damals als schwedischer Gesandter in Paris aufhielt, bekannt machte. Von Paris ging er nach Nizza, schiffte sich hier nach Genua ein, sah Livorno und Pisa im Fluge und hielt sich zwei Monate in Florenz auf, wo er sich sehr wohlgefallen zu haben scheint und mit vielen durch ihren Stand und ihre Gelehrsamkeit ausgezeichneten Personen bekannt wurde. Hier war es, wo er zuerst den Plan zu jenen Gesängen entwarf, die ihn später so berühmt gemacht haben. Nach einem kurzen Besuche in Siena hielt er sich zwei Monate in Rom auf, und bewegte sich auch hier in den höchsten Kreisen der Gesellschaft; Holstenius, der bekannte Bibliothekar des Vaticans, empfahl ihn an den Cardinal Barberini, der den Dichter mit der schmeichelhaftesten Aufmerksamkeit beehrte; in den Concerten dieses Kirchenfürsten wurde er von den Reizen der Leonora Baroni gefesselt, deren außerordentliches musikalisches Talent er in lateinischen Versen besungen und an welche er Liebesgedichte in italienischer Sprache gerichtet hat. In Neapel fand er an dem trefflichen Baptista Manso, Marquis von Villa, dem Freunde und Biographen der Dichter Tasso und Marini, einen freundlichen Führer, der ihn seines hohen Alters (er zählte fast 80 Jahre) ungeachtet persönlich mit den Merkwürdigkeiten der Stadt bekannt machte. Von Neapel gedachte er nach Sicilien und Griechenland überzufahren, als er aber den Ausbruch des Bürgerkriegs in England erfuhr, hielt er es mit seinen Grundsätzen unvereinbar, im Auslande umherzureisen, während seine Landsleute daheim für ihre Freiheit stritten. Freunde warnten ihn vor der Rückkehr nach Rom, wo die Umtriebe englischer Jesuiten ihm Gefahr drohten, weil er durch seine freien Äußerungen über religiöse Gegenstände, vielleicht auch dadurch, daß er den unglücklichen Galilei im Gefängnisse der Inquisition besucht, Anstoß gegeben hatte. Gleichwol kehrte er nach Rom zurück, äußerte sich während seines zweimonatlichen Aufenthalts ebenso unverholen als je zuvor, ohne daß ihm deshalb etwas widerfahren wäre, und ging dann über Florenz, Bologna und Ferrara nach Venedig. Hier blieb er einen Monat und begab sich dann über Verona und Mailand nach Genf, wo ihn Johann Diodati, der Oheim seines besten Freundes, Karl Diodati, den ein früher Tod hinwegraffte, gütig aufnahm. Nach einer Abwesenheit von 15 Monaten kam er 1640 wieder nach England, als eben der König Karl I. zu Gunsten des Episcopats seinen unglücklichen Krieg gegen die Schotten wagte. Er nahm nun seinen Aufenthalt in London und beschäftigte sich hier mit Ertheilung von Unterricht, hatte aber nur wenige Schüler. Kurze Zeit nachher widmete er seine Feder den Staatsangelegenheiten und begann eine Reihe von politischen Streitschriften zu schreiben, die ihn auf lange Zeit seinen bisherigen friedlichen und harmlosen Beschäftigungen entfremdeten.

Aus den Widerwärtigkeiten der Polemik gerieth er in die noch schlimmern der ehelichen Zwietracht. Im J. 1643 verheirathete er sich mit Marie Powell, eine Verbindung, zu welcher eine Jugendbekanntschaft Anlaß gegeben zu haben scheint; aber kaum hatte seine Gattin wenige Wochen bei ihm gelebt, als sie ihn verließ, angeblich um die Sommermonate bei ihrem Vater zuzubringen. Nach Ablauf der bestimmten Zeit weigerte sie sich beharrlich, zurückzukehren, was unserm Dichter Anlaß gab, im J. 1644 eine Schrift über die Ehescheidung herauszugeben, die er dem Parlamente widmete; ihr folgten einige andere ähnlichen Inhalts. Für die Treulosigkeit seiner Gattin hielt ihn, welcher den Umgang mit gebildeten Frauen liebte, die Bekanntschaft mit der geistreichen Lady Margarethe Ley, der Tochter des unter der vorhergehenden Regierung mit den höchsten Staatswürden bekleideten Grafen von Marlborough, schadlos. Drei Jahre nach seiner unglücklichen Heirath dachte er ernstlich auf eine zweite und warb um die Hand eines schönen und geistreichen Mädchens, die aber ihre Bedenklichkeit wegen seines frühern ehelichen Bandes nicht überwinden konnte. Bald nachher versöhnte er sich mit seiner flüchtigen Gattin, die reuig und völlig unerwartet in sein Haus zurückkehrte und ihn am 29. Juli 1646 mit einer Tochter beschenkte; ihren Angehörigen, die als Royalisten verdächtig waren, gewährte er, wiewol eifriger Anhänger der republikanischen Machthaber, eine Zuflucht in seinem Hause. Im folgenden Jahre starb des Dichters hochbetagter Vater, der jener zu sich genommen und mit kindlicher Pietät bis an sein Ende gepflegt hatte. Nach der Hinrichtung des unglücklichen Königs Karl I. schrieb er eine Schrift über das Recht des Königs und der Richter, die auf Besänftigung und Versöhnung der Gemüther berechnet war. Hatte sich Milton bisher nicht öffentlich als Feind des Königs ausgesprochen, so lange dieser lebte, so sprach er sich doch jetzt für die Rechtmäßigkeit seiner Verurtheilung wenigstens indirect aus, indem er nachwies, was nach den Meinungen der berühmtesten Theologen gegen Tyrannen zu thun gestattet sei. Die Schrift machte Aufsehen und gab vielleicht Veranlassung, daß ihn Cromwell zum Geheimschreiber des neuen Staatsraths für lateinische Ausfertigungen ernannte; gewiß ist, daß Milton sich nicht darum beworben hat. Bald nachher beauftragte ihn der Staatsrath, den Wirkungen einer dem hingerichteten Könige zugeschriebenen Schrift, die unter dem Titel „Ikon Basilike oder das königliche Bild" erschienen war, entgegenzuarbeiten, worauf Milton 1649 eine Widerlegung derselben unter dem Titel „Ikonoklastes oder der Bilderstürmer" herausgab, für welche er bei seiner Partei hohes Lob einerntete. Als im J. 1651 der berühmte Salmasius seine Vertheidigung Karl's I. herausgab, schrieb Milton, dem allgemeinen Wunsche entsprechend, seine „Vertheidigung des Volks", die gefeilteste seiner lateinischen Schriften, die im In- und Auslande ihrer Beredtsamkeit wegen Aufsehen erregte und ihres Verfassers Namen berühmt machte. Daß Milton für diese Schrift vom Parlamente eine Belohnung von 1000 Pf. St. empfangen und sie wol gar aus eigennützigen Absichten geschrieben habe, scheint eine völlig grundlose Behauptung zu sein. Unter den vielen Beifallsbezeigungen, die ihm aus dem Auslande zukamen, waren ihm die der Königin Christine von Schweden am angenehmsten. Er sah darin den äußern Beweis seiner Behauptung, daß er ein Freund guter Fürsten, nur ein Feind der Tyrannen sei. Im Feuer seiner Dankbarkeit widmete er der nordischen Fürstin einen Panegyrikus, dessen sie durch ihr späteres Benehmen völlig unwürdig erschien.

Schon als Milton seine Vertheidigung des Volks begann, war seine Augenschwäche so beunruhigend, daß die Ärzte ihm unausbleibliche Blindheit vorhersagten, wenn er die Arbeit fortsetzte. Milton hatte darauf keine Rücksicht genommen, weil er, wie er sagte, in der Erfüllung einer Pflicht das ihm drohende Übel um so weniger geachtet habe, da so viele er geringsten Gut mit einem schwerern Übel, den Ruhm mit dem Tode erkauft hätten. Das befürchtete Ereigniß war leider nicht abzuwenden. Sein linkes Auge wurde schon 1651 blind; den Gebrauch des andern verlor er 1654 und erblindete somit gänzlich, ohne sich dadurch von Verwaltung seines Amtes und Fortsetzung seiner Studien, so wie Beides ihm möglich war, abhalten zu lassen. Allgemein war die Theilnahme, welche sein Unglück erregte, und seine zahlreichen Freunde gaben sie ihm fortwährend auf die zartsinnigste Weise zu erkennen und thaten Alles, um sein Unglück durch die Tröstungen der Freundschaft, für welche Milton in hohem Grade empfänglich war, so viel als nur immer möglich zu lindern. Umsonst waren alle Bemühungen der Ärzte, und wer kann sagen, ob es nicht besser für ihn war, daß seine Blindheit ungeheilt blieb? Seine Ergebenheit, gepaart mit Energie, hatte sein Unglück dergestalt in eine Segnung verwandelt, daß es das wahre Glück seines Lebens und die Vollendung seines Genies eher gefördert als gehindert zu haben scheint. Er selbst äußerte in seinen Schriften fast Freude über sein Leiden; es ward ihm versüßt durch die Überzeugung, daß der Blinde unmittelbarer unter den Schutz der göttlichen Vorsehung gestellt ist, und auf diese Weise angesehen und getragen mußte es nothwendig seine geistigen Fähigkeiten beleben und erhöhen. Wie oft halten wir kurzsichtige Sterbliche gerade diejenigen Umstände für unglücklich, welche als Mittel gedient haben, außerordentlichen Menschen den ihnen eigenen Grad von Auszeichnung zu geben. Gehen wir die Lebensbeschreibungen berühmter Gelehrter und Dichter durch, so finden wir nicht selten, daß sie durch den Impuls eines persönlichen Leidens zum Ruhm emporstiegen; so waren Sokrates und Voltaire, Bacon und Pope häßlich, Homer und Milton blind.

Im J. 1654 erschien Milton, bereits erblindet, abermals auf dem Felde der Polemik, indem er seine zweite Vertheidigung des englischen Volks schrieb, welcher er in dem folgenden Jahre eine Vertheidigung seiner selbst folgen ließ. Die erste dieser Schriften beweist, daß Milton die Phantasie Homer's mit dem Scharfsinn und der Beredtsamkeit des Demosthenes verband, wiewol er nicht nur die Verdienste, sondern auch die Fehler des griechischen Redners besaß und sich gleich diesem durch die Verleumdungen seiner Feinde oft zu maßloser Heftigkeit verleiten ließ.

(Der Beschluß folgt in Nr. 396.)

Der Herzog von Wellington und sein Schild.
(Fortsetzung aus Nr. 392.)

Fig. 5. Die Linien von Torres Vedras.

Wellington war im J. 1809 kaum aus Spanien zurückgekehrt, als der englische Minister Lord Castlereagh ihn wegen der Vertheidigung von Portugal um seine Meinung fragte. Nach reiflicher Überlegung erklärte er, daß man die Franzosen verhindern könne, Besitz von diesem Königreiche zu nehmen, wenn die englische Macht auf 30,000 Mann vermehrt und außerdem Subsidien gewährt würden, welche die portugiesischen Truppen in dienstfähigen Stand setzten. Die Regierung stimmte dieser Ansicht bei und dieselbe wurde nun in Ausführung gebracht. Napoleon hatte, nachdem er über Östreich gesiegt, volle Muße, sein Augenmerk auf eine neue Unterjochung von Portugal zu lenken. Zwei Versuche waren fehlgeschlagen, der eine unter Junot's, der andere unter Soult's Anführung. Jetzt stellte der Kaiser seinen Lieblingsfeldherrn, Marschall Masséna, an die Spitze, welchen er wegen seiner Dienste im östreichischen Kriege zum Fürsten von Eßlingen ernannt hatte. Im Frühlinge des Jahres 1810 sammelte Masséna seine Kriegsvölker und beendigte seine Rüstungen. Zuerst nahm er seine Richtung nach der Festung von Ciudad-Rodrigo, welche nach den Regeln der Kriegskunst am 4. Juni blockirt und von den Spaniern länger als einen Monat tapfer vertheidigt wurde. Nach der Einnahme rückte er in Portugal vor, wogegen die Alliirten in Folge von Wellington's Plan sich zurückzogen. Almeida ward belagert, aber der britische Feldherr erwartete mit Gewißheit, daß es die Belagerung aushalten und dem Feinde eine Zeit lang zu thun geben würde. Der unglückliche Umstand, daß das Pulvermagazin in die Luft gesprengt wurde, vermochte indeß den Commandanten schon am 27. August zur Capitulation. Nun hörte Masséna's Bewegung auf und um die Mitte Septembers concentrirte er seine Macht. Die ganze Landschaft von Almeida bis Coimbra war nach Wellington's Plan verheert, und die Franzosen fanden eine Einöde. Man hatte aber an den Orten, wo er nicht persönlich anwesend

*

war, seinen Plan nicht ausgeführt, und zwischen Coimbra und Lissabon war in dieser Hinsicht nicht das Mindeste gethan. Um Zeit dazu zu gewinnen, befand er sich in der unangenehmen Nothwendigkeit, dem Masséna eine Schlacht zu liefern, in der Hoffnung, ihn auf diese Weise zurückzuhalten. In dieser Hinsicht postirte er die Alliirten längs des Rückens des Bergs Bussaco. Wider Masséna's Erwarten, der nicht glauben konnte, daß die Briten wirklich eine Schlacht wagen würden, und der die Eroberung Portugals fast für beendigt hielt, war der Erfolg glücklich, und die Franzosen erlitten einen bedeutenden Verlust.

Die Alliirten begannen wieder ihre rückgängige Bewegung, als die Franzosen von neuem vorrückten. Die Bewegungen Jener wurden mit großer Leichtigkeit, ohne die geringste Verwirrung ausgeführt, ohne daß von den Franzosen ein Marodeur ergriffen, von englischer Seite eine Kanone zurückgelassen, ein Stück der Bagage verloren worden wäre. Die Infanterie marschirte ganz ruhig fort, ohne vom Feinde wahrgenommen zu werden, und die Reiterei deckte den Rückzug ohne Einbuße. So gelangten die englischen Truppen am 10. Oct. 1810 zu ihrem eignen Erstaunen zu den Linien von Torres Vedras, einer Stellung, welche für unbezwinglich zu halten war.

Diese berühmten Linien bestanden in drei aufeinander folgenden starken Wällen. Der äußerste dehnte sich in der Länge von 29 englischen Meilen über die Landzunge zwischen dem Tejo und dem Meer, und war ziemlich 35 englische Meilen von Lissabon entfernt. Sechs bis zehn englische Meilen hinter dieser Linie und fast parallel mit derselben erhob sich eine zweite befestigte Position, welche sich ebenfalls über diese Landzunge von Quintella am Tejo bis zur Mündung des

S.-Lorenzo erstreckte und 24 englische Meilen lang war. Für den Fall, daß wider alle Erwartung diese Vertheidigungswerke unhaltbar gefunden werden sollten, war eine dritte Linie an der Mündung des Tejo angelegt, welche dazu dienen sollte, eine nothgedrungene Einschiffung zu beschützen; sie bestand aus einer starken Außenlinie, welche ein verschanztes Lager einschloß, innerhalb dessen sich die hohen Wälle des Forts St.-Julian erhoben, selbst allein stark genug, die Einschiffung einer Armee zu decken. Ursprünglich sah man die zweite Linie hinsichtlich ihrer Stärke und Wichtigkeit als das Hauptwerk an, dagegen die erste blos bestimmt war, den ersten heftigen Anfall auszuhalten, die dritte aber als letzte Zuflucht, im Fall die beiden andern forcirt wären.

Es wäre zwecklos, hier in ein strategisches Detail einzugehen und auseinanderzusetzen, wie die Geschicklichkeit des Ingenieurs durch die Kunst der natürlichen Festigkeit zu Hülfe gekommen war. Daß an 500 englische Quadratmeilen gesichert wurden, wird einen Begriff von der Größe der nöthig gewesenen Vorkehrungen geben. Alle Wege über die Berge, woraus der Feind Nutzen hätte ziehen können, waren blockirt und unzugänglich gemacht. Der natürlichen Abschüssigkeit der Seiten der Anhöhen war durch die Kunst zu Hülfe gekommen oder ein perpendiculärer Abfall gegeben. Sie waren mit tiefen und meist unerreichbaren Hohlwegen umgeben; wo der Boden zugänglich war, war er unter Wasser gesetzt. Verschanzungen waren, wo es thunlich, aufgeworfen; alle hervorragende Posten waren gesichert, und Forts, welche die wenigen einer Annäherung fähigen Punkte beherrschten, waren errichtet und mit Vorräthen und Munition versehen, fähig zum Widerstande, wenn es dem Feinde beikäme, in ihrem Bereich sich aufzustellen. Auch für ein System von Signalen war gesorgt, durch welche in wenigen Minuten Befehle von dem Mittelpunkte nach den Endpunkten gelangen konnten.

Masséna, welcher kaum fünf Tage zuvor das plötzliche Hinderniß der Fortsetzung seines Marsches erfuhr, ließ sich dadurch keineswegs niederschlagen, obwol er einsah, daß dasselbe für ihn, wenigstens mit den Truppen, welche ihm zu Gebote standen, unübersteiglich war. Gleichwol ließ er sie ein Bivouak aufschlagen und errichtete den Engländern gegenüber eine Redoute zum Angriff dieses Theils. Bald wurden aber seine Truppen zurückgeschlagen, und es erfolgte die Besetzung der genommenen Redoute. Er bat sich nun von Napoleon Verstärkung aus, zog sich einstweilen zurück und nahm in der Mitte des November bei Santarem eine feste Stellung ein, während Wellington die nöthigen Vorkehrungen traf. So verblieben Beide den Winter über. Wellington hatte aber den Vortheil, seewärts reichliche Mund= und Kriegsvorräthe an sich zu ziehen; Masséna ward dagegen unaufhörlich von dem bewaffneten Landvolk geneckt, litt bedeutend, und wiewol er in Folge der Nachlässigkeit, mit welcher Wellington's Befehle von den Behörden ausgeführt wurden, sich reichlich verproviantirt hatte, so trat doch endlich Mangel an Subsistenzmitteln und am Ende Februars völlige Erschöpfung derselben ein. Bald darauf erfuhr er, daß am 2. März für die Engländer Verstärkungen in Lissabon eingetroffen seien, verließ Santarem am 6. und begann den theils wegen des von ihm dabei entwickelten großen Talents, theils wegen seiner nicht geringern beispiellosen Barbarei und Grausamkeit berühmten Rückzug. Die Städte, wo seine Armee vier Monate lang ihren Aufenthalt genommen hatte, wurden trotz der den Einwohnern ertheilten heiligen Versprechungen in der Nacht des Abzugs von den Franzosen geplündert und zum Theil zerstört, ja Masséna's Anordnung zufolge loderten alle Städte und Dörfer, durch welche ihr Zug ging, in hellen Flammen auf. Darunter gehörten auch die Kirche und das Kloster von Alcobaca, das Westminster Portugals. Ebenso ward Batalha, ein nicht minder heiliger Bau und eins der herrlichsten gothischen Bauwerke Europas, schändlich zerstört, und nach Erbrechung der königlichen Gräber der Leichnam Johann's I., des königlichen Erbauers dieses ehrwürdigen Denkmals, auf das empörendste mishandelt. Das Benehmen dieser Armee auf dem Rückzuge wird in ewig schrecklichem Andenken bleiben, wenn schon ein großer Theil der Schande auf die damalige französische Regierung und ihr entsetzliches System zurückfällt.

Fig. 6. Belagerung und Einnahme von Badajoz.

Badajoz, die Hauptstadt der spanischen Provinz Estremadura, ist ein befestigter Ort von Bedeutung, in einer schönen Ebene am linken Ufer der Guadiana unweit des Einflusses der Gevora gelegen. Da die Stadt kaum zwei Stunden von Portugals Grenze entfernt ist, hat man ihr immer als Festung eine besondere Wichtigkeit, weil sie als Schutzmauer wider leicht mögliche Einfälle auf dieser Seite ins Königreich dienen kann, beigelegt. Als Masséna 1811 sich zu Santarem befand und die Linien von Torres Vedras die vereinigte englisch=portugiesische Armee schützten, suchte ein Detaschement von Soult's Armee südwärts in Spanien eine Vereinigung mit Masséna über den Tejo zu eröffnen und die Festungen, welche die Spanier noch inne hatten, zu bezwingen, bevor der Einmarsch in Portugal erfolgte. Badajoz wurde daher belagert und nach sechswöchentlicher Vertheidigung den Franzosen übergeben; als aber Masséna Portugal verlassen hatte, beschloß Wellington die Wiedereroberung jenes Platzes.

Marschall Beresford mußte auf Badajoz losmarschiren. Er hatte es aber kaum berannt, als Soult mit starker Macht angezogen kam und ihn nöthigte, die Belagerung aufzugeben und alle Truppen dem französischen Heere entgegenzuführen. Es folgte die Schlacht bei Albuhera, welche die Franzosen zwar verloren, wobei aber auch der Sieger einen bedeutenden Verlust erlitt. Bald nach der Schlacht langte Wellington im Lager Beresford's an, und die Belagerung von Badajoz ward unter seinem Commando wieder aufgenommen und fortgesetzt. Die britische Armee war aber damals mit dem zu einer solchen Operation nöthigen Material so schlecht versehen, daß die Unternehmung nur von geringem Erfolge begleitet sein konnte, und da 70,000 Mann französischer Truppen im Anzuge waren, mußte Wellington seinen Plan aufgeben und sich nach den portugiesischen Grenzen zurückziehen.

Im Herbst 1811 geschah wenig von Bedeutung; aber Wellington bereitete im Stillen eine zweite Belagerung von Ciudad-Rodrigo vor, welches angegriffen und im Beginn des Jahres 1812 mit fast unglaublicher Schnelligkeit genommen wurde. Nun ging er wieder auf Badajoz los, welches schon einmal ihm Widerstand geleistet. Die Einnahme von Ciudad-Rodrigo setzte die Franzosen in große Bestürzung; auf die Thatkraft Wellington's wurde jetzt ihre allgemeine Aufmerksamkeit geleitet, und daher suchte derselbe die beabsichtigte Belagerung möglichst zu maskiren. Ein schwerer Batterietrain ward auf großen Schiffen von beträchtlichem Tonnengehalt eingeschifft; sie stachen in See, um allen Argwohn zu vermeiden, und als sie aus dem Gesichtskreise des Hafens waren, lud man die Kanonen in kleinere Schiffe, die sie auf dem Saldao-Fluß (der unterhalb des Tejo bei Setuval ins Meer fällt) nach Alcacer do Sol brachten, wo man ohne Schwierigkeit Zugpferde erlangte, welche sie nach den Ufern der Guadiana zogen.

Nach Elvas, einer weitläufigen Festung, nur drei englische Meilen von Badajoz, ward eine große Menge Faschinen und Schanzkörbe geschafft, und da diese zum Gebrauch dieses Platzes dienen konnten, so ahnete man ihre eigentliche Bestimmung nicht. Bei diesen Vorsichtsmaßregeln blieb dem Gouverneur von Badajoz, Baron Philippon, die große Ausdehnung dieser wider ihn gerichteten Zurüstungen bis zum Tage vor Wellington's Ankunft zu Elvas unbekannt. Er war wegen seiner Geschicklichkeit als einer der besten Ingenieurs der kaiserlichen Armee bekannt; 5000 Mann gewählter Truppen machten seine Garnison aus, und dieser hatten die vorherigen glücklichen Vertheidigungen gegen Beresford und Wellington die größte Zuversicht eingeflößt. Zudem war die Befestigung durch die Erbauung neuer Werke (zumal in Betracht des Mangels an geschickten Ingenieurs in der englischen Armee) in wahrhaft furchtbaren Stand gesetzt worden.

Badajoz liegt, wie gedacht, an dem linken oder südlichen Ufer der Guadiana und war auf der Nordseite vom Flusse geschützt. Landwärts war es von einer Kette von acht Forts umgeben, welche vom Flusse an in ununterbrochener Linie nach Westen, Süden und einem Theil der östlichen Fronte liefen. Den übrigen Theil der letztern deckte ein altes maurisches Castell, auf kühnem Felsabhang stehend und alle übrigen Werke überragend. Hierzu kamen noch die beiden tüchtigen Außenwerke, Las Pardaleras und La Picurina genannt, und drei Forts auf der andern Seite der Guadiana, von denen eins den Kopf der einzigen Brücke ausmachte, die über den Fluß in die Stadt führte.

Da die britische Armee auf der Nordseite des Flusses stand, war die erste Angelegenheit, Pontons über diesen zu schlagen. Dies ward am 16. März bewerkstelligt; drei Divisionen Infanterie wurden übergesetzt und schlossen den Ort ohne Widerstand ein. Tags darauf recognoscirte Wellington die Werke, und da der südöstliche Theil zum Angriff am geschicktesten schien, so beschloß man, denselben auf diesem Punkte vorzunehmen, und beim Einbruch des Abends wurde von dem Picurina gegenüber angelegten Redoute mit 3000 Mann begonnen. Die Nacht war dunkel und stürmisch, und der Regen fiel ununterbrochen in Strömen; aber die Schanzgräber arbeiteten so fleißig an den Laufgräben, daß beim Grauen des Tages der Feind mit Erstaunen die erste Linie vollendet erblickte. Doch war bei der Fortsetzung der Regen hinderlich; die Leute standen bis an die Hüften in Wasser und erst am 24. konnten die Batterien zu Stande kommen und die Kanonen durch den Schlamm hineingebracht werden. Am 25. eröffneten sie ihr Feuer, und La Picurina ward dieselbe Nacht mit Sturm genommen. Noch vor dem Morgen wurden diese Werke niedergerissen und die britischen Ingenieurs legten mit bestem Erfolge die zweite Parallele an. Am 31. eröffneten zwei Batterien mit 26 Stück schwerer Geschütze ihr Feuer und setzten dasselbe sechs Tage fort, wodurch die feindlichen in den Grund und drei Breschen in die Wälle geschossen wurden. Hierauf ward der 6. April 10 Uhr Nachts zum Sturme bestimmt. Zwei Hauptversuche sollten zugleich gemacht werden: einer, die Breschen zu stürmen, der andere auf die Festung selbst, um die 35 Fuß hohen Wälle mittels Leitern zu ersteigen. Um 8 Uhr standen die Truppen in Reihe und Glied; die Nacht war dunkel und nebelig, die Batterien zu beiden Seiten schwiegen, und die herrschende Stille ließ den zu wartenden Sturm nicht ahnen. Philippon war indeß nicht unthätig und bot alle seine Geschicklichkeit auf.

Endlich waren die Briten mit ihren Vorbereitungen fertig und gingen ans Werk. Picton's Division rückte gegen die Festung vor und kam ungesehen und ungestört an den Fuß derselben. Plötzlich stiegen die Grenadiere der Feinde auf und erleuchteten die Umgegend. Die Belagerer erhoben ein lautes Kriegsgeschrei und erreichten zum Theil bis ans Knie im Wasser watend, den Fuß des Walls. Hier fielen ihnen die gräßlichen Vertheidigungsanstalten, die geladenen Feuergewehre der Besatzung, die mit Haken versehenen langen Piken, welche die Leitern aufheben sollten, große Steine, Bomben, Handgranaden und allerlei andere Wurfgeschosse in die Augen. Alles bereit, bei versuchter Ersteigung des Walls auf die Häupter der Belagerer herabgestürzt zu werden. Zu Vollendung des mörderischen Bildes dienten mit Kanonen, die zum Theil mit Kies und Steinen geladen waren, besetzte Batterien, welche von allen Seiten die britischen Massen zu vernichten drohten.

Nichtsdestoweniger wurden die Leitern herbeigeschleppt, in den Gräben befestigt, und sobald man damit fertig war, scharenweise erstiegen. Lange strebten aber die Belagerer vergebens, die Höhe zu erklimmen. Wer den Pikenstößen entging, ward von dem Kreuzfeuer der Batterien zerstückt, oder fiel auf die Spitzen der Bayonnete seiner unten haltenden Kameraden. Schauderhaft war die Niederlage, welche Offiziere wie Gemeine dicht übereinander stürzte und die halbe Division opferte. Endlich gelang es, zwei Leitern dauerhaft festzustellen. Wenige Brave erreichten glücklich den Gipfel des Walls und fochten verzweifelt mit den wackern Vertheidigern. Als einmal Fuß gefaßt war und die Vertheidiger zu ermatten begannen, folgten andere Leitern; endlich kam es zum allgemeinen Anlauf und die Festung ward genommen.

Inzwischen ereigneten sich bei den Breschen furchtbare Auftritte. 10,000 Mann rückten still nach dem Glacis vor, ohne entdeckt zu sein. Als man aber ihre Fußtritte vernahm, ward aus Nacht Tag; Fackeln leuchteten längs der Festungswerke. Eine Batterie Mörser, doppelt mit Grenaden geladen, und eine fürchterliche Salve des Kleingewehrfeuers wütheten gegen die zwei Divisionen. Doch ließen sie sich nicht abhalten, vorwärts in die Bresche hineinzudringen. Da entstand große Verwirrung, indem man den Weg zu den verschiedenen Breschen nicht kannte. Man schlug den Weg links ein, aber da hatte der Feind ringsherum 60 14zöllige Bomben aufgestellt und leicht mit Erde bedeckt, um sie dem Gesicht zu entziehen. Fässer mit gepichtem

Stroh, Pulver und gefüllten Grenaden standen längs der Laufgräben. Die Bresche selbst war mit schiefliegenden Bretern bedeckt, welche mit langen scharfen Spitzen und blanken Säbelklingen versehen, spanische Reiter bildeten und gleich einem Schlagbaum den Eingang hinderten; dahinter standen noch 3000 Mann und erwarteten ruhig, jeder acht Musketen neben sich, wie die Bresche forcirt werden würde.

Obgleich die Belagerer kühn vorwärts stürmten, so war doch das Feuer des Feindes zu mörderisch, um ihm weiter widerstehen zu können; alle Versuche gegen die Bresche waren fruchtlos und endlich standen die Truppen ab. Da aber Picton inzwischen das Castell genommen und General Leith auf einer andern Seite der Wälle sich einen Eingang gebahnt hatte, so wurden die Breschen von ihren braven Beschützern verlassen und Graf Philippon zog sich über die Brücke nach dem Fort S.=Christovao jenseit des Flusses zurück. Bei Anbruch des Tages ward zum Zeichen der Unterwerfung und Übergabe der Garnison die weiße Fahne ausgesteckt.

Wir übergehen die greuelvollen Scenen der Plünderung der schönen Stadt durch die sieges= und weintrunkenen Soldaten. Sobald frische Truppen einzogen, ward die Ordnung wiederhergestellt. Die Beute ward im Lager niedergelegt und daselbst förmlich verkauft. Am 9. April 1812 hatten die Truppen die alte Mannszucht wie drei Wochen früher angenommen, und als einziger Unterschied zeigte sich, daß sie während der Belagerung um 5000 Mann (denn so viel zählte man Todte und Verwundete auf englischer Seite) schwächer geworden waren.

(Fortsetzung folgt.)

Die Gefängnisse in Nordamerika.

Die Einrichtung der Gefängnisse- und Zuchthäuser nimmt neuerdings in erhöhtem Grade das allgemeine Interesse in Anspruch, besonders in unserm Vaterlande, und da die nordamerikanischen Strafhäuser in vielfacher Hinsicht als Muster aufgestellt zu werden verdienen und in Europa sehr wenige ihres Gleichen haben, so scheint es uns angemessen, aus einem neuerlich erschienenen trefflichen Werke, worin dieser Gegenstand von einem rühmlichst bekannten, mit demselben vollkommen vertrauten Manne mit besonderer Ausführlichkeit behandelt ist*), die bereits in Nr. 110 mitgetheilten Nachrichten zu ergänzen.

Den meisten unserer Leser dürfte bekannt sein, daß in den Vereinigten Staaten von Nordamerika hauptsächlich zwei Straf= und Besserungssysteme zur Anwendung kommen: das auburnsche oder neuyorkische und das pennsylvanische oder philadelphische. Nach dem erstern Systeme arbeiten die Gefangenen bei Tage gemeinschaftlich, sind aber dabei zu dem strengsten Stillschweigen verurtheilt und dürfen sich nicht einmal durch Zeichen Mittheilungen machen; bei Nacht und beim Essen sind sie in einzelnen Zellen abgesondert. Nach dem zweiten Systeme hingegen sind die Gefangenen zu immerwährender Einsamkeit verurtheilt, werden aber dabei zugleich zur Arbeit angehalten und erhalten religiösen und sittlichen Unterricht. Die beiden Elemente des ersten Systems kamen gesondert auch in mehren, zum Theil ältern Strafanstalten in Europa in Anwendung. Das Stillschweigen fand der um Verbesserung des Gefängnißwesens so hoch verdiente Howard sowol in dem St.=Michaelshospital in Rom (gestiftet 1704), als in dem Carbonara'schen Versorgungshause für 600 Knaben und Mädchen in Genua (gestiftet 1539); die nächtliche Trennung wurde schon 1773 zu Gent und 1776 zu Vilvorde eingeführt. Eine Verbindung dieser beiden Elemente fand zuerst in dem 1819 erbauten Strafhause zu Auburn im westlichen Theile des Staates Neuyork statt. Das pennsylvanische Besserungssystem ist in Amerika zuerst durch das im Staate Pennsylvanien erlassene Gesetz vom 5. April 1790 in Wirksamkeit getreten, jedoch nur theilweise und in unvollkommener Gestalt, vollständig aber erst in dem 1829 eröffneten neuen Besserungshause in Philadelphia. Dasselbe System war 1785 in England in Gloucester versucht worden und ist 1816 bei der ersten Classe der Sträflinge in Milbank, 1824 beim neuen Zuchthause in Glasgow eingeführt worden. In den von 1816 bis 1836 verflossenen 21 Jahren sind in den Vereinigten Staaten 25, in Canada 2, zusammen also in Nordamerika 27 größere Gefängnißhäuser erbaut worden, von denen 17 nach dem auburnschen, 9 nach dem pennsylvanischen Systeme eingerichtet sind, wonach jenes System den meisten Beifall gefunden zu haben scheint. Jedoch ist zu bemerken, daß unter neun seit 1833 erbauten Strafanstalten nur drei nach dem ersten, die übrigen sechs nach dem zweiten Systeme angelegt sind, und in der That unterliegt es keinem Zweifel, daß sich gegenwärtig die öffentliche Meinung in Amerika zu Gunsten des pennsylvanischen Systems entschieden hat.

Das auburnsche System erheischt vielerlei Räume: für die Nacht abgesonderte Schlafzellen, für jeden Gefangenen eine; für den Tag Werkstätten, Eß=, Kranken=, Schul=, Betsäle, Arbeits= und Spazierhöfe. Der diese verschiedenen Locale enthaltende ausgedehnte Raum ist meist von 22—40 Fuß hohen Mauern eingeschlossen, die gewöhnlich ein Viereck bilden; auf den Mauern befinden sich ringsum Bretergänge, die mit Geländern und in den Ecken mit Schilderhäusern versehen sind und bei Tage, während die Sträflinge im Hofe arbeiten, den Schildwachen, die stets mit geladenen Gewehren versehen sein müssen, zu ihren Umgängen dienen. Die zu diesen Gängen führende Treppe ist den Sträflingen unzugänglich.

Zur Herstellung des ebenso wichtigen als schwierigen Erfodernisses der Schlafzellen hat man den sogenannten Schachtelplan ersonnen und zweckmäßig gefunden. Zwei Gebäudeschachteln, von denen jede ein Parallelogramm bildet, stehen ineinander, sodaß zwischen beiden ein leerer Raum bleibt. Die äußere Schachtel besteht nur aus vier Mauern mit Fensterreihen (meist nur an den Längenseiten) und aus einem Dache, in welchem behufs der Lufterneuerung ebenfalls Fenster oder Luken angebracht sind. Die unterste Fensterreihe beginnt gewöhnlich erst in einer Höhe von 10—15 Fuß über dem Fußboden, sodaß sie nur durch Leitern erreicht werden kann. Die vier Seiten des Zwischenraums beider Schachteln sind 7—15 Fuß breit; der Fußboden ist mit Steinplatten oder Backsteinen gepflastert. Die innere Gebäudeschachtel hat in jedem Stockwerke zwei Zellenreihen, die mit den Rückmauern an einander stoßen (nur in Boston ist zwischen den Rückmauern ein Zwischenraum von einem Fuß gelassen). Der Eingang in die Zellen ist im untern Stockwerke zu ebener Erde, in den obern von einem hölzernen Gange her, der wenigstens 2½ Fuß breit ist und auf Steinen

---

*) Nordamerikas sittliche Zustände. Nach eigenen Anschauungen in den Jahren 1834, 1835 und 1836 von N. H. Julius. Zwei Bände. Leipzig 1839.

oder eisernen Stützen ruht, zuweilen auch mit Brücken, die zu den Fenstern der äußern Schachtel führen, versehen ist. Jede Zelle hat eine Thüre, die zur Hälfte (oben) oder ganz aus eisernem Gitterwerke besteht, sich am besten an der innern Seite der Thürnische befindet und ihr Schloß an der äußern Seite hat. Sobald die Sträflinge sich in ihre Zellen begeben haben, werden diese von den Aufsehern geschlossen, was da, wo die Thüren an der äußern Seite der Thürnische angebracht sind, sehr einfach durch eine flache eiserne Querstange geschieht, welche vermittels eines Hebels durch einen Zug gleichzeitig alle Thüren einer ganzen Zellenreihe verschließt. Die Lüftung der Zellen geschieht mittels einer in der Mauer befindlichen Öffnung von etwa fünf Zoll ins Gevierte; außerdem führt aus jeder Zelle ein besonders gemauerter Luftzug durch eine Röhre, die in einen weiten Kanal mündet, zum Dache hinaus. In jeder Zelle befindet sich eine Schlafstätte, entweder eine Hängematte oder ein elliptischer eiserner Bettrahmen, über den starke Leinwand gespannt ist, welche die Bettsäcke trägt. Außerdem enthalten die Zellen einen unbeweglichen Sitz, einen Nachteimer, einen Tisch für Eß- und Trinkgeschirre (beide von Zinn), Werkzeuge und Bücher und einige Pflöcke für die Kleidungsstücke. Was die Dimensionen betrifft, so beträgt in Auburn selbst die Länge der äußern Schachtel (von außen) 121, die Breite 53, die Länge der innern Schachtel 102, die Breite 20, die Höhe der äußern Schachtel bis zur Decke 42, die Länge, Breite und Höhe jeder Zelle 7, $3\frac{1}{2}$, $7\frac{1}{3}$ Fuß; fünf Stockwerke, die zusammen 770 Zellen enthalten, befinden sich übereinander. In dem 1825 erbauten Gefängnisse zu Singsing im Staate Neuyork, dem größten in Amerika, sind die Dimensionen noch ungleich größer; hier ist nämlich die äußere Schachtel 490 Fuß lang, 50 Fuß breit; die Zahl der Zellen beträgt 1000 in fünf Stockwerken. Die Zwischenräume beider Gebäudeschachteln werden im Winter durch vier bis fünf Öfen geheizt, die zur Erwärmung der Zellen bei der Kleinheit derselben hinreichen; die Erleuchtung bei Nacht geschieht durch Lampen und ist hell genug, damit die Sträflinge in den Zellen lesen können, was ihnen im Winter bis 8, im Sommer bis 9 Uhr erlaubt ist, aber niemals laut geschehen darf.

Als Werkstätten dienen besondere hölzerne Gebäudeschuppen, die ihr Licht gewöhnlich von oben, nur bei feinern Arbeiten (Deckenweben, Uhrmacherei, Stellmacherei u. s. w.) von der Seite erhalten. In jeder Werkstätte befindet sich auf einer mit Stuhl und Tisch versehenen Erhöhung ein Aufseher; außerdem laufen in Auburn und Baltimore längs den Seiten der Werkstätten bedeckte Beobachtungsgänge mit Fenstern. Die Speisung findet in drei Mahlzeiten statt, Morgens, Mittags und Abends, und zwar entweder in besondern Eßsälen, wo die Gefangenen an schmalen Tischen hintereinander sitzend gemeinschaftlich essen, oder (und dies ist die Regel) jeder Gefangene nimmt seine Mahlzeit in seiner Zelle ein, und nimmt seine Schüssel, die ihm aus der Küche durch eine Klappe gereicht wird, im Vorbeigehen in Empfang. In der Krankenabtheilung findet keine Trennung der Gefangenen statt. Ein eigener Betsaal dient sowol für den Gottesdienst als für den Unterricht der Sonntagsschule, außer welchem auch in den Zellen Unterricht im Lesen gegeben wird, wobei Lehrer und Schüler durch die Gitterthüre getrennt sind.

Die Musteranstalt des pennsylvanischen Systems, die neue Strafanstalt bei Philadelphia für das östliche Pennsylvanien, ist bereits in Nr. 110 kurz beschrieben worden, wiewol sie bei Abfassung dieses Aufsatzes noch nicht vollendet war. Der Bau wurde 1823 begonnen, 1825 aber unterbrochen, als von den projectirten sieben Flügeln erst drei vollendet waren. Nachdem die Gesetze von 1828 und 1829 die Vollendung der Anstalt genehmigt hatten, wurde der Bau weiter fortgesetzt und 1836 vollendet. Das Gebäude enthält jetzt 586 Einzelzellen für ebenso viele Sträflinge; 350 befinden sich im Erdgeschosse (darunter 100 in den drei ältern Flügeln mit kleinen Spazierhöfen versehen), 236 im obern Stockwerke, das bei den drei ältern Flügeln ganz fehlt. Die das Gefängniß einschließende Grundmauer bildet ein Viereck, dessen jede Seite 670 Fuß lang ist; in den vier Ecken stehen 50 hohe achteckige Thürme. In der Mitte steht ein achteckiges Beobachtungsgebäude, dessen Erdgeschoß aus einer einzigen Halle mit acht Glasthüren besteht; von sieben derselben erstreckt sich eine bedeckte, 40 Fuß lange Galerie bis an den Anfang der sieben Gefangenenflügel; diese sind sämmtlich durch einen Mittelgang gespalten, der an jeder Seite in einer Reihe bei vier Flügeln 34, bei den übrigen nur 25 Zellen hat. Die untern Zellen sind länger als die obern; jene 16 F. tief, $7\frac{1}{2}$ F. breit, $9\frac{1}{4}$ F. hoch, diese $11\frac{1}{2}$ F. lang, $7\frac{1}{2}$ F. breit, die Höhe nimmt von 9 bis 15 Fuß zu; demnach sind selbst die kleinern über sieben Mal größer als die auburnschen. Der Vorsprung der untern Zellen trägt die längs dieser hinlaufenden hölzernen Corridore, welche einen eisernen Schienenweg enthalten. Der letztere ist zur Austheilung der Mahlzeiten bestimmt: auf den Schienen läuft nämlich ein kleiner Wagen mit Brot, Fleisch und Gemüse, womit ein Aufwärter mit Hülfe von Klappen die Schüsseln der Zellenbewohner versieht. Jede Zelle hat eine doppelte Thüre, eine innere von eisernem Gitterwerk und eine äußere von Holz mit einer kleinen Öffnung, um den Sträfling beobachten zu können. Die äußere Thüre wird durch eine eiserne Querstange und ein Vorlegeschloß verschlossen. Den Wasserbedarf verschafft sich jeder Gefangene durch Drehung eines Hahns.

Die Bewachung der Gefangenen geschieht im Strafhause zu Philadelphia am Tage von der erwähnten achteckigen Halle aus, des Nachts aber durch zwei besondere Wächter, welche beständig die obern und untern Gänge der Zellenflügel durchwandern müssen, und durch zwei Aufseher, von denen abwechselnd der eine eine Stunde lang mit Schuhen, die den Tritt unhörbar machen, die Runde macht, der andere aber sich in der Mittelhalle aufhält; in Auburn halten acht Wächter in vier getrennten Abtheilungen Wache, und müssen sich behufs der Controle durch ein Fensterchen alle halbe Stunden einen Ball zureichen. In den auburnschen Gefängnissen sind die Wächter sämmtlich bewaffnet, in den pennsylvanischen nicht.

(Der Beschluß folgt in Nr. 396.)

Notiz.

Bergwerke und Hütten in Frankreich im J. 1837. 150 Steinkohlen-, 54 Braunkohlen-, 31 Anthracitwerke, 2018 Torfgräbereien, 1244 Eisenerzgruben; 11 Blei-, 4 Kupfer-, 11 Antimon-, 12 Mangan-, 5 Erdharz-, 19 Alaun- und Eisenvitriolgruben; 575 Eisenhütten, 418 Hohöfen, 610 Frischereien, 453 Gießereien und Schmieden, 116 Stahlfabriken, 7 Blei-, 2 Kupfer-, 1 Silber-, 16 Antimon-, 7 Mangan-, 4 Erdharz-, 18 Alaunhütten.

Verantwortlicher Herausgeber: Friedrich Brockhaus. — Druck und Verlag von F. A. Brockhaus in Leipzig.

Das Pfennig-Magazin
für
Verbreitung gemeinnütziger Kenntnisse.

396.] Erscheint jeden Sonnabend. [October 31, **1840.**

Die Grey-Straße in Newcastle.*)

Um die Verschönerung der Stadt Newcastle in England hat sich der Architekt Grainger — ein Architekt, wie es auf dem Continente kaum einen zweiten geben dürfte — Verdienste erworben, die von zu außerordentlicher Art sind, um nicht auch hier in der Kürze erwähnt zu werden. Behufs der Anlegung eines neuen Stadttheils kaufte er folgende Gebäude, um sie niederreißen zu lassen: zwei Theater, den Fleischmarkt, einen großen Gasthof, 8 öffentliche und 80 Privatgebäude, außerdem eine Menge von kleinern Gebäuden und Buden, wofür er im Ganzen 146,000 Pfd. Sterl. (etwa eine Million Thaler) bezahlte. An ihrer Stelle erhoben sich neun neue Straßen von einer Gesammtlänge von 6000 Fuß, der Neumarkt (eine Halle von 318 Fuß Länge, 57 Fuß Breite, 40 Fuß Höhe, das schönste Gebäude dieser Art im ganzen Königreiche), die Centralbörse, ein neues Theater, ein Concertsaal, eine Leseanstalt, 2 Kapellen, 2 Auctionslocale, 10 Gasthöfe, 12 öffentliche und 40 große Privathäuser, 325 kleinere Häuser mit Verkaufsläden. Alles dies wurde im Verlauf von sechs Jahren (vom August 1834 bis dahin 1839) gebaut. Das Eigenthum der Stadt erhielt dadurch eine Vermehrung von fast einer Million Pfd. Sterl. Die Zahl der auf einmal von dem genannten Architekten beschäftigten Arbeiter belief sich zuweilen auf 2000.

Unter den gedachten neun neuen Straßen ist die schönste unstreitig die Grey-Straße, welche sowol an Bauart als hinsichtlich des angewandten Baumaterials (Bruchsteine) die berühmte Regent-Street in London weit übertrifft. Sie ist 1200 Fuß lang und 70—80 Fuß breit und besteht aus lauter vierstockigen Häusern. Vor allen zeichnet sich die prachtvolle Centralbörse aus, welche das schönste Gebäude in der ganzen Stadt ist. Sie hat drei Fronten von völlig gleicher Bauart; die Winkelpunkte des Dreiecks werden durch Kuppeln gebildet, die sich über korinthischen Säulen erheben. Die Außenseite besteht aus Kaufläden und Magazinen; der innere Börsensaal selbst erhält sein Licht von oben und ist ein Halbkreis von 75 Fuß Halbmesser, an den sich noch ein 20 Fuß breites, 40 hohes Oblongum anschließt. Die Decke ruht auf 14 Säulen von römisch-ionischem Styl, 25 Fuß hoch, von denen 12 einen Halbkreis bilden.

John Milton.
(Beschluß aus Nr. 395.)

Durch den heuchlerischen Cromwell wurde Milton, dessen vorherrschender Charakterzug religiöser Enthusiasmus war und der in Jenem mehr den Heiligen als

---

*) Vgl. über Newcastle am Tyne Nr. 325.

den Helden erblickte, gleich vielen Andern schmählich getäuscht. Auch nachdem der Tyrann den Titel eines Protectors angenommen, hatte er seinen gewaltsamen, herrschsüchtigen Charakter noch nicht völlig offenbart; mit der größten Kunst affectirte er eine so zärtliche Liebe zum Volke und stellte sich in seinen öffentlichen und Privaterklärungen als so vollkommen frei von allen ehrgeizigen Wünschen dar, daß auch viele Personen, die nicht Milton's edle, keinen Argwohn kennende Einfachheit besaßen, der Erklärung des Protectors Glauben beimaßen, daß er nichtstrebend und nur aus Sorge für das Wohl der Nation sich den Beschwerden der Regierung unterzogen habe. Milton begrüßte ihn als den Vater des Volks, vielleicht nicht ohne alle Schmeichelei, aber vom Verdachte des Servilismus befreite ihn schon die kräftige, an den Protector gerichtete Ermahnung, daß und wie er die Erwartungen der Nation rechtfertigen solle. Lange blieb er bei seiner guten Meinung von dem Protector; aber aller Wahrscheinlichkeit nach schwand seine Achtung und Verehrung für ihn mit dem Despotismus seiner letzten Regierungszeit gänzlich. Dennoch fuhr er fort, sein Amt zu verwalten, weil er dies für eine Pflicht gegen sein Vaterland hielt, und nach seinem Tode begrüßte er freudig die Wiederherstellung der parlamentarischen Unabhängigkeit.

Kummer über Cromwell's überhandnehmenden Despotismus, sowie über häusliches Unglück (er verlor 1652 seine erste Gattin im vierten Kindbette und heirathete bald nachher Catharine Woodcock, die einzige seiner drei Frauen, die er im Gesang verewigt hat, die aber bald nach ihrer ersten Niederkunft starb) scheint seine schriftstellerische Thätigkeit mehre Jahre unterbrochen zu haben. Erst 1659 schrieb er wieder ein paar politische Schriften, die aber wenig Beifall fanden. Als General Monk im Widerspruch mit seinen oft wiederholten Versicherungen republikanischer Gesinnung das Königthum wiederherstellte, eilten Milton's besorgte Freunde, welche fürchteten, daß er der Rache der siegreichen Royalisten ausgesetzt sein möchte, ihn in ein sicheres Versteck zu bringen; seine Feinde hintergingen sie durch das verbreitete Gerücht von seinem Tode und hintertrieben seine persönliche Verfolgung während der ersten Rachescenen durch ein verstelltes Leichenbegängniß. Wenige Wochen vor der Restauration (wahrscheinlich im April 1660) verließ Milton seine Wohnung und zeigte sich erst dann wieder öffentlich, als die Amnestie vom 29. August verkündigt worden war. In der Zwischenzeit kamen einige Ereignisse vor, die sowol seiner Sicherheit als seinem Rufe gefährlich waren. Das Haus der Gemeinen äußerte am 16. Juni seine Misbilligung über ihn und seine Schriften dadurch, daß es dem Generalanwalt Befehl gab, eine Untersuchung gegen ihn anhängig zu machen, und an den König das Gesuch stellte, daß zwei Schriften Milton's, die Vertheidigung des Volks und die Widerlegung der Schrift Karl's I., öffentlich verbrannt werden möchten. Zum Glück für Englands Ehre war der große Dichter glücklicher als seine Schriften und entging der Verfolgung. Schon drei Tage nach der Verbrennung seiner Schriften war er von der Nothwendigkeit, sich zu verbergen, befreit und stand unter dem Schutze der allgemeinen Amnestie, da sein Name nicht auf die Liste der Ausnahmen gesetzt war. Nach Einigen verdankte er seine Rettung dem royalistisch gesinnten Dichter Davenant, der neun Jahre zuvor, da er im Tower saß, um vor den höchsten Gerichtshof gestellt zu werden, durch Milton's Vermittelung gleichfalls gerettet worden war und nun sich beeilte, Gleiches mit Gleichem zu vergelten. Gleichwol wurde Milton nach seinem öffentlichen Erscheinen gefangen gesetzt, aber nach einem Befehl des Unterhauses vom 15. Dec. wieder freigelassen, wobei er sich der Habsucht des mit seiner Freilassung beauftragten und für dieselbe ein unmäßiges Geldgeschenk verlangenden Beamten mit ebenso viel Beharrlichkeit als Erfolg widersetzte. Wie heftig aber auch die Erbitterung vieler politischen Gegner gegen Milton während des Tumults der Leidenschaften in der ersten Zeit nach der Restauration gewesen sein mag, so scheinen doch seine außerordentlichen Fähigkeiten und seine Rechtschaffenheit über die gegen ihn bestehenden Vorurtheile den Sieg davon getragen zu haben, sodaß er seiner republikanischen Sünden ungeachtet sich der königlichen Gunst hätte erfreuen können, wenn er sie hätte annehmen wollen. Aus guter Quelle wird erzählt, daß ihm nach der Restauration das von ihm früher verwaltete Amt eines lateinischen Secretairs angeboten worden sei, daß er es aber ausgeschlagen habe.

Milton wandte sich nun, den öffentlichen Angelegenheiten entsagend, wieder ganz dem häuslichen Leben und der Poesie zu. In seinem 54. Jahre schritt er zu seiner dritten Ehe mit Elisabeth Minshall, die ihm eine treue und sorgsame Pflegerin war. Schon einige Jahre vor der Rückkehr des Königs hatte er sein großes episches Gedicht „Das verlorene Paradies", dem er vorzugsweise seine Berühmtheit verdankt, angefangen; etwa fünf Jahre nach der Restauration, um 1665, kam es zur Vollendung. Der damalige Censor oder vielmehr Derjenige, dem die Beaufsichtigung der Presse übertragen war und ohne dessen Erlaubniß kein Buch erscheinen konnte, Kaplan Thomas Tomkyns, suchte vergebens die Herausgabe des Gedichts zu hindern. Die erste Ausgabe erschien 1667, wahrscheinlich auf Kosten des Verfassers; später verkaufte er das Werk an einen Buchhändler für die geringfügige, völlig unverhältnißmäßige Summe von fünf Pf. St. Erst nach dem Verkauf der 1300 Exemplare der ersten Ausgabe sollte er nochmals fünf Pf. erhalten, und ebenso sollte es bei der zweiten und dritten Ausgabe (jede zu 1500 Exemplaren bestimmt) gehalten werden. Die zweite Zahlung von fünf Pf. erhielt Milton im April 1669; die zweite Ausgabe erschien im Jahre seines Todes, die dritte vier Jahre nachher; seine Witwe erhielt für jede fünf Pf. und verkaufte ihre gesammten fernern Ansprüche im Dec. 1680 an den Verleger für acht Pfd., sodaß die Summe von 28 Pf. (noch ungefähr 200 Thaler), im Verlauf von 13 Jahren in fünf Terminen gezahlt, der ganze pecuniaire Gewinn ist, welcher dem Dichter und seiner Witwe für jenes classische Werk zu Theil wurde. Dafür wurde er aber durch den unmittelbar nach dem Erscheinen desselben ausgesprochenen warmen Beifall aller Kenner und urtheilsfähiger Richter reichlich entschädigt. Der Dichter Dryden äußerte, als er das Gedicht gelesen: „Dieser Mann sticht uns Alle aus und die Alten dazu", und versichert dem Verfasser in einigen begeisterten, an ihn gerichteten Versen, er besitze die vereinten Vorzüge Homer's und Virgil's. Für die günstige Aufnahme aber, welche die Dichtung auch bei dem großen Publicum fand, spricht schon der Umstand, daß binnen zwei Jahren sämmtliche 1300 Exemplare der ersten Auflage abgesetzt waren, während die englische Nation 41 Jahre lang, 1623—64, mit zwei Ausgaben von Shakespeare's Werken begnügt hatte, die wahrscheinlich zusammen nicht über 1000 Abdrücke zählten. Geringern Werth hat ein zweites episches Gedicht Milton's, betitelt „Das wiedergewonnene Paradies", welches 1671 erschien und sich auf die biblische Erzählung von der Versuchung des Heilands gründet; das in demselben Jahre veröffentlichte Drama „Simson Agonistes" hat zwar kein eigentlich dramatisches Interesse, aber für den Leser ein desto größeres, zumal wenn man die Ähnlichkeit in Betracht zieht, welche zwischen Milton's und Simson's Schicksale in drei wichtigen Punkten stattfand: Jener war, wie Dieser, von einem schönen, aber ihn nicht liebenden und ungehorsamen Weibe gequält worden; er war ferner der Vertheidiger seines Volks und als solcher der Gegenstand allgemeiner Bewunderung gewesen; endlich war er ebenfalls von der Höhe seines Glücks herabgestürzt und in Gefangenschaft (wenigstens auf kurze Zeit) und Armuth gerathen.

Im J. 1670 strebte unser Dichter nach einer neuen Art literarischer Auszeichnung, indem er als Geschichtschreiber auftrat. Lange schon hatte er sich mit dem Plane getragen, eine unparteiische und pragmatische Geschichte Englands in englischer Sprache zu schreiben und damit einem fühlbaren Bedürfnisse abzuhelfen. Er vollendete jedoch nur sechs Bücher, die von den ältesten fabelhaften Zeiten anfangen und bis zur Eroberung der Normannen reichen; daß er nicht weiter gekommen ist und so lange bei den dunkeln und dürftigen Annalen der angelsächsischen Herrschaft verweilt hat, ist jedenfalls zu bedauern. Sein Werk enthält viele Stellen von großer Kraft und Schönheit und namentlich ist die Schilderung Alfred's des Großen ausgezeichnet zu nennen. 1672 gab er ein Lehrbuch der Logik nach der Methode von Peter Ramus heraus. Seine lange schriftstellerische Laufbahn endete, wie sie begonnen, mit Schriften über religiöse Gegenstände. Beunruhigt durch das Umsichgreifen des Katholicismus unter Connivenz Karl's II. und mit Unterstützung seines katholisch gewordenen Bruders schrieb er 1673 Abhandlungen über wahre Religion, Ketzerei, Duldung und die Mittel zur Verhinderung der Ausbreitung des katholischen Glaubens. Noch im folgenden Jahre, dem letzten seines arbeitsvollen Lebens, gab er seine vertrauten Briefe und eine Erklärung der Polen zum Preise ihres heroischen Königs Johann Sobieski (aus dem Lateinischen übersetzt) heraus.

Schon seit einigen Jahren hatte er an der Gicht gelitten, aber im Juli 1674 fühlte er seine Constitution durch dieses Übel so geschwächt, daß er sich anschickte, aus dem Leben zu scheiden. Am 20. Juli berief er seinen Bruder Christoph zu sich und dictirte ihm sein Testament, starb aber erst am 15. Nov. 1674 so sanft, daß die im Sterbezimmer anwesenden Personen seine Auflösung nicht gewahr wurden. Der Dechant von Westminster, Bischof Spratt, verweigerte die Erlaubniß, ihm ein Denkmal in der Kirche zu setzen; erst 1737 stellte Benson seine Büste in derselben auf.

Von seinem Äußern gibt Milton selbst eine kurze Beschreibung, um den verleumderischen Angaben seiner Feinde zu begegnen. Nach jener, mit welcher die Nachrichten gleichzeitiger Schriftsteller übereinstimmen, war er von mittlerer Statur, ziemlich hager und stark genug, um das Schwert mit Leichtigkeit zu handhaben; im Fechten geübt, glaubte er es, bevor er erblindete, auch mit einem ihm an Muskelkraft überlegenen Gegner aufnehmen zu können. Sein Ansehen war so munter, daß er zehn Jahre jünger schien, als er war; seine dunkelgrauen Augen, wiewol völlig blind, verriethen diesen Mangel nicht und sahen so hell und fehlerfrei aus, als wenn er ein vorzüglich scharfes Gesicht gehabt hätte. Sein Haar war hellbraun; seine Gesichtsfarbe so zart und seine Gesichtsbildung so fein, daß er auf der Universität im Scherz „das Mädchen" genannt wurde. Seinem Charakter waren Milde und Edelmuth eigen; wenn er im Streite bisweilen zu heftig wurde und jene Eigenschaften in den Hintergrund traten, so darf man nicht vergessen, daß er durch den anmaßenden Übermuth seiner Gegner gereizt werden mußte. Im geselligen Umgange war er im höchsten Grade liebenswürdig und gewinnend; schon seine immer heitere Stimmung machte ihn zum angenehmen Gesellschafter. Der Vorwurf, daß er seine Töchter durch eine zu strenge und karge Erziehung niedergedrückt habe, beruht auf der Erzählung, daß er sie nicht habe schreiben lernen lassen; dies ist aber erwiesen falsch, vielmehr diente ihm seine jüngste Tochter, Deborah, welche über ihren Vater schätzbare Mittheilungen hinterlassen hat, längere Zeit als Secretair, ja er unterrichtete sie und ihre Schwestern eine Zeit lang selbst im Hebräischen, Griechischen und Lateinischen, um ihn bei seinen Arbeiten unterstützen zu können. Seine beiden ältesten Töchter Anna und Marie waren ihres Vaters durchaus unwürdig und setzten die kindlichen Pflichten gegen ihn nur zu sehr aus den Augen; selbst Deborah verließ ihn ohne sein Vorwissen aus Widerwillen gegen ihre Stiefmutter. Seine Lebensweise war höchst regelmäßig und einfach. Er stand im Sommer schon um 4, im Winter um 5 Uhr auf und begann den Tag damit, daß er sich ein Capitel aus der hebräischen Bibel vorlesen ließ, was sein Schreiber that, der ihm später wieder von 7—12 Uhr vorlesen oder seine Dictate nachschreiben mußte. Dann folgte eine einstündige Leibesbewegung, die gewöhnlich in einem Spaziergange, nach seinem Erblinden aber zuweilen auch im Schaukeln bestand, sodann eine sehr mäßige Mahlzeit, worauf er einige Zeit seiner Lieblingsbeschäftigung, der Musik, widmete. Seine eigenen musikalischen Talente verschafften ihm eine angenehme Erholung von ernsten Arbeiten; er spielte sowol das Violoncello als die Orgel und besaß außerdem eine angenehme und ausgebildete Stimme. Von der Musik kehrte er wieder zu den Studien zurück, nahm um 8 Uhr ein frugales Abendessen ein und begab sich um 9 Uhr zur Ruhe. Ein großer Verehrer der Alten zog er die griechischen Schriftsteller den römischen und unter jenen Homer, Euripides, Plato, Demosthenes allen andern vor; die im „Verlorenen Paradies" vorkommenden poetischen Reden verdanken ihre vollendete Beredtsamkeit dem aufmerksamen Studium des großen athenischen Redners. Aber nicht nur mit den berühmtesten Schriftstellern des Alterthums war Milton vertraut, sondern auch mit denen der Franzosen, Italiener, Spanier, Portugiesen; namentlich liebte er die italienische Literatur und sie hatte an der Bildung seines Geistes großen Antheil. Von seinen bedeutendsten Schriften ist bereits die Rede gewesen; nachträglich bemerken wir nur, daß seine episch-didaktische Dichtung „Das verlorene Paradies", welche der Messiade Klopstock's zum Muster gedient hat, unter Andern von Bodmer, Bürde und Pries ins Deutsche übersetzt worden ist.

Die Halle eines altenglischen Landedelmanns

Wir erblicken in der Abbildung die Halle des noch jetzt wenigstens theilweise vorhandenen Schlosses Ockwells-House in der Grafschaft Berkshire, die als Typus der Hallen in den Wohnsitzen der altenglischen Landedelleute dienen kann. An den Wänden erblicken wir Waffen, Fahnen, Hirschgeweihe und andere Jagdtrophäen, in den Fenstern Wappen verschiedener, mit der Familie des Besitzers verwandter Geschlechter; die anwesenden Personen, welche zum Theil kolossale Trinkgefäße vor sich stehen haben, lauschen dem Gesange und Harfenspiele eines kahlköpfigen Virtuosen von auffallend kleiner Figur, der auch die Aufmerksamkeit vierfüßiger Zuhörer gefesselt zu haben scheint. Einen ausführlichen Commentar zu Dem, was das Bild zeigt, können die Leser aus den gewiß dem größern Theile von ihnen wohlbekannten Romanen Walter Scott's entnehmen, in denen das altenglische Leben auf so ansprechende Weise geschildert wird.

Die Halle eines altenglischen Landedelmanns.

Die Gefängnisse in Nordamerika.

(Beschluß aus Nr. 395.)

Was die Hauszucht betrifft, so ist dieselbe in den auburnschen Gefängnißhäusern nicht überall gleich; in Singsing ist sie im Wesentlichen folgende. Die Sträflinge dürfen weder Worte, noch Winke, Blicke, Lächeln, Bewegungen, Zeichen irgend einer Art miteinander wechseln, auch mit ihren Aufsehern nur wenig und kurz reden. Die Arbeit ist schwerer als anderswo und besteht meist in Beschäftigung in den Marmorbrüchen. Die Bestrafung der Gefangenen für Übertretung der disciplinarischen Vorschriften geschieht unmittelbar darauf durch Peitschenhiebe. Weit weniger streng als in Singsing ist die Hauszucht in Auburn selbst und namentlich in Boston, wo der Willkür der Unteraufseher dadurch vorgebeugt ist, daß die Strafen niemals augenblicklich vollzogen werden, sondern erst nach geschehener Anzeige beim Vorsteher und auf Befehl desselben. Bei dem pennsylvanischen Systeme finden gar keine Leibesstrafen statt, sondern an deren Stelle Entziehung der Arbeit oder Bettstücke und Einsperrung in dunkeln Zellen, welche keinen Wasserhahn haben, bei Wasser und Brot, während sonst den Gefangenen reichliche Fleischkost gewährt wird. Bei geringern Vergehen tritt eine ein- oder mehrmalige Entziehung des Mittagsessens oder auch des Spazierhofes ein. Die Gefangenen legen im Gefängnisse ihren Namen ab, den sie mit einer Nummer vertauschen, und werden vom Vorsteher mit einer eindringlichen Anrede empfangen und in der ihnen angewiesenen Zelle zuerst ohne irgend eine Beschäftigung ihren eigenen Betrachtungen überlassen. Sie kommen bald dahin, daß sie die Einsamkeit und Arbeitslosigkeit unerträglich finden und den dringenden Wunsch nach einer Beschäftigung äußern, die ihnen aber erst nach einigen Tagen gewährt wird. Nun beginnt der Unterricht in der von ihnen gewählten Beschäftigung (wenn er nämlich keine der in der Anstalt üblichen versteht), wobei die Fortschritte sehr schnell zu sein pflegen; kann der Sträfling noch nicht lesen, so erhält er auch darin Unterricht, außerdem aber Besuche von Geistlichen. Am Sonntag wird Gottesdienst gehalten; der Prediger steht an dem der Mittelhalle zugekehrten Ende eines Gefangenflügels und die äußern Thüren der Zellen sind halb geöffnet; zwischen den Zellenreihen jedes Flügels aber ist der Länge nach ein Vorhang ausgespannt, damit die gegenüber befindlichen Gefangenen einander nicht sehen können.

Was die Beschäftigung der Gefangenen betrifft, so wirkt sie in den Gefängnissen beider Systeme sehr verschieden: in den auburnschen erscheint sie den Sträflingen als eine drückende Last, in den pennsylvanischen als eine willkommene Zerstreuung und Unterhaltung. Die auburnschen Gefangenhäuser, wo eine größere Zahl zusammen arbeitet, schließen fast keine Art von Arbeiten aus; in den pennsylvanischen werden fast nur eigentliche Handwerke geübt, insbesondere Schuster-, Schneider-, Posamentier-, Tischler-, Schlosserarbeit, Weben, Drechseln, Faßbinden u. s. w. Die einzelnen Betriebszweige werden an den Meistbietenden verpachtet, wobei die Zahl der Competenten in der Regel groß ist; die Gefängnißarbeiten werden so gut bezahlt, daß die Gefängnisse meist für die Staaten eine einträgliche Erwerbsquelle geworden sind. Dies gilt namentlich von Singsing, wo im J. 1837 der Überschuß der Einnahme über die Ausgabe über 25,000 Thaler betrug, ungerechnet nicht vergütete Bauarbeit für die Anstalt zum Belauf von 9000 Thalern.

Für die Gesundheit der Gefangenen ist auf jede nur denkbare Weise gesorgt. Die Lufterneuerung geschieht durch besondere Vorrichtungen, ist aber in den pennsylvanischen Gefängnissen weit vollkommener als in den auburnschen. Für die Reinlichkeit wird durch tägliches Waschen, Spucknäpfe, wasserdurchspülte Abtritte, außerdem in den pennsylvanischen Gefängnissen durch ein warmes Bad bei der Aufnahme gesorgt; die Zellen werden täglich gekehrt, von Zeit zu Zeit gescheuert und jährlich zwei Mal geweißt. Die Bekleidung der Männer ist im Sommer von Baumwolle, im Winter von grobem Tuch, ähnlich bei den Weibern; an Leibwäsche erhält der Sträfling in Philadelphia im Sommer ein, im Winter zwei baumwollene Hemden. Die Nahrungsmittel, welche den Gefangenen gereicht werden, sind für den Zweck eines Strafhauses fast zu reichlich und gut. Die Gefangenen halten täglich drei warme Mahlzeiten, die aus animalischer und vegetabilischer Kost zusammengesetzt sind. In Philadelphia erhalten sie zum Frühstück ein Pfund Weizenbrot und eine Pinte Cacaotrank mit Syrup; zum Mittagsessen eine Pinte Suppe, $3/4$ Pfund frisches Rindfleisch oder $1/2$ Pfund gesalzenes Schweinefleisch und so viel Kartoffeln, als sie essen wollen; Abends Maisbrei. Zur beliebigen Würze der Speisen und Getränke erhält jeder Sträfling noch außerdem $1/2$ Gallon Syrup, Salz und zuweilen auch Essig. Noch reichlicher ist die Ernährung in den auburnschen Strafanstalten, wo die Gefangenen sich mehr in der frischen Luft aufhalten und schwerere Arbeiten verrichten; so kommt in Singsing auf jeden Sträfling täglich $1/2$ Pfund Roggenmehl und $3/4$ Pfund Maismehl, zu Brot verbacken, 1 Pfund Rindfleisch ohne Knochen oder $3/4$ Pfund Schweinefleisch und $1/2$ Weinglas voll Syrup; das Gesammtgewicht der täglichen Kost eines Sträflings beträgt aber $6 1/2$ Pfund. In Folge aller dieser Einrichtungen ist der Gesundheitszustand der Gefangenen in den amerikanischen Strafhäusern besser als anderswo, namentlich ist das verderbliche Kerkerfieber ganz verschwunden, wenn auch ein Theil der Gefängnißkrankheiten als mit der Entziehung der Freiheit unzertrennlich verbunden nicht vermieden werden kann. Im Durchschnitt aus mehren Jahren machen die täglich vorhandenen Kranken in Auburn und Boston nur den zwanzigsten Theil sämmtlicher Gefangenen aus; minder günstig ist das Verhältniß in Singsing und Philadelphia und noch mehr in Baltimore, wo jeder Sträfling im Durchschnitt öfter als zweimal im Jahre erkrankt. Im Durchschnitt aus mehren Jahren starb in Greenwich (bei Neuyork) jährlich der 20., in Singsing der 21., in Baltimore der 25., in Philadelphia der 56., in Auburn sogar nur der 66. Sträfling, wonach in den beiden letzten Gefängnissen die Sterblichkeit sehr gering war. Man kann annehmen, daß drei Viertel aller Todesfälle in den Gefängnissen von Lungenübeln herrühren, unter denen die Lungenschwindsucht obenan steht.

Vergleichen wir nun beide Systeme hinsichtlich ihrer Wirkungen miteinander, so können wir nicht umhin, dem pennsylvanischen den Vorzug zu geben. Einer falschen Philanthropie mag es immerhin hart und grausam erscheinen, aber genauer betrachtet erfüllt es den Zweck der Strafe ungleich besser als das auburnsche, weil es tiefer und nachhaltiger wirkt und die Besserung des Gefangenen ungleich besser fördert, indem es ihn zu stillem Nachdenken über sich selbst und seine begangenen Handlungen veranlaßt. In den auburnschen Anstalten gewährt die Gesellschaft und die beständige Ortsveränderung dem Sträfling vielfache Zerstreuung und zugleich Erleichterung; in den pennsylvanischen ist er sich selbst überlassen und den Gedanken, die sich untereinander anklagen und entschuldigen; er fühlt sein Elend ungleich tiefer, geht aber in sich und faßt gute Vorsätze. Die in den auburnschen Anstalten nothwendige strenge Zucht, die öfter vorkommenden körperlichen Züchtigungen müssen den Sträfling aufregen und erbittern; in den pennsylvanischen söhnt ihn auch die humane Behandlung, die er erfährt, mit der Welt aus. Das System der beständigen Trennung macht es dem Geistlichen und den Beamten des Gefängnisses leichter, mit dem Gefangenen einen ungestörten Verkehr zu unterhalten und durch ihre Zusprache, Belehrung und Ermahnung wohlthätig auf ihn zu wirken, da jeder nachtheilige Einfluß, den die Heuchelei oder der, wenn auch nur durch Hohnlächeln geäußerte, Spott anderer Gefangenen üben muß, wegfällt. Nur das pennsylvanische System gewährt Sicherheit gegen die Gefahren des Verkehrs beider Geschlechter, weil die Gefangenen einander weder sehen noch hören, während in den auburnschen Anstalten auch da, wo die Gefangenen beider Geschlechter räumlich geschieden sind, schon das Hören der Stimmen des andern Geschlechts beim gottesdienstlichen Gesange nachtheilig wirkt. In allen denjenigen Gefängnissen, wo Gefangene beider Geschlechter Aufnahme finden, bleibt freilich noch die Thätigkeit der Einbildungskraft übrig, deren Nachtheil auch das pennsylvanische System nicht ganz beseitigen kann. Was aber den Verkehr unter den Gefangenen desselben Geschlechts (durch Mittheilungen verschiedener Art) betrifft, so läßt er sich in den auburnschen Anstalten, selbst in Singsing, auch durch die größte Strenge nie ganz verhüten, wie die Erfahrung vielfach gelehrt hat, und wenigstens im Krankensaale sind Mittheilungen der Gefangenen untereinander unvermeidlich. Wenn die Zucht in den auburnschen Anstalten nicht ganz erschlaffen soll, was mit großer Gefahr verbunden ist, so muß sie mit einer außerordentlich unnachsichtigen Strenge gehandhabt werden, die aber gleichwol ihren Zweck nie ganz erreichen wird. In den pennsylvanischen Gefängnissen sind ferner ungleich weniger Beamte als in den auburnschen nöthig; in den Anstalten der letztern Art zu Auburn, Singsing und Boston kommt im Durchschnitt ein Aufseher auf 19 Sträflinge, in Philadelphia ist ein Gefangenwärter auf 35 Sträflinge ausreichend. Ein großer Übelstand liegt in jenen in der fast unbeschränkten Gewalt, welche in die Hände der untergeordneten Beamten, die schlecht bezahlt werden, meist aus den niedern Ständen genommen sind und daher nur geringe Bildung besitzen, gelegt ist und sein muß. Selbstmorde und Brandstiftungen kamen in den auburnschen Gefängnissen mehrmals, in den pennsylvanischen niemals vor. Zu allen diesen zahlreichen Vorzügen der letztern kommt nun noch ein sehr wesentlicher, der den Zeitraum nach der Freilassung betrifft. Die bürgerliche Gesellschaft gewinnt dadurch, daß die entlassenen Sträflinge im Gefängnisse nicht verschlimmert, sondern in der Regel gebessert worden sind und sie keine Gelegenheit gehabt haben, neue Complotte gegen die bürgerliche Ordnung anzuzetteln; den entlassenen Gefangenen aber gereicht es zu nicht geringem Vortheil, daß keiner ihrer Mitgefangenen sie gesehen und kennen gelernt hat. Mancher aus der auburnschen Anstalt entlassene Sträfling, der mit den besten Vorsätzen, ein neues Leben zu führen, begann, ist von seinen Mitgefangenen erkannt und durch Drohungen (namentlich durch die Drohung, seinen frühern Aufenthalt im Gefängnisse bekannt zu machen) zur Theilnahme an neuen verbrecherischen Handlungen veranlaßt worden, während ein Erkennen dieser Art bei den pennsylvanischen Anstalten gar nicht möglich ist. Nur ein Umstand, der aber sehr untergeordneter Art ist und bei so vielen ihm entgegenstehenden höhern Rücksichten gar nicht in Betracht kommen könnte, spricht, wie es scheint, für die auburnschen Anstalten, nämlich der Kostenpunkt. Theils nämlich sind die baaren Erbauungskosten der Gefängnisse bei dem auburnschen Systeme ungleich geringer als bei dem pennsylvanischen, und verhalten sich, auf jeden Sträfling repartirt, ungefähr wie zwei zu drei, theils sind, wie bereits erwähnt, die in den auburnschen Anstalten von den Sträflingen gefertigten Arbeiten ungleich lohnender und geben nicht selten noch einen namhaften Mehrertrag, obgleich der Arbeitseifer der pennsylvanischen Sträflinge größer ist und bei ihnen nicht, wie bei den auburnschen, durch die täglich viermal stattfindenden Märsche von den Zellen zur Werkstätte und zurück Zeit verloren wird. Übrigens ist dieser Vorzug der auburnschen Strafhäuser im Grunde nur scheinbar, da der tiefere Eindruck der pennsylvanischen Strafweise eine Verkürzung der Strafzeit gestattet, sodaß in einem gleich langen Zeitraume weit mehr Sträflinge durch die pennsylvanischen als durch die auburnschen Strafhäuser gehen. Der wichtigste Einwurf, der gegen das pennsylvanische System erhoben worden ist, liegt in dem nachtheiligen Einfluß, den es auf die Gesundheit haben soll; daß er aber ungegründet ist, geht aus dem oben Gesagten hervor. Bei ansteckenden Seuchen ist sogar der Vortheil ganz entschieden auf der Seite der pennsylvanischen Gefängnisse; als die Cholera in Nordamerika hauste, blieben sie von ihr ganz unberührt, während die auburnschen furchtbar decimirt wurden. Daß Seelenstörungen von dem pennsylvanischen Strafverfahren mehr als von jedem andern befördert würden, ist ebenfalls ungegründet; einige wenige in den pennsylvanischen Anstalten vorgekommene Fälle von Geistesverwirrung sind aller Wahrscheinlichkeit nach nur durch die genauere Aufsicht in denselben entdeckt worden, nicht aber daselbst entstanden. Nach allem Gesagten ist es wol sehr erklärlich, wenn sich die öffentliche Meinung in Amerika gegenwärtig ganz entschieden zu Gunsten des pennsylvanischen Systems erklärt, ein Urtheil, dem fast sämmtliche Sachverständige in Europa beistimmen, namentlich Diejenigen, welche durch eigene Anschauung in den Stand gesetzt worden sind, ein auf Erfahrung gegründetes Urtheil zu fällen.

Weit weniger musterhaft, als die Gefängnisse, sind in Nordamerika die Rettungshäuser, d. h. die Anstalten für sittlich verwahrloste Kinder, eingerichtet; sie stehen namentlich den deutschen Anstalten dieser Art beiweitem nach. In Europa, namentlich in Deutschland, sind diese Häuser zum größten Theile Erziehungsanstalten; in Nordamerika sind sie mehr Gefängnissen ähnlich. In den drei ältesten Rettungshäusern in Neuyork, Philadelphia und Boston werden die dort in zu großer Menge befindlichen Kinder beiderlei Geschlechts bei Nacht gleich Gefangenen in Einzelzellen eingesperrt; gleichwol haben diese Anstalten, welche unter der Leitung von Privatgesellschaften stehen, schon durch die Trennung der unerwachsenen Verbrecher von den erwachsenen großen Nutzen gestiftet. Das Rettungshaus in Neuyork, welches 1825 eröffnet wurde und jährlich vom Staate und der Stadt Neuyork einen Zuschuß von 20,000 Thalern erhält, hat in den ersten zehn Jahren 1480 Kinder (worunter ein Viertel Mädchen) aufgenommen, von denen 1148 auf den Weg der Tugend zurückgebracht wurden. 1826 wurden die Anstalten in Philadelphia und Boston eröffnet, in jener wurden in den ersten zwölf Jahren 1033 Kinder aufgenommen. In allen drei Anstalten ist der Religionsunterricht sehr mangelhaft und größtentheils auf das Auswendiglernen von Bibelstellen beschränkt.

Schließlich können wir nicht umhin, diejenigen Vorschläge zur Verbesserung des europäischen Gefängnißwesens mitzutheilen, welche der unterrichtete Verfasser des genannten trefflichen Werks an die Darstellung der amerikanischen Strafanstalten knüpft, wobei er die Bemerkung vorausschickt, daß unter allen Gefangenhäusern des europäischen Festlandes die belgischen den ersten Platz einnehmen. 1) In jedem (größern) Staate müssen General-Inspectoren der Gefängnisse ernannt werden, welche dieselben in unbestimmter Reihenfolge, also unvermuthet visitiren. 2) Die erwachsenen und unerwachsenen Verbrecher müssen völlig getrennt und in verschiedenen Anstalten untergebracht werden; Dasselbe ist 3) in noch höherm Grade hinsichtlich der Gefangenen verschiedener Geschlechter nothwendig. 4) In den Gefangenhäusern für weibliche Verbrecher muß auch die Aufsicht durch Weiber ausgeübt werden, und nur der Vorsteher dem männlichen Geschlechte angehören. 5) Die Gefangenhäuser dürfen, um gehörig übersehen werden zu können, nicht zu groß sein und nie mehr als 300 Sträflinge enthalten. 6) Das auf dem Grundsatze ununterbrochener einsamer Einsperrung bei Tage und bei Nacht beruhende pennsylvanische System ist einzuführen. 7) Im Gefängnisse ist zuerst moralischer und religiöser Unterricht, dann aber auch Unterricht im Lesen, Rechnen und Schreiben, insofern diese Fertigkeiten den Sträflingen noch abgehen, zu ertheilen. 8) Zwischen den Sträflingen und der Welt darf keinerlei Verkehr stattfinden, weder mündlicher noch schriftlicher. Der Sträfling darf nicht erfahren, was in der Welt vorgeht, weder Besuche noch Briefe empfangen, jedoch kann ihm ausnahmsweise als Belohnung gestattet werden, an seine Angehörige Briefe zu schreiben und belehrende Bücher zu lesen. 9) Alle andere Belohnungen und Bevorzugungen der Gefangenen sind zu unterlassen. 10) Von dem Ertrage seiner Gefängnißarbeit darf der Sträfling nichts erhalten, am wenigsten im Gefängnisse, weil der ihm in die Hände gegebene Arbeitsverdienst in der Regel in die Schenke wandert; dagegen kann ihm nach Befinden bei seiner Entlassung eine Unterstützung gegeben werden, die sein Fortkommen zu erleichtern bestimmt ist. 11) Eine Schenke darf in keinem Gefängnisse geduldet werden. 12) Auf das Betragen der Sträflinge im Gefängnisse darf in ihrer Behandlung keine Rücksicht genommen werden, weil in der Regel gerade die größten und abgefeimtesten Verbrecher die ruhigsten und unterwürfigsten Sträflinge sind. 13) Gegen die rückfälligen Verbrecher ist größere Strenge zu üben. 14) Zu Gefängnißvorstehern werden am besten Offiziere, die sich aus dem Dienste zurückziehen, zu Aufsehern Männer, die in den niedern Stufen des Heers gedient haben, gewählt. Jene müssen aber human und mit den Bedürfnissen und den Irrthümern des menschlichen Herzens vertraut, diese fromm, sittlich, gesund und kräftig sein. 15) Bei der Krankenpflege ist die Beihülfe geistlicher und Laienbrüder- und Schwesterschaften, wo sie zu erlangen steht, sehr wirksam und wohlthätig. Als Ersatz für diese sind die in mehren Ländern entstandenen weltlichen Vereine zu betrachten. 16) Von dem größten Nutzen sind die Schutzvereine für die entlassenen Gefangenen, deren Fortkommen ohne solche Beihülfe in vielen Fällen höchst schwierig ist, weshalb sie nur zu häufig wieder dem Verbrechen anheimfallen. 17) Eine für das Wohl der entlassenen Sträflinge sehr heilsame Maßregel ist endlich die Ansiedelung derselben in andern Welttheilen, die freilich nicht für alle Staaten gleich leicht ausführbar ist. Unter diesen 17 Hauptpunkten sind der erste, sechste und der sechszehnte als die wichtigsten hervorzuheben, unter ihnen aber ist wieder der sechste, welcher die Herstellung eines nach pennsylvanischen Grundsätzen eingerichteten Gefangenhauses betrifft, der dringendste. Gleichzeitig mit einem solchen Gefängnisse mag aber nach dem Vorgange Frankreichs ein Zellenwagen*) eingeführt werden, welcher zum Transport von Gefangenen oder noch nicht verurtheilten Angeklagten sehr zweckmäßig ist.

Die Ruinen von Persepolis und Schapur.

Der unermüdliche, ebenso geist- als kenntnißreiche französische Reisende Texier, der schon seit Jahren Asien, bisher namentlich den nordwestlichen Theil desselben, durchwandert und schon manchen schätzbaren Beitrag zur Kenntniß dieses ungeheuren, zum großen Theile noch so wenig bekannten Welttheils geliefert hat, theilt über die Ruinen der einst so mächtigen Stadt Persepolis Folgendes mit: „Bis man die Ruinen von Susa aufgefunden haben wird (was unserm Reisenden so wenig als frühern gelingen wollte), wird Persepolis sowol hinsichtlich seiner Gebäude, als wegen seiner Basreliefs aus verschiedenen Jahrhunderten der interessanteste Ort des ganzen Alterthums bleiben. Ich habe mich überzeugt, daß alle Basreliefs in Persepolis ehemals gemalt waren, und zwar gilt dies nicht blos vom Grunde und den Draperien, sondern außerdem war auch jeder Theil der Gewänder theils mit Farben bemalt, theils vergoldet, auch alle Säulen waren gemalt, und in dem ungeheuren Königsschlosse gibt es keinen Winkel, wo man nicht die Spuren der sorgfältigsten und feinsten Malerei fände. Die kleinen, auf die Kleider der Figuren gemalten Zierathen waren vorher vorgezeichnet worden und man erkennt sie auf den Mänteln, Kopfbedeckungen und Sesseln noch vollkommen deutlich. Der Stein, aus welchem alle hier befindlichen Bauwerke erbaut sind, ist im Allgemeinen ein sehr harter, von der Luft nicht zerstörbarer Jurakalkstein; die Sculpturarbeiten sind jedoch überall mit einem gelblichen und staubartigen Überzuge bedeckt, der nur der Überrest der ehemals aufgetragenen Malerei ist. Was die Farbe der Bärte und der Haare betrifft, so glaube ich, daß diese Theile der Figuren vergoldet waren, ebenso wie die Löwenmähnen und Greifenflügel. Wir haben den Plan aller dieser Ruinen aufgenommen und einige Nachgrabungen anstellen lassen, die mehre Punkte des ganzen Raums von den darüber liegenden Erdschichten befreit und mir bewiesen haben, daß das Innere von jedem der Säle mit Säulen geziert war. Demnach ist es, ungeachtet der ungeheuren Ausdehnung dieser Säle, nicht schwer, zu begreifen, wie die Decke derselben unterstützt war. Eine andere, weniger leicht zu beantwortende Frage betrifft die Art, wie die verschiedenen Säle miteinander verbunden waren. Vergleicht man den Palast zu Persepolis mit den Palästen des persischen Königs in Ispahan, so findet man eine auffallende Ähnlichkeit; die Paläste des Schahs bestehen aus Kiosks, die durch Gärten geschieden sind und keine Verbindung untereinander haben; am Eingange befindet sich immer ein von Säulen getragener großer Saal,

---

*) Vergl. Pfennig-Magazin Nr. 270.

Selamlek genannt, wo diejenigen Personen, welche dem Fürsten ihre Aufwartung zu machen kommen, empfangen werden. Ein solcher Saal findet sich auch in Persepolis. Die innern Gemächer, wie die Bäder, der Harem u. s. w., befinden sich in abgesonderten Gärten. Viele Basreliefs stellen Darius, auf seinem Throne sitzend, dar; die Form des Throns von Feth Ali Schah, die sich in den neuern persischen Malereien findet, ist der Form jenes Throns sehr ähnlich."

"Im Allgemeinen zeigen die Denkmäler von Persepolis ein und dasselbe Gepräge. So haben alle Figuren eine Kleidertracht, die nur in einigen Einzelheiten abweicht; die Haltung ist bei allen Personen derselben Classe unveränderlich dieselbe. So ist z. B. der König immer mit einem Stocke und einer Blume abgebildet; er mag nun auf seinem Throne sitzen oder in Begleitung von Dienern, die ihm einen Sonnenschirm oder einen Fliegenwedel über den Kopf halten, einherschreiten, immer hält er seinen Stock in der rechten, seine Blume in der linken Hand. Sein Gewand hat immer dieselbe Zahl von Falten, sein Haar dieselbe Zahl von Locken. Dies geht so weit, daß wir bei analogen Figuren immer eine gleiche Zahl von Locken gezählt haben. Auf dem Basrelief an der Treppe sieht man die Reitknechte, die eine Flechte hinter dem Ohre haben; diese besteht überall aus 28 Knoten. Ein Stier mag nun auf einem Basrelief oder auf einem Capital erscheinen, immer hat er dieselbe Verzierung; daher läßt sich leicht errathen, welchen Kopf die beiden an der großen Treppe stehenden Kolosse haben mußten, denn nach ihren Halsbändern und Mähnen ist es klar, daß sie Stierköpfe haben mußten. Die Figuren, welche an mehren Orten Rustan (Hercules) darstellen, wie er den Löwen, das Einhorn (s. die Abbildung) und den Greif bekämpft, haben ebenfalls stets dieselbe Stellung und Kleidung."

"Im Nordosten der Ebene von Persepolis findet man die Ruinen einer wichtigen Stadt, welche ich für die eigentliche Stadt halte, während die bisher besprochenen Ruinen nur dem Palaste angehören. Jene bestehen in Mauern, Säulengängen und Thoren, Alles in demselben Charakter, wie die Ruinen des Palastes. Wir haben diese seltsamen Bauwerke abgezeichnet, die so zerstört sind, daß es nicht möglich ist, ihre erste Bestimmung zu erkennen. Auf dem Rückwege nach unserer Wohnung in Kennara sahen wir drei wichtige Basreliefs, von denen das eine den Artaxerxes mit seinem Hofstaate darstellt, mit einer Inschrift in zwei Sprachen, sassanidisch und griechisch, zwei andere aber bekannte Gegenstände."

Mit Erstaunen fand Texier in Persepolis, unter dem 30. Breitengrade, eine Kälte, welche hinreichte, um die Teiche gefrieren zu machen, auf deren Eis er und sein Begleiter sich niederließen, um die Ruinen abzuzeichnen. Erst in Schiras, dem südlichsten Punkte ihrer Reise, fanden sie die Orangeriebäume im freien Lande. Über Schiras bemerkt Texier, daß es weit davon entfernt sei, seinen Ruf zu verdienen; selbst sein so berühmter Wein sei um nichts besser als der sicilische, dem er sehr gleiche. Die Stadt sei ziemlich gut gebaut, enthalte aber kein bemerkenswerthes Denkmal.

Von Schiras reiste Texier nach Kauzerun, indem er auf den großen Hochebenen Persiens wie auf einer ungeheuern Treppe, welche zum persischen Meerbusen führt, herabstieg. Von Kauzerun aus besuchte er die Ruinen von Schapur, über welche er sich folgendermaßen äußert. "Die Überreste der Stadt gewähren wenig Interesse, desto interessanter aber sind in historischer Hinsicht die Basreliefs, welche in die Felsen im Thale von Schapur gehauen sind, weil sie an eins der wichtigsten Ereignisse der persischen Geschichte erinnern und uns außerdem die authentischen Portraits von Sapor oder Schapur (Schah=Pur) und seinen obersten Reichsbeamten zu Gesicht bringen. Diese Basreliefs bestehen aus fünf großen Bildern, jedes von 30—36 Fuß Höhe. Das schönste seiner Ausführung wie das merkwürdigste und auffallendste seinem Gegenstande nach ist dasjenige, welches den Kaiser Valerian zu Sapor's Füßen vorstellt. Acht Abtheilungen, welche das Hauptbild einfassen, stellen verschiedene Truppengattungen seines Heers dar. Die Ausführung dieser Basreliefs ist vollkommen und sicher das Werk eines griechischen Künstlers. Ein anderes Basrelief stellt einen ähnlichen Gegenstand dar und auf den umgebenden Abtheilungen ist der Triumph der Armee vorgestellt; in diesem Bilde sind die Figuren nur drei Fuß hoch. Unweit des Gipfels eines fast unzugänglichen Felsens ist eine ungeheure natürliche Höhle, die wir nicht in allen ihren Windungen und Seitengängen verfolgen konnten. In der Mitte stand eine kolossale Statue Sapor's. Diese ist jetzt von ihrem Fußgestell herabgestürzt, aber noch immer gut genug erhalten, um von ihrer Gesammtheit urtheilen zu können. Das Costum dieses Königs ist im höchsten Grade seltsam; er ist vom Kopf bis zu den Füßen von großen Bändern bedeckt, die drei Fuß hinter ihm her schleppen. Ich erinnere mich zwar nicht der gesammten Höhe der Statue, aber der Fuß ist drei Fuß, der Rumpf acht Fuß lang. In der Grotte hatte man schon Abtheilungen zu Sculpturen im Felsen gemacht, aber die Basreliefs dieser Bilder sind noch nicht einmal angefangen worden."

Abbildung auf einer Felsenwand bei Persepolis.

Das Pfennig-Magazin

für
Verbreitung gemeinnütziger Kenntnisse.

397.] Erscheint jeden Sonnabend. [November 7, **1840**.

Gotthold Ephraim Lessing.

Gotthold Ephraim Lessing, der sich um die deutsche Literatur unsterbliche Verdienste erworben und den Eintritt ihres goldenen Zeitalters beschleunigt hat, wurde am 22. Januar 1729 zu Kamenz in der (sächsischen) Oberlausitz geboren, wo sein Vater, den er 1770 verlor, erster Prediger war. Schon als Kind zeigte er viel Liebe zu den Büchern und zum Lernen, wozu das Beispiel seines frommen, unermüdet fleißigen Vaters gewiß nicht wenig beitrug. Als ihn in seinem fünften Jahre ein Maler mit einem Käfig, in dem ein Vogel saß, malen wollte, verlangte er mit einem Haufen von Büchern gemalt zu werden. Gleich seinen Brüdern (er war nicht der erstgeborene, aber der älteste seiner lebenden Geschwister) für den gelehrten Stand bestimmt, wurde er im Juni 1741 in die Fürstenschule zu Meißen aufgenommen, wo er fünf Jahre zubrachte, die glänzendsten Fortschritte machte und mit rastlosem Fleiße studirte. Schon damals aber trieb er mehr die deutsche als die lateinische Poesie, obschon die Schüler vorzugsweise zu letzterer angehalten wurden. Im J. 1746 bezog er die Universität zu Leipzig, wo er sich eher durch alles Andere als durch plan- und regelmäßigen Besuch der Vorlesungen auszeichnete, von keinem andern Lehrer als von Kästner und Ernesti angezogen wurde und eigentlich nur in körperlichen Übungen aller Art Fleiß und Ausdauer zeigte. Gegen das Studium der Theologie, der er sich nach dem Wunsche seiner Ältern widmen sollte, hatte er entschiedene Abneigung; mit dem Studium der Medicin beschäftigte er sich nur kurze Zeit; obgleich er aber keine der sogenannten Brotwissenschaften im Ernste studirte, war er deshalb doch nicht müßig. Schon damals gab er mehre dramatische Arbeiten heraus, von denen „Der junge Gelehrte" die erste war, die unter seinem Namen erschien, gefiel sich im Umgange mit Schauspielern, namentlich mit der berühmten Schauspieldirectrice Neuber, und studirte die Schauspielkunst mit großem Eifer, indem er nicht nur Abends den Vorstellungen, sondern auch früh den Proben beiwohnte. Seinen Ältern mißfiel dieses Treiben im höchsten Grade, sie beriefen ihn deshalb zu sich nach Kamenz, um auf ihn einzuwirken und ihn von der bisherigen Bahn abzubringen, was ihnen aber nicht gelang. Nachdem er in der Heimat anakreontische Lieder gedichtet, kehrte er nach Leipzig zurück, und als es ihm hier aus mehren Gründen nicht mehr behagte, besonders aber weil mehre der besten Schauspieler und sein Freund Mylius fortgezogen waren, ging er nach einem fast dreijährigen Aufenthalte insgeheim und ganz gegen den Willen seiner Ältern nach Berlin, wo er durch literarische Arbeiten seinen Unterhalt fand und mit Voltaire Bekanntschaft machte. Aus Gehorsam gegen seinen Vater, der den Aufenthalt in dem seiner Ansicht nach gottlosen, unchristlichen Berlin höchlich misbilligte, ging Lessing von hier 1750 nach Wittenberg, wo er, gemeinschaftlich mit einem seiner Brüder, der nachher Conrector in Chemnitz wurde, sehr emsig und mehr nach dem Plane seines Vaters studirte. Nebenbei beschäftigten ihn schriftstellerische Arbeiten, namentlich die Kritik und lateinische poetische Übersetzung der „Messiade" (die er mit seinem Bruder anfing) und die Berichtigung von Jöcher's „Gelehrten-Lexikon".

Nach einigen Jahren ging er (1753) von Wittenberg nach Berlin zurück und wurde hier als Schriftsteller immer bedeutender, namentlich durch seine Lustspiele, welche Muster für die damalige deutsche Bühne waren. Im J. 1754 schloß er innige Freundschaft mit Moses Mendelssohn und Nicolai, eine Verbindung, die für alle drei auf die Bildung ihres gelehrten Charakters großen Einfluß hatte. Auch mit Ramler pflog er vertrauten Umgang und erwarb sich noch zahlreiche andere Freunde. Die Entstehung seines sogenannten bürgerlichen Trauerspiels „Miß Sara Sampson", des ersten dieser Art in Deutschland, das von ihm in Potsdam ausgearbeitet und zuerst in Frankfurt an der Oder mit großem Beifall aufgeführt wurde, fällt in jene Zeit. 1755 reiste er nach Leipzig und ging auf den Vorschlag eines reichen jungen Kaufmanns Namens Winkler ein, ihm auf einer Reise durch Europa als Gesellschafter zu dienen. Laut dem aufgesetzten Contracte wollten sie vier Jahre reisen und Lessing sollte außer freier Station einen Jahrgehalt von 200 Thalern erhalten. Sie reisten am 10. Mai 1756 ab, nahmen ihren Weg über Braunschweig und Hanover, in der Absicht, nach England zu gehen, waren aber erst bis Amsterdam gekommen, als Winkler auf die Nachricht, daß der König von Preußen in Sachsen eingefallen sei und Leipzig preußische Besatzung bekommen habe, schleunigst die Rückreise antrat. Den Contract hielt er durch den Krieg für aufgehoben; Lessing aber, der nicht gleicher Meinung sein konnte, trat gegen ihn klagbar auf und gewann den Proceß, wiewol freilich erst im J. 1765, wo Winkler 800 Thaler zahlen mußte.

Lessing beschäftigte sich nun in Leipzig, wo ihn seine freundschaftliche Verbindung mit dem Dichter Kleist festhielt, der als Major mit den Preußen in Leipzig eingerückt war, mit mancherlei schriftstellerischen Arbeiten, namentlich mit Übersetzungen, und gab in Verbindung mit Moses Mendelssohn seit 1757 eine „Bibliothek der schönen Wissenschaften" heraus, von welcher aber nur vier Bände erschienen. Als seine Freunde Kleist und Weiße Leipzig verließen, jener, um zur Armee abzugehen, dieser, um nach Paris zu reisen, ging er 1759 wieder nach Berlin, schrieb hier das Trauerspiel „Philotas", Fabeln, Literaturbriefe u. s. w. und wurde 1760 Ehrenmitglied der königlichen Akademie der Wissenschaften. Kurz darauf ging er als Secretair des Generals Tauenzien nach Breslau, wo jener zugleich Gouverneur und Münzdirector war, und hatte hier Gelegenheit, seine Weltkenntniß bedeutend zu vermehren, da er fast alle höhern Offiziere der preußischen Armee kennen lernte. Sein Leben war im Ganzen sehr angenehm, aber nicht das regelmäßigste, denn er verbrachte seine Erholungszeit größtentheils am Spieltische und die Liebe zum Spiel (besonders zum Pharao) wurde zu wahrer Spielsucht. Als sein General im August 1762 die Blockade von Schweidnitz zu commandiren hatte, begleitete ihn Lessing, ebenso 1763 auf einer Reise nach Potsdam zum Könige. Zu Ostern 1765 gab er seine Anstellung auf, verließ Breslau ganz und ging über Kamenz und Leipzig nach Berlin, wo er nach fünfjähriger Pause wieder als Schriftsteller auftrat. 1766 erschien sein „Laokoon oder über die Grenzen der Poesie und Malerei", eine Schrift, die großes Aufsehen machte; im folgenden Jahre sein treffliches, schon in Breslau entworfenes Lustspiel „Minna von Barnhelm", das zuerst 1768 in Berlin aufgeführt wurde.

Im März 1767 ging er in Folge einer erhaltenen Einladung einer Gesellschaft von Theaterliebhabern, die das dasige Theater übernommen hatte, nach Hamburg, um als Dramaturg für die Bühne zu wirken. Hier schrieb und verlegte er ein Wochenblatt, die „Dramaturgie", welches viel Absatz und im Ganzen großen Beifall fand, und schloß mit dem Buchhändler und Legationsrath Bode einen Gesellschaftsvertrag; doch wurde diese Verbindung schon 1769 wieder aufgelöst, weil Lessing für Geschäfte dieser Art nicht geeignet war. Unzufrieden mit seiner äußerlichen Stellung in Hamburg (seine Verhältnisse mit der Bühne hatten nur kurzen Bestand gehabt und seinen Erwartungen schlecht entsprochen) beschloß er, alle seine Habseligkeiten zu veräußern und nach Italien und zwar nach Rom zu gehen, um dort für sich zu leben und zu studiren. Wirklich verkaufte er seine Bücher, aber die sich ihm darbietende Gelegenheit zur Erlangung eines ehrenvollen und vortheilhaften Amtes hielt ihn ab, sein Vorhaben auszuführen. Auf die Aufforderung des Professors Ebert in Braunschweig begab er sich nach dieser Stadt, wo ihn der damalige Erbprinz, dem Ebert ihn empfohlen, kennen zu lernen wünschte, und wurde als Bibliothekar an der großen Bibliothek zu Wolfenbüttel angestellt, ein Amt, das er zu Ende Aprils 1770 antrat und bis an seinen Tod bekleidet hat.

In Wolfenbüttel, wo es wenig Gelegenheit zur Zerstreuung gab, wurde Lessing, wiewol er fast keine andern Amtsgeschäfte hatte, als die er sich selbst machte, sehr fleißig und fand auf der Bibliothek fast seine einzige Freude und Beschäftigung. Gleich in den ersten Tagen entdeckte er zu seiner nicht geringen Freude ein sehr interessantes, in die Theologie einschlagendes Manuscript von Berengarius aus Tours aus dem 11. Jahrhundert, das er herausgab. Im März 1772 beendigte er sein lange vorher angefangenes Trauerspiel „Emilia Galotti", das am 13. März in Braunschweig zum ersten Mal aufgeführt wurde. Auf die wiederholte Aufforderung des kaiserlichen Gesandten, der ihm Hoffnung auf eine vortheilhafte Anstellung machte, reiste er im März 1775 nach Wien, wo er gute Aufnahme fand und von der Kaiserin Marie Therese einer Audienz gewürdigt wurde. Bald nach ihm kam der 16jährige Prinz Leopold von

Braunschweig nach Wien, der nach Italien reisen wollte, und sich bei seinem Vater, dem Herzoge Karl, Lessing zum Begleiter erbat. Die Reise wurde am 25. April angetreten und war im December schon wieder beendigt, ohne, wie es scheint, in dem Grade genußreich und belehrend gewesen zu sein, als Lessing gewünscht und erwartet hatte. Lessing's Project einer zweiten weniger flüchtigen Reise nach Italien ist nicht zur Ausführung gekommen.

Im folgenden Jahre, 1776, erhielt Lessing das Diplom eines ordentlichen Mitglieds der manheimer Akademie und vom damaligen Kurfürsten von der Pfalz, Karl Theodor, das Anerbieten einer Pension von 100 Louisdor, wofür er nichts thun sollte, als jährlich eine Abhandlung einschicken und wenigstens alle zwei Jahre den öffentlichen Versammlungen in Manheim persönlich beiwohnen. Nachdem er mit herzoglicher Genehmigung seine Annahme erklärt, erhielt er den ziemlich unwillkommenen Auftrag, zu dem zu errichtenden manheimer Nationaltheater Schauspieler zu engagiren. Im Januar 1777 reiste er selbst nach Manheim; bald darauf wurde ihm außer den akademischen Beschäftigungen die Obercuratel der heidelberger Universität mit einem Gehalt von 2000 Thalern und dem Character eines Regierungsraths angeboten; da er aber diesen Antrag aus unbekannten Gründen ablehnte, so wurde auch aus der erwähnten Pension nichts und die Verbindung mit der manheimer Akademie unterblieb ganz.

In den folgenden Jahren beschäftigte er sich eifrig mit polemischer Theologie. Durch die Herausgabe der bekannten „Wolfenbüttelschen Fragmente", deren Verfasser (Samuel Reimarus in Hamburg) von ihm geheim gehalten wurde, weshalb er selbst für denselben angesehen wurde, gerieth er nicht nur in Streitigkeiten mit Theologen, namentlich mit Götze in Hamburg, sondern kam auch zu seiner Regierung in unangenehme Verhältnisse und verlor die Censurfreiheit, welche er von dem Herzoge zur Herausgabe seiner „Beiträge aus der wolfenbüttelschen Bibliothek" erhalten hatte; zugleich wurde ihm aufgegeben, ohne Vorwissen des Ministeriums auch auswärts nichts drucken zu lassen, welches Verbot er jedoch nicht gehalten hat. Nach dem Regierungsantritte des ihm gewogenen trefflichen Erbprinzen Karl Wilhelm Ferdinand im J. 1780 war von jenem Verbote nicht mehr die Rede, und Lessing erfreute sich bis an seinen Tod der Gnade des neuen Herzogs. Noch am 9. Aug. 1780 schloß er mit der hamburgischen Theaterdirection einen Contract, wodurch er sich anheischig machte, jährlich zwei neue Schauspiele zu fertigen, deren jedes mit 50 Louisdor honorirt werden sollte. Das schon früher erschienene Schauspiel „Nathan der Weise" war indessen Lessing's letztes dramatisches Werk, sowie seine geistreiche, 1780 erschienene Schrift „Über die Erziehung des Menschengeschlechts" unter allen seinen Schriften die letzte. Nach Herausgabe des „Nathan" kränkelte er fortwährend; die mit seinen bibliothekarischen Arbeiten verbundene sitzende Lebensart hatte ihm von Anfang an nicht zugesagt und ihm außer einem dauernden hypochondrischen Unmuthe wiederholte Krankheitsanfälle zugezogen. Seit 1777 stellte sich eine auffallende Schlafsucht ein, zu welcher sich später ein hoher Grad von Engbrüstigkeit und Mattigkeit gesellte. Am 15. Febr. 1781 starb er plötzlich in einem Alter von 52 Jahren. Seine Frau, eine geborene Pfälzerin, vorher mit dem Kaufmann König verheirathet, hatte er schon in Hamburg als Witwe kennen gelernt, erst 1776 nach langer Bekanntschaft geheirathet, aber schon ein Jahr darauf im Kindbette verloren. In seiner Vaterstadt Kamenz wurde ihm in dem durch milde Beiträge gestifteten, 1826 eröffneten Barmherzigkeitsstifte, einer Heilanstalt für Arme, ein würdiges Denkmal errichtet.

Lessing, der erste Kritiker der Deutschen, hat in den verschiedensten Kreisen der literarischen Thätigkeit gewirkt. Für einen Dichter kann er nicht eigentlich gelten, da es seinen an sich sehr werthvollen Trauer- und Lustspielen an dichterischer Wärme fehlt; auch als Philosoph ist er von keiner Bedeutung, denn seine Philosophie war nur fragmentarisch; aber als prosaischer Schriftsteller ist er ausgezeichnet und in seiner Art einzig wegen seines reinen und geschmackvollen Styls, der seiner Zeit vorauseilte, seines Witzes und der außerordentlichen Lebhaftigkeit seines Geistes, und ohne Zweifel hat er durch seine strenge Kritik und seinen unermüdlichen Kampf gegen das Schlechte und Geschmacklose nicht wenig dazu beigetragen, für die deutsche Literatur eine bessere Zeit herbeizuführen und dem Geschmacke der gesammten deutschen Nation eine bessere Richtung zu geben.

Sir Joshua Reynolds.

Reynolds, einer der ausgezeichnetsten Maler, die England hervorgebracht hat, war der Sohn eines Geistlichen und wurde 1723 zu Plympton in Devonshire geboren. Von seinem Vater ursprünglich für das Studium der Arzneikunde bestimmt, konnte er nicht dazu gebracht werden, seinem unüberwindlichen Hange zum Zeichnen und Malen zu entsagen, und wurde durch dieses verleitet, alle andere Unterrichtsgegenstände hintanzusetzen. Sein Vater gab endlich nach und sandte den angehenden Künstler auf den Rath eines Freundes im J. 1741 nach London, wo er unter dem damals berühmten Portraitmaler Hudson seine Studien begann. Nachdem er sie drei Jahre fortgesetzt, verließ er seinen Lehrer, von dessen Manier er schon beträchtlich abwich, ging in seine Heimat, kehrte aber bald darauf nach London zurück. Wie alle strebenden Künstler, fühlte auch er eine mächtige Sehnsucht nach dem Lande, das vorzugsweise als das Vaterland der Malerei gelten muß, nach dem wunderbaren, so viele Contraste zwischen Altem und Neuem, Schönem und Häßlichem darbietenden Italien. Er reiste im Jahre 1749 mit Commodore Keppel zur See nach Italien, landete in Livorno und ging von hier nach Rom, wo er drei Jahre studirte und die Verdienste der großen italienischen Meister, namentlich Rafael's und Michel Angelo's, immer mehr bewundern lernte, ohne jedoch sie sich zum Muster zu nehmen. Eine gefährliche Krankheit, die er hier zu überstehen hatte, beraubte ihn seines Gehörs fast völlig. Im J. 1752 ließ er sich in London nieder und kam als Portraitmaler bald so in die Mode, daß er ein skizzirtes Portrait mit 60 Guineen bezahlt erhielt. So gelangte er schnell zu ansehnlichem Wohlstande, lebte aber fortwährend so eingeschränkt und einfach, als nur möglich, sparte, wo er nur konnte, und wich nur an Tagen, wo er Gäste bei sich sah, von seinem strengen Sparsysteme ab. In seinem sehr geschmackvoll meublirten Hause richtete er eine stattliche Bildergalerie ein, wo er seine und anderer Meister Werke ausstellte, und stiftete 1763 mit Goldsmith, Johnson und andern ausgezeichneten Schriftstellern einen literarischen Verein, wodurch sein Haus der Sammelplatz der geistreichsten und talentvollsten Männer Londons wurde. Später wurde er einstimmig zum Präsidenten der 1768 gestifteten könig=

lichen Malerakademie erwählt, der er 22 Jahre mit großer Thätigkeit vorstand. Im Juli 1789 erblindete er, als er eben mit einem Portrait beschäftigt war, plötzlich auf dem linken Auge und rührte seitdem keinen Pinsel wieder an. Er starb unverheirathet am 23. Febr. 1792. Seine Darstellungen, namentlich seine Portraits, zeichneten sich nicht sowol durch Richtigkeit als durch ideale und geistreiche Auffassung aus. Für sein bestes Werk gilt der Tod des Cardinals Beaufort; ausgezeichnet ist auch das in unserer Abbildung dargestellte, im Besitze des Lords Palmerston befindliche Bild, worin sich des Künstlers Talent im Gruppiren von Kindern von einer sehr vortheilhaften Seite zeigt. In den letzten Jahren seiner Thätigkeit war er wegen seines Colorits herbem und gegründetem Tadel ausgesetzt, weil er oft Versuche mit neuen Farben machte, die ihm aus Mangel an chemischen Kenntnissen nicht selten mislangen. Mehre schätzbare Werke der venetianischen Schule hat er absichtlich verdorben, um über die Zusammensetzung ihrer Farben ins Klare zu kommen.

Die Malerwerkstatt der Kinder, nach einem Gemälde von Reynolds.

Kurzer Abriß der Geschichte der Buchdruckerkunst.

Durch das vierte Jubiläum der Erfindung der Buchdruckerkunst, das in diesem Jahre gefeiert wurde, ist ohne Zweifel die Aufmerksamkeit eines großen Theils unserer Leser auf die Geschichte dieser Kunst gelenkt worden, und da dieselbe in unserm Blatte nirgend im Zusammenhange abgehandelt worden ist, obschon sich mehre Artikel theils mit der Geschichte der Erfindung selbst, theils mit einzelnen Zweigen der Kunst beschäftigen, so wird der gegenwärtige Artikel, welcher diese Lücke auszufüllen bestimmt ist, ohne Zweifel vielen Lesern willkommen sein. Wir entlehnen die darin enthaltenen Angaben einem trefflichen Werke, das bei Gelegenheit der Säcularfeier erschienen ist: „Geschichte der Buchdruckerkunst in ihrer Entstehung und Ausbildung", von Karl Falkenstein. Leipzig 1840, 4. Auf dieses ebenso gründliche als geschmackvoll ausgestattete Werk, das mit einer Sammlung in Holz und Metall geschnittener Facsimiles der seltensten Holztafeldrucke, Nachbildungen von Typen alter berühmter Officinen und Proben von Kunstdrucken nach den neuesten Erfindungen unserer Zeit geziert ist, müssen wir alle Diejenigen verweisen, welche in die Sache tiefer einzugehen wünschen.

Die ersten Spuren der Druckkunst finden wir bei den Briefmalern und Kartenverfertigern, welche die Figuren in Metallplatten ausschnitten, und deren so viele brauchten, als sie Farben aufzutragen hatten. Im Anfang des 15. Jahrhunderts fing man an, Spielkarten und Heiligenbilder, die bisher nur gemalt wurden, durch Abdruck gestochener Holztafeln zu vervielfältigen; denn die Behauptung, daß der Anfang der Holzschneidekunst in das 14. Jahrhundert falle, beruht auf Misverständniß. Aus den Briefmalern und Kartenmachern entstanden Briefdrucker und Formschneider, welche gegen das Ende des 15. Jahrhunderts zunftmäßige Gilden bildeten. Den Heiligenbildern wurden Erklärungen, Bibelsprüche, Anzeigen über Ablaß u. s. w. hinzugefügt; von einzelnen Heiligenbildern ging man zur Darstellung ganzer Geschichten über, wodurch die Bilderbücher entstanden; endlich wurden zur Erklärung der Bilder ganze Seiten voll Text auf eine besondere Tafel eingeschnitten und auf einem besondern Blatte abgedruckt. Wir besitzen ungefähr 30 solcher Holztafeldrucke, theils aus Bilderbüchern ohne oder mit Text, theils aus bloßem Texte bestehend, die ungefähr mit dem Jahre 1440 beginnen und mit 1480 aufhören. Das älteste mit einer Jahrzahl bezeichnete Druckwerk dieser Art ist der heilige Christoph, welcher das Jesuskind durch das Meer trägt, ein einzelner Holzschnitt, dessen Unterschrift die Jahrzahl 1423 enthält, während die ältesten Daten auf Heiligenbildern sämmtlich nach dem Jahre 1450 fallen. Eins der bekanntesten mit Holztafeln gedruckten Werke (ohne Text) ist der Donat, ein Auszug aus der Sprachlehre des bekannten römischen Sprachlehrers Donatus, den man mit Holztafeln in Holland (wahrscheinlich in Harlem) schon vor 1440 druckte; die übrigen sind meist ABC- und Elementarschulbücher. Das Verfahren bei dem Holzdrucke bestand im Allgemeinen darin, daß die Schrift verkehrt auf Holztafeln geschnitten wurde und in der Ebene derselben stehen blieb, während die Zwischenräume vertieft wurden; der Abdruck geschah in den frühesten Zeiten nicht mittels einer Presse, sondern mittels eines Reibers; das befeuchtete Papier wurde auf die mit Schwärze bestrichene Form gelegt und mittels eines hin und her bewegten ausgestopften Lederballens, den man eben Reiber nannte, angedrückt.

Von diesen Vorläufern der Typographie oder des Drucks mit beweglichen Lettern auf diesen selbst übergehend, können wir uns einer längern Auseinandersetzung der Geschichte der Erfindung selbst füglich enthalten, da dieselbe bereits mehrmals in diesen Blättern abgehandelt worden ist.*) Gegenwärtig wird fast allgemein nach dem Ergebnisse der gründlichsten Forschungen Mainz für die Wiege und Gutenberg für den Urheber dieser großen Erfindung angesehen; aber mehre Jahrhunderte hindurch haben vier Länder auf den Ruhm der Erfindung Anspruch gemacht, und nach und nach sind nahe an 20 Ortschaften für die Wiege der Buchdruckerei gehalten oder erklärt worden, nämlich: Augsburg, Bamberg, Lübeck, Mainz, Nürnberg in Deutschland, Antwerpen, Brügge, Dordrecht, Harlem in den Niederlanden, Basel in der Schweiz, Straßburg, Schlettstadt und Rufenburg im Elsaß, Bologna, Feltre, Florenz, Rom, Venedig in Italien, Oxford in England. Die meisten dieser Ansprüche sind jedoch völlig unhaltbar und weder durch Denkmäler noch durch ausdrückliche Zeugnisse unterstützt. Für die Erfinder wurden außer Gutenberg unter andern ausgegeben: Panfilio in Feltre, Cennini, Gensfleisch (nach Einigen von Gutenberg verschieden), Coster in Harlem, Fust, Schöffer, Mentelin in Straßburg, Pfister in Bamberg, Johann Müller aus Königsberg, genannt Regiomontanus, Ulrich Han aus Ingolstadt u. s. w. Die meiste Aufmerksamkeit verdienen unter den Städten (außer Mainz) Harlem, Straßburg und Bamberg, unter den als Erfinder genannten Männern (außer Gutenberg) Lorenz Koster, Fust und Schöffer, Mentelin und Pfister. Nach einer alten in Harlem herrschenden Volkssage soll die Buchdruckerkunst vor ihrer Einführung aus Deutschland von dem dortigen Küster Lorenz Janssoen (Johann's Sohn) erfunden, von Harlem durch einen Arbeiter des Erfinders nach Mainz verbreitet worden und erst dort zur Reife gediehen sein, und der genannte Drucker, welcher schon um 1430 Bilderbücher mit Holztafeln gedruckt haben soll und unter dem Namen Lorenz Coster (d. i. Küster) bekannt ist, gilt in Holland allgemein für den eigentlichen Erfinder. Wiewol es nun sehr auffallend ist, daß keiner der holländischen Schriftsteller des 15. Jahrhunderts der harlemer Erfindung Erwähnung thut, so sind doch die holländischen Ansprüche auch von mehren ausgezeichneten deutschen Gelehrten (namentlich Ebert) vertheidigt worden. Nach gründlichen Forschungen ergibt sich als wahrscheinlich, daß ein Küster zu Harlem, von der Sage Lorenz Janssoen genannt, welcher das Gewerbe eines Briefdruckers betrieb, bald nach 1440 selbständig nicht nur Bücher in Holztafeln schnitt, sondern auch metallene Lettern zum Drucke anwendete, und daß die bis zum Jahre 1470 erschienenen Holz- und Letterndrucke seine eigenen oder wenigstens seiner Schüler Werke sind. Auf jeden Fall blieb aber die holländische Erfindung für sich abgeschlossen, ohne weitern Einfluß auf die Nachbarstaaten und ohne selbständige Ausbildung, weshalb Harlem gegen Mainz, Coster gegen Gutenberg in den Hintergrund tritt; denn daß Gutenberg nur durch einen Arbeiter in der harlemer Officin zum Geheimniß des Letterndruckes gelangt sei, ist eine Beschuldigung, deren Ungerechtigkeit und Grundlosigkeit ausgemacht ist. Straßburg macht in doppelter Hinsicht Ansprüche, indem nach Einigen Mentelin (Johann Mentel), nach Andern Guten-

---

*) Vgl. besonders Pfennig-Magazin Nr. 77, 168, 269.

berg die Kunst hier erfunden haben soll. Der Letztere faßte (nach der Meinung des gelehrten Schöpflin) hier zuerst die Idee der hölzernen beweglichen Buchstaben, worauf Peter Schöffer in Mainz die gegossenen Lettern erfand. Albrecht Pfister in Bamberg hat endlich auf den Ruhm, der zweite oder wenigstens der dritte Erfinder der Kunst gewesen zu sein, wie wir später sehen werden, wohlbegründete Ansprüche.

Von Gutenberg's Leben und seinen Ansprüchen auf den Ruhm, für den Erfinder des Drucks mit beweglichen Lettern zu gelten, ist in diesen Blättern bereits so ausführlich die Rede gewesen, daß wir hier nur wenig hinzuzusetzen haben. Über seinen ersten Arbeiten schwebt ein undurchdringliches Dunkel; wahrscheinlich hat er schon in Strasburg, wo er sich von 1436—44 aufhielt, Versuche mit beweglichen Lettern, die zuerst aus Holz bestanden, gemacht, später aber in Mainz auch den Tafeldruck eine Zeit lang geübt. Nach seiner Verbindung mit Johann Fust im J. 1450 druckte er noch immer einige Zeit mit festen Holztafeln, weil dieser Druck für gewisse Gegenstände wohlfeiler und geeigneter war, gleichzeitig aber mit beweglichen, aus Holz geschnitzten Buchstaben, von denen sich einige bis auf unsere Zeit erhalten haben. In welchem Jahre er auf den glücklichen Gedanken gekommen sei, die Holztafeln zu zerschneiden und die einzelnen Buchstaben voneinander abzusondern, ist nicht mit Genauigkeit zu ermitteln.

Ein großer Fortschritt in der Kunst war die Erfindung der Schriftgießerei. Das Schnitzen der einzelnen Buchstaben aus Holz war höchst mühsam und zeitraubend, der Abdruck eines solchen hölzernen Satzes aber schon deshalb unscheinbar, weil die einzeln geschnitzten Buchstaben sich nie völlig gleich sein konnten und daher keinen gleichmäßigen Druck der Presse zuließen. Der nächste Schritt war der Versuch, die Lettern in Metall zu schneiden, was aber mit nicht geringen Übelständen verbunden war. Durch fortgesetztes Nachdenken gerieth Gutenberg auf den Gedanken, Buchstaben mit Blei zu übergießen oder in flüssiges Blei einzudrücken, wodurch Formen zu allen Buchstaben des Alphabets erhalten wurden, aus denen man mit Leichtigkeit bleierne oder zinnerne Lettern gießen konnte. Zur Ausführung dieses glücklichen Gedankens mag nicht sowol Johann Fust (ursprünglich ein Rechtsgelehrter) beigetragen haben, als sein Bruder Jakob Fust, welcher als Goldschmied mit dem Schnitzen der Metalle, ihrem Eingießen in Formen und Modelle u. s. w. vertraut sein mußte. Nach glaubwürdigen Zeugnissen haben Gutenberg und Fust zuerst mit bleiernen und zinnernen, dann mit ehernen (vielleicht kupfernen) Buchstaben gedruckt. Die Zeit der Erfindung der Schriftgießerei läßt sich in den Anfang des sechsten Decenniums des 15. Jahrhunderts setzen. Wesentlich vervollkommnet wurde die Erfindung durch Peter Schöffer. Bisher fielen die aus gegossenen Matrizen (Mutterformen) hervorgegangenen Lettern häufig ungleich und stumpf aus und nur die zuerst gegossenen wurden scharf und gleichförmig. Auf neue Mittel der Vervollkommnung sinnend, suchten Gutenberg und Fust einen geschickten Schreiber zur Anfertigung der Patrizen (Vaterformen), sowie zur Verzierung der gedruckten Bücher durch gemalte Anfangsbuchstaben zu gewinnen und fanden einen solchen in Peter Schöffer aus Gernsheim. Dieser bemühte sich, die steifen gothischen und halbgothischen Buchstaben von Gutenberg's Druckschrift durch gefälligere Formen zu ersetzen, und erfand (in welchem Jahre, ist nicht bekannt) dasjenige Verfahren, das noch jetzt bei der Schriftgießerei in Gebrauch ist. Statt die Matrizen zu gießen, wie bisher geschehen war, schlug er sie mittels eines stählernen Stempels (einer sogenannten Punze), worauf der Buchstabe erhaben geschnitten war, in dünne Kupfer- oder Messingplättchen. Außerdem verbesserte er durch einen Zusatz von Öl die bisher übliche, nur aus Lampenruß mit Wasser und Leim zubereitete Druckerschwärze, der es an Glanz und Haltbarkeit gänzlich fehlte.

Die erste größere Frucht der Buchdruckerkunst ist eine Bibel in lateinischer Sprache (ohne Angabe des Jahres, Druckers und Druckortes), welche in zwei Foliobänden 641 Blätter in gespaltenen Columnen ohne Seitenzahlen, Signaturen und Anfangsbuchstaben (diese sind eingemalt) enthält und unter dem Namen der 42zeiligen Bibel bekannt ist, weil jede Seite (mit Ausnahme der zehn ersten) 42 Zeilen hat. Die Typen sind offenbar Metalltypen, aber ohne Beihülfe Schöffer's gegossen. Der Druck dieser Bibel wurde nach der gewöhnlichsten Annahme 1450 begonnen und erst im November 1455 beendigt; man kennt von ihr nur sechs Pergament- und neun Papierexemplare. Nachdem sich Fust und Schöffer 1455 von Gutenberg getrennt hatten, lieferten sie ein Werk, das noch jetzt für ein Meisterstück der Buchdruckerkunst gelten muß und an Schönheit, Genauigkeit und Pracht von keinem spätern übertroffen worden ist. Dies ist das berühmte Psalterium von 1457, von welchem man nur sechs Exemplare kennt, das erste Druckwerk, welches eine Angabe des Druckers und Druckorts, des Jahres und Tages seines Erscheinens und eingedruckte Anfangsbuchstaben enthält. Es ist kein eigentlicher Psalter, sondern ein Breviarium und auf schönes Pergament in großem Folioformate mit fortlaufenden Zeilen gedruckt. Die Anfangsbuchstaben sind kunstreich in Holz geschnitten und in zwei verschiedenen Farben, roth und blau, gedruckt. Bewundernswürdig ist die mit Öl gemischte, dem Wasser widerstehende Druckerschwärze, die Schärfe der Lettern und die Genauigkeit des Satzes. Eine zweite Auflage erschien schon 1459; von ihr kennt man nur noch zwölf Exemplare. Die erste vollständig datirte Bibel, durch Schönheit der typographischen Ausstattung gleichfalls ausgezeichnet, erschien aus Fust's und Schöffer's Druckerei 1462 und ist noch in fast 70 Exemplaren vorhanden.

Von Mainz aus wurde die Buchdruckerkunst seit der nächtlichen Eroberung von Mainz durch Adolf von Nassau am 27. Oct. 1462, bei welcher ein Theil der Stadt und mit ihm die Druckerwerkstatt in Feuer aufging, in nahe und ferne Länder verbreitet (bis zum Jahre 1470 inclusive wurde in 15 Städten gedruckt; dazu kamen bis 1480 inclusive 93, 1481—90 68, 1491—1500 39 Druckorte). Schon einige Jahre vor 1462 war die Kunst nach Bamberg gekommen, wo sie von Albrecht Pfister, der ursprünglich ein Formenschneider und Briefdrucker war, ausgeübt wurde. Dieser Mann, der dritte Mitbewerber um die Ehre der Erfindung beweglicher Typen, muß, wenn er ein Arbeiter Gutenberg's war, Mainz bald nach dessen Trennung von Fust verlassen haben; doch ist es auch möglich, daß er die Kunst, mit beweglichen Metalltypen zu drucken, selbständig und unabhängig von jenem erfunden hat. Man hat von ihm xylographische Ablaßbriefe von 1454 und 1455, ferner eine Art Kalender für das Jahr 1455 mit einer geistlichen Mahnung gegen die Türken, das älteste datirte Druckdenkmal, mit bleiernen Typen wahrscheinlich im J. 1454 gedruckt, und einen Kalender von 1457; aber das wichtigste unter seinen Druckwerken ist die lateinische 36zeilige Bibel, zwischen 1456 und 1460 gedruckt und aus drei Foliobänden ohne Angabe des Druckers und Druckortes bestehend, welche an Größe und Schönheit der Lettern die Gutenberg'sche noch übertrifft. Die Behauptung Einiger, daß sie (und nicht die 42zeilige) die älteste Bibel sei, ist mit überzeugenden Gründen widerlegt worden.

(Fortsetzung folgt in Nr. 398.)

Der Mann von sechs Frauen.

Robert Taylor hat von Glück zu sagen, daß wegen Vielweiberei Niemand mehr gehangen wird, sowie daß seit einigen Jahren die englischen Gesetze wegen Fälschung gemildert worden sind. Dieser Robert Taylor hatte, obgleich kaum über 20 Jahre alt, in vier Jahren wenigstens sechs Frauen genommen. Hiernach sollte man glauben, der Schuldige sei ein wahrer Adonis; aber sein Äußeres ist nichts weniger als verführerisch, sondern häßlich und mißgestaltet; ja er sieht aus wie halb blödsinnig. Indeß er hat, um sich einige Guineen zu verschaffen, mehr Geist und Genie aufgeboten als die vollendetsten Betrüger und weit größere Summen aufgewandt. Im niedrigsten Stande geboren, gab ihn seine Mutter, als er 13 Jahre alt war, zu einem Schornsteinfeger in die Lehre; aber Robert Taylor versuchte, sich zu dem glänzendsten Geschicke emporzuschwingen. Er begann mit einem Mittel, das selten den Zweck verfehlt. Er stellte sich fromm und verfehlte nie die Predigten der Methodisten. Mildthätige Personen aus dieser Sekte ließen ihm eine größere Erziehung geben. Er lernte sehr schön schreiben und benutzte diese Kunst, um einen weitaussehenden Betrug auszuführen. Um sich eine vornehme Abkunft zu geben, schrieb er zuerst auf Pergament ein Testament eines Lords Francis William Kennedy, der ihn darin für seinen Sohn anerkannte und ihm ein Vermögen von anderthalb Millionen Pf. St. aussetzte. Auch die nöthige Beurkundung dieses Testaments von Gerichts wegen machte er täuschend noch, nebst allen Unterschriften. Unter den Methodisten und einer großen Mäßigkeitsgesellschaft hatte er viele Bekannte gefunden und bot Denen große Belohnungen, die ihm eine annehmbare Frau verschafften. Er sähe, sagte er, mehr auf gute Sitten als auf Vermögen. Einem reichen jungen Manne konnte es nicht schwer werden, sich zu verheirathen, und in weniger als drei Jahren verheirathete er sich mit sechs Mädchen in verschiedenen Städten Englands. Das erste Opfer war Sarah Skimore, die er 1837 heirathete und nach sechs Wochen verließ; die Hochzeitsgeschenke u. s. w. nahm er mit. So verließ er alle andern ebenfalls nach kurzer Zeit. Die Letzte war die Schwägerin eines Methodistenpredigers, der dem Schuldigen gleich nach der Flucht nachsetzte und ihn verhaften ließ. Auch die Mutter Taylor's mußte als Zeuge vor dem Gerichte erscheinen und sagte aus: „Ich bin weder Frau noch Witwe. Ich hatte vor etwa 20 Jahren eine Liebschaft mit einem hübschen Herrn, den ich nicht nennen will, obgleich er todt ist. Die Frucht dieser Verbindung war der Bursche da, der mir stets viel Kummer gemacht hat. Zuerst wurde er Schornsteinfeger, dann Methodist; dann ging er mit dem General Evans nach Spanien. Von da kam er zurück bettelarm und lebte, wie es nur eben gehen wollte. Ich will nicht darüber schmähen, da er doch mein Sohn ist, aber schlimm ist es doch, daß ich vor so vielen Leuten von Dingen sprechen muß, die ich seit 20 Jahren für vergessen hielt." Die alte Frau setzte sich weinend nieder, Robert Taylor aber blieb völlig ungerührt. Die Jury sprach ihr Schuldig aus und der Angeklagte wurde wegen Bigamie zu dritthalbjähriger Zuchthausstrafe verurtheilt, mit dem Vorbehalte jedoch, daß diese Strafe erhöht werden solle, wenn die andern Frauen, die er betrogen, ebenfalls klagbar gegen ihn auftreten würden. Als Taylor dieses Urtheil gehört hatte, fragte er frech seine Richter: „Sagen Sie mir doch, meine Herren, welche von meinen Frauen wird denn nun, wenn ich aus dem Zuchthause komme, Anspruch auf mich machen können?"

Nizza.

Die Stadt Nizza in der Grafschaft gleiches Namens, welche einen Theil der sardinischen Staaten und des nordwestlichen Italiens bildet, liegt in einer reizenden kleinen Ebene am Fuße der Seealpen, welche sie von Italien fast völlig abzuschneiden scheinen; kaum eine Meile westlich von der Stadt bildet der Fluß Var die Grenze zwischen Frankreich und Italien. Im Süden werden ihre Mauern von den Wellen des mittelländischen Meeres bespült; im Norden und Osten wird sie von den sich amphitheatralisch ausbreitenden Bergen eingeschlossen, zunächst aber von Orangenwäldern umgeben; im Westen fließt der dem mittelländischen Meere zueilende Poglione, ein Bergstrom, der dem Schnee des Gebirgs sein Wasser verdankt und im Winter ebenso oft tief und reißend als im Sommer trocken ist. Ein steiler Felsen überragt die Stadt, auf welchem man die Ruinen des Bergschlosses Montalban erblickt, das einst für uneinnehmbar galt, aber von Marschall Catinat, sowie später von dem Herzog von Berwick erobert und von dem Letztern völlig zerstört wurde. Die Stadt hat die Gestalt eines unregelmäßigen Dreiecks, dessen eine Seite dem Meere zugekehrt ist, und besteht aus zwei Theilen, der Alt- und Neustadt, von denen jene eng, düster und schlecht gebaut ist, diese dagegen schön genannt werden kann. Sie enthält zwei ansehnliche freie Plätze, deren einer mit Arcaden umgeben ist; an den andern stößt eine erhabene Terrasse, welche die Stadt gegen das Meer zu schützen bestimmt ist und einen reizenden Spaziergang bildet. Auf derselben steht eine Statue der Heldin Katharina Seguiran, welche sich bei der Vertheidigung Nizzas gegen die Algierer im J. 1543 hervorthat. Auch die Wälle der Stadt nach der Landseite bilden einen angenehmen öffentlichen Spaziergang. Unter den Vorstädten verdient nur eine Erwähnung, welche den Namen des Marmorkreuzes führt, zuweilen auch wegen der großen Zahl hier wohnender Engländer das englische Quartier genannt wird; sie wird von der eigentlichen Stadt durch den Fluß Poglione getrennt, über welchen eine Brücke von drei Bogen führt, die den Eingang in die Stadt von Frankreich her bildet. Die Häuser dieser Vorstadt sind äußerlich mit Frescomalereien geziert und von reizenden Gärten umgeben. Unter den Gebäuden der innern Stadt verdienen außer der Kathedrale und dem königlichen Schlosse nur das Theater, das Hospital und die nicht unansehnliche öffentliche Bibliothek erwähnt zu werden. Unter den natürlichen Producten von Nizza und der Umgegend sind vor allen Wein, Öl, Früchte und Blumen zu nennen; letztere werden weithin, im Winter sogar nach Paris und London, verführt und haben der Stadt den Beinamen serre de l'Europe (Gewächshaus von Europa) verschafft. Außerdem producirt Nizza Seide, Seife, Papier, Taback, Liqueure, Parfumerien und Essenzen und treibt einen nicht unbedeutenden Handel. Der durch einen Hafendamm geschützte Hafen ist geräumig, sicher und für Schiffe von 300 Tonnen hinreichend tief; auf der Rhede haben wol an 100 Linienschiffe Platz.

Das Klima von Nizza ist wegen seiner Milde berühmt, weshalb es der Zufluchtsort von reichen Kranken aller Nationen und der Sammelplatz von zahlreichen Reisenden ist, welche die Einwohnerzahl, die nach der letzten Zählung (von 1840) 35,169 betrug, fast verdoppeln mögen. Indessen macht die Nähe der Alpen, von denen ein kalter Wind herkommt, die Luft im Winter und Frühjahr zuweilen auffallend kühl, während im Sommer oft drückende Hitze herrscht; daher hat schon mancher der zahlreichen Brustkranken des nördlichen Europa, welche die Ärzte nach Nizza geschickt haben, statt der gehofften Heilung hier seinen Tod gefunden, und die Ärzte fangen nachgerade an, mit der Empfehlung des Aufenthalts in Nizza vorsichtiger und sparsamer zu sein. Im Allgemeinen aber ist die Luft in Nizza so ausgezeichnet rein und gesund, daß es seinen Ruf in dieser Hinsicht wol verdient. Nur Montpellier soll sich in dieser Hinsicht mit Nizza messen können und Kranken einen gleich wohlthätigen Aufenthalt gewähren, während letztere Stadt in dem Betreff der Milde des Klimas von dem nahen Villafranca noch übertroffen werden mag.

Nizza wurde von den Massiliern (Bewohnern von Marseille) gegründet und befestigt, um die Schiffahrt zu beschützen und die feindlichen Einfälle der benachbarten Stämme abzuwehren. Auch als der zwei Stunden westlich von Nizza fließende Fluß Var zur Grenze zwischen Gallien und Italien bestimmt worden war, blieb Nizza im Besitz der Massilier, wurde aber endlich von den Römern erobert und war später nacheinander in den Händen der Gothen, Burgunder, Franken, der Könige von Arelat und der Könige von Neapel, so lange sie zugleich Grafen von Provence waren. Im J. 1383 unterwarfen sich Stadt und Grafschaft freiwillig dem Herzog Amadeus dem Rothen von Savoyen und sind seitdem immer im Besitz seiner Nachfolger geblieben, diejenigen Perioden ausgenommen, wo sich ihrer Frankreich auf kurze Zeit bemächtigte. Dies geschah 1543 unter Franz I., der die Stadt zu Lande angriff, während die mit ihm verbündeten Algierer unter Barbarossa sie zu Wasser belagerten, und dieselbe mit Ausnahme der Citadelle eroberten und plünderten; 1691 unter Catinat, 1706 unter Berwick und zuletzt im J. 1796, wo Nizza mit der französischen Republik vereinigt und zur Hauptstadt des Departements der Seealpen gemacht wurde, worauf es erst nach dem Frieden 1814 unter sardinische Botmäßigkeit kam.

Die Umgebungen der Stadt sind höchst romantisch und die von Gärten umgebenen Landhäuser auf den Abhängen der nahen Hügel haben ein überaus malerisches Ansehen. Etwa eine Stunde von der Stadt liegen auf dem Gipfel eines steilen Hügels die Ruinen der alten, unter der römischen Herrschaft bedeutenden Stadt Cemenelium, wo jetzt das Dorf Cimiez steht; sie bestehen aus Theilen eines Amphitheaters von ovaler Form, einem Tempel, der vermuthlich dem Apollo gewidmet war, Spuren von Bädern u. s. w.; dazu kommt eine Wasserleitung, die mit außerordentlicher Mühe durch den Berg geführt ist; das darin enthaltene Wasser ist ausnehmend kalt und rein und setzt jetzt einige Mühlen von Nizza in Bewegung. Auch viele Münzen, Theile von Statuen u. s. w. sind hier gefunden worden, und die ganze Gegend ist eine reiche Fundgrube von Alterthümern.

Nizza von den Anhöhen an der Straße nach Villafranca.

Das Pfennig-Magazin
für
Verbreitung gemeinnütziger Kenntnisse.

398.] Erscheint jeden Sonnabend. **[November 14, 1840.**

Etwas über den Tanz im Morgenlande.

Der tanzende Araber.

Das Tanzen wird im Morgenlande fast nur von Weibern geübt und gilt im Allgemeinen für eine des Mannes unwürdige Beschäftigung; ein Muhammedaner von Stand würde sich die Achtung seiner Landsleute verscherzen, wenn er sich das Tanzen zu Schulden kommen lassen wollte. Die Weiber dagegen lieben den Tanz; die verheiratheten Frauen tanzen vor ihren Männern, um diese und sich selbst zu belustigen, oder auch unter sich bei ihren gegenseitigen Besuchen. Bei öffentlichen oder Privatfestlichkeiten pflegen nicht selten gedungene Tänzerinnen zu tanzen, die das Tanzen als Gewerbe betreiben. Auch Knaben und Jünglinge tanzen zuweilen, als Weiber verkleidet, aber Männer als solche sehr selten. Wenn männliche Araber tanzen, wie es in der Abbildung vorgestellt ist, so gleichen ihre Bewegungen mehr denen eines lebhaften Redners oder eines Schauspielers, als eines Tänzers. Die Arme und der Kopf werden mehr bewegt als der Körper selbst; eines musikalischen Instruments bedienen sie sich dabei nicht, sondern schlagen den Takt sehr heftig mit den Händen. Zuweilen soll auch ein Kriegstanz bei den Arabern vorkommen, durch den sie sich vor einem Angriffe in einen hohen Grad von Aufregung versetzen.

Bei den alten Juden scheint das Tanzen eine sehr gewöhnliche Belustigung gewesen zu sein; beide Geschlechter tanzten, jedoch getrennt, sowol bei ihren gewöhnlichen geselligen Zusammenkünften als bei größern Festen. Zuweilen kommt im alten Testamente der Tanz in Verbindung mit religiösen Ceremonien vor; Mirjam und die israelitischen Mädchen und Weiber feierten mit Musik, Gesang und Tanz den Untergang der Ägypter und David tanzte vor der Bundeslade, als sie im Triumph aus dem Hause Obed-Edoms nach Jerusalem gebracht wurde (s. 2. Buch Samuels 6, 14). Tanz in Verbindung mit Musik war bei den Juden und andern alten Völkern nur eine allgemeine Art, Freude auszudrücken, sei es nun in religiöser, weltlicher oder häuslicher Beziehung; doch war der Tanz bei einigen andern Völkern auf eine viel bestimmtere Weise mit dem Gottesdienste verbunden, als bei den Juden, deren Tänze nicht eigentlich einen Theil desselben bildeten. Zu Christi Zeit tanzten selbst die Ältesten, die Mitglieder des Sanhedrin, die Vorsteher der Synagogen, die Lehrer der Schulen und andere angesehene Männer gemeinschaftlich an jedem Abend des Laubhüttenfestes beim Klange der Musik im Hofe des Tempels. Die denselben umgebenden Altane waren mit Weibern angefüllt, welche zusahen, der Hof mit männlichen Zuschauern. Die Ceremonie sollte an den Tanz David's vor der Bundeslade erinnern.

Kurzer Abriß der Geschichte der Buchdruckerkunst.
(Fortsetzung aus Nr. 397.)

Ziemlich schnell aber wurde die Buchdruckerkunst nach 1462 in viele Städte Deutschlands verpflanzt, von denen wir nur diejenigen, in denen sie am frühzeitigsten und schon vor 1500 ausgeübt wurde, nebst dem Datum ihrer ersten Drucke und zum Theil nebst den frühesten Druckern in chronologischer Reihenfolge aufzählen. Köln 1466 (Ulrich Zell), Augsburg 1468 (Günther Zainer), Nürnberg 1473 (Johann Sensenschmid, ein gelehrter Buchdrucker), Strasburg 1471 (Heinrich Eckstein, den Johann Mentel oder Mentelin, welcher lange vor 1473 gedruckt zu haben scheint, an Berühmtheit weit übertraf), Speyer 1471, Ulm, Eßlingen und Lauingen 1473, Merseburg im preußischen Herzogthume Sachsen oder Mörsburg am Bodensee (welches von beiden ist unentschieden) 1473, Marienthal im Rheingau 1474, Breslau, Blaubeuren, Trient, Lübeck 1475, Rostock und Pilsen 1476, Eichstädt und Prag 1478, Würzburg 1479, Urach und Leipzig 1481. In der letztgenannten Stadt kam die Buchdruckerkunst bald sehr in Aufnahme und wurde namentlich in der neuern Zeit durch ausgezeichnete Männer, unter denen hier nur Breitkopf (gest. 1794) und Tauchnitz (gest. 1836) genannt werden mögen, wesentlich veredelt und vervollkommnet. Memmingen, Passau, Wien, München, Reutlingen, Erfurt 1482, Magdeburg 1483, Winterberg in Böhmen 1484, Heidelberg, Regensburg 1485, Münster 1486, Stendal 1488, Hagenau und Kutenberg in Böhmen 1489, Ingolstadt 1490, Hamburg 1491, Freiburg im Breisgau und Lüneburg 1493, Oppenheim 1494, Freisingen 1495, Offenburg 1496, Tübingen 1498.

In Italien, wo die Wissenschaften im 15. Jahrhundert in der schönsten Blüte standen, seitdem so viele gelehrte Griechen nach der Einnahme Konstantinopels durch die Türken hier eine Freistatt gefunden hatten, fand die Typographie eine bessere Aufnahme als irgendwo, und bis 1480 war sie schon in 40 Städten eingeführt. Bald nach der Einnahme von Mainz, im J. 1464, legten zwei Deutsche, Sweynheym und Pannartz, eine Druckerei in dem Kloster Subiaco bei Rom an; hier erschien 1465 das erste italienische Druckwerk; der erste römische Druck aber datirt von 1467. Noch jetzt ist in Rom die 1627 gestiftete Druckerei der Propaganda wichtig, eine der größten Anstalten dieser Art in der Welt, in welcher neue Testamente, Gebet- und Andachtsbücher in fast allen morgen- und abendländischen Sprachen gedruckt werden, um durch die Missionare an die Gläubigen aller Länder vertheilt zu werden. An Reichthum und Mannichfaltigkeit der Lettern kann sich nur die königliche Druckerei zu Paris mit ihr messen. In Venedig fand die Buchdruckerei 1469 Eingang (hier zeichnete sich später der Drucker Aldus Pius Manutius 1494—1516, sowie sein Sohn und Enkel aus); in demselben Jahre auch in Mailand, im folgenden in Foligno, Verona, Trevia, 1471 in Bologna, Treviso, Ferrara, Neapel, Pavia, Florenz (wo von 1497 an die Druckerfamilie Giunta berühmt wurde, die außer Florenz auch in Venedig, Lyon, Madrid, Burgos und Salamanca Druckereien errichtete). Um die Vervollkommnung der Kunst machte sich besonders auch Giambatt. Bodoni in Parma 1766—1813 verdient. — In Frankreich, wo schon Fust und Schöffer bei dem sonst so finstern und aufklärungsfeindlichen König Ludwig XI Aufmunterung gefunden hatten, wurde die erste Druckerei 1470 zu Paris in der Sorbonne, dem berühmten geistlichen Institute, von drei Schweizern Gering, Crantz und Friburger von Colmar errichtet, welche von zwei Lehrern der Sorbonne dorthin berufen worden waren. Nachmals waren in Paris namentlich drei Druckerfamilien berühmt: Morel oder Morelli, Etienne (Henri Etienne, Robert und Heinrich Stephanus, Paul Stephanus 1509 — 1626) und Didot (besonders Franç. Ambr. Didot, gest. 1804, Pierre Didot, Firmin Didot, gest. 1836); die letztere insbesondere hat die Schriftschneide- und Schriftgießkunst zu einer außerordentlichen Höhe gesteigert. Die königliche Druckerei zu Paris, unter Franz I. begründet, eine wahre Riesenofficin, beschäftigt täglich 500 Menschen und verbraucht jährlich 10,000 Ballen Papier; ihr Schriftvorrath umfaßt alle Sprachen in der Welt, so weit sie druckfähig sind, und beträgt an 7000 Centner. Nach Paris nahmen nur noch fünf Orte, Lyon (1473), Chablis, Toulouse, Poitiers und Caen, die neue Kunst vor und bis mit 1480 auf. — In den Niederlanden war Aalst in Ostflandern 1473 der erste Ort, wo die seit 20 Jahren schlummernde Kunst selbständig wieder ins Leben trat; dann folgten Utrecht 1473, Löwen 1474, Antwerpen und Brügge 1476, Brüssel, Deventer, Gouda, Delft 1477, Zwoll und Nimwegen 1479, Oudenarde 1480 u. s. w. Die berühmteste Officin in Holland und Belgien war die von Christoph Plantin in Antwerpen (1555—89), dessen Drucke noch jetzt als Meisterwerke gelten; in Leyden und Amsterdam zeichnete sich die Familie der Elzevire aus, die 1592—1680 eine Menge der schönsten Drucke lieferte. — In der Schweiz wurde die erste Druckerei schon 1470 von Elias Eliä im Flecken Beromünster in Luzern angelegt; dann folgten 1474 Basel, wo sich namentlich Johannes Froben 1491—1527 als Drucker auszeichnete, 1475 Burgdorf, 1478 Genf, 1500 Sursee, 1504 Zürich u. s. w. — In Ungarn legte schon 1473 ein Deutscher, Andr. Heß, von dem Kanzler des edeln und aufgeklärten Königs Mathias Corvinus berufen, eine Druckerei in Ofen an. — Das erste gedruckte englische Buch (in Köln gedruckt) datirt von 1471, das erste in England selbst gedruckte von 1474; der Vater der englischen Typographie ist Carton in London (1474—90). Nach London folgten Orford 1478 (denn die Jahrzahl 1468 auf einem hier gedruckten Buche ist erwiesenermaßen ein Druckfehler), St. Albans 1480, Cambridge 1511. Nach Schottland kam die Kunst erst 1507 (Edinburg), nach Irland sogar erst 1551 (Dublin). — In Spanien erschien das erste Buch 1474 zu Valencia, dann folgten Saragossa 1475, Sevilla 1477, Barcelona 1478, Tolosa 1479, Zamora 1482, Girona 1483, Hijar und Salamanca 1485, Toledo 1486, Murcia 1487 u. s. w., Madrid erst 1500. In allen diesen Städten waren die ersten Drucker größtentheils Deutsche. Der berühmteste spanische Drucker war Jbarra in Madrid (gest. 1785). — In Portugal führten Juden die Buchdruckerkunst ein; das erste in Portugal gedruckte Buch, erschienen zu Lissabon 1489, war ein hebräischer Commentar zum Pentateuch.

Wenden wir uns nun zu den nördlichen und östlichen Ländern Europas. In Schweden erschien das erste Druckwerk 1483 zu Stockholm (nach Norwegen kam die Kunst erst um 1550), in Dänemark 1486 zu Schleswig (Kopenhagen folgte 1490), in Polen 1491 zu Krakau, in Rußland 1493 zu Tschernigow (worauf in Moskau 1553 eine Druckerei angelegt wurde). In Konstantinopel erschienen schon im 15. Jahrhundert (seit 1490) einige Bücher in verborgenen Werkstätten der Juden, wiewol Sultan Bajazet VI. im J. 1483 die Typographie als schwarze Kunst bei Todesstrafe verbot. Öffentlich durfte in der Türkei erst seit 1726, seit der Regierung Achmet's II., gedruckt werden. Ebenso hatten die Juden in Griechenland schon im 15. Jahrhundert ambulante Pressen, mit denen sie ihre Religionsbücher druckten; namentlich seit 1523 zu Belvedere (dem alten Elis in Morea). In neugriechischer Sprache wurde zuerst 1817 in Korfu gedruckt. Seit dem Befreiungskriege wurde die Kunst in Korinth und Athen 1822, in Hydra, Napoli di Romania und Missolunghi 1824, in Patras 1828, in Ägina und Chios 1829 eingeführt.

In Asien und zwar in China ist der Druck mit Holztafeln *) schon lange (nach Einigen seit dem 4. Jahrhunderte v. Chr., nach Andern gar seit mehr als 1000 Jahren v. Chr., wahrscheinlich aber erst seit dem 10. Jahrhundert unserer Zeitrechnung) bekannt und bis auf den heutigen Tag unverändert geblieben. Die Wortschrift der Chinesen läßt sich nur sehr schwer durch bewegliche Lettern wiedergeben, wiewol dies in neuern Zeiten (in Frankreich) versucht worden ist. Daß Gutenberg das chinesische Verfahren gekannt und sich wol gar zum Muster genommen habe, wie Manche behaupten, ist sehr unwahrscheinlich. Europäer aber und zwar Jesuiten hatten schon vor dem Jahre 1600 in Peking verborgene Pressen; in Macao soll schon 1590 von Europäern gedruckt worden sein, am meisten wurde aber in Kanton gedruckt. Wie in China, ist auch in Japan und im nördlichen Theile von Indien (Kaschmir, Tibet, Kabul) der Holztafeldruck seit vielen Jahrhunderten bekannt; die europäische Typographie aber wurde in Indien zuerst in Goa im J. 1563 von Portugiesen, dann in Trankebar 1569 von Engländern geübt. In Kalkutta, dem wichtigsten Orte für die Typographie Indiens, wurde die europäische Druckmethode erst 1778 eingeführt. Von den asiatischen Inseln ist Java diejenige, wo das erste Buch (1668) in malaiischer Sprache erschien, wiewol die Kunst nicht schon früher in Manilla (1590? 1610?) geübt wurde. In Persien wurde die Typographie erst 1820 und zwar in Teheran und Tauris eingeführt. Syriens Hauptstadt Aleppo besitzt eine Druckerei seit 1706, Smyrna in Kleinasien seit 1658.

In Amerika wurde die Buchdruckerkunst etwa 100 Jahre nach ihrer Erfindung durch die Spanier eingeführt und verbreitete sich von Mexico aus nach Norden und Süden. Dort erschien dasjenige Werk, welches als das erste in der neuen Welt gedruckte angesehen werden kann, im J. 1549. In Lima in Peru war eine von den Jesuiten angelegte Druckerei schon 1586 thätig, wo das erste südamerikanische Druckwerk erschien. Die erste Werkstatt im britischen Nordamerika wurde 1638 zu Cambridge im Staate Massachusetts gegründet; aus der zweiten britischen Niederlassung, wo die Buchdruckerkunst Aufnahme fand, Pennsylvanien (1686), ging der gefeiertste Drucker der neuen Welt hervor, der berühmte Benjamin Franklin (geb. 1706 zu Boston, gest. 1790, druckte in Philadelphia bis 1765), der sich um sein Vaterland mannichfaltige und große Verdienste erworben hat und dem die Menschheit die Erfindung des Blitzableiters verdankt. Im Staate Neuyork wurde die Kunst 1693, in Connecticut 1709, in Maryland 1726, in Neujersey 1727, in Südcarolina 1730, in Rhode-Island 1732, in Virginien 1740, in Nordcarolina und Neuhampshire 1755, in Delaware 1761, in Georgien 1763, in dem noch jetzt britischen Nordamerika (und zwar zuerst zu Halifax in Neuschottland) erst 1766 eingeführt.

In Afrika soll zwar nach dem Franzosen Noël Desverges schon 1521 eine (wahrscheinlich von den Portugiesen eingeführte) Druckerpresse in Thätigkeit gewesen sein; doch sind die Nachrichten darüber nicht hinreichend beglaubigt. Als die Wiege der afrikanischen Typographie ist daher Ägypten anzusehen, wo die französische Armee unter Bonaparte im J. 1799 zu Kairo eine Presse errichtete. Mohammed Ali legte 1822 in Bulak, einer Vorstadt von Kairo, eine Druckerei in Verbindung mit einer Schule an. Im Gebiete von Algier wird von den Franzosen seit 1830, in der Capstadt am Vorgebirge der guten Hoffnung von den Engländern seit 1806 gedruckt. Die Inseln von Afrika (wenn man nämlich die Azoren mit zu diesem Erdtheil rechnen will) sind dem festen Lande längst mit gutem Beispiele vorangegangen; in Angra auf der Insel Terceira erschien schon 1583 ein Druckwerk. — In Australien endlich wurde die erste Presse 1802 zu Sidney und zwar von einem Creolen errichtet; auf den Sandwichinseln wurde die Kunst 1821 eingeführt; in Neusüdwales erschien das erste Buch 1825.

Von der Geschichte der Ausbreitung der Buchdruckerkunst gehen wir zu historischen Notizen über ihre technische Vervollkommnung über. Gutenberg erbaute die Presse, welche an die Stelle des Reibers trat, nach dem Vorbilde einer Weinkelter. Erst 100 Jahre später nahm man einige Veränderungen mit derselben vor; bedeutendere Verbesserungen brachte der amsterdamer Buchdrucker Janßon Blaeu oder Blaew im 1620 an, darauf folgte im 17. Jahrhunderte wieder ein langer Stillstand, vom Ende des 18. an aber eine große Anzahl der wichtigsten Verbesserungen. Unter den neuen Pressen nahmen die eisernen den ersten Rang ein, welche aber die hölzernen noch keineswegs verdrängt haben. Die erste eiserne baute Wilh. Haas in Basel, der Blaeu's Pressen namhaft verbesserte, im J. 1772. Eine neue Periode für den Bücherdruck beginnt mit der jetzt allgemein verbreiteten Stanhope-Presse, von dem Lord Stanhope (gest. 1816) erfunden und zuerst 1800 ausgeführt; bei ihr ersetzt ein gußeisernes Gestelle die Wände, Krone, Ober- und Unterbalken und die Brücke der gewöhnlichen Presse und durch ihre Einrichtung wird viel an Mühe und Zeit erspart. Nächst ihr ist auch die Columbia-Presse, von dem Amerikaner Clymer in Philadelphia erfunden, seit 1818 sehr in Aufnahme gekommen. Unter zahlreichen andern Einrichtungen heben wir noch die von dem Amerikaner Hagar in Neuyork erfundene Hagarpresse heraus, die sich durch ihren einfachen Mechanismus auszeichnet, wodurch bei geringer Händekraft ein sehr starker Druck erzeugt wird. Der vorhin genannte, um die Buchdruckerkunst so verdiente Lord Stanhope führte auch statt der seit der Erfindung gebräuchlichen Ballen, die zum Auftragen der Buchdruckerschwärze dienten, elastische Walzen (Auftragewalzen) ein, für welche der Engländer Foster eine geeignete Composition aus Leim und Syrup erfand.

Den höchsten Gipfel erreichte die Typographie durch Erfindung der Druckmaschinen oder Schnellpressen. *) Unter den verschiedenen Arten derselben behielt diejenige Construction den Vorzug, bei welcher die Form auf gewöhnliche Weise gebildet wird, das Schwärzen und Drucken aber dadurch geschieht, daß jene abwechselnd

---

*) Vergl. über die chinesische Druckmethode Nr. 391.

*) Vergl. Pfennig-Magazin Nr. 71.

mit Cylindern in Berührung kommt, wobei entweder die Form fest bleibt und die Cylinder bewegt werden, oder umgekehrt. Erfinder dieser Art von Schnellpressen ist Friedr. König aus Eisleben (gest. 1833), der 1804 nach London ging, sich hier 1812 mit Bauer aus Stuttgart verband und im Verein mit ihm die ersten Schnellpressen ausführte, zu deren Bewegung er Dampfkraft anwandte. Das Blatt der bekannten, in London erscheinenden Zeitung „Times" vom 28. Nov. 1814 ist der erste mit Dampf ausgeführte Druck. Die durch Dampf getriebene Schnellpresse ersetzt zehn Handpressen, liefert in einer Stunde 2400 (nach Applegath's Construction sogar 4000) Abdrücke auf einer Seite, während eine gewöhnliche Presse nur ungefähr 250 liefert, und kann von zwei Knaben besorgt werden. Später baute man Schnellpressen, welche zwischen den großen Druckmaschinen und den Handpressen die Mitte halten.

Groß waren die Fortschritte, welche im Verlauf der Zeit in der Stempelschneidekunst und Schriftgießerei gemacht wurden, und namentlich sind die verschiedenen Phasen, welche jene hinsichtlich der Form der Lettern erfahren hat, zahllos zu nennen, doch können sie hier nicht im Einzelnen angegeben werden. Das Verfahren, durch welches Lettern hergestellt werden, ist im Allgemeinen noch immer das von Schöffer erfundene: der Stempelschneider zeichnet den Buchstaben auf ein stählernes Stäbchen, schneidet denselben erhaben aus und erhält so die Patrize; diese wird in Kupfer geschlagen und bildet die vertiefte Matrize; in diese wird endlich die Schriftmasse oder das Schriftgießerzeug, aus Blei, Eisen und Antimonium bestehend, eingegossen. Die ältesten Typen hatten die gothische oder halbgothische Form; aus dieser Schrift entstand die heutige Fracturschrift, für welche Albr. Dürer Regeln ertheilte, und die Schwabacher, von Schöffer erfunden und von ihrem spätern Vervollkommner benannt. Außerdem erfand man die Antiqua oder gewöhnliche lateinische Schrift, welche die ersten römischen Drucker aufbrachten, und Aldo Manutio, mit welchem überhaupt eine neue Aera der Stempelschneidekunst und Schriftgießerei begann, erfand in Venedig die Cursiv oder Italice (liegende lateinische Schrift). Anfänglich hatte man nur zwei Größen der Typen; jetzt hat man von der kleinsten Schrift (Diamant) bis zur größten (Imperial) mehr als 20 Abstufungen.

(Der Beschluß folgt in Nr. 399.)

Die Sternwarte zu Delhi.

Zu den merkwürdigsten Sternwarten in der Welt gehört ohne Zweifel die bei Delhi, der ehemaligen Residenz des Großmoguls, befindliche, welche um das Jahr 1710 unter der Regierung von Mohammed-Schah von Rajah Jeysing erbaut wurde. Sie ist etwa $1^{1/4}$ englische Meile von der Stadt entfernt, von Steinmassen verfallener Paläste umgeben, welche von der ehemaligen Pracht der Stadt Zeugniß ablegen, und besteht aus mehren abgesonderten Gebäuden. Das erste derselben ist eine große Äquatorial-Sonnenuhr, welche, abgesehen davon, daß die Ecken des Gnomons und der Rand des Kreises, auf welchem die Grade bezeichnet waren, an mehren Stellen zerbrochen sind, ziemlich gut erhalten ist; sie ist aus Stein construirt und zwar die Gradbogen und die Kanten des Gnomons oder Weisers aus weißem Marmor. Der Gnomon ist über 118 Fuß lang; jede Seite desselben mißt 104 Fuß; seine senkrechte Höhe ist zu 57 Fuß berechnet. Eine andere Äquatorial-Sonnenuhr von minder kolossalen Dimensionen und verschiedener Construction steht in geringer Entfernung und ist vollständig erhalten. Der in der Mitte stehende Gnomon enthält eine bis zum Gipfel führende Treppe; an jeder Seite des Gnomons befinden sich concentrische Halbkreise in gewisser Neigung gegen den Horizont. Auf jeder Seite dieses Theils steht ein anderer Gnomon von gleicher Größe mit dem vorhinerwähnten. Die nördliche Mauer des Gebäudes verbindet die drei Gnomons an ihrem obersten Ende; diese Mauer enthält einen graduirten Halbkreis, um die Höhen von Gegenständen zu nehmen, die sich im Osten oder Westen befinden. Im Westen des Gebäudes ist auf einer Mauer ein doppelter Quadrant verzeichnet. Südlich von der großen Sonnenuhr stehen zwei Gebäude, die einander vollkommen gleichen und zu einem Zwecke bestimmt sind: zur Beobachtung der Höhe und des Azimuths der Himmelskörper. Sie sind kreisförmig und oben offen mit einem Pfeiler in der Mitte, von welchem in einer Höhe von etwa drei Fuß 30 steinerne Radien ausgehen, die sich bis zu der kreisförmigen Mauer erstrecken und vom Pfeiler abwärts immer breiter werden. An den Zwischenräumen zwischen den Radien sind in der Mauer Öffnungen und Stufen angebracht; am Rande derselben sind die Grade der Sonnenhöhe angegeben, die wieder in Minuten getheilt sind. Die Peripherie dieses Gebäudes beträgt $172\frac{1}{2}$ Fuß, die des Pfeilers 17 Fuß; jeder der Radien ist $24\frac{1}{2}$ Zoll lang. Zwischen diesen zwei Gebäuden und der großen Äquatorialsonnenuhr steht ein Bau in Gestalt einer concaven Halbkugelfläche, um die innere Fläche der halben Himmelskugel vorzustellen, durch sechs massive Durchmesser von $27\frac{1}{2}$ Fuß Länge und ebenso viele Öffnungen eingetheilt, welche Meridiane bezeichnen.

Über den Ursprung dieser seltsamen Sternwarte gibt ein gleichzeitiger orientalischer Schriftsteller folgende Nachricht. „Rajah Sewai-Jeysing war seit dem ersten Dämmern der Vernunft in seiner Seele und während seines Fortschreitens zu geistiger Reife ganz dem Studium der Mathematik ergeben und seine Neigung trieb ihn zu der Auflösung ihrer schwersten Aufgaben, wodurch er eine gründliche Kenntniß ihrer Lehrsätze und Regeln erlangte. Er fand, daß die aus den üblichen Tafeln abgeleitete Berechnung der Örter der Sterne dieselben ganz anders gab als die Beobachtung, und daß namentlich das Erscheinen der Neumonde mit den Tafeln nicht übereinstimmte. Da nun von jenen wichtige, die Religion und die Verwaltung des Reichs betreffende Angelegenheiten abhingen, und in der Zeit des Aufgangs und Untergangs der Planeten und der Sonnen- und Mondfinsternisse ebenfalls viele bedeutende Abweichungen ähnlicher Art zu bemerken waren, so stellte er die Sache dem Mohammed-Schah vor. Dieser Monarch ertheilte ihm folgenden Bescheid. „Da du, in die Geheimnisse der Wissenschaft eingeweiht, von dieser Sache eine vollkommene Kenntniß hast, so versammele die Astronomen und Mathematiker des mohammedanischen Glaubens, sowie die Brahminen, die Pundits und die Astronomen von Europa, verschaffe dir alle Werkzeuge und Erfodernisse einer Sternwarte und bestimme den fraglichen Punkt dergestalt, daß die Abweichung der berechneten und der beobachteten Zeiten dieser Erscheinungen beseitigt wird." Jeysing unterzog sich dieser schwierigen Aufgabe und verfertigte anfangs mehre astronomische Instrumente von Messing. Da sie aber seinen Ansprüchen auf Genauigkeit wegen der Kleinheit ihrer Dimensionen, der mangelnden Theilung in Minuten, der Erschütterung und Abnutzung ihrer Achsen, der Verrückung ihrer Mittelpunkte und der Schwankung ihrer Ebenen nicht entsprachen, so errichtete er mit genauer Rücksicht auf die mathematischen Regeln, die Lage des Meridians, die Polhöhe u. s. w. die noch vorhandenen großen Gebäude von Stein, die eine vollkommene Festigkeit gewährten. Er fand die neuen Instrumente zweckmäßig; um aber die Genauigkeit der mit ihnen angestellten Beobachtungen zu prüfen, ließ er andere ähnlicher Art in Sewai-Jeypoor, Matra, Benares und Ougein aufstellen, durch welche er seine ersten Berechnungen bestätigt fand. Nach einiger Zeit war Jeysing im Stande, dem Kaiser neue astronomische Tafeln zu überreichen, die noch jetzt den in den Kalendern von Delhi enthaltenen astronomischen Berechnungen zum Grunde gelegt werden.

Beirut.

Die Stadt Beirut in Syrien, merkwürdig deshalb, weil der Kampf der alliirten Mächte gegen den Pascha von Ägypten hier begonnen hat, ist das alte Berytus oder Berothah und wurde schon von den Phöniziern angelegt. Antiochus der Große zog sie vorher den Ägyptern gehörende Stadt zu Syrien; im J. 140 v. Chr. wurde sie durch Diodotus Tryphon zerstört, von den Römern wiederhergestellt und im 4. Jahrhundert n. Chr. durch ein Erdbeben nochmals verwüstet. Sie liegt im Ejalet Akka, an der Mündung des gleichnamigen Flusses und gegen die Spitze des durch seine Hervorragung die Rhede bildenden Vorgebirges gekehrt, kaum fünf Meilen nördlich von Saida oder Sidon, zehn Meilen nördlich von Tor oder Tyrus und zehn Meilen südlich von Trablos oder Tripolis. Von allen diesen Städten treibt Beirut, wiewol auch ihr Hafen schlecht und schon seit alten Zeiten ziemlich versandet ist, den lebhaftesten Handel, in dessen Besitz früher Toscana, später hauptsächlich Frankreich war, und dient namentlich als Marktplatz für die Bewohner des Libanon; die Einwohnerzahl wird auf 12—14,000 angegeben, meist Drusen, Maroniten und Griechen, nur zum kleinsten Theile Osmanen und Araber. Die Einfuhr aus Frankreich betrug bis jetzt jährlich im Durchschnitt 2 Millionen Francs, die Ausfuhr (in Seide, gesponnener Baumwolle, Taback u. s. w. bestehend) gegen 1 Million. Außerdem besorgten französische Schiffe große Waarentransporte für die Karavanen, denen Beirut als Sammelplatz diente. Weit minder bedeutend ist der englische Handel, doch hat sich eine nicht geringe Anzahl englischer Kaufleute in Beirut angesiedelt. Der bekannte französische Schriftsteller Lamartine theilt in seiner Reise im Oriente in den Jahren 1832 und 1833 über Beirut Folgendes mit.

„Beirut, eine der volkreichsten Städte der syrischen Küste, wurde eine römische Colonie unter Augustus, der ihr den Namen Felix Julia gab. Diesen Beinamen der „Glücklichen" erhielt sie wegen der Fruchtbarkeit ihrer Umgegend, ihres unvergleichlichen Klimas und ihrer herrlichen Lage. Die Stadt liegt auf einem anmuthigen Hügel, der sich in allmäligem Abhange bis zum Meere herabsenkt; einige Landzungen oder Felsen erstrecken sich bis ins Meer und sind mit türkischen Festungswerken bedeckt, welche eine sehr malerische Wirkung machen. Die Rhede wird durch eine Landzunge geschlossen, die sie gegen die östlichen Winde schützt. Diese ganze Landzunge ist gleich den benachbarten Hügeln mit der reichsten Vegetation bedeckt; überall sind Maulbeerbäume gepflanzt, welche sich auf künstlichen Terrassen übereinander erheben. Die Johannisbrotbäume mit dunklem Laube und majestätischer Krone, die Feigen-, Platanen-, Orangen-, Granatenbäume und eine Menge anderer unserm Klima fremder Bäume oder Sträucher breiten auf allen dem Meere nahen Theilen der Küste den Schleier ihres verschiedenen Laubes aus; weiterhin auf den ersten Abhängen der Berge mischen die Ölbaumwälder ihr aschgraues Grün in die Landschaft. Etwa eine Meile von der Stadt beginnen die hohen Gebirgsketten des Libanon sich zu erheben und öffnen ihre tiefen Schluchten, in denen das Auge sich in Finsterniß verliert. Sie ergießen in dieselben ihre mächtigen Waldströme, nehmen verschiedene Richtungen, theils nach Tyrus und Sidon, theils nach Teipolis und Latakieh, und ihre ungleichen Gipfel, die sich in den Wolken verlieren oder im Widerschein der Sonnenstrahlen glänzen, gleichen unsern mit ewigem Schnee bedeckten Alpen."

„Der Quai von Beirut, den die Welle unablässig bespült und bisweilen mit Schaum bedeckt, war mit einer Menge von Arabern bedeckt, die im ganzen Schimmer ihrer glänzenden Trachten und ihrer Waffen erschienen. Die Bewegung war ebenso lebhaft als auf den Quais unserer großen Seestädte; mehre europäische Schiffe lagen neben uns in der Rhede vor Anker und die mit Waaren aus Damaskus und Bagdad beladenen Schaluppen gingen zwischen dem Ufer und den Schiffen unaufhörlich hin und her. Die Häuser der Stadt erheben sich terrassenförmig in verworrenen Gruppen. Diese Häuser mit platten Dächern, zum Theil mit zinnenartigen Balustraden, diese zahlreichen Fenster mit Spitzbögen, die bemalten Holzgitter, welche sie hermetisch verschlossen, wie ein Schleier der orientalischen Eifersucht, die Palmbäume, welche im Stein zu wurzeln schienen und ihre Wipfel bis unter die Dächer erhoben, als wollten sie den Augen der in ihrem Harem gefangenen Frauen durch etwas Grünes wohlthun, — alles Dies fesselte unsere Blicke und zeigte uns den Orient an."

Über die Lage der Stadt äußert derselbe Reisende weiterhin: „Die Libanonkette entrollt sich den Blicken in einer Länge von wenigstens 60 Lieues, vom Vorgebirge von Saïda oder Sidon bis zu der Gegend von Latakieh, wo sie anfängt, sich zu senken, um das Gebirge in den Ebenen von Alexandrette Wurzel fassen zu lassen. Bald erhebt sich das Gebirge fast senkrecht über dem Meere mit Dörfern und großen Klöstern, die über dem Abgrunde hängen, bald entfernt es sich von der Küste und bildet weite Buchten, zwischen sich und dem Meere Rasen- oder Sandflächen lassend. Segel durchfurchen diese Meerbusen und eilen den zahlreichen Rheden zu, von denen die Küste wimmelt. Das Meer hat eine tiefblaue Farbe; die großen Wellen rollen über den Sand und reflectiren die Berge wie fleckenlose Spiegel. Zur Linken ist die Küste von Beirut niedrig, eine Reihenfolge von kleinen grünbewachsenen Landzungen, die gegen die Fluten nur durch eine Linie von Felsen und Klippen geschützt sind, von denen die meisten Ruinen des Alterthums tragen. Weiterhin bilden Hügel von rothem Sand, dem der ägyptischen Wüsten ähnlich, eine Art vom Vorgebirge; auf der Höhe desselben sieht man die sonnenschirmartigen Wipfel eines Waldes italienischer Fichten und das Auge, zwischen ihren zerstreuten Stämmen hingleitend, ruht auf den Seiten einer andern Kette des Libanon oder auf dem vorragenden Vorgebirge, auf welchem das alte Tyrus stand, aus. Als ich mich nach der dem Meere entgegengesetzten Seite wandte, sah ich die hohen Minarets der Moscheen, wie einzelne Säulen, sich erheben; die maurischen Festungen, welche die Stadt beherrschen und in deren gespaltenen Mauern eine Menge Schlingpflanzen, wilde Feigenbäume und Levkoyarten wurzeln, dann die ovalen Zinnen der Vertheidigungsmauern, die gleich hohen Wipfel der Maulbeerbäume, mit denen die Felder größtentheils bepflanzt sind; hier und da die platten Dächer und weißen Mauern der Landhäuser oder Hütten der syrischen Bauern; darüber hinaus endlich die Rasenplätze der Hügel bei Beirut, alle bedeckt mit malerischen Gebäuden, griechischen und maronitischen Klöstern, Moscheen oder Heiligengräbern und bekleidet mit Baumpflanzungen, wie die fruchtbarsten Hügel bei Grenoble oder Chambery. Diesem allen diente der Libanon zum Hintergrunde, der tausend Krümmungen macht, sich in gigantischen Massen gruppirt und auf alle Scenen dieses Horizonts entweder seine großen Schatten wirft oder seinen hohen Schnee glänzen läßt."

Notiz.

Die französischen Bagnos enthielten an 1. Jan. 1839 eine Gesammtbevölkerung von 6250 Galeerensträflingen, von denen sich 3100 in Brest, 900 in Rochefort, 2250 in Toulon befanden. Gegen sonst scheint ihre Zahl nicht gerade gestiegen zu sein; im J. 1790 betrug sie ebenfalls zwischen 6000 und 7000, wiewol Frankreich damals nur 25 Millionen Einwohner zählte.

Lady Esther Stanhope.

Nicht wenige unter unsern Lesern haben bereits von der Lady Stanhope gehört und gelesen, jener räthselhaften, wunderbaren Frau, die, einem der vornehmsten englischen Adelsgeschlechter angehörig und mit Glücksgütern reichlich gesegnet, aus freier Wahl ihren Wohnsitz fern von ihrer Heimat in der syrischen Wüste aufschlug und dort bis an ihren Tod, der im vergangenen Jahre erfolgte, ein abenteuerliches, einsiedlerisches Leben führte. Wir kommen dem bei Erwähnung ihres Todes in Nr. 362 gegebenen Versprechen nach und theilen über ihr Leben genauere Nachrichten mit, die wir der Reisebeschreibung des berühmten französischen Dichters Lamartine entlehnen, welcher in den Jahren 1832 und 1833 eine Reise in den Orient unternahm.

„Lady Esther Stanhope, geb. am 12. März 1776, die Nichte des berühmten englischen Staatsmanns Pitt, verließ nach dem Tode ihres Oheims, der sie ihrer ausgezeichneten Geistesgaben wegen hochschätzte, im J. 1806 England und durchreiste ganz Europa. Da sie jung, schön und reich war, wurde sie überall mit der Theilnahme aufgenommen, welche ihr Stand, ihr Reichthum, ihr Geist und ihre Schönheit ihr sichern mußten; sie weigerte sich aber hartnäckig, einen ihrer zahlreichen Bewunderer mit ihrer Hand zu beglücken, und nachdem sie einige Jahre in den bedeutendsten Hauptstädten Europas zugebracht, schiffte sie sich mit einem zahlreichen Gefolge nach Konstantinopel ein und sagte ihrem Vaterlande auf immer Lebewohl. Den Beweggrund dieser Auswanderung kennt man nicht; Einige suchen ihn in dem Tode eines jungen englischen Generals, der um diese Zeit in Spanien blieb, und dessen Andenken Lady Esther durch eine ewige Trauer in ihrem Herzen bewahren wollte, Andere in der Neigung zu Abenteuern, die bei dem entschlossenen, unternehmenden Charakter der jungen Dame sehr wahrscheinlich war. Wie dem auch sein mag, sie reiste ab, brachte einige Jahre in Konstantinopel zu und schiffte sich endlich auf einem englischen Fahrzeuge, das zugleich den größten Theil ihrer Schätze, eine Menge Juwelen und Geschenke aller Art von einem sehr bedeutenden Werthe trug, nach Syrien ein.

Der Sturm packte das Schiff im Meerbusen von Macri an der Küste von Caramanien, der Insel Rhodus gegenüber; wenige Meilen vom Ufer scheiterte es auf einer Klippe und war in kurzer Zeit zerstört, die Schätze der Lady wurden von den Fluten verschlungen; sie selbst entging dem Tode nur mit genauer Noth und erreichte auf einem Brete des Schiffs eine kleine verlassene Insel, wo sie 24 Stunden ohne alle Nahrung und Hülfe zubrachte. Endlich entdeckten sie Fischer aus Marmoriza, welche den Trümmern des Schiffs nachspürten, und brachten sie nach Rhodus, wo sie sich dem englischen Consul zu erkennen gab. Ohne durch dieses unglückliche Ereigniß zum Aufgeben ihres ersten Entschlusses gebracht zu sein, begab sie sich nach Malta und von da nach England. Hier sammelte sie die Trümmer ihres Vermögens, verkaufte einen Theil ihrer Besitzungen, belud ein zweites Schiff mit Reichthümern und Geschenken für diejenigen Gegenden, welche sie durchreisen wollte, und ging unter Segel. Diesmal war die Reise glücklicher; sie landete bei Latakieh, dem alten Laodicea, an der Küste Syriens, zwischen Tripoli und Alexandrette. In der Umgegend dieser Stadt siedelte sie sich an, lernte Arabisch, umgab sich mit Personen, welche ihr die Verbindung mit den arabischen, drusischen und maronitischen Völkerschaften des Landes erleichtern konnten, und bereitete sich vor auf Entdeckungsreisen in den am wenigsten zugänglichen Theilen Arabiens, Mesopotamiens und der Wüste.

Als sie sich mit der Sprache, den Gebräuchen und Sitten, sowie mit der Tracht der Länder genau bekannt gemacht hatte, bildete sie eine zahlreiche Karavane, belud Kameele mit reichen Geschenken für die Araber und durchreiste alle Theile Syriens. Sie hielt sich in Jerusalem, Damaskus, Aleppo, Homs, Balbek und Palmyra auf. Hier machte sie durch ihre Schönheit und ihren prächtigen, fürstlichen Aufzug auf die zahlreichen Beduinenstämme, welche ihr den Zugang zu den Ruinen erleichtert hatten und zu Tausenden (man gibt ihre Zahl auf 40—50,000 an) um ihr Zelt versammelt waren, einen so mächtigen Eindruck, daß sie von ihnen zur Königin von Palmyra ausgerufen wurde. Gleichzeitig schlossen sie untereinander einen Vertrag, nach welchem jeder von ihr beschützte Europäer in aller Sicherheit die Ruinen von Balbek und von Palmyra sollte besuchen und untersuchen können, wenn er sich zur Zahlung eines Tributs von 1000 Piastern verstände. So lange die Lady lebte, wurde dieser Vertrag von den Arabern treulich beobachtet, sobald man unzweifelhafte Beweise von dem Schutze Jener beibringen konnte. Auf ihrer Rückkehr von Palmyra wäre sie beinahe in die Gefangenschaft eines zahlreichen Stamms anderer, mit den bei Palmyra wohnenden in Feindschaft lebender Araber gerathen. Noch zur rechten Zeit wurde sie von einem ihrer Leute gewarnt und verdankte ihre und ihrer Karavane Rettung nur einem Eilmarsche bei Nacht und der Schnelligkeit ihrer Pferde, die in 24 Stunden in der Wüste einen Weg von unglaublicher Länge zurücklegten. So erreichte sie glücklich Damaskus und hielt sich hier unter dem Schutze des türkischen Paschas, an welchen die Pforte sie angelegentlich empfohlen hatte, einige Monate auf.

Nach einem herumziehenden Leben in allen Theilen Kleinasiens und Syriens siedelte sich Lady Stanhope endlich in einer fast unzugänglichen Einöde in der Nähe des alten Sidon, jetzt Saïda, auf einem der Berge des Libanon an. Der Pascha von St.-Jean d'Acre, Abdallah-Pascha, der große Verehrung und unbedingte Ergebenheit gegen sie hegte, trat ihr die Überreste eines Klosters und das von Drusen bewohnte Dorf Dschiun ab. Sie baute nun daselbst mehre von einer Mauer umschlossene Häuser, deren Gesammtheit einer Festung des Mittelalters glich, und legte einen reizenden Garten nach türkischer Weise an, wo man Blumen, Früchte, Weinlauben, Kiosks mit Sculpturarbeiten und arabischen Malereien, rinnendes Wasser in marmornen Betten, Springbrunnen und Haine von Orangerie-, Feigen- und Citronenbäumen fand. Hier lebte sie mehre Jahre in einem ganz orientalischen Luxus, umgeben von einer großen Zahl europäischer und arabischer Dolmetscher, schwarzer Sklaven und weißer Dienerinnen und in freundschaftlichen Verhältnissen zur Pforte, zu Abdallah-Pascha, zu dem Emir Beschir, dem Fürsten des Libanon, und besonders zu den arabischen Scheiks der syrischen und mesopotamischen Wüsten.

Bald aber nahm ihr noch immer bedeutendes Vermögen durch die in ihrer Abwesenheit eingerissene Zerrüttung ihrer Angelegenheiten schnell ab und sie sah sich auf ein Einkommen von 30—40,000 Francs beschränkt, was für die von ihr gewählte neue Heimat noch allenfalls hinreichte, in der bisherigen Weise auch ferner zu leben. Inzwischen starben die Personen, welche sie aus Europa begleitet hatten, oder verließen sie; die Freundschaft der Araber, die unaufhörlich durch Geschenke unterhalten sein wollt, wurde lau, sie brachen die Verbindung mit ihr allmälig immer mehr ab, und Lady Esther gerieth allmälig in die vollständige Isolirung, in der ich sie fand; aber gerade da zeigte ihr heroischer Charakter seine ganze Energie und Standhaftigkeit. Sie dachte nicht daran, nach Europa zurückzukehren, sehnte sich nicht nach der Welt und der Vergangenheit zurück; wurde durch das Misgeschick, die Aussicht auf ein verlassenes Alter nicht niedergebeugt, sondern blieb in ihrem Wohnsitze, ohne Bücher, ohne Briefe aus Europa, ohne Freunde, sogar ohne ergebene Diener, nur umgeben von einigen Negerinnen, einigen Kindern schwarzer Sklaven und einer Anzahl arabischer Landleute, denen es oblag, ihren Garten und ihre Pferde zu besorgen und über ihre persönliche Sicherheit zu wachen. Man glaubt allgemein, was in der That viel Wahrscheinlichkeit für sich hat, daß die übernatürliche Stärke ihrer Seele und ihrer Entschlossenheit nicht allein ihrem Charakter, sondern zum Theil auch überspannten religiösen Begriffen verdankte, in denen der europäische Illuminatismus mit orientalischen Meinungen und astrologischen Träumereien vermischt ist. Für Europäer hält es sehr schwer, bei ihr Zulaß zu finden; namentlich entzieht sie sich geflissentlich allem Verkehr mit englischen Reisenden, mit Frauen und mit den Mitgliedern ihrer eignen Familie. Mit keinem Briefe an sie versehen, hatte ich nur wenig Hoffnung, ihre Bekanntschaft zu machen; da ich aber wußte, daß sie mit den Arabern in Palästina und Mesopotamien noch in einer gewissen lockern Verbindung stand, und daß eine Empfehlung von ihr mir für meine fernern Reisen sehr nützlich sein konnte, übersandte ich ihr durch einen Araber einen Brief, worin ich um die Erlaubniß bat, sie besuchen zu dürfen.

Die Antwort blieb nicht lange aus. Nach wenigen Tagen erschien bei mir ihr Stallmeister, welcher zugleich ihr Arzt ist, mit dem Auftrage, mich nach Dschiun zu begleiten. Ich nahm außer einem Bedienten und einem Führer noch zwei Begleiter mit, verließ mit ihnen zu Pferde Beirut und schlug den Weg nach Saida, dem alten Sidon, ein; als wir dieses verlassen, erstiegen wir kahle, zerklüftete Kreidehügel, welche sich unmerklich stufenweise erhoben und uns zu der Einöde führten, die wir mit den Augen vergeblich suchten. Jeder erstiegene Hügel ließ uns einen noch höhern erblicken, der umgangen oder erstiegen werden mußte. Die Berge hingen zusammen, wie die Glieder einer Kette, nur getrennt durch tiefe Schluchten ohne Wasser, besäet von grauen Felsblöcken. Diese Berge sind ganz entblößt von allem Pflanzenwuchse, gleichsam Berggerippe, welche die Gewässer und die Winde seit Jahrhunderten benagt haben. Nicht hier hätte ich die Wohnung einer Frau, welche die ganze Welt durchreisen konnte und der die Wahl im ganzen Weltall freistand, zu finden erwartet. Endlich wurde ich von der Höhe eines dieser Felsen ein tieferes und weiteres Thal gewahr, das auf allen Seiten von noch majestätischeren, aber nicht minder kahlen Bergen eingeschlossen war. In der Mitte dieses Thals erhebt sich gleich dem Fuße eines großen Thurms der Berg Dschiun; auf demselben erblickt man eine Fläche, die ein paar hundert Toisen lang und mit schöner, anmuthiger Vegetation bedeckt ist. Eine weiße Mauer, an deren einem Ende ein Kiosk stand, schloß diese grüne Fläche ein. Hier war die Wohnung der Lady Esther; wir erreichten sie um Mittag. Ihr Haus ist nicht Das, was man in Europa so nennt, nicht einmal ein Haus nach morgenländischem Begriffe, sondern ein verworrenes, seltsames Gemisch von 10—12 kleinen Häuschen, jedes nur ein oder zwei Zimmer im Erdgeschoß enthaltend, ohne Fenster und voneinander durch kleine Höfe oder Gärten getrennt. Das Ganze gleicht einem der armen Klöster von Bettelmönchen, die man in Italien und Spanien auf hohen Bergen findet.

Nach ihrer Gewohnheit war Lady Stanhope nicht vor drei oder vier Uhr des Nachmittags zu sprechen. Man führte uns in eine Art kleiner Zelte, ohne Licht und ohne Meubeln, einen Divan ausgenommen, und servirte uns ein Frühstück, worauf wir das Erwachen der unsichtbaren Wirthin erwarteten. Um drei Uhr meldete man mir, daß ich erwartet würde; ich schritt durch einen Hof, einen Garten, einen Kiosk mit Jasminwänden, dann durch ein paar dunkle Corridors und wurde endlich durch ein Negerkind von sieben bis acht Jahren in das Cabinet der Lady geführt. In demselben herrschte eine so tiefe Finsterniß, daß ich Mühe hatte, die edlen, ernsten, majestätischen, aber dennoch sanften Züge der weißen Gestalt in orientalischer Tracht zu erkennen, welche sich vom Divan erhob und auf mich zuging, indem sie mir die Hand reichte. Lady Esther war zwar über 50 Jahre alt, aber noch immer schön; ihre Schönheit war von der Art, welche sich in den verschiedenen Perioden des Lebens wol verändert, aber nicht vergeht. Auf dem Kopfe hatte sie einen weißen Turban, auf der Stirn eine purpurfarbige wollene Binde, die auf jeder Seite des Kopfs bis zu den Schultern herabfiel. Ein langer gelber Kaschmirshawl, ein weites türkisches Gewand von weißer Seide mit fliegenden Ärmeln hüllten ihre ganze Gestalt in einfache und würdevolle Falten; nur durch die Öffnung, welche diese erste Tunica auf ihrer Brust ließ, erblickte man ein zweites Gewand von geblümtem persischen Stoff, welches bis zum Halse reichte und dort durch eine Perlenagraffe befestigt war. Türkische Halbstiefeln von gelbem, mit Seide gesticktem Maroquin vollendeten dieses schöne morgenländische Costum, das sie mit der Freiheit und dem Anstande einer Person trug, die von Jugend an kein anderes getragen hat."

(Der Beschluß folgt in Nr. 399.)

Dschiun, der Aufenthaltsort der Lady Stanhope.

Das Pfennig-Magazin
für Verbreitung gemeinnütziger Kenntnisse.

399.]   Erscheint jeden Sonnabend.   [November 21, **1840.**

Skizzen aus Tunis.
(Aus den Mittheilungen eines Deutschen.)

Ansicht der Stadt Tunis.

Am 10. März wurde ich vom Bei zu einer höchst seltenen Ceremonie nach seinem Schlosse, dem Bardo, eine Viertelstunde von hier, geladen. Es war dies nämlich der Tag, an welchem der türkische Gesandte den Hattischerif des Sultans, die neue Constitution enthaltend, dem Bei in feierlicher Audienz übergeben sollte. Der Empfangsort war der innere Raum des Bardo neben dem öffentlichen Gerichtssaal, ein Oblongum, was 2—3000 Personen faßt. Die Galerien werden von Marmor- und Porphyrsäulen getragen, Wände und Fußboden sind mit Marmor verschiedener Farben, mit Porphyr und Jaspis mosaikartig ausgelegt und die Plafonds mit schöner Stukkaturarbeit und reicher Vergoldung geschmückt; auch fehlte es nicht an kostbaren Teppichen. Im Hintergrunde auf einer Erhöhung von einigen Stufen saß der Bei im neuen europäischen Costume auf einer Art Thron, einem Lehnsessel von Elfenbein, sehr schön ciselirt, von seinen Roßschweifen umgeben. Links neben ihm standen sein Cousin, der Bei des Lagers, die männlichen Verwandten, die Ulemas und der Scheik Madina (Oberbürgermeister von Tunis); rechts der Sahabtaba oder erste Minister, die übrigen Mitglieder des Divans, die Consuln und eingeladene Fremde. Die ersten Reihen der beiden Seiten des Oblongums nahmen die Militair- und Civilchargen aller Grade ein, dann kamen die Scheiks und Kaïds aus dem Innern. Das Ganze umschloß eine zahlreiche, in Goldstickereien prangende Dienerschaft, sowie die 300 Mamluken des Serail. Die Galerien waren für Unteroffiziere, Soldaten und niedere Beamte bestimmt; auch befanden sich daselbst die beiden Musikchöre der Infanterie und Cavalerie, die abwechselnd europäische Musikstücke, selbst Straußische Walzer sehr gut vortrugen. Zuerst war Handkuß, wobei die jüngsten Chargen vorangingen; die innere Hand des Bei wird dabei drei Mal der Länge nach geküßt. (Der frühere französische Consul, Herr Schwebel, hat es so weit gebracht, daß jetzt kein Consul den Handkuß mehr leistet.) Als der Handkuß vorüber war, verkündete mit löwenähnlichem Gebrüll ein Ceremonienmeister die Ulemas und den Scheik Madina, worauf sich der Bei erhob und zwei Stufen hinabstieg; der vornehmste der Ulemas, sowie der Oberbürgermeister küßten dem Bei die rechte Schulter. Kanonendonner verkündete die Ankunft des großherrlichen Gesandten. Bei seinem Eintritte empfingen ihn Fanfaren der Militairmusik. Der Bei erhob sich, und nach dem üblichen Handkuß überreichte Ersterer demselben in einem Etui von Goldstoff den Hattischerif, den der Bei küßte und einem Notar übergab. Darauf begab sich der Gesandte auf die Seite der Verwandten. Nun erfolgte die öffentliche Vorlesung der Constitution, die drei Stunden dauerte und Jeden, der nicht Türkisch verstand, schrecklich langweilte. Nach Beendigung der Vorlesung wurden wieder die Kanonen gelöst und dann Kaffee herumgereicht. Da aber bei der großen Zahl von Anwesenden nicht ein Jeder eine Tasse bekommen konnte, so wurden große silberne Terrinen damit gefüllt, woraus ein Jeder einige Züge that. Ein zweiter Mamluk reichte eine große blau und roth damascirte Serviette, deren vier Ecken weiß waren; an diese wischte sich die ganze Versammlung den Mund; ein dritter und vierter Diener des Serail trugen große silberne Kannen in Form der Pfefferbüchsen, oben siebartig durchlöchert; diese waren mit Rosenwasser angefüllt, und Jeder wurde damit von oben bis unten, im wahren Sinne des Wortes, so durchweicht, daß einem die Sinne vergingen; die Araber und Türken strichen und rieben sich dabei behaglich die langen Bärte. Während des Kaffeetrinkens war es ergötzlich, mit anzusehen, wie der Bei des Lagers, ein schöner, kräftiger junger Mann, Cousin des regierenden Bei, diesem, wenn er hustete, einen silbernen Spucknapf vorhielt oder bei einer Prise Taback das Taschentuch, sarkastisch lächelnd, reichte. Die ganze Ceremonie endigte mit einem Manoeuvre der europäisch disciplinirten Cavalerie und Artillerie. Obgleich der Bei den Inhalt des Hattischerif schon vorher gekannt haben mochte, so schien ihm die Lesung doch Widerwillen zu verursachen, und er verrieth wiederholt durch seine Bewegungen Ungeduld. Der Divan, fast alle Offiziere der Land- und Seemacht, die Beamten und beinahe sämmtliche Mamluken außer den Renegaten sind Türken und verstehen Türkisch, in welcher Sprache der Hattischerif abgefaßt war. Es dürfte daher wol, da der Bei des Lagers der Thronfolger und allgemein beliebt ist, bei eintretender Unzufriedenheit und bei Nichtbefolgung der neuen Constitution leicht eine Revolution zum Nachtheile des regierenden Bei ausbrechen. Der Minister der auswärtigen Angelegenheiten, auch erster Secretair, Chevalier Raffo, Genueser von Geburt, dessen Mutter Amme des vorigen Bei war, steht sehr in Ansehen und leitet die Geschäfte nach Kräften gut. Der jetzige Bei, Achmed-Pascha, ist ein junger Mann von 34 Jahren, hat nur Eine Frau und keine Kinder; ein schreckliches und unnatürliches Laster hat ihn entnervt und dürfte sein Leben sehr verkürzen. Er ist indeß zuvorkommend artig gegen Fremde, freigebig gegen seine Offiziere und sehr unternehmend. Er liebt das Militair ausschließlich; sein ganzes Streben geht daher dahin, sich eine auf europäischen Fuß disciplinirte Armee zu schaffen. Daher die vielen hier anwesenden französischen und italienischen Instructoren aller Waffen; das Commando ist türkisch und das Exercirreglement französisch. Er hat für Bekleidung und Bewaffnung seiner Soldaten eine eigne Gerberei, Tuchmanufactur, Gewehr- und Pulverfabrik errichtet, auch Militairschule gebildet, in welche er seinen jüngsten Bruder als Eleven gebracht hat. Da aber alle diese Einrichtungen ungeheure Summen erfodern, die durch Erpressungen aller Art aufgetrieben werden, so murrt das Volk und verflucht den Bei sammt seinen Soldaten; die neue Constitution des Sultans, welche die Gleichstellung der Rechte im Eigenthum und ein neues Abgabensystem vorschreibt, kann seinen Militaireinrichtungen einen großen Stoß geben. Sein Cousin und Nachfolger dagegen, Bei des Lagers, liebt den Ackerbau und begünstigt ihn auf alle mögliche Art, und wenngleich er der europäischen Civilisation nicht abgeneigt ist, so versteht er sie anders und liebt die regulairen Truppen nicht. Er äußerte zu mir bei einem ihm gemachten Besuche, wo ich mir erlaubte, seine Abneigung für das regulaire Militair zu berühren: „Man muß erst Quellen schaffen, welche die großen Summen hergeben können, um die bedeutenden Kosten zu einer fressenden, aber keinen Nutzen bringenden Einrichtung zu bestreiten, und diese Quellen sind Ackerbau und Handel. Erst muß man Eigenthum und Reichthum des Landes schaffen, und wenn diese vorhanden sind, dann eine Armee, die das Erworbene und Gedeihende gegen innere und äußere Feinde schützt. Eine Wüste aber zu vertheidigen, braucht man keine theuern goldbetreßten Soldaten." Auf Anrathen dieses trefflichen hoffnungsvollen Fürsten besuchte ich Beja, Susa und Keruan, eine der heiligen Städte, sämmtlich zwei und drei Tagereisen von hier; früher besuchte ich schon Zawan mit seiner fruchtbaren Ebene. — Die Truppen des Bei von Tunis bestehen aus 12,000 Mann regulairer Infanterie (in Tunis, Susa und Keruan), aus 800 Mann regulairer Cavalerie in Tunis (Lanciers) und aus einem Regiment Artillerie mit 40 bespannten Geschützen (in Tunis). Die Gage der Offiziere ist gering, ein Oberster erhält nur 200 Piaster; jedoch bekommen sie die Kleidung, selbst Hemden, Schnupftücher, freie Wäsche, Lebensmittel, kurz Alles geliefert, sodaß sie ihr Tractament als Taschengeld betrachten können. Die 12,000 Mann regulairer Truppen sind immer nur zur Hälfte unter Waffen. In den kleinen Städten besteht eine Nationalgarde, die vom Staate gekleidet und bewaffnet wird, aber keinen Gehalt zieht; sie ist europäisch exercirt. Unter Lager versteht man die Truppen, die alle Jahre die Contributionen eintreiben müssen. Das eine Lager bei Beja, 5000 Mann stark, treibt die Contributionen in der Provinz Girith ein; das zweite bei Gabes, 11,000 Mann, treibt die Steuern der Provinz gleiches Namens längs der Küste ein; beide bestehen aus irregulairer Cavalerie.

Kurzer Abriß der Geschichte der Buchdruckerkunst.

(Beschluß aus Nr. 398.)

Zu den größten Fortschritten der Buchdruckerkunst gehört die Stereotypie oder der feste Buchstabendruck*), und es ist höchst merkwürdig, daß die Kunst von dem Abdrucke fester Tafeln oder Platten ausgegangen und wieder zu demselben zurückgekehrt ist. Das Verfahren bei der Stereotypie besteht im Allgemeinen darin, daß die mit beweglichen Lettern gesetzten Columnen in Gyps abgeformt und von den so erhaltenen Matrizen solide Platten (meist von Blei, Antimonium und Zinn) gegossen werden. Um die Erfindung der Stereotypie ist vielfach gestritten worden; wahrscheinlich gebührt aber die Ehre derselben dem schottischen Goldschmied Will. Ged in Edinburg (gest. 1749). Ihre Vollendung erreichte die Erfindung erst 1804 durch den bereits erwähnten Lord Stanhope, der eine seitdem allgemein eingeführte Methode erfand. Der Name Stereotypie kam um 1795 durch Firmin Didot auf, dessen Verfahren aber nur darin bestand, die aus einzelnen Lettern zusammengesetzten Druckformen auf der Druckseite durch

―――――

*) Vergl. über Stereotypie Pfennig-Magazin Nr. 72.

einen Überguß zu verschmelzen, was zuerst ein Deutscher, Müller zu Leyden, zwischen 1701 und 1711 ausgeführt hatte.

Unter den Nebenzweigen der Typographie, welche seit einiger Zeit mit großer Vorliebe cultivirt worden sind, erwähnen wir zuvörderst den Gold- und Silberdruck, der zuerst in einer 1482 zu Venedig erschienenen Ausgabe des Euklid, in der die Dedication an den Dogen bei einigen Exemplaren mit Goldschrift gedruckt ist, vorkommt, sonst aber nur bei Verzierungen, Anfangsbuchstaben u. s. w. angewandt, sehr selten zum Druck ganzer Werke benutzt worden ist. Der früheste deutsche Golddruck dürfte von 1556 sein. — Der Bunt- oder Farbendruck ist mit der Buchdruckerkunst selbst ziemlich gleich alt und unzweifelhaft deutschen Ursprungs; die ersten Proben desselben kommen in Schöffer's Psalter von 1457 vor, wo die Anfangsbuchstaben und Versalen bald roth, bald blau gedruckt sind. Sehr vervollkommnet wurde dieser Kunstzweig in England durch Pond und Knapton zwischen 1730—40, welche Blätter nach Skizzen berühmter Maler lieferten, durch Savage (1822), welcher mehre farbige Zeichnungen darstellte, namentlich aber durch Baxter (1837), welcher Gemälde in allen Farben copirte und mit bewundernswürdiger Treue nachahmte. Die Grundzeichnungen seiner Copien werden von einer Stahlplatte abgezogen und auf die Umrisse die Farben von Holzplatten abgedruckt; schon die einfachsten Blätter erfodern zehn bis zwölf Platten und einige kommen 20 Mal unter die Presse. Eine durch größere Wohlfeilheit empfehlende Methode hat der Engländer Knight, Verleger und Begründer des englischen Pfennig-Magazins, ausgedacht. Eine besondere Art des Farbendrucks ist der Congrevedruck, benannt und 1824 erfunden von dem 1825 verstorbenen Erfinder der Brandraketen, dem Engländer Sir William Congreve. Das Wesentliche des Verfahrens liegt darin, daß zwei oder mehre durchbrochene Druckformen, von Stahl, Messing oder anderm Metall, nachdem jede durch eine Auftragwalze mit einer andern Farbe versehen worden ist, zu einem Ganzen vereinigt, dann unter die Presse gebracht werden und so zwei- oder mehrfarbige Abdrücke liefern, deren Farben einander auf das genaueste berühren. Zu dieser Druckmethode hat Congreve eine eigne, von allen andern abweichende Presse erfunden. Die Zeichnungen auf der Oberfläche der Formen heißen Guillochen und werden theils mit der Guillochirmaschine hervorgebracht, theils aus freier Hand mit dem Grabstichel gravirt. (Unter dem Guillochiren versteht man das Einschneiden vorgezeichneter Zierathen an der Oberfläche gewisser Körper mittels eigner Maschinen; diese sind in England erfunden, dann in Frankreich verbessert und anfänglich nur zur Metallgravirung, zum Verzieren von Dosen, Uhrgehäusen u. s. w., später auch auf den Kattun- und Buchdruck angewandt worden.) Nächst den Engländern haben die Deutschen diesen Kunstzweig am meisten vervollkommnet. Derjenige bunte Druck, wobei mit einer Walze zu gleicher Zeit mehre Farben aufgetragen werden, die ineinander verschmelzen müssen und die Wirkung des Regenbogens nachahmen, heißt Irisdruck.

Ein anderer Nebenzweig des Buchdrucks ist der Hochdruck oder die Pressungen in Farben (Gaufragen). Zur Ausübung dieses Verfahrens ist eine harte zähe Masse nöthig, in welche der Gegenstand, der weiß und erhaben hervortreten soll, gravirt wird; wenn die glatte Oberfläche der Druckform gefärbt wird, so erhält man einen einfarbigen bunten Grund, dieser kann aber bei Anwendung durchbrochener Platten auch mehrfarbig erhalten werden. Zur Herstellung der Gaufragen eignet sich das Papier sehr gut; der Druck geschieht durch eine gewöhnliche Presse. Erst in neuern Zeiten ist dieser Kunstzweig in England wieder hervorgesucht, in Deutschland aber zuerst von den Gebrüdern Bauerkeller (jetzt in Paris) in Karlsruhe 1834 ausgeübt worden.

Die neueste Erfindung auf dem Felde der Buchdruckerkunst ist die Lithotypographie oder die Verbindung des Buchdrucks mit dem Steindrucke, erfunden von den Gebrüdern Dupont zu Paris 1839, welche mehre Blätter alter Drucke von dem Originale ohne die mindeste Beschädigung desselben auf Stein übertrugen und von diesem wieder abdruckten. Ob sich das Verfahren bewähren wird, muß die Zukunft lehren. Schon lange vorher hat man in Deutschland, freilich in ganz anderer Absicht, Steindruck und Letterndruck verbunden und jenen zu Randverzierungen angewendet.

Die Form- oder Holzschneidekunst, die Mutter der Buchdruckerkunst, blieb lange Zeit die Begleiterin derselben (bis zu dem Ende des 17. Jahrhunderts), indem sie zur Verzierung der Bücher am Rande oder im Texte benutzt wurde. In mehren von Pfister gedruckten Büchern (1461 und 1462) finden wir die ersten Holzschnitte, die in Büchern mit beweglichen Typen vorkommen. Unter Dürer's Nachfolgern im 16. Jahrhundert begann die Kunst zu sinken und gerieth im Anfange des 18. in gänzlichen Verfall, hat sich aber seit dem Ende desselben wieder gehoben und wird neuerdings sehr häufig zur Ausschmückung von Druckwerken mit Abbildungen angewandt, ein Gebrauch, der sich von Frankreich aus nach Deutschland verbreitet hat. Fast ebenso alt als die Holzschneidekunst selbst ist die Clichirkunst, worunter man die Kunst versteht, Formschnitte durch den Guß zu vervielfältigen oder in Metall abzuklatschen, was nicht nur der nöthigen Vervielfältigung wegen, sondern namentlich auch deshalb geschieht, weil das Metall mehr gleichförmig gute Abdrücke als das Holz aushält. In der neuesten Zeit sind die Abklatschungen oder sogenannten Clichés besonders in England und Frankreich häufig angewandt worden.

Unter den Anwendungen der Typographie auf besondere Zweige der Künste und Wissenschaften ist zuerst der Notendruck zu erwähnen. Das älteste Buch mit musikalischen Noten ist der Fust-Schöffer'sche Psalter von 1457, in welchem aber die Tonzeichen geschrieben sind; in einem 1500 erschienenen Buche sind sie durch Holzschnitte ausgeführt. Schon im Anfange des 16. Jahrhunderts sollen in Italien typenähnliche gegossene Musiknoten in Gebrauch gewesen sein; in Frankreich führte der berühmte Schriftschneider und Schriftgießer Jacques de Sauleque (gest. 1648) die Musiktypen ein, die nun in sehr mangelhafter Gestalt über 100 Jahre in Gebrauch waren. Als Wiederhersteller und Verbesserer dieses Kunstzweigs ist der Buchhändler und Buchdrucker Breitkopf in Leipzig zu betrachten, der zuerst 1754 musikalische Noten goß; Tauchnitz in Leipzig wandte zuerst die Stereotypie auf den Notensatz an. Da jedoch der Notendruck mit Typen kostspieliger ist als die Lithographie und der Zinnstich, wo die Noten mit Stahlstempeln auf Zinnplatten geschlagen werden, so wird er noch immer nur in beschränktem Maße angewendet; in der neuesten Zeit ist er namentlich in Frankreich cultivirt worden.

Die Typometrie oder die Kunst, Landkarten und Pläne wie Bücher zu setzen und zu drucken, ist eine Erfindung der neuesten Zeit. Zwar sind schon in der lateinischen Ausgabe der Kosmographie des Ptolemäus von 1478 die geographischen Karten gedruckt, aber nicht mit beweglichen Typen, sondern mit gravirten Metallplatten, auf denen die Schrift mit Punzen eingeschlagen war; in der ulmer Ausgabe desselben Werks von 1482 sind die Karten in Holz geschnitten, die Schrift aber mittels gewöhnlicher Lettern gedruckt, die in dazu bestimmte Stellen der Holztafeln gesteckt und mit diesen zugleich unter die Presse gebracht worden waren, wodurch die Karten ein wunderbares Ansehen bekommen mußten. Später wurden die Karten stets in Holz geschnitten oder in Kupfer gestochen. In den Jahren 1770—75 machten Haas in Basel und Breitkopf in Leipzig unabhängig voneinander und ziemlich gleichzeitig die ersten Versuche, Landkarten zu setzen und zu drucken, die aber gleich den spätern von Didot in Paris (1820—30) zu keinem befriedigenden Resultate führten. Erst Raffelsperger in Wien, Geograph und Besitzer der ersten typographischen Kunstdruckerei, lieferte 1839 die erste gelungene, mit beweglichen Charakteren hervorgebrachte Landkarte, und ist daher als Erfinder der später von ihm weiter ausgebildeten typometrischen Kunst zu betrachten. Die Erzeugnisse derselben lassen sich in vier Hauptclassen theilen: geographische, mathematische, naturhistorische Abdrücke und Druck von Zeichenschriften. Die Abdrücke werden auf gewöhnlichen Buchdruckerpressen gemacht und die Sätze können beliebig vergrößert oder verkleinert werden; auch die Farben werden durch den Druck dargestellt. Unstreitig wird die Typometrie, welche freilich noch mancher Vervollkommnung bedarf, schon jetzt aber die größten Vortheile gewährt, welche namentlich in der größern Wohlfeilheit der Karten, in der deutlichern Schrift und der unbegrenzten Anzahl möglicher Abdrücke bestehen, in der Geschichte der Buchdruckerkunst Epoche machen. Der mathematische Druck oder die Kunst, mathematische Figuren durch bewegliche Typen zusammenzusetzen und zu drucken, ist ein Zweig der Typometrie und wurde (nach den ältesten Versuchen in einer Ausgabe des Euklid von 1482 und den Werken von Apian und Tycho Brahe) von Breitkopf in Leipzig ausgeübt, aber erst von Raffelsperger in größerer Ausdehnung cultivirt.

Der botanische Druck oder die Darstellung von Pflanzen mittels beweglicher Charaktere wurde schon von Breitkopf versucht, aber mit Erfolg erst von den Engländern William Savage und Baxter, in Deutschland aber von dem vorhin genannten Raffelsperger in Wien ausgeübt.

Ektypographie oder Reliefdruck ist die Kunst, jeden Schriftgegenstand in hölzernen, steinernen oder metallenen Formen so darzustellen, daß dieselbe durch den Abdruck erhaben vervielfältigt und für Blinde mittels des Tastsinns lesbar gemacht werden; jenes kann durch erhabenes oder vertieftes Arbeiten eines Gegenstandes auf oder in eine harte Masse geschehen. Der Erfinder von besondern Typen zum Unterricht für Blinde war der um die Bildung der Blinden so verdiente Valentin Hauy (gest. 1822), welcher bei dem 1784 gegründeten pariser Blindeninstitute in demselben Jahre Metallcharaktere einführte, ja es dahin brachte, daß seine Zöglinge ihre Bücher selbst setzen und drucken lernten. Die Methode wurde von Guillié vervollkommnet, sowie später in Deutschland von Klein (1819), Müller, Stüber und Zeune, in Großbritannien aber von Gall in Edinburg (1827) angewandt und ausgebildet. Am weitesten ist der Letterndruck für Blinde in Amerika gediehen; die neuesten glücklichen Versuche in dieser Kunst haben aber Bachmann in Braunschweig und Hauptmann Freisauff von Neudegg in Wien gemacht.

Unter Hochsteinätzkunst oder Hochdruck-Lithographie versteht man die Kunst, auf der Oberfläche des Steins (besonders des lithographischen) erhabene Schrift oder Zeichnung durch Ätzen hervorzubringen. Dies geschieht aber nicht, um erhöhte Abdrücke für Blinde zu erhalten, sondern um die geätzten Steinplatten entweder auf der Buchdruckerpresse abzudrucken, oder gleich den Holzstichen zu stereotypiren. Ätzungen dieser Art nahm zuerst Duplat in Paris 1812 vor, doch ist von dieser Erfindung nur wenig Gebrauch gemacht worden; erst in der neuesten Zeit hat sie der Buchhändler Baumgärtner in Leipzig seit 1834 wieder in Anwendung gebracht und mehrfach ausgebildet. Verwandt hiermit ist die 1822 von Carré in Toul erfundene, 1834 von Dembour in Metz verbesserte Metall-Ektypographie oder die Kunst, erhaben auf Kupfer zu ätzen, sodaß der hervorgebrachte Gegenstand entweder sogleich, oder nachdem er stereotypirt worden, durch die Buchdruckerpresse vervielfältigt werden kann.

Quarantaineanstalten.

Unter Quarantaine oder Contumaz versteht man bekanntlich die Zeit, während welcher Reisende oder Schiffe, die aus einem Lande kommen, in welchem ansteckende Krankheiten herrschen, oder welches im Verdacht derselben steht, am Orte ihrer Bestimmung nicht landen oder mit den Bewohnern desselben keinen Verkehr unterhalten dürfen. Der erstere Name bedeutet eigentlich einen Zeitraum von 40 Tagen und ist darum gewählt worden, weil diese Zeit ehemals wirklich so lange dauerte. Quarantaineanstalten, Pestlazarethe oder Contumazhäuser heißen diejenigen Orte, an denen Schiffe oder Reisende ihre Quarantaine halten müssen, und wo zugleich die Waaren, welche sie bei sich führen, einer Reinigung unterworfen werden. Sie wurden zuerst in den Häfen des mittelländischen Meeres errichtet, um Europa gegen die Verbreitung der Pest zu schützen, die in den am östlichen Theile dieses Meeres gelegenen Ländern so häufig herrscht. Man ging dabei von der Erfahrung aus, daß die Krankheit wenigstens größtentheils durch Berührung des Peststoffes fortgepflanzt wird, mithin ihr Ausbruch verhütet werden kann, sobald man die Berührung angesteckter Personen oder mit Peststoff behafteter Gegenstände thunlichst vermeidet. Anstalten dieser Art haben gewöhnlich einen Hafen oder Ankerplatz, wo die von verdächtigen Häfen kommenden Schiffe vor Anker liegen können, und sind außerdem mit Wohnungen für die Mannschaft und die Passagiere der Schiffe, wo aber Gesunde und Kranke gehörig gesondert werden können, sowie mit Waarenlagern für die verdächtigen Güter versehen. Die Vortheile solcher Anstalten, unter denen die zu Livorno, Genua und Marseille für die besten gelten, für Handel und Schiffahrt sind sehr groß. Da die Schiffe, die aus verdächtigen Gegenden kommen, ihre Ladung im Lazarethe niederlegen können, so werden sie nicht länger aufgehalten, als ohne das Bestehen von Quarantainevorschriften der Fall sein würde. Nachdem die im Lazarethe niedergelegten Güter besichtigt und gehörig gereinigt worden sind, werden sie dem öffentlichen Verkehr übergeben.

Unter den genannten Quarantaineanstalten ist wieder die zu Marseille die ausgezeichnetste. In den Hafen von Marseille darf kein Schiff, das aus einem verdächtigen Hafen kommt, und das ist jeder Hafen der Levante und der Küste von Nordafrika, einlaufen, ohne vorher in dem dicht am Hafen befindlichen Gesundheitsbureau seinen Gesundheitspaß (sein Patent) vorgezeigt zu haben, den der Capitain in einem Boote überbringt und an einem eisernen Gitter niederlegt. Dieses Patent kann von vierfacher Beschaffenheit sein: 1) rein (patente nette), wenn das Schiff von einem völlig gesunden Orte kommt; 2) nicht ganz rein (touchée), wenn das Schiff von einem Orte kommt, der zwar gesund ist, wo aber Schiffe aus verdächtigen Orten angekommen sind; 3) verdächtig (suspecte), wenn der Ort, von dem das Schiff kommt, mit Gegenden, wo die Pest ausgebrochen ist, in Verbindung steht, oder eine von der Pest zwar verschiedene, aber gleichfalls epidemische Krankheit an dem Orte herrscht; 4) unrein (brute), wenn an dem Orte selbst oder in dessen Nähe die Pest ausgebrochen ist. Je nachdem diese Patente lauten, dürfen die Schiffe in einem der Häfen der Insel Pomegue, welche vor Marseille liegt, vor Anker gehen, um hier Quarantaine zu halten. Die Dauer und Strenge derselben hängt nicht nur von dem Patente, sondern auch von der Beschaffenheit der Waaren und den Häfen, aus denen das Schiff kommt, ab, indem die Häfen des Mittelmeers in dieser Hinsicht in drei Classen getheilt sind. In die erste Classe gehören die Häfen von Dalmatien bis Ägypten und von Marokko; in die zweite die nordafrikanische Küste von Tripolis bis Algier; in die dritte Konstantinopel, die Häfen des schwarzen Meers u. s. w. Schiffe, die aus einem Hafen der dritten Classe kommen, bekommen ohne Rücksicht auf Patente und Waaren mindestens 40 Tage Contumaz. Diejenigen Reisenden, die ihre Quarantaine nicht auf den Schiffen halten wollen, kommen in das auf der gedachten Insel befindliche Lazareth, das von einer doppelten, 20 Fuß hohen Mauer umgeben ist und aus zwei Hauptabtheilungen besteht: dem großen Lazarethe und dem eigentlichen Pestlazarethe, von denen jenes für die Gesunden, dieses für die Kranken bestimmt ist. Jeder im Lazarethe befindliche Reisende bekommt ein kleines Zimmer und eine Wache, die von ihm bezahlt werden muß und ihn bei Tag und Nacht nicht aus den Augen läßt. Nur solche Reisende, deren Schiffe mit einem reinen Gesundheitspasse versehen sind, dürfen sich am Tage auf den freien Platz ihrer Abtheilung des Lazareths oder auf eine mit einem Gitter umschlossene Galerie begeben, in der sie mit ihre besuchenden Freunden aus der Ferne communiciren können. Erklärte Pestschiffe mit patente brute werden in der marseiller Anstalt, die hierin von den meisten andern abweicht, zwar zugelassen, aber alle Maßregeln werden bei ihnen außerordentlich verschärft; die Zeit der Quarantaine wird auf 80 Tage für Reisende, für Schiffe und Waaren aber auf 100 gesetzt u. s. w.

Das Contumazhaus bei Genua liegt an der Meeresküste unweit der Stadt. Die zahlreichen gewölbten Zimmer für die Reisenden gehen auf einen Corridor und haben Fenster, die mit eisernen Stangen und Läden verwahrt sind; das zweite Stockwerk enthält Waarenlager. Eine doppelte Mauer umgibt die Anstalt, wie in Marseille; zwischen den Mauern befindet sich der Begräbnißplatz. Ein kleineres Pestlazareth findet sich am Meerbusen von Spezzia bei dem Städtchen Varignano. — Zu den ältesten Quarantaineanstalten gehört die in Venedig, wo schon vor vier Jahrhunderten ein Gesundheitsbureau errichtet wurde, das mit großer Gewalt ausgerüstet war. Die beiden Contumazhäuser stehen das eine eine halbe, das andere eine Meile von der Stadt entfernt, beide auf kleinen Inseln und durch die sie umgebenden breiten Kanäle, außerdem aber noch durch hohe Mauern von jeder Communication abgeschnitten.

Das Pestlazareth bei Marseille.

Lady Esther Stanhope.
(Beschluß aus Nr. 398.)

„Sie sind sehr weit her gekommen, um eine Einsiedlerin zu sehen," sagte sie zu mir. „Seien Sie mir willkommen; ich empfange wenig Fremde, kaum einen oder zwei im Jahre, aber Ihr Brief hat mir gefallen und ich wünschte, einen Mann kennen zu lernen, der, wie ich, Gott, die Natur und die Einsamkeit liebt. Zudem sagte mir ein geheimes Etwas, daß unsere Sterne befreundet wären und wir zueinander paßten. Mit Vergnügen sehe ich, daß meine Ahnung mich nicht getäuscht hat; und Ihre Züge, die ich jetzt sehe, ja schon der Klang Ihrer Schritte im Corridor haben mir über Sie genug gelehrt, um mich nicht bereuen zu lassen, daß ich Ihren Besuch bewilligt habe. Setzen Sie sich und lassen Sie uns plaudern; wir sind schon Freunde." — Wie? rief ich aus, Mylady, beehren Sie einen Mann, dessen Name und Leben Ihnen völlig unbekannt sind, so schnell mit dem Namen eines Freundes? Sie wissen ja noch nicht, wer ich bin. — „Das ist wahr", versetzte sie; „ich weiß weder, wer Sie in der Welt sind, noch was Sie gethan haben, seit Sie unter den Menschen lebten; aber ich weiß schon, was Sie vor Gott sind. Halten Sie mich nicht für verrückt, wie die Welt mich oft nennt; aber es ist mir Bedürfniß, offen mit Ihnen zu reden. Es gibt eine Wissenschaft, die heutzutage in Europa verloren ist, aber im Orient, wo sie geboren wurde, noch jetzt lebt. Ich besitze sie; ich lese in den Sternen. Wir sind Alle Kinder eines jener himmlischen Lichter, die bei unserer Geburt herrschten, und deren glücklicher oder unglücklicher Einfluß in unsern Augen, auf unsern Stirnen, in unsern Zügen, in den Linien unserer Hand, in der Gestalt unsers Fußes, in unserm Gange geschrieben ist. Ich sehe Sie erst seit einigen Minuten und kenne Sie schon, als hätte ich mit Ihnen im Jahrhundert gelebt. Soll ich Ihnen Ihr Schicksal vorhersagen?" Ich lehnte dies Anerbieten lächelnd ab und sah mich bald in ein Gespräch über Religion verwickelt, in welchem sie bekannte, daß sie der baldigen Ankunft eines Messias entgegensehe, wie ihn Christus verkündigt habe. Sie kam dann auf mich zurück und äußerte, ich besitze vier Sterne und vielleicht noch mehr, unter denen sich Merkur befinde, welcher dem Verstande und der Rede Deutlichkeit und Bestimmtheit verleihe; nach meinen Augen und dem obern Theile meines Gesichts zu schließen, müsse ich ein Dichter sein. Schließlich versicherte sie mir, ich werde bald wieder in den Orient kommen, denn dieser sei mein eigentliches Vaterland, wie sich aus der Gestalt meines Fußes ergebe. Nach dem hohen Fußbiegung sei mein Fuß der des Arabers, der des Orientalen; ich müsse ein Sohn des Morgenlandes sein, und der Tag sei nahe, wo Jeder in das Land seiner Väter zurückkehren werde.

Ein schwarzer Sklave trat jetzt ein, beugte sich tief vor ihr, indem er mit der Stirn den Teppich berührte und die Hände auf den Kopf legte, und sagte einige Worte auf arabisch zu ihr. „Gehen Sie", sagte sie zu mir, „Ihr Mittagsmahl ist fertig, kommen Sie aber bald wieder; ich werde mich unterdessen mit Ihnen beschäftigen und in Ihrer Zukunft lesen. Ich selbst esse nie mit Jemand und lebe sehr einfach. Brot und Früchte, die ich esse, sobald ich das Bedürfniß empfinde, genügen mir; ich kann aber keinem Gaste zumuthen, meine Mahlzeit zu theilen." Ich wurde in eine Laube von Jasmin und Rosenlorber am Eingang ihrer Gärten geführt, wo für mich und einen meiner Begleiter, Herrn v. Parseval, gedeckt war. Wir aßen sehr schnell; sie wartete aber nicht, bis wir geendet hatten, sondern ließ mich durch ihren Stallmeister rufen. Ich fand sie, eine lange morgenländische Pfeife rauchend; sie ließ auch mir eine bringen. Bereits war ich daran gewöhnt, die elegantesten und schönsten Frauen des Orients rauchen zu sehen, und fand nichts Anstößiges mehr in dieser anmuthigen und nachlässigen Stellung, sowie in dem wohlriechenden Rauche, der in leichten Wolken den Lippen einer Frau entströmt. Wir sprachen lange miteinander, immer über das geheimnißvolle Lieblingsthema dieser außerordentlichen Frau, dieser Circe der Wüste, welche in Allem an die berühmten Zauberinnen des Alterthums erinnerte. Mir wurde klar, daß die religiösen Meinungen der Lady Esther eine Mischung der verschiedenen Religionen wären, unter denen zu leben sie sich selbst verurtheilt hat, geheimnißvoll wie die Drusen, resignirt und fatalistisch wie die Mohammedaner, mit den Juden auf den Messias wartend und mit den Christen sich zur Verehrung des Heilands und Ausübung seiner liebevollen Sittenlehre bekennend. Fügt man hinzu die phantastischen Farben und übernatürlichen Träumereien einer durch Einsamkeit und Nachdenken erhitzten Einbildungskraft, so hat man einen Begriff von jener erhabenen und wunderlichen Mischung, die man leichter mit dem Namen Wahnsinn bezeichnen als begreifen und erklären kann. Nein, wahnsinnig ist diese Frau gewiß nicht! Der Wahnsinn, der sich in den Augen unverkennbar zu zeigen pflegt, ist in ihrem schönen und festen Blicke nicht zu lesen; ebenso wenig ist er in der erhabenen, zwar mystischen und dunkeln, aber zusammenhängenden und fesselnden Unterhaltung der Lady Esther wahrzunehmen. In jedem Falle ist es nur ein freiwilliger, studirter, bewußter Wahnsinn, und die mächtige Bewunderung, welche ihr Geist den die Berge umgebenden arabischen Völkerschaften eingeflößt hat und noch immer einflößt, beweist hinlänglich, daß dieser angebliche Wahnsinn nur ein Mittel ist. Für die Menschen dieses Wunderlandes, dieser Felsen und Wüsten, deren Einbildungskraft farbenreicher und umnebelter ist, als der Horizont ihrer Sandflächen oder Meere, bedarf es eines Mohammeds oder einer Lady Stanhope, bedarf es der Prophezeiungen, der Wunder und des zweiten Gesichts.

„Nur einen Vorwurf, sagte ich zur Lady, habe ich Ihnen zu machen, nämlich den, daß Sie die Ereignisse zu wenig benutzt und Ihr Glück noch nicht so weit verfolgt haben, als Sie hätten thun können." — Hierauf antwortete sie mir: „Sie sprechen wie ein Mensch, der noch zu sehr an den menschlichen Willen glaubt, und noch nicht genug an die unwiderstehliche Herrschaft des Schicksals, in diesem allein beruht meine Kraft. Ich erwarte es und rufe es nicht herbei; ich werde alt, habe mein Vermögen sehr geschwächt und bin jetzt auf diesem öden Felsen allein und mir selbst überlassen, dem ersten Verwegenen preisgegeben, der meine Thore zu sprengen Lust hat, umgeben von einer Schar untreuer Diener und undankbarer Sklaven, die mich täglich plündern und bisweilen mein Leben selbst bedrohen. Noch neulich hatte ich meine Rettung nur diesem Dolche zu danken, dessen ich mich bedienen mußte, um meine Brust gegen den eines schwarzen Sklaven, den ich großgezogen habe, zu vertheidigen. Inmitten aller dieser Unruhen und Besorgnisse bin ich glücklich, antworte auf Alles mit dem heiligen Spruche der Muselmänner: „Allah-Kerim! Gott ist groß!" und erwarte mit Vertrauen die Zukunft."

Nachdem wir mehre Pfeifen geraucht und einige

Tassen Kaffee getrunken hatten, welche die schwarzen Sklaven alle Viertelstunden brachten, sagte sie: „Kommen Sie, ich will Sie in ein Heiligthum führen, wohin ich keinen Ungeweihten bringen lasse, in meinen Garten." Wir stiegen mehre Stufen hinab und ich durchwanderte mit ihr einen der schönsten türkischen Gärten, die ich im Morgenlande gesehen habe. Düstere Lauben, von deren grünen Decken statt der Kronleuchter die funkelnden Trauben des gelobten Landes herabhingen; Kioske, wo die in Stein gehauenen Arabesken sich mit Jasmin und Schlingpflanzen verschlangen; marmorne Bassins, in denen ein aus weiter Ferne herbeigeleitetes Wasser in schimmernden Strahlen emporsprang; Alleen, bepflanzt mit allen Fruchtbäumen Europas und Asiens; grüne Rasenflächen mit blühenden Büschen und marmorne Einfassungen, welche Blumen umschlossen, die mir neu waren, dies waren die verschiedenen Bestandtheile des Gartens. Wir ruhten in mehren Kiosken aus und nie verlor die unerschöpfliche Unterhaltung der Lady ihren mystischen Ton. Endlich sagte sie: „Weil das Schicksal Sie hierher geführt hat und eine so auffallende Sympathie zwischen unsern Sternen mir erlaubt, Ihnen anzuvertrauen, was ich sonst jedem Ungeweihten verbergen würde, so will ich Ihnen ein Naturwunder zeigen, dessen Bestimmung nur ich und meine Adepten kennen und das die Prophezeiungen des Morgenlands schon seit Jahrhunderten verkündigt hatten." Sie öffnete eine Gartenthüre, die in einen kleinern innern Hof führte, wo ich zwei herrliche arabische Stuten von erster Race und seltener Regelmäßigkeit der Formen erblickte. „Betrachten Sie", sagte sie, „diese braune Stute und sehen Sie, ob die Natur nicht an ihr Alles erfüllt hat, was von der Stute geschrieben ist, die den Messias tragen soll: Sie wird gesattelt geboren werden." In der That sah ich an diesem schönen Thiere ein Naturspiel, das selten genug ist, um die Leichtgläubigkeit halbbarbarischer Völker zu täuschen; die Stute hatte an der Stelle der Schultern eine große und tiefe Höhlung, welche die Gestalt eines türkischen Sattels so vollkommen nachahmte, daß man in Wahrheit sagen konnte, sie sei gesattelt zur Welt gekommen. Diese Stute scheint an die Bewunderung und Verehrung, welche Lady Stanhope und ihre Sklaven ihr bezeugen, gewöhnt zu sein; nie hat sie Jemand bestiegen und zwei arabische Reitknechte pflegen und bewachen sie unablässig. Eine andere weiße Stute theilt die Verehrung und Pflege der Lady Stanhope; auch auf ihr hat Niemand geritten. Wir ließen diese herrlichen Thiere auf einem Rasenplatze sich ergehen und freuten uns der anmuthigen Bewegungen derselben.

Nach unserer Rückkehr erneuerte ich meine Bitte an Lady Stanhope, daß sie mir gestatten möchte, ihr meinen Freund und Reisegefährten, Herrn v. Parseval, vorzustellen, der mir wider meinen Willen in ihre Wohnung gefolgt war. Sie willigte ein und wir brachten die Nacht in dem bereits beschriebenen kleinen Zimmer zu. Kaffee und Pfeifen erschienen in orientalischer Verschwendung, und bald war das Zimmer mit einer solchen Rauchwolke angefüllt, daß die Gestalt der Lady nur durch eine Atmosphäre erschien, welche dem magischen Dunstkreise der Beschwörungen ähnlich war. Über Alles sprach sie mit gleicher Kraft, Anmuth und Gewandtheit, nur über weniger erhabene und geheimnißvolle Gegenstände, als zuvor, da sie mit mir allein war. Ich setzte ihre Weisheit auf die Probe und befragte sie über mehre mir bekannte Reisende, deren Bekanntschaft sie seit 15 Jahren gemacht hatte, war aber höchlich überrascht durch ihre richtigen Ansichten über diese Männer. Der Name Napoleon's kam in unserer Unterhaltung ebenfalls vor; ich bemerkte ihr, daß ich geglaubt habe, ihr Enthusiasmus für diesen Mann würde eine Scheidewand zwischen uns aufrichten; aber sie erwiderte, nur sein Unglück habe ihr lebhafte Theilnahme eingeflößt. Die Nacht verging in ungezwungenem Gespräch über alle Gegenstände, die sich uns aufs Gerathewohl darboten. Wir verließen sie mit lebhaftem Bedauern von unserer Seite. „Kein Abschied", sagte sie, „wir werden uns während Ihrer Reise, und anderer, die Sie jetzt noch nicht beabsichtigen, noch öfter wiedersehen. Ruhen Sie aus und erinnern Sie sich, daß Sie in den Einöden des Libanon eine Freundin zurücklassen." Sie reichte mir die Hand; ich legte die meinige nach arabischer Sitte an die Brust und wir schieden.

Aus den seit Lamartine's Reise verflossenen Jahren sind uns keine andern Nachrichten über diese merkwürdige und räthselhafte, in ihrer Art einzige Frau bekannt geworden, als die Kunde von ihrem Tode. Dieser erfolgte in dem Dorfe Dschiun, wo sie so lange gelebt hatte, am 23. Juni 1839 im 64. Jahre ihres Alters.

Die Märkte in Petersburg.

Die umstehende Abbildung stellt einen petersburger Fischkahn vor, d. h. eines jener schwimmenden Fischhändlermagazine, in denen alle Fische, welche den Sommer über in der Hauptstadt verzehrt werden, verkauft und eingekauft werden. Dieses Fahrzeug ist mit zahlreichen schwimmenden Kähnen und Booten umgeben, welche entweder kleine Öffnungen haben, um das süße Wasser der Newa einzulassen, oder für die Seefische mit Salzwasser gefüllt sind. Dies geschieht jedoch nur während der kurzen Sommerzeit; im Winter sind alle Arten animalischer Kost, Fische, Fleisch und Geflügel, wie versteinert und lassen sich wie Stücke hartes Leder handhaben. Im Sommer geht die Hausfrau um acht oder neun Uhr des Morgens aus, um Fische einzuhandeln, in ganz einfachem oder vielmehr nachlässigem Anzuge, ein Tuch um den Kopf geschlungen, wenn es auch die Frau eines Kaufmanns ist, die sich, wenn sie sich putzen will, in Seide und Goldstoff kleidet, während ihre Töchter auf dem Palastquai in allem Prunke der neuesten pariser Mode glänzen. Ihr folgt ein Dwornick oder Leibeigner, der einen Spankorb trägt und dem Ausdrucke seines Gesichts nach die personificirte Dummheit zu sein scheint. Die Einkäuferin schreitet vorsichtig über die mit einem Geländer versehene Planke, welche von dem granitgepflasterten Quai auf das Fahrzeug führt. Das Erste, was sie in demselben erblickt, ist das Bildniß des heiligen Schutzpatrons, gewöhnlich St.-Jwan oder St.-Nicolas, vor welchem eine immerbrennende Lampe hängt. Nachdem sie sich vor demselben andächtig bekreuzt und den ehrfurchtsvollen Bückling des frommen Fischhändlers durch den üblichen Morgengruß erwidert, beginnt sie den Handel; er führt sie über eine Planke zu seinen Fischbehältnissen und hebt mit einem kleinen Netze die von ihr gewählten Fische heraus; werden sie genehmigt, so werden sie gewogen, dann nach langem Handeln und Streiten die Rubel aus dem Beutel gezogen und der Diener beladen. Der Preis wird auf einer Art Rechenbret oder Rechentisch berechnet, einem kleinen hölzernen Rahmen, der mit Draht überspannt ist, und auf welchem kleine Elfenbeinkugeln beweglich sind. Der erste Draht bedeutet die Kopeken, deren bekanntlich 100 auf einen Rubel gehen, der folgende einfache Rubel, der nächstfolgende Zehner von Rubeln u. s. w. Mit dieser Vorrichtung werden in Rußland alle Berechnungen in Kaufläden, Wechselgeschäften u. s. w. vollzogen und zwar mit überraschender Genauigkeit und Schnelligkeit, wenn sie auch noch so verwickelt sind, nur dürfen sie nie über die vier Species hinausgehen.

Etwa in der Mitte der Newski-Aussicht trifft man auf einen Verkaufsplatz, der schlechthin den Namen „Die Kaufläden" führt. Er besteht aus einem sehr ausgedehnten Vierecke fortlaufender Arkaden, unter denen sich kleine Läden in ununterbrochener Folge befinden; ein ähnlicher bedeckter Weg, zu welchem Treppen führen, bildet ein oberes Stockwerk. Dieses ist dem Verkaufe von Fellen, Pelzwerk und Tuch gewidmet, während im untern fast alle andern nur denkbaren Gegenstände zu kaufen sind. Die meisten Läden sind vorn offen; keine Firmen, sondern gemalte Schilder zeigen die Natur der Gegenstände an, die in den einzelnen feilgeboten werden; natürlich halten sich die gleichartigen Geschäfte und Gewerke zusammen und man trifft hier eine Reihe von Schuhmachern, dort von Glashändlern u. s. w. Mit einbrechender Dunkelheit wird dieser gewaltige Bazar geschlossen, da es nicht verstattet ist, Licht hineinzubringen. Der innere Raum des Vierecks ist mit Wagen, Lastthieren, leeren Kisten u. s. w. bedeckt. An diesen Bazar stößt eine unregelmäßige und niedrige Masse von Gebäuden, wo alle Fabrikate oder Naturproducte der Erde, die in jenem etwa noch vermißt werden, zu finden sind. An die Läden mit neuen Gegenständen, Möbeln, Eisenwaaren u. s. w. schließen sich die Buden der Trödler an, wo alte Kleider aller Art, Möbeln, Bücher u. s. w. verkauft werden. Hier bietet der gläserne Verschlag des Geldwechslers Gelegenheit, Papier gegen Silbergeld umzutauschen, blaue Banknoten für fünf Rubel und rothe für zehn Rubel, beide ungleich häufiger als Silber-, Gold- und Platinamünzen. Dort kann man in einem offenen Stande ein Glas eines wohlschmeckenden und sehr kühlenden limonadenartigen Getränks, Keraß genannt, worin ein Stück reines Eis schwimmt, für zwei Kopeken kaufen; anderwärts ein Glas von warmem Sbiten, einer Art Liqueur aus Honig und Gewürzen; ein Dritter verkauft eine Art Pfefferkuchen aus grobem Roggenmehl; ein Vierter preist sein Pastelar an, eine keineswegs verächtliche Mischung aus Honig und Apfelbrei. Jener ruhigblickende Mann mit zerrissenem Schurzfell wartet geduldig, bis dieser oder jener Bauer bei ihm ein Stück Pferdefleisch mit einem Streifen Schwarzbrot oder ein hartgesottenes Ei kauft. Die Scene wird noch mehr belebt durch das Geschrei der wandernden Bilderhändler, der Verkäufer von Pantoffeln aus Kasan, von Schlafröcken aus der Tatarei und von geflochtenen Kuchen aus Moskau, ferner Derjenigen, welche Heiligenbilder, welche sie nicht geradezu verkaufen dürfen, gegen Geld austauschen, der handelnden Weiber u. s. w.

Nicht weit entfernt ist der Fruchtmarkt, eine Arkade, wo Früchte und andere eßbare Vegetabilien auf beiden Seiten aufgehäuft sind und nicht nur einen angenehmen Anblick gewähren, sondern auch den Geruch angenehm afficiren. Hier findet man Früchte aus der Ukraine, Äpfel aus der Krim, Trauben aus Astrachan, eine Menge Orangen und Citronen, frische Wassermelonen und Himbeeren, sämmtlich Lieblingsspeisen der Russen. Zu diesen gehören auch die sauren Gurken und die Pilze, von denen gegen 50 Arten gegessen werden und nur drei bis vier für giftig gelten.

Eine andere Arkade ist für den Verkauf von Droguen, Gewürzen, Wurzeln, Samen, Rinden, Blüten bestimmt; noch eine andere bildet den Vogelmarkt und enthält Vögel aller Art, lebendige und todte, unter andern Rebhühner, Eulen und Falken, die an einem Fuße festgebunden sind, kleine Vögel in rothen Käfigen u. s. w. Tauben sind die einzigen Vögel, die nicht feilgeboten werden, während sie in allen Straßen heerdenweise zu sehen sind, sodaß Petersburg ein ungeheueres Taubenhaus zu sein scheint; als Symbol des heiligen Geistes wird dieser Vogel nicht gegessen.

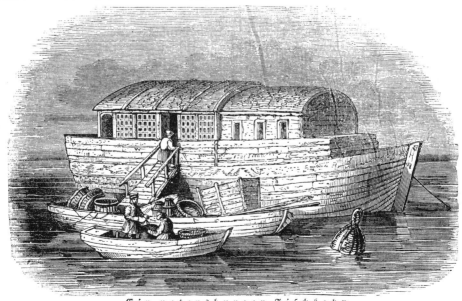

Ein petersburger Fischkahn.

Verantwortlicher Herausgeber: Friedrich Brockhaus. — Druck und Verlag von F. A. Brockhaus in Leipzig.

Das Pfennig-Magazin

für Verbreitung gemeinnütziger Kenntnisse.

400.]   Erscheint jeden Sonnabend.   **[November 28, 1840.**

Virgilius.

Publius Virgilius Maro, der größte römische Dichter in den Gattungen des Hirtengedichts oder der Idylle, des Lehrgedichts und des Heldengedichts oder Epos, ein Zeitgenosse und Freund des Horaz, wurde geboren um das Jahr 70 v. Chr. zu Andes, jetzt Pietola, einem zwei italienische Meilen von Mantua in Oberitalien gelegenen Flecken, bei welchem noch jetzt die berühmte Grotte Virgil's (la Grotta di Virgilio) gezeigt wird, welche Virgil sich bei seinen frühesten Versuchen in der Dichtkunst zu seinem einsamen Aufenthaltsorte gewählt haben soll. Hier besaß sein Vater ein kleines Landgut, welches er selbst bebaute. Die erste Bildung soll unser Dichter zu Cremona, die weitere dann zu Mailand und Neapel erhalten haben. Als sein Lehrer in der Epikureischen Philosophie wird ein gewisser Syro genannt. Nach der Besiegung der römischen republikanischen Partei des Brutus und Cassius wurden den Soldaten der Sieger Octavianus und Antonius zur Belohnung Ländereien zugetheilt; bei dieser Ländervertheilung verlor auch Virgil sein väterliches Erbe, obgleich weder er noch überhaupt die Bewohner der Gegend von Mantua mit dem nun besiegten Theile gemeinschaftliche Sache gemacht hatten. Um sein Besitzthum wieder zu erlangen, reiste daher Virgil um das Jahr 41 v. Chr. nach Rom und machte dort die Bekanntschaft des Asinius Pollio, des Mäcenas und anderer einflußreicher Männer, welche ihm durch ihre Empfehlung bei Octavian die Gewährung seines Gesuchs auswirkten. Doch vermochte Virgil wegen des Widerstandes des dermaligen Besitzers noch nicht, sich wirklich in den Besitz seines Gutes zu setzen, weshalb eine zweite Reise nach Rom nöthig wurde, nach welcher er endlich Das wiedererhielt, was ihm von Rechts wegen gehörte. In diese Zeit, in das 29. bis 34. Jahr seines Alters, fallen seine „Hirtengedichte", zehn liebliche Gesänge, nach dem Vorbilde des griechischen Sängers Theokrit gedichtet, bei denen der Dichter die Hirtenwelt zur Schilderung seiner eignen Verhältnisse und Empfindungen benutzt. In seinem 34. Jahre soll er auf Anregung des Mäcenas sein „Lehrgedicht über den Landbau" (Georgica) in vier Gesängen begonnen haben, von denen er die letzten in dem anmuthigen, von Gelehrsamkeit blühenden Neapel schrieb. Virgil's letztes und bedeutendstes Werk ist die „Äneide", ein Heldengedicht in 12 Gesängen, in welchem er oft das Lob des Kaisers Augustus preist, mit dem er selbst in freundschaftlicher Verbindung stand. In der Absicht, dieses noch unvollendete Gedicht, von dem man schon, da es kaum begonnen war, die außerordentlichsten Erwartungen hegte, vollends auszuarbeiten und zu feilen, zu welchem Geschäft er drei Jahre bestimmt hatte, beschloß er, sich nach Griechenland und Asien zu begeben. In Athen traf er den Kaiser Augustus, welcher eben auf der Rückkehr aus dem Orient, dessen Angelegenheiten er geordnet hatte, nach Rom begriffen war; Virgil änderte nun plötzlich seinen Plan und beschloß, zugleich mit Jenem zurückzukehren. Allein kaum war er in das Athen benachbarte Megara gekommen, so befiel ihn die Krankheit, die, durch die Fahrt zur See noch vermehrt, endlich zu Brundusium in Calabrien (nach Andern zu Tarent) wenige Tage nach seiner Ankunft daselbst seinem Leben ein Ende machte (im Jahre 19 v. Chr. und dem 52. seines Alters). Auf Augustus Befehl und dem wiederholt geäußerten Wunsche des Dichters gemäß wurde sein Leichnam nach Neapel gebracht und ganz nahe bei der Stadt an der Straße nach Puteoli beerdigt. Sein Grabstein erhielt die Aufschrift, die er sterbend selbst verfaßt hatte:

> Mantua hat mich gezeugt und geraubt Calabrien; jetzt nun
> Birgt mich Neapel; ich sang Fluren, die Helden, das Land.

Als Virgil seinen Tod nahe fühlte — so erzählen glaubwürdige Schriftsteller — befahl er seinen Freunden, die „Äneide" als ein noch unvollendetes, der Feile bedürftiges Werk den Flammen zu übergeben. Dieser sein letzter Wille blieb jedoch auf den Wunsch des Kaisers Augustus, der die Mit- und Nachwelt nicht eines so kostbaren Schatzes beraubt sehen wollte, unvollstreckt.

Virgil nimmt unter den Dichtern der Römer, neben Horaz den ersten Platz ein. Haben ihm auch bei seinen Dichtungen als Muster griechische Dichterwerke vorgeleuchtet, wie denn besonders seine Äneis eine durchgängige Nachbildung der Iliade Homer's ist, so ist er doch unübertrefflich in Schönheit und Angemessenheit des Ausdrucks und der Darstellung, wie in Pracht und Glätte der metrischen Form, sodaß er gleich sehr durch die freundlich-heitern Bilder aus dem Hirtenleben und durch die ebenso anmuthigen als belehrenden Schilderungen in seinem Gedichte von dem Landbau, als durch die glänzenden und erhabenen Gemälde seines Heldengedichtes fesselt. Wer von unsern Lesern die Meisterwerke unsers Dichters in deutscher Zunge zu lesen begehrt, den verweisen wir auf die Übersetzung unsers trefflichen Voß, der auch dieses edle Gewächs, wie so viele andere, von classischem Boden auf den unsern verpflanzte („Werke des Virgil", 3 Bände, 2. Aufl., Braunschweig 1821). Auch unser großer Schiller hat zwei Gesänge der Virgil'schen Äneis in seinen Gedichten übertragen.

Ein geistlicher Dieb.

Ein gewisser Theobald Frenzel, Student der katholischen Theologie, 28 Jahre alt, aus Medelsheim in Baiern gebürtig, erschien vor Kurzem vor den Assisen der Eure, wegen nicht weniger als 38 Diebstählen angeklagt. Jung schon kam er mittellos nach Frankreich; 1837 mußte er wegen eines Diebstahls den Elsaß verlassen und kam nach Evreux, wo er auf die Empfehlung eines Geistlichen in das Seminar eintrat. Hier wußte er seine Lasterhaftigkeit so gut zu verbergen, daß er sich die Liebe und Achtung seiner Lehrer erwarb und 1839 bei seinem Austritte aus dem Seminar die besten Zeugnisse erhielt.

Er begab sich nun nach Rom, stahl dort einem französischen Geistlichen sehr wichtige Papiere und kehrte, um der italienischen Policei zu entgehen, nach Frankreich zurück. Seine Heuchelei verschaffte ihm gastliche Aufnahme in dem Seminar zu Marseille, wo er aber ebenfalls wieder mehre Diebstähle beging.

Er entwich und ging nach Paris, wo er sich in die Missionsanstalt begab, da aber den Geistlichen traf, den er in Rom bestohlen hatte. Dieser wollte ihn verhaften lassen; der schlaue Frenzel entfloh aber und nach Evreux. Auf der Reise dahin stahl er einem Reisegefährten Wäsche aus dem Koffer. In Evreux trat er in das große Seminar und entwendete dem Ökonomen desselben mehre 1000 Francs. Der Diebstahl machte großes Aufsehen; Frenzel schien verlegen zu sein, der Verdacht fiel daher auf ihn; man durchsuchte seine Wohnung und fand das Geld. Ehe man ihn der Gerechtigkeit übergeben konnte, wußte er zu entkommen und begab sich wieder nach Paris, dann nach Nancy, wo er den Superior des Seminars ersuchte, ihm einen Wechsel von 1000 Francs — welcher falsch war — zu discontiren. Der Superior weigerte sich, ein Bankier der Stadt ließ sich aber betrügen.

Frenzel war durch diese und viele andere Diebstähle eine wahre Geißel der Seminare geworden und man zeigte ihn endlich der Policei an. Am 5. October vorigen Jahres wurde er in Hagenau verhaftet. Er suchte aus dem Gefängnisse zu entfliehen und man mußte ihn nach Strasburg bringen, wo es ihm wirklich gelang, seinen Hütern zu entweichen und über die Grenze zu kommen. Nach einem kurzen Aufenthalte in Deutschland erschien er wieder in Lyon, wo er seine ehemalige Industrie in allen Seminarien von Neuem fortsetzte. In mehren dergleichen erbrach und beraubte er die Kassen.

Als er Lyon verlassen mußte, begab er sich nochmals nach Evreux, wo er in einem Gasthause abstieg. Bald aber schlich er in das kleine Seminar, wo ihn seine ehemaligen Mitschüler im dritten Stockwerke erkannten. Das ganze Haus machte sogleich Jagd auf ihn, aber durch unbegreifliche Gewandtheit und Kühnheit entkam er doch, nachdem er trotz der kurzen Zeit zwei Diebstähle begangen hatte. Vor Tagesanbruche verließ er Evreux, wurde jedoch nach allen Richtungen hin verfolgt und auch wirklich ergriffen, als er eben nach Rouen abfahren wollte.

Er erschien vor den Assisen höchst elegant gekleidet und musterte die Anwesenden mit hochmüthigem Blicke. Sein Gesicht veränderte sich nicht im mindesten bei dem Anblicke der vielen Geistlichen, die theils als Zeugen, theils blos aus Neugierde zugegen waren, um zu sehen, wie die lange Reihe von Verbrechen endigen würde, deren sich Frenzel mit Hülfe der geistlichen Tracht und einer im hohen Maße frechen Heuchelei geſchuldig gemacht hatte.

Ohne einen Zug zu verändern, wußte er jeder Beſchuldigung irgend eine ſeltſame Behauptung entgegenzuſetzen; er ſprach mit der unglaublichſten Zungenfertigkeit und unterbrach den Präſidenten jeden Augenblick.

Die Geſchworenen ſprachen das Schuldig aus und Frenzel ſtellte ſich nun, als falle er in Ohnmacht. Die Gendarmen hoben ihn auf und er wurde von einem wirklichen oder ebenfalls erheuchelten Nervenleiden ergriffen, in welchem er laut aufſchrie.

Als er endlich den Ausſpruch des Gerichts hörte, das ihn zu 20jähriger Zwangsarbeit, zur Ausſtellung am Pranger und lebenslänglicher policeilicher Aufſicht verurtheilte, ſprach er einige unzuſammenhängende Worte, unter Anderm: „Ihr jungen Leute, laßt Euch mein Beiſpiel zur Warnung dienen. Es lebt ein rächender Gott!“ worauf er wiederum zu Boden ſank, ohne daß ſich aber ſeine Geſichtszüge veränderten. Ein kräftiger Gendarm mußte ihn aus dem Saale hinaustragen.

Die chineſiſchen Fahrzeuge.

Die Kriegsjunken der Chineſen ſind roſenroth oder gelb bemalt, nach dem Range der ſie befehligenden Mandarinen, ſehr gut gebaut und von raſchem Gange. Flaggen aller Farben ſchmücken das Hintertheil des Schiffs und flattern an der Spitze des Maſts; über den Flaggen des Hintertheils ſchwebt die Hauptflagge mit den Farben und Titeln der Mandarinen. Auf jeder Seite des Hintertheils befinden ſich zwei ungeheure Schiffslaternen aus Wachstaffent, mit den verſchiedenſten Farben bemalt; eine Reihe von Schildern auf jeder Seite dient den Ruderern zum Schutz und zur Vertheidigung. Die Zahl der Kanonen beträgt in der Regel 4—6, der Tonnengehalt bei denjenigen, die den Fluß Kanton beaufſichtigen, 60—70.

Auch die Handelsjunken zeichnen ſich durch die ſchönen chineſiſchen Farben aus (nur dürfen ſie keine der Mandarinenfarben führen), haben aber einen von den Kriegs- und Douanenjunken ganz verſchiedenen Bau. Das Hintertheil ſteht hoch, iſt ſehr hoch geladen und in eine unzählige Menge von Kammern abgetheilt; das Vordertheil iſt halbirt, um dem Anker Raum zu geben, und die Mitte des Schiffs iſt bisweilen 15—20 Fuß tiefer als die beiden Enden. Das Hintertheil dieſer Junken iſt zum Theil ſehr ſchön mit Malerei und Sculptur geziert. Gewöhnlich haben dieſe Schiffe drei Maſten und führen an jedem Maſt nur ein großes, aus Matten verfertigtes Segel. Ihre Geſchwindigkeit iſt in Folge ihres Baues, der nur für die Schiffahrt der Küſten und Flüſſe berechnet iſt, ſehr gering.

Der Herzog von Wellington und ſein Schild.

(Fortſetzung aus Nr. 395.)

Fig. 7. Die Schlacht bei Salamanca.

Als die engliſche Armee Badajoz bedrohte, eilte Marſchall Soult der Stadt ſchnell zu Hülfe und war von ihr nur noch zwei Tagemärſche entfernt, als er erfuhr, daß ſie zwei Tage zuvor gefallen ſei. Dieſe Nachricht war dem Marſchall, der ſie vernahm, als er eben bei Tafel ſaß, ſehr unwillkommen; er äußerte, wie man ſagt, ſeinen Verdruß dadurch, daß er alle in ſeinem Bereich befindlichen Teller und Schüſſeln zerbrach, und kehrte ſofort nach Sevilla zurück. Auch Marſchall Marmont, der Ciudad-Rodrigo eingeſchloſſen hatte, um zu Gunſten von Badajoz eine Diverſion zu machen, trat am Tage nach deſſen Fall ſeinen Rückzug an und marſchirte auf Salamanca. Wellington's erſtes Beſtreben ging nun dahin, die Communication dieſer beiden franzöſiſchen Heerführer zu unterbrechen, zu welchem Ende er ihre Werke und ihre Schiffbrücke über den Tajo bei Almaraz zerſtören ließ, eine Operation, welche Sir Rowland Hill (jetzt als Lord Hill Generaliſſimus der engliſchen Armee) mit Tapferkeit und Geſchicklichkeit ausführte. Hierauf rückte er in der Mitte des Juni gegen Salamanca, worauf ſich die Franzoſen über den Fluß Tormes, an dem die Stadt liegt, zurückzogen. Die Engländer rückten in die Stadt ein, eroberten mehre von den Feinden erbaute ſtarke Forts und verfolgten dann Marmont und ſein Corps bis zum Douro. Mittlerweile hatte der Marſchall anſehnliche Verſtärkungen erhalten, rückte daher wieder vorwärts und zwang den engliſchen Feldherrn zum Rückzuge. Nun begann zwiſchen beiden Feldherren ein glänzender Wettkampf in der Kriegskunſt, in welchem Beide alle Mittel derſelben entfalteten und mit vollendeter Geſchicklichkeit anwandten. Marmont's Abſicht war offenbar, die verbündeten Truppen von Salamanca und Ciudad-Rodrigo abzuſchneiden, nicht aber, eine Schlacht zu liefern, außer unter Umſtänden, die einen günſtigen Erfolg als faſt gewiß erſcheinen ließen; die Manoeuvres des franzöſiſchen Marſchalls wurden jedoch durch die correſpondirenden Bewegungen des engliſchen Feldherrn völlig vereitelt. Sechs Tage lang dauerte dieſes Spiel und die beiden großen Armeen marſchirten in parallelen Linien nebeneinander hin, oft keinen halben Kanonenſchuß voneinander entfernt, und jede auf eine günſtige Gelegenheit lauernd, um den Gegner auf einer Blöße zu ertappen.

Am Morgen des 22. Juli 1812 lehnte ſich die engliſche Armee mit ihrem linken Flügel an den Fluß Tormes, mit dem rechten aber auf zwei ſteile felſige Anhöhen, genannt los Arapiles; ihr gegenüber, aber durch einen dichten Wald gedeckt, ſtand der Feind. Um acht Uhr drang eine Colonne franzöſiſcher Soldaten aus dem Gehölz, rückte ſchnell vor und beſetzte den äußerſten und ausgedehnteſten dieſer beiden Hügel. Die Engländer beſetzten augenblicklich den andern. Marſchall Marmont ſammelte hinter den Arapilen eine anſehnliche Macht und begann ſeine Manoeuvres auf einer niedrigen Hügelreihe, etwa 3000 Fuß von ſeinen Gegnern entfernt. So verging der Vormittag; um zwei Uhr Nachmittags dehnte der Marſchall unter großem Getöſe, welches das Abfeuern ſeiner Artillerie und das Flintenfeuer einer großen Schar von Scharfſchützen verurſachte, ſchnell ſeinen linken Flügel aus und rückte vorwärts. Dieſe Bewegung bot dem engliſchen Feldherrn die lang erſehnte Gelegenheit zu einem Angriffe dar. Als er ſie erfuhr, ſaß er eben bei Tafel; er ſprang mit ſolcher Haſt auf, daß er den Tiſch umwarf und rief: „Marmont's guter Genius hat ihn verlaſſen“; im Nu ſaß er zu Pferde und ertheilte die Befehle, welche den Sieg bei Salamanca herbeiführten.

Die Franzoſen hatten ihren linken Flügel durch zu große Ausdehnung bedenklich geſchwächt. Wellington beſchloß daher drei gleichzeitige Angriffe auf dieſen Theil von Marmont's Armee: einen auf die Fronte, einen zweiten auf die vom Feinde beſetzten Arapilenhügel, einen dritten, um die Franzoſen nach den Höhen zurückzuwerfen. Zu dem erſten wurden die Diviſionen der Generale Leith und Cole und eine Abtheilung Cavalerie

*

commandirt, zu dem zweiten General Pack's Division mit zwei portugiesischen Regimentern, zu dem dritten die Division unter Pakenham mit etwas Reiterei. Pakenham's Corps überfiel den Feind unversehens und warf ihn in Unordnung zurück; die Cavalerie hieb ein und richtete unter den in Verwirrung gesetzten Infanteriemassen ein großes Blutbad an. Der Angriff auf die Fronte war ebenso glücklich; die britischen Truppen lagen auf dem Boden ausgestreckt, um die Wirkungen der heftigen Kanonade zu vermeiden, der sie seit einer Stunde ausgesetzt waren, als der willkommene Befehl zum Vorrücken kam. Die Franzosen wurden von einer Höhe zur andern getrieben und eine große Menge von ihnen gefangen genommen. Aber bald erlitten die Engländer eine Schlappe, denn in Folge des fehlgeschlagenen Angriffs von Pack's Division auf die Arapilen sah sich der Feind in den Stand gesetzt, nach der bedrängten Fronte Truppen zu senden. Cole's Division war genöthigt, nach einem blutigen Kampfe, in welchem ihr General verwundet wurde, zu weichen. Aber die Schnelligkeit des Feldmarschalls Beresford und die willkommene Hülfe einer frischen, in Reserve gehaltenen Division stellte das Glück der Briten her. Des Feindes rechter Flügel, verstärkt durch die Truppen, die von seinem linken geflohen waren, und durch diejenigen, welche sich von den Arapilen zurückgezogen

hatten, widerstand noch immer und formirte sich mit großer Schnelligkeit und Gewandtheit aufs neue; aber aller Widerstand war vergeblich. Auch diese Truppen wurden geworfen und flohen durch die Wälder nach dem Flusse Tormes zu, Reiterei, Fußvolk und Artillerie in bunter Mischung. Sie wurden lebhaft verfolgt, aber die Dunkelheit der Nacht war ihnen günstig, und unter ihrem Mantel entkamen Viele, denen sonst der Tod nur zu gewiß gewesen wäre.

Der Verlust in dieser Schlacht war auf beiden Seiten empfindlich, namentlich aber auf der der Franzosen. Außer den Todten und Verwundeten ließen sie 7000 Gefangene zurück und verloren elf Geschütze, zwei Adler und sechs Fahnen. Auf englischer Seite hatte man 5000 Todte und Verwundete; unter den Erstern war General Le Marchant, dessen Verlust Wellington als den eines trefflichen Offiziers bedauerte, unter den Letztern Marschall Beresford und andere Generale. Auf französischer Seite blieben drei Generale; Marschall Marmont selbst wurde schwer verwundet. Dieser Sieg bei Salamanca war der denkwürdigste und entscheidendste, den die Briten in der Halbinsel bisher erfochten hatten.

Fig. 8. Die Schlacht bei Vittoria.

Der Feldzug von 1813 ward unter für die britischen Waffen ausgezeichnet günstigen Aspecten eröffnet. Während des Winters waren bei den englischen Heeren Vorräthe aller Art und bedeutende Verstärkungen angekommen. Zugleich waren in der Equipirung und Verpflegung der Truppen manche wichtige Veränderungen vorgenommen worden. Die Infanterie, welche bei den Bivouacs von der Witterung so viel gelitten, erhielt jetzt Zelte, je drei die Compagnie; die schweren eisernen Feldkessel, die durch Lastthiere fortgeschafft werden mußten, wurden mit leichtern von Zinn vertauscht, welche die Soldaten selbst tragen konnten. Zugleich wurde große Sorgfalt auf Mannszucht und Organisation gewandt, um Unordnungen vorzubeugen, welche bei frühern Feldzügen sich ereignet und mehr als einmal die schärfsten Tadel des Obergenerals hervorgerufen hatten. Vor Monat Mai war man mit sämmtlichen Einrichtungen fertig und konnte sich des besten Erfolgs versehen.

Dagegen waren die Hoffnungen auf französischer Seite sehr geschwächt. Der für die Engländer so günstige Winter hatte für Napoleon so unerhörtes Misgeschick gebracht, daß keine Aussicht war, Ersatz dafür zu erhalten; wir meinen den unglücklichen Rückzug und die fast vollständige Vernichtung der in Rußland eingerückten großen Armee. Der enorme Verlust bewog ihn, Truppen aus Spanien zu ziehen, wiewol immer noch 140,000 Mann daselbst blieben.

Die Franzosen hatten noch Madrid inne, gingen

aber nun darauf aus, den Douro zur Vertheidigungslinie zu nehmen und sich selbst hinter diesem tiefen, reißenden Strom zu verschanzen. Daher zogen sie ihre Hauptmacht über den Fluß zurück und errichteten Werke auf jedem angreifbaren Punkte seines rechten Ufers, alles Vertrauen auf eine so durch Natur und Kunst befestigte Position setzend, welche, wie sie meinten, eine tüchtige Schutzwehr wider das Anrücken der Engländer abgeben mußte. Aber dieser Plan ward durch die Operation des Lords Wellington völlig vereitelt. Denn anstatt daß er, wie die Franzosen vermutheten, mit seiner ganzen Armee nach dem linken Ufer des Douro vorgerückt wäre, ließ er den größten Theil der Armee unter Sir Thomas Graham in Portugal über diesen Fluß gehen, er selbst aber rückte nur mit wenigen Truppen auf dem geraden Wege nach Salamanca vorwärts. Die Franzosen befremdete diese Bewegung der verbündeten Armee nicht wenig. Als Sir Thomas Graham im Anmarsch war, verließen jene die Städte Toro und Zamora, und im Juni vereinigten sich die Alliirten auf dem rechten Ufer des Douro und hatten so den ersten großen Zweck ihres Feldzugs erreicht. So vom Douro vertrieben, versuchten jetzt die Franzosen eine Stellung hinter dem Ebro einzunehmen, bis sie von Norden her Verstärkungen erlangt hätten. Wellington aber befolgte die ihm bisher so günstigen taktischen Grundsätze und kam ihrem Plane zuvor, indem er den linken Flügel absandte, um den Übergang über den Ebro zu bewerkstelligen. Bald war die ganze alliirte Macht über den Fluß gegangen, und die Franzosen zogen sich nach Vittoria zurück, wo sie am 19. Juni Nachts eine Position im Angesichte der Stadt einnahmen. Hier besetzten sie in einer Ausdehnung von acht englischen Meilen die drei Hauptstraßen, welche von Vittoria ausgehen, und deckten auch

die Hauptstraße nach Bayonne, auf welcher sich unabsehbare Züge mit der letzten Beute nach Frankreich bewegten.

Am 20. Juni ließ Wellington seine Armee Halt machen, in der Absicht, seine Colonnen zu schließen, und fuhr fort, die feindlichen Stellungen zu recognosciren, um die Franzosen, dafern sie in denselben verharrten, den Morgen darauf anzugreifen. Beide Armeen waren fast gleich stark und jede zählte ungefähr zwischen 70 und 75,000 Mann.

Am 21. früh begann die Schlacht. Der rechte Flügel der britischen Armee unter Sir Rowland Hill ward abgeschickt zum Angriffe der Höhen von La Puebla. Sir Thomas Graham erhielt Ordre, mit dem linken Flügel den rechten der Franzosen zu umgehen und ihren Rückzug auf der Straße von Bayonne zu hindern; dabei war Wellington's Absicht, mit dem Centrum auf einmal auf die Stadt vorwärts zu drängen. Den Angriff begannen die Spanier unter Murillo's Leitung, und die französischen Truppen wurden nach kurzem Widerstand von La Puebla vertrieben. Hindernisse der Örtlichkeit verzögerten einige Zeit das Vorrücken der andern Colonnen an ihre angewiesenen Stellungen, aber endlich gingen sie an verschiedenen Punkten über die Zadorra, und dann rückte das britische Centrum vor, um die Anhöhen, auf welchen das der Franzosen gebildet war, anzugreifen. Der Feind verließ indeß seine Stellung im Thale, sobald er Lord Wellington's Disposition zum Angriffe derselben sah, und fing an, sich auf Vittoria zurückzuziehen. Die britischen Truppen begannen in bewundernswürdiger Ordnung vorzurücken, ungeachtet der höchst ungleiche Boden das Fortkommen erschwerte.

Zur nämlichen Zeit, als der rechte Flügel und das Centrum der britischen Armee den Feind auf die Stadt zurückwarf, machte die linke unter Sir Thomas Graham einen weiten Kreis und rückte gegen Vittoria auf der Hochstraße, welche von Bilbao dahin führt. Ein Theil seiner Truppen vertrieb den rechten Flügel des Feindes und nahm von einigen befestigten Anhöhen, welche das Dorf Gamarra-Mayor bedeckte, das daselbst die Brücke über die Zadorra beherrscht, Besitz. Dieses Dorf ward mit Sturm genommen, mitten unter Kanonen- und Musketenfeuer der Franzosen, welche jedoch dabei sehr litten und drei Kanonen einbüßten. Durch den erlangten Besitz dieses und eines andern Dorfes ward dem Feinde der Rückzug auf der Hochstraße von Bayonne abgeschnitten. Doch hatten sie noch auf der Höhe links der Zadorra zwei Divisionen Infanterie in Reserve, und es war dem Thomas Graham unmöglich, eher über die Brücke zu kommen, als bis die Truppen vom Centrum und dem rechten Flügel den Feind von Vittoria vertrieben hatten. Dies ward Abends um sechs Uhr bewerkstelligt; er ging nun über den Fluß, nahm Besitz von der Straße nach Bayonne und zwang die Franzosen, sich auf die, welche nach Pamplona führt, zurückzuziehen. Jetzt einigte sich die ganze Armee in Verfolgung des Feindes und die Niederlage der Franzosen war so vollständig, daß sie nicht einmal ihre Bagage und Artillerie mitnehmen konnten. Der Feind rettete (nach Wellington's Versicherung) nur eine Kanone und eine Haubitze, büßte aber auch jene noch ein, bevor er Pamplona erreichte. Nicht weniger als 151 Stück messingene Kanonen mit den Lafetten fielen in englische Hände; hiernächst 415 Pulverwagen mit 2 Millionen Patronen und über 40,000 Pfund Pulver. Die Verbündeten verloren 5000, die Franzosen an 8000 Mann. König Joseph, der Bruder Napoleon's, welchen dieser auf den Thron Spaniens erhoben, entging kaum der Gefangenschaft. Eben drang das zehnte Husarenregiment ein, als er aus der Stadt fuhr. Capitain Wyndham verfolgte ihn mit seiner Schwadron und feuerte auf den Wagen, sodaß er kaum Zeit hatte, sich aufs Pferd zu werfen und unter dem Schutz von einem Commando Dragoner davon zu galloppiren. Der Wagen mit allem seinen Tand und Königsornat fiel in die Hände der Verfolger; ebenso der kostbare Marschallsstab Jourdan's. Die Beute glich mehr der eines orientalischen als eines europäischen Heers, da der Usurpator alle Gegenstände des Luxus, dem er sich gekrönt, mit sich führte. Seine Garderobe, seine Küche, sein Weinkeller fielen in die Hände der Sieger, und da die französischen Offiziere seinem Beispiele gefolgt waren, so fand man die feinsten Weine, die ausgesuchtesten Leckerbissen im Überfluß. Auch viele Hunde, Papagaien und Affen wurden erbeutet; die Weiber der Offiziere aber, die sich in einem sichern Hause versammelt hatten, wurden in ihren eigenen Wagen nach Pamplona gesandt. Selten mag eine solche Scene der Verwirrung vorkommen, wie diejenige war, welche die vom Schlachtfelde hinwegführenden Wege darboten. Zerbrochene Wagen mit Claret und Champagner, andere mit Eßwaaren jeder Art, Branntweinfässer, Geldfässer, Bücher, Papiere, Schafe, Rindvieh, Pferde und Maulesel, dies Alles bildete ein buntes Durcheinander. Das Lager jeder englischen Division glich einem Jahrmarkte; von Wagen zu Wagen wurden Breter gelegt und die Soldaten hielten hier während der Nacht eine Versteigerung der erbeuteten Gegenstände. Selbst Piaster wurden verhandelt, da sie zu schwer waren, um sie in großer Zahl fortzubringen; man bot acht derselben für eine Guinee. Auch die Bewohner von Vittoria erhielten ihren Theil an der Beute, und so entschädigten sie sich wenigstens theilweise für die Verluste, die sie durch die Brandschatzungen des Feindes erlitten hatten.

(Beschluß folgt.)

John Davidson.

Das letzte Opfer des Entdeckungseifers, der nach so vielen unglücklichen Versuchen Europäer immer wieder aufs neue durch die Wüste Sahara in das Innere von Afrika treibt, war der Engländer John Davidson, von dessen kühnen und muthigen Hoffnungen, unerschütterlichem Eifer, schweren physischen Leiden und Entbehrungen und zu früh erfolgtem Tode wir jetzt durch die von seiner Familie freilich nur für seine Freunde herausgegebenen „Notes taken during travels in Africa. By the late John Davidson etc." genauer unterrichtet werden. Leider sind die Papiere, welche der unglückliche Reisende zur Zeit seiner Ermordung bei sich hatte, verloren gegangen, und damit nicht blos die Nachrichten von einer dreißigtägigen Reise durch die Wüste, sondern auch viele von denen, welche er während eines siebenmonatlichen Aufenthalts in Wad Nun, hart an der Grenze der Sahara, eingezogen hatte, unter einem Völkchen, das gewiß zu den merkwürdigsten der Erde gehört. Diese Unvollständigkeit des sonst so interessanten Reisetagebuchs hat wol die Familie des Reisenden bewogen, dasselbe dem größern Publicum vorzuenthalten.

Nachdem Hr. Davidson in Gibraltar drei Monate auf ein Schreiben von dem Hofe von Marokko gewartet und endlich ein solches von des Sultans eigner Hand erhalten hatte, worin derselbe ihn in den schmeichelhaftesten Ausdrücken einlud, seine Staaten und seine Residenz unverweilt zu besuchen, brach er im December 1835 von Gibraltar auf. Auf seinem Wege von Tanger landeinwärts wurde er durch Ruinen wie die von Stonehenge bei Salisbury überrascht; wichtiger aber sind die römischer und punischer Architektur, mit denen das nordwestliche Afrika, nach seinem Ausdrucke, wie kein anderes Land der Erde bedeckt ist. Unter denen, welche er auf seinem Wege bemerkte, befanden sich auch die Überreste eines Amphitheaters, etwas südlich von der Stadt Meshra el Koweid. Ein merkwürdiges Beispiel von dem Glückswechsel, dem der Mensch unter despotischer Verfassung unterworfen ist, stellt er an dem Statthalter von Mazagan auf. Derselbe war früher Fischer, hatte als solcher Gelegenheit, dem Kaiser, der sich damals noch in bedrängten Umständen befand, eine Summe Geldes zu leihen, und dieser machte ihn nach seiner Thronbesteigung für diese Wohlthat zum Statthalter von Mazagan, eine Geschichte, welche an die von Darius und dem Griechen erinnert, der für ein dem persischen Edelmann zufällig in Ägypten gemachtes Geschenk von dem Könige später königlich belohnt wurde.

Was in der Hauptstadt, wo er sehr glänzend empfangen und mit Auszeichnung behandelt wurde, ihm vorzugsweise Achtung verschaffte, war sein Charakter als Arzt. Der erste Minister, bei dem er am Tage nach seiner Ankunft seine erste Audienz hatte, sprach mit ihm über nichts so viel und so angelegentlich als über medicinische und chirurgische Gegenstände, und zeigte selbst zu Davidson's Verwunderung für einen Marokkaner nicht unbedeutende Kenntnisse darin, indem er mit mehren medicinischen Hauptwerken, sowie mit verschiedenen Heilmethoden fremder Länder bekannt war. Nach beendigter Audienz mußte der Reisende eine Diagnose über den Gesundheitszustand der beiden schwarzen Frauen des Premierministers anstellen. Doch blieb dieser Ruf nicht ohne Neid bei den dortigen Männern von Fach, und schon am folgenden Tage kam Hakum Baschi, der oberste Arzt der Stadt, zu ihm, um ihn einer Prüfung zu unterwerfen, die darin bestehen sollte, daß er ihn nach dem Namen und dem Gebrauch einer Menge mitgebrachter Blätter von Pflanzen und Bäumen fragen wollte. Der Engländer wußte den Alten jedoch bald zur Ruhe zu bringen. An diesem Tage wurden Hrn. Davidson auch auf Befehl des Sultans die in den innern Hofräumen mit Soldaten angefüllten kaiserlichen Paläste, sowie die damit verbundenen Gärten, Wasserleitungen, Haine, Laubgänge und sonstigen Anlagen gezeigt, ohne daß er jedoch von dem Herrscher selbst schon empfangen worden wäre. Dies geschah erst am folgenden Tage. Als der englische Reisende seine Anrede an den Sultan vollendet hatte, bat ihn dieser sogleich, ihm nach dem Puls zu fühlen und gab dann seinen Leuten Befehl, ihn in dem Garten umherzuführen, wo in den Gängen allenthalben Tische mit Backwerk, Früchten und Blumen für ihn aufgestellt waren. Körbe mit Früchten und Süßigkeiten wurden ihm aus dem Palaste auch in seine Wohnung zugesandt und ein besonderer Befehl erlassen, daß alles von ihm in der Stadt Ausgegebene ihm wiedererstattet werden solle; wer künftig noch Geld von ihm nähme, sollte seine Hand verlieren, und wer ihn beleidige, dem sollten die Zähne ausgerissen werden. Das glänzendste Geschenk, welches Hr. Davidson von dem Kaiser erhielt, war ein schönes Pferd, das ihn indeß durch die Leichtigkeit, mit welcher sich Elektricität aus seinem Felle entwickelte, in einige Verlegenheit setzte. Es gibt hier aber noch eine weit merkwürdigere Art Pferde, von der unserm Reisenden selbst ein Exemplar zu Gesicht kam, „die Windtrinker der Wüste", wie sie genannt werden. Sie werden für die Straußenjagd gebraucht, können mit Windesschnelle ungeheure Strecken zurücklegen und werden blos alle drei bis vier Tage einmal gefüttert. Sie erhalten dann einen großen Eimer voll Kameelmilch, die ihr einziges Futter ausmacht. Das Thier, welches Hr. Davidson sah, war von eisengrauer Farbe, hatte eher schwer als leicht gebaute Beine, aber einen sehr zierlichen Leib.

Am 17. Februar 1836 verließ Hr. Davidson Marokko wieder, ungeachtet der inständigen Bitten des Sultans, dort zu bleiben und unter seinem Volke Heilkunde zu üben und zu lehren. Er nahm seine Richtung südlich in die Gebirge, um die Städte der Juden zu besuchen. An diesen fand er ein äußerst munteres und lebenslustiges Völkchen, das ihn mit vieler Gastfreundschaft aufnahm und durch Sittenfreiheit und gesellige Fröhlichkeit sich merklich von allen andern Juden unterschied. Von der Gegend, in welcher Leo Africanus die ausgedehnten Ruinen der alten Stadt Aghmat besuchte, spricht unser Reisender mit dem größten Entzücken, ungeachtet er dieselbe nur mitten im Winter sah. Lebensmittel waren im Überflusse vorhanden und von beispielloser Wohlfeilheit. Bei seiner Ankunft in der Stadt Trasermut wurden ihm zu seiner und seiner Begleiter Verpflegung 300 Stück Geflügel und 10 Schafe geliefert. Seine Absicht war, gerade über den Atlas zu gehen; allein in einer Höhe von 5000 Fuß fand er den Schnee schon so angehäuft, daß er seinen Plan ändern und zu den Städten der Juden zurückkehren mußte. Er sah bei dieser Gelegenheit, indem er sich der Küste zuwandte, Mogadore, wahrscheinlich in Folge ihres Verkehrs mit Europa die blühendste, reichste und civilisirteste Stadt des ganzen marokkanischen Reichs. Herrn Davidson's Unternehmen wurde hier in dem ungünstigsten Lichte dargestellt, theils als bloße Auskundschaftung des Landes, theils als ein Versuch, sich persönlich durch Aufkauf von Gold in Sudan zu bereichern. Der Eintausch dieses Metalls geschieht dort bekanntlich meist gegen Salz, einen Artikel, der daselbst so hoch im Preise steht, daß für ein kaum zwei Fuß großes Stück ein Mensch gegeben wird. Der Reisende kaufte zu Mogadore für acht Thaler drei sogenannte Schlangensteine, wahrscheinlich Bezoare, die dort oft außerordentlich hoch bezahlt werden, indem man sich ihrer gegen den Biß giftiger Thiere und bei andern Verletzungen als eines Heilmittels bedient.

Über Agadir ging Hr. Davidson hierauf nach Wad Nun. Das Land, durch vier Reihen Kalksteinhügel gegen die Wüste geschützt, ist, nach seiner Beschreibung, vollständig angebaut und von großer Fruchtbarkeit. Getreide trägt hundertfältig, indem die meisten Körner vier Halme, manche auch wol fünf treiben. Die Bewohner sind ein schöner Menschenschlag, schlank von Wuchs, nicht ganz schwarz, von lockigem Haar, schönen Augen und schönen Zähnen. Ihre magern, aber schnellen Pferde reiten sie ohne Gebiß, blos mittels eines um Nase und Nacken gewundenen Stricks. Die Wohlhabendern besitzen auch gewöhnlich einige Wüstenpferde von der oben beschriebenen Art. Gegen die wenige Nahrung, von der diese Thiere bestehen, bildet die Lebensweise ihrer Herren einen auffallenden Contrast. Schlemmen und Nichtsthun sind hier zu Hause. Fünf Mal des Tags ißt man, die übrige Zeit bringt man mit Schlafen hin oder sitzt müßig vor der Hausthüre. Während auf diese Weise der aristokratische Theil der Bewohner, die Grundbesitzer, die durch höhern Muth und Kühnheit zur Herrschaft über die Übrigen gelangten, durch Völlerei und Trägheit sich zum Thiere entwürdigen, weder der Vergangenheit gedenkend, noch in die Zukunft blickend, ist der andere, niedere Theil der Bevölkerung der Sklaverei in ihrer abscheulichsten Gestalt unterworfen.

Als Hr. Davidson zu Wad Nun ankam, begann gerade die heiße, trockene Jahreszeit, die ungünstigste, um durch die Wüste zu reisen, und je weiter der Sommer vorrückte, desto mehr häuften sich die Schwierigkeiten des Unternehmens. Dazu kamen noch die ungünstigsten Nachrichten von Unruhen und innern Kriegen, die in den Ländern jenseit der Wüste ausgebrochen waren und in deren Folge die Kafilah, eine regelmäßig zwischen Wad Nun und Timbuktu gehende Karavane, auf ihrem Rückwege angefallen worden war und 13 Mann an Todten und viele Sklaven verloren hatte. Alles vereinigte sich demnach, den Aufbruch unsers Reisenden nach Timbuktu um einige Zeit zu verzögern. Dieser verlängerte Aufenthalt in Wad Nun war aber zugleich mit den größten Entbehrungen und physischen Qualen für ihn verknüpft. Wenn er über unauslöschlichen Durst klagt und gesteht, daß er für einen einzigen Schluck Bier gern einen Thaler gegeben hätte, so finden wir dies von einem Europäer unter so glühender Sonne nur zu natürlich; wenn er aber hierzu auch noch die Qualen des Hungers duldete, oft mehre Tage lang ohne einen Bissen Nahrung zubrachte, so erscheint uns dies etwas unerklärlich nach Dem, was der Reisende zuvor über die Schlemmerei der Einwohner, sowie über die Fruchtbarkeit und die Hülfsquellen eines Landes mitgetheilt hat, in welchem man wol Güter mit einem Besitzstande von 40,000 Stück Vieh und 1000 Kameelen findet, welche letztere beständig in Karavanenzügen zwischen Wad Nun und Sudan unterwegs sind.

Hrn. Davidson's Tagebuch schließt noch während seines Aufenthalts zu Wad Nun. Die übrigen Nachrichten über seine fernere Reise und über seinen Tod sind seinen Briefen und denen des britischen Consuls Willshire zu Mogadore entnommen. Nach einem siebenmonatlichen Aufenthalte beschloß der Reisende endlich, nicht länger zu zögern, sondern, ohne selbst die Rückkehr der Kafilah, welche im September erfolgen sollte, abzuwarten, mit einem erfahrenen Führer, der die Reise nach Timbuktu einst in 25 Tagen zurückgelegt hatte, durch die Wüste zu reiten. Allein den Galopp des Maherry oder schnellen Dromedars vermag auf eine weite Strecke Niemand als nur der Eingeborene der Wüste auszuhalten. Hr. Davidson sah sich daher genöthigt, sein Vorhaben aufzugeben, und wartete in Veist, 40 Meilen südöstlich von Wad Nun, am Rande der Wüste auf die Kafilah, in deren Gefolge er am 17. November wieder aufbrach. Anfangs scheint es jedoch nicht seine Absicht gewesen zu sein, die Karavane zu begleiten, sondern auf einem kürzern Wege über Arawan Timbuktu in 35 Tagen zu erreichen. Bald änderte er aber dieses Vorhaben und folgte der Kafilah auf ihrem ostwärts gerichteten Umwege. Am 18. Tage der Reise, vier oder fünf Tagemärsche jenseit Tatta, wurde er ausgeplündert, und 10 Tage später, als er noch nicht die Hälfte des Wegs nach Timbuktu zurückgelegt hatte, von einem wilden Haufen, der schon seit längerer Zeit seine Schritte belauert hatte, überfallen, niedergeschossen und seines Eigenthums beraubt. Dies geschah in dem Bezirke von Eguedea, 10 Tagereisen von Taudeny, also noch nicht auf dem halben Wege nach Timbuktu. Seinen Reisegefährten, Abu Bekr, der aus Timbuktu gebürtig war, ließen die Räuber unverletzt von dannen ziehen; da aber auch von ihm jede weitere Spur verschwunden ist, so scheint er seine Heimat nicht lebend erreicht zu haben.

Seltsame Art, die Küche mit Wildpret zu versorgen.

Als der treffliche französische Geschichtschreiber Jacob August de Thou auf seinen Reisen nach Mende zum Bischof Adam Hurtaloup kam, ward er von diesem aufs leutseligste und gastfreiste aufgenommen. Die Freuden der Tafel wurden nicht verabsäumt, und es fehlte so wenig an dem besten Wein als an dem delicatesten Wildpret. Nur nahm es de Thou und seine Gefährten Wunder, daß die aufgetragenen Gerichte letzterer Art selten vollständig, vielmehr bald am Kopfe, bald an Flügeln, Bug oder Hintertheil verstümmelt waren. „Herr Bischof" — hub er endlich in seiner freimüthig freundlichen Weise an, „Ihr bewirthet uns so reichlich und köstlich, daß ich mich kaum erinnere, irgendwo es besser angetroffen zu haben; aber entschuldigt, wenn ich eine einzige Ausstellung mache, daß alle diese Leckerbissen defecten Büchern gleichen, wo man eben zu lesen aufhören muß, wenn die Geschichte recht interessant zu werden beginnt!" Darauf begann der Bischof laut zu lachen, und versicherte, daß daran die Naschhaftigkeit seines Lieferanten Schuld wäre, der nun einmal von dieser Unart nicht lassen könnte, und den er nichtsdestoweniger lieb und werth halte. Auf weiter gehaltene Nachfrage gab er dann folgenden Bescheid. „Wir haben hier Überfluß an Thälern; dabei aber Berge, die sich sehen lassen können. In diesen pflegen häufig Adler zu nisten, aber meist in unzugänglichen Horsten, wo man am Ende mit dem Klettern nicht fortkommt, sondern Eisenklammern eingeschlagen und Leitern an Leitern gebunden werden müssen. Die Hirten dieser Gegenden fielen vermöge ihrer Spürkraft auf die Idee, mit jenen luftigen Gesellen zu theilen. Sie flechten sich eine Art Hürden, um vor ihren Klauen und Schnäbeln sicher zu sein, und erlauern nun die Gelegenheit, wenn das Weibchen dieses Raubvogels (indem das Männchen an drei Monate allein im Neste bleibt) mit Beute beladen zu den hungrigen Jungen geflogen kommt. Hier werden nun Kapaunen, Hühner, Gänse, Lämmer, junge Ziegen, auch wol Spanferkel aus den Meierhöfen, und in noch größerer Menge Fasanen, Rebhühner, Waldhühner, wilde Gänse, Hasen und Geisböcke aus ebenen Gegenden hinzugebracht. Die Hirten begeben sich eilends zu diesen Horsten, nehmen das der jungen Brut Gebrachte hinweg und schieben ihr die Eingeweide ähnlicher Thiere, womit sie sich zuvor versehen haben, unter. Das Alles — bemerkte er weiter — kann jedoch nicht so schnell geschehen, daß nicht von Jung oder Alt in der Hast ein Theil schon verschlungen worden wäre, ehe sie zur wohlausgedachten Theilung gelangen. Daher kommt es, daß dieses Wildpret — obgleich höchst vollsaftig und an Wohlgeschmack mit dem auf dem Fleischmarkt gekauften nicht zu vergleichen — halb verstümmelt auf der Tafel erscheint. Wenn nun der Hirt merkt, daß die jungen Vögel flügge zu werden beginnen und gern den mütterlichen Adler länger mit Zubringung der ausgewählten Azung zu seinem Vortheile beschäftigt sehen möchte, so fesselt er wol jene mit einem Kettchen, damit die gute Gewohnheit fortgesetzt wird, so lange die Jungen das Nest zu hüten genöthigt sind. Vergißt endlich zuerst das Männchen, später das Weibchen die jungen Kostgänger über einer neuen gewonnenen Neigung oder aus Liebe zur Veränderung, so entfesselt der Hirt das abgemattete Thier oder nimmt es voll Mitleid nach Hause."

De Thou erblickte im Hofe dergleichen verlassene Kostgänger in Menge und ließ sich, um der Seltsamkeit willen, zu einem Horst begleiten, wo ein solcher gefesselter junger Adler auf Speise von oben harrte. Der Weg war ziemlich steil, und es kostete viel Anstrengung, an Ort und Stelle zu gelangen. Wirklich währte es nicht lange, so kam ein großes Adlerweibchen hinzugeflogen, und machte mit seinen mächtigen ausgebreiteten Fittichen Nacht am hellen Tage. Sie sahen, daß es einen prächtigen Fasan den mit aufgesperrtem Schnabel harrenden Jungen brachte, mußten sich aber, während das geschah, geschwind niederducken, der Gewalt des Flugs auszuweichen; denn man hat Beispiele gehabt, daß von Knaben, welche dergleichen Horste ausspüren mußten, einer oder der andere bei unvorsichtiger Annäherung mit den Klauen zerrissen oder doch schwer verwundet worden ist. Dieser Aushülfe bediente sich also der Bischof bei seiner Wirthschaft und versicherte seinem edeln Gaste, daß er drei bis vier dergleichen aus dem Stegreife errichtete, immer sich erneuernde Fleisch-Magazine sich beinahe aufs ganze Jahr zu verproviantiren vermöchte.

Benutzung der Luft der Pferdeställe.

Die Luft der Viehställe, namentlich der Pferdeställe, kann man gleichzeitig reinigen und benutzen, wenn man in ihnen Schalen oder Scherben mit verdünnter Säure, z. B. Salzsäure, aufstellt. Diese saugt nämlich das durch Fäulniß thierischer Excremente sich bildende Ammoniak ein, das sehr nachtheilig wirkt, besonders auf die Augen der Pferde, und verwandelt sich in Ammoniaksalz, dieses oder das liefert ein kräftiges Düngungsmittel, kann auch nach vorgängiger Reinigung anderweit benutzt werden. Ställe, in denen früher ein starker Ammoniakgeruch verbreitet war, können von demselben durch jenes Mittel in kurzer Zeit völlig befreit werden.

Verantwortlicher Herausgeber: Friedrich Brockhaus. — Druck und Verlag von F. A. Brockhaus in Leipzig.

Das Pfennig-Magazin
für Verbreitung gemeinnütziger Kenntnisse.

401.] Erscheint jeden Sonnabend. [**December 5, 1840.**

Constantine.

Nach der Hauptstadt Algier selbst ist Constantine die wichtigste Stadt in Algérien oder der sogenannten Regentschaft Algier. Unter dem Namen Cirta war sie ehemals die Hauptstadt Numidiens, die Residenz des Königs Masinissa und seiner Nachfolger, und noch erinnern die Überreste alter Wasserleitungen an die Zeiten der Römer. Die Stadt ist auf einem steilen felsigen Hügel gebaut, den der Fluß Rummel auf drei Seiten umgibt, und vom Meere 18, von Bona 24, von Algier 36 deutsche Meilen entfernt; die Communication mit diesen Städten wird durch Gebirgspässe unterhalten, die nur mit großen Schwierigkeiten zu passiren sind. Auf dem Wege nach Algier befinden sich die sogenannten eisernen Thore, ein Paß, der senkrecht durch Felsen gehauen ist; etwa in der Mitte zwischen Constantine und Bona liegt Ghelma am Fluß Seybuß, welches den Zugang zur Hochebene von Constantine beherrscht. In den Besitz von Constantine und dem umliegenden Gebiete sind die Franzosen erst spät gekommen. Der Bey von Constantine, Achmed Bey, war der mächtigste unter den drei Beys, unter welche das Gebiet von Algier getheilt war, und sein Beylik nahm fast die Hälfte der ganzen Regentschaft ein. Mit Hülfe von europäischen Offizieren hatte er seine Armee sowol als die Festungswerke seiner Hauptstadt auf einen Achtung gebietenden Fuß gesetzt und bei der großen natürlichen Festigkeit der letztern war ihre Eroberung eine sehr schwierige Aufgabe. Im November 1836 unternahm Marschall Clauzel an der Spitze von 8000

Mann eine Expedition gegen Constantine, an welcher der Herzog von Nemours Theil nahm; er rückte von Bona aus am linken Ufer des Seybuß hin und hatte beim Übergang über die angeschwollenen Bergströme und beim Transport der Kanonen über den kleinen Atlas mit großen Schwierigkeiten zu kämpfen. Als er endlich auf der Hochebene von Constantine ankam, litt die Armee sehr durch die strenge Kälte und einen mehre Tage anhaltenden starken Schneefall, wodurch ein großer Theil derselben getödtet oder dienstunfähig gemacht wurde, und als man am 21. vor der Stadt selbst ankam, zeigte es sich, daß sie zu fest war und zu gut vertheidigt wurde, um ohne eine regelmäßige Belagerung, auf welche die Franzosen nicht vorbereitet waren, eingenommen werden zu können. Nachdem die Franzosen die Stadt drei Tage lang beschossen hatten, traten sie, hauptsächlich wegen Mangels an Lebensmitteln, den Rückzug an, wobei sie von den Arabern heftig verfolgt wurden. Im Ganzen hatte ihnen diese Expedition, bei welcher hauptsächlich darin gefehlt war, daß man sie so spät im Jahre unternommen hatte, 1500 Todte gekostet. Im nächsten Jahre wurde abermals und zwar mit besserm Erfolge eine Expedition unternommen, an welcher der Herzog von Nemours gleichfalls Theil nahm. Am 30. Sept. 1837 marschirte die französische Armee, diesmal von dem Generalgouverneur Grafen v. Damrémont commandirt, von Bona aus und am 13. Oct. wurde Constantine mit Sturm genommen, wobei aber der Oberfeldherr selbst durch eine Kanonenkugel getödtet wurde, wie denn überhaupt die Einnahme der Stadt von den Siegern theuer bezahlt werden mußte. An Damrémont's Stelle übernahm General Valée den Oberbefehl der Franzosen und vollendete die Einnahme der Stadt, wofür er mit dem Marschallsstabe belohnt wurde. Achmed Bey entkam glücklich, kurz bevor die Franzosen einrückten, und zog sich mit einem großen Theile seiner Streitkräfte ins Innere zurück.

Soldatenverbrauch Napoleon's.

Während der fast zehnjährigen Regierungszeit Napoleon's als Kaisers der Franzosen (18. Mai 1804 bis 3. April 1814) wurden ihm folgende Kriegerscharen durch Senatsbeschlüsse zur Verfügung gestellt:

Durch die Beschlüsse von	1805:	80,000 Mann
= = =	1807:	80,000 =
= = =	1808:	240,000 =
= = =	1809:	76,000 =
= = =	1810:	120,000 =
= = =	1811:	160,000 =
= = =	1812:	237,000 =
= = =	1813:	1,030,000 =
	zusammen	2,023,000 =

Dazu kommen: die Freiwilligen, die Departementalgarde, die im Jan. 1813 aufgebotenen, völlig bewaffneten 17,000 Mann Reiterei, und das zu Anfang des Jahres 1814 organisirte Aufgebot in Masse, das sich auf 143,000 Mann belief. Die Gesammtzahl der dem Kaiser der Franzosen zur Verfügung gestellten Krieger (bis zum Jahre 1814) läßt sich auf drei Millionen anschlagen. Von diesen waren 1814 802,600 Individuen theils im wirklichen Dienst befindlich, theils kriegsgefangen, theils kurz vorher verabschiedet, demnach mußten in den Kriegen des Kaiserreichs über zwei Millionen französische Soldaten geblieben sein.

Aberglaube in den Pyrenäen.

Trotz aller politischer Revolutionen haben sich die Sitten und Meinungen der Vorzeit bei den Bewohnern der Pyrenäen ziemlich wohl erhalten, und selbst der gewaltige Strom der Zeit, in dessen wirbelnden Strudeln alles Vergängliche untergehen muß, ist bis jetzt noch nicht im Stande gewesen, diese Überreste des grauen Alterthums zu zerstören. Indem wir einige derselben genauer anführen, dürfte unsern Lesern ebensowol Stoff zur Unterhaltung, als zum Nachdenken geboten werden.

Die Bewohner der Pyrenäen verehren noch heute in gewissem Grade Quellen, Seen und Flüsse, weshalb sie Münzen, Lebensmittel oder Kleidungsstücke hineinwerfen. Am Abend vor St.-Johannis waschen sie ihre Augen oder andere durch Krankheiten geschwächte Theile ihres Körpers mit Thau, und wer eine Hautkrankheit hat, wälzt sich in thaunassen Kornhaufen. Sie geben den Namen Loup-Garou (Währwolf) einem höchst wandelbaren Geiste, der in verschiedenen Gestalten, zuweilen als blendendweißer Hund, auf Kreuzwegen erscheint und Ketten schleppt, deren Gerassel schon von weitem hörbar ist. „Verlangst Du nach Reichthümern dieser Welt — sagt der Bearner — so verehre die Fee, welche in der Höhle unter der Eiche von Escout wohnt, lege hier einen Beutel nieder, rufe den Lenker des Schicksals an und entferne Dich wieder. Kehrst Du dann nach einigen Stunden zurück, so findest Du den Beutel mit Gold und Silber gefüllt."

Den so weit verbreiteten Glauben an Feen haben die Bewohner der Pyrenäen mit den Wallisern und Hochschotten gemein. Auch scheinen sie hinsichtlich gewisser Pflanzen mit den alten Gebräuchen der Druiden bekannt zu sein; erkrankt ein Kind, so ruft die Amme den Stengel einer Münzpflanze als die Gottheit an, welche Hülfe gewähren kann, bringt ihm ein Opfer von Brot und Salz, redet ihn in Person an und wiederholt die Ceremonie neun Mal. Die Pflanze stirbt, das Kind wird geheilt. Ebenso glauben die Bergbewohner auch, daß das Beisichtragen gewisser heiliger Pflanzen sie vor jedem Übel beschütze, z. B. Fenchel hält die bösen Geister ab.

In einigen Theilen der Hochpyrenäen findet man noch dunkle Erinnerungen an die Sagen des Mittelalters. Die Feen, Hados (fremde Wesen) genannt, spielen eine Hauptrolle in dem Volksglauben. Der Bauer glaubt, man sehe sie bisweilen tanzen, bald im geheimnißvollen Lichte des Mondes, bald auf den Gipfeln der Berge, bald auf alten Thürmen oder grünenden Wiesen. Blumen sprießen hervor, wo ihre Füße den Boden berühren; sie erregen oder besänftigen die Stürme nach ihrem Gefallen und überhäufen ihre eifrigen Verehrer mit Gütern aller Art.

In dem Thale von Barousse, das unter allen Pyrenäenthälern wol das am wenigsten bekannte ist, kommen die Feen in der Sylvesternacht in die Häuser ihrer Verehrer und bringen in ihrer rechten Hand das Glück in Gestalt eines blumenbekränzten, in ihrer linken Hand das Unglück in Gestalt eines weinenden Kindes. In einem reinlichen Zimmer richtet man ein Mahl für sie her; ein weißes Tuch bedeckt den Tisch, auf welchem ein Laib Brot, ein Messer, ein Krug Wasser oder Wein, ein Becher und ein Licht sich befinden. Derjenige, welcher diesen geisterhaften Wesen die beste Nahrung bietet, darf hoffen, seine Heerde vermehrt, seine Ernten gesegnet und seine theuersten Wünsche durch eine Heirath gekrönt zu sehen. Wehe hingegen Dem, der diese Artigkeit unterläßt; Feuer wird seine Wohnung verzehren, Hagel seine Ernten vernichten, wilde Thiere werden seine Heerde zerreißen, seine Kinder werden in der Wiege sterben. Am ersten Tage des Jahres nimmt der Vater oder sonst die älteste Person des Hauses das den Feen dargebotene Brot, bricht es, taucht es in das Wasser oder den Wein im Kruge und theilt es an die Familie und die Diener aus; dann wünscht man sich gegenseitig ein glückliches Jahr und genießt das Brot als Frühstück.

Bei den Bauern am Ufer der Garonne herrscht der Glaube, die Überschwemmungen des Stromes würden durch böse Geister veranlaßt, die in seinen Quellen baden, und nicht minder wären Regengüsse und Gewitter das Werk derselben. Wenn die blühende Ernte in den Thälern plötzlich durch Hagel vernichtet wird, sieht man ihn schwarzen Genius, einen bösen Geist, auf dem Gipfel eines benachbarten Berges, wie er aus seinen ungeheuern Flügeln die Hagelsteine schüttelt, welche die Hoffnungen des Landmanns zerstören. Unerwiesen ist die Annahme, daß dieser Aberglaube von den Arabern herstamme, da man ihn auch bei den Biscayern findet, deren Ursprung doch ohne allen Zweifel von den alten Iberiern hergeleitet werden muß. Uralt ist wol auch die im Süden herrschende Sitte, am Abend vor St.-Johannis auf allen Bergen Feuer anzuzünden; der Grund, weshalb man dies thut, ist unbekannt.

Als das Merkwürdigste verdient zuletzt noch ein Überrest des alten Sonnendienstes erwähnt zu werden. In einigen Districten versammelt sich, wenn der Schnee geschmolzen ist, das Volk vor Sonnenaufgang, ersteigt einen Berg, stellt sich im Kreise auf und harrt schweigend des Aufgangs der Sonne; bei ihrem Erscheinen fängt der Älteste in der Versammlung an zu beten, wobei die Übrigen still zuhören. Hierauf theilen die Hirten die Weiden und Sennhütten unter sich aus und bilden, ehe sie sich trennen, ihre Genossenschaften; jede Genossenschaft wählt sich ihren Anführer, und diese Auszeichnung wird stets dem Ältesten zu Theil, der nun der Vater oder der Alte genannt wird. Nach der Wahl treten diese Anführer zusammen und schwören, Gott zu lieben, Reisenden und Wanderern Beistand zu leisten, ihnen Milch und Feuer, sowie ihre Mäntel und Hütten anzubieten, die Quellen zu ehren und über ihre Heerden mit Sorgfalt zu wachen.

Zu bestimmen, in welchem Grade diese Überreste uralter religiöser Ceremonien aus dem Heidenthume ihren Ursprung entlehnen, und inwiefern späterhin das Christenthum sie verändert oder veredelt habe, das muß, wie interessant auch eine solche Untersuchung sein mag, billig den Alterthumsforschern überlassen bleiben.

Pierre Puget.

Pierre Puget, der sich als Schiffsbaumeister, Architekt, Maler und vorzüglich als Bildhauer einen bedeutenden Namen gemacht hat, wurde am 31. Oct. 1622 zu Marseille aus einer alten und angesehenen Familie der Provence geboren und hatte seine Ausbildung in den Künsten, denen er sich widmete, fast nur sich selbst zu danken. Schon im 15. Jahre erhielt er den Auftrag, den Bau einer Galeere zu leiten, deren Sculpturarbeiten er fast alle selbst ausführte. Zwei Jahre nachher schlug er ein, da ihm in seiner Geburtsstadt nichts mehr zu lernen übrig blieb, den Weg nach Italien ein und kam nach Florenz. Hier fand er bei einem kunstreichen Holzarbeiter Arbeit, welcher das Mobiliar des Großherzogs zu liefern hatte, und war anfangs mannichfachen Demüthigungen ausgesetzt, gewann aber endlich die Bewunderung seines Meisters. Aber sein Sinn stand nach der Malerei; er ging daher, 18 Jahre alt, von Florenz nach Rom, wo er sich dem Maler Cortone vorstellte, der ihn nach Besichtigung der mitgebrachten Arbeiten mit Zuvorkommenheit bei sich aufnahm und an seinen Arbeiten Theil nehmen ließ. Schon 1643 ging Puget, der sich nach seinen Ältern und seiner Heimat sehnte, nach Marseille zurück, ohne sich durch die glänzenden Anerbietungen des reichen Cortone, der ihn gern zu seinem Schwiegersohn gemacht hätte, halten zu lassen. Bald nachher berief ihn der Admiral, Herzog von Brézé, zu sich und trug ihm den Bau eines Kriegsschiffs auf, das er so prachtvoll als nur immer möglich verzieren sollte. Hier erfand Puget jene Construction des Hintertheils mit einer doppelten Reihe vorspringender Galerien und halberhabenen Figuren, die lange Zeit bei den Schiffen aller Nationen angewandt worden ist. Das von ihm erbaute Schiff, genannt die Königin, trug 60 Kanonen und wurde 1646 vollendet. Bei einer neuen Reise nach Rom, die er kurze Zeit nachher machte, bewirkte die aufmerksame Betrachtung der Gebäude des Alterthums bei ihm eine wahre Leidenschaft für die Architektur, die er fortan zu seinem Hauptberufe zu machen beschloß. Nach seiner Rückkehr nach Marseille im J. 1653 malte er zahlreiche Kirchenbilder, aber 1655 befiel ihn eine schwere Krankheit, worauf die Ärzte ihm den Rath ertheilten, der Malerei zu entsagen; von dieser Zeit an widmete er sich vorzugsweise der Bildhauerei in Marmor, ohne jedoch die Baukunst aufzugeben, und bereicherte nach und nach Toulon, Marseille und Genua, wo er mehre Jahre lebte, mit Schöpfungen seiner Kunst.

In Genua führte er ein glänzendes Leben, überhäuft mit Reichthum und Ehre, aber als Colbert ihn zurückrief, hörte er nur auf die Stimme seiner Vaterlandsliebe und kehrte sogleich nach Frankreich zurück, wo ihm ein weit bescheideneres Loos bereitet war. Er ging 1669 nach Toulon, wo er über die Verzierung der Schiffe gesetzt wurde, und vereinigte die Arbeiten seines Amts mit Ausführung wichtiger Bildwerke für mehre Kirchen, legte aber schon nach kurzer Zeit seine Stelle nieder und schlug seinen Wohnsitz wieder in seiner Geburtsstadt auf, wo er sich noch mehr als zuvor als Bildhauer und Architekt auszeichnete. Ein Haus, das er für sich selbst erbaute, und die Fischhalle, jetzt Puget-Halle genannt, legen noch jetzt für seine Geschicklichkeit Zeugniß ab. Außer den bildenden Künsten übte er auch die der Musik, indem er sang und mehre Instrumente spielte. Er starb in Marseille am 2. Dec. 1694 und war bis zuletzt unermüdlich thätig gewesen, um sich durch seine der Nachwelt überlieferten Werke an der Gleichgültigkeit seiner Zeitgenossen zu rächen.

Während seines Aufenthalts in Toulon hatte Puget von Colbert drei Marmorblöcke bekommen und die kolossale Gruppe des Milon, der von einem Löwen zerrissen wird, sowie ein großes Basrelief, Alexander und Diogenes vorstellend, zu meiseln angefangen. Die erstere Gruppe gerieth ihm vortrefflich und der Ausdruck des Schmerzes in den Zügen Milon's ist meisterhaft zu nennen; als sie in Versailles in Gegenwart des Königs Ludwig XIV. und seines Hofes ausgepackt wurde, soll die Königin Marie Therese, von dem Eindrucke des Kunstwerks mächtig ergriffen, mit dem Tone des innigsten Mitleids ausgerufen haben: „Der arme Mann!" Sehr zufrieden mit dieser Arbeit ließ der König durch Louvois den Künstler fragen, ob er nicht ein Seitenstück dazu liefern könne; Puget schlug die Gruppe der Andromeda vor, die auch wirklich von ihm ausgeführt, 1685 von dem Sohne des Künstlers überbracht und im Park von Versailles aufgestellt wurde. Aber Ludwig XIV., der den Künsten und Wissenschaften allerdings gern seinen Schutz gewährte, wiewol derselbe nicht viel kosten durfte und mit Schmeichelei vergolten werden mußte, war mit dem aller Schmeichelei fremden Künstler, der sich nicht einmal in Person bei ihm einfand, nicht zufrieden. Puget erhielt weder eine Belohnung noch eine sonstige Auszeichnung, kaum daß ihm der Marmor und die Kosten seiner Andromeda erstattet wurden, sodaß ihm für eine sechsjährige Arbeit fast gar nichts übrig blieb. Vergebens reclamirte der Künstler; ebenso vergeblich wandte er sich an den König wegen der ungerechten Behandlung der Stadt Marseille, die ihm die contractmäßig übertragene Bestellung einer Reiterstatue des Königs unter dem Vorwande einer Ersparniß von einigen tausend Livres entzog, welche ein namenloser Bildhauer weniger foderte.

Noch in seinem Alter war Puget jugendlich kräftig und die letzte Schöpfung seines Meisels war eins seiner schönsten Werke. Dies ist das in unserer Abbildung vergegenwärtigte Basrelief der Pest in Mailand, welches in Marseille in dem Saale des Gesundheitsraths aufgestellt ist. Zwar lebte Puget nicht lange genug, um die letzte Hand daran legen zu können, aber kaum bemerkt man, daß die Arbeit nicht ganz vollendet ist. Man findet hier alles Feuer und alle Bewegung vereinigt, die er dem Marmor jemals zu verleihen verstanden hatte; nie zuvor hatte er dem Stein mehr Geschmeidigkeit, einer dramatischen Scene mehr Wahrheit, dem Ausdrucke des Schmerzes mehr Kraft und Wirkung gegeben.

Die Pest in Mailand, nach einem Basrelief von Puget.

Orleans.

Die Stadt Orleans, von welcher die jetzt auf dem Throne sitzende Linie des Hauses Bourbon ihren Namen führt, ist die Hauptstadt des französischen Departements Loiret, in dem alten Krongebiete Orleans, 14 Meilen von Paris am rechten Ufer der durch einen Kanal mit der Seine verbundenen Loire zwischen Weingärten in sehr freundlicher Gegend gelegen. Sie ist mit Mauern umgeben und von alterthümlicher Bauart; ihre Gassen sind meist eng und krumm mit Ausnahme der Königsstraße und der regelmäßig gebauten pariser Vorstadt, zu welcher auch die schöne lange Straße gehört, die zu der prächtigen steinernen Loirebrücke führt. Die letztere hat 16 Bogen und wurde 1760 vollendet; auf derselben stand früher ein in der Revolution zerstörtes, später erneuertes metallenes Denkmal, König Karl VII. und die vor dem Kreuze knieende Jungfrau von Orleans darstellend, welche die Stadt am 8. Mai 1429 von den sie belagernden Engländern befreite. Noch jetzt wird der Jahrestag dieser Befreiung als ein Festtag gefeiert. Unter den zwei Kirchen ist insbesondere die herrliche, im gothischen Style erbaute, aus neuerer Zeit herrührende Domkirche zum heiligen Kreuz zu erwähnen, welche die Abbildung auf S. 389 vorstellt; andere merkwürdige Gebäude sind das Chatelet oder alte Residenzschloß der Herzoge von Orleans, das ehemalige Jesuitencollegium, die öffentliche Bibliothek, das Stadthaus, das Theater, die Münze, die Getreidehalle, die lange Mailbahn im Stadtgraben, der Justizpalast und das Haus der Agnes Sorel, der Geliebten des Königs Karl VII. Die Einwohner, deren Zahl nach der letzten Zählung 40,272 betrug, nähren sich hauptsächlich durch Handel und Industrie. Jener ist sehr blühend; Gegenstände desselben sind hauptsächlich Getreide, Wein (jährlich werden an 200,000 Fässer verführt) und Branntwein, der in Cognac, Saumur u. s. w. verfertigt wird. Die letztere umfaßt Strumpf-, Seiden-, Wollenzeug-, Baumwollengarn-, Papiertapeten-, Leinwand-, Stecknadel-, Stärke-, Fayence- und Porzellanfabrikation; auch sind hier viele Zuckerraffinerien vorhanden, deren Wichtigkeit indeß seit der Revolution sehr abgenommen hat. Sehr blühend war ehemals die 1312 von König Karl IV. errichtete Universität, an deren Stelle jetzt eine juristische Akademie getreten ist. Sonst ist von wissenschaftlichen Anstalten noch die bereits erwähnte öffentliche Bibliothek, welche über 36,000 Bände zählt, ferner ein Lyceum, das Kunstmuseum mit Alterthümern, das naturhistorische Museum, der botanische Garten und die königliche Gesellschaft der Wissenschaften und Künste zu nennen. Einen angenehmen Spaziergang gewähren die Wälle, welche mit Bäumen bepflanzt sind.

Zur Zeit der Römer stand an der Stelle des heutigen Orleans der Hauptort der Carnuten, von den alten Schriftstellern bald Gennabum bald Cenabum genannt; zu welcher Zeit und woher er den Namen civitas Aurelianorum erhalten habe, aus dem der Name Orleans offenbar entstanden ist, kann nicht ermittelt werden. Im J. 451 belagerte der Hunnenkönig Attila die von ihrem Bischofe muthig vertheidigte Stadt mehre Tage lang vergeblich; endlich gelang es ihm, ein Thor zu sprengen, durch welches seine wilden Horden eindrangen und sich eben der Plünderung halber zerstreut hatten, als in den Römern unter Aëtius und den Ostgothen unter Theodorich die ersehnten Befreier erschienen, welche die Hunnen bald aus der Stadt trieben, nachdem sie unter ihnen ein furchtbares Blutbad angerichtet. Zur Zeit der schwachen karolingischen Könige von Frankreich, denen ihre Großen übermächtig wurden, riß Hugo der Große, Graf von Paris, die Stadt mit ansehnlichem Gebiete an sich und würde dadurch der Krone empfindlichen Schaden zugefügt haben, wenn nicht sein Sohn selbst, Hugo Capet, Stifter einer neuen nach ihm benannten Dynastie, den französischen Thron bestiegen hätte. Bereits erwähnt ist die zweite Belagerung der Stadt im J. 1429, deren Ausgang für das Schicksal Frankreichs von großer Bedeutung war. Schon waren die Engländer im Besitze des größten Theils von Frankreich; nach sechsjährigem Kampfe sah sich König Karl VII., dessen Krone jene für ihren der Wiege noch nicht entwachsenen König Heinrich VI. in Anspruch nahmen, auf ein sehr kleines Gebiet beschränkt, zu welchem Orleans der Schlüssel war. Diese feste Stadt wurde schon seit 12. Oct. 1428 von den Engländern unter dem Grafen von Salisbury belagert und von dem tapfern Hancourt nur mühsam vertheidigt; sie schien ohne Rettung verloren zu sein, mit ihrem Falle aber wäre es um die Herrschaft des Hauses Valois geschehen gewesen. Der

Die Kathedrale von Orleans.

Aberglaube rettete Frankreich; ein begeistertes Mädchen, Jeanne d'Arc aus Dom-Remy, in der Geschichte unter dem Namen der Jungfrau von Orleans bekannt, flößte unter dem Vorgeben, vom Himmel selbst auf übernatürliche Weise den Ruf zur Befreiung von Orleans erhalten zu haben, ihre eigne Begeisterung den schon ganz muthlos gewordenen französischen Streitern ein, während derselbe Wunderglaube die feindlichen Scharen lähmte, und befreite durch kühne Ausfälle die bedrängte Stadt. Das Trauerspiel unsers unsterblichen Schiller, durch welches er jene Heldenjungfrau verewigt hat, ist bekanntlich eine der schönsten dramatischen Dichtungen, deren die deutsche Literatur sich rühmen kann. — Noch eine dritte Belagerung hatte Orleans während der Religionskriege zu erdulden, in denen es den Hugenotten als Waffenplatz diente. Der Herzog von Guise griff die Stadt 1563 an und hatte bereits die feste Vorstadt Porterau nebst der Brücke erobert, als durch den Dolch eines Meuchelmörders, des hugenottischen Edelmanns Jacques Poltrot de Meré, seinem Leben und zugleich dem Vordringen seiner Truppen ein Ziel gesetzt wurde.

Seit 1344 war Orleans ein Herzogthum und eine Pairie und im Besitze mehrer Prinzen des regierenden Hauses. Den Titel eines Herzogs von Orleans führte zuerst Philipp, fünfter Sohn des Königs Philipp VI. und Bruder des Königs Johann des Guten, dann seit 1392 der Bruder des Königs Karl VI., Ludwig (ermordet 1407), welcher das ältere Haus Orleans gründete, das mit seinem Enkel Ludwig XII. 1498 den Thron bestieg und 1589 mit König Heinrich III. in rechtmäßiger Linie erlosch. Später führte König Heinrich IV. zweiter Sohn, Gaston Johann Maria (gest. 1660), den Titel eines Herzogs von Orleans, nach ihm seit 1661 sein Brudersohn Philipp I., Bruder des Königs Ludwig XIV. Von Jenem stammt das jüngere Haus Orleans ab, in welchem nach der Reihe folgende Prinzen, und zwar immer der Sohn vom Vater, diesen Titel erbten: Philipp II. 1701, bekannt unter dem Namen des Regenten, Ludwig 1723, Ludwig Philipp 1752, Ludwig Philipp (Philipp Egalité) 1785, Ludwig Philipp (der jetzige König der Franzosen) 1793, Ferdinand 1830, deren Jeder sich vorher Herzog von Chartres genannt hatte.

Der Galvanismus.

Nachdem wir (in Nr. 373 fg.) eine gedrängte Übersicht der Erscheinungen der gewöhnlichen oder Reibungselektricität gegeben haben, liefern wir unserm Versprechen gemäß eine eben solche auch für die Berührungselektricität oder den Galvanismus, von dessen Wirkungen in diesen Blättern schon mehrfach die Rede gewesen ist, setzen aber vor der Hand die so wichtigen magnetischen Wirkungen bei Seite, da wir die Lehre vom Magnetismus später im Zusammenhange vorzutragen gedenken. Ohne Zweifel ist dem Galvanismus in den Künsten und Gewerben eine sehr bedeutende Rolle bestimmt, welche derjenigen des Dampfes an Wichtigkeit kaum nachstehen dürfte; um so dringender ist es für jeden Gebildeten nothwendig, sich eine tiefere Einsicht in das Wesen desselben zu verschaffen.

Erst seit etwa 50 Jahren weiß man, daß Elektricität nicht nur durch Reibung, sondern auch durch bloße Berührung hervorgebracht wird, und zwar vorzugsweise gerade durch Berührung solcher Körper, die am wenigsten geeignet sind, durch Reibung elektrisch zu werden, dafür aber die Elektricität am besten leiten, nämlich der Metalle. Den Namen Galvanismus erhielt diese Art von Elektricität von dem italienischen Arzte Galvani, Professor der Anatomie zu Bologna, der sie im J. 1790 zuerst entdeckte. Als er nämlich auf einem Zimmer, wo sich mehre enthäutete Frösche befanden, elektrische Versuche anstellte, bemerkte einer seiner Gehülfen, daß sich die Schenkelmuskeln eines Frosches, dessen Nerven er mit der Messerspitze zufällig berührte, beim Ausziehen eines Funkens aus dem Conductor einer entfernt stehenden Elektrisirmaschine convulsivisch zusammenzogen. Diese Erscheinung, welche Galvani sich nicht erklären konnte, wiewol sie an sich eben nichts Auffallendes und Überraschendes enthält, veranlaßte ihn zur Anstellung fernerer Versuche mit Froschpräparaten; im Verfolg derselben fand er, daß, wenn die Froschpräparate auf Metall, z. B. einer eisernen Scheibe, lagen und ein in das Rückenmark gesenkter Metalldraht mit jener Unterlage in Verbindung gesetzt wurde, sogleich Zusammenziehungen der Muskeln erfolgten. Diese schrieb er einer eigenthümlichen thierischen Elektricität zu und in der ersten Periode des Galvanismus (1790—1800) stellte man fast ausschließend Versuche mit Nerven enthaltenden thierischen Theilen, namentlich mit Muskeln kaltblütiger Thiere an. Inzwischen hatte der scharfsinnige Alexander Volta aus Como schon in den ersten Jahren die Hypothese Galvani's von einer eigenthümlichen thierischen Elektricität bestritten und bewies später, daß durch die Berührung zweier Metalle untereinander, sowie mit feuchten Körpern, Elektricität erzeugt werde, der thierische Körper aber in den erwähnten Versuchen nur als Leiter der Elektricität und seines Elektroskop (Elektricitätszeiger) diene. Im J. 1799 machte er seine höchst wichtige Entdeckung des verstärkten Galvanismus oder der Voltaischen Säule (Galvanischen Batterie) bekannt und setzte dadurch wegen der damit verbundenen überraschenden Erscheinungen alle Physiker in das größte Erstaunen.

Wenn zwei verschiedenartige Körper, welche zu den bessern Leitern der (gewöhnlichen) Elektricität gehören, z. B. Kupfer und Zink, miteinander in eine noch so kleine Berührung gebracht werden, so zeigen sie sich nach der Trennung, wenn beide (oder auch nur eine derselben) isolirt sind, z. B. an gläsernen Handgriffen oder an Siegellackstangen gehalten werden, entschieden elektrisch, und zwar der eine positiv, der andere negativ; in dem angegebenen Beispiele zeigt das Zink positive, das Kupfer negative Elektricität, die freilich so schwach ist, daß sie nur durch sehr feine Instrumente wahrgenommen werden kann. Zu den Körpern, welche hierzu eignen und Erreger (Elektromotoren) der ersten Classe genannt werden, gehören: 1) alle Metalle im rein metallischen Zustande, 2) alle Metalllegirungen, 3) alle Erze, 4) viele Metalloxyde, 5) die Kohle und mehre kohlenhaltige Körper. Das Zink wird mit allen diesen Körpern positiv, Graubraunsteinerz mit allen negativ elektrisch; alle andere Körper können sowol positiv als negativ elektrisch werden, jenachdem man sie mit dem einen oder dem andern der genannten Körper in Berührung bringt. In dieser Beziehung lassen sich alle gedachten Körper in einer solchen Reihenfolge aufzählen, daß jeder darin vorkommende Körper mit jedem vorausgehenden Körper negativ, mit jedem nachfolgenden positiv wird. Die wichtigsten Körper folgen so aufeinander: Graphit, Platin, Kohle, Bleiglanz, Gold, Quecksilber, Nickel, Silber, Arsenik, Spießglanz, Wismuth, Kobalt, Kupfer, Messing, Stahl, Eisen,

Zinn, Blei, Zink. Je weiter zwei Körper in dieser Reihe voneinander entfernt sind, desto stärker ist die Elektricität, die in jedem von ihnen durch die Berührung beider erregt wird. (So geben Silber und Zink eine stärkere Elektricität als Kupfer und Zink; dagegen wirken Platin und Eisen verbunden viel schwächer als Kupfer und Zink, woraus man sieht, daß es auf die Entfernung zweier Körper in der angeführten Reihe nicht allein ankommt.) Ist nur einer von beiden sich berührenden Körpern isolirt, so zeigt nach der Trennung nur der isolirte Elektricität. Außer den genannten Körpern (den trockenen Erregern) gibt es nun noch Erreger der zweiten Classe oder feuchte Erreger, wohin alle wasserhaltigen oder feuchten oxydirten Körper, ferner alle festen Theile der animalischen und vegetabilischen Körper und deren Säfte gehören. Durch Berührung dieser Körper mit den Erregern der ersten Classe wird ebenfalls Elektricität erregt, doch ist diese Art der Erregung in praktischer Hinsicht viel weniger wichtig, weshalb wir hier nicht weiter darauf eingehen; dagegen ist diese Classe von Körpern, wie wir sogleich sehen werden, deshalb sehr wichtig, weil sie die von den Erregern der ersten Classe erregte Elektricität fortleiten.

Zwei sich in Berührung befindende Erreger der ersten Classe bilden eine Kette, und zwar eine ungeschlossene, wenn sie außer der Berührung nicht weiter durch einen andern leitenden Körper verbunden sind. Sind mehre Erreger der ersten Classe in beliebiger Ordnung und Menge aufeinander geschichtet, sodaß sich die äußersten Glieder nicht berühren, so zeigen dieselben Elektricität von derselben Beschaffenheit und demselben Grade, als wenn die sie trennenden Körper gar nicht vorhanden wären. Eine geschlossene Kette wird dagegen erhalten, wenn zwei Erreger der ersten Classe miteinander in Berührung gebracht und außerdem durch einen feuchten Körper (einen Erreger der zweiten Classe) verbunden werden. Sobald eine solche Verbindung geschlossen ist, beginnt ein elektrischer oder Galvanischer Strom, der von dem negativen Erreger nach dem positiven, dann in den feuchten Leiter übergeht und so seinen Kreislauf unaufhörlich fortsetzt. Dieser Galvanische Strom äußert sich durch einen chemischen Proceß, welcher bei der angegebenen Anordnung der Kette darin besteht, daß die beiden Bestandtheile des Wassers, Sauerstoff und Wasserstoff, sich trennen und zwar jener an dem positiven, dieser an dem negativen Ende entwickelt wird. Man kann sich von diesem chemischen Processe sehr leicht durch folgenden einfachen Versuch überzeugen. Man tröpfle in ein Gefäß mit Wasser eine sehr geringe Menge Schwefelsäure und tauche dann eine Zink- und eine Kupferplatte so in das Wasser, daß sie sich oben berühren, so wird man an beiden Metallen kleine Luftbläschen zum Vorschein kommen sehen, indem das Kupfer den Wasserstoff, das Zink den Sauerstoff an sich zieht. Der chemische Proceß ist um so lebhafter, je besser der feuchte Leiter die Elektricität leitet und je stärker er auch außer der Kette auf einen der Erreger chemisch einwirkt, weshalb Säuren (verdünnte Schwefel-, Salpeter- oder Salzsäure) weit wirksamer als bloßes Wasser sind. Der positive Erreger kann eine verhältnißmäßig viel größere Menge des negativen in Galvanische Thätigkeit versetzen, wobei es jedoch nur auf die Größe der Berührungsfläche mit dem flüssigen Leiter, nicht auf die Masse ankommt. Eine scharfsinnige Anwendung hiervon hat Davy gemacht, um den Kupferbeschlag der Schiffe, welcher bestimmt ist, sie gegen Seewürmer zu sichern, gegen Oxydation (Grünspanbildung) zu schützen, durch welche das Seewasser jenen allmälig zerstört. Er schlug nämlich vor, an den Kupferbeschlag einen Zinnstreifen zu löthen, der nur $1/100$ von der Oberfläche jenes hat; indem nun die so vereinigten Metalle mit dem Seewasser in Berührung kommen, tritt ein Galvanischer Proceß ein, bei welchem nur das Zinn, weil es positiver als Kupfer ist, oxydirt oder mit Sauerstoff überzogen wird. Bei angestellten Versuchen hat sich ergeben, daß allerdings die Zerstörung des Kupfers auf diese Weise verhindert wird; dagegen zeigte sich ein anderer Übelstand, nämlich Pflanzen und Seethiere legten sich in weit größerer Menge als früher an den Schiffsbeschlag an, sodaß das Schiff in seinem Laufe gehemmt wurde, weshalb jenes so wirksame Mittel wieder aufgegeben werden mußte. Nach neuern Erfahrungen kann man indeß auch jenen Übelstand entfernen, wenn man Zink oder noch besser Gußeisen (dessen Oberfläche etwa $=1/150$ der Kupferoberfläche oder noch kleiner ist) an dem Kupferbeschlage befestigt; die Oberfläche des letztern bleibt dann hell, während sich dagegen ein erdiger Überzug bildet und Seegewächse ansetzen, wenn die Oberfläche des schützenden Metalls oder sogenannten Protectors größer ist. Auf ähnliche Weise kann man auch Eisen und Stahl durch Verbindung mit Zink gegen das Rosten schützen, welches letztere eben darin besteht, daß Sauerstoff aus der Luft angezogen wird und sich mit Eisen und Stahl verbindet; diese Methode ist neuerdings in Frankreich unter sehr verschiedenen Formen angewandt worden.

Der Galvanische Strom bringt nun in den Nerven der verschiedenen Sinnesorgane eigenthümliche Empfindungen hervor. Wie er auf das Geschmacksorgan wirkt, davon kann man sich durch einen überaus einfachen Versuch überzeugen, der schon längere Zeit vor der eigentlichen Erfindung des Galvanismus bekannt war. Nimmt man nämlich eine Silbermünze und eine kleine Zinkplatte, hält die eine über, die andere unter die Zunge und läßt beide sich berühren, so bemerkt man von dem Augenblicke an, wo diese Berührung beider Metalle erfolgt, einen auffallend säuerlichen Geschmack. Hält man nur das Zink an die Zunge, das Silber an einen andern mit dünner und feuchter Oberhaut versehenen Körpertheil, z. B. die Lippen, und läßt beide Metalle sich berühren, so bemerkt man denselben Geschmack; hält man aber umgekehrt das Silber an die Zunge und das Zink an einen andern Theil, so bemerkt man einen laugenhaften, aber weit schwächern Geschmack. Auf das Gefühl wirkt der Galvanismus durch stechende oder brennende Empfindungen in empfindlichen Körpertheilen, auf das Gesichtsorgan durch einen mehr oder weniger lebhaften Blitz.

Die meisten Galvanischen Wirkungen lassen sich außerordentlich verstärken, wenn man statt eines Paars von Metallen mehre Paare von Metallplatten braucht und durch feuchte Leiter verbindet; eine solche Vorrichtung heißt von ihrem Erfinder Volta eine Voltaische Säule, auch eine Galvanische Batterie, der erzeugte Galvanismus aber heißt verstärkter Galvanismus (auch Voltaismus). Die Plattenpaare (gewöhnlich von Zink und Kupfer) müssen so übereinander geschichtet werden, daß in jedem Paare dasselbe Metall, z. B. Zink, oben liegt; als feuchte Leiter dienen gewöhnlich Scheiben von Tuch oder Pappe, die mit Wasser oder besser noch einer salzigen oder sauren Flüssigkeit getränkt sind. Je stärker oder concentrirter die angewandte Säure (gewöhnlich verdünnte Schwefel- oder Salzsäure) oder Salzauflösung (von Kochsalz, Salmiak, Glaubersalz u. s. w.) ist, desto stärker ist der Galvanische Strom. Befindet sich die Säule auf einem isolirten Stativ und sind beide Enden nicht miteinander leitend verbunden, so zeigt das eine Ende (dasjenige, nach welchem zu die Zinkplatten liegen) positive, das andere (nach welchem zu sämmtliche Kupferplatten liegen) negative Elektricität; jenes heißt der positive, dieses der negative Pol. Ist nur ein Pol isolirt, der andere aber mit dem Erdboden in Verbindung, so zeigt der letztere keine Elektricität. Werden beide Pole miteinander durch einen Leiter, in der Regel durch einen Draht, welcher der Schließungsdraht heißt, verbunden, so ist die Säule geschlossen; ist nun jener die Enden derselben verbindende Leiter nicht ohne Unterbrechung fortgeführt, so treten die merkwürdigen, größtentheils bereits früher im Allgemeinen erwähnten, in chemischen, physiologischen, Licht- und Wärmeerscheinungen bestehenden Wirkungen der Galvanischen Thätigkeit ein. Bevor wir sie, wie sie sich bei der Voltaischen Säule zeigen, näher beschreiben, müssen wir über die Construction der letztern einige Bemerkungen hinzufügen.

Die Platten können rund oder viereckig, größer oder kleiner sein; je größer sie sind und je größer zugleich ihre Anzahl ist, desto größere Wirkungen bringen sie hervor. Im Allgemeinen geben nämlich z. B. 100 Plattenpaare eine 100 Mal stärkere Elektricität und überhaupt eine 100 Mal stärkere Wirkung als ein einziges Plattenpaar von gleicher Größe. Zur Unterstützung der Säulen sind hölzerne Gestelle mit hölzernen oder Glasstäben geeignet; um aber große Säulen aus mehren hundert Plattenpaaren zu errichten, — und man hat Säulen von 2000 Paaren construirt — muß man sie in mehre kleinere Säulen (jede etwa von 100 Plattenpaaren) theilen, welche durch Metallstreifen verbunden sind. Die Tuch- oder Pappscheiben dürfen nur mäßig angefeuchtet werden, damit nicht der Druck des obern Theils der Säule Flüssigkeit auspressen kann, wodurch die Stärke der Säule geschwächt wird. Statt der ursprünglichen verticalen Säulen kann man sich auch der horizontalen bedienen, die große Vortheile gewähren. In neuern Zeiten sind beide von den sogenannten Zellen- oder Trogapparaten ziemlich verdrängt worden. Die erstern bestehen in einem hölzernen Troge, welcher durch zusammengelöthete Zink- und Kupferplatten in einzelne Zellen getheilt ist, die mit einer sauren Flüssigkeit angefüllt werden. Verschieden von ihnen sind die Trogapparate, bestehend aus einem Troge (von Holz, Glas oder Steingut), der durch Zwischenwände in Zellen eingetheilt ist, in welche die Metallplatten erst beim Gebrauche eingetaucht und dann wieder herausgenommen werden. Die zusammengehörigen Platten jedes Plattenpaares sind nicht zusammengelöthet, sondern in zwei verschiedene aufeinanderfolgende Zellen eingetaucht und oben durch einen Metallbogen verbunden. Außer diesen hat man noch zahlreiche andere Apparate ausgedacht, Becher-, Kasten-, Kapsel-, Schüsselapparate u. s. w., von denen hier im Einzelnen nicht weiter die Rede sein kann. Bisher pflegte man alle Galvanischen Batterien aus Kupfer und Zink zu construiren; vor Kurzem hat aber der Engländer Roberts die Entdeckung gemacht, daß eine aus Zink und Eisen construirte Kette mit verdünnter Schwefelsäure, Salpetersäure, Kochsalzlösung und ähnlichen Flüssigkeiten einen ungleich stärkern Strom gibt, als eine Kette von Zink und Kupfer, Silber oder Platin, was für die Anwendung von Wichtigkeit ist, umsomehr als das Kupfer auch an Wohlfeilheit vom Eisen bei weitem übertroffen wird. Kurz zuvor hatte der Engländer Grove die Batterien aus Zink und Platin empfohlen, die auch in der That weit wirksamer als die bisherigen Zinkkupferbatterien sind. Eine Batterie dieser Art, welche Jacobi behufs der Anwendung der elektromagnetischen Kraft auf die Schiffahrt construirt hat, besteht aus 64 Plattenpaaren, jede Platte von 36 Quadratzoll Oberfläche; sie ist wahrscheinlich die mächtigste Batterie, die jemals construirt worden ist, und übertrifft an Wirksamkeit wol selbst den aus Zink und Kupfer construirten großen Trogapparat der Royal-Institution in London, aus 1000 Plattenpaaren von gleicher Oberfläche mit jenen bestehend. Nach Jacobi's Untersuchungen thut eine Säule mit sechs Quadratfuß Platinfläche dieselbe Wirkung, als eine Säule mit 100 Quadratfuß Kupferoberfläche.

(Fortsetzung folgt in Nr. 402.)

Miscellen.

Aus einer englischen Papierfabrik ging kürzlich ein Bogen Papier hervor, der über 1½ englische Meilen (⅓ geographische Meile) lang war und 553 Pfund wog. Ein Ries aus solchen Bogen würde 276,500 Pfund oder 2765 Centner wiegen; nebeneinander gelegt würden die Bogen eine Länge von etwa 160 geographischen Meilen geben.

Die Aufführung des Oratoriums Paulus von Mendelssohn-Bartholdy zu Wien in der kaiserlichen Winter-Reitschule am 7. Nov. v. J. (wiederholt 9. Nov.) war eine der brillantesten und großartigsten Musikaufführungen, welche je stattgefunden haben. Die Zahl der Mitwirkenden betrug 1027, worunter außer den Directoren und Solosängern 700 Chorsänger, nämlich 220 Soprane, 160 Altisten, 160 Tenoristen, 160 Bassisten, ferner 118 Violinen, 48 Bratschen, 41 Violoncellos, 25 Contrabässe, 12 Flöten, 12 Oboen, 12 Clarinetten, 12 Fagotts, 12 Hörner u. s. w. Zuhörer waren über 5000 zugegen; die Einnahme betrug über 5000 Fl. Conv.-M., die Unkosten werden auf 3000 Fl. angeschlagen.

In dem Verlage der Unterzeichneten ist erschienen:

Mährchen und Erzählungen für Kinder
von H. C. Andersen.
Mit 4 Kupfern. Velinpapier, in elegantem Umschlag cartonnirt. Preis: 1 Thlr. 8 Ggr.

Einer der geistreichsten Dichter Dänemarks gibt hier der deutschen Kinderwelt eine Sammlung von Mährchen, die zu den ansprechendsten und lieblichsten Erscheinungen gehören, welche in neuerer Zeit der Jugendwelt geboten sind. Diese Mährchen sollen und dürfen nicht zu den gewöhnlichen Erscheinungen gezählt werden; Kinderfreunde, die etwas Besseres als Geschenk für die Weihnachtszeit suchen, machen wir auf das Büchlein aufmerksam.

Robinson der Jüngere.
Ein Lesebuch für Kinder
von
J. H. Campe.
30. Auflage mit einem schönen Titelbilde sauber cartonnirt. Preis 18 gGr.
Braunschweig, den 1. October 1840.

Friedrich Vieweg und Sohn.

Das Pfennig-Magazin
für Verbreitung gemeinnütziger Kenntnisse.

402.] Erscheint jeden Sonnabend. [December 12, 1840.

Immanuel Kant.

Immanuel Kant, einer der ersten Denker aller Zeiten, der Schöpfer einer neuen philosophischen Richtung, wurde am 22. April 1724 zu Königsberg in Preußen geboren, wo sein Vater, ein frommer und rechtlicher Mann, Riemermeister war. Über sein Knaben- und Jünglingsalter ist wenig bekannt; er selbst sprach von jener Periode seines Lebens nur höchst selten. Den frühesten Elementarunterricht genoß er in der vorstädtischen Hospitalschule, nachher aber besuchte er das Collegium Fridericianum seiner Vaterstadt, welche Anstalt damals in dem besondern Rufe der Frömmigkeit stand. Hier knüpfte der junge Kant mit David Ruhnken, dem nachmaligen bekannten Gelehrten, das Band treuer Freundschaft; die beiden strebsamen Jünglinge verbanden sich zur gemeinschaftlichen Lecture der alten, besonders der lateinischen Schriftsteller, wobei Ruhnken als der vermögendere es über sich nahm, die besten Ausgaben herbeizuschaffen. Im J. 1740 bezog Kant die Universität seiner Vaterstadt und studirte daselbst vorzüglich allgemeine Wissenschaften; besonders wandte er seinen Eifer der Mathematik, Philosophie und den lateinischen Classikern zu, mit welchen letztern er noch in spätern Jahren vertraute Bekanntschaft verrieth. Nach beendeten Universitätsstudien nahm er eine Hauslehrerstelle bei einem Herrn von Hüllesen auf Arnsdorf bei Mohrungen an, in dessen Hause er neun Jahre lang blieb. Über dieses sein Hofmeisterleben pflegte er später zu scherzen und zu versichern, daß er wol der schlechteste Hofmeister von der Welt gewesen sei, da er sich nie auf die allerdings große Kunst verstanden habe, sich zu dem kindlichen Fassungsvermögen herabzulassen. Nach Königsberg zurückgekehrt, verwandte Kant einige Jahre dazu, sich zu einem akademischen Lehramte vorzubereiten; dann wurde er 1755

Magister und Privatdocent auf der Universität Königsberg, bei welcher er nun Vorträge über Logik und Metaphysik, Physik und Mathematik hielt. In den ersten Jahren seines Privatlehramts auf der Universität war der Erwerb durch seine Vorlesungen sehr klein, sodaß er über seinen Lebensunterhalt nicht selten in Verlegenheit gerieth; ja er sah sich damals sogar genöthigt, seine ansehnliche und gewählte Büchersammlung nach und nach zu veräußern, um seine dringendsten Bedürfnisse von dem Ertrage derselben zu bestreiten. Die zweite Inspectorstelle bei der königlichen Schloßbibliothek, die er im J. 1766 erhielt, gab er nach einigen Jahren wieder auf. Doch bald wurde sein König, Friedrich der Große, besonders auch durch die Schrift: „Die Theorie des Himmels", in welcher er sich als trefflichen Mathematiker und Naturphilosophen bewährte, aufmerksam auf den seltenen Mann; er trug ihm zu wiederholten Malen eine Professur zu Halle, endlich sogar mit dem Charakter eines geheimen Raths an; da aber Kant aus Liebe zu seiner Vaterstadt dieselbe ausschlug, sorgte er für seine baldige Anstellung als Professor in Königsberg. So erhielt denn Kant endlich im J. 1770 die ordentliche Professur der Mathematik, die er aber sehr bald gegen die der Logik und Metaphysik, Wissenschaften, mit denen sein Geist sich schon längst und unausgesetzt beschäftigt hatte, vertauschte. In dieser Stellung war nun Kant bis zum Jahre 1794 unermüdet thätig. Außer Logik und Metaphysik (Denk= und Erkenntnißlehre), bei deren Vortrage der Hörsaal die Zahl der Zuhörer nicht fassen konnte, trug er noch Physik, Naturrecht, Moral, philosophische Religionslehre, Anthropologie (Menschenkunde) und physische Geographie, sowie zuweilen Pädagogik vor, und zwar pflegte er dabei ganz frei zu sprechen; doch war sein Vortrag nicht ein auswendig gelernter, sondern ein immer neu gedachter Erguß seines Geistes, ja in seinen Vorlesungen über Moral wurde er selbst zum geistvollen Redner, dessen hinreißende Beredtsamkeit die an seinem Munde hangenden Zuhörer oft zu Thränen rührte und zum Vorsatze treuer Pflichterfüllung begeisterte. Überaus hochgeachtet und innig geliebt von der studirenden Jugend, war er auch ihr wahrhafter und warmer Freund und Beschützer. In diese Zeit seiner akademischen Thätigkeit fällt auch die Herausgabe seiner drei Hauptschriften (der „Kritik der reinen Vernunft", „Kritik der praktischen Vernunft" und „Kritik der Urtheilskraft"), in denen er die Hauptvermögen des menschlichen Geistes einer genauen und tief eindringenden Prüfung unterwarf. Im J. 1794 fand er sich genöthigt, von seiner akademischen Wirksamkeit sich zurückzuziehen, weil da die Schwäche des Alters anfing, auf Geist und Körper ihren lähmenden Einfluß zu äußern. In dieser Zurückgezogenheit nun verlebte er die letzten zehn Jahre seines Lebens bei zunehmender Schwäche; der Geist verlor seine Spannkraft, insbesondere sein sonst so treues Gedächtniß verließ ihn, sowie des Körpers Kraft abnahm, bis er endlich, an der Grenze der menschlichen Lebensdauer angelangt, im 80. Jahre, den 12. Februar 1804 verschied.

Betrachten wir Kant nach seiner geistigen Eigenthümlichkeit, so leuchtet uns gleich als die hervorstechendste Kraft seines Geistes sein durchdringender Verstand entgegen; mit tiefem Scharfblick zergliederte er Begriffe und zerlegte sie in ihre einfachsten Bestandtheile und Merkmale; sein spähendes geistiges Auge durchdrang alle Gebiete des Wissens. Daneben aber besaß er ein seltenes Sach= und Wortgedächtniß, das willig und treu die Schätze bewahrte, die ihm in so reichlicher Menge anvertraut wurden, nebst einer bewundernswerthen Einbildungskraft; er führte oft lange Stellen aus alten und neuen Schriften, besonders aus Dichtern (von neuern meist Hagedorn und Bürger), wörtlich an; einmal schilderte er in Gegenwart eines Herrn aus London die Westminsterbrücke nach ihrer Gestalt und Einrichtung, nach Länge, Breite und Höhe und den Maßbestimmungen aller einzelnen Theile so genau und lebhaft, daß Jener Kant fragte, wie lange er in London gelebt und ob er sich besonders der Architektur gewidmet habe, obgleich derselbe weder in seinem Leben die Grenzen Preußens überschritten (Kant kam nie weiter als bis Pillau, fünf Meilen von Königsberg), noch sich eigentlich je mit Architektur beschäftigt hatte. — Bei diesen zwei Haupteigenschaften seines Geistes, vermöge deren er Alles, worauf er seine Aufmerksamkeit richtete, leicht durchdrang und das Erfaßte treu festhielt, war Kant im eigentlichen Sinne des Wortes ein Universalgelehrter geworden; es gibt wol kaum einen Gegenstand aus dem Umfange sowol ernster Wissenschaften als des gemeinen Lebens, den er nicht alles Wissenswerthe sich zu eigen gemacht hätte. Die ganze classische Literatur der Griechen und Römer, besonders der Letztern, hatte er vollkommen inne; er besaß eine umfassende Kenntniß der Geschichte aller Völker und war bedeutend als Mathematiker, Physiker, Astronom; Chemie studirte er noch in seinem spätern Alter, ein reicher Schatz statistischer und ökonomischer, politischer, naturhistorischer und medicinischer Kenntnisse stand ihm zu Gebote, und mit den Religionsurkunden der Christen, Juden und anderer Völker war er vertraut; selbst die neuere ästhetische Literatur war ihm nicht fremd. Diese Kenntnisse lagen aber bei ihm nicht wie ein todter Schatz vergraben, sondern sie waren nebst seiner seltenen Beobachtungsgabe die Quelle, aus der er die Beispiele schöpfte, durch die er seine Vorträge faßlich und interessant zu machen wußte. Vermöge beider verstand er auch im geselligen Umgange die Unterhaltung durch Anekdoten angenehm zu würzen. Unser Kant war nicht einer von den Gelehrten, welche das Wissen dem Leben entfremdet hat, welche, ungesellig und in sich abgeschlossen die gesellige Bewegen, den freundschaftlichen Umgang fliehend, nur in ihren Büchern zu leben verstehen. Er hatte vielmehr einen äußerst lebendigen Sinn für Freundschaft, nahm herzlichen Theil an Allem, was seine Freunde anging, und beförderte ihr Lebensglück aus allen Kräften; besonders nahm er sich tüchtiger und bedürftiger junger Männer auf das liebreichste an. Er war aber auch der heiterste und gebildetste Gesellschafter; er besaß die Kunst, über jeden, selbst den an sich unbedeutendsten Gegenstand auf eine interessante Weise zu sprechen, den mannichfaltigsten Stoff zur Unterhaltung bot ihm ja seine umfassende Gelehrsamkeit und sein eigner reicher Geist; Alles sah er auf eigenthümliche Weise an, Allem wußte er eine interessante Seite abzugewinnen. Dabei hatte er einen edeln Anstand, und eine feine Gewandtheit in seinem Benehmen und wendete selbst auf sein Äußeres die Aufmerksamkeit, die dem Manne von gutem Ton unerläßlich ist. So war er denn bei den Ersten und Angesehensten der Stadt, deren Cirkel er in seinem frühern Alter häufig besuchte, allezeit gern gesehen und ein Gegenstand der allgemeinen Aufmerksamkeit und Achtung. In seinem spätern Alter, seit seinem 63. Jahre, richtete er sich — er war nie verheirathet — seine eigne Ökonomie ein und sah täglich bei Tische eine Anzahl vertrauter Freunde bei sich, die, von allem Zwange entbunden, hier bei ihm, ihrem gefälligen Wirthe, die heitersten Stunden verlebten. Die ausgezeichneten Fremden aus allen Ländern, die in großer Anzahl den berühmten königsberger Weisen zu sehen kamen, freuten sich, in ihm nicht nur den Denker, den Gelehrten zu finden, dessen Ruf sie ihm zugeführt hatte, sondern einen Weisen fürs Leben, warmen Herzens und offenen Sinnes.

Seinem Charakter, seiner Handlungsweise nach steht Kant groß und achtungswürdig da; wohlthätig, menschenfreundlich, von Jedem das Beste glaubend, redlich und wahr gegen Andere, war er fern von aller Cabale und Eifersucht, fern von eitlem Dünkel und Stolz, obgleich er, der Jedermann mit Achtung behandelte, sich wenigstens mit Aufmerksamkeit behandelt zu sehen wünschte. Besonders zeichnete er sich durch Charakterfestigkeit, Selbstbeherrschung und Seelenstärke aus; er war zwar von Natur nachgiebig und geneigt, immer dem ersten Eindrucke zu folgen; aber diese natürlichen Eigenschaften wußte er der Vernunft zu unterwerfen und weise umzubilden, und hierin erkennen wir den Philosophen. Hatte er sich bei einem Vorfalle von seinem weichen Herzen hinreißen lassen, so bildete er sich darüber sogleich eine Maxime (Lebensregel), bei deren Übung er fortan unabänderlich beharrte. Einst bewog ein Freund unsern Kant, welcher seit Jahren täglich gegen ein dauerndes Übel eine Pille nahm, bei zunehmendem Übel die Zahl zu verdoppeln; kaum war dies geschehen, so überlegte Kant, daß diese Zulage kein Ende haben würde, und setzte sich daher als Regel fest, nie mehr als zwei Pillen zu sich zu nehmen, und war auch späterhin davon nicht abzubringen, wo die Ärzte ihm, der so zu keiner andern Medicin zu bringen war, eine stärkere Portion verordneten. So hatte er am Ende seine ganze Denk- und Lebensweise an Vernunftregeln geknüpft, denen er bei den kleinsten Umständen wie bei den wichtigsten Angelegenheiten getreu blieb.

Zuletzt möchte es vielleicht manchem der Leser von Interesse sein, auch von der körperlichen Beschaffenheit dieses außerordentlichen Mannes etwas zu wissen. Und hier möchte es fast scheinen, als hätte die Natur über dem so reich ausgestatteten Geiste den Körper etwas vernachlässigt. Kant war klein, von schwachem Knochenbau und äußerst mager; der Kopf unverhältnißmäßig groß, die Brust sehr flach. Kant's Gesicht aber hatte, besonders seinem obern Theile nach, eine angenehme Bildung, seine Haare waren blond, seine Gesichtsfarbe frisch und munter; von wahrer Schönheit soll sein Auge gewesen sein, in dessen Feuer sein großer Geist wiederstrahlte, und das mit der Schärfe seines Blickes das Innerste des Herzens zu durchschauen schien. Bei so schwächlichem Körperbau würde Kant wol schwerlich das hohe Lebensalter erreicht haben, das er in der That erreichte, wenn er nicht durch die sorgfältigste Beobachtung und Abwartung und durch die strenge Regelmäßigkeit seiner Lebensart dem an sich schwachen Werkzeuge seines Körpers zu Hülfe gekommen wäre.

Guernsey.

Guernsey ist eine der vier im Kanal La-Manche an der französischen Küste (von Bretagne) liegenden normännischen Inseln, welche als Rest der ehemaligen englischen Besitzungen in Frankreich noch jetzt unter englischer Botmäßigkeit stehen, ohne jedoch als Bestandtheil Großbritanniens angesehen zu werden, weshalb sie auch keine Mitglieder ins Parlament schicken; die übrigen Inseln sind Jersey, Alderney (franz. Aurigny) und Sark, wozu noch mehre kleinere, meist unbewohnte Eilande kommen. Sie haben zusammen einen Flächeninhalt von 12 Quadratmeilen und über 65,000 Einwohner, wovon fast zwei Drittel auf die größte Insel Jersey kommen. Die Einwohner sind reformirte Franzosen, die einen Dialekt der altnormännischen Sprache sprechen, wiewol auch das Französische und Englische sehr gewöhnlich sind; sie haben eine der englischen ähnliche besondere Verfassung und ihre eignen Gesetze und Privilegien. Die Stände bestehen aus den Richtern, Pfarrern und Abgeordneten; die Verwaltung und Rechtspflege besorgen auf jeder Insel ein Statthalter, ein Amtmann und zwölf Geschworene, die von der Krone ernannt werden. Von englischen Abgaben sind die Einwohner frei; die öffentlichen Ausgaben werden durch eine Eigenthumssteuer bestritten.

Guernsey, franz. Grenesey, die zweite Insel an Ausdehnung und Wichtigkeit, ist etwa vier Meilen lang und 1½ Meilen breit, hat auf sechs Quadratmeilen 22,000 Einwohner und ist weniger fruchtbar und weniger bewaldet als die Insel Jersey, mit der sie auch hinsichtlich ihrer natürlichen Reize nicht verglichen werden kann. Ein großer Theil der Insel ist wüste, doch wird ziemlich viel Getreide, besonders Weizen, Gemüse und Obst gebaut. Namentlich ist ein sehr großer Theil dieser, sowie der andern Inseln mit Apfelbäumen bepflanzt; bei der Milde des Klimas kommen auch Melonen und Feigen fort. Das Getreide wird einem uralten Gebrauche gemäß nicht geschnitten, sondern mit den Wurzeln herausgerissen, womit Männer, Weiber und Kinder beschäftigt sind. Außerdem wird Fischerei und Viehzucht betrieben; das Rindvieh gilt für ausgezeichnet und auch die Schafe sind von guter Qualität und zahlreich. Gegen Angriffe von außen ist die Insel theils durch steile Felsen, theils durch künstliche Befestigungen gesichert.

Von der ältesten Geschichte der Insel ist wenig bekannt. Unter den Römern hieß sie Sarnia; später muß die druidische Religion hier geherrscht haben, wie sich aus der Entdeckung von fünf druidischen Tempeln ergibt. Im J. 520 wurde das Christenthum eingeführt; im 10. Jahrhunderte wurde eine Abtei gegründet, deren Mönche in solchen Ruf der Frömmigkeit kamen, daß Guernsey den Namen der heiligen Insel erhielt und denselben lange führte. Von den seeräuberischen Einfällen der Dänen hatten die Einwohner viel zu leiden; zum Schutze gegen jene wurde ein Schloß erbaut und unter Herzog Robert von der Normandie in großartigem Style vollendet. Unter Eduard III. waren die Franzosen zwei Mal im Besitze der Insel. Während des Bürgerkriegs blieb sie der Krone treu und wurde daher von den Parlamentstruppen zwei Mal belagert; nach langem Widerstande mußten sich die Einwohner endlich ergeben. In dem letzten Kriege mit Frankreich war Guernsey oft mit Angriffen bedroht, wurde aber durch die Errichtung des neuen Georgsforts und Herstellung der alten Befestigungen fast uneinnehmbar gemacht.

Die einzige Stadt der Insel, Peters-Port oder St.-Pierre, mit 14,000 Einwohnern, welche starken Seehandel treiben, liegt an einer Bai im Osten der Insel und besitzt einen guten Hafen; vor demselben liegt eine kleine Festung, zur rechten Seite der Stadt das Fort George, zur linken das Fort La Balle. Seewärts gesehen, erhebt sich die Stadt amphitheatralisch am Abhange eines Hügels und gewährt einen malerischen Anblick, der freilich verschwindet, wenn man die engen und steilen Straßen selbst betritt. Die merkwürdigsten Gebäude sind die Peterskirche, das Elisabethscollegium, im J. 1563 unter dem Namen Schule der Königin Elisabeth errichtet, und der Fischmarkt. Der letztere ist eine geräumige Arkade, 190 Fuß lang und von verhältnißmäßiger Breite und Höhe, mit einer doppelten Reihe von Marmorbassins, wo hauptsächlich Kabeljaus, Steinbutten und Meerbarben in großem Überflusse zu finden sind. In unserer Abbildung ist die Hauptstraße der Stadt dargestellt, an deren Ende sich der Thurm der Peterskirche erhebt. Die Umgebungen der Stadt sind freundlich und werden durch die zerstreut liegenden Wohnhäuser der wohlhabenden Bewohner verschönert.

Der Handel der Insel hat zwar abgenommen, ist aber noch immer beträchtlich, namentlich der Wein- und Branntweinhandel. Auch von sehr schönem Granit wird jährlich eine Quantität ausgeführt, ferner Obst, Apfelwein oder Cider, der in sehr ansehnlicher Quantität producirt wird, Austern und gestrickte Westen. Die Industrie der Insel ist wenig bedeutend und beschränkt

Hauptstraße der Stadt Peters-Port.

sich auf Strickerei, Seil=, Papier=, Seifen= und Lichterfabrikation. Die Bewohner von Guernsey und Jersey haben sich immer als Kaper hervorgethan. Als der freie Handel zwischen England und Frankreich, den die Inseln seit undenklichen Zeiten im Kriege und Frieden gehabt hatten, von Wilhelm III. 1689 aufgehoben worden war, trieben die Bewohner das gefährliche Handwerk der Kaperei mit so vielem Glück, daß sie in etwa 20 Jahren nicht weniger als 1500 Schiffe wegnahmen. Auch im letzten Kriege haben die Inseln Kaperei und Schmuggelhandel in großer Ausdehnung betrieben. Die Kleidung der Einwohner hat noch viel Eigenthümliches bewahrt, wiewol beide Geschlechter die Moden der beiden großen Nachbarvölker anzunehmen anfangen; der männliche Anzug ist eine seltsame Mischung aus der altenglischen und altfranzösischen Tracht und von dem weiblichen ist namentlich die ungeheure Haube bemerkenswerth.

John Knox.

Denkmal von John Knox in Glasgow

John Knox, dessen Name den Namen Luther's, Calvin's und Zwingli's in der Geschichte der Reformation angereiht zu werden verdient, war der bedeutendste Apostel der neuen Lehre in Schottland und zu diesem Werke berufen wie Wenige. Begabt mit feuriger Einbildungskraft, kühnem Geiste und stürmischer Beredtsamkeit, von schroffen und rauhen Formen und strengen Sitten, unbeugsam und unermüdlich im Kampf gegen Menschen und Verhältnisse und in Verfolgung des einmal eingeschlagenen Weges, zugleich ausgestattet mit einem würdevollen Äußern war Knox ganz der Mann, der seine Zeitgenossen begeistern und mit sich fortreißen mußte.

Er wurde 1505 zu Gifford bei Haddington in der schottischen Grafschaft Ostlothian in einer angesehenen Familie geboren, früh für die Kirche bestimmt und auf der Akademie St.=Andrews gebildet; seine Fortschritte in der Theologie waren so schnell, daß ihm die Weihen schon vor dem gewöhnlichen Alter ertheilt wurden. Die von Deutschland ausgegangene Reformation mußte seine Aufmerksamkeit mächtig erregen; die gegen die päpstliche Gewalt gerichteten Predigten des Mönchs Williams und die Lehren des Reformators Georg Wishart hatten ihn in seinen freiern Ansichten befestigt und die Hinrichtung des Letztern, der als Ketzer zum Flammentode verurtheilt wurde, vollendete seine Bekehrung zu der neuen Lehre. Seit dem Jahre 1546 predigte Knox offen im südlichen Schottland gegen den Katholicismus. Mit dem Schicksale Wishart's bedroht, ging er anfangs damit um, sich nach Deutschland zu flüchten, zog sich aber endlich 1547 in das im Norden von Edinburg an der Küste liegende Schloß St.=Andrews zurück, welches von Verschworenen eingenommen worden war. Von dieser Festung aus setzte er seine Angriffe mit immer steigender Heftigkeit fort. Noch in demselben Jahre wurde er nebst der Besatzung des Schlosses von den nachherigen Königin Maria Stuart zu Hülfe geschickten französischen Truppen gefangen genommen und nach Frankreich auf die Galeeren geschickt. Hier blieb er, bis es ihm 1549 gelang, nach England zu entkommen, wo der von Heinrich VIII. eingeführte modificirte Protestantismus herrschend war. Thomas Cranmer, der erste protestantische Erzbischof von Canterbury, nahm den schottischen Reformator günstig auf, ernannte ihn, nachdem er als Prediger in der Provinz Berwick angestellt gewesen war, 1551 zum Kaplan des jungen Königs Eduard VI. und trug ihm sogar ein Bisthum an, das Knor aber ablehnte, weil er der Meinung war, daß die ganze kirchliche Hierarchie mit dem Evangelium im Widerspruch stehe, und überhaupt mit der Gestaltung der englischen Kirche nicht zufrieden war. Während Eduard's VI. Regierung hörte der feurige Reformator, ohne durch den Erfolg abgekühlt zu werden, nicht auf, England und Schottland mit dem Ruhme seiner Predigten zu erfüllen, aber bei der Thronbesteigung der Königin Maria im J. 1553 änderte sich seine Lage, die wieder zu Macht und Ansehen gelangte katholische Geistlichkeit verfolgte ihn und zwang ihn, landesflüchtig zu werden.

Auch verfolgt setzte Knor sein Werk mit unermüdlichem Eifer fort und Frankfurt a. M., wo er seit Nov. 1554 einige Monate lang das Predigtamt bei den englischen Ausgewanderten übte, Genf, das er mehrmals besuchte, und Edinburg, wohin er zurückzukehren wagte, waren nacheinander Schauplätze seiner Wirksamkeit. Die schottischen Katholiken verfolgten ihrerseits den gefährlichen Gegner, der predigend die Provinzen durchzog, unablässig; der Reformator wurde von den schottischen Bischöfen 1556 vorgeladen und, da er nicht erschien, in Edinburg zum Feuertode verurtheilt und im Bilde verbrannt. Kurz vorher war Knor dem Rufe zum Predigtamte bei der englischen Gemeinde in Genf gefolgt und erließ von dort aus kräftige Sendschreiben an seine Landsleute. Im J. 1557 von der protestantischen Partei in Schottland zur Rückkehr bewogen, reiste er ab, kehrte aber in Dieppe um und ging wieder nach Genf, wo er die unter dem Namen der genfer Bibel bekannte englische Bibelübersetzung besorgte. Um dieselbe Zeit (1558) gab er in Genf gegen die Königin von England und die Regentin von Schottland, Maria von Lothringen, Vormünderin ihrer Tochter Maria Stuart, eine seiner berühmtesten Schriften heraus, betitelt: „Erster Trompetenstoß gegen die monströse Herrschaft der Weiber." Eben war er im Begriff, den zweiten Trompetenstoß erschallen zu lassen, als Maria, Königin von England, starb. Knor hoffte, daß ihm der Schutz ihrer Nachfolgerin, der sich zur protestantischen Lehre bekennenden Königin Elisabeth, sicher sein würde, aber Elisabeth war nicht gemeint, ihm seine gegen die Königinnen im Allgemeinen gerichtete Schrift zu verzeihen, und ließ ihm verbieten, in England zu erscheinen. Schon war Knor unterwegs, und da England ihm verschlossen war, wandte er sich ungeachtet seiner Verurtheilung und bildlichen Hinrichtung nach Schottland, ohne die neuen Gefahren zu fürchten, welche die Anhänger der Reformation zu bedrohen schienen. Vom Volke wurde er mit Begeisterung empfangen, von der Regentin aber in die Acht erklärt. Obgleich jene die protestantischen Prediger, deren Vertreibung sie beschlossen hatte, auffodern ließ, vor einem in Stirling niedergesetzten Gerichtshofe zu erscheinen, so waren dieselben doch schon zahlreich genug, um allen gegen sie zu ergreifenden Maßregeln zu trotzen. Knor erschien 1559 zu Perth und hielt eine Predigt, die als Kriegserklärung gegen die Klöster und katholischen Kirchen oder vielmehr als ihr Zerstörungsurtheil betrachtet werden kann. „Zerstören wir die Nester", rief er in seiner bilderreichen Sprache, „und die Raben werden davon fliegen." In Folge jener Predigt, wiewol gewiß gegen die Absicht von Knor, wurden erst zu Perth, dann auch in andern Städten Altäre und Bilder niedergerissen und zerstört, die Klöster verwüstet und ihre Schätze unter die Armen vertheilt. Laut und unverhohlen äußerte Knor selbst seinen Unwillen über die Ausschweifungen dieser Bilderstürmer. Ein durch dieselben veranlaßter Religionskrieg verwüstete bald nachher das Königreich; die Katholiken riefen die Franzosen zu Hülfe, während die Protestanten sich auf die Engländer stützten. Knor, von den Bürgern zu Edinburg zum Prediger gewählt, mußte den Hülfstruppen der Regentin, welche einen Preis auf seinen Kopf setzte, weichen; endlich im J. 1560 gewann die Reformationspartei den Sieg und durch Parlamentsacte wurde der Protestantismus zu der einzigen in Schottland zulässigen Religion erklärt. Knor, der durch seine Handlungen und Reden einer der Hauptleiter dieser Revolution gewesen war, verwaltete auch ferner das Predigtamt in Edinburg mit der ihm eignen unerschrockenen Freimüthigkeit.

Unter so kritischen Umständen kehrte Maria Stuart, Witwe des französischen Königs Franz II., 1561 nach Schottland zurück. Die unglückliche Königin, die der katholischen Kirche treu ergeben war, hielt fest an ihrem Glauben. Knor, auf den weder geistige Liebenswürdigkeit, noch körperliche Reize wirken konnten, begann sogleich gegen sie die heftigsten Feindseligkeiten, indem er erklärte, daß eine Messe in seinen Augen furchtbarer wäre als 10,000 in das Königreich eingefallene fremde Krieger. Unablässig und ohne alles Maß überschüttete er die Königin, die ihn in vertraulichen Unterredungen abwechselnd zu schrecken und zu gewinnen suchte, mit den stärksten Vorwürfen und nannte sie mit einer nicht zu entschuldigenden Roheit die neue Jesabel. Maria, die an ihm alle ihre Künste scheitern sah, äußerte gegen ihn: „Wenn Ihr mein Benehmen tadelnswerth findet, so tadelt mich ohne Schonung, aber thut es insgeheim und erniedrigt mich nicht in den Augen meines ganzen Volkes!" — Knor antwortete: „Kommt in die Kirche, so werdet Ihr hier die Wahrheit hören; ich bin nicht verbunden, sie Jedermann besonders zu sagen." An einem Tage ging seine Härte so weit, daß die Königin, wie er selbst wohlgefällig erzählt, Thränen vor ihm vergoß. Gewiß hat Knor an den Leiden der unglücklichen Königin von Schottland einen nicht geringen Antheil. Als er nach Einführung eines katholischen Hofgottesdienstes den Adel zu einer Versammlung berufen hatte, um über die der Kirche drohende Gefahr zu berathen, wurde er von der Königin des Hochverraths beschuldigt, aber von dem niedergesetzten Gericht der Lords zu ihrem Verdruß freigesprochen; als darauf Maria 1566 nach Edinburg kam, verließ Knor die Stadt, kehrte aber sogleich nach ihrer Thronentsetzung im J. 1567 zurück.

Der Reformator, dessen Geschick dem Schicksale der Kirchengemeinschaft gefolgt war, deren Dienst er sich geweiht hatte, war in dieser letzten Periode seines Lebens allmächtig geworden; er war der Gegenstand algemeiner Verehrung und sein von der Kanzel herab gesprochenes Wort galt als Gesetz. Leider hatten ihn das Alter und die Macht nur noch schroffer und unduldsamer gemacht, und die Heftigkeit seines Eifers führte ihn oft weit über die Schranken hinaus, die selbst seine Amtsgenossen von ihm beobachtet wünschten. Noch in einem Alter von 67 Jahren war er als Prediger in den seinem Cultus geweihten Kirchen ebenso ungestüm und feurig, wie in den Zeiten, wo er voll von jugendlicher Glut und von den Gefahren und Hindernissen nur noch mehr befeuert unter freiem Himmel predigte. Im letzten Lebensjahre wurde er durch einen von Mariens Anhängern 1571 erregten Bürgerkrieg beunruhigt und von Edinburg vertrieben; nach Wiederherstellung der Ruhe kehrte er 1572 schon kränklich dahin zurück und starb am 24. Nov. desselben Jahres vor Gram über die Greuel der Bartholomäusnacht, welches Ereigniß der Gegenstand seiner letzten Predigt war. Sein Leichenbegängniß war prachtvoll; der Regent von Schottland, Graf von Morton, führte selbst den Trauerzug an und gab ihm im Augenblicke der Einsenkung das wohlverdiente Zeugniß, daß er sich nie vor einem Menschenantlitze gefürchtet habe. Das Andenken von John Knor ist in Schottland in hohem Ansehen geblieben; in Glasgow wurde ihm eine in unserer Abbildung dargestellte Bildsäule errichtet und noch immer zeigt man als ein dem Nationalstolze theures Denkmal das Haus, welches er in Edinburg bewohnte.

Der Galvanismus.
(Fortsetzung aus Nr. 401.)

Was nun die Wirkungen der Voltaischen Säule betrifft, so übergehen wir, wie gesagt, einstweilen die magnetischen, von denen wir später im Zusammenhang mit der Lehre vom Magnetismus zu sprechen gedenken. Unter den chemischen ist die interessanteste die Zersetzung des reinen Wassers in seine Grundbestandtheile, Sauerstoff und Wasserstoff. Wenn man zwei von beiden Polen kommende Drähte in eine an beiden Enden mit Korken verschlossene, mit Wasser gefüllte Glasröhre leitet, aber so, daß sich beide Drähte nicht berühren, so entbindet an beiden Metalldrähten Gas, sobald nämlich die Drähte von einem Metall sind, das zum Sauerstoff geringe Anziehung hat, wohin namentlich Platina und Gold gehören. Durch besondere Röhren mit Gasbehältern kann man die sich entbindenden Gasarten auffangen und findet dann, daß das vom positiven Drahte aufsteigende Gas Sauerstoffgas, das vom negativen aufsteigende hingegen Wasserstoffgas ist. Beide Gasarten entwickeln sich um so lebhafter, je näher die Enden der Drähte einander sind (wiewol nach angestellten Versuchen die Wasserzersetzung auch bei einer Entfernung der Drähte von 18 Fuß noch merklich ist), und zwar ziemlich genau in demselben Verhältnisse, in welchem sie miteinander Wasser bilden (zwei Theile des letztern auf einen Theil des erstern). Nimmt man Drähte von andern Metallen, die sich leichter als die genannten oxydiren, d. h. mit Sauerstoff verbinden, so entwickelt sich nur am negativen Drahte Wasserstoffgas, am positiven hingegen bildet sich ein Oxyd, durch welches der Draht angefressen und allmälig zerstört wird; dies findet selbst beim Silber statt. Sind in dem Wasser vegetabilische oder mineralische Stoffe aufgelöst, so bildet sich am positiven Draht Säure, am negativen Alkali, wie man an gefärbtem Wasser (am besten in einer winkelförmig gebogenen Glasröhre) durch entsprechende Farbenveränderungen erkennen kann. Ist z. B. das Wasser durch Veilchensaft oder Braunkohlentinctur blau gefärbt, so wird es am positiven Drahte roth, am negativen grün; vertauscht man die Drähte, so geht das Roth durch Blau in Grün, das Grün durch Blau in Roth über. Fast alle Materien, welche in Wasser aufgelöst oder nur hinreichend durch dasselbe befeuchtet sind, leiden eine ähnliche Zersetzung wie das Wasser, wobei sich der eine Bestandtheil am positiven, der andere am negativen Polardrahte sammelt. Immer werden Sauerstoff und Säuren zum positiven, dagegen Wasserstoff, Alkalien, Erden und Metalle zum negativen Pole hingezogen. Dem berühmten Chemiker Davy ist es im J. 1807 gelungen, solche Körper, die man bisher noch nicht hatte zerlegen können, nämlich Alkalien, Kali, Natron, Baryt, Strontian, Kalk, mittels der Voltaischen Säule zu zerlegen, was nur durch sehr kräftige Säulen von vielen Plattenpaaren möglich war. — Noch müssen bei den chemischen Wirkungen die sogenannten Nobili'schen Figuren erwähnt werden, welche von dem italienischen Physiker Nobili, der sie zuerst beobachtete, ihren Namen haben. Um sie zu erhalten, bringt man mit den Polen einer Voltaischen Säule zwei Drähte (am besten von Platina) in Verbindung, setzt ein Gefäß von Glas oder Platina darunter und legt in dasselbe eine wohlpolirte Metallplatte, die man mit einer beliebigen Flüssigkeit übergießt. Wenn nun entweder der eine Draht mit der Platte in Berührung, die Spitze des andern aber ½ Linie oder weniger von derselben entfernt ist, oder die Spitzen beider Drähte sich in dieser Entfernung von der Platte befinden, so bilden sich auf diesen eigenthümliche Figuren, in dem ersten Falle nur eine, dem nicht berührenden Drahte gegenüber, in dem zweiten zwei, beiden Drähten gegenüber. Im Allgemeinen bestehen diese Figuren aus mehren concentrischen Zonen, die ihren Mittelpunkt der Drahtspitze gegenüber haben und zum Theil die schönsten Regenbogenfarben zeigen; das Aussehen dieser Figuren ist indessen nach der Beschaffenheit der angewandten Flüssigkeit und Metallplatte verschieden. Die schönsten Figuren erhält man auf Platina- und demnächst auf Stahlplatten.

Die Wärme- und Lichterscheinungen bestehen in Funken, ferner im Glühen und Schmelzen von Metallen und einigen andern Körpern. Werden die Pole einer kräftigen Voltaischen Säule durch einen Draht verbunden, so zeigt sich im Augenblicke der Berührung (an der Polarplatte oder einem damit verbundenen Drahte) ein deutlicher Funke, der bei feinen oder zugespitzten Drähten am auffallendsten ist und kreisförmig umhersprüht, sodaß er in seiner größten Stärke einer kleinen leuchtenden Sonne ähnlich ist. Am schönsten ist die Erscheinung, wenn man mit einem feinen, von dem einen Pole ausgehenden Eisendrahte die Oberfläche einer kleinen Quecksilbermenge berührt, in welche ein Draht vom andern Pole getaucht ist; dann ist der Funke im Mittelpunkte blau und von diesem aus sprühen nach allen Seiten rothe Strahlen. Die Schlagweite dieser Funken ist selbst bei sehr mächtigen Säulen (von 1000 und mehr Plattenpaaren) sehr gering. Das stärkste Licht erscheint, wenn man zugespitzte Streifen von wohlausgebrannter Kohle zur Schließung nimmt, welche selbst unter Wasser und andern Flüssigkeiten glühen. Verbindet man beide Pole durch dünne Metallblättchen (Blattgold oder Blattsilber), die man an den einen Polardraht hängt und die Endplatte des andern Pols berühren läßt, so verbrennen sie mit eigenthümlichem Lichte; besonders zeichnet sich das echte Silber durch das schönste Smaragdgrün aus. Endigt sich der Schließungsdraht in eine feine Stahlspitze oder ist eine Nähnadel daran befestigt, so verbrennt die Spitze unter dem Aussprühen rother Funken. Läßt man den galvanischen Strom durch sehr dünne Metalldrähte gehen, so werden diese zum Glühen und selbst zum Schmelzen gebracht, was namentlich von Platin- und Eisendrähten, überhaupt nur von Drähten solcher Metalle, welche die Elektricität weniger gut leiten, also nicht von Silber- und Kupferdrähten gilt. Folgende Zahlen drücken den verhältnißmäßigen Widerstand aus, den Metalldrähte bei gleicher Länge und Dicke dem Durchgange der Elektricität entgegensetzen (den Leitungswiderstand): Silber 9, Kupfer 12, Gold 15, Zinn 36, Messing 40, Eisen 66, Blei 80, Platina 84, woraus sich ergibt, daß das Silber die Elektricität neun Mal besser leitet als Platina; bei Drähten desselben Metalls ist der Leitungswiderstand desto größer, je länger, und desto kleiner, je dicker sie sind. In Bezug auf alle diese Erscheinungen nimmt die Kraft der Säule sehr schnell zu, wenn die Oberfläche der Metallplatten vergrößert wird. So hat man mit 200 Plattenpaaren von 64 Quadratzoll 5 Fuß Stahldraht, ⅛ Linie dick, zum Glühen und sogar zum Verbrennen gebracht. Selbst mit einer geringen Zahl großer Plattenpaare (die wenigstens einen Fuß im Durchmesser haben) kann man namentlich bei Trog- und Zellenapparaten ganz außerordentliche Wirkungen erzielen und sehr lange und ziemlich dicke Drähte schmelzen. Mit 21 Platten von 32 Quadratfuß hat man 5½ Fuß Platinadraht, ⅓ Linie dick, zum Rothglühen gebracht und ein Platinastäbchen 2¼ Zoll lang und 2 Linien dick, sowie die am schwersten schmelzbaren Metalle und Metalloxyde geschmolzen. Auch Wasser, durch welches der elektrische Strom geleitet wird, wird sehr merklich erwärmt.

(Der Beschluß folgt in Nr. 403.)

Der Leichenbitter.

Ein gewisser Isidor Burnier erschien kürzlich in Paris vor der Zuchtpolicei. Er hatte eine ganz besondere Monomanie, indem er fürchtete, es werde Niemand seinem Sarge folgen, wenn er einmal sterbe. Um dieses, seiner Meinung nach, größte Unglück für den Verstorbenen so viel als möglich abzuwenden, trug er stets ein Büchelchen bei sich, auf dessen erster Seite stand: „Ich verpflichte mich bei meiner Ehre, dem Begräbnisse des Herrn Isidor Burnier beizuwohnen, wenn wir das Unglück haben, ihn zu verlieren. Isidor Burnier seinerseits verpflichtet sich, meinem Sarge zu folgen, im Falle ich vor ihm sterben sollte." Mit diesem Büchelchen ging er zu allen seinen Freunden und Bekannten, um sie zu vermögen, diese seltsame Verpflichtung zu unterzeichnen. Er hatte das Buch, wie erwähnt, stets bei sich; befand er sich in Gesellschaft, so bat er alle Anwesenden um ihre Unterschrift; bei einem Diner wartete er bis zum Dessert, um die Gäste zu bitten, sich Denen anzuschließen, welche sich bereits verpflichtet hatten. Jedermann, den er einmal gesehen hatte, konnte überzeugt sein, von ihm um seine Unterschrift angegangen zu werden.

So kam er eines Tages auch zu einem gewissen Lombard, einem Manne von 60 Jahren, den er am Tage vorher zum ersten Male in einem Kaffeehause gesehen hatte. Lombard glaubte, als er die 3—400 Unterschriften sah, es handle sich um eine Goldsubscription, empfing den Herrn Burnier, den er gar nicht einmal wieder erkannte, sehr trocken und sagte: „Herr, ich habe schon meine Armen." Als ihm Burnier endlich die Sache auseinandersetzte, meinte er, der Mann wolle ihn zum Besten haben oder habe den Verstand verloren, und erklärte bestimmt, er werde eine solche lächerliche Verpflichtung nicht unterschreiben. Das nahm Burnier so übel, daß er den Alten an der Kehle packte und ihn vielleicht erwürgt hätte, wäre nicht auf den Lärm das Dienstmädchen herbeigekommen. Diese machte ihren Herrn frei, ließ den Herrn Burnier nicht fort und durch den Portier die Wache holen. Als ein Protokoll aufgenommen war, wurde Burnier in Freiheit gesetzt; jetzt saß er auf der Bank der Angeklagten. „Ich fürchte mich überdies vor dem Tode sehr", sagte Lombard vor Gericht aus. „Ich kann nicht zwei Minuten daran denken, ohne weiß, grün oder gelb zu werden, je nach der Jahreszeit. Ich sagte dies dem Angeklagten und setzte hinzu: Ich bin 60 Jahre alt, während Sie kaum 40 zählen, es ist also gar nicht wahrscheinlich, daß ich Ihrem Leichenbegängnisse beiwohnen kann. Thun Sie mir den Gefallen, vom Sterben zu schweigen, und gehen Sie."

Die Magd bestätigte, daß Burnier ihren Herrn gewürgt habe und dieser darauf krank geworden sei. Das Gericht verurtheilte den Burnier zu 150 Francs Strafe und in die Kosten. Ehe Burnier fortging, hielt er dem Secretair sein Büchelchen hin und ersuchte denselben um Unterzeichnung. Dieser weigerte sich lächelnd und Burnier entfernte sich achselzuckend.

Die Janitscharen-Musik

ins Türkische und aus dem Türkischen ins Deutsche übersetzt.

Bekannt ist es, mit welcher Strenge, ja Grausamkeit die Steuern von den Beamten der Pforte im Namen des Sultans beigetrieben werden, oder doch bis in die neueste Zeit beigetrieben wurden (wiewol auch jetzt die Wirkungen des bekannten Hattischerifs noch nicht sehr fühlbar sein möchten). Was Wunder, daß daher die Idee dieses leidenden Verhältnisses sich den Türken aufdringt, selbst beim prachtvollen Schall der Janitscharen-Musik, deren große Trommel auch bei uns so nothwendig zu machen weiß. Gottlob ohne Anwendung ähnlicher Version auf uns, ob man gleich vor Zeiten neben dem Trommelklöppel des Corporalstocks gedachte. Nach einer der dortigen Volkstradition entlehnten Mittheilung eines sprach- und sachkundigen Gelehrten[*] verkündigt bei solcher Musik das Tutti: Pascha gelür! Pascha gelür! das will so viel sagen, als: „Der Pascha kommt! Der Pascha kommt!" Die Schalmei fragt: Neister? Neister? „Was will er? Was will er?" Darauf antworten die Becken: Akdsche! Akdsche! d. h. „Geld! Geld!" Und die Trompeten fragen: Nereden? Nereden? „Woher? Woher?" Worauf denn endlich die große Trommel den Bescheid ertheilt: Bundan Schundan! Bundan Schundan! „Von hier! Von dort! Von hier! Von dort!" eine Auskunft, welche die unbeschränkte Macht des Großherrn andeutet.

[*] S. Joseph von Hammer's „Geschichte des osmanischen Reichs", 7. Band.

Das Pfennig-Magazin
für Verbreitung gemeinnütziger Kenntnisse.

403.]   Erscheint jeden Sonnabend.   **[December 19, 1840.**

Fürst Joseph Poniatowski.

Joseph Anton, Fürst von Poniatowski wurde zu Warschau am 7. Mai 1762 geboren. Er war der Sohn des Fürsten Andreas Poniatowski, der im Dienste der Kaiserin Maria Theresia stand und 1773 als östreichischer Generallieutenant in Wien starb, und erhielt seine Erziehung unter den Augen des letzten Königs von Polen, Stanislaus August, seines Oheims. Im 16. Jahre seines Alters trat er als Souslieutenant in östreichische Dienste und avancirte schnell; als 1787 der Krieg zwischen Östreich und der Pforte ausbrach, bekleidete er schon die Stelle eines Dragonerobristen und Generaladjutanten des Kaisers Joseph II. Bei der Eroberung von Sabacz ward er unter den Augen dieses Monarchen verwundet, welcher keine Gelegenheit vorbeiließ, ihm seine Zufriedenheit zu erkennen zu geben, und besonders an seiner Freimüthigkeit Gefallen fand. Man weiß, mit welcher Hartnäckigkeit der Kaiser immer sein „System" befolgte und bei allen ihm gemachten Gegenvorstellungen vorschützte. „Wer ist denn nur der Herr System", — fragte ihn einst Poniatowski — „der Ew. Majestät so oft hindert, nach Ihrem Willen zu thun?" Joseph lachte, und Jenem eröffnete sich die Aussicht zu den höchsten Stellen in Östreich.

Aber die Ereignisse, die im J. 1789 in Polen eintraten, riefen ihn ins Vaterland zurück. Der Reichstag hatte eine neue Organisation der polnischen Armee decretirt; der Prinz eilte nach Warschau zurück und verwandte den größten Eifer, die neuen Armeecorps zu bilden und einzurichten. Die Achtung, welche er sich bei der Armee erwarb, und das Zutrauen, das er den Soldaten einzuflößen wußte, bewogen den König und die Republik, ihm mit dem Range eines Generalmajors das Obercommando anzuvertrauen. Während des Kriegs von 1792, welcher über Polens Schicksal entschied, wurde ihm die

Vertheidigung des Reichs an den wichtigsten Punkten übertragen. Die Armee, von ihm befeuert, erfocht bei Zielenka und bei Dubienka ausgezeichnete Vortheile; aber an einer ränkevollen Politik scheiterten alle seine Anstrengungen. Die Soldaten verlangten, Stanislaus August in ihrer Mitte zu sehen, jedoch in den Augenblicken, wo man erwartete, der König werde sich einem so dringenden Verlangen fügen, erfuhr man, der Monarch habe den Vertrag von Targowicz unterzeichnet und einen Waffenstillstand geschlossen. Man wußte die Bande, welche die polnische Armee an den Prinzen Poniatowski ketteten, der Partei, welche sich des Königs bemächtigt hatte, in verdächtiges Licht zu stellen. Jener beschloß daher zu großem Leidwesen der Soldaten, das Commando niederzulegen und die Armee zu verlassen; vor seinem Abgange erhielt er eine zu seinem Gedächtnisse geprägte, mit seinem Bildnisse gezierte Denkmünze, mit der Inschrift: Miles imperatori.

Im J. 1794 befand sich Poniatowski eben im Auslande, als er erfuhr, die Polen ständen in Masse gegen Rußland auf, sich einer neuen Theilung zu widersetzen; er glaubte, unter so wichtigen Umständen seine Dienste dem Vaterlande anbieten zu müssen, begab sich in das polnische Lager und trat in ein Corps Freiwilliger. Als General Mokronowski nach Lithauen gegangen war, übernahm er unter Koscziusko's Oberbefehl das Commando eines Armeecorps, welches sich den Mauern Warschaus näherte, um die Stadt zu belagern. Was für einen tragischen Ausgang diese neuen Anstrengungen der Polen hatten, ist nur zu bekannt. Der Prinz Poniatowski erhielt Befehl, das Königreich zu verlassen, und begab sich nach Wien. An Polen und seinem Schicksale verzweifelnd, beschloß er, sich in das Privatleben zurückzuziehen, und schlug die Stelle eines Generallieutenants aus, welche ihm der russische Kaiser Paul antrug. Seine väterlichen Güter waren confiscirt worden, indessen gab ihm 1798 bei seiner Rückkehr nach Warschau die preußische Regierung einen Theil derselben wieder zurück. Er begab sich nun aufs Land, beschäftigte sich lediglich mit dem Landbau und landwissenschaftlichen Verbesserungen und war eifrig bemüht, seinen vom König Stanislaus geerbten Landsitz zu Jablonka, an dem rechten Ufer der Weichsel, einige Stunden unterhalb Warschau gelegen, in verschönerten Stand zu setzen.

Nachdem die Schlacht bei Jena (am 14. Oct. 1806) den französischen Truppen den Weg nach Polen eröffnet hatte, zog sich die preußische Armee über die Weichsel zurück, und Warschau blieb ohne Schutz. Da richtete Jedermann seine Blicke auf Poniatowski; ihm maß man hinlängliches persönliches Gewicht bei, um den Einwohnern wirksamen Schutz verleihen zu können. Der König von Preußen foderte ihn durch ein eigenhändiges Schreiben auf, eine Nationalgarde zu organisiren, durch welche Leben und Eigenthum der Polen geschützt würde, und Poniatowski säumte nicht, dieser Auffoderung nachzukommen. An der Spitze dieser Truppe rückte er am 28. Nov. 1806 aus Warschau aus und empfing den Marschall, nachmaligen König Murat, um ihm bei seinem Einzuge in die Stadt das Geleite zu geben. Dieser führte das Obercommando über die drei unter den Marschällen Davoust, Soult und Augereau stehenden Corps, welche nach Eroberung des westlichen Theils von Polen am linken Ufer der Weichsel standen. Unbekannt mit dem Plane, welchen der Kaiser hinsichtlich Polens hegen möchte, hielt Poniatowski sich in klüglicher Entfernung und empfahl seinen alten Kriegsgenossen, gleiche Grundsätze zu beobachten. Er suchte ihr Feuer zu dämpfen, indem er sagte, die Zeit für Polen sei noch nicht gekommen, und wollte nichts von einem neuen Aufstande wissen, der Polen nur in neue Bedrängnisse stürzen könne. Napoleon machte jedoch allen Bedenklichkeiten ein Ende, indem er bei seiner Ankunft eine Aushebung von 40,000 Mann verlangte und feierlich versicherte, sie sollten nur zum Besten Polens angewendet werden. Hierdurch wurde der größte Enthusiasmus hervorgebracht; Poniatowski glaubte dem allgemeinen Impuls folgen zu müssen, entschuldigte sich bei dem Könige von Preußen, stellte sich an die Spitze der neuen polnischen Armee und wurde bald darauf von der provisorischen Regierung zu Warschau zum Kriegsminister ernannt. Die Organisation des Heers war mit unglaublichen Hindernissen verbunden. Nach langem und heftigem Kampfe brachte er es endlich dahin, daß die polnischen Truppen ein besonderes Corps mit der Nationalkokarde (statt der dreifarbigen) bildeten, welches zuerst zur Belagerung von Danzig verwandt wurde. Der Winter war regnerisch und die Wege, welche in Polen immer schlecht sind, waren kaum noch zu passiren; die Pferde versanken fast im Kothe; die Transporte blieben aus; es entstanden Streitigkeiten zwischen den Franzosen und Polen. Poniatowski sollte an dem Allen Schuld sein und wurde mit unverdienten Vorwürfen überhäuft. Napoleon drohte, die Polen der Rache ihrer Feinde zu überlassen, wenn sie nicht thäten, wie Frankreichs Kaiser wollte. Die am 26. Dec. 1806 bei Pultusk und am 8. Febr. 1807 bei Eylau gelieferten Schlachten, die Überfälle, welche die Corps von Bernadotte und Ney im Monat Januar und im Anfange des Juni 1807 erlitten, waren den französischen Waffen eben nicht vortheilhaft und konnten dem Kaiser leicht jetzt schon ein solches Schicksal, wie 1812 bereiten. Was wäre da aus den unglücklichen Polen geworden, die für eine Sache sich so begeisterten, welche gleichwol nicht die ihrige war? Durch den Frieden von Tilsit gerieth Poniatowski in eine noch schlimmere Lage; Napoleon betrachtete Polen als ein erobertes Land und vertheilte die schönsten Besitzungen unter seine Generale. Als die französische Armee nach Deutschland und nach Spanien zog, blieben 80,000 Mann in Polen; der Kaiser legte dem Volke auf, dieses zahlreiche Corps zu ernähren und zu kleiden.

Am 15. Aug. 1807 langte Marschall Davoust zu Warschau als Gouverneur des neugeschaffenen Herzogthums Warschau und Oberbefehlshaber der Armee an. Da wurden Magazine angelegt und willkürlichen Brandschatzungen gesteuert und vorgebeugt; indem aber dieser Feldherr mit Festigkeit, Strenge und Uneigennützigkeit verfuhr, verbesserte sich auch die Stellung des Fürsten wieder. Vorher neigte er sich mehr auf die russische Seite, aber die vertraulichen Verhältnisse, die sich zwischen ihm und Davoust entspannen, führten ihn wieder auf die französische zurück, auf der er nun fest und unerschütterlich blieb. Trotz aller Polen aufgebürdeten Lasten glückte es ihm, eine treffliche Armee von 12 Regimentern Fußvolk, 16 Regimentern Reiterei und einigen Compagnien Artillerie zusammenzubringen. Um Warschau gegen einen etwaigen Handstreich von Seiten Rußlands zu sichern, ließ er Praga, die jenseits der Weichsel gelegene Vorstadt, befestigen, desgleichen Modlin, eine kleine Stadt, welche am Zusammenflusse der Weichsel mit dem Bug liegt. Drei der schönsten Regimenter mußte er nach Spanien senden; drei andere lagen in Danzig und in den preußischen Festungen an der Oder (Küstrin, Glogau und Stettin), welche nach dem tilsiter Frieden auf unbestimmte Zeit von französischen Truppen besetzt bleiben sollten; endlich ein Regiment polnischer Cavalerie ward nach Sachsen entsendet; so zersplittert war die polnische Armee, als im April 1809 ein neuer Krieg zwischen Frankreich und Östreich entbrannte. Als Poniatowski erfuhr, daß die Östreicher sich in Krakau sammelten, befehligt vom Erzherzog Ferdinand, ließ er Davoust wissen, 60,000 Mann Feinde schickten sich an, die Pilica zu überschreiten, um sich auf das Herzogthum Warschau zu werfen; er aber hätte nur 8000 Mann zum Widerstande; man möchte ihn daher mit Verhaltungsbefehlen und Verstärkungen versehen. Die Antwort lautete, er sollte warten, keine Bewegung machen und nicht angreifen. Indeß rückte der Feind in Galizien vor, und Poniatowski sah nur zweierlei vor sich, entweder Polen zu opfern und sich zurückzuziehen, oder es mit dem Kerne der polnischen Truppen gegen ein unverhältnißmäßig starkes Heer zu wagen und jene völliger Vernichtung auszusetzen. Er erwog das Schimpfliche eines Rückzugs und wählte daher unter enthusiastischem Zuruf seiner Unterbefehlshaber das Letztere. Mit seiner kleinen Armee nahm er eine Stellung bei dem Dorfe Rasczyn ein, welches durch die dort gelieferte Schlacht einen berühmten Namen erhalten hat. Seine Schar Braver hielt sich am 19. April 1809 zehn Stunden lang, ohne zu wanken; nur die Nacht trennte sie vom Feinde. Sie war jedoch zu geschwächt, um am Morgen darauf ein neues Treffen beginnen zu können; aber ihre Tapferkeit hatte zur Folge, daß eine Convention zu Stande kam, welche Poniatowski verstattete, mit seinem Corps sich über die Weichsel zurückzuziehen. Erzherzog Ferdinand folgte ihm und rückte nach Abschluß einer Capitulation am 21. April in Warschau ein. Nun stellten sich die Polen bei Praga auf; die Östreicher aber ergriffen Maßregeln, welche einen Angriff dieser nur schwach befestigten Vorstadt ankündigten. Als nun Poniatowski für den Fall neuer Feindseligkeiten drohte, die Hauptstadt nicht schonen, Feuer hineinwerfen und mit seinem Palaste, welchen er vom Oheim ererbt, beginnen zu wollen, schritt man, überzeugt, daß er Wort halten werde, zur zweiten Convention. So erhielt er sich einige Communication mit Warschau und hinderte die vom Erzherzog zwischen letzterer Stadt und Galizien beabsichtigte. Nun beschlossen die Östreicher, über die Weichsel zu gehen, um so Poniatowski zu umgehen und zur Niederlegung der Waffen zu nöthigen. Aber der Übergang bei Grochow und Gora mißglückte; vom jenseitigen Ufer zurückgeworfen, wandten sich die Östreicher nun nach Thorn zu, das der Commandant bei der ersten Aufforderung übergab. Ohne sich durch diesen unerwarteten Unfall niederschlagen zu lassen, beschloß der Fürst, in Galizien einzufallen, die Einwohner zu den Waffen zu rufen und die Communication des Feindes mit den Erbstaaten abzuschneiden.

Das Unternehmen des Fürsten glückte über alle Erwartung. In wenig Wochen war er von Sandomir, Lublin, Jaroslaw, Zamosc Meister und schob seine Truppen vor bis Lemberg. Diese unerwarteten Bewegungen setzten die Östreicher in Schrecken. Die Franzosen waren in Wien eingerückt und die Polen, auf Krakau losmarschirend, waren im Begriff, sich zwischen die Heere der Erzherzoge Ferdinand und Karl zu stellen. Der Erstere beeilte sich, das Herzogthum Warschau zu räumen, um Mähren wieder zu gewinnen. Der General Dombrowski, welcher ihm Schritt vor Schritt mit seinen neu angeworbenen Mannschaften folgte, hatte das Glück, seine Verbindung mit dem Fürsten Poniatowski fast unter den Mauern von Krakau zu bewerkstelligen. Da der Erzherzog diese Stadt nicht mehr behaupten konnte, erbot er sich zur Übergabe, worauf am 14. Juli eine die Stellung beider Heere regulirende Convention zu Stande kam und Poniatowski in die alte polnische Residenz einzog, deren Mitbesitz er aber in Folge des zwischen Rußland und Frankreich abgeschlossenen Bündnisses russischen Truppen einräumen mußte. Zwei Monate waren nun seit der Eröffnung des Feldzugs verflossen. Poniatowski hatte die Grenzfestungen vom Herzogthum Warschau und von Galizien besetzt und commandirte in dem Umgegend von Krakau über 30,000 Mann. Zu Wien, wo das französische Hauptquartier war, wußte man nicht, was in Polen geschah, und in Polen nicht, was bei der französischen Armee vorging, als ein Courier den zu Znaym geschlossenen Waffenstillstand meldete, nach welchem die Stellungen vom 12. Juli, als dem Tage der Unterzeichnung, wiedereingenommen werden sollten. Krakau war erst einige Tage später an die polnischen Truppen übergeben worden. Als aber die Östreicher von Poniatowski die Räumung der Stadt verlangten, bezog er sich auf eine frühere Separat-Convention und erlangte durch seine Festigkeit eine Frist von einigen Monaten, die er benutzte, Galizien eine provisorische Verfassung zu geben und die Armee zu organisiren. Am 21. Oct. erhielt er zu seinem lebhaften Mißvergnügen die Nachricht vom wiener Friedenstractat und sah sich genöthigt, Krakau und Galizien zu räumen.

(Der Beschluß folgt in Nr. 404.)

Lyon.

Die Stadt Lyon, welche bekanntlich im November dieses Jahres von einer so furchtbaren Überschwemmung, wie sie seit Menschengedenken dort nicht vorgekommen, heimgesucht worden ist, muß in jeder Beziehung — man mag Größe, Volkszahl, Industrie oder Reichthum ins Auge fassen — als die zweite Stadt Frankreichs betrachtet werden. Sie ist die Hauptstadt des Rhonedepartements (ehemals der Provinz Lyonnais, welche einst zum Königreich Burgund gehörte, und erst durch König Philipp den Schönen, der sie dem Erzbischof Peter von Savoyen abkaufte, Eigenthum der Krone wurde) und liegt sehr malerisch, zum Theil selbst auf Anhöhen, in einer von Bergen umgebenen Ebene an der Rhone und Saone, welche sich am Ende der Stadt vereinigen und bis zur Landzunge Perrache bilden. Über die Rhone führen zwei steinerne Brücken, von denen die heilige Geistbrücke, 1285—1305 erbaut und 2524 Fuß lang, 16½ Fuß breit, mit 20 Bogen, die größte Brücke in Europa ist; die andere, pont de la Guillotière, 1245 erbaut, ist 1755 Fuß lang und hat 18 volle Bogen. Außerdem ist noch eine dritte aus der Römerzeit oder wenigstens aus grauem Alterthume stammende Brücke über die Saone und vier hölzerne Brücken vorhanden. Die zweite der genannten Brücken hat ihren Namen von der auf dem linken Rhoneufer liegenden Vorstadt La Guillotière, welche, sowie die Vorstadt Croix-Rousse, eine besondere Stadtgemeinde bildet; jene hat 23,000, diese 18,000 Einwohner. Mit diesen und den Vorstädten Vaise und St.-Clair hat Lyon eine Bevölkerung von fast 192,000 Einwohnern.

Die Stadt ist im Allgemeinen nichts weniger als schön gebaut und hat enge, winkelige Straßen, deren meist steinerne Häuser zum Theil fünf bis sieben Stockwerke hoch sind; sie hat aber schöne

Quais längs der Flußufer, eine nicht geringe Zahl von Prachtgebäuden und nicht weniger als zehn große und schöne Plätze aufzuweisen. Unter diesen zeichnet sich am meisten der Königsplatz, sonst Bellecour genannt, aus, welcher ein 450 Schritt langes, 220 Schritt breites Viereck bildet und auf welchem die Reiterstatue des Königs Ludwig XIV. von Bronze steht; nächstdem ist der Platz Terreaux bemerkenswerth, auf welchem das Rathhaus steht. Drei getrennte Forts umgeben die Stadt: Pierre-Encise, St.-Jean und St.-Clair, von denen das zuerstgenannte lange als Staatsgefängniß gedient hat.

Handel und Industrie der Stadt, deren Charakter ausschließend commerciell ist, sind überaus lebhaft und wichtig, wiewol beide seit der Revolution gesunken sind. Jener wird durch die schiffbare Rhone unterstützt und blühte schon im Mittelalter, ja schon in uralten Zeiten war Lyon der wichtigste Markt Galliens. Die Industrie ist namentlich auf Fabrikation von Seidenzeugen und Seidenbändern gerichtet, womit gegen 20,000 (sonst 26,000) Webstühle und 50,000 Arbeiter beschäftigt sein sollen. Außerdem werden fabricirt: seidene, goldene und silberne Tressen, Sammt, seidene Strümpfe, seidene Shawls, Goldstickereien, Kattun, Wollenzeuche, Farbewaaren, Bijouterie- und Quincaillerieartikel, Tapeten, gewalkte Hüte, Orseille u. s. w. Der Verfall der lyoner Industrie hat übrigens schon vor dem Ausbruche der ersten französischen Revolution begonnen, denn schon im J. 1788 schickte die Stadt eine Bittschrift an den König, worin sie vorstellte, daß von

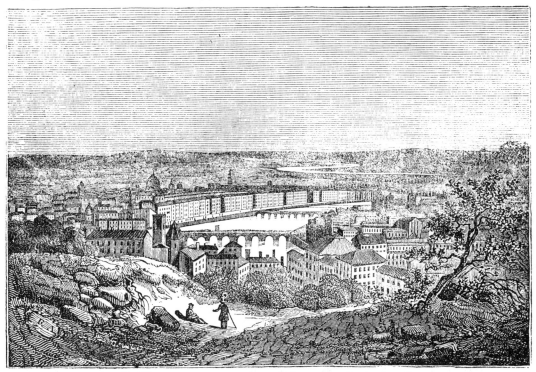

Ansicht von Lyon von den Höhen von Croix-Rousse.

40,000 Fabrikarbeitern nur noch 18,000 beschäftigt wären, ohne daß aber die Regierung im Stande war, die Ursachen dieses Verfalls zu beseitigen. Noch im J. 1820 verarbeiteten die im Gange befindlichen Webstühle, von denen seitdem viele ihre Thätigkeit eingestellt haben, für 45 Mill. Francs Seide und für 75 Mill. Waaren wurden ausgeführt.

Unter den 49 Kirchen der Stadt ist vor allen die dem heiligen Johannes gewidmete Kathedrale zu erwähnen, von der wir einige genauere Nachrichten mittheilen. Sie ist aus einer schon im Beginn des 7. Jahrhunderts erbauten, Johannes dem Täufer gewidmeten Taufkapelle entstanden, die anfangs einen Nebentheil der im 5. Jahrhunderte erbauten Stephanskirche bildete, aber nachher zur Hauptkirche wurde und im 10. Jahrhundert den Rang einer Dom- und Metropolitankirche Galliens erhielt. Im Anfang des 9. Jahrhunderts baute sie Erzbischof Leyderade fast ganz neu auf und legte in derselben die Reliquien des heiligen Cyprian, Bischofs von Karthago, sowie anderer Heiligen und Märtyrer nieder. Ein paar hundert Jahre später wurde das jetzige Gebäude begonnen, aber ungeachtet der wiederholten Beiträge der Päpste, der französischen Könige, der Erzbischöfe von Lyon und des Capitels erst im 15. Jahrhundert, unter der Regierung Ludwig XI., in seiner jetzigen Gestalt vollendet. Zu diesem letzten Baue wurden Marmorblöcke und andere Überreste des vom römischen Kaiser Trajan in Lyon gebauten Forums verwandt. Die westliche Fronte ist der modernste Theil der Kirche, die von Vielen wegen ihrer Pracht und Großartigkeit gepriesen, von Andern ihrer allgemeinen Wirkung nach für schwerfällig gehalten wird. Die vier Thürme sind niedrig, vierseitig und mit Sculpturarbeit reich verziert. Drei von ihnen sind leer; der vierte enthält eine der schwersten Glocken in ganz Frankreich, die nicht weniger als 35,000 Pf. wiegt. Um die ganze Breite der Façade laufen zwei Galerien mit offenen Balustraden. Das Innere der Kirche ist im Allgemeinen sehr einfach, aber die Länge des Schiffs, die Höhe des gewölbten Dachs, die Menge der Säulen, die reiche Sculpturarbeit und die Schönheit der Glasmalerei der Fenster, die nur ein gedämpftes Licht hereinlassen, geben dem Ganzen einen majestätischen und großartigen Charakter, der reicher verzierten Gebäuden häufig abgeht. Einen sehr wesentlichen Schmuck der Kirche bilden ferner die werthvollen Gemälde, welche Napoleon's Stiefonkel, Cardinal Fesch, als Erzbischof von Lyon, derselben geschenkt hat. Das Schiff ist augenscheinlich aus dem 13. Jahrhundert, wo die gothische Baukunst in Frankreich die höchste Stufe der Vollendung erreicht hatte und die meisten der in diesem Lande vorhandenen schönen gothischen Bauwerke entstanden sind. Die ganze Länge desselben beträgt 260, die Breite zwischen den Pfeilern 36 Fuß. Die Galerie zwischen dem Schiffe und Chore ist ein Werk des letzten Jahrhunderts, geschmückt mit korinthischen Säulen und einem Friese, den treffliche Basreliefs zieren. Der Hauptaltar ist merkwürdig wegen der beiden an den Enden desselben stehenden Kreuze, die im 13 Jahrhundert aufgestellt wurden, zum Andenken an die Vereinigung der lateinischen und griechischen Kirche, welche in einem in der Kirche gehaltenen großen Concil beschlossen worden, aber nicht zu Stande gekommen ist. An den Seitenflügeln zieht sich eine Reihe von Kapellen hin, die von den Erzbischöfen und Domherren in verschiedenen Zeiten gegründet wurden; die merkwürdigste befindet sich zunächst an dem Eingange zur Rechten, gegründet von dem Cardinal Karl von Bourbon, welcher um die Mitte des 15. Jahrhunderts Erzbischof von Lyon war. Diese ist ein Meisterwerk der spätern gothischen Baukunst, ausgezeichnet durch Reichthum, Mannichfaltigkeit und Geschmack der Zierathen. In der Kapelle erblicken wir das Wappen des Stifters und seines Bruders, Herzog Peter von Bourbon, der nach dem Tode des Cardinals die Vollendung des Baues über-

Ansicht von Lyon vom Felsen Pierre-Encise.

nahm. Eine Inschrift am Altare lehrt uns, daß das Herz des Cardinals Alphons von Richelieu, Erzbischofs von Lyon, dort niedergelegt wurde. Einer der anziehendsten Gegenstände für die zahlreichen Fremden, welche die Kirche besuchen, pflegt die berühmte Uhr zu sein, welche Nicolaus Lippius aus Basel im J. 1598 verfertigt hat, gewiß ein sehr merkwürdiges und interessantes Stück, zumal wenn die Zeit der Verfertigung in Erwägung gezogen wird. Sie hat von außen die Gestalt eines vierseitigen, von einer Kuppel überragten Thurmes, der mit einer Unzahl von Zierathen im schlechtesten Geschmacke überladen ist, und zeigte ehemals nicht blos die Stunde und Minute, sondern auch das Jahrhundert, das Jahr, den Ort der Sonne unter den Zeichen des Thierkreises, die Phasen des Mondes u. s. w. Dazu kommen seltsame mechanische Spielereien: ein Hahn auf dem Gipfel des Thurmes zeigt die Stunde durch Krähen und Schlagen mit den Flügeln an, worauf ein Glockenspiel eine bekannte Melodie spielt; während dessen stellen mehre Figuren das Mysterium der Verkündigung Mariä vor. Seit einigen Jahren ist die Uhr nicht mehr im Gange.

Außer der Kathedrale sind noch die Kirchen St.-Nizier und St.-Just durch ihre Bauart ausgezeichnet. Eins der schönsten Gebäude der Stadt ist ferner das vormalige Jesuitencollegium, welches jetzt das königliche Collége oder die lateinische Schule mit einer Bibliothek enthält. Das Local der Stadtbibliothek ist unstreitig eins der schönsten Bibliothekslocale, die es gibt, sowie auch das Stadthaus eins der schönsten in Europa. Bemerkenswerth sind ferner: der erzbischöfliche Palast, der Justizpalast, die Münze, das große Theater, das Zeughaus, das allgemeine Krankenhaus, das Museum des Handels und der Künste, das Museum der Alterthümer, die Gemäldegalerie, das Naturaliencabinet, der botanische Garten, die Sternwarte. Die wichtigsten Unterrichtsanstalten sind außer dem schon genannten Collége: eine Akademie mit drei Facultäten, die landwirthschaftliche und die Thierarzneischule (letztere die älteste in Frankreich), die große Gewerbschule (das La-

Martinière'sche Institut), die Lehranstalt für technische Chemie u. s. w.

Lyon ist eine uralte Stadt, die schon zur Zeit der Römer, wo sie Lugdunum hieß, zum Gebiet der Segusianer gehörte und von ihr die eine der vier gallischen Hauptprovinzen den Namen Gallia Lugdunensis erhielt, zu hohem Wohlstande gelangte. Für ihren Erbauer wird von Einigen Lucius Munatius Plancus ausgegeben, der auf Befehl des römischen Senats eine Colonie von Viennensern hierher geführt haben soll; nach Andern war sie zur Zeit dieser Niederlassung schon eine ansehnliche, auf dem Berge stehende Stadt, welche durch phönizische und griechische Colonien entstanden war und wo die Druiden ihre Versammlungen hielten, und wurde nur von dem gedachten Plancus bis in die Ebene erweitert. Von Kaiser Claudius, der hier geboren wurde, heißt die Stadt in alten Inschriften zuweilen colonia Claudia und zwar mit dem auf ihren Reichthum deutenden Beisatze copia. Unter Nero im J. 59 n. Chr. wurde sie durch eine Feuersbrunst zerstört und ganz neu aufgebaut; unter Kaiser Sever wurde sie im J. 198 zur Strafe für die Aufnahme seines Feindes Albinus geplündert und zum Theil niedergebrannt. Derselbe Kaiser verfolgte im J. 202 die hiesigen Christen mit der unmenschlichsten Grausamkeit, sodaß die Flüsse von ihrem Blute geröthet wurden. Im J. 383 wurde hier Kaiser Gratianus ermordet. Wiederholter Angriffe der Deutschen und Gothen ungeachtet blieb die Stadt im Besitze der Römer, an deren Zeit noch jetzt einige Überbleibsel alter Tempel, Wasserleitungen u. s. w. erinnern, bis unter der Regierung des Kaisers Honorius Stilico sie den Burgundern einräumte, welche sie zur Hauptstadt ihres Reichs machten. Im J. 532 kam sie unter die Botmäßigkeit der Franken, 955 aber wieder zu dem Königreiche Burgundia Transjurana; 1173 wurde sie dem Erzbischofe und Domcapitel übergeben und kam unter Philipp dem Schönen am Ende des 13. Jahrhunderts an die Krone Frankreich.

Im J. 1245 wurde hier, vom Papste Innocenz IV. berufen, eine vom (lateinischen) Kaiser von Konstantinopel, Balduin II., und 140 Prälaten besuchte Kirchenversammlung gehalten, welche gegen Kaiser Friedrich II. einen schrecklichen Bannstrahl schleuderte, ihn aller seiner Kronen verlustig erklärte und die deutschen Fürsten zur Wahl eines neuen Reichsoberhauptes aufforderte. Eine zweite Kirchenversammlung wurde im J. 1274 hier gehalten; an derselben nahmen außer König Jacob von Aragonien 15 Cardinäle, 70 Erzbischöfe, 500 Bischöfe und an 1000 andere Geistliche Theil. Im J. 1515 wurde hier mit dem Papste ein wichtiger, unter dem Namen des lyoner Concordats bekannter Vertrag geschlossen, durch den die Rechte der Krone und des Papstes in Bezug auf die französischen Kirchenverhältnisse regulirt wurden und welcher bis zur Revolution in Kraft geblieben ist. — Furchtbar war das Schicksal, welches die Stadt während der ersten Revolution traf. Als die Bewohner sich am 29. Mai 1793 gegen die Schreckensherrschaft und die Jakobiner, deren Allgewalt schwer auf Frankreich lastete, empört und in Straßenkämpfen den Sieg erfochten hatten, sandten die Machthaber in Paris eine zahlreiche, von Kellermann und Andern angeführte Macht gegen sie. Es half den Lyonern nichts, daß sie sich für die eine und untheilbare Republik und deren neue Verfassung erklärten, denn es war beschlossene Sache, an ihnen ein Exempel zu statuiren. Die Stadt wurde vom 7. Aug. an 70 Tage lang belagert und beschossen; aber muthig ertrugen die tapfern Bürger, von Precy angeführt, die Schrecken eines Kampfes, bei dem es auf ihre Vernichtung abgesehen war. Am 9. Oct. versuchte Precy, sich mit 3000 Streitern durchzuschlagen, aber nur ihm und 80 Gefährten gelang es, die Schweiz zu erreichen; die Andern bezahlten den Versuch mit ihrem Leben. Am 10. Oct. unterwarfen sich die 32 Sectionen der Stadt ohne Capitulation der siegreichen Armee des Convents, aber vergebens flehten sie um Gnade; zu Hunderten wurden die am meisten compromittirten Royalisten durch Kartätschen niedergestreckt. Der Convent sprach über die Stadt das Vernichtungsurtheil aus, nach welchem Lyon mit Ausnahme der Häuser der Patrioten, d. h. Anhänger der Jakobiner, der Erde gleich gemacht und dem Rest der Stadt der Name „befreite Gemeinde" ertheilt werden sollte; eine über den Trümmern errichtete Säule mit der Inschrift: „Hier stand Lyon" sollte das Strafgericht der Nachwelt verkünden. Mit Vollziehung des Spruches wurde Collot d'Herbois beauftragt, dem Fouché und Couthon bei seiner Blutarbeit zur Seite standen. Über 6000 Schlachtopfer bluteten unter dem Beile der Guillotine, und fünf Monate lang war man beschäftigt, wenigstens die schönsten Gebäude zu demoliren, da man es bald unmöglich finden mußte, den Spruch des Convents ganz seinem Wortlaute gemäß auszuführen.

Nur langsam und allmälig konnte sich die unglückliche Stadt erheben und gelangte unter der Restauration wieder zu hohem Wohlstande. Ein nicht unwichtiges Moment in der Geschichte der Stadt bildet der Bau einer Eisenbahn nach dem sieben Meilen entfernten St.-Etienne, der ersten in Frankreich, die 1826 begonnen und von welcher ein Drittel am 30. Juni 1830, die ganze Linie aber am 1. April 1833 für den Verkehr eröffnet wurde. Sie führt über die Brücke La Mulatière in Lyon und dient hauptsächlich zum Transport von Steinkohlen, die bei St.-Etienne und Rive de Gier gewonnen und in Lyon und den Umgebungen der Stadt verbraucht oder auch auf der Rhone und Saone nach andern Gegenden verführt werden. Der Betrieb der Eisenbahn geschieht größtentheils durch Pferde, zum Theil auch durch Dampfwagen, und ist sehr unvollkommen, wie auch die Bahn selbst hinsichtlich ihrer Construction keineswegs ein Muster zu nennen ist; hierin ist der Grund zu suchen, weshalb die Personenfrequenz der Bahn der sonst so günstigen Verkehrsverhältnisse ungeachtet hinter der auf so vielen andern Bahnen stattfindenden weit zurückbleibt.

Nach der Julirevolution wurden dem Wohlstande Lyons durch zwei blutige Aufstände aufs Neue empfindliche Wunden geschlagen. Der eine brach am 21. Nov. 1831 in der Vorstadt Croix-Rousse aus, wo sich gegen 20,000 Arbeiter wegen verweigerter Erhöhung des Arbeitslohns empörten, Barrikaden errichteten, die Linientruppen aus der Stadt vertrieben und mehre Häuser demolirten. Erst am 3. Dec. rückte Marschall Soult an der Spitze von 20,000 Mann und an der Seite des Thronerben in Lyon ein, stellte die Ordnung wieder her und entwaffnete die Einwohner. Der zweite Aufstand im April 1834 wurde durch einen Bund der Republikaner mit den Arbeitern herbeigeführt. Abermals errichteten die Rebellen Barrikaden und begannen in den Straßen ein Tirailleurfeuer, aber der commandirende General Aymar ließ die Barrikaden erstürmen und die von den Empörern besetzten und verschanzten Häuser einschließen. Fünf Tage währte die Unterbrechung aller Verbindungen in der Stadt, während die Bewohner in ihren Häusern eingesperrt blieben, bis es den Truppen gelang, die Sammelplätze der Insurgenten, namentlich das Quartier der Cordeliers, und mehre von jenen besetzte Kirchen, durch Anwendung von Geschütz zu erobern Den Verlust der Stadt schätzte man auf mehre Millionen; von den Truppen waren 475, von den Rebellen 6—700 theils gefallen, theils kampfunfähig geworden.

Das Unglück, welches die Stadt in den letzten Wochen durch Wasserfluten getroffen hat, scheint alles seit 1793 Erlebte zu übertreffen. Rhone und Saone stiegen seit den letzten Tagen des October noch um mehre Fuß (die letztere sogar um neun Fuß) höher, als bei der großen Überschwemmung von 1812, ja höher als seit mehr denn 200 Jahren; das Austreten der Saone war durch das schnelle Schmelzen des in den Vogesen und dem Jura ungewöhnlich frühzeitig gefallenen Schnees und dem unaufhörlichen Regen, der im October in der Franche-Comté und in Burgund in Strömen fiel und die Hauptzuflüsse der Saone anschwellte, verursacht worden. Mitten durch die Hauptplätze und Straßen der Halbinsel brach sich die Saone mehre wüthende Stromverbindungen mit der Rhone; beide Flüsse aber überschwemmten zwei Drittel der Stadt und rissen viele Häuser und vier Brücken hinweg. Namentlich hatten die Vorstädte La Guillotière und Vaise zu leiden; die letztere wurde völlig verlassen und wegen der einstürzenden Häuser (deren Zahl in dieser Vorstadt auf 300, in der zuerst genannten auf 210 angegeben wird) und der heftigen Strömung des Wassers selbst den Nachen ganz unzugänglich. Die Masse von Fischteichen, welche auf der sogenannten Bresse zwischen Saone und Rhone liegen, sprengten ihre Dämme und ergossen sich in die Saone, sodaß Hechte, Karpfen und andere Fische in den Straßen Lyons mit den Händen gefangen werden konnten. Die Bewohner flüchteten auf die Höhen der Croix-Rousse und die von St.-Just, wo die ersten christlichen Märtyrer bluteten und die wundertätige Marienkapelle von Fourvières sich erhebt. Zu dieser Noth kam für die unglücklichen Bewohner der im Wasser stehenden Häuser noch eine neue Geißel, nämlich die Diebe, die scharenweise herbeikamen und in Booten die Häuser überfielen, sodaß deren Bewohner es nöthig fanden, sich ihrer durch Anwendung von Schußwaffen zu erwehren, bevor die Behörden wirksame Maßregeln gegen diese Flotte von Flibustiern ergriffen. Fortdauernde heftige Regengüsse verlängerten die Überschwemmung; erst am 8. Nov. nahm die Rhone wieder ihr altes Bette ein und auch die Saone begann schnell zu fallen. Man schätzt den in Lyon und einigen andern Städten und Gegenden Südfrankreichs (im Ganzen sind 14 Departements durch Überschwemmungen heimgesucht worden) verursachten Schaden auf die ungeheure Summe von 200 Millionen Francs, sodaß die Entschädigung von 5 Millionen Francs, deren Bewilligung die Regierung bei den Kammern beantragt hat, kaum der dringendsten Noth abzuhelfen im Stande sein wird.

Der Galvanismus.
(Beschluß aus Nr. 402.)

Sehr auffallend werden durch die Voltaische Säule die Wirkungen des Galvanischen Stroms auf den menschlichen Körper verstärkt. Schließt man eine Säule von etwa 100 Plattenpaaren mit trockenen Fingern, so empfindet man fast gar nichts, schließt man sie aber mit nassen Fingern, so empfindet man eine eigenthümliche, betäubende und sehr heftige Erschütterung, namentlich wenn die Finger mit Kochsalz- oder Salmiakauflösung befeuchtet sind. Die Wirkung wird noch weit stärker, wenn man von beiden Polen der Säule aus breite Stanniolstreifen in ein mit Wasser (am besten Salzwasser) gefülltes Becken gehen läßt, in welches die Hände getaucht werden. Mit den Erschütterungen, die man hierbei empfindet, sind auch krampfhafte Zusammenziehungen der Muskeln verbunden; sie scheinen weit mehr, als die Schläge von leydener Flaschen, in das Innere der Organe einzudringen, und sind den Schlägen der Zitterrochen sehr ähnlich. Hinsichtlich dieser Wirkungen kommt es nicht auf die Größe, sondern nur auf die Anzahl der Plattenpaare an; wird diese vermehrt, so nimmt die Stärke der Erschütterungen fast bis ins Unbestimmte zu, während die Vergrößerung der Oberfläche der Platten so gut als gar keine Wirkung thut.

Noch muß einer besondern Art Voltaischer Säule gedacht werden, nämlich der trocknen oder Zamboni'schen Säule, die sich von der gewöhnlichen nassen Säule durch Abwesenheit jeder Flüssigkeit sehr auffallend unterscheidet. Man construirt sie aus Scheiben unechten Silber- und Goldpapiers (von denen jenes mit einer dünnen Lage von Zinn und Zink, dieses mit einer dünnen Schicht von Kupfer überzogen ist); beide Papierarten werden mit ihrer Papierseite aufeinander geleimt und die Scheibenpaare dann so aufeinander gelegt, daß in allen dieselbe Papierart oben liegt. Die zuerst von dem Professor Zamboni in Verona (um 1814) angewandten und nach ihm benannten trocknen Säulen sind von Bohnenberger und Andern mehrfach verbessert worden. Große Apparate dieser Art lassen sich mit ungleich größerer Leichtigkeit herstellen, als dies bei den nassen Säulen der Fall ist. Der größte ist unstreitig von Bechstein in Altenburg ausgeführt worden und besteht aus zwei Säulen, jede von 10,000 Scheibenpaaren von 16 Quadratzoll Oberfläche. Die Wirkungen dieser Säulen sind zwar ungleich schwächer als die der nassen, insbesondere fehlen die chemischen und physiologischen Wirkungen fast ganz oder sind wenigstens sehr geringfügig; dafür läßt sich aber durch Vermehrung der Anzahl der Scheibenpaare die elektrische Spannung so sehr verstärken, daß die Abstoßungs- und Anziehungserscheinungen der Pole schon in bedeutender Entfernung merklich werden, Nähnadeln, Pendel, leichte Metallkugeln u. s. w. angezogen werden und bei Tage sichtbare Funken überschlagen. Auch leydener Flaschen und ganze Batterien können mit solchen Säulen geladen werden. Ein großer Vorzug dieser Apparate vor den gewöhnlichen nassen Säulen, deren Kraft schon nach kurzem Gebrauche sehr bedeutend abnimmt, liegt in der langen Dauer ihrer Wirksamkeit, wenngleich die Hoffnung, welche anfangs gehegt wurde, durch dieselben ein Perpetuum mobile herzustellen, nicht in Erfüllung gegangen ist. Mit der Zeit nimmt auch die Wirkung der trocknen Säule ab, woran hauptsächlich die zunehmende Austrocknung Schuld sein mag. Ist nämlich die Papierschicht, welche die beiden Elektromotoren der ersten Classe trennt, vollkommen trocken, so findet gar keine elektrische Thätigkeit der Säule statt; aber vermöge ihrer hygrometrischen Eigenschaft (nach welcher sie aus der Luft Feuchtigkeit anzieht) enthält sie auch bei anscheinender Trockenheit immer noch Feuchtigkeit genug, um den Dienst eines Leiters zu verrichten, wiewol ihr Leitungsvermögen höchst gering ist.

Die Anwendungen des Galvanismus sind überaus zahlreich, auch von denen das Elektromagnetismus abgesehen, die vielleicht von allen die wichtigsten sind. Von einer ist bereits in diesem Artikel, von einer andern (auf das Sprengen der Felsen) ist früher in diesen Blättern die Rede gewesen. Auch die Heilkunde hat, namentlich in früherer Zeit, Anwendungen vom Galvanismus gemacht und sich desselben unter Anderm zur Heilung einer der furchtbarsten Krankheiten, der fallenden Sucht oder Epilepsie, bedient. Zu diesem Ende hat man nicht die Voltaische Säule, sondern nur die einfache Kette angewandt, zuweilen, namentlich in England, mit gutem Erfolge; besonders führt der Engländer Mansford, der zuerst auf die Anwendung geleitet wurde, mehre sehr auffallende Fälle von Heilung an. Auch gegen andere Übel, namentlich gegen Taubheit und Schwerhörigkeit, ist von manchen Ärzten die einfache Kette als wirksam empfohlen worden, sowie ohne Zweifel bei Lähmungen der Gliedmaßen in Folge eines Schlagflusses von Erfolg sein würde. In der neuesten Zeit haben jedoch die Ärzte von dem Galvanismus sowol als von der gewöhnlichen Elektricität nur seltener Gebrauch gemacht und mehr auf die Wirkungen des Magnetismus ihr Augenmerk gerichtet. Eine der wichtigsten Anwendungen des Galvanismus ist erst in der neuesten Zeit aufgefunden worden; wir meinen die bereits in diesen Blättern (Nr. 320) erwähnte, von Professor Jacobi in Petersburg erfundene Galvanoplastik, von der wir in einer der nächsten Nummern ausführlicher sprechen werden.

Die trockene Säule hat man zur Herstellung einer elektrischen Pendeluhr angewandt. Baut man sie nämlich so auf, daß sie aus zwei Säulen besteht, von denen die eine den positiven, die andere den negativen Pol oben hat, so kann ein Pendel, welches zwischen beiden hängt und abwechselnd von der einen und von der andern angezogen wird, in Bewegung gesetzt werden. Bald überzeugte man sich aber, daß der Gang dieses Pendels durchaus nicht gleichförmig ist, und zum Verdrusse ihrer Besitzer sind alle diese Pendeluhren schon nach einigen Monaten oder doch Jahren zum völligen Stillstande gekommen.

Robert Etienne und seine Officin.

Robert Etienne (Stephanus), welcher zu Anfange des sechszehnten Jahrhunderts zu Paris geboren wurde und 1559 zu Genf starb, war als Gelehrter und Buchdrucker gleich ausgezeichnet. Von ihm erschienen die besten Ausgaben der heiligen Bücher lateinisch, hebräisch und griechisch, ferner zum ersten Mal der Dionysius von Halikarnaß, Dio Cassius, desgleichen Cicero, Terenz, Plautus und sein durch ganz Europa berühmter *Thesaurus linguae latinae*. Nach der erstaunlichen Menge von Werken, die bei ihm ans Licht traten, hätte man ihn für einen sehr reichen Mann halten müssen. Aber er verdankte fast Alles der mächtigen Unterstützung des Königs Franz I., welcher ihn schätzte, ja — Freund und Beschützer der Wissenschaften überhaupt — ihn wahrhaft liebte. Davon legt sein Sohn, Heinrich, selbst sein Zeugniß ab. „Franz I. hatte" — äußert derselbe — „zu meinem Vater eine besondere Zuneigung, und that solche, wenige Tage vor seinem Tode, im Angesichte seines Hofs auf die glänzendste Weise kund. Alles, was mein Vater verlangte, gestand er ihm ohne allen Rückhalt zu, ja in Beziehung auf seine kostbarsten typographischen Speculationen übertraf er noch seine ausschweifendsten Wünsche." Interessant ist ein Blick in diese große Officin. „Die Correctoren" — schreibt Heinrich Etienne an seinen Sohn Paul — „finden sich aus allen Landen bei uns ein, und da sie sich wegen der Verschiedenheit der Sprachen nicht anders verständigen können, bedienen sie sich untereinander des Lateinischen, als des gemeinschaftlichen Idioms. Da männliche und weibliche Dienstboten stets, selbst bei Tische, über Gegenstände aller und jeder Art, in lateinischer Sprache die Unterhaltung geführt werden, auch die Bedürfnisse der Tafel so gefodert werden, haben sie sich am Ende so damit vertraut gemacht, daß sie sich selbst darin ausdrücken. Was nun aber vollends beitrug, das ganze Haus an die lateinische Sprache zu gewöhnen, war, daß, sobald wir, ich und mein Bruder, nur einige Worte im Zusammenhange zu stammeln vermochten, wir uns nicht beikommen ließen, vor dem Vater oder vor den zehn Correctoren uns einer andern Sprache zu bedienen." Hierdurch scheint die Angabe, daß Robert's sprachgewandte Gattin, Petronella, Tochter des Buchdruckers Ascensius, Kinder und Dienstboten im Lateinischen unterrichtet und diese Sprache so im ganzen Hause verbreitet habe, einigermaßen erläutert zu werden.

Notiz.

Auf einem Zimmerplatze in London sah man kürzlich ein tragbares Regierungsgebäude, das bestimmt war, dem vor einigen Monaten abgegangenen britischen Residenten in Neuseeland als Wohnung zu dienen. Es ist ganz aus dem besten norwegischen Holz construirt und soll größer, bequemer und schöner sein, als das ähnliche, welches für Napoleon von England aus nach St.-Helena geschickt wurde. Dasselbe ist 120 Fuß lang, 50 breit und 24 hoch, wiegt 250 Tonnen (5000 Centner) und kostet 2000 Pf. St.; im Innern enthält es 16 mit elegantem Getäfel ausgelegte Zimmer, von denen eins zu einer Schule bestimmt ist; längs dem Hause läuft eine schöne, von eisernen Säulen getragene Veranda oder Galerie hin.

Die eben erschienene siebente Auflage von:
Der Arzt als Hausfreund
oder freundliche Belehrungen an Väter und Mütter bei allen erdenklichen Krankheitsfällen in jedem Alter.

Ein treuer und allgemein verständlicher Rathgeber für alle Diejenigen, welche sich selbst belehren wollen, oder sich nicht gleich ärztlichen Rathes erfreuen können.

Von **Dr. Ludw. Fr. Frank.**

Preis sauber geheftet 18 Gr.

Leipzig 1840 bei Friedrich Fleischer, empfiehlt sich allen Familien als Das, was der Titel sagt, als ein treuer Rathgeber. Sorgfältig hat der Herausgeber die Grenzlinie beobachtet, wo er mit Anwendung seiner Rathschläge auszuhelfen glaubt und wo die Berufung eines Arztes durchaus nöthig wird. Deshalb kann Jeder das Buch mit dem Vertrauen benutzen, welches sich an ihm schon durch den großen und immer steigenden Beifall, den nicht eine sehr große Anzahl rechtlicher Personen, sondern auch Nachdrucker aller Art, ihm reichlich gezollt haben, bewährt haben dürfte. Eine ausführliche Anzeige des Inhaltes ist durch jede Buchhandlung zu beziehen.

Berichtigung.

In dem Aufsatze über Virgilius in Nr. 400, S. 373, Spalte 1, Zeile 9 muß es statt unbedeutendstes heißen: und bedeutendstes.

Das Pfennig-Magazin
für
Verbreitung gemeinnütziger Kenntnisse.

404.] Erscheint jeden Sonnabend. [December 26, **1840.**

Gotha.

Ziemlich in der Mitte zwischen Erfurt, der alten Hauptstadt Thüringens, und dem am Fuße der Wartburg liegenden Eisenach, von jeder dieser beiden Städte etwa drei Meilen entfernt und ungefähr zwei Stunden nördlich vom Fuß des thüringer Waldgebirges, liegt Gotha, die Hauptstadt des gleichnamigen Fürstenthums und abwechselnd mit Koburg die Residenz des Herzogs von Sachsen-Koburg-Gotha, in einer freundlichen, sehr fruchtbaren und ziemlich hohen Gegend. Diese ist von Natur so wasserarm, daß man es schon im 14. Jahrhunderte unter Landgraf Balthasar nöthig fand, einen Theil des kleinen Flusses Leine, der später noch durch einen Arm des Flüßchens Apfelstädt verstärkt wurde, vom thüringer Walde nach der Stadt zu leiten. Der Hügel, an dessen Nordseite die Stadt erbaut ist, wird von mehren andern kleinen meist mit Holz bewachsenen Bergen umgeben, unter denen besonders der Kramberg und der 1200 Fuß hohe, ½ Stunde entlegene Seeberg zu nennen sind, letzterer wegen seiner vorzüglichen Kalk- und Sandsteinbrüche, noch mehr aber wegen der auf ihm von Herzog Ernst II. erbauten, sehr gut eingerichteten Sternwarte, die eins der trefflichsten Institute dieser Art in Deutschland ist, merkwürdig. Die Stadt, welche ein unregelmäßiges Viereck mit sechs Bollwerken und vier Thoren bildet, ist ziemlich regelmäßig und überaus freundlich gebaut und bildet in dieser Hinsicht gegen die beiden obengenannten Nachbarstädte einen sehr auffallenden Contrast, ja sie ist unstreitig unter allen Städten gleicher Größe in Deutschland eine der schönsten. Sie hat mehre große und schöne Plätze, worunter der Schloß-, Karolinen- und Friedrichsplatz, der Altmarkt mit drei Springbrunnen und der Neumarkt, ebenfalls mit einem schönen Brunnen, und ist von schönen Linden- und Kastanienalleen, nächstdem auf allen Seiten mit vielen Gärten und stattlichen Landhäusern umgeben. Bis in die neueste Zeit war sie von Wällen, Gräben und Bastionen eingefaßt, die aber jetzt dem Boden gleich gemacht und in Gärten und Spaziergänge verwandelt sind.

Unter den Gebäuden der Stadt ist von allen das weithin sichtbare Schloß Friedenstein im Süden derselben auf dem 1150 Fuß hohen Gipfel des Hügels, an den sich jene lehnt, zu nennen, gewiß eins der schönsten und größten Residenzschlösser, das der Stadt schon aus der Ferne ein imposantes Ansehen gibt. Es besteht aus einem Hauptgebäude und zwei im rechten Winkel daran gesetzten, mit Thürmen gekrönten Flügeln und enthält ein Museum, einen Verein mehrer vom Erbauer des Schlosses, Herzog Ernst dem Frommen, angelegten Sammlungen, die einen Besuch im höchsten Grade verdienen und von den bedeutendsten Werthe sind. Man findet nämlich hier vereinigt: 1) eine sehr ansehnliche Bibliothek von 150,000 Bänden; 2) ein überaus reiches Münzcabinet (75,000 Stücke), eins der vollständigsten in Europa, mit numismatischer Bibliothek; 3) ein chinesisches Cabinet, das in Deutschland seines Gleichen sucht; 4) ein Kunstcabinet; 5) ein Naturaliencabinet, in welchem besonders die Conchylien sehr vollständig sind; 6) eine Gemäldegalerie, die über 600 Gemälde zählt; 7) ein Kupferstichcabinet; 8) das orientalische Museum von Seetzen und Anthing. Aus den Zimmern des Schlosses genießt man auf allen Seiten schöner und weiter Aussichten. Rings mit Festungswerken umgeben, bildete das Schloß ehemals eine Citadelle; jetzt sind alle diese Werke demolirt und an ihre Stelle sind Spaziergänge und Blumenstücke getreten. Um das Schloß herum liegt der Orangeriegarten, das kleine Lustschloß Friedrichsthal und der ziemlich große, einfache, aber trefflich angelegte Park, der an jedem Freitage dem Publicum offen steht. In diesem ist besonders eine kleine Insel merkwürdig, auf welcher sich die Gräber der drei letzten Herzoge von Gotha (Ernst, August und Friedrich) aus der im J. 1824 ausgestorbenen gotha-altenburgischen Speciallinie befinden, nach welcher die früher in Koburg und Saalfeld regierende Linie in den Besitz des Landes gekommen ist. Auf gefühlvolle Reisende muß der Besuch dieser Insel unstreitig einen wehmüthigen Eindruck eigner Art machen. — Das Schloß Friedenstein wurde von Herzog Ernst dem Frommen, dem Stifter der gothaischen Linie, der seine Residenz in Gotha nahm, in den Jahren 1643—46 erbaut und seit 1657 befestigt. Es trat an die Stelle eines uralten Schlosses, Grimmenstein genannt, das aus einem steinernen Gebäude (Kemnote) des thüringischen Landgrafen Heinrich Raspe (gestorben 1247) entstanden zu sein scheint, welches von Landgraf Albrecht noch im 13. Jahrhundert in eine Burg verwandelt, aber erst von 1530—41 befestigt wurde und damals für uneinnehmbar galt. Den Bestimmungen der wittenberger Capitulation gemäß ließ Herzog Johann Friedrich der Mittlere im J. 1547 nach der unglücklichen Schlacht bei Mühlberg, welche dem schmalkaldischen Kriege ein Ende machte, die Festungswerke schleifen. Fünf Jahre nachher erhielt sein Vater, der entsetzte Kurfürst Johann Friedrich der Großmüthige, vom Kaiser die Erlaubniß, die Festungswerke wiederherzustellen, worauf das Schloß fester wurde als zuvor. Ein Streit zwischen dem Herzog und dem Kaiser führte seine gänzliche Zerstörung herbei. Der Erstere, Johann Friedrich der Mittlere, hatte sich durch Aufnahme und Schutz eines geächteten fränkischen Edelmanns, Wilhelm von Grumbach, der den Bischof von Würzburg ermordet und den Landfrieden vielfach verletzt hatte, sowie dadurch, daß er den Rathschlägen desselben zur Erlangung der seinem Hause entzogenen Kurwürde Gehör gab, die kaiserliche Ungnade zugezogen, und da er aller Aufforderungen ungeachtet Jenem auch dann, als er wiederholt geächtet worden war, seinen Schutz gewährte, wurde er selbst in die Acht erklärt und Kurfürst August von Sachsen mit Vollstreckung derselben beauftragt. Dieser rückte mit zahlreicher Kriegsmacht 1566 vor Gotha und kam nach mehrmonatlicher Belagerung durch Capitulation vom 13. April 1567 in den Besitz der Stadt und der Festung, worauf die letztere gänzlich geschleift und im eigentlichen Sinne der Erde gleich gemacht wurde.

Außer dem Schlosse Friedenstein sind noch folgende Gebäude zu erwähnen: das geräumige, alterthümliche Rathhaus, welches auf dem zum Schloßberge sanft ansteigenden alten Markte isolirt steht, das Landschaftshaus, das Zucht- und Waisenhaus, das Magdalenenspital, der Siechhof, das Reithaus, das mit der Stadtschule vereinigte Gymnasium und das neue, erst am 2. Jan. 1840 eröffnete Theater. Auf architektonische Schönheit kann freilich nur der kleinste Theil dieser Gebäude Anspruch machen. In den nächsten Umgebungen dieser Stadt sind das stattliche Schießhaus und Arnoldi's Berggarten mit einem Thurme, der eine schöne Aussicht gewährt, zu erwähnen. In einem Umkreise von wenigen Stunden liegen mehre reizende und interessante Punkte, namentlich die drei Gleichen, drei benachbarte Berge (wovon zwei mit Ruinen bedeckt), welche der ganzen Gegend einen romantischen Charakter verleihen, der entferntere Inselsberg, einer der höchsten Gipfel des thüringer Waldes, das reizende Lustschloß Reinhardsbrunn mit schönen Gartenanlagen, die Erziehungsanstalt Schnepfenthal, der 30 Fuß hohe Candelaber bei Altenberge an der Stelle der ersten christlichen Kirche im nordöstlichen Deutschland, welche 724 durch Bonifaz entstanden war u. s. w.

Die Nahrungszweige der Einwohner, deren Zahl im J. 1839 13,874 betrug, sind mannichfach und bestehen in Handel, Gewerben und Ackerbau. Der Handel ist sehr ansehnlich und wird durch zwei große Handelsstraßen von Leipzig nach Frankfurt und von Nürnberg nach Braunschweig, welche sich in Gotha kreuzen, nicht wenig gefördert. Man findet hier eine Porzellanfabrik, Buntpapier-, Leder-, Leinwand-, Farben-, Tabacks- und Nudelfabriken, eine Baumwollenmanufactur u. s. w., außerdem werden wollene Garne und andere Wollenwaaren, Feuerspritzen, Feuereimer, hänfene Spritzenschläuche, treffliche, weit und breit bekannte Würste u. s. w. verfertigt; von Handwerken sind besonders die Gerberei und das Sattlerhandwerk in Flor. Von jeher ist Gotha die bedeutendste Handelsstadt Thüringens gewesen. Unter den Unterrichtsanstalten befindet sich das älteste deutsche Schullehrerseminar, ein erst in der neuesten Zeit errichtetes Realgymnasium, eine Handelsschule u. s. w., unter den Wohlthätigkeitsanstalten ein Stift für arme Mädchen und eine Anstalt zur Besserung verwilderter Knaben.

Der Name der Stadt wird auf sehr verschiedene Weise abgeleitet. Nach Einigen kommt er her von Gut aha, d. i. gutes Wasser, was den Umstand für sich hat, daß die Stadt in der ältesten Urkunde, in der sie vorkommt, vom J. 1109, Gotaha geschrieben wird, was aber nach Anderer Meinung auch Gute Aue oder Gottes Aue bedeuten könnte. Melanchthon leitete den Namen von den Gothen her, wiewol es ganz unwahrscheinlich und durch nichts begründet ist, daß diese die Stadt erbaut hätten. Um 933 war Gotha noch ein Dorf, das dem Stifte Hersfeld (im Hessischen) gehörte. Der Abt Gothardt vergrößerte es um das Jahr 1000 und auch von ihm leiten Manche den Ursprung des Namens ab; er wurde später der Schutzheilige von Gotha und figurirt im Wappen der Stadt, auch steht seine Bildsäule auf dem mittelsten der drei Springbrunnen, welche den alten Markt zieren. Von dem Stifte ging der Besitz von Gotha, das erst 1109 als Stadt vorkommt, auf die Landgrafen von Thüringen über, von denen Heinrich Raspe, wie erwähnt, den Grund zum Grimmenstein legte, Balthasar aber 1369 die Leine in die Stadt leitete und ihr dadurch eine der größten Wohlthaten erwies (eine alte Sage schreibt die Wasserleitungen einem Augustinermönche zu). Im J. 1441 erhielt Gotha die erste feierliche Bestätigung seiner Privilegien durch Kurfürst Friedrich den Sanftmüthigen und seinen Bruder Wilhelm. Die Reformation fand schon um 1522 hier Eingang und der erste protestantische Superintendent Mykonius, ein zu seiner Zeit sehr gefeierter und berühmter Mann, erwarb sich durch seine Bemühungen um Umgestaltung des Kirchen- und Schulwesens die größten Verdienste. Seit 1553 wurde die Stadt mit ordentlichen Festungswerken versehen und hatte bald nachher zugleich mit dem Grimmenstein die bereits vorhin erwähnte, durch die Grumbachschen Händel veranlaßte, langwierige Belagerung zu bestehen, welche dem Wohlstande der Stadt die empfindlichsten Wunden schlug. Im J. 1632 wüthete eine Feuersbrunst, die den größten Theil der Stadt — ungefähr zwei Drittel — in einen Schutthaufen verwandelte, worauf noch zweimal, 1646 und 1665, sehr verheerende Feuersbrünste folgten. Der verheerende Einfluß dieser Unglücksfälle wurde jedoch bei weitem aufgewogen durch den glücklichen Umstand, daß Gotha im J. 1640 der Sitz einer besondern Linie des ernestinisch-sächsischen Regentenhauses wurde. Herzog Ernst der Fromme war der erste Fürst aus dieser Linie, deren Fürsten ununterbrochen hier residirten, bis sie 1824 erlosch; erst in dieser Periode aber hat sich Gotha zu derjenigen Stufe von Blüte und Wohlstand erhoben, die es gegenwärtig einnimmt.

Beitrag zur Culturgeschichte von Marokko.

Der schwedische Consul zu Tanger, Gräberg von Hemsö, richtete auf die Sitten und Gebräuche, sowie auf den Grad der Cultur und Erziehung, welcher in Marokko sich geltend machte, aufmerksame Blicke. Unter Anderm interessirte ihn auch die Art, wie für Gewinnung der Nahrungsmittel, namentlich durch den Feldbau, gesorgt ward. Hier nahm er nun wahr, daß gewöhnlich nur mit Einem Ochsen gepflügt wurde, welchen der Lenker des Pflugs mit einem spitzigen Stachel antrieb. Nur wenn man tiefer pflügen wollte, spannte man neben den Ochsen noch einen Esel, ein Pferd, eine Kuh oder Eine Frau. Dieses geschah in den ärmern Gegenden sogar sehr häufig. Viele werden den Kopf schütteln, werden den Berichterstatter der Leichtgläubigkeit beschuldigen; denn wenn auch das weibliche Geschlecht in Asien und Afrika unter den Fesseln des Despotismus schmachtet, so war doch eine so tiefe Herabwürdigung desselben kaum denkbar; gleichwol berichtet Jener als Augenzeuge. Er sah selbst in Bahrein bei Tanger öfter eine Frau, in der Blüte ihrer Jahre und Kraft, mit einem Esel oder Maulthier zusammengejocht, fast nackt, in Schweiß gebadet, gekrümmt den Pflug ziehen und den Lenker sie, wie das Thier, durch Stiche mit seinem Stachel zum schnellen Gehen antreiben.

Der Herzog von Wellington und sein Schild.

(Beschluß aus Nr. 400.)

Fig. 9. Die Schlachten an den Pyrenäen.

Die Schlacht bei Vittoria war nicht minder wichtig in ihren Resultaten, als glänzend in den sie begleitenden Umständen gewesen. Sie hatte die Franzosen zu schnellem Rückzuge, zur gänzlichen Räumung Spaniens genöthigt; dieselben schlugen den Weg nach Pamplona ein und eilten, hinter den Wällen dieser Festung Schutz zu finden. Ihr Aufenthalt in derselben war aber von kurzer Dauer; nach einer Verstärkung der Garnison setzte König Joseph seine Flucht fort und nahm den größten Theil seiner Armee mit sich nach Frankreich, den Rest derselben im Bastanthale lassend, dessen Besitz den Engländern theils wegen seiner Fruchtbarkeit, theils wegen seiner starken Positionen sehr wünschenswerth war. Wellington traf sogleich wirksame Maßregeln, dieses Corps zu vertreiben; der Feind wurde genöthigt, einen Posten nach dem andern zu verlassen und sich endlich nach Frankreich zu werfen. Aber noch immer waren die mit zahlreichen Besatzungen versehenen Festungen St.-Sebastian und Pamplona im Besitz der Franzosen. Wellington beschloß, mit der Belagerung der erstern zu beginnen, weil ihre Lage am Meere es leichter machte, die nöthigen Angriffsmittel zu beschaffen; sie wurde demnach von 10,000 Mann unter Thomas Graham berannt. Pamplona wurde von einem spanischen Corps eng eingeschlossen und auf allen Seiten mit Verschanzungen umgeben, um ein Entkommen der Besatzung zu verhindern und alle Zufuhren abzuschneiden.

Nothwendig mußten diese Ereignisse Napoleon's Aufmerksamkeit erregen und seinen Stolz schwer verwunden. Das Ziel, nach dem er so lange gerungen, stand auf dem Punkte, ihm zu entgehen, und die größten Anstrengungen wurden erheischt, um das französische Gebiet selbst gegen feindlichen Einfall zu schützen. Er traf seine Maßregeln mit Eile. Frisch ausgehobene Truppen wurden nach den Pyrenäen gesandt, um die gelichteten Reihen seiner geschlagenen Armee zu ergänzen, und damit der Anführer den Umständen gewachsen sei, wurde Marschall Soult, der Spanien im Frühjahre verlassen und den Kaiser nach Deutschland begleitet hatte, eiligst nach Spanien zurückgesandt. Der Marschall traf am 13. Juli auf seinem Posten ein und begann seine Operationen mit Energie und Thätigkeit. Die Armee wurde organisirt und eine Proclamation erlassen, welche eingestand, daß die Dispositionen des britischen Feldherrn geschickt, die Tapferkeit seiner Truppen preiswürdig gewesen seien, aber den französischen Soldaten versicherte, daß ihre Unfälle nur Fehlern ihrer Anführer zuzuschreiben seien, und in zuversichtlichem Tone davon sprach, daß man die Verbündeten über den Ebro zurücktreiben und Napoleon's Geburtstag in Vittoria feiern werde.

Die Lage Wellington's war inzwischen in hohem Grade schwierig. Da er die Belagerung zweier Festungen zu decken hatte, die ein weiter Zwischenraum trennte, so mußte er seine Linie auf eine gefährliche Weise ausdehnen. Die Stellungen seiner Divisionen waren zwar fest, aber bei der Beschaffenheit des Landes waren sie von aller Communication miteinander abgeschnitten und der Feind hatte den Vortheil, daß er seine ganze Macht gegen ein einzelnes Corps wenden konnte, während demselben die übrigen Divisionen keinen Beistand zu leisten im Stande waren. Die Vertheilung der verbündeten Armee wurde auf diejenige Art gemacht, die am besten geeignet war, zugleich die Pässe der Pyrenäen zu bewachen, die Belagerung von St.-Sebastian und die Blokade von Pamplona zu decken und die zu erwartenden Bemühungen des Feindes zum Entsatz dieser Festungen zu vereiteln.

Marschall Soult's Absicht ging zunächst dahin, Pamplona zu entsetzen, das weniger Widerstandsmittel als St.-Sebastian enthielt. Er versammelte daher ein starkes Corps zu St.-Jean Pied de Port und marschirte am 25. Juli mit 35,000 Mann nach Roncesvalles, wo General Byng stand, der sich zurückziehen mußte. General Drouet führte 13,000 Mann gegen die Stellung des Sir Rowland Hill in den Pässen von Maya; auch hier wurden die Engländer nach hartnäckigem Kampfe zum Rückzuge genöthigt, sahen sich aber später durch Verstärkungen in den Stand gesetzt, die Franzosen wieder zu vertreiben. Wellington befand sich um diese Zeit vor St.-Sebastian; als er hier das

*

Vorrücken der Franzosen erfuhr, nahm er seine Maßregeln, um die Armee an der bedrohten Stelle zu concentriren. Schon hatte der rechte Flügel der Engländer den Rückzug begonnen, als er von Wellington den Befehl Halt zu machen erhielt; bald nachher kam der Feldherr selbst an. Soult war von der Festung Pamplona nur noch wenige englische Meilen entfernt und griff am Morgen des 28. den linken Flügel der Engländer an, wurde aber mit großem Verlust zurückgeschlagen. Der nächste Angriff wurde gegen das Centrum gerichtet, aber auch hier folgte einem momentanen Erfolge schneller Rückzug. Das Gefecht wurde hierauf allgemein auf der ganzen Fronte der Anhöhen, auf denen die vierte Division der Engländer unter Lowry Cole stand. Soult machte wiederholte Versuche, sich auf der Linie der Verbündeten festzusetzen, aber alle waren fruchtlos und nach heißem Kampfe zog er endlich seine Truppen zurück.

Am folgenden Tage blieben beide Armeen ruhig, aber Wellington's Anordnungen wurden in der Zwischenzeit vollständig ausgeführt. Am Morgen des 30. sah man die Truppen des Marschalls gegen Drouet's Stellung marschiren. Wellington bemerkte dieses Manoeuvre sogleich und beschloß, die furchtbare Stellung in seiner Fronte anzugreifen; dies geschah und der Feind mußte sie in kurzer Zeit aufgeben. In der Zwischenzeit waren Verstärkungen an Rowland Hill gesandt

worden; dieser wies mit ihrer Hülfe jeden Angriff zurück und behauptete sich, bis Drouet seine Flanke umgangen hatte, worauf er sich in aller Muße zu einer günstigern Hügelreihe zurückzog und den Anstrengungen des Feindes, ihn zu vertreiben, trotzte.

In der Nacht verließen die Franzosen ihre Stellung und waren am folgenden Morgen in vollem Rückzuge begriffen. Sogleich begann man sie zu verfolgen, wobei viele Gefangene gemacht wurden. Am 1. Aug. war der Feind nach Frankreich zurückgekehrt; die verbündeten Truppen waren wieder im Besitz der Pässe durch die Pyrenäen und nahmen fast dieselben Stellungen als vor dem 25. Juli ein, was das Resultat der dreitägigen, für den britischen Feldherrn und seine Armee so ehrenvollen Gefechte war, die man mit dem Namen „Schlachten an den Pyrenäen" bezeichnet hat.

Fig. 10. Der Einzug in Toulouse.

Ungeachtet der wiederholten Niederlagen, welche Soult bei seinen Versuchen, die Festungen St.-Sebastian und Pamplona zu entsetzen, erlitten hatte, wollte er doch die Hoffnung, ihren Fall abzuwenden, nicht ohne einen nochmaligen Kampf aufgeben. Er machte daher am 31. Aug. 1813 einen verzweifelten Angriff auf den linken Flügel der verbündeten Armee, welche die Belagerung von St.-Sebastian deckte, namentlich auf ein spanisches Corps, das auf den Höhen von St.-Marcial stand. Die Franzosen marschirten voll Verachtung ihrer Gegner mit ungemeinem Selbstvertrauen den steilen Abhang hinan, aber die tapfern Vertheidiger warteten nur, bis sie den Gipfel erreicht hatten, und griffen sie dann mit dem Bayonnette an, durchbrachen auf einmal ihre Reihen und verfolgten sie hitzig. Am Tage dieses Angriffs wurde die Stadt St.-Sebastian mit Sturm genommen und die Besatzung genöthigt, sich in die Citadelle zurückzuziehen, die sich noch einige Tage länger hielt.

Nachdem dergestalt der linke Flügel des verbündeten Heers frei geworden war, wurden Vorbereitungen zum Einfall in Frankreich getroffen. Vor dem Falle von Pamplona war es nicht möglich, die Offensive im Großen zu ergreifen; aber am 31. Oct. ergab sich auch die Besatzung dieser Festung, 4000 Mann stark, nachdem ihre sämmtlichen Vorräthe erschöpft waren, als kriegsgefangen und machte so auch den rechten Flügel der verbündeten Armee, welcher bisher die Blockade zu decken gehabt hatte, verfügbar.

Das Wetter begann ungewöhnlich naß und streng; die Niederungen in der Nähe der Flüsse, welche die feindlichen Armeen trennten, waren in einen zusammenhängenden Morast verwandelt; auf beiden Seiten blieben daher die Truppen ruhig in ihren Standquartieren. Diese Ruhe dauerte mit geringer Unterbrechung bis zum Februar 1814, wo das Wetter günstiger wurde. Wellington beschloß daher ins Feld zu rücken und einen Theil seiner Armee zur Berennung von Bayonne abzusenden, mit dem übrigen größern aber den Krieg in das Herz Frankreichs zu versetzen. Am 26. wurde über den Fluß Adour, an dessen Ufer Bayonne liegt, etwa eine Stunde unterhalb dieser Stadt und kaum eine halbe Stunde vom Meere eine Schiffbrücke geschlagen. Diese Operation war sehr schwierig, denn der Fluß ist dort 870 Fuß breit und die Flut ist so mächtig, daß sie die Anwendung kleinerer Schiffe als gedeckter von 20—30 Tonnen Last unmöglich macht. Die Franzosen hatten nicht daran gedacht, diesen Übergang zu bewachen, weil sie glaubten, daß die Breite, Tiefe und reißende Schnelligkeit des Flusses nicht zu überwältigende Hindernisse abgäben; die Stadt wurde daher an beiden Seiten des Adour ohne ernstlichen Widerstand blockirt.

Während der linke Flügel der englischen Armee hiermit beschäftigt war, führte Wellington den übrigen Theil in das Innere Frankreichs und vertrieb im Vorrücken den Feind aus den Positionen, die er inne hatte. Bayonne seinen eigenen Hülfsquellen überlassend, concentrirte Soult seine Streitkräfte sogleich hinter dem Gave de Pau bei Orthes, nahm eine sehr feste Stellung ein und schien entschlossen, den Ausgang einer Schlacht abzuwarten. Am 27. griffen ihn die Briten an, erfuhren aber von Seiten seiner Truppen hartnäckigen Widerstand; doch endlich wichen die Letztern und flohen in wilder Hast. Da traf die Engländer ein Unfall, dessen mögliche Folgen selbst durch den glänzendsten Sieg nicht hätten aufgewogen werden können. Während des Kampfes wurde Wellington von einem Traubenschusse getroffen, der den Griff seines Degens mit solcher Heftigkeit gegen seine Seite trieb, daß er bedenklich verletzt wurde. Er war daher nicht im Stande, die verfolgenden Bewegungen der verschiedenen Divisionen bei Zeiten gehörig anzuordnen; außerdem würden die Resultate des Gefechts wahrscheinlich noch entscheidender gewesen sein.

Nach dieser Niederlage sah sich Soult durch Wellington's Manoeuvres genöthigt, sich in der Richtung von Bordeaux nach St.-Sever am Adour zurückzuziehen; aber da die Verbündeten wegen des ungünstigen Wetters Halt machen mußten, so benutzte der

Marschall die Gelegenheit, den Adour hinaufzugehen, um sich den Pyrenäen zu nähern und den Kriegsschauplatz dorthin zu versetzen. So wurde die Straße nach Bordeaux den Verbündeten offen gelassen und Wellington, der die Überzeugung hegte, daß sich in dieser Stadt eine starke, auf der Seite der Bourbons stehende Partei befände, sandte Marschall Beresford mit einem ansehnlichen Corps ab, um die französischen Truppen zu vertreiben und den Einwohnern eine Gelegenheit zu geben, ihre Gesinnungen offen auszusprechen. Dieser Zweck wurde ohne Widerstand erreicht und Beresford zog am 12. März ein. Soult wurde durch seinen Gegner hart gedrängt und zog sich am 24. nach Toulouse zurück, indem er alle auf seinem Marsche befindlichen Brücken hinter sich abbrach.

Drei Tage nachher kamen die Engländer im Angesicht dieser Stadt am linken Ufer der Garonne an, und da es ihnen am 4. April gelungen war, eine Brücke über den Fluß zu schlagen, so schickten sie sich zum Angriff der Stadt an. Mittlerweile hatte Soult seine Maßregeln genommen und keine Vertheidigungsmittel, die von Nutzen sein konnten, vernachlässigt. Toulouse besaß viele örtliche Vortheile; die alten Mauern der Stadt waren sehr dick und fest und auf drei Viertel ihrer Ausdehnung durch den großen Kanal von Languedoc oder die Garonne gedeckt. Aber der französische Marschall, der ihren Schutz für ungenügend hielt, hatte auf einer Hügelreihe eine sehr feste Stellung eingenommen und beherrschte den Zugang zu der Ostseite der Stadt, die er durch Verschanzungen und Redouten außerdem stark befestigt hatte. Diese Stellung mußte nothwendig angegriffen werden; Wellington machte demnach seine Dispositionen, welche am 10. April glücklich ausgeführt wurden. Die Franzosen wurden nach und nach aus allen Werken vertrieben und gegen Abend hatten sie alle Posten innerhalb ihrer verschanzten Linie hinter den Kanal zurückgezogen. Toulouse wurde nun von drei Seiten eingeschlossen und eine sehr kurze Zeit genügte der verbündeten Armee, die Blockade vollständig zu machen. Soult wurde zur Übergabe aufgefodert, antwortete aber, er würde sich lieber in den Ruinen der Stadt begraben, indeß sah er die Schwierigkeit seiner Lage zu gut ein, um noch Hoffnung auf Erfolg zu hegen. Noch aber hatte er 35,000 Mann zu seiner Verfügung und die Verzweiflung hätte seinen ermattenden Anstrengungen eine Gewalt verleihen können, die seinen Angreifern herbe Verluste bereitet hätte; und da der Abschluß des Friedens, wenn auch noch nicht officiell bekannt, auf unzweifelhafte Weise gemeldet wurde, so gestattete der Sieger, um unnöthiges Blutvergießen zu vermeiden, der französischen Armee, unbehelligt in der Nacht vom 11. die Stadt zu räumen. Sie zog auf der Straße von Carcassonne ab innerhalb Kanonenschußweite unter den Höhen von Pagada hin, die von den englischen Truppen und Batterien besetzt waren.

Am folgenden Morgen zogen die Engländer in Toulouse ein, nicht als Eroberer, sondern als Freunde und Befreier; sie wurden mit enthusiastischem Jubelruf empfangen und die Einwohner zogen die weiße Fahne auf zum Zeichen ihrer Anerkennung der alten Dynastie der bourbonischen Könige. Am Abend desselben Tages kamen Kuriere aus Paris, um Wellington in Kenntniß zu setzen, daß die verbündeten Monarchen erklärt hätten, sie würden sich mit Napoleon wegen seiner Wortbrüchigkeit in keine neuen Unterhandlungen einlassen; daß der Senat einen Beschluß gefaßt habe, die Erklärung enthaltend, daß der Kaiser alle Rechte auf die Krone verwirkt habe und die Nation von ihrem Eid der Treue gegen denselben entbunden sei; endlich daß Napoleon sich in seine Thronentsetzung gefügt habe und sich auf die Insel Elba zurückziehen werde.

Diese Nachrichten wurden im Theater verkündigt — denn obgleich die Todten haufenweise außerhalb der Mauern lagen und die Hospitäler sowie viele Häuser mit Verwundeten angefüllt waren, so war das Theater doch nicht geschlossen. Man spielte Richard Löwenherz wegen der vielen darin enthaltenen Anspielungen, die mit stürmischem Applaus aufgenommen wurden. Größer noch war wo möglich der Jubel, mit welchem Wellington bei seinem Eintritte empfangen und begrüßt wurde.

Die Offiziere, welche jene Nachricht von Paris gebracht hatten, gingen nach Bordeaux, von wo eine Mittheilung an John Hope gesandt wurde, der das Blockadecorps von Bayonne befehligte; aber da die Nachricht nicht officiell war, so hielt der gedachte General es nicht geeignet, sie officiell dem Gouverneur der Stadt, General Thouvenot, zu notificiren. Er wünschte indeß, daß die Offiziere diese Nachricht den Offizieren der französischen Vorposten mittheilen möchten, damit dadurch neuen Feindseligkeiten vorgebeugt würde. Diese Absicht wurde jedoch nicht erreicht; denn am Morgen des 14. wurde mit ansehnlicher Macht aus dem der Citadelle von Bayonne gegenüber befindlichen verschanzten Lager ein Angriff auf die von den Engländern eingenommene Stellung unternommen. Die Ausfallenden wurden nach blutigem Gefecht zurückgetrieben, aber nicht ohne großen Verlust von Seiten der Belagerer, der sich auf 800 Getödtete, Verwundete und Gefangene belief; unter den letztern war der englische General selbst.

Diesen Ereignissen folgte bald ein definitiver Abschluß eines Waffenstillstandes, worauf die Portugiesen und Spanier über die Pyrenäen zurückgingen und die Briten sich nach England einschifften. So endete der Krieg, der in der Halbinsel und dem Süden Frankreichs sieben Jahre lang gewüthet hatte.

Fürst Joseph Poniatowski.
(Beschluß aus Nr. 403.)

Nach erfolgter Rückkehr nach Warschau beschäftigte sich Poniatowski in seiner Eigenschaft als Kriegsminister mit den militairischen Einrichtungen, welche der Armee gebrachen. Er baute ein Invalidenhaus, ein Militairhospital, Ingenieur- und Artillerieschulen. Die Festungswerke von Modlin, Praga, Zamosc, Sandomir und Thorn zogen besonders seine Aufmerksamkeit auf sich; er ließ die Werke derselben weiter ausdehnen und versah sie mit allem Kriegsbedarfe. Im J. 1811 ernannte der König von Sachsen Poniatowski zum außerordentlichen Botschafter in Paris, in der Hoffnung, daß er durch den Glanz seines Namens eine gewisse Stätigkeit in der Regierungsverfassung des Herzogthums und in den Beziehungen desselben zu Frankreich herbeiführen werde, doch scheint diese Ambassade von keinem besonders glücklichen Erfolge begleitet worden zu sein.

Da der Fürst voraussah, daß ein Bruch mit Rußland nahe bevorstand, beeilte er seine Rückkunft nach Warschau, um sich ganz der Sorge für die polnische Armee zu widmen, welche bei Eröffnung des Feldzugs von 1812 80,000 Mann unter den Waffen zählte, ohne die Legion der Weichsel zu rechnen. Indeß wurde zu großem Verdruß Poniatowski's ihm die Hälfte seines Heers genommen, um der französischen Armee einverleibt zu werden. Er mußte sich daher mit dem Commando der andern Hälfte begnügen; diese aber wurde, unter dem Namen des fünften Corps der großen Armee, den Oberbefehlen des Königs von Westfalen untergeordnet, welcher den linken Flügel der großen Armee befehligte. Dieser Theaterkönig ward jedoch gar bald veranlaßt, die Bühne zu verlassen, und Poniatowski übernahm hierauf wieder allein das Commando des fünften Corps. Vorher und während des Marsches auf Smolensk erhielt der Marschall Davoust Befehl, den General Bagration einzuschließen, welcher in einen Engpaß gerathen war; hierbei wurden die Corps Jerome's und Poniatowski's ihm untergeordnet. Jerome war Schuld, daß das Unternehmen mislang, was anfänglich auf Poniatowski geschoben wurde, welcher, durch verschiedene Äußerungen beleidigt, schon seinen Degen zerbrechen und sich nach Warschau zurückbegeben wollte; Davoust machte jedoch den Vermittler, und nachdem sich Alles aufgeklärt hatte, kehrte Jerome nach Kassel zurück und Poniatowski erhielt bei der Ankunft in Smolensk vollkommene Genugthuung. Seit diesen Vorfällen commandirte er stets die Vorhut der großen Armee und machte es sich bei diesem so beschwerlichen und unglücklichen Feldzuge zur besondern Pflicht, seine Soldaten zu überwachen und die Excesse zu verhindern, welche bei den andern Corps alle Bande der Mannszucht lösten. Das fünfte Corps hatte sich einen so guten Namen erworben, daß die auf dem Wege desselben befindlichen Bewohner in ihren Wohnungen blieben. Bevor diese Avantgarde in Moskau einrückte, erließ Poniatowski einen Befehl, nach welchem jeder Soldat, welcher seinen Posten verließ, als Plünderer angesehen und erschossen werden sollte. Beim Rückzuge, welchen die Wuth der Elemente so beschwerlich und verderblich für die Franzosen machte, wurde die Mannszucht des fünften Corps nur noch strenger. Andere Corps kamen ohne Waffen und ohne Feldgeräthe zurück; die Polen brachten ihre Artillerie mit sich, ohne daß nur ein Stück gefehlt hätte. Poniatowski befahl nach seiner Rückkehr nach Warschau, daß Alle, welche die Schwäche zurückzubleiben genöthigt hätte, sich daselbst sammeln sollten; auch glückte es ihm, in Zeit von drei Wochen 6000 dieser Unglücklichen unter seine Fahnen zurückzubringen. Bei der eingetretenen Lage der Umstände hielt es schwer, einen Entschluß zu fassen; Poniatowski aber erklärte laut, daß er nur Polen und dessen Interesse im Auge haben werde, und stellte sich, auf Befehl des Königs von Sachsen, an die Spitze seiner kleinen Armee, um von Krakau nach Böhmen und Sachsen zu marschiren.

Als der Feldzug von 1813 eröffnet wurde, übertrug ihm der Kaiser das Commando einer Armee, welche aus Franzosen und Sachsen zusammengesetzt war. Dabei erhielt Poniatowski die Insignien und den Rang als Marschall, ohne jedoch den Titel zu besitzen; ihm war es auch um weiter nichts zu thun, als für den Chef der polnischen Armee zu gelten. Er besorgte, daß, wenn er wirklich unter die französischen Marschälle aufgenommen würde, dies auf die Polen einen üblen Eindruck machen möchte, indem sie dann glaubten, es sei um ihr Vaterland geschehen und man gewähre ihnen nur den armseligen Trost, die Überbleibsel ihrer Armee den französischen Truppen einzuverleiben. Während dieses letzten Feldzugs konnte man Poniatowski stets in der ersten Linie treffen. Er hatte an allen wichtigen Ereignissen desselben Theil, sah aber täglich sein Heer mehr zusammenschmelzen. Am ersten Tage der Völkerschlacht bei Leipzig, am 16. October, schien er sich selbst zu übertreffen; noch an demselben Tage ließ der Kaiser verkünden, daß er Poniatowski, um ihm ein Zeichen seiner Achtung zu geben und ihn noch inniger mit Frankreichs Schicksal zu verbinden, zur Würde eines Marschalls von Frankreich erhoben habe. Als des Morgens darauf die vornehmsten Polen kamen, ihm dazu Glück zu wünschen, sagte er: „Ich bin stolz darauf, Chef der Polen zu sein; jede andere Auszeichnung ist nichts in meinen Augen." Am 18. Oct. schlug er sich den ganzen Tag. Beauftragt, den Rückzug der französischen Armee am 19. zu decken, wußte er mit 700 Mann zu Fuß und 60 Reitern die feindlichen Colonnen zurückzuhalten, welche in Masse vordrangen. Als er erfuhr, alle Brücken seien abgeworfen, und sich mit seinen Tapfern geopfert sah, rief er den Degen in der Faust: „Laßt uns sterben, wie es Polen ziemt, aber unser Leben theuer verkaufen!" Sich auf eine preußische vordrängende Colonne werfend, drängte er die Vorderreihen derselben zurück. Bereits vorher verwundet, erhielt er jetzt eine Schußwunde an der linken Schulter; die Soldaten umgaben ihn und flehten, er möchte das Commando einem seiner Offiziere übergeben und sich Polen für glücklichere Tage erhalten. Er weigerte sich dessen; „Gott hat mir die Ehre der Polen anvertraut", sagte er mit starker Stimme; „in seine Hände muß ich sie zurückgeben." Als die Verbündeten bereits die Vorstädte Leipzigs besetzt hatten, kam Poniatowski mit einem nicht zahlreichen Gefolge an der Elster an, deren Brücke die Franzosen gesprengt hatten. Die steilen Ufer waren einem Übergange sehr ungünstig, dennoch sprengte der Fürst mit seinem Pferde in den Fluß, der grade angeschwollen war, und fand seinen Tod in den Wellen; erst am 24. wurde sein Leichnam aufgefunden. Die Polen, welche so viel große Verluste zu beweinen hatten, trauerten alle, als sie erfuhren, er sei nicht mehr unter den Lebenden, er, den sie den Ritter ohne Furcht und ohne Tadel nannten. Der am 26. Oct. mit allen kriegerischen Ehren beigesetzte Leichnam wurde später nach Warschau geführt und 1816 in der Domkirche zu Krakau neben den Königen und Helden der Polen beigesetzt; die Stelle aber, wo er ertrank, bezeichnet ein einfaches Denkmal im Gerhard'schen Garten zu Leipzig. — Poniatowski war nicht vermählt. In seinem Testament fand man ganz die Herzensgüte und den Seelenadel, die ihn im Leben zierten.

Über seine Persönlichkeit berichtet ein Zeitgenosse, der ihn in seiner Jugend in Warschau sah und beobachtete, Folgendes. Er war das Muster vollkommener Männlichkeit; in seinen Gesichtszügen lag viel männlicher Ausdruck und ein Paar große schwarze Augen verbreiteten ein Feuer über sie, das mehr für den Krieg als für die Liebe zu brennen schien. Niemand wußte die beiden Nationaltänze der Polen, die Polonaise und Masurka, in den hohen Zirkeln zu Warschau mit solcher Vollkommenheit zu tanzen. In solchem Tanz ward der Triumph seines schönen Wuchses gefeiert, und Niemand verstand in solchem Maße wie er Feinheit in seine Bewegungen, Adel in seinen Anstand, Festigkeit und Geschmeidigkeit in seinen Gang zu legen und seine Züge mit Frohsinn und dem feinsten Ausdruck geselliger Behaglichkeit zu beleben.

Gleichwie sich nun Poniatowski als Tänzer hervorthat, war er unübertrefflich als Reiter und Wagenlenker. Er war einer der Ersten, welcher die leichten, offenen, hochhängenden Wagen, welche wir unter dem Namen Whisky kennen, in Warschau zur Mode machte. Anfangs legte er vier Pferde davor, später acht, jedes Mal vier nebeneinander, die sämmtlich vom Wagen herab — gleich dem Wagenlenker der Antike — regierte. Seine Pferde waren die ausgesuchtesten, voll Feuer, groß, stark, aber er wußte sie zu behandeln; sie standen und gingen, sprangen und sprengten, wie seine Hand und seine Zunge es wollte. Man verlor Hören und Sehen, wenn er in Warschau eine langen, breiten Straßen herauflog und sich im Nu durch die ihm begegnenden Wagen hindurchwand. Wielogurski, mit dem er gegen die Türken gefochten, häufig auch Kosciuszko, waren seine Begleiter; er stand zwischen ihnen. Diese für die Polen höchst anziehende Gruppe ward nachgeahmt. Keine vier Wochen, und Warschau war voll von solchen Whiskys zu drei Personen, obschon mit dem Muster nicht gleich kam. Die Wagengesellschaft der drei berühmten Männer schien selbst den Frauen nachahmungswürdig. Wirklich hatten sechs der Schönsten bald zwei Whiskys fertig, mit welchen sie glänzten und welche bald mit dem männlichen so in Bund traten, daß sich der eine ohne die beiden andern, welche die schönen Frauen, mit kleinen tatarischen Pferden, jedoch nur zu Vieren bespannt, mit großer Verwegenheit lenkten, nicht sehen ließ.

Zur Geschichte der Strumpfweberei und Bobbinetmanufactur.

Um das Jahr 1589 erfand ein Engländer, William Lee, den Strumpfwirkerstuhl, dessen Wichtigkeit man anfangs nicht erkannte und würdigte; doch schon nach einem halben Jahrhunderte hatte man sich überzeugt, welchen bedeutenden Einfluß diese Erfindung auf die Gewerbe ausübte.

Im Anfang des Jahres 1655 bildeten die Strumpfwirker bereits eine so bedeutende und einflußreiche Classe, daß sie Cromwell um die Erlaubniß angingen, eine eigene Zunft bilden zu dürfen. Diese Bitte hatte ihren Grund in der Besorgniß, daß die Strumpffabrikation auch nach fremden Ländern verlegt werden möchte. Der Erfinder selbst ging, da er in seinem Vaterlande nicht die gehörige Aufmunterung fand, auf eine Einladung Heinrich IV. nach Frankreich und ließ sich in Rouen nieder; als jedoch, nach Ermordung dieses Königs, die neue Regierung die gegebenen Versprechen nicht hielt, kehrte er nach Nottingham zurück, wo er einige Fabriken gründete.

Da die Strumpfwirkerei ein sehr vortheilhaftes Geschäft zu werden begann, so versuchte man, sie in Holland und in Venedig einzuführen; allein beide Versuche schlugen fehl. In Italien verstand man nicht einmal, die Maschinen, an denen etwas fehlte, herzustellen, und die Holländer wußten ebenfalls nicht mit den Strumpfwirkerstühlen umzugehen, nachdem Abraham Jones, der im Anfang des 17. Jahrhunderts eine Fabrik in Amsterdam gegründet hatte, von der Pest weggerafft worden war, und schickten sie nach England zurück.

Im J. 1668 gab es etwa 660 Stühle in England, die 1200 Menschen beschäftigten; drei Fünftheile derselben machten seidene Waaren. Indeß nahm die Manufactur rasch zu, denn im J. 1695 gab es in London allein über 1500 Strumpfwirkerstühle, und während der vorhergehenden 25 Jahre waren außerdem 400 ausgeführt worden. Die Compagnie der Strumpfwirker gerieth über diese wachsende Ausfuhr von Webstühlen in Unruhe und erhielt eine Parlamentsacte, wodurch jede Ausfuhr von Strumpfwirkermaschinen, ja sogar deren Versendung von einem Theile Englands nach dem andern, ohne vorgängige Anzeige an die Compagnie, bei Strafe von 200 Pf. St. und zwölf Monaten Gefängniß verboten wurde.

Das Jahr 1710 zeichnet sich in der Geschichte dieses Gewerbes durch den ersten heftigen Streit zwischen Meistern und Arbeitern aus. Ein londoner Fabrikant hatte mehr Lehrlinge angenommen, als nach den Regeln der Zunft erlaubt war; die Arbeiter wollten dies nicht zugeben, und es wurden im Verlaufe dieses Streits über 100 Strumpfwirkerstühle in der Hauptstadt zerstört, bis endlich das Parlament einschritt und die härtesten Strafen gegen die Maschinenzerstörer festsetzte. Damals war die Zahl der Stühle in England bis nahe an 9000 gestiegen.

Die Strumpfwirker-Compagnie suchte im J. 1726 ein Monopol an sich zu reißen, gab jedoch die Idee bereits 1730 — in welchem Jahre zuerst Baumwolle zur Strumpffabrikation angewendet wurde — wieder auf, da der Erfolg nicht günstig war. 20 Jahre später machte sie einen zweiten Versuch, die Freiheit des Gewerbes zu beschränken, konnte aber ebensowenig ausrichten, wie früher.

Eine Menge neuer Erfindungen und Verbesserungen in diesem Industriezweige folgten sich nun mit reißender Schnelligkeit. Im J. 1770 wurden die ersten Versuche mit Bobbinet gemacht und ungeheure Summen darauf verwendet, wodurch das ganze Gewerbe einen ungemeinen Aufschwung erhielt. Die ersten 3500 Maschinen kosteten beinahe 2,000,000 Pf. St., allein dieser Werth sank, durch den Fortschritt der Verbesserungen, in wenigen Jahren auf ein Zehntel herab, ohne die bedeutende Zerstörung von Maschinen in den Jahren 1811 und 1812 durch die Ludditen zu rechnen.

Man berechnet den Werth der jährlich in England verfertigten baumwollenen Strümpfe auf 880,000, den der Strümpfe von gekämmtem Wollgarn auf 870,000, den der seidenen Strümpfe auf 241,000 Pf. St. Die Zahl der in einem Jahre fabricirten Strümpfe schätzt man auf 3,510,000 Dutzend; dazu verbraucht man an roher Baumwolle 4,584,000 Pf., werth 153,000 Pf. St., an roher Seide 140,000 Pf., werth 91,000 Pf. St., an englischer Wolle 6,318,000 Pf., werth 316,000 Pf. St. Mithin beträgt der Gesammtwerth des rohen Stoffes 560,000, der Werth der erzeugten Waare 1,991,000 Pf. St.

Der Ertrag der Bobbinetmanufactur ist weit größer, denn im J. 1830 verbrauchte man Garn für 220,000 Pf. St., und der Gesammtertrag der fabricirten Waare belief sich auf 2,212,000 Pf. St., ein klarer Beweis, daß Modesachen für den Capitalisten und für den Arbeiter die lohnendsten sind.

Miscellen.

Höhe berühmter Denksäulen. Die Citysäule in London ist 202, die Melville-Säule in Edinburg $150^{1}/_{2}$, die Antoninssäule in Rom 150, die Juliussäule in Paris $148^{1}/_{2}$, die Trajanssäule in Rom 145, die Alexandersäule in Petersburg 144, die Vendomesäule in Paris 136, die dem Grafen Grey gewidmete Säule in Newcastle 134, das Denkmal des Herzogs von York in London $123^{1}/_{2}$ Fuß hoch. Ungleich höher als alle diese soll das in London zu errichtende Nelsons-Monument werden, nämlich $217^{3}/_{4}$ Fuß, wovon auf den Untergrund 19, auf das Piedestal 36, auf die Basis $6^{3}/_{4}$, auf den Säulenschaft $111^{1}/_{4}$, auf das Capital $14^{3}/_{4}$, endlich auf die den obersten Theil bildende Meta mit der Kugel 25 Fuß kommen. Die Kosten sollen 29,500 Pf. St. betragen.

Von den großartigen Fabriken Manchesters können folgende Beispiele einen Begriff geben. Die Fabrik von Binley und Comp. beschäftigt 1600 Arbeiter, deren jährlicher Arbeitslohn über 40,000 Pf. St. beträgt. Die angewandte Maschinenkraft kommt 397 Pferdekräften gleich und erheischt jährlich 8000 Tonnen Steinkohlen; die Fabrik hat über 80,000 Spindeln und verbraucht jährlich 4 Mill. Pfund rohe Baumwolle; zum Einölen werden jährlich 5000 Gallonen Öl und 5600 Pfund Talg erfodert; die Gasbeleuchtung kostet jährlich 600 Pf. St. — Die Maschinenbauanstalt von Fairbairn verarbeitet jährlich über 3000 Tonnen Metall und zahlt über 50,000 Pf. St. Arbeitslöhne; in derselben befindet sich ein Wasserrad von 62 Fuß Durchmesser; 50 Personen sind allein mit Modelliren beschäftigt.

Verantwortlicher Herausgeber: Friedrich Brockhaus. — Druck und Verlag von F. A. Brockhaus in Leipzig.